중국인민해방군 정치사업사

중국인민해방군
정치사업사

도서출판 삼화

들어가면서

세계 각국의 군대는 모두가 동일한 성격을 가지고 동일한 임무를 수행하고 있는 것은 아니며, 서로 다른 정치체제에 조응하면서 서로 다른 성격을 가지고 서로 다른 임무를 수행하게 된다.

민주주의 정치체제 하의 군대는 국가의 군대로 존재하고 있지만, 공산당 일당독재체제 하의 군대는 당의 군대로 존재한다. 그뿐만 아니라 민주국가의 군대에 대한 군정권(영도권)과 군령권(지휘권)은 국가에 귀속되지만, 공산국가의 군대에 대한 군정권과 군령권은 공산당에 귀속된다. 이처럼 공산국가의 군대는 공산당의 정치임무를 수행하는 무장집단으로서 대외 군사안보를 책임지는 2중역할자의 정치화를 견지하지만, 민주국가의 군대는 정치적 중립을 유지하면서 오직 대외 군사안보 임무만을 수행한다.

예를 들어 중국공산당은 예전과 다름없이 일당독재체제 하에서 인민해방군의 정치화를 보장하기 위하여, 다시 말해서 인민해방군에 대한 절대적 통제를 유지하기 위하여 군대 내에 당 조직을 설립하고 이를 통해 사상사업과 조직사업을 실행하고 있는데, 이를 중국어로 군대의 '政治工作'이라고 한다.

중국의 정치나 군사를 연구하는 영미권 학자들은 중국어의 '工作'을 'work'로 번역하여 사용하고 있으며, 그래서 중국어의 '政治工作'도 'political work'로 쓰고 있다. 그런데 한자문화권에 속하는 우리의 경우, 중국어의 '工作'을 간혹 발음만 바꾸어 '공작'이라는 용어로 그대로 사용하고 있으며, 그래서 '政治工作'도 '정치공작'으로 쓰기도 한다.

그러나 우리말의 '공작'은 "어떤 목적을 위하여 미리 일을 꾸미는 것"을 뜻하는 것이며, 게다가 '정치공작'이라는 것도 "정치적 이익을 위하여 미리 일을 꾸미는 활동이나 계략"을 의미하는 것으로서 오히려 정보기관의 활동과 관련하여 쓰이는 관용어로 이해되고 있다. 따라서 본서에서는 중국어의 '정치공작'을 영어의 'political work'와 같은 의미의 '정치사업'이라는 용어로 바로잡아 쓰고자 한다. 물론 '政府工作報告'라는 중국어도 우리말로는 '정부사업보고'로 고쳐 쓰기로 한다.

지금의 중국인민해방군 정치사업을 이해하기 위해서는 중국의 노농홍군이 출현하였던 당시로 거슬러 올라가게 된다. 회고컨대, 중국의 청조 말기부터 중국대륙을 할거하고 있던 군벌, 그리고 군벌 위주로 편성된 국민혁명군의 성격과 행태를 반면교사로 삼아 태어난 것이 바로 중국공산당의 노농혁명군이었는데, 그렇다고 혁명군이라고 하기에는 너무나도 보잘것없는 농민 집합소에 지나지 않았다.

이처럼 오합지졸의 농민을 모집하여 이들의 두뇌를 마르크스레닌주의로 무장시키고, 마르크스의 계급투쟁론으로 계급의식을 심어주며, 계급투쟁을 내용으로 하는 정치교육을 통해 적개심을 고취시킴으로써 무개념의 농민군을 공산주의로 의식화된 혁명군으로 만들어낸 것이 바로 마오쩌둥이었다.

의식화된 노농혁명군은 개인의 군대도 아니고, 국가의 군대도 아니었으며, 오로지 중국공산당에 충성하는 무장집단이었다. 당시 중국공산당과 노농홍군의 관계는 마오쩌둥이 당의 건설, 무장투쟁, 통일전선을 중국혁명의 3대법보로 지칭하였듯이 출발부터 불가분의 관계를 유지하고 있었다. 당이 없으면 무장집단이 존재할 수 없었고, 무장집단이 없었다면 당도 순조롭게 건설될 수가 없었다.

중국공산당이 이처럼 노농홍군을 당의 영도에 절대적으로 복종하는 군대로 만들 수 있었던 것은 소련 적군으로부터 도입한 정치위원 제도와 마오쩌둥이 직접 설계한 당 위원회 제도를 절묘하게 결합한 특유의 통제메커니즘이라고 할 수 있는 정치사업[政治工作] 제도가 있었기 때문이었다.

기실, 군대의 정치사업 제도란 공산주의 일당독재체제 하의 군대에서만 볼 수 있는 것이며, 자유민주주의 국가의 군인들에게는 생소하게 들리는 용어일 수도 있다. 군대를 평생 직장으로 삼고자 하는 민주국가의 청년들은 주로 육·해·공군 사관학교를 졸업한 후 군사장교로 임관하게 되지만, 중국대륙의 젊은이들에게는 육·해·공 군사학원을 졸업한 후 군사장교로 임관하는 길 이외에 별도로 정치학원을 졸업하여 정치장교로 임관함으로써 군사장교와 함께 부대의 수장으로 활동할 수 있는 길이 열려 있다.

이처럼 인민해방군의 정치사업 제도란 중국공산당의 군대에 대한 절대적 영도를 보증하는 통제메커니즘으로서 단순한 군사제도의 범위를 넘어 그 영향력이 중국의 정치영역으로 확대되고 있다. 소련공산당이 무너질 때 가장 마지막으로 폐지된 것이 바로 소련 군대의 총정치부였듯이 인민해방군의 정치사업 제도 역시 중국공산당과 운명을 같이 할 정도로 중국공산당으로서는 반드시 지켜야 하는 제도가 된다.

중국인민해방군의 정치사업은 앞에서 언급하였듯이 당이 군대를 통제하기 위하여 군대 내에서 실행하는 사상사업과 조직사업을 말하며, 더 나아가 사상동원과 조직동원을 통해 군대의 전투의지와 전투력을 제고하는, 다시 말해서 군대의 무형전력을 향상시키는 활동도 포함하게 된다.

회고컨대, 지난 날 군대의 무형전력, 특히 군대의 정치사업을 통해 병사들의 장기투쟁 관념과 전투의지가 가장 강조되었던 것은 중국공산당의 인민전쟁과 베트남노동당의 해방전쟁에서였던 것으로 보인다.

중국공산당을 예로 든다면, 장기투쟁 관념을 기초로 하는 일종의 장기적이고 연속적인 사회투쟁으로 간주되는 마오쩌둥의 인민전쟁이 채택하였던 전략노선은 적의 물질역량과 의지를 점차적으로 소모하여 고갈시키도록 하는 일종의 장기적인 연속행동으로서 소모성 전쟁의 지구전 전략이었다.

베트남노동당의 해방전쟁 역시 중공의 인민전쟁을 베트남의 전략환경에 그대로 적용한 것이었다. 베트남노동당은 인민전쟁의 민족·민주혁명 노선 하에 반제·반봉건(反帝·反封建)구호를 외치면서 병사들의 두뇌를 공산주의 사상과 계급의식에 기초한 장기투쟁 관념으로 무장시켰으며, 이로부터 이른바 제국주의에 대한 적개심을 불러일으켜 정신전력을 강화함과 동시에 자신들의 반제국주의 해방전쟁을 일종의 장기적이고 연속적인 사회투쟁으로 규정하였다. 그뿐만 아니라 이러한 사회투쟁 관념으로부터 출발하여 제국주의 군대의 물질역량과 전투의지를 점차적으로 소모시켜 완전히 고갈시키는 것을 목적으로 하는 소모전과 지구전의 전략노선을 견지하였다.

바로 이러한 전략목표를 실현하기 위하여 베트남노동당이 선택할 수 있었던 강력한 무기는 오직 전쟁의 승패를 결정하는 최종적인 요인이 무기가 아닌 인간이라는 혁명전쟁의 교리, 그리고 민족의 해방을 얻는 과정은 험난하고 장기간의 시간을 필요로 하기에 대를 이어 싸워야 한다는 투쟁의지였다. 다시 말해서 병사들이 무엇을 위해 싸우며, 왜 싸워야 하는지, 그리고 어떻게 싸워야 하는지를 숙지하고 각오를 다질 때 비로소 병사들의 정신역량이 적의 강력한 물질역량에 대적할 수 있는 신형 전투역량으로 전화될 수 있다는 확신이었다.

세월이 흐르고 무기체계가 발전하면서 전쟁의 형태가 바뀌고 전쟁의 성격이 바뀌고 있지만, 그렇다고 해서 유형전력과 더불어 전투력의 또 다른 한 축을 이루고 있는 무형전력의 중요성과 가치가 바뀌거나 결코 가볍게 취급되지는 않는다. 군대의 무형전력에 대한 강조는 정치체제의 차이에 관계없이 지구상에 존재하고 있는 모든 군대에게 일률적으로 적용된다. 특히 북한의 공산군대를 상대하는 한국군에게도 자유와 민주를 수호하기 위한 장기투쟁 관념과 이를 바탕으로 한 강인한 전투의지가 절실히 요구된다.

기실, 군대의 무형전력은 정신전력이라고도 하며, 정신전력은 장병의 두뇌를 여하히 무엇으로 무장시키느냐에 따라 그 성패가 좌우된다. 정신전력이라고 하니 장병들에게 정신교육을 하고 대민활동을 위주로 하는 민주주의 국가 군대의 정훈장교들을 연상하게 되는데, 중국인민해방군의 정치장교들은 부대에 파견된 중국공산당의 전권대표로서 그러한 정신교육이나 대민활동 이외에 사상정치사업, 당의 사업, 조직사업, 인사관리사업, 보위사업, 기율감찰사업, 정법사업, 그리고 대적군사업 등 민주주의 군대 정훈장교의 임무나 활동과는 비교가 되지 않을 정도의 매우 광범위한 사업을 책임지고 있다.

인민해방군의 사상정치 사업은 정치사업 중에서 핵심을 이루고 있다. 지난 날 마르크스레닌주의와 마오쩌둥 사상이 중국사회의 지배이데올로기로서 강력한 위력을 발휘할 때는 인민해방군의 정치사업도 전성기를 맞이하면서 정치사업을 책임지고 있는 정치간부의 지위와 역할이 군사간부에 비해 상대적으로 중시되고 있었다. 이처럼 정치사업이 순기능을 하였을 때는 장병들에게서 공산주의에 대한 신앙, 공산당의 정책에 대한 신심, 그리고 공산당 간부들의 모범적 역할에 대한 신뢰를 확인할 수 있게 된다.

그러나 많은 사람들은 개혁개방 이후 사회주의 시장경제를 도입하면서 중국공산당은 이미 마르크스주의를 포기하고 공산당의 일당독재를 합리화하는 레닌주의만을 고집하고 있으며, 이로 인해 인민해방군의 정치사업도 예전만 못하고, 정치간부들의 지위와 역할도 크게 약화되고 있다는 평가를 내린다.

기실, 중국공산당이 표방하고 있는 "중국 특색의 사회주의"는 사회주의 초급단계론을 그 이론 근거로 삼는다. 그런데 이 사회주의 초급단계론이란 사실상 자본주의 단계를 거치지 않고 곧바로 사회주의 단계로 진입함으로써 실패를 자초하였다는 것을 스스로 인정하고 사회주의적 기본조건을 완료하였다고 선언한 1956년 이전으로 되돌아가 다시 정식으로 자본주의를 시작해야 한다는 구실을 제공하기 위한 것에 불과한 것이었다.

다시 말해서, 사회주의를 시장에서 물건을 사고파는 상품(商品)사회주의와 공장에서 나오는 제품을 시장을 거치지 않고 곧바로 배급해 주는 산품(産品)사회주의로 구분한 것 자체가 상품사회주의의 시장경제를 거치지 않고 바로 산품사회주의의 지령성 계획경제로 진입함으로써 실패를 자초하였다는 것을 인정하고 자본주의 경제를 뜻하는 상품사회주의로부터 다시 시작하기 위한 구실을 마련하기 위한 것이었다. 이처럼 사회주의 초급단계론이나 상품사회주의라는 용어로 포장된 중국 특색의 사회주의는 중국사회에 더 이상 지배이데올로기로서의 진정한 마르크스주의가 존재하지 않는다는 것을 말해 주고 있다.

이처럼 마르크스주의와 레닌주의 및 마오쩌둥 사상의 위력이 소실되면서 생긴 빈 자리를 애국주의와 집단주의 및 혁명영웅주의가 침식하고 있으며, 게다가 인민해방군의 현대화·정규화 노선이 지속되면서 형성되고 있는 군사직업주의의 영향으로 인해 인민해방군의 사상정치 사업이 크게 위축되고 있다는 평가도 있지만, 중국공산당은 오히려 인민해방군의 정치사업이 생명선임을 강조하면서 정치사업 제도 자체를 강화하는데 진력하고 있다.

그러나 시대가 바뀌고, 사회가 변하고, 전쟁형태가 변하고, 군대의 임무가 바뀌더라도 중국공산당이 존재하는 한, 중국인민해방군의 정치사업은 앞으로도 상당한 기간 동안 그 주제와 내용은 수시로 바뀌겠지만 제도 자체는 그대로 유지될 것으로 보인다. 따라서 인민해방군 정치사업의 역할과 제도에 관심을 가지는 것은 중국의 인민해방군은 물론이고 더 나아가 중국의 당·군 관계를 이해하는 데 큰 도움이 될 것으로 본다.

군영을 떠난지 오랜 세월이 지났지만 저자는 항상 인민해방군의 정치사업과 관련된 문제를 물어오는 군대의 후학들에게 관련된 참고서적들을 충분히 제공하거나 소개해 줄 수 없었던 것에 늘 미안한 마음을 가지고 있었으며, 그렇기에 금번 졸저의 집필을 무난히 끝낼 수 있게 된 것을 매우 고맙게 생각한다.

특히 조현규 박사께서 풍부하고도 귀중한 관련 자료를 아낌없이 제공해 주셔서 이 책의 마지막 장인 "시진핑 영도시기의 군대 정치사업" 부분을 무리없이 마무리할 수 있었던 것에 거듭 고마움을 표시한다. 그뿐만 아니라 중화민국 국방대학 정치작전학원 정치학과의 박사 논문인 판홍저우(范宏宙)의 〈習近平軍改後共軍政工組織與職能調整之研究：主觀文人統制的觀點〉으로부터도 최신 자료를 얻을 수 있어 본 장을 집필하는 데 큰 도움이 되었음을 밝혀둔다.

《중국인민해방군 정치사업사》의 성공적인 탈고와 출간은 중앙대학교의 권중달 교수님, 그리고 건국대학교의 박치정 교수님의 학문적 지도와 관심이 있었기에 가능했음을 알려 둔다.

이 책이 대륙전략연구소의 총서로 발간될 수 있도록 물심양면으로 도움을 주신 이창형 소장님과 연구소 이사 여러분, 그리고 도서출판 삼화의 여러분들에게도 진심으로 감사를 드린다.

2022년 초가을
이 건 일 적음

★ 들어가면서_4

★

제1장 중국인민해방군 정치사업제도의 유래와 기초_15

★

제2장 공산혁명시기 중국공산당의 군대 정치사업_93

제1장

중국인민해방군 정치사업제도의 유래와 기초

제1절

레닌주의의 당 · 군 관계와 정치위원제도

1. 레닌의 무산계급 정당과 혁명전략

레닌(Vladimir il'ich Lenin, 1870-1924)에 의하면, 자본주의는 19세기 말부터 20세기 초에 이르는 기간 중 이미 제국주의 단계로 발전했다. 당시의 러시아도 예외는 아니어서 레닌에 의해 "기생하거나 또는 부패한 자본주의, 죽어가는 자본주의와 함께 제국주의의 특성 중의 하나로 정의된 독점자본주의 단계"[1]로 진입하고 있었다. 그러나 러시아는 독점자본주의 이외에도 독특한 특징을 많이 가지고 있었다. 독점자본과 봉건농노제의 잔여세력이 결합하고 있었고, 봉건군주가 정권을 장악하고 있으면서 소수의 금융독점가들과 결탁하고 있었을 뿐만 아니라 대러시아 민족주의와 민족말살정책이 실행되고 있었다.

특히 "러시아에서 최신형 자본주의는 이미 차르(Czar)[2]정부의 대(對)페르시아, 만주, 그리고 몽고 정책 속에서 충분히 능력을 발휘했지만, 그러나 전반적으로 말해서 러시아에서 우세를 차지하고 있는 것은 군사적 봉건제국주의였다."[3] 이러한 러시아의 군사적 봉건제국주의의 특징은 다음의 몇 가지로 집약된다:

첫째, 러시아에서는 1861년에 농노제가 폐지되었지만, 지주들이 대부분의 토지를 소유하고 있었으며, 일반 농민들은 가족을 부양할 정도의 토지도 가지고 있

1 中共中央馬克思·恩格斯·列寧·斯大林著作編譯局編, "帝國主義和社會主義運動中的分裂", 「列寧選集」 第2卷(下), (北京: 人民出版社, 1960), p.883.

2 차르(czar, tsar, tzar)라는 말은 라틴어의 카이제르(Caesar)에서 유래한다. 러시아에서는 1547년 이반 4세의 대관(戴冠) 때 정식 칭호가 되었다. 그 후 1721년 표트로 1세가 원로원으로부터 '모든 러시아의 황제(임페라토르)의 칭호를 받은 후에는 이것이 러시아 군주의 정식 명칭이 되었으나 '차르'는 그대로 이와 병용하여 제정러시아가 멸망할 때까지 황제의 관습적 칭호로서 사용되었다.

3 中共中央馬克思·恩格斯·列寧·斯大林著作編譯局編, "社會主義与戰爭", 前揭書, p.674.

지 못했다. 이 때문에 농민들은 농사를 포기하고 일자리를 찾아 외지로 떠났으며, 농민계급과 지주계급 간의 모순이 날로 격화되고 있었다.

둘째, 러시아의 노동자는 그 대다수가 농노 출신이었으며, 공장에 들어간 후에도 여전히 공장주에 의해 농노 취급을 받았다. 노동시간은 길고, 노동환경은 열악했으며, 임금도 지극히 낮았기 때문에 노동자계급과 자산계급 간의 대립은 점점 더 심화되고 있었다.

셋째, 차르의 러시아는 침략과 확장정책을 통해 러시아의 강토를 끊임없이 확장했으며, 전체 인구의 43%를 차지하고 있는 러시아인이 다른 모든 민족을 이족(異族)으로 대하면서 그들에게는 그 어떠한 권리도 허용하지 않았다. 1억7천만 인구 중 1억에 달하는 비러시아민족이 거주하는 지역의 모든 공직은 러시아인이 장악했고, 모든 기관과 학교 및 법원에서는 일률적으로 러시아어를 사용하도록 강요되었다. 이처럼 러시아화 민족정책이 집행되면서 비러시아민족의 러시아인에 대한 적개심이 점차 고조되고 있었다.

넷째, 차르의 러시아 정부는 전제적이고 매우 부패했다. 고도로 완비된 경찰제도는 반정부 인사들을 탄압하는데 일등공신이었으며, 파업과 결사 및 집회가 금지되었고, 정치적 자유를 쟁취하거나 차르정부를 비판하는 행위는 모두 범죄로 취급되었다. 이 때문에 차르 러시아의 전제통치는 사회문명의 발전과는 거리가 점점 더 멀어져 가고 있었다.

다섯째, 서유럽의 주요 자본주의국가로부터 들여온 자금이 러시아의 각종 광물자원과 중공업 및 금융업을 장악하고 있었다. 프랑스의 자본이 러시아은행에서 가장 많은 비중을 차지했다. 이처럼 서방 자본주의국가가 러시아의 경제적 명맥을 통제하고 있었기 때문에 러시아와 서유럽 제국주의 간의 모순이 일로 격화되고 있었다.[4]

이처럼 세계 제국주의 통치의 사슬 중에서 가장 취약한 연결고리가 되고 있었고, 제국주의 모순의 집합점이 되고 있었던 제정러시아 말기의 정치사회적 상황은 혁명을 유발할 수 있는 객관적 요인들을 잉태하고 있었다. "1879년의 통계에 의하면, 100인 이상 기업의 노동자가 공장노동자의 67%를 차지할 정도로 집중적 생산

4 肖光榮, 「列寧的政党觀」, (北京: 解放軍出版社, 2014), pp.15-17.

의 산업노동자가 출현하기 시작했다."[5] 산업노동자가 양적으로 증가하면서 노동운동이 발전하기 시작했으며, 이에 편승하여 들어온 마르크스주의가 나로드니키,[6] 자유주의와 더불어 러시아 사상계의 3개 사조 중 하나로 자리를 잡아갔다.

마르크스주의가 러시아에 전파된 것은 19세기 70년대 플레하노프(Georgi Valentinovich Plekhanov, 1856-1918)에 의해서였다. 플레하노프는 1877년 나로드니키의 혁명결사인 '토지와 자유당'의 적극분자로 활동했으나 1879년에 그 조직이 분열되자 곧바로 '흑토할체파(黑土割替派)'에 속했다. 1880년에 망명하여 엥겔스, 카우츠키 등과 친교를 맺었으며, 그 후인 1883년 나로드니키를 버리고 스위스에서 '노동해방단'을 조직하면서 마르크스주의로 전향했다. '노동해방단'은 마르크스와 엥겔스의 《공산당선언》, 《루드비히 포이에르바하와 독일고전철학의 종결》, 《고용노동과 자본》, 《사회주의의 공상으로부터 과학으로의 발전》 등 중요한 저작을 러시아어로 번역했으며, 마르크스주의를 전파하고 러시아혁명 중의 나로드니키의 학설을 비판하면서 확실한 혁명조직으로 발전했다.

한편 레닌은 러시아에 최초로 마르크스주의를 도입했고, 러시아에 무산계급 정당이 출현할 수 있는 사상적 기초를 마련해 준 플레하노프를 높이 평가했다. 그러나 레닌은 그가 농민의 혁명적 역할을 저평가하고, 자유자산계급을 노동자계급의 동맹자로 여겼으며, 무산계급이 혁명의 영도권을 장악해야 한다는 것에는 무관심했다고 지적했다.

1880년대 말부터 1890년대 초에 이르는 기간 동안 페테르부르크, 모스크바, 키예프(Kiev), 카잔(Kazan) 등지에서 잇달아 마르크스주의 소조(小組)가 출현했으며, 레닌은 카잔의 소조에 참가하여 무산계급 혁명가로서의 활동을 시작했다. 1895년 11월 레닌을 중심으로 하는 '페테르부르크 노동자계급 해방투쟁협회'가 설립되었으며, 이는 러시아 무산계급 정당의 출발점이 되는 것이었다.

1898년 3월 14일 플레하노프를 중심으로 하는 9명의 마르크스주의자들이 러시아의 민스크(Minsk)에 모여 러시아 사회민주노동당 제1차 대표대회를 개최했

---

5 周尙文, 葉書宗, 王斯德, 「蘇聯興亡史」, 上海人民出版社, 2002年, p.18, 陳曉紅, 「斯大林的政党觀」, (北京: 解放軍出版社, 2014), p.6, 再引用.

6 러시아에서 1860-1870년대에 대학생과 일부 지식인들이 '브 나르도(V narod, 인민 속으로)'라는 구호를 내걸고 농민 계몽운동을 벌였는데, 이 운동에 참가한 사람을 나로드니크(Narodnik), 즉 '인민주의자'라고 한다. 복수로 칭할 때는 나로드니키(Narodniki)라고 한다.

다. 그러나 이 대표대회는 당의 강령과 장정을 제정하지 못했으며, 선출된 중앙위위원회가 차르 경찰에 의해 와해됨에 따라 일부 경제주의 사조에 영향을 받기 시작했다. 경제주의자들은 노동자들에게 좋은 것은 정치투쟁이 아닌 경제투쟁이라고 주장하면서, 무산계급이 독자적인 정치적 역할을 하고 독자적인 정당을 건설해야 하는 필요성을 부정했다.

그러나 레닌은 무산계급 정당의 강령과 장정에 대해 심층적으로 연구했다. 그는 러시아 최초의 마르크스주의 단체인 '노동해방사'가 1885년에 제기한 〈러시아 사회민주당원의 강령 초안〉의 기본사상을 받아들이고, 독일 사회민주당의 에르프루트 강령(Erfurter Programm)을 면밀히 검토한 후 이를 참고로 하여 〈우리 당의 강령초안〉이라는 제목의 글을 썼다. 레닌은 이 강령 초안에서 당강(党綱) 원칙 부분의 기본원리와 실천 부분에서 반드시 포함되어야 하는 내용을 포함시키고, 당강의 구조와 구성 부분을 명확히 했으며, 이로부터 러시아 사회민주노동당이 자신의 강령을 정식으로 제기하도록 이론적 기초를 다져 놓았다.

요컨대 레닌은 당의 강령이 무산계급의 계급투쟁을 설명하는 것이어야 하고, 모든 생산자료를 공유재산으로 전환하고, 사회주의 생산으로 자본주의 생산을 대체하는 것이 무산계급의 투쟁 목적이어야 하며, 정치적 자유를 쟁취하는 것이 계급투쟁의 당면 목적이어야 하고, 전제제도를 반대하고 정치적 자유를 쟁취하는 것이 노동자 정당의 제1차적 정치 임무가 되어야 한다고 주장했다.

그 후 1900년 마르크스주의 정당을 조직하기 위한 활동 중 체포되어 시베리아로 끌려갔다가 유형지에서 풀려난 레닌은 플레하노프와 함께 중앙기관지로서 불꽃을 뜻하는 《이스크라(Iskra)》를 출판했으며, 그 창간호의 사설을 통해 러시아에 새로운 형태의 무산계급 정당을 창건할 것을 촉구했다. 레닌은 또 1902년 3월 〈어떻게 할 것인가?〉라는 제목의 글 속에서 경제파의 사상체계를 철저하게 비판했으며, "혁명의 이론이 없으면 혁명의 운동이 있을 수 없다."[7]고 강조하면서 "선진적 이론으로 지침을 삼는 당만이 선진적 전사의 역할을 실현할 수 있으며"[8] "그 어떠한 혁명운동도 만약에 안정적이고 지속가능한 영도자 조직이 없다면 오래 갈 수

7 中共中央馬克思·恩格斯·列寧·斯大林著作編譯局編, "怎么辦?", 前揭書, 第1卷(上), p.241.

8 上揭書, p.242.

없고, 이러한 조직에 참가하는 것은 주로 혁명활동을 직업으로 삼는 사람이어야 한다."[9]고 지적했다.

1900년 스위스로 망명한 레닌은 브뤼셀과 런던을 옮겨 다니면서 플레하노프 등과 협력하여 1903년 7월 17일부터 동년 8월 10일까지 브뤼셀에서 러시아 사회민주노동당 제2차 당 대표대회를 개최했다. 대회는 플레하노프의 사회로 시작되었으며, 당의 강령, 당의 장정, 그리고 중앙위원회의 선출이 주요 의사일정으로 상정되었다.

우선 대회에서 토론하게 될 당의 강령 초안은 이스크라 편집부가 제출한 것으로서, 무산계급독재를 쟁취하기 위한 투쟁을 당의 주요 임무로 삼는다는 것이었다. 격렬한 토론 끝에 강령 초안이 통과되었는데, 이는 마르크스와 엥겔스가 사망한 이후 국제노동자운동에서 처음으로 무산계급독재의 당의 강령에 삽입된 것이었다. 그러나 당원 자격과 투쟁방식을 둘러싸고 레닌 중심의 혁명세력과 마르토프(Yulii Osipovich Martov, 1873-1923)를 앞세운 온건파가 대립했다.

정통적 마르크스와 경제주의 계보를 계승하고 독일 사회민주당의 수정주의에 영향을 받은 마르토프 일파는 마르크스의 2단계혁명론에 근거하여 후진국인 러시아에서는 무산계급 사회주의혁명 이전 단계로서 먼저 자본계급 민주주의혁명을 전개해야 하며, 무산계급은 반드시 민주적 투쟁방식으로 자본계급이 주도하는 민주주의혁명을 지원하여 그들이 정권을 장악할 수 있도록 해야 한다고 주장했다. 그러나 레닌의 혁명파는 마르크스가 제기한 혁명의 제1단계를 뛰어넘어 곧바로 제2단계인 무산계급 사회주의혁명 단계로 직행할 것을 주장했다. 그는 노동자와 농민이 중심이 되는 무산계급의 폭력투쟁 방식에 의존하면서 구체제를 파괴하고 새로운 체제인 무산계급 정권을 수립하자고 요구했다.

이처럼 레닌과 마르토프는 혁명노선을 달리했기 때문에 당장(党章) 제1조의 당원의 조건 문제에 대해서 서로 대립하고 있었다. 온건적이고 민주적 투쟁방식을 선호했던 마르토프 일파는 당에 가입하지 않아도 "당 조직의 영도 하에 항상 당을 몸소 도와주는 사람은 모두가 자신이 당원임을 선포할 권한을 가지며, 각 당 조직은 모두가 자기의 영도 항에 항상 당을 몸소 도와주는 사람을 당원으로 인정할 권한을 가진다."[10]고 주장한 반면, 레닌은 당에 가입하여 "자기의 희망과 요구를 분

9 上揭書, pp.334-335.

명하게 표시하고, 최소한도로 계급의 선진부대인 당의 조직성과 기율성을 받아들일 수 있는 자는 모두가 당원이 될 수 있다."[11]고 주장했다.

다시 말해서, 마르토프는 소자산계급인 지식인과 모든 파업자 및 시위 참가자들에게 당에 들어올 수 있는 문호를 개방하여 서유럽의 사회민주당처럼 사회의 각계각층을 포함하는 대중정당으로 발전시키자는 것이었으며, 이에 반해 레닌의 혁명파는 무산계급 사회주의혁명을 성공적으로 이끌기 위해서는 민주집중제 원칙에 따라 마르크스주의를 자각하고 엄격한 기율에 복종하는 정예 직업혁명가로 구성된 무산계급 정당을 건설해야 하며, 그렇기 때문에 당원은 반드시 당 조직에 가입하여 혁명을 직업으로 삼을 수 있어야 한다고 역설했다. 이때 플레하노프는 레닌의 조문을 지지했다.

어쨌든 투표 결과는 마르토프가 제기한 조문이 찬성 28표, 반대 22표, 기권 1표로 통과됨으로써 레닌의 패배로 일단락되었다. 이때 마르토프 일파는 러시아의 다수를 의미하는 볼셰비키(Bolsheviki)가 되었고, 레닌 일파는 소수파를 의미하는 멘셰비키(Mensheviki)가 되었다.

그러나 레닌은 자신의 신념을 굽히지 않았으며, 1904년 2-5월에 집필한 〈1보 전진, 2보 후퇴〉라는 제목의 글 속에서 마르토프가 제기한 조문의 계급적 본질이 "말로는 무산계급의 이익을 옹호하는 것이라고 하지만 사실은 무산계급의 기율성과 조직성을 두려워하는 자산계급 지식인들의 이익을 위해 충성하는 것이다."[12]고 폭로했다. 그뿐만 아니라 레닌은 마르토프가 당과 계급을 혼용하여 말하는 것을 비판하면서, "당은 조직의 산술적이 아닌 전체로서의 총화이며, 당원은 조직의 일원, 영도를 받는 일원, 그리고 선진적 일원이어야 한다."[13]는 요구를 분명히 했다. 당은 실제로 마르크스주의의 이론으로서 전체 무산계급, 특히 노동자계급을 지도하고 있지만, 그러나 그 어떠한 상황 하에서도 당과 계급을 동일시해서는 안 된다는 것이었다.

그동안 당원의 자격 문제와 관련하여 마르토프 조문의 위해성을 폭로하고 자

---

10 上揭書, "進一步, 退兩步", p.465.

11 上揭書, p.455.

12 上揭書, p.466.

13 上揭書, p.455.

신의 조문이 가지는 정확성과 정당성을 설득한 레닌의 노력이 주효하면서 당내의 분위기도 반전되기 시작했다.

1904년 4월 러시아 사회민주노동당은 런던에서 제3차 대표대회를 개최했다. 이 대회는 새로운 당의 장정을 통과시켰다. 플레하노프, 레닌, 마르토프를 선출하여 중앙기관지인 이스크라 편집부를 구성하도록 했으며, 레닌을 옹호하는 3명의 대표로 중앙위원회를 구성했다. 결국 당원의 가입 조건에 관해서도 레닌이 제출한 안이 다수로 통과되었으며, 이를 계기로 레닌파가 러시아의 다수를 의미하는 볼셰비키(Bolsheviki)가 되었고, 마르토프 쪽은 소수파를 의미하는 멘셰비키(Mensheviki)가 되었다. 이로부터 러시아 사회민주노동당 내에서 정치적 관점이 다른 2개의 파벌이 출현하게 되었다. 특히 볼셰비키의 출현은 신형 무산계급 정당이 러시아에 세워졌으며, 레닌주의가 탄생했음을 상징하는 것이었다.

그 후 1906년 4월에 개최된 러시아 사회민주노동당 제4차 대표대회는 레닌의 제의에 근거하여 제일 먼저 민주집중제 원칙을 당장에 삽입했다. 레닌이 보기에 당은 마땅히 민주집중제 원칙으로 조직된 통일적인 전체이어야 하며 결코 느슨하고 산만한 구락부가 되어서는 안 되는 것이었다.

한편, 태어날 때부터 너무나도 나약하여 차르(Czar)로서는 부적합했던 니콜라이 2세(Aleksandrovich Nikolai Ⅱ, 1868-1918)는 1894년 재위 이후 서유럽식 입헌정치의 도입을 반대하면서 오직 보수적인 전제정치를 유지하는 것에만 관심을 가지고 있었다. 그래서 그는 러시아 정교회를 탄압하고, 유태인들의 토지 매입을 금지했으며, 1903년부터 시작하여 우크라이나 일대로 확산된 유태인에 대한 대규모 학살과 약탈을 방관하고 있었다.

이때쯤인 1904년 시베리아의 빈농의 아들로 태어나 최면술을 주요 수단으로 사용하는 편신교(鞭身敎)에 가입하여 수도사가 된 라스푸틴(Gregorii Efimovich Raspu'tin)이 상트페테르부르크에서 혈우병으로 앓고 있는 황제의 아들인 알렉세이를 최면술을 걸어 고쳐주면서 황후의 절대적 신임을 받게 되었다. 라스푸틴은 황후의 후원을 등에 업고 정치에 그다지 관심이 없었던 황제를 대신하여 국정을 농락했으며, 차르인 니콜라이 2세는 전제 폭정만을 일삼았다.

결국 굶주림에 지친 노동자들이 브치로프 공장에서 3명의 노동자가 부당해고를 당하자 게오르기 가폰(Georgii Apollonovich Gapon) 신부를 따라 거리에 운집하기 시작했다. 1905년 1월 22일 15만 노동자들이 임금 인상을 요구하기 위해 황궁으로 향했다. 그러나 황제 군대의 무차별 사격으로 1천여 명의 노동자들이 피를 흘리며 쓰러졌다. 이를 계기로 모스크바, 사라토프, 바르샤바 등지에서 노동자들의 시위와 파업이 계속되었다.

니콜라이 2세는 러일전쟁(1904-1905)의 패배와 1905년 1월 22일의 피의 일요일을 거치면서 혁명세력과 자유주의 진영으로부터 거센 공격을 받게 되자 결국 1905년 10월 7일 '두마'[14]라는 의회의 창설과 민주적 자유의 보장을 약속하기에 이르렀다.

한편 당원의 조건에 관한 자신의 조문을 당장에 삽입함으로써 당의 선진성 문제를 놓고 격론을 벌려온 마르토프와의 투쟁을 승리로 이끈 레닌은 또 볼셰비키의 책략과 노선을 지키기 위해 1905년 7월에 발표한 〈민주혁명에서의 사회민주당의 2종류 책략〉이라는 제목의 글 속에서 멘셰비키의 기회주의적 책략을 비판하면서 볼셰비키의 마르크스주의 혁명책략을 논술했다:

"무산계급은 당연히 민주혁명을 끝까지 진행해야 하며, 이를 위해서는 농민 대중과 연합하여 자기 쪽으로 끌어들임으로써 이들을 전제제도의 반항을 강력하게 타파하고, 그뿐만 아니라 자산계급의 불안정성을 무디게 하는 데 이용해야 한다. 무산계급은 당연히 사회주의혁명을 실현해야 하며, 이를 위해서는 주민 속의 반(半)무산자 대중과 연합하여 자기 쪽으로 끌어들임으로써 이들을 자산계급의 반항을 강력하게 타파하고, 그뿐만 아니라 농민과 소자산계급의 불안정성을 무디게 하는 데 이용해야 한다."[15]

다시 말해서, 목전의 혁명은 자산계급 민주주의혁명이며, 무산계급이 반드시 혁명의 영도권을 견지해야 하고, 무산계급을 무장시키고 무장봉기를 지도하여 차

---

14 두마(Gosudarstvennaya duma)란 제정러시아의 의회를 말한다. 니콜라이 2세의 '10월선언'에 근거하여 1906년 5월 6일 정식으로 설치되었다. 그러나 긴급 입법권, 법률의 최종 결정권, 대신의 임면권, 그리고 의회의 소집과 해산 등 주요 권한은 황제에게 유보되었다. 선거권도 25세 이상의 지주·중산시민·농민·공장노동자 등 4개 계층에만 주어졌는데, 지주는 2000명, 중산시민은 7000명, 농민은 3만 명, 노동자는 9만 명에 1명꼴로만 대표권이 인정되었다. 두마는 주로 입헌민주당, 노동당, 사회민주노동당, 사회혁명당 당원들로 구성되었으며, 차르의 권한과 충돌하면서 수시로 강제해산을 당하기도 했다.

15 中共中央馬克思·恩格斯·列寧·斯大林著作編譯局編, "社會民主党在民主革命中的兩種策略", 前揭書 第1卷(下), p.591.

르의 제도를 전복하고 무산계급과 농민의 혁명민주독재를 건설하며, 자산계급 민주주의혁명을 무산계급 사회주의혁명으로 전환하고 반혁명 잔존세력을 소멸하는 것을 주요 임무로 해야 한다는 것이었다.

1905년 11월 제네바로부터 러시아로 돌아온 레닌은 혁명에 직접 참가하고 혁명을 영도했으나 실패로 끝나자 다시 국외로 망명했으며, 당내에서는 기회주의와 수정주의 사조가 범람하기 시작했다. 이에 레닌은 마르크스주의의 철학적 기초를 지키고, 무산계급 혁명가들이 마르크스주의의 변증법적 유물론과 역사적 유물론을 정확히 이해하고 장악하도록 도와주고, 무산계급혁명의 세계관과 방법론을 확립할 필요성을 절감하면서 1909년 〈유물주의와 경험비판주의〉라는 제목의 글을 집필했다. 그는 이 책 속에서 마르크스주의를 향한 반대파의 공격을 철저히 분쇄하고 신형 무산계급 정당의 건설을 위한 이론적 기초를 다져나갔다.

볼셰비키와 멘셰비키는 서로 별개의 조직을 가지고 있으면서 대립하고 있었다. 그러던 중 1912년 체코의 프라하에서 열린 러시아 사회민주노동당 제6차 대표대회에서 멘셰비키가 떨어져 나가고 마침내 볼셰비키만 남게 되었다.

1914년 제1차 세계대전이 발발하자 러시아는 재차 전쟁의 수렁에 빠져들었으며, 그 결과 정치, 경제 및 사회적으로 위기를 맞게 되었다. 노동자와 농민의 불만이 좀처럼 가라앉지 않은 상황 하에서 차르인 니콜라이 2세는 참전을 선포했으며, 무려 1500만 명의 병력이 전선으로 향했다. 그러나 러시아 군대는 참패했으며 전쟁이 장기화되면서 이탈하는 병사가 늘어나고 전국 각지로 노동자들의 파업이 확대되었다.

결국 1915년 여름 황후와 라스푸틴은 패전의 책임을 물어 총사령관인 니콜라이 니콜라예비치 대공을 해임하라고 요청했으며, 니콜라이 2세는 동년 8월 23일 각료들의 반대에도 불구하고 그를 해임시킴과 동시에 자신이 직접 총사령관직을 맡았다. 니콜라이 2세가 러시아군 최고사령관으로서 전군을 지휘하는 동안, 러시아의 내정은 황후의 절대적 신망을 얻고 있는 라스푸틴에 의해 좌지우지되었다. 심약한 차르는 국정마저 황후의 뜻에 따랐으며, 황후는 또 라스푸틴에게서 자문을 구했다. 그 결과 내무장관과 전쟁장관이 모두 라스푸틴의 사람으로 임명되었다.

1916년 가을 러시아 사회는 극도로 불안정해지기 시작했다. 노동자와 농민의 시위가 날로 격화되고, 전선에서 이탈하여 도망 온 병사들이 시위에 가담했으며, 자본가들 사이에서는 쿠데타 움직임이 싹트고 있었고, 일부 황제의 측근 관료들조차 혁명파 쪽으로 기울었다.

결국 황실을 구하기 위해 차르의 측근인 펠릭스 유수포프 공작과 '검은 100인조'의 창설자 푸리슈케비치를 비롯한 관리들이 라스푸틴을 제거하기 위한 행동에 나섰다. 1916년 12월 말 그들은 공주를 딴 곳으로 빼돌리고 공주의 초대장으로 라스푸틴을 유스포프의 저택으로 불러내는 데 성공했다. 여기서 유스포프의 총에 맞은 라스푸틴은 양손이 밧줄로 묶인 채 얼어붙은 강물 속에서 발견되었다고 한다.

라스푸틴이 암살되자 차르와 그 가족들은 별궁에 묻혀 외부세계와는 단절한 채 살았으며, 차르 전제를 반대하는 혁명운동은 점차 그 세력을 넓혀가고 있었다. 마침내 1917년 3월 8일(러시아 구력: 2월) 수도인 상트페테르부르크에서 9만 명이 넘는 노동자들이 집결하여 "빵을 달라"는 구호를 내걸고 붉은 깃발을 휘날리면서 거리행진에 나섰다. 이에 차르는 내무장관인 알렉산드로 프로토포포프에게 무력진압을 명령했지만, 3월 12일 아침 6시 볼린스키 연대의 한 하사가 자신의 지휘관을 향해 총을 쏘는 것을 시작으로 하여 많은 차르의 부대가 혁명대오에 가담했다. 이에 사령관들이 진압을 포기하자 많은 관리들이 황제를 멀리하고 혁명파와 합세하기 시작했다. 결국 더 이상 버티기가 어렵다고 여긴 차르는 1917년 3월 15일 퇴위를 선언했으며, 중산층을 중심으로 하는 케렌스키(Aleksandr Fyodorovich Kerenskii, 1881-1970)의 임시정부가 수립됨으로써 전제군주제가 폐지되고 304년 동안 지속되어 온 독일계 왕조인 '홀슈터인-로마노프 왕조'가 막을 내리게 되었다.

당시 러시아의 정치무대에는 크게 3종류의 정당이 존재하고 있었다:

첫째, 차르제도를 옹호하고 러시아의 입헌군주를 지향하는 강령을 채택하고 있는 입헌민주당과 같은 자산계급의 보수당이다. 2월혁명 이후 이 당의 지도자는 임시정부 요원이 되었으며, 1917년 '인민자유당'으로 당명을 바꾸고 민주제와 의회제 공화국의 수립을 정치목표로 삼았다.

둘째, 사회혁명당과 멘셰비키를 대표로 하는 '민주파'이며, 이들은 혁명 후의 소비에트를 장악하고 임시정부 강령 속의 민주를 주장했다.

셋째, 볼셰비키를 대표로 하는 혁명급진파이다. 볼셰비키는 비록 2월혁명에 참가했지만 그다지 주목할만한 역할은 하지 못했다. 이들 정당과 파벌의 강령 및 책략은 제각각이었으며, 그 세력도 서로 차이가 많이 나고 있었다.[16]

16 陳曉紅, 〈斯大林的政党觀〉, (北京: 解放軍出版社, 2014), p.17.

1917년의 2월혁명으로 출현한 케렌스키의 임시정부 내에는 각 당파가 병존하고 있었으며, 정권투쟁도 비정상적으로 가열되고 있었다. 바로 이러한 배경 하에서 레닌은 1917년 4월 3일 장기간 동안의 망명생활을 끝내고 러시아로 돌아왔다. 그는 수많은 노동자와 병사의 환영을 받으면서 상트페테르부르크(Saint Petersbourg)역에 도착했다. 레닌은 귀국한 지 이틀이 되는 날 〈이번 혁명에서 무산계급의 임무를 논함〉이라는 제목의 글을 발표했다. 레닌은 이 〈4월제강(提綱)〉에서 혁명의 성격, 단계별 전략, 소비에트의 구성, 그리고 토지강령과 국가은행의 설립 등에 관해 설명했다:

첫째, 정권을 무산계급 및 무산계급을 추종하는 빈곤한 농민 수중으로 옮겨 가며, 구두로가 아니라 실제로 모든 합병을 포기하고, 진정으로 모든 자본이익과의 관계를 단절한다.

둘째, 현재 러시아의 특징은 혁명의 제1단계로부터 혁명의 제2단계로 넘어가는 과정이며, 제1단계는 무산계급의 자각성과 조직성이 부족하기 때문에 정권이 자본주의의 수중으로 떨어지게 되고, 제2단계는 당연히 정권이 무산계급과 빈곤한 농민계층의 수중으로 떨어지게 된다.

셋째, 우리 당은 대다수 노동자대표 소비에트에서 오직 소수를 차지하고 있으며, 무산계급의 영향을 받아들일 뿐만 아니라 무산계급에 그 영향을 미치는-인민 민주사회당, 사회혁명당으로부터 조직위원회에 이르는- 소자산계급 기회주의자의 연맹에 비하면 미약한 소수를 차지하고 있다.

넷째, 의회제 공화국이 아니라 아래로부터 위로 향하는 전국의 노동자, 소작농과 농민 대표의 소비에트로 구성되는 공화국을 수립해야 한다.

다섯째, 경찰과 군대 및 관리를 폐지하며, 모든 토지는 국유로 하고, 당지의 소작농과 농민대표 소비에트가 지배한다.

여섯째, 우리의 직접적인 임무는 사회주의를 실행하는 것이 아니며, 단지 노동자대표 소비에트가 사회의 산품 생산과 분배를 감독하는 것으로 전환하는 것이다.[17]

레닌은 "모든 정권은 소비에트로 돌아가라"는 구호를 제기했으며, 자산계급

---

17 中共中央馬克思·恩格斯·列寧·斯大林著作編譯局編, "論無產階級在這次革命中的任務", 前揭書 第3卷(上), pp.13-16.

민주혁명으로부터 무산계급 사회주의혁명으로 넘어가는 혁명노선을 채택했다. 레닌은 무산계급 혁명의 임무가 민주혁명으로부터 즉각 사회주의혁명으로 전환하는 것이며, 혁명의 제1단계로부터 혁명의 제2단계로 넘어가는 것이라고 규정했다. 제1단계는 무산계급의 자각성이 높지 않고 조직성이 충분하지 않으며, 정권이 자산계급의 수중으로 떨어지게 되며, 제2단계는 마땅히 정권이 무산계급과 빈곤한 농민계급의 수중에 떨어지게 되도록 해야 한다고 지적했다. 이는 다시 말해서 무산계급은 반드시 가난한 농민과 연맹을 결성해야만 비로소 동요하지 않는 중농계층을 자기 쪽으로 끌어들여 사회주의혁명을 실현할 수 있다는 것이었다.

어쨌든 〈4월제강〉이 선명한 입장과 정확한 책략의 조직강령을 제공함으로써 볼셰비키당의 영향력이 매우 빠른 확장세를 타기 시작했다. 그뿐만 아니라 레닌의 볼셰비키가 영도하는 노동자와 병사 소비에트와 케렌스키의 자산계급 임시정부 간에도 점점 더 치열한 투쟁이 전개되었다. 그러나 페테르부르크의 노동자와 병사가 일으킨 7월시위가 임시정부에 의해 진압되자 레닌은 또 다시 지하로 숨어들었다.

1917년 9월 전 볼셰비키는 페테르부르크, 키예프, 카잔 등 대도시에서 이미 소비에트의 영도권을 확보했으며, 농민운동 역시 전국적으로 그 주도권을 장악하고 있었다. 드디어 1917년 11월 7일(러시아 구력: 10월 25일) 레닌과 트로츠키의 영도하에 페테르부르크에서 일어난 노동자와 병사들의 무장봉기로 케렌스키가 이끌고 있는 자산계급의 러시아 임시정부가 무너졌다. 당일 저녁 소집된 전러시아 노동자와 병사대표 소비에트 제2차 대표대회에서 볼셰비키 대표는 회의에 참석한 670명 대표 중에서 390명을 차지함으로써 다수가 되었다. 회의는 세계 최초의 무산계급국가의 탄생과 더불어 레닌을 수장으로 하고 볼셰비키를 주체로 하는 소비에트정권의 수립을 선언했다.

새롭게 탄생한 볼셰비키 정권은 1918년 3월 3일 독일 및 그 동맹국들과 단독강화조약인 브레스트-리토프스크(Brest-Litovsk)조약을 체결함으로써 적군(赤軍)을 건설하고 사회주의 건설을 계획할 수 있는 시간을 벌었다. 그뿐만 아니라 1918년 3월에 개최된 당 제7차 대표대회는 당의 명칭을 정식으로 '러시아공산당'[18]으로 바꾸었으며, 유럽 각국에서도 러시아를 모델로 삼아 공산당이 출현했다. 이에

18 러시아 사회민주노동당은 1918년의 당 제7차 대표대회에서 '러사아 공산당'으로 명칭이 바뀐 이후 1925년의 제14차 당대회에서 '전연방 공산당'으로 바뀌었으며, 1952년 10월의 제19차 당대회에서 다시 '소련 공산당'으로 바뀌었다.

레닌과 러시아공산당은 1919년 새로운 형태의 국제적인 무산계급 혁명조직인 코민테른(Communist International)이라고 하는 제3인터내셔널을 창설했다.

2. 레닌의 정당과 군사에 관한 기본 관점

1) 레닌의 당·군 관계에 관한 기본 관점

레닌에 의하면, 무산계급 정당으로서의 공산당은 "①노동자계급의 선진부대로서 노동자계급의 정치 영수이며, 노동자계급의 전투사령부이고, 노동자계급과 불가분의 관계에 있으며, ②기율성과 조직성을 가진 노동자계급의 부대이고, ③모든 사회와 국가조직의 최고영도자로서의 무산계급 조직의 최고형태이며, ④무산계급독재의 도구이고, ⑤의지의 통일로서 파벌 조직의 존재를 용납하지 않는 것이며, ⑥자체 대오 내의 기회주의분자를 제거하여 공고히 한다."[19]는 것으로 그 성격이 규정된다.

이처럼 레닌주의는 당을 특정 계급, 계층 또는 사회집단의 이익을 대표할 뿐만 아니라 이들 이익을 위해 분투하는 정치조직이며, 사회경제와 계급투쟁이 일정한 단계로 발전하여 생성된 산물이고, 또한 계급투쟁과 사회적 정치경제 활동을 수행하는 도구로 정의한다. 당은 착취계급의 정당이든 아니면 피착취계급의 정당이든지를 막론하고 자기가 대표하는 바의 계급, 계층, 또는 사회집단에 대해 매우 중요한 조직영도의 핵심적 역할을 수행한다.

레닌의 이러한 무산계급 정당의 지도적 역할에 대한 논단, 혁명이론, 그리고 당의 강령, 노선 및 정책으로 당 내외의 대중을 무장시켜 계급의식을 고취시켜야 한다는 논단은 무산계급 정당과 무산계급 군대의 정치사업에 이론적 기초를 제공함은 물론, 당과 군대 정치사업의 임무와 내용을 규정하는 지침을 제공한다.

따라서 레닌주의에 의하면, 당의 군대에 대한 절대적 영도는 당과 군대의 계급속성에 의해 결정된다. 당과 군대는 계급의 토양 속에서 함께 생성된 것이며, 각 계급의 정당과 군대는 동일한 계급적 속성을 지닌다. 당은 계급이익의 대표이며, 계급조직의 최고형태이기 때문에 군대는 자동적으로 당의 절대적 영도를 받게 된다.

---

19 「共産党原始資料選輯」, 第3集, "論列寧主義基礎", (台北: 國際關係研究所, 1969), pp.130-141.

환언하면, 당의 군대에 대한 절대적 영도는 군대의 본질에서 비롯된다. 군대의 성격은 천성적이거나 고정불변한 것이 아니며 강력한 정치적 의존성을 가지고 있다. 이러한 특성은 무산계급 정당이 반드시 당의 무산계급 성격으로 군대의 무산계급 성격을 주조하고 배양하며 강화하도록 요구한다.

이와 같이 당과 군대의 계급적 속성은 각 계급 정당이 당해 계급의 의지에 따라 군대를 건설하고 군대를 영도하며 군대를 운용하도록 요구한다. 이처럼 군대는 당해 계급 정당의 요구를 준수하면서 부여된 임무를 완수하게 된다.

따라서 공산당의 군대에 대한 절대적 영도는 당의 무산계급 성격의 기초 위에서 확립된 것이며, 군대가 단지 자각적으로 당의 영도를 받게 되는 것도 군대 자체의 무산계급 성격에 의해 결정된 것이라는 논리로 귀결된다.

레닌은 무산계급 조직의 최고형태로서의 공산당의 지도적 역량을 강화하기 위해 노동자의 계급의식은 자생하는 것이 아니라 외부로부터 주입되는 것이라고 주장하면서 당의 사상영도가 필요함을 역설했고, 당 내외에 당의 강령과 노선 및 정책을 교육시켜야 할 필요성을 중시하면서 당의 정치영도를 강조했으며, 군대에 대한 당의 통제를 보장하기 위해서는 군대 내에 당의 지부와 기타 당 조직을 설치해야 한다고 주장하면서 당의 조직영도를 촉구했다.

2) 레닌의 군사이론

레닌은 기본적으로 마르크스의 역사유물론에 근거하여 계급적 전쟁관을 견지하면서 군사문제에 접근했다. 그는 계급적 시각에서 정치와 전쟁, 정치와 군사와의 관계를 분석하고 전쟁의 승패를 좌우하는 결정요인, 그리고 적군(赤軍)의 성격과 임무를 규정함으로써 무산계급 군대의 정치사업에 이론적 근거를 제공했다.

기실, 마르크스와 엥겔스는 전쟁이 정치의 또 다른 수단에 의한 연속이라는 관점에 동의하면서도 정치가 모든 사회의 모든 이익을 대표하는 것으로 보는 견해에는 반대하면서 정치와 전쟁 및 군대의 근원과 본질적인 문제를 역사유물론의 계급관계로부터 분석했다.

마르크스와 엥겔스는 폭력관계가 경제관계에서 비롯되며, 전쟁은 사유제와 계급이 출현하면서 수반된 것으로서 사회의 각 계급 간에 폭력수단에 의존하면서 진행하는 정치투쟁이며, 그뿐만 아니라 폭력은 새로운 사회를 잉태하고 있는 구사회의 산파이고, 무산계급의 군대야말로 무산계급독재의 제1차적 조건이라고 강조했다. 이들의 이러한 논단은 레닌에 의해 계승되면서 무산계급 정당이 혁명투쟁을 조직하고 혁명군대를 건설하는데 있어서 사상적 무기가 되었다.

한편, 마르크스와 엥겔스는 군대가 계급통치 기구로서의 국가를 구성하는 중요한 요소이며, 각 계급 간에 전쟁을 진행하는 도구로 인정하면서, 군대의 성격은 그가 의존하는 사회적 생산관계의 성격에 의해 결정된다는 점을 지적했다. 이들에 의하면, 노예점유제의 생산관계를 바탕으로 하여 세워진 군대는 시종 노예주계급의 군대일 수밖에 없으며, 봉건적 점유제의 생산관계를 바탕으로 하여 세워진 군대는 시종 지주계급의 군대일 수밖에 없고, 자본주의 점유제의 생산관계를 바탕으로 하여 세워진 군대는 시종 자본계급의 군대일 수밖에 없다는 것이다.

군대에 대한 역사유물론적 분석 관점은 그대로 레닌에 의해 계승되면서 사회주의 공유제를 세우기 위해 봉사하는 무산계급의 군대 및 그 정치사업이 이른바 착취계급의 군대 및 그 정치사업과는 완전히 다르다는 점을 부각시키는 이론적 근거가 되고 있다.

역사유물론에 의하면, 사회의 상부구조는 하부구조인 경제기초에 의해 결정되며, 상부구조는 정치, 군사, 문화 등을 포함하는 다양한 사회현상과 사물 이외에도 다양한 제도, 장치, 조직, 그리고 사회이데올로기를 포함한다. 그런데 여기서 "정치는 경제가 집중적으로 표현된 것"이기 때문에 상부구조의 하나인 군사도 우선적으로 정치에 예속되게 되며, 정치를 위해 봉사하게 된다.

다시 말해서, 레닌의 역사유물론적 군사 관점은 정치가 모든 상부구조 속에서 중심이 되고 주체가 되는 최고의 위치에 있으면서 상부구조로서의 군사에 대해 가히 도전을 받지 않는 통솔성과 지배성을 유지해야 하는 당위성을 제공해 준다.

이처럼 레닌은 계급적 군사이론을 정립함으로써 군대의 무산계급화를 보장하는 군대 정치사업을 적극적으로 강화하기 시작했으며, 군대 정치사업의 근본 임무가 마르크스주의의 전쟁과 군사에 대한 기본 관점에 의거하여 전 군을 무장시키고, 군대의 무산계급 성격과 군대 건설의 정확한 방향을 보장하며, 끊임없이 부대의 전투력을 향상시키는 것이 되어야 한다고 독려했다.

3. 레닌의 건군노선과 적군(赤軍)

러시아의 10월혁명에서 볼셰비키가 승리했음을 알리는 포성이 네바강(Neva

river) 상에 떠있는 순양함 아프로라호(Aphrora Cruiser)로부터 울려 퍼졌다. 그런데 혁명을 성공으로 이끈 볼셰비키의 무장력은 정규군대가 아니었으며, 주로 노동자 적위대, 반란을 일으킨 병사, 그리고 수병(水兵)으로 구성된 대중성 무장집단이었다.

10월혁명에 성공할 때까지 레닌은 〈4월제강〉 속에서 의회제공화국을 채택하지 않으며 경찰 및 관리와 함께 군대를 폐지해야 한다고 주장한 것 이외에는 혁명 이후의 군사력과 관련하여 언급한 적이 없었다. 볼셰비키당이 정권을 장악한 후에 당과 군대와의 관계는 어떻게 설정해야 하는지, 군대의 성격과 건설방향 및 지휘체제를 포함한 건군노선은 어떻게 규정해야 하는지, 그리고 건설한 군사력을 어떻게 운용해야 하는지의 전략 문제에 관해서 전혀 구체적인 계획을 가지고 있지 않았다.

레닌 이전의 마르크스와 엥겔스도 일찍이 군사학 연구를 위해 많은 시간을 할애했지만 새로운 형태의 마르크스주의 국가를 위해 군사사상을 정립하는 기초로 간주될 수 있는 일종의 마르크스 방식의 원리를 정립하지는 못했다. 이 때문에 볼셰비키가 정권을 장악한 이후 시급히 해결해야 하는 문제는 소비에트가 무산계급이나 또는 마르크스주의의 군사사상을 발전시켜야 하는지, 그리고 이러한 군사사상의 통일성을 여하히 확보하느냐와 관련되는 것이었다.

1921년부터 1924년까지의 기간 동안 군사사상의 성격, 그리고 새로운 소비에트 국가가 채택해야 하는 건군노선과 군사제도와 관련하여 열띤 논쟁이 계속되었다:

(1) 군사 단위의 지휘계통을 일원제(一元制)로 할 것인지 아니면 이원제(二元制)로 할 것인가?
(2) 적군 내에서 제정러시아 시대의 구장교를 계속해서 활용할 것인가?
(3) 기율이 엄격한 지원병제를 채택해야 하는가?
(4) 정규군 편제의 육군과 민병 중 어느 것을 채택해야 하는가?
(5) 그리고 볼셰비키 사상의 동태적 혁명성에 근거하여 공세 원리를 소비에트 러시아 군사사상의 직접적인 교조로 삼아야 하는가?[20]

---

20 Raymond L. Gartroff, Soviet Military Doctrine, 鈕先鍾譯, 「蘇俄軍事思想」, (台北: 軍事譯粹社, 1957), p.17.

우선 새로운 형태의 통일적인 무산계급 군사사상을 확립해야 한다고 주장한 쪽은 프룬제(Mikhail Vasilyevich Frunze, 1885-1925)와 구세프(Gusev)였다. 이들은 무력에 의존하는 호전적 관점에서 출발하여 전면적인 군사행동의 발동과 마르크스주의의 세계혁명노선을 지지하면서 일종의 새로운 군사사상을 확립할 것을 주장했다. 특히 프룬제는 "무산계급 국가와 다른 모든 자본주의 세계 사이에는 오직 하나의 조건, 즉 끊임없이 장기적이고 영속적인 전쟁만이 존재하고 있다고 하면서 그 어떠한 국가의 군대도 채택하고 있는 군사사상의 성격이 그들을 영도하는 사회계급의 일반적인 정치노선의 성격에 의해 결정된다."[21]는 점을 강조했다. 그뿐만 아니라 그는 통일적인 군사사상의 의미도 아래와 같이 구체적으로 설명했다:

"국가의 군사사상은 당해 국가의 군사역량의 구조적 성격, 군대의 전쟁 준비 방법, 그리고 그 영도권이 누구에게 속해야 하는지를 결정하기에 족한 것이다. 국가 통치자의 당면한 군사임무에 대한 인식, 그리고 여하히 결정하느냐의 의견은 이러한 영도권의 기초를 구성하게 된다. 이러한 군사사상의 원천은 국가의 계급 특성이며, 그뿐만 아니라 국가 생산력의 발전 수준을 그 결정요인으로 삼는 것이다."[22]

이처럼 무산계급의 군사사상을 확립해야 한다고 주장하는 쪽은 대부분이 정규군인 출신이 아닌 비정규적인 민병으로서 자신의 군대생활을 시작했기 때문에 비교적 느슨한 조직과 지휘체계를 선호했다. 그들은 민병과 민간자위단 조직이 군대와 인민 간의 연계를 비교적 밀접하게 유지할 수 있다는 점에서 마르크스주의의 군사사상에 부합한다고 생각했다.

그러나 전임 군정부장인 트로츠키(Leon Trotsky, 1879-1940)를 비롯하여 투하체프스키(Tukhachevsky)와 많은 제정러시아 시대 고위장교들이 프룬제의 주장에 반대했다. 특히 트로츠키는 "우리는 군사문제를 연구하는데 있어서 많은 교조(教條)가 종합되어 이루어진 그 어떠한 군사사상을 기초로 삼는 것이 아니며, 우리는 단지 마르크스주의의 분석방법을 채택할 뿐이다."[23]고 강조하면서 일종의 무산계급화된 전쟁원리와 군사사상을 채택하는 것에는 동조하지 않았다.

---

21 鈕先鍾譯, 上揭書, p.18.

22 上揭書.

23 上揭書, p.28.

그뿐만 아니라 트로츠키는 소비에트 러시아의 군사사상이 국가의 계급 성격에 영향을 받는다는 것에는 반대하지 않았지만, 일종의 무산계급화된 전쟁원리와 군사사상을 채택하는 것에는 동조하지 않았다. 특히 그는 군사사상을 구성하는 기본요소로서, "①국가의 국내정책에 있어서의 기본방향(계급성), ②노동자 국가의 주제 동향, ③조직에 있어서 적군과 국가의 관계, ④적군의 전략과 전술 지식 등 4개 요소를 강조했다."[24] 아울러 트로츠키는 강력한 소비에트 육군의 창설을 주장했으며, 이를 위해서는 새로운 형태의 우수한 군사과학과 예술을 기초로 삼아야 한다는 점을 지적했다.

그러나 소비에트 정권은 수립 초기부터 국내외 반혁명세력으로부터 공격을 받고 있었다. 서유럽 제국주의 국가들로부터 군사와 경제적 지원을 받으면서 적군에 반감을 가진 차르(Czar)의 제정러시아 장교와 병사들로 구성된 백군(白軍)이 무장반란을 일으키면서 내전이 시작되었다. 이때 볼셰비키당은 10월혁명에 참가했던 20만 노동자 적위대와 혁명 병사 및 수병으로 구성된 부대를 가지고 있었으며, 이들 무장력으로는 국가정권을 보위하는 것은 물론이고 제국주의의 정규군대를 대적하기에는 역부족이라는 것을 잘 알고 있었다.

이처럼 소비에트 공화국이 생존의 위기를 맞게 됨에 따라 레닌은 결국 기존의 생각을 바꾸었으며, 트로츠키의 건의에 따라 정규 육군의 건설을 볼셰비키당의 제1차적 임무로 확정했다. 이에 따라 인민위원회는 1918년 1월 18일 노농적군(勞農赤軍)을 창설하는 법령을, 그리고 동년 2월 4일에는 또 노농적해군(勞農赤海軍)을 창설하는 법령을 각각 공포했다. 정규군 창설을 계획하는 일은 소비에트정부의 육해군 인민위원부가 책임을 지고 있었으며, 특히 해군 사업은 수병 출신의 인민위원이 담당했다. 그뿐만 아니라 적군(赤軍)과 적해군(赤海軍)은 지원병제를 채택했기 때문에 입영 조건으로 계급 성분을 고려했으며, 그렇다 보니 병력 확충이 더딜 수밖에 없었다. 그런데 브레스트(Brest-Litowsk) 조약이 결렬된 이후 소비에트 군대는 독일군의 공격을 막아낼 수 있는 전력을 가지고 있지 않았다. 그래서 동년 2월 23일 페테르그라드(현 상트페테르부르크)에서 독일군에 대항하는 군중집회가 열렸으며, 7만 명이 적군에 지원했고, 그 중에서 2만 명이 바로 전선으로 향했다. 후일 이 2월 23일이 소련의 적군절(赤軍節)이 되었다.

---

24 上揭書, p.18.

적군(赤軍) 창설 초기 트로츠키는 매우 중요한 역할을 담당했다. 그는 1918년 3월 육해군 인민위원으로 전임되어 정규 적군을 건설하는 중책을 담당했다. 1918년 4월 말 적군은 19.6만 명으로 확충되었다. 내전이 확대되면서 1918년 5월 29일 전러시아 집행위원회는 의무병제에 관한 법령을 공포했으며, 남녀를 불문하고 18-40세까지의 공민들을 대상으로 하여 병역의무를 이행하도록 규정했다. 그 후 1918년 7월 10일 전러시아 소비에트는 제5차 대표대회를 개최했으며, 군대 건설에 관한 구체적인 결의를 통과시켰다:

첫째, 소비에트공화국은 집중적이며, 강철과 같은 혁명기율로 단결되고, 훈련이 양호하며, 장비가 정교한 계급의 군대를 건설해야만 대내외의 반혁명 합동공격을 분쇄할 수 있다.

둘째, 적군(赤軍) 내에서 노농(勞農)지휘자를 빠른 속도로 양성함과 동시에 반드시 군사과학의 기초 위에서 구 군대 내 군사전문가의 경험과 지식을 활용하여 군대를 건설해야 한다.

셋째, 각급 정부기관, 노동조합, 광산기업 등은 군사부문 조직과 협조하여 생산현장을 떠나지 않고 군사훈련을 받으며 적군의 예비인력을 양성한다.

넷째, 소비에트 러시아 중앙집행위원회의 결의에 근거하여 지방에 병역위원회를 설치하고, 군사교육기관을 설립하며 군사간부를 양성하도록 한다.

다섯째, 지휘관 선출제를 폐지하고 위임제를 실행하며, 정치위원제를 실행하여 군사지휘관과 정치위원이 소속부대의 군·정(군사부문과 정치부문) 사무를 공동으로 책임지고 관리하도록 한다.[25]

1918년 10월 정규 적군의 병력은 80만 명으로 증가했으며, 집단군급과 방면군급 군단이 편성되기 시작했다. 1919년 가을에 이르러 7개 방면군이 건설되었으며, 각 방면군은 2-5개 집단군으로 구성되었다. 동년 말 적군의 총병력은 300만 명으로 증가했고, 61개 보병사단, 12개 기병사단, 그리고 1개 혼합기병군을 유지하고 있었다. 그리고 1920년에는 총병력이 550만 명으로 증가했으며, 모두 88개 보병사단, 29개 기병사단, 61개 공군지대 및 포병과 장갑병 부대를 유지하고 있었다.[26]

---

25 陳曉紅, 「斯大林的政党觀」, (北京: 解放軍出版社, 2014), p.218.

26 上揭書, pp.218-219.

이러한 막강한 병력을 앞세우면서 레닌을 수장으로 하는 볼셰비키당은 백군(白軍)과 폴란드 군대를 격퇴했으며, 영국·미국·프랑스 등 무장간섭세력들을 모두 국경 밖으로 몰아내는 데 성공했다.

4. 적군(赤軍)의 정치위원제도

마르크스, 엥겔스와 마찬가지로 전쟁을 정치의 도구로 삼은 클라우제비츠(Karl von Clausewitz, 1780-1831)의 논점을 이어받은 레닌은 1915년에 출판한 〈사회주의와 전쟁〉 속에서 다음과 같이 서술했다:

"전쟁은 정치의 연장이며, 단지 또 다른 일종의 수단을 사용하는 것에 지나지 않는다. … 그것은 곧 폭력을 사용하는 것이다. 이는 군사문제를 숙지하고 있는 전문가인 클라우제비츠가 말한 명언이다. 마르크스주의자는 시종 이 원리를 모든 전쟁의 의의를 고찰하는 데 있어서 이론의 기초로 삼아야 한다. 마르크스와 엥겔스는 줄곧 이 관점으로부터 출발하여 각종 전쟁을 고찰했다."[27]

전쟁을 정치의 연장으로 보는 레닌의 관점은 볼셰비키에게 무산계급 정당과 무산계급 군대의 관계를 설정하는 데 있어서 합리적 근거를 제공해 준다. 이러한 정치와 전쟁의 관계로 보면, 무산계급의 군대는 무산계급 정당의 정치임무를 수행하는 무장집단의 성격을 지니게 된다. 이는 무산계급의 군대란 반드시 무산계급의 영도에 복종해야 된다는 논리로 귀결되면서 볼셰비키당에게는 당의 영도가 군대를 건설하는 필요조건의 하나가 된다.

이처럼 당의 군대에 대한 전면적인 영도는 무산계급 정권의 성격과 특징에 의해 결정된 것이며, 기왕에 당이 무산계급의 지휘관과 사령부이고, 당이 무산계급 독재의 도구이고, 당이 국가정권의 영도핵심이며, 군대 역시 국가의 가장 중요한 구성부분이면, 당의 군대에 대한 절대적 영도는 일종의 필연적인 선택이 된다.

볼셰비키당의 군대에 대한 정치영도에 관한 사상과 실천은 군대 정치위원제도의 수립과도 직결된다. 적군 건설 초기 군대 내에는 당에 충성하고 전쟁경험이 풍

---

27 中共中央馬克思·恩格斯·列寧·斯大林著作編譯局編, "社會主義与戰爭", 「列寧選集」, 第2卷(下), (北京: 人民出版社, 1960), p.673.

부한 장교는 거의 찾아볼 수가 없었다. 그래서 트로츠키는 소비에트 육군을 창설하기 위해서는 제정러시아 시대 장교들의 풍부한 경험과 지식이 필요하다는 것을 절감했기 때문에 이들을 활용하자는 주장을 할 수밖에 없었다. 1918년 6월 2일 제정러시아 시대 장교들에게 적군의 깃발 아래 모여 봉사하라는 명령이 하달되었을 때, 스탈린(Iosif Vissarionovich Stalin, 1879-1953)을 포함한 많은 사람들이 이를 반대했다. 레닌 자신도 그들을 모두 면직시키는 문제를 고려한 적이 있지만, 적군 내에 이미 3만 명 이상의 구장교가 있었기 때문에 그들을 면직시킬 수 없다고 주장한 트로츠키에게 밀릴 수밖에 없었다.

소비에트 러시아 당국의 통계에 의하면, "1919년 4월 1일 적군 병력은 모두 216,280명이었으며, 그 중에서 제정러시아 시대의 구장교가 28,110명, 하사관 2,919명이었다. 1920년 8월경에 이르러서는 적군 내의 지휘관 48,409명 모두가 제정러시아시대 구장교였다. 그리고 1928년에는 48,000명의 적군 장교 중에서 469명이 제정러시아 시대 고급군사학교를 졸업한 자들이었고, 4,418명이 혁명 전에 장교 훈련을 받은 자들이었다."[28] 그런데 숫자만큼이나 더 중요한 것은 이들이 매우 높은 지위에 있었을 뿐만 아니라 매우 막강한 역할을 담당하고 있었다는 것이었다.

이 때문에 적군 내에 있는 제정러시아 시대의 구장교들 문제는 볼셰비키당에게는 반드시 해결해야 하는 직접적이고 중요성을 지닌 현실적인 과제였다. 볼셰비키당으로서는 이들이 다른 생각을 하지 못하도록 감시하고, 특히 군사반란을 일으켜 반혁명 목적을 달성하려는 기도를 사전에 차단해야만 했으며, 이를 위해 만든 것이 정치위원제도였다.

정치위원제도는 "원래 1917년 임시정부의 영수인 케렌스키(Kerensky)가 코닐로프(Gen. Kornilov) 장군의 반혁명 기도에 대처하기 위해 최초로 만든 것이었다."[29] 그 후 볼셰비키당이 1918년에 공포한 정치위원조례는 "가히 비난할 수 없으며, 가장 어려운 조건 하에서도 혁명 직분에 충성할 수 있는 공산당원을 정치위원으로 임명해야 한다."[30]고 규정했다. 1918년 7월 정치위원제는 입법 형식으로 정착되

---

28 鈕先鍾譯, 前揭書, p.31.

29 上揭書, p.28.

30 蘇聯國防部軍事歷史研究所, 「蘇聯武裝力量」, 戰士出版社 1981年版, p.34,

었으며, 동년 9월에는 최고소비에트에 의해 설립된 전러시아 정치위원국이 정치위원(Political Commissar)을 관리하기 시작했다. 이처럼 정치위원은 소련의 적군 내에 파견된 러시아공산당의 전권대표로서 군사간부에 대한 감독과 통제 권한을 행사했다.

1918년 12월 러시아공산당 중앙위원회의 군사정책에 관한 결의는 당의 군대에 대한 절대적 영도 원칙을 규정했다. 이 문건에 의하면, "군사정책은 당 중앙위원회의 일반 지시를 엄격히 준수해야 할 뿐만 아니라 당 중앙의 직접적인 감독 하에 집행해야 한다."[31]는 것이었다. 이 원칙에 따라 정치위원은 공화국 혁명군사위원회의 정치 관리와 영도를 받도록 귀속되었다. 정치사업 종사자는 전선과 집단군 2개 급에서 "혁명군사위원회 위원[32]으로 호칭되었고, 사단, 여단, 연대 3개 급의 정치사업 종사자는 정치위원으로 호칭되었으며, 그 이하는 정치지도원으로 호칭되었다. 파견된 각급 정치위원은 모두 시련을 겪고 교양이 있는 공산당원이며, 러시아공산당과 소비에트의 전권대표로서 군대 내의 공산당원을 의지하면서 당 지부를 설립했다."[33] 이 때문에 레닌은 정치위원제를 매우 중시했으며, 정치위원이 없으면 적군도 없다고 강조했다.

러시아공산당은 정치위원(Political Commissar)이 군대 내에서 수행해야 하는 역할을 분명하게 규정했다:

"적군(赤軍)은 정치위원제도를 실행하며, 정치위원은 공산당과 소비에트 정권의 전권대표이다. 정치위원은 조금도 느슨하거나 흐트러짐이 없이 군사전문가를 감독하며, 적군의 역량을 약화시키고 적을 도우려고 생각하는 모든 기도를 무정하게 분쇄한다. 정치위원은 군대 내의 공산당원에 의지하면서 적군과 주민들 속에서 당의 거대한 사업과 정치사업을 전개하며, 공산당 지부를 설립하기 시작했다. 정치위원으로 파견된 자는 모두가 검증을 거치고 교양이 있는 공산당원이며, 그들은

陳曉紅, "紅軍是鞏固無産階級專政的工具: 党与軍隊的關係", 「斯大林的政党觀」, (北京: 解放軍出版社, 2014), p.226, 再引用.

31 「蘇聯共産党和蘇聯武裝力量」(1917-1958年 文件滙编), 蘇政治出版局1958年版, p.47. 陳曉紅, "紅軍是鞏固無産階級專政的工具: 党与軍隊的關係", 「斯大林的政党觀」, (北京: 解放軍出版社, 2014), pp.226-227, 再引用.

32 군사지휘관도 혁명군사위원회 위원이 되었다.

33 陳曉紅, 上揭書, p.227.

군대의 영혼이 되어 지휘관과 전투원이 혁명 의무를 이행하고 소비에트 조국을 보위하도록 단결시키고 격려한다. 당의 사업, 정치사업, 그리고 문화교육사업을 수행하기 위해 방면군 정치부, 집단군 정치부, 그리고 사단정치부를 설립한다. 당은 전체 노동인민이 국방사업을 강화하고 경각심을 향상시킬 것을 호소하고 있다."[34]

1918년 정치위원제도가 실행되기 시작한 초기, 러시아 정치위원국은 결코 강력한 기구가 아니었으며, 임명되어 파견된 정치위원 역시 경험이 부족한 상태라서 초기의 전쟁국면에 별 도움이 되지 못했다. 전쟁시기의 주요 임무가 정치가 아닌 군사작전이었고, 게다가 트로츠키가 비교적 군사간부를 중시했기 때문에 정치위원의 권한 행사가 크게 위축되고 있었다. 트로츠키의 이러한 정책은 고위 정치간부들과 볼셰비키당 내부의 일부 지도자들, 특히 스탈린의 불만을 야기했다.

1919년 1월 당 중앙위원회와 국방위원회는 스탈린을 대표로 하는 합동조사위원회를 구성하여 페름(Perm)이 함락하게 된 원인을 조사하도록 했다. 스탈린은 레닌에게 보낸 장편의 보고서에서 1918년 12월 적군 제3집단군의 패배가 튼튼한 후방이 없고 믿을만한 예비부대가 부족했던 것 이외에도 지휘관이 자기부대의 상황을 제대로 파악하지 못하고 정치사업이 지극히 취약했던 것이 주요 원인이라고 지적했다.

요컨대 정치위원제도의 근본 취지는 한편으로는 적군 내에서 당의 노선과 방침 및 정책을 관철함으로써 적군이 볼셰비키당의 군대로서 당의 임무를 수행하는 것을 보증하며, 또 다른 한편으로는 부대 내 장병, 특히 제정러시아 시대의 구장교들의 군사반란을 미리 예방하기 위한 감독과 감시 활동으로써 이들의 사상 동향과 상하관계를 파악하고, 인사자료와 사기 및 기타 상황을 수집하여 정기 또는 부정기적으로 상급기관에 보고하고 당 중앙에 반영하는 것을 보증하는 것이었다.

5. 일장제(一長制)와 정위제(政委制)의 충돌

정치위원제도가 확립된 이후 소련 적군이 실제로 실행한 것은 2원화 영도인 2원제(2元制), 즉 군사간부는 군사지휘를 책임지고 정치위원은 정치영도와 감독을

34 「蘇聯共產党歷史」, "党在國外武裝干涉和國內戰爭時期", (北京: 人民出版社, 1960), p.313.

책임지는 것이었다. 그러나 군사간부의 중요한 명령은 반드시 정치위원의 부서(副署)가 있어야만 효력을 발생하게 되어 있었다.

이처럼 정치위원제도는 정치위원이 볼셰비키당과 소비에트의 전권대표로서 군사지휘관과 공동으로 부대의 수장(首長)일 뿐만 아니라 부대의 모든 명령에 부서(副署)할 수 있는 권한을 행사할 수 있는 2원제였다.

레닌이 1924년 1월 21일 서거한 이후 제1차 소련 헌법이 공포되었는데, 새로운 헌법의 규정에 근거하여 전국의 무장역량을 건설하고 영도하는 권한이 연방의 최고권력기구인 연방소비에트 대표대회로 넘어감에 따라 트로츠키가 담당하고 있던 원래의 소련 무장역량의 통수부인 소련혁명군사위원회가 유명무실하게 되었다. 결국 트로츠키는 1925년 1월 군사영도 직무에서 해임되고, 그의 보좌역이었던 프룬제가 육·해군 인민위원과 소련혁명군사위원회 주석으로 취임했다.

"1924년 말에 이르러 장교 중에서 40%가 당원이었으며, 45%가 노동자와 농민 출신이었으며,"[35] 군대 내에 이미 군사지휘와 정치사업의 2중임무를 동시에 수행하는 지휘관(Unicommander)의 일장제(一長制)가 실행될 수 있는 조건이 성숙되어 있었다. 러시아공산당 중앙은 이미 1924년 7월 28일 육군과 해군 내에서 일장제를 실행하는 것에 관한 규정, 즉 〈무장역량이 점차적으로 일장제를 향해 넘어가는 것에 관한 결정〉을 하달했다. 이어서 1925년 1월 트로츠키의 육·해군 인민위원과 소련혁명군사위원회 주석직을 물려받은 프룬제가 전군에 일장제를 실행하기 시작했다.

1925년부터 일장제를 포함한 일련의 군사개혁이 단행되면서 "적군(赤軍) 내에서 각급 지휘관이 밀려나고 노동자와 농민 출신 간부가 3분의 2 이상을 차지하게 되었으며, 그뿐만 아니라 공산당원과 청년단 단원들도 과반수를 차지하게 되었다. 이처럼 적군 내의 공산당원과 단원이 26%를 차지하게 됨으로써 군대 내 당의 각급 조직이 상당한 수준으로 개선되었다."[36] 그리고 1925년 12월 전연방공산당(볼셰비키당) 제14차 대표대회에서 통과된 전연방공산당 당장에 처음으로 "적군 내의 당 조직에 관해서"라는 장(章)이 추가되었으며, 이와 동시에 기층 당 조직을

---

35 「列寧全集」第37卷, 人民出版社, 1986年版, pp.41-42,
陳曉紅, "紅軍是鞏固無産階級專政的工具: 党与軍隊的關係", 「斯大林的政党觀」, (北京: 解放軍出版社, 2014), p.228, 再引用.

36 陳曉紅, 上揭書, pp.222-223.

확대하기 위해 우수한 적군 전사를 당원으로 흡수하기 위한 활동이 본격적으로 전개되었다.

일장제가 실행되기 시작한 초기에는 '완전한 일장제'와 '불완전한 일장제'의 2종류 형태가 적용되고 있었다. '완전한 일장제'란 군사지휘관이 당원인 상황 하에서 그 지휘관이 대오의 행정관리와 당의 정치영도를 책임지며, 부대에 1명의 정치 부직(副職)을 배치하는 것이다. '불완전 일장제'란 군사지휘관이 당원이 아닌 상황 하에서 그 지휘관은 오직 작전, 대오, 그리고 행정관리만을 책임지며, 정치위원이 남아서 당정사업을 영도하고 부대의 정신과 정치 상황을 책임지는 것이다. 1925년부터 1953년 스탈린이 사망할 때까지 소련 적군의 정치위원제와 일장제는 폐지와 부활을 반복했다.

1) 제1단계(1925년 3월-1937년 5월)

이 기간 중 일장제가 시행되고 정치위원제가 폐지되었다. 1925년 3월 2일 소련혁명군사위원회는 소련군사위원회 주석인 프룬제(Mikhail Vasilyevich Frunze)가 서명한 명령을 공포했으며, 전군에 일장제를 실행했다. "1927년까지 소련군의 전체 지휘관 중에서 노동자와 농민 출신이 4분의 3을 차지했으며, 당원과 청년단원이 과반수를 넘어섰고, 80% 이상의 지휘관이 소련군 군사학교를 졸업했다."[37] 그리고 1928년에 이르자 적군 내의 "중대장급은 40%, 연대장급은 50% 이상, 사단장급은 70% 이상, 그리고 군단장급은 100%가 공산당원으로 채워졌다."[38] '완전한 일장제'를 실행할 수 있는 조건이 성숙된 셈이었다. 1928년 당시의 '완전한 일장제' 상황을 보면, 군단장 중의 84%, 사단장 중의 74%, 연대장 중의 48%, 대대와 중대 지휘관 중의 42%를 차지하고 있었다."[39]1928년 11월 소련군사위원회는 〈단일 수장(首長)과 정치 부직(副職)조례〉 및 〈정치위원, 일장제(一長制) 지휘관, 정치부 조리원(助理員)조례〉를 공포했으며, 공식적으로 정치위원의 감독 직능을 해제하고, 정치위원은 당정영도를 유지하는 것 이외에는 더 이상 부대의 각항 명령에

---

37 上揭書, p.229.

38 張潔沈, "蘇聯共党与紅軍的關係", 「民主評論」 第6卷 第6期, 金達凱, 「匪軍政工制度之研究」, (中華民國國防部總政治作戰部, 1981), p.4, 再引用.

39 陳曉紅, 前揭書, p.229.

서명하지 않으며, 오직 당정 영도사업만을 책임지도록 했다.

2) 제2단계(1937년 5월-1940년 8월)

이 기간 중 일장제가 폐지되고 정치위원제가 부활되었다. 1937년부터 군대 내에 숙청 바람이 불면서 많은 지휘관들이 면직되고 신임 지휘관이 부족한 상태가 발생했으며, 작전, 관리, 그리고 정치사업을 영도한 경험이 없는 장교들이 크게 증가했다. 이 때문에 스탈린은 다시 정치위원제를 부활하기로 결정했다. 이때 정치위원의 임무는 소속부대, 병단, 지휘기관을 보호하고, 인민의 적과 간첩이 침투하지 못하도록 함과 동시에 제 때 과감하게 적군(赤軍)을 위해하는 모든 행위를 제지하는 것이었다.

3) 제3단계(1940년 8월-1941년 7월)

1939년에 발생한 소련-핀란드 전쟁에서 소련 적군은 핀란드보다 수배가 많은 병력을 동원하여 핀란드 국경을 침공했지만, 이렇다 할만한 전과를 올리지 못했는데, 그 원인이 2원제의 폐단에 있다고 보았다. 이 때문에 소련최고소비에트 주석단은 1940년 8월 12일 일장제를 공고히 하기 위해 정치위원제를 취소한다는 지령을 공포했다. 이로써 2원화 통수제가 폐지되고 군사지휘관이 직접 정치위원직을 겸임하게 되었으며, 원래 당정계통이 파견한 정치위원에게는 정치 부직(副職)이 주어졌다.

4) 제4단계(1941년 7월-1942년 10월)

일장제를 취소하고 정치위원제를 부활했다. 1941년 6월 22일 히틀러의 소련 침공으로 독소전쟁이 발발했으며, 소련 군대는 연전연패하면서 장병의 사기가 극도로 저하되고 동요하기 시작했다. 심지어 지휘관이 부대를 이끌고 집단으로 투항하는 사태가 벌어지기까지 했다. 이에 스탈린은 1941년 "연대장은 전 연대의 영도자이며, … 정치위원은 전 연대의 아버지와 영혼이다."[40]고 강조하면서 궁여지책으로 다시 적군 내에 정치위원제를 부활했다. 정치위원을 통해 사기를 진작하고

---

40 "1941年史大林在南方戰線給团政治委員的訓令", 簡鐵, "論匪軍政工", 「共匪軍事問題論集」, (台北: 國際關係研究所, 1974), p.190. 再引用.

지휘관을 감시함으로써 군사반란을 사전에 방지하고자 했다.

1941년 7월 16일 소련최고소비에트 주석단은 〈정치선전기관을 개조하고 노농적군 내에 정치위원제도를 실행하는 것에 관해서〉라는 제목의 명령을 공포했으며, 각급 정치선전부와 선전처를 정치부와 정치처로 개편하는 것 이외에도 각급 부대와 기관의 교육기관에는 정직(正職) 정치간부를 두었다. 집단군 이상은 군사위원회 위원, 연대 이상과 집단군 이하는 정치위원, 그리고 대대와 중대는 정치지도원으로 호칭했다.

러시아공산당은 당시의 상황을 다음과 같이 서술했다:

"1941년 7월 중순 적군(赤軍)은 정치위원제도를 실행하기 시작했으며, 이러한 조치를 취하게 된 것은 지휘관과 전투원이 군기를 공고히 하고 전투 임무를 완수하는 것을 직접 협조할 수 있도록 하기 위해 반드시 군대 내 당의 모든 정치사업을 개조해야만 했기 때문이었다. 이 밖에도 군대의 지휘간부 중에는 많은 예비역 장교들이 있는데, 그들은 군대 내에서 당의 정치사업을 수행한 경험이 없기 때문에 일장제 지휘관의 기준에 완전히 부합하지 않는다. 따라서 정치위원제도를 실행하는 것은 더욱 더 필요한 것이다. 당에 의해 파견되어 정치위원 직무를 맡는 자는 모두가 유능하고 노련한 당의 사업요원이며, 그뿐만 아니라 일반적으로 필요한 군사 소양을 갖추고 있다."[41]

5) 제5단계(1942년 10월-1953년)

독·소전쟁이 일어나자 전연방공산당 중앙은 1941년 8월과 12월 입당 조건을 완화했다. 이어서 1943년 5월에는 중대에 당 지부를 설립하는 것으로부터 시작하여 대대에는 기층 당 조직을, 그리고 연대에는 권한이 당 위원회에 상당하는 당 집행위원회를 설립했다. 이를 계기로 하여 "군대 내 당 조직이 장교와 병사들 중에서 380만 명의 예비당원과 238만 명의 정식당원을 확보하게 됨에 따라 전연방공산당의 적군에 대한 영도가 강화되고 적군의 전투력이 크게 향상되었다."[42]

그뿐만 아니라 독소전쟁 기간 중 많은 당 간부가 부대로 파견되어 정치사업을 담당했으며, "전연방공산당 중앙위원과 후보중앙위원의 3분의 1에 해당하는 많

41 「蘇聯共産党歷史」, (北京: 人民出版社, 1960), p.580.

42 陳曉紅, 前揭書, p.231.

은 사람들이 전선으로 달려갔다. 정치위원으로 부대에 파견된 공화국, 변강구(邊疆區), 주급구(州及區)의 당 위원회 서기가 500명에 육박했으며, 당중앙 제1서기와 지역당 위원회 제1서기가 방면군의 군사위원(고급 정치위원)으로 임명되었다."[43]

이처럼 당의 고급간부들이 군사영도권을 장악함에 따라 스탈린은 1942년 10월 9일 소련최고소비에트주석단의 지령에 근거하여 '국방인민위원회 명령'을 하달했으며, 적군 내에 완전한 일장제를 확립하고 정치위원제도를 폐지하도록 지시했다. 이 6개 조의 명령 중에는 주로 다음과 같은 내용이 포함되었다:

- 각 부대, 병단, 사령부, 군사학교, 국방인민위원회 소속의 각 총부와 적군의 다른 기구의 정치위원 및 각 분대의 정치지도원이 담당하던 직무를 해제하며, 그들을 상응한 정치부지휘관으로 임명한다.
- 각 방면군과 집단군의 군사위원회는 1개월 기한 내에 그 수권범위 내에서 정치사업 종사자들에게 지휘관 계급을 수여한다.
- 병단 사령관, 집단군과 방명군의 군사위원회는 군사지식이 있는 정치사업 종사자를 지휘부서, 특히 중대장과 대대장급으로 선발한다.[44]

당시 러시아공산당이 정치위원제도를 폐지하게 된 이유와 논법은 아래와 같았다:

"적군(赤軍) 지휘관들은 잔혹한 전투 속에서 현대화 전쟁을 지휘하는 경험을 얻었으며, 군사와 정치 분야에서 성장하고 단련되었다. 정치위원들은 거대한 당의 사업과 정치사업을 수행했으며, 항상 지휘관이 군대의 기율성과 조직성을 강화하는 것을 돕고, 지휘관의 전투 임무를 수행하는 것을 도왔다. 그들 역시 전투 경험을 축적했으며, 그 중의 많은 사람들은 모두 수시로 지휘관의 사업을 대신할 수 있게 되었다. 지휘간부가 강화됨으로 말미암아서 정치위원을 두는 것이 필요 없게 되었다. 1942년 10월 정치위원제도가 폐지되었다. 군대 내에는 완전한 일장제가 확립되었다. 일장제 지휘관은 사병의 정치교육을 포함하여 군대의 모든 사업을 책임지게 되었다. 완전한 일장제가 확립되면서 지휘관의 위신이 제고되었고, 군대의 기율성과 조직성이 강화되었다."[45]

---

43 上揭書, p.234.

44 上揭書, p.231.

일장제가 확립되면서 새롭게 등장한 것이 바로 부대와 병단 지휘 하에 정치사업을 담당하는 부직(副職)으로서의 부지휘관(Zampolit)이었다. 부지휘관은 정치 분야의 지도사업을 전문적으로 담당하고 부대 내의 정치활동을 주관했다. 이러한 조치로 인해 정치위원과 군사지휘관의 2원제가 종지부를 찍게 되었고, 통수권의 1원화 원칙이 확립·설립되었으며, 이를 계기로 군대 정치사업의 성격에도 변화의 조짐이 나타나고 있었다.

45 「蘇聯共産党歷史」, (北京: 人民出版社, 1960), p.602.

제2절

중국인민해방군 정치사업의 함의와 이론 기초

중국공산당은 혁명 초기 소련 적군의 정치위원제도를 중국 홍군에 도입하여 당의 군대에 대한 영도와 통제를 보증하는 제도적 장치로 채택했으며, 레닌주의의 당·군 관계론을 홍군 정치사업의 사상과 이론 기초로 삼았다.

중국공산당이 러시아공산당(전연방공산당)과 코민테른의 지도를 받아 창건되면서 그 지도사상과 조직원리를 마르크스레닌주의로부터 학습했듯이 중국의 홍군 역시 마르크스레닌주의로 무장하고, 공산주의 혁명을 근본임무로 삼는 무산계급의 군대로 발전하는 데 있어서 소련 적군의 군사적 경험을 학습했다.

이처럼 중국공산당은 소련 적군의 정치위원제도를 도입한 후 마오쩌둥의 지론인 당 위원회 제도와의 유기적 결합을 통해 중국 특유의 군대 정치사업 제도로 발전시켰으며, 오늘날에도 인민해방군의 정치사업제도는 당의 군대에 대한 절대적 영도를 보증하는 제도적 장치로 존재하고 있다.

1. 정치사업의 함의

1) 무산계급의 정치사업

마르크스주의자들은 전쟁과 군대가 어떻게 하여 생성되었으며, 또한 그것들이 정치와 어떠한 관계를 가지고 있는지를 분석하는 것에서 출발하여 군대 정치사업의 출현과 그 사회적 특성을 파악한다. 마르크스주의는 전쟁을 사회가 계급으로 구분되면서 생긴 것으로 간주하며, 그것을 계급사회의 특유한 현상으로 인식하고 있다.

이러한 관점에서 보면, 전쟁은 사회의 한 역사현상이며 정치의 연속으로서의 한 형태인 것이다. 따라서 전쟁의 제 요소 중에서 가장 주요하고 제1차적인 것은 정치의 내용이 되고, 이러한 정치의 내용은 곧 전쟁의 성격을 결정하게 되며, 인류사회의 발전과정에서 발휘하는 전쟁의 역사적 역할을 결정하게 된다. 이러한 마르크스의 전쟁관은 군대 정치사업에 대한 마르크스주의적 관점을 이해하는 데 있어서 우선적으로 마르크스주의의 정치이론으로부터 출발하여 무산계급의 정치사업을 이해하는 수순을 밟도록 요구한다.

마르크스주의의 정치학은 실체로서의 국가, 관념형태로서의 정치사상, 그리고 실천으로서의 정치활동을 정치의 주요 내용으로 본다. 여기서 정치활동은 정부, 정당, 사회단체, 그리고 개인이 내정과 국제관계 영역에서 전개하는 활동을 가리킨다. 다시 말해서 정치활동은 정치의 동태적 표현으로서 일정한 정치이론과 정치적 주장의 지도하에 일정한 형식과 수단을 운용하면서 국가정권이라는 근본적인 목적을 수립하고 공고히 하는 것을 둘러싸고 기능을 발휘하는 사회적 실천과정인 것이다.

따라서 마르크스주의자들에게는 정당의 건설, 정권의 건설, 행정관리, 그리고 전략과 전술의 운용과 같이 정치활동의 범위에 속하는 정치사업이야말로 자본계급 정치나 무산계급 정치를 막론하고 정치의 중요한 구성요소로서 정치의 실천활동에서 없어서는 안 되는 내용의 하나로 간주된다. 물론, 자본계급 정치사업의 성격과 역할은 자본계급 정치와 완전히 일치하게 되고, 무산계급 정치사업은 무산계급 정치와 완전히 일치하게 된다는 것이 전제가 된다. 마르크스주의에 의하면 인간이 정치적 동물이 되는 것은 인간과 인간의 관계 속에서 계급모순과 계급대립이 출현하게 되면서부터이며, 인간과 인간의 관계 속에 계급모순과 계급대립이 존재하지 않을 때는 활동 주체로서의 인간이 결코 정치적 동물이 아닌 것이다.

다시 말해서 마르크스주의에 의하면, 인간은 정치수단에 의해 당해 계급이나 또는 개인의 이익을 추구하려 하며, 오직 대립적인 계급이나 또는 개인의 이익을 박탈하거나 배척해야만 그 목적을 달성할 수 있게 되는데, 이와 같이 계급의 모순과 대립 속에서 이익을 추구하는 활동이 곧 정치활동인 것이다. 물론, 계급이 소멸된 이후에는 인간의 여하한 활동도 모두가 정치성을 상실하게 되며 인간 역시 비정치적 동물이 된다.

이러한 정치는 계급의 차별, 계급의 모순, 그리고 계급의 대립이 존재하고 있는 사회에서 각종 정치 주체들이 사회가 자신의 이익과 의지에 부합하는 방향으로 발전하고, 이러한 기초 위에서 사회가 협조를 통해 발전적인 방향으로 작동할 수 있도록 하기 위해 사회를 통제 및 관리할 목적으로 사회의 공공권력인 정치권력을 탈취하거나 또는 운용하는 활동으로 간주된다. 이는 곧 정치의 내용은 정치 주체가 사회를 통제 및 관리하기 위해 정치권력을 획득하거나 운용하는 것이며, 정치의 목적은 정치 주체의 이익을 실현하는 것이고, 정치의 성격은 이익의 계급성이며, 정치가 실현하는 것은 그들 계급의 이익임을 말하는 것이다.

이와 같이 마르크스주의의 정치는 매우 광범위한 개념이며 본질적으로 계급 간의 이익관계를 조정하는 것이다. 무산계급 정치의 본질은 정권을 탈취하기 이전에는 무산계급이 정권을 탈취하기 위해 동맹자와의 관계 및 자체 계급 내부의 관계를 여하히 처리하느냐 하는 내용을 포함하여 자본계급에 대한 투쟁으로 나타나며, 정권을 탈취한 후에는 특히 계급투쟁이 이미 주요한 모순이 아닌 상황 하에서는 적대세력과 투쟁하는 일면을 포함하지만, 그러나 대부분은 무산계급과 인민대중의 근본이익에 근거하여 인간과 인간의 관계를 정확히 처리하는 것이다.

요컨대, 무산계급 정치는 무산계급의 선봉대인 공산당의 주도 하에 공산주의의 실현이라는 정치목적을 달성하기 위해 실행되는 계급투쟁이다. 이러한 관점에서 본다면, 무산계급의 정치사업은 넓은 의미에서 무산계급의 선봉대인 공산당이 사회의 각 영역과 분야 및 단위에서 실행하는 계급투쟁의 사상, 이론, 활동, 그리고 제도와 조직을 망라하는 것으로 정의될 수 있다. 그리고 공산당의 계급투쟁이 군대를 대상으로 전개된다면 군대 정치사업, 대중조직이나 대중단체를 대상으로 전개된다면 대중 정치사업, 그리고 교육기관이 대상이라면 학교 정치사업이라고 할 수 있다.

이와 같이 상부구조의 중심이 되는 정치가 상부구조의 다른 한 영역이나 분야를 대상으로 전개되는 계급투쟁의 사상, 이론, 활동, 그리고 제도와 조직을 통털어 좁은 의미에서의 무산계급 정치사업으로 정의될 수 있다. 이렇게 볼 때 상부구조의 한 요소로서의 군대에 대한 계급투쟁으로서의 정치활동은 좁은 의미의 정치사업이라고 할 수 있다.

2) 무산계급 군대의 정치사업

마르크스주의자들은 군대 정치사업이란 인류가 계급사회로 진입한 이래, 각 계급과 그 계급 전쟁을 수행하는 지도자와 지휘자가 자체의 군대를 교육하고 통제하며 내부를 공고히 하고 적과 싸워 이기기 위해 서로 다른 이익의 요구에 따라 확립된 것이라는 논리를 전개하고 있다.

마르크스주의자들의 이러한 논법은 노예제시대의 군대, 봉건시대의 군대, 자본주의시대의 군대, 제국주의시대의 군대를 막론하고 '정치사업'이라는 개념만 없었을 뿐이지 '정치사업'의 내용이 서로 다른 형태로서, 그리고 서로 다른 명칭을 가지고 존재했거나 또는 존재하고 있음을 긍정하는 것으로 보인다.

기실, 마르크스주의에 의하면, 군대는 계급과 국가가 출현하면서, 다시 말해서 계급이 계급을 통치하고 계급 간의 전쟁이 발생하면서 생겨난 것으로서 국가의 가장 중요한 구성요소이며, 통치계급의 정치임무를 수행하는 조직적이며 특수한 무장집단이고, 무장폭력으로 국가의 통치를 행사하는 주요한 도구가 된다.

이와 같이 군대가 전쟁과 불가분의 관계에 있다는 점에서 본다면, 군대와 전쟁은 모두가 일정한 정치의 표현으로서 정치를 벗어날 수가 없는 것이며, 이러한 전쟁의 정치적 요구와 군대 건설의 정치적 필요는 군대 정치사업을 중요시해야 하는 객관적 전제가 되는 것이다.

이른바 전쟁의 정치적 요구라는 것은 전쟁이 정치의 연속으로서 특정한 계급의 정치적 주장을 실현하기 위해 진행되는 것임을 가리키는 것이며, 이러한 정치적 주장을 선전하고 실행하기 위해서도 군대 정치사업은 필수적인 것이 된다. 또한 군대 건설의 정치적 필요라는 것도 군대의 전투력이 인간과 무기의 유기적 결합에 의해 결정되며, 그중에서도 인적 요소가 제1차적인 것임을 가리키는 것으로서 어떠한 군대라도 계급적 인간의 무형전력을 제고해야 하기 때문에 군대 정치사업을 필요로 하게 된다.

따라서 마르크스주의에 의하면, 군대 정치사업은 군대를 통솔하는 계급의 정치적 기대와 의지의 표출이며 계급과 군대가 출현하면서 군대와 함께 생성된 것이다.

요컨대, 마르크스주의의 관점에 의하면, 무산계급이 거대한 역사적 사명을 완수하기 위해서는 폭력의 주요한 수단인 군대가 반드시 있어야 하며, 그 군대는 공산당의 절대적 영도 하에 있어야 한다는 논리로 귀결된다. 따라서 공산당의 영도를 받는 무산계급 군대의 정치사업은 군대 내에서 당의 정치적 주장과 정치노선을 선전하고 관철하며, 대중을 동원하고 조직하여 당의 임무를 실현하기 위해 투쟁하는 정치활동의 한 형태라 할 수 있다. 다시 말해서, 무산계급 군대의 정치사업은 당이 군대 내에서 진행하는 사상과 정치 및 조직 사업인 것이다.

2. 군대 정치사업의 사상과 이론 기초

무산계급 군대의 정치사업은 변증법적 유물론과 역사유물론을 그 사상의 기초로 삼고 있으며, 계급투쟁론과 노동소외론 및 공산주의사회론을 그 목표와 내용 및 임무의 이론 기초로 삼고 있다.

1) 사상 기초

마르크스주의 철학은 자연계, 인류사회, 그리고 사유의 일반법칙에 관한 과학이며, 무산계급의 세계관과 방법론으로서 어떠한 구체적인 과학에 대해서도 보편적인 지도적 의의를 가진다.

따라서 인간의 사상과 행위의 활동법칙, 그리고 당이 대중을 교육하고 조직하는 기본법칙을 연구대상으로 하는 무산계급 정치사업도 예외일 수는 없다. 특히 물질과 정신, 사회적 존재와 사회의식, 경제와 정치, 그리고 군사와 정치의 상호관계에 관한 원리와 같은 마르크스주의 철학의 기본원리는 무산계급 정당과 군대 정치사업의 사상체계를 구성하는 주요한 요소가 된다.

(1) 변증법적 유물론과 유물론적 변증법

"마르크스주의의 변증법적 유물론은 마르크스주의 철학 기초이며, 무산계급의 세계관이다. … 변증법적 유물론의 주요한 점은 세계를 해석할 수 있기 때문에 단순히 객관세계의 법칙성을 이해하는데 그치는 것이 아니라 능동적으로 세계를 개조할 수 있으며, 또한 무산계급의 혁명정신을 구현하는 것이다."[46]

마르크스주의 철학의 핵심이 되는 변증법적 유물론에 따르면, "의식은 인간의 대뇌—고도로 완전하고, 고도로 조직된 물질—의 속성 또는 기능이다. 의식은 자연계가 장기간 동안 발전한 산물일 뿐만 아니라 사회의 산물이다."[47] 또한 "의식이 인간의 대뇌의 속성인 것은 의식이 물질에 의존하는 일면이다. 의식의 물질에 대한 의존은 객관적 물질세계의 반영이다. 대뇌는 의식의 기관이지만 자동적으로 의식을 생성하는 것이 아니며, 의식은 오직 외부 물질세계의 사물과 현실이 감각기관을

---

46 「哲學小辭典」, (香港: 朝陽出版社, 1974), pp.1-2.

47 艾思奇 主編, 「辨證唯物主義與歷史唯物主義」, (北京: 人民出版社, 1978), p.56.

통해 대뇌에 작용하고 대뇌와 외계가 연계된 이후에야 비로소 생성된다."[48]

이와 같이 변증법적 유물론은 의식은 물질의 반영이며, 물질은 제1차성, 그리고 의식은 제2차성으로 보면서도 일정한 조건 하에서 물질의 발전과정에 영향을 미치는 의식의 거대한 작용을 인정한다. 변증법적 유물론은 "인간이 동물과 다른 점은 자신의 행동을 통해 객관세계를 변화시켜 자신의 필요에 적합하게 하며, 그 행동이 의식의 지배를 받는다는 것이다. 의식의 특징은 그것이 거울과 같이 단순히 소극적으로 외계의 사물을 반영하는 것이 아니고 서로 다른 방식과 서로 다른 정도로 반영된 사실적 재료와 법칙성을 기초로 하여 일정한 관점과 이론 및 사상 체계를 제기하고, 일정한 목적과 주장 및 계획을 제기함으로써 인간이 자연과 사회를 개조하는 실천투쟁을 지도할 수 있다는 데 있다"[49]고 인정한다.

한편 마르크스와 엥겔스는 혁명의 실천적 경험과 자연과학의 새로운 성과를 개괄한 후 이를 바탕으로 하여 독일 고전철학의 기초 위에서 헤겔(Georg Wilhelm Friedrich Hegel, 1770-1831)의 유심론적 변증법을 비판적으로 계승하면서 유물론적 변증법[50]을 새롭게 정립하였다. 유물론적 변증법은 마르크스주의 철학의 방법론적 입장으로써 마르크스와 엥겔스가 헤겔의 변증법과 포이에르바하(Ludwig Feuerbach, 1804-1872)의 유물론을 결합하고 이를 바탕으로 하여 정립한 자연, 사회, 그리고 사유의 가장 일반적인 발전법칙에 관한 철학이자 공산주의의 세계관이기도 한 것이었다.

이처럼 마르크스와 엥겔스는 논리적 전개방식에 있어서 헤겔의 변증법을 계승하면서도 모순, 대립과 같은 변증법의 토대와 주체를 개념적, 정신적으로만 파악한 것을 비판하면서 포이에르바하의 유물론에 근거하여 유물론적 변증법을 창안하였다.

마르크스와 엥겔스는 변증법을 객관세계 자체의 고유한 법칙으로, 그리고 사유 속의 변증법을 인간의 두뇌 속에 객관적 법칙이 자각적으로 반영된 것으로 보았으며, 주관적 변증법은 객관적 변증법이 반영된 것에 불과한 것으로 생각하였다. 엥

---

48 上揭書, p.57.

49 上揭書, p.62.

50 마르크스 본인은 자신의 변증법을 '유물론적 변증법'이라고 말한 적이 없으며, 이 용어는 플레하노프(Georgii Valentinovich Plekhanov, 1856-1918)에 의해 1891년에 처음으로 사용됐다.

겔스 역시 세계의 발전법칙과 관련하여 변증법에 대한 자신의 관점을 밝혔다:

"변증법적 철학으로 보면, 고정불변의 절대적이고 신성한 그 어떠한 것도 존재하지 않는다. 변증법적 철학은 모든 사물이 필연적으로 멸망하게 되는 조짐을 내포하고 있는 것으로 본다. 변증법적 철학의 면전에서는 생성하고 소멸하며 끝없이 낮은 단계에서 높은 단계로 향하는 끊임없는 과정을 제외하면, 그 어떠한 것도 모두가 발을 붙여 설 수가 없는 것이다. 그 자체 역시 이 과정이 사유하고 있는 두뇌 속에 반영된 것에 지나지 않는 것이다."[51]

이처럼 마르크스주의의 유물론적 변증법의 법칙은, 존재하고 있는 모든 것은 모종의 운동을 하면서 존재하며 생활한다는 운동률(運動律), 운동은 물질의 변화 및 그 변화된 상태의 형식을 결정한다는 변화율(變化律), 동시에 존재하고 있는 모순이나 대립물로 인해 사물이 운동하고 변화한다는 모순율(矛盾律), 그리고 그 어떠한 사물도 내부의 각 부분, 요소, 고리마디가 서로 연계되어 있다는 연계율(連繫律)로부터 출발한다.

유물론적 변증법에 의하면, 법칙이란 사물 자체의 고유하고 본질적이고 필연적이며 안정적인 연계이며, 발전의 필연적 추세이다. 법칙은 인간의 주관적 의식에 의존하지 않으며, 인간에 의해 창조될 수도 없기 때문에 인간에 의해 소멸될 수 없으며, 오직 조건만 구비되면 반드시 작용을 발생하게 된다.

유물론적 변증법의 3대 법칙은 사실상 헤겔로부터 온 것으로서, 사물이 발전하는 원천과 동력을 명시하는 대립통일의 법칙, 운동의 구조를 나타내는 질량호변의 법칙, 그리고 발전과정에 관한 부정의 부정 법칙을 말한다.

유물변증법의 첫 번째 법칙은 대립통일의 법칙이다. 존재하고 있는 일체의 사물은 모두 상호 대립하기도 하고 상호 통일적이기도 한 한 쌍의 모순의 조합으로 형성되어 있으며, 그 모순은 사물의 발전을 추동한다는 것이다.

두 번째 법칙은 질량호변의 법칙이다. 사물은 양과 질의 2개 속성을 가지고 있으며, 양적 변화는 사물의 연속적이고 점진적이며 뚜렷하지 않은 것이며, 질적 변화는 사물의 근본적인 변화로서 일종의 비약이며 돌변으로 표현된다. 그런데 사물의 양적 변화는 질적 변화를 형성하며, 이와 동시에 질적 변화 역시 양적 변화를

51 「馬克思恩格斯選集」 第1卷(上), "卡尔·馬克思," (北京: 人民出版社, 1972), p.9.

형성한다는 것이다.

세 번째 법칙은 사실상 3대 법칙 중의 핵심인 부정의 부정 법칙이다. 모순이 점진적인 양적 변화로부터 돌발적인 질적 변화로 가는 모든 과정은 3단계를 거치게 된다. 정(正)상태의 사물은 내부 모순의 발전으로 인해 반면으로 넘어가 반(反)단계가 되는데, 이것이 바로 제1차적 부정이다. 반단계로부터 다시 그의 반면(反面)으로 넘어가는 것은 부정의 부정으로서 긍정으로 변하는 3단계가 된다. 여기서 부정의 부정 후의 상태(긍정)는 이전의 긍정상태가 아니고 양기(揚棄, aufheben)과정을 거친 내용의 전진이며 형식의 복귀이다.

마르크스와 엥겔스의 변증법적 유물론과 유물론적 변증법은 무산계급 정당과 군대의 정치사업에 사상적 기초를 제공한다. 이러한 의미로 볼 때, 무산계급 군대의 정치사업은 일정한 객관적 조건의 범위 내에서 인간의 주관적이고 능동적인 역할을 충분히 발휘하도록 하고, 인간의 능동성과 적극성을 고취시켜 전쟁에서 승리를 획득하며 객관적 세계를 개조하는 활동으로 이해된다. 따라서 무산계급 군대의 정치사업은 인간이 실천을 통해서 객관적 법칙과 일치하는 정확한 사상을 확립하고, 객관적 법칙과 일치하지 않는 그릇된 사상을 극복함으로써 정확한 사상의 지도하에 정확하게 행동하며, 세계를 인식하고 개조하는 활동에서 양호한 결과를 얻도록 지도하는 것을 기본적인 임무로 삼게 된다.

(2) 역사유물론

마르크스와 엥겔스는 역사발전의 원동력을 신의 섭리나 탁월한 인물의 사상 또는 모종의 신비로운 이성, 즉 모종의 정신적 요소로 보고 인류역사의 발전법칙을 분석하고 규명하는 유심론적 역사관과는 달리 인류사회의 물질적 재화를 생산해 내는 생산양식, 즉 물질관계를 그 동인(動因)으로 설정하고, 그 사회적 구조와 역사의 발전법칙을 파악한다.

이처럼 "마르크스주의 역사유물론은 최초로 사회의식과 사회존재의 관계 문제를 정확하게 해결하고 역사 발전의 최종 원인을 발견한 것이며, … 역사 발전의 법칙과 동력을 발견한 것이고, … 최초로 역사상에서의 인민대중의 결정적 역할을 천명한 것이며, … 무산계급과 자본계급 간의 계급투쟁이 반영된 것이다."[52]

---

52 「哲學小辭典」, (香港: 朝陽出版社, 1974), pp.149-150.

기실, 마르크스주의의 역사유물론은 모든 사회의 발전과 변혁을 최종적으로 결정하는 힘은 생산방식이며, 이 생산방식은 생산력과 생산관계의 2개 부분을 포함하고 있고, 생산력과 생산관계의 모순은 생산력이 발전하고 변화하는 원인인 동시에 모든 사회형태가 발전하고 변화하는 근본 원인이라는 것으로부터 출발한다.

마르크스는 1859년에 쓴《정치경제학 비판》〈서언〉에서 유물론적 기본원리를 운용하여 인류사회와 그 역사의 발전법칙을 서술하였다:

"사람들은 자기생활의 사회생산 속에서 일정하고 필연적이며 그들의 의지로 전이되지 않는 관계, 즉 그들의 물질적 생산력의 일정한 발전단계와 서로 적응하는 생산관계를 일으킨다. 이들 생산관계의 총화는 사회의 경제구조를 형성한다. 즉 법률과 정치의 상부구조가 그 위에 세워지며, 일정한 사회적 의식형태가 서로 적응하는 현실적 기초를 제공한다. 물질생활의 생산방식은 전체 사회생활, 정치생활, 그리고 정신생활의 과정을 제약한다. 사람들의 의식이 사람들의 존재를 결정하는 것이 아니며, 이와 반대로 사람들의 사회적 존재가 사람들의 의식을 결정한다. 사회의 물질적 생산력이 일정한 정도로 발전하게 되면, 그것들과 그 속에서 줄곧 활동해온 현존의 생산관계나 또는 〔생산관계의 법률적 용어인〕 재산관계가 모순을 일으키게 된다. 그래서 이들 관계는 생산력의 발전형태로부터 생산력의 질곡(桎梏)으로 변하게 된다. 이때 사회혁명의 시대가 도래한다."[53]

역사유물론에 의하면, 한 사회의 면모는 생산방식에 의해 결정되는 것이며, 한 사회의 기본제도, 계급구조 및 정치, 법률, 도덕 등 관점은 최종적으로 생산방식에 의해 결정된다. 또한 노동대상과 노동수단 및 노동력을 포함하는 이른바 인간과 자연의 관계인 생산력은 노동력과 생산수단(노동대상과 노동수단)의 결합관계를 의미하는 인간의 생산수단에 대한 점유관계로서의 생산관계를 결정하며, 생산관계는 생산력의 발전상황에 반드시 적응해야 한다. 그뿐만 아니라 생산력과 생산관계 간의 관계는 변증법적 관계로서 생산력은 생산관계에 대해 결정적인 작용을 하고 있지만, 그러나 생산관계 또한 생산력이 발전하는 데 의존하는 사회형태인 것이다.

---

53 「馬克思恩格斯選集」 第2卷(上), "政治經濟學批判(序言)", (北京: 人民出版社, 1972), pp.82-83.

그런데 생산력은 자체의 발전상황에 적응하는 사회관계를 요구하며, 오직 이러한 사회관계의 형태 내에서만 순조롭게 발전하게 되며, 이와 반대로 생산관계가 생산력의 발전 요구에 적응하지 못할 때는 생산력의 발전을 가로막게 되어 충돌하게 되며 새로운 생산관계의 출현이 불가피해진다는 것이다.

마르크스의 역사유물론은 생산력과 생산관계 간의 모순 이외에도 경제기초와 상부구조 간의 모순을 사회의 기본모순으로 지적하고 있다. 경제기초인 하부구조와 상부구조 간의 모순의 발전과 변화는 생산력과 생산관계 간의 모순의 제약을 받으며, 생산력과 생산관계 간의 모순의 해결은 또한 경제기초와 상부구조 간의 모순의 해결에 의존한다는 점이 강조된다.

생산력과 생산관계의 상호 모순을 포함하고 있는 생산방식은 사회의 발전을 결정하는 힘이며, 생산력이 일정한 단계로 발전하게 되면 반드시 생산관계의 변혁을 초래하게 되고, 이로부터 사회의 정치제도와 사회의 이데올로기의 변혁을 초래하게 되어 궁극적으로는 사회형태의 변혁을 유발하게 된다. 그러나 사회의 정치제도와 사회의 이데올로기는 결코 생산력의 상황에 의해 직접적으로 결정되는 것은 아니고 생산관계의 성격에 의해 결정되는 것이기 때문에 한 사회의 생산관계의 총화는 당해 사회를 구성하는 경제기초가 된다.

그뿐만 아니라 역사유물론은 상부구조에 대한 경제기초의 결정적 작용을 긍정함과 동시에 상부구조가 단순히 경제기초를 소극적으로 반영하는 것만이 아니고 경제기초를 위해 적극적으로 봉사함으로써 경제기초에 대해 거대한 능동적 작용을 한다는 이른바 경제기초와 상부구조 간의 변증법적 상호관계도 지적하고 있다. 물론, 경제와 정치도 변증법적 통일관계에 있으며, 경제가 정치를 결정하고, 정치 또한 경제에 거대한 반작용을 하게 된다.

역사유물론에 의하면, 사회의 상부구조는 경제기초 위에 세워진 정치와 법률제도 및 그에 서로 적응하는 사회이데올로기인 것이다. 인간은 일정한 경제관계의 기초 위에서 일정한 정치관계와 일정한 사상관계를 형성한다. 정치관계는 각종 정치제도에서 표출되며, 정권, 법제, 군대, 경찰, 법원, 당파와 단체의 조직활동 등 모든 국가기구와 정치구조에서 표출된다. 그리고 사회이데올로기는 인간의 정치적 관점, 법률적 관점, 도덕, 철학, 예술 등을 포함한다. 정치 및 법률제도와 사회이데올로기는 상호 유기적으로 연계되어 있는 것이다. 한 사회의 정치 및 법률제도는 특정한 사회적 관점과 사상체계의 지도를 받을 뿐만 아니라 그것에 적응하도록 세워진 것이다.

그런데 정치는 상부구조에서 주도적 위치에 있게 된다. 따라서 정치와 사회이데올로기의 관계에서 사회이데올로기의 발전이 경제기초의 발전을 반영하고 있긴 하지만 정치의 제약을 받고 정치에 예속되게 된다. 따라서 계급사회에서의 각 계급 간의 이데올로기투쟁은 직·간접적으로 정치투쟁의 내용을 수반하게 된다.[54]

이처럼 일정한 조건과 범위 내에서 상부구조가 하부구조에 거대한 반작용을 하고, 정치가 상부구조의 핵심으로서 주도적 위치에 있으면서 상부구조의 다른 요소들을 제약한다는 역사유물론은 사회의 생산관계, 즉 사회경제관계의 발전법칙에 근거하여 인류역사상의 각종 사회제도, 특히 그중에서도 자본주의 사회제도의 본질 및 그 발전법칙을 파헤치고 자본주의가 사회주의로 대체되는 역사적 필연성을 논증함으로써, 그리고 사회주의와 공산주의의 건설자로서의 무산계급의 지위와 역사적 사명을 천명함으로써 무산계급 및 그 정당이 자체의 투쟁 강령과 목표를 수립하는 데 사상과 이론적 근거를 제공한다.

따라서 무산계급 군대의 정치사업은 인민대중들이 공산주의의 세계관과 인생관을 확립하고 사회주의와 공산주의를 향해 분투노력하도록 지도하고 격려하는 데 있어서 역사유물론을 그 사상적 기초로 삼게 된다.

2) 이론 기초

(1) 계급투쟁론

마르크스주의의 사상체계 속에서 계급투쟁론은 유물사관을 떠나서는 이해할 수가 없는 것이다. 다시 말해서 계급과 그 투쟁은 모두 경제로부터 오는 것으로 보기 때문에 유물사관(역사유물론)이 없다면 계급투쟁론은 성립하지 못한다. 다만 사회철학과 역사철학에 속하는 계급투쟁론은 물질을 중심으로 하는 유물사관과는 달리 인간을 중심으로 한다는 것에 차이가 있을 뿐이다.

마르크스의 역사유물론적 계급투쟁관은 〈공산당선언〉 속에서 선명하게 표현되고 있다:

"매 역사적 시대의 주요한 경제생산과 교환방식 및 그로부터 필연적으로 결정되는 사회구조는 해당 시대의 정치와 사상의 역사적 기초이다. 이 때문에 〔원시토

54 艾思奇 主編, 前揭書, p.236.

지공유제가 해체된 때부터) 모든 역사는 계급투쟁의 역사이다. 즉 사회발전의 각 단계에서 피착취계급과 착취계급 간, 피통치계급과 통치계급 간의 투쟁의 역사이다. 이 투쟁은 현재 이미 이러한 단계에 도달했으며, 피착취피압박 계급(무산계급)은 자기를 착취하고 자기를 압박하는 그러한 계급(자산계급)의 질곡(桎梏)으로부터 벗어나기 위해서 동시적으로 전체 사회가 영원히 그 어떠한 착취, 그 어떠한 압박, 그리고 그 어떠한 계급 구분과 계급투쟁으로부터 벗어나게 하지 않을 수가 없다."[55]

마르크스의 유물론적 역사관에 의하면, 상부구조를 결정하는 경제기초와 경제기초에 반작용을 하는 상부구조는 상호작용을 하면서 모순운동을 일으킨다. 생산력이 진일보 발전하여 생산관계가 이미 생산력의 발전을 심각하게 가로막는 질곡으로 변할 때 상부구조는 근본적 변혁을 요구하는 경제기초의 객관적 추세와 첨예한 모순과 충돌을 일으키게 된다.

그런데 경제기초와 상부구조의 모순은 생산력과 생산관계 간의 모순의 제약을 받으며, 생산력과 생산관계 간의 모순 해결은 경제기초와 상부구조 간의 모순 해결에 의존하게 된다. 생산력과 생산관계 간, 경제기초와 상부구조 간의 모순운동은 오직 사회혁명을 통해 낡은 정권을 전복하고 낡은 상부구조를 근본적으로 변혁할 때 비로소 해결될 수 있게 된다.

따라서 이러한 모순을 해결하기 위하여 선진적 생산관계를 대표하고 경제기초의 변혁 요구를 반영하는 피착취계급은 낡은 생산관계를 대표하고 상부구조인 국가 권력을 동원하여 변혁을 방해하는 착취계급을 타도하기 위한 격렬한 계급투쟁을 전개하게 된다.

엥겔스는 "모든 역사 변동의 최종 원인 중에서 가장 중요하고 모든 역사를 결정하는 것은 정치변동이다. … 모든 빈번하고 복잡한 정치투쟁에서 문제의 중심은 시종 사회계급의 사회와 정치의 통치이다. 즉 구계급은 통치를 유지하려 하고 신흥계급은 통치를 획득하려 한다."[56]고 하면서 계급투쟁이 곧 정치투쟁임을 분명히 하였다.

---

55 「馬克思恩格斯選集」 第1卷(上), "共産黨宣言", (北京: 人民出版社, 1972), p.234.

56 「馬克思恩格斯選集」 第3卷(上), "卡尔·馬克思", (北京: 人民出版社, 1972), p.40.

계급투쟁이 곧 정치투쟁이라는 것은 정치의 본질을 계급관계로 파악하는 것으로서 이러한 계급관계는 계급 간의 대립관계를 포함하기도 하고 계급 간의 비대립관계와 당해 계급 내부의 관계를 포함하기도 한다. 계급관계는 국가, 민족, 사회집단이나 또는 사회세력의 내부에 반영되기도 하고, 국가 간, 민족 간, 그리고 사회집단이나 또는 사회세력 간에 구현되기도 한다. 이처럼 정치의 본질이 계급관계임을 인정하느냐의 여부는 곧 마르크스주의의 정치관과 모든 비마르크스주의의 정치관 간의 분수령이 되고 있다.

이처럼 계급투쟁론은 마르크스의 사회철학인 동시에 가장 중요한 정치이론이 되고 있다. 인류사회의 원시시대에는 결코 정치가 존재하지 않았으며, 계급사회로 진입하면서 국가가 형성된 이후에 비로소 노예주계급정치, 봉건지주계급정치, 자본계급정치, 그리고 무산계급정치가 차례로 출현하였고, 줄곧 어떤 초계급적이거나 또는 비계급적인 정치는 존재하지 않았다고 하는 주장도 실은 계급투쟁론에 근거하는 것이다.

마르크스주의에 의하면, 이익은 인간이 모든 활동에 종사하는 기본적인 동력이다. 마르크스주의의 계급투쟁론은 개인의 물질이익뿐만 아니라 계급의 물질이익을 계급이익의 본질로 파악하는 것으로부터 출발한다. 물질이익은 인간이 자신의 물질생활과 정신생활의 수요를 충족하기 위하여 취하는 물질자료(생활자료와 생산자료)에 대한 점유로 해석된다. 그뿐만 아니라 물질이익은 생산관계인 경제관계의 구체적 표현으로서 모든 사회의 경제관계는 우선적으로 이익이 되어 표출된다. 또한 인간이 생산관계 속에서 처해 있는 바의 지위는 서로 다르며, 특히 생산자료에 대한 점유관계의 차이는 인간이 획득한 바의 물질이익의 성격과 수준의 차이에 의해 결정되며, 계급으로 구분되어 있는 사회에서는 물질이익이 계급의 물질이익으로 나타나게 된다. 따라서 계급투쟁이 중심이 되는 정치는 특정계급의 근본이익을 보호하고 통치 지위를 획득하는 것을 목적으로 하게 되며, 무산계급의 정치는 무산계급의 경제이익을 반영하게 된다.

계급투쟁은 경제투쟁, 정치투쟁, 그리고 사상투쟁 등 3종류의 기본형태로 구분되는데, 경제영역의 자재계급(自在階級, Class-in-itself)으로부터 출발하여 노동자들의 적극적 참여를 유도하는 경제투쟁, 자위계급(自爲階級, Class-for-itself)으로 발전하여 무산계급의 이익을 위해 싸우는 정치투쟁, 그리고 사회이데올로기를 강력한 무기로 삼아 싸우는 사상영역의 계급투쟁인 사상투쟁이 있다.

사상영역의 계급투쟁인 사상투쟁을 위한 마르크스주의의 철학과 이론의 중요성이 특별히 강조된다. "비판의 무기는 무기의 비판을 대체할 수 없으며, 물질역량은 오직 물질역량을 사용하여 때려 부술 수 있다. 그러나 이론은 일단 대중을 장악하게 되면 물질역량으로 변하게 된다."[57] 그뿐만 아니라 "철학은 무산계급을 자기의 물질무기로 여기며, 이와 마찬가지로 무산계급 역시 철학을 자기의 정신무기로 여긴다."[58]

이처럼 마르크스는 철학과 계급, 이론과 실천의 불가분적 관계를 강조하면서, 철학은 단지 무산계급 해방투쟁의 실천과 서로 결합하고, 이론은 오직 대중을 장악해야만 비로소 물질역량으로 전화하고 현실로 변할 수 있게 된다고 지적하였다. 무산계급이 해방을 쟁취하는 투쟁 역시 철학을 떠날 수 없고, 과학적 이론의 지도를 떠날 수 없으며, 무산계급은 오직 철학을 자기의 정신무기로 여길 때 비로소 해방을 얻을 수 있게 된다는 것이었다.

마르크스의 계급투쟁론은 후일 레닌과 스탈린에 의해 운용되기 시작한 무산계급혁명의 전략과 전술의 이론적 기초가 되고 있으며, 공산당의 전략과 전술은 사회투쟁의 기본형태로 간주되는 무산계급의 계급투쟁을 지도하는 과학과 예술로 칭송된다.[59]

무산계급혁명의 기본 "전략은 각 단계의 최저강령을 실현하기 위하여 만들어지는 것이며, 계급 역량의 대비(對比)와 기본형세를 근거로 하여, 혁명의 각 단계에서 무산계급의 주요 타격방향을 규정하고, 혁명역량(기본역량과 예비역량)의 배치계획을 주도면밀하게 수립하며, 혁명의 일정한 단계의 전체 과정에서 그 계획을 실현하기 위하여 분투하는 것이다"[60]고 정의된다.

이처럼 전략의 정의와 임무로 볼 때, 공산혁명 전략의 기본 임무는 ①전략목표를 확정하고, ②기본역량을 건립하며, ③타격방향을 결정하고, ④예비역량을 쟁취하고, ⑤전략지도를 실시하는 것으로 집약된다.

특히 계급투쟁의 전략지도 임무는 모든 예비역량을 정확히 운용하여 특정한

---

57 「馬克思恩格斯選集」 第1卷(上), "黑格爾法哲學批判(導言)", (北京: 人民出版社, 1972), p.9.

58 上揭書, p.15.

59 斯大林, 〈共産黨原始資料選輯〉 第3集, (臺北: 中華民國國際關係研究所, 1969), p.113.

60 上揭書, p.114.

발전단계에 있어서의 혁명의 기본목적을 달성하는 것이 된다. 구체적으로 말해서 일정한 혁명단계에서 자신을 공고히 하고 중간세력을 끌어들이며, 적을 고립시켜 타도함으로써 승리를 쟁취하는 것이다.

요컨대, 무산계급혁명의 전략이란 각각의 과도기적 단계에서 달성하고자 하는 바의 정치목표를 근거로 하여, 그 기본적인 타격방향〔누구를 타격하고, 누구를 소립시키는가?〕, 그리고 기본역량〔누구를 의지하는가?〕와 예비역량〔누구와 연합하는가?〕를 확정하는 배치계획이기 때문에 결국에는 누가 직접적인 동맹군이고, 누가 간접적인 동맹군이며, 누가 주요 적이고, 누가 부차적 적인지를 구분하며, 연합할 수 있는 모든 동맹군과 연합하고, 일정한 조건 하에서 부차적 적과도 연합함으로써 제1차적 적을 타도하는 문제로 귀결된다.

계급투쟁의 "전술은 혁명운동의 고조기와 퇴조기, 그리고 혁명세력의 고조기와 퇴조기의 비교적 짧은 시간 내에 반드시 취해야 하는 행동노선을 규정하며, 새로운 투쟁형식과 조직형식으로 낡은 투쟁형식과 조직형식을 대체하고, 새로운 구호로 낡은 구호를 대체하며, 이들 형식을 배합함으로써 행동노선의 실현을 위해 투쟁하는 것이다"[61]고 정의된다.

이처럼 전술의 주요내용은 ①행동노선, ②투쟁형식, ③조직형식, ④행동구호로 구성된다.

특히 전술지도는 전략지도의 일부로서 전략지도의 임무와 요구에 복종하는 것이다. 전술지도의 임무는 무산계급의 모든 투쟁형식과 조직형식을 장악하고, 이들 형식의 정확한 운용을 보증함으로써 일정한 역량 대비 하에서 최대의 전략적 성과를 획득할 수 있도록 준비하는 것이 된다.

이상에서 언급된 바와 같이 정치의 본질이 계급이익을 반영하는 계급관계일진데, 무산계급 정치의 범주에 속하는 무산계급 군대의 정치사업은 군대의 무산계급화를 실현하는 데 있어서 필연적으로 계급투쟁론을 이론적 근거로 삼게 된다. 따라서 무산계급 군대의 정치사업은 무산계급의 이익을 반영하는 계급투쟁론을 그 목표, 내용, 방법, 그리고 임무를 설정하는 데 있어서 이론적 근거로 삼게 된다.

---

61 上揭書, pp.115-116.

(2) 노동소외론

헤겔에서부터 철학적 개념으로 사용된, 그리고 라틴어로서 중세 신학에서도 사용되었던 Alienatio로부터 유래된 Alienation 또는 독일어의 Entfremdung이라는 소외(疏外)의 의미는 아래와 같이 서술된다:

소외의 특정한 철학적 내포는 주체 활동의 결과로서 주체가 자기와 다른[異己的] 역량이 된 후에 반대로 주체와 대결하거나 주체를 지배하고 통치하는 현상으로 정의된다. 그래서 소외는 또 다른 용어로서 이화(異化) 또는 이기화(異己化)로 표현되기도 한다.

소외는 대상화(objectification)와 구분된다. 대상화는 대상 속에 노동이 실현되고, 노동이 물화(物化)된 것이다. 다시 말해서 대상화(對象化)는 주체로서의 인간의 능동적이고 본질적인 역량이 활동형식으로부터 물질의 존재형식으로 전화(轉化)하여 일정한 객체를 창조하는 것이다. 인간은 바로 대상화를 생산하는 과정에서 자기를 창조하고 자유를 획득하며, 따라서 노동의 대상화는 중성(中性) 개념으로서 보편성을 지닌다.

마르크스는 포이에르바하(Ludwig Feuerbach, 1804-1872)가 종교를 세속적 기초로 귀결했지만, 대상화와 소외를 구별하지 않음으로써 인간 본질의 소외가 왜 일어나는지를 지적하지 못했고, 단지 추상적이고 내용이 없는 인류의 사랑만을 읊을 수밖에 없었으며, 소외를 극복하기 위한 유물론의 길을 알려줄 방도가 없었음을 비판하면서,[62] 헤겔의 변증법과 포이에르바하의 유물론을 결합하여 오직 사회적 실천에 종사하는 인간만이 역사를 창조하는 주체임을 강조하였다.

이어서 마르크스는 포이에르바하에 근원을 두고 있는 인간의 유적(類的) 생활과 유적 본질을 구성하는 노동은 결코 사유제 조건 하의 '소외노동'이나 인간의 '직접적인 육체적 수요'를 만족시키는 노동이 아니며, 오직 목적이 있고 자유로우며 자각적인 활동을 가리키는 것임을 제기하였다. 인간의 자기에 대한 확증은 단순한 의식활동에 의지하는 것이 아니라 주로 자연을 개조하는 생산노동에 의존하는 것이라고 생각했으며, 노동은 인간이 자기 생명을 창조하는 활동이고, 인간의 생명활동이며, 인간의 유적(類的)활동이라는 것이었다.

마르크스는 과거의 사회주의와 공산주의가 사유재산의 소외를 반대했지만 노

---

62 楊適, '異化與對象化', 《楊適文集》, 第5卷, (北京: 人民出版社, 2017), pp.111-112.

동과 소외노동을 분명하게 구분하지 않았기 때문에 물적 분야의 소외만을 반대하는데 머물렀으며, 마치 사유재산만 폐기하면 자본주의의 생산방식, 그리고 노동자와 그 노동을 건드리지 않아도 해방을 성취할 수 있다고 하는 것과 같았다고 비판하였다. 그들은 소외노동을 소멸시키지 않으면 사유제를 소멸시킬 방도가 없다는 것을 전혀 몰랐으며, 이와 반대로 오히려 소외노동에 의지하여 노동자의 권리만을 요구했다는 것이었다.

마르크스는 대상화를 소외와 혼동한 헤겔과는 달리 노동과 소외노동을 분명하게 구분했다. 대상화가 가리키는 것은 노동이며, 그것은 인간이 생존하고 자유를 획득하는 정상적이고 필요하며 영구적인 활동으로서 결코 소외가 아니다. 요컨대 대상화는 단지 인간이 자기의 본질 역량을 대상으로 외화할 뿐만 아니라 자기가 창조한 대상을 통해 자기 자신을 대상화하는 것이며, 외화된 것은 또 내재적인 것으로 전화된다.

그런데 소외노동은 비록 대상화이지만 대상화의 특수한 상황의 일종으로서 그 본성은 대상화의 원래 의미와는 상반되게 인간을 창조하고 노역시키는 일종의 대상화 활동이다. 따라서 마르크스에게 소외를 대상화라고 하는 것은 인간을 노역시키는 소외의 성질을 숨기고 말살하는 것이며, 소외를 위해 보수적으로 변론하는 격이 된다.

마르크스는 헤겔이 노동을 인간의 자아 긍정, 그리고 인간 해방의 수단으로 보았으며, 노동을 유심론적으로 이해하면서 그것을 정신의 발전과정의 한 단계로 파악하면서 노동의 긍정적인 면만 보았지, 부정적인 면, 즉 노동의 소외는 보지 못하였다고 지적하였다. 그뿐만 아니라 마르크스는 자산계급의 고전경제학이 사유재산을 자연적이고 합리적인 것으로 보았기 때문에 다른 재산형태가 있다는 것을 몰랐고 또 인정하지도 않았으며, 이 때문에 사유재산을 국민의 재부로 여기고 그 소외의 성질을 말살했으며, 이렇게 하여 사유재산이 지니는 소외 성질의 본원(本源)을 밝힐 수가 없었다고 분석했다.

따라서 마르크스에 의하면, "노동은 부자를 위해 기적 같은 생산물을 만들어 냈지만 노동자들에게는 빈곤을 생산하도록 했고, 노동은 궁전을 만들었지만 노동자에게는 가축우리를 만들어 주었으며, 노동은 아름다움을 생산했지만 노동자들을 기형으로 만들었고, 노동은 기기를 사용하여 수공노동을 대체했지만 일부 노동자들은 야만적인 노동으로 되돌아갔으며, 노동은 지혜를 생산했지만 노동자들을 어리석고 우둔하게 만들었다"[63]는 것이었다.

이처럼 마르크스에 의하면, 노동이 생산한 대상, 즉 노동의 생산물은 일종의 자기와 다른[異己的] 역량으로서 노동과 서로 대립한다. 노동의 생산물은 그 어떤 대상 속에 고정되고, 물화(物化)된 노동으로서 노동의 대상화인 것이다. 노동의 현실화는 곧 노동의 대상화이다. 그런데 국민경제의 실제상황 속에서는(자본주의사회에서는) 노동의 이러한 현실화는 노동자의 비현실화로 표현되며, 대상화하는 대상의 상실과 대상에 대한 노역으로 표현되고, 점유는 소외로 표현된다.[64]

마르크스에 의하면, 자본주의사회의 소외노동은 노동자의 노동과 그의 생산물 간의 소외, 노동활동 자체의 소외, 인간과 자기의 유적 본질 간의 소외, 그리고 인간과 인간 간의 소외 등 4개 규정으로 구체화된다.

제1규정: 노동자의 노동과 그의 생산물 간의 소외

노동으로 생산되는 대상, 즉 노동의 생산품은 정반대로 노동자와는 다른 역량의 존재물이 되어 노동자를 공격하고 지배한다. 노동에 의한 생산품은 노동자와 대립적 관계를 발생시키며, 대상화는 대상을 상실한 대상이 되고 대상에게 노역을 당한다. 노동자가 당연하게 점유해야 하는 것이 노동자와는 다른 역량에 의해 점유된다.

그런데 노동자는 노동 중에 힘을 소비하는 것이 많으면 많을수록 자기를 반대하는 물질적 대상세계를 창조하는 힘은 더욱 더 강해지며, 이에 반해 그 자신은 더욱 더 빈곤해진다. 다시 말해서 노동자가 생산한 재부가 많으면 많을수록 노동자가 소유하는 재부는 더욱 더 적어지며, 노동자는 더욱 더 그 재부에 의해 노역을 당하게 된다.

제2규정: 노동활동 자체의 소외

노동 자체의 소외는 소외노동 개념의 가장 본질적인 규정이며, 가장 핵심적인 제기방법이 된다. 노동자와 자기 노동활동 간의 소외관계는 노동활동 자체의 소외

---

63 〈馬克思恩格斯列寧哲學經典著作導讀〉, '1844年經濟學哲學手稿(節選)', (北京: 人民出版社, 2012), p.43.

64 上揭書, pp.41-42.

이고 '자아소외'이며, 제1규정의 노동자와 그 생산품 간의 소외는 물적 소외이다.

마르크스는 노동과 그 생산품 간의 소외 문제로부터 출발하여 현상으로부터 본질을 추구했으며, 제2단계로 노동활동 자체의 소외를 제기했다. 노동은 노동자에 대해서 말하자면 외재적인 것이며, 노동자는 노동 속에서 자기를 긍정하는 것이 아니고 자기를 부정하며 행복을 느끼지 않고 불행을 느낀다. 자기의 체력과 지력을 자유롭게 발휘하는 것이 아니라 자기의 육체가 학대당하도록 하고, 정신이 심하게 손상되도록 한다.

이처럼 노동은 원래 자신의 본성에 속하는 것인데, 자신의 필요에 의해서 스스로가 원해서 하는 노동이 아니고, 어쩔 수 없이 타의적이며 강압에 의한 노동으로 변질됨으로써 노동 자체가 자신으로부터 소외된다. 오직 이러한 강제가 중지되어야만 노동자는 이러한 노동에서 벗어나게 된다.

제3규정: 인간과 자기의 유적 본질 간의 소외

마르크스의 인간의 본질에 대한 이해는 이론적으로는 포이에르바하의 인간에 대한 학설로부터 출발한 것이었다. 포이에르바하는 종교를 비판하는 가운데 자신의 유물론적 인본(人本)철학을 제기하였으며, 종교는 인간이 자기의 유적(類的) 본질을 소외한 결과에 지나지 않는 것이라고 했다. 인간 자체가 인간의 진정한 하느님이며, 종교의 본질은 인간의 본질이 소외된 것이었다.

포이에르바하에 있어서 인간은 단일한 개인이 아니라 유적 존재물이었다. 인간이 유(類)를 형성하지만 본래의 인성은 이성, 의지, 사랑으로 생성되며, 이러한 유적 생활, 유적 존재, 그리고 유적 의식의 본질은 추상적인 사유나 정신이 아니고 인간의 감정, 감각, 그리고 생동적이고 충실한 감성의 존재인 것이다.

여기서 마르크스는 인간과 동물을 구분하는 데 있어서 인간이 유적 의식을 지니고 있는 존재물이라는 포이에르바하의 제기방식을 빌려, 동물은 단지 개체를 대상으로 하나 인간은 유(類)를 대상으로 하며, 하나의 개체인 동시에 인류로 인식하는 인간의 생산활동은 인간의 족류(族類) 생활이며, 이러한 활동 속에서 족류로서의 모든 특징이 존재하게 되는데, 바로 그 인간의 족류 특징이 자유롭고 자각적인 활동이라고 보았다.

이처럼 인간은 유적 존재물이며, 자유자각적인 활동인 노동은 인간의 유적 본질이 된다. 인간의 유적 본질은 반드시 대상화되어야 하며, 인간이 노동 속에서 생산한 산품, 그리고 창조하는 대상세계는 자기 유적 본질의 대상화와 확증인 것이다.

그런데 자본주의사회의 노동은 소외노동으로 변하게 되고, 인간으로부터 생산과 생활의 대상과 자연계를 앗아간다. 생산에 종사하는 사람은 더 이상 자신을 발전시키고 자신의 노동을 긍정할 수 없게 되고, 인간은 자기의 유적 생활과 유적 본질을 잃어버리게 된다.

유적 발전으로서의 노동의 자유로운 활동이 결국에는 개인이 생존을 유지하는 수단으로 변하게 된다. 각 개인은 모두 사적 이익을 위하고 생존을 도모하기 위하여 활동하며, 인류는 자기의 목적을 상실하고 사리사욕을 채우는 이기적인 개인 간의 전쟁으로 소외된다. 이 때문에 유적 활동은 오직 개인의 생활을 유지하는 수단으로 바뀌게 되고, 그 결과 인간과 자기의 유적 본질이 서로 소외되기에 이른다. 다시 말해서 인간의 본질과 인간이 소외됨으로써 인간의 자유자각적인 활동이 오직 생존을 위한 수단으로 전락하게 된다.

제4규정: 인간과 인간 간의 소외

제1규정인 노동자와 자기 노동 생산물 간의 소외, 제2규정인 자기 노동 자체의 소외, 그리고 제3규정인 인간과 자기의 유적 본질 간의 소외가 진행되면서 노동자가 본래 소유해야 하는 것에 대한 타인의 점유 문제가 발생하게 된다. 이로 인해 필연적으로 인간과 인간 간의 상호 대립이 야기된다.

소외노동은 인간과 자기의 유적 본질 간의 소외를 발생시키며, 이러한 소외의 직접적인 결과로서 인간과 인간 상호관계의 소외가 일어난다. 인간과 자기의 유적 본질의 소외는 당연히 구체적인 개인과 타인 간의 소외관계를 통해서만 체현된다. 그런데 노동산품이 더 이상 노동자에게 속하지 않고 반드시 노동자의 밖에 있는 존재물에 속한다면 그것은 노동자와는 다른 사람으로서 노동자 밖의 또 다른 개인이나 일부 사람들이 된다.

요컨대, 인간은 어차피 자기의 유적 생활과 소외된다면 타인과 소외될 수밖에 없는 것이다. 즉 인간은 자신과 대립됨은 물론이고 타인과도 대립된다. 그런데 이 타인은 노동도 하지 않고 생산도 하지 않는다. 이렇게 하여 노동자는 노동의 소외를 통해 생산을 하지 않고 노동의 밖에 서 있는 사람과 노동관계를 형성하게 된다. 결국 노동자와 노동관계는 곧 노동 밖의 사람들로서 자본가인 고용주와 노동자와의 대립적 관계로 발전하게 된다.

마르크스의 이러한 노동소외론은 자신의 공산주의사회를 개념화하는 이론적 기초를 제공한다. 노동소외론을 통해 제기되고 있듯이 마르크스에게는 "소외노동이 극복되고 자유자각적인 노동생활을 향유하는 자유인의 연합체"가 곧바로 공산주의사회인 것이다.

(3) 공산주의사회론

마르크스와 엥겔스는 무산계급의 계급투쟁을 통해 도래하게 될 계급이 없는 사회에서의 무산계급의 계급통치에 관해 분명하게 서술하였다:

"발전과정에서 계급 차별이 이미 사라지고 모든 생산이 연합한 개인의 수중에 집중될 때, 공중의 권력은 그 정치적 성질을 상실하게 된다. 원래 의미의 정치권력은 한 계급이 다른 한 계급을 억압하는 데 사용하는 조직적인 폭력이다. … 만약에 무산계급이 통치계급의 자격으로 폭력을 사용하여 낡은 생산관계를 소멸한다면, 이와 동시에 계급의 대립과 계급 자체의 존재조건이 소멸할 것이며, 이로부터 무산계급 자신의 계급통치도 소멸한다."[65]

이처럼 마르크스에 의하면, 계급의 대립을 통제해야 하는 필요에 따라 생긴 것이 국가이며, 국가란 외부의 물리력에 의해 파괴되는 것이 아니라 스스로 소멸한다:

"사회적 생산이 최고의 발전단계에 이르면 계급의 존재는 더 이상 필요하지 않을 뿐만 아니라 생산의 직접적인 장애가 된다. 따라서 계급은 이전에 불가피하게 생겨난 것과 마찬가지로 불가피하게 소멸한다. 계급이 사라지면서 국가 역시 불가피하게 사라진다. 생산자와 자유롭고 평등한 연합체를 기초로 하고, 새로운 방식에 따라 생산하는 사회를 조직하며, 모든 국가기기를 그것이 반드시 가야 하는 곳으로 보낸다. 즉 고물을 전시하는 진열관으로 보내서 물레와 청동도끼와 함께 진열한다."[66]

---

65 「馬克思恩格斯選集」 第1卷(上), "共産黨宣言", (北京: 人民出版社, 1972), p.273.

66 「馬克思恩格斯選集」 第4卷(上), "家庭, 私有制和國家的起源", (北京: 人民出版社, 1972), p.170.

국가가 소멸하고 도래하게 되는 공산주의는 사유제가 폐기되고 공유제가 실현되며, 계급이 사라지고, 인간의 자아소외가 양기되며 노동의 소외가 극복되고, 사회의 전체 구성원으로 결성된 자유인의 연합체가 된다.

그러나 마르크스는 파리코뮌(Paris Commune, 1871. 3. 18-5. 28)을 교훈 삼아 〈고타강령(Gothaer Programm) 비판〉(1875) 속에서 공산주의는 2개 단계를 거쳐 실현되며, 발전단계에서의 과도기가 필요하다는 주장을 제기했다:

"이러한 적폐들은 공산주의사회의 제1단계에서, 그것이 오랜 세월의 산고를 거치면서 방금 자본주의사회 속으로부터 생긴 형태 속에서는 불가피한 것이다. 법권(法權)은 사회의 경제구조 및 경제구조에 의해 결정된 사회 문화의 발전수준을 영원히 넘어설 수 없다."[67]

"공산주의사회의 고급단계에서 사람들을 노역시키고 사업의 분업에 복종하지 않을 수 없게 하는 상황이 이미 사라진 후, 정신노동과 육체노동의 대립이 이미 그에 따라 사라진 후, 노동이 이미 단순히 생계를 도모하는 수단이 아닐 뿐만 아니라 노동 자체가 이미 삶을 즐기는 제1차적 요소가 될 때, 생산력이 이미 각 개인이 각 분야에서 발전함에 따라 증가하고 모든 공공재부의 원천이 최대한으로 솟아나올 때, … 오직 그러할 때 비로소 자산계급 방식의 법권의 좁은 시야를 완전히 극복하고, 사회는 자기의 깃발 위에 이렇게 쓸 수 있을 것이다. 각자가 능력껏 일하고 필요한 만큼 분배한다!(各盡所能, 按需分配)"[68]

따라서 공산주의사회와 사회주의사회를 구분하는 기준은 비교적 선명해진다:

첫째, 발전단계로 보면, 공산주의사회의 제1단계는 공산주의의 낮은 단계로서 사회주의단계가 되며, 공산주의사회의 제2단계는 사회주의사회가 고도로 발전한 공산주의사회의 높은 단계로서 진정한 공산주의사회가 된다.

둘째, 계급의 유무로 보면, 사회주의사회는 계급이 존재하고 공산주의사회는 계급이 소멸되고 존재하지 않는다.

셋째, 노동의 의미로 보면, 사회주의사회의 노동은 일종의 생계를 도모하는 수

---

67 馬克思·恩格斯, "歌達綱領批判", 「共產黨原始資料選輯」 第1集, (臺北: 中華民國國際關係研究所, 1969), p.78.

68 上揭書, p.87.

단이고, 공산주의사회의 노동은 인간이 생활하는 데 필요한 제1차적 요소로서 삶을 즐기는 것이다.

넷째, 분배방식으로 보면, 사회주의사회는 각자 능력을 다해 일하고 일한 것만큼 분배하는 것이고(各盡所能, 安勞分配), 공산주의사회는 각자가 능력껏 일하고 필요한 만큼 분배하는 것이다(各盡所能, 按需分配).

그런데 자본주의사회로부터 공산주의사회로 진입하는 데는 그 중간에 과도기적 과정을 필요로 하게 된다:

"자본주의사회와 공산주의사회 간에는 전자로부터 후자로 변하는 혁명의 전환시기가 있다. 이 시기와 서로 적응하는 것 역시 정치적 과도시기가 있으며, 이 시기의 국가는 단지 무산계급의 혁명독재일 수 있다."[69]

무산계급의 혁명독재는 노동자들의 자치관리에 앞서 국가의 역할을 대체할 기구의 필요성을 인정하는 것이다. 이 혁명독재는 자본주의사회가 붕괴된 이후의 과도기적 정치형태를 가리키지만, 언제까지 존재해야 하는지는 분명하지 않아 보인다.

결론적으로 말해서, 마르크스는 공산주의를 소외노동과 사유재산을 적극적으로 양기하며 인간을 해방시키고 복원하는 운동으로 이해한다. 그뿐만 아니라 노동자의 해방운동은 자본주의사회의 사유제 폐기를 목적으로 하는 것이기에 반드시 계급투쟁을 통해서만 가능하다고 본다. 이처럼 마르크스에게는 공산주의가 노동자의 진정한 해방을 통해서 인간과 인간, 그리고 인간과 자연 간에 존재하고 있는 모순을 진정으로 해결함은 물론, 인간 본질의 풍부성, 즉 합목적적인 자유자각적 노동활동의 실현이 보장되는 운동과 제도인 것이다.

요컨대, 마르크스주의자들은 공산주의 사상과 이론이 무산계급 정당 및 그 정치사업의 지도지침이어야 하고, 무산계급 정당의 노선과 방침 및 정책을 수립하는 이론적 기초이어야 하며, 정치교육의 주요한 의거와 내용이 되어야 한다고 주장한다. 그뿐만 아니라 간부와 대중이 당의 노선과 방침 및 정책을 인식하고 장악하며, 그것들을 철저히 수행하도록 하는데 있어서 사상무기가 되어야 한다는 점을 강조

69 上揭書, p.79.

한다. 따라서 무산계급의 정치임무를 수행하는 무장집단으로서의 무산계급 군대의 정치사업은 매 시기의 투쟁임무, 방침, 정책의 기본방향을 확정하는 데 있어서 공산주의 사상과 이론 및 전략을 근거로 삼게 된다.

3. 전쟁 이론과 정치사업

중국공산당의 군대 정치사업에 대한 이해는 반드시 중국공산당의 군사사상과 전쟁이론으로부터 출발해야 한다. 이는 중국공산당이 시종 군대의 정치사업 제도가 마오쩌둥 군사사상과 전쟁이론의 산물임을 강조하는 것에서 비롯된다.

마오쩌둥은 일찍이 "중국공산당은 17년의 투쟁 속에서 마르크스주의의 정치노선을 부단히 단련했으며, 그뿐만 아니라 강건한 마르크스주의 군사노선을 단련했다. 우리는 마르크스주의를 운용하여 정치문제를 해결할 뿐만 아니라 마르크스주의를 운용하여 전쟁문제를 해결한다."[70]고 강조했다.

기실, 마오쩌둥의 군사사상은 마르크스레닌주의의 교조에 근거하여 러시아 공산당 적군의 전략과 전술, 그리고 중국의 역대 유격전법을 집대성한 것이다. 특히 마오쩌둥은 마르크스레닌주의의 교조를 전승하고, 전쟁의 개시는 계급투쟁의 필연적 결과이며, 정치투쟁의 최고형태라고 생각하면서 전쟁만능론을 제창함은 물론, 오직 총대만이 문제를 해결할 수 있다고 여겼다.

1) 전쟁이론의 계급성

마르크스레닌주의자들은 역사유물론의 관점에서 전쟁은 일종의 사회현상이며, 인류사회 역사발전의 산물이라고 생각한다. 전쟁은 사회가 적대적 계급으로 나누어지면서 발생한 것이며, 계급이 소멸한 후에는 사라지게 된다. 이는 마르크스레닌주의자들의 전쟁의 기원과 소멸에 대한 논법이다.

마르크스와 엥겔스는 일찍이 〈공산당선언〉 속에서 지금까지 존재한 적이 있는 모든 사회의 역사는 계급투쟁의 역사라고 정의했다. 레닌도 말하기를, "사회가 계급으로 갈라지기만 하면, 그리고 인간이 인간을 착취하는 현상이 존재하기만 하면 전쟁은 불가피한 것이다. 착취를 소멸하려고 한다면 우리는 전쟁을 벗어날 수가

70 毛澤東, "戰爭与戰略問題", 「毛澤東選集」, 第2卷, (北京: 人民出版社,1956), p.511.

없다."[71]고 했다. 마오쩌둥 역시 마르크스와 레닌의 관점을 이어받아 전쟁을 다음과 같이 해석했다:

"전쟁 … 계급사회가 출현한 이래 시작된 것이며, 계급과 계급, 민족과 민족, 국가와 국가, 정치집단과 정치집단 간에 일정한 발전단계에 있어서의 모순을 해결하는 데 사용되는 일종의 최고 투쟁형태이다."[72]

"인류사회가 발전하여 계급을 소멸하고, 국가를 소멸하면, 바로 그때에 이르게 되면, 그 어떠한 전쟁도 없어지게 된다. … 이는 인류의 영구한 평화시대이다."[73]

이처럼 중국공산당의 군대 정치사업은 이러한 계급투쟁론적 관점의 전쟁관에 근거하여 장병에 대한 계급교육을 정치교육의 기초로 삼는다.

2) 정치와 전쟁의 관계

중국공산당은 한편으로는 전쟁에서의 정치적 요소의 역할을 경시하는 단순한 군사관점을 반대하며, 다른 한편으로는 정치와 전쟁의 목적과 수단의 관계를 뒤바꾸는 과오를 반대한다.

레닌은 "전쟁은 또 다른 수단(폭력)을 통한 정치의 연속이다."라고 한 클라우제비츠(Karl von Clausewitz, 1780-1831)의 명언을 계승하면서 "마르크스주의자는 시종 이 원리를 공정하게 모든 전쟁을 고찰하는 의미의 이론 기초로 간주해야 한다. 마르크스와 엥겔스는 줄곧 이러한 관점으로부터 출발하여 각종 전쟁을 고찰했다."[74]고 강조했다.

마오쩌둥 역시 정치와 전쟁의 관계에 관한 기본 관점은 레닌의 그것을 그대로 계승한 것이었다:

"전쟁은 정치의 연속이며, 이러한 점에서 말하면, 전쟁은 정치이고 전쟁 자체는 정치적 성격의 행위이다."[75]

---

71 列寧, "革命軍隊和革命政府", 「列寧全集」, 第8卷, (北京: 人民出版社, 1959), p.531.

72 毛澤東, "中國革命戰爭的戰略問題", 「毛澤東選集」, 第1卷, (北京, 人民出版社, 1952), p.168.

73 上揭書, p.172.

74 列寧, "列寧論戰爭与和平的三編文章", 「社會主義与戰爭」, (北京: 人民出版社, 1971), p.8.

75 毛澤東, "論持久戰", 「毛澤東選集」, 第2卷, (北京: 人民出版社, 1956), p.441.

"정치는 피를 흘리지 않는 전쟁이며, 전쟁은 피를 흘리는 정치이다."[76]

"총검이 있으면 또 확실하게 당을 만들 수 있으며, … 간부를 만들 수 있고, 학교를 만들 수 있고, 문화를 만들 수 있으며, 민중운동을 만들 수 있다. … 총대로부터 모든 것이 나온다."[77]

이처럼 마르크스주의자들에게 있어서 전쟁은 일정한 정치 목적을 위해 봉사하는 것이다. 이 때문에 군사투쟁은 반드시 정치투쟁에 복종해야 하며, 군사전략은 반드시 정치전략에 복종해야 한다. 중국공산당은 군사투쟁을 영도하고, 군사전략을 수립할 때 반드시 정치투쟁의 요구를 기초로 하며, 정치전략으로부터 출발한다. 바꾸어 말하면, 정치적인 최종목적을 달성하기 위해서는 반드시 전쟁을 운용한다.

정치와 군사가 불가분의 관계에 있음으로 말미암아서 군대의 장병이 반드시 군사를 알기도 하고 정치를 알기도 하며, 군사작전을 할 줄도 알고 정치투쟁을 할 줄도 알아야 한다. 결국 이러한 요구는 정치사업제도의 필요성과 정치사업의 영도지위를 정당화한다.

3)전쟁의 발생과 승패의 결정요인

일찍이 러시아공산당은 클라우제비츠의 〈전쟁론(Vom Kriege)〉을 비판하는 글 속에서 다음과 같이 서술했다:

"클라우제비츠는 자산계급 안목의 비밀적이고 편협한 특성으로 인해서 정치 자체가 발전하는 추동력이 계급투쟁을 내용으로 하는 사회발전의 역사적 형태라는 것을 제기할 수가 없었다. 클라우제비츠는 정치가 경제이익의 모순을 바탕으로 하여, 그리고 계급투쟁의 기초 위에서 발생한 것임을 분명하게 이해하지 못했으며, 이 때문에 그는 정치가 집중적 경제이며, 계급투쟁이라는 것을 알지 못했다."[78]

러시아공산당의 군사문제에 대한 접근은 변증법에 의존하고 있었으며, 레닌은

---

76 上揭書, p.442.

77 上揭書, p.511.

78 "克勞塞維茨「戰爭論」俄文版序", 「共産主義与軍隊」, (中央新四軍司令部印, 1943), p.19.

다음과 같이 언급했다:

“변증법은 우리들이 발전의 관점에서 주어진 환경에 대해 전면적으로 연구하고, 우리들이 외재적 사물, 가상적인 사물을 근본적인 기동력(起動力)에서 출발하여 원상회복하고, 생산력의 발전과 계급투쟁에서 출발하여 원상회복하는 것을 요구한다.”[79]

엥겔스 역시 〈반뒤링론(Anti Dühring)〉이라는 제목의 글 속에서 군사분야와 관련된 견해를 다음과 같이 밝혔다:

“군대와 함대처럼 경제적 조건에 의존하는 것은 없다. 무장, 편제, 조직, 그리고 전술과 전략은 무엇보다도 먼저 당시의 생산력과 교통수단이 도달하는 수준에 의존한다. 여기서 혁명 성격의 작용을 일으키는 것은 천재적 지휘관의 이성적인 자유로운 창조가 아니라 보다 양호한 무기의 발명과 살아 있는 자료, 그리고 병사의 변화이며, 천재적인 지휘관의 영향이란 기껏해야 그들이 투쟁 방법을 새로운 무기와 새로운 전사에 적합하도록 운용하는 것에 국한된다.”[80]

마오쩌둥 역시 변증유물론적 관점에서 전쟁의 성격을 다음과 같이 설명했다:

“전쟁의 승부가 주로 작전 쌍방의 군사, 정치, 경제, 자연조건에 의해 결정된다는 것에는 문제가 없다. 그런데 이와 같을 뿐만 아니라 또 작전 쌍방의 주관적인 지도능력에 의해 결정된다. 하지만 군사전문가는 물질조건이 허락하는 범위를 벗어나 전쟁을 승리로 이끌 수가 없다.”[81]

“무기는 전쟁의 중요한 요소이다. 그러나 결코 결정적 요소는 아니며, 결정적 요소는 인간이지 물질이 아니다. 역량의 대비는 군사력과 경제력이지만 인간이 장악해야 하는 것이다.”[82]

---

79 郭化若, 「軍事辨証法」, (上海: 新群出版社, 1950), p.41.

80 恩格斯, 「反杜林論」, (北京: 人民出版社, 1957), p.171.

81 毛澤東, “中國革命戰爭的戰略問題”, 「毛澤東選集」, 第1卷, (北京: 人民出版社, 1952), p.180.

82 毛澤東, “論持久戰”, 上揭書, 第2卷, p.432.

이처럼 마오쩌둥은 전쟁의 승패를 좌우하는 것이 물질임을 부인하지는 않았지만 그보다 더 중요한 것은 인간이라는 점을 강조했다. 이른바 마오쩌둥의 인민전쟁이라는 것도 중국공산당의 영도 하에 '인민'의 명의로서 농민의 역량에 의지하면서 노동자계급(중국공산당)의 목적을 위해 수행하는 계급전쟁이며, 여하히 대중을 향해 선전하고, 대중을 조직하고, 대중을 동원하는 대중노선을 전개하느냐의 문제는 주로 군대의 정치사업에 의존하게 된다.

제3절 중국인민해방군 정치사업의 개요와 제도

1. 군대정치사업의 개요

1) 성격과 역할

중국의 군대 정치사업 주체는 중국공산당이며 군대 정치사업은 곧 중국공산당의 사업이다. 중국공산당의 군대 정치사업은 군대 자체의 정치사업을 포함하여 인민대중에 대한 정치사업과 적군을 와해하는 사업의 3대 영역을 망라한다.

일찍이 1991년 1월 1일에 공포된 〈중국인민해방군 정치사업조례〉는 "중국인민해방군의 정치사업은 중국공산당이 군대에 대한 영도를 실시하기 위해 군대 내에서 진행하는 사상사업과 조직사업이다."고 정의한 적이 있다. 이 정의 자체만으로만 본다면 군대 자체의 정치사업만을 가리키는 것으로서 인민대중에 대한 사업이나 적군을 와해하는 사업은 포함되지 않는 것처럼 비쳐질 수가 있다.

그렇지만 대중에 대한 사업은 대중을 선전하고, 대중을 조직하며, 대중을 무장시키고, 정권을 건설하거나 정권기관의 기능을 대행하고, 공산당의 조직을 수립하고 발전시키는 것 등을 포함하여 특정한 시기에 있어서 군대 정치사업의 중요한 내용이 될 뿐만 아니라 모든 부대의 주요 임무의 하나가 된다. 그뿐만 아니라 적군을 와해하는 사업도 군대 정치사업의 중요한 내용일 뿐만 아니라 당과 군대의 모든 전략임무와 전략계획의 중요한 구성부분이 된다. 따라서 중국의 군대 정치사업은 중국공산당이 군대에 대한 영도를 실시하기 위해 군대 내에서 진행하는 사상사업과 조직사업, 그리고 당의 강령을 실현하기 위해 군대에 부여한 정치임무를 모두 포함하게 된다.

중국공산당의 군대 정치사업은 군대 건설과 군대 사업에 있어서 최우선적인 위치를 차지한다. 여기서 "최우선적"이라는 용어를 쓰는 것은 군대의 작전과 훈련이 중심위치에 있다는 것과 구별하기 위한 것이다. 혁명화와 현대화 또는 정치사업과 군사훈련의 관계는 영도와 종속의 관계가 아닌 수평적 관계이다. 따라서 정치사업의 지위를 지나치게 격상하는 경향이나 또는 정치를 군사에 예속시키는 경향 모두가 배제된다.

요컨대, 군대의 혁명화 건설과 정치건설 및 정치사업은 군대의 성격과 방향 및 정신력과 관계되는 것이기 때문에 모든 건설과 모든 사업의 전제가 되는 최우선적 위치에 있게 된다. 그러나 또 한편으로는 정치건설과 정치사업이 일반적인 상황하에서 군대의 중심이 아니며 시간의 안배에 있어서도 주요한 비중을 차지하지 않는다. 오히려 작전과 훈련이 군대의 일상적인 중심으로서 시간적으로 많은 비중을 차지한다.

2) 지도사상과 기본법칙

중국공산당 군대 정치사업의 기본 지도사상은 정치사업에 있어서 기본법칙의 주관적 형식이며, 이론으로 실천을 지도하는 과정에서 중개역할을 담당하는 위치에 놓여 있는 것이다. 또한 정치사업의 기본법칙은 기본요소 간의 본질적 연계를 의미한다. 그뿐만 아니라 군대 정치사업의 내용, 방법, 제도, 기풍 및 근본취지는 그 기본요소들과 상호 관련을 가지면서 상호 제약하는 관계에 있게 된다. 그중에서도 가장 대표적인 3대 기본요소라고 할 수 있는 것은, ①군대에 대한 당의 절대적 영도, ②군대의 근본취지와 임무, ③군대의 전투력이다.

이 3대 기본요소는 군대가 반드시 정치사업을 확립해야 하는 까닭을 결정하며, 정치사업의 범위, 임무, 내용, 조직체계, 기풍과 방법 등 모든 분야의 존재와 발전을 결정하기도 하고, 또한 군대 정치사업의 기본 지도사상을 결정하기도 한다. 따라서 군대 정치사업의 기본 지도사상은 당의 정치, 사상, 조직 영도를 실시하고 보장 및 강화하며, 당이 군대에 부여한 정치임무를 수행하고, 군대가 각항 임무를 완수하는 것을 보장하며, 부대의 전투력을 향상시키고 보장하는 것이 된다.

군대 정치사업은 군대가 각항 임무를 수행하는 것을 보장해야 할 뿐만 아니라 대중사업, 당과 정권의 건설사업, 대침투 및 대적활동, 사회와 정치의 안정 유지 등 임무와 같은 군대의 정치성 임무를 직접 담당하고 실행한다. 또한 군대의 정치사업은 군대의 전투력 향상을 보장해야 할 뿐만 아니라 전투력을 직접 강화하는 기능을 가진다. 이는 군대의 전투력을 구성하는 요소 중에서 정신력과 조직력이 상당한 비중을 차지하고 있으며, 이들 요소가 정치사업에 의해 창출되는 것이기 때문이다.

요컨대, 군대에 대한 당의 절대적 영도, 군대의 근본취지와 임무, 그리고 군대의 전투력 향상은 군대 정치사업의 기본 지도사상을 요구하고 결정하며, 군대 정치사업의 모든 분야를 결정하고, 군대 정치사업의 존재와 발전을 결정한다는 것이다. 또한 군대 정치사업의 체계는 반드시 상술한 바의 3대 기본요소의 요구에 적응해야 하며, 반드시 당의 영도와 각항 임무의 완수 및 전투력의 향상을 자체 목표로 삼아야 하는데, 바로 이것이 군대 정치사업의 기본법칙인 동시에 핵심과 본질인 것이다.

3) 기본원칙

군대 정치사업의 원칙은 정치사업이 정확하게 진행되도록 지도하는 기준이며, 장병일치, 군민일치, 적군와해 등이 있는데, 장병일치 원칙은 군대 자체의 지도원칙이고, 군민일치 원칙은 군대가 사업대의 임무를 수행하는 지도원칙이며, 적군와해 원칙은 대(對)적군 사업의 지도원칙이다.

군대 정치사업의 기본원칙은 기본 지도사상에 의해 결정되며 또한 그 기본 지도사상을 관철하는 것이다. 기실, 장병일치와 군민일치 및 적군와해의 목적을 달성하는 것은 군대에 대한 당의 영도를 구체적으로 실현하고, 당이 군대에 부여한 임무를 완수하며, 군대의 전투력을 향상시키는 것이다.

그런데 군대 정치사업의 3대 원칙은 군대 정치사업의 내재적 요소, 특히 군대 정치사업의 주체와 대상과의 관계로부터 결정된다. 여기서 군대 정치사업의 주체가 되는 것은 공산당이다. 따라서 군대 내부의 정치사업이나 인민대중에 대한 사업 또는 대(對)적군 사업을 막론하고 군대의 각급 당 조직과 정치기관이 당의 통일적인 영도 하에서 구체적으로 조직하고 집행한다. 또한 군대 정치사업은 군대의 장병과 인민대중 및 적군 장병을 대상으로 한다.

4) 기본내용

군대 정치사업의 기본내용은 일반적으로 당 조직의 건설, 간부대오의 건설, 사상과 이론의 건설, 정법(政法) 건설, 민주제도의 건설, 문화 건설, 공산주의청년단 건설, 대(對)민중사업과 연락사업 등을 포함한다.

그러나 상기한 내용들은 크게 사상사업과 조직사업으로 구분된다. 정치교육,

사상품덕교육, 혁명정신교육, 과학문화교육 등은 사상사업에 포함되는 것이며, 중국공산당과 중국공산주의청년단, 정치기관, 간부대오의 건설을 강화하고, 이들 조직이 제 기능과 역할을 다하도록 하는 것은 조직사업에 속하는 것이다.

사상사업과 조직사업은 상호 침투적이며 상호 결합되어 있는 것이다. 또한 교육과 조직은 정치사업의 기본적인 2대 활동방식인 동시에 2대 기능이다. 교육은 정치와 사상적으로 고도의 일치를 달성하고 적군을 와해하는 기본적인 경로이며 중심 부분이다. 그뿐만 아니라 조직은 개체를 군집체와 결합시켜 고도의 응집력을 지닌 전체로 만드는 연결체이며, 교육을 실시하는 지도기관이다. 따라서 이 2대 활동방식과 2대 기능을 완전하게 결합할 때 비로소 군대 정치사업의 "생명선" 역할이 충분히 발휘된다는 논리로 귀결된다.

군대 정치사업의 기본내용은 모두가 동일한 비중으로 중요시되는 것은 아니다. 군대 정치사업의 기본축은 군대 당의 건설이다. 따라서 군대 정치교육의 주요 과제는 공산주의의 사상과 이론, 그리고 공산당의 노선과 방침 및 정책을 선전하고 교육하는 것이 된다. 또한 군대 내의 조직체계인 당의 조직체계, 군사지휘와 행정관리체계, 정치사업체계 가운데서도 당의 조직체계가 지도적 위치에 있으면서 결정적 역할을 행사하며, 기타 체계들을 종속적인 위치에 있게 된다.

2. 군대 정치사업의 영도지휘 구조

1) 당·국가 복합체의 당·정 관계

일당독재와 국유제의 기초 위에 세워진 사회주의국가[83]의 당·국가 관계는 다당제와 사유제의 기초 위에 세워진 자본주의국가의 그것과는 서로 다른 양태로 나타나고 있다. 마르크스주의에 의하면, "정당과 국가기관은 모두 특정한 경제기초 위에 건립된 상부구조이며, 사회주의사회의 당과 국가기관은 모두 무산계급독재의 도구로서 사회의 공복이 된다."[84]

기실, 사회주의 사회에서는 당과 국가가 분리될 수 없는 통일체이긴 하지만 당

83 여기서의 사회주의국가는 다음의 3가지 기준에 따라 분류되는 공산주의체제를 가리킨다: ① 마르크스레닌주의의 공식적 선언, ②국유제 또는 공유제에 기초한 생산수단의 경제체제, ③ 사회에서 지도적 역할을 행사하는 전위로서의 마르크스레닌주의 정당.

84 王滬寧 主編, 「政治的邏輯」, (上海: 上海人民出版社, 1998), p.420.

은 하나의 자각적인 계급정당으로서 사회의 공공권위인 국가정권과는 구별된다. 국가는 그 계급내용을 벗어날 수는 없지만 형식상 전체 사회의 대표로서 정치적 기능뿐만 아니라 사회관리와 행정관리 기능을 가지고 있으며, 국가사무와 사회생활을 직접 관리한다. 그러나 정당은 특정한 계급의 조직형태로서 국가에 대한 전반적인 영도를 책임진다. 요컨대, 국가는 인류사회 속으로부터 분화되어 나온 관리기구로서 전문적인 행정 및 관리업무를 담당하지만, 정당은 노선과 방침 및 정책을 확정하고 실행하는 방식으로 국가를 전반적으로 영도한다.[85]

이 때문에 자본주의 국가와는 달리 사회주의 국가에서는 무산계급 정당이 집권당이 되어야 하며, 일당제의 사회주의 국가이든 아니면 다당합작제의 사회주의 국가이든 상관없이 모두 공산당의 일당독재만이 용인된다. 다당합작제를 실행하고 있는 사회주의 국가의 경우에도 집권당은 공산당이 되며 여타 정당은 정치에 참여하거나 정사를 논의할 수 있을 뿐이다. 이들 양자 간에는 일종의 대립적이거나 대등한 관계가 아니라 오직 영도와 피영도 관계만이 존재하게 된다.[86] 이처럼 사회주의 국가에서는 당이 국가의 상위에 있으며, 당이 국가를 영도하고, 당의 장정이 국가의 헌법에 우선하고 있다.

사회주의 국가인 중국도 예외일 수는 없다. 중국의 헌법 제1조는 "중화인민공화국은 노동자계급이 영도하며, 노농연맹을 기초로 하는 인민민주독재의 사회주의국가이다. 사회주의제도는 중화인민공화국의 근본제도이다. 여하한 조직이나 개인도 사회주의제도를 파괴하는 것을 금지한다."고 규정하고 있다. 여기서 "노동자계급이 중화인민공화국을 영도한다."는 것은 중국공산당 장정의 총강에 명시되었듯이 "중국공산당은 중국 노동자계급의 선봉대인 동시에 중국 인민과 중화민족의 선봉대이며, 중국의 특색을 지닌 사회주의 사업의 영도핵심이다."고 하는 논리와 상통하는 것이다.

이처럼 중국공산당은 중화인민공화국의 상위에 있으며, 중국공산당이 중화인민공화국을 영도하고, 중국공산당의 장정이 중화인민공화국의 헌법에 우선하고 있다. 중국공산당은 강령과 노선 및 방침, 그리고 정책을 확정하고 수립한 후 이를 집행하기 위해 국가기관과 협조관계를 유지하고 있다. 더 나아가 중국공산당은 법

85 上揭書, pp.421-422.

86 上揭書, pp.386-387.

정절차를 통해 자신의 주장을 국가의 의지로 전환시키기 위해 국가에 대한 전반적인 영도를 실행에 옮기고 있다.

2) 당·국가 복합체의 당·군 관계

당과 군대의 관계에 있어서도 군대의 국가화와 군대의 정치적 중립화를 건군의 기본원칙으로 삼고 있는 자본주의 국가와는 달리 사회주의 국가인 중국에서는 군대의 당군화와 군대의 정치화를 건군의 기본원칙으로 삼고 있다. 이 때문에 사회주의 국가인 중국의 군대는 공산당의 정치임무를 수행하는 무장집단으로서 공산당의 절대적 영도(領導)[87]를 받게 된다.

중국 헌법 제93조는 "중화인민공화국 중앙군사위원회는 전국의 무장역량을 영도한다."고 명시하고 있다. 그러나 헌법에 근거하여 제정된 중화인민공화국 국방법 제17조는 "중화인민공화국의 무장역량은 중국공산당의 영도를 받는다. 무장역량 내의 중국공산당 조직은 중국공산당의 장정에 따라 활동한다."고 명시하고 있다. 더 나아가 중국인민해방군 정치사업조례 제4조는 "중국인민해방군은 반드시 중국공산당의 절대적 영도 하에 위치해야 하며, 그 최고 영도권과 지휘권은 중국공산당 중앙위원회와 중앙군사위원회에 예속된다."고 규정하고 있다.

이상의 법 조문과 조례는 상호관계로 볼 때 중국의 군대가 중화인민공화국의 군대가 아니라 중국공산당의 군대임을 확인해주는 것이라고 할 수 있다. 기실, 중국의 당·군 관계는 레닌주의로부터 유래한 것이다. 레닌주의에 의하면, 당의 군대에 대한 절대적 영도는 당과 군대의 계급적 성격에 의해 결정된다. 당과 군대는 계급의 토양 속에서 함께 생성된 것이며, 각 계급의 정당과 군대는 동일한 계급적 속성을 지니게 된다. 그뿐만 아니라 당은 계급이익을 집중적으로 대표하는 계급의 최고 조직형태이기 때문에 군대는 자동적으로 당의 절대적 영도를 받게 된다.

이처럼 중국인민해방군 역시 무산계급의 이익을 실현하는 인민군대로서 무산계급의 이익을 대표하는 중국공산당의 절대적 영도를 받게 되며, 중국공산당 역시 사상영도, 정치영도, 그리고 조직영도를 통해 인민해방군에 대한 절대적 영도를 보장받게 된다.

---

87 영도는 정치적 관점에서 '통치와 관리'로 해석된다. 그러나 군사적 관점에서는 군정과 군령을 포함하는 넓은 의미의 '통수(統帥)' 또는 군사행정을 뜻하는 협의의 군정으로도 사용된다.

【마오쩌둥 영도시기의 당·정·군 체계도】

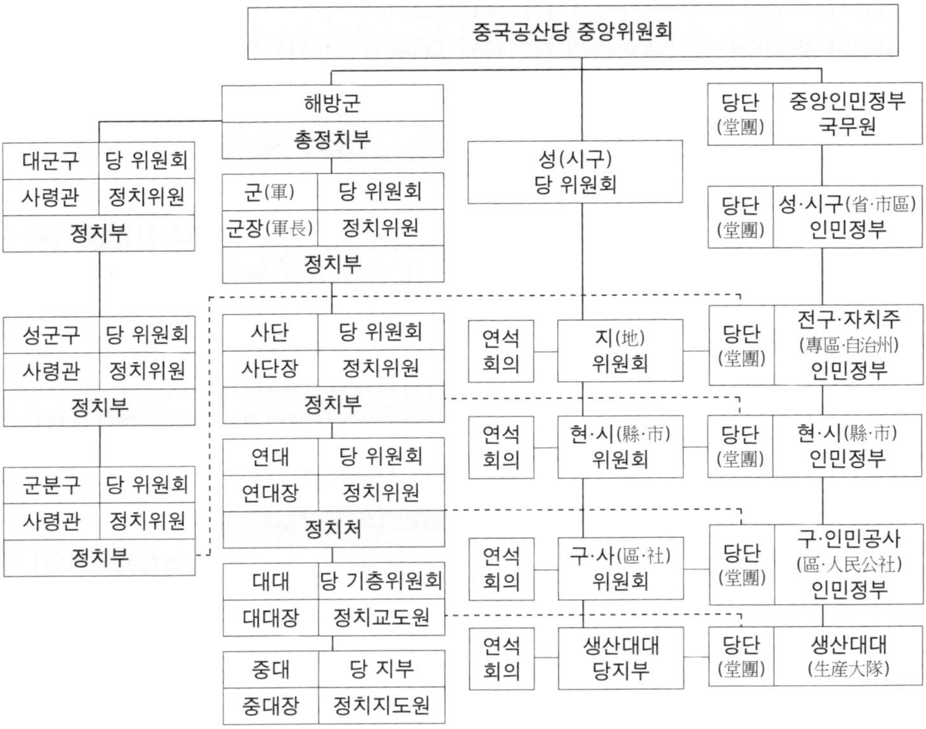

3) 중국공산당의 군대에 대한 영도 형태

중국공산당의 군대에 대한 영도는 사상영도, 정치영도, 그리고 조직영도로 구분된다.

중국공산당의 군대에 대한 사상영도는 당의 군대에 대한 절대적 영도의 중요한 부분이며, 당의 군대에 대한 정치영도와 조직영도를 위해 견고한 사상적 기초를 제공하는 것이다. 당은 무산계급의 정확한 사상을 주입하고 확립하여 군대에 대한 정치영도, 조직영도 및 작전과 기타 임무의 영도를 실현하게 된다. 당의 영도는 마르크스레닌주의를 지도사상으로 하며, 유물주의를 견지하면서 유심주의를 반대하고, 유물변증법을 견지하면서 형이상학을 반대하며, 무산계급 사상을 견지하면서 각종 비무산계급 사상을 반대하고, 사회주의와 공산주의체계로 인간을 교육하고 양성하여 인간의 각종 비무산계급 사상을 궤도로 끌어들이는 것이다.[88]

중국공산당의 군대에 대한 정치영도는 정치원칙, 정치방향, 그리고 중대한 정책결정을 영도하는 것이다. 정치영도의 주요한 것은 당의 강령, 노선, 방침, 정책의 영도 및 당의 건군원칙을 유지하고 발양하는 것이다. 당은 정치영도를 통해서만 군대가 정치적으로 당 중앙과의 일치성을 유지하면서 당의 강령과 노선을 위해 분투하며 견고하고 정확한 정치방향과 무산계급의 성격을 유지하게 한다.

특히 당의 강령은 당의 기본적인 정치주장이고, 당의 분투목표와 그 목표를 실현하는 행동노선을 규정하며, 당의 성격을 구현하고 당의 운동 수준을 반영하는 것으로서 전체 당원이 반드시 준수해야 하는 근본적인 준칙이다. 당의 강령은 최고강령과 최저강령으로 구분되기도 한다.

그런데 당의 노선은 당이 일정한 역사시기에 확정한 목표, 그리고 당이 반드시 준수해야 하는 기본원칙 및 기본방침과 정책이라고 할 수 있다. 당의 노선은 기본노선과 구체적 사업노선으로 구분된다. 당의 구체적 사업노선은 총노선에 근거하여 수립되며, 총노선의 제약을 받고, 총노선을 위해 봉사하게 된다. 또한 내용면에서는 사상노선, 정치노선, 조직노선으로 구분되기도 한다.[89]

중국공산당의 군대에 대한 조직영도는 당이 스스로 확립한 조직계통과 규정에 따라 군대에 대해 행하는 영도이며, 또한 당이 군대에 대해 가장 직접적으로 행하는 영도인 것이다. 조직영도는 중국공산당의 군대에 대한 직접적인 지휘를 보장하는 것으로서 당 중앙의 통솔 역할, 각급 당 조직의 지도 역할, 간부의 핵심 역할, 그리고 당원의 모범 역할을 통해 군대가 당의 수중에 위치하도록 하는 것이며, 군대에 대한 여하한 정당의 간여도 배제하는 것이다. 따라서 조직영도는 당이 군대에 대해 정치영도와 사상영도를 실행하는 것을 확실하게 보장해 준다.[90]

4) 중국인민해방군의 최고 군사영도기구

중국인민해방군의 최고 영도지휘기구는 중앙군사위원회이다. 중앙군사위원회는 실질적으로 전국의 무장역량을 영도하고, 당과 국가의 최고 군사정책 결정과 군사 영도 및 지휘를 책임지며, 당의 노선과 방침 및 정책, 그리고 국가의 안보와 발전 요구에 근거하여 군사전략을 확정하고, 군사력의 건설을 영도하며, 군사력의

88 閻世奎, 「党對軍隊絶對領導理論与實踐」, (北京: 軍事科學出版社, 1993), pp.125-126.

89 上揭書, p.88와 p.92.

90 上揭書, p.166.

운용을 지휘한다.[91]

당중앙군사위원회는 오랜 역사를 가지고 있으며, 그 시원은 혁명전쟁 년대인 홍군시기로 거슬러 올라간다. 중국 홍군은 1929년 통과된 중국공산당 홍군 제9차 대표대회 결의안에 근거하여 공산혁명의 정치임무를 수행하는 무장집단으로서, 그리고 무산계급의 이익을 대표하는 계급군대로 출발하면서 중국공산당 중앙군사위원회의 절대적 영도를 받기 시작했다.

그 후 국민혁명군으로 편입되어 8로군과 신4군으로 활동했던 항일전쟁시기의 국·공합작 기간에도 중국공산당의 홍군은 표면적으로는 국민당의 지시를 받는 척 하면서 실질적으로는 중국공산당 중앙군사위원회의 지시에 따라 움직였다. 그뿐만 아니라 일본군이 패퇴한 이후 전개된 국·공내전에서도 중국공산당의 인민해방군은 여전히 당중앙군사위원회의 지시를 받고 있었다.

중화인민공화국이 수립된 이후에는 새로운 군사영도지휘기구가 필요했으나 헌법이 없었기 때문에 정치협상회의 공동강령 정신에 근거하여 통일전선 조직의 한 형태로서 국민당 귀순부대의 일부 고급장교까지를 포함하는 중앙인민정부 인민혁명군사위원회가 설립되었다. 중앙인민정부 인민혁명군사위원회가 원래의 중국공산당 중앙혁명군사위원회의 역할을 대신했으며, 중국공산당 내에는 더 이상 중앙군사위원회를 두지 않았다.

그러나 1954년 9월 20일 제1기 전국인민대표대회에서 통과 및 공포된 국가헌법에 따라 중앙인민정부 인민혁명군사위원회가 폐지되었으며, 그 대신에 국가 주석이 전국의 무장역량을 통솔하면서 국방위원회의 주석직을 맡기 시작했다. 그뿐만 아니라 제1기 전국인민대표대회 1차회의의 결정에 따라 국방위원회와 국방부가 설립되고 중국인민해방군의 총사령직이 폐지되었다.

헌법이 제정되고 국가기구가 설치되면서 중국공산당 역시 인민해방군에 대한 제도적 통제장치를 강화하기 위한 수순으로 들어갔다. 1954년 9월 28일 중국공산당 중앙정치국은 〈당의 군사위원회를 설치하는 것에 관한 결의〉를 통해 과거처럼 당중앙정치국과 당서기처 산하에 당의 군사위원회를 설치하여 모든 군사사업의 영도를 책임지도록 함과 동시에 마오쩌둥(毛澤東)과 주더(朱德) 등을 포함한 12명으로 중국공산당 중앙군사위원회를 구성했다. 이때부터 당중앙정치국과 서기처

---

91 「中華人民共和國國防法」, 第2章, 第13條 參照.

및 당군사위원회의 군사사업에 관한 결정은 당군사위원회의 명의로 내부계통을 통해 하달되었으며, 반드시 공개적으로 공포해야 하는 명령과 지시만 국무원이나 또는 국방부의 명으로 하달되기 시작했다.

그 후 덩샤오핑(鄧小平) 영도체제가 출범한 이후인 1982년 12월에 소집된 제5기 전국인민대표대회 제5차회의에서 통과된 헌법 제93조에서 "중화인민공화국의 중앙군사위원회는 전국의 무장역량을 영도하며, 중앙군사위원회는 주석책임제를 실행한다."는 내용이 명문화되었으며, 바로 이 조문에 근거하여 1983년 6월 제6기 전국인민대표대회는 중화인민공화국 중앙군사위원회를 설립했다. 당 이외의 국가기구에도 또 하나의 군사위원회가 생긴 셈이었다.

현재 중국에는 당의 중앙군사위원회와 국가의 중앙군사위원회가 함께 설치되어 있으며, 대외적으로는 당이나 국가 명칭을 접두어로 쓰지 않고 단순하게 '중앙군사위원회'로 표기하고 있어 때로는 혼동하기도 한다. 그러나 당중앙군사위원회의 구성원이 국가중앙군사위원회의 위원직을 그대로 겸임하고 있으며, 군사사업의 중요한 정책과 전략 역시 당중앙군사위원회가 결정하여 국가중앙군사위원회로 넘겨주고 있다. 이처럼 외견상으로는 당중앙군사위원회와 국가중앙군사위원회가 대등하게 분리되어 있는 것 같지만, 실질적으로는 당의 중앙군사위원회가 실권을 갖고 중국인민해방군을 영도하고 있다

요컨대, 당중앙군사위원회는 중국공산당이 군대를 영도하는 최고의 의사결정기구이며, 실질적으로 병권을 장악하고 있는 최고 권력기구이다. 당중앙군사위원회는 정치위원을 각급 군대의 전권대표로 파견하여 당을 대표해서 군대를 감독하며, 그 구성은 아래와 같다:

첫째, 중국공산당 중앙 주석은 중국공산당 중앙군사위원회 주석직을 겸임하며, 병권을 장악한다.

둘째, 당중앙군사위원회 제1부주석직은 국방부장이 겸임하며, 그 나머지 부주석은 중앙군사위원회 확대회의에서 선거를 통해 선출한다. 그러나 후보자들은 반드시 사전에 보고하며, 중앙군사위원회 주석이 심사하여 비준한다. 기타 상무위원회 위원도 이와 같다. 부주석을 담임하는 자는 모두 군대 내에서 경력과 자격이 풍부한 자이며, 부주석은 통상적으로 3명 이상을 둔다.

셋째, 당중앙군사위원회 상무위원직을 담임하는 자는 대부분이 7개부의 수장, 5개 군종의 수장, 그리고 5대 전구의 수장이나 또는 경력과 자격이 풍부한 정치위

원이다.

넷째, 당중앙군사위원회는 비서장과 부비서장을 두며, 비서장은 총참모장(합동참모부)이 겸임하고, 부비서장은 총정치부(정치사업부) 주임이 겸임한다. 이들은 당중앙군사위원회 주석 및 제1부주석의 명령을 받으며, 각각 군·정정책의 집행계획을 수립하고, 이를 전 부대가 실시하도록 명령을 하달하며, 그 집행상황을 감독한다.

【군대내 당 조직 계통도(2016년 군개혁 이후)】

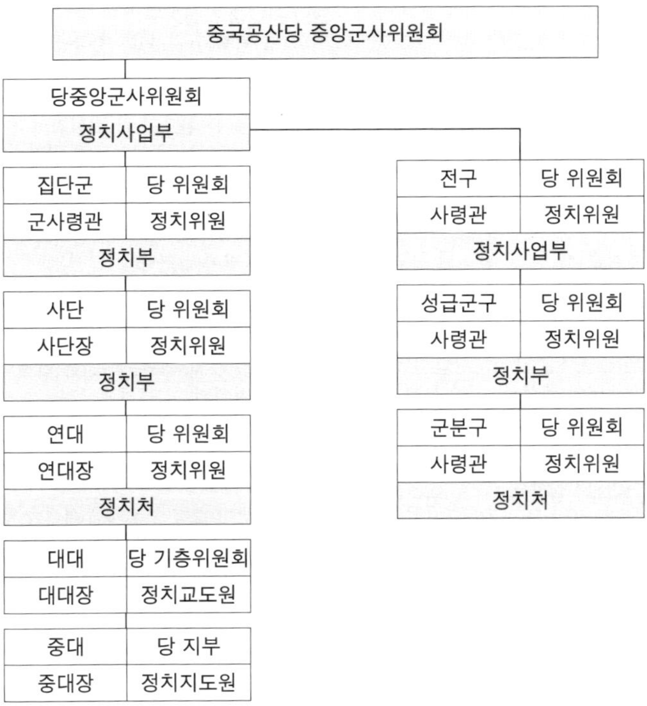

3. 중국인민해방군 정치사업의 기본제도

중화인민공화국의 군사영도지휘체제가 서방국가의 그것과 근본적으로 다른 것은 중국공산당이 무장역량을 절대적으로 영도하는 제도를 유지하고 있고, 당중앙군사위원회와 국가중앙군사위원회가 동일한 기구로서 기능하고 있으며, 군대의 각급 단위에 중국공산당의 조직이 건립되어 중국공산당의 군대에 대한 영도권과 지휘권 행사가 제도적으로 보장되고 있다는 것이다.

중국공산당이 군대를 절대적으로 영도하는 제도적 보장장치, 즉 군대 정치사업은 3개 제도로 구성되어 있는데, 하나는 정치위원 제도, 다른 하나는 당의 위원회 제도, 그리고 또 하나는 정치부(정치사업부) 제도이다. 이 3개 제도는 중국공산당 군대 정치사업의 기본 도인 동시에 근본제도이다.

【중국인민해방군 정치사업 조직체계】

<table>
<tr><th rowspan="7">당
위
원
회
제
도</th><th colspan="2">작동기구</th><th>직권기능</th></tr>
<tr><td>전구·군종·군위·무경</td><td>당 위원회</td><td rowspan="6">• 당의 군대내 상설기구:
각급 당 위원회(지부)는 중국공산당이 군대를 영도하는 핵심기구이다.
• 집단영도:
중대한 문제는 반드시 당 위원회의 집단토론을 통해 결정하며, 개인이 독단적으로 결정하여 처리해서는 안된다.
• 긴급한 상황 하에서는 부대 수장에 상황에 따라 융통성 있게 처리하며, 즉시 당 위원회에 사후보고를 하고 검사를 받아야 한다.</td></tr>
<tr><td>집단군·위수구·성군구</td><td>당 위원회</td></tr>
<tr><td>사단·경비구·군분구·무경총대</td><td>당 위원회</td></tr>
<tr><td>연대·현인민무장부대·무경지대</td><td>당 위원회</td></tr>
<tr><td>대대·무경대대</td><td>기층 위원회</td></tr>
<tr><td>중대·무경중대</td><td>당 지부</td></tr>
</table>

<table>
<tr><th rowspan="7">정
치
위
원
회
제
도</th><th colspan="2">작동기구</th><th>직권기능</th></tr>
<tr><td>전구·군종·군위·무경</td><td>정치위원</td><td rowspan="6">• 정치위원은 군사 주관(主官)과 함께 부대의 수장이며, 당 위원회의 영도 하에 소속부대의 각항 사업을 공동으로 책임진다.
• 정치위원은 당 위원회의 일상업무를 관장하며, 공산당이 군대 내에 파견한 전권대표이다.
• 군사지휘관의 명령·보고에 부서권을 행사한다.
• 군사지휘관과 의견이 충돌할 때는 당 위원회에 회부하여 결정하거나 또는 상1급에 요청하여 해결한다.</td></tr>
<tr><td>집단군·위수구·성군구</td><td>정치위원</td></tr>
<tr><td>사단·경비구·군분구·무경총대</td><td>정치위원</td></tr>
<tr><td>연대·현인민무장부대·무경지대</td><td>정치위원</td></tr>
<tr><td>대대·무경대대</td><td>정치교도원</td></tr>
<tr><td>중대·무경중대</td><td>정치지도원</td></tr>
</table>

<table>
<tr><th rowspan="7">정
치
기
관
제
도</th><th colspan="2">작동기구</th><th>직권기능</th></tr>
<tr><td>전구·군종·군위·무경</td><td>정치사업부
(정치사업국)</td><td rowspan="6">• 군위 정치사업부는 중앙군위의 직능부문이며, 당의 영도하에 군대 사상사업과 조직사업을 관리한다.
• 당 위원회와 정치위원의 영도 하에 해당 군사단위나 부대의 사상·조직·정치사업을 책임진다.
• 2016년의 군사개혁으로 기율검사, 보위, 정법 부문이 타 부서로 이관된 이후, 현재의 군위 정치사업부에는 관공청, 조직국, 선전국, 간부국, 대중국, 직속사업국, 네트워크여론국, 퇴역간부 관리복무국, 병사와 군무원국, 그리고 연락국이 설치되어 있다.</td></tr>
<tr><td>집단군·위수구·성군구</td><td>정치부</td></tr>
<tr><td>사단·경비구·군분구·무경총대</td><td>정치부</td></tr>
<tr><td>연대·현인민무장부대·무경지대</td><td>정치처</td></tr>
<tr><td>대대·무경대대</td><td>정치교도원
(기층위원회)</td></tr>
<tr><td>중대·무경중대</td><td>정치지도원
(군인위원회)</td></tr>
</table>

1) 정치위원제도

중국 인민군대의 정치위원제도는 원래 레닌이 적군(赤軍) 내에 설립했던 제도를 그대로 도입한 것이다. 다만 중국의 인민군대는 정치위원의 권한이 군사지휘관의 상위에 있는 일장제(一長制)로서의 정치위원책임제를 그대로 받아들이지 않고 정치위원과 군사지휘관의 공동책임제를 채택한 것이 특징이다. 그러나 정치위원은 당 위원회의 일상적인 사업을 주관하고, 정치사업을 지도하며, 군대에 대한 당의 절대적 영도를 보장하고, 당 위원회 제도와 집단영도가 철저하게 집행되도록 보장하며, 정치사업의 지위와 역할을 보장하는 것을 책임지면서 이른바 중국공산당의 통일적인 집단영도 하의 수장분담책임제에서 핵심적인 역할을 한다.

군대 정치사업을 주관하고 있는 총정치부(개혁 이후의 정치사업부)는 당중앙군사위원회의 지휘를 받고 있으며, 예하의 군종, 병종, 군구 및 야전군에는 정치간부가 파견되어 있고 정치기관도 설치되어 있다. 병종과 야전군의 연대와 독립대대 및 이에 상당하는 단위, 공군의 비행대대, 그리고 해군의 대대급 함정 이상 단위에는 정치위원이 파견되어 있으며, 기타 대대에는 정치교도원, 중대에는 정치지도원이 파견되어 있다. 그리고 이들 정치간부들은 다음의 몇 가지 중요한 권한과 책임을 가진다.

(1) 일반권한

첫째, 정치위원은 군사지휘관과 함께 당 위원회의 영도 하에 부대의 사업에 대해 공동으로 책임진다. 사업에 있어서 군사지휘관과 능동적으로 협의하고, 긴밀하게 협력해야 한다.

둘째, 정치위원은 마오쩌둥 사상을 지침으로 삼고, 중국공산당 중앙과 그 중앙군사위원회, 총정치부, 상급 당 위원회, 부대의 수장, 정치기관, 그리고 동급 당 위원회의 결의와 지시 및 명령에 따라 사업을 수행하며, 정력을 집중하여 방침과 정책 문제, 그리고 정치사상 사업을 장악한다.

(2) 정치사업 분야의 직권

정치위원은 당의 노선과 정책, 그리고 국가의 법률과 법령을 군대 내에서 집행하고 관철한다. 만약에 소속부대 내에서 개인이나 또는 조직이 당의 노선과 정책을 위반하는 것을 발견할 때는 응당 즉각적으로 당 위원회로 넘겨 토의하여 처리해야 하며, 긴급한 상황의 경우에는 즉각 제지할 수 있는 권한을 가진다.

특히 정치위원은 정치사업 분야에서 단독으로 명령을 내릴 수 있는 권한을 가지며, 무릇 모든 정치부의 사업방침과 사업임무의 초안작성은 반드시 정치위원의 심사를 거쳐야 하며, 정치부의 명령과 지시 하달 역시 반드시 정치위원의 서명을 받아야 하고, 정치부가 소집하는 간부회의나 정치회의는 정치위원이 의장직을 맡게 되며, 그뿐만 아니라 관련 정치보고를 한다. 정치위원은 부대 내에서 '반혁명'이나 또는 군대 조직의 파괴를 목적으로 하는 행동이 발견될 때는 '혁명법률'을 집행할 수 있는 권한을 가진다.

(3) 당무사업 분야의 직권

첫째, 정치위원은 당 위원회 사업을 주관하며, 당 위원회 서기를 겸임한다.

둘째, 지방의 당·정 기관과 긴밀한 연계를 유지한다.

셋째, 정치위원은 그 소속부대 당의 사업, 공산주의청년단 사업, 그리고 정치사업을 직접 계획하고 영도한다.

정치위원은 어차피 군대 내 공산당의 전권대표이고, 또 당 위원회 서기직을 겸임할 뿐만 아니라 군대 내의 모든 중대한 문제도 당 위원회에서 토의를 거쳐 결정되기 때문에 사실상 당 위원회의 실질적인 책임자는 바로 정치위원이 된다.

정치위원은 부대의 당무사업 계획 및 그 구체적인 집행상황을 검사하고, 당 위원회나 지부대회의 결의를 심사하며, 당 위원회나 지부의 결의가 반혁명적이거나 또는 군대 조직을 파괴하거나 심지어 당의 정치노선을 위반하거나 부대의 전투력을 방해할 때는 그 결의의 집행을 중지시킬 수 있는 권한을 가지며, 반드시 상급에 보고해야 한다. 만약에 긴급한 상황 하에서는 정치위원이 문제가 있다고 생각되는 지부를 해산시킬 권한을 가지며, 이 역시 반드시 상급에 보고해야 한다.

(4) 군사사업 분야의 직권

첫째, 정치위원은 군사지휘관과 함께 부대의 수장이며, 부대를 지휘하는 권한을 가진다.

둘째, 정치위원은 부대가 상급의 명령과 지시를 결연히 집행하며, 작전, 훈련, 그리고 모든 사업임무를 완수하는 것을 보증하며, 그뿐만 아니라 동급 군사지휘관이 하달하는 명령에 서명한다.

셋째, 정치위원은 당의 간부정책을 장악하고, 간부의 양성에 유의하며, 간부의 임면과 인사이동 명령에 서명한다.

넷째, 정치위원과 군사지휘관 간에 원칙적인 문제에 있어서 충돌이 발생할 때는 응당 문제를 당 위원회로 넘겨 토의하여 결정하거나 또는 상급이 해결해주기를 바라야 한다. 긴급한 상황의 경우, 작전행동과 군사사업에 속하는 문제는 군사지휘관이 결정하며, 당의 정책과 정치사업에 속하는 문제는 정치위원이 결정한다. 그러나 모두 당 위원회와 상급에 대해 책임을 져야 하며, 사후에 보고를 하고 검사를 받는다.

정치위원은 군사와 관련된 모든 사업에 대해서 문의할 권한을 가진다. 정치위원은 모든 군사인원의 이동 명령, 교육훈련계획, 후근계획, 그리고 각종 중요한 지시에 서명할 수 있는 권한을 가지며, 그뿐만 아니라 최종 결정권을 가진다. 정치위원은 또 전장에서 작전의 목적, 방향, 그리고 반드시 취해야 하는 행동을 당연히 확실하게 알아야 하며, 작전기간 중 군사지휘관이 작전계획에 따라 임무를 충실히 수행하는지를 감독할 수 있는 권한을 가진다. 이와 동시에 정치위원은 전장에서 군사지휘관이 사망할 경우 해당 지휘관의 작전지휘를 대리할 수 있는 권한을 가진다.

표면상으로 보면, 중국공산당의 군대는 이른바 2원화 영도체제를 유지하고 있는 것처럼 보인다. 군사간부와 정치간부가 모두 대등하게 군대의 수장이 되며 각각 지휘권을 행사한다. 군사간부와 정치간부가 군대를 공동으로 책임진다는 것은 "당 위원회의 집단영도 하의 수장분업책임제"로 표현되는데, 그 본질은 정치위원이 중심이 되는 일원화 영도체제에 지나지 않는다.

(5) 정치위원의 임면과 이동

첫째, 정치위원의 임면(任免)은 인민해방군 총정치부가 공포한 명령의 규정에 따른다.

둘째, 정치위원의 임면은 당중앙군사위원회에서, 그리고 정치교도원과 정치지도원의 임면은 사단급 당 위원회에서 결정한다.

셋째, 작전 중에 정치위원이 부상을 당하거나 사망할 시는 정치위원이 미리 지정한 대리인이나 또는 정치부, 정치처 주임이 대리하며, 반드시 즉각 상급기관에 보고해야 한다.

넷째, 정치위원을 인선하여 파견할 수 없을 때는 반드시 상급기관이 명령하여 당해급 지휘관이나 또는 정치부 주임이 정치위원직을 겸임하도록 지정해야 한다. 요컨대, 정치위원은 당중앙군사위원회의 지시에 따라 당이 군대를 영도하는 원칙을 보장하기 위해 군대 내에 파견된 당의 전권대표로서 군사간부의 정치간여를 배제하고 군권의 비대화를 견제하는 임무를 수행한다.

2) 당 위원회 제도

중국인민해방군 내에는 상급부대에서 하급부대에 이르기까지 당 조직이 설치되어 있다. 연대 급 이상의 부대와 단위에는 당의 위원회, 대대 및 대대에 상당하는 단위에는 당의 기층위원회, 그리고 중대 및 중대에 상당하는 단위에는 당의 지부가 설립되어 있다.

과거 구소련 군대의 경우도 군대 내에 당의 조직체계가 건립되어 있었지만 그 당 조직이 동급 정치위원과 정치부의 영도를 받으면서 당무사업을 책임지고 있었지 결코 부대를 통일적으로 영도하는 핵심은 아니었다. 그러나 중국공산당의 당 위원회 제도[党委制]는 구소련 군대의 당 위원회 제도와도 다른 독특한 특징을 가지고 있다.

(1) 당 위원회의 구성

당 위원회는 모두 당원대표대회(지부는 당원대회)가 선거를 통해 선출하여 구성한다. 군대의 당 대표대회(당원대회)는 군대의 각급 당 위원회 상무위원과 서기·부서기를 선출한다. 그러나 후보자는 미리 보고하여 상급 공산당이 비준하기 때문에 당 대회가 선거를 통해 선출한 상무위원은 모두 군·정 수장이 된다. 연대 이상의 서기는 모두 정치위원이며, 대대는 정치교도원, 중대는 정치지도원이 겸임한다. 부서기는 통상적으로 대대 부교도원, 중대 부지도원이 겸임하며, 연대 이상은 부정치위원이 다수를 차지한다.

(2) 군구 당 위원회 서기의 권한

중공정권이 수립된 이후 군구(軍區)제도는 군사전략적 요구 이외에 중앙집권을 보장하기 위한 국내정치적 요구에 따라 여러 차례에 걸쳐 그 크기와 개수가 조정되었다. 그동안 중국의 국내 정치질서에 군대가 상당한 영향력을 행사해 왔던

점으로 미루어 보아 중앙과 지방의 관계가 곧 지방 당과 군구 부대와의 관계와 직결된다는 점에서 군구 당 위원회의 서기의 역할은 그만큼 중요한 의미를 갖게 된다.

지방에 주둔하고 있는 야전부대, 군구부대, 그리고 공안부대는 상급 당 위원회의 지시 이외에 지구당 조직의 통일적인 지휘를 받는다. 중국의 인민군대는 중국공산당 중앙의 통일적인 영도 하에 군사계통과 지방당 위원회의 2중영도를 받는다. 이처럼 지방당 위원회가 군대를 영도하고 감독할 수 있도록 지방당과 부대와의 관계를 분명하게 규정하고 있다.

중국공산당의 각급 지방당 위원회는 지방당과 군대의 주요 책임자로 구성된다. 전구(戰區)로 개편되기 이전의 대군구(1급군구)인 선양(瀋陽)군구를 예로 랴오닝성(遼寧省) 당 위원회 제1서기가 겸직했다. 그리고 성군구(省軍區)인 경우에는 당해 성 당 위원회 제1서기가 군구 제1정치위원을 겸임했으며, 군분구(軍分區)에서는 지방당 위원회[地委] 서기가 정치위원을 담당했다.

이처럼 지방에 주둔하는 부대의 2원화 지휘체제는 지방군에 대한 지방당의 절대적 영도를 보장해주는 장치로서 기능하고 있지만, 그러나 중앙권력이 허약하여 지방에서의 당권과 군권이 밀착될 경우 지방세력이 부상할 수 있는 소지는 여전히 남게 된다.

(3) 당 위원회 서기의 권한

중국공산당의 군대 내에는 상급부대에서 하급부대에 이르기까지 당 조직이 설립되어 있다. 부대 내에 설치된 각급 당 위원회는 당해 부대의 모든 행동과 활동을 통제한다.

각급 당 위원회는 주요 정치간부와 군사간부들로 구성된다. 사단의 당 위원회를 예로 든다면, 그 주요 구성원은 일반적으로 사단장, 사단 정치위원, 부사단장, 사단 부정치위원, 사단 참모장, 그리고 사단 정치부 주임 등 6명으로 구성된다.

사단의 당 위원회는 당해 사단의 작전, 훈련, 교육, 인사 등 문제를 토의하여 결정하는데, 이는 곧 "당 위원회 집단영도 하의 수장분업책임제"인 것이다. 그러나 여기서 주목해야 할 것은 군사지휘관인 사단장의 서열이 비록 정치위원의 상위에 있지만 사단 당 위원회의 일원이라는 것이며, 사단 당 위원회 서기가 사단의 모든 문제에 대한 최종적인 결정권을 행사하게 되는데, 그 당 위원회의 서기직을 당해 사단의 정치위원이 겸임하고 있다는 것이다.

다시 말해서 군사간부의 일장제(一長制)도 아니고 정치위원의 일장제도 아니며, 군사간부와 정치위원이 함께 부대의 수장이라는 '수장분업책임제'라는 것이 표면적으로는 이원제(二元制)로 보이지만 실은 정치위원의 일원제(一元制)인 것이다.

3) 정치부(개혁 이후의 정치사업부) 제도

정치부 제도는 한 마디로 정치기관이며 당의 사업기관이다. 중국의 인민군대는 총참모부, 총정치부, 총후근부, 총장비부의 4개 총부제를 15개 직능부문제로 개편한 이후에도 판공청, 합동참모부, 후근보장부, 장비발전부, 훈련관리부, 국방동원부 이외에 정치사업부를 두고 있다. 그뿐만 아니라 육군, 해군, 공군, 로켓군, 전략지원부대 등 5개 군종 영도기구 내에도 군종별로 육군정치사업부, 해군정치사업부, 공군정치사업부, 로켓군정치사업부, 전략지원부대 정치사업부 등이 설립되어 있다. 그리고 전구와 군종에는 정치사업부(국)를, 집단군과 사단(여단)에는 정치부를, 그리고 연대에는 정치처를 두고 있다. 그러나 대대와 중대에는 별도의 정치기관을 두지 않고 정치교도원과 정치지도원이 각각 정치부의 업무를 관장하고 있다. 일반적으로 정치사업부는 합동참모부, 후근보장부, 장비발전부, 훈련관리부, 국방동원부와 함께 동급 당 위원회의 사업기관으로서 소속 부대 당의 사업에 대한 관리와 정치사업을 계획하고 집행하는 것을 책임진다.

정치부(처) 주임은 군사지휘관의 지시를 받지 않으며, 오직 정치위원의 지시를 받으면서 사업을 집행한다. 정치분야에 대해서는 정치위원이 단독으로 명령을 내릴 수 있는 권한을 가지고 있음으로 인해서 정치부 주임과 군사 수장 간에는 원활한 협조관계가 유지된다.

이 밖에도 정치사업 부문은 군대의 인사 대권을 장악하고 있으며, 부대 인사의 임면, 진급과 이동, 상벌 등은 부대장이 부하를 지휘하는 중요한 권력으로 활용할 수 있지만, 그러나 이러한 인사권은 완전히 정치부문, 즉 군대 총정치부의 간부관리부에 속해 있는데, 간부관리부의 책임자는 관례에 따라 총정치부 제1부주임이 겸임하고 있으며, 각급은 이를 비교 대조하여 준용한다.

개혁 이후의 각급 정치부(처) 주임은 정치위원과 상급 정치기구의 지휘통솔 이외에 그 어떠한 군사간부로부터도 영향과 제한을 받지 않으며, 오직 상급의 명령에 따라 모든 당정 업무를 직접 계획하고 영도한다. 그러나 중요한 당정 문제에 대해서는 반드시 정치위원의 지시를 바라야 한다. 만약에 해당 부대에 다른 정치위원이 없을 때는 정치부(처) 주임이 부정치위원의 영도를 받는다. 정치부(처) 주임은 전장에서 정치위원이 부상을 당하거나 사망하게 되면 반드시 그 대리인이 되어야 하며, 반드시 즉각 상급에 보고해야 한다.

제2장

공산혁명시기 중국공산당의 군대 정치사업

제1절

제1차 국 · 공합작시기의 정치사업

중국 군대의 정치사업 제도는 소련 적군(赤軍)의 정치위원제도를 그대로 도입하여 모방한 것이다. 이러한 사실은 중국의 국방부 판공청(辦公廳) 주임을 역임한 샤오샹룽(蕭向榮)이 항일전쟁시기에 선전사업을 담당하면서 발표한 〈8로군의 정치사업〉이라는 제목의 글 속에서 "8로군은 소련 적군으로부터 그들의 정치사업 제도, 방법과 방식, 그리고 조직과 체계 등을 배워 왔다."[1]고 했으며, 또한 군사학원 원장인 샤오커(蕭克)도 1979년 8월 〈위대한 건군강령- 구톈회의(古田會議)를 회고한다〉는 제목의 글 속에서 이를 확인해 주었다:

"홍4군이 구군대와 다른 주요한 것은 군대 내에 당의 영도와 정치사업이 일정한 기초를 가지게 된 것이다. 레닌이 영도하는 소련 적군의 정치사업은 당시 우리들에게 많은 영향을 주었다. 광동전쟁(廣東戰爭)과 북벌전쟁(北伐戰爭) 중 군대 내에 당 대표와 정치기관을 설치하고 혁명적인 정치사업을 전개하고 장병과 군민 간의 단결을 획득한 것은 중국 군대의 역사에서는 일찍이 없었던 것이다. … 그것은 우리 군의 정치사업의 선구(先驅)이다."[2]

기실, 세계 각국 무산계급 정당과 군대의 정치사업은 마르크스레닌주의의 정치사업에 관한 이론과 실천을 근거로 하여 발전한 것이다. 중국공산당이 혁명군대 내에 수립한 정치사업도 실은 마르크스레닌주의의 정치사업에 관한 이론의 지도하에 소련 적군의 경험을 본받아 중국의 실제로부터 출발하여 설립하고 발전시킨 것이다. 중국 혁명군대의 정치사업은 마르크스레닌주의의 정치사업에 관한 사상

---

1 「朱毛匪軍現行政工制度与政治工作」, (台北: 對共軍事研究會, 1957), p.14.

2 蕭克, "偉大的建軍綱領", 「共匪原始資料彙編」, 第80号, (台北: 中華民國國防部總政治作戰部, 1980), pp.201-202.

과 중국의 혁명무장투쟁 및 중국 혁명군대의 건설을 통한 구체적 실천이 상호 결합된 산물이며 마오쩌둥 사상의 중요한 구성부분이 된다.

중국의 군대 정치사업이 제도화되는 과정은 크게 3개 시기로 구분된다. 1927년부터 1936년까지의 노농홍군시기는 정치사업제도의 형성기라 할 수 있으며, 1937년부터 1945년까지의 8로군·신4군시기는 그 제도의 유지 및 발전적 적응기, 그리고 1946년부터 정권 수립까지는 그 제도의 정착 및 강화기라 할 수 있다.

1. 국·공합작과 황푸군관학교의 설립

중국공산당의 군대 정치사업은 자본계급 민주주의 혁명전략을 채택한 이후인 1924년부터 1927년까지의 제1차 국·공합작시기에 국민혁명군과 국민당군 내에서의 사업으로부터 시작되었다.

제1차 세계대전이 끝난 이후 독일세력이 중국으로부터 밀려나고, 소련은 국내 문제로 인해 외부로 눈을 돌릴 여유가 없었으며, 프랑스도 제자리를 되찾는데 바빴기 때문에 영국과 일본 두 나라만이 각각 중국대륙을 무대로 군벌을 지지하면서 이권을 챙기고 있었다. 영국은 세력범위를 양쯔강(揚子江) 유역으로 확대하고 우페이푸(吳佩孚)를 지지하고 있었고, 일본은 관외(關外)에서는 장쭤린(張作霖)을, 그리고 관내(關內)에서는 돤치루이(段其瑞)를 지지하고 있었다. 그뿐만 아니라 대내적으로는 쑨원(孫文)이 영도하는 대륙 남부의 광저우(廣州)정부, 그리고 북부에는 군벌이 장악한 베이징(北京)정부가 서로 대립하고 있었다.

이러한 대내외적 상황 하에서 군벌을 타도하고 중국대륙을 통일하기 위해서는 외국의 지원이 절실하다고 보고 미국, 영국, 일본 등과 연합을 모색했으나 외면만 당하고 있던 쑨원에게 러시아로부터 복음(福音)이 들려왔다.

코민테른(Communist International) 대표인 마링(Maring)은 1921년 12월 구이린(桂林)에서 북벌(北伐)을 준비중이던 쑨원을 만나 "①국민당을 개편하며, 특히 노동자와 농민을 중심으로 하는 사회계층과 연합한다. ②군관학교를 설립하여 혁명무력의 양성기지로 삼는다. ③국·공 양당을 통합한다는 내용의 3개 항을 건의했다."[3] 그 후 1923년 1월 26일 쑨원은 소련의 지원을 받아 통일대업을 완수할 목적

3 沈世平譯, 「中國國民党与中國共産党」, (台北: 中華書局, 1973), p.6.

으로 요페(Adolph Joffe)와 공동성명을 발표했으며 러시아와 연합하고 공산당을 용인한다(聯俄容共)는 정책을 추진하게 된다.

기실, 쑨원의 이러한 정책은 마링이 제시했던 3개항 중에서도 특히 혁명군의 양성을 절대적으로 필요로 했기 때문에 취해진 것이었다. 쑨원은 1923년 봄 상하이(上海)에서 광저우(廣州)로 돌아가 대원수부(大元帥府)를 설치한 후 군관학교 설립을 위한 준비작업에 착수했으며, 장제스(蔣介石)을 단장으로 하는 '쑨이셴박사대표단(孫逸仙博士代表团)'을 소련에 파견하여 적군(赤軍)과 각종 군사학교를 시찰하도록 했다. 이와 때를 맞추어 중국국민당은 쑨원과 요페가 공동성명을 발표한 지 9개월이 지난 후 고문 자격으로 온 보로딘(Michael Borodin)에 의해 볼셰비키당의 민주집중제 원칙에 근거하여 전면적으로 개편되었다.

1924년 1월 코민테른의 지도 하에 쑨원은 광저우에서 공산당원이 참가한 중국국민당 제1차 대표대회를 개최했다. 당 대회는 반제반봉건(反帝反封建)의 민주혁명 강령을 채택했으며, 러시아와 연합하고 공산당과 합작하며 노동자와 농민을 지원하는 3대 정책을 확정했고, 공산당원과 사회주의청년단원이 개인적으로 국민당에 참가하도록 하는 방침을 결정했으며, 이를 계기로 중국국민당과 중국공산당이 공식적으로 연합하는 제1차 국·공합작이 실현되었다.

쑨원은 1924년 1월 국민당 제1차 대표대회 기간 중 앞으로 세워질 군관학교의 명칭을 육군군관학교로 정하고 준비위원회를 만들었다. 1924년 5월에 이르러 쑨원은 정식으로 황푸군관학교(黃埔軍官學校)를 설립함과 동시에 소련 적군의 경험에 근거하여 학교 내에 당 대표와 정치부제도를 설치하고 랴오중카이(廖仲愷)를 국민당 당 대표, 국민당 당원인 다이지타오(戴季陶)를 학교 정치부 주임[4], 그리고 공산당원인 장선푸(張申府)를 학교 정치부 부주임으로 임명했다.

당시는 당 대표가 "당무 및 정치사업에 관한 단독명령권을 가지며, 부대의 행정에 관한 감찰권을 가지고, 군사지휘관의 반혁명활동을 즉각 제지할 수 있는 혁명법권을 가질 뿐만 아니라 모든 문건과 명령에 서명함으로써 효력이 발생하는 권한을 가지고 있었다."[5] 동년 10월 학교 내에 교도단이 설치되었을 때도 소련 적군의 편제에 따라 제1·제2 교도단의 연대, 대대, 중대에 각각 당 대표를 설치했을 뿐

4 후일 국민당 당원인 사오위안충(邵元沖)이 대리한다.

5 「國軍政工史稿」, (台北: 中華民國國防部總政治作戰部, 1960), pp.137-138.

만 아니라 학교 정치부 주임이 학교 당 대표의 명령을 받아 지도하도록 규정했다.

2. 황푸군관학교의 정치사업

황푸(黃埔)군관학교에 학교 정치부가 설립되긴 했지만 그 활동은 지극히 부진했다. 1924년 11월 이전의 반년 동안 정치부 주임과 대리 주임직을 맡았던 국민당원인 다이지타오(戴季陶)와 사오위안충(邵元沖)은 관료 정치인으로써 학교에는 거의 나오지 않았고, 부주임인 장선푸(張申府)마저 학교를 떠나 학교정치부는 거의 개점휴업 상태에 있었다. 이러한 상황 하에서 국민당 당 대표인 랴오중카이(廖仲愷)와 소련고문단은 중국공산당 중앙과 협의한 끝에 저우언라이(周恩來)를 학교 정치부 주임직에 앉히기로 했던 것이다.

당시 저우언라이를 학교 정치부 주임으로 임명한 결정은 중국공산당이 국민혁명군과 국민군 내에서 혁명통일전선의 형식으로 국민당과 삼민주의(三民主義)의 기치 아래 국민당 및 그 영향권 내의 군대 내에서 정치사업을 본격적으로 수행한다는 것이었으며, 특히 황푸군관학교를 정치사업의 주요 전선으로 삼을 것임을 뜻하는 것이었다.

저우언라이는 1924년 9월 초 유럽으로부터 광저우(廣州)로 돌아온 후 10개월 동안 중국공산당 중앙의 결정에 따라 당의 광동구위원회 위원장 겸 선전부장을 겸임하고 있었으며, 또 얼마 안 되어 황푸군관학교 정치교관직을 겸임하면서 군관학교 제1기 학생들에게 정치경제학을 강의하고 있었다. 동년 11월 저우언라이는 황푸군관학교 정치부 주임으로 임명된 후 정치부 내에 지도, 편찬, 비서 등 3개 고(股)를 설치하고 학생 중에서 공산당원들을 뽑아 정치활동을 시킴과 동시에 정치교육 계획을 수립하고 정치훈련을 강화함으로써 정치부를 전교 정치사업의 진정한 영도기구로 만들었다. 1925년 8월 저우언라이는 황푸군관학교 학생을 주축으로 한 동정군(東征軍)인 국민혁명군 제1군 정치부 주임 겸 제1사단 당 대표와 제1군 부당대표[6]를 겸임한 이후부터 사실상 황푸군관학교의 정치사업을 완전히 장악했다.

중국공산당은 일부 당원들을 황푸군관학교에 파견하여 정치사업을 강화하는

---

6 당 대표인 왕징웨이(汪精衛)가 광저우에 있었기 때문에 저우언라이가 직권을 대행했다.

한편, 당원과 단원들을 학생으로 입교시켜 혁명세력을 양성하는데 집중했다. 예를 들면, 제1기 신입생 500명 중 공산당원과 청년단원이 50-60명이었고, 제4기 정치반 460명 중 공산당원이 99명이나 되었다. 그뿐만 아니라 저우언라이는 정치교육의 내용도 쑨원의 혁명삼민주의, 마르크스의 공산주의, 그리고 근대세계와 중국의 기본적인 정치경제 상황 및 목전의 정세와 임무 등 3개 분야로 구성했으며, 특히 〈정치훈련반훈련강요〉는 교과를 '제국주의의 해부', '중국의 민족혁명문제', '사회발전사', '제국주의침략사', '각국정당사략(史略)', '각국혁명사략(史略)', '삼민주의' 등 과목 위주로 편성했다.

당시 공산당원이 황푸군관학교에서 활동할 수 있었던 것은 제1차 국·공합작에 따라 공산당원들이 개인 자격으로 국민당에 가입하고 있었기 때문이었다. 따라서 황푸군관학교의 당 대표와 정치부 제도는 중국공산당의 인민군대 역사에서 최초가 되는 제도였으며, 국민당과 마찬가지로 중국공산당 군대 정치사업의 시발점이 되는 것이었다.

어쨌든 황푸군관학교는 국가의 군대가 아닌 당의 혁명임무를 수행하는 도구로서의 혁명군(党軍)을 건설하는 요람이었다. 그러나 국민당원들과 공산당원들 간에는 건군노선을 둘러싸고 대립적인 관점이 존재하고 있었다. 국민당원들은 정치를 무시하고 오직 순수한 군사활동에만 관심을 가졌지만, 그러나 공산당원들은 군사보다는 오직 선전, 조직, 동원 등을 위주로 하는 정치활동에 더 많은 비중을 두고 있었다.

제2절

홍군시기의 정치사업

1. 난창폭동과 추수폭동 시의 정치사업

중국공산당은 국민당과의 제1차 합작이 결렬되면서 혁명전략의 대전환을 결정하게 된다. 국·공합작에 실패한 중국공산당은 반제반봉건(反帝反封建)을 주요 내용으로 하는 민주주의 혁명전략 하에 반드시 무산계급이 영도권을 장악하고 농민을 동원하여 토지혁명을 발동시켜야 할 필요성을 인식했다. 그뿐만 아니라 무장투쟁이 중국혁명의 주요한 투쟁형태가 되어야 하고 당이 반드시 자체의 인민군대를 건설해야 하는 필요성을 절감하기에 이르렀다

중국공산당 중앙은 1927년 7월 중순 한커우(漢口)에서 임시정치국회의를 소집했으며, 코민테른의 지시 하에 국·공합작의 실패 책임을 물어 기회주의노선으로 몰아세우면서 천두슈(陳獨秀)의 중앙 총서기직을 정지시키기로 하는 한편, 임시정치국 상무위원회를 개최하고 국민혁명군 제2방면군 내에 군사조직을 강화하여 국민당에 대항하며, 후난(湖南)과 장시(江西) 및 광동(廣東)에서 추수폭동을 일으켜 토지혁명을 전개할 것을 결정했다.

이러한 결정이 있은 지 두 달이 지난 1927년 8월 1일 저우언라이가 지휘하는 전적위원회(前敵委員會)는 허룽(賀龍), 예팅(葉挺), 주더(朱德), 류보청(劉伯承) 등이 이끄는 북벌부대 약 3만 명을 동원하여 장시성(江西省)의 난창(南昌)에서 무장폭동을 일으켰다. 이 무장폭동에 참가한 부대는 중국공산당이 최초로 건설한 것이었으며, 무산계급군대 정치사업의 시발점이 되는 것이기도 했다. 중국공산당은 난창폭동을 계획하고 발동하는 과정에서 폭동에 참가한 북벌부대가 이미 유지하고 있었던 정치사업을 기초로 하여 이를 보완하고 강화했다.

중국공산당은 우선적으로 무장폭동부대에 대한 당의 영도를 보장하기 위해 각급 당 조직을 설립했다. 무장폭동을 일으키기 전인 1927년 7월 27일 저우언라이

는 난창에 도착하여 당 중앙의 결정에 따라 무장폭동부대를 영도하는 당의 최고기관으로서의 전적위원회를 설치했다. 그뿐만 아니라 전적위원회의 영도 하에 각 군(軍)에는 군 당 위원회, 각 사단에는 사단 당 위원회, 그리고 각 연대에는 당 총지부 또는 당 지부를 설치했다. 또한 3인 이상의 당원이 있는 중대에도 당 지부를 설치했다. 이처럼 중국공산당 중앙은 당의 군대에 대한 영도를 강화하고 보장하기 위해 당의 역할이 모든 것에 우선하며 당의 조직이 모든 조직의 근원이라는 원칙을 규정했다.

중국공산당은 당 대표를 두고 정치부도 설립했다. 전적위원회는 폭동부대 내에서의 당의 정치사업을 강화하고 행군과 작전임무 등을 보장하기 위해 폭동을 준비하는 과정에서 군과 사단 2개급에 당 대표를 두었으며, 폭동을 전후하여 연대, 대대, 중대 3개급에 정치지도원을 두었다. 특히 당 대표는 전적위원회의 규정에 따라 소속부대의 최고 책임자로서 부대 당의 사업과 정치사업을 영도하는 것 이외에도 소속부대의 모든 사업을 영도하는 책임을 맡았다.

폭동부대는 중국공산당 중앙의 결정에 따라 국민당 좌파의 깃발과 국민혁명군 제2방면군의 번호를 그대로 사용했으며, 허룽이 대리 총지휘를 겸임하고, 예팅이 대리 전적위원회 총지휘를 겸임했다. 또한 별도로 저우언라이, 허룽, 예팅, 류보청 등으로 군사기구인 참모단을 구성하고 그 참모장직에 류보청을 임명했다. 그뿐만 아니라 국민혁명군 제1방면군에 총정치부를 설치하여 주임인 궈머러(郭沫若)와 부주임인 장보쥔(章伯鈞)이 폭동부대의 정치사업을 지휘하도록 했다.

중국공산당 중앙은 1927년 8월 3일 〈후난·후베이·광동·장시 4개성 농민 추수폭동 대강〉을 발표하고, 이들 4개 성에서 추수시기에 무장폭동을 일으켜 농촌의 정권을 탈취한다는 목표 아래 폭동전략을 수립했다. 동년 8월 7일 중국공산당 중앙은 한커우(漢口)에서 다시 긴급회의를 소집했으며, 이 회의는 그동안 노농운동, 토지혁명, 통일전선, 무장투쟁에서 기회주의 노선을 걸었다는 이유를 내세워 당 총서기인 천두슈(陳獨秀)를 제거했으며, 소비에트정권의 수립, 토지혁명, 그리고 무장투쟁의 기본방침을 결정했다.

이 8·7회의 이후 중국공산당 중앙은 임시정치국 후보위원인 마오쩌둥(毛澤東)과 펑궁다(澎公達)를 창사(長沙)에 파견하여 당 중앙의 지시를 전달하고 후난성 위원회를 개편하도록 했을 뿐만 아니라 후난지역의 추수폭동을 계획하고 영도하도록 했다. 이 폭동은 국민당 좌파와 결별하고 국민혁명군의 번호를 포기한 상태에서 노농혁명군을 동원했다는 점에서 난창폭동과는 차이가 있었다.

추수폭동에 참가한 부대는 원래의 국민혁명군 제2방면군 경위단(警衛团), 후난의 핑장(平江)과 류양(瀏陽) 농민 및 안위안(安原)탄광의 노동자규찰대 약 5,000명으로 편성된 중국노농혁명군 제1군 제1사단이었으며, 마오쩌둥이 전적위원회 서기를, 루더밍(蘆德明)이 폭동군 총지휘를, 그리고 위스두(余泗渡)가 3개 연대로 편성된 사단장직을 맡았다.

그러나 폭동에 실패한 마오쩌둥은 잔여 병력을 이끌고 패주하기 시작했으며, 1927년 9월 29일 장시(江西) 융신현(永新縣)의 산완촌(三湾村)에 이르렀다. 이때 병력은 천 명을 넘지 못했으며, 조직도 흐트러졌고, 기층에 당 조직이 설치되어 있지 않아 당의 부대 장악력도 기대할 수가 없는 지경이었다. 사기도 크게 떨어지고 군기도 문란하여 더 이상 혁명활동을 계속할 수가 없게 되자 마오쩌둥은 전적위원회 회의를 소집했으며, 이 회의에서 추수폭동 이래 행군작전의 경험을 총결산하고 노농혁명군의 전열을 가다듬기 위해 전면적인 개편계획을 제시한 후 이를 실행에 옮길 것을 촉구했다.

산완개편(三湾改编)의 주요 내용은, "①부대의 사상교육을 강화하여 혁명의지를 확고히 한다. ②군대의 고용제도를 폐지하고 부대를 개편한다. ③군벌 기풍을 근절하고 장병의 평등을 실행한다. ④당의 조직을 건전하게 하고 당 대표를 설치한다."[7]는 것이었다.

마오쩌둥의 이러한 요구에 따라 노농혁명군은 군대 내의 민주제도를 실행하고 장병의 평등을 보장하기 위해 연대, 대대, 중대에 사병위원회를 설치하기로 했으며, 그 위원은 민주선거로 선출하며, 사회는 신망이 두터운 사병이 담당하도록 했다. 그뿐만 아니라 사병위원회에 장교를 감독하고 장교가 과오를 범했을 때는 비판 및 제재를 가할 수 있는 권한을 부여했다.

산완개편의 핵심적인 내용은 역시 부대에 당 대표를 두는 것이었다. 추수폭동에 참가했던 부대는 농민부대이든 아니면 국민혁명군이든지를 막론하고 1개 연대에 1개 당 지부가 설치되어 있었다. 마오쩌둥은 당이 폭동부대를 철저히 영도하기 위해서는 반드시 중대에도 지부가 설치되어야 한다고 주장했으며, 마오쩌둥의 이

---

7 姜思毅 主編, 「中國共産党軍隊政治工作七十年史」, 第1卷, (北京: 解放軍報社, 1991), pp.139-141.

러한 요구에 따라 분대와 소대에 각각 당 소조가 설립되었고, 중대마다 당 지부가 설치되었으며, 대대와 연대에는 당 위원회가 설치됨으로써 당의 전적위원회가 모든 부대를 통일적으로 영도할 수 있게 되었으며, 마오쩌둥이 전적위원회 서기직을 맡게 되었다. 그리고 전적위원회에 의해 연대, 대대, 중대에 임명된 당 대표는 당 지부나 또는 당 위원회 서기직을 맡음으로써 소속부대 당의 활동과 정치활동을 책임지고 영도할 수 있게 되었다. 그뿐만 아니라 전적위원회는 소속부대의 모든 중대한 문제에 대해서는 반드시 당 조직의 집단토의를 거쳐 결정하는 것으로 되었다.

마오쩌둥은 산완개편을 회고하면서 1928년 11월 25일 〈징강산투쟁〉이라는 제목의 글 속에서 다음과 같이 서술했다:

"당의 조직은 현재 중대 지부, 대대 위원회, 연대 위원회, 군 위원회 등 4개 종류로 구분되어 있다. 중대에는 지부가 있고, 분대에는 소조가 있다. 홍군이 어려운 환경 속에서도 분투하면서 흐트러지지 않은 중요한 까닭은 지부가 중대에 설치되었기 때문이었다. 2년 전 국민당군 내의 우리들의 조직은 사병을 완전히 장악하지 못했으며, 예팅(葉挺)의 부대도 연대에만 오직 지부가 있었기 때문에 험난한 시험을 견뎌낼 수가 없었다. 현재 홍군 내의 당원과 비당원의 비율은 약 3대 1정도이다."[8]

2. 징강산투쟁시기의 정치사업

산완개편을 끝낸 추수폭동부대는 1927년 10월 3일 닝강현(寧崗縣)의 구청(古城)에 도착했다. 마오쩌둥은 이곳에서 전적위원회 확대회의를 소집했으며, 이때 유격전을 전개하여 노농혁명정권을 수립하며 원래 징강산(井岡山)에 있는 위안원차이(袁文才)와 왕쥐(王佐)의 부대를 흡수하기로 결정했다. 그 해 10월 말 마오쩌둥은 징강산에 도착하여 유격근거지를 구축하고 혁명정권 수립을 위한 태세를 재정비했다.

1928년 4월 주더(朱德)와 천이(陳毅)가 난창폭동에 참가했던 부대와 후난폭동에 참가했던 농민부대 3개 사단을 이끌고 징강산에 도착하여 마오쩌둥의 부대와 합류함에 따라 중국노농혁명군 제4군이 편성되었으며, 주더가 군사령관(軍長), 마오쩌둥이 당 대표, 그리고 천이가 정치부 주임을 맡게 되었다. 이 중국노농혁명군

8 毛澤東, "井岡山的鬪爭", 「毛澤東選集」, 第1卷, (北京: 人民出版社, 1952), p.70.

제4군 명칭은 1928년 11월 당 중앙이 홍군 명칭을 정식으로 사용하기로 결정함에 따라 중국노농홍군 제4군으로 바뀌었다. 당시 홍4군 예하에는 4개 연대가 있었으며, 이중에서 제28연대는 난창폭동에 참가했던 주력으로 편성되었고, 제29연대는 후난의 농민으로, 제31연대는 추수폭동에 참가했던 잔여병력으로, 그리고 제32연대는 원래 징강산에 있던 위안원차이와 왕줘의 병력으로 각각 편성되었다. 징강산에 들어간 마오쩌둥은 그곳을 유격근거지로 삼고 유격전을 전개함과 동시에 홍4군을 강화할 목적으로 다음과 같은 정치사업의 주요 내용을 제기했다:

첫째, 홍군의 3대 임무를 규정했다. 마오쩌둥은 차링(茶陵)의 사업 경험을 총결산하면서 적을 없애기 위해 전투를 하고, 자금을 마련하기 위해 토호(土豪)를 치며, 혁명정권을 수립하기 위해 대중을 선전하고 동원하며 조직하고 지원한다는 노농혁명군의 3대 임무를 분명하게 규정했다. 이로부터 홍4군 내에는 "군대는 전투대인 동시에 사업대이다."라는 구호와 함께 홍군이 혁명을 위한 정치임무를 수행하는 무장집단으로서 자본계급 군대와는 구별되어야 한다는 주장이 일기 시작했다.

둘째, 군대와 대중 간의 관계를 정확히 처리해야 한다는 생각에서 〈3대기율·8항주의(3大紀律·8項注意)〉를 제정했다. 마오쩌둥은 1927년 10월 24일 ①지휘에 따라 행동하고, ②백성의 고구마 하나라도 가져오지 않으며, ③토호를 쳐서 얻는 것은 모두 공적인 것으로 한다는 "3대기율"을 선포했다. 이어서 1928년 1월 25일에는 ①소상인을 위해 상점의 덧문을 달아주고, ②농민을 위해 논의 벼를 묶어주며, ③주민과 대화할 때는 부드럽게 하고, ④물건을 사고 팔 때는 공평하게 하며, ⑤빌린 물건은 반드시 반환하고, ⑥물건을 손상시키면 반드시 배상한다는 "6항주의'를 제정했다. 그 후 1929년 1월 홍4군을 이끌고 장시의 남부로 진군했을 때 "목욕할 때는 부녀자를 피한다.", "대변을 보고자 할 때는 변소를 찾는다."는 2개 항을 추가하여 "6항주의"를 "8항주의"로 바꾸었다.

셋째, 군대 내의 민주제도를 견지하고 사병위원회를 강화했다. 마오쩌둥은 장교와 사병, 그리고 상급과 하급 간의 계급이익과 분투목표는 일치하는 것이라는 전제 하에 연대, 대대, 그리고 중대에 각각 사병위원회를 설치함으로써 군대 내의 민주화를 제도적으로 보장했다.

넷째, 마오쩌둥은 군대가 지방에서 무장세력을 돕고 유격전을 하기 위해서는 먼저 당 소조가 있어야 한다고 확신하면서 지방에 당 조직을 건설하고 혁명정권을 수립하는데 착수했다.

다섯째, 홍군 세력을 확장하고 적군을 와해하기 위해 포로를 구타하거나 학대하지 않으며, 노농혁명군과 동등한 대우를 한다는 포로우대 정책을 수립했다.[9]

그러나 홍4군을 구성하고 있는 인적 요소로 인해 홍4군을 무산계급 군대로 만들고자 한 마오쩌둥의 노력은 그다지 큰 실효를 거두지는 못했다. 당시 "홍4군의 총 병력 8,000명 중 당원은 1,329명에 불과했다. 이중에서 노동자 출신이 311명, 농민 출신이 624명, 그리고 학생과 소상인 출신이 각각 100여 명 정도였다. 농민과 기타 소자본계급 출신이 전체 당원의 70%를 차지하고 있는 실정이었다."[10]

그뿐만 아니라 1929년 5월 말 마오쩌둥에 의해 용딩현(永定縣) 후레이(胡雷)에서 소집된 전적위원회 확대회의에서 논쟁이 벌어졌던 아래의 내용들은 홍군 내에 여전히 비무산계급 경향이 사라지지 않았음을 단적으로 보여주는 것이었다:

첫째, 당의 군대에 대한 영도 문제에 관한 것이었다. 당이 군대를 영도하는 것을 근본적으로 부정하거나, 당시 소련 적군이 실행하던 일장제(一長制)를 도입할 것을 주장하면서 당 위원회와 당 지부가 부대의 중대한 문제를 토의하여 결정하는 것을 반대하고, 당 대표의 권한을 제한해야 하며, 전적위원회가 홍4군을 영도하는 것도 제한해야 한다는 의견들이 제기되었다.

둘째, 홍군의 근본 임무에 관한 문제였다. 대중을 동원하고 토지혁명을 실행하며 당을 건설하고 정권을 수립하는 일은 지방당과 노농혁명정부가 하고 홍군은 오직 전투에만 진력해야 하며, 혁명근거지의 중요성을 부정하면서 농촌에서 유격활동을 하기 보다는 대도시를 공격해야 한다는 등의 의견이 제기되었다.

셋째, 군사사업과 정치사업의 관계에 관한 문제였다. 군사가 좋으면 정치는 저절로 좋아지게 되고 군사가 나쁘면 정치는 저절로 나빠지게 된다고 하거나 또는 군사와 정치를 대립시키면서 정치기관이 군사기관에 예속되어야 한다는 의견들도 제기되었다.

넷째, 군대 내부의 민주주의 제도에 관한 것이었다. 사병위원회의 폐지를 요구하고, 민주만 요구하고 집중은 반대하며, 상급에 대해서는 민주를 요구하고 사병

---

9 姜思毅, 前揭書, pp.146-150.

10 上揭書, p.162.

에 대해서는 독재를 실행할 것을 요구하는 등 극단적인 민주화 경향이 농후했다.[11]

홍4군 내의 이러한 문제점들은 결국 천이(陳毅)에 의해 상하이(上海)에 본부를 둔 당 중앙에 전달되었다. 천이는 1928년 8월 하순 푸젠(福建)의 서부지역에서 홍콩을 경유하여 상하이로 갔으며, 그곳에서 중앙정치국의 결정에 따라 리리산(李立三), 저우언라이와 함께 3인위원회의 일원이 되어 홍4군의 발전방향을 토의한 후, 저우언라이와의 수차에 걸친 대담과 중앙정치국의 지시에 근거하여 홍4군 전적위원회에 하달하는 이른바 〈중앙9월래신(中央九月來信)〉이라고 하는 지휘서신을 작성했는데, 이 지휘서신은 주로 홍군의 건군방향에 관해 아래의 내용들을 담고 있었다:

첫째, 노농무장의 할거사상과 홍군의 3대 임무를 긍정하는 것이었다. "먼저 농촌의 홍군이 있고, 후에 도시정권이 있으며, 이는 중국혁명의 특징이고, 중국 경제기초의 산물이다."라고 하면서, "현재 홍군의 주요한 기본 임무는, ①대중투쟁을 발동하고, 토지혁명을 실행하며, 소비에트정권을 수립하고, ②유격전쟁을 전개하고 농민을 무장시킬 뿐만 아니라 자체 조직을 확장하고, ③유격지역과 정치적 영향력을 전국적으로 확대하는 것이다."고 규정했다.

둘째, 당의 군대에 대한 영도제도를 긍정하는 것이었다. "홍군은 전적위원회가 지휘하며, 당의 모든 권력은 전적위원회의 지도기관에 집중된다."고 했다. 그뿐만 아니라 "당 대표의 명칭을 즉각 폐지하고 이를 정치위원으로 하며, 정치위원은 군대의 행정업무를 감독하고 군대의 정치영도를 공고히 하며 명령에 부서(副署)하는 것을 임무로 한다. 그리고 군(軍) 정치위원은 전적위원회 서기가 겸임하며, 군 정치위원은 정치부 주임을 겸임하지 않을 수 있다."고 했다. 또한 "군과 종대(縱隊)에는 정치부를 설치하고 대대와 중대에는 정치위원만을 둔다."고 했다.

셋째, 군대 내부에서 집중적 지도 하의 민주제도를 실행하고, 자각적 기율을 견지하는 것을 긍정했다. 홍군은 노동조합, 농민조합과 같은 조직이 아니고 전투조직이기 때문에 반드시 집중적인 지휘가 필요하다고 하면서 부대 내의 민주화는 집중적 지도 하에서만 존재한다고 강조했다.

넷째, 군대 내의 군정(軍政)교육의 필요성을 강조했다. "홍군 내에 존재하고 있

11 上揭書, pp.163-165.

는 취소관념(取消觀念), 분가관념(分家觀念), 부대이탈관념[離隊觀念], 소단체 경향, 그리고 극단적 민주화 경향과 같은 우경사상(右傾思想)이 그릇된 것임을 지적하고," 정치교육을 통해 이러한 "모든 부정확한 경향을 시정해야 한다."고 촉구했다.

다섯째, 홍군을 확장하기 위해 농민을 동원해야 할 필요성을 긍정했을 뿐만 아니라 지방이 당과 정권을 건설하는 것을 군대가 적극적으로 지원하며, 또한 대중사업을 적극적으로 전개해야 한다는 점을 강조하면서 대중노선 개념을 처음으로 사용했다.[12]

3. 구톈회의와 건군노선

1929년 10월 말 천이(陳毅)는 당 중앙의 지시를 휴대하고 상하이로부터 홍콩을 거쳐 돌아왔으며, 자신이 휴대한 〈중앙9월래신〉과 저우언라이의 구두지시를 전했다. 그 후 동년 12월 중순 마오쩌둥과 주더는 주력부대를 이끌고 푸젠성(福建省)의 상항현(上杭縣) 구톈촌(古田村)에 이르게 되는데, 여기서 전적위원회는 각 종대, 지부, 그리고 일부 대대의 당 대표가 참가하는 연석회의를 개최하고, 당 중앙의 〈9월래신〉과 기타 지시를 토의한 후 천이의 협조를 얻어 〈중국공산당 홍군 제9차 대표대회 결의안(초안)〉을 작성하고 당 대회 개최를 위한 준비작업을 마무리했다.

1929년 12월 28일 홍4군 당 제9차 대표대회가 구톈촌의 랴오가(廖家) 사당(祠堂)에서 개최되었는데, 이 대회는 120여 명의 대표가 참석했으며, 마오쩌둥, 주더, 그리고 천이가 공동으로 주관하면서 이른바 "구톈회의결의(古田會議決議)"라고 하는 〈홍4군 당 제9차 대표대회 결의안〉을 통과시켰다. 이 결의안은 9개 부분으로 구성되었는데, 특히 홍군의 임무와 성격, 당의 군대에 대한 영도 문제, 그리고 정치와 군사의 관계 및 정치계통과 군사계통의 관계를 규정했다:

첫째, 홍군과 홍군의 임무가 자본계급 군대와는 근본적으로 다르다는 것을 확인했다. 이미 앞에서도 언급되었듯이 "중국의 홍군은 혁명을 위한 정치임무를 수행하는 무장집단이다. 특히 현재는 홍군이 결코 단순하게 전투만 하는 것이 아니며, 적의 군사역량을 없애기 위해 전투를 하는 것 이외에도 대중을 선전하고 대중

12 上揭書, pp.168-171.

을 조직하며 대중을 무장시키고 대중을 지원하여 혁명정권을 수립하고 공산당 조직을 건설하는 등의 중대한 임무를 책임져야 하며, 이러한 목표를 떠나게 되면 전투의 의의를 상실하게 되고, 또한 홍군의 존재의의를 상실하게 된다."[13]고 규정했다. 그뿐만 아니라 단순한 군사관점과 유구사상(流寇思想)을 배격하고 군사가 정치에 예속된다는 점을 강조함으로써 홍군의 계급성을 선명하게 부각시켰다.

둘째, 당의 홍군에 대한 영도를 강화하는 일련의 조치를 제기했다. 당 위원회는 당원과 정치사업만 관장하고 군사와 전투는 관장할 수 없다고 하는 관점을 불식시키기 위해 "당은 군사사업에 대해 적극적으로 관심을 가지고 토론을 해야 한다. 모든 활동은 당의 토론과 결의가 있은 후에 다시 대중을 통해 실행에 옮겨진다."[14]고 했으며, 이를 위해서 대대와 연대 이상의 각급 단위에 당 위원회를 설립하는 것 이외에 "모든 중대에 지부를 건설하고, 모든 분대에 소조를 건설하며, 이는 군대 내 당 조직의 중요한 원칙의 하나이다."[15]고 규정했다.

셋째, 정치와 군사, 그리고 정치사업기관과 군사사업기관의 관계를 분명하게 규정했다. "홍군의 군사기관과 정치기관은 상급 지방정권기관이 수립되기 전에는 전적위원회의 지도 하에 대등하게 활동을 수행하며, … 정강의 공포와 같이 전군에 관련되는 사항은 군사기관과 정치기관이 연명으로 하고, … 정치부는 지방무장의 건설과 발전을 지원하는 것을 책임지며, 사령부는 지방무장의 평시 군사훈련과 전사의 작전지휘를 지원하는 것을 책임진다. … 급양, 위생, 행군, 야영 등의 활동에서는 정치계통이 군사계통의 지휘를 받아야 하고, 정치훈련과 대중사업 활동에서는 군사계통이 정치계통의 지휘를 받아야 한다. … 군사기관의 모든 명령은 정치위원이 반드시 부서(副署)해야 하고, 정치부 주임은 서명할 필요가 없다. 정치기관의 모든 명령은 정치부가 단독으로 행사하며, 정치위원은 부서(副署)할 필요가 없다."[16]고 규정했다. 이러한 규정 덕분에 군사가 정치에 복종한다는 원칙을 보장하기 위한 제도적 장치가 마련된 셈이었다.

---

13 毛澤東, "中國共産党 紅軍第4軍 第9次 代表大會 決議案", 「毛澤東軍事文集」, 第1卷, (北京: 軍事科學出版社, 1993), p.87.

14 上揭書, p.89.

15 上揭書, p.97.

16 上揭書, pp.122-123.

"구톈회의 결의안은 인민군대의 건설에 관한 마르크스레닌주의 이론과 중국 노농혁명투쟁의 실천이 서로 결합된 산물인 동시에 중국의 군대를 건설하는 데 있어서 강령의 성격을 갖는 문건이며, 구톈회의는 중국의 농촌에서 혁명전쟁을 수행하는 데 있어서 여하히 무산계급 정당을 건설하고, 여하히 인민군대를 건설해야 하느냐의 문제를 창조적으로 해결했다."[17]

요컨대, 군사가 정치에 예속되고, 군대가 전투 이외에도 대중사업을 중시해야 하며, 군대가 당의 영도를 받아야 한다고 강조한 구톈(古田)회의의 결의는 홍군이 당의 임무를 수행하는 무장집단으로 빌전해야 한다는 당군(党軍)의 성격을 규정하는 것으로써 사실상 중국공산당의 기본적인 건군노선이 되는 것이었다.

기실, 구톈회의의 결의안은 중국공산당 자체의 의지에 따라 작성된 것이라기보다는 러시아공산당의 지도 하에 이루어진 것이라고 말하는 쪽에 무게가 실리고 있다. 구톈회의가 개최되기 이전인 1928년 6월에서 7월 사이에 중국공산당 제6기 대표대회가 러시아공산당의 지도 하에 모스크바에서 개최되었으며, 〈대회〉는 동년 7월 9일 〈소비에트정권의 조직문제 결의안〉을 통과시켰는데, 여기서 이미 중국의 홍군 내에 정치부를 조직하여 군대 정치사업을 영도한다고 규정함으로써 홍군 내의 정치사업을 제도화하기로 결정했던 것이다. 어쨌든, 구톈회의 결의안은 마오쩌둥에 의해 작성된 것이긴 하지만 실은 〈당중앙의 9월래신〉 정신에 근거하여 채택된 것이라고 결의안의 서문에서 언급되었듯이 중국공산당 제6기 대표대회에서 통과된 〈소비에트정권의 조직문제 결의안〉에 바탕을 두고 만들어진 건군노선이었던 것이다.

4. 당위제(黨委制)의 철폐와 정위제(政委制)의 도입

중국공산당은 1928년 6월 모스크바에서 개최된 당 제6기 대표대회에서 〈소비에트정권의 조직문제 결의안〉이 통과되면서부터 군대 내의 정치사업을 제도화하기 시작했으며, 이와 때를 같이 하여 군사부의 설치를 결정했다. 1931년 중앙소비에트정부가 장시(江西)의 루이진(瑞金)에 수립된 이후, 중국공산당은 중앙소비에

17 上揭書, p.184.

트정부에 예속된 혁명군사위원회와 당중앙군사위원회 산하에 정식으로 홍군 총정치부를 설치하여 홍군의 정치사업을 통일적으로 영도하기 시작했다.

기실, 난창폭동을 계기로 하여 홍군 내에 정치사업제도가 설립되긴 했지만 당시 어떤 부대에는 중대급에 당 대표가 있었고, 또 어떤 부대에는 지도원이 있는 등 모든 부대에 정치사업제도가 일률적으로 정착되어 있지는 않았으며, 특히 마오쩌둥은 홍4군의 당 대표를 정치위원으로 명칭을 바꾸는 것에 반대했었다. 그러나 "중국공산당 중앙은 1929년 샹잉(項英)을 장시소비에트지구로 잠입시켜 코민테른(Comintern)의 〈중국홍색정권을 건립하는 것에 관한 결의〉를 전달하도록 했으며, 샹잉은 모스크바의 지시에 따라 홍군 내 당 대표의 명칭을 정치위원으로 바꾸었다."[18]

그 후 1931년 저우언라이는 코민테른의 명령에 따라 모스크바로부터 장시소비에트지구로 잠입했으며, 그곳에서 소비에트지구 중앙서기국 서기와 홍군 총정치위원직을 장악하면서 소련 적군의 정치위원제도를 모방하여 홍군 내에 정치위원제도를 확립하기 시작했다. 그리고 동년 말에는 다시 "중대의 정치위원을 정치지도원으로 개칭하고, 대대의 정치위원을 정치교도원으로 개칭했으며,"[19] 연대 이상의 단위만 원래의 정치위원으로 호칭하는 등 정치사업 간부의 직위와 권한을 보다 체계화했다.

이에 앞서 중국공산당 중앙은 1930년 10월 3년간의 홍군 정치사업의 경험을 바탕으로 하고 소련 적군의 정치사업조례를 참고하면서 〈중국노농홍군 정치사업임시조례초안〉을 제정 및 공포했다. 이 임시조례는 중국공산당의 건군사에서 최초가 되는 정치사업조례로서 총칙과 10개의 단일조례를 포함하고 있었으며, 그 주요한 내용으로는 다음과 같은 것이 있었다:[20]

(1) 총칙

① 정치사업의 주요 임무

- 중국 홍군이 그 위대한 역사적 임무를 완수하기 위해 반드시 무산계급 선봉대

---

18 毛澤東, "井岡山的鬪爭", 〈毛澤東選集〉, 第1卷, (北京: 人民出版社, 1952), p.87.

19 上揭書.

20 姜思毅, 前揭書, pp.238-244.

【중국노농홍군서열(1930년 8월)】

중앙군사위원회

서 기	저우언라이(周恩來)

홍1방면군

총사령 / 총정치위원	주더(朱德) / 마오쩌둥(毛澤東)

제1군단

총지휘	주더 (겸)
정치위원	마오쩌둥(겸)

제3군단

총지휘	펑더화이(彭德懷)
정치위원	텅다이위안(滕代遠)

제2군단

총지휘	허룽(賀龍)
정치위원	저우이췬(周逸群)

군	군장	정치위원
제3군	황궁뤠 黃公略	차이후이원 蔡會文
제4군	린뱌오 林彪	뤄룽환 羅榮桓
제12군	뤄빙후이 羅炳輝	탄전린 譚震林
제20군	젠빙춘 間炳春	류스치 劉士奇
제22군	천이 陳毅	추다산 邱達三
제5군	덩핑 鄧萍	장춘칭 張純清
제8군	허창꿍 何長工	덩첸위안 鄧乾元
제16군	쿵허총 孔荷寵	황즈징 黃志敬
제2군	허룽 賀龍 겸임	주멘즈 朱勉之
제6군	쾅지쉰 曠繼勛	돤더창 段德昌
제1군	쉬지선 許繼愼	차오다쥔 曹大駿
제10군	저우젠핑 周建屛	후팅취안 胡庭銓
제20군	후사오하이 胡少海	덩즈후이 鄧子恢
제21군	덩이깡 鄧毅剛	리런위 李任予
제7군	장윈이 張雲逸	덩샤오핑 鄧小平
제11군	구다춘 古大存	옌한장 顔漢章
제13군	후궁미엔 胡公冕	천원따 陳文達
제14군	허쿤 何昆	리차오스 李超時

❖ 資料出處: 國防大學〈戰史簡編〉編寫組, 「中國人民解放軍戰史簡編」, (北京: 解放軍出版社, 2017), 附序列表2

(공산당)의 영도를 받도록 하며, 중국 홍군이 중국노농민주혁명의 임무를 완수해야 함과 동시에 사회주의를 창조하고 보위하는 중견이 되도록 하는 것이다.

- 무산계급 및 그 선봉대인 중국공산당의 홍군 내에서의 영도를 공고히 하며, 홍군을 강력한 노농혁명의 무장역량으로 만드는 것이다.

② 정치사업의 목적

- 홍군의 전투력을 공고히 한다.
- 홍군의 계급적 정치각성에 의해 정치적 영향력을 행사한다.
- 광범한 노농대중을 동원하고 적의 군대를 와해시키며 광범한 노농대중이 홍군의 주위로 모여들게 한다.

③ 정치사업의 주요 내용

- 무산계급의 계급교육을 실시하여 홍군의 전투원과 지휘관이 홍군의 계급적 책임, 적과 전쟁을 하는 계급적 의의, 그리고 지방주민에 대한 계급적 우애와 원한을 이해하도록 하는 것이다.

④ 정치위원과 정치기관의 역할

- 홍군 내에서의 무산계급 선봉대(공산당)의 영도를 강화하기 위해 홍군 내에 정치위원과 정치기관(정치부 및 정치처)을 설치하며, 이는 소비에트정권의 일부로서 홍군 내에서의 당의 정치노선 및 집행자이다.
- 홍군 내의 정치위원 및 정치기관은 홍군 내의 정치지도자이다.

(2) 정치지도원 사업 임시조례 초안

① 정치지도원의 자격

- 정치지도원은 홍색 전투원의 정치교육을 위해 중대와 대(隊) 내에 정치지도원을 설치한다. 정치지도원은 반드시 중국공산당의 적극적인 당원이어야 하며, 가능한 한 노동자당원이어야 한다.

② 정치지도원의 임무

- 정치훈련을 실시하고 선전사업, 대중사업, 포로사업, 그리고 전시정치사업을

지도하고 관리하는 것이다.

③ 정치지도원의 권한

- 정치지도원은 중대장과 동등하게 상과 벌을 내릴 수 있는 권한을 가지며, 전투 중이나 훈련 중에 중대장을 적극적으로 도와야 하고, 조련 시에는 중대장과 함께 출석한다.

(3) 정치위원 사업 임시조례 초안

① 정치위원의 임면 및 자격

- 홍군 내의 당을 직접 지도하고 정치사업을 집행하며 군인의 계급적 단결을 공고히 하고 공산주의 교육을 실시하기 위해 연대, 사단, 군, 독립대대, 독립작전을 수행하는 대대 및 홍군의 직속기관 학교 내에 계급적 각성이 가장 투철하고 용감하며 정치교육 사업에 경험이 있는 〔가능한 한 노동자계급 출신의〕 공산당원을 정치위원으로 임명한다.

② 정치위원의 역할

- 정치위원은 홍군 내에서의 소비에트정권의 정치대표임과 동시에 홍군 내에서의 중국공산당의 전권대표이며, 정치위원은 정권과 당을 대표하는 이중적 역할자로서 홍군 내에서 당의 정치노선과 기율을 집행하는 책임자이다.

③ 정치위원의 주요 임무

- 정치위원은 반드시 군사지휘관과 공동으로 부대 교육과 훈련 지도를 실시해야 한다.
- 작전동원 계획이나 또는 명령을 기초한다.
- 부대의 전투력과 기율을 향상시키고 공고히 하는 활동에 참여한다.
- 하급 군·정간부를 심사하고 선발하는 활동에 참여한다.
- 부대 이동을 위임하는 명령에 서명하며 반혁명 파괴활동을 타격하는 것을 책임진다.

④ 정치위원의 권한

- 정치위원은 동급 군사지휘관과 모종의 문제로 논쟁을 하게 될 때 군사지휘관의 명령을 정지시킬 권한을 가진다. 그러나 논쟁이 되고 있는 문제의 상황을 상세하게 상급기관에 즉각 보고해야 하며, 상급의 지시가 있기 전까지는 자신의 의견에 따라 집행해야 하고, 군사지휘관도 상급에 제소할 권한을 가진다.
- 정치위원은 당해 부대의 모든 구성원이 반혁명이나 또는 군대조직을 파괴하려는 행동을 발견할 시는 혁명법률을 집행할 권한을 가지며, 사변의 과정을 즉각 상급기관에 보고해야 한다.
- 정치위원은 지부의 결의에 당의 노선을 위배하거나 또는 홍군의 전투력을 방해하는 것이 있음을 발견할 때는 그 집행을 정지시킬 권한을 가진다. 그러나 반드시 상급에 보고해야 한다.
- 정치위원은 당해 부대 당의 모든 활동에 대해 상급기관에 전적으로 책임을 져야 하며, 예속관계에 있어서는 직속 상급 정치위원에게 복종해야 하고, 군사행정에 있어서는 상급 군사지휘관에게 복종해야 한다.

⑷ 정치기관 사업조례 초안

연대 및 독립대대에는 정치처를 설치하며, 군, 사단, 군구, 집단군에는 정치부를 설치하고, 중앙혁명군사위원회에는 총정치부를 설치한다.

노농홍군 총정치부는 전국 홍군 내의 당과 정치사업을 지도 하는 기관이다.

⑸ 중대 당 지부 사업조례 초안

① 중대 당 지부의 설치

- 중대 당 지부는 홍군 내에 있는 당의 기본단위 조직이며, 당원이 3인 이상인 중대에는 모두 지부를 설치할 수 있다.

② 중대 당 지부의 임무

- 부대 내 당의 일반활동에 적극적으로 참가한다.
- 상급 당부의 모든 훈련과 지시를 철저히 이행한다.
- 전체 지부 당원의 정치인식과 문화수준을 향상시킨다.
- 당과 홍색전투원 대중의 관계를 긴밀하게 한다.

- 청년단원에 대한 활동을 전개한다.
- 신입당원을 흡수하고 후보당원을 정식당원으로 전환시킨다.

(6) 홍군 당무위원회 사업조례 초안

① 당무위원회의 구성

- 군구, 집단군 및 군, 사단의 정치부에 설치된 당무위원회는 군사행동 등 긴급한 상황 하에서 상급 당부가 구성원을 지정하는 것을 제외하고는 동급 당의 대표대회가 선출하여 구성한다.

② 당무위원회의 직권과 임무

- 당장(党章)을 파괴하고 당의 도덕을 위반하는 당원에 대한 처벌을 토의하여 결정한다.
- 신입당원의 입당을 토의하여 결정한다.
- 동급 정치기관의 각종 회의에 참가한다.
- 당원대표대회에 활동을 보고한다.
- 상급 정치기관이나 또는 상급 당무위원회에 상황을 반영하고 보고활동을 요청한다.

(7) 정치기관 및 당부와 지방당부 관계조례 초안

① 정치사업의 최고영도기구

- 홍군 내 모든 당의 사업과 정치사업의 총영도는 중앙혁명군사위원회 총정치부에 속한다.
- 총정치부는 그에 예속된 각급 정치부(군구정치부·군정치부·사단정치부 등)를 통해 그 지도를 실행한다.

② 정치간부의 지방 당부 활동

- 필요시 홍군 내의 정치부 주임이나 또는 정치위원은 지방 당부의 위원으로 참가한다.

③ 정치기관과 홍군 당의 지방 당부 활동

- 정치기관과 홍군 당부는 반드시 지방 당부의 활동에 적극적으로 참가해야 한다.
- 정치기관은 중요한 명령을 내릴 때는 반드시 지방 당부의 의견을 널리 구해야 하며, 지방 당부는 정치기관의 명령을 변경하거나 또는 취소할 수 없다.

이상의 내용을 핵심으로 하는 〈홍군정치사업조례초안〉은 홍군 정치사업의 조직과 제도를 통일적으로 규정하고, 각급 정치기관의 직권, 임무, 사업내용 및 그 상호관계를 명확히 규정함으로써 홍군의 정치사업을 강화하는 데는 중요한 영향을 미쳤지만 구톈회의의 결의 내용과는 상충되었다.

〈홍군정치사업조례초안〉은 소련 적군의 정치사업조례와 소련 적군의 경험을 그대로 도입하여 적용한 것이었으며, 이에 반해서 홍4군의 구톈회의 결의안은 중국의 혁명 경험을 바탕으로 하여 마오쩌둥에 의해 제기된 것이었다. 보다 구체적으로 말해서 당의 군대에 대한 영도 문제에 있어서 〈홍군정치사업조례초안〉은 정치위원제도[政委制]를 실행하는 것임에 반해서 〈구톈회의 결의안〉은 당 위원회제도[党委制]를 실행하는 것이었다.

당시 홍군 내에서 정위제를 실행하느냐 아니면 당위제를 실행하느냐의 문제는 중국공산당 중앙의 영도원칙과 밀접한 관계에 있는 것이었다. 중국공산당은 제6기 「3중전회」에서 리리산(李立三)의 '좌경'영도를 청산했으며, 이 회의에서 왕밍(王明, 陳紹禹)은 코민테른의 지지를 등에 업고 리리산 노선을 반대하고 조화주의 노선을 반대했다. 그 후 1931년 1월 7일 상하이에서 소집된 중국공산당 제6기 「4중전회」를 계기로 왕밍은 당 중앙의 영도권을 장악하고 코민테른의 지시와 노선을 철저히 수행했다. 왕밍은 중국의 현실을 무시한 채 마르크스주의를 교조화하고, 코민테른의 결의와 소련의 경험을 신성화하기 시작했다. 그는 농촌보다는 도시를 투쟁의 마당으로 삼았고, 적을 깊숙이 유인하여 섬멸한다[誘敵深入]는 유격전략을 반대했으며, 먼저 공격하여 상대를 제압한다[先發制人]는 정규전략을 실행함으로써 마오쩌둥과는 정반대의 입장을 견지했다. 그뿐만 아니라 그는 당의 홍군에 대한 영도를 강화하기 위해 마오쩌둥의 당위제를 폐지하고 소련의 정위제를 도입했다.

왕밍은 1931년 11월 장시성 남부에서 회의를 소집하고, "홍군이 당위제를 실행하는 것은 당이 모든 것을 도맡아 하는 과오를 범하는 것이며, 정치위원과 정치부가 당과 정부를 대표하는 제도를 약화시키는 것이고, 국민당이 당으로서 국가를 다스리는[以党治國] 것과 같은 것이라고 지적하면서 홍군 내에 정치위원과 정치부의 직권을 초월하는 각급 당 위원회를 폐지하고 당의 모든 조직이 정치부의 관리하에 있어야 한다."[21]는 내용의 〈홍군 문제에 관한 결의안〉을 통과시켰다.

21 上揭書, p.335.

제3절

8로군 · 신4군시기의 정치사업

중일전쟁의 발발은 먼저 정국을 안정시키고 국력을 집중시켜 일본군에 대항한다는 중국국민당에게는 결정적인 타격을 주었지만 이와는 반대로 재기를 노리고 있는 중국공산당에게는 절호의 기회가 아닐 수 없었다.

중국공산당은 항일민족통일전선을 내걸면서 항전보다는 오히려 국부군에 대응하면서 자신의 역량을 발전시키는데 총력을 집중했으며, 이러한 목적을 달성하기 위해 무엇보다도 먼저 군대에 대한 절대적 영도를 강화했다.

군대에 대한 절대적 영도를 강화하기 위해 중국공산당은 홍군시기 정치사업의 제도와 방법을 계승하고 발전시키는데 역점을 두었다. 왜냐하면, 군대 정치사업은 군대 내에서의 당의 사업과 정치사업이며, 이를 성공적으로 수행할 때 비로소 군대가 당의 군대로서 당의 정치임무를 관철하고 수행할 수 있기 때문이었다.

1. 항일전쟁과 제2차 국·공합작

1) 제2차 국·공합작의 배경

1934년 10월 14일 국민당군의 소탕작전에 견디다 못해 푸젠성(福建省)의 루이진(瑞金)을 포기하고 2년 동안의 2만5천 리 퇴각 여정을 거치면서 1937년 1월 산시성(陝西省)의 옌안(延安)에 도착한 중국 홍군은 당시 항일을 명분으로 국민당과 통일전선을 결성하는 것만이 기사회생할 수 있는 유일한 길이라고 생각했다:

"대일항전(對日抗戰)을 위한 중국공산당의 대(對)국민당 접촉은 중국공산당 중앙이 옌안(延安)에 도착하기 전 저우언라이가 국민당 중앙위원인 정양푸(曾養甫)를 만나면서부터 시작되고 있었다. 1935년 9월 1일 항일민족통일전선의 결성을 요구하는 저우언라이의 서신이 정양푸를 통해 국민당의 천리푸(陳立夫)에게 전달되자 천리푸는 저우언라이의 요구에 응하여 장충(張冲)으로 하여금 중국공산당

【중국노농홍군서열(1934년 10월)】

중앙혁명군사위원회

주석	주더(朱德)
부주석	저우언라이(周恩來)
부주석겸 총정치부 주임	왕자샹(王稼祥)
참모총장	류보청(劉伯承)

홍1방면군

총사령	주더(朱德) 겸임
총정치위원	저우언라이(周恩來)
참모장	류보청(劉伯承) 겸임
주임	왕자샹(王稼祥) 겸임

부대	군단장	정치위원
제1군단	린뱌오 林彪	녜룽전 聶榮臻
제3군단	펑더화이 彭德懷	양상쿤 楊尙昆
제5군단	둥전탕 董振堂	리줘란 李卓然
제7군단	쉰화이저우 尋淮洲	러사오화 樂少華
제8군단	저우쿤 周昆	황수 黃甦
제9군단	뤄빙후이 羅炳輝	차이수판 蔡樹藩

제2·제6군단

허룽(賀龍)·런비스(任弼時) 관샹잉(關向應)의 **통일적 지휘**

부대	군단장	정치위원
제2군단	허룽 賀龍	런비스 任弼時
제6군단	샤오커 蕭克	왕전 王震

홍4방면군

총지휘	쉬샹첸(徐向前)
정치위원 겸정치부 주임	천창하오(陳昌浩)

부대	군장	정치위원
제4군	왕훙쿤 王宏坤	저우춘 周純
제9군	허웨이 何畏	잔차이팡 詹才芳
제30군	위톈윈 余天雲	리셴녠 李先念
제31군	왕수성 王樹聲	장광차이 張廣才
제33군	왕웨이저우 王維舟	양커밍 楊克明

중앙혁명군사위원회 직속

부대	군장	정치위원
제25군	쉬하이둥 徐海東	우환셴 吳煥先
제10군	군장 겸 정치위원: 왕루츠 王如痴	
제26군		

❖ 資料出處: 國防大學〈戰史簡編〉編寫組, 「中國人民解放軍戰史簡編」, (北京: 解放軍出版社, 2017), 附序列表3

과 연락을 취하도록 지시했다. 지시를 받은 장충은 그 해 겨울 장쉐량(張學良)의 방어구역을 거쳐 시안(西安)으로 들어갔으며, 그 도중에 장쉐량과도 만나 자신의 임무를 대충 알려주었다."[22]

이처럼 국·공 양당 간의 개별적 접촉이 이루어지면서 1936년 5월 5일 중국공산당이 정전 의사를 밝힘에 따라 장충의 중재로 난징(南京)에서 중국공산당의 정식대표인 저우언라이와 코민테른 대표인 판한녠(潘漢年)을 만난 천리푸는 국민정부를 대표하여 중국공산당이 "①삼민주의를 신봉하고, ②장제스 위원장의 지휘에 복종하며, ③홍군을 국군으로 개편하고, ④소비에트를 철폐하고 지방정부로 개편한다."[23]는 4개항 원칙을 협상조건으로 내세웠다.

국민당이 협상의 전제로 요구한 4개항 원칙을 중국공산당이 수락함으로써 장제스 위원장의 최종적인 결정만을 남겨놓고 있는 상황 하에서 뜻밖의 사건이 발생했는데, 그것이 바로 시안(西安)사변이었다. 당시 장제스는 탈진상태에 있는 중국공산당과 홍군을 완전히 섬멸한 후 일본에 대항한다는 구상을 가지고 있었으며, 이를 실천하기 위해 장쉐량(張學良)과 양후청(楊虎城)에게 대공(對共)작전을 수행하도록 지시해 놓고 있었다.

그러나 일본군에 의해 점령된 자신의 근거지인 만저우(滿洲)로 되돌아갈 날만을 기다리고 있던 장쉐량은 1936년 4월부터 중국공산당과 비밀접촉을 시작했으며, 동년 9월에는 중국공산당과 항일구국협정을 체결함으로써 적대적 관계를 해소했다. 이어서 장쉐량의 동북군은 양후청의 서북군, 중국공농홍군과 함께 민족통일전선을 옹호하는 철의 3각을 형성하고 있었다.[24]

자신의 명령을 거부하고 작전에 소극적이었던 장쉐량을 더 이상 방치할 수 없는 지경에 이르자 장제스는 직접 시안으로 달려갔으며, 이때 서북 초비(剿匪) 부총사령관인 동북군 영수 장쉐량과 국민혁명군 제17로군 총지휘인 양후청은 자신들의 건의가 묵살되자 1936년 12월 12일 시안 린퉁(臨潼)에 위치한 화칭츠(華淸池)를 포위하고 국민정부 군사위원회 위원장 겸 서북 초비 총사령인 장제스를 붙잡아

---

22 蔣中正 著, 「蘇俄在中國」, (台北: 中央文物供応社, 1957), p.73.

23 上揭書, pp.73-74.

24 李鳴, 張桓 編著, 「予陝名人: 張鈁(上)」,(台北: 冬勳文教基金會, 2018), p.410.

시안의 신청빌딩(新城大樓)으로 압송하여 구금했다. 이와 동시에 양후청의 제17로군은 헌병 제2연대, 산시성(陝西省) 공안국, 경찰대대의 무장을 해제하고 시안성을 완전히 장악했으며, 장제스를 수행하고 온 천청(陳誠), 웨이리황(衛立煌), 장딩원(蔣鼎文) 등 10여 명의 군정 요원들을 체포했다.

장제스를 감금하자고 먼저 제안한 것은 양후청이었고, 이를 주도한 것이 장쉐량이었으며, 이들은 중국공산당과는 자주 연락을 취하고 있었지만 장제스를 감금하려는 계획을 미리 알려주지는 않았다. 그러나 당시의 분위기는 그곳 신문사의 주필로서 신해혁명 전의 원로혁명가이기도 한 장지롼(張季鸞)이 시안의 화칭츠로 장제스를 찾아와 산베이(陝北)공산당이 동북군과 결탁하여 이간질을 할 수도 있으니 조심하라는 부탁까지 할 정도로 장제스에게는 그리 우호적이지는 않았다.[25]

장쉐량과 양후청은 동년 12월 13일 "①난징정부를 개편하고 각 당과 각 파를 받아들인다. ②모든 내전을 중지한다. ③상하이에 체포되어 있는 구국회 영수를 즉각 석방한다. ④전국의 모든 정치범을 석방한다. ⑤인민의 집회와 결사 자유를 보장한다. ⑥민중의 애국운동을 개방한다. ⑦쑨원 총리의 유지를 확실히 준수하고 이행한다. ⑧구국회의를 즉각 소집한다."[26]는 8개항 조건을 제시했으며, 결국 국민당 측이 이들 조건을 일정한 선에서 수락함으로써 동년 12월 25일 장제스가 부인과 함께 난징으로 돌아올 수가 있었다.

시안사변이 일어난 이후인 1937년 2월 10일 중국공산당 중앙위원회는 중국국민당 제5기 「3중전회」를 향해 "①전국적인 범위 내에서 국민정부를 전복하려는 무장폭동 방침을 중지한다. ②소비에트정부의 명칭을 중화민국 특구정부로 바꾸고, 홍군의 명칭을 국민혁명군으로 바꾸어 난징중앙정부와 군사위원회의 지휘를 직접 받도록 한다. ③특구 내에서 보편적이고 철저한 민주제도를 실행한다. ④지주의 토지를 몰수하는 정책을 중지하고, 항일민족통일전선의 공동강령을 철저히 이행한다."[27]는 '4대 보장'을 제기했으며, 이와 동시에 별도로 "①외국의 침략에 대항하기 위해 모든 내전을 중지하고 전국의 지원을 집중한다. ②언론의 자유를 보장하고 모든 정치범을 석방한다. ③각 당과 각 파 및 각 군을 소집하여 구국방안

---

25 蔣中正, 前揭書, p.66.

26 郭華倫 編著, 「中共史論」, 第3冊, (台北: 國際關係研究所, 1969), pp.167-168.

27 上揭書, pp.182-183.

을 협의한다. ④단기간 내에 일본군의 침략에 대항하기 위한 준비를 끝낸다. ⑤인민의 생활을 개선한다."[28]는 등 '5개항 요구'를 제시했다.

중국공산당의 이러한 보장과 요구를 접한 중국국민당 제5기 「3중전회」는 1937년 2월 21일 아래와 같은 내용의 〈적화근절안(赤禍根絶案)〉을 통과시켰다:[29]

첫째, 한 국가의 군대는 반드시 편제가 통일되고 호령(号令)이 통일되어야만 그 효력을 발휘할 수 있다. 주의(主義)가 서로 다른 군대가 동시에 병존하는 것을 허락하는 국가는 결단코 없다. 이른바 홍군, 그리고 명의를 도용한 다른 무력을 철저히 철폐해야 한다.

둘째, 정권의 통일은 국가 통일의 필요조건이다. 세계의 어떤 국가도 한 국가 내에 2종류의 정권이 존재하는 것을 결코 허용하지 않는다. 이른바 소비에트정부 및 통일을 파괴하는 다른 모든 조직을 철저히 철폐해야 한다.

셋째, 적화를 선전하는 것은 구국구민(救國救民)을 직분으로 하는 삼민주의와는 절대로 융화되지 않으며, 아국의 인민 생명과 사회생활과도 극단적으로 위배되기 때문에 그 적화 선전을 근본적으로 중지해야 한다.

넷째, 계급투쟁은 한 계급의 이익을 본위로 하는 것이며, 그 방법이 전체 사회를 각종 대립적 계급으로 갈라놓아 이들이 서로 싸우고 죽이도록 하는 것이기 때문에 민중과 무장폭동을 탈취하는 수단으로 나오는 것이며, 이로 인해 사회가 불안정하고 주민들이 방종해지기 때문에 반드시 그 계급투쟁을 중지해야 한다.

1937년 7월 7일 일본이 베이핑(北平) 근교의 루고우차오(蘆溝橋)사건을 시발로 하여 중국에 대한 전면적 공격을 개시함에 따라 중국공산당은 국민당과의 항일민족통일전선 구축을 더욱 거세게 촉구하고 나섰으며, 동년 8월 13일 일본군의 상하이 침공으로 중국인들의 반일감정은 극도로 악화되기 시작했다.

이러한 분위기에 편승하여 중국공산당 중앙은 1937년 9월 22일 "①쑨중산(孫中山) 선생의 삼민주의는 금일 중국이 반드시 필요로 하는 것이며 본 당은 이를 철저히 실현하기 위해 분투하기를 바란다. ②국민당 정권을 전복하려는 일체의 폭동정책 및 적화운동을 취소하며, 폭력으로 지주의 토지를 몰수하는 정책을 중지한

---

28 沈世平 譯, 「中國國民党与中國共産党」, (台北: 中華書局, 1973), pp.84-85.

29 郭華倫, 前揭書, p.183.

다. ③전국의 정권을 통일하기 위해 현재의 소비에트정부를 취소하고 민권정치를 실행한다. ④홍군의 명의와 군호를 취소하고 국민혁명군으로 개편하여 국민정부 군사위원회의 지휘를 받아 출동명령을 기다리면서 항일전선의 임무를 맡는다."[30]는 기존의 약속을 재확인하면서 위험에 처한 나라를 함께 구하러 나간다는 "공부국난(共赴國難)" 선언을 발표했다.

기실, "중국의 일반 국민들은 상식에 입각하여 중국공산당을 보았으며, 국가가 외침을 당하여 존망의 위기에 처해있는 마당에 모두가 중국인으로서 힘을 모아 외적에 대항해야 한다고 생각했다. 더욱이 중국공산당이 국민정부의 영도 하에 항일전에 참가하겠다고 선언하면서 홍군을 국군으로 개편하고 소비에트정부를 철폐하며 계급투쟁을 포기하겠다고 성의를 보인 마당에 중국공산당의 항전을 불신한다는 것은 중국의 장래를 위해 불행한 일이라고 여겼다. 그뿐만 아니라 유럽과 미국의 민주정치에 비교적 많은 영향을 받은 지식인들은 중국공산당을 유럽과 미국의 일반 정당과 같이 취급하면서 국민당이 정권을 개방하고 중국공산당을 대등한 입장에서 대할 때 모든 분쟁이 해결될 것이라고 믿었기 때문에 중국공산당의 주장에 동조하고 있었다."[31]

결국 여론에 떠밀린 중국국민당은 사실상 동년 8월 18일 이미 홍군의 주력을 제8로군으로 개편하는 것에 동의한 상태였으며, 중국공산당 중앙의 "공부국난(共赴國難)" 선언이 발표된 다음 날인 23일에 장제스 위원장이 이를 수락함으로써 두 번째의 국·공합작이 성사되었다.

2) 국민혁명군으로서의 8로군·신4군 창설

8로군과 신4군은 국·공 양당의 합의에 따라 중국국민당이 영도하는 국민혁명군의 구성단위로 개편된 중국공산당이 홍군이었다.

중국공산당 중앙은 항일전에 대비하기 위해 1937년 8월 22일부터 25일까지 산베이(陝北)의 뤄촨(洛川)에서 정치국 확대회의를 소집했으며, 〈회의〉는 항일전쟁이 지구전이 될 것이라는 전제 하에 보다 효율적인 부대 지휘를 위해 마오쩌둥, 주더, 저우언라이, 펑더화이(彭德懷), 런비스(任弼時), 예젠잉(葉劍英), 장하오(張

30 上揭書, p.234.

31 「國軍政工史稿」, (台北: 中華民國國防部 總政治部, 1960), p.678.

浩), 허룽(賀龍), 류보청(劉伯承), 쉬샹첸(徐向前), 린뱌오(林彪) 등 11인으로 중국공산당 중앙군사위원회를 구성하고, 그 주석에 마오쩌둥을, 그리고 부주석에는 저우언라이와 주더를 추대했다. 당중앙군사위원회는 회의 마지막 날인 25일 홍군의 명칭을 국민혁명군 제8로군으로 바꾼다고 선포했으며, 전적위원회 총지휘부를 8로군 총지휘부로 바꾸고 총지휘에 주더, 부총지휘에 펑더화이, 참모장에 예젠잉, 그리고 부총참모장에 주오취안(左權)을 각각 임명했다.

중국공산당 중앙군사위원회는 지휘부에 이어 산베이(陝北)의 주력 홍군도 3개 사단으로 편성했다. 홍1방면군의 제1군단과 제15군단 및 섬남(陝南)의 제74사단을 제115사단으로 재편하고 사단장에 린뱌오(林彪), 정훈처 주임에 뤄룽환(羅榮桓)을 임명했으며, 홍2방면군과 산베이(陝北)홍군의 제27군, 제28군, 독립제1사단 및 제2사단을 제120사단으로 합편하고, 사단장에 허룽(賀龍), 정훈처 주임에 관샹잉(關向応)을 임명했고, 홍4방면군의 제4군, 제31군, 산베이(陝北)홍군의 제29군, 제30군 및 독립제1연대, 제2연대, 제3연대, 제4연대를 제129사단으로 합편하고 사단장에 류보청(劉伯承), 정훈처 주임에 장하오(張浩)를 임명했다.

당시 8로군의 총병력은 4만6천여 명이었다. 8로군은 명칭이 1937년 9월 12일 다시 국민혁명군 제18집단군으로 바뀌었으며, 주더가 총사령, 펑더화이가 부총사령에 각각 임명되었다. 이와 동시에 옌안(延安)에는 8로군 후방유수처(留守處)가 편성되고 그 주임에 샤오징광(蕭勁光)이 임명되었다. 동년 12월 중국공산당 중앙군사위원회는 그 유수처와 섬감영변구(陝甘寧邊區) 보안대를 합쳐 8로군 유수병단(留守兵団)을 편성했으며, 그 사령관에 샤오징광을 임명했다.

한편, 1937년 10월 2일 국·공 양당의 합의에 따라 후난, 장시, 푸젠, 광동, 저장, 후베이, 허난, 안후이 등 8개 성 13개 지구의 홍군유격대가 1만 명 규모의 국민혁명군 신편제4군(新編第4軍)으로 합편되었다. 그리고 이 신4군 본부가 1938년 1월 난창(南昌)에 설립되었으며, 예팅(葉挺)이 군사령관, 샹잉(項英)이 부군사령관, 그리고 위안궈핑(袁國平)이 정치부 주임에 각각 임명되었다.

2. 중국공산당의 항일민족통일전선

1) 중국공산당의 기본임무와 정책 및 전략

마오쩌둥은 항일전쟁을 중국혁명의 새로운 단계로 규정하면서 중국공산당이

【8로군·신4군 편성 서열(1937년 10월)】

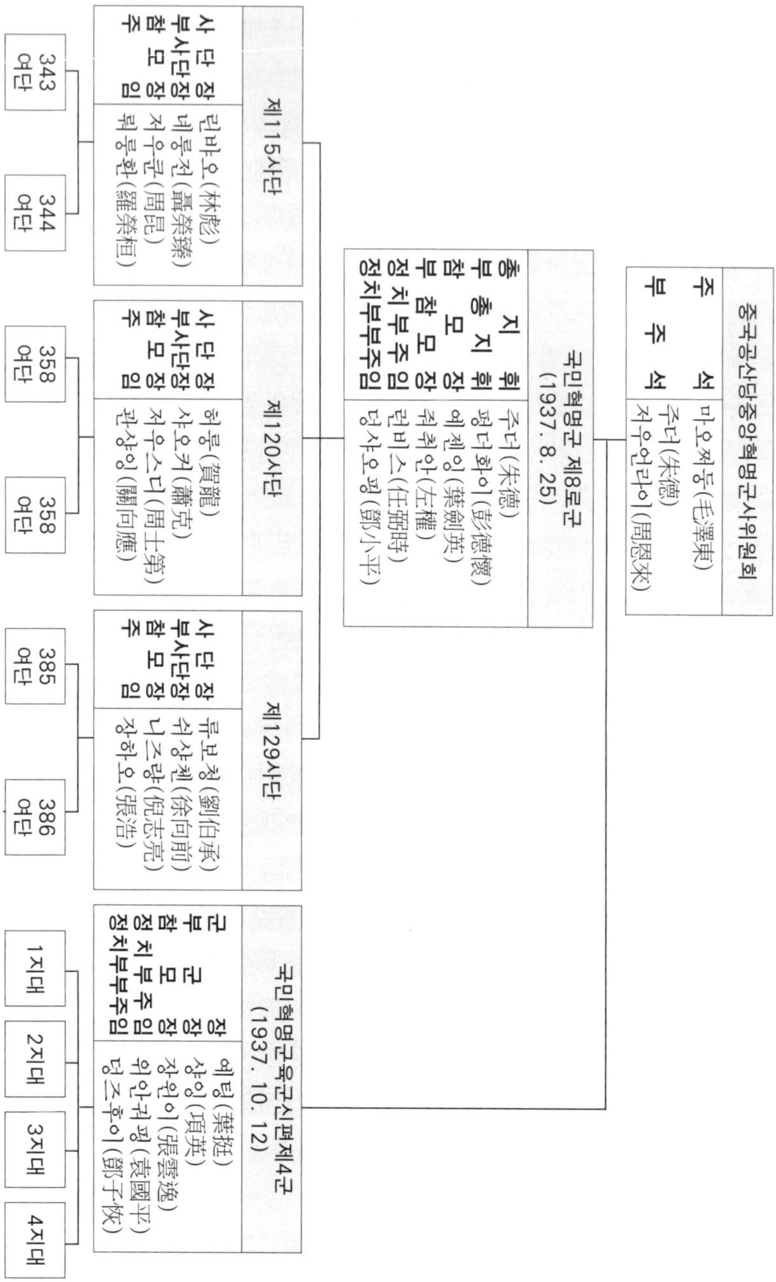

❖ 資料出處: 國防大學〈戰史簡編〉編寫組, 「中國人民解放軍戰史簡編」, (北京: 解放軍出版社, 2017), 附序列表6

세력을 확장할 수 있는 유일한 기회로 받아들였다. 따라서 이 단계에서의 혁명의 성격은 2개의 근본적인 전환을 맞게 되는데, 하나는 전쟁 성격의 전환으로서 국내의 토지혁명전쟁으로부터 항일민족해방전쟁으로 전환하는 것이고, 또 하나는 중국공산당의 근본정책의 전환으로서 토지혁명의 정치강령을 중지하고 국민당정권을 전복하는 것으로부터 국·공합작을 실행하는 것으로 전환하여 항일민족통일전선을 구축 및 발전시키는 것이었다.

중국공산당이 항일민족통일전선을 근본정책으로 채택한 것은 국민당에 기생하면서 난국을 타개하고 생존을 보장받으며 궁극적으로는 자신의 세력을 확장하기 위한 것이었다. 중국공산당의 이러한 기도는 8로군 간부를 향해 "항일전쟁은 본 당이 발전할 수 있는 절호의 기회이며, 우리가 결정한 정책은 100분의 70은 자신을 발전시키고, 100분의 20은 국민당에 대응하며, 100분의 10은 대(對)일본작전을 수행하는 것이다[七分發展, 二分応付, 一分抗日]."[32]라고 언급한 마오쩌둥의 발언에서도 잘 나타나고 있었다. 마오쩌둥의 이러한 속내는 장하오(張浩, 林敏英)가 중국인민항일군정대학[抗大]에서 행한 강연을 통해 보다 구체적으로 밝혀지기도 했다:

"중국공산당의 전략은 민주공화국이며, 책략은 내전을 중지시키고 각 당과 각 급 및 각 군과 연합하여 항일을 하며 국민당과 합작하는 것이다. 그래서 제2인터내셔널은 중국공산당이 무산계급의 이익을 팔아먹고 자본계급에 투항했다고 말하고 있다. 국민당은 중국공산당이 어쩔 수 없는 상황 하에서 국민당에 항복했다고 말하고 있다. 본 당 동지들은 토지혁명을 실행하지 않고, 계급투쟁을 포기하며, 소비에트정권을 철폐하고, 홍군을 국민혁명군으로 개편한 것을 보고 많은 의구심을 갖게 되었다. 이러한 3가지 논법은 모두가 잘못된 것이며 잘못 계산한 것이다. 우리들은 목전의 조건을 보아야 하며, 반드시 국민당과 타협해야 한다. 국민당과의 일시적인 합작은 결코 투항이 아니며 또한 무산계급 이익을 팔아먹는 것도 아니고 오로지 광범한 노동대중의 이익을 위한 것이다. 우리들은 국민당에 항복하지 않았으며 뚫고 나갈 수 있는 유일한 길은 오직 항일뿐이다. 국민당과의 합작은 항일단계에서 국민당과 타협한 것이므로 본 당 동지들은 절대로 의심해서는 안 된다."[33]

---

32 郭華倫, 前掲書, p.222.

33 上掲書, pp.235-236.

중국공산당의 입장에서 볼 때 국·공합작으로 나타난 주요한 특징은 ①홍군시기에 적이었던 국부군이 8로군, 신4군의 우군으로 바뀌어 현대무기와 장비를 갖춘 일본군을 공동의 적으로 삼아 대항하게 된 것이고, ②항일민족통일전선의 결성으로 민족모순이 주요 모순으로 격상되었으나 국내적으로 계급모순이 완전히 소멸되지 않았을 뿐더러 여전히 반공정책을 포기하지 않은 각종 세력들에 의해 포위된 것이며, ③8로군과 신4군이 합법적인 지위를 획득함으로써 정치적 영향력을 확대하고 세력을 확장할 수 있는 절호의 기회를 맞게 되었다는 것이었다.

중국공산당은 항일정책을 3개 단계로 나누어 전개하기로 결정했는데, "①타협단계로서 이 단계에서는 자아희생을 구실로 표면적으로는 국민정부에 복종하고 삼민주의를 신봉하는 태도를 보이되 실질적으로는 자당의 생존과 발전을 유지하며, ②경쟁단계로서 이 단계에서는 2-3년의 노력을 통해 자당의 정치 및 무력기초를 건설할 뿐만 아니라 국민정부와의 균형을 깨뜨릴 수 있을 때까지 계속 발전함과 동시에 황허(黃河) 이북에서의 국민당 세력을 적극적으로 소멸하고, ③공격단계로서 이 단계에서는 화중(華中)지역으로 깊숙이 들어가 근거지를 건립하고 각 지역에서의 중앙군의 교통로를 차단함으로써 이들이 고립되고 연결망을 상실하도록 하며, 반격역량이 성숙해질 때 국민당 수중으로부터 영도 지위를 탈취하는 것이었다."[34]

2) 8로군·신4군의 성격과 임무

제2차 국·공합작은 통일적인 조직형태와 공동강령이 없었으며, 국민당 정부 및 그 군사위원회가 명의상으로 전국의 항전을 통일적으로 영도했다. 그러나 중국공산당으로서는 홍군이 8로군과 신4군으로 개편되어 국민혁명군의 서열에 편입된 상황 하에서 '이들 군대가 어떠한 성격이어야 하며 어느 정당의 영도를 받아야 하고 또한 어떻게 영도를 받아야 하는가' 하는 문제는 군대의 건설과 정치사업의 전환기를 맞이하여 반드시 해결해야 하는 우선적인 과제였다.

기실, 홍군의 개편 문제를 놓고 국·공 양당 간의 협상이 진행될 때 "국민당은 공산당이 영도하는 인민무장을 흡수하여 직접 통제하고 지휘하려 했다. 1937년 2월에서 8월 사이, 국민당의 장제스는 홍군이 3개 사단으로 개편될 수 있다고는 했

---

34 上揭書, pp.222-223.

으나 공산당 영도 하의 통일적인 총지휘부 건설을 반대했으며, 홍군의 정치위원제도를 폐지하고 정훈처를 신설하여 인사를 담당해야 한다고 주장했고, 개편된 이후의 홍군 정훈처 주임과 3개 사단의 참모장, 부참모장, 여단장, 연대장, 대대장, 중대장 등을 직접 임명하겠다는 의지를 굽히지 않았다. 그뿐만 아니라 그는 하나의 국가, 하나의 정당, 하나의 영수, 그리고 통일적인 정령(政令)과 군령(軍令)을 요구했고, 8로군과 신4군을 자신의 정부와 군사위원회의 지휘 하에 들도록 강요했다."[35]

중국공산당으로서는 장제스의 이러한 요구를 전부 받아들일 수는 없었으나 그렇다고 무조건 거부할 형편도 못되었기 때문에 여러 차례에 걸친 절충작업이 진행되었다. 결국, 중국공산당은 홍군의 정치위원제도를 폐지하고 정치부를 정훈처로 바꾸겠다고 양보한 대신 장제스로부터 홍군이 개편된 이후에 총지휘부를 설치하지 않으며 국민당원을 파견하여 직책을 맡기지도 않겠다는 확답을 받아냄으로써 홍군의 개편작업이 본격화되었다. 그러나 홍군이 국민혁명군으로 개편될 경우 중국공산당의 입장에서는 절대적 영도를 계속해서 견지해야 하느냐의 여부가 여전히 가장 근본적인 문제일 수밖에 없었다.

중국공산당은 군대에 대한 절대적 영도 문제를 확실하게 하기 위해 1937년 7월 22일 중국항일홍군 전적총지휘부 총지휘인 펑더화이(彭德懷), 정치위원인 런비스(任弼時), 그리고 각 방면군과 각 군의 영도간부 약 20명이 참석한 홍군 내 당 고급간부회의를 산시성(陝西省) 산위안현(三原縣) 윈양진(云陽鎮)에서 소집했으며, 군대에 대한 당의 절대적 영도를 여하히 견지할 것인가와 군벌주의 경향을 여하히 극복할 것인가를 주요 의제로 상정하여 집중적으로 논의했다.

〈회의〉에서 펑더화이는 〈홍군 개편의 의의와 금후의 사업〉이라는 제목의 보고를 통해 홍군의 개편은 국민당과 힘을 합쳐 항전하기 위한 것이며, 정치사업은 여전히 홍군의 생명선이고, 중국공산당의 일원화 영도를 보장하기 위해서는 반드시 부대 내의 정치사업을 강화해야 한다고 주장했다. 그뿐만 아니라 그는 민족혁명과 계급혁명은 분리될 수 없으며, 홍군이 민족혁명의 군대임과 동시에 계급혁명의 군대로서 중국공산당의 절대적 영도를 받아야만 장차 사회주의중국을 건설하는 임무를 수행할 수 있다는 점을 강조했다. 이처럼 중국공산당은 항일민족통일전선에서 독립자주 원칙을 견지하기 위해서는 군대에 대한 당의 절대적 영도가 보장되어

---

35 李澤季强 主編, 「中國人民解放軍政治工作史鑑」, (北京: 北京大學出版社, 1992), pp.65-66.

야 한다고 판단했기 때문에 홍군이 개편되면서부터 재차 원래의 홍군 및 모든 유격대 내에서 공산당의 절대적이고 독자적인 영도를 유지 및 옹호하는 것이 필요하며, 이 문제에 관한 그 어떠한 원칙상의 동요도 허용하지 않는다는 입장을 취했다.

홍군의 개편을 앞둔 중국공산당은 "군대 내 정치사업은 여전히 공산당의 사업이며 통일전선의 환경과 전구의 지휘관계로 인해 바뀌지 않는다. 정치사업은 반드시 정치, 이론, 조직, 그리고 사업의 내용과 방법에 있어서 공산당의 독립성을 유지 및 옹호해야 한다. 국민당과 타협하고 군대 지휘의 상하계통과 타협하여 우리 당의 독립성을 상실하거나 약화시키는 방법은 모두 해로운 것이다."[36]고 지적하면서 "홍군시대의 정치사업 조례는 기본적으로 예나 다름없이 적용된다. … 우리들은 반드시 군대에 대한 공산당의 영도를 보장해야 한다. 당의 영도 역할을 약화시키는 일체의 기도와 방법은 단호하게 거부되어야 한다."[37]고 역설했다.

그런데 당시 중국공산당 내부에서는 중국공산당이 군대를 절대적으로 영도하는 문제를 놓고 서로 다른 의견이 대립되고 있었다. "왕밍(王明)은 1937년 5월 모스크바에서 코민테른이 발간하는 간행물에 게재한 〈중국 인민을 구하는 관건〉이라는 제목의 글 속에서 홍군의 명칭을 바꾸는 것은 물론, 홍군의 성격도 항일민족통일전선을 위한 전 중국의 통일적인 군대의 한 구성부분으로 바뀌어야 한다고 주장했다. 또한 그는 귀국 후에도 국민당 군사위원회의 지휘 하에 통일적인 국방군을 건설하고 통일적 지휘, 통일적 편제, 통일적 무장, 통일적 기율, 통일적 대우, 통일적 작전계획, 통일적 작전행동의 '7개통일'을 실현할 것을 거듭 촉구했다."[38]

왕밍의 주장은 그 후 그의 영향권 안에 있었던 신4군 내에 그대로 반영되었다. 신4군이 1939년 2월 제2기 전군정치사업회의에서 통과시킨 〈신4군 정치사업 조직강요 초안〉은 중국공산당의 영도를 언급하지 않았으며, 중국공산당의 이론과 강령 및 책략을 근거로 삼지 않았다. 이 때문에 펑더화이는 왕밍의 '신투항주의(新投降主義)'를 반대하면서 8로군을 향해 "①공산당의 절대적 영도를 보장하고 강화하며, ②노동자와 농민 성분의 절대적 우세를 확보하고, ③최고의 정치사업 전

---

36 姜思毅 主編,"總政治部對於紅4軍政治工作的指示",「中國人民解放軍政治工作史」, (北京: 中國人民解放軍政治學院出版社, 1984), pp.218-219, 再引用.

37 上揭書.

38 李澤季强 主編, 前揭書, p.66.

통을 보장하고 학습제도를 유지한다는 3개 원칙을 견지해야 한다."[39]고 촉구했다. 이와 같이 홍군이 개편된 이후 국민혁명군에 편입되었다고 해서 그것이 중국공산당의 영도를 벗어나 국민당의 지휘 하에 들어간 것은 아니었다.

이러한 사실은 항일군정대학에서 행한 장하오(張浩)의 강연 속에서 분명하게 밝혀졌다:

"홍군의 명의를 바꾼 것은 전국적인 항일의 통일적 지휘를 위한 것이며, 명의가 바뀌긴 했지만 실제로는 여전히 홍군의 방법을 따르고, 공산당의 영도를 받는 것이며, 우리들 지휘관은 여전히 우리들의 사람인 것이고, 국민당은 우리들의 대오에 그 누구도 파견하여 사업을 책임질 수 없는 것이다. 통속적으로 말해서 겉은 비록 백색이지만 속은 여전히 홍색인 것이다."[40]

3) 중국공산당의 군대에 대한 일원화 영도

중국공산당은 처음부터 8로군과 신4군에 대한 절대적 영도를 견지하고 정치기관을 강화한다는 원칙을 세워놓고 있었다. 앞에서도 이미 언급했듯이 1937년 7월 22일 홍군 내 당 고급간부회의에서는 홍군이 개편된 이후에도 사단 이상의 단위에 군정위원회를 설립하여 이를 군대에 대한 당의 집단영도기구로 삼음으로써 군대에 대한 당의 단일적 영도를 보장한다는 결정을 내려놓고 있었다.

중국공산당 중앙조직부는 1937년 8월 1일 중국공산당 중앙의 〈새로운 시기에 있어서 홍군 내 당 및 정치기관의 조례에 관한 결정〉과 〈개편 이후 홍군 당의 조직과 사업〉 지시를 근거로 하여 군대 내 당의 영도체제와 조직체계를 구체적으로 규정했다:

첫째, 사단 이상 및 독립적으로 행동하는 부대에 군정위원회를 설립하며, 군정위원회는 군사행정기관이 아닌 당의 비밀조직으로 한다.

둘째, 군정위원회는 소속부대 전체의 군사와 정치 및 당의 사업을 결정하여 각각 군사와 정치 및 당의 기관이 수행하도록 한다.

셋째, 부대의 수장이 군정위원회의 결정에 동의하지 않을 때는 상급 군정위원회나 또는 중앙이 해결하며, 해결되기 이전에는 반드시 군정위원회의 결정을 수행

---

39 上揭書, p.68.

40 郭華倫, 前揭書, p.238.

한다.

넷째, 군정위원회는 당해 부대의 수장과 부수장 및 정치부 주임 등 5인으로 구성하며[41], 그 명단과 서기는 상급 군정위원회나 또는 중앙이 지명 및 비준한다.

다섯째, 사단과 연대, 그리고 총부와 사단의 직속부대는 당 위원회를 구성하여 당의 모든 사업을 영도하고 부대에 대한 당의 절대적 영도를 보장하는 것을 임무로 삼는다.[42]

이어서 총정치부는 동년 8월 1일 〈새로운 단계의 부대 정치사업에 관한 결정〉을 통해서 "①모든 사업은 항전의 역량을 축적하고 강화하며 항일전쟁에서의 승리를 보장한다. ②홍군 내에서의 당의 절대적 영도를 보장하며, 당의 영도를 강화하고, 홍군의 영광된 전통을 유지하며, 부대의 전투력을 공고히 하고 향상시킨다. ③부대의 군사기술과 전술을 향상시키고, 지휘관의 정치문화 수준을 향상시키며, 신속하게 정규화의 길을 걷고 새로운 간부를 양성함으로써 대일본 작전의 요구에 부응하는 것을 부대 정치사업의 기본임무로 삼는다."[43]는 것을 확인했다.

이러한 지시는 모든 군대에 대한 당의 영도를 강화하고 정치기관의 조직을 건전하게 하기 위한 결정이었다. 따라서 중국공산당은 바로 이 결정에 따라 당의 영도를 견지할 목적으로 사단 이상 및 독자적으로 행동하는 부대에 군정위원회를 설립하여 군사와 정치 및 당의 사업을 지휘하도록 했으며, 사단, 연대, 총부 및 사단 직속부대에는 당무위원회를, 그리고 중대에는 당 지부를 설립했다.

그뿐만 아니라 중국공산당 중앙은 1937년 8월 29일 전방군사위원회 분회를 설치하기로 결정하고, 주더를 서기, 펑더화이를 부서기, 그리고 런비스, 장하오, 린뱌오, 녜룽전(聶榮臻), 허룽, 류보청, 관샹잉 등을 위원으로 임명하여 이들이 중국공산당 중앙을 대표하여 부대를 영도하도록 했다. 1938년 1월 신4군이 편성된 이후에는 중국공산당 중앙 동남분국 및 신4군 군사위원회 분회 설치를 결정하고 샹잉(項英)을 동남분국 서기 겸 군사위원회 분회 서기로, 그리고 천이(陳毅)를 군사위원회 분회 부서기로 각각 임명했다.

41 그 밖의 2인은 상급이 지명한다.

42 姜思毅, 前揭書, pp.70-71.

43 上揭書, p.72.

주더와 펑더화이, 런비스 등은 1937년 10월 19일 홍군이 개편될 때 정치위원 제도가 폐지되고 정치부도 정훈처로 바뀜에 따라 정치사업의 지위와 직권이 격하되고 정치사업이 침해를 받아 부대 건설에 차질이 빚어지고 있는 상황을 더 이상 방치할 수 없다는 판단 하에 당 대표제도와 정치부를 부활시킬 것을 당 중앙에 건의했다. 이들이 건의한 내용의 핵심은 주로 다음과 같은 것들이었다:

첫째, 연대 이상과 독립대대에 당 대표제도를 실행하고, 당 대표는 과거의 정치위원과 같이 당의 노선과 상급의 명령을 수행하고, 당과 정치사업에 대해 최종 결정권을 행사하는 직권을 가지도록 하며, 중대에는 지도원을 둔다.

둘째, 사단 정치처를 정치부로 바꾸고, 여단과 연대에는 정치처를 두어 정치사업을 지도하도록 한다.

셋째, 당 대표는 군정위원회 서기를 겸임하지 않으면 반드시 부서기직을 겸임하도록 한다.[44]

이러한 건의를 접한 뤄푸(洛甫, 張聞天)와 마오쩌둥은 동년 10월 22일 "원래의 정치기관 제도를 부활시키는 것에 관해서는 전적으로 동의하니 신속하게 이행하도록 한다. 그러나 당 대표의 명의는 타당하지 않으니 계속하여 정치위원으로 하며, 국민당이 당 대표 제도를 채택할 때를 기다려 그때 가서 당 대표로 바꿀 수 있다."[45]는 입장을 밝혔다.

마오쩌둥의 이러한 발언이 있은 후 녜룽전(聶榮臻)이 제115사단 정치위원,[46] 관샹잉(關向応)이 제120사단 정치위원, 그리고 장하오(張浩)가 제129사단 정치위원[47]으로 임명되었으며, 또한 군사위원회 총정치부가 설립되어 런비스(任弼時)가 주임에, 그리고 덩샤오핑(鄧小平)이 부주임으로 임명되었으며, 대외적으로는 8로군 정치부의 명의로 활동했다.

그 후 동년 11월 12일 마오쩌둥은 〈상하이(上海)와 타이위안(太原)이 함락된 이후 항일전쟁의 형세와 임무〉라는 제목의 글 속에서 8로군 내에 국민당의 간섭으

---

44 姜思毅 主編, 「中國共産党軍隊政治工作七十年史」, 第2卷, (北京: 中國人民解放軍出版社, 1991), pp.15-16.

45 上揭書, p.16.

46 후에 뤄룽환(羅榮桓)이 승계한다.

47 후에 덩샤오핑(鄧小平)이 승계한다.

로 폐지되었던 정치위원제도, 그리고 국민당의 간섭으로 정훈처로 바꾸었던 정치부의 명칭을 부활한다고 공식적으로 선언했다.

1941년 중국공산당 중앙과 중앙군사위원회는 다시 부대 당의 집단영도를 강화하기 위한 조치를 취했다. "당의 집단영도 범위를 확대하기 위해 연대 이상 단위에 군정위원회를 조직했다. 그뿐만 아니라 조례를 제정하고 군정위원회의 직권과 조직을 분명하게 규정했다. 당중앙군사위원회는 군, 사단, 여단, 연대 및 종대(縱隊), 지대(支隊), 군구, 분구 등에 군정위원회[48]를 설치하여 이를 집단영도기관으로 규정했다. 이 밖에도 각급 군정위원회는 사령관, 정치위원, 정치부 주임, 참모장 등 주요 책임자로 구성하고 일반적으로 정치위원이 군정위원회 주석직을 맡도록 했다.[49] 또한 "군정위원회를 상급의 지시를 집행하고 당해 부대의 군·정·당·후방지원 활동의 방침과 계획 및 감독을 결정하는 기관으로 규정했으며, 군정위원회의 결정은 그 내용에 따라 사령부와 정치부의 명의로 하달하도록 했을 뿐만 아니라 군사활동에 관한 사항은 사령부가 집행하고, 정치활동에 관한 사항은 정치부가 집행하도록 규정했다."[50]

4) 군대 정치사업 임시조례(초안)의 제정과 수정 및 보완

중국공산당 중앙군사위원회는 1938년 12월 〈국민혁명군 제18집단군 정치사업 임시조례(초안)〉을 공포했다. 이 조례는 중국공산당이 8로군의 정치사업을 직접 영도할 목적으로 제정한 것이었으며, 총칙과 조례의 2개 부분으로 구성되었다. 그 후 1942년에 이르러 중국공산당은 그 조례(초안)을 다시 수정·보완했으며, 그뿐만 아니라 ①정치협리원 사업조례, ②당무위원회 사업조례, ③군대 내 정치기관 당의 기관과 지방 당과의 관계조례, ④군대 내 당의 중대 지부 및 총지부 사업조례 등을 추가하여 모두 17개 조례를 제정함으로써 군대 정치사업의 당성 원칙과 계급성을 선명하게 부각시켰으며, 각 조례별 주요 내용은 다음과 같다.[51]

---

48 군대와 지방의 당·정으로 조직된 이전의 군정위원회는 일률적으로 군정당위원회로 바뀐다.

49 上揭書, p.14.

50 上揭書.

51 「共匪文件彙編」, "8路軍政治工作條例草案", (中華民國國防部情報參謀次長室, 1962), pp.149-197.

(1) 총칙

① 제18집단군(8로군)은 중국공산당이 영도하는 군대이며, 그 군대 내에는 공산당의 지부, 공산당의 대표인 정치위원과 정치부가 있다.

② 정치사업은 혁명군대의 생명선이며, 제18집단군은 과거 홍군시대 정치사업의 양호한 전통을 계승하고, 줄곧 정치사업을 매우 중시하며, 정치사업을 경시하는 모든 관념과 정치사업을 취소하려는 일체의 기도에 대해서 단호하게 투쟁한다.

③ 항일전쟁 중 제18집단군 정치사업의 기본내용은 군대의 전투력을 향상시키고, 장병일치와 군민일치를 추구하며, 우군을 단결시키고 적군을 와해함으로써 항일전쟁에서 최후의 승리를 획득하는 것이다.

④ 제18집단군의 일반 정치사업은 당해 군대 내 공산당의 사업과 밀접하게 연계되어 분리될 수 없는 것이다. 공산당의 조직은 당해 군대의 핵심이며, 공산당원은 당해 군대 내에서 가장 선진적이고 가장 각오가 남다른 부분이다. 제18집단군의 정치적 자질과 전투력은 모두 당해 군대 내 공산당 조직과 사업에 의존하는 것이다.

⑤ 정치사업은 반드시 당의 사업에 의존해야 함과 동시에 당의 사업이어야 한다. 정치요원의 주요 성분은 반드시 중국공산당의 당원이어야 하며, 정치위원은 곧 공산당의 대표이며, 정치부는 공산당의 기관이다. 18집단군 내 공산당 조직 및 사업의 역할을 경시하고 약화시키며 제한하는 일체의 기도는 당해 군대의 내부나 또는 외부로부터 오든지를 막론하고 모두 당해 군의 전투력에 지극히 해로운 것이며, 항전의 전체이익에 해로운 것으로서 모두 단호하게 반대해야 한다.

(2) 정치협리원 사업조례

① 일부 군사부문과 후방 성격의 사업부문 내에 정치협리원(政治協理員)을 둔다.

② 정치협리원은 직속 상급 정치위원과 정치기관의 영도 하에 당해 기관 부문의 정치사업을 수행하며, 그 직권과 사업 범위는 정치지도원과 동일하다.

(3) 당무위원회 사업조례

① 총정치부, 군구, 군분구, 군, 사단, 여단 정치부 내에 당무위원회를 설치한다.

② 각급 당무위원회는 각급 당원대표대회가 선출하여 구성하며, 다만 군사행동으로 회의 소집이 불가능할 시는 상급 정치부가 지정해야 한다.

③ 당무위원회의 권한은 당장(党章)과 당의 도덕을 파괴하는 것, 그리고 당원을 접수하고 당원을 처벌하는 것에 관한 일체의 사항을 토의하여 결정하는 것을 책임지는 것이다.

(4) 군대 내 정치기관 당의 기관과 지방 당과의 관계 조례

① 군대 내의 공산당 조직과 지방의 공산당 조직은 모두 공동의 목표와 정치임무를 가지기 때문에 동일한 작전지구 내에서는 반드시 사업상의 배합과 밀접한 연계를 유지해야 한다.

② 군대 내의 공산당 조직과 지방의 공산당 조직은 전반적인 관계에 있어서 원칙적으로 각각 독립적인 조직체계와 지휘체계를 유지한다.

③ 만약 군대 내 당 조직과 지방의 당 조직 간에 쟁론이 발생할 시는 상급 군대정치기관 및 상급 지방당 조직에 보고하여 해결한다.

④ 전구의 당·정·군·민 등 조직의 영도를 통일하기 위해 당·정·군·민 등 조직의 책임자로 군정위원회를 조직하며, 그 인선과 직권은 당의 최고기관인 중앙이 결정한다.

(5) 군대 내 당의 중대 지부 및 총지부 사업 조례

① 지부는 군대 내에서의 당의 기본단위이고, 중대 내의 보루이며, 당원이 7인 이상인 모든 중대에는 지부를 설립하고 7인 이하인 중대에는 소조를 조직한다.

② 중대 지부위원회[支委] 및 중대 지부당원대회는 중대 지부의 지도기관이며, 연대 총지위(總支委) 및 연대 당원대회, 대대 총분지위(總分支委) 및 대대 당원대회는 연대와 대대 지부의 지도기관이다.

③ 중대 지부위원회와 대회, 연대 위원회와 대회의 결의는 중대 지부 서기 및 연대와 대대 총지위 서기가 책임지고 집행한다.

④ 연대 총지위와 중대 지부는 정치위원의 지도와 명령을 간섭할 수 없다. 만약 연대와 대대의 총분지위와 정치위원 간에 논쟁이 발생할 시 연대와 대대의 총분지위는 정치위원의 지시를 이행해야 하지만, 그 이유를 상급 정치기관에 상신하여 해결을 기다려야 한다.

⑹ 정치위원 사업조례

① 군대 내 당과 정치사업을 직접 지휘하고 수행하기 위해 대대, 연대, 여단, 사단, 군, 군구, 분구, 독립유격대, 독립지대, 독립작전부대 및 각 직속학교에 계급적 각오가 가장 강하고 강인하며 가장 용감할 뿐만 아니라 정치교육과 정치사업 경험이 있는 공산당원을 정치위원으로 임명한다.

② 정치위원은 군대 내에서의 중국공산당의 전권대표이며, 군대 내에서 당의 정치노선과 기율 수행을 완전히 책임진다.

③ 정치위원은 군대 내에서의 당의 영도를 공고히 하기 위해 군대 내의 모든 사업과 행동을 관여할 권한을 가진다.

④ 정치위원은 당해 부대에서 반혁명이나 또는 군대 조직을 파괴할 목적으로 행동하는 것을 발견 시 혁명법률을 집행할 권한을 가진다.

⑤ 정치위원과 동급의 군사지휘관이 논쟁 시 작전분야에 속하는 행동은 군사지휘관이 결정하는 것 이외에 기타 모든 활동은 정치위원이 최종적으로 결정하며, 모두가 반드시 상급 군·정 수장에게 동시에 보고해야 한다.

3. 군대 정치사업의 관점과 지도방침 및 3대 원칙

1) 군대 정치사업의 관점

⑴ 주더(朱德)의 관점

1938년 초 주더는 〈유격전쟁을 논함〉이라는 제목의 글 속에서 마오쩌둥의 3대 기본원칙과 기본적으로 일치하는 3대 요점을 제기했다. 그는 모든 전쟁이 정치, 경제, 인력, 무기, 〔지형을 포함한〕 교통의 5개 요소를 떠날 수 없다고 전제하면서 "유격전쟁과 기타 전쟁은 현저히 다른 점이 있는데, 이는 곧 그것이 가지고 있는 가장 주요한 작전요소이며, 정치요소이다. 이는 곧 항일유격전쟁의 주요한 것이 정치전쟁이라는 것을 말하는 것이다."고 지적했다. 그뿐만 아니라 그는 ①내부를 정돈하고 내부의 부정확한 관념과 불량한 습관과 행위를 근절하여 유격대를 공고히 하고, ②대중을 보루로 삼아 대중을 자신의 주위로 단결시키며, ③적군을 와해하는 것을 정치전쟁의 요점이라고 강조했다.[52]

---

52 姜思毅 主編, 前揭 「共産党軍隊政治工作七十年史」, 第2巻, pp.172-188.

(2) 뤄루이칭(羅瑞卿)의 관점

뤄루이칭은 전선에서 항일을 영도하고 정치사업에 종사하고 있는 동지들이 연구하고 활동하는데 참고하도록 하기 위해 〈항일군대 내의 정치사업〉이라는 제목의 글을 펴냈으며, 이 글 속에서 정치사업의 임무, 정치교육과 문화교육, 그리고 정치사업의 조직 문제 등과 관련하여 구체적으로 설명했다:

"항일군대 내의 정치사업에서 가장 기본적인 임무는 부대를 공고히 하고 부대의 전투력을 향상시키며, 많은 사람들을 자신의 주위로 단결시켜 군대 작전을 협조하도록 하고, 정치적으로 적군 내부에 영향을 미쳐 적의 군대를 와해하는데 있으며, 전쟁의 전반적인 승리를 달성할 수 있도록 이러한 3개 분야의 임무를 철저히 완수하는 것이다. 따라서 정치사업을 수행하는 것은 부대 자체에 대해서 뿐만 아니라 부대가 도달하는 구역의 광범한 인민에 대해서, 그리고 광범한 구역의 인민뿐만 아니라 적 군대의 내부에 이르기까지 모든 방법을 동원해야 한다. 만약에 이와 같지 않다면 진정한 정치사업이라고 말하기에는 부족한 것이다."

그는 또 이 글의 〈정치교육과 문화교육〉 장에서 "정치교육은 군대 정치사업의 중요한 내용의 하나이다. 부대의 정치적 각오는 주로 정치교육에 의존하여 실현하는 것이다. 따라서 정치교육은 모든 군대의 정치사업에서 매우 중요한 위치를 차지하고 있다."고 했으며, 또한 "문화교육은 정치교육과 불가분의 것이며 정치교육의 일종의 보조교육이기도 한 것이다."고 덧붙이기도 했다

그뿐만 아니라 그는 〈정치사업의 조직문제〉 장에서 "정확한 조직노선이 없으면 설령 정확한 정치노선이 있더라도 쓸데없는 것이다. 견고하고 활력이 있는 정치사업을 확립하기 위해서는 오직 정치사업의 조직 문제를 정확하게 해결해야만 가능해진다."고 지적하면서 부대 내 당의 건설이 부대의 정치사업을 확립하는 기본임을 강조했다.[53]

(3) 천이(陳毅)의 관점

천이는 〈건군사업을 논함〉이라는 제목의 글 속에서 신4군의 경험과 교훈을 바탕으로 하여 정치건설이 건군의 중심이라고 전제하면서 정치건설의 주요 내용으로 ①간부의 당성(党性) 향상, ②정치위원제도의 강화, ③정치사업의 강화, ④군대

---

53 上揭書, pp.190-194.

당 조직사업의 강화, ⑤전군 정치교육의 강화 등 5개 항을 제시했다.[54]

(4) 샤오샹룽(蕭向榮)의 관점

샤오샹룽은 〈8로군 부대 정치교육상의 몇가지 문제〉 속에서 정치교육의 총임무와 목적은 부대를 공고히 하고 전투력을 향상시키며 끝까지 항전을 견지하고 항전의 최후승리를 쟁취하는 것이라고 지적하면서 정치교육의 구체적인 방침으로 ①민족해방과 국제주의의 일치, ②무산계급의 계급 입장과 민족 입장의 일치, ③이론과 실천의 일치, ④정치교육과 문화교육의 병행을 제시했다.[55]

2) 군대 정치사업의 특징과 지도방침 및 3대원칙

(1) 군대 정치사업의 특징

샤오샹룽은 〈8로군의 정치사업〉 속에서 8로군 정치사업의 역사성을 아래와 같이 서술했다:

"8로군 정치사업의 기본내용은 중국혁명의 구체적 환경과 구체적 임무(신민주주의혁명)를 근거로 하여 확정한 것이다.[56] 그것은 제1차 국내혁명전쟁시기 국민혁명군의 양호한 전통을 계승함과 동시에 장기간 동안의 각고분투를 통해 발전하고 성숙해지면서 다시 새롭게 수립된 신형 혁명군대의 정치사업이 되었으며, 그것은 기본적으로 홍군시대 정치사업의 전통과 기풍을 계승했다. 그와 동시에 또한 항일전쟁의 새로운 상황에 근거하여 새롭게 창조되고 발전되었다. 8로군 정치사업 제도, 기풍과 방법, 그리고 조직체계는 소련 적군 정치사업의 경험을 받아들였을 뿐만 아니라 중국의 상황에 근거하여 유용하게 적용했다."[57]

이어서 그는 특무공작을 목적으로 하는 국민당의 정치사업과는 구별되는 8로군 정치사업의 기본임무와 특징 등을 구체적으로 열거했다:

첫째, 8로군 정치사업과 목적과 기본임무가 부대를 공고히 하고, 부대의 전투

---

54 上揭書, pp.194-197.

55 上揭書, p.197.

56 구체적 환경으로 중국은 반(半)식민지·반(半)봉건적 사회이고, 구체적 임무로는 반제반봉건적(反帝反封建的) 신민주주의혁명이다.

57 上揭書.

력을 향상시키며, 민중이 항전에 참가하도록 동원하고 조직하며, 적과 그 괴뢰군대를 와해하고, 우군을 단결시키며, 항일군대 간의 우의를 강화함으로써 항전의 최후 승리를 쟁취하는 것이다.

둘째, 8로군의 정치사업은 과학적이고 혁명적 이론인 마르크스주의를 그 사상과 이론의 기초로 삼는다.

셋째, 8로군의 정치사업은 군사임무와 밀접하게 연계되어 있으며, 군사노선은 정치노선에 복종하고, 정치사업은 또한 군사임무의 승리와 완수를 보장하는 것을 목적으로 한다.

넷째, 8로군의 정치사업은 평시와 전시를 막론하고 모두 전 군의 전투지휘요원과 밀접하게 연계되어 있다.

다섯째, 8로군 정치사업 조직의 기초는 공산당의 조직과 당의 사업이며, 특히 지부 사업이 모든 정치사업의 기초이다.[58]

(2) 군대 정치사업의 지도방침과 3대원칙

마오쩌둥은 1937년 11월 12일에 보고한 〈상하이와 타이위안(太原)이 함락된 이후 항일전쟁의 형세와 임무〉, 1938년 10월과 11월 당 제6기 「6중전회」에서 보고한 〈새로운 단계를 논함〉 속에서, 그리고 각종 결정과 지시를 통해 군대 정치사업의 이론과 원칙 및 지도방침에 관해 언급했다:

첫째, 마오쩌둥은 애국주의와 국제주의를 분리하는 사상 경향에 대응하여 국제주의자로서의 공산당원은 애국주의자일 수 있을 뿐만 아니라 반드시 그렇게 되어야 한다는 것을 지적했다.

마오쩌둥은 "중국공산당원은 반드시 애국주의와 국제주의를 결합해야 한다. 우리들은 국제주의자인 동시에 애국주의자이며 우리들의 구호는 조국을 보위하기 위해 침략자에 대항하여 싸우는 것이다."[59]고 했다. 그는 또 "조국을 보위하기 위해 싸울 때 비로소 침략자를 패배시켜 민족의 해방을 획득할 수 있기 때문이다. 오직 민족이 해방을 획득할 때 비로소 무산계급과 노동인민이 해방을 획득할 가

58 上揭書, pp.197-198.

59 毛澤東, "中國共産党在民族戰爭中的地位", 「毛澤東選集」, 第2卷, (北京: 人民出版社, 1956), p.483.

능성이 있는 것이다. 중국이 승리하게 되면 중국을 침략한 제국주의자가 무너지게 됨과 동시에 또한 외국의 인민을 돕게 되는 것이다. 애국주의는 곧 국제주의가 민족해방전쟁에서 실행되는 것이다."[60]라고 했다.

둘째, 마오쩌둥은 항일전쟁이 발생한 후 왕밍(王明)이 주도한 "모든 것은 통일전선을 거친다.", "모든 것은 통일전선에 복종한다.", "아군은 국민당 군대와 함께 진정한 '7개 통일'을 실행한다."는 식의 요구와 주장에 대응하여 이러한 경향을 우경적 투항주의로 규정하면서, 항일민족통일전선 중에서 무산계급의 영도권을 견지하며, 독립자주 원칙을 견지하고, 공산당이 8로군을 절대적으로 영도하는 원칙을 견지해야 하는 필요성과 중요성을 강조했다. 그는 전 당과 전 군이 국민당의 간섭과 제약을 받아서는 안 된다고 역설하면서 그 이유를 계급투쟁과 민족투쟁의 관계에서 찾았다.

그뿐만 아니라 항일전쟁에서는 계급투쟁 이익이 반드시 항일전쟁의 이익에 예속되어야 하지만, 그러나 계급과 계급투쟁은 엄연히 존재하고 있기 때문에 계급투쟁 이론을 부정하려는 것은 완전히 잘못된 것이며 오히려 계급투쟁을 부정할 것이 아니라 조정해야 한다고 주장했다. 이어서 1938년 5월 마오쩌둥은 〈지구전을 논함〉이라는 제목의 글 속에서 군대 정치사업에 관한 기본 관점과 이론을 보다 체계적으로 정립했다.[61]

첫째, 인간과 무기와의 변증법적 관계를 상세하게 밝히면서 혁명적 정치사업이 적과 싸워 이기는 중요한 요소임을 주장한다. "무기가 전쟁의 중요한 요소이지만 그렇다고 결정적 요소는 아니며 결정적 요소는 인간이지 물질이 아니다."는 관점을 견지하면서 무기유일론(武器唯一論)을 비판한다.

둘째, 마르크스레닌주의의 인류사회의 발전과정에 관한 이론을 근거로 하여 "영구한 평화를 위해 싸운다."는 사상을 제기하고, 계급분석에 입각한 전쟁의 성격을 밝히며, 중국의 혁명전쟁을 진보적이고 정의로운 전쟁으로 규정한다.

셋째, 마르크스레닌주의의 "물질이 정신을 결정하며 정신이 물질에 대해 거대한 반작용을 한다."는 기본원리에 근거하여 전쟁에서 발휘하는 인간의 자각적 능

---

60 上揭書.

61 毛澤東, "論持久戰", 「毛澤東選集」, 第2卷, (北京: 人民出版社, 1956), pp.401-479.

동성을 강조하며, 군대 정치사업의 위치와 역할을 해석하는 이론적 기초를 제공한다. "전쟁의 승부는 쌍방의 군사, 정치, 경제, 지리, 전쟁의 성격, 국제적 지원 등 제반 조건에 의해 결정되는 것이지만, 그러나 이러한 조건들은 승부의 가능성이 있게 하는 것이며 그 자체가 승부를 가리는 것은 아니다. 승부를 가리기 위해서는 주관적인 노력이 보태져야 하는데 이것은 곧 전쟁을 지도하고 전쟁을 실행하는 것이며, 전쟁에서의 자각적 능동성이다."는 점이 강조된다. 물론 "전쟁을 지도하는 사람들은 객관적 조건이 허락하는 범위를 초월할 수 없으며, 객관적 조건의 한도 내에서 능동적으로 전쟁의 승리를 쟁취할 수 있고 또한 반드시 그렇게 해야 한다."는 전제가 따른다.

넷째, 레닌의 전쟁과 정치와의 관계에 관한 원리를 밝히고, 군대 정치사업의 사상적 무기를 제공한다. 전쟁은 또 다른 수단을 사용하는 정치의 연속이라는 관점을 계승하면서 "정치는 피를 흘리지 않는 전쟁이고 전쟁은 피를 흘리는 정치이다."고 정의한다. 바로 이러한 관점은 궁극적으로 중국공산당과 무산계급 군대와의 관계를 정립하는 이론적 근거를 제공한다.

다섯째, 중국공산당과 군대의 기본적인 건설내용과 그 상호관계를 규정한다. 중국공산당은 마르크스레닌주의를 당의 지도지침으로 삼는 것을 사상 건설의 목표로 하고, 마르크스주의의 노선과 방침 및 정책을 수립하고 집행하는 것을 정치 건설의 목표로 하며, 민주집중제 원칙을 견지하고 당의 기율을 준수하는 것을 조직 건설의 목표로 삼는다.

마오쩌둥은 1937년 10월 25일 영국 기자와의 대담을 통해 널리 알려진 정치사업의 3대 원칙을 제시하고 그 기본내용을 설명했다:

"8로군 정치사업의 기본원칙은 3가지가 있다.

첫째, 장병일치 원칙이다. 이것은 군대 내에서 봉건주의를 청산하고, 구타제도를 폐지하며, 자각적 기율을 수립하고, 동고동락하는 생활을 실행하는 것이기 때문에 전 군이 일치단결하게 되는 것이다.

둘째, 군민일치 원칙이다. 이것은 대(對)민기율을 조금도 위반하지 않고 민중을 향해 선전하고 민중을 조직하고 무장시키며, 민중의 경제적 부담을 경감하고, 군과 민을 위해하는 매국노를 타격하는 것이기 때문에 도처에서 인민의 환영을 받게 되는 것이다.

셋째, 적군을 와해하고 포로를 우대하는 정책이다. 우리들의 승리는 아군의 작전에 의존할 뿐만 아니라 적군을 와해하는 것에 의존한다. 적군을 와해하는 방법과 포로를 우대하는 방법은 지금도 아직 뚜렷한 효과가 나타나고 있지는 않지만 장차 그 효력을 반드시 발휘하게 될 것이다. 이 밖에도 두 번째 원칙으로부터 출발하여 8로군의 보충은 인민을 강요하는 방식을 취하지 않고 인민을 전선으로 가도록 격려하는 방식을 취하며, 이 방법은 인민을 강요하는 방법에 비해 그 효과가 매우 크다."[62]

저우언라이 역시 1938년 1월 10일 〈유격전쟁을 논함〉이라는 제목의 글을 발표했으며, 그 속에서 혁명정치사업이 반드시 군대·주민·적군의 3개 분야 사업으로 구분되어야 한다는 의견을 개진했다.

이 군대 정치사업의 3대 원칙은 1938년에 제정된 〈국민혁명군 제18집단군 정치사업임시조례(초안)〉에 정식으로 규정되었으며, 그 이후 8로군의 정치사업 건설에 지대한 영향을 미쳤다.

4. 군대 정치사업의 각종 운동

1) 무산계급 사상과 정치교육 운동

중국공산당은 국·공합작으로 야기된 군대 내의 사상적 동요 및 정책상의 불신을 해소하고 당의 노선과 방침 및 정책을 선전하고 이해시킬 목적으로 사상 및 정치교육 운동을 최우선적이고 지속적으로 전개했다.

정치교육의 중심내용은 민족투쟁과 계급투쟁의 일치성을 강조하는 것이었으며, 특히 다음의 5가지 문제가 우선적으로 해결해야 하는 중점대상이 되었다:

첫째, 애국주의와 국제주의의 관계이다. 중국은 조국을 보위하고 일본 침략자를 격퇴해야만 비로소 민족의 해방을 쟁취할 수 있으며, 무산계급과 노동인민의 해방을 쟁취할 수 있기 때문에 애국주의와 국제주의를 반드시 결합시켜야 한다는 것이다.

---

62 毛澤東, "和英國記者貝特蘭的談話", 「毛澤東選集」, 第2卷, (北京: 人民出版社, 1956), p.339.

둘째, 민족투쟁과 계급투쟁의 관계이다. 항일전쟁 중에는 모든 것이 항일의 이익에 종속되어야 하고 장기적인 계급합작으로 장기전쟁을 지원해야 한다. 계급투쟁을 민족투쟁에 종속시키는 것이 통일전선의 근본원칙이긴 하지만 계급과 계급투쟁이 엄중히 존재하고 있고, 민족투쟁 중에는 계급투쟁이 민족투쟁의 형태로 나타난다. 합작으로 인해 계급의 권리와 독립성이 절대로 희생될 수 없기 때문에 계급의 권리와 요구를 견지하는 한편, 민족투쟁의 요구가 계급투쟁의 시발점이 되도록 해야 한다는 것이다.

셋째, 삼민주의와 공산주의의 관계이다. 중국공산당은 쑨원의 삼민주의가 공산당의 민주혁명 강령과 일치하기 때문에 그것을 항일민족통일전선의 공동강령으로 삼으며, 삼민주의를 실행하고 자유민주주의의 신중국을 수립하는 것이 곧 사회주의를 실현하고 공산주의를 실현하는 준비와 전제가 될 수 있다는 점에서 현 단계에서는 삼민주의와 공산주의는 친구가 될 수 있으나 중국공산당과 무산계급의 최종목표는 중국에서 사회주의를 실현하는 것임을 강조하는 것이다.

넷째, 민족투항주의와 계급투항주의의 관계이다. 항일민족혁명전쟁 중에는 계급투항주의가 실제로 민족투항주의의 예비군이며, 우익진영을 지원하여 전쟁에서 패배하게 만드는 악랄한 경향이기 때문에 중화민족과 노동대중의 해방을 위해, 그리고 민족투항주의를 철저히 반대하기 위해 반드시 당 내와 군대 내의 계급투항주의를 철저히 청산해야 한다는 것이다.

다섯째, 통일전선의 견지와 당의 독립자주 원칙의 견지와의 관계이다. 항일민족통일전선을 견지해야만 외구(外寇)를 물리칠 수 있고 신중국을 수립할 수 있다는 것이 자명한 이치이긴 하지만 각 당파는 통일전선 중에 반드시 상대적인 독립성과 자주성을 유지해야 한다는 것이다.[63]

중국공산당은 부대의 계급성을 향상시키고 각급 간부의 사상 동향을 점검하기 위해 총정치부로 하여금 1939년 7월 5일 전군을 향해 앞에서 언급한 '5개관계'를 중심내용으로 하는 10개 항목의 계급교육 문항을 하달하고 그 시험결과를 근거로 하여 향후 정치사업을 수행하는 데 참고로 삼도록 지시했는데, 그 구체적인 항목은 아래와 같은 것들이었다:

---

63 李澤季强 主編, 前揭書, pp.87-89.

① 공산당의 항일과 국민당의 항일은 무엇이 다른가?
② 삼민주의와 마르크스레닌주의는 무엇이 다른가?
③ 국민당은 어느 계급을 대표하는 당인가?
④ 공산당이 삼민주의의 실현을 위해 분투한다고 선포한 것은 공산주의를 포기하는 것인가?
⑤ 8로군과 신4군은 중앙정부가 요구하는 통일에 모두 부합해야 하는가? 그러한 통일에 부합하지 않는 것은 통일의 원칙에 위배되는 것인가?
⑥ 항일전쟁 기간 중 계급투쟁은 존재하는가? 어디에서 표현되는가? 계급투쟁을 반드시 소멸해야 하는가?
⑦ 국·공 마찰의 원인은 어디에 있는가? 만약에 공산당이 줄곧 양보만 한다면 마찰을 소멸할 수 있는가?
⑧ 현재 전국적으로 반공이 진행되고 있는데, 그 원인과 기도는 무엇인가? 우리는 어떠한 태도를 취해야 하는가?
⑨ 2년 동안의 항전 경험과 교훈은 무엇인가? 항전을 계속 견지한다면 그 결과는 어떻게 될 것인가?
⑩ 항전 중 8로군과 신4군의 임무는 무엇인가?[64]

군대 내에서의 정치교육 이외에도 일반대중과 국민정부에 대한 정치선전 활동이 적극적이고 합법적으로 전개되었다. 국·공합작 이후인 1938년 봄 저우언라이가 군사위원회 정치부 부부장에 임명되면서 중국공산당원들과 그 동조자들은 국민당을 향한 침투활동을 강화하고 조직을 계속 발전시키려고 노력했다. 그러나 정치부 제3청을 제외하고는 각 단위부서의 책임자와 사업요원들 대부분이 중국국민당 당원이었기 때문에 중국공산당은 침투에 한계를 느끼고 선전부서 내에서의 활동을 강화하는 쪽으로 선회했다.

중국공산당이 군사위원회 정치부의 선전부서를 정치사업의 대상으로 삼게된 것은 그 기구 내의 문화예술 종사자들 대부분이 중국공산당원이거나 아니면 그 동조자였으며, 또한 문화예술 선전이 선전효과를 쉽게 얻을 수 있다는 이점이 고려

64 姜思毅 主編, 「中國人民解放軍政治工作史」, (北京: 中國人民解放軍政治學院出版社, 1984), p.232.

되었기 때문이었다.

당시 "제3청은 청장인 궈머러(郭沫若),[65] 처장인 톈한(田漢)[66]과 후위즈(胡愈志), 과장인 홍선(洪深),[67] 그리고 문화사업위원회의 선옌빙(沈雁氷), 수서위(舒舍予), 야오펑즈(姚蓬子), 장즈랑(張志讓) 등은 모두 친공분자였으며, 과장인 두궈양(杜國庠)[68]과 핑나이차오(憑乃超) 및 문화사업위원회 위원인 호펑(胡風)은 중국공산당의 중견분자였다. 이와 같이 중국공산당은 국민혁명군의 정치사업기구를 합법적으로 장악하고 좌익작가연맹을 끌어들여 지식인과 국민정부 간의 대립을 조장함과 동시에 항일민족통일전선을 통해 대중기반을 확보하고 자신의 역량을 강화하기 위한 정치선전 활동을 수행하고 있었다."[69]

2) 정풍운동

중국공산당은 1942년부터 1945년까지 3년 동안 당 내의 정풍운동(整風運動)을 대규모적으로 전개했다. 마오쩌둥은 정풍운동을 전개하면서 그 운동의 성격을 최초로 실시되는 광범한 마르크스레닌주의의 교육운동, 그리고 무산계급 사상으로 각종 비무산계급 사상을 극복하는 사상운동인 동시에 왕밍(王明)을 대표로 하는 교조주의 및 경험주의의 속박을 타파하는 사상하방운동으로 규정했다.

마오쩌둥은 1942년 2월 1일과 8일을 전후하여 중앙당교(中央党校)와 옌안(延安)간부회의에서 행한 〈당의 기풍을 정돈하라〉와 〈당팔고(党八股)를 반대하라〉는 보고를 통해 정풍의 내용과 방향을 제시했다. 그는 그동안의 당의 총노선이 정확했으며 업적도 상당했으나 여전히 당 내에 심각한 문제가 존재하고 있음을 전제하면서 3가지의 왜곡된 경향으로서 주관주의와 종파주의(宗派主義) 및 당팔고(党八股)[70]를 지적했다.

---

65 후에 문화사업위원회 주임이 된다.

66 후에 문화사업위원회 위원 겸 조장이 된다.

67 후에 문화사업위원회 위원이 된다.

68 후에 문화사업위원회 위원이 된다.

69 中華民國國防部總政治作戰部 編引, 前揭書, pp.684-685.

70 당팔고(党八股)는 마오쩌둥이 1942년 2월 정풍운동을 전개하기 위해 제기한 개념으로서 인간의 사상을 구속하고 마르크스주의 혁명정신을 질식시키는 형식주의 문풍(文風)이다. 당팔고는 5·4운동의 적극적 요소의 반동(反動)이며, 5·4운동의 소극적 요소의 계승 및 발전으로

마오쩌둥에 의하면, "주관주의는 일종의 정파(正派)가 아닌 학풍으로서 교조주의와 경험주의의 2가지가 있는데, 교조주의와 경험주의의 공통적인 특성은 이론과 실제가 분리되어 있는 것으로서 정치적으로 좌경과 우경의 기회주의를 생성하는 사상적 기초이다. 종파주의는 주관주의가 조직관계에서 나타난 것이고, 또한 당팔고(党八股)는 주관주의와 종파주의가 표출된 형태이다."[71]

마오쩌둥은 "적을 타도하는 임무를 완수하기 위해서는 당의 기풍을 반드시 정비해야 하며, 당풍(党風)으로서의 학풍(學風)과 문풍(文風)의 대표적 표현형식인 주관주의와 종파주의 및 당팔고를 청산하는 것을 정풍운동의 이론적 근거로 제시했다."[72] 따라서 정풍운동이 주관주의를 반대하기 위해서 문풍을 정비하고, 종파주의를 반대하기 위해서 당풍을 정비하며, 당팔고를 반대하기 위해서 문풍을 정비하는 것을 주요 내용으로 삼게 되었다.

마오쩌둥은 전 당과 전 군에 정풍운동이 대대적으로 시작되기 이전인 1942년 1월 23일 탄정(譚政)에게 〈홍4군 제9차 당 대표대회 결의(구톈회의 결의)〉를 부대의 교재로 삼도록 지시했으며, 마오쩌둥의 지시에 따라 탄정은 동년 4월 9일 유수병단(留守兵团) 정치부 명의로 〈홍4군 제9차 당 대표대회 결의를 학습하는 것에 관한 훈령〉을 하달했다. 그 주요 내용은 〈결의〉가 당시 중국홍군을 건설하는 데 있어서 중요한 의의를 가지고 있을 뿐만 아니라 결정적 역할을 했음을 상기시키면서 8로군과 신4군을 건설하는 데 있어서도 여전히 중요한 의의를 가지고 있음을 강조하는 것이었다.

훈령이 하달된 이후 유수병단의 각 부대는 정풍정신과 방법으로 〈구톈회의 결의〉에 대한 학습활동을 대대적으로 전개하기 시작했다. 각 부대는 군의 성격과 근본취지 및 임무를 명확히 하는 기초 위에서 인민군대와 착취계급 군대 간의 구분, 〈구톈회의 결의〉에서 규정된 정확한 건군노선과 군벌주의, 교조주의의 그릇된 노선 간의 구분을 분명히 했으며, 또한 부대 내에 존재하고 있는 문제와 개인적인 과오를 시정하고 장병관계와 군정관계 및 군민관계를 개선하기 위해 옹정애민(擁政

지적된다. 요컨대, 당팔고는 당 내의 교조주의와 종파주의가 표출된 형태로서 형식적이고 교조적인 문풍을 가리킨다.

71 毛澤東, "整頓党的作風", 「毛澤東選集」, 第3卷, (北京: 人民出版社, 1953), pp.821-822.

72 上揭書, p.814.

愛民)운동과 존간애병(尊幹愛兵)운동을 적극적으로 전개했다. 그뿐만 아니라 각급 당 조직은 정치사업과 정치기관에 대한 영도를 강화했다. 물론, 정치기관과 정치사업 간부의 정치사업 방법과 기풍에 대한 시정도 요구되었다.

〈구톈회의 결의〉에 대한 학습운동이 일단락된 후 중앙서북국은 1942년 10월 19일부터 1943년 1월 14일까지 옌안(延安)에서 고급간부회의를 개최했다. 대략 3개월 동안 계속된 이 고급간부회의는 섬감영(陝甘寧)변구의 당·정·군·민·학계의 모든 고급간부가 참석한 최초의 정풍회의였다.

〈회의〉에서 마오쩌둥은 〈스탈린이 논한 볼셰비키 12개조에 관한 연설〉을 통해 중국공산당의 역사적 경험과 섬감영변구의 실제상황을 연계하면서 당과 군, 군과 정, 군과 민 간의 관계에 존재하고 있는 경향으로서 당으로부터 독립하려 하고 중앙의 명령을 수행하지 않으며 군벌주의를 추구하는 심각한 문제들을 예리하게 비판했다. 마오쩌둥의 이러한 지적은 즉각 시행에 옮겨졌으며, 섬감영변구 부대는 1942년부터 1944년 봄까지의 근 1년 동안 군벌주의와 교조주의를 반대하는 것을 중심으로 하는 정풍운동을 대대적으로 전개했다.

이러한 상황 하에서 마오쩌둥은 탄정(譚政)에게 군대 정치사업 문제에 관한 보고서를 작성하는 임무를 책임지도록 지시했다. 또한 마오쩌둥은 탄정이 보고 초안을 작성하기 전에 연방군 지도자들인 허룽, 쉬샹첸, 샤오징광(肖勁光), 탄정 등을 불러 함께 군대 정치사업 문제를 의논했으며, 총정치부는 1944년 2월 5일 〈산동부대 정치사업회의에 보내는 지시〉 속에서 항전시기와 내전시기를 막론하고 향후 군대 정치사업의 방향과 제도 및 임무 등 전반적인 문제를 재검토하게 될 것임을 통보했다. 탄정이 기초한 〈보고〉는 여러 차례의 토의와 수정을 거쳤으며, 마오쩌둥도 그중의 12단(段)인 약 3천 자를 직접 써넣기도 했다.

〈보고〉의 주요 내용은, ①군대는 반드시 완전하고 절대적이며 무조건적으로 공산당 및 그 영도기관의 정치영도 하에 있어야 하며 독립성을 추구할 수 없다는 것이며, ②군대 정치사업의 기본원칙과 기본내용 및 기본방향을 제시한 것이고, ③공산당이 영도하는 혁명적 정치사업은 혁명군대의 생명선이라는 것이며, ④정치사업 중의 교조주의 기풍을 극복해야 한다는 것이었다.

3) 정병간정운동

중국공산당은 항일전쟁을 통해 비대해진 기구와 복잡한 체계 및 문란한 지도력 등이 고도로 분산된 적후방 유격전을 전개하는 데 부적합할 뿐만 아니라 나날이 위축되고 있는 경제력에도 적응할 수 없다는 것을 실감하기 시작했다. 당시 중국공산당은 병력은 많으나 먹여 살릴 수 없는 경제적 현실, 그리고 행동이 어렵고 지휘가 불편한 군사적 현실을 시급히 해결해야 하는 상황에 처해 있었다. 바로 이러한 경제 문제와 군사 문제를 동시에 해결하고자 중국공산당이 채택한 것이 바로 정병간정(精兵簡政)이었다.

중국공산당 중앙과 중앙군사위원회는 향후 군사에 대해서는 정병주의(精兵主義)를, 그리고 정부에 대해서는 간정주의(簡政主義)를 취할 것을 촉구했으며, 이러한 제의는 1941년 11월 18일 마오쩌둥의 지지 하에 충분한 토의를 거쳐 결의로 채택되었다. 이어서 1942년 4월 25일 중앙서기처 판공청(辦公廳)은 〈정병간정(精兵簡政) 문제에 관한 통지〉를 통해 '정병간정'은 2개 분야의 문제를 포함하고 있는데, 하나는 장기적으로 근거지를 견지하기 위한 것을 고려하여 나온 것으로서 절약과 대중역량의 축적에 유의하도록 요구하는 것이고, 다른 하나는 전쟁과 농촌환경을 고려하여 나온 것으로서 기구를 간소화하고 분업을 합리화함으로써 정책이 관철되고 사업 능률이 보다 더 향상되며 군사행동에 융통성이 주어질 수 있도록 하기 위한 것이라고 설명했다.

당시의 상황으로 볼 때 '정병간정'은 매우 복잡한 조직사업인 동시에 매우 난처한 사상사업이기도 한 것이었다. 8로군 총부가 소집한 중대 이상 간부의 정병간정 동원대회에서 줘취안(左權) 참모장은 이른바 '정병'은 부대의 군사와 정치의 질적 향상을 도모하고, 전투력을 향상시키며, 간부의 자질과 사업능력을 향상시키고, 기구를 축소하고, 중대를 건전하게 함으로써 사업능률을 향상시키는 것이며, 이른바 '간정'은 행정기구를 간소화하고, 사업능률을 향상시키며, 인민의 부담을 경감시키고, 근거지의 물자와 인력을 절약함으로써 어려운 재정문제를 해결하는 것임을 재차 강조했다.

기실, '정병간정'은 단순한 병력감축이나 기구축소의 차원이 아닌 지구적 항전을 위한 적극적인 전략의 차원에서 실행되었으며, 그 결과 8로군과 신4군은 분간된 적후방에서의 유격전에 보다 효율적으로 적응하면서 전투력을 향상시킴은 물론, 보다 합리적으로 인력과 물자 및 재원을 사용할 수 있는 체제를 갖추게 되었다.

특히 중국공산당은 '정병간정'을 통해 그동안 당·정·군 3권이 팽팽하게 대립되었던 3극화 현상을 극복하고 당의 일원화 영도를 실현함으로써 군대가 지방당의 영도 하에 근거지 건설에 참여하고, 군사임무의 수행을 책임지도록 할 수 있었다. 그뿐만 아니라 군대구조의 개혁을 통해 비전투원을 축소하고 전투부대의 내실화를 다짐과 동시에 주력부대에서 많은 간부들을 차출하여 구(區)와 현(縣) 지방무장의 핵심간부로 파견시킴은 물론, 일부 정규부대를 지방부대로 전환함으로써 주력부대를 상당한 수준으로 정예화 할 수 있었다.

4) 대(對)국부군 저항운동

항일전쟁 당시 8로군의 주력부대는 화베이(華北)를 공고히 하고, 화중(華中)으로 발전한다는 중국공산당 제6기 「6중전회」의 전략방침을 실현하기 위해 중국공산당 중앙과 중앙군사위원회의 결정에 근거, 1938년 12월 산동, 화중, 기노예(冀魯予)지역으로 각각 진격했으며, 신4군 역시 양쯔강(揚子江) 남부지역에서 전략전개 임무를 기본적으로 완료했다. 그러나 중국공산당 중앙은 "전략적 대치단계"로 접어들면서 국부군이 그동안 8로군과 신4군에 대해 취했던 정치적 제재를 군사적 제제로 전환함에 따라 새로운 위협에 직면하기 시작했다. 따라서 중국공산당 중앙군사위원회는 1938년 11월 대(對)국부군 사업에 대한 영도를 강화하기 위해 기존의 통일전선부를 연락부로 개칭함과 동시에 이를 총정치부 편제 내로 흡수했으며, 또한 8로군과 신4군의 여대 이상 단위의 정치기관에도 연락망을 설치했다.

항일전쟁 기간 중 대(對)국부군 사업의 전개는 8로군과 신4군 정치사업의 새로운 과제였기 때문에 중국공산당 중앙은 이를 중시하고 1939년 1월 26일 〈국민당 및 그 군대사업을 지원하는 원칙에 관한 결정〉을 하달했는데, 그 〈결정〉은 "①항전에 이익이 되는 경우는 적극적으로 지원한다. ②항전에 불리한 경우는 반드시 거부한다. ③반드시 조건적이고 제한적이며 전진적인 자세로 국부군에 대응한다."[73]는 것이었다.

당시 항일군대의 성향은 매우 다양했다. 항일군대에는 국민당의 중앙군 이외에 공산군대를 포함하여 군벌 및 지방 실력파가 있었으며, 특히 군벌의 경우 촨군(川軍), 구이군(桂軍), 진수이군(晉綏軍), 웨군(粵軍), 라오29군(老29軍), 둥베이군(東北軍), 뎬군(滇軍), 산군(陝軍) 등이 있었다. 따라서 중국공산당은 "모순을 이용하고, 다수를 쟁취하며, 소수를 반대하고, 각개격파를 실시한다."는 책략 방침에

73 姜思毅 主編, 前揭 「中國人民解放軍政治工作史」, pp.227-228.

따라 이들 군벌과 집단의 기본이익과 중심요구를 분석하고 이들 간의 정치동향과 모순을 분석하며, 이들 간의 역사적이고 현실적인 모순을 최대로 이용하여 세력을 확장해 나갔다.

한편, 국민당은 1939년 1월 방공(防共)과 반공(反共)을 주요 의제로 하는 제5기 「5중전회」를 소집하여 "공산당을 용해시키고, 공산당의 침투를 방지하며, 공산당의 활동을 제한하고, 공산당을 반대한다[溶共, 防共, 限共, 反共]."는 방침과 당무를 정리한다는 결의를 통과시키고 이른바 〈공산당 문제 처리방법〉, 〈타당 활동 제한방법〉, 〈화베이(華北)와 산베이(陝北)에서 제8로군의 자유행동을 제한하는 조치〉 등을 결정함으로써 사실상 그간의 중국공산당에 대한 "정치적 제한"을 "군사적 제한"으로 전환했다.

국부군은 중국공산당에 대한 "군사적 제한" 조치에 근거하여 3차례에 걸쳐 반공작전을 전개했다. 먼저 1939년 12월부터 1940년 3월까지 산시(陝西)와 간수(甘肅)에서 섬감영(陝甘寧)변구를 공격하고, 산시(山西) 서부에서는 중국공산당이 영도하는 항전결사대를 공격했다. 그 후 1940년 3월 국부군의 스요우산(石友三)과 주화이빙(朱懷氷) 부대가 타이싱구(太行區)의 8로군을 공격했다.

장제스는 이어서 1940년 10월 허잉친(何応欽)과 바이충시(白崇禧)로 하여금 국민당정부 군사위원회 참모장 명으로 양쯔강 남북과 황허 이남의 신4군과 8로군은 1개월 이내에 황하 이북으로 철수하라는 명령을 내리도록 지시했다. 이러한 지시가 있은 후인 1941년 1월 국부군은 환난(晥南)에서 이른바 '환난사변(晥南事変)'으로 일컫는 신4군 본부에 대한 기습을 단행했다.

세 번째의 공격은 1943년 3월 10일 실행되었다. 국부군은 화중과 화베이에서 8로군과 신4군을 계속 공격했으며, 대규모 병력을 동원하여 옌안(延安)을 공략할 준비를 했으나 대내외적인 여건으로 실행에 옮기지는 못했다. 일본과의 "전략적 대치단계"로 접어들면서 중국공산당과 국민당은 각기 세력을 확장하기 위한 투쟁을 가속화했으며, 이는 양당의 계급투쟁이 항일전쟁 기간 중에도 계속되고 있음을 말해주는 것이었다. 이는 중국공산당이 항일전쟁 기간 중 제1차적 적이 일본제국주의라고 해서 계급의 경각심을 늦추어서는 안 되며, 국민당의 도전에 대응하기 위해 대일투쟁과 통일전선의 근본정책을 포기해서도 안 된다는 내용의 정치교육을 강화함으로써 간부와 전사가 계급의 입장과 민족의 입장을 통일시킬 것을 촉구한 데서도 잘 나타나고 있었다.

기실, 항일전쟁 기간 중 국부군의 정치사업은 방공(防共)정치사업으로서 적극적으로는 국부군 부대를 공고히 하고 장병의 사상을 확고히 함으로써 중국공산당의 침투와 분열공작을 방지하는 것이었으며, 소극적으로는 반공대중을 쟁취하고 중국공산당 군대의 활동을 감시함으로써 그 세력 확장을 방지하는 것이었다. 그러나 당시 정치사업의 최고영도기구인 군사위원회 정치부 및 각급 정치사업 요원에게 만연되고 있던 다음의 몇 가지 이유로 인해 그 성과는 지극히 부진한 편이었다:

"**첫째,** 항일운동이 고조되면서 중국인들의 일반적인 생각은 일본이 중국의 유일한 적이기 때문에 소련과 중국공산당에 대해서는 별로 관심을 주지 않고 오히려 국민당이 중국공산당과 힘을 합쳐 일본군에 대항해야 한다고 생각했다.

둘째, 중국홍군은 산베이(陝北)에 도착한 후 전력이 급격히 약화되어 전혀 어떠한 영향도 미칠 수가 없었으며, 설사 발전한다 하더라도 위협적인 존재가 될 수 없다고 판단했다.

셋째, 중국공산당에 대한 투쟁은 일종의 특무공작이기 때문에 정보기관이 책임져야 한다고 하면서 군대 정치사업과는 전혀 무관한 것으로 여겼다.

넷째, 군사위원회 정치부가 설립된 이후 정치부의 주요 활동이 친공분자와 중국공산당원들에 의해 장악되었다."[74]

5) 대중동원 운동

중국공산당 총정치부는 1937년 10월 29일 〈지방사업에 관한 지시〉를 하달하고, 8로군 각 부대로 하여금 모든 장병을 동원하여 지방사업을 전개하고 항일근거지를 구축하도록 촉구했다. 따라서 8로군은 〈지시〉에 근거하여 각지에서 다발적으로 유격활동을 전개했으며 대중을 동원하는 것을 그 중심사업으로 삼기 시작했다.

특히 8로군은 대중사업을 강화하기 위해 ①국민당과 그 군대의 명의가 아닌 공산당의 명의로 대중을 향해 선전하고 대중을 동원함으로써 공산당의 독립자주 원칙과 영도권을 구현하고, ②당의 정치선전대와 사업대로서 대중을 향해 선전하고 대중을 동원함으로써 군대가 당의 정치임무를 수행하는 도구라는 원칙을 구현하며, ③당의 주장을 대중을 향해 선전한다는 방침과 내용을 규정했다.

중국공산당은 항일의 잠재적 역량을 거대한 현실적 역량으로 전환하기 위해

---

74 中華民國國防部總政治作戰部 編印, 前揭書, p.679.

대중 동원의 조직사업을 본격적으로 전개했다. 8로군과 신4군은 대중동원을 기초로 하여 전국 각지에 각계의 대중을 대상으로 한 항일구국회, 노동조합, 농민조합, 청년구국회, 부녀구국회, 그리고 아동단 조직을 설립함으로써 항일민족통일전선을 위한 사회 기반과 조직 기반을 광범위하게 구축했다.

중국공산당의 경우, 대중을 무장시키는 것은 군사사업인 동시에 정치사업이었다. 따라서 중국공산당은 부대의 당 조직과 정치기관이 대중을 동원하여 전쟁에 참가하도록 하고, 농민대중이 자위대, 유격조, 유격대 등 항일무장을 조직하고 발전시키도록 적극 지원했다. 당시 인민무장 조직은 전쟁의 요구에 따라 두 종류로 분류되었는데, 한 종류는 항일유격대와 의용군과 같이 작전을 위주로 하는 무장조직이었고, 또 한 종류는 자위대와 민병조직과 같은 생산활동을 하면서 싸우는 무장조직이었다.

대중을 향해 선전하고 대중을 조직하며 무장시키는 것은 궁극적으로 당을 건설하고 정권을 건설하는 것을 목적으로 하는 것이었다. 당과 정권을 건설하는 임무는 당의 사업기관으로서의 부대 정치기관이 담당했다. 부대 정치기관은 항일근거지와 점령지역에 공산당이 영도하는 항일정권을 수립하는 데 진력함과 동시에 각종 훈련반을 개설하여 지방당과 지방정권을 접수할 인재를 양성했다. 그뿐만 아니라 부대 정치기관은 지방정권이 정상적으로 활동하고 권위를 확보할 수 있도록 지원함으로써 적후방 항일근거지의 각급 정권을 사실상 공산당이 영도하는 인민민주독재정권으로 만들었다.

6) 옹정애민과 존간애병 운동

(1) 옹정애민운동

항일전쟁 기간 중 중국공산당의 군대간부와 지방 간부들은 1942년 정풍 시 소집된 서북국 고급간부회의에서 군·정·민 관계에 존재하고 있는 문제들을 검토했다. 군대간부들은 일부 부대 내에 존재하고 있는 병폐인 당과 정부를 존중하지 않고, 인민대중을 옹호하지 않으며, 대중이익을 침해하는 군벌주의 경향을 집중적으로 검토한 반면, 지방 간부들은 옹군우속(擁軍優屬)에 존재하고 있는 각종 병폐를 극복하기 위한 대안들을 검토했으며, 이들은 중국공산당 중앙의 〈항일근거지 당의 영도를 통일시키고 각 조직 간의 관계를 조정하는 것에 관한 결정〉 정신에 근거하여 "정부를 옹호하고 인민을 사랑하며 군대를 옹호하는" 운동을 전개한다는 결론을 내렸다.

이러한 결정이 내려진 이후인 1943년 1월 15일 섬감영(陝甘寧)변구 정부는 최초로 〈군대를 옹호하는 결정〉, 〈옹군공약(擁軍公約)〉, 그리고 〈옹군운동월(擁軍運動月)을 전개하는 사업지시〉를 공포하고 동년 1월25일부터 2월 25일까지를 옹군운동월(擁軍運動月)로 지정했으며, 다음과 같은 내용의 〈옹정애민10대공약〉을 선포했다:

① 정부의 법령에 복종한다.
② 정부를 보호하고 정부를 지원하며 정부를 존중한다.
③ 공공재물을 사랑하고 아낀다.
④ 대중이익을 침해하지 않는다.
⑤ 빌린 물건은 반드시 반납하고 손상시킨 물건은 반드시 배상한다.
⑥ 생산에 적극적으로 참가하며 정부와 인민의 부담을 경감시켜 준다.
⑦ 인민들이 봄에 파종하고 가을에 수확하며 겨울에 저장하는 것을 지원한다.
⑧ 인민이 청결위생운동을 실행하는 것을 지원한다.
⑨ 민정과 풍속을 이해하고 존중한다.
⑩ 인민을 향해 선전하고 인민의 의견을 경청한다.

1943년 10월 1일 중국공산당 중앙은 섬감영변구 정부의 경험을 바탕으로 하여 〈근거지의 조세감면, 생산 및 옹정애민 운동월을 전개하라〉는 지시를 내렸으며, 각 근거지가 군민일치의 실천적 활동으로서의 옹정애민과 옹군우속 운동을 전개하도록 정식으로 제기했다. 그 후 옹정애민 운동은 8로군과 신4군의 일상적인 운동으로 자리를 잡아갔다:

첫째, 군대가 엄격하게 자아비판을 실행했다. 8로군과 신4군은 옹정애민과 옹군우속 운동을 전개함으로써 당·정·군·민 관계를 한층 밀접하게 했다.

둘째, 군대 내에 옹정애민 관념을 깊숙이 심어 놓았다. 공산당 영도 하의 신민주주의 정권만이 민주정부이고, 인민은 혁명군대가 의지하는 유일한 산(山)이며, 정부를 옹호하고 인민을 지원하는 것은 혁명군대의 천직과 의무라는 것을 모든 사람에게 이해시켰다. 또한 옹정애민은 단순한 기율상의 요구가 아닌 혁명군대의 정치적 요구로서 이는 혁명군대와 기타 군대를 구분하는 주요한 분계선임을 강조했다.

셋째, 군인들로 하여금 인민의 모든 일에 관심을 가지며 모든 곳의 인민을 사랑하도록 했다. 경제적으로는 인민을 지원하고, 문화적으로는 인민을 향상시키며, 정치적으로는 인민에 관심을 가지고, 군사적으로는 인민을 보호하도록 했다.

(2) 존간애병운동

1942년 11월 탄정(譚政)은 〈부대 정치사업을 공고히 하는 것에 관한 지시〉를 통해 "부대 내에서 전사에게 관심을 가지고 전사를 사랑할 것임을 강조하며, 간부가 전사와 공생공사(共生共死)하고 전사의 모든 신상이익(정치, 사업, 생활, 가정 등)을 더욱 더 돌보도록 제창해야 한다."[75]고 촉구했다.

1943년 4월 주더(朱德) 역시 장병일치 원칙의 실행을 혁명군대 관리원칙의 주요한 내용으로 삼으면서, "혁명군대 내에서는 친함[親], 친하지 아니 함[疏], 넉넉함[厚], 모자람[薄]의 구분이 있어서는 안 되며, 사랑하는 것[愛], 미워하는 것[惡], 날 것[生], 익은 것[熟]의 구별이 있어서도 안 되고, 오직 사(私)를 버리고 공(公)을 우선하며 집안 형제들처럼 모두를 동료로 여겨야 한다."[76]고 했다.

그러나 당시 8로군과 신4군 내부에는 군벌주의와 교조주의의 영향으로 장병관계에 있어서 많은 문제들이 상존하고 있었다. 예를 들면, 일부 간부들은 전사와의 차별화를 주장하며 동지관념보다는 상하관계를 강조했고, 전사를 얕잡아 보고 대중조직의 역할을 중시하지 않는 등 대중 관점이 전혀 없었으며, 지휘통솔에 있어서도 주관주의와 명령주의 및 징벌주의에 습관이 되어 있었다.

8로군과 신4군의 각 부대는 1944년 탄정의 1944년 4월 〈보고〉를 학습하는 과정에서 장병관계에 대한 전반적인 검토와 더불어 장병관계의 개선을 강조하면서 존간애병 운동을 전개하기 시작했다.

1944년 12월 마오쩌둥은 〈1945년의 임무〉라는 제목의 글 속에서 전군을 향해 군대 내부의 단결은 매우 중요하며 8로군과 신4군은 줄곧 장병일치에 의존하여 영광된 승리를 획득했다고 지적하면서, "모든 부대 내에서 반드시 존간애병 운동을 실시하고 간부가 사병을 사랑하도록 호소함과 동시에 사병이 간부를 옹호하도록 호소하며, 피차의 결점과 과오는 공개적으로 말하여 빨리 시정해야 하며, 바로 이

---

75 姜思毅 主編, 前揭 「中國人民解放軍政治工作史」, p.294, 再引用.

76 朱德, "革命軍隊管理的原則", 1943年 4月 16日, 姜思毅 主編, 前揭 「中國人民解放軍政治工作史」, p.294, 再引用.

렇게 함으로써 내부를 단결시키는 목적을 훌륭히 달성할 수 있다."[77]고 강조했다.

5. 군대 정치사업의 총결산

1) 서북국 고급간부회의의 군대정치사업 문제에 관한 보고

(1) 〈보고〉의 역사적 배경과 형성과정

중국공산당 중앙은 1942년 10월 19일부터 1943년 1월 14일까지 옌안(延安)에서 고급간부회의(섬감영변구고급간부회의「陝甘寧邊區高級幹部會議」)를 소집했다. 이 회의는 섬감영변구의 당·정·군·민·학 등 각계 고급간부가 참석한 정풍회의로서 3개월 동안 계속되었으며, 회의기간 중 마오쩌둥, 주더, 류사오치(劉小奇), 런비스, 천윈(陳雲), 펑전(彭眞), 하오위장(昊玉章), 쉬터리(徐特立), 허룽, 예젠잉 등이 각각 주요한 연설을 했다.

마오쩌둥은 회의기간 중인 11월 21일과 22일 행한 〈스탈린의 볼셰비키화 12개조론에 관한 연설〉을 통해서 중국공산당의 역사적 경험과 섬감영변구의 실제상황을 연계하면서 군과 당, 군과 정, 군과 민 관계에 존재하고 있는 독립성, 그리고 당 중앙의 명령을 수행하지 않는 경향 및 군벌주의의 편향성 등의 문제가 심각한 수준에 이르고 있음을 비판했다.

〈회의〉는 마오쩌둥의 이러한 원칙 문제에 관한 비판에 근거하면서 각 분야에 걸친 토의와 자아비판을 시작했으며, 자아비판을 통해 당 내에 존재하고 있는 2가지의 근본적 사상 경향인 자유주의와 독립주의 현상을 철저히 검토했다. 특히 군대 내의 군벌주의 경향과 지방의 관료주의 경향, 그리고 당·정·군·민 분야의 구체적 정책과 사업상에 존재하고 있는 각종 편향 및 모순을 지적하고 이를 극복하기 위한 대안을 제시했다.

〈회의〉 기간 중 군대 역시 별도로 군정간부회의를 소집하고 군대 내에 존재하고 있는 각종 병폐에 관해 집중적인 토의를 벌였으며, 특히 군벌주의 경향을 극복하는 것에 관한 보고를 통해 군벌주의의 각종 형태와 위해 및 그 생성원인을 분석하고 이를 해결하기 위한 방침과 정책 및 요구를 제기했다.

그뿐만 아니라 중국공산당 군대는 1942년 동계부터 1944년에 이르기까지의 1

77 姜思毅 主編, 前揭「中國人民解放軍政治工作史」, p.295. 再引用.

년 동안 변구부대를 포함한 모든 부대를 향해 군벌주의와 교조주의를 반대하는 정풍운동을 대대적으로 전개했다. 이 기간 중 당중앙군사위원회 총정치부는 군대 정치사업 문제에 대한 전면적인 검토를 결정했다. 군대 정치사업에 대한 검토작업은 총정치부 부주임인 탄정이 실무책임을 맡으면서 8년 항전기간 중의 정풍운동과 각종 회의 및 조사활동을 바탕으로 하여 심층적이고도 광범위하게 진행했으며, 그 결과 〈군대정치사업 문제에 관한 보고〉 초고가 작성되었다. 이 초고는 마오쩌둥에 의해 수정된 후 다시 저우언라이에게 넘겨져 여러 차례의 여론수렴 과정을 거쳐 보완되었으며, 최종적으로 중국공산당 중앙 확대서기처회의의 토의를 거친 후 1944년 4월 11일 탄정에 의해 서북국 고급간부회의에서 정식으로 발표되었다.

(2) 〈보고〉의 역사적 의의

중국공산당은 오늘날 탄정의 〈군대정치사업 문제에 관한 보고〉를 〈구톈회의 결의〉와 더불어 혁명전쟁 년대에 있어서 군대 정치사업의 가장 중요하고도 가장 영향을 많이 미친 문헌으로 평가하고 있다. 다만 차이가 있다면 후자가 중국 특색을 지닌 인민군대의 정치사업 체계를 개발하고 군대 정치사업의 기초를 다진 것인데 반해서 전자는 실천을 통해 군대 정치사업을 체계화하고 이론화했다는 것이다.

중국공산당은 〈보고〉가 북벌전쟁과 토지혁명전쟁 및 항일전쟁시기에 있어서의 당과 군대의 정치사업을 총결산하고 군대 정치사업의 이론과 원칙 문제를 제기하고 해결했으며, 그뿐만 아니라 정치사업에 미친 왕밍노선(王明路線)의 영향을 청산하고, 양호한 전통을 발양함으로써 군대 정치사업의 권위와 지위를 향상시켰으며, 바로 이러한 기초 위에서 정치사업이 충분한 역할을 발휘하도록 함으로써 항일전쟁을 승리로 이끌었다고 자평했다.

기실, "군대 정치사업은 군대에서의 당의 사업과 조직사업이다. 정치사업의 기본법칙을 파헤치려면 반드시 변증법적인 발전의 관점에서 군대와 당, 정치사업과 군대의 생존과 발전의 승리, 정치사업과 군사사업 및 기타 사업, 정치사업의 방향 및 임무와 당과 군대의 방향 및 임무, 그리고 장교와 사병, 군과 민, 정신과 물질, 사상과 사업, 이론과 실천, 영도와 대중, 내용과 형식, 전통과 혁신 등 분야의 본질적 연계를 분명히 해야 한다. 이러한 이론을 정치사업을 실천하는 데 활용함으로써 정치사업의 기본원칙을 확립하고, 또한 이러한 원칙을 활용하여 정치사업의 기구와 기능 및 활동을 규범화함으로써 정치사업의 조직형식과 사업제도를 창출하게 된다. 그뿐만 아니라 상술한 바의 기본 이론과 기본원칙 및 기본제도가 상호 연계되고 결합됨으로써 완전한 군대 정치사업 체계가 형성된다."[78]

바로 이러한 점에서 〈보고〉는 8로군과 신4군시기의 군대 정치사업을 홍군시기의 그것에 비해 한 차원 더 높고 완숙한 단계로 진입시켰다는 평가를 받고 있다. 요컨대, 〈보고〉는 당의 방향과 기본임무가 모든 군대의 방향과 임무를 결정하며, 군대의 방향과 임무가 정치사업의 방향과 임무를 결정한다는 것이 군대 정치사업의 기본법칙인데, 이들 3자를 논리적이고 체계적으로 일치시켰다는 것이다.

(3) 〈보고〉의 주요 내용

① 군대 정치사업의 지위와 역할

첫째, 정치사업은 군대가 혁명 성격을 유지하고 승리를 향해 전진하게 하는 결정적 요소, 즉 군대의 생존과 발전을 결정하는 생명선이다.

둘째, 군대 정치사업은 곧 당의 사업으로서 군대에 대한 당의 영도를 보장하기 위한 것이며, 당의 강령과 정책을 실현하기 위해 복무하는 것이다. 그런데 혁명적 정치사업은 혁명적 군사사업과 배합하여 혁명군대의 모든 사업이 된다. 군사사업은 당의 영도와 정치사업의 보장을 받지 못하면 방향을 상실하게 되고, 정치사업도 군사사업을 떠나게 되면 그 존재의의를 상실하게 되며, 오직 양자가 긴밀하게 결합해야만 비로소 당이 군대에 부여한 임무가 완수된다.

셋째, 군대에 대한 공산당의 영도가 없다거나 공산당이 영도하는 혁명적 군사사업과 혁명적 정치사업이 없었다면 혁명군대도 있을 수 없다. 8로군과 신4군이 항일전쟁 중에 백절불굴의 용기와 투지를 가지고 각고분투할 수 있었던 것은 공산당의 영도가 있었기 때문이다.

넷째, 과거에 정치위원제도를 부적절하게 강조하고 정치사업의 지위와 권한을 부적절하게 강조하고, 군사사업 요원과 정치사업 요원의 당성 차별을 부적절하게 강조함으로써 군사사업 요원과 정치사업 요원 간의 협조가 잘 이루어지지 않았으며, 항일전쟁 초기에는 일시적으로 국민당과 타협하고 정치위원제도를 폐지함으로써 정치사업의 약화를 초래했던 적이 있었는데, 이러한 과오는 더 이상 반복될 수 없다.

---

78 李澤季强 主編, 前揭「中國人民解放軍政治工作史鑑」, pp.112-113.

다섯째, 정치사업은 그 지위와 역할이 지나치게 강조되는 것도 잘못이지만, 그 합당한 지위와 권한은 반드시 주어져야 한다. 군대의 사업은 주로 군사사업과 정치사업 및 후방지원사업으로 구분되는데, 그동안 정치사업과 군사사업, 정치수장과 군사수장, 그리고 정치기관과 군사기관의 관계가 불명확하여 군사와 정치가 대립하는 현상이 나타났으며, 또 어떤 때는 정치사업의 지위를 높임으로써 군사사업과 군사기관이 제 기능을 발휘할 수가 없었고, 또 어떤 때는 정치사업의 지위를 격하함으로써 정치사업 간부의 적극성이 침해를 받았던 적이 있었다. 따라서 이와 같은 군·정 간의 대립과 모순을 해결하기 위해서는 군·정 사업의 관계가 종속관계가 아닌 상호 배합하는 수평관계이어야 하고, 고저의 구분이 존재하지 않아야 한다.

여섯째, 항상 군사기관과 정치기관 간의 쟁점이 되어 왔던 군사교육과 정치교육의 비중 관계에 있어서 부대의 구체적인 상황을 근거로 하되, 일반적으로 정치교육과 문화교육보다는 군사교육이 차지하는 비중을 높게 한다. 그뿐만 아니라 이러한 조치가 결코 정치사업의 중요성을 격하시키는 것이 아님을 강조하며, 군사교육과 정치교육의 비중은 7:3으로 확정한다.

일곱째, 군대와 당의 관계가 군 내외의 각종 관계 중에서 가장 핵심적인 것이며, 당·군 관계에 있어서 군대는 반드시 공산당과 그 영도기관의 정치영도 하에 위치해야 한다.

② 군대 정치사업의 근본 지도사상

변증법적 유물론에 근거하여 혁명정신과 혁명사상이 일정한 물질적 기초 위에서 미치는 영향을 긍정하며, "일정한 물질적 기초 위에서 사상으로 모든 것을 장악하고 사상으로 모든 것을 개변한다."는 관점을 견지한다. 따라서 "사상의 진보과정은 사업의 진보과정이며 대중정서의 진보과정이며, 사상을 철저히 개조하면 할수록 대중정서와 사업기풍이 더욱 더 철저하게 발전한다."는 점이 강조되면서 사상이 모든 것을 인도하는 원칙이 된다.

③ 군대 정치사업의 기본방침

자신을 단결시키고 적과 싸워 이기는 것이 혁명군대의 총방침과 총목적으로 설정됨에 따라 정치사업은 반드시 이 총방침을 실행하고, 이 총방침이 모든 부대와 사업에서 철저히 이행되어 모든 분야가 일치단결되도록 보장해야 한다. 특히 혁명군대를 단결시키기 위해 과거의 3대기율·8항주의 정신을 부활하며, 군과 당, 군과 정, 장교와 사병, 군과 민, 상급과 하급, 군사사업과 정치사업 및 부대 상호간의 관계를 개선하며, 8로군과 신4군이 중국공산당 중앙과 그 대표기관의 영도에 무조건적으로 복종하는 것이 요구된다.

④ 군대 정치사업의 기본원칙

군대 정치사업은 민족민주혁명의 강령으로 군대를 교육하여 군대 내부를 단결시키고, 혁명인민 및 혁명정부와 일치되도록 함으로써 혁명군대가 혁명정당의 정치강령에 완전히 복종하며, 군대의 전투력을 향상시키고, 적과 싸워 이김으로써 민족과 인민을 해방시키는 것을 기본원칙으로 한다.

⑤ 군대 정치사업의 기본내용

무산계급 사상으로 농민과 소자본계급 출신자들에게 사상 개조와 교육 사업을 강화하고, 군·당 일치, 군·정 일치, 군·민 일치, 장·병 일치, 상급과 하급의 일치, 군사사업과 정치사업의 일치, 그리고 각 부문과 군대 간의 일치를 선도하고 실행하는 것을 기본내용으로 한다.

⑥ 군대 정치사업의 기본임무

마르크스레닌주의와 당의 노선, 방침 및 정책으로 부대를 교육하고, 사상, 정치, 조직에 있어서 군대에 대한 당의 절대적 영도를 보장하며, 인민군대의 성격과 군대 건설의 정확한 방향을 보장하고, 군 내외의 공고한 단결을 보장하며, 부대 전투력의 향상을 보장하고, 작전과 각항 임무의 완수를 보장하는 것을 정치사업의 기본임무로 규정한다.

⑦ 군대 정치사업의 기본방법

군대 정치사업은 이론과 실천, 영도와 대중의 관계로부터 실사구시[79]와 대중노선에 이르는 것을 기본방법으로 삼는다. 이론과 실천의 통일, 영도와 대중의 결

---

79 毛澤東, "改造我們的學習", 前揭 「毛澤東選集」, 第3卷, p.801 : '實事'는 객관적으로 존재하고 있는 모든 사물이며, '是'는 객관적 사물의 내부 연계로서, 즉 법칙성이고, '求'는 곧 우리들이 연구하는 것이다.

합은 중국혁명이 직면한 원칙상의 문제인 동시에 군대 정치사업의 중요한 지도원칙이기도 한 것이다. 따라서 정치사업은 교조주의와 형식주의 및 대중을 이탈하는 고립주의를 철저히 배격하면서 오직 마르크스레닌주의의 방법론을 이해하고, 중국혁명의 실제와 중국 군대의 구체적 임무로부터 출발하며, 조사와 연구를 철저히 하고, 대중과 훌륭히 연계하는 방법을 통해서 그 임무를 훌륭히 달성한다.[80]

2) 중국공산당 제7기 전국대표대회와 군대 정치사업

(1) 중국공산당 제7기 전국대표대회의 개최 배경

1944년 전반기에 이르러 46만 병력과 100만 민병을 확보한 중국공산당은 제2차 세계대전이 연합군의 승리로 끝나게 될 즈음 항일전쟁을 승리로 이끈 후의 투쟁 임무와 책략을 결정하기 위해 제7기 전국대표대회를 옌안에서 개최하기로 했다. 중국공산당 중앙은 회의 개최 이전에 당 제6기 「7중전회」를 소집하고 〈몇 가지 역사문제에 관한 결의〉를 통과시켰다.

〈결의〉는 중국공산당이 창건된 이래 발생했던 좌경과 우경노선, 특히 왕밍(王明)을 대표로 하고 교조주의를 특징으로 하는 제3차 좌경노선의 내용과 근원에 대해 상세하게 분석했으며, 마오쩌둥의 중국혁명에 대한 공헌 및 당내 영도력 확립의 중대한 의의를 평가했다. 이는 옌안에서의 정풍운동과 당의 역사적 경험을 총결산한 결과로서 중국공산당 제7기 전국대표대회의 소집을 위한 사상적 기초를 제공해 주는 것이었다.

〈결의〉는 또한 혁명군대의 역사적 경험을 총결산한 후, 중국공산당의 군대가 무산계급의 사상영도에 복종하고 인민투쟁과 근거지 건설을 위해 복무해야 하며, 중국공산당의 노선과 방침 및 정책을 철저히 집행하고, 전투와 대중사업 및 모금(당시는 생산활동이었음)의 3대 임무를 수행하며, 군과 정, 군과 민, 장교와 사병, 상급과 하급 관계의 일치를 유지해야 한다는 마오쩌둥의 군사노선을 확인했다.

중국공산당 제7기 전국대표대회는 1945년 4월 23일부터 6월 11일까지 개최되었으며, 221만 중국공산당 당원을 대표하여 대회에 참석한 대표만도 정식대표가 547명, 후보대표가 208명에 달했다. 마오쩌둥은 대회를 주관했을 뿐만 아니라

---

80 "留守兵团政治部在西北局高幹會議上之政治報告(1944年 11月)," 中華民國國防部情報參謀次長室 編印, 前揭書, pp.115-147.

〈2개 중국의 운명〉이라는 제목의 개막사와 〈연합정부를 논함〉이라는 제목의 보고 및 〈우공이산(愚公移山)〉이라는 제목의 폐막사를 했으며, 주더와 류사오치가 각각 〈해방구 전장을 논함〉이라는 제목의 군사보고와 〈당의 장정을 수정하는 것에 관해서〉라는 제목의 보고를 했다.

〈대회〉는 정치보고와 군사보고 및 당장 수정에 관한 보고를 만장일치로 통과시켰으며, 중국공산당의 영도 하에 일본 침략자를 물리치고 신중국을 건설한다는 정치노선을 규정하고, 우선적으로 사상과 정치적으로 건설함과 동시에 조직적으로 건설한다는 노선을 채택했으며, 인민군대와 인민전쟁 및 인민전쟁의 전략전술을 기본내용으로 하는 인민군사노선을 확립했다. 이상의 보고와 결의는 중국공산당의 노선, 방침, 방책 및 임무를 천명함과 동시에 당과 군대가 정치사업을 전개한 경험을 체계적으로 총결산하고 더 나아가 군대 정치사업을 보다 더 이론화하고 발전시킴으로써 군대 정치사업을 한 차원 더 높은 수준으로 끌어올린 것이었다.

(2) 군대 정치사업의 주요 내용

3인의 보고와 〈대회〉에서 통과된 결의는 전 당과 전 군 및 전국 국민을 위해 전진적인 방향을 제시했으며, 당과 군대의 건설을 강화하기 위한 보다 새롭고 높은 요구뿐만 아니라 군대 정치사업에 있어서도 보다 풍부한 내용을 제시했는데, 그 군대 건설 및 정치사업과 관련된 내용들은 아래와 같이 집약된다:

첫째, 당장의 총강 속에서 마르크스레닌주의의 이론과 중국혁명의 실천을 통일한 사상인 마오쩌둥 사상을 중국공산당의 모든 사업의 지침으로 삼는다고 명시함에 따라 마오쩌둥 사상은 당과 군대의 모든 사업의 지침인 동시에 군대 정치사업의 지도사상으로 분명하게 규정되었다.

류사오치(劉少奇)는 〈당장 수정에 관한 보고〉 속에서 마오쩌둥 사상이 생성된 역사적 필연성과 마오쩌둥 사상의 과학적 함의 및 그 의의를 논술하면서 "마오쩌둥 사상은 곧 마르크스레닌주의의 이론과 중국혁명의 실천을 통일한 사상이며, 중국의 공산주의와 중국의 마르크스주의이다. … 마오쩌둥 사상은 곧 당면한 시대의 식민지·반(半)식민지·반(半)봉건국가의 민족민주혁명 속에서 마르크스주의가 계속적으로 발전한 것이며, 마르크스주의 민족화의 우수한 전형이다."[81]고 했다. 더

81 姜思毅 主編, 前揭 〈中國人民解放軍政治工作史〉, pp.336-337. 再引用.

나아가서 그는 마오쩌둥 사상이 유일하고 정확한 기본노선이라고 하면서, 전 당을 동원하여 마오쩌둥 사상을 학습하고, 마오쩌둥 사상을 선전하며, 마오쩌둥 사상으로 당원과 혁명적 인민을 무장시키는 것이 당면한 주요 과제라고 역설했다. 이로부터 군대 정치사업은 확실하게 전 군을 조직하여 마오쩌둥의 저작을 학습하고 모든 여론수단을 운용하여 마오쩌둥 사상을 선전하기 시작했으며, 또한 모든 사업에서 마오쩌둥 사상을 관철하는 것을 자체의 중요한 임무와 사업내용으로 견지하기 시작했다.

둘째, 군대 정치사업의 기본방향이기도 한 군대의 건군 취지와 원칙을 분명하게 제기했다. 마오쩌둥은 〈연합정부를 논함〉이라는 제목의 글 속에서 군대의 역사적 경험을 총결산하면서 지적하기를, "아군이 힘이 있는 까닭은 이 군대에 참가한 모든 사람들이 자각적 기율을 가지고 있으며, 그들은 소수나 또는 편협한 집단의 사적 이익을 위하지 않으며 광범한 인민대중의 이익을 위하고 전 민족의 이익을 위해 결합하고 전투하는 것이기 때문이다. 중국인민과 함께 하면서 전심전력으로 중국인민을 위해 복무하는 것은 곧 이 군대의 유일한 근본취지이다."[82]고 했다. 따라서 중국공산당은 정치, 사상, 조직적으로 건군의 근본취지와 원칙을 전면적으로 관철하고, 군대가 영원히 전심전력으로 인민을 위해 복무하는 것을 보장하는 것이 군대 정치사업의 근본 방향임을 재확인했다.

셋째, 군대 정치사업의 임무와 내용을 규정했다. 마오쩌둥은 〈연립정부를 논함〉이라는 제목의 글 속에서 인민군대의 건군 취지를 논술함과 동시에, "이 근본 취지 하에서 이 군대는 대내외적으로 매우 잘 단결하고 있다. 내부로는 장교와 사병, 상급과 하급, 군사사업과 정치사업 및 후근사업 간, 외부로는 군과 민, 군과 정, 아와 우 간에 모두 일치단결하고 있다."[83]고 했으며, "이 근본 취지 하에서 이 군대는 인민전쟁에 필수적인 일련의 정치사업을 형성했으며, 그 임무는 아군을 단결시키고 우군을 단결시키며 인민을 단결시키고 적을 와해함으로써 전투에서의 승리를 보장하기 위해 투쟁하는 것이다."[84]고 했다.

따라서 중국공산당은 8로군과 신4군이 전심전력으로 인민을 위해 복무하는 근

---

82 毛澤東, "論聯合政府", 前揭 〈毛澤東選集〉, 第3卷, p.1039.

83 上揭書.

84 上揭書, p.1040.

본 취지 하에 인민전쟁을 위해 필요로 하는 일련의 정치사업을 수립했다고 지적하면서, 아군을 단결시키고 우군을 단결시키며 적군을 와해함으로써 전투에서의 승리를 보장하기 위해 투쟁하는 것을 군대 정치사업의 임무로 재차 규정했다.

넷째, 인민군대의 관리교육과 연병(練兵) 및 용병(用兵)분야에서 정치사업이 지켜야 하는 원칙과 방법을 보다 명확하게 제시했다. 주더는 〈해방구 전장을 논함〉이라는 제목의 글 속에서 인민군대의 건군원칙과 군사력 건설의 풍부한 경험을 근거로 하여 병사를 양성하고, 병사를 인솔하고, 병사를 훈련시키고, 병사를 운용하는 원칙과 방법을 제기했다.

그는 "인민의 군대는 사병이 되든 장교가 되든 모두가 자원해서 온 것이며, 8로군과 신4군을 막론하고 현재 실행하고 있는 지원병제이든 또는 장래에 실행하려는 의무병제이든 모두가 인민의 의지와 부합되는 기초 위에서 수립되는 것이다."[85]고 지적했다.

그는 또 "①인민에게 지나친 부담을 지우지 않는 원칙 하에서 군대를 양성한다. ②장교와 사병이 평등하게 대우를 받는 원칙 하에서 부대원의 대우를 규정하며 장교는 솔선수범하고 사병과 동고동락한다. ③전투와 훈련을 하지 않는 틈을 이용하여 군대 스스로 생산활동을 하여 자체의 물질적 필요를 해결함으로써 인민의 부담을 덜어 준다."[86]는 양병(養兵) 방법을 제시했다.

연병에 대해서는 정치교육과 문화교육 및 생산교육을 전재하며, 상급이 독점하는 장교간부노선을 배제하고 상하가 협력하는 대중노선을 견지함으로써 장교가 사병을 가르치고 사병이 장교를 가르치며 사병이 사병을 가르치고 장교가 장교를 가르칠 뿐만 아니라 지식분자와 노농분자가 서로 돕고 서로 학습하는 교육방법을 실시할 것을 제기했다.

용병과 관련해서는, ①부대의 무기와 장비에 근거하고, ②적정에 근거하며, ③시간과 지형 등 각종 조건에 근거하여 실행할 것을 제기하면서 이를 실사구시적인 유물주의의 새로운 용병법으로 지칭했다.

다섯째, 당의 모든 조직과 사업은 반드시 대중노선을 견지해야 한다는 것을 반

85 "朱德選集", pp.170-171, 姜思毅 主編, 前揭「中國共産党軍隊政治工作七十年史」, 第2卷, p.395. 再引用.

86 上揭書, 再引用.

복적으로 강조했다.

"대중노선은 우리 당의 근본적인 정치노선이며, 또한 우리 당의 근본적인 조직노선이다. 이는 곧 우리 당의 모든 조직과 사업이 반드시 대중과 밀접하게 결합해야 한다는 것을 말하는 것이다. 인민대중과 긴밀하게 연계하기 위해서는 먼저 정치적으로 인민대중의 이익을 대표할 수 있고, 정확한 태도로 인민대중을 대할 수 있으며, 정확한 방법으로 인민대중을 영도할 수 있어야 한다."

"당의 대중노선은 우리 당의 영도핵심과 당 내외 대중이 밀접하게 결합하는 노선이고, 우리 당의 영도기관 및 영도자가 피영도 대중과 정확한 관계를 확립하도록 하는 노선이며, 대중 속으로부터 나와서 대중 속으로 들어가는 노선이고, 지도방법상의 일반적인 호소와 개별적 지도를 상호 결합하는 노선이다."

"모든 것은 인민대중을 위해 전심전력으로 인민대중을 위해 복무한다는 관점, 모든 것은 인민대중을 향해 책임진다는 관점, 대중 스스로가 스스로를 해방시킨다는 관점, 그리고 인민대중을 향해 학습해야 한다는 관점을 확고하고 분명하게 견지할 때 비로소 인민대중을 정확하게 영도할 수 있다."

류사오치(劉少奇)도 부대 내의 군벌주의 경향을 배격하면서 대중노선이 인민군대에 미치는 중요성을 특별히 강조했다:

"군벌주의 경향은 일부 동지들이 우리들의 군대가 인민의 군대이고 인민의 무력이며, 인민의 적과 싸워 이기고 자신을 해방시키는 가장 중요한 수단임을 이해하지 못하고, 군대를 인민의 밖에 있는 것으로 보거나 또는 인민 위에 군림하는 특수한 세력으로 보거나, 심지어는 개인적인 세력이나 지위를 확보하는 데 쓰이는 수단으로 보는 데서 잘 나타나고 있다. 그들은 인민군대의 사업에서 관료주의와 명령주의 기풍을 행사한다. 그 특징은 우선, 장병관계와 상하급 관계에서 나타나는데, 명령주의와 징벌주의 방법으로 자신의 사병을 통솔하며 사병의 자각성과 자발성에 의존하지 않는다. 다음은 군민관계에서 나타나는데, 부하의 대중기율에 주의하지 않고 인민을 사랑하지 않으며 인민대중을 억압하고 구타함으로써 군대가 대중으로부터 이탈하도록 만든다. 그 다음으로는 단순한 군사관점으로 나타나는데, 혁명군대와 혁명정부의 관계에서 군벌과 마찬가지로 군대를 정부의 위에 위치시키려고 하며 군대로서 정부를 다스리려 한다. 이러한 경향은 매우 분명하게 인민군대와 근본적으로 배치되는 것이다."[87]

여섯째, 사상교육을 장악하는 것이 전 당을 단결시켜 정치투쟁을 전개하는 중심부분이며, 마르크스레닌주의 교육과 사상사업이 중요한 위치에 있음을 재차 강조했다.

마오쩌둥은 당의 역사적 경험을 총결산하면서 다음과 같이 지적했다:

"우리 당의 발전과 진보는 마르크스주의의 진리를 위반하는 모든 교조주의와 경험주의에 대한 단호한 투쟁을 전개하는 과정에서 이루어진 것이다. 많은 당원들에게는 아직도 각종의 불순한 사상이 존재하고 있다. 사상교육을 장악하는 것은 전 당을 단결시켜 위대한 정치투쟁을 실행하는 중심부분이다. 만약에 이 임무가 해결되지 않으면 당의 모든 정치임무는 달성될 수 없다."[88]

류사오치 역시 "우리 당 내에서 가장 본질적인 모순은 무산계급 사상과 비무산계급 사상 간의 모순이며, 그중에서도 가장 주요한 것은 무산계급 사상과 농민, 소자본계급 사상 간의 모순이다. 오직 이 모순을 점차적으로 해결하고, 오직 당 내에서 마르크스레닌주의를 강화한다면, … 무산계급의 과학적 사상으로 교육하고 단련한다면, 그리고 부단히 당 내에 반영된 소자본계급 및 기타 각 계급의 사상을 극복한다면 우리 당의 건설과 사업은 진보하고 발전할 수 있다."[89]고 지적했다.

일곱째, 당의 3대 기풍을 군대 정치사업의 기본 기풍으로 규정했다. 마오쩌둥은 "마르크스레닌주의의 이론과 사상으로 무장한 중국공산당이 중국 인민 속에서 만들어낸 새로운 사업기풍 중의 주요한 것은 이론과 실천을 상호 결합하는 기풍, 인민대중과 밀접하게 연계하는 기풍, 그리고 자아비판을 실행하는 기풍이다."[90]고 강조했다.

---

87 「劉少奇全集」, 上卷, pp.347-349, 姜思毅 主編, 前揭「中國共産党軍隊政治工作七十年史」, 第2卷, p.398, 再引用.

88 毛澤東, "論聯合政府," 前揭「毛澤東選集」, 第3卷, p.1095.

89 「劉少奇全集」, 上卷, p.327, 姜思毅 主編, 前揭「中國共産党軍隊政治工作七十年史」, 第2卷, p.398, 再引用.

90 毛澤東, "論聯合政府," 前揭「毛澤東選集」, 第3卷, p.1094.

제4절

국 · 공 전면내전시기의 정치사업

1. 중국공산당의 총혁명노선과 혁명전략

1) 중국공산당의 총혁명노선

당초부터 국·공 양당 간의 투쟁은 단순한 군사투쟁이 아니라 정치투쟁이었으며, 주의(主義)를 둘러싼 사회투쟁의 성격을 띠고 있었다. 항일전쟁 기간 중 국·공 양당이 힘을 합쳐 일본군에 대항한 민족투쟁은 일시적인 것일 수밖에 없었으며, 해결해야 하는 근본적인 것은 여전히 계급 문제였다.

항일전쟁이 종식된 이후, 민족·민권·민생의 삼민주의 신중국을 건설한다는 중국국민당과 사회주의의 신중국을 건설한다는 중국공산당은 또 다시 투쟁의 장으로 몰입되었으며, 그 투쟁의 주요 쟁점도 중국의 "2개 장래와 2개 운명" 간의 피할 수 없는 선택으로 좁혀졌다.

이들 양당 간의 전면적 투쟁은 서로 융화될 수 없는 이질적인 이념 대결 이외에도 그 규모의 방대함, 투입된 병력의 양, 투쟁 내용의 광범성, 그리고 그 결과가 중국의 장래에 미치는 영향의 깊이로 보아 중국의 역사에서는 미증유의 것이었다.

중국공산당은 항일전쟁이 끝난 이후의 시기를 '해방전쟁시기'로 규정하고, 이 시기 중국사회의 지배적인 주요 모순이 민족모순으로부터 국내의 계급모순으로 전환되었다고 선언하면서 이 모순이 어떠한 국가를 건설하느냐의 문제를 둘러싼 투쟁으로 나타날 것임을 밝혔다.

중국공산당은 장제스를 대표로 하는 국민당이 미제국주의의 직접적인 지지와 원조 하에 자신들이 영도하는 인민혁명역량을 소멸하고, 중국인민의 수중으로부터 항일전쟁의 승리로 얻은 과실을 탈취함으로써 중국이 대지주와 대자본계급 독재의 반(半)식민지·반(半)봉건 국가로 남게 하며, 또한 국제독점자본주의에 예속되게 하여 중국의 장래와 운명을 암흑 속으로 빠져들게 하려 한다고 비난하면서,

오직 자신들만이 무산계급과 인민대중의 이익을 대표하여 장제스의 무리한 기도를 단호히 반대하고, 중국인민혁명의 성공적인 과실을 보위하고 확대하는 데 노력할 수 있을 뿐만 아니라 무산계급이 영도하는 인민대중의 신민주주의국가를 수립함으로써 중국의 장래와 운명을 광명의 길로 이끌 수 있다고 주장했다.

따라서 중국공산당은 이른바 해방전쟁시기의 혁명총노선이 신민주주의혁명임을 재확인했으며, 신민주주의 혁명은 무산계급이 영도하는 것이며, 인민대중의 것이어야 하고, 제국주의와 봉건주의 및 관료자본주의를 반대하는 것이어야 한다고 강조함으로써 반드시 타도해야 하는 대상을 봉건주의와 관료주의, 다시 말해서 지주계급과 관료자본계급으로 제한했다. 이는 곧 중·소 자본계급을 소멸하는 것이 아니며, 중국공산당의 영도 하에 전국적으로 모든 노동인민을 포함하여 피압박 민족자본계급과 지식인 및 기타 애국분자와 연합한다는 것이었다. 이러한 통일전선은 중국공산당이 "빈농에 의존하고 중농을 단결시키며, 단계적이고 차별적으로 봉건적 착취제도를 소멸하고 농업생산을 발전시킨다."는 토지개혁의 총노선에서도 잘 반영되고 있었다.

2) 중국공산당의 혁명 강령과 전략

마오쩌둥은 1945년 8월 13일 옌안의 간부회의 석상에서 〈항일전쟁 승리 이후의 시국과 우리들의 방침〉이라는 제목의 연설을 했다. 그는 이 연설 속에서 마르크스레닌주의의 계급분석 방법에 근거하여 전후 국내정치의 기본정세를 분석하고 중국공산당이 취해야 할 방침과 책략을 제기했을 뿐만 아니라 장제스의 국민당정부가 미국의 지원 하에 대륙을 장악하려는 기도에 적극적으로 대응할 것을 촉구했다.

중국공산당은 신민주주의 혁명총노선을 실천하는 기본정책으로서, "①민주연합정부 수립, ②내전 범죄자 처벌, ③인민민주제도 실행, ④청렴한 정치 확립, ⑤관료자본 몰수, ⑥토지개혁 실시, ⑦민족자치 승인, ⑧매국외교 부정"[91] 등 8개 항을 선포했다. 이 선언은 바로 중국공산당이 전국적 승리를 쟁취하고 신민주주의 사회를 수립하는 기본 정치강령의 성격을 띠는 것이었다.

중국공산당은 특히 대중을 동원하고 대중기반을 확보하기 위한 토지정책에 있어서 항일전쟁시기의 감조감식(減租減息)을 전면적으로 수정하여 보다 적극적인

---

91 李澤季强 主編, 前揭「中國人民解放軍政治工作史鑑」, p.115.

방향으로 전환했다. 중국공산당 중앙은 1946년 5월 4일 류사오치가 당 중앙을 위해 기초한 〈토지문제에 관한 지시〉(5·4지시)를 하달하고 항일전쟁시기 농촌에서 실시했던 감조감식 정책을 지주의 토지를 몰수하여 농민에게 분배하는 정책으로 전환하기로 결정했을 뿐만 아니라 "토지문제를 해결하는 것은 현재 우리 당의 가장 기본적인 역사적 임무이며, 현재 모든 사업의 가장 기본적인 부분이다. 반드시 최대의 결심과 노력으로 목전의 대중운동을 발동하고 영도함으로써 이 역사적 임무를 완수해야 한다."[92]고 촉구했다.

그 후인 1947년 7월과 9월 사이 당중앙노동위원회가 당 중앙의 위임을 받아 허베이성(河北省) 핑산현(平山縣)에서 소집한 전국토지회의는 〈중국토지법대강〉을 통과시켰으며, 이 자리에서 류사오치는 연설을 통해 "반드시 토지를 균등하게 배분하는 정책이 있어야만 농민의 토지 문제를 철저히 해결할 수 있다. 토지개혁은 중국인민의 가장 위대한 이익이고, 중국혁명의 가장 기본적인 임무이며, 대중을 동원하여 토지개혁을 철저히 실행해야만 비로소 장제스와 싸워 이길 수 있으며, 만약 그렇게 하지 않는다면 당과 국가가 망하게 될 것이다."[93]라고 역설했다.

그뿐만 아니라 군사분야에 있어서도 중국공산당은 "장제스를 타도하고 전 중국을 해방시킨다."는 전략목표를 세워놓고, 장제스 군대의 해방구에 대한 공격과 전면적 내전에 대응하기 위해 "북쪽을 향해 발전하며, 남쪽을 방어한다."[94]는 전략방침을 수립함과 동시에 그동안 분산적으로 실시되던 유격전 단계를 벗어나 집중된 병력에 의존하는 운동전 단계로 전환한다는 방침을 결정했다.

3) 중국인민해방군 정치사업의 기본임무

(1) 중국공산당의 노선, 방침 및 정책 집행

국·공 양당은 원래 혁명정당으로 출범하여 군대를 주요 혁명수단으로 삼아왔기 때문에 군대가 어느 정도로 혁명임무를 완수하느냐에 따라 혁명의 성공 여부가 좌우될 수 있었다. 따라서 중국공산당은 이른바 해방전쟁시기에는 항일전쟁시기

---

92 「劉少奇選集」, 上卷, p.378, 姜思毅 主編, 前掲「中國共産党軍隊政治工作七十年史」, 第3卷, p.133, 再引用.

93 李澤季强 主編, 前揭書.

94 姜思毅 主編, 前揭書, pp.18-19.

와는 달리 군대를 절대적으로 영도하고, 군대가 당의 혁명임무를 철저히 수행하도록 보장하는 정치사업을 공개적이며 공세적으로 펼쳐나갔다. 그러나 중국혁명의 중대한 역사적 전환점에서 인민해방군 내에는 주요한 모순이 상존하고 있었다.

"인민해방군은 한편으로는 전략적 진격과 정략적 결전의 역사적 임무를 완수하기 위해 자체의 정치적 우세와 고도의 계급적 자각 및 강인한 응집력을 필요로 했으며, 또 한편으로는 군대의 정치적 우세를 발휘하는데 장애가 되고 있는 사상과 조직 및 기풍 상의 불건전한 현상들을 제거하기 위해 조직의 정비는 물론이고 철저한 사상교육을 필요로 했다."[95]

기실, 중국공산당은 "장제스를 타도하고 전 중국을 해방시킨다."는 전략목표를 실현하기 위해서는 반드시 농민들을 대대적으로 동원하여 전쟁에 참여하도록 해야 하며, 당의 각급 조직이 핵심적인 영도 역할을 하고 당원들이 선봉적인 모범 역할을 충분히 발휘할 수 있도록 해야 하고, 전 군의 장병이 정치적 각오를 가지고 적을 섬멸시키도록 해야 한다는 점을 절감했다.

중국공산당 중앙은 인민해방군이 전략적 진격단계로 돌입함과 동시에 농민을 해방시키고 농민대중을 동원하기 위해 대규모적인 토지개혁운동을 전개하며, 당의 전열을 정비하고 당이 영도 역할을 발휘할 수 있도록 하기 위해 정당운동(整党運動)을 전개하고, 전 군 장병의 정치적 각오를 향상시키기 위해 정군운동(整軍運動)을 전개하기로 결정했다.

그런데 8로군과 신4군 내 상당수의 간부들과 사병들은 항일전쟁이 끝난 이후에도 국민당 군대의 경우와 마찬가지로 민족모순으로부터 계급모순으로 전환되는 전략적 단계의 역사성을 제대로 인식하지 못했으며, 그뿐만 아니라 사상적으로 많은 문제점을 노출시키고 있었다:

"**첫째,** 국민당 군대와 미국 제국주의의 본질에 대한 인식이 부족했으며 더 이상의 전쟁은 없을 것이라고 생각하는 병사들이 많았다. 일본의 투항으로 전쟁의 목적이 달성되었고 천하는 곧 태평하게 될 것이므로 고향에 돌아가 가정을 돌볼 수 있을 것이라는 분위기가 부대 내에 팽배했다.

둘째, 전쟁의 성격과 민심의 향배가 전쟁의 승패를 좌우하는 요인이라는 점을 인식하지 못하고, 단지 국민당 군대가 병력과 장비면에서 월등하고 점령지역도 광

95 李澤季强 主編, 前揭書, p.117.

활하다는 이유를 들어 전의를 상실하고 있었다.

셋째, 항일전쟁이 반격단계로 접어들면서 도시생활에 접한 후 향락을 추구하고 안일을 탐내는 정서가 만연했으며, 이러한 상황 하에서 부대의 조직과 기율관념 및 관리교육이 극도로 문란했다."[96]

따라서 중국공산당은 부대 내의 이완된 기강을 바로잡고 대(對)국민당 계급투쟁의 당위성과 역사성을 장병들에게 심어주기 위한 준비단계로서 정세교육과 계급교육을 강화할 필요성을 절실히 느끼고 있었다.

(2) 정세와 계급교육 강화

중국공산당은 우선적으로 항일전쟁 이후의 상황과 당의 방침에 대한 교육을 실시했다. 마오쩌둥은 1945년 8월 13일 옌안의 간부회의 석상에서 〈항일전쟁 승리 이후의 시국과 우리들의 방침〉이라는 제목의 연설을 했다. 앞에서도 이미 언급했듯이, 그는 이 연설을 통해서 마르크스레닌주의의 계급분석방법에 근거하여 전후 국내정치의 기본정세를 과학적으로 분석하고 중국공산당이 취해야 할 방침과 책략을 제기했을 뿐만 아니라 장제스의 국민당정부가 미국의 지원 하에 대륙을 장악하려는 기도에 적극적으로 대응할 것을 촉구했다.

중국공산당은 충칭회담(重慶會談)에 관한 교육을 실시했다. 1945년 8월 28일 마오쩌둥과 저우언라이는 장제스의 제의를 받아들여 충칭(重慶)에 도착한 후 회담을 진행했으며, 그 해 10월 10일 〈쌍십협정(双十協定)〉이라고 하는 〈국공쌍방대표회담기요〉에 서명했다.

중국공산당은 정전협정과 정협결의에 관한 교육을 실시했다. 1945년 12월 16일 저우언라이를 대표로 하는 중국공산당 대표단이 충칭(重慶)에 도착했으며, 국·공 양당 대표는 1946년 1월 10일 이른바 〈정전협정〉이라고 하는 〈국·공 양당의 군사충돌 중지협의〉에 서명했으며, 그 해 1월 10일부터 30일까지 정치협상회의가 개최되었다.

(3) 토지정책의 학습 및 관철

군대의 각 영도기관들은 〈5·4지시〉가 하달된 이후 토지개혁운동에 참여하는

---

96 姜思毅 主編, 前揭「中國共産党軍隊政治工作七十年史」, p.2.

문제를 놓고 구체적인 방안을 모색했다. 먼저 전투원들이 당의 토지개혁 정책을 학습하고 계급적 각성을 향상하도록 조직했다. 각 간부와 전사들이 "경작하는 사람이 그 전답을 소유한다(耕者有其田)"는 것이 신민주주의 혁명의 가장 기본적인 정책과 일관된 주장임을 인식하도록 했다.

각 해방구의 토지개혁 과정에서 부대의 각 정치기관이 당 지부와 지방의 당 위원회와 긴밀하게 협조하도록 촉구했다. 그뿐만 아니라 부대원이 대중운동을 정확히 전개하고 당의 토지정책을 모범적으로 집행하도록 요구했다. 중국공산당 중앙군사위원회와 각 야전군 영도기관은 3대전역(3大戰役)[97]을 승리로 이끈 이후 당의 정책과 기율을 철저히 집행하기 위해 구체적인 조치를 취했다.

2. 정치사업제도의 부활과 강화

1) 당 위원회 제도의 부활

중국공산당의 군대에 대한 절대적 영도는 군대 내 당의 각급 조직을 통해 실현하는 것이며, 그 근본제도가 되는 것이 바로 당 위원회 제도이다.

항일전쟁시기 중국공산당은 국·공합작으로 당위제(党委制)의 실행이 중단됨에 따라 그 대안으로서 군정위원회를 설립한 바가 있었다. 앞에서도 언급되었듯이 당시 군정위원회는 당 위원회의 성격을 지니는 것으로서 군대 내 당의 영도기관으로 각급 부대에 대한 통일적인 영도를 실행하고, 당해 부대의 정책과 방침만으로 배치사업 및 검토사업을 결정하며, 간부의 이동과 승진을 허가하는 권한을 가지고 있었고, 군·정·당 후방 지원 등의 중요한 모든 사업을 토의하여 결정했을 뿐만 아니라 그 내부에서는 당의 민주집중제 원칙에 따라 집단영도를 실행했다.

그러나 군정위원회는 당 위원회에 비해 불완전한 면이 있었다. 그 주요한 차이로서 우선 영도제도의 측면에서 보면, 위로부터 아래로의 당의 통일적인 체계가 확립되지 않았다는 것이었다. 군정위원회는 단지 정책 방침만을 관장했으며, 당무는 관여하지 않았다. 왜냐하면, 규정에 따라 당원의 처벌과 입당 허가 등에 관한 사

97 3대전역이란 요심전역(遼瀋戰役, 1948년 9월 12일-1948년 11월 2일), 회해전역(淮海戰役, 1948년 11월 6일-1949년 1월 10일), 평진전역(平津戰役, 1948년 11월 29일-1949년 1월 31일)을 가리킨다.

업은 당무위원회가 결정하는 것으로 되어 있었기 때문이었다.

군정위원회는 부대의 기층 당 조직과의 관계도 분명하지가 않았다. 그뿐만 아니라 군정위원회는 그 구성원 모두가 동급 군·정의 주요 영도간부였으며 하급 요원은 참여할 수가 없었기 때문에 당 영도간부의 행정회의와 혼동되었다. 이 때문에 중대한 문제를 토의하여 결정할 때는 하급의 의견이 반영되지 않았고, 민주적 토론도 이루어지지 않았다.

이 밖에도 1935년의 준이회의(遵義會議) 이후 당의 집단영도 제도가 점차적으로 부활되었지만, 장병들의 뇌리 속에는 정치위원이 최종결정권을 향유한다는 관념이 깊숙이 박혀 있었다. 게다가 1938년에 공포된 〈정치위원 사업임시조례〉 초안도 여전히 정치위원이 제18집단군 내에서 중국공산당의 전권대표로서, "군사지휘관이 당의 노선을 위반하거나 또는 상급의 명령을 수행하지 않는 상황 하에서는 군사지휘관의 명령을 중지시킬 수 있는 권한을 가지며, … 군사지휘관은 반드시 정치위원의 의견에 따라 임무를 수행해야 한다."고 규정하고 있었다. 그 후 1941년 1월 환난사변(皖南事變)이 일어난 이후 중국공산당은 8로군과 신4군의 대대급 이상 단위에 공개적으로 정치위원제도를 부활했다.

당 내의 정풍운동이 대규모적으로 전개된 이후인 1942년 10월에 공포된 〈정치위원 사업조례〉 초안도 정치위원의 전권대표 자격을 유보함과 동시에 뒤의 한 구절을 "정치위원과 동급 군사지휘관 사이에 의견이 대립 시, 작전분야에 속하는 행동은 군사지휘관이 결정하는 것 이외에 다른 모든 것은 정치위원이 최종적으로 결정한다."는 것으로 바꾸었을 뿐이었다.

1945년 5월 중국공산당 제7기 전국대표대회는 〈구톈회의 결의〉에 근거하여 군대 내 각급 당 위원회를 부활하기로 결정했으며, 류보청과 덩샤오핑이 영도하는 진기노예(晉冀魯豫)군구가 이 결정을 제일 먼저 이행했다. 이들은 1945년 11월에 소집한 봉봉회의(峰峰會議)에서 소속부대에 일률적으로 당의 각급 위원회 설립을 확정했을 뿐만 아니라 중앙국의 명의로 각급 종대(縱隊)의 당 위원회 명단을 지정함과 동시에 각 종대 위원회가 각 여단 위원회 명단을 지정하여 보고하도록 했다.

1946년 10월 진기노예군구 정치부 역시 〈당의 연대 위원회 임시조례 초안〉을 공포했는데, 이 조례 초안은 "보병, 기병, 포병의 각 연대에 모든 연대의 군사와 정치 사업을 영도하는 1원화된 당 위원회를 반드시 설립해야 한다."고 규정했으며, "연대 당 위원회는 전 연대 당원대회나 또는 당 대표대회가 폐막된 이후 당의 최고영도기관이다. 그 임무는 당원대회나 또는 대표대회의 결의와 상급 당 위원회의 결의 및 군·정기관의 지시를 실현하고, 당의 정확한 영도 하에 일치단결하는 것을 보장하며, 전 연대의 군사·정치·후방지원 사업을 정확하게 전개하고, 적전훈련 등 임무를 완수하는 것을 보장하는 것이다."고 규정했다.

중국공산당 중앙은 1947년 2월 27일 〈군대 내 당의 조직형태에 관해서 진찰기(晉察冀)군구 정치부에 보내는 지시〉 속에서 군대 내의 단일 수장제로 인해 나타나는 일부 결점을 피하기 위해 구톈회의의 원칙에 근거하여 군대 내 각급 당 위원회를 조직해야 한다는 것을 재차 확인했을 뿐만 아니라 중국공산당 중앙이 작성 중에 있는 군대 당의 조직 조례가 공포되기 이전에는 진기노예(晉冀魯豫)군구의 경험 및 문건에 근거하여 개편하도록 요구함으로써 사실상 전 군의 연대 이상 각급 당 위원회가 잇달아 정비되기 시작했다.

중국인민해방군 총정치부는 1947년 7월 28일 〈중국인민해방군 당 위원회 조례 초안〉을 공포했다. 이는 중국공산당 군대에서 최초의 당 위원회 조례가 되는 것이었다.[98]

〈조례〉 총칙에서는, 당이 군대에 대해 절대적 영도를 실행하는 원칙을 명확히 규정했으며, 또한 그 조직형태는 군대 내에 각급 당 위원회를 설립하며 당 위원회가 군대에 대한 모든 영도와 단결의 핵심이 된다고 규정했으며, 다음과 같은 내용을 규정했다:

① 당 위원회는 구톈회의 정신과 마오쩌둥이 제정한 인민군대의 근본취지를 영도 지침으로 삼고, 모든 군벌주의와 대중을 이탈하는 그 어떠한 경향도 반대한다.
② 군대 내에서의 이론과 실천이 일치하고, 대중과 긴밀하게 연계하며, 비판과 자아비판을 실행하는 기풍을 배양해야 한다.
③ 군대가 대내외적으로 잘 단결하도록 해야 할 뿐만 아니라 적에 대항하여 투쟁하는 계급관념을 심화하도록 해야 한다.
④ 부대 간부가 마오쩌둥의 군사학설을 학습하고 터득하도록 지도해야 한다.
⑤ 부대가 근거지를 건설하고 발전시키는 책임을 확고히 하며, 3대기율·8항주의 정신을 발양하고, 인민을 위해 전투하는 것 이외에도 반드시 대중사업을 지속적으로 수행하고 토지개혁을 관철하며, 대중을 지원하도록 해야 한다.

---

98 이전에는 단지 당무위원회 조례와 군정위원회 조례만이 있었다.

제1장에서는 군구, 분구, 종대, 사단, 여단, 연대, 대대 및 지방병단의 각급이 모두 당 위원회를 설립하고, 민주집중제 원칙을 실행하며, 또한 부대가 특정지구에 진입 시는 부대 당 위원회가 반드시 주도적이고 능동적으로 당해 지구 당 위원회와 관계를 유지하면서 그 지도를 존중하고 접수한다고 규정했다.

제2장에서는 당원대회나 또는 대표대회를 폐회한 이후에는 당 위원회가 당해 부대 내 당의 최고영도기관이 되며, 당 위원회는 전반적인 군사와 정치 등 사업을 계획하고 검토하는 토의를 하고, 회의 중에 의견이 충돌할 시는 반드시 소수가 다수에 복종하는 민주원칙으로 해결해야 할 권한을 가진다고 규정했다.

그뿐만 아니라 각급 당 위원회에 소속된 군·정 기관은 반드시 당 위원회가 결정한 지시나 훈령을 무조건적으로 수행해야 하고, 각급 당 위원회는 각급 군·정 기관의 수장제를 인정할 뿐만 아니라 공고히 해야 하며, 그 결정된 사항의 집행은 반드시 수장제를 통해 실시되도록 한다고 규정했다. 그밖에도 상급 당 위원회나 또는 군·정 기관의 지시 및 훈령이나 명령은 일반적으로 당해 당 위원회가 토의하고 그 집행을 보장해야 하지만, 만약에 환경조건이 허락하지 않을 시에는 수장이 긴급조치를 위해야 한다고 규정했다. 예를 들면, 작전지휘는 반드시 군사 수장 위주로 결심을 내리며 당 위원회에 책임을 지고, 당 위원회의 일상적인 당무사업은 소속 정치부와 정치처가 처리하며 당 위원회에 책임을 진다고 규정했다.

제3장에서는, 당의 지부가 군대 내 당의 조직 기초이며, 지부위원회는 전 중대의 최고영도기관이고, 중대장과 정치지도원은 지부위원회의 모든 결정을 집행하는 책임을 져야 하며, 정기적으로 지부위원회에 그 사업의 진행상황을 보고해야 한다고 규정했다.

제4장에서는, 상술한 각급 당 위원회가 설립된 후에는 기존의 연대 이상 각급 군정위원회, 여단 이상 각급 당무위원회, 그리고 각 연대 총지부와 각 대대 분지부를 모두 철폐한다고 규정했다.

인민해방군 총정치부는 동년 7월 28일 〈조례 초안〉을 공포하면서, 각급 당 위원회가 자체의 실천 경험을 통해 대대 급에 당 위원회를 설치하는 것이 필요한지, 그리고 중대지부위원회를 전 중대의 최고영도기관으로 하는 것이 적합한 것인지의 여부를 검토하여 의견을 제시해 주기 바란다는 요지의 내용을 추가로 하달했다.

당위제(党委制)가 부활되었음에도 불구하고 "당 위원회 서기들이 정치위원의 '전권대표제'에만 익숙하고 당의 민주집중제에는 익숙하지 않았으며, 정치위원의 사업에만 익숙하고 당 위원회 서기의 사업에는 익숙하지 못했으며, 일부 당 위원회 위원들은 상부로부터 지명되었고 하급간부도 참여하지 못했기 때문에 당 위원회의 운영 역시 비민주적일 수밖에 없었다. 기실, 상당수의 단위에서 당 위원회의 영도는 명목뿐이었고 실질적으로는 수장 영도가 이루어졌으며, 중대한 문제가 개인에 의해 결정되는 현상이 나타나기도 했다. 또 일부 단위에서는 당 위원회를 행정회의와 혼동함으로써 당 위원회가 군·정기관의 업무를 독점하여 처리하는 현상까지 나타났다."[99]

이러한 현상들을 더 이상 방치할 수 없다고 판단한 중국공산당은 정치사업회의와 조직사업회의를 잇달아 개최하고 그 대책을 마련하는데 부심했다. 예를 들면, 1948년 5월 1일 중원야전군 부정치위원 겸 정치부 주임인 장지춘(張際春)은 여단급 이상의 정치사업회의 석상에서 당 위원회 사업에 존재하고 있는 가장 기본적인 문제로서 "일부 동지들이 당위제(党委制)에 대해서 정확하게 인식하지 못하고, 당 위원회가 부대의 최고영도기관과 단결의 핵심이라는 것을 완전히 이해하지 못함으로써 당 위원회의 영도와 수장제(首長制) 간의 모순, 민주와 집중 간의 모순, 그리고 행정영도와 당 위원회 영도 간의 혼동 등과 같은 현상을 조성하고 있으며, 이로 인해 당 위원회의 지도적 역할이 약화되고 있다."[100]는 점을 지적했으며, 이를 극복하기 위한 구체적인 방법을 제시했다:

① 반드시 당 내외에 보편적이고 심층적인 교육을 실시하여 아군이 중국공산당의 절대적 영도를 받는 군대로서 당의 영도가 반드시 견고하고 강력해야 하며 결코 약화되어서는 안 된다는 것을 설명해야 한다.

② 당 위원회가 군대의 모든 조직의 최고형태이고, 군대의 통일적인 최고영도기구이며, 당 위원회가 모든 것을 영도하고 모든 사업의 방침을 결정하는 1원화 영도의 의미를 설명해야 한다.

③ 당 위원회가 반드시 민주집중제 원칙에 따라 사업을 수행하며, 소수인은 반드시 다수인의 결의에 복종하며, 설사 다른 의견을 가지고 있다 하더라도 상급 당 위원회에 반영하여 그 결정을 기다리거나 또는 차기 회의에 제기하여 토론을

99 姜思毅 主編, 前揭「中國共産党軍隊政治工作七十年史」, p.117.

100 上揭書, pp.117-118.

하도록 하며, 절대로 위법적인 행동을 해서는 안 된다는 것을 설명해야 한다.

④ 군대가 반드시 수장제를 인정하고 수장의 명령을 집행해야 하지만, 수장은 반드시 당 위원회의 영도에 복종하고 무조건적으로 당 위원회의 결정을 집행할 뿐만 아니라 당 위원회에 대해 책임을 져야 한다는 것을 설명해야 한다.

⑤ 당 내에는 수장제가 없으며, 모든 당원들은 일률적으로 평등하고, 수장 직무를 담당하는 당원들이나 일반당원들이나 모두 1표를 행사할 수 있음을 설명해야 한다.[101]

그뿐만 아니라 장지춘은 당위제와 수장제를 혼동하는 현상을 해결하기 위해 당 위원회가 반드시 토의하고 결정해야 하는 6개 분야의 중대한 문제를 제기했다:

① 당의 정책과 상급의 지시를 집행하는 구체적인 실행 방안을 결정한다.

② 일정한 시기에 있어서 전 부대의 군사, 정치, 경제 등 사업의 방치와 계획을 수립할 뿐만 아니라 적시에 그 집행 상황을 검사하는 것을 토의한다.

③ 부대의 사상과 경향, 특히 간부의 사상과 경향을 장악할 뿐만 아니라 사상교육의 내용과 계획을 적시에 확정한다.

④ 〔간부의 선발, 양성, 상벌 등을 포함하는〕 간부 정책의 집행 상황을 검사할 뿐만 아니라 결정을 내린다.

⑤ 군사, 정치, 경제, 위생, 수훈운동, 당무사업 등 분야의 상항과 문제를 전문적으로 토의할 뿐만 아니라 결정한다.

⑥ 부대 내에서 3대민주(정치민주·경제민주·군사민주)가 관철되고 실행되는 상황을 분석하고 토의한다.[102]

마오쩌둥은 상술한 내용을 바탕으로 하여 1948년 9월 20일 당 중앙을 위해서 〈당위제를 건전하게 하는 것에 관해서〉라는 제목을 글을 발표했으며, 이 글 속에서 "당위제는 집단영도를 보장하며, 개인이 모든 일을 독단적으로 처리하는 것을 방지하는 당의 중요한 제도이다."[103]고 지적하면서 개인이 습관적으로 중요한 문

---

101 上揭書, p.118.

102 上揭書.

103 毛澤東, "關於健全党委制", 「毛澤東選集」, 第4卷, (北京: 人民出版社, 1960), p.1343.

제를 해결하는 행위를 심도 있게 비판했다.

마오쩌둥의 이러한 지시가 있은 후 각 야전군과 군구는 마오쩌둥의 결정을 관철하기 위한 구체적인 활동에 본격적으로 착수했다. 예를 들면, 진기노예(晉冀魯豫)군구와 화동(華東)야전군은 다음의 3가지 방향을 중점적으로 강조했다:

① 당 위원회의 집단영도가 지니고 있는 중대한 의의를 반복적으로 강조했다. 이는 역사적으로 중단되었다가 부활된 당 위원회 집단영도의 경험과 교훈, 그리고 개인과 집단 간에 정립되어야 하는 관계를 통해 당 위원회의 집단영도 관념을 강화하는 것을 목적으로 하는 것이었다.

② 당 위원회 집단영도와 수장분업책임의 관계를 분명히 하는 교육을 실시했다. 이는 당 위원회의 집단영도나 또는 수장의 분업책임을 약화시키는 것은 모두 잘못된 것이며 수장의 분업책임을 통해 당 위원회의 집단적 결의를 실현하는 것이 정확한 것임을 인식시키기 위한 것이었다.

③ 당 위원회 구성원의 사상과 기풍을 단정히 하는 활동을 전개했다. 이는 자유주의를 반대하고 민주적 기풍을 진작하며, 교만하고 전횡적인 태도를 반대하고, 정치학습을 진작하며, 대중과의 연계를 진작하고, 관료주의를 반대함으로써 당 내의 민주를 활성화하기 위한 것이었다.[104]

이어서 마오쩌둥은 1949년「7대(7大)」중앙위원회에서 당 위원회 1원화영도의 각종 결점을 시정하고 보완하기 위해 12개 항의 요구를 제기했다:

① 당 위원회 서기는 훌륭한 분대장이 되어야 하며, 자신과 위원 간의 관계를 훌륭히 처리함으로써 전 부대가 역할을 충분히 발휘할 수 있도록 해야 한다.

② 당 위원회는 문제를 탁자 위에 올려놓고 직접 토론하는 방식으로 문제를 해결할 뿐만 아니라 "소수는 다수에 복종하고, 부분은 전체에 복종하며, 당원은 조직에 복종하고, 하급은 상급에 복종하는" 원칙을 규정한다.

③ 위원 간에 정보를 교환하며, 교류와 토론 및 분석을 통해 일치된 견해, 일치된 논법, 일치된 방법을 획득한다.

④ 당 위원회 서기는 먼저 학생이 되고 후에 선생이 되어야 하며, 모르거나 이해하지 못하는 것은 하급에 물어야 하고, 찬성이나 반대를 경솔하게 표현해서는

---

104 姜思毅 主編, 前揭書, p.119.

안 된다.

⑤ 당 위원회 및 당 위원회 서기는 피아노를 치는 방법을 배워야 한다. 피아노를 치기 위해서는 열 손가락이 모두 움직여야 한다. 만약에 어떤 손가락은 움직이고 어떤 손가락은 움직이지 않으면 아름다운 소리를 낼 수 없지만, 그러나 열 손가락을 동시에 움직이면 아름다운 멜로디가 흘러나온다.

⑥ 당 위위원회는 주요 문제를 확실하게 움켜잡아야 하며, 움켜잡는 것이 느슨하면 움켜잡지 않은 것과 같으며, 손바닥을 펼치면 아무것도 움켜잡지 못한다.

⑦ 당 위원회 서기는 마음속에 요량이 있어야 하며, 상황과 문제의 발생 및 처리는 양적으로 먼저 이해를 구하고 다시 질적으로 분석한다. 그 어떠한 질도 일정한 양을 표현하며, 사물을 결정하는 양의 경계선을 모르면 그것은 마음속에 요량이 없는 것으로서, 결과적으로 과오를 범하지 않을 수 없게 된다.

⑧ 당 위원회 서기는 문제를 토론할 때 사전에 통지하여 모두가 무엇을 토론하고 무엇을 해결해야 하는지를 알고 준비하도록 하며, 만약에 준비가 안 되면 회의를 개최하는데 조급해서는 안 된다.

⑨ 당 위원회 서기는 결의안을 쓸 때 군대를 정예화하고 행정기구를 간소화한다는 마음으로 간단명료해야 한다.

⑩ 당 위원회 서기는 전국 각지로부터 올라온 서로 다른 의견을 가진 동지들을 하나의 사업으로 단결시켜야 한다.

⑪ 각급 당 위원회의 영도자는 오만함을 최대로 경계하고, 각고분투하는 양호한 기풍을 견지해야 한다.

⑫ 당 위원회는 혁명과 반혁명의 경계를 분명하게 구분하고, 적아 구분을 확실하게 이해해야 하며, 중대한 문제를 결의할 때는 반드시 당의 총노선에 부합해야 한다.[105]

2) 당 지부 역할의 강화

중국공산당은 1927년의 산완개편(三湾改编) 이후 줄곧 "지부를 중대에 건설하고 분대와 소대에 소조를 설치한다."는 것을 당이 군대를 절대적으로 영도하는 것

105 簡鐵, "論匪軍政工", 周自强 編, 「共匪軍事問題論集」, (台北: 中華民國國際關係研究所, 1974), p.196, 再引用.

을 보증하는 중요한 제도로 삼아왔지만, 그 지위와 역할에 대해서는 인식상의 차이가 표출되고 있었다. 사실상 1947년 이전에는 중대 당 지부가 중대의 통일적인 영도와 단결의 핵심이라기보다는 단지 "전투보루"와 "중대가 각 임무를 수행하는 것을 보장하는 것" 정도로 인식되었다.

예를 들면, 1930년 겨울 중국공산당 중앙이 제정한 〈중국노농홍군 정치사업 임시조례 초안〉 속의 "중대 지부 및 대대 위원회 임시조례", 그리고 1942년 10월에 제정한 〈중국국민혁명군 제18집단군(8로군) 정치사업조례(초안)〉 속의 "중대 당 지부 및 총지부 사업조례" 는 모두 "중대의 당 지부는 군대에서의 당의 기본단위이고 중대 내의 보루이며, … 당 지부위원회와 당원대회는 단지 중대 지부의 지도기관이고, … 그 중요한 임무는 단지 당과 홍색전투원 대중 간에 밀접한 관계를 건립할 뿐만 아니라 각종 방법을 동원하여 체계적으로 홍군 내에서의 당의 영도 역할을 공고히 한다."[106] 고만 규정했을 뿐 전 중대의 모든 전투와 사업을 통일적으로 영도한다고는 하지 않았다.

그러나 1947년 7월 28일 당 중앙군사위원회 총정치부는 〈중국인민해방군 당위원회 조례 초안(초고)〉 속에서 '지부'를 1개 장으로 하여, "당 지부는 군대 내 당의 기층 조직이며, … 지부위원회는 전 중대의 최고지도기관이고, … 중대장 및 정치지도원은 지부위원회의 모든 결정에 대해서 반드시 그 집행을 책임질 뿐만 아니라 정기적으로 지부위원회에 그 활동의 진행상황을 보고해야 할 뿐만 아니라 … 지부위원회는 중대의 모든 행정 임무에 있어서 중대장과 정치지도원이 적극성과 창조성을 충분히 발휘하도록 하고 사무적으로 간섭하는 일이 없도록 유의해야 한다."[107]고 규정했다.

이처럼 중대 당 지부를 중대의 최고지도기관으로 한다는 제의와 시행은 광범한 당원이 새로운 정군운동 중에 계급적 각성을 향상시키고, 중대 당 조직이 장기간 동안 비밀상태에 있었던 것에서 벗어나 공개적으로 활동하도록 함으로써 중대 당의 건설을 본격적으로 추진하기 위한 것이었다.

그러나 중대 내에 당을 건설하기 위해서는 해결해야 하는 많은 문제들이 기다리고 있었다:

---

106 上揭書, p.279.

107 「我軍各個歷史時期政治工作條例匯編」, pp.160-161, 上揭書, p.280, 再引用.

첫째, 많은 당 지부가 제대로 지도적 역할을 발휘하지 못했으며, 지부의 집단지도도 이루어지지 않아 개인이 모든 것을 결정하고 행정회의나 간부회의로 지부회의를 대체하는 등 지부의 집단영도가 형식에 머무르고 있었다는 것이다.

둘째, 전투 중의 당원 교육이 제대로 이루어지지 않았으며 당의 성격, 강령, 노선, 전략전술 등 기본교육이 소홀했다는 것이다.

셋째, 중대 당원의 경우, 야전군은 30-40%, 지방 무장은 약 20% 정도에 불과할 정도로 당원이 질과 양에서 모두 취약하다는 것이다.[108]

이러한 상황을 극복하기 위해 당 중앙군사위원회 총정치부는 지부위원회가 전중대의 사업을 지도하도록 한 지 얼마 안 된 1948년 10월 〈지부 사업에 관한 조례 초안〉을 작성하고 화동군구 부대부터 먼저 시행에 들어간다고 공포했다.

〈초안〉은 모두 5개 부분으로 구성되었는데, 지부의 성격에 관해서는, "지부는 군대 내 당의 기초이며, 지부위원회는 전 중대의 통일적 지도기관이고, 모든 상급 당 위원회의 지시와 결정 및 본 중대의 정치, 군사, 경제 등 문제는 일반적으로 지부위원회의 토의와 결정을 거쳐 그 전면적인 지도사업을 실현함으로써 중대에 대한 당의 절대적 영도를 보증하고 강화한다."고 규정함과 동시에 "지부위원회의 통일적 영도 이외에 수장제를 인정하고 공고히 하지만, 수장제는 지부위원회의 통일적 영도 하에 위치한다."고 규정했다.

지부위원회의 임무에 관해서는, ①모든 전투임무와 사업임무를 완수하는 것을 지도하고 보장하며, ②당의 정책노선과 군사 및 정치기율을 옹호하고 집행하며, ③군사와 정치 및 군·정 제도의 실행을 지도하고 보장하며 부대의 전투력을 향상시키고, ④군인위원회를 지도하여 질서가 있고 지도력이 있는 정치, 경제, 군사 민주운동을 실행하고, 당과 대중의 관계를 밀접하게 하며, ⑤부대의 단결을 지도하고 보장하며 불량한 경향을 반대하고, ⑥당의 교육을 강화하고 마오쩌둥 사상을 선전하고 당 내의 각종 편향을 극복하며, ⑦당원의 발전 및 당 내의 각종 사업활동을 지도한다는 7개항을 규정했다.

그뿐만 아니라 〈지부 사업에 관한 조례 초안〉이 확정된 이후, 중대 당 지부는 군대 내에서의 중국공산당의 기층 조직이고, 중대의 통일적 영도와 단결의 핵심이

108 上揭書, pp.280-281.

며, 중대 당 지부의 사업을 적극적으로 수행하는 것이 중대의 모든 사업을 훌륭히 수행하는 기초이며, 그것을 근본적으로 보증하는 것임이 반복적으로 강조되었다.

3대 전역과정에서 각 부대의 당 위원회와 정치기관은 모두 중대 당 지부의 사업을 강화하는 것을 매우 중시했다. 전투를 시작하기 전에는 중대 당 지부 위원과 당 소조장(小組長)을 대상으로 훈련을 실시하고 임무를 명확히 부여함은 물론, 요구사항과 사업방향을 지시했으며, 전투 중에는 당 지부 사업의 중심을 당원의 선봉적인 모범 역할과 당 지부의 전투보루 역할에 두었다. 따라서 평시나 전시를 막론하고 중대의 모든 중대한 사업과 전투임무는 주로 지도간부가 연구를 통해 확정한 후 먼저 당 지부의 토의를 거쳐 최종적으로 결의함으로써 당원들의 모범적인 통솔 역할과 핵심적인 교량 역할을 거쳐 대중 속에서 실천에 옮겨지는 수순을 밟았다. 또한 공격 시에는 당원이 선봉에 서고 후퇴 시에는 당원이 후미에 서는 모범 역할이 강조되었다. 그뿐만 아니라 전투가 없는 막간을 이용하여 지부위원회나 소조장 연석회의를 개최하여 당원의 사상과 활동 상황을 점검하고 경험을 교환하며 지도를 강화함으로써 당원의 활동능력을 향상시켰다.

3. 정치사업의 각종 운동

국·공 내전시기 중국공산당이 군대 내에서 대대적으로 전개한 정치사업 활동은 신형 정군운동(整軍運動)으로 일컬어지고 있는데, 이 신형 정군운동은 1947년 겨울부터 1948년 봄 사이 작전이 없었던 공백기를 이용하여 전군적으로 전개되었다. 이 운동은 인민해방군이 전략방어단계에서 전략진격단계로 진입한 이후 중국공산당이 전 해방구에서 대규모적으로 전개한 토지개혁운동 및 정당(整党)운동과 배합하여 구체화 된 정치사업의 대표적 활동이었다.

신형 정군운동의 주요 내용으로는 ①중국공산당의 각항 정책을 학습하고, ②구사회와 반동파가 노동인민에게 준 고통을 호소한다는 의미의 소고(訴苦), 그리고 계급을 조사하고, 사업을 조사하며, 투지를 조사한다는 의미의 3사(三査)를 중점으로 하는 계급교육을 실시하며, ③정치·경제·군사의 3대 민주를 발양하는 것이었다.

1) 계급투쟁으로서의 소고운동

(1) 소고운동의 기본방침

이른바 '고통을 하소연한다'는 소고(訴苦)운동이 계급운동으로서 자리를 잡게 된 것은 인민해방군이 전략방어단계로부터 전략진격단계로 진입한 지 얼마 안 되는 1947년 7월 17일부터 동년 9월 13일까지 개최된 전국토지회의에서 중국공산당 중앙이 〈중국토지법 대강(大綱)〉을 제정함으로써 〈5·4지시〉 중의 지주에 대한 미온적인 태도를 시정하고, 봉건적 토지제도를 철저히 말살함과 동시에 농민들에게 토지를 균등하게 분배하는 방침과 정책을 실행하기로 결정하면서부터였다.

중국공산당은 특히 토지정책을 실행하기 위해 농촌을 기반으로 하는 지방당 조직에서 불순한 성분을 제거하기 위한 정당운동을 전개하기 시작했다. 따라서 모든 해방구에서 토지개혁운동이 전개되기 시작했고, 당 내에서는 농촌의 기층 당 조직을 대상으로 하여 계급을 조사하고 사상을 조사하고 기풍을 조사하는 3사(3査: 査階級, 査思想, 査作風)와 조직을 정돈하고 사상을 정돈하고 기풍을 정돈하는 3정(3整: 整頓組織, 整頓思想, 整頓作風)을 주요 내용으로 하는 정당운동이 신속하게 전개되었다.

1947년 9월 7일 주더(朱德)는 전국토지회의 석상에서 행한 〈국내외 형세에 관한 보고〉라는 제목의 연설에서 전사들의 계급의식과 관련한 우려를 표명했다:

"정치사업도 대중노선을 걸어야 한다. 현재 전사들 중에는 3종류가 있는데, 한 종류는 국민당 주력의 포로병이고, 다른 한 종류는 8로군 출신이며, 또 다른 한 종류는 토지개혁이 실시된 이후에 입대한 새로운 전사이다. 이들 3종류의 전사는 각기 장단점을 가지고 있다. 백색지구의 전사들은 계급노선이 모호하고, 노병들은 8로군의 전통적인 기풍을 가지고 있으나 토지개혁의 혜택을 받지 않았기 때문에 해방구에 대해서 별로 호감을 가지고 있지 않았지만, 그러나 새로운 전사들은 토지개혁을 통해 매우 높은 계급적 각성을 지니고 있다."[109]

주더는 이러한 분석과 평가를 기초로 하여 "우리들의 군대는 사상과 조직에 있어서 거듭 정비할 필요가 있으며, 하나의 계급을 조사하고, 사상을 조사하며, 기풍을 조사하는 운동을 필요로 하고 있다."[110]고 지적하면서 소고운동의 필요성을 제

---

109 李澤季强 主編, 前揭書, p.117.

110 上揭書.

기했다.

동년 9월 28일 마오쩌둥은 소고3사(訴苦三査)를 중심내용으로 하는 정군운동을 전개하기 위해 소고운동의 5가지 방침을 하달했다:

"**첫째,** 봉건적 압박을 파헤치는 것을 위주로 한다.

둘째, 간부들의 소고(訴苦)가 전사의 소고에 비해 계급적 각오를 더 많이 향상시킬 수 있고, 대중들에게 더 많이 영향을 미칠 수 있으므로 간부를 동원하여 소고하도록 하는 것을 중점으로 한다.

셋째, 부대의 소고와 지방의 소고를 결합함으로써 천하의 노동자와 농민이 한 가족임을 체험하도록 한다.

넷째, 지주와 부농 출신의 간부들이 반동적 사회제도의 몰락과 암흑상을 파헤치게 함으로써 대중들이 봉건계급의 본질과 그 몰락과정을 이해하도록 한다.

다섯째, 소고가 끝난 후에는 부대의 단결을 호소한다."[111]

같은 날 동북민주연합군 총정치부는 동북부대에서의 토지정책에 대한 학습활동과 소고운동의 결과를 당중앙군사위원회 총정치부에 보고함과 동시에 〈요동삼종(遼東三縱) 토지개혁 정책경험 학습제2호〉를 송부했는데, 마오쩌둥은 이를 직접 읽고 수정하여 전군에 하달했으며, 이를 계기로 전군의 소고와 3사운동은 한층 더 발전적으로 전개되었다. 그 후 1948년 3월 7일 마오쩌둥은 중국인민해방군 총부 대변인이 기초한 〈서북대첩 겸 해방군의 신형 정군운동을 평함〉이라는 평론을 통해서 소고3사(訴苦三査)의 의의를 심층적으로 천명했을 뿐만 아니라 처음으로 이 소고운동을 신형 정군운동이라고 불렀다.

(2) 소고운동의 전개

제1단계에서는 당의 토지정책을 학습한다. 학습내용은 주로 전국토지회의가 제정한 〈중국토지법 대강(大綱)〉, 중국공산당 중앙의 〈중국토지법 대강을 공포하는 것에 관한 결의〉, 류사오치의 〈전국토지회의에서의 결론〉, 그리고 마오쩌둥이 이 기간 중 행한 연설과 당 중앙을 위해 기초한 당내 지시 중 토지정책에 관한 것들이 위주가 된다. 이는 당의 토지정책 및 그것이 지니는 중요한 의의를 이해함으

---

111 上揭書, p.118.

로써 소고(訴苦)와 3사(三査)를 위한 사상적 준비를 하는 것이다. 요컨대 제1단계에서는 부대의 성분과 사상 실태를 조사하고, 해결해야 하는 주요 문제를 결정하며, 소고의 적격자를 물색하게 된다.

제2단계에서는 대중을 발동하여 소고를 진행하고 고통의 뿌리를 캐낸다. 대중 스스로가 무엇이 고통이고 왜 고통을 말해야 하는 지를 이해하도록 하여 소고를 자각할 수 있는 분위기를 조성하는 것으로부터 시작한다. 예를 들면, 고통을 생각하고 기억하며 서로 고통을 찾도록 하여 가장 고통이 심하고 적개심이 사무쳐 있는 자를 뽑아 고통을 하소연하도록 함으로써 분위기를 잡아가거나 또는 지주가 농민을 먹여 살렸느냐 아니면 농민이 지주를 먹여 살렸느냐 하는 식의 문제를 내걸고 토의를 유도함으로써 경제적인 문제를 정치적인 문제로 전환시킨 후에 정치적인 문제는 다시 계급투쟁의 차원으로 끌어올린다.

고통의 뿌리를 캐내는 것은 소고운동에서 가장 중요한 부분이며, 성과를 판가름하는 관건이다. 왜냐하면, 간부와 전사들이 구사회의 영향으로 지니고 있는 모호한 관념에서 탈피하여 고통이 어디에서 왔는지를 분명하게 이해하도록 한 후, 모든 사람의 고통을 모든 계급의 고통으로 귀결시키고, 모든 지주의 죄악을 장제스의 국민당을 대표로 하는 대지주와 대자본계급의 죄악으로 귀결시킴으로써 전국 인민의 고통의 뿌리가 장제스에게 있다는 논리를 펴나간다. 요컨대 제2단계는 소고의 전형(典型)을 찾는 것이다.

제3단계에서는 비판과 자아비판을 전개하며 활동을 검사하고 정돈한다. 마오쩌둥이 개괄한 3사(三査), 즉 계급을 검사하고, 사업을 검사하며, 투지를 검사하는 것이다. 그러나 이 3사운동은 부대마다 처한 상황과 문제가 다름으로 인해서 서로 다른 내용이 추가되어 전개되기도 했다. 예를 들면, 중원지구의 진기예노(晉冀予魯) 야전군은 입장을 검사하고, 사상을 검사하며, 기풍을 검사하고, 사업을 검사하는 '4사(四査)'를, 동북지구 부대는 간부에 대해서는 사상을 정돈하고, 기풍을 정돈하고, 관계를 정돈하며, 기율을 정돈하고, 성분을 검사하는 '5정1사(5整1査)'를, 그리고 전사에 대해서는 토지개혁 교육과 민주운동을 실시했으며, 화동지구 부대는 사상을 검사하고, 계급을 검사하며, 사업을 검사하고, 사상을 정돈하며, 조직을 정돈하고, 사업기풍을 정돈하는 '3사3정(3査3整)'을, 그리고 화북지구 부대는 계급을 검사하고, 사상을 검사하며, 사업을 검사하고, 기율을 정돈하며, 제도를 정돈하고, 기풍을 정돈하는 '3사3정(3査3整)'을 실시했다. 제3단계는 소고운동의 전면적인 전개단계이다. 상황에 따라 대대, 중대, 소대, 분대 별로 각종 규모의 소고회(訴苦會)를 소집하며, 구사회와 봉건지주계급 및 반동파들이 노농인민에게 안겨준 고통을 규탄하고 적개심을 불러일으켜 계급의식을 고취시킨다.

제4단계에서는 정군운동을 부대의 각종 임무와 결합한다. 새로운 훈련과 전투 임무 중에 공을 세우도록 호소함으로써 정군운동을 통해 고취된 적개심을 공을 세우는 운동과 연결시킨다. 요컨대, 신형 정군운동으로서 뿐만 아니라 계급투쟁으로서의 소고운동은 인민해방군이 국민당 군대에 대해 전면적인 반격을 개시한 전략적 동원으로서 정치, 사상, 그리고 조직에 있어서 전국적 승리를 쟁취하기 위한 준비작업이었다.

2) 3대기율·8항주의

그동안 중국국민당과 그 군대가 도시를 장악하고 있었던 데 반해서 중국공산당과 그 군대는 농촌을 중심으로 활동했다. 따라서 당시 중국공산당의 도시사업은 주로 노동자계급과 기타 혁명대중을 영도하여 국민당의 통치를 반대하는 투쟁에 그 초점이 맞추어져 있었다. 그러나 중국공산당에게는 도시를 투쟁무대로 삼게 되면서부터 문란해지고 해이해진 부대의 기율과 조직을 재정비하는 것이 무엇보다도 중요한 문제가 되었다.

따라서 중국공산당은 군대의 기율을 바로 세우기 위해 그동안 군대 정치사업의 중요한 내용으로서 군대 내부의 관계를 정확히 처리하고 인민대중을 단결시키며 적군에 대한 관계를 확립하는 면에서 중요한 역할을 해 왔던 3대기율·8항주의(3大紀律·8項注意)을 재정비해야 할 필요성을 느끼게 되었다.

이러한 배경을 바탕으로 하여 마오쩌둥은 전군의 의견을 수렴한 후 1947년 10월 10일 〈3대기율·8항주의를 재공포하는 것에 관한 중국인민해방군총부 훈령〉을 하달하고, 전군을 향해 엄격히 실행하도록 촉구했다. 당시 공포된 〈3대기율〉은 ①모든 행동은 지휘에 따르고, ②대중의 바늘 하나 실오라기 하나도 가져오지 않으며, ③모든 노획물은 공유로 한다는 것이었다. 그리고 〈8항주의〉는, ①말은 부드럽게 하고, ②물건을 사고팔 때는 공평하게 하며, ③빌린 물건은 반드시 되돌려 주며, ④물건을 손상하면 반드시 배상해 주고, ⑤욕하지도 않고 때리지도 않으며, ⑥농작물에 피해를 입히지 않으며, ⑦부녀자를 희롱하지 않고, ⑧포로를 학대하지 않는다는 것이었다.[112]

이러한 3대기율·8항주의는 중국공산당 군대의 3대 임무가 집중적으로 구현된 것으로서, 이른바 3대기율은 3대 임무 중의 하나인 전투대로서의 전투에 있어서 "모든 행동은 지휘에 따른다."는 것으로, 3대 임무 중의 하나인 사업대로서의 대중사업이 "대중의 바늘 하나 실오라기 하나라도 가져오진 않는다."는 것으로, 그리고 3대 임무 중의 하나인 생산대로서의 생산활동에 있어서 "모든 노획물은 공유로 해야 한다."는 것으로 집중된 것이었다. 또한 8항주의의 경우, "욕하지도 않고 때리지도 않는다."는 것은 군벌주의를 반대하는 것이고, "물건을 사고팔 때는 공평하게 한다."는 것은 일종의 상공업 정책이며, "포로를 학대하지 않는다."는 것은 포로정책으로서 중국공산당의 임무와 정책을 반영한 것이었다.

3) 군대의 3대 민주운동

마오쩌둥은 1948년 1월 30일 당중앙군사위원회를 위해 기초한 〈군대 내부의 민주운동〉이라는 제목의 글을 통해 최초로 군대 민주운동의 내용을 정치민주, 경제민주, 군사민주로 개괄했을 뿐만 아니라 군대 내 민주운동을 전개할 때 반드시 지켜야 하는 원칙과 방법을 분명하게 제시했다.

마오쩌둥은 "부대 내의 정치사업 방침은 사병 대중과 지휘관 및 모든 사업 요원을 동원하여 집중 영도 하의 민주운동을 통해 정치적으로는 고도의 단결을, 생활상으로는 개선을, 그리고 군사적으로는 기술과 전술을 향상시키는 3대 목적을 달성하는 것이다. 현재 아군 부대 내에서 열렬하게 전개되고 있는 3사·3정(3查·3整)은 정치민주와 경제민주 방법을 통해 앞의 2가지 목적을 달성하는 것이다."[113] 라고 강조했다.

정치민주와 관련하여 마오쩌둥은 "사병 대중이 간부 중의 불순분자에 대해서 그 과오와 죄악을 폭로할 권리를 가지도록 해야 한다. 사병들은 건전하고 양호한 간부를 적극적으로 옹호한다는 것을 믿어야 한다. 이와 동시에 사병들은 필요시에 사병 대중 속에서 자신들이 믿는 동료들을 하급간부의 후보자로 추천하여 상급이 위임해 주도록 기다릴 수 있는 권리를 가져야 한다. 하급간부가 부족할 때 이러한

112 毛澤東, "中國人民解放軍總部關於重行頒佈三大紀律八項注意的訓令", 前揭書, 第4卷, p.1241.

113 "軍隊內部的民主運動", 上揭書, p.1275.

추천방식은 매우 유용한 것이다. 그러나 이러한 추천방식은 보편적인 것이 아니며 필요시에 채택될 수 있는 것이다."[114]라고 지적했다.

그는 또 경제민주를 위해서는 "반드시 사병이 선출한 대표로 하여금 중대 수장과 협조하여 〔권한을 넘어서지 않고〕 중대의 급양과 취식을 관리할 권한을 기지도록 해야 한다."[115]고 했다. 그뿐만 아니라 군사민주를 위해서는 "훈련시 장교와 사병이 서로 가르치고, 사병과 사병이 서로 가르치며, 작전시에는 전선에서 중대 단위로 각종 회의를 열고 중대 수장의 지도 하에 사병 대중을 동원하여 여하히 적진을 공격하며 여하히 전투임무를 완수할 것인지를 토의하도록 해야 한다."[116]고 강조했다.

그 후 1948년 2월 17일 당중앙군사위원회 총정치부는 부대의 민주생활을 제도화하기 위한 조치로서 〈중대 내에 사병위원회를 설치하는 것에 관한 지시〉를 하달하면서 "부대 내에서 광범위한 민주생활을 실행하는 것은 이미 경험적으로 매우 많은 장점이 있다는 것이 증명되었다. 각지에서 실행하고 있는 영도가 있고 질서가 있는 정치와 경제 및 군사 등 민주는 군벌주의를 방지하고 부대의 단결을 강화하며 군사기술을 향상시키는데 있어서 매우 큰 역할을 발휘했다."[117]고 지적하면서 사병위원회의 운영에 관해 보다 구체적으로 언급했다:

"아군의 모든 부대는 중대 내에 보편적으로 사병위원회를 설치할 수 있을 뿐만 아니라 중대 당 지부를 완전히 공개함으로써 사병위원회의 3대 민주생활과 결합되도록 하며 당과 대중의 연계가 보다 더 밀접해지도록 할 수 있다. 지부가 회의를 개최할 때는 반드시 사병위원회의 비당원 전사를 참가시켜 이들이 회의에서 당원에 대해 비판과 건의를 하는 일을 보장함으로써 사병위원회의 일정한 민주생활을 정착시킨다. 또한 당내에서도 일정한 민주생활을 정착시킴으로써 지부가 대중을 이탈하지 못하고 당원이 대중의 감독을 받으며 당의 영도가 정확하고 조직이 순결하도록 해야 한다."[118]

---

114 上揭書.

115 上揭書.

116 上揭書.

117 姜思毅 主編, 前揭書, p.187.

118 上揭書, pp.187-188.

사병위원회는 지역이나 부대에 따라서 사병회나 혁명군인대회 또는 혁명군인위원회 등의 명칭으로 조직되기도 했다. 예를 들면, 화동군구 정치부는 1948년 10월 25일 〈혁명군인위원회 조례 초안〉을 제정한 후 총정치부의 허가를 얻어 예하부대에 그 시행을 하달했다.

4. 인민해방군의 발전과정과 총공세

1) 중국인민해방군의 출현

중국공산당의 군대는 혁명의 발전단계에 따라 그 명칭도 여러 차례나 바뀌었다. 이른바 토지혁명시기에는 홍군(紅軍)으로, 항일전쟁시기에는 국민혁명군(8로군과 신4군)으로, 그리고 국·공 양당 간에 전면적 내전이 시작되었을 때부터는 해방전쟁시기로 규정되면서 이에 걸맞게 인민해방군으로 명칭이 바뀌었다.

'중국인민해방군'이나 또는 '중국해방군'이라는 호칭은 일찍이 1946년부터 1947년 사이에 중국공산당 중앙과 중앙군사위원회의 문건, 그리고 신화사(新華社)의 보도 속에서 여러 차례 사용된 적은 있었으나 각 부대의 번호는 완전히 통일되지 않은 상태였다. 그러나 그 이듬해인 1948년 11월 1일 당 중앙군사위원회는 중앙정치국 9월회의 정신에 근거하여 통령(通令)을 하달하고 전군의 편제와 번호를 다음과 같이 일률적으로 규정했다:

첫째, 중국인민해방군은 야전부대와 지방부대 및 유격부대로 구분한다.

둘째, 야전부대의 종대(縱隊)는 군(軍)으로 개칭하며, 군 이상에는 병단과 야전군 2개 급을 설치하고, 군 이하의 각 급은 일반적으로 삼삼제(三三制)에 따라 편성하며, 원래의 여단은 일률적으로 사단으로 하고, 야전군은 특종병 종대(縱隊)를 설치하여 소속 포병과 전차병 및 공병 등 부대를 지휘한다.

셋째, 지방부대는 여단을 최고단위로 설치하며 각 군구의 편제에 예속되도록 한다.

넷째, 군구는 1급군구(대군구), 2급군구, 3급군구와 군분구(軍分區)로 구분한다. 야전군은 모두 4개 야전군, 즉 서북·중원·화베이·둥베이야전군을 둔다. 병단 및 군, 사단, 연대는 모두 통일적으로 서열과 번호로 배열한다. 1급군구는 모두 5개, 즉 중원·화동·둥베이·화베이군구 및 섬감녕진수(陝甘寧晉綏)연합방위군구를 개칭한 서북군구를 둔다. 2급군구, 3급군구 및 군분구 역시 소재지구와 지점으로 명명한다.

다섯째, 유격부대는 종대(縱隊)와 지대(支隊) 등 명칭을 유지한다.

여섯째, 연대와 분구(分區) 이상의 모든 부대는 반드시 '중국인민해방군'이라는 호칭을 앞머리에 붙이도록 한다.[119]

따라서 이때부터 중국공산당의 군대는 정식으로 '중국인민해방군 화베이군구', '중국인민해방군 화베이야전군', '중국인민해방군 ××군(사단)' 등과 같은 호칭을 갖게 되었다.

2) 중국인민해방군의 구조 개편

중국공산당 중앙군사위원회는 1945년 8월 11일 마오쩌둥의 지시에 따라 중국공산당 중앙이 기초한 〈일본이 투항한 이후 우리 당 임무에 관한 결정〉에 근거하여 동년 8월 22일 〈군대의 편제에 관한 결정〉에서 각 전구가 기존 병력 중 2분의 1에서 5분의 3까지를 야전병단으로 편성하며 그 나머지는 지방병단으로 편성하고, 야전병단은 삼삼제(三三制)의 여단(또는 사단)으로 편성하며, 3개 내지 5개 여단(또는 사단)으로 1개 종대(縱隊)를 편성하도록 했고, 그뿐만 아니라 중대에는 2명의 선전원을 증원하여 지도원의 지도 하에 대중사업을 전개함으로써 군대와 인민의 관계를 증진하도록 했다.

그뿐만 아니라 이들 야전병단은 중국공산당 중앙군사위원회와 각 중앙국의 지휘 하에 들게 했으며, 작전 요구에 부응하도록 하기 위해 과거 구당위원회(區党委員會)와 지부위원회 서기가 정치위원을 겸임하거나 또는 주력부대의 정치위원이 구당위원회와 지부위원회 서기를 겸임하는 제도를 바꾸었다. 다시 말해서 야전부대의 기동성과 지방부대의 건설을 동시에 충족시키기 위해 구당위원회와 지부위원회 서기가 야전부대의 정치위원을 겸임하지 않고, 정치위원이 구당위원회와 지부위원회 서기를 겸임하지 않으며, 야전부대가 군구와 군분구와는 별도로 각각 필요한 지원기구를 가지도록 했다.

부대의 개편작업은 매우 빠른 속도로 이루어졌다. 1946년 6월에 이르러 24개 야전종대와 14개 야전여단이 편성되었다. 당시 각 전략구와 각 야전종대의 개략적

---

119 上揭書, p.176.

인 상황은 다음과 같았다.

- **섬감영진수**(陝甘寧晉綏)**연방군:** 5개 야전종대로 편성되었으며, 사령관으로는 왕스타이(王世泰), 정치위원으로는 시중쉰(習仲勛)이 임명되었다. 진수(晉綏)군구는 사령관으로 허룽(賀龍), 정치위원으로 리징취안(李井泉)이 각각 임명되었고, 별도로 4개 야전종대로 구성된 진수(晉綏)야전군에 허룽(賀龍)이 사령관으로 겸임되었다.
- **진찰기**(晉察冀)**군구:** 사령관 겸 정치위원으로 녜룽전(聶榮臻)이 임명되었으며, 별도로 4개 야전종대로 구성된 진찰기(晉察冀)야전군이 편성되어 군구 부사령관인 소극(蕭克)이 사령관을 겸임하고 군구 부정치위원인 뤄루이칭(羅瑞卿)이 정치위원을 겸임했다.
- **진기노예**(晉冀魯豫)**군구:** 5개 종대가 편성되어 있었으며, 그 사령관에 류보청(劉伯承), 정치위원에 덩샤오핑(鄧小平)이 임명되었으며, 중원(中原)군구에는 2개 종대가 편성되어 있었으며, 그 사령관에 리셴녠(李先念), 정치위원에 정위이산(鄭位三)이 임명되었다. 그리고 신4군 본부 겸 산동(山東)군구의 사령관은 천이(陳毅), 정치위원은 라오수스(饒漱石)가 임명되었으며 예하에 3개 야전종대가 편성되었다. 화중(華中)군구는 사령관에 장딩청(張鼎丞), 정치위원에 덩즈후이(鄧子恢)가 임명되었으며, 별도로 5개 종대로 화중야전군이 편성되어 그 사령관에 수위(粟裕), 정치위원에 탄전린(譚震林)이 임명되었다. 회중군구와 화중야전군은 모두 신4군 편제에 속해 있었다. 또한 5개 종대로 구성된 동북민주연합군(東北民主聯合軍)은 총사령관 겸 정치위원으로 린뱌오(林彪)가 임명되었다.

부대의 개편작업이 완료됨에 따라 중국공산당은 분산적인 유격전 위주에서 운동전 위주로 향하는 전략적 전환을 수행할 수 있는 야전부대와 지방부대 및 민병유격대를 상호 결합한 무장역량체제를 명실공히 갖추게 되었다.

한편, 중국공산당은 부대의 개편작업을 추진함과 동시에 군사지휘체제를 확고히 하기 위해 동년 8월 23일 마오쩌둥, 주더, 류사오치, 저우언라이, 펑더화이, 허룽, 쉬샹첸(徐向前), 류보청, 린뱌오, 린뱌오 예젠잉(葉劍英) 등 12인으로 구성된 제7기 중국공산당 중앙군사위원회를 설립했다. 당중앙군사위원회 주석직은 마오쩌둥이, 부주석직은 주더, 류사오치, 저우언라이, 펑더화이가 맡았으며, 펑더화이가 총참모장[120]직을 겸임하고, 예젠잉이 부참모장직을, 그리고 류사오치가 총정치부 주임직을 맡았으며, 이러한 구조는 중공 정권이 수립되기까지 유지되었다.

중국공산당은 요심(遼沈), 회해(淮海), 평진(平津)의 3대 전역에서 집중적이고 통일적인 지휘를 위해 야전군 내에 당 총전적위원회(總前敵委員會)를 구성했다. 당중앙군사위원회는 1948년 11월 16일 화동(華東)야전군과 중원(中原)야전군 책임자, 화중국(華中局), 중원국(中原局), 그리고 관련 당 위원회에 전보를 쳐 류보청, 천이, 덩샤오핑, 수위(粟裕), 탄전린(譚震林) 등 5인을 위원으로 하고, 류보청, 천이, 덩샤오핑 3인으로 상무위원으로 하며, 덩샤오핑을 서기로 하는 회해전역 총전적위원회를 구성했다. 그리고 1949년 1월 10일에는 동북야전군과 화베이야전군 책임자, 화북국(華北局), 그리고 관련 당 위원회에 전보를 쳐 린뱌오, 뤄룽환(羅榮桓), 녜룽전(聶榮臻)을 위원으로 하고, 린뱌오를 서기로 하는 평진전역 총전적위원회를 구성하도록 했다.

이어서 1948년 11월 1일 당중앙군사위원회는 전군의 조직과 부대번호를 통일시키는 것에 관한 통지를 발령하고 군구의 지명을 붙였던 과거의 야전군 명칭을 번호로 바꾸었으며, 1949년 봄에는 전군의 편제를 통일적으로 개편했다.

즉 서북야전군을 제1야전군으로 개편하고 펑더화이를 사령관 겸 정치위원, 간스치(甘泗淇)를 정치부 주임으로 임명했고, 중원야전군은 제2야전군으로 개편하고 류보청을 사령관, 덩샤오핑을 정치위원, 그리고 장지춘(張際春)을 부정치위원 겸 정치부 주임으로 임명했으며, 화동야전군을 제3야전군으로 개편하고, 천이(陳毅)를 사령관 겸 정치위원, 수위(粟裕)를 부사령관 겸 제2부정치위원, 그리고 탄전린(譚震林)을 제1부정치위원, 장전(張震)을 참모장, 그리고 탕량(唐亮)을 정치부 주임으로 임명했고, 동북야전군을 제4야전군으로 개편하고 린뱌오(林彪)를 사령관, 뤄룽환(羅榮桓)을 제1정치위원, 덩즈후이(鄧子恢)를 제2정치위원, 탄정(譚政)을 부정치위원 겸 정치부 주임, 그리고 샤오커(肖克)을 참모장에 임명했다. 그리고 화베이(華北)의 제1·제2·제3병단(兵团)은 제18·제19·제20병단으로 개편하여 당중앙군사위원회의 직속부대로 두었다.

120 1947년 8월부터 저우언라이가 겸임한다.

3) 국부군에 대한 포로정책의 전환

중국공산당의 국부군에 대한 포로정책은 중국인민해방군 정치사업의 3대 원칙 중의 하나인 적군와해의 구체적 실천이라고 할 수 있다. 이 "'적군와해'의 함의는 사상, 정치, 조직상으로 적군의 전투력을 분화시키고 약화시키며 파괴하고 와해하는 전략사상, 사업방침, 그리고 책략수단이다. 적군와해는 토지혁명시기의 정과 반 양면의 축적된 경험을 바탕으로 하여 항일전쟁을 통해 기본적으로 자리가 잡혔으며, 이어서 해방전쟁시기에 전략임무와 전략계획의 중요한 위치로 격상되었다."[121]

기실, 중국공산당은 혁명과정에서 열세를 우세로 전환하기 위해 적군와해 원칙을 미시적 전술원칙이 아닌 거시적 전략에 종속된 책략원칙으로 취급했다. 중국공산당은 "과학적 사회주의 이론과 무산계급 혁명의 학설을 적군을 와해하는 이론 기초로 삼고, 무산계급이 전 인류를 해방시키는 위대한 사명과 전쟁의 근본 목적을 적군을 와해하는 정치 기초로 삼았으며, 인민군대의 강력한 정치적 우세와 적군의 근본적인 정치적 열세와 치명적 약점을 적군을 와해하는 객관적 기초로 삼았으며, … 바로 이 3대 기초가 적군와해의 필요성과 현실적 가능성을 구성하고 적군와해 원칙의 과학성을 확정해 준다."[122]고 주장했다.

그뿐만 아니라 중국공산당은 적군와해 사업의 성격과 지위에 대해 구체적으로 설명했다:

"**첫째,** 인민군대의 적군와해 사업은 혁명적이고 진보적인 것이며, 확고한 대중 기반을 가지는 것으로서 반동군대의 적군사업과는 근본적으로 구별된다.

둘째, 적군와해는 공격적 성격을 지니는 정치전과 사상전이다.

셋째, 적군와해는 인민군대 정치사업의 한 구성부분이며, 정치사업의 기본임무의 하나이다.

넷째, 적군와해는 적과 싸워 이기는 제2의 전선이며, 군사투쟁과 더불어 적군과 싸워 이기는 기본요소이다."[123]

---

121 李澤季强 主編, 前掲書, p.127.

122 上揭書, pp.132-133.

123 上揭書, pp.133-134.

적군와해의 지도사상은 일찍이 홍군 초기에 형성되었다. 1928년 마오쩌둥은 홍군을 확장하기 위해 포로를 관대히 대하고 포로를 융화시키는 정책을 제기했다. 그는 포로를 석방하고 부상병을 치료해 주는 것이 적군에 대한 효과적인 방법이라고 생각했으며, 그뿐만 아니라 적군의 사병과 대대장, 중대장, 소대장 등을 포로로 잡으면 이들에 대해 선전활동을 실시하고 돌아가기를 원하는 자와 남기를 원하는 자를 분류하며, 돌아가기를 원하는 자에게는 노비를 주어 즉시 석방하도록 지시하기도 했다.

그 후 마오쩌둥은 "포로를 학대하지 않는다."는 것을 3대기율·8항주의에 넣어 모두가 준수하도록 했다. 1929년 12월에 개최된 구톈회의에서는 포로정책을 말하지 않는 잘못된 경향이 비판을 받았으며, 백군(白軍) 사병과 그 하급장교들에 대한 선전의 중요성이 특별히 강조되었고, 백군을 향해 선전하고 포로를 관대히 대하는 방법과 요구가 규정되었다. 국부군의 포위작전에 대항하는 기간 동안 중국공산당은 국민당 군대를 와해하고 국민당 장병들이 홍군에 투항하도록 유도하기 위해 홍군의 각급 정치기관에 적군사업을 전담하는 백군사업부를 설치했다.

중국공산당은 항일전쟁 기간 중 포로를 석방하지 않는 것을 원칙으로 했다. 1945년 10월 16일 류사오치는는 중국공산당이 기초한 〈전쟁포로를 처리하는 방법에 관한 지시〉를 통해 포로 중에서 전력에 보탬이 되는 장교는 선별하여 부대에 배치하되 그 대부분은 일정한 교육을 거쳐 생산활동에 투입하고 석방하지 않음으로써 후일 국민당과의 포로교환에 대비했다.

그 후 1948년 1월 중국공산당 중앙군사위원회 총정치부는 각 대군구 정치부 주임과 연락부장이 참가한 전군 제1차 적군사업회의에서 그 간의 경험과 문제를 총결산하고 특히 100만 명에 달하는 국부군 포로를 처리하는 문제를 논의했으며, 이 자리에서 총정치부 주임인 류사오치는 국부군 포로를 처리하는 문제와 관련하여, ①모두 죽여버리는 것, ②가두어 두는 것, ③손님으로 접대하는 것, ④강제노동을 시키는 것, ⑤석방하여 돌려보내는 것 등 5가지 방법을 열거하면서, 검토 끝에 앞의 4가지 방법은 포로로 잡힌 장교를 처리하는 기존의 방침에 위배되고 장제스를 타도한다는 전 국민의 근본이익에도 도움이 되지 않는다고 주장했다. 국부군 포로를 모두 죽여버린다고 해서 적을 와해할 수는 없는 것이며 오히려 적이 단결하게 되는 빌미를 제공하는 것이며, 가두어 두기만 한다면 대중의 부담이 가중될 것이고, 손님으로 접대한다는 것도 신분상으로 맞지 않는 것이며 강제로 노동을 시킨다고 해도 별반 도움이 되지 못한다는 것이었다. 따라서 석방만이 유일한 방법이며, 석방만이 중국공산당의 관대함을 보여주고, 중국공산당의 정책을 선전할 수 있으며, 국부군 장교들의 불만을 해소시키고 이들의 지지를 이끌어냄으로써 장제스를 타도하는데 유리하다는 점을 지적했다.[124]

같은 해 8월 4일 류사오치는 포로를 처리하는 정책 문제와 관련해서도 기존의 "포로를 우대한다."는 것을 "포로를 관대히 대한다."로 수정할 것을 각 부대에 하달했다. "포로를 우대한다."는 것은 죽이지도 않고 모욕을 주지도 않으며, 개인재산을 몰수하지도 않고 인민해방군 전사와 동일한 생활상의 대우를 제공하는 것을 의미하기 때문에 오해의 소지가 있다는 것이었다. 따라서 이를 근거로 하여 국부군사업부가 적군사업부로 그 명칭이 바뀌었으며, 대외적인 필요에 따라 연락부라는 명칭으로 쓰이기도 했다.

4) 군사력의 발전과정과 전면적 총공세

(1) 군사력의 발전과정

제2차 세계대전 기간 중인 1945년 5월 8일 소련군이 베를린을 공략하고 독일의 패전이 확정된 후 미군은 8월 6일과 9일 각각 일본의 히로시마와 나가사키에 원자탄을 투하했으며, 8월 8일에는 소련이 일본에 선전포고를 하고 150만 병력을 동원하여 만주의 일본 관동군을 공략했다.

당시 중국국민당 군대의 주력은 중국대륙의 서남과 서북지역에 있었으며, 일본군이 점령한 도시와 교통로는 해방구의 군과 민에 의해 포위된 상태였다. 이러한 상황 하에서 동년 8월 9일 마오쩌둥은 〈일구(日寇)에 대한 최후의 일전〉을 발표하고 일본군에 대한 대규모적인 반격작전을 실행하도록 지시했다. 따라서 8로군과 신4군 및 화남(華南)항일유격대는 중국공산당이 영도 하에 적의 유생역량(有生力量)을 섬멸하고 그 무기와 장비를 노획하면서 점차 해방구를 확대해 나갔다.

1945년 8월 15일 일본이 무조건 항복을 선포하면서 마감된 8년간의 항일전쟁은 중국공산당에게는 회생의 전기가 되었다. 중국공산당은 8년항전을 통해 주력군을 25,000명에서 86만 명으로 확충했고, 230만 명의 민병과 19개 해방구를 장악했으며, 약 1억에 이르는 인민대중을 통제하기에 이르렀다. 전면내전시기에 섭어

---

124 姜思毅 主編, 前揭書, p.216.

들면서 중국공산당은 국부군과의 전력 대비(對比)에서 처한 약세를 강세로 전환하기 위해 국부군을 와해시켜 국부군의 전력을 약화시키는 것 이외에도 국부군 포로를 흡수하여 자체 역량을 강화하는 방법을 취했으며, 따라서 국부군에 대한 포로사업은 정치사업의 중요한 부분을 구성하고 있었다. 그뿐만 아니라 마샬계획에 따른 객관적 환경의 변화로 중국공산당은 전력을 증강시킬 수 있는 절호의 기회를 잡을 수가 있었다.

중국공산당 군대는 국·공 간의 전면적 내전이 시작되면서 1년간의 내선방어작전을 통해 전략적 국면을 상당한 정도로 전환했다. 그 결과, 1946년 말 현재 국부군의 정규군 97개 여단을 섬멸함으로써 300만 명에 달했던 국부군의 정규병력이 260만 명 선으로 줄어들었다. 이에 반해서 중국공산당의 군대는 그 세력을 점차 확장해 나갔으며, 그 결과 전쟁 초기의 86만 명에서 110만 명으로 확충되었다. 이로써 중국공산당 군대는 그동안의 전략적 방어단계로부터 전략적 진격단계로 전환할 수 있는 조건을 갖추게 되었다. 따라서 중국공산당 중앙과 마오쩌둥은 "아군의 제2차년도 작전의 기본임무는 전국적인 반격을 실시하는 것이며, 주력을 외선으로 옮겨 전쟁을 국민당 구역으로 확대하고 외선에서 대규모적으로 적을 섬멸하며 국민당이 전쟁을 해방구로 확대하려는 것을 철저히 붕괴시키는 것이다."[125] 라고 규정했다.

마오쩌둥의 이러한 전략방침이 제기된 후 중국공산당 군대는 당중앙군사위원회의 전략계획에 따라 1947년 7월 9일 전국적인 규모의 진격단계로 진입했으며, 제2차년도 작전이 완료된 1948년 중반 정규병력을 160만 명으로 확충할 수가 있었다.

한편 중국공산당은 미국에 대한 외교공세를 적극적으로 전개함으로써 국부군을 약화시키고 자체의 군사역량을 강화하기 위한 노력을 게을리 하지 않았다. 기실, 미국은 일본이 패망한 이후 중국이 통일된 상태로 남아 소련을 견제해주길 바랐다. 미국은 1945년 11월 국·공 관계 조정의 주역을 담당했던 허얼리(Patrick Jay Hurley)대사를 경질하고 그 대신 마샬(George C. Marshall)장군을 대통령 특사로 임명하여 국·공 관계의 조정을 담당하도록 하고, 신임대사인 스튜어트(John Leighton Stuart)로 하여금 마샬 특사를 도와 중국문제를 해결하도록 지시했다.

---

125 毛澤東, "解放戰爭第2年的戰略方針," 前揭書, p.1229.

마샬은 국·공 양당 간에 좀처럼 좁혀지지 않고 있었던 군대와 지방정권 및 정치와 관련된 문제를 해결하기 위한 조정작업에 착수했으며, 특히 군대 문제를 해결하기 위해 군대의 국가화라는 카드를 꺼내 들었다.

마샬의 조정안에 따르면, "제1단계로서 12개월 이내에 총병력을 인민해방군 18개 사단과 국부군 90개 사단 총 108개 사단[126]으로 감축하며, 제2단계는 다시 6개월 이내에 인민해방군 10개 사단과 국부군 50개 사단의 총 60개 사단으로 감축한 후 쌍방 부대를 혼합하는 제3단계 작업을 거쳐 최종적으로 당의 군대가 아닌 국가의 군대로 만든다는 것이었다."[127]

마샬의 이러한 조치로 국부군의 감축은 불가피하게 되었으며, 감군이 실시됨에 따라 부대가 해체되고 난징(南京)에서는 국부군 장교들의 애절한 구군운동까지 발생했으며, 심지어 그 일부는 귀향길에 인민해방군 쪽으로 넘어가는 일이 일어나기도 했다. 따라서 마샬의 조정안이 실시된 이후 국·공 양당의 군사력 대비는 급격하게 반전되었다. 1949년에 이르러 국부군의 총병력은 150만 명으로 줄어든 데 반해서 중국인민해방군은 330만 명으로 늘어났다.

(2) 중국공산당의 대미(對美) 외교공세와 국·공협상의 결렬

미국은 제2차 세계대전 기간 중 국·공 내전의 재발로 인해 일본에 대항하는 중국의 역량이 약화되는 것을 염려했으며, 이러한 현상을 사전에 방지하기 위해 1943년 9월 군사 및 재정 원조를 수단으로 하여 장제스가 옌안(延安)의 중국공산당을 공격하지 못하도록 압박을 가했다.

그러나 장제스는 여전히 ①중국공산당의 모든 행동은 국민정부의 법령에 따라야 하며, ②중공군이 국부군의 지휘체계 안으로 들어와야 하고, ③중공군이 점령한 지역도 반드시 중화민국의 행정체계 내에 있어야 한다는 입장을 고수했다.

국민정부의 이러한 입장과는 달리 중국공산당의 미국에 대한 외교공세는 매우 적극적이었다. 중국공산당은 주중미국대사관 관원들을 적극적으로 포섭해서 미국이 자신들의 점령지역 내에 항공기지를 건설해야 하며 군사원조도 국민당과 균등하게 해주어야 한다고 주장했다. 그뿐만 아니라 마오쩌둥은 중국공산당이 소련

---

126 1개 사단은 14,000명을 초과하지 않는다.

127 沈世平譯, 「中國國民党与中國共産党」, (台北: 中華書局, 1973), pp.111-112.

이나 코민테른과는 아무런 관계가 없으며 국민당과는 달리 미국의 대(對)중국정책에 완전히 일치한다고 강조하면서 미국의 지지를 요구하고 나섰다.

중국공산당의 이러한 대미국 선전공세는 확실히 놀라울 정도의 효력을 발생했다. 당시 "스틸웰(Stilwell) 사령관이나 그의 정치고문인 데이비스(John Patton Davies)와 서비스(John Stewart Service) 및 미국의 일부 인사들은 중국공산당이 소련과는 별개의 독자적인 당이며, 마오쩌둥은 토지개혁가이고, 중국공산당이 점거하고 있는 산베이(陝北)지역은 '민주중국'인데 반해서 국민정부의 통제 하에 있는 지역은 '봉건중국'이라고 생각했다. 게다가 내전은 중국공산당의 승리로 끝날 것이며, 미국은 연합정부를 구성하도록 하든지 아니면 국민당을 포기하고 중국공산당을 지지해야 하며 국민정부를 해체해야 한다는 내용의 전문을 워싱톤으로 띄우기까지 했다."[128]

마샬의 조정작업이 진행중인 과정에서도 국·공 쌍방의 군사활동은 비밀리에 계속되고 있었다. 국부군은 중국공산당이 통제하고 있는 베이핑(北平) 북쪽의 장자커우(張家口)를 공격할 준비를 하고 있었고 중국공산당 역시 산시성(山西省)의 다퉁(大同)을 공격하고 있는 상황 하에서 자신의 조정안이 성사될 수 없음을 확인한 마샬은 결국 더 이상 중국에 체류할 필요가 없다고 생각했다.

저우언라이 역시 1946년 11월 16일 마샬을 만나 회담이 결렬되었음을 알리고 옌안으로 돌아갔으며 그 해 12월 4일 회담 재개의 조건으로 국민대회의 해산을 요구했다. 1947년 3월 중공 측 대표가 난징을 떠남으로써 국·공협상은 사실상 완전히 결렬되었으며 옌안에 있던 미국의 연락사무소도 폐쇄되었다. 수일 후인 3월 19일 중공 측의 수도인 옌안이 국부군의 공격으로 함락되었고 중국대륙의 전역으로 내전이 확산되기 시작했다.

군사적 우세를 확보한 중국공산당은 1949년 1월 14일 ①위조입헌정부의 해산, ②위조헌법의 폐기, ③전범자 처벌, ④민주원칙에 따른 반동군대의 개편, ⑤관료자본의 몰수, ⑥토지개혁의 실시, ⑦매국조약의 폐기, ⑧반동분자를 제외한 정치협상회의 소집을 통하여 민주연합정부를 구성한 후 난징의 국민당정부 및 그에 속하는 각급 정부의 모든 권력을 접수하는 내용을 골자로 한 8개조 평화안을 제의했다.

한편, 1948년 3월 29일 제1차 국민대회에서 총통으로 당선된 장제스는 중국공

---

128 王健民, 「中國共産党史稿」, 第3編(延安時期), (台北: 正中書局, 1965), pp.404-411.

산당의 협상안에 반대의사를 밝히고 1949년 1월 21일 총통직을 사임했으며 부총통인 리중런(李宗仁)이 국민정부를 이끌고 협상에 나섰다.

리중런은 "①협상을 성공시키기 위해 국·공 쌍방은 대등한 입장에서 상호 존중해야 하며, ②중국공산당이 주장하는 연합정부에 동의하지 않으며 양쯔강(揚子江)을 경계로 하여 북쪽은 중국공산당이 지배하고 남쪽은 국민당이 통치한다(劃江分治)는 입장을 고수하고, ③중국공산당이 제시한 8개조 평화안은 분치(分治)를 바탕으로 하여 협상한다는 원칙을 세워놓고 있었다."[129]

그러나 본 회담에 앞서 중공 측의 요구대로 국민정부 측의 대표가 수석대표인 장즈중(張治中)을 비롯한 6명으로 바뀌었으나 중공 측은 이들에게 25명의 전범자를 확정하라고 요구하면서 도강(渡江)을 준비하는 등 중공 측은 협상에 별 의미를 부여하지 않았으며, 결국 국민정부 대표 6명 모두가 베이핑에 남아 투항하고 인민해방군의 공격이 거세짐에 따라 국민정부는 1949년 2월 5일 수도를 광저우(廣州)로 옮겼으며, 그 해 10월 15일 다시 충칭(重慶)으로 옮겨갔다.

(3) 중국인민해방군의 총공세

중국인민해방군이 양쯔강을 건너 남하하기 위한 도강작전을 결정한 것은 허베이(河北)의 핑산(平山)에서 소집된 중국공산당 제7기 「2중전회」에서였다. 그리고 그때 이미 330만 명의 병력을 확보한 중국인민해방군은 도강을 위해 펑더화이의 제1야전군(60만), 류보청의 제2야전군(70만), 천이의 제3야전군(80만), 린뱌오의 제4야전군(100만), 그리고 녜룽전의 화북야전군(20만)으로 편성되어 있었다.

국부군에 비해 절대적으로 우세한 병력을 확보한 중국인민해방군은 1949년 4월 21일 마오쩌둥과 주더의 공동명의로 하달된 진군명령에 따라 도강을 시작했다. 도강작전은 국부군의 저항을 뚫고 순조롭게 진행되었다. 제1야전군은 서로군으로서 시안(西安)→란저우(蘭州)→시닝(西寧) 방향으로 진격해 들어갔고, 제2야전군과 제3야전군은 동로군으로서 난징(南京)→항저우(杭州)→난창(南昌)→상하이(上海)→푸저우(福州)→샤먼(厦門)으로 향했으며, 제4야전군은 중로군으로서 우창(武昌)→한양(漢陽)→후난(湖南)→광동(廣東)→광시(廣西)→광저우(廣州)로 밀고 내려갔다.

---

129 沈世平譯, 前揭書, p.138.

국민정부로서는 중국인민해방군의 이러한 총공세에 더 이상 버틸 여력이 없게 되자 국부군 50만 병력과 기타 난민 200만 명을 이끌고 타이완(台湾)으로 향했다. 중국의 최남단에 위치한 하이난도(海南島)가 중국인민해방군에게 마지막으로 접수된 것이 1950년 4월이었지만 1949년 8월 국민당 본부가 타이완에 도착함에 따라 사실상 중국대륙은 그때 이미 중국공산당의 통치 하에 들어갔던 것이다.

5. 정치사업의 총결산 및 평가

1) 정치사업의 3대 원칙 재확인

마오쩌둥은 일찍이 1945년 12월 15일 중국공산당 중앙을 위해 기초한 당내 지시인 〈1946년 해방구 사업의 방침〉 속에서 "1946년에는 반드시 군대 정치사업을 개선하는 임무를 가일층 실현하고, 군대 내에 존재하고 있는 교조주의와 형식주의 기풍을 극복하며, 장병을 단결시키고, 군민을 단결시키며, 우군을 단결시키고, 적군을 와해하며, 훈련과 보급 및 작전임무의 완수를 보장하기 위해 분투해야 한다."[130]고 지적했다.

이어서 마오쩌둥은 군대 정치사업이 지향해야 하는 기풍과 방법으로서 "①형식적으로 문제를 해결하지 않고 사상적으로 문제를 해결하는 이른바 사상영도를 실행하며, ②형식적인 것을 배제하고 조사와 연구를 강조하는 실사구시적(實事求是的) 태도로 상황을 파악하며 정책을 집행하고, ③소수에 의존하지 않고 대중관점, 대중노선, 민주적 기풍을 관철하여 다수가 사업을 수행하도록 함으로써 정치사업이 대중의 사업이 되도록 하며, ④당의 사업과 당 지부의 사업을 핵심으로 하며, 특히 중대에서의 당 지부 사업의 보루 역할을 강조하고 당원과 간부가 적극성을 발휘할 수 있도록 하는 것을 제기했다."[131]

2) 〈구톈회의 결의〉와 탄정의 〈군대 정치사업 문제에 관한 보고〉의 성격 규정

중국공산당 제7기 전국대표대회에서 마오쩌둥 사상이 전 당의 모든 사업의 지침으로 확정된 이후 〈홍4군 제9차 당 대표대회 결의안(구톈회의 결의)〉과 탄정(譚

130 毛澤東, "1946年解放區工作的方針", 前揭書, 第4卷, p.1172.

131 「軍隊政治工作歷史資料」, 第10冊, p.177, 姜思毅, 前揭書, p.405, 再引用.

政)의 〈군대 정치사업 문제에 관한 보고〉가 마오쩌둥 사상의 중요한 구성부분이 되었으며, 이 2개 문건이 군대 정치사업의 건설을 지도하는데 있어서 지니는 지도 사상으로서의 중요성이 강조되기 시작했다.

그뿐만 아니라 중국공산당은 전 장병을 조직하고 동원하여 이들이 적극성과 창조성을 충분히 발휘하도록 하는 것이 정치사업의 근본임을 재강조했다.

3) 인민군대 건군노선의 보장장치로서의 정치사업

1948년 1월 16일 제4야전군 부정치위원 겸 정치부 주임인 탄정(譚政)은 동북군정대학(東北軍政大學) 상십대대(上十大隊)에서 행한 〈인민군 건군노선에 관한 보고〉 속에서 그동안의 경험을 총결산하면서 20년 내에 전투를 통해 유격대로부터 시작하여 강력한 정규군으로 발전할 수 있었던 가장 근본적인 원인은 당의 영도 하에 인민군대의 건군노선을 견지할 수 있었던 것이라고 지적했다. 이어서 그는 20년을 넘기면서 중국공산당의 군대가 나름대로의 특징과 경험을 축적했다고 자평하면서 그 몇 가지 대표적인 사례를 들었다:

첫째는 중국공산당의 영도이다. 단순히 당의 조직과 당원 및 각급 위원회가 있다고 해서 당의 영도가 있다는 것이 아니라 가장 중요한 것은 군대의 영혼으로서 당의 영도노선과 영도방침, 그리고 당의 정책과 사상 기풍이 있다는 것이었다. 예를 들어 조직영도만 있고 노선영도와 사상영도가 없다면 당의 영도가 없는 것이나 마찬가지일 뿐만 아니라 인민군대가 대중을 이탈하거나 변질될 수 있기 때문에 당의 영도는 정치·사상·조직영도를 포함한다. 정치적으로 당의 노선과 방침 및 정책, 사상적으로 공산주의와 마르크스주의, 그리고 조직적으로 당의 조직이 정치와 사상 영도의 실현을 보장할 때 비로소 당의 영도가 공고해 지는 것이라고 했다.

둘째는 고도의 정치적 각오이다. 인민군대는 정치적 각성을 주장하고 자발적으로 사업을 수행하는 것을 요구하고 있다는 것이었다.

셋째는 양호한 군민관계이고, 넷째는 강인한 내부 단결이며, 다섯째는 강력한 정치사업이다. 정치사업은 혁명군대에서 없어서는 안 되는 중요한 구성부분으로서 경시할 수 없을 뿐더러 약화시킬 수도 없으며 더 더욱 폐지할 수도 없다는 것이었다.[132]

---

132 上揭書, pp.409-411.

【중국인민해방군야전부대전투서열(1949년 4월)】

중국공산당 중앙혁명군사위원회	
주석	마오쩌둥(毛澤東)
부주석	주더(朱德)
부주석겸총정치부주임	류사오치(劉少奇)
부주석겸 대리총참모장	저우언라이(周恩來)
부주석	펑더화이(彭德懷)
부총참모장	녜룽전(聶榮臻), 예젠잉(葉劍英)
총정치부 부주임	푸중(傅鍾)
비서장	양상쿤(楊尙昆)

서북군구(西北軍區)	
사령관	허룽(賀龍)
정치위원	시중쉰(習仲勛)

제1야전군(第1野戰軍)	
사령관겸정위	펑더화이(彭德懷)

중원군구(中原軍區)	
사령관	류보청(劉伯承)
정치위원	덩샤오핑(鄧小平)

제2야전군(第2野戰軍)	
사령관	류보청(劉伯承)
정치위원	덩샤오핑(鄧小平)

화베이군구(華北軍區)	
사령관	녜룽전(聶榮臻)
정치위원	보이보(薄一波)
부사령관	쉬샹첸(徐向前)
주임	뤄루이칭(羅瑞卿)

제1야전군 예하

병단	사령관	정치위원
제1병단	사령관 겸 정치위원: 왕전(王震)	
제2병단	쉬광따(許光達)	왕스타이(王世泰)
제18병단	사령관 겸 정치위원: 저우스디(周士第)	
제19병단	양더즈(楊得志)	리즈민(李志民)

제2야전군 예하

병단	사령관	정치위원
제3병단	천시롄(陳錫聯)	셰푸즈(謝富治)
제4병단	사령관 겸 정치위원: 천껑(陳賡)	
제5병단	양용(楊勇)	쑤전화(蘇振華)

병단	사령관	정치위원
제20병단	양청우(楊成武)	리톈환(李天煥)

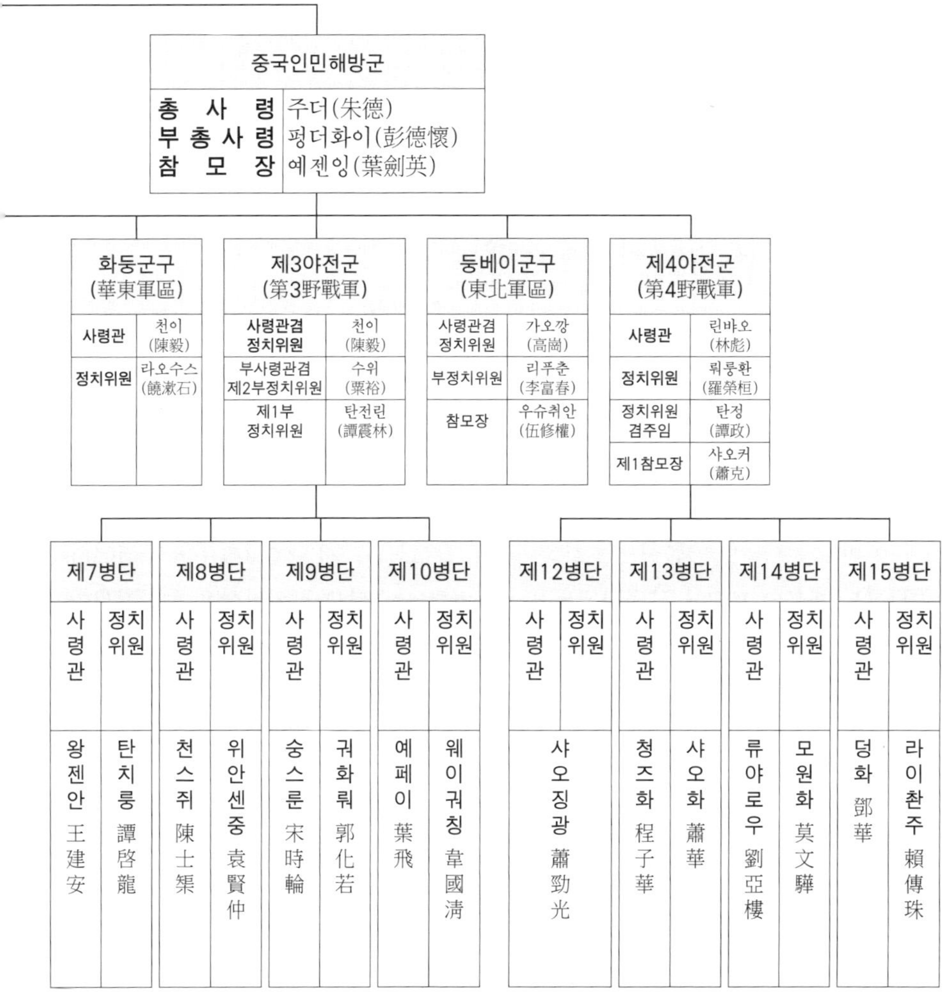

❖ 資料出處: 國防大學 〈戰史簡編〉編寫組, 「中國人民解放軍戰史簡編」, (北京: 解放軍出版社, 2017), 附序列表13

요컨대, 상술한 바의 ①당의 영도를 실행하고, ②정치적 각성을 향상시키며, ③군민관계를 밀접히 하고, ④내부단결을 공고히 한다는 내용의 인민군대 건군노선은 오직 정치사업을 통해서만 그 실현이 보장된다는 것이 재확인되었던 것이다.

4) 정치사업과 군사사업의 협조관계 확립

정치사업과 군사사업 간의 관계는 〈구톈회의 결의〉와 탄정의 〈군대 정치사업 문제에 관한 보고〉 속에서 이미 명확하게 규정되었으나 실제로는 제대로 지켜지지 않았다. 중국공산당은 전면내전시기에도 정치와 군사 간의 관계를 분명하게 설정하기 위한 노력을 계속했다.

예를 들면, 1948년 5월 14일 주더(朱德)는 화동야전군 제1병단 연대 이상 간부들이 참석한 회의에서 행한 〈목전의 형세와 군대의 건설문제〉라는 제목의 연설 속에서 다음과 같이 지적했다:

"군사사업과 정치사업은 부대 건설의 중요한 2개 분야이며, … 정치기관과 정치간부는 정치사업을 수행하고, 군사기관과 군사간부 역시 정치사업을 수행해야 한다. 우리 부대가 싸울 수 있는 것은 당의 역량과 정치역량에 의존하기 때문이다. 군사지휘관은 정치영도가 강화되고 강력한 정치사업이 있어야만 부대가 단결되고 사기가 향상됨으로써 전쟁에서 이길 수 있다는 것을 인식해야 한다."[133]

천이(陳毅) 역시 1947년 1월 화동야전군 간부회의에서 행한 〈싸우면서 건설하자〉라는 제목의 보고를 통해서 "우리는 정치를 학습하고 정치인식을 향상시키며 정치사업을 주관하는 정치기관을 존중하고 정치사업제도를 존중하며 정치사업을 학습해야 한다."[134]고 강조하면서 다음과 같이 지적했다:

"우리 인민군대의 건설은 모두 정치건설의 일부이다. 모든 군사건설은 정치건설에서부터 출발해야 하며 정차건설을 떠나서는 그 어떠한 독자적인 군사건설도 있을 수 없는 것이다. … 왜냐하면, 군사투쟁은 단지 정치투쟁의 연속이고, 군사투쟁은 정치임무를 완수하기 위해 투쟁하는 것이며, 군대는 단지 정치투쟁의 도구이기 때문이다. … 모든 정치투쟁의 입장에서 군대의 역할을 인식하고 군대의 정치사업을 중시하는 것은 우리 군대 동지가 반드시 갖추어야 하는 기본 관점이며, 정

133 朱德, 「朱德選集」, p.233, 上揭書, p,411, 再引用.

134 「軍隊政治工作歷史資料」, 第10期, pp.493-494, 上揭書, p.412, 再引用.

치를 떠나 군사를 논하면 단순한 군사관점이 형성되어 반드시 군벌 기질이 오염된다."[135]

5) 당 위원회 제도의 확립

중국공산당은 1945년 내전시기로 접어들면서 당 위원회 1원화 영도를 실행했으며, 당 위원회는 정치위원, 부정치위원, 군사지휘관, 부지휘관, 정치부 주임, 참모장 및 자력과 경험이 풍부한 하급 당원으로 구성되었다. 그러나 연대 당 위원회의 경우, 서기직을 겸임하고 있는 정치위원들이 당 위원회의 사업 경험이 부족하여 당 위원회를 제대로 운영하지 못함에 따라 중대 지부와의 관계가 단절되고 마비되기까지 했다. 이 때문에 각급 부대의 군사지휘관들은 당 위원회나 정치위원의 간섭을 받지 않고 모든 군사행동과 작전계획을 직접 담당할 수가 있었다.

린뱌오(林彪) 역시 1944년 하얼빈(哈爾浜)에서 자신이 직접 쓴 〈지휘요칙(指揮要則)〉 속에서 "전역(戰役) 지휘관은 전역 전과 전역 중의 작전을 결심하고 명령을 하달하는 과정에서 당 위원회의 결의와 정치위원의 부서(副署) 문제를 거론조차 하지 않았다."[136]고 기술했다.

앞에서도 이미 자세히 언급되었듯이 마오쩌둥은 일부 야전군의 군사지휘관들이 군대 내의 중요한 문제들을 당 위원회의 집단토의를 거쳐 결정하는 것을 기다리지 않고 개인이 독자적으로 결정함으로써 사실상 당 위원회를 유명무실하게 만들고 있는 상황을 더 이상 방치할 수 없다고 생각했다. 이 때문에 그는 중국공산당 명의로 당 위원회 제도, 중대당 지부, 그리고 부대의 민주주의를 강화하기 위해 1947년 〈중국인민해방군 당 위원회제도(초안)〉, 〈중국인민해방군 중대지부사업조례(초안)〉, 〈중국인민해방군 혁명군인위원회조례(초안)〉 등을 공포했다.

그 다음 해인 1948년 마오쩌둥은 〈당 위원회 제도를 완전하게 하는 것에 관해서〉라는 제목의 글을 통해서 당 위원회 제도가 집단영도를 보증하고, 개인이 도맡아 일을 하는 것을 방지하는 중요한 제도임을 강조했다. 그뿐만 아니라 당 위원회의 사업방법에 따르면, 당 위원회의 서기와 위원은 모두 그 지위와 권리가 동등하

---

135 上揭書.

136 "指揮要則", 簡鐵, "論匪軍政工", 「共匪軍事問題論集」, (台北: 中華民國國際關係研究所, 1974), p.195, 再引用.

며, 소수가 다수에 복종하는 원칙에 따라 의사결정을 하게 된다. 따라서 당 위원회 제도를 완전하게 해야 한다는 마오쩌둥의 의지는 중국공산당의 집단영도를 보증하고, 당이 정부를 영도하고, 당이 군대를 영도하는 당·정·군 3자 간의 영도와 피영도 관계를 확실하게 확립하는 것에 있었다.

제3장

마오쩌둥 영도시기의 군대 정치사업

제1절

건국 초기의 인민해방군 정치사업

중국공산당이 대륙을 장악할 당시 100여만 명의 국부군 병력과 국민당의 정치노선을 지지하는 200여만 명의 국민당 잔존세력이 중국대륙에 남아 있었으며, 중국인민해방군은 이들 국민당의 잔존세력과 반혁명세력을 숙청하는 것 이외에도 이른바 '항미원조(抗美援朝)'라고 자칭하는 한국전쟁에 개입(1950. 11. 5-1953. 7. 27)하여 막대한 피해를 입었으며, 더 이상 혁명전쟁시기의 인해전술이 현대전쟁하에서는 통하지 않는다는 것을 직접 체감할 수가 있었다.

1. 현대화·정규화 건군노선

중공정권이 수립된 이후 중국공산당 중앙과 당중앙군사위원회 및 마오쩌둥은 군대의 건설 문제를 매우 중시했다. 1949년 9월 21일 마오쩌둥은 중국인민정치협상회의 제1차 전체회의의 개막사를 통해 "우리의 국방은 공고히 해야 하며, 어떠한 제국주의자라도 다시는 우리의 국토를 침략하는 것을 허용하지 않는다. 실천을 통해 검증된 용맹한 인민해방군의 기초 위에서 우리의 인민무장 역량은 반드시 보존되고 발전해야 한다. 우리는 장차 강력한 육군을 가져야 할 뿐만 아니라 강력한 공군과 해군을 가질 것이다."[1]고 강조했다.

그 다음 해인 1950년 9월 16일 마오쩌둥은 "중국은 반드시 강력한 국방군을 건설해야 하며, 반드시 강력한 경제역량을 건설해야 한다. 이 2가지 큰 일은 동지들과 전체 인민해방군의 지휘관 및 전투원, 전국의 노동자와 농민 및 기타 인민들이 모두 함께 일치단결하여 협력하고 노력해야만 목적을 달성할 수 있다."[2]고 하

1 毛澤東, "中國人民站起來了", 「毛澤東軍事文集」, 第6卷, (北京: 軍事科學出版社, 1993), p.4.

면서 현대화된 국방군을 건설하는 문제를 제기했다.

마오쩌둥은 또 한국전쟁 기간인 1953년 1월 7일 고급보병학교 제1기 입학식에서 행한 훈시를 통해 현대화된 국방군을 건설하는 방법으로서 "우리는 반드시 최신 장비와 이에 따른 최신 전술을 장악해야 한다. 우리는 반드시 아군을 현대화하여 전쟁에서 싸워 이길 수 있을 정도의 수준으로 끌어올리기 위해 소련의 군사과학을 학습해야 한다."[3]고 지적했다.

그뿐만 아니라 마오쩌둥은 1953년 중앙인민정부 인민혁명군사위원회를 대표하여 군사학원, 총고급보교, 후근학원, 군사공정학원 등 4개 원·교(院·校)의 훈시를 통해 현대화된 혁명군대 건설의 주요 내용과 그 필요성을 다음과 같이 강조했다:

"우리는 이미 건군의 고급단계로 진입했고, 현대화된 기술을 장악하는 단계로 진입했으며, 객관적 조건도 이미 이러한 가능성을 뒷받침해 주고 있음으로 인해 반드시 실현할 수 있다. 현대화된 장비와 상호 적응하는 것은 부대 건설의 정규화를 요구하는 것이고, 통일적 지휘, 통일적 제도, 통일적 편제, 통일적 기율, 그리고 통일적 훈련의 실현을 요구하는 것이며, 제 병종의 밀접한 협동을 실현하도록 요구하는 것이다. 이를 위해서는 과거에는 정확했지만 현재는 부정확한 비집중, 비통일, 해이한 기율, 단순한 현상과 유격습관 등을 극복해야 하며, 모든 사업과 지휘에 있어서 조직성, 계획성, 정확성 및 기율성이 확립되도록 교육훈련을 실시해야 하는데, 이는 곧 정규화되고 현대화된 국방부대의 불가결하고 중요한 조건의 하나이다."[4]

한편, 주더(朱德)는 1950년 3월과 1951년 10월 〈강력한 인민공군을 건설하라〉, 〈강력한 현대화 국방군의 건설을 강화하라〉, 〈해군을 건설하고 해양방어를 보위하라〉, 〈훈련계획을 통일하고 현대화·정규화 건설을 가속화하라〉, 〈장갑병 건설에 있어서의 기술의 역할〉 등 연설을 통해서 현대화·정규화 건설의 중요한 의의를 천명하고 군사기술의 중요성을 강조하면서 새로 건설될 군·병종에서의 정

2 "中國必須建立强大的國防軍和强大的経濟力量", 上揭書, p.337.

3 "給總高級步兵學校的訓詞", 上揭書, p.337.

4 "中央人民政府人民革命軍事委員會主席訓詞", 上揭書, p.314.

치사업의 임무는 당의 영도를 보장하면서 기술의 향상을 보장하는 것이어야 한다는 점을 강조했다.

이와 같은 마오쩌둥의 훈시와 주더의 연설내용, 그리고 펑더화이가 1952년 12월에 행한 〈소련의 선진적인 경험을 학습하고 현대화된 국방군을 건설하자〉와 「81잡지」 제16기의 사설인 〈현대화된 국방부대의 목표를 향해 전진하자〉는 등의 논조를 바탕으로 하여 중국공산당은 아래와 같은 내용의 건군노선을 설정했다:

첫째, 군사건설은 다른 모든 사물과 마찬가지로 저급단계에서 고급단계로 전환되는데 이것이 곧 객관적 발전법칙이고,

둘째, 인민해방군이 반드시 현대화 건설을 추진해야 하는 근본적인 원인은 미래전쟁이 곧 현대화 전쟁이기 때문이며,

셋째, 군대가 현대화되기 위해서는 정규화가 되어야 하고,

넷째, 현대화된 혁명군대를 건설하는 데 있어서는 반드시 소련 군대의 선진적 경험을 학습해야 한다는 것이었다.

2. 군사체제의 개편

1) 병력 감축

정권 수립 이후인 1950년 6월 인민해방군의 총 병력은 이미 550만 명에 이르렀으나 그 대부분은 보병이었고 극히 소규모적인 공군과 특종병만이 있었을 뿐이었다. 이러한 상황은 경제를 회복하고 현대화된 혁명군대를 건설해야 하는 중국의 당면과제와도 크게 배치되는 것이었다.

따라서 중국공산당 중앙과 당중앙군사위원회는 국가의 재정지출을 줄이고, 인민의 부담을 경감하며, 제한된 재력으로 공군과 해군 및 기타 군·병종의 건설을 추진하고, 특히 농업과 공업의 생산력을 향상시키기 위해서는 병력의 대규모적인 감축이 불가피하다는 판단 하에 150만 명을 감축하기로 결정했다.

인민해방군의 역사에서 유례없는 대규모적 감군을 위해 중앙인민정부 인민혁명군사위원회와 정무원은 마오쩌둥 주석과 저우언라이 총리 명의로 1950년 6월 30일 〈1950년도 인민해방군 제대사업에 관한 결정〉을 발표했다.

제대사업은 국가경제건설과 국방건설 2개 분야의 요구를 모두 고려하고, 부대 구성원의 적절한 연령 비율을 유지하며, 전투력을 약화시키는 일이 없도록 하기

위해 제대조건으로서 연령을 지나치게 강조하지 않고 개인의 건강과 부대가 필요로 하는 정도를 중점적으로 보며, 분대 이상 간부는 제대 대상에서 제외하는 것을 주요 원칙으로 했다.

제대사업이 추진된 결과, 인민해방군은 1950년 말에 100만 명이 감축되었으며, 그 후 당중앙군사위원회가 공포한 통일적 편제와 병력의 정수(定數)에 따라 1952년과 1954년 및 1956년 말 3차례에 걸쳐 비교적 대규모적인 개편작업이 이루어졌다.

1952년의 기구개편과 병력감축 과정에서 당 중앙과 정무원 및 당중앙군사위원회는 국가경제의 건설 요구에 부응하여 노동자계급 대오를 조직적으로 보충했으며, 41개 사단과 11개 연대 약 46만5천 명을 차출하여 각종 공정부대와 농지개간부대로 편입시키기로 결정했으며, 총정치부가 이의 효율적인 추진을 담당했다.

2) 봉기 및 투항한 국민당 부대의 개조

중공정권의 수립을 전후한 1949년 8월부터 1950년 10월 사이 봉기를 일으킨 사단급 이상의 국부군 부대 병력은 110여만 명에 달했다. "그 대표적인 경우로는, 1949년 8월 4일 국민당의 후난성 주석인 청첸(程潛)과 제1병단 사령관인 천밍런(陳明仁) 등이 일으킨 창사(長沙)봉기, 1949년 9월 19일 서북군정장관인 둥치우(董其武) 등이 일으킨 수이위안(綏遠)봉기, 1949년 9월 25일 신장경비총사령관인 타오즈웨(陶峙岳)가 일으킨 신장(新疆)봉기, 1949년 12월 9일 윈난성 주석 겸 윈난수정공서(雲南綏靖公署) 주임인 루한(盧漢)이 일으킨 쿤밍(昆明)봉기, 시캉성(西康省) 주석인 류원후이(劉文輝) 및 서남군정장관공서 부장관인 류시허우(劉錫候)와 판원화(潘文華) 등이 일으킨 스촨(四川)봉기가 있었다."[5]

이들 봉기 및 투항 부대는 인민해방군의 복장을 입은 후에도 여전히 입장과 관점 및 기풍 면에서 구태를 벗어나지 못한 상태에 있었다. 따라서 "인민해방군의 각 군구와 야전부대는 봉기 및 투항 부대에 대해서 ①조직을 재정비하고, ②정치사업 제도를 확립하여 인민군대 교육을 실시하며, ③계급교육과 민주교육을 실시했다."[6]

5 國防大學党史党建政工教研室 編著, 「中國人民解放軍政治工作史(社會主義時期)」, (北京: 國防大學出版社, 1989), p.13.

6 上揭書, pp.14-18.

3) 간부 관리체제 확립

(1) 소련의 간부관리체제 도입

중국인민해방군은 정규화 건군의 일환으로서 소련군의 간부제도를 도입하기 시작했다. 그러나 그 과정이 결코 순탄한 것만은 아니었다. 그것은 유격전으로부터 시작하여 발전한 중국인민해방군이 소련의 정규군대와는 완전히 같을 수가 없다는 데 연유하는 것이기도 했다.

1950년 가을 총간부부(總幹部部) 책임자인 뤄룽환(羅榮桓)은 간부관리체제를 수립하는 과정에서 당시 총간부부에 파견된 소련 고문의 자문과 요구를 모두 수용하지는 않았다.

당시 "소련 고문은 총간부부 부장이 정(正) 연대급부터 정(正) 사단급까지의 간부를 임명하고, 군구가 대대부터 부(副)연대급까지의 간부를 임명하며, 군(軍)이 중대급 간부를 임명하고, 사단이 소대급 간부를 임명하며, 연대에는 임면권을 주지 말자고 주장했다. 그러나 뤄룽환은 소련군 간부는 모두 사관학교에서 양성되어 상급에서 하급으로 배치함으로써 고도의 집중적인 임면권이 실행될 수 있지만, 그러나 중국인민해방군의 경우에는 매우 분산적이고 간부의 대부분이 전투를 통해 밑으로부터 성장했기 때문에 총간부부로서도 간부에 대한 전반적인 상황을 파악할 수가 없으며, 따라서 고도의 집중적인 관리가 어렵다는 이유를 들어 소대급 간부는 연대가, 중대급 간부는 사단이, 대대급 간부는 군(軍)이, 연대급 간부는 군구가, 그리고 사단 이상 간부는 당중앙군사위원회 주석이 임면하도록 하여야 하며, 총간부부 부장은 임면권을 가질 필요가 없다고 주장했다."[7]

소련 고문과의 의견 조정에 실패한 뤄룽환은 결국 동년 10월 27일 그 내용을 마오쩌둥에게 보고했으며 마오쩌둥은 저우언라이에게 이 문제를 합리적으로 해결하도록 지시했다. 그 후 인민해방군은 뤄룽환의 의견과 그동안의 경험 및 교훈에 근거하여 간부의 분급관리체제(分級管理体制)를 갖추게 되었는데 그 구체적 내용은 "사단장 및 그에 상당하는 직무 이상의 간부는 당중앙군사위원회가 임면과 관리를 책임지고, 부사단장과 연대장 및 그에 상당하는 직무의 간부는 대군구 및 그에 상당하는 단위가 임면과 관리를 책임지며, 부연대장과 대대장 및 그에 상당

7 姜思毅 主編, 「中國共産党軍隊政治工作七十年史」, 第4卷, (北京: 解放軍出版社, 1991), p.191.

하는 직무의 간부는 군과 성군구 및 그에 상당하는 단위가 임면과 관리를 책임지고, 부대대장에서 소대장 및 그에 상당하는 직무의 간부는 사단과 군분구 및 그에 상당하는 단위가 임면과 관리를 책임지는 것이었다."[8]

(2) 전군 간부에 대한 통일적 관리

건국 이후 인민해방군은 당이 간부를 관리하는 원칙을 견지했으며, 간부의 승진과 이동은 모두 당 위원회의 집단토의를 거쳐 결정되었다. 1951년 2월 인민혁명군사위원회가 공포한 〈간부의 임면에 관한 입시방법〉은 "각급 영도기관은 간부를 임면하고 간부의 임면을 상신할 때 먼저 당해 각급 당 위원회의 토의를 거쳐 결정한 후, 군·정 수장의 명의로 명령을 하달하거나 또는 상부에 보고해야 한다."[9]고 규정했다. 이는 인민해방군의 현대화·정규화 건설에 부응하고, 소련 군대의 경험을 참조하여 과거 정치기관과 군사기관 및 당의 조직부문이 각각 구체적으로 책임지고 있었던 방법을 통일적인 간부관리기구로 바꾸기 위한 조치였다.

1950년 9월 인민혁명군사위원회는 총간부관리부의 설치를 비준하고 뤄룽환을 부장으로, 그리고 라이촨주(賴伝珠)와 쉬리칭(徐立淸)을 부부장으로 임명했다. 이어서 각 대군구, 군종과 병종, 군, 사단, 연대에 당 위원회가 영도하는 간부관리부문을 설치했으며, 이들 관리기구가 소속 군사지휘관과 기술 및 근무 간부를 통일적으로 관리하도록 했다. 그뿐만 아니라 정치사업간부는 정치기관이 책임지고 관리하도록 했다.

1952년 12월 인민해방군 총정치부는 당중앙군사위원회의 재가를 얻어 〈정치간부 부문을 설립하는 것에 관한 결정〉을 공포했다. 이 결정에 근거하여 인민해방군은 정치간부를 관리하는 사업을 각급 정치부의 조직부문으로부터 독립시켜 정치간부부로 이관했으며, 각급 정치부 주임과 부주임의 영도 하에 소속부대의 정치간부를 통일적으로 관리함으로써 전군적으로 각급 당 위원회의 통일적 영도 하에 군사와 기술 및 근무 간부를 관리하는 계통과 정치간부를 관리하는 계통의 경계를 분명하게 했다.

인민해방군의 이러한 간부관리체제는 일찍이 건군 초기에 긍정적 기능을 발

---

8 上揭書, p.192.

9 國防大學党史党建政工教研室 編著, 前揭書, p.87, 再引用.

휘한 적이 있었으나 기구가 비대해지고 상호 중첩되는 부작용도 초래했다. 때문에 몇 년이 지난 1957년 3월 당중앙군사위원회는 다시 총정치부 간부부를 총간부부에 흡수시키고 대군구 이하 각급 정치기관의 간부 부문도 동급 간부관리 부문에 흡수시켜 간부에 대한 통일적 관리를 실시하기로 결정했다. 그 다음 해인 1958년 8월 31일 당중앙정치국은 동년 7월의 당중앙군사위원회 확대회의의 결정을 비준하고 당중앙군사위원회의 총간부부를 총정치부로 편입시키며, 총정치부 하에 간부부를 설치하고, 각 군구와 각 군·병종 및 그에 소속된 군, 사단, 연대 간부 부문도 정치기관에 편입시키기로 결정했다. 따라서 이로부터 인민해방군의 간부사업은 정치기관에 의해 통일적으로 관리되기 시작했다.

한편, 인민해방군 내에서는 간부를 조정하고 선발함과 동시에 전국적으로 간부의 급별을 평정하는 사업이 대대적으로 진행되었다. 기실, 인민해방군의 경우 전쟁시기에는 단지 직무상의 구분만 있었으며 급별이나 계급 등 일종의 등급제도가 없었고, 장교와 사병 간이나 상급과 하급 간 또는 생활상의 기준에도 별다른 차이가 없었다. 그러나 정규화 건설의 요구에 부응하기 위한 간부의 평정과 계급제도의 필요성이 대두되면서 당중앙군사위원회는 1951년 2월과 1952년 3월 〈간부의 등급 평정에 관한 지시〉와 〈각급 간부의 등급 평정에 관한 지시〉를 하달하고 간부의 등급을 21개 급으로 확정했다.

(3) 간부의 자격 기준

인민해방군은 덕재겸비(德才兼備)를 간부의 기준으로 견지했다. 1951년 당중앙군사위원회는 마오쩌둥이 제기한 덕재겸비의 간부 자격 기준을 구체적으로 규정했다:

"'덕(德)'은 인민의 혁명사업에 대해 무한히 충성하는 것으로서 주로 ①정치관이 확고하고 사상의식이 정확하며 기풍이 정파(正派)이어야 하고, ②혁명이익을 모든 것에 우선시해야 하고 개인은 조직에 복종하며 기율을 준수하고 명령을 철저히 이행해야 하며, ③전투에 용감하고 사업을 적극적으로 책임지며 어려움을 극복할 수 있어야 하고, ④학습을 위해 노력하며 대중을 단결시킬 줄 알고 비판과 자아비판 정신을 갖추어야 하는 것이었다.

또한 '재(才)'는 사업을 완수하는 능력으로서 주로 ①직무를 수행할 수 있는 능력을 갖추고 업무에 숙달하며 기술을 장악하고 임무를 완수하고 경험을 총결산하며 사업을 추진하는데 창의성을 발휘할 뿐만 아니라 항시 상급에 건설적인 의견을 제시할 수 있어야 하며, ②상황을 이해하고 정책을 집행하며 원칙을 장악하고 문제를 정확히 처리할 수 있어야 하고, ③민주기풍을 가지고 대중노선을 걸을 줄 알아야 하며 하급자를 양성하고 끌어올릴 수 있는 사업능력을 갖추어야 하는 것이었다."[10]

(4) 간부의 지식화

인민해방군은 청년학생과 노동자를 모집하여 간부대오를 충실히 했다. 군의 현대화 건설은 많은 지식청년을 필요로 했기 때문에 당중앙군사위원회와 정무원(政務院)은 1950년 말과 1951년 여름 2차례에 걸쳐 인민해방군의 각종 간부학교가 전국적으로 학생을 모집할 수 있도록 결정했으며, 그 모집 대상은 대학 1·2학년 학생과 만 17세 이상의 중·고등학교 학생으로 국한시켰다. 그뿐만 아니라 문화수준이 높은 청년노동자와 정치적으로 순수하고 신뢰할 수 있는 사회청년도 모집대상에 포함시켰다.

인민해방군 총정치부는 1950년 12월 학생 및 청년노동자의 모집사업을 순조롭게 추진하기 위해 〈청년노동자와 학생을 접수하는 것에 관한 규정〉을 하달했으며, 서북·서남·중남·화동·화북·동북 등 각 대전략구가 군사간부학교 접수위원회를 설립하여 당지의 군사간부학교 학생모집위원회와 공동으로 모집업무를 처리하도록 했다.

4) 새로운 군·병종 건설

당중앙군사위원회는 정권 수립 이후 저급단계에서 고급단계로의 전환을 시작하면서 현대화·정규화된 국방군을 건설하는 임무를 제기했으며, 이를 위해 인민해방군을 단일적 육군, 특히 보병으로부터 군종과 병종의 합성군대로 전환하기로 결정했다.

당중앙군사위원회는 1953년까지 단일 보병구조를 개선하고 현대화된 합성군대를 건설하기 위해 육군의 각 부대로부터 20만 명의 간부를 차출하여 해군, 공군, 방공군, 공안군, 포병, 장갑병, 공정병, 철도병, 통신병, 방화학병 등 새로운 군종과

---

10 上揭書, p.88.

병종을 창설했다. 그뿐만 아니라 당중앙군사위원회는 인민해방군의 노후 장비를 비교적 현대화된 장비로 바꾸며, 분산된 상태로부터 통일적 지휘, 통일적 편제, 통일적 제도, 통일적 훈련, 통일적 기율로 전환함으로써 고도의 조직성, 기율성, 계획성, 그리고 정확성을 구비한 정규군대로 발전시켜야 한다고 강조했으며, 바로 이러한 군대 건설의 요구에 부응하기 위해 정치사업의 임무, 내용, 조직형식 및 사업방법 등도 그에 상응하게 발전하고 변화되어야 한다는 점을 특별히 지적했다.

5) 군사 원·교 설립

당중앙군사위원회는 1949년부터 1953년까지 전군에서 1만여 명의 간부를 차출하여 군사학원, 후근학원, 군사공정학원, 총고급보병학교 등 백여 개의 군사 원·교(院·校)를 설립했다. 그뿐만 아니라 당중앙군사위원회와 총정치부는 군사 원·교의 설립에 발맞추어 1953년 3월 다음과 같은 내용을 골자로 하는 〈학교 정치사업과 정치교육을 강화하는 것에 관한 지시〉를 하달했다:

첫째, 일반부대의 사업내용과 사업방법으로 나타난 정치사업의 일반화 경향을 지적하고 이를 시정하기 위한 방향을 제시했다. 기실, 일부 학교의 정치기관은 교학(教學)을 지도하고 보장하는 것을 자신의 중심임무로 삼지 않고 단지 일반적인 정치운동과 행정업무에 치중했으며, 교육사업을 정치부의 책임이 아닌 훈련부의 임무로 여기고 있었다. 이 때문에 〈지시〉는 마르크스레닌주의와 마오쩌둥 사상으로 교육하고, 당의 영도를 강화하며, 교육효과를 향상시키는 것을 보장하고, 군사, 정치, 문화 등 모든 훈련계획의 완수를 보장하며, 현대화되고 정규화된 국방군을 건설하기 위해 간부를 양성하는 것을 학교 정치사업의 기본임무로 규정했다.

둘째, 정치이론 교육을 실시하는 데 있어서 체계적이고, 실제와 연계시키며, 안정적으로 전진하는 방침을 취하도록 했다. 정치상식, 역사유물론, 중국공산당사, 그리고 소련공산당사 등 4개 과목을 정치이론 학습과 기초과정의 핵심과목으로 설정했다.

1년 내지 2년 과정의 군사학교와 전문학교는 이중에서 1개 과목을 학습하도록 했고, 2년 이상의 과정은 2개 과목을 학습하도록 했다. 또한 1년 이상의 정치간부학교와 군사학교의 정치대는 반드시 2개 과목을 학습하도록 했다. 이 밖에도 각급 보병학교의 군사대와 1년 내지 1년 6개월 과정의 기타 군사학교와 특종병학교 및 전문학교는 정치교육시간이 총교육시간의 16%를 유지하도록 했으며, 군사학교의 정치대와 각급 정치간부학교는 반드시 정치이론 학습을 위주로 하되 정치사업 업무와 필요한 군사지식을 취급하도록 하고, 교육시간도 정치이론 50%, 군사 30%, 업무 20%의 비율을 유지하도록 규정했다.

셋째, 이론과 실제의 연계를 정치교육 사업의 기본원칙으로 했다.

넷째, 각급 영도기관이 투쟁경험이 많고 정치수준이 높은 간부를 차출하여 군사와 정치 교관의 자질을 향상시켰다.[11]

당시 군사 원·교 정치사업의 중점내용은 마오쩌둥이 제1기 정치협상회의 전체회의에서 행한 군대 건설에 관한 지시사항을 근거로 하여 구성된 것이었다:

첫째, 군종과 병종은 인민해방군의 일부로서 반드시 인민해방군의 건군 사상, 원칙, 전통 및 기풍을 견지해야 하며, 군종과 병종은 기술 병종으로서 각기 구체적인 특성을 지니고 있기 때문에 육군의 기존 경험에 만족해서는 안 되며, 내실을 기하고 발전하기 위해서는 반드시 자체의 특성과 결합해야 한다.

둘째, 군종과 병종은 기술성이 강하며 기술을 장악하는 것이 곧 새로운 군종과 병종을 건설하는 관건이기 때문에 정치사업은 기술과 밀접하게 결합해야 하며 그 법칙과 특성을 이해함으로써 사업을 순조롭게 진행하고, 기술을 배척하거나 경시하지 않고 기술을 배우고 장악하며 존중해야 한다.

셋째, 정치사업은 각 병종의 무기와 장비, 편제와 체제, 전술과 기술의 특성에 적응해야 하며, 새로운 사업형태와 방법을 연구하고, 새로운 사업제도를 수립하며, 정치사업이 그 역할을 보다 훌륭하게 발휘할 수 있도록 해야 한다.[12]

3. 군의 현대화·정규화 요구와 정치사업제도의 확립

1) 정치사업 영도체제의 통일 및 정치사업기관의 조정

건국 초기의 인민해방군 영도기관은 전쟁시기의 기본틀을 그대로 유지하고 있었다. 전쟁시기에는 당중앙군사위원회가 단지 정치사상과 전략지휘 및 중대한 군사건설에 있어서만 통일적으로 영도했으며, 기타 모든 문제는 각 대전략구가 실제

11 姜思毅 主編, 前揭書, pp.193-198.

12 國防大學党史党建政工教研室 編著, 前揭書, pp.19-20.

상황에 따라 독자적으로 책임지고 해결했기 때문에 당중앙위원회의 각 영도기관은 매우 단조롭고 구성원도 극히 적은 상태였다.

예를 들면, 정권 수립 초기 총참모부의 구성원은 20여 명에 불과했고, 총정치부는 그나마 10여 명에 불과했을 뿐만 아니라 그 조직도 조직사업연구실과 선전사업연구실로 편성되어 있었으며, 류사오치가 그 주임직을 겸임한 상태였다. 또한 총후근부 역시 통일적인 체계나 제도를 가지고 있지 못했다.

이러한 국면을 타개하기 위해 당중앙군사위원회는 현대화 건설의 수요에 부응하고 정규적인 형태로 전군을 통일시킬 목적으로 소련 군대의 편제와 체제를 참고로 하여 1949년부터 1953년까지 전군의 각 부대에서 16,000명의 간부를 차출하여 총참모부, 총정치부, 총후근부와 위생부를 보강했으며, 또한 총간부관리부, 총재무부, 총군계부, 훈련총감부와 무장역량감찰부 등 총부의 영도기관을 설립했다.

당중앙군사위원회의 영도 하에 전군의 정치사업을 지도하는 기관인 총정치부는 기존 조직을 기초로 하여 다시 설립한 것이었다. 1950년 4월 중앙인민정부 인민혁명군사위원회 주석인 마오쩌둥이 뤄룽환을 인민혁명군사위원회 총정치부 주임으로, 그리고 푸종(傅鐘)과 샤오화(蕭華)를 부주임[13]으로 임명했으며, 그 예하에 조직부, 간부부, 보위부, 선전부, 문화부, 적공부(敵工部), 81잡지사 등 업무부서를 설립했다.

총정치부는 중국공산당 중앙과 인민혁명군사위원회의 영도 하에 전군의 정치사업을 계획하고 영도하는 것을 책임졌다. 건국을 전후로 하여 세워진 동북·화북·서북·화동·중남·서남 등 6개 대군구와 공군, 해군, 포병, 장갑병, 공정병, 철도병, 통신병, 방화학병 등 군·병종 및 병단, 군(성군구), 사단(군분구), 연대, 그리고 인민무장부에 통일적 규정에 따라 정치부(처)가 설립됨으로써 위로부터 아래로의 전군적으로 통일된 정치사업 영도기구가 확립되었으며, 총정치부가 통일적 영도 하에 전군의 정치사업을 계획하고 영도했다.

그뿐만 아니라 총정치부는 1950년 9월 상급과 하급 간의 연계를 강화하고 적시에 상황을 파악하며 전군이 정치사업을 전개하는 것을 지도하기 위해 〈보고제도에 관한 규정〉을 공포했다. 〈규정〉이 공포된 이후, 대군구 당 위원회는 2개월에 1회 당중앙군사위원회 주석에게 종합보고를 하기 시작했으며, 정치부는 정치사업

---

13 1953년 4월 간스치(甘泗淇)가 다시 부주임으로 임명된다.

의 활동과 경험에 관한 것을 단독으로 보고했고, 각 대군구 정치부는 하급단위에 지시를 하달함과 동시에 이를 총정치부에 보고했으며, 군과 사단 및 병단이나 또는 군구는 상급의 허락을 득한 후 하급단위에 지시를 하달했다.

2) 정규훈련 중의 정치사업

(1) 정치사업의 강화를 위한 조치

인민해방군 총정치부는 1952년 12월 〈1952년 전군정치사업 임무에 관한 지시〉를 통해서, 군사훈련 계획과 엄격한 군사생활의 수립을 보장하는 것을 정치사업의 중요한 임무로 규정하고 각 부대가 훈련동원을 충분히 실시하며, 군사훈련에 적극성을 발휘하고, 영도와 대중이 상호 결합하는 훈련방법을 관철하며, 대중이 지혜를 발휘하고, 훈련경험을 축적하며 전파하도록 요구했다. 이러한 지시가 있은 후 인민해방군은 전군적으로 군사 위주의 정규훈련을 보장하는 것을 정치사업의 장기적이고 일상적인 주요 임무로 삼고 다음과 같은 조치를 취했다:

첫째, 정규훈련에 대한 당 위원회의 영도를 강화했다. 각급 당 위원회는 정규훈련을 중심으로 하는 지도사상을 분명히 하고 "모든 것은 전쟁에서 승리하기 위한 것이다."라는 정신으로 훈련에 임하도록 강조했다.

둘째, 훈련 중의 정치사업을 연도별 정치사업 계획에 포함하고 훈련을 위한 정치사업을 전개했다. 각 부대는 훈련정치사업을 정치사업의 의사일정에 포함했다.

셋째, 정치사업이 반드시 군사사업 속으로 파고 들어가도록 하며, 훈련 중의 정치사업이 창조적으로 전개되도록 했다.

넷째, 선전교육을 실시함으로써 간부와 전사가 훈련에 적극적으로 참가하도록 했다.[14]

(2) 당 지부의 사업 강화

군사 위주의 정규훈련은 중대의 중심 사업이며, 정규훈련 계획을 철저히 실시하도록 지도하고 보장하는 것은 당 지부의 일상적인 중심 임무이다. 따라서 총정치부 조직부는 1953년과 54년 전군적인 훈련의 실천과 전통적인 경험을 근거로 하여 2차례에 걸쳐 훈련 중 당 지부 사업의 경험을 총결산하고 향후 다음과 같은

14 上揭書, pp.102-103.

몇 가지 주요 사업을 전개하기로 결정했다:

첫째, 당 지부가 정규훈련에 대한 사상영도를 강화하고, 당원과 대중이 학습에 적극적으로 참여하도록 하며, 정규훈련 중의 사상적 장애를 극복하도록 한다.

둘째, 중대의 훈련계획을 장기적으로 토의한다.

셋째, 조령(條令)을 정확하게 관철하며 기율 관념을 강화하는 것을 보장한다.

넷째, 무기와 장비를 소중하게 여기도록 하는 사업을 강화한다.

다섯째, 당원의 활동능력을 향상시키고, 당원이 훈련 중에 모범적 역할을 발휘하도록 한다.

여섯째, 청년단과 구락부에 대한 영도를 강화하고, 그들이 훈련 중에 역할을 충분히 발휘하도록 한다.[15]

(3) 군사연습 중의 정치사업과 정치사업 연습

인민해방군은 군사연습을 부대 군사훈련의 주요 내용인 동시에 군이 실전과 같은 조건 하에서 모든 군·병종 간의 협동작전능력을 향상시키는 주요한 훈련형식으로 취급했다.

인민해방군은 특히 군사연습 중의 정치사업과 정치사업 연습을 실시하는 것을 훈련에 대한 당 위원회의 영도를 구현 및 강화하고, 군사연습의 순조로운 진행을 보장하며, 훈련의 질을 향상시킬 수 있을 뿐만 아니라 정치간부가 현대전쟁 조건 하에서의 정치사업을 학습할 수 있도록 하고 전시정치사업 능력을 향상시킬 수 있도록 하는 효과적인 방법으로 간주했다.

따라서 인민해방군의 모든 부대는 1953년 하반기부터 군사훈련 위주의 훈련 임무가 부여된 이후 연대 이하와 병력이 많지 않은 사단의 전술 연습을 실시했으며, 특히 1955년 11월에는 랴오둥반도(遼東半島)에서 최초로 원자무기와 화학무기를 사용하는 조건 하에서 모든 병종과 군종의 혼성집단군 및 군급이 참가하는 대규모 군사연습을 실시했고, 이를 통해서 군사연습 중의 정치사업과 정치사업 연습에 대한 초보적 경험을 축적했다.

---

15 上揭書, pp.104-106.

① **연습 중의 정치사업 계획 수립**

인민해방군의 정치간부는 연습 임무를 부여받은 이후 군사간부와 함께 지형을 관찰하고 연습방안을 연구했으며, 연습 중의 정치사업 지시를 하달하고 연습의 목적과 임무 및 요구를 분명히 했다. 그뿐만 아니라 정치간부는 부대의 연습이 실시되는 가운데 다음과 같은 내용의 임무를 중점적으로 수행했다:

- 사상동원 전개
- 훈련이 곧 실천이라는 지도사상 관철 및 군사민주 발양
- 부대의 단결 강화와 협동 보장
- 선전고무 활동 전개
- 대중사업 전개
- 각항을 보장하는 정치사업 강화
- 당 위원회의 영도 강화[16]

연습부대는 주요 임무를 수행하는 부대 당 위원회를 핵심으로 하여 연습에 참가한 부대와 병종의 수장들을 포함하는 임시 당 위원회를 조직함으로써 연습에 대한 집단영도를 실시했다.

② **정치사업 연습의 실시**

인민해방군은 전시 당 위원회의 통일적 영도와 전투 중 정치사업의 중요한 위치와 역할을 구현하고 실천하며, 정치기관과 정치간부가 실전과 같은 훈련을 통해 전시정치사업 능력을 향상시킬 뿐만 아니라 전시정치사업의 특성과 방법을 이해함으로써 평시정치사업에서 전시정치사업으로 전환하는 과정에 숙달되도록 하기 위해 정치사업 연습을 실시했으며, 특히 연습을 통해서 다음의 몇 가지 점이 정착되도록 노력했다:

"당 위원회의 영도와 정치사업의 중요한 위치를 확립했다. 당 위원회가 작전을 지도하고 정치사업을 강화하는 것은 인민해방군의 영도제도를 공고히 하고 인민해방군 정치사업의 전통을 발양하는 중요한 문제임을 사상적으로 분명히 했다. 그뿐만 아니라 실제사업에 있어서 당 위원회가 임무를 해결하고 상황을 판단하며 중

---

16 上揭書, pp.109-113.

대한 문제를 결심했다.

특히 군사지휘관과 정치위원 및 기타 책임자들은 당 위원회의 결의에 근거하여 연습 중의 직무를 각각 수행했다. 주요한 문서는 반드시 군사지휘관과 정치위원이 공동으로 서명하도록 했으며, 관찰소에는 정치위원의 관찰 위치를 반드시 마련하도록 했고, 지휘소에는 정치부 주임 및 정치기관의 필수요원들이 엄폐부를 설치하고 필요한 장비와 기재를 준비하도록 했다.

정치기관과 정치간부로 하여금 반드시 연습 전에 군사지식을 학습하고, 적과 아 및 우의 상황과 전쟁 자료를 조사하도록 했다. 군사연습 시나리오와 인민해방군의 전통에 근거하여 정치사업의 연습방안을 수립하고, 훈련의 과제와 내용 및 달성 목적을 명확히 이해하도록 했다."[17]

4. 정치사업의 각종 임무

1) 당의 건설

인민해방군은 중국공산당이 영도하는 인민군대이기 때문에 현대화된 혁명군대를 건설하는 것도 결국은 중국공산당의 영도를 견지하고 강화하는 것을 전제로 한다. 그런데 인민해방군 내의 각급 당 위원회와 중대 당 지부는 당의 군대에 대한 영도를 실행하는 주체이며 당해 각급을 통일적으로 영도하고 단결시키는 핵심이기 때문에 중국공산당의 인민해방군에 대한 영도를 강화하기 위해서는 반드시 당 조직의 건설을 강화하는 것에서부터 출발하게 된다.

정권 수립 초기 인민해방군은 인적 요소 면에서 매우 복잡한 양상을 띠고 있었다:

"전 병력의 절반에 달하는 국부군 포로의 유입, 그리고 봉기부대와 지식인 청년 및 신병의 유입에 따라 부대 구성원의 성분이 매우 다양했으며, 부대가 확장됨에 따라 당원 수도 급격히 증가했다는 것이다. 정권 수립 초기 군대 내의 당원 수는 전군의 약 36.39%를 차지하고 있었다."[18]

---

17 上揭書, pp.113-114.

18 姜思毅 主編, 前揭書, pp.223-224.

이 때문에 인민해방군은 정당정풍운동을 전개함과 동시에 당 지부 건설을 강화하는 것을 군대 당의 건설과 정치사업 건설의 중심부분으로 삼았다.

(1) 간부에 대한 대규모 정풍 실시

인민해방군 총정치부는 1950년 10월 〈전당과 전군이 대규모적인 정풍운동을 진행하는 것에 관한 중공중앙의 지시〉와 부대 내에 표출된 문제를 근거로 한 〈정풍사업에 관한 지시〉를 하달하고, 전군을 향해 동계에 보편적이고 심층적인 정풍운동을 전개하도록 지시했다. 정풍운동은 연대 이상 간부와 기관이 중점대상이 되었으며, 전투의지를 향상시키고 인민해방군의 전통과 기풍을 유지하고 발양하는 것이 중심내용이었다.

정풍운동은 상당한 성과를 거두었다고 평가되었는데, ①미제국주의의 본질을 심층적으로 이해함으로써 그간의 전쟁불감증과 전쟁기피증을 극복한 것이었으며, ②무사안일과 향락주의 및 개인주의로 인해 저하된 전투의지를 다시 향상시킨 것이었고, ③영도상의 관료주의와 일부 군벌주의 잔재를 청산하고 영도기풍과 사업방법을 개진함으로써 군 내부의 단결을 강화했다는 것이었다.

중국공산당은 1951년 4월 9일 제1차 전국조직사업회의를 소집했으며, 당의 조직을 전반적으로 정비하기 위해 〈당의 기층조직을 정돈하는 것에 관한 결의〉를 통과시켰다. 이어서 동월 총정치부도 전군조직사업회의를 소집하고 군대 내 당 조직의 상황을 분석하고 당의 정비를 위한 사상준비와 조직준비를 실시했다. 총정치부는 1951년 10월 29일 다시 〈정돈사업에 관한 지시〉를 하달했으며, 이로부터 인민해방군은 전군적으로 1952년 초까지 당의 정비사업을 계속했다.

인민해방군 정당사업은 당 중앙과 총정치부의 지시에 따라 교육에 그 초점이 모아졌다. 특히 1951년 12월부터는 당의 정비를 위한 교육이 3반5반운동(三反五反運動)[19]과 결합되어 실시되기도 했다. 3반운동이 끝난 이후 총정치부는 당원과 부대의 정치수준을 향상시키기 위해 1952년 하반기부터 전군적으로 공산주의와

---

19 삼반(三反)은 마오쩌둥이 1952년 원단에 발표한 신년축사에서 제기한 것으로서 ①독직황령을 반대하고, ②낭비를 반대하며, ③관료주의를 반대한다는 것이고, 오반(五反)은 1951년 1월 9일 재정담당인 보이보(薄一波)가 제기한 것으로서, ①뇌물을 주는 행위를 반대하고, ②탈세를 반대하며, ③국가재물을 훔치는 것을 반대하고, ④노동과 자재를 적게 들여 부당이득을 취하는 것을 반대하고, ⑤국가의 경제정보를 훔치는 것을 반대한다는 것이었다.

공산당에 대한 교육을 실시했다.

1952년 6월 총정치부는 〈공산주의와 공산당 교육을 실시하는 것에 관한 통지〉를 하달하고, 전군 간부들에게는 총정치부가 편찬한 〈공산주의와 공산당 교육요강〉을 학습하도록 했으며, 일반당원과 전사들에게는 〈어떻게 공산당원이 될 것인가〉라는 제목의 교본과 요강에 따라 교육을 실시하도록 했다.

(2) 대규모적인 당 지부의 정돈사업 실시

1953년 6월 11일 중남군구 정치위원인 탄정(譚政)은 군구 지부 사업회의에서 행한 〈당 지부를 정리하는 사업 문제〉라는 제목의 종합보고를 통해 대부분의 지부가 지극히 불건전한 상태에 있음을 지적하면서 "①지부 사업의 범위와 직책을 명확히 하고, 당 내의 관계를 개선하며, 집단영도를 강화하고, ②조직과 민주생활을 건전하게 하고 비판과 자아비판을 강화하며, ③당원의 모범적 역할과 활동능력을 제고하며, 당원과 대중과의 관계를 개선하고, 당과 대중과의 관계를 밀접하게 하고, ④청년단과 구락부에 대한 영도를 강화할 것을 요구했다."[20]

탄정의 이러한 지적이 있은 후, 당의 기본지식과 공산주의 사상에 대한 교육이 체계적이고 계획적으로 실시되었으며 공산당원으로서 갖추어야 할 8가지 조건[21]이 강조되었다. 또한 전군 조직사업회의 이후 당원교육을 강화하기 위해 "①매주 토요일 오후를 당일(党日)활동시간으로 정하고 그중에서 매월 2회의 당일(党日)을

---

20 上揭書, pp.231-232.

21 공산당원의 8개항 자격기준은 다음과 같다: ①중국공산당의 성격은 중국노동자계급의 당이며, 노동자계급의 선진적이고 조직적인 부대이다. ②중국공산당의 최종목적은 중국에서 공산주의제도를 실현하는 것이다. ③공산당원은 반드시 평생을 바쳐 용감하게 혁명투쟁을 전개해야 하며, 어떠한 환경에서도 위축되지 않고 당을 배반하지 않으며 적에 투항하지 않는다. ④공산당원은 반드시 당의 영도 하에 혁명투쟁과 사업을 수행하며, 당의 정책과 결의를 집행하고, 당의 기율을 엄격히 준수하며, 인민대중 속에서 모범적 역할을 할 뿐만 아니라 당의 이익을 손상시키는 일체의 현상에 대해서는 단호한 투쟁을 전개한다. ⑤공산당원은 반드시 인민대중의 공공이익인 당의 이익을 자신의 사적 이익 위에 올려놓고 사적 이익을 당의 이익에 예속시켜야 한다. ⑥공산당원은 반드시 일상적으로 비판과 자아비판 방법을 통해 사업상의 결점과 과오를 검토하고 시정해야 한다. ⑦공산당원은 반드시 전심전력으로 인민을 위해 복무하며, 허심탄회하게 인민대중의 요구와 의견을 청취하여 적시에 당에 반영할 뿐만 아니라 당의 정책을 인민대중을 향해 선전하고 해석하며, 대중이 전진하도록 지도해야 한다. ⑧공산당원은 반드시 마르크스레닌주의와 마오쩌둥 사상을 학습하는데 노력하며, 자신의 각오를 부단히 향상시켜 훌륭한 공산당원이 되도록 해야 한다.

당과(党課)교육일로 하며, ②당원의 정기적인 순환을 일상화하는 제도적 조치가 취해졌다."[22]

그뿐만 아니라 당원의 부문별한 증가도 억제했다. "당원 수가 이미 30%에 달한 중대, 그리고 40% 이상에 이른 기관학교의 당원 증가를 억제하고 영도기관이 당원의 발전계획을 통제하고 지도하도록 했다. 따라서 1952년 10월에 이르러 전군의 당원 수가 전 군인 중에서 차지하는 비율이 29.22%로 감소하게 되었다."[23]

총정치부는 1953년부터 시작된 지부의 정돈사업을 바탕으로 하여 1954년 5월과 7월 〈당 지부 사업의 건설을 가일층 강화하는 것에 관한 의견〉과 〈기관당 지부 사업의 건설에 관한 의견〉을 각각 하달하고 당 지부 건설을 강화하기 위한 일련의 조치를 취했다:

"**첫째,** 지부사업 조례를 학습하고, 지부 사업의 직책과 범위를 명확히 하며, 실제와 연계하고, 사업을 검사하며, 결점을 시정한다.

둘째, 당의 대중에 대한 사상영도와 당의 사상교육을 강화하며, 우선적으로 지부 핵심의 정치사상 수준을 향상시킬 것을 강조한다.

셋째, 민주를 발양하고, 지부의 집단영도를 강화한다.

넷째, 당과 대중의 연계를 밀접히 하며, 당원이 모범적 역할을 발휘하도록 한다."[24]

아울러 기관당 지부의 사업을 강화하기 위한 조치로서는 "①학습을 지도하고 계획하며, ②사상영도를 수행하고, ③기관 인원의 심신과 사상에 관심을 가지며, ④행정과 협조하여 기관 인원에 대한 관리교육을 강화한다."[25]는 것을 강조했다.

(3) 당의 단결 강화

인민해방군은 당 제7기 「4중전회」 정신을 전달 및 관철하고 당의 단결을 강화했다. 1954년 2월 베이징(北京)에서 개최된 당 제7기 「4중전회」는 류사오치(劉

---

22 姜思毅 主編, 前揭書, pp.233-234.

23 上揭書, pp.234-235.

24 國防大學党史党建政工教研室 編著, 前揭書, p.80.

25 上揭書.

少奇)의 〈중공중앙정치국의 제7기 제4차 중앙위원회 전체회의에 대한 보고〉를 청취하고, 가오깡(高崗)과 라오수스(饒漱石)의 '분당(分党) 및 당과 국가 최고권력의 찬탈음모'를 폭로 및 비판했으며, 〈당의 단결을 강화하는 것에 관한 결의〉를 통과시키고, 중앙정치국이 제출한 과도시기에 있어서의 당의 총노선을 비준했으며, 당 전국대표대회의 소집에 관한 결의를 통과시켰다.

총정치부는 1954년 2월 곧바로 〈군대 내에 제7기 중앙위원회 제4차 전체회의 문건을 전달하고 학습하는 것에 관한 규정〉을 하달하고 인민해방군이 전군적으로 당 제7기「4중전회」정신에 대한 학습을 전개하도록 지시했다.

2) 청년단 조직의 설립과 청년사업 전개

중국공산주의청년단 중앙위원회와 총정치부는 1949년 7월 15일 공동으로 부대 내에 신민주주의청년단을 설립하기로 결정했다. 그 후 총정치부는 1950년 10월 전군청년사업회의를 소집하고 청년단 설립의 의의를 명확히 한 후 청년단의 건설사업을 확정했으며, 회의가 끝난 후 〈부대 청년사업에 관한 지시〉를 하달하고 각급 당 위원회가 청년단 건설사업을 중심사업의 하나로 삼고 각급 청년부문을 설립하며 지도를 강화할 것을 강조했다.

〈지시〉는 단원이 15명 이상인 중대에는 단 지부를 설립하도록 규정했다. 또한 중대 단 지부를 군대 내에서의 단의 기층조직이고, 단의 사업과 활동의 기본단위이며, 광범한 청년대중을 단결시키며 교육시키는 핵심이고, 중대 당 지부와 중대 정치사업의 유력한 조수(助手)인 동시에 돌격역량(突擊力量)으로 규정했으며, 단 지부 서기는 반드시 당 지부 부서기나 부지도원 또는 당 지부 청년위원이 겸임해야 하고, 단 지부는 당 지부위원회 및 행정 수장에게 정기적으로 보고해야 하며, 당 지부가 단 지부에 대해 사업지시를 내리도록 규정했다.

중국공산당 중앙과 당중앙군사위원회는 1954년 4월 〈중국신민주주의청년단 중대지부 사업조례〉를 공포했다. 〈조례〉는 단원이 3명 이상인 중대에 단의 지부 조직을 설립하도록 규정했다. 또한 단 지부는 중대 선진청년의 대중조직이며, 당 지부의 주요하고 가장 친밀한 조수로서 상급 정치기관과 중대 단 지부의 직접적인 영도와 중대장과 정치지도원의 지도 하에 사업을 수행하도록 규정했다.

5. 정치사업의 각종 교육활동

1) 마르크스레닌주의와 마오쩌둥 사상의 기본이론에 관한 학습

중국공산당에게 있어서 이론은 행동의 지침이며, 마르크스레닌주의와 마오쩌둥 사상의 기본이론을 학습하고 장악하는 것은 부대 사상 건설의 근본이다.

기실, 중국공산당은 국민당에 대한 혁명투쟁 기간 동안 객관적 조건의 제약으로 인해 많은 간부들을 조직하여 기본이론에 대한 체계적 학습을 실시할 형편이 못되었다. 그러나 중국공산당은 정권 수립 이후 실현해야 하는 국가의 사회주의 혁명과 사회주의 건설 및 인민해방군의 현대화·정규화 건설은 간부들의 높은 정치이론 수준과 업무수행 능력을 필요로 하는 것이었기 때문에 이들에게 마르크스주의의 기본이론을 교육하는 것을 부대의 사상 건설을 향상시키는 중요한 일정으로 확정했다.

총정치부는 1951년 1월 〈1951년도 부대 정치교육에 관한 지시〉를 하달했다. 〈지시〉는 간부의 정치이론 수준의 고저, 당성의 강약, 그리고 사상의식과 영도기풍의 정확성 여부가 부대사업에 결정적 영향을 미치며, 또한 정치이론 교육은 간부의 사업능력과 사상 및 정책 수준을 향상시키고, 각종 사상의 편향과 사업상의 결점을 시정하는 근본적인 고리이기 때문에 간부에 대한 정치이론 교육이 반드시 부대 정치교육에서 제1의 위치를 차지해야 한다는 점을 지적했다.

따라서 인민해방군은 전군적으로 총정치부의 〈지시〉와 〈1951년도 부대 간부에 대한 이론교육의 보충 통지〉에 근거하여 중대와 소대 간부 및 일부 대대급 간부에 대해서는 초급반을 편성하여 후성(胡繩)이 쓴 《정치상식교본》을 기본교재로 삼아 정치상식을 학습하도록 했으며, 연대급 간부와 일부 사단 및 대대급 간부에 대해서는 중급반을 편성하여 《사회발전약사》를 기본교재로 하고 《사회과학 기본지식 강좌》와 《중공약사》를 부교재로 하여 사회발전사를 학습하도록 했고, 군 이상 간부 및 일부 사단급 간부에 대해서는 고급반을 편성하여 《마오쩌둥선집》, 《소련공산당사》, 《정치경제학》, 《사상방법론》 등을 학습하도록 했다.

2) 과도기에 있어서의 당의 총노선에 관한 선전교육

이른바 해방전쟁이 끝난 이후 인민해방군은 장기간 동안의 전쟁환경으로부터 벗어나 상대적으로 평화적인 환경에 처하게 되었고, 또한 장기간 동안의 비교적 단순하고 분산된 농촌환경에서 벗어나 복잡한 도시환경에 접하게 되었으며, 수행해야 하는 임무 역시 작전 위주에서 교육훈련 위주로 전환되었다.

이와 같은 대전환은 군대 건설을 강화하는데 많은 유리한 조건을 제공했지만 부대 내에서는 평화상태에 마비되고 전투의지가 퇴색되는 결과를 야기하기도 했다. 특히 간부들에게서는 교만하고 공신으로 자처하면서 향락과 부패를 일삼는 현상이 만연했다. 이 때문에 부대에 만연된 불량한 현상들을 극복하고 인민해방군의 전통과 기풍을 유지하고 발양하며 부대의 전투의지를 향상시키기 위해서는 사상교육의 강화가 절실히 요구되기에 이르렀다.

(1) 당 제7기 「2중전회」 정신의 선전교육 실시

정권 수립 이후 인민해방군은 줄곧 당 제7기 「2중전회」 정신을 관철하는 것을 정치사업의 근본임무와 부대사상 건설을 기본내용으로 삼고 기회가 있을 때마다 모든 방법을 동원하여 반복적인 선전교육 사업을 실시함으로써 사상적으로 5가지 문제를 분명히 하도록 촉구했다.

"**첫째,** 오늘의 승리가 전체 혁명과정을 볼 때 만리장정(万里長征)의 제1보에 불과한 것으로서 혁명을 승리로 이끌기 위해서는 보다 험난한 투쟁을 전개해야 한다.

둘째, 전국적인 대규모 전쟁은 이미 끝났지만 인민해방군은 영원히 전투대로서 적을 숙청하고 치안을 공고히 하며 침략에 대항하여 국방을 보위하는 임무를 수행해야 한다.

셋째, 인민해방군은 인민군대로서 자본주의 사상과 생활에 물들지 않고 오직 인민대중과 밀접하게 연계하면서 인민과 동고동락해야 한다.

넷째, 인민해방군은 신중국의 각종 건설에 참가하고, 현대화된 군대를 건설해야 하며, 과거에 모르던 것을 알고 과거에 할 줄 몰랐던 것을 할 수 있기 위해 허심탄회하게 학습해야 한다.

다섯째, 새로운 계급투쟁 형세 하에서 자본계급의 사탕발림식 기습에 대비하고 과거에 전쟁의 문턱을 넘었듯이 앞으로는 평화와 사회주의의 문턱을 넘어야 한다."[26]

---

26 姜思毅 主編, 前揭書, pp.243-244.

⑵ 당 제7기「3중전회」정신의 전달과 토지개혁법에 대한 학습

중국공산당은 1950년 6월 6일부터 동월 9일까지 베이징에서 당 제7기「3중전회」를 소집했으며, 이 회의에서 마오쩌둥은 〈국가재정 경제상황의 기본적 호전을 쟁취하기 위해 투쟁한다〉는 제목의 서면보고와 〈사방으로 출격해서는 안 된다〉는 제목의 연설을 통해 국민당의 잔여세력과 특무분자 및 토비를 숙청하고, 지주계급을 전복시키고, 타이완과 시장(西藏)을 해방시키며, 제국주의와 끝까지 투쟁하며, 국가 재정경제 상황의 기본적인 호전을 쟁취하는 것을 당의 기본임무로 삼을 것을 촉구했으며, 특히 경제상황의 기본적인 호전을 위한 필수조건으로서 단계적이고 질서정연한 토지개혁을 결정했다.

중국공산당 중앙은 제7기「3중전회」의 결정에 근거하여 〈중화인민공화국 토지개혁법〉을 제정했으며, 이 토지개혁법은 인민정협 전국위원회의 심의를 거치고 중앙인민정부위원회를 통과한 후 1950년 6월 30일 중앙정부 주석인 마오쩌둥이 서명함으로써 시행에 들어갔다.

토지개혁법이 공포된 이후 인민해방군은 전군적으로 당 중앙의 계획에 따라 인민정협 전국위원회에서 류사오치가 행한 〈토지개혁 문제에 관한 보고〉와 곁들여 학습운동을 전개했다.

학습운동은 부대 장병들이 토지개혁의 의의와 당의 토지개혁 정책의 기본내용을 이해함으로써 토지개혁이 민주혁명을 철저히 완수하는 주요 임무이고, 농촌의 생산력을 해방시키고 농업생산을 발전시키며 국가의 공업화를 실현하는 데 반드시 걸쳐야 하는 길임을 인식하도록 하는 데 그 목적이 있었다. 그뿐만 아니라 토지개혁의 총방침이 과거와는 달리 빈농과 고용농에 의존하면서 중농을 단결시키고 부농을 중립화시킴으로써 단계적이고 개별적으로 봉건착취제도를 소멸시키고 생산을 발전시키는 것임을 인식하도록 하는 목적도 가지고 있었다.

인민해방군은 1953년 10월부터 1954년 1월까지 과도기에 있어서의 당의 총노선에 대한 학습과 선전활동을 전개했다. 총정치부는 1954년 1월 28일 〈1954년도 부대 정치문화 교육대강〉을 공포했으며, 부대의 정치교육 방침과 임무를 "주요한 역량을 집중하여 전군에 보편적이고 심층적이며 체계적으로 과도시기에 있어서의 당의 기본노선과 기본임무에 관한 교육을 실시할 뿐만 아니라 당원 간부를 대상으로 당의 단결을 강화하는 교육을 실시함으로써 부대의 전 구성원, 특히 간부의 정치적 각오가 새로운 수준, 즉 사회주의 수준으로 향상되도록 하는 것이다."[27]

고 확인했다.

인민해방군은 정치교육의 방침과 임무가 확정됨에 따라 1954년 2월 이후 과도기에 있어서의 기본노선에 관한 교육을 체계적인 학습단계로 전환했으며, 기층간부와 전사들을 향해 중앙선전부가 발행한 〈과도시기에 있어서의 당의 기본노선에 관한 선전과 학습 개요〉, 그리고 총정치부가 편집한 〈위대한 사회주의국가를 건설하기 위해 분투한다〉는 제목의 교과서를 가지고 체계적인 학습을 실시했다. 또한 중급과 고급 간부들에게는 당 중앙 지도자들의 글과 연설 이외에도 레닌과 스탈린의 과도시기에 관한 논술 및 〈소련공산당사〉 속의 관련 장절을 학습하도록 했다. 그뿐만 아니라 기간 중 인민해방군의 모든 간부들에게는 전국군사계통당의 고급회의 문건과 중국공산당 제7기 「4중전회」의 〈당의 단결을 강화하는 것에 관한 결의〉 문건이 전달되었다.

인민해방군은 모든 것은 사회주의를 위한 것이고, 모든 것은 현대화된 혁명군대를 건설하기 위한 것이라는 지도사상에 근거했다:

"**첫째,** 기본노선의 본질이 생산자료의 공유제로서 생산자료의 사유제를 대체하고, 자본계급을 소멸하고 소생산자를 개조하는 사회주의혁명임을 이해하도록 했다.

둘째, 중국의 사회주의 공업화는 반드시 장기적이고 험난한 노력을 거쳐야 하며, 농업의 사회주의 개조는 반드시 인내심을 가지고 설득을 통해 이끌어야 한다는 것을 이해하도록 했다.

셋째, 현대화된 혁명군대를 건설하기 위해서는 시시각각으로 국내외 적의 파괴와 음모를 경계해야 한다는 것을 이해하도록 했다.

넷째, 당의 영도와 당의 단결을 강화하는 것이 기본노선의 시련을 근본적으로 보장하는 것임을 이해하도록 했다."[28]

3) '항미원조'를 위한 사상과 전략방침 교육

중국공산당은 지원군을 한국전쟁에 투입하기에 앞서 우선적으로 회상·고발·성토 및 고통의 뿌리를 캐내는 방법으로 제국주의가 국내봉건세력과 관료자본세

---

27 國防大學党史党建政工教研室 編著, 前揭書, p.58.

28 上揭書, p.59.

력의 후견인이며, 중국 인민이 장기간 동안 고통과 억압을 받게 된 근원임을 전사들이 인식하도록 함으로써 '항미원조(抗美援朝)'가 곧 국가를 보위하는 것이고 국가를 보위하기 위해서는 반드시 '항미원조'를 실행해야 한다는 당위성을 주입하는데 주력했다. 그런 후 1950년 9월 전국노농병노동모범대표대회와 함께 전군전투영웅대표대회와 중국인민해방군전적전람회를 거행함으로써 혁명영웅주의를 광범하게 발양하도록 했을 뿐만 아니라 전투의지를 가다듬고 향상시키는 것과 결합하여 부대의 정풍을 전개했다. 그리고 마지막으로 노전사를 지원군에 투입하고 전군의 보편적인 참전운동을 유도했다.

(1) 항미원조를 위한 사상교육 실시

한국전쟁 기간 중 중국공산당은 지원군 부대 이외에도 전군적으로 '항미원조'를 중심으로 하는 애국주의와 국제주의 및 혁명영웅주의 교육을 실시함으로써 군의 사상적 기초를 튼튼히 했다.

국내 부대에 대한 '항미원조' 사상교육은 3년간에 걸쳐 전개되었다:

"**첫째,** 미제국주의를 멸시하고 적대시하는 교육을 실시함으로써 미제국주의가 과거에는 국민당 정부를 지원했고 현재는 타이완을 장악하고 북한을 침략함으로써 중국의 안보를 위협하는 최대의 근원이 되고 있다는 것을 간부와 전사가 인식하도록 하는 것이다.

둘째, 전군적으로 전투영웅대표대회와 전적전람회를 개최함으로써 혁명영웅주의 정신을 광범하게 선양하는 것이다.

셋째, 노전사를 지원군에 합류시켜 부대 내에서 '항미원조'전쟁을 승리로 이끌기 위한 사상동원을 실행하는 것이다."[29]

중국공산당은 "항미원조와 국가보위"라는 구호가 애국주의와 국제주의를 일치시키고 국가이익과 개인이익을 일치시킨 것이라고 강조하면서 지원군이 한국전에 참가하는 것이 정의로운 것임을 강변했으며, 또한 지원군의 모든 구성원이 작전의 필요성과 정의성을 이해하도록 하는 것을 정치사업의 최우선 임무로 삼도록 촉구하면서 다음과 같은 내용을 중점적으로 교육했다:

---

29 姜思毅 主编, 前揭書, pp.250-251.

첫째, 부대 내에서 "항미원조와 국가보위"를 중심으로 하는 애국주의와 국제주의 교육을 실시했다.

둘째, 부대 내에서 미제국주의를 적대시하고, 멸시하며, 경시하는, 이른바 3시(3視: 仇視, 蔑視, 鄙視)교육을 실시했다.

셋째, 조국을 사랑하고 '조선인민'을 사랑하는 것을 내용으로 하는 애국주의와 국제주의 교육을 실시했다.[30]

(2) 항미원조를 위한 전략방침 교육

중국공산당은 한국전쟁에 참가한 부대가 당의 전략방침과 작전원칙을 관철하고 집행하도록 보장하는데 노력했다.

중국공산당은 연합군의 장점이 강한 화력과 빠른 기동력 및 밀접한 협동작전 능력에 있다고 보면서 지원군이 연합군에 대항하여 진지전(陣地戰)을 전개하는 것을 무모한 행위라고 판단했다. 그러나 연합군이 운동전(運動戰)에 약하고 화력을 최대로 발휘하지 못하며, 근접전과 야간전에도 약하고 항공기와 화력을 제대로 쓸 수 없는 약점을 가지고 있다는 판단 하에 운동전을 위주로 하면서 부분적으로 진지전과 적후방 유격전을 상호 결합하는 전략지도 방침을 확정했다.

그뿐만 아니라 중국공산당은 지원군이 열세의 장비로서 우세한 장비로 무장된 연합군과 싸워 이기기 위해서는 정치적 우세와 높은 사기를 발휘하는 것 이외에도 정확한 전법을 구사해야 한다고 강조했다.

전법은 당이 전쟁을 지도하는 전략방침과 전술원칙이었으며, 중국공산당은 지원군이 참전하기에 앞서 중국 인민이 우세한 장비의 적과 싸워 이긴 역사적 경험과 적정에 대한 초보적 이해를 근거로 하여 몇 가지 기본적인 작전원칙을 확정했다:

"**첫째,** 충분한 준비를 한 후 전투를 하며, 특히 초전에 신중을 기한다.

둘째, 우세한 병력을 집중하여 운동(행군) 중에 적을 섬멸한다.

셋째, 대담하게 침투하여 분산시키고 차단하며 포위한다.

넷째, 근접전과 야간전을 실시하고 저돌적으로 공격한다."[31]

---

30 國防大學党史党建政工教研室 編著, 前揭書, pp.29-30.

31 上揭書, p.30.

이처럼 전략지도방침과 작전원칙이 확정됨에 따라 인민해방군의 정치사업도 지원부대가 당의 전략방침과 작전원칙에 신속하게 적응하도록 하기 위해 다음과 같은 내용을 중점임무로 삼았다:

"**첫째,** 전투를 하면서 학습을 한다는 구호를 내걸고 수시로 전투하고 연구하며 총결산을 하도록 독려한다.

둘째, 전투평가(지휘평가, 동작평가, 전술평가, 부상 및 사망평가)를 실시한다.

셋째, 진지에서는 전투를 하면서 훈련한다.

넷째, 방문과 좌담 및 경험 교환을 한다.

다섯째, 나중에 참전한 부대는 먼저 참전한 부대로부터 배우고, 전투를 하지 않은 부대는 전투경험이 있는 부대로부터 배움으로써 부단히 경험과 교훈을 흡수하여 자신의 전술과 기술 수준을 향상시키는 것을 보장한다."[32]

(3) 적군와해 원칙의 실행

적군와해 원칙은 인민해방군 정치사업의 3대 원칙 중의 하나이다. '항미원조' 전쟁 중 인민해방군 지원부대는 적군와해에 관한 마오쩌둥의 강력한 지시에 근거하여 군사공격과 결합하면서 적군와해 사업을 대대적으로 전개했다.

첫째, 포로를 관대히 대하는 정책을 성실하게 수행했다. 펑더화이(彭德懷) 사령관은 투항해 오는 적군 장병과 모든 포로들에게 "4개조 보장"을 철저히 이행하도록 하는 명령을 전 부대에 하달했는데, 이 "4개조 보장"이란, "①생명과 안전을 보장하고, ②개인의 재물을 몰수하지 않으며, ③학대하거나 인격을 모욕하지 않고, ④부상자는 치료해 준다."[33]는 것이었다.

지원부대는 또 정치적 영향력을 확대하기 위해 현지에서 일부 포로를 석방하기도 했다. 석방 전에 간단한 교육을 시키고 환송회를 열거나 회식을 마련했으며, 전선으로 보내 경계선을 넘어 귀대시킴으로써 인민해방군의 포로정책을 널리 선전하기도 했다.

둘째, 적군와해 사업을 적극적으로 수행했다. 연합군의 정치사상 상황에 대한 조사연구를 중시하고, 특히 미군이 전쟁을 두려워하고, 고통을 참지 못하며, 전쟁

---

32 上揭書, p.31.

33 上揭書, p.31.

에 염증을 느끼고 고향으로 돌아가려고 하는 심리를 이용하여 대대적인 선전활동을 전개했다.

셋째, 연합군의 전통적인 경축일을 이용하여 정치공세를 강화했다.

제2절

펑더화이 주관시기의 정치사업

중화인민공화국이 수립된 이후인 1953년부터 1956년까지의 기간은 중국이 신민주주의로부터 사회주의로 옮겨가는 전환기였다. 이 기간 중 중국공산당은 전국의 각 민족과 인민을 영도하면서 신민주주의 혁명의 임무를 완수하고, 인민민주독재를 공고히 하며, 국민경제를 회복하는 기초 위에서 계획적인 경제건설을 전개했을 뿐만 아니라 전국적인 범위 내에서 기본적으로 생산자료의 사유제에 대한 사회주의 개조를 완료했다.

그뿐만 아니라 1954년부터는 전국군사계통 당의 고급간부회의가 확정한 건군방향과 방침 및 원칙에 근거하여 현대화·정규화된 혁명군대의 건설이 전면적으로 추진되었으며, 이 기간 중 인민해방군의 정치사업은 중국공산당의 노선과 방침에 근거하여 군의 현대화·정규화 건설을 보장하는 데 집중되었다.

1. 전국군사계통 당 고급간부회의의 의의와 주요 내용

중공 정권의 수립을 전후하여 국방군을 건설하는 데 있어서 인민해방군이 이미 가지고 있는 양호한 기초 위에서 계속적으로 향상시켜야 한다고 하는 당중앙군사위원회의 지적이 있긴 했지만 당시 인민해방군은 현대화·정규화된 군대를 여하히 건설해야 하며, 또한 구체적으로 어떠한 절차와 방법을 취해야 하는지에 관해서 전혀 무지한 상태였다.

따라서 인민해방군의 입장에서는 소련 군대의 길을 걷는 것만이 선택할 수 있는 유일한 방법이었다. 그러나 그 과정에서 중국의 실정을 고려하지 않고 소련 군대의 경험과 제도를 기계적으로 도입함으로써 오랜 전통을 가진 인민해방군의 정치사업이 크게 혼선을 빚기 시작했다:

첫째, 조령을 제정할 때 대대의 정치교도원과 중대의 정치지도원은 제외하고 대

대장과 중대장만을 전 대대(중대) 모든 인원의 직속상관으로 해야 하며,

둘째, 군사훈련과 군사연습 계획은 당 위원회의 허락을 받을 필요가 없으며, 명령을 하달 시에도 정치위원의 서명이 필요 없고, 군사연습 시에도 정치사업 요원이 참석할 필요가 없으며,

셋째, 소련 군대의 조령을 본받아 교재를 편찬하고 훈련도 소련 교관의 지시에 따라야 하고,

넷째, 부대 관리교육에 있어서도 상관의 권위를 강조하고 행정명령식의 지휘통솔을 강조하는 의견들이 제시되었다.

1) 회의의 소집 및 주요 내용

전국군사계통 당의 고급간부회의가 1953년 12월 7일부터 1954년 2월 26일까지 베이징에서 개최되었다.

주더(朱德)는 개막사를 통해 〈회의〉의 근본 목적이 과도시기에 있어서의 당의 기본노선과 기본임무를 지침으로 하여 과거 몇 년 동안의 사업을 총결산하고 금후의 방침과 임무를 확정할 뿐만 아니라 목전의 군사건설 사업에서 반드시 해결해야 하는 몇 가지 중대한 문제를 연구하여 해결하기 위한 것이라고 밝혔다.

주더는 개막사에서 "아군을 세계 제2의 가장 우수한 현대화된 혁명군대로 건설하라"는 마오쩌둥의 지시를 전달했다. 이로부터 인민해방군의 건설 방향은 현대화·정규화된 국방군을 건설하는 것으로부터 현대화된 혁명군대를 건설하는 것으로 바뀌었다. 또한 〈회의〉에서 펑더화이는 〈4년간의 군사사업 총결산과 금후 군사건설상의 몇 가지 기본문제〉라는 제목의 보고를 했으며, 정치부 부주임인 샤오화(蕭華)의 〈군대 정치사업의 건설에 있어서 몇 가지 문제에 관한 보고〉도 있었다. 전국군사계통 당의 고급간부회의는 중국이 전쟁시기를 벗어나 사회주의 건설을 향한 새로운 시기의 건군노선을 확정했다는 점에서 인민해방군사에서는 구톈회의에 버금갈 정도의 중요한 의미를 지니는 것이었으며, 〈회의〉에서는 주로 아래와 같은 내용들이 취급되었다:

첫째, 〈회의〉는 지난 몇 년 동안의 사업을 총결산하고, 향후 건군의 방침과 임무를 토의하여 확정했으며, 전군의 조직과 편제를 개편하고, 외국의 경험을 학습하며, 부대훈련을 강화하고, 당 위원회 집단영도 하의 수장분업책임제를 강화하며, 정치사업을 강화하고, 의무병역제와 봉급제 및 계급제도 등과 같은 중요한 문

제들을 실행하기로 결정했다.

둘째, 〈회의〉는 인민해방군의 현대화 건설이 중국 자체의 공업, 특히 중공업을 발전시킴으로써 적극적이고 단계적으로 군대의 무기와 장비를 개선하는 방향으로 가야하며, 정규화 건설은 전군의 모든 분야를 정식으로 규격화하는 것으로서, 즉 조령의 규정을 통일시켜 전군이 지휘, 편제, 제도, 훈련 및 기율 면에서 고도의 집중적 통일을 유지함으로써 현대화된 제 군종과 병종의 협동작전 요구에 부응하도록 보장하는 것임을 강조했다.

〈회의〉는 현대화된 혁명군대의 건설은 현대화된 무기와 장비, 그리고 그러한 무기를 장악하고 운용하여 적과 싸워 이길 수 있는 능력이 있어야 하며, 그뿐만 아니라 양적으로 충분한 마르크스레닌주의의 기초지식과 일정한 문화과학 수준 및 현대전쟁 지식을 구비하고 현대 기술을 장악할 수 있는 간부가 있어야 한다고 지적했다. 따라서 〈회의〉는 전 부대가 반드시 현대화 건설의 일상적인 중심사업으로서 정규훈련과 간부훈련을 최우선 임무로 삼도록 요구했다.

셋째, 〈회의〉는 정규화를 단일수장제의 실시로 인식하면서 정치사업을 약화시키고 오히려 단순하게 장교의 권위만을 높여줄 것이라고 우려하는 경향이 잘못되었으며, 기계적으로 조령을 도입하고 경직된 방법으로 사업을 추진함으로써 부대 내의 상하관계와 장병관계가 지극히 비정상적으로 될 수 있다는 우려도 잘못된 것이라고 지적했다. 즉 정규화가 전군의 장비를 통일하고, 편제를 통일하며, 훈련을 통일하고, 제도를 통일하며, 기율을 통일하기 위한 조령과 규정을 수립하여 모든 군인이 준수해야 하는 법전으로 삼도록 함으로써 통일적인 지휘와 협동작전의 요구에 부응하도록 하는 것임을 분명히 했다.

넷째, 〈회의〉는 현대화된 혁명군대를 건설하기 위해 인민해방군의 전통을 유지 및 발양하며, 바로 이러한 기초 위에서 소련 군대의 모든 선진적 경험을 학습하기로 했으며, 특히 다음과 같이 입장과 관점을 정리했다:

① 중국이 과거 소련을 배워 일어섰으며, 중국공산당은 소련공산당을 본보기로 하여 만들어졌고, 중국의 정권과 군대 역시 소련공산당이 소비에트정권과 적군을 건설한 기본원칙을 배워 건설된 것이다.

② 소련의 군대는 현재 세계에서 가장 우월한 현대화된 혁명군대이고, 소련의 군사과학은 세계에서 가장 우월한 군사과학이며, 이는 제2차 세계대전에서 독일과 일본의 파쇼군대를 패배시킨 실천을 통해서 이미 입증된 것이기 때문에

중국이 양호하고 현대화된 혁명군대를 건설하기 위해서는 오직 소련으로부터 배워야만 제대로 목적지에 정확하게 도달할 수 있다.

③ 소련의 군사과학이 우월하긴 하지만 중국의 실정에 적합하지 않고 통하지도 않는다는 주장은 잘못된 것이며, 중국이 소련과 다른 것이 있다면 그것은 공업조건, 교통조건, 간부의 문화과학 지식 수준일 뿐이다.

④ 소련의 군사과학을 학습해야 하긴 하지만 모든 제도를 그대로 도입한다면 중국의 영광된 전통과 저촉될 가능성이 있다고 우려하는 것은 잘못된 것이며, 중국 군대의 영광된 전통은 군사상으로는 마오 주석의 저작 속에서 천명된 인민전쟁의 전략전술과 인민전쟁의 이론과 실제, 생활기풍상으로는 근검절약과 각고분투, 정치와 조직상으로는 당 위원회의 집단영도와 수장분업책임의 민주집중제로서의 정치위원과 정치사업제도, 고도의 애국주의와 국제주의, 그리고 군정일치, 장병일치, 상하일치, 군민일치로서의 대중노선 등임을 특별히 강조했다.

⑤ 〈회의〉는 전군 당의 단결을 저해하는 최대장애로서 오만함과 개인주의를 지적하고 인민해방군이 당의 영도 하에 건설되었음을 상기시키면서, 먼저 공산주의가 있은 후에 당이 생겼고, 당이 출현한 이후에 당의 혁명강령이 제기되었으며, 당은 이 강령을 실현하기 위해 혁명의 요구에 따라 인민을 영도하여 혁명군대를 조직했고, 인민군대가 있은 후에 당의 영도 하에 장기적 투쟁을 거쳐 혁명을 승리로 이끌었듯이 당은 군대의 도구가 아닌 군대의 영도자이고 군대는 단지 혁명을 발전시키고 혁명을 승리로 이끌고 공고히 하는 도구인 것임을 재확인했다.[34]

2) 향후 군사건설의 몇 가지 문제에 관한 펑더화이의 의견

펑더화이는 인민해방군을 현대화된 군대로 발전시키기 위해 국가 무장역량의 총 정수(定數), 조직과 편제 및 직책, 제도 개혁, 간부의 자질 향상을 위한 학교의 창설 및 증설, 군사훈련, 각급 사령부의 기능 강화, 후방지원, 국방건설, 중국공산당의 인민해방군에 대한 영도와 부대 수장의 분업책임 등 문제로 구분한 후 각 항

34 姜思毅 主編, "在建設現代化革命軍隊的道路上曲折前進", 「中國共産党軍隊政治工作七十年史」, 第5卷, (北京: 解放軍出版社, 1992), pp.3-9.

목 별로 지향해야 하는 기본방향을 다음과 같이 제기했다:[35]

(1) **국가 무장역량의 총 정수(定數) 문제**

첫째, 간소화, 통합, 효율성, 절약 및 반관료주의 등 5개 항 목적을 달성하기 위해 1954년 말까지 1백만 명의 병력을 감축할 것을 제의했다.

둘째, 튼튼한 공업 기초와 일정한 인원의 간부만 확보하고 의무병제를 실시한다면 필요한 경우 언제든지 충분한 병력을 동원할 수 있다고 주장하면서 국방비를 절감하여 국가공업을 발전시킬 것을 요구했다.

(2) **조직과 편제 및 직책 문제**

첫째, 군대의 조직과 편제가 국가의 경제조건과 작전대상의 변화에 따라 바뀌는 것임을 전제한 후 몇 가지 요소, 즉 ①작전대상 및 이로부터 요구되는 군사적 수요, ②국가의 경제상황, 특히 공업생산력과 군사기술 수준 및 이로부터 요구되는 새로운 병종, ③무장역량의 조직체계 및 그 지휘관계의 규정, ④군대의 각종 장비와 물자 보급에 대한 규정, ⑤과거의 전쟁 경험과 중국의 지리적 특성 등을 고려하여 조직과 편제를 개편할 것을 요구했다.

둘째, 군구 문제에 있어서 전시에 방면군으로 전환하는 1급군구와 집단군으로 전환하는 2급군구를 그대로 유지하며, 주로 지방의 치안과 병역사업을 담당하는 성군구는 각 성의 특성에 맞게 개편하고, 군분구 역시 서로 다른 여건을 고려하여 개편할 것을 제의했다.

(3) **제도 개혁 문제**

지원병제로부터 의무병제로의 전환, 장교복무조례의 제정, 배급제로부터 봉급제로의 전환, 계급제도의 실행, 그리고 상벌제도의 실시 등을 포함하는 제도 개혁의 조속하고도 원만한 시행을 위해 전 인민해방군 장병들이 적극적으로 동참해 줄 것을 요구했다.

---

35 「建國以來重要文獻選編」, 第4冊, "4年來的軍事工作總結和今後軍事建設上的幾個基本問題", (北京: 中央文獻出版社, 1993), pp.623-639 참조.

⑷ 학교의 창설 및 증설과 간부의 자질 향상 문제

첫째, 간부가 모든 것을 결정한다는 원칙 하에 현대화된 혁명군대를 건설하기 위해서는 사회주의 사업에 충실하며, 마르크스레닌주의 사상의 기초를 갖추고, 현대 군사과학 지식과 일정한 과학기술 및 문화 수준을 갖춘 간부를 양성하는 군사학교의 창설이 시급하다고 지적했다.

둘째, 간부를 선발하는 데 있어서도 정치 소양과 업무 능력을 동시에 고려해야 한다는 점을 강조했다.

⑸ 군사훈련 문제

부대의 교육시간과 그 배분문제에 있어서 군사 60%, 정치와 문화 각각 20% 비율을 유지할 것과, 내무조령, 대열조령, 기율조령, 그리고 경비조령에 대한 교육을 실시하며, 고급간부들에 대한 재직학습을 실행할 것을 요구했다.

⑹ 각급 사령부 기관의 강화 문제

현대전쟁에 대비하고 제병종 합성군대의 전역과 전투를 지휘하기 위해서는 사령부의 강화가 필수적이라고 하면서, ①각급 사령부 간부들을 대상으로 업무능력을 향상시키기 위한 학습을 실시하며, ②수시로 능력이 있는 간부를 선발하여 사령부 기관의 간부로 보충하고, ③참모업무와 지휘능력을 향상시키기 위해 지휘관과 참모 간의 보직 순환을 활성화할 것을 요구했다.

⑺ 부대의 정치사업 문제

정치사업의 지위가 격하되고 그 역할도 무시될 것이라는 사고는 잘못된 것이라고 일축하면서 정치사업 중의 사상영도를 강화할 것을 촉구했다. 인민해방군 장병들을 대상으로 과도기에 있어서의 당의 기본노선과 기본임무를 선전하고, 사회주의제도의 우월성을 선전하며, 건군 임무와 사회주의 건설을 연계시켜 건군 임무를 완수함과 동시에 사회주의 공업화의 건설, 그리고 농업과 수공업 및 개인상공업에 대한 개조사업을 지지하고 협력하도록 하기 위해서는 정치사업의 지위와 역할이 오히려 강조되어야 한다고 지적했다.

⑻ 후방근무 조직과 사업 건설 문제

금후의 작전대상은 미국과 일본이 될 것이며, 이들의 막강한 화력과 병력 동원 능력 및 병종의 다양성은 인민해방군에게 있어서 후방지원 능력의 강화를 절실히 요구하도록 만들고 있다고 하면서, ①후근(後勤)사업이 현대전쟁에서 차지하는 중요성을 인식하고, ②전투경험이 있는 군·정 간부를 후근분야에 전속시키고, 전투경험이 있는 젊은 간부를 후근학교에 입학시키며, ③소련 군대의 후근사업 경험을 학습하고, 한국전쟁에서의 경험을 총결산하여 후근사업과 후근전술을 개발하며, ④각종 규정과 제도를 만들어 물자공급을 효율적으로 하고 낭비를 극복할 것을 요구했다.

⑼ 국방건설의 몇 가지 문제

첫째, 국방을 공고히 하고, 중국의 연해와 변경이 제국주의의 침략을 받지 않도록 보위하며, 인민민주독재를 공고히 하고, 중국의 사회주의 건설이 순조롭게 진행되도록 보장하는 것이 국방건설의 기본목적임을 설명하면서, 국방건설과 관련하여 국방부대와 공안부대의 임무 구분 문제와 국방건설 및 무기 생산 문제에 관해서 의견을 제시했다.

둘째, 국방건설 문제에 있어서 이미 계획이 수립된 방어진지 이외에 병영의 건설, 비행장과 부두 및 해군기지의 건설, 각종 창고와 병원의 건설, 군용철로와 도의 의 건설, 그리고 통신연락망의 건설은 기본계획을 수립한 후 3-5년 내에 완료하도록 하며, 또한 무기의 생산계획은 국가의 재정경제 상황과 금후의 전쟁 가능성을 근거로 하여 소련 병기의 규격에 따라 수립할 것을 주장했다.

⑽ 당의 영도와 수장의 분담책임 문제

첫째, 당 중앙과 마오쩌둥 주석이 지시한 건군 임무를 완수하고, 많은 구체적 사업을 완수하기 위해 당의 사상영도와 조직영도를 강화해야 한다고 주장했다. 당의 사상영도를 강화하기 위해서는 당의 기본노선에 대한 선전교육을 전개하여 중국이 사회주의 건설시기에 처해 있으며, 장차 15년 내에 위대한 사회주의 국가를 건설할 수 있다는 점을 전 장병이 이해하도록 하고, 이 기간 중 인민해방군은 사회주의 건설사업의 순조로운 실행을 보장하기 위해 정치, 업무, 기술 및 문화 수준을 향상시켜 현대화된 혁명군대로 발전해야 한다고 역설했다.

둘째, 조직영도에 있어서도 당 위원회의 집단영도와 수장 개인의 책임을 상호 결합하는 원칙에 근거하여 당 위원회의 통일적 집단영도 하의 수장분담책임제를 실행할 것을 촉구했다. 다시 말해서 정치위원과 군사지휘관은 모두 부대의 수장이며, 예를 들어 방침과 정책 및 계획과 관련된 문제, 상급 지시의 이행을 보장하는 문제, 부대의 사상을 영도하는 문제, 간부를 배치하고 처리하는 문제, 그리고 부대사업을 통일적으로 안배하는 문제 등 모든 중요한 문제는 우선적으로 당 위원회의 토의를 거친 후 결정하도록 하며, 군사사업 분야에 속하는 것은 군사지휘관이 그 실행과 감독을 책임지고, 정치사업 분야에 속하는 것은 정치위원이 그 실행과 감독을 책임지도록 한다는 것이다.

셋째, 군대 내부의 단결, 그리고 군대와 지방 간의 단결이 강화되도록 보장하기 위해 항시 비판과 자아비판을 실시하고 적극성을 발휘하도록 해야 하며, 또한 개인영도를 강조하거나 또는 당 위원회가 수장의 행정을 대신하거나 독점함으로써 당 위원회의 통일적 집단영도 하의 수장분담책임제가 침해되는 일이 있어서는 안 된다는 점을 강조했다.

3) 군대 정치사업 건설의 몇 가지 문제에 관한 샤오화의 보고 내용

샤오화(蕭華)[36]는 보고를 통해 군대 정치사업이 인민해방군의 기본임무를 보장하는데 긍정적인 역할을 했다고 평가한 후, 향후 군대 정치사업을 발전시키기 위한 기본방향으로서 정치사업의 기본임무, 기본역할, 기본방법 및 당 위원회의 군대에 대한 영도 등 문제와 관련하여 다음과 같이 언급했다:[37]

(1) 4년간 전군 정치사업에 대한 기본평가

샤오화는 보고를 통해 4년간 전군의 기본상황을 평가한 후, 이어서 인민해방군 정치사업이 다음의 여러 분야에서 상당한 성과를 거두었다고 언급했다:

첫째, 부대의 전투의지와 투쟁역량을 공고히 하고 향상시켰으며, 계급교육의 기초 위에서 '항미원조'를 중심으로 하는 애국주의와 국제주의 교육을 강화했고, 혁명영웅주의를 발양했으며, 대중성 공적쌓기운동을 발전시켰다.

---

36 샤오화(蕭華)는 초화(肖華)라는 별명으로 쓰이기도 한다.

37 姜思毅 主編, 前揭書, pp.11-19 참조.

둘째, 정치사업을 통해 부대의 사업대 임무를 보장함으로써 신해방구에서 대중을 조직하고 동원하여 반혁명을 진압했으며, 또한 대중의 토지개혁을 지원하고, 변경과 연해지역 인민의 생산활동을 적극적으로 지원하며, 도시정책과 민족정책을 철저히 이행하고, 대중 속에서의 당과 군의 정치적 영향력을 강화함으로써 사회질서를 안정시키고 인민민주독재를 공고히 했다.

셋째, 부대 내에서 일련의 민주운동을 전개하고 사상, 정치, 조직상으로 부대를 공고히 하며 단결시켰다. 해방전쟁 이래 포로로 잡히거나 투항해 오는 병력이 3백만 명에 이르렀는데, 60만 명의 구 장교들과 30여만 명의 청년학생들을 대상으로 사상개조를 실시했다. 또한 토지개혁 교육과 소고(訴苦)운동을 실시하여 농민 출신의 새로운 전사들이 계급적 각오를 향상시키도록 했다. 그뿐만 아니라 3반(3反) 운동을 실시하여 자본계급의 공격을 완전히 봉쇄했으며, 무산계급과 자본계급의 사상적 구분을 확연히 하고, 영도와 대중의 연계를 밀접하게 함으로써 당과 부대를 한층 더 건전하게 만들었다.

넷째, 당 사업을 공고히 하고, 지부 사업을 강화했으며, 청년단을 설립했다. '3반'의 기초 위에서 전군의 약 25% 이상을 차지하고 있는 당원에 대한 "공산주의와 공산당" 및 "당원자격" 교육을 전개했으며, 군대 내 122만3천 명에 달하는 청년단원에 대해서도 조수의 역할을 강조함으로써 각급 당 위원회의 영도와 권위를 강화했다.

다섯째, 간부의 양성과 교육사업을 강화했다.

여섯째, 문화교육 위주의 훈련을 강화함으로써 1951년부터 부대 총인원의 약 67.4%를 차지하던 문맹과 반문맹(초등학교 이하) 상태를 30.2%로 끌어내렸다. 초등학교 졸업 이상이 16.4%에서 42.1%로 증가했고, 중학교 졸업 이상인 자가 16.2%에서 21.7%로 증가했다.

일곱째, 특종병 정치사업을 수립했다.

그러나 샤오화는 이상의 현저한 성과에도 불구하고 인민해방군의 정치사업이 다음의 몇 가지 분야에서 여전히 부진했음을 시인했다:

첫째, 부대의 사상영도 분야에서 당의 제7기 「2중전회」 정신을 충분히 관철하지 못했다는 것이다. 다시 말해서 전투의지가 마비되고 전투대로서의 사상교육이 부진했으며, 3반운동 과정에서도 낭비와 탐오 및 관료주의 현상이 빈번히 나타났다는 것이다.

둘째, 정치사업이 각항의 기술업무와 적절히 결합되지 못했으며, 또한 정치사업이 부대의 현대화·정규화 건설과 부합되지 못했다는 것이다. 셋째는 정치사업의 영도분야에서 주관주의와 관료주의 경향이 불식되지 않았다는 것이었다.

(2) 정치사업의 건설에 관한 몇 가지 문제

샤오화는 향후 군사건설의 방침과 임무에 관한 펑더화이 부주석의 〈보고〉를 인민해방군 전 부대의 건설 방침인 동시에 정치사업의 방침이라고 전제한 후, 향후 정치사업의 중점사업을 구체적으로 열거했다:

첫째, 그는 사상영도를 강화하고, 과도시기에 있어서의 당의 기본노선 교육을 관철하며, 전군의 사회주의 각오를 향상시키는 것이 인민해방군의 현대화·정규화 건설과 각종 사업의 성공적인 완수를 보장하는 결정적 요소이며, 또한 금후 군대 정치사업의 으뜸가는 임무임을 강조했다.

이어서 그는 현대화된 혁명군대를 건설하는 교육과정에서 당의 사상영도를 보장하기 위해, ①인민해방군이 영원히 전투대임을 선전하고, 애국주의와 국제주의 교육을 계속하여 실시하며, 전투의지를 공고히 했고, ②소련의 선진적 경험을 성실하고 허심탄회하게 학습하도록 선전했으며, ③집중적 통일과 집단관념을 강화하도록 선전했고, ④인민군대의 영광된 전통을 발양하는 것을 선전했다고 언급했다.

둘째, 그는 정치사업이 반드시 기술과 업무 속으로 침투함으로써 군사기술과 각항 업무의 향상을 보장해야 한다고 강조했다. 그는 장비와 기술이 부대 전투력의 물질적 기초이며, 현대화된 전쟁은 장비와 기술의 중요성을 충분히 보여주고 있다는 전제 하에 정치사업의 기술과 업무에 대한 책임이 당의 영도를 강화하고 기술을 장악한 인간에 대한 사상교육을 강화하며, 그들의 정치적 자질을 향상시킴으로써 그들이 전심전력으로 인민을 위해 복무하는 대전제 하에 기술에 정통하고 업무에 정통하며 군사기술과 각항 업무의 건설에 있어서 그들이 주관적인 능동성을 발휘하도록 하여 기술과 업무가 정치를 위해 복무할 수 있도록 하는 데 있음을 지적했다. 이어서 이를 바탕으로 하여 향후 정치사업은 우선적으로 전체 지휘전투원이 기술과 업무를 장악해야 하는 의의를 이해하고 부단히 학습한다는 결심을 가지는 것을 보장하는 데 주력해야 한다고 강조했다.

셋째, 그는 정치사업이 군대 내에서의 당의 대중사업이며, 정치사업의 근본노선과 방법은 곧 대중노선이기 때문에 인민해방군의 모든 사업 역시 대중노선을 관철하는 것을 견지해야 한다고 강조했다. 대중노선은 중국공산당의 근본적인 정치노선이며 또한 중국공산당의 근본적인 조직노선과 영도방법이다.

중국인민해방군의 정치사업 역시 군대 내에서의 당의 대중사업으로서 각급 당 조직에 의존하여 전체 당원과 모든 군인을 동원하고 조직하여 사업을 수행하는 것이다. 따라서 그는 설사 계급제도가 실시되더라도 장병일치 원칙을 약화시킬 수 없으며 오히려 대중노선에 근거하여 장병일치 원칙을 강화함으로써 집중과 민주, 상하관계와 동지관계가 완전하고도 정확하게 결합되도록 해야 한다는 것을 강조했다.

넷째, 그는 당위제(党委制)를 견지하고 건전하게 하며, 당의 집단영도 역할을 강화하는 것이 군대의 건설, 특히 정치사업 건설의 기본적인 부분임을 강조했다. 이미 누차에 걸쳐 언급되었듯이 중국인민해방군은 중국공산당이 절대적으로 영도하는 것이다. 당이 군대 내에서 이러한 절대적 영도를 실현하는 것은 무산계급의 사상영도를 강화하고, 당의 노선과 정책을 관철함과 동시에 군대 내 당 위원회를 강화하고 당위제를 실행하는 데 그 목적이 있다. 물론, 부대 내의 이러한 당위제는 수장의 개인책임제와 상호 결합된 것으로서 장기간의 혁명전쟁 경험을 통해서 형성된 것이며, 또한 마오쩌둥 건군사상의 특징 중의 하나인 것이다.

〈중국공산당 홍군제4군 제9차 당 대표대회 결의안〉에서 마오쩌둥은 인민군대가 "혁명의 정치임무를 수행하는 무장집단이며", "당은 군대 내에서 영도의 중추를 건립해야 한다."고 강조했다. 또한 당 제6기 「6중전회」에서는 "우리들의 원칙은 당이 총검을 지휘하는 것이며 결코 총검이 당을 지휘하는 것을 용납하지 않는다."고 했다. 그뿐만 아니라 중국공산당 중앙은 1948년 〈당위제를 건전하게 하는 것에 관한 결정〉을 공포했다.

샤오화(蕭華)는 당위제가 군대에 대한 당의 절대적 영도를 실현하는 우월한 제도이며, 또한 각급 당 위원회도 당해 각 부대를 단결시키고 영도하는 핵심이기 때문에 부대 내의 모든 중요한 사업은 반드시 당 위원회의 영도 하에 있어야 하며, 부대의 수장은 반드시 당 위원회의 영도에 복종해야 할 뿐만 아니라 당 위원회에 내해 책임을 져야 하고, 그 어떠한 수장이나 간부라도 모두 반드시 당 위원회의 결의에 따라 사업을 실행할 뿐만 아니라 당의 감독과 검사를 받아야 한다고 지적했다.

물론, 그는 당 위원회의 영도가 절대로 당위제(党委制)와 수장제(首長制)를 혼동시키는 것이 아니고, 결코 당 위원회로 수장의 지휘사업과 행정사업을 대체하도록 요구하는 것도 아니며, 기관의 업무활동을 대체하도록 요구하는 것도 아님을 분명하게 밝혔다. 그는 당 위원회의 주요한 영도가 정치, 사상, 조직의 영도이며, 상급 당 위원회와 상급 수장 및 상급 기관의 지시를 관철하고 집행하는 것을 보장하는 것이고, 당 위원회의 결의는 당 위원회의 위원, 당의 조직, 각급 수장과 각 사업활동 기관을 통해 구체적으로 실시되도록 해야 하기 때문에 당위제가 결코 수장제를 약화시키거나 부정하는 것이 아니며, 이와 반대로 수장제를 강화하고 공고히 하는 것이라고 주장했다.

그는 당위제가 수장이 당의 영도 하에 임무를 수행하고 결심을 관철하는데 보다 강력한 힘을 심어주면서 보다 확실하게 보장해 주는 제도이며, 또한 중국인민해방군이 장기간 동안 견지해 온 "당 위원회의 통일적 집단영도 하의 수장분담책임제"는 당위제와 수장제를 결합한 훌륭한 방법이라고 했다. 그뿐만 아니라 그는 집단영도가 당 영도의 최고원칙임을 확인하면서 당의 집단적 경험과 집단적 지혜가 충분히 발휘되어야만 영도의 정확성이 보장될 수 있기 때문에 향후에도 이 원칙은 더욱 더 철저하게 견지되어야 한다고 촉구했다. 이어서 그는 당 위원회 사업을 건전하게 하기 위해 아래의 조치를 취할 것을 요구했다:

① 당 위원회 집단영도 원칙의 견지

당 위원회 위원과 모든 공산당원이 반드시 당의 집단영도에 관한 관념을 강화해야 하며, 당의 정책, 상급 지시의 이행, 일정한 시기의 부대 사업방침, 훈련계획, 부대의 사상교육과 사상영도, 간부사업 등을 포함하는 모든 중요한 문제는 반드시 상급의 지시와 부대의 상황에 근거하여 당 위원회의 심층적인 연구와 충분한 토의를 바탕으로 하여 결정해야 한다고 요구했다.

② 사상영도의 강화

사상사업은 당 위원회의 주요사업이며, 당 위원회의 영도를 강화하는 것은 우선적으로 사상영도의 성공 여하에 의해 좌우되기 때문에 당 위원회가 반드시 부대의 사상 실태에 항시 관심을 가지고 당원교육을 장악하며 비판과 자아비판을 강화해야 한다고 요구했다.

③ 당 지부 사업에 대한 영도 강화

당 지부는 당의 기층조직으로서 당의 영도와 대중을 연계하는 교량이기 때문에 당 위원회의 사업을 강화하기 위해서는 반드시 지부의 건설을 강화해야 한다고 요구했다.

이어서 중국인민해방군 정치사업의 기풍과 방법이 곧 중국공산당의 영도기풍과 영도방법이라는 전제 하에 마오쩌둥이 제시한 이론과 실천을 상호 결합하는 기풍, 인민대중과 긴밀하게 연계하는 기풍, 비판과 자아비판, 그리고 영도핵심과 광범한 대중이 상호 결합하고, 일반적인 호소와 구체적인 지도를 상호 결합하며, 대중 속으로부터 나와서 대중 속으로 들어가는 방법을 견지할 것을 거듭 확인했다.

2. 정치사업조례 총칙의 주요 내용

건국 이후 중국공산당 중앙군사위원회와 총정치부는 마오쩌둥의 건군사상과 새로운 시기의 건군 요구에 따라 정치사업의 역사적 경험을 총결산하고 전통을 계승하며 소련 군대의 정치사업 경험을 흡수하여 새로운 〈중국인민해방군 정치사업조례(초안)〉를 제정했으며, 이 〈조례(초안)〉는 1954년 4월 15일 당 중앙과 중앙인민정부 인민혁명군사위원회에 의해 공포 및 시행에 들어갔다.

〈조례(초안)〉는 총칙과 19개의 구체적인 조례, 즉 당 위원회 조례와 정치위원, 총정치부, 1급군구 정치부, 성군구 정치부, 군(軍) 정치부, 사단 정치부, 연대 정치처, 대대 교도원, 정치협리원, 중대 지도원, 중대 당 지부, 청년단 중대 지부, 중대구락부, 학교정치부 등 사업조례, 그리고 해군함정부대, 공군비행대대, 병원 등 정치사업조례 및 혁명군인대표대회 조례 등으로 구성되었다.

〈조례(초안)〉는 인민해방군 정치사업의 성격, 임무, 직책, 조직형식, 사업기풍, 각 분야와의 관계 및 현대화 건군의 근본적 문제 등에 대해 명확하게 규정했으며, 그 구체적인 내용은 아래와 같다.[38]

38 姜思毅 主編, 前揭書, pp.20-28.

〔제1조〕 인민해방군의 성격과 근본취지

중국인민해방군은 중화인민공화국의 무장역량이며, 중국공산당의 영도 하에 조국을 보위하고 인민혁명투쟁과 국가건설을 위해 복무하는 인민군대이다. 중국공산당은 중국인민해방군의 창설자이며 조직자이다. 당의 마르크스레닌주의 정치노선과 군사노선은 이 군대가 승리를 획득하게 된 결정적 요인이다. 인민과 함께 긴밀하게 서서 전심전력으로 인민을 위해 복무하는 것은 이 군대의 유일한 근본취지이다. 중국인민해방군은 반드시 당의 강령과 노선을 위해, 그리고 사회주의와 공산주의를 위해 굳건하게 분투해야 한다.

〔제2조〕 인민해방군의 기본임무

중국인민해방군은 중국공산당의 영도 하에 전국 인민과 함께 장기적이고 험난한 투쟁을 통해서 중국에서의 제국주의, 봉건주의, 관료자본주의의 반동통치를 철저히 전복했으며, 신민주주의 혁명의 승리를 획득했고, 그뿐만 아니라 고도의 애국주의와 국제주의 정신 및 용맹스럽고 과감한 행동으로 '항미원조'투쟁의 승리를 획득했다. 우리나라가 신민주주의사회로부터 점차 사회주의사회의 새로운 역사적 시기로 진입하기 위해 중국인민해방군은 반드시 과도시기에 있어서의 당의 기본임무를 철저히 수행하고, 영광된 전통을 발양하며, 소련 군대를 본보기로 하여 적극적이며 단계적으로 자신을 양호하고 현대화된 혁명군대로 건설함으로써 우리나라의 국방을 보위하고, 조국의 사회주의 건설을 보위하며, 동방과 세계의 평화를 보위한다.

〔제3조〕 중국공산당의 인민해방군 영도제도

중국공산당은 중국인민해방군 내에 당의 각급 위원회를 설립하여 부대를 통일적으로 영도하는 핵심으로 하며, 그뿐만 아니라 당 위원회의 통일적인 집단영도 하의 수장분담책임제를 확정함으로써 당이 군대를 영도하는 제도로 한다.

관련 방침과 정책 및 계획 문제, 상급 지시의 집행을 보장하는 문제, 부대의 사상을 영도하는 문제, 간부를 이동시키고 처리하는 문제, 그리고 부대 사업을 통일적으로 안배하는 문제를 포함하는 모든 중요한 문제는 긴급한 상황 시에 관련 수장이 긴급히 처리하는 것을 제외하곤 모두 당 위원회가 토의하여 결정하며, 군사사업 분야에 속하는 것은 군사지휘관이 그 실행을 책임지고, 정치사업 분야에 속하는 것은 정치위원이 그 실행을 책임진다. 정치위원과 군사지휘관은 다같이 부대의 수장으로서 부대의 모든 사업에 공동으로 책임지며, 일반적인 상황 하에서는 정치위원이 당의 전반적인 사업의 주관자가 된다. 이러한 종류의 당 위원회의 통일적인 집단영도 하의 수장분업책임제는 우리나라 군대가 장기간 동안의 혁명투쟁 과정에서 만들어내었을 뿐만 아니라 아군의 상황에 적합하게 통일적으로 영도하기도 하고 분담하여 책임을 지기도 하는 제도이며, 아군이 모든 정치임무와 군사임무를 완수하는 것을 보장하는 것이다.

〔제4조〕 정치사업의 지위와 기본임무

중국인민해방군 내에서의 중국공산당의 정치사업은 아군의 생명선이다. 정치사업은 곧 당의 사업이다. 중국인민해방군의 각급 정치기관은 당해 각 상급 당 위원회, 정치위원, 정치기관, 그리고 동급 당 위원회와 정치위원의 영도 하에 당의 활동을 지도하고, 당의 기층조직을 관리하며, 정치사업을 수행하는 영도기관이다. 정치사업의 기본임무는 마르크스레닌주의의 혁명정신으로 군대를 교육하고, 전체 구성원의 공산주의 각오를 향상시키며, 군대 내부와 외부의 단결을 공고히 하는 것이다. 대내적으로는 장병 간, 상하급 간, 군사사업과 정치사업 및 기타 각종 사업 간의 단결을 유지하며, 대외적으로는 군대와 인민 간, 군대와 지방조직 간, 각 부대 간의 단결을 유지한다. 그뿐만 아니라 이를 바탕으로 하여 당의 영도를 관철하고, 아군의 현대화 건설을 실현하며, 부대가 정치적 자각을 바탕으로 고도의 집중적 통일과 엄격한 기율을 유지할 뿐만 아니라 적군을 와해하는 사업을 수행하고, 자신을 단결시키며 적과 싸워 승리하는 목적을 달성하는 것을 보장한다.

〔제5조〕 정치사업의 기풍과 방법

중국인민해방군의 정치사업은 모든 임무를 완수하는 것을 보장하는 가운데 반드시 당의 기풍을 관철한다. 이론과 실천을 상호 결합하는 기풍과 인민대중과 긴밀하게 연계하는 기풍 및 자아비판 기풍인 당의 사업 기풍을 군대 정치사업의 기풍으로 한다.

각급 당 조직에 의존하여 전체 당원과 전체 군인을 동원하고 조직하여 사업을 수행하도록 하고, 영도핵심과 광범한 대중을 상호 결합하고 일반적인 호소와 개별적인 지도를 상호 결합하는 방법을 운용하며, 서로 다른 사업영역 속에서 광범하게 대중과 연계하고, 각 업무와 군사기술을 상호 결합하며, 집중적인 영도 하에서 민주를 발양하고 대중노선을 관철한다.

모든 정치사업 종사자는 자신의 마르크스레닌주의 이론 수준을 향상시키는 데 노력하고, 마르크스, 엥겔스, 레닌, 스탈린, 마오쩌둥의 저작을 정독하며, 그뿐만 아니라 자신의 사업과 관련이 있고 필요한 군사지식과 기타 업무지식을 학습하는 데 노력하고, 직분에 충실하고, 업무에 정통하며, 사업에 적극적이고, 부단히 발전하며, 모든 임무를 완수하는 데 있어서 모범적인 역할을 발휘해야 한다.

〔제6조〕 정치사업의 주요 내용

(1) 중국공산당의 강령과 노선 및 정책을 관철하고 집행한다. 전군이 당의 정책과 국가의 법률 및 법령을 준수하는데 모범이 되도록 한다.

(2) 중국공산당의 당장(党章)에 따라 당 기층조직의 사업을 지도하고, 당 지부의 사업과 당의 신민주주의청년단 조직에 대한 영도를 강화한다. 당의 영도와 대중의 밀접한 결합에 의존하고, 당원의 모범적 역할에 의존하며, 대중이 적극성과 창조성을 충분히 발휘하도록 하고, 모든 임무를 완수하는 것을 보장한다.

(3) 마르크스레닌주의와 당의 과도시기에 있어서의 기본임무로 군대를 교육하며, 자본계급 사상을 반대하고, 소자본계급 사상을 개조하며, 공산주의 각오를 향상시키고, 고도의 애국주의와 국제주의 정신을 수립하며, 각고분투하는 정신을 발양하도록 한다. 전 군인이 일치단결하고, 조국에 충성하며, 인민에 충성하고, 공산당을 열애하며, 소련과 인민민주주의국가를 열애하고, 세계 인민의 평화와 민주 및 사회주의 사업에 관심을 가지며, 피압박민족의 해방운동에 관심을 가지고, 전 군인이 직분에 충실하며, 경각심을 향상시키고, 항시 전투준비를 유지하며, 강인한 전투의지, 승리할 수 있다는 굳건한 의지, 강렬한 적개심, 그리고 전진만이 있고 모든 적을 압도하는 혁명영웅주의 기개를 가지도록 한다.

(4) 군대의 군사 소양을 향상시키는 것을 보장한다. 사상과 정치적으로 전군을 동원하여 소련의 선진적 군사과학과 마오쩌둥의 군사 저작 및 아군의 실전경험을 적극적으로 학습하도록 함으로써 전군이 현대작전의 군사기술과 지휘예술을 장악하는데 숙련되고, 업무에 정통하며, 집중적이고 통일적인 지휘 하에 긴밀하게 협동하고, 각 군종과 병종 및 현대장비의 위력을 발휘하도록 하며, 국가가 부여한 작전임무를 완수하도록 한다.

(5) 군대의 정규화 건설을 보장하고 조직성과 기율성을 향상시킨다. 전 군인이 자각적이고 굳건하며 정확하게 명령을 집행하고 중앙인민정부 혁명군사위원회가 공포한 각종 조령과 조례 및 제도를 엄격하게 준수하도록 교육하며, 전군이 지휘, 제도, 편제, 기율, 그리고 훈련상의 고도의 집중과 통일을 보장한다.

(6) 당의 간부정책을 관철하고 집행한다. 간부에 대한 교육과 양성, 심사와 평가 활동을 강화하고, 간부에 대한 마르크스레닌주의와 이론교육을 강화하며, 군대 소속의 학교정치사업을 강화하고, 교육임무의 완수를 보장한다.

(7) 군대의 물질보장사업 중의 정치사업을 강화한다. 전군의 후방근무자들이 인민을 위해 복무하고 부대를 위해 복무하는 확고한 사상을 수립하고, 현대 후방근무 업무와 기술을 적극적으로 학습하고 숙달하며, 현대화 전쟁과 건군 중에서 후방근무, 재무, 무기와 장비, 수송과 위생 등 사업이 거대한 역할을 발휘할 수 있도록 교육할 뿐만 아니라 전 군인이 무기와 장비 및 작전물자를 애호하고, 후방근무 종사자가 검약하고 청렴하며 공적인 일을 위해 봉사하는 기풍을 발휘하도록 교육한다.

(8) 장병일치 원칙을 관철한다. 간부가 사병을 사랑하고 보호하며 부대의 정치와 문화생활 및 물질생활을 적극적으로 개선하도록 교육하며, 사병이 간부를 존경하고 자각적으로 영도에 복종하며 아군 내부의 단결을 공고히 하도록 교육한다.

(9) 군민일치 원칙을 관철한다. 3대기율·8항주의의 전통정신으로 부대가 국가건설에 관심을 가지고 적극적으로 참가하며, 지방의 대중사업에 협력하고, 당의 정책과 국가의 법률 및 법령을 선전하고, 각 종족과 인민을 단결시키며, 옹정애민(擁政愛民) 교육을 강화하고, 군민관계와 군정관계를 긴밀하게 하도록 교육한다.

(10) 적에 대한 정치투쟁을 계획하고, 적에 대한 와해사업을 실시하며, 적군을 와해하고 포로를 관대히 대하는 각항 정책을 관철한다.

(11) 전군이 항시 고도의 정치적 경각심과 보위사업을 정확히 관철하는 정책을 유지하고, 부대에 섞여 들어온 모든 특무분자와 간첩 및 암약하고 있는 반혁명분자를 숙청하며, 아군이 정치와 조직에 있어서 순수성을 유지하도록 교육할 뿐만 아니라 전 군인이 국가기관의 군사기밀을 엄수하도록 교육한다.

(12) 전 군인의 문화 수준을 부단히 향상시키고, 문화오락과 체육 사업을 전개함으로써 전 군인이 강인한 체질과 고도의 문화교양을 구비하도록 한다.

(13) 국가의 병역제도에 관한 정책과 법령에 따라 인민정부와 인민단체가 의무병역제도를 실시하고 동원사업과 제대사업에 적극적으로 참가하도록 협력한다.

(14) 군대 내에서의 중국공산당의 정치영도와 정치사업의 구체적 실시를 보장하기 위해 연대나 또는 연대 이상에 상당하는 부대나 이에 상당하는 단위에 정치위원과 정치기관을, 대대나 또는 대대에 상당하는 단위에 정치교도원을, 중대나 또는 이에 상당하는 단위에 정치지도원을 두며, 연대나 또는 연대 이상에 상당하는 단위에 기관과 부문 및 직속단위는 필요할 경우 정치협리원을 둔다.

3. 현대화·정규화 건군노선과 정치사업 문제

1) 펑더화이의 〈군대의 정규화·현대화에 관해서〉

펑더화이는 1956년 9월 18일 중국공산당 제8기 전국대표대회에서 행한 〈군대의 정규화·현대화에 관해서〉라는 제목의 발표를 통해 중국인민해방군이 그간의 전쟁에서 승리할 수 있었던 까닭, 군대의 임무와 건설 방침, 군대 건설에 있어서 반드시 견지해야 하는 몇 가지 제도, 그리고 학습문제를 중점적으로 언급했다.

특히 펑더화이의 발언 내용은 인민해방군이 현대화·정규화 건군노선을 추구하는 과정에서 쟁점으로 남아 있던 정치사업 문제, 즉 정치사업의 위치와 역할 및 기능을 명확히 설명했다는 점에서 매우 중요한 의미를 지니는 것이었다.

펑더화이는 과거 중국인민해방군이 승리할 수 있었던 것은 ①중국공산당의 정확한 영도가 있었고, ②광범한 인민의 옹호와 지지가 있었으며, ③인민의 군대였기 때문이라는 결론을 내리면서 향후 인민해방군이 승리를 보장하기 위해서는 중국공산당의 절대적 영도에 복종하며, 인민대중과 밀접하게 연계하고, 인민혁명군대의 본질을 영원히 유지해야 한다고 강조했다. 그뿐만 아니라 인민해방군이 반드시 견지해야 하는 제도로서 군대의 영도사업제도, 군대의 정치사업제도, 그리고 군대의 민주제도를 열거하면서 이들 제도를 계승해야 하는 부분과 발전시켜야 하는 방향에 관한 의견을 곁들였다.

(1) 군대의 영도사업제도

펑더화이는 중국인민해방군 영도사업의 근본제도인 당 위원회 집단영도 하의 수장분담책임제가 견지되어야 한다는 기본적인 입장을 취했지만, 민주적 방법에 의한 당 위원회의 집단영도와 정치간부와 군사간부가 대등한 수장으로서 각기 자신의 영역에서 독자적인 권한을 행사하는 수장분업책임제가 자리를 잡아야 한다는 점을 강조했다:

"당 위원회의 집단영도를 건전하게 하기 위해서는 반드시 사업 중에 민주기풍과 대중노선의 사업방법을 관철하며, 광범한 간부와 사병 간의 긴밀한 연계를 강화하고, 항시 하층으로 깊숙이 파고 들어가 확인작업을 실시하며, 대중의 선진적 경험을 총결산하여 널리 전파하고, 비판과 자아비판 방법으로 사업 중의 결점과 과오를 시정하여 당 위원회의 영도동지가 대중을 이탈하고 실제를 이탈함으로써 관료주의와 단순한 명령주의의 과오를 범하는 것을 방지해야 한다. 당 위원회가 사업에 대해 결정을 내린 후에는 부대 수장에게 일임하여 수장 개인이 책임지고 적극성과 창조성을 발휘할 수 있도록 해야 한다. 당 위원회가 일상적인 사업에 간여하고 모든 것을 독점하는 행위는 잘못된 것이다."[39]

이어서 그는 또 "군대 내에서 반드시 수장분담책임제를 실행해야 하는 것은 아군이 전투임무를 수행하는 혁명무장 조직이기 때문이다. 만약에 수장이 단호하게 책임지는 태도를 가지지 못하고 즉각적이고 강력하게 지휘하지 못한다면 복잡한 합성군대가 긴급한 전투상황에 처할 시 행동상의 혼란을 일으키거나 심지어 전투를 불리하게 만들 수 있으며, 사업에 있어서도 진척이 지연되거나 아무도 책임을 지지 않는 현상이 초래될 것이다. 따라서 각급 수장은 반드시 당 위원회의 집단영도 하에 분업에 따라 적극적이고 능동적으로 자신의 직책을 이행해야 한다. 당 위원회의 집단영도가 있기 때문에 수장의 책임을 경감시킬 수 있다고 여기는 사고나 행위도 잘못된 것이다."[40]라고 지적했다.

펑더화이는 집단영도와 수장의 분담책임의 관계를 명확하게 구분한 후 "그 어느 쪽에도 편중됨이 없이 집단영도와 수장책임을 균형적으로 정확하게 운용할 수 있을 때, 군대의 집중적 통일을 약화시키지 않을 뿐만 아니라 그것을 보다 더 강력하게 보장할 수 있을 것이며, 긴급한 상황 하에서의 군대의 기동성에 영향을 미치

---

39 丁望 主編, 「中共文化大革命資料彙編」, 第3卷(彭德懷問題專輯), (香港: 明報出版社, 1969), p.405.

40 上揭書.

지 않을 뿐만 아니라 그것을 보다 더 정확하게 보장할 수 있을 것이다. 군대가 현대화된 이후 병종이 더욱 더 복잡해짐에 따라 이러한 영도세도의 양호한 역할은 더욱 더 필요해지고 있으며 결코 약화되지 않고 있다."[41]는 말로 끝을 맺었다.

평더화이의 이러한 주장은 결국 당 위원회의 집단영도 하의 수장분담책임제가 군대에 대한 당의 근본적인 영도제도임을 전제하면서도 부대 수장의 한 사람인 군사지휘관에게는 군사영역에서의 자주권을 보장해 주어야 한다는 것이었다. 이는 군사지휘관의 권한을 '당 위원회의 집단영도'라는 범위 내로 국한시키는 것으로서 결코 군이 당의 상위에 있거나 또는 군사간부가 정치간부의 상위에 있어야 한다는 이른바 절대적인 '군사간부 일장제'를 의미하는 것은 아니었다.

(2) 군대 정치사업제도

앞에서도 여러 차례에 걸쳐 언급했듯이 중국에 있어서 군대 정치사업은 실질적으로 군대 내에서의 당의 사업이며, 정치기관은 당의 사업기관이다.

당은 정치기관을 통해 전군의 정치사상교육 사업을 영도하고, 전체 군인의 애국주의와 공산주의 사상을 수립하며, 각종의 그릇된 사상과 기풍을 극복할 뿐만 아니라 부대가 당 중앙의 정치노선과 정부의 법률 및 법령을 관철하는 것을 영도하고, 부대 당의 조직과 청년단 조직 및 광범한 장병대중이 자각적이고 단호하게 상급의 명령과 지시를 이행하고 군대 내의 각항 임무를 완수하는 것을 영도한다.

평더화이는 군대 정치사업제도가 그 기능을 충분히 발휘하도록 하기 위해서는 먼저 정치사업이 군대의 전투와 사업을 위해 실행되어야 한다는 점을 특별히 강조했다:

"군대 정치사업의 임무는 오직 군대의 기본임무와 각항의 구체적 임무에 근거하여 결정될 수 있다. 아군의 기본임무는 과거에는 민족민주혁명의 승리를 실현하기 위한 것이었으며, 금후에는 제국주의의 침략을 방지하고 조국의 사회주의 건설을 보위하는 것이다. 아군의 구체적인 임무는 작전 이외에 평시에는 훈련을 중심으로 하는 군대 건설과 작전 준비 및 각항의 일상적 사업이다. 현재 아군 정치사업의 구체적 임무는 부대에 대해 충분한 정치사상 교육을 실시하고, 부대의 정치적 각오를 계발하며, 더 나아가 군내의 단결과 군·민 간의 단결을 공고히 하고, 모든

41 上揭書.

혁명군인이 사업에 있어서 적극성과 창조성을 발휘하도록 하며, 부대의 전투력을 향상시키고, 제국주의의 가능한 돌발적 기습에 대한 고도의 경각심을 유지함으로써 금후 아군이 기본임무와 각항의 구체적 임무를 관철하고 집행하는 것을 확실하게 보장하는 것이다."[42]

그뿐만 아니라 펑더화이는 "군대의 현대화 특성에 부응하도록 반드시 각종 군사활동 속으로 들어가 소재 단위의 업무기술 상황을 구체적으로 이해하고, 자신의 사업에 필요한 업무기술 지식을 허심탄회하게 학습하며, 실제를 이탈하는 주관주의 경향을 방치함으로써 군대 정치사업이 새로운 상황 하에서 활력이 넘치게 전진하고 발전하도록 해야 한다."[43]고 촉구했다.

(3) 군대의 민주제도

중국인민해방군의 민주제도는 한 마디로 집중영도 하의 민주제도이다. 민주제도가 없다면 당 위원회의 집단영도와 정치사업이 형식에 불과하게 되고, 당 위원회의 집단영도와 정치사업의 보장이 없다면 진정한 집중영도 하의 민주가 있을 수 없다고 말할 정도로 군대의 민주제도는 당 위원회의 집단영도제도 및 정치사업제도와 불가분의 관계에 있다.

중국인민해방군의 경우, 민주는 매우 광범위하게 적용된다. 당과 청년단의 조직생활뿐만 아니라 일상적인 사업활동이나 전투 중에도 민주가 요구되는데, 이것은 당 위원회의 집단토론을 거쳐 결정된 사항을 민주와 대중노선 방법에 따라 하급 장병들에게 넘겨 이들로 하여금 토론을 하도록 하고 이들의 합리적인 건의를 받아들이는 것을 의미한다.

따라서 펑더화이는 현대전쟁이 지휘상의 고도의 집중을 요구하기 때문에 더 이상 민주를 강조할 필요가 없다는 식의 풍조가 잘못된 것임을 지적하면서, "인민해방군의 현대화·정규화가 결코 인민군대의 본질을 바꿀 수는 없으며, 진정한 고도의 집중은 오직 고도의 민주를 바탕으로 하여 건립될 수 있으며, 단순히 강제력에 의한 방법으로 건립된 집중은 단지 일종의 허구적이고 시련을 극복할 수 없는 집중이다."[44]라고 강조했다.

---

42 上揭書, p.406.

43 上揭書.

2) 탄정의 〈건군의 새로운 단계에 있어서 정치사업의 몇 가지 문제〉

인민해방군 정치부 주임인 탄정(譚政)은 「8대(大)」에서의 보고를 통해 기술과 장비의 개선으로 비롯된 인민해방군의 지휘, 편제, 훈련, 제도 등 변혁과정에서 파생된 정치사업의 문제점들을 지적하고 이를 해결하기 위한 방향을 제시했다.

탄정은 현대화·정규화 건군이 성공을 거둘 수 있었던 것이 소련의 선진경험을 학습했기 때문이라고 지적했다. 그러나 그는 현대화·정규화 건군과정에서 결점과 과오도 많이 나타났으며, 1953년 겨울에 개최된 군사계통 당의 고급간부회의와 1956년에 개최된 당중앙군사위원회 확대회의를 계기로 건군의 목적과 방침이 기본적으로 확정되긴 했지만, 그러나 장병들 사이에서는 여전히 노선문제에 대한 사상의 혼란과 기본문제에 대한 인식상의 차이로 인해 다음과 같은 편향된 현상들이 나타나고 있다고 지적했다:

첫째, 장교와 사병 간에 인위적으로 구분하고 차별화하는 분위기가 조성됨으로써 그동안 끈끈했던 동지애가 사라지고, 특히 장교들이 사병의 생활에 관심을 가지지 않고, 사병에 대해 권한을 남용하며, 처벌로서 교육을 대신하는 등 장병일치와 상하일치 전통이 무너지고 있다.

둘째, 민주는 집중을 방해하는 것이며 정규화와도 부합하지 않는다는 구실로 그동안 인민해방군의 전통으로 유지되어 왔던 정치민주와 군사민주 및 경제민주의 3대 민주를 축소하고 제한하며, 또한 사병과 하급간부의 합리적인 건의를 묵살하고, 의견을 개진할 기회를 박탈하며, 장교가 모든 것에 우선하고 모든 것을 결정한다는 등 '민주'의 역할이 무시되고 있다.

셋째, 지도기관의 지시와 계획 및 수장의 결정은 완전무결한 것이기 때문에 하급은 그대로 따르기만 하면 되는 것이라는 등, 사업기풍을 단순화하고 기관화하며 행정명령만을 강조함으로써 지도방법에 있어서 사상사업과 대중노선을 경시하는 경향이 나타나고 있다.

넷째, 교육방법에 있어서는 효과보다는 내용을, 이해보다는 기억만을 요구하는 주입식 교육방법이 만연하고 있고, 훈련 제도와 방법에 있어서는 실제상황을 고려하지 않고 무조건 외국의 경험을 도입하며, 학교교육과 부대훈련에 있어서 실제를 이탈하는 교조주의와 형식주의가 여전히 존재하고 있다.

---

44 上揭書, pp.407-408.

다섯째, 예전과 달리 인민대중의 이익에 관심을 가지지 않음으로써 군대와 인민의 관계, 그리고 군대와 지방당, 지방정부 간의 관계가 소원해지고 있다.[45]

기실, 이 5가지 문제는 중국인민해방군이 인민군대로서 존재하도록 하는 근본적인 문제이면서 정치사업의 중심내용이기도 한 것이다. 따라서 탄정은 이 5가지의 편향을 시정하기 위한 방법으로서 다음과 같은 방향을 제시했다:

첫째, 정치와 군사기술의 관계를 정확히 인식하는 것이다.

상당수의 인민해방군 장병들은 과거에 열세의 장비로서 적과 싸우기 위해서는 인민대중과 병사에 의존할 수밖에 없었기 때문에 장병일치와 상하일치 및 군민일치 원칙과 집중영도 하의 민주생활을 중요하게 여겼지만, 그러나 단일 병종으로부터 모든 군종과 병종의 합성군대로 발전한 상황 하에서는 더 이상 정치와 인적 요소를 강조할 필요가 없었으며 기술을 중요하게 여겨야 한다고 생각했다.

이처럼 정치제1주의의 배척과 기술제1주의의 요구는 자연적으로 장병일치와 상하일치의 전통을 무시하고 민주의 역할을 무시하는 방향으로 발전했던 바, 탄정은 바로 이러한 경향의 근원을 사상에서 찾으면서 그 해법을 내놓았다.

그는 "현대화 자체는 계급성이 없는 것이며, 인민의 군대도 현대화하고 자본계급의 군대도 현대화하는 것이며, 군대의 장비와 편제로 말한다면 모두 대동소이한 것이다. 군대 내부의 많은 제도와 내무예절 및 지휘관계 역시 겉만을 본다면 크게 다를 바가 없다. 다른 것은 이들 제도와 형식의 이면에 서로 다른 내용과 정치관계가 구현되고 있는 것이다. 우리 군대로 말한다면, 그 주요한 특징은 마르크스레닌주의의 혁명정신 교육이며, 장병일치와 군민일치 및 우아(友我)일치 원칙이고, 당의 영도와 혁명의 정치사업 등이다."[46]라고 지적했다.

이어서 그는 이러한 마르크스레닌주의의 논법에 근거하여 기술의 중요성을 강조하는 것이 결코 인간의 역할과 정치적 요소의 역할을 격하시킬 수 있다고 주장하는 것과는 별개의 문제라고 하면서 인간의 요소가 시종 전쟁에서 결정적 요소임을 특별히 강조했다.

---

45 江一山 編, "建軍新階段中政治工作的若干問題", 「中共軍事文件彙編」(1950-1964), (香港: 友聯研究所, 1965), pp.364-365.

46 上揭書, pp.365-366.

둘째, 민주전통을 발양하여 내부의 단결을 공고히 하는 것이다.

인민해방군에게 있어서 정치민주는 장교와 사병이 대등한 입장에서 일정한 상황과 집중적인 영도 하에서는 사병이 사업상의 결점과 간부의 결점을 비판할 수 있다는 것으로서 간부가 사병의 감독을 받아야 한다는 것을 말하는 것이다. 군사민주는 조건이 허락할 시 사병이 작전 임무와 훈련 임무 및 기타 임무의 완수 및 그 실행방법에 대한 의견을 개진할 수 있다는 것이다. 그리고 경제민주는 사병의 복지와 관련된 경비의 지출은 사병이 감독하고 관리할 수 있다는 것이다. 따라서 인민해방군은 장병 및 상하 관계를 긴밀하게 하여 군 내부의 단결을 도모하고, 지휘통솔에 있어서 봉건주의적 행태를 방지하기 위해 바로 이 3대 민주를 강조하여 왔다.

탄정은 새로운 시기에 있어서는 새로운 내용의 민주를 필요로 한다는 전제 하에 "극단적 민주화와 명령을 이행하지 않는 무조직적 기율행위는 그 어느 때라도 용납될 수 없는 것이다. 아군의 민주생활은 반드시 집중영도 하에서의 제한적 민주생활이어야 하며, 영도가 없고 제한이 없는 극단적 민주화가 아니다."[47]라고 거듭 확인했다.

그뿐만 아니라 탄정은 "장교에 대해 공개적으로 비판하는 것은 장교의 위신을 추락시키는 것이며, 장교는 대중의 감독이 아닌 지도기관과 수장의 감독 하에만 있어야 하고, 장교가 과오를 범할 경우에는 지도기관만이 처리할 수 있으며, 대중은 참여할 수 없다."[48]고 하는 논법이 잘못된 것임을 지적했다.

셋째, 군대와 인민, 군대와 지방과의 관계를 긴밀하게 하도록 요구한 것이다.

현대화·정규화 건군사업이 진척됨에 따라 상당수의 인민해방군 장병들은 그동안 전통으로 되어 왔던 인민해방군의 3대 임무인 전투와 생산활동 및 대중사업 중에서 생산활동과 대중사업은 더 이상 중요하지 않다는 생각이 만연했다.

그 결과, 인민해방군 부대는 군사훈련에만 집중하고 인민대중 및 지방의 당정기관과는 소원한 관계를 유지하게 되었다. 물론, 이러한 현상은 군민일치와 군정일치, 심지어 당·군 관계에도 심각한 영향을 미칠 수 있는 것이었다. 이 때문에 탄정은 문제의 심각성을 우려하면서 "아군이 현대화 건설을 수행한 이래 군대의 지

---

47 上揭書, p.368.

48 上揭書.

휘가 이미 고도의 집중을 유지하고 있지만, 그러나 군대의 그 어떠한 부분도 여전히 과거와 마찬가지로 당지의 당 조직과 정부 및 대중단체의 감독을 받아야 할 필요가 있으며, 지휘상의 집중을 구실로 이러한 감독을 거부할 수는 없는 것이다. 이른바 감독은 군대의 경우, 인민대중을 이탈하고 당과 국가의 정책을 위반하거나 또는 법과 기율을 위반하는 행위에 대해 지방 당 조직이 즉각 제지하거나 상급에 고발할 수 있는 것이다. 이 밖에도 군대는 상급의 영도 이외에 지방조직의 영도를 동시에 받아야 한다."[49]는 점을 분명하게 밝혔다.

넷째, 주관주의와 관료주의 및 명령주의 기풍을 극복하도록 요구한 것이다.

탄정은 훈련사업과 학교교육에 존재하고 있는 교조주의와 형식주의, 사업상에 존재하고 있는 주관주의와 관료주의 및 명령주의 기풍이 미치는 부정적 영향을 지적하고, 특히 전문화를 강조한 나머지 부대의 업무가 순기술성으로 변질됨에 따라 사상과 명확한 정치방향이 실종되었다고 우려하면서 이러한 기풍들이 "실제를 이탈하고 인민대중을 이탈하는 것으로서 우리가 일관되게 실행을 선도해 온 바의 실제에 깊숙이 파고 들어가며 실사구시하는 기풍, 그리고 대중에 의존하는 대중노선에 위배되는 것이다."[50]라고 지적하면서 만약 이러한 기풍을 시정하지 않는다면 장병의 적극성은 물론, 인민해방군의 내부단결을 심각하게 손상시킬 것이라고 경고했다.

4. 정치사업의 주요 임무

1) 5개 문건 학습과 「8대」정신의 관철

인민해방군은 5개 문건의 학습과 「8대」정신을 관철하는 운동을 통해 부대의 건설사업에 존재하고 있는 그릇된 문제들을 시정했다. 1956년 6월 중국공산당 중앙은 "우리들의 학습을 개조하라"는 등의 5개 문건을 학습하는 것에 관한 〈통지〉를 하달했다.

〈통지〉는 사회주의 건설과 사회주의 개조 사업을 보다 효율적으로 진행하고, 실제 사업 중의 주관주의인 교조주의와 경험주의를 극복하며, 특히 마르크스레닌

49 上揭書, p.371.

50 上揭書, p.372.

주의와 외국 경험 중의 교조주의 경향을 극복하고, 학술연구와 언론선전 및 교학 사업 중의 교조주의와 종파주의 및 당팔고(党八股)를 극복한다는 목적으로 전 당의 현(縣)당 위원회 서기급 이상에 해당하는 간부, 고급 및 중국 당교(党校)의 학생들, 철학과 사회과학 및 자연과학 연구기관의 연구원 및 고등학교 졸업반 학생들에게 마오쩌둥이 저술한 〈우리들의 학습을 개조하라〉, 〈당의 기풍을 정돈하라〉, 〈당팔고를 반대하라〉, 〈몇 가지 역사문제에 관한 결의〉, 〈무산계급독재에 관한 역사적 경험〉 등 5편의 문건을 학습하도록 지시했다.

총정치부는 1956년 7월 〈"우리들의 학습을 개조하라" 등 5개 문건을 학습하는 것에 관한 보충통지〉를 하달하고, 연대급 이상 간부, 기관의 지식인, 고급보병학교 이상 학교의 학생 및 기타 학교의 고교 졸업수준 이상의 학생들에게 이 학습운동에 참가하도록 지시했을 뿐만 아니라 자신의 사상, 사업과 관련하여 필요한 검사를 실시하도록 촉구했다. 따라서 인민해방군의 모든 기관과 부대는 당 중앙의 통지와 총정치부의 보충통지의 지시에 따라 학습에 참가한 간부들을 대상으로 문건을 탐독하고 그 정신을 깨달으며 실제와 연계하여 검사를 실시하도록 했다.

물론 이러한 학습운동은 주로 소련 군대의 경험을 학습하는 과정에서 소홀히 취급된 대중노선 문제를 검사하는 것 이외에 영도기풍에서 나타나고 있는, 조사하지 않고 연구하지 않으며, 실제로부터 출발하지 않는 주관주의와 관료주의, 그리고 기관의 사업에서 나타나고 있는 이른바 현실을 외면하고 문서로만 모든 일을 처리하려는 탁상공론적인 타성을 의미하는 문서(文牘)주의를 검사하는 것에 중점을 두었다.

1956년 9월 15일부터 27일까지 베이징에서 개최된 중국공산당 제8기 전국대표대회 이후, 인민해방군의 전 간부는 총정치부가 하달한 〈「8대」 문건의 학습을 전달하는 것에 관한 통지〉에 근거하여 「8대」정신을 청취하고, 마오쩌둥의 개막사, 류사오치의 〈중국공산당 중앙위원회의 제8기 전국대표대회에 대한 정치보고〉, 덩샤오핑의 〈당장의 수정에 관한 보고〉, 저우언라이의 〈국민경제 제2차 5개년계획의 건의를 발전시키는 것에 관한 보고〉, 대회의 결의, 펑더화이의 〈군사사업의 영광된 임무를 성공적으로 완수하자〉와 탄정의 〈건군의 새로운 단계에 있어서 정치사업의 몇 가지 문제〉 발표문 등을 학습했다.

2) 지식인에 대한 단결 및 개조사업 실시

인민해방군은 노동자와 농민을 핵심으로 하고 지식인을 단결시키고 교육시키고 개조하는 간부정책을 실시했다. 노동자와 농민을 핵심으로 하는 것은 인민해방군이 혁명전쟁시기 간부를 선발하는 계급노선이었으며, 건국 이후에도 일정한 기간 동안 인민해방군의 간부사업은 우수한 노농분자를 선발하고 혁명투쟁의 경험이 있는 지식인이 영도임무를 담당하는 것을 강조했다. 1957년 10월의 통계에 의하면, 인민해방군 간부 중에서 노동가정 출신은 전체의 80.3%를 차지했으며, 보병 소대장으로부터 군구 사령관에 이르는 각급 지휘관 중 약 95.1%가 노농가정 출신인 것으로 나타났다.

1956년 1월 중국공산당 중앙은 지식인 문제에 관한 회의를 소집했으며, 저우언라이는 〈지식인 문제에 관한 보고〉를 통해서 "우리나라 지식계의 면모는 과거 6년 동안 이미 근본적으로 변화했다. 그들 중의 대부분은 이미 국가사업 인원이 되었으며, 이미 사회주의를 위해 복무하고, 이미 노동자계급의 일부가 되었다. 그들을 활용하고 안배하는 것을 개선하기 위해서는 그들을 충분히 이해하고 응당한 신뢰와 지지를 보내야 하며, 그들이 필요로 하는 사업 조건과 적당한 대우를 부여하고, 그들이 자아개조를 하도록 계속해서 도와야 한다."[51]고 했다. 따라서 인민해방군은 당 중앙의 〈지식인에 관한 지시〉와 저우언라이의 〈보고〉에 근거하여 지식인들이 군현대화 건설과정에서 일익을 담당할 수 있는 기회를 부여하기 시작했다.

3) 간부관리제도의 조정 및 강화

건국 초기에 수립된 통일적인 간부관리체제는 군대 건설을 강화하는 데 긍정적인 역할을 발휘하고 간부사업을 위해 견실한 기초를 제공했으나 기구가 비대해지고 업무가 중복되는 등의 문제가 발생했다. 따라서 1957년 3월 당중앙군사위원회는 총정치부 간부부를 총간부부로 편입시켰다. 그리고 1958년 7월 당중앙군사위원회 확대회의는 인민해방군의 조직과 편제를 개편하고, 기구를 축소하며, 각급 간부 부문을 동급 정치기관의 편제 하에 설치하여 소속 간부를 통일적으로 관리하기 시작했다.

그뿐만 아니라 인민해방군은 분급관리체제를 수립함으로써, ①사단장 및 이에

51 姜思毅 主編, 前揭書, p.149.

상당하는 직무를 수행하는 간부는 당중앙군사위원회가 그 임면과 관리를 책임지며, ②부사단장과 연대장 및 이에 상당하는 직무를 수행하는 간부는 대군구 및 이에 상당하는 단위가 그 임면과 관리를 책임지고, ③부연대장과 대대장 및 이에 상당하는 직무를 수행하는 간부는 군(軍)과 성군구 및 이에 상당하는 단위가 그 임면과 관리를 책임지며, ④소대장과 부대대장 및 이에 상당하는 직무를 수행하는 간부는 사단과 군분구 및 이에 상당하는 단위가 그 임면과 관리를 책임지도록 했다.

4) 군사 원·교(院·校)의 증설 및 강화

인민해방군은 1956년 3월 정치학원을 설립하고 전군의 중고급 정치간부를 양성하기 시작했다. 1956년 9월까지 전군의 원·교(院·校)는 99개의 군사분야 원·교, 6개의 정치분야 원·교 및 52개 예비학교 등 이미 157개에 이르렀다. 1957년 3월까지 정규 원·교의 훈련을 받은 간부가 이미 15만 명에 달해 재직간부 총수의 23.3%를 차지했고, 교육 중인 인원 20만 명을 포함하여 간부 총수의 3분의 1을 차지했다.

1957년 전군이 개편된 이후 원·교도 개편을 통해 군사학원이 폐지되고 고등군사학원과 공군학원 및 해군학원이 설립되었으며, 원래의 군사공정학원을 바탕으로 하여 각 군종과 병종의 공정학원이 설립되어 대규모적으로 공정기술간부의 양성사업이 시작되었다. 1966년 문화대혁명이 시작되기 직전, 군대의 원·교는 125개로 조정되었으며, 정규 원·교의 훈련을 받은 인원수가 40여만 명에 달해 간부 총수의 42%에 이르렀다.

5) 군사훈련 중의 대중노선 실행

총정치부는 1957년 1월 21일 〈군사훈련 중에 대중노선을 실행하는 것에 관한 초보적 결산〉을 통해서 몇 가지 중요한 경험을 지적했다:

첫째, 군사훈련이 기타 사업과 마찬가지로 위로부터 아래로의 영도를 필요로 하기도 하고 아래로부터 위로의 대중성 활동을 필요로 하기도 하며, 또한 훈련사업은 장교가 사병을 가르쳐야 하지만, 사병이 사병을 가르치기도 하며, 특정한 상황과 특정한 문제의 경우 사병이 장교를 가르치기도 한다는 것이었으며,

둘째, 대중노선의 실행은 대중이 적극성과 창조성을 충분히 발휘하도록 하는 것으로서 이를 위해서는 ①민주 원칙, ②자발성 원칙, ③다수결 원칙, ④목표와 요

구의 점진성 원칙이 지켜져야 한다는 것이었다.

5. 정치사업의 각종 활동

1) 제도개혁의 실행 보장

의무병역제, 봉급제, 계급제, 그리고 상벌제도의 실행은 인민해방군의 현대화·정규화 건설을 위한 중요한 조치인 동시에 인민해방군의 건군사상 최초의 중요한 개혁이었다. 이러한 개혁은 전국 군사계통 당의 고급간부회의의 결정이 있은 후 중국공산당 중앙과 전국인민대표대회의 비준을 거쳐 1955년 시행에 들어갔다. 1954년 10월 22일 총정치부는 〈의무병역제·봉급제·계급제 및 상벌제도를 시행하는 것에 관한 사업지시〉를 하달하고 전군적으로 광범한 선전교육 사업과 각항의 준비사업을 전개했다.

(1) 의무병역제를 실행하는 정치사업

지원병제를 의무병제로 바꾸는 것은 인민해방군 제도의 중대한 개혁인 동시에 전국 군사제도의 중요한 개혁이었다. 1954년 9월 중앙인민정부 정무원은 장차 공포될 병역법에 근거하여 징집 연령과 복무 기간을 규정한 보충병력의 징집 명령을 공포했다. 그리고 동년 10월 중앙선전부와 총정치부는 공동으로 의무병제의 실시를 주요 골자로 하는 〈보충병력을 징집하는 것에 관한 선전 요점〉을 전국에 하달했다.

따라서 인민해방군은 1954년 12월 총정치부가 하달한 〈의무병역제와 노전사의 분기별 제대를 점차적으로 시행하는 것에 관한 선전 요점〉에 근거하여 노전사에 대한 제대교육과 병행하여 의무병역제를 위한 교육을 실시했다. 그 후 1955년 7월 30일 전국인민대표대회 제1기 제2차회의에서 〈중화인민공화국병역법〉이 통과되고, 정식으로 그 시행이 공포됨으로써 의무병역제의 법적 근거가 마련되었다.

의무병역제의 실시는 인민해방군의 간부제도에도 영향을 미쳤다. 총정치부는 병역법 정신과 인민해방군 간부의 기본상황에 근거하여 〈중국인민해방군 장교복무조례〉를 기초했으며, 이 조례는 1955년 2월 8일 전국인민대표대회 상무위원회를 통과하고 마오쩌둥 주석이 서명함으로써 시행에 들어갔다.

〈조례〉는 모두 7개 장과 54개 조로 구성되었다. 〈조례〉는 장교의 함의와 조건 및 근원, 장교의 계급, 장교 직책의 임면, 장교의 권리와 의무, 현역장교의 예비역 및 퇴역 등에 대해서 분명하게 규정했다. 총정치부는 〈조례〉를 순조롭게 실행하기 위해 1955년 2월 〈장교복무조례의 실시 및 계급제도의 실행에 관한 선정 요점〉을 하달하고 전군의 간부에 대해 봉급제는 선진적이고 합리적인 제도로서 노동에 따라 보수를 받는[按勞取酬] 사회주의 분배원칙을 구현한 것이며, 현대화 혁명군대의 건설에 필요한 것이라는 내용의 교육을 실시했다.

(2) 봉급제를 실행하는 정치사업

국방부는 의무병제의 실행과 더불어 장교가 군대에서 장기적으로 복무하고, 군사사업을 직업으로 하며, 장교의 개인과 가정의 생활문제를 해결하도록 하기 위해 〈중국인민해방군의 봉급 및 수당 지급을 위한 임시방법〉을 공포하고, 1955년 1월부터 시행에 들어갔다.

총정치부는 인민해방군 간부의 물질적 대우를 공급제로부터 봉급제로 순조롭게 전환하기 위해 1954년 12월 〈간부에 대한 봉급제 실행의 선전 요점〉을 하달하고 전군의 간부에 대해 봉급제는 선진적이고 합리적인 제도로서 노동에 따라 보수를 받는[按勞取酬] 사회주의 분배원칙을 구현한 것이며, 현대화된 혁명군대의 건설에 필요한 것이라는 내용의 교육을 실시했다.

(3) 계급제도를 실행하는 정치사업

당중앙군사위원회는 1955년 1월 23일 〈계급의 평정사업에 관한 지시〉를 하달하고, 군인에게 계급을 부여하는 것은 군대 내에서의 군인의 지위를 확정하고, 군인에게 일종의 영예를 부여하는 것이며, 이 제도를 실시함으로써 고급간부가 책임감을 가지고 전투와 사업 중에 적극성을 발휘하며 군대의 조직성과 기율성을 향상시키고, 부대의 군사 및 정치 수준을 향상시키고 군대의 전투력을 강화할 수 있다고 했다.

간부를 대상으로 한 반복적인 사상교육과 계급의 평정사업이 일단락된 후 하사관과 사병에 대한 평정사업이 실시되었다. 국방부와 총정치부는 1955년 8월 〈하사관과 사병의 계급을 평정하는 것에 관한 지시〉를 하달하고 하사관과 병에 대한 계급 구분, 평정 기준, 평정 범위, 평정 방법, 주관 부문 등을 명확하게 규정했다.

계급제도는 1955년 9월 정식으로 시행되었다. 장교복무조례의 규정에 따라 국가는 군대간부에게 중화인민공화국 대원수(미수여), 원수, 대장, 상장, 중장, 소장, 대교, 상교, 중교, 소교, 대위, 상위, 중위, 소위를 부여하게 되어 있었으며, 국방부의 결정에 따라 하사관 직무를 맡고 있는 부소대급 인원에게는 준위를 부여하고, 하사관과 병에게는 상사, 중사, 하사 및 상등병, 열병(列兵)을 부여했다.

1955년 9월 23일 마오쩌둥 주석은 주더(朱德), 펑더화이(彭德懷), 린뱌오(林彪), 류보청(劉伯承), 허룽(賀龍), 천이(陳毅), 뤄룽환(羅榮桓), 쉬샹첸(徐向前), 녜룽전(聶榮臻), 예젠잉(葉劍英)을 중화인민공화국 원수(元帥)로 임명했다. 그뿐만 아니라 대장으로 수위(粟裕), 쉬하이둥(徐海東), 황커청(黃克誠), 탄정(譚政), 천후(陳虎), 샤오징광(肖勁光), 장윈이(張雲逸), 뤄루이칭(羅瑞卿), 왕수성(王樹聲), 쉬광따(許光達) 등 10명을, 상장으로 57명, 중장으로 175명을, 소장으로 800명을 각각 임명했으며, 교관급 32,000명, 위관급 498,000명, 그리고 준위 112,000명을 각각 임명했다.

2) 농업과 수공업 및 자본주의 상공업의 개조를 위한 교육

마오쩌둥은 1955년 7월 31일 성·시·자치구 당 위원회 서기 회의에서 행한 〈농업합작화 문제에 관해서〉라는 제목의 보고를 통해 농업합작화 운동의 경험을 총결산하고 형세를 분석한 후 농업사회주의 개조의 이론과 길 및 방침을 천명했으며, 그 후 1955년 10월 당 제7기 「6중전회」는 〈농업합작화 문제에 관한 결의〉를 통과시켰다.

〈결의〉에 근거하여 합작사는 12월 말에는 7월의 65만 개로부터 190여만 개로 발전했으며, 합작사에 가입한 농호가 전체 농호의 63%, 그리고 고급사에 가입한 농호가 전국 총농호의 4%에 이르렀다. 그리고 1956년 말에는 고급사에 가입한 농호가 전국 총농호의 87%에 이르렀으며, 초급사에 가입한 농호는 8.5%에 불과했다. 이로써 농업의 사회주의 개조가 기본적으로 완성되었으며, 농민의 개체소유제도 모두 집단소유제로 전환되었다.

총정치부는 1955년 11월 모든 부대가 당 중앙의 〈농업합작화 문제에 관한 결의〉를 이해하도록 하기 위해 〈부대가 당 「6중전회」 문건을 학습하는 것에 관한 통지〉를 하달했다. 〈통지〉는 농업합작화 정책의 실행이 인민해방군 장병들에게 거대한 영향을 미쳤음을 지적하면서, 학습을 철저히 실시함으로써 장병들이 사회주의 각오를 가일층 향상시키는 것은 농업합작화를 지지 및 옹호하면서 소농경제사상을 극복하고 자본주의 사상의 침투를 억제하는 데 필요할 뿐만 아니라 인민해방군의 전투력을 공고히 하고 강화하는 데도 지극히 중요하다는 내용이 담겨 있었다.

농업합작화 운동과 더불어 전국의 수공업과 자본주의 상공업에 대한 사회주의 개조도 진행되었으며, 이 개조운동도 1957년 2월 초에 이르러 기본적으로 완료되었다. 이 기간 중 전 부대는 농업합작화 교육과 병행하여 수공업과 자본주의 상공업의 개조에 대한 선전교육을 실시했다. 1955년 12월 총정치부의 〈부대 내에서의 자본주의 상공업의 개조 문제에 대한 선전교육을 실시하는 것에 관한 통지〉에 따라 간부당원들은 전 부대를 향해 자본주의 상공업의 사회주의 개조에 대한 당의 방침과 정책을 전달함으로써 모든 사람들이 당과 국가가 자본주의 상공업에 대해 평화적인 개조방법을 취할 것이며, 자본주의 기업을 점차적으로 전민소유제 기업으로 전환할 뿐만 아니라 자본계급 내의 대다수 인원들을 착취자로부터 노동자와 국가사업 인원으로 개조할 것임을 분명하게 인식하도록 했다.

3) 마르크스레닌주의와 마오쩌둥 사상의 기본이론에 관한 학습

1956년 1월 총정치부는 당 중앙이 공포한 간부의 정치이론 교육에 대한 새로운 제도에 근거하여 〈간부의 정치이론 교육에 대한 중앙의 새로운 제도를 실행하는 것에 관한 지시〉를 하달하고 학습내용을 다시 규정했다.

1956년부터 소교(少校) 이상의 장교는 5년 이내에 반드시 〈중공당사〉, 〈소련공산당사〉, 〈정치경제학과 경제문제〉, 〈변증유물론과 역사유물론〉, 〈당의 건설〉 등 5개 과목을 이수하도록 했으며, 정치이론 수준이 비교적 높은 일부 소장(少將) 이상의 장교는 주로 〈정치경제학〉, 〈변증유물론과 역사유물론〉 2개 과목만을 2년 이내에 이수하도록 했다. 그리고 대위(大尉) 이하의 장교는 일반적으로 3년 이내에 〈정치상식〉, 〈이론상식〉, 〈당의 기본상식〉 등 3개 과목을 이수하도록 했다. 장교는 누구나 매년 1개 과목씩 이수하도록 했다. 부대 업무의 복잡성과 광범한 간부의 학습이론 요구에 부응하기 위해 각 부대는 부대의 업무와 학습 요구를 동시에 고려하면서 다양한 방식으로 간부들이 마르크스주의의 기본이론을 학습하도록 계획했다:

첫째, 간부를 순차적으로 원·교에 입학시켰다. 각 원·교는 간부의 이론교육에 관한 당 중앙의 새로운 제도 규정에 근거하여 완성계(完成系)와 속성계(速成系)의 정치이론 교육과정을 설치함으로써 간부들이 체계적으로 마르크스레닌주의와 마오쩌둥 사상의 기본이론 지식을 습득할 수 있도록 했다.

둘째, 단기학습반을 운영했다. 군(軍)이나 사단에 단기집훈반을 설치하고 재직 간부의 8%~10% 인원을 대상으로 하여 2개월 정도의 과정을 통해 1개 과목을 이수시켰으며, 또한 군 이상의 정치기관이 독학능력이 있는 상교(上校) 이상이 고급 간부를 대상으로 자율학습을 운영했다.

셋째, 과외 및 보충학습을 실시했다. 부대마다 마르크스주의 야간학교를 개설하고, 교장은 정치위원이나 또는 정치부(처) 주임이 겸임하도록 했고, 전문직이나 또는 겸직 교무주임과 조리원(助理員)을 두도록 했고, 과목당 2시간씩 주당 2개 과목을 강의하도록 했다.

제3절

린뱌오 주관시기의 정치사업

펑더화이의 실각과 린뱌오의 급부상은 인민해방군의 건군노선뿐만 아니라 중국공산당의 지도사상과 총노선에 중대한 변화가 있을 것임을 알리는 신호였다. 린뱌오(林彪)는 국방부장직에 취임한 이후 현대화되고 정규화된 혁명군대를 건설한다는 〈전국군사계통 당 고급간부회의〉의 결정과 정신을 전면적으로 부정하고 혁명화 건군노선을 추구했으며, 이로 인해 인민해방군의 정치사업 역시 혁명화 사상의 지도 하에 혁명화 건군노선을 보장하는 것을 최우선 임무로 삼기 시작했다.

1. 당의 지도사상과 기본노선의 전환

1) 삼면홍기와 급진적 혁명화

1956년 생산자료의 공유제화가 기본적으로 완성된 이후 중국에는 사회주의제도가 건립됨으로써 노동자계급과 자본계급 간의 모순이 해결되었다. 따라서 동년 9월에 소집된 중국공산당 제8기 전국대표대회는 역량을 집중하여 사회생산력을 발전시키고 국가의 공업화를 실현함으로써 나날이 증가하고 있는 인민의 물질과 문화적 요구를 점차적으로 충족시키는 것을 금후의 주요 임무로 확정했다.

그 후 2년이 지난 1958년 초 중국공산당 중앙은 베이다이허(北戴河)에서 개최된 확대회의에서 〈농촌에 인민공사를 건립하는 문제에 관한 당 중앙의 지시〉를 통과시켰다. 이를 계기로 중국공산당 중앙은 인민공사, 대약진, 사회주의 건설의 총노선이라는 이른바 삼면홍기(三面紅旗)운동을 본격적으로 전개하였다.

인민해방군 총정치부는 인민공사(人民公社)를 건립한다는 당 중앙의 결정에 근거하여 동년 8월 19일 전군을 향해 〈인민공사를 선전하는 문제에 관한 통지〉를 하달했다.

〈통지〉는 인민공사의 건립이 사회주의로부터 공산주의를 향해 매진하는 위대한 변혁이며, 인민공사는 중국의 농촌에 공산주의 제도를 건립하는 가장 훌륭한 기층조직 형태로서 중국의 농업합작화제도가 앞을 향해 큰 행보를 시작한 것이라고 하면서 전군이 인민공사를 학습하고 지지할 것을 촉구했다.

이어서 인민해방군 총정치부는 동년 11월 8일 〈전군에 사회주의와 공산주의 교육 운동을 보편적으로 전개하는 것에 관한 통지〉를 하달했다. 〈통지〉는 일부 사람들이 농후한 사유관념을 가지고 자류지(自留地)와 가축, 그리고 농기구와 가옥을 공유화하는 것을 애석하게 여기고 있으며, 또한 소가정에 미련을 가지고 집단생활을 하게 되면 부자유스럽고 불편할 것이라고 걱정을 하는 것을 계급 입장의 문제로 규정한 후 자본계급의 법권관념과 개인주의를 타파하고 공산주의 사상을 확립하기 위해 다음과 같이 실행할 것을 촉구했다:

"**첫째,** 사유관념을 타파하고 공산주의 사상을 발양한다.

둘째, 고용관념과 보수를 받고 노동을 하는 자본계급 사상을 불식하고, 전심전력으로 인민을 위해 봉사하며 보수를 따지지 않는 공산주의 노동태도를 수립한다.

셋째, 자본계급의 특권사상과 등급관념을 불식하고 대중 관점과 공산주의의 평등사상을 수립한다.

넷째, 소생산자의 개체생활 습관과 낡은 가정관념을 불식하고 공산주의의 생활습관을 배양한다.

다섯째, 정확한 태도로 인민공사를 대할 수 있도록 공산주의 입장을 확고히 한다.

여섯째, 현실에 안주하고, 투지가 박약하며, 개인의 이해득실만을 따지는 태도를 반대해야 한다."[52]

총정치부의 〈통지〉가 하달된 후 인민해방군은 전군적으로 사회주의와 공산주의 교육을 실시했다. 공산주의의 관문을 넘기 위해서는 인민공사화 운동과 공산주의를 향해 전진하는 촉진파가 되어야 하며, 사상적으로 백기(白旗)를 뽑아버리고 홍기(紅旗)를 꽂아야 한다는 논법이 전군적으로 확산되었다:

"이른바 사상의 백기는 사유관념, 고용관념, 특권사상, 불안정한 입장, 그리고 약화된 투지이며, 사상의 홍기라는 것은 대공무사(大公無私)한 사상, 조건을 따지

52 國防大學党史党建政工教研室 編著, 「中國人民解放軍政治工作社」, (北京: 國防大學出版社, 1989), p.134.

지 않고 보수를 계산하지 않으며 자아를 잊어버리는 노동태도, 확고하고 안정된 공산주의 입장, 영속혁명 정신이다. 그리고 백기 중에서 사유관념은 사령기[師旗]이고, 홍기 중에서의 사령기는 대공무사한 사상이다."[53]

그러나 인민공사가 추진되는 동안 많은 시행착오가 있었다. 1958년 8월 이후의 3개월 동안 중국공산당 중앙과 마오쩌둥은 인민공사화 운동에 있어서 일부 잘못된 점을 발견하기 시작했으며, 마오쩌둥은 이를 시정하기 위해 11월부터 익년 7월 사이 일련의 회의를 잇달아 소집하고, 사회주의와 공산주의, 집단소유제와 전민소유제의 경계선을 분명히 할 것과 중국이 사회주의 단계에 있으며 인민공사는 기본적으로 집단소유제라는 것을 긍정할 것을 촉구했다. 마오쩌둥은 사회주의시기에 상품을 폐지하는 것은 경제법칙에 위배되는 것이라고 지적하면서 공산풍(共產風)을 비판했으며, 지나칠 정도로 높게 책정된 생산목표를 조정했다.

1958년 11월 28일부터 12월 10일까지 우창(武昌)에서 소집된 당 제8기「6중전회」는 〈인민공사의 몇 가지 문제에 관한 결의〉를 통과시켰으며, 〈결의〉에 따라 인민공사를 조정하고, 공사체제를 해결하며, 공산풍을 시정하고, 높게 책정된 공산품 지표를 낮추는 작업이 시작되었다. 그러나 마오쩌둥은 좌경화를 시정하는 데 있어서 대약진(大躍進)과 인민공사화 운동을 전제로 했으며, 좌경적 지도사상을 근본적으로 시정하지는 않았다. 마오쩌둥은 1959년 7월부터 8월까지 소집된 루산(蘆山)회의 이후에도 펑더화이를 비판하고 전당적으로 우경기회주의투쟁을 전개하는 등 좌경화 노선을 견지했다.

인민해방군은 총정치부의 주관 하에 1958년 12월 26일부터 1959년 1월 12일까지 광저우에서 전군정치사업회의를 개최하고, 중국공산당 제8기「6중전회」의 결의와 마오쩌둥의 지시를 학습한 후 1958년도 대약진의 경험을 총결산했으며, 또한 군대가 인민공사의 몇 가지 문제에 관한 당 제8기「6중전회」의 결의와 기타 사업 문제를 심층적으로 학습하는 문제를 토의했다.

〈회의〉는 대약진운동을 전개하는 과정에서 나타난 현상으로서, ①생산목표를 아무런 근거도 없이 주관적 열망에 따라 책정했으며, ②사업이 내실과 효율보다는 형식과 구호에 치우쳤고, ③사업의 방법에 있어서도 설득과 격려보다는 단순하고 강압적인 방법으로 일관했음을 지적했다.

---

53 上揭書, p.135.

1959년 1월 18일 총정치부는 〈8기 「6중전회」의 「인민공사의 몇 가지 문제에 관한 결의」를 심층적으로 학습하는 것에 관한 지시〉를 하달했으며, 〈지시〉는 아직도 많은 사람들이 인민공사의 성격을 제대로 이해하지 못하고 있다고 지적하면서 10가지 문제를 정확히 이해할 것을 촉구했다:

"①공산주의와 사회주의의 구분과 연계, ②인민공사의 성격과 우월성 및 금후의 발전방향, ③사회주의 건설의 기준과 조건, 그리고 집단소유제로부터 전민소유제로 넘어가는 조건과 길, ④사회주의에서 공산주의로 넘어가는 조건과 길, ⑤사회주의 경제법칙과 당의 총노선, ⑥상품, 가치법칙 및 현 단계에서의 그것의 역할, ⑦공급제와 노임제 문제, ⑧대집단과 소자유의 문제 및 가정 문제, ⑨기풍 문제, ⑩인민공사의 성과와 결점을 정확하게 보는 문제."[54]

그뿐만 아니라 〈지시〉는 연대 이상의 영도간부와 독해능력이 있는 모든 간부들이 이상의 10가지 문제를 중심으로 하여 〈마르크스, 엥겔스, 레닌, 스탈린의 공산주의 사회를 논함〉과 〈소련사회주의 경제문제〉 속의 유관 장절을 학습하는 것과 결합하도록 요구했다. 따라서 인민해방군의 정치사업은 정치사업회의의 정신과 총정치부의 지시에 근거하여 전 장병을 대상으로 〈인민공사의 몇 가지 문제에 관한 결의〉 교육을 실시했다:

첫째, 사회주의와 공산주의의 구별과 연계를 분명히 하고, 사회주의에서 공산주의를 향해 넘어가는 것이 주관적 열망이 아닌 생산의 발전 수준과 인민의 각오 수준에 의해 결정된다는 것을 인식하도록 한다.

둘째, 사회주의의 분배원칙이 노동에 따라 분배되는 것임을 분명하게 이해하도록 한다.

셋째, 장기간 동안 논쟁거리였던 봉급제와 공급제 문제에서 공급제의 우월성을 이해하도록 한다.

넷째, 인민공사가 사회주의의 집단소유제로서 통일적 영도와 분급관리 및 등가교환, 그리고 노동에 따라 분배한다는 것을 명확히 함으로써 인민공사에 대한 일부 오해를 해소하도록 한다.

다섯째, 개인과 가정의 물질적 이익과 관련되는 문제에 대해서는 개인이익이

---

54 上揭書, p.137.

집단이익에 종속된다는 정신에 근거하여 가정 역시 공사에 예속된다는 점을 이해하도록 한다.

2) 2개 계급과 2개 노선의 모순투쟁

1957년 9월에 소집된 중국공산당 제8기「3중전회」는「8대」에서 규정한 중국사회의 주요 모순을 근본적으로 부정하고 무산계급과 자본계급 간, 그리고 사회주의의 길과 자본주의의 길 간의 모순이 중국사회의 주요 모순이라는 점을 제기했다.

마오쩌둥은 그 이듬해인 1958년에 개최된 청두(成都)회의(중앙사업회의)에서 중국에 여전히 2개 계급이 존재하고 있는데, 하나는 제국주의, 봉건주의, 관료자본주의의 잔재 및 자본계급 우파이고, 또 하나는 민족자본계급 및 그 지식분자라고 했다. 이어서 동년 4월에 소집된 한커우(漢口)회의에서도 그는 중국에 2개 박해계급과 2개 노동계급이 존재하고 있다는 관점에서 박해계급 중의 제1차적 계급은 제국주의, 봉건주의, 관료자본주의, 국민당 잔여세력, 그리고 지주와 부농 및 반동우파이고, 제2차적 계급은 민족자본계급과 지식분자이며, 2개 노동계급은 노동자와 농민이라고 언급하면서 이들 2개 박해계급에 대응하기 위한 방침으로서 중간세력을 단결시키고 우파를 고립시킬 것을 촉구했다. 기실, 그의 이러한 논단은 지식계급을 박해계급으로 구분하는 오류를 범하는 것이었으며, 이론적으로도 생산자료의 사유제가 이미 존재하지 않는 사회적 조건 하에서도 계급이 존재한다는 역설적 논리를 합리화하는 것이었다.

어쨌든 1958년 5월에 소집된 당 제8기「2중전회」는 중앙위원회의 사업보고를 통해 중국사회에 2개 박해계급과 2개 노동계급이 존재하고 있다는 마오쩌둥의 논단을 정식으로 긍정했으며, 그뿐만 아니라 "모든 과도시기, 다시 말해서 사회주의가 건설되기 이전에는 무산계급과 자본계급의 투쟁, 사회주의의 길과 자본주의의 길 간의 투쟁이 시종 아국 내부의 주요 모순이며, 이 모순은 일정한 범위 내에서 격렬하고 사활적인 적아모순으로 표출된다."[55]는 점을 공식적으로 확인했다.

55 上揭書, p.140.

2. 인민해방군의 정풍운동과 반우파투쟁

1) 정풍운동

마오쩌둥은 1957년 2월 27일과 3월 12일 최고국무회의 제11차 확대회의와 당 중앙이 소집한 전국선전사업회의에서 〈인민 내부의 모순을 정확히 처리하는 문제에 관해서〉라는 제목의 연설을 했으며, 동년 4월 27일 중국공산당 중앙은 〈정풍운동에 관한 지시〉를 하달했다. 〈지시〉는 마오쩌둥의 연설 내용에 근거하여 전 당이 인민 내부의 모순을 정확히 처리하는 것을 주제로 삼아 관료주의와 종파주의 및 주관주의를 반대하는 정풍운동을 전개하도록 요구했다. 인민해방군 총정치부는 당 중앙의 정풍 지시가 있은 후인 5월 5일부터 15일까지 전군정풍좌담회를 개최하고 군대의 내부 모순과 정풍을 진행하는 방법에 관해서 토의했다. 〈좌담회〉는 당시 군대 내부에 존재하고 있는 대표적 모순으로서 장병관계, 영도와 피영도 관계, 군민관계에 관한 문제를 지적했다. 그 후 총정치부 주임인 탄정은 조사와 연구를 거친 후 군 내외의 관계를 개선하기 위해 〈목전의 부대 장병의 모순과 군민모순에 관한 고찰보고〉를 작성했으며, 특히 장병관계와 군민관계를 개선하기 위해 다음과 같은 조치를 취할 것을 제의했다:[56]

① 사병대표회의 제도를 건립한다.

② 사병의 고발과 요구 및 건의를 성실하게 처리하고 사병의 고발권을 보장한다.

③ 낙후분자에 대한 개조교육을 실시한다.

④ 과오를 범한 사병에 대해서는 처벌과 비판을 실시한다.

⑤ 중대에서 간부와 사병이 함께 일하는 제도를 실행한다.

⑥ 장교 가족에 대한 관리교육을 강화한다.

⑦ 신병에 대한 교육과 신병의 군대생활을 개선하기 위해 단계적이고 계도적인 방법을 취한다.

⑧ 각 부대의 잘못된 규정을 심사하여 폐지한다.

⑨ 간부에 대한 법제교육을 강화한다.

⑩ 보병학교와 하사관 교도대대에 지휘통솔 과목을 신설한다.

⑪ 사병에 대해 기율을 준수하며, 명령에 복종하고, 간부를 존경하며, 직무에 충

---

56 上揭書, p.122.

실하도록 교육을 실시한다.

⑫ 각급 영도간부는 하급단위로 내려가 활동하면서 문제를 해결한다.

그뿐만 아니라 탄정은 군민관계를 개선하기 위해 다음과 같은 조치를 취했다:

① 군대의 대표가 당해 지역의 각급 인민대표대회에 출석하거나 또는 열석(列席)하도록 한다.

② 사단과 연대 또는 독립부대의 대대와 중대는 주둔지 인근의 합작사와 밀접한 관계를 유지하면서 지원한다.

③ 군대가 점용하고 있는 토지와 금지구역 및 임차한 민간의 가옥은 점차적으로 조정 및 축소해 나가도록 한다.

④ 사격훈련으로 인해 인민의 생산활동이 지장을 받지 않도록 당지 정부 및 합작사와 사전에 사격시간과 지점을 협의하도록 한다.

⑤ 부대가 적과 아를 분명히 구분하여 인민대중을 무분별하게 공격대상으로 삼지 말도록 교육한다.

⑥ 지방과 협조하여 군대를 선전함으로써 지방간부와 인민대중이 군대를 이해하도록 한다.

⑦ 해안경비대의 각종 제도 중 인민을 단결시키고 대적투쟁을 실시하는 데 불필요한 것을 반드시 철폐하도록 한다.

⑧ 장교가 결혼대상을 구하고자 할 때는, 학업 중에 있는 중학교의 여학생을 찾지 않으며, 물질적인 수단에 의존하지 않고, 남의 혼약을 파괴하지 않도록 한다.

2) 반우파투쟁

정풍운동이 전군적으로 실시된 지 얼마 안 되어 중국사회에는 사회주의 이익에 위배되는 언동이 나타나기 시작했으며, 극소수이긴 하지만 중국공산당과 사회주의 제도에 대한 비판세력인 이른바 자본계급 우파분자가 머리를 들기 시작했다.

이들은 대명(大鳴)과 대방(大放) 및 대자보(大字報) 방식으로 인민민주독재 제도가 관료주의와 종파주의의 근원이라고 비방하면서 이를 해결하는 근본적인 방법은 사회주의 제도를 바꾸는 길밖에 없다고 주장했으며, 그뿐만 아니라 중국공산당의 영도라는 것이 당천하(党天下)일 뿐이라고 공격하면서 중국공산당의 영도를 부정했다.

상황이 이쯤에 이르자 마오쩌둥은 1957년 5월15일 〈사정은 지금 바뀌고 있다〉는 제목의 글을 써 당 내의 간부들에게 읽도록 했으며, 중국공산당 중앙은 동년 6월 8일 〈역량을 조직하여 우파분자의 진격을 반격할 준비를 갖추는 것에 관한 지시〉를 하달했다.

〈지시〉가 떨어지자 인민해방군 총정치부는 동년 6월 〈우파에 대한 반격을 실시하는 교육과 반격을 성원하는 것에 관한 지시〉를 전군에 하달했다. 따라서 인민해방군 내에서는 정풍에 관한 학습과 토의가 끝난 이후인 7월부터 반우파투쟁이 전개되었다. 반우파투쟁은 사업상의 논쟁이나 개별적 문제에 대한 견해차이의 범주를 훨씬 벗어나 적아모순에 속하는 자본주의와 사회주의 간의 투쟁으로 발전했다. 대명(大鳴), 대방(大放), 대쟁(大爭), 대변(大辯) 방식이 채택되면서 인민내부의 모순이 적아모순으로 둔갑되고 선의의 건의와 비판마저 우파의 공격으로 간주됨으로써 반우파투쟁은 대규모적이고 급진적인 계급투쟁으로 변질되었다. 특히 인민해방군은 1959년부터 1964년에 이르는 기간 동안 5,885명에 달하는 장병들을 우파분자로 구분하고 그들에게 우파의 모자를 씌웠다.

3) 반교조주의 투쟁

1957년의 반우파투쟁 이후 마오쩌둥은 사회의 계급투쟁을 당 내로 끌고 들어와 2갈래 길의 노선투쟁을 전개했다. 이러한 당내 투쟁은 결국 군내의 노선투쟁으로 이어졌다. 1958년의 반교조주의와 1959년의 반우경기회주의는 「8대」 이후 당내에서 전개된 2차례의 대규모적인 노선투쟁이었으며, 결국 이러한 노선투쟁은 군대 정치사업을 좌경으로 몰고 갔다.

1958년 5월 27일부터 7월 22일까지 당중앙군사위원회는 베이징에서 확대회의를 소집하고, 당 제8기 「2중전회」 정신에 근거하여 정풍방법으로 건국 이래의 군대 정치사업을 총결산하고 국방문제를 토의했을 뿐만 아니라 이른바 교조주의에 대해서도 집중적으로 비판했다.

〈회의〉는 "노예사상을 타도하고 교조주의를 매장하자"는 마오쩌둥의 주장을 전달했으며, 마오쩌둥은 연설을 통해 인민해방군의 발전사를 거론하면서 교조주의에 대한 비판에 초점을 맞추었다. 그는 과거 교조주의가 자본계급 군사학과 군대를 관리하는 제도를 신성불가침한 것으로 여기고, 또한 소련이나 이른바 무산계급의 군사학과 군대를 관리하는 제도를 신성불가침한 것으로 보는 것이라고 하면서, 중국의 경우 이러한 경향은 혁명전쟁시기에도 나타났고 건국 이후에도 여전히 존재하고 있다고 지적했다. 특히 비판과 투쟁의 중점과 대상은 당중앙위원회 부주석 겸 군사학원 원장이 류보청(劉伯承) 원수와 훈련총감부 부부장인 샤오커(肖克)와 리다(李達) 상장이었다. 린뱌오(林彪)는 이 기회를 이용하여 비판의 화살을 총사령인 주더(朱德) 원수와 훈련총감부 대리부장인 예젠잉(葉劍英) 원수에게 돌렸다.

마오쩌둥의 교조주의에 대한 발언이 있은 후 〈회의〉는 인민해방군이 소련 군대의 경험을 학습하고, 현대화되고 정규화된 인민군대를 건설하는 과정에서 맹목적이고 기계적으로 소련 군대의 경험과 제도를 도입함으로써 인민해방군의 전통인 당의 영도, 정치사업, 군민관계와 장병관계 및 상하관계를 약화시켰다고 비판하면서 이는 현대화전쟁 중에서의 마오쩌둥 군사사상의 의의를 부정하고, 현대화전쟁 중에서의 인민해방군의 건군경험과 작전경험을 부정하며, 소련 군대의 경험을 학습하는 의의를 왜곡한 자본계급 군사노선이라고 규정했다.

따라서 인민해방군 총정치부는 회의가 끝난 이후인 1958년 7월 25일 〈당중앙군사위원회 확대회의의 결의를 전달하고 관철하는 것에 관한 통지〉를 하달하고, 전군적으로 교조주의와 단순한 군사관점 및 개인주의의 위해를 집중적으로 비판할 것을 촉구했다

인민해방군은 상급 단위로부터 당 위원회 확대회의, 당 대표회의, 그리고 각급 간부회의를 개최하고 대명대방(大鳴大放)과 대쟁대변(大爭大辯)을 전개했다. 특히 비판운동이 전개되는 과정에서 〈해방군보〉는 동년 8월 7일 〈일방적으로 현대화를 강조하는 것을 반대한다〉는 제목의 사설을 통해 현대화는 혁명화에 종속되는 것으로서 이들 양자를 동일 선상에 올려놓을 수는 없는 것이라고 전제한 후, 단순한 군사관점과 단순한 기술관점을 모두 반대하면서 조령과 규범 및 각종 제도를 비판했으며, 재차 대중노선을 걸을 것을 촉구했다.

기실, 이러한 반교조주의 투쟁은 실사구시(實事求是) 원칙을 벗어나 현대화 건설 경험이 부족한 상황 하에서 소련 군대의 경험을 학습하는 과정에서 나타난 결점들을 지나치게 확대해석했으며, 또한 현대화를 단순한 군사관점과 단순한 기술관점으로 몰아가면서 혁명화만을 지나치게 강조하는 방향으로 전개되었다.

4) 반우경투쟁

1959년 7월부터 8월까지 중국공산당 중앙은 루산(廬山)에서 정치국 확대회의를 개최했다. 이어서 개최된 제8기 「8중전회」에서 마오쩌둥은 펑더화이가 제출한 의견서를 비판하고 펑더화이의 행위를 자본계급을 대변하는 우경기회주의로 몰아붙였다. 결국 제8기 「8중전회」는 〈펑더화이 동지를 대표로 하는 반당집단의 과오에 관한 결의〉 및 〈당의 총노선을 보위하고 우경기회주의노선을 반대하기 위해 투쟁한다〉는 결의를 통과시켰으며, 이를 계기로 반우경기회주의는 자본계급과 무산계급 간의 생사가 걸린 투쟁의 연속으로서 당내의 주요한 전투임무가 되었다.

당중앙군사위원회는 그 후 1959년 8월 18일부터 9월 11일까지 베이징에서 사단급 이상 당원간부 1,061명이 참가한 대규모 확대회의를 소집했다. 〈회의〉는 당 제8기 「8중전회」에서 통과된 〈당의 총노선을 보위하고 우경기회주의를 반대하기 위해 투쟁한다〉와 〈펑더화이 동지를 대표로 하는 반당집단의 과오에 관한 결의〉를 전달 및 토의했으며, 펑더화이와 황커청(黃克誠)의 이른바 반당죄행과 자본계급 군사노선에 대해 비판했다. 동년 9월 12일 〈회의〉는 〈중공중앙군사위원회 확대회의 결의〉를 통과시키고 전군적으로 당 제8기 「8중전회」의 결의를 철저히 이행할 것과 펑더화이와 황커청이 부대에 심어놓은 독소를 뿌리 뽑고 그 악영향을 근절시킬 것을 호소했다.

이어서 동년 9월 17일 린뱌오가 국가주석의 명에 의거 펑더화이를 대신하여 국방부 부장직을 겸임하게 되었으며, 뤄루이칭(羅瑞卿)이 황커청을 대신하여 중국인민해방군 총참모장직을 겸임하게 되었다. 이에 앞서 당 중앙군사위원회는 당중앙정치국의 결정에 근거하여 〈당중앙군사위원회의 구성요원에 관한 통지〉를 하달했다. 〈통지〉는 당중앙군사위원회 주석에 마오쩌둥, 그리고 부주석에는 린뱌오, 허룽, 녜룽전, 그리고 그 상임위원에는 마오쩌둥, 린뱌오, 허룽, 녜룽전, 주더, 루보청, 천이, 덩샤오핑, 뤄룽환, 쉬샹첸, 예젠잉, 뤄루이칭, 탄정이 결정되었음을 알리는 것이었으며, 이로부터 린뱌오가 당중앙군사위원회의 일상업무를 주관하기 시작했다.

인민해방군은 당중앙군사위원회 확대회의가 끝난 이후 각 대단위별로 먼저 4개급 간부회의를 소집했으며, 다시 사단과 연대가 전체 간부를 대상으로 반우경주의투쟁을 전개했는데, 이 투쟁은 3개 단계로 나뉘어 실행되었다:

제1단계는 당 제8기 「8중전회」와 당중앙군사위원회 확대회의 정신을 전달하고, 펑더화이와 황커청의 죄상(罪狀)을 파헤치며, 사회주의 건설의 총노선과 인민공사 및 대약진이라는 이른바 삼면홍기(三面紅旗)를 주요 내용으로 하여 토론을 진행하고 명방(鳴放)을 전개하는 것이었다.

제2단계는 제1단계의 명방을 통해 폭로된 문제들을 몇 가지 주제로 종합하여 우경사상을 비판하고 입장이 분명하지 않은 중간분자들을 향해 투쟁을 전개하는 것이었다. 그리고 마지막 제3단계는 반우경투쟁 중에 제기된 문제들 중에서 근본적으로 이론 성격에 속하는 문제들에 대해서 10월 12일 총정치부가 하달한 〈8중전회와 당중앙군사위원회 확대회의 결의를 관철하는 사업에 관한 지시〉에 근거하여 간부들에게 체계적인 교육을 실시하는 것이었다.

교육을 위해 선택된 8가지 주제는 ①사회주의 총노선과 대약진 및 인민공사의 본질과 성과 문제, ②마르크스주의자로서 혁명적 대중운동을 대하는 방법 문제, ③사회주의 건설시기의 계급투쟁 문제, ④계급, 정당, 영수의 관계, 특히 각 민족과 인민의 위대한 영수인 마오쩌둥 주석을 옹호하는 문제, ⑤당과 인민이 정치투쟁을 전개하는 데 있어서 복종도구로서의 중국인민해방군 문제, ⑥당의 단결을 강화하고 자본계급 개인주의를 반대하는 문제, ⑦변증법적 유물주의 세계관을 수립하는 문제, ⑧국제주의 문제 등이었다.

당시 펑더화이가 자본계급 군사노선을 걸었다고 비판한 것은 마오쩌둥의 주관적인 의도가 다분히 깔려있는 것이었다. 펑더화이가 "일장제(一長制)를 제창하고", "당 위원회 집단영도 하의 수장분담책임제를 반대했다."라는 것도 실은 건국 초기 일부 인사들이 소련 군대의 경험을 학습하는 과정에서 당중앙군사위원회에 의견을 제시한 것이었지 결코 펑더화이가 앞장서서 주도한 것은 아니었다.

펑더화이는 1954년 1월 전국군사계통 당의 고급간부회의에서 회의내용을 마무리할 때 이미 이러한 주장들을 부정하면서 군대 당이 집단영도 원칙을 견지할 것을 촉구한 바가 있었다. 그뿐만 아니라 펑더화이는 이미 앞장에서도 언급했듯이 1956년 9월 18일 「8대」에서 행한 〈군사사업의 영광된 임무를 성공적으로 완수하자〉는 제목의 발언을 통해 당 위원회 집단영도 하의 수장분담책임제가 중국인민해방군 영도사업의 근본제도로서 가장 효율적인 영도제도라고 하면서 자신의 입장을 분명하게 밝힌 바가 있었다.

3. 혁명화 건군노선과 정치사업

1) 당중앙군사위원회 확대회의의 군대 정치사상 사업에 관한 결의

린뱌오가 당중앙군사위원회의 일상업무를 관장하기 시작했을 당시는 당 사업의 지도사상이 이미 「8대」노선에 배치되고 있었으며, 전 당과 전 군에 '반우경'투쟁이 대규모적으로 전개되고 있었고, 반우파투쟁도 계급투쟁으로 확대된 상태였으며, 펑더화이와 황커청의 이른바 반당죄행과 자본계급 군사노선 문제가 비판을 받고 있었다. 따라서 린뱌오는 이러한 정치적 상황을 최대로 이용하여 군대의 정치사상 사업을 강화하기 위한 목적으로 당중앙군사위원회 확대회의를 개최했다.

(1) 〈확대회의〉의 개최 배경과 그 기본내용

린뱌오는 국방부 부장이 된 이후 수차례에 걸친 담화와 글을 통해서 정치우선주의를 표방하면서 이데올로기로서의 계급투쟁과 개인숭배를 부추겼다. 1959년 9월 그는 당중앙군사위원회 확대회의에서 마오쩌둥의 저작을 학습할 것을 느닷없이 강조하면서, "우리들은 마르크스레닌주의를 어떻게 학습해야 하는가? 나는 그 주요한 것이 마오쩌둥 동지의 저작을 학습하는 것이라고 동지들에게 제의하고자 한다. 이는 마르크스레닌주의를 학습하는 지름길이다."[57]라고 역설했다.

이어서 동년 10월 그는 〈당의 총노선과 마오쩌둥 군사사상의 홍기를 높이 치켜들고 활기차게 전진하자〉는 제목의 연명으로 된 글을 게재하고, 계급투쟁과 정치우선주의 및 마오쩌둥 개인의 역할을 특별히 강조하면서 무산계급 사상을 일으키고 자본계급 사상을 소멸하는 투쟁이 군대 건설의 중요한 과제라고 주장했다.

린뱌오는 1960년 1월 광저우(廣州)에서 소집된 당중앙군사위원회 확대회의 석상에서 마오쩌둥 저작 속에서 가장 핵심적이고 중요한 말들을 암기할 것을 촉구하면서 군대 내에서 38기풍을 함양하고 확립시킬 것을 요구했다. 그러나 린뱌오가 제기한 이러한 관점과 주장은 즉각 덩샤오핑과 뤄룽환 및 총정치부 주임인 탄정 등의 제지를 받았다.

오히려 탄정은 1960년 3월부터 4월까지 전군정치사업회의를 소집한 후 회의를 주관하면서 린뱌오가 제기한 관점과 주장들에 개의치 않고 마르크스레닌주의

---

57 上揭書, p.163, 再引用.

이론에 대한 정치선전과 교육사업을 체계적으로 전개할 것을 촉구하면서 철학, 정치경제학, 중국공산당과 중국혁명 등 3개 정치이론 과목의 교학대강을 확정했다. 이어서 동년 5월 30일 총정치부는 〈이론사업과 이론교육을 강화하는 것에 관한 지시〉를 하달하고, '3개 정치이론 과목'을 학교와 부대 간부들의 필수과정으로 규정했으며, 통일적인 교학대강에 근거하여 계획적이고 조직적으로 교학활동을 실시할 것을 요구했을 뿐만 아니라 린뱌오가 제기한 38기풍도 부정했다.

건군노선에 관한 투쟁이 점차 심화되고 있는 가운데 린뱌오는 1960년 9월 12일 재차 당중앙군사위원회 상무위원회확대회의를 소집했으며, 반수정주의, 정치사상 사업, 그리고 인민해방군의 편제와 장비 문제를 의사일정으로 상정했다.

결국 〈회의〉의 핵심 의제는 정치사업이 될 수밖에 없었으며, 린뱌오는 이 자리에서 정치사업의 편향성을 지적하면서 정치사업 영역에서 무기와 인간의 관계, 각종 사업과 정치사업의 관계, 정치사업에 있어서 각종 사업과 사상사업의 관계, 그리고 책 속의 사상[書本思想]과 살아있는 사상[活的思想]의 관계를 정확히 처리할 것을 요구함으로써 정치사업의 위치와 역할을 최고도로 격상했다.

린뱌오는 무기와 인간의 관계에 대해서 "무기와 인간을 비교하면 인간이 주요한 것이고, 인적 요소와 정치사상 요소가 전투력의 여러 요소 가운데 최우선적 요소이며, 과거의 전쟁뿐만 아니라 장거리 무기와 핵무기가 발전한 현대적 조건 하에서도 다를 바가 없다."[58]고 주장하면서 "결국에는 인간의 용감성과 각오 및 희생정신을 보아야 하며, 물질적 원자탄도 중요하지만 정신적 원자탄은 보다 더 중요하며, 이러한 정신적 원자탄은 우리가 독점하고 있다."[59]고 호언했다.

그뿐만 아니라 그는 각종 사업과 정치사업의 관계에 대해서는 "군대 사업에는 사령부 사업, 후근 사업, 군사훈련, 기술사업 등이 있지만 반드시 정치사업에 의해 선도되어야만 하고, 모든 사업은 반드시 정치제일주의를 강조해야 한다."[60]고 역설했다.

정치사업에 있어서 각종 사업과 사상사업의 관계에 대해서는 "정치사업에는

---

58 "中共中央軍委擴大會議關於加强軍隊政治思想工作的決議"(1960年 10月 21日), 「共匪文件彙編」, (台北: 國防部情報參謀次長室, 1962), pp.38-39.

59 上揭書.

60 上揭書.

사무적이고 행정적인 성격의 사업과 사상적 성격의 사업의 2가지 종류가 있는데 그 중점은 사상사업에 두어야 한다. … 사상사업은 정치사업의 돌파구로 삼아야 하며, 일정한 물질적 기초 위에서 사상으로 모든 것을 장악하고 사상으로 모든 것을 개변해야 한다."[61]고 했다.

마지막으로 책 속의 사상[書本思想]과 살아있는 사상[活的思想]의 관계에 대해서는 "서적은 읽어야 하지만 중요한 것은 살아있는 사상을 장악하는 것이며, 책으로 읽는 교육은 실제와 결합되어야 한다. 무엇을 살아있는 사상이라고 부르는가? 이는 곧 마오쩌둥 동지가 늘 말하는 것이며, 마르크스레닌주의의 보편적 진리와 중국혁명의 구체적 실천이 상호 결합된 것이고, 대중 속에서 나와서 대중 속으로 들어가는 것이며, 집중하여 견지하는 것이다."[62]고 해석했다.

결국 린뱌오는 이상의 내용을 인적요소제일(人的要素第一), 정치사업제일(政治事業第一), 사상사업제일(思想事業第一), 살아있는 사상제일(活的思想第一)의 4개제일(4個第一)로 요약하면서 이것이 인민해방군 정치사상 사업의 방향인 동시에 인민해방군 건설의 방향이 되어야 한다고 강조했다.

이어서 하루가 지난 9월 13일 하오 당중앙군사위원회 확대회의는 예비회의를 소집하고 린뱌오의 연설 내용을 전달했다. 그리고 그 다음 날인 9월 14일부터 10월 20일까지 당중앙군사위원회 확대회의가 베이징에서 개최되었다.

〈회의〉는 〈군대 정치사상 사업을 강화하는 것에 관한 결의〉를 통과시켰으며, 총참모장인 뤄루이칭이 조직과 편제 및 장비 문제에 관해 설명했고, 당중앙군사위원회 부주석인 허룽과 녜룽전, 그리고 당중앙군사위원회 상무위원인 예젠잉과 천이가 각각 연설을 했다.

〈확대회의〉는 공격의 화살을 총정치부 주임인 탄정과 그 지지자들에게 돌리고 이들이 오랜 기간 동안 펑더화이와 황커청의 노선을 추종하면서 린뱌오의 지시를 제대로 이행하지 않았기 때문에 정치사업을 망쳐놓았다고 하면서 정치적 책임을 물었다. 그뿐만 아니라 린뱌오가 제기한 4개제일(4個第一)을 적극적으로 선전하면서 〈탄정 동지의 과오에 관한 중공중앙당중앙군사위원회 확대회의의 결의〉와 〈군대의 정치사상 사업을 강화하는 것에 관한 중공중앙당중앙군사위원회 확대회의

61 上揭書, pp.39-40.

62 上揭書.

의 결의〉를 통과시켰다.

(2)〈확대회의〉의 의의

〈확대회의〉가 군대의 건설과 군대 정치사업과 관련하여 결정한 중요한 사항은 3가지였다. 하나는 〈군대 정치사상 사업을 강화하는 것에 관한 결의〉이고, 다른 하나는 9월 12일 린뱌오가 당중앙군사위원회 상무위원회 확대회의에서 행한 연설과 당중앙군사위원회 확대회의에서 내린 결론이며, 또 하나는 탄정을 비판하고 처벌한 것이었다.

〈회의〉에서 통과시킨 〈군대 정치사상 사업을 강화하는 것에 관한 결의〉는 〈구톈(古田)회의 결의〉를 모방하여 구성한 것이었다. 〈결의〉는 총강과 14개 주제로 구성되었으며, 마오쩌둥의 최종 수정을 거쳐 당 중앙이 1960년 12월 25일 전 당과 전 군에 공포되었는데, 그 14개 주제는 아래와 같았다:

① 마오쩌둥 사상의 홍기를 높이 치켜들고 마오쩌둥 사상을 성실하게 학습한다.
② 대중노선을 관철하고 실행하며 3대 민주를 발양한다.
③ 38기풍을 크게 진작한다.
④ 무산계급을 일으키고 자본계급을 소멸하는 투쟁을 전개하며 불량한 경향을 반대한다.
⑤ 사상사업을 살아있는 사상을 장악하는데 중점을 둔다.
⑥ 당 지부를 튼튼한 전투보루로 건설한다.
⑦ 청년사업을 강화한다.
⑧ 정치지도원의 최우선적 임무를 정치사상 사업을 훌륭히 수행하는 것으로 한다.
⑨ 홍(紅)과 전(專)을 겸비한 간부대오를 건설한다.
⑩ 군사기술, 업무, 그리고 과학연구 중의 정치사상 사업을 강화한다.
⑪ 사회주의 건설에 적극적으로 참가하고 민병사업을 훌륭히 수행한다.
⑫ 부대의 정치사상에 대한 당 위원회의 영도를 강화한다.
⑬ 정치기관의 사업방법을 개선한다.
⑭ 본 결의의 실행상태를 점검한다.[63]

---

63 李澤季强 主編, 〈中國人民解放軍政治工作史鑑〉, (北京: 北京大學出版社, 1992), p.196.

특히 〈결의〉는 인민해방군의 건설과 정치사업의 기본방향과 관련하여 다음의 몇 가지 점을 거듭 확인했다:

① 지구적인 평화의 가능성이 존재하고 있으나 세계대전이 폭발할 위험도 여전히 존재하고 있을 뿐더러 국지전쟁은 항시 발생할 가능성이 있다는 것을 지적하면서 중국인민해방군의 모든 사업이 반드시 새로운 세계전쟁과 핵전쟁에 대비하는 것을 그 출발점으로 하여 제국주의의 돌발적인 기습을 방지해야 함과 동시에 항시 국지전쟁에 대비해야 한다고 강조했다.

② 마오쩌둥 사상이 마르크스레닌주의의 보편적 진리와 중국혁명의 구체적 실천이 상호 결합된 산물로서 중국인민혁명과 사회주의 건설의 지침임을 거듭 확인했다.

③ 구톈(古田)회의의 결의를 충분히 긍정하고 인민해방군 정치사업의 기초를 다졌다.

④ 각급 당 위원회가 부대를 통일적으로 영도하고 단결시키는 핵심이고, 당 위원회의 통일적인 집단영도 하의 수장분업책임제가 당이 군대를 영도하는 근본제도임을 강조했다.

⑤ 군대의 혁명화 건설을 강화함과 동시에 반드시 전 군의 기술업무 수준과 과학연구 사업의 질을 적극적으로 향상시키고 현대화를 강화할 것을 제기했다.

⑥ 정치사업이 중대에 뿌리를 내리도록 했다.

⑦ 대중노선이 당의 근본적인 정치노선과 조직노선이며 정치사상 사업의 근본노선임을 천명했다.[64]

어쨌든 〈확대회의〉가 가지는 중요한 의의는 인민해방군이 건국 이후 추진해온 현대화·정규화 건설을 현대화·혁명화 건설로 전환하는 결정적 계기를 제공해주었다는 것이었다. 인민해방군의 정치사업은 4개제일을 핵심내용으로 하면서 그 지위와 역할이 크게 향상되기 시작했다.

인민해방군은 인적요소제일(人的要素第一)로 인해 현대화·정규화 건군노선을 부정했고, 정치사업제일(政治事業第一)로 인해 군사훈련이 부대의 일상적 중심사업이라는 기존의 건군방침을 부정했으며, 사상사업제일(思想事業第一)로 인해 군

---

64 上揭書, pp.196-199.

대의 정치사업을 단순화시키고 군대 조직건설의 중요성을 무시했으며, 살아있는 사상제일(活的思想第一)로 인해 마르크스레닌주의와 마오쩌둥 사상에 대한 체계적인 학습을 부정했다.

(3) 〈확대회의〉 정신의 실천

인민해방군은 〈결의〉의 규정에 따라 중대 내에 일부 조직을 부활 및 건립했다. 1960년 11월 5일 총정치부는 전화회의를 개최하고, 중대 내에 지부위원회와 혁명군인위원회를 설립하고 지부연락위원과 간부연락지부 등을 추가로 설치하기 위한 작업에 착수하는 등 다음과 같은 구체적인 조치를 취했다:

첫째, "분대에는 당원을 두고, 소대에는 소조를 두며, 중대에는 지부위원회를 설립한다."는 〈결의〉의 요구와 1960년 11월 11일 총정치부가 결정한 〈중대와 기타 기층단위에 당원이 10명 미만인 지부에 지부위원회를 설립하는 것에 관한 통지〉에 근거하여 인민해방군의 모든 중대 지부는 당원을 확보하는 사업을 적극적으로 전개하고 지부위원회를 설립하기 위한 노력을 계속했다. 따라서 당원이 10명이 안 되지만 5명 이상인 일부 중대와 기층단위에는 모두 3인지부위원회 지부 서기나 또는 부서기가 집단영도 원칙에 따라 지부대회를 이끌었다.

둘째, "중대 당 지부위원회에는 반드시 1명의 연락위원을 두어야 한다."는 〈결의〉의 규정과 1960년 11월 11일의 총정치부 〈통지〉에 근거하여 군대의 중대와 기층단위 당 지부는 지부대회를 개최하고, 사병 당원과 직책이 비교적 낮은 간부 당원 중에서 1명의 지부연락위원을 선출했으며, 중대가 정책을 위반하고 기율을 준수하는 지의 여부를 보고하는 책임을 맡겼다.

셋째, 중대 혁명군인위원회를 부활했다. 인민해방군은 신형 정군운동이 전개되고 있던 1948년 2월 5일 총정치부가 홍군시기의 사병위원회 전통을 이어받기 위해 결정한 〈부대 내에 사병위원회를 설립하는 것에 관한 통지〉에 따라 중대 내에 사병위원회를 설립했으며, 그 해에 다시 이를 혁명군인위원회로 명칭을 바꾸었다. 이 혁명군인위원회는 전 중대원의 민주적인 대중성 조직으로서 중대 당 지부와 중대 수장의 영도 하에 정치, 군사, 민주 3개 분야의 일상적인 민주활동을 실행하는 것이었다.[65]

---

65 國防大學党史党建政工教研室 主編, 前揭書, pp.171-173.

그런데 이 혁명군사위원회는 중화인민공화국이 수립된 이후 홍군시기와 항일 전쟁시기에 설치된 적이 있었던 구락부로 대체되었다. 1954년 4월 15일 중국공산당 중앙과 당중앙군사위원회는 〈중국인민해방군 중대구락부 사업조례〉를 공포했으며, 이 조례의 규정에 따라 중대구락부는 전 중대원의 대중성 조직으로서, 중대 정치사업의 중요한 조직형태로서, 그리고 전 중대원이 근무시간 외에 학습하는 학교로서 대중적인 군사, 정치, 문화와 오락, 체육과 위생활동을 계획하고 실시하며, 중대가 지출하는 경비를 확인하고, 행정과 급식의 개선을 협조하는 것을 주요 임무로 삼았다.

1960년 10월 당중앙군사위원회 확대회의가 개최된 이후 인민해방군은 전군적으로 〈결의〉 속의 〈중대 혁명군인위원회를 부활하는 것에 관한 통지〉에 근거하여 전 중대 군인대회를 개최하고 선출방식에 의해 전 중대 내에 혁명군인위원회를 구성했으며, 그 위원회 내에 경제위원회와 구락부를 설치했다. 이 혁명군인위원회는 당 지부의 영도 및 중대장과 정치지도원의 지도 하에 정치, 군사, 경제 3대 민주를 실행하고, 대중성 과외학습을 계획하며, 문화와 체육활동을 전개했다. 그 후 1961년 11월에 개최된 전군정치사업회의는 중대의 조직계통을 간소화하기 위해 당 중앙의 동의를 얻어 중대구락부를 폐지했으며, 혁명군인위원회 내에 경제위원회와 문화오락조, 벽보조, 대중사업조를 설치했다.

(4) 〈확대회의〉의 역할과 영향

〈확대회의〉의 결의는 긍정적이고 정확한 내용이 있기도 하고 부정적이며 잘못된 내용이 있기도 했으며, 군대 정치사업에 대한 영향 또한 긍정적인 면과 부정적인 면이 동시에 존재하고 있었다.

〈확대회의〉에서 통과된 〈군대 정치사업을 강화하는 것에 관한 결의〉는 1960년대와 1970년대의 전 기간을 통해서 과거의 〈구톈회의 결의〉가 미친 영향과 맞먹을 정도로 위력을 발휘했다. 많은 역사적 요인을 배경으로 깔고 소집된 〈확대회의〉는 건국 이후의 군대 정치사업의 방향에 결정적 영향을 미쳤으며, 그 대표적인 것으로는 다음의 2가지를 사례로 들 수 있다:

첫째, 당의 지도사상이 좌경주의로 전이되고, 국내외적인 요인의 영향을 받아 군대 정치사업의 방향과 내용이 바뀐 것이었다.

「8대」는 무산계급과 자본계급의 주요 모순이 기본적으로 해결됨에 따라 중국

사회의 기본모순이 이미 경제와 문화의 신속한 발전에 대한 인민의 요구와 이러한 인민의 요구를 만족시킬 수 없는 경제와 문화 현실 간의 모순으로 바뀌었다고 분석한 후, 이를 바탕으로 하여 금후의 주요 임무를 역량을 결집하여 사회생산력을 발전시키고, 국가의 공업화를 실현하며, 점차적으로 나날이 증가하고 있는 인민의 물질과 문화적 요구를 만족시키고, 위대한 사회주의중국을 건설하기 위해 분투하는 것으로 설정했다.

그러나 얼마 지나지 않아 국제적으로 반소반공(反蘇反共)의 역류가 일기 시작했고, 대내적으로는 일부 자본계급 우파가 부상함에 따라 중국공산당은 대내외적으로 계급투쟁이 상존하고 있다는 평가를 내리고 이를 바탕으로 하여 계급투쟁을 확대하고 절대화하기 시작했으며, 1957년 9월에 소집된 당 제8기 「3중전회」에서 내린 국내사회의 주요 모순에 대한 정확한 논단을 "무산계급과 자본계급의 모순, 사회주의의 길과 자본주의의 길의 모순이 의심 없이 목전의 중국사회의 주요 모순이다."고 하는 논단으로 수정했다.

이처럼 계급투쟁을 주요 모순으로 하는 중국공산당의 지도사상은 군대 정치사업의 방향과 내용의 변화를 필연적으로 수반하게 되었다. 1958년 7월 총정치부 주임인 탄정은 〈군대의 정풍운동에 관해서〉라는 제목의 글 속에서 "아군의 근본임무는 현대화된 혁명군대를 건설하는 것이지만, 현대화된 혁명군대의 건설은 사회의 주요 모순인 두 갈래 길의 투쟁을 떠날 수 없다. 우리 군대 내에 존재하고 있는 자본계급과 무산계급의 2종류 사상의 투쟁은 우리나라의 과도시기에 있어서의 주요 모순이 우리 군대 내에 반영된 것이다. 이러한 모순을 틀어쥐고 정치사상적으로 무산계급을 일으키고 자본계급을 소멸하는 대혁명을 전개해야만 부대의 사상면모를 근본적으로 바꿀 수 있다."[66]고 지적했다.

펑더화이 역시 같은 달에 소집된 당중앙군사위원회 확대회의에서 연설을 통해 정풍운동이 전군적으로 무산계급을 일으키고 자본계급을 소멸하는 것[興無滅資]을 목적으로 하는 정치사상 전선의 대혁명임을 강조했다. 이처럼 계급투쟁의 확대화 추세가 군대 정치사업으로 확산됨과 동시에 정치사업의 지위 또는 격상되었다. 펑더화이는 이른바 교조주의 문제로 당중앙군사위원회를 대표하여 자아비판을 할 때 당중앙군사위원회가 정치사상 사업을 철저히 수행하지 않았으며 정치사

66 李澤季强 主編, 前揭書, pp.188-189, 再引用.

상 사업의 통수(統帥) 역할을 충분히 발휘하도록 하지 못했다고 시인했다. 이는 정치사업이 '통수'의 위치로 격상되기 시작했음을 간접적으로 인정하는 것이었다.

1958년부터 1960년까지의 몇 년 동안은 중국의 입장에서 볼 때 국내외적으로 많은 어려움과 변화가 있던 시기였다. 1958년 8월 23일 푸젠성의 인민해방군이 진먼다오(金門島)에 대한 대규모적인 포격을 개시함으로써 중미관계가 급격히 악화되었고, 1959년 3월에는 시장(西藏)에서 대규모적인 폭동이 일어났다. 이때 인도가 시장의 독립을 지지하고 나섰으며, 이로 인해 중·인(中·印) 국경에서 무장충돌이 빈번히 일어났다. 더욱이 중인분쟁에서 인도를 일방적으로 지지한 소련의 태도에 중국은 노골적으로 불만을 표출했으며, 소련공산당을 현대수정주의로 규정하고 그 현대수정주의를 국제공산주의운동의 주요한 위험요소로 간주하면서 대내외적으로 반수정주의운동을 전개하기 시작했다. 결국, 국제적인 반수정주의 투쟁과 국내적인 계급투쟁의 요구가 마오쩌둥 사상의 학습 문제와 마오쩌둥 사상의 지도적 역할 문제로 이어지게 되는 계기가 되었다.

둘째, 린뱌오가 당중앙군사위원회의 일상업무를 주관하면서 군대 정치사업의 지도사상을 좌경의 길로 몰고 간 것이었다.

1958년 5월 마오쩌둥은 당의 분열 문제에 주의할 것을 환기시켰으며, 그 주요 원인이 펑더화이에게 있음을 암시했다. 그는 같은 달 소집된 당 제8기 「5중전회」에서 린뱌오를 중국공산당 중앙 부주석으로 보선할 것을 제의했으며, 1959년 린뱌오를 국방부장으로 천거했다.

린뱌오는 1959년 10월 〈당의 총노선과 마오쩌둥 군사사상의 홍기를 높이 치켜들고 활보하며 전진하자〉라는 글 속에서, 정치 우선을 특별히 강조하고, 계급투쟁을 강조하며, 마오쩌둥 개인의 역할을 강조하면서 무산계급 사상을 일으키고 자본계급 사상을 소멸하는 투쟁이 시종 군대 건설의 중요한 과제임을 확인했다. 그러나 린뱌오의 이러한 좌경주의 주장은 앞에서도 이미 언급되었듯이 총정치부 주임인 탄정 대장의 저지로 완전히 관철되는 못했다.

이에 린뱌오는 거듭 자신의 의지를 관철하기 위해 1960년 9월 12일 당중앙군사위원회를 소집하고 ①수정주의 반대, ②정치사상 사업, ③군대의 편제와 장비기획을 의사일정으로 상정했다. 그러나 린뱌오는 정치사상 사업을 주의제로 다루면서 4개제일(四個第一)을 긍정하는 결의를 이끌어냈다.

2) 혁명화 정치사업

(1) 계급투쟁으로 방향을 튼 정치사업의 지도사상

인민해방군은 1957년 11월부터 당 제8기 「3중전회」 정신을 관철하기 위해 전군적으로 사회주의 교육을 실시하기 시작했으며, 특히 내부모순을 해결하기 위한 사상교육에 있어서 계급분석 방법에 철저히 의존함으로써 2개 계급 간의 투쟁과 계급적 입장을 강조했다. 따라서 교육기간 중 '대명·대방·대변론·대자보(大鳴·大放·大辯論·大字報)' 등이 주요한 투쟁형식으로 활용되었으며, 정치비판도 정도 이상으로 과격하게 전개되었다. 그 후 1958년 상반기 인민해방군은 반우파투쟁을 총결산하고 다음의 몇 가지 논단을 제기했다:

첫째, 현대화된 혁명군대의 건설은 당면하고 있는 중국사회의 주요 모순인 2갈래 길의 투쟁을 벗어날 수 없으며, 인민해방군 내에 존재하고 있는 자본계급과 무산계급 2개 사상의 투쟁이 곧 중국의 과도기에 있어서 주요 모순이 군대 내에 반영된 것이라고 정의했다. 따라서 이러한 모순을 장악하고 정치사상적으로 무산계급을 일으키고 자본계급을 소멸하는 대혁명을 전개함으로써 부대의 사상 면모를 근본적으로 바꿀 수 있다고 했다.

둘째, '대명·대방·대변론·대자보'의 좌경적 방법을 긍정했다. 사상문제이든 사업문제이든 또는 시비문제이든지를 막론하고 모든 문제는 '4대(4大)' 방법을 운용하여 해결할 때 가장 양호한 결과를 얻을 수 있다는 점을 강조했다.

셋째, 지식분자를 자본계급과 동일시했다. 1958년 1월 총정치부가 소집한 전군선전사업회의는 당시 군대 내 지식분자에 대한 상황을 철저히 분석했으며, 〈지식분자의 사상 개조에 관해서〉라는 제목의 회의 문건을 통해서 사회주의를 건설하는데 있어서 차지하는 지식인의 주도적 역할을 전면적으로 부정했다.

〈회의〉는 이들이 사회적 출신 배경과 사회 경력이 매우 복잡하고 구사회에서 자본계급 교육을 받았을 뿐만 아니라 국제수정주의와 자유주의에 물들어 있다고 전제하면서, 이들 지식인 중에서 20-30%는 사상 개조가 비교적 잘 되었으나 50% 정도는 여전히 자본계급 근성이 뿌리 깊게 박혀있으며, 또한 20-30%는 자본계급의 사상 관점이 심한 정도이고, 더구나 2-5%는 적대적 계급 입장에 서 있는 반당적이며 반사회주의적인 부류로 분석했다.

(2) 정치의 돌출

이른바 '정치를 돋보이게 한다'는 '정치의 돌출[政治突出]'은 린뱌오가 1964년 11월 30일 전군조직사업회의 기간 중 "반드시 정치를 돋보이게 해야 한다."고 제기하면서부터 언급되기 시작했다. 이에 앞서 1959년 린뱌오가 제기한 4개제일(4個第一)도 실은 정치의 돌출을 요구하는 것이었으나 이들 양자는 완전히 같지는 않았다.

다시 말해서, "4개제일은 정치사업을 최고의 위치에 올려놓는 것을 강조하는 것이었다. 그러나 "정치의 돌출"은 정치사업을 돋보이게 하는 것을 요구할 뿐만 아니라 마오쩌둥 사상의 위대한 홍기를 높이 치켜드는 것, 그리고 2개 계급, 2갈래 길, 2갈래 노선의 투쟁을 포함하는 당대의 당과 국가의 중대한 정치과제를 특출하게 해야 하는 것이었다. 따라서 1964년 이전에는 4개제일이 부대사업의 지도사상으로 완전히 자리를 잡지 못했으며, 군사훈련과 행정 및 지원사업이 여전히 부대의 중심사업이었다. 그러나 정치를 돋보이게 한다는 방침이 제기된 이후 정치사업이 부대의 중심사업이 되었다."[67]

기실, "정치의 돌출"에 내포된 내용은 "하나는 마오쩌둥 사상을 특출하게 하고 마오쩌둥의 저작을 최고의 지시로 삼는 것이고, 둘째는 계급투쟁과 노선투쟁을 특출하게 하고 정치운동을 대규모적으로 전개하는 것이며, 셋째는 사상의 혁명화를 특출하게 하여 영혼의 깊은 곳에서 전쟁을 일으키는 것이었다."[68]

원래 '돌출(突出)'이라는 두 글자는 모종의 사물이 주위의 다른 사물보다 높거나 또는 제1위 및 지도적 위치에 자리잡고 있는 것을 가리키는 것이다. 당시의 '정치'는 계급투쟁과 노선투쟁으로 이해되었다. 따라서 "정치의 돌출"에 있어서 핵심내용은 계급투쟁을 특출하게 하는 것이었다. 그런데 계급투쟁은 반드시 마오쩌둥 사상으로 지도하고 인간의 사상 혁명화에 의존해야 하기 때문에 마오쩌둥 사상과 인간의 사상 혁명화가 "정치의 돌출"에 있어서 핵심내용이 되는 것이었다.

그뿐만 아니라 "정치의 돌출"에 있어서 중심사상은 "정치가 모든 것에 충격을 줄 수 있다."는 것으로서 군사가 정치에 예속된다는 의미를 내포하는 것이었다. 1964년 11월 린뱌오는 독단적으로 정치가 다른 모든 것에 충격을 줄 수 있다는 원

---

67 上揭書, p.232.

68 上揭書, p.240.

칙을 기본적으로 확정하도록 요구했으며, 그 후 마오쩌둥의 승인이 떨어진 후 "정치가 모든 것에 충격을 줄 수 있다."는 것이 인민해방군이 정치와 군사, 정치와 기술, 정치와 업무, 정치사업과 기타 각항 사업의 관계를 처리하는 기본준칙이 되었다. 따라서 "정치의 돌출"이 모든 것에 충격을 주는 것으로까지 발전하게 되었으며 정치만이 존재하는 극단적인 지경에 이르게 되었다.

인민해방군은 특히 정치의 돌출을 보장하기 위해 "정치의 돌출"에 부합하지 않는 전 군의 정치, 군사, 후근, 과학연구, 그리고 교학과 관련된 모든 규정과 지시를 폐지했으며, "훈련을 중심으로 하고" "교학을 중심으로 한다."는 기존의 방법, 그리고 기술과 업무 수준을 향상시킨다는 요구도 모두 삭제했다. 그뿐만 아니라 부대의 교육훈련 시간도 정치사업 시간이 전체 시간의 50%를 확보하도록 규정함으로써 훈련보다는 정치와 사상만을 강조했다.

기실, 린뱌오가 정치의 돌출을 제기한 것은 나름대로 중국이 처한 입장과도 불가분의 관계에 있었다. 1962년 미국은 더욱 더 월남전쟁에 관여하기 시작했으며, 중국을 억제하고 공격하는 것을 전략목표로 삼았다. 중국과 인도 간에 대규모적인 국경무력충돌이 발생했을 때도 소련은 공개적으로 인도를 거들었다. 또한 타이완의 국민당정부는 반공대륙을 외치면서 양안관계를 긴장으로 몰고 갔다. 그리고 중국공산당은 소련공산당이 이미 현대수정주의로 바뀌었기 때문에 중소관계가 계속 악화될 것으로 예상했다. 그뿐만 아니라 중국은 경제정책의 실패로 인민들의 불만을 달래야 하는 입장에 처해 있었다.

바로 이러한 국내외정세에 직면하게 된 마오쩌둥은 계급투쟁의 관점에서 분석하면서 대외적으로는 반제반수(反帝反修)투쟁을 전개하고 중국혁명의 이론으로 세계혁명을 지도하고, 대내적으로는 계급투쟁과 노선투쟁을 전개하며, 사회주의 진지와 세계혁명의 대본영으로서의 중국을 공고히 해야 한다는 결론을 내렸다.

1965년 2월 중국공산당 중앙은 〈온 힘을 다해 계속하여 정치를 돋보이게 하며 5개항 원칙을 결연히 수행한다〉는 전군정치사업회의의 결의문을 공포했으며, 이 결의문은 대강(大綱)으로서의 계급투쟁과 정치 돌출의 내재적 관계를 강조하면서 정치 돌출을 사회주의사회의 발전법칙과 사회주의사회의 경제기초에 근거하여 제기된 것이고, 사회주의사회에 아직도 계급과 계급투쟁이 존재하고 있는 사실에 근거하여 제기된 것으로서, 무산계급 사상을 일으키고 자본계급 사상을 소멸하며, 수정주의를 방지하며 반대하고, 인민해방군의 성격이 영원히 변하지 않도록 보장하는 근본적인 조치일 뿐만 아니라 현 단계에서 군대의 혁명화와 현대화 건설을 강화하는 근본이라고 했다.

3) 혁명화 건군원칙

(1) 펑더화이의 자본계급 건군노선에 대한 비판

첫째, "펑더화이와 뤄루이칭 등 반혁명수정주의분자는 아군의 무산계급 성격을 바꾸고 군권을 탈취하기 위해 무산계급 정치를 돋보이게 하는 것을 결사적으로 반대하고, 수정주의의 물품을 외국으로부터 구입하여 팔아먹었으며, 무산계급 혁명화를 반대하고 자본계급 정규화만을 중점적으로 실행했다. 이들은 군사기술을 제1위에 올려놓았으며, 정치사상 사업이 전투력을 결정하는 최우선 요소임을 부정했다. 펑더화이는 부대 군사훈련 성적의 우열과 각급 간부의 군사과학에 대한 학습의 우열이 금후 인민해방군 전투력의 고저를 결정하는 기본적인 기준이라고 떠들어댔다. 또한 뤄루이칭은 대비무(大比武)로서 정치에 충격을 가했을 뿐만 아니라 정치의 돌출과 4개제일에 관한 린뱌오 동지의 지시를 반대했다."[69]

둘째, "반혁명수정주의 분자인 펑더화이와 뤄루이칭은 위대한 마오쩌둥 사상을 가장 두려워하고, 마오쩌둥 사상과 광범한 간부 및 전사가 상호 결합하는 것을 가장 두려워했다. 그들은 마오 주석을 악랄하게 공격하고 비방했으며, 마오 주석의 무산계급 정치노선과 군사노선을 미친 듯이 제지하고 반대했다. 그들은 마오쩌둥과 당 중앙이 군대사업에 대한 지시를 거부하거나 결사적으로 가로막았다. … 그들은 정규화와 현대화를 일방적으로 강조하고 혁명화를 부정했으며, 아군 정치사업의 영광된 전통을 부정했다. … 그들은 마오 주석의 인민전쟁 사상을 반대하고 민병제를 반대했으며, 주력군, 지방군, 민병 유격대를 상호 결합하는 전통체제를 파괴했다. 그들이 이러한 자본계급 군사노선을 추구한 것은 아군의 성격을 근본적으로 바꾸어 아군을 마오 주석의 무산계급 혁명노선을 이탈하고, 인민대중을 이탈하며, 대중의 반대편에 서는 자본계급의 낡은 군대로 만들기 위한 것이다."[70]

셋째, "수십 년 동안 펑더화이는 줄곧 자본계급 군사관점과 군벌주의를 견지

---

69 「中共文化大革命資料彙編」(第1卷), "無産階級必須牢掌握槍桿子", (香港: 明報出版社, 1967), p.344.

70 "無産階級專政最堅强的支柱", 上揭書, p.351.

했으며, 건국 이후에는 악성적으로 발전하여 완전한 자본계급과 수정주의 군사노선을 형성했다. 그는 마오 주석의 군사사상을 반대하고 마오 주석의 저작을 학습하는 것을 반대했다. 그는 이른바 정규화와 현대화 간판을 내걸고 아군의 역사적 경험과 양호한 전통을 부정했으며, 모든 것을 외국으로부터 도입했다. 그는 군대에 대한 당의 절대적 영도를 취소하고, 당 위원회의 집단영도제도를 취소하며, 일장제(一長制)를 추진하려고 기도했다. 그는 군대의 정치사업을 취소하고, 민주제도와 대중노선을 취소하며, 아군의 장병일치와 상하일치 원칙을 파괴하려고 기도했다. 그는 사회주의 건설에 참가하고 대중노선을 실행하는 군대의 임무를 취소하고, 군대와 인민의 물과 물고기 관계를 약화시키려고 기도했다. 결론적으로 그는 군사사업에 있어서 마오쩌둥 사상을 지침으로 하는 것을 반대하고, 마오 주석의 지시를 결단코 이행하지 않았으며, 마오쩌둥의 인민전쟁 사상을 근본적으로 부정하고, 아군을 자본계급 군대의 길로 인도했으며, 무산계급 혁명군대를 자신들의 자본주의 부활을 위한 도구로 변질시켰다."[71]

넷째, "펑더화이는 마오쩌둥 군사사상은 이미 지나갔으며, 적용할 수도 없고, 작전을 지도하고 부대를 훈련시키는 지침이 될 수도 없다고 했다. 그는 마오 주석의 저작을 학습하는 것을 강력히 반대하고 자신이 수립한 부대와 학교의 훈련계획 속에서 마오 주석의 저작을 학습하는 것을 기본방침과 주요내용으로 하지 않았다. 그는 1953년에 기초한 〈중국공산당 군대위원회조례(초안)〉에 원래 규정되었던 "당 위원회는 마르크스레닌주의의 이론과 중국혁명의 실천을 통일한 사상-마오쩌둥 사상-을 자체의 모든 사업의 지침으로 한다."는 조례의 핵심을 삭제했다. 이는 그가 마오쩌둥 사상을 반대하고 군대에 대한 당의 절대적 영도를 반대하는 음모를 노출한 것이다."[72]

다섯째, "펑더화이는 정규화와 현대화 간판을 내걸고 아군의 역사적 경험과 양호한 전통을 부정하고, 오직 자산계급의 정규화만을 집중적으로 추구했다. 그는 군사기술을 제1위에 올려놓고, 정치사상 사업이 아군 전투력의 최우선 요소임을 부정했다. … 그는 1953년 외국의 조령을 도입하여 그대로 내무조령과 기율조령 및 대오조령을 공포했다. … 그는 내무조령을 수정할 때 대대의 정치교도원을 대

---

71 "高擧毛澤東思想偉大紅旗,徹底批判資産階級軍事路線", 上揭書, p.356.

72 "徹底淸算彭德懷篡軍反党的滔天罪行", 上揭書, p.375.

대장의 지도를 받도록 개정했으며, 중대의 정치지도원과 중대장이 똑같이 전 중대원의 직속 수장이라는 구절을 삭제함으로써 내무조령을 일장제를 실시하는 조령으로 바꾸었다."[73]

(2) 린뱌오의 신형 인민군대 건설의 6개 원칙

① 중국공산당의 절대적 영도 하의 군대이다.

② 군대 내부에서는 간부와 전사 간, 상급과 하급 간, 각 사업 부분 간, 각 형제부대 간에 완전히 일치단결하며, 군대의 외부에서는 군대와 인민 간, 군대와 지방정부 간에 완전히 일치단결한다.

③ 전투와 대중사업 및 생산활동의 3대 임무를 철저히 수행하는 전투대이며 사업대이고 생산대이다.

④ 주력군, 지방군, 민병 3결합의 무장역량체제를 실행한다.

⑤ 적군 장병을 정확히 쟁취하고 포로를 관대하게 대하는 정책을 실행한다.

⑥ 정치를 돋보이게 하며 우선적이고 중점적으로 정치로부터의 건군을 실행한다.[74]

4. 인민해방군 정치사업조례의 주요 내용

중국공산당 중앙위원회는 1963년 3월 27일 〈중국인민해방군 정치사업조례〉를 공포했다. 〈조례〉는 총칙, 총정치부 사업조례, 중국공산당 군대위원회조례, 정치위원 사업조례, 군구, 성군구와 군분구, 군과 사단, 현(시)인민무장부, 연대, 학교, 병원 정치부(정치처)사업조례, 대대 정치교도원 사업조례, 중대 정치지도원 사업조례, 당 중대지부 사업조례, 공산주의청년단 중대지부 사업조례, 중대 혁명군인위원회 사업조례, 함(艦)·정(艇) 정치사업조례, 비행대대 사업조례, 정치협리원 사업조례 등 모두 1개 총칙과 18개 조례로 구성되었으며, 총칙의 주요 내용은 아래와 같다:

---

73 上揭書.

74 林彪, "人民戰爭勝利万歲", 「紅旗」, 第10期, 1965.

〔제1조〕 인민해방군의 성격과 근본취지

“중국인민해방군은 중화인민공화국의 무장역량이며, 중국공산당과 마오쩌둥 동지가 창설하고 영도하는 노동자·농민의 군대이고, 새로운 형태의 인민군대이다. 당과 마오쩌둥 동지가 제정한 마르크스레닌주의의 정치노선과 군사노선은 아군이 승리를 쟁취하는 것을 근본적으로 보장하는 것이다. 인민과 긴밀하게 함께 서서 전심전력으로 인민을 위해 복무하는 것은 아군의 유일한 근본취지이다. … 사회주의 혁명과 사회주의 건설의 새로운 역사적 시기에서 아군은 사회주의 사업의 보위자이며, 또한 사회주의 사업의 건설자로서 반드시 마오쩌둥 사상의 위대한 홍기를 높이 치켜들고, 당의 사회주의 총노선, 대약진, 인민공사의 삼면홍기(三面紅旗)를 높이 치켜들며, 아군의 영광된 전통을 계승하고 발양하며, 스스로를 양호한 현대화된 혁명군대로 건설하고, … 당의 강령과 노선을 실현하고 사회주의와 공산주의 사업을 위해 분투해야 한다.”

〔제2조〕 인민해방군 건설과 군대 정치사업 지침

“마오쩌둥 사상은 중국인민혁명과 사회주의 건설의 지침이며, 또한 중국인민해방군의 건설과 군대 정치사업의 지침이다. 마오쩌둥 동지는 당대의 마르크스레닌주의자이다. 마오쩌둥 사상은 제국주의가 붕괴의 길을 걷고 사회주의가 승리의 길을 걷는 시대에 중국혁명의 구체적 실천과 당과 인민의 집단적 분투 속에서 마르크스레닌주의의 보편적 진리를 응용하고 창조적으로 발전시킨 마르크스레닌주의이다. 마오쩌둥 사상은 제국주의를 반대하는데 있어서 강력한 사상무기이며, 현대수정주의와 교조주의를 반대하는 데 있어서 강력한 사상무기이다. 마오쩌둥 동지는 당의 정확한 정치노선을 제정했을 뿐만 아니라 정치노선에 예속되는 정확한 군사노선을 제정했다.”

〔제3조〕 인민해방군의 영도제도

“중국공산당은 중국인민해방군 내에 각급 위원회를 설립하여 부대를 통일적으로 영도하고 단결시키는 핵심으로 삼는다. 당 위원회의 통일적 집단영도 하의 수장분담책임제는 군대에 대한 당의 영도를 실현하는 근본제도이다. 부대 내의 모든 중대한 문제는 긴급한 상황 하에서 수장이 임기응변식으로 처리하는 것 이외에는 모두 당 위원회가 충분히 토의하고 당의 민주집중제에 따라 결정해야 하며, 군사사업 분야에 속하는 것은 군사지휘관이 그 조직과 수행을 책임지고, 정치사업 분야에 속하는 것은 정치위원이 그 조직과 수행을 책임진다.

정치위원과 군사지휘관은 모두 동등하게 부대의 수장이며, 부대의 사업에 대해서 공동으로 책임진다. 일반적인 상황 하에서 정치위원은 또한 당 위원회의 일상업무를 주관한다. 당은 중대 내에 지부를 건립하여 중대를 통일적으로 영도하고 단결시키는 핵심으로 삼는다. … 중국인민해방군은 지방당 위원회의 군대에 대한 영도와 감독을 보장하고 군대와 지방당 위원회 간의 관계를 밀접하게 하기 위해 당 중앙의 통일적 영도 하에 군사계통과 지방당 위원회의 군대에 대한 2중영도제도를 반드시 관철하고 실행해야 한다."

"중국인민해방군에 대한 중국공산당의 절대적 영도를 보장하기 위해 군대 내에서 당의 사업과 정치사업을 수행하며, 연대 이상의 부대와 연대 이상에 상당하는 단위에는 정치위원과 정치기관을 두고, 대대와 대대에 상당하는 단위에는 정치교도원을 두며, 중대와 중대에 상당하는 기층단위에는 정치지도원을 둔다. 연대 이상의 기관 부문에는 필요에 따라 정치협리원을 둘 수 있다."

〔제4조〕정치사업의 지위와 방향 및 기본임무

"중국인민해방군 내에서의 중국공산당의 정치사업은 아군의 생명선이다. 정치사업은 곧 당의 사업이다. 정치기관은 곧 당의 사업기관이다. 정치사상 요소는 아군 전투력의 제 요소 중에서 최우선적 요소이다. 아군은 반드시 당 중앙과 마오쩌둥 동지의 지시에 근거하여 무기와 인간의 관계를 처리하는 데 있어서 인적요소를 제1위에 올려놓고, 각종 사업과 정치사업을 처리하는 문제에 있어서 정치사업을 제1위에 올려놓으며, 정치사업 중에서 사상사업을 제1위에 올려놓고, 사상사업 중에서 살아있는 사상[活的思想]을 제1위에 올려놓아야 한다.

이는 아군 정치사업의 방향인 동시에 군대 건설의 방향이다. 아군 정치사업의 기본임무는 마르크스레닌주의와 마오쩌둥 사상으로 부대를 교육하고, 전체 인원의 무산계급 각오를 향상시키며, 당의 영도노선 및 정책, 그리고 국가의 법률 및 법령을 관철하고 집행하며, 군대에 대한 당의 절대적 영도를 공고히 하고, 38기풍을 배양하며, 군대의 높은 집중통일과 엄격한 기율을 유지한다. 그리고 군대 내부와 외부의 단결을 강화하며, 내부에 있어서는 장병 간, 상하급 간, 군사사업과 정치사업 및 기타 각종 사업 간, 그리고 각 부대 간의 단결을 강화하며, 외부에 있어서는 군대와 인민 간, 군대와 지방조직 간, 그리고 아군과 우군 간의 단결을 강화할 뿐만 아니라 적군을 와해하는 사업을 수행하며, 부대의 전투력을 공고히 하고 향상시키며 자체를 단결시키고 적과 싸워 이기는 목적을 달성하는 것이다."

〔제5조〕 정치사업의 주요 내용

(1) "부대가 중국공산당의 강령과 노선 및 정책을 관철하고 집행하며, 국가의 법률과 법령을 준수하고, 당과 국가가 부여한 모든 임무를 완수하는 것을 영도하고 보장한다."

(2) "전체 인원이 마르크스레닌주의와 마오쩌둥 동지의 저작을 학습하는 것을 계획하며, 당의 결의와 지시를 하달하고, 부대의 사상동태를 장악하며, 살아있는 사상교육을 실시하고, 좋은 사람과 좋은 일을 표창하며, 불량한 경향을 극복하고, 현대수정주의와 자본계급 사상의 영향과 침식을 방지한다. 전체 인원이 조국에 충성하고, 인민에 충성하며, 당의 사업에 충성하고, 국가의 대사에 관심을 가지고, 국제공산주의운동에 관심을 가지며, 피압박민족과 해방운동에 관심을 가지며, 세계인민의 혁명투쟁에 관심을 가지고, 제국주의와 모든 반동파를 적대시하며 멸시하고 경시하며, 애국주의와 국제주의 및 혁명영웅주의 정신을 발양하고, 투쟁의지를 강화하며, 즉각적인 전투준비를 유지하도록 교육한다."

(3) "중국공산당 장정에 따라 군대 내에서의 당의 사상사업과 조직사업을 관리하고, 당의 각급 위원회와 당 기층조직의 건설을 관리한다. 공산주의청년단 조직의 사업을 지도한다."

(4) "전체 군인이 마오쩌둥 군사사상과 아군의 작전경험을 적극적으로 학습하고, 전술과 기술의 학습을 위해 노력하며, 자신의 업무에 정통하고, 각종 조례와 조령 및 규정과 제도를 관철하고 집행하며, 부대의 군사 소양을 부단히 향상시키고, 엄격한 조직성과 기율성 및 양호한 전투기풍을 배양하도록 동원하고, 군사훈련 임무를 완수하는 것을 보장한다."

(5) "38기풍을 발양하고 배양한다. 확고하고 정확한 정치방향, 각고분투하고 소박한 사업기풍, 융통성과 기동성이 있는 전략전술, 단결하고 긴장하며 엄숙하고 활발한 기풍은 아군의 작전과 훈련 및 모든 행동의 준칙이며, 항시 선전교육을 실시하여 대중을 충분히 발동함으로써 이들이 훈련과 일상생활 중에서 단련되고 성장하도록 해야 한다."

(6) "노동자와 농민을 핵심으로 하고 지식분자를 단결시키고 교육하며 개조하는 간부정책을 관철하고 집행하며, 간부를 선발하고 임용하는 데 있어서 덕재겸비 원칙을 견지하고, 간부를 양성하고 배치하며 심사한다. 간부의 제대와 전업 및 퇴역 후의 배치사업과 간부가족에 대한 사업을 수행한다."

(7) "존간애병(尊幹愛兵)의 양호한 전통을 발양하고 장병의 단결을 강화한다. 간부에 대해서는 전사를 사랑하고, 엄격히 요구하며, 인내심을 가지고 설득하도록 교육하며, 전사에 대해서는 간부를 존경하고, 자각적으로 기율을 준수하며, 명령을 철저히 이행하도록 한다. 집중영도 하에서 정치민주와 경제민주 및 군사민주를 전개하며, 대중이 적극성과 창조성을 충분히 발휘하도록 한다."

(8) "옹정애민(擁政愛民)의 양호한 전통을 발양하며, 군대와 지방당정기관, 군대와 인민대중 간의 관계를 긴밀하게 한다. 부대가 3대기율·8항주의를 엄격하게 준수하고, 사회주의 건설과 국가의 정치생활에 적극적으로 참가하며, 지방이 대중사업을 수행하는 것을 협조하도록 교육한다."

(9) "적군을 와해하고 포로를 우대하는 정책을 관철하고 집행하며, 적군을 와해하는 사업을 수행한다."

〔제6조〕 정치사업의 기풍과 방법

(1) 중국인민해방군의 정치사업은 반드시 이론과 실천을 상호 결합하는 기풍, 인민대중과 밀접하게 연계하는 기풍, 그리고 자아비판 기풍인 당의 사업기풍을 발양해야 한다.

(2) 정치사업은 반드시 대중 속에서 나와서 대중 속으로 들어가며 집중시켜 견지한다는 원칙을 실행하며, 일반적인 호소와 개별적인 지도를 상호 결합하고, 영도핵심과 광범한 대중을 상호 결합하는 방법을 운용하며, 집중영도 하에 민주를 발양하고, 대중노선을 관철하고 집행해야 한다.

(3) 정치사업은 반드시 당의 각급 조직에 의존하고 간부와 당원에 의지하여 모든 사람이 서로 입을 열고 감독하며 격려하고 협조하도록 해야 한다.

(4) 내부관계를 처리하고 사상문제를 해결할 때는 반드시 사상-비판-단결 방침을 견지해야 한다. 설득식 교육방법으로 인식을 향상시키고, 시비를 분명히 가리며, 단결을 강화하도록 한다. 사업을 수행하는 데 있어서 반드시 조사연구를 중시하며 중대를 대상으로 실제 속으로 깊숙이 파고들어가 사업이 실현되도록 해야 한다.

5. 정치사업의 각종 임무

1) 양억3사의 계급교육

중국공산당 중앙은 1957년 9월 20일부터 10월 9일까지 제8기 「3중전회」를 소집하고 정풍운동을 ①대명대방(大鳴大放)단계, ②반격단계, ③숙정단계, ④비판과 반성단계 등 4개 단계로 나누어 진행하기로 결정했다.

〈회의〉는 국내사회의 주요 모순이 더 이상 노동자계급과 자본계급 간의 모순이 아니며, 인민들이 필요로 하는 경제와 문화의 신속한 발전과 인민들의 요구를 충족시킬 수 없는 목전의 경제문화 수준 간의 모순이라고 한 「8대」의 결정을 부정한 후, 무산계급과 자본계급 간의 모순 및 사회주의의 길과 자본주의의 길 간의 모순이 중국사회의 주요 모순이라고 규정했다. 그뿐만 아니라 출신성분으로 보아 대부분의 지식인들이 자본계급 교육을 받았다고 전제하면서 이들을 자본계급과 동일시했다.

따라서 군대 정치사업은 당 제8기 「3중전회」의 결정을 관철하는 것을 기본임무로 삼으면서 좌경화의 길을 걷기 시작했다. 1960년 7월 란저우군구(蘭州軍區)는 부대 내에 존재하고 있는 혁명의지의 쇠퇴와 경제적 난국을 해결할 목적으로 억고(憶苦)방법을 채택하여 부대 내에서 계급교육을 실시했으며, 총정치부는 1960년 11월 7일 〈란저우군구 당 위원회 및 군구부대 사업단이 중대에서 억고운동을 전개한 경험〉을 전군에 내려보내고 모든 부대가 중대를 단위로 하여 증산절약 문제와 평화 및 전쟁 문제를 주요 내용으로 하는 양억3사(兩憶三査)[75] 운동을 단계적으로 전개하도록 촉구했다. 이어서 1961년 1월 상순 인민해방군의 각급 당 위원회가 직접 나서서 양억3사 교육운동을 주도했으며, 70% 이상의 기관 간부들이 중대에 파고들어가 그 운동을 적극적으로 지휘했다.

75 양억3사에서 '양억(兩憶)'은 계급의 고통을 기억하고(憶階級苦), 민족의 고통을 기억한다(憶民族苦)는 뜻이며, 3사(三査)는 입장을 검사하고(査立場), 투지를 검사하며(査鬪志), 사업을 검사한다(査事業)는 뜻임.

2) 부대 사상건설의 강화

(1) 마르크스레닌주의와 마오쩌둥 사상의 학습

마르크스레닌주의와 마오쩌둥 사상은 중국공산당의 지도사상인 동시에 중국인민해방군의 행동지침이다. 따라서 중국인민해방군이 마르크스레닌주의와 마오쩌둥 사상에 대한 학습을 전개하고, 간부와 전사의 정치이론 수준을 향상시키는 것은 부대의 사상건설을 강화하는 근본적인 방법이다.

그런데 건국 초기 총정치부는 여러 차례에 걸쳐 전 군 간부를 대상으로 하여 체계적인 정치이론 교육을 실시했으나 각종 객관적 조건의 제약을 받아 마르크스레닌주의와 마오쩌둥 사상에 대한 체계적인 학습을 기대 이상으로 이끌지는 못했다. 따라서 총정치부는 1960년 3월부터 4월까지 전군정치사업회의를 소집하고 전군적으로 이론사업과 이론교육을 대대적으로 전개하여 간부의 마르크스레닌주의 이론 수준을 향상시킨다는 방침을 결정했다.

〈회의〉는 이론사업과 이론교육은 마오쩌둥 사상을 지침으로 하고, 중국의 사회주의 혁명과 사회주의 건설 문제, 그리고 무장투쟁과 군대의 건설 문제를 중국혁명의 주요 과제로 삼으며, 국제공산주의의 운동 과정에서 나타난 중대한 문제를 중심으로 하고, 마오쩌둥의 저작과 마오쩌둥이 문제를 해결하는 데 있어서 마르크스레닌주의의 원리를 발전시킨 관점과 독창적 견해를 주요 내용으로 해야 한다는 점을 지적함과 동시에 철학, 정치경제학, 중국공산당과 중국혁명의 3개 이론과목의 교학대강을 설정했다.

인민해방군이 전군적으로 마오쩌둥의 저작을 주요 내용으로 하는 정치이론 학습을 전개하고 있을 때인 1960년 10월 린뱌오는 당중앙군사위원회 확대회의에서의 연설을 통해 마르크스레닌주의를 평가절하하고 마오쩌둥의 저작을 추켜세우면서 마오쩌둥의 저작으로 마르크스주의 이론을 체계적으로 학습할 것을 주장했다.

린뱌오의 이러한 주장이 있은 후, 인민해방군의 모든 간부는 마오쩌둥 저작 중의 이론과 관점으로 사업을 지도하고 문제를 해결하는 데 있어서 다음과 같은 내용을 핵심으로 삼았다:

첫째, 마오쩌둥의 군사저작을 학습하여 그의 군사사상을 이해한다.

둘째, 마오쩌둥의 사회주의 건설에 관한 저작을 학습하여 사회주의 건설의 방향과 길에 관한 사상, 그리고 당의 노선과 방침 및 정책을 이해한다.

셋째, 마오쩌둥의 당의 건설에 관한 저작을 학습하여 그의 당 건설사상을 이해하고 부대의 당 위원회와 지부 건설을 지도한다.

넷째, 마오쩌둥의 철학 저작을 학습하여 사상 방법을 개진한다.

다섯째, 마오쩌둥의 정치사상에 관한 문장을 학습하여 무산계급 사상으로 각종 비무산계급 사상을 극복한다.

린뱌오는 1964년부터 실용주의 방법이 곧 마르크스레닌주의의 학습방법으로서 마오쩌둥의 저작을 학습하는 데 있어서 가장 정확한 방법이라고 지적하면서 그 학습 문제를 더욱 더 통속화하고 단순화시키기 시작했다. 1965년 11월에 이르러서는 "정치의 돌출[政治突出]"을 내세우면서 마오쩌둥 저작을 전 인민해방군이 사업을 하는데 있어서 최고의 지침으로 삼을 것을 촉구했다.

(2) 반수정주의 교육과 사상사업의 원칙

중국공산당은 1959년 이후 소련공산당이 평화공존 정책을 채택하고 미국과의 관계를 개선함에 따라 새로운 대응방법의 모색은 물론, 부대 내 장병들의 사상적 동요를 진정시킬 필요성을 절감했다. 따라서 중국인민해방군 총정치부는 부대 내에서 전쟁과 평화에 관한 교육을 실시하기 위해 동년 12월부터 〈전쟁과 평화 문제의 교육요강〉을 편찬하는 등 교육준비에 착수했다. 이어서 1960년 4월 20일 〈홍기〉 잡지의 편집부는 〈레닌주의 만세〉라는 제목의 글을 발표했고, 동년 4월 22일 인민일보 편집부는 〈위대한 레닌의 길을 따라 전진하자〉라는 제목의 글을 발표했으며, 그 다음날인 4월 23일에는 〈해방군보〉가 당 중앙 선전부장인 루딩이(陸定一)가 레닌의 90회 탄신을 기념하는 대회 석상에서 행한 〈레닌의 혁명 기치 아래 단결하라〉는 제목의 보고를 게재했다.

이 3편의 글은 모두가 제국주의, 그리고 전쟁과 평화에 대한 중국공산당의 관점을 밝힌 것이었다. 그리고 바로 이어서 총정치부가 1960년 5월 전화회의를 소집하고 전쟁과 평화 문제를 중심으로 하는 반현대수정주의 교육을 계획하고 교육요강을 하달했다. 인민해방군은 계급투쟁의 관점에서 문제를 분석할 것을 강조했으며, 사회주의국가를 전복하려는 미국의 기도와 평화공존을 추구하는 소련의 수정주의로 인해 전쟁의 위험이 날로 고조되고 있다는 결론을 내리면서 대내적으로 수정주의를 반대함과 동시에 평화적 수단에 의한 외부세력의 중국에 대한 전복 기도에 대처한다는 입장을 정리했다.

중국공산당은 1960년 10월 〈중공중앙 당중앙군사위원회 확대회의의 군대 정치사상사업을 강화하는 것에 관한 결의〉를 통해서 반수정주의를 정치사업의 중요한 내용의 하나로 삼았으며, 또한 인민해방군의 전 장병이 현대수정주의 사조의 심각한 위해(危害)를 깨닫고 현대수정주의의 영향을 철저히 제거하도록 하는 교육을 강도 높게 실시하도록 지시했다.

(3) 부대의 기풍 건설

1960년 1월 광저우에서 개최된 당중앙군사위원회 확대회의는 인민해방군의 모든 부대가 양호한 기풍을 배양하도록 하기 위해 마오쩌둥이 항일전쟁 초기 항일군정대학을 위해 제정한 교육방침과 교훈이며, 항일군정대학에 의해 지속적으로 계승 및 발전된 전통인 "정확한 정치방향, 각고분투하고 근검절약하는 사업기풍, 융통성이 있고 기동성이 있는 전략전술을 확고히 견지하며" "단결하고, 긴장하며, 엄숙하고, 활발히 한다."는 38기풍(三八作風)을 인민해방군 기풍 건설의 기본내용으로 확정했다.

기실, 이 기풍의 내용은 마오쩌둥 군사사상의 중요한 구성부분으로서 인민군대의 본질이 집중적으로 표현된 것이고, 인민해방군이 지극히 어려운 조건 하에서도 능히 국내외의 강력한 적과 싸워 이기고 각항의 사업임무를 완수할 수 있는 중요한 요소로 취급되어 왔었다.

인민해방군 총정치부는 1960년 5월 10일 이러한 기풍을 인민해방군 내에 확실하게 심어놓기 위해 전군전화회의를 소집하고 대규모적이고 대중적인 운동을 전개할 것을 촉구했으며, 얼마 후 〈전군문화교육 적극분자대표대회〉에서 당중앙군사위원회 확대회의가 확정한 부대기풍 건설의 기본내용을 관철하기 위한 구체적 요구를 다음과 같이 제기했다:

① 확고하고 정확한 정치방향

- 반드시 마르크스레닌주의와 마오쩌둥의 저작을 학습하여 무산계급 세계관을 확립하고 자본계급 세계관의 영향을 제거한다.
- 반드시 무산계급 입장을 견지함으로써 시비를 분명히 구분하고 어떠한 시련에 처하더라도 이를 극복하고 헤쳐 나간다.
- 반드시 계속혁명 사상을 수립하여 사회주의 혁명을 끝까지 추구하고 전심전

력으로 인민을 위해 복무하며, 무조건적으로 혁명이익을 개인이익보다 우선시한다.

- 반드시 당의 정치노선과 군사노선 및 각항 정책을 관철하며, 당의 노선과 정책에 위배되는 경향에 대해서는 타협하지 않고 투쟁을 전개한다.

② 각고분투하고 근검절약하는 사업기풍

- 사업을 하는 데 있어서 반드시 실사구시적인 과학적 태도를 가짐으로써 심층적으로 조사하고 연구하며, 문제를 철저히 파헤치고, 실제로부터 출발하며, 객관적인 법칙에 따라 사물을 처리하고, 대중을 이탈하고 실제를 이탈하는 관료주의 기풍을 반대한다.
- 근검절약하는 자세로 국가를 건설하고, 군대를 건설하며, 인민대중과 동고동락한다.

③ 융통성이 있고 기동성이 있는 전략전술

- 변화하고 있는 구체적 조건에 따라 전략전술 원칙을 활용하는 데 익숙해야 하며, 어떠한 적이냐에 따라 어떠한 전쟁을 하고, 어떠한 무기를 가졌느냐에 따라 어떠한 전쟁을 하며, 어떠한 조건이냐에 따라서 어떠한 전쟁을 해야 하느냐를 잘 알아야 하며, 아의 장점으로 적의 약점을 공격하고, 전쟁 중에 고도의 주도적인 능동성을 발휘해야 한다.
- 적극적인 섬멸사상을 수립하여 전쟁이 나면 용맹스럽고 주도적으로 적을 섬멸해야 한다.
- 반드시 객관적인 상황을 구체적으로 분석하고 전쟁법칙에 따라 처리한다.
- 반드시 보수적이고 틀에 박힌 경험주의를 반대하며, 상이한 조건을 고려하지 않고 기계적으로 타인의 경험을 이용하는 교조주의도 반대하며, 도주주의와 모험주의도 반대한다.

④ 단결(团結)

- 장병 간, 상하 간, 우린(友隣) 간, 군정 간에 정치일치와 사상일치 및 행동일치가 이루어지도록 해야 하며, 군이 인민대중과 지방정부기관 및 단체와 서로 존중하고 서로 협조하면서 긴밀한 관계를 유지하도록 하며, 형제국가의 인민

및 군대와 국제주의적 단결을 강화하도록 해야 한다.

⑤ **긴장**(緊張)

• 의욕적으로 매사에 임하며, 엄격하며 신속하고, 투지와 기개가 하늘을 찌르며, 보다 높은 목표를 달성하기 위해 힘써야 할 뿐만 아니라 사업방법을 개진하고, 업무능력을 향상시키며, 사업의 계획성을 강화하고, 대중이 지혜를 충분히 발휘하도록 해야 한다.

⑥ **엄숙**(嚴肅)

• 모든 동지가 고도의 원칙성을 견지하면서 당과 인민의 이익에 위배되는 모든 현상에 대해서 타협하지 않고 투쟁을 전개하며, 진리를 견지하고 과오를 시정하며, 자유주의적인 태도를 극복하고, 타인의 그릇된 사상에 대해서 철저한 투쟁을 전개함과 동시에 고도의 자아비판 정신을 갖춘다. 또한 부대가 기율을 엄격히 준수하고, 명령과 지시를 철저히 이행하며, 각종 규정과 제도를 엄격히 준수하도록 해야 한다.

⑦ **활발**(活潑)

• 장병들은 패기가 넘치고 생동감이 있는 심적 자세를 갖추어야 하며, 고도의 혁명적인 창조성을 가지고 왕성한 정치적 열정과 진취적인 정신을 견지하면서 혁명사업에 대해 신념을 가지며, 낙관주의적인 정신으로 충만하도록 해야 한다.[76]

린뱌오는 이상의 마오쩌둥이 제기한 '확고하고 정확한 정치방향', '각고분투하고 근검절약하는 사업기풍', '융통성이 있고 기동성이 있는 전략전술'을 확고히 견지하며, "단결하고, 긴장하며, 엄숙하고, 활발히 한다."는 내용을 38기풍으로 단순화시키고 인민해방군 장병들을 대상으로 하여 좌경사상의 주입을 한층 더 강화했다.

린뱌오가 38기풍을 들고 나온 것은 '자본계급 군사노선'을 제거하려는 데 그

76 國防大學党史党建政工教研室 編著, 前揭書, pp.189-190.

목적이 있었다. 린뱌오의 이러한 기도는 1960년 5월 총정치부가 〈38기풍을 배양하기 위한 운동을 전개하는 것에 관한 지시〉를 통해서 "아군의 건설 임무를 성공적으로 완수하기 위해서 우리는 반드시 펑더화이와 황커청의 그릇된 군사노선과 선을 분명하게 그어야 할 뿐만 아니라 그들의 그릇된 사상과 기풍과도 분명하게 선을 그어야 한다. 부대 내에서 38기풍을 배양하는 운동을 전개하는 것은 또한 사상과 기풍 면에서 2개 군사노선투쟁을 계속하는 것이다."[77]고 강조하면서 38기풍의 내용을 계급투쟁과 노선투쟁의 관점에서 해석한 것에서도 잘 나타나고 있었다.

예를 들어, 린뱌오는 정확한 정치방향을 확고히 견지하기 위해서는 삼면홍기(三面紅旗)[78]를 높이 치켜들어야 한다고 했으며, 38기풍은 장기간 동안의 2개 군사노선 투쟁을 통해서 단련된 것이고, 38기풍을 배양하는 과정은 무산계급을 일으키고 자본계급을 소멸하며, 계급적 각성을 향상시키는 과정이기 때문에 반드시 마오쩌둥 군사사상의 홍기를 높이 치켜들고 자본계급 군사사상을 비판해야 한다고 했던 것이다.

(4) 부대 관리교육의 강화

인민해방군은 전군적으로 당중앙군사위원회와 총정치부의 지시에 따라 기풍교육과 기풍의 정돈을 신속하게 전개했다. 인민해방군은 교육과 정돈의 기초 위에서 전통적인 기풍과 전형(典型)운동을 결합함과 동시에 관리교육을 부대의 일상적 사업으로 발전시켜 나갔다. 또한 국방부는 관리교육을 제도화하기 위해 1961년 6월 19일 〈중국인민해방군 중대관리교육 사업조례〉를 공포했다.

〈조례〉는 인민해방군의 장병일치와 상하일치 원칙 및 인민내부의 모순을 정확히 처리하는 이론에 근거하여 다음과 같은 관리교육의 5개항 원칙을 규정했다:

① 관리를 책임지고 요구를 엄격히 하여 부대가 해이해지는 것을 방지하기도 하고, 인내심을 가지고 설득식 교육을 실시하며, 각종 방법을 강구하여 단순하고 거친 행위를 방지하기도 해야 한다.

② 좋은 사람과 좋은 일을 표창하고 대면교육을 실시하기도 하고, 일반적인 결점과 과오에 대해서는 개별적 면담이나 또는 분대와 소조 단위의 비판을 실시

---

77 上揭書, p.196, 再引用.

78 삼면홍기(三面紅旗)란 사회주의 총노선, 대약진, 인민공사를 말한다.

하기도 한다.

③ 장교가 사병을 관리하기도 하고 사병이 사병을 관리하도록 하기도 해야 한다.

④ 심층적이고 세밀한 사상사업을 실시하기도 하고, 솔선수범하여 관심과 일정을 가지고 실제적인 어려움을 해결해주기도 해야 한다.

⑤ 엄격한 기풍과 정규적인 생활질서를 갖추도록 하기도 하고, 부대가 활발하고 명랑한 분위기를 유지하도록 하기도 해야 한다.[79]

그뿐만 아니라 〈조례〉는 아래와 같이 존간애병(尊幹愛兵)의 "쌍8개조(双8個條)"를 규정했다. "우선 간부가 사병을 사랑하는 것에 대해서는,

① 모범적으로 명령을 이행하고, 정책기율을 준수하며, 모든 행동이 전사의 본보기가 되도록 한다.

② 인내심을 가지고 설득식 교육을 실시하며, 요구를 엄격히 하고, 관리를 정확히 한다.

③ 전사의 민주 권리를 존중하고, 허심탄회하게 전사의 의견을 들으며, 민주를 억압하거나 보복을 가하지 않는다.

④ 전사와 함께 먹고, 자고, 훈련하고, 함께 노동을 하고, 오락을 한다.

⑤ 전사의 신상을 정확히 파악하고, 문제를 처리할 때는 조사와 연구를 철저히 하며, 상벌은 편견을 갖지 않고 공정하게 한다.

⑥ 전사의 발전에 관심을 가지고, 전사의 안전과 건강에 관심을 가지며, 부상병을 관심을 가지고 돌봐준다.

⑦ 전사의 이익을 침해하지 않고, 중대의 물질생활과 문화생활을 향상시킨다.

⑧ 부대를 방문하는 전사의 가족을 극진하게 접대한다.

한편, 전사가 장교를 존경하는 데 있어서는,

① 모든 행동은 지휘에 따르며, 각항 임무를 철저히 완수한다.

② 간부를 존경하고, 관리에 복종하며, 기율을 준수하고, 극단적 민주화를 반대한다.

③ 허심탄회하게 간부에게 배우며, 간부의 교육을 받는다.

---

79 上揭書, pp.192-193.

④ 간부에게는 사실을 말하며, 의견이 있으면 배후에서 말하지 않고 직접 간부나 또는 조직에 말한다.

⑤ 결점과 과오가 있으면 성실하게 비판을 접수하고 자아검사를 통해 과감하게 시정한다.

⑥ 단결하고 우애하는 정신을 발양하며, 간부와 신체가 허약한 동지를 돌보며, 절대적 평균주의를 범하지 않는다.

⑦ 간부와 전우가 위험에 처할 때는 용감하게 구해낸다.

⑧ 상급과 동지에 대해서는 예의를 갖추어야 한다."[80]

한편, 인민해방군은 부대의 관리교육을 강화하기 위해 영도기풍을 대대적으로 개선했다. 우선 기풍을 정돈하는 과정에서 연대급 이상 지도기관이 관료주의를 반대하고 직접 중대를 향해 깊숙이 파고 들어가도록 촉구했다. 총정치부는 1961년 7월 12일 전화회의를 소집하고 전군을 향해 모든 사업의 기초가 중대에 있음을 강조하면서 연대급 이상의 각급 영도기관이 회의와 문건을 줄이고 적어도 3분의 1 이상의 간부들을 조직하여 이들로 하여금 기층단위로 내려가 조사와 연구를 실시하고 기층단위의 사업을 지원하도록 지시했다. 이어서 동년 7월 13일 총정치부는 〈영도기관이 조사와 연구를 실시하고 중대에서의 지원사업을 점검하는 것에 관한 규정〉을 하달하고 다음의 몇 가지 내용을 중점적으로 강조했다:

① 주요 지도자들은 직접 조사를 실시해야 한다.

② 각급 영도기관은 항시 3분의 1 이상의 인원을 확보하여 이들로 하여금 중대에 내려가 조사와 연구를 실시하고 지원사업을 점검하도록 한다.

③ 영도기관이 파견하는 사업조는 반드시 통일적으로 안배해야 하며, 1개 중대의 경우 지원사업을 점검하는 인원이 3명을 초과하지 않도록 한다.

④ 중대에 내려가 조사하기 전에 반드시 훈련과 준비를 실시해야 한다.

⑤ 중대에 파견된 인원은 반드시 중심임무를 중심으로 하여, 현실을 파악하고, 문제를 발견하며, 부대가 문제를 해결하는 것을 지원하고, 상급 영도기관이 해결해야 하는 문제들을 신속하고 정확하게 상급에 반영한다.

⑥ 파견된 인원은 당해 부대의 구성원들과 일체가 되어 현장에서 각 분야의 의

---

80 上揭書, p.193.

견을 청취한다.

⑦ 부대 위원회와 지부의 영도를 존중해야 한다.

⑧ 당 위원회와 영도간부는 조사조와 사업조의 보고를 성실하게 청취하고, 그들이 제기한 문제를 적시에 연구하고 해결한다.

⑨ 조사와 연구는 마오쩌둥 주석의 입장과 관점 및 방법을 그 지침으로 삼아야 하며, 부단히 방법을 개하고 사업의 질을 향상시킨다.[81]

6. 정치사업의 각종 활동

1) 간부의 하방(下放)운동

(1) 간부가 전사와 같이 생활하는 당병(當兵)

린뱌오는 영도기풍을 개선하기 위해 중대에 머물면서 기층에 뿌리를 내리도록 지시함과 동시에 간부를 하방시켜 대면지도를 강화하도록 촉구했다. 린뱌오의 이러한 지시가 있은 후인 1958년 8월 인민해방군 간부들은 연고가 있는 부대로 내려가 전사의 입장에 서서 부대원과 같이 자고, 먹고, 노동하며, 학습하고, 오락을 즐기는 이른바 5동(5同)의 전사가 되었다.

그러나 "간부가 전사가 되는" 방식은 전사가 되는 간부의 개조와 단련에는 도움이 되었지만, 중대에 대한 지도와 관리에는 별다른 효과를 보지 못했다. 예를 들면, 중대 간부가 "기쁜 소식만 보고하고 걱정스러운 소식은 보고하지 않으며, 상부를 속이고 하부를 깔보며, 허위와 거짓을 일삼고, … 나쁜 사람과 나쁜 일 및 불량한 경향을 폭로하지도 않고 반영하지도 않으며 제지하지도 않고, 상급의 명령을 하급에 전달하지 않으며 심지어는 봉쇄하거나 공개적으로 위반하는"[82]현상이 여전했다.

(2) 간부가 직책을 대신 맡는 대직(代職)

상황이 좀처럼 호전되지 않자 린뱌오는 "간부가 전사가 되는" 방식을 취소하

---

81 上揭書, pp.194-195.

82 "人民解放軍工作通訊(第3期)", 1961, 「共匪文件彙編」, (台北: 國防部情報参謀次長室, 1962) 参照.

고 그 대신에 간부가 부대의 "직책을 대신 맡는" 방식을 실시했다. 대직(代職)은 연대급 이상의 간부가 중대에 내려가 중대 간부의 직무와 지휘권을 행사하는 것이었으며, 1962년 4월에 이르러서는 대직 간부가 이미 2만여 명에 달했다. 그러나 이러한 "직책을 대신 맡는" 방식도 많은 부작용을 낳았다. 한 중대에 2명의 지휘관이 있는 꼴이어서 지휘상에 혼란이 야기되었을 뿐만 아니라 전사들 역시 누구의 지휘를 따라야 하는지를 몰라 우왕좌왕했다.

이처럼 대직방식도 별 효과를 보지 못하게 되자 실행된 지 반년도 안 되어 두 차례의 지시가 하달되었다. 특히 6개 조로 되어 있는 1962년 4월 23일 자의 제1차 지시 중 제6조는 "각급 영도기관은 반드시 중대에 대한 영도를 개진하고, 중대 사업의 능동성이 발휘되도록 하며, 중대 사업의 정상적인 질서를 보장해야 한다."고 함으로써 대직운동이 중대를 혼란하게 만들고 중대 간부의 독자적인 지휘능력에 부정적인 영향을 미쳤음을 사실상 시인하기에 이르렀다.

(3) 간부가 현장에서 조사와 연구를 통해 사업을 지도하는 준점(蹲点)

린뱌오는 대직(代職)방식마저 실패하자 다시 준점(蹲点)방식을 착안했다. 샤오화(蕭華)는 "영도기풍을 개선하는 데 있어서 가장 근본적인 조치는 고급간부가 선도하여 중대에 내려가 준점을 하는 것이며, 쪼그리고 앉아 있어야만 문제를 발견하고 문제를 해결할 수 있으며, 실제와 연계할 수 있고, … 고급간부는 연로하거나 신체가 허약한 자를 제외하고 모두 내려가 쪼그리고 앉아 있어야 한다."고 강조했다. 준점이 그 이전의 대직과 다른 점은 중대 간부의 지휘권을 독점하거나 대신하지 않는 것이었다.

신화사(新華社)는 1964년 6월 23일 〈준점성풍(蹲点成風)〉이라는 제목의 보도를 통해서 "난징(南京)군구의 경우 1년 동안 대부분의 연대 이상 영도간부가 모두 중대에 내려가 준점을 실시했으며, 어떤 군(軍)은 각급 간부의 약 90% 이상이 작년 하반기에 준점을 실시했다. … 바로 이 준점사업은 주로 중대에서 조사와 연구를 실시하고, 대중의 경험을 총결산하며, 중대의 사업을 지도하는 것이며, 중대에 대한 영도를 독점하거나 대신하는 것이 아니다."[83] 고 지적했다.

그러나 준점방식도 실시된 지 반년도 안 되어 점차 시들어갔다. 1965년 7월 23

---

83 蕭華, "目前部隊政治工作建設的幾個問題", 「人民手冊」, (大公報社, 1964), p.307.

일 신화사는 "중대에 내려가 준점을 하는 자들이 주위를 맴돌면서 듣고 보는 데만 만족하여 실제문제를 해결할 수 없다."고 지적하면서 한 개인에게 한 중대를 지정해 주고 전적으로 사업에 대한 감독을 책임지도록 하자는 정인·정점(定人·定点) 책임제의 실시를 촉구했으나 그 이후 더 이상 간부를 중대에 내려보내는 일은 일어나지 않았다.

어쨌든 인민해방군의 지휘관리 방식은 1965년 6월 1일을 기해 실행된 계급제도(階級制度)의 폐지로 인해 3대 민주의 혁명전통이 부활되면서 "엄격하게 요구하기도 하고, 인내심을 가지고 설득하기도 한다."는 기본원칙이 자리를 잡아가기 시작했다.

2) 4호와 5호운동

1958년 4월 16일 대약진(大躍進)의 서막이 열릴 즈음, 전국청년 제3차 대표대회에 참석한 인민해방군 대표들은 전군을 향해 "5호(5好)"를 위한 경시활동대회를 개최할 것을 제의했다.

이들이 제기한 5호(5好)의 내용은 ①학습하는 것이 좋고[學習好], ②무기와 장비를 애호하는 것이 좋고[愛護武器裝備好], ③사고를 없애는 것이 좋고[消滅事故好], ④절약하는 것이 좋고[節約好], ⑤신체가 좋아야 한다[身体好]는 것이었다. 이러한 제의가 있은 후인 동년 5월 12일 총정치부는 〈중대 내 "5호"운동의 전개를 위한 지시〉를 공포하고, 전 군이 "5호"를 목표로 하여 기층에서 5호전사(5好戰士)를 배출하고 5호분대(5好分隊)와 5호소대(5好小隊) 및 5호중대(5好中隊)를 만들어내는 운동을 전개하도록 촉구했다.

〈지시〉는 전군적으로 전개되는 선진중대와 모범전사 운동의 시발점이 되는 것이었으며, 그 해 말에 2,527개의 5호중대, 5,919개의 5호소대, 그리고 296,000명의 5호전사가 선발되었던 것이다. 그 후 1960년에 소집된 당중앙군사위원회 확대회의는 전군적으로 전개하고 있는 5호운동을 충분히 긍정하고 "5호"의 내용을 다시 "①정치사상이 좋고[政治思想好], ②군사기술이 좋으며[軍事技術好], ③38기풍이 좋고[38作風好], ④임무 완성이 좋으며[完成任務好], ⑤신체단련이 좋은[鍛鍊身体好] 것으로 수정했다.

이어서 샤오화는 1960년 12월 30일 전화회의를 통해 "①정치사상이 좋고[政治思想好], ②38기풍이 좋으며[38作風好], ③군사훈련이 좋고[軍事訓練好], ④생활관리가 좋은[生活管理好]" 4호중대(4好中隊) 운동을 전개하는 것에 관한 린뱌오의 지시를 하달했다.

그 후 1963년 2월 총정치부는 전군정치사업회의를 소집하고 4호중대 운동의 12개 기본경험을 다음과 같이 총결산했다:

① 중대 사업의 강약은 우선적으로 정치사상 사업의 강약에 의해 결정되며, 4개 제일(四個第一)의 4개 분야의 사업을 훌륭히 실행하는 것이다.

② 중대의 건설을 위해서는 해야 하는 많은 사업이 있지만, 가장 근본적인 것은 "4호"의 4개 분야 사업을 훌륭히 실행하는 것이다. "4호"는 상호 연계된 불가분의 관계이다.

③ 평시의 사업은 전시를 위한 준비이며, 부대의 전투력을 향상시키고, 유비무환의 사상을 수립해야 한다.

④ 당 지부가 전투보루 역할을 충분히 발휘하고, 당의 방침과 정책, 그리고 상급의 명령과 지시를 관철하고 집행하는 것을 보장하도록 한다.

⑤ 중대는 정치사상이 훌륭해야 하며, 반드시 마오쩌둥 사상을 지침으로 하고, 중대의 현실로부터 출발하여 살아있는 사상교육을 움켜잡아야 한다.

⑥ 38기풍을 배양하여 중대가 고도의 조직성과 기율성을 유지하도록 한다.

⑦ 군사훈련을 훌륭히 실시하여 실전에 대비하도록 한다.

⑧ 장병의 단결을 강화하고, 존간애병(尊幹愛兵)을 실행하며, 전투의지를 향상시킨다.

⑨ 중대 사업의 준칙으로서의 조례와 조령을 성실히 수행하여 중대의 사업 질서를 확립하고 우수한 전통을 발양하도록 한다.

⑩ 물질과 문화 생활을 향상시켜 장병이 강인한 신체와 전투력을 유지하도록 한다.

⑪ 4호중대를 창출하는 과정을 중대 간부를 양성하는 과정으로 삼는다.

⑫ 지도기관의 모든 사업은 중대를 출발점으로 하고 기층에 뿌리를 내리도록 한다.[84]

기실, 4호중대 운동은 ①"4호"를 부대 사업의 총강으로 삼고 군대 건설의 중

84 李澤季强 主編, 前掲書, pp.217-218.

심을 기층에 놓음으로써 군대의 근본적인 건설을 소홀히 하는 결과를 초래했으며, ②"4호"의 4개 분야가 기본적으로 군대 건설의 주요 임무를 개괄했지만 좌경적인 내용이 강조됨으로써 그 균형적 관계를 교란시켰고, ③정치사상을 제1의 위치에 올려놓음으로써 군대의 군사사업과 후근사업을 정치사업에 예속시키는 결과를 초래했다.

3) 레이펑과 호8중대 학습운동

인민해방군은 1963년 레이펑(雷鋒)을 학습하고 호8중대(好八中隊)를 학습하는 운동을 전개했다. 이 운동은 5호전사(5好戰士)의 모범으로 레이펑을 선정하고, 4호중대(4好中隊)의 모범으로 난징로상호8중대(南京路上好8中隊)를 선정하여 전개된 일종의 전형운동(典型運動)이었다.

레이펑은 마오쩌둥 사상의 지도 하에 성장한 위대한 공산주의 전사로 찬양되는 인물로서 중국공산당은 그의 생애와 업적을 다음과 같이 소개했다:

"레이펑은 1940년 12월 후난성(湖南省) 왕청현(望城縣) 안칭향(安慶鄕)의 빈농가정에서 태어나 유년기에는 민족의 적과 계급의 적으로부터 능멸과 억압 및 학대를 받았다. 그가 6살 되던 해 그의 부친은 일본군에 의해 생매장당했고, 형은 자본가에 의해 살해되었으며, 동생은 굶어 죽었고, 모친마저 지주에게 모욕을 당한 후 목매어 죽었기 때문에 고아가 되어 산천을 떠돌아다니는 신세가 되었다. 그 후 1949년 8월 해방을 되찾은 이후부터 그는 중국공산당과 인민정부의 특별한 관심과 배려로 학교에 들어가게 되었으며, 1956년에 중학교를 졸업한 후 향정부(鄕政府)의 통신원과 공무원으로 근무하기 시작했고, 1957년에는 공산주의청년단에 가입하게 되었다.

또한 그는 수리사업과 광산건설에 참가하여 여러 차례나 노동모범과 선진사업자로 선정되었고, 1960년에는 군에 입대하여 선양(瀋陽)군구의 공병[工程兵] 모 부대의 수송중대에서 전사로 복무했으며, 동년 11월 공산당에 가입했고, 1961년 5월에는 분대장으로 승진했다. 그는 마오쩌둥 저작을 적극적으로 학습하고, 세계관을 개조하는 데 노력함으로써 일찍이 모범전사와 모범공산주의청년단원 및 모범보도원[輔導員]으로 성장했고, 푸순시(撫順市) 인민대표로 피선되는 등 희생적으로 인민을 위해 봉사했으며, 부대 내에서도 탁월한 업무능력을 발휘함으로써 군민일치를 모범적으로 실천했다. 그러나 그는 1962년 8월 15일 공무를 수행하던 중 순직했으며, 국방부는 그의 업적을 찬양하기 위해 1963년 1월 7일 그가 생전에 근무하던 분대를 "레이펑분대"로 명명했다."[85]

인민해방군 총정치부는 1963년 2월 9일 통지문을 하달하고 전 군이 레이펑을 선전하고 학습하는 운동을 전개할 것을 호소했다. 총정치부는 〈통지문〉을 통해서 레이펑이 생전에 이룩한 사적이 전 군의 동지, 특히 많은 청년간부 전사에게 무산계급 혁명정신과 공산주의 사상을 교육하는 데 살아있는 교재가 되며, 레이펑 동지의 모범적인 사적을 선전하고 학습하는 것이 부대의 사상건설을 강화하고 4호중대와 5호전사를 만들어내는 운동에 중요한 의미를 지니는 것임을 지적했다. 〈통지문〉은 레이펑을 선전하고 학습하는 중점사항으로서 다음과 같은 내용을 특별히 주문했다:

첫째, 계급 입장을 확고히 하고, 애증을 분명히 하며, 근본을 영원히 잊지 않고, 당과 마오 주석에게 충성하며, 인류를 해방시키는 혁명사업에 충성한다.

둘째, 어디서나 당의 이익을 우선시하고, 어디서나 혁명의 요구로부터 출발하며, 전심전력으로 인민을 위해 봉사한다.

셋째, 각고분투하고, 근검절약하며, 이기적이지 않고 이타적인 공산주의의 고상한 덕목을 견지한다.

넷째, 마오 주석의 저작을 학습하는 데 노력하고, 당의 교육을 자각적으로 받아들이며, 자신에게 엄격하며 자신을 단련시키고 자신을 개조하는 진취적인 학습정신을 발양한다.[86]

인민해방군은 레이펑을 학습하는 운동이 고조되었을 때인 1963년 3월 30일 〈해방군보〉를 통해 1963년 3월 30일 전군을 향해 〈각고분투하는 기풍을 대대로 이어가자〉는 제목의 글과 난징로상호8중대(南京路上好8中隊)의 사적을 소개했다.

난징로상호8중대를 학습하고 선전하는 운동은 1949년 상하이(上海)의 한 낡은 창고에서 14년 동안이나 지낸 상하이경비연대의 제3대대 제8중대를 찬양하고 학습하자는 것인데, 이 8중대의 대원들이 콘크리트 바닥에서 잠을 자고, 거친 천으

---

85 姜思毅 主編, 「中國共産党軍隊政治工作七十年史」, 第5卷, (北京: 解放軍出版社, 1992), p.331.

86 上揭書, p.332.

로 만든 옷을 입고, 낡은 면으로 짠 양말을 신었으며, 부서진 세숫대야를 10년이나 사용하고, 속옷은 28군데나 헝겊 조각으로 기워 입으면서 어떠한 물질적 유혹도 뿌리치고 근검절약하며 각고분투하는 기풍을 견지했다는 것이었다. 기실, 이 운동을 전개한 것은 당시 연속 3년의 대흉작과 기근으로 야기된 물자부족을 극복하고, 장병들의 머리 속에서 싹트고 있는 이른바 자본주의적 사고와 생활욕구를 사전에 근절시키려는 목적도 크게 작용하고 있었다.

인민해방군 총정치부는 호8중대를 집단의 레이펑이라고 비유하면서 이들 모두가 부대에서 공산주의 사상을 교육하는 살아있는 교재라는 점을 지적하면서 이들 양자의 결합을 강조했다. 저우언라이(周恩來)도 동년 4월 12일 상하이에서 8중대의 정치지도원인 류런푸(劉仁福)을 만난 자리에서 8중대가 중국공산당과 인민해방군의 전통을 계승 및 발전시킨 것을 칭찬하면서 8중대가 정치사상 사업을 훌륭히 수행하고 있음을 추켜세웠다.

인민해방군은 상부의 지시와 지도가 있은 후 전군적으로 레이펑 학습운동과 호8중대 학습운동을 결합하여 개인은 레이펑을 모범으로 삼고 집단은 호8중대를 모범으로 삼도록 하면서 광범위하고 심층적인 대중성 학습운동을 전개했다. 물론, 학습운동의 초점은 ①마오쩌둥의 저작을 학습하는 활동을 심층적으로 전개하고, ②부대의 사상 수준을 향상시키며, ③각고분투하는 인민해방군의 전통을 발양하고, ④각급 지도자들이 전형(典型)을 수립하고 선양하는 것이 거대한 힘을 발휘한다는 것을 체험하도록 하는 데 맞추어져 있었다.

7. 문화혁명 직전의 군대 정치사업

1) 전군정치사업회의의 소집과 "정치의 돌출" 5개항 원칙 관철

린뱌오 주관 하의 인민해방군 총정치부는 1965년 12월 27일부터 1966년 1월 18일까지 베이징에서 군(軍) 이상 단위의 정치위원과 정치부 주임 및 일부 사단의 정치위원 186명이 참석한 전군정치사업회의를 개최했다. 이 회의의 중심의제는 "정치의 돌출"을 연구하고 관철하기 위한 5개항 원칙이었다.

〈회의〉는 린뱌오의 요구에 따라 뤄루이칭(羅瑞卿)의 이른바 자본계급 군사노선과 "정치의 돌출"을 반대하는 '절충주의'를 비판하고, 린뱌오의 "정치의 돌출"이 지니고 있는 의미를 다음과 같이 규정했다:

첫째, 임의적인 정책이 아니며 사회주의 사회의 발전법칙과 사회주의 사회의 경제기초에 근거하여 제기한 근본적인 조치이다.

둘째, 수정주의를 반대하고 방지하기 위한 중대한 전략적 조치이며, 인민해방군 건설의 근본으로서 가장 중요하고 가장 근본적인 전쟁 대비책이다.

셋째, 마오쩌둥 주석의 건군사상과 건군노선의 핵심이다.

넷째, 인민해방군의 건설 경험을 가장 완벽하고 가장 명확하며 가장 훌륭하게 개괄한 것이다.

다섯째, 인민해방군 건설의 백년대계인 동시에 정치사업의 총방침과 총임무이다.[87]

회의 기간 중 인민해방군은 "정치의 돌출"을 실행하고 안 하는 것과 사상의 혁명화를 실행하고 안 하는 것은 곧 계급투쟁을 실행하느냐 안 하느냐의 문제이고, 혁명을 견지하느냐 안 하느냐의 문제이며, 사회주의사회를 전진시키느냐 아니면 후퇴시키느냐의 문제이다. "정치의 돌출"을 실행하고 안 하는 것과 사상의 혁명화를 실행하고 안 하는 것은 실질적으로 무산계급과 자본계급의 2종류 건군사상과 건군노선 및 건군방침의 투쟁이며, 군대의 건설 문제에 있어서 계급투쟁이 반영된 것이다."[88]라고 지적했다.

중국공산당 중앙은 1966년 2월 13일 총정치부 지도자들이 전군정치사업회의에서 행한 보고 문건과 〈계속해서 전력을 다해 정치를 돌출시키고 5개항 원칙을 단호히 실행한다〉는 문건 및 〈계속해서 전력을 다해 정치를 돌출시키며, 4호중대 운동을 철저히 장악하고, 기층건설을 충실하게 실행하자〉는 문건 등 3개 문건을 재가하고, 전 군을 향해 계속적으로 마오쩌둥 사상의 위대한 홍기를 높이 치켜들고, 마오 주석의 저작을 활학활용(活學活用)하며, 4개제일(4個第一)을 견지하고, "정치의 돌출" 5개항 원칙을 관철하도록 함과 동시에 이 3개 문건을 전 당에 배포했다.

전군정치사업회의가 끝난 이후, 인민해방군은 린뱌오가 제기한 "정치의 돌출"

---

87 國防大學党史党建政工教硏室 編著, 「中國人民解放軍政治工作史」, (北京: 國防大學出版社, 1989), pp.240-241.

88 "爲繼續突出政治,堅決執行五項原則而鬪爭", 〈解放軍報〉, 1966年 元旦 社論.

에 근거하여 아래와 같이 전면적인 검열과 재정비 작업에 착수했다.

첫째, 인민해방군은 "정치의 돌출"을 전 군의 모든 사업을 검증하는 유일한 기준으로 삼고 "정치의 돌출"에 위배되는 일체의 현상에 대해 철저한 청산작업을 실시했다. 당중앙군사위원회는 1966년 1월 13일 린뱌오가 1964년 12월 29일에 행한 담화인 〈린뱌오 동지의 부대사업에 관한 지시〉를 주석과 설명을 달아 배포했다. 이어서 총참모부는 〈1966년도 군사훈련 사업을 위한 지시를 하달하는 것에 관한 통지〉를 통해서 "1964년은 당시 당중앙군사위원회 판공회의(辦公會議)의 일상 업무를 주관하던 책임 동지가 멋대로 결정하여 전 군에 대비무(大比武) 운동을 전개함으로써 군사훈련이 지나치게 강조되고 정치가 충격을 받아 부대 건설이 심각한 타격을 받게 되었는데, 이는 방향이 잘못된 것이었다."[89]고 비판했다. 이어서 동년 4월 18일 총정치부는 "정치의 돌출"에 저촉된다는 이유로 1961년 10월 31일 공포한 〈원·교 정치교육 방안〉을 폐지했다. 그뿐만 아니라 당중앙군사위원회는 민병의 대비무운동으로 정치가 심각한 타격을 입었다는 점을 지적하면서 민병사업에 있어서의 "정치의 돌출"을 거듭 강조했다.

둘째, 린뱌오는 "정치의 돌출"을 구실로 반대파에 대한 무차별적이고 가혹한 투쟁을 전개했다. 린뱌오는 1966년 8월 10일 군(軍) 이상 기관의 문화혁명 간부노선에 관한 담화를 발표했다. 그는 담화 속에서 "정치의 돌출"을 기준으로 삼아 인민해방군 간부를 "마오쩌둥의 위대한 홍기를 높이 치켜들고 마오 주석을 옹호하며 정치를 돋보이게 하고 혁명에 열성적인 부류, 그리고 마오 주석을 반대하고 정치를 돋보이도록 하는 것을 반대하며 혁명에 열성적이지 않은 부류"로 구분하면서 정치를 돋보이도록 하지 않으면 그 누구도 파직시켜야 한다고 주장했다. 동년 8월 16일 소집된 당중앙군사위원회 확대회의는 린뱌오의 이러한 주장을 확인하고 전군적으로 "정치의 돌출"을 기준으로 하는 파관(罷官)운동을 대대적으로 전개할 것을 결정했다.

기실, 파관운동은 린뱌오가 "정치의 돌출" 5개항 원칙을 제기했을 때 이미 시작되었다. 중국공산당 중앙은 1965년 12월 8일부터 15일까지 상해에서 회의를 소집하고 이른바 뤄루이칭(羅瑞卿)의 과오에 대한 폭로와 비판을 시작했으며, 그 이듬해 3월 4일부터 4월 8일까지 당중앙정치국 상무위원회의 결정에 근거하여 뤄루

89 國防大學党史党建政工教研室 編著, 前揭書, p.242, 再引用.

이칭 문제를 논의하기 위한 소조회의가 소집되었으며, 뤄루이칭에 대한 공개적인 비판이 진행되었다. 〈소조회의〉는 뤄루이칭이 자본주의 군사노선을 걸었으며, 임의로 전 군에 대비무(大比武)운동을 실시했고, "정치의 돌출"을 반대했다는 죄명으로 국무원 부총리 및 당중앙위원회 서기처 서기 등을 포함한 그의 모든 직책을 박탈했다.

그뿐만 아니라 중국공산당 중앙은 동년 5월 16일 그 후속조치로서 중앙사업소조의 〈뤄루이칭의 과오 문제에 관한 보고〉 내용을 전국의 현 및 연대 당 위원회에 배포하는 것을 재가했다. 이 기간 동안 린뱌오의 추종자들은 뤄루이칭을 펑전(彭眞), 루딩이(陸定一), 양상쿤(楊尙昆)과 한데 묶어 반혁명집단으로 몰아갔다.

인민해방군 총정치부는 1966년 2월 초부터 5월 11일까지 당 중앙의 상하이회의(上海會議)와 전군정치사업회의 정신을 전파한 후 기관에 대한 정비작업을 실시했다. 특히 이 기간 중에는 량비예(梁必業)가 뤄루이칭과 함께 반당반군 행위를 했다는 이유로 비판을 받았으며, 결국 량비예는 "뤄루이칭이 마오쩌둥 사상을 반대하고 자본계급 노선을 걷는 것을 적극적으로 지지했으며," "뤄루이칭과 결탁하여 반당반군 행위를 했다."는 죄명을 뒤집어쓰고 총정치부 부주임과 총정치부 당 위원회 위원 및 해방군 감사위원회 부서기 직책을 박탈당했다. 그밖에도 당중앙군사위원회는 1966년 8월 23일 총참모부 당 위원회의 〈샤오샹룽(肖向榮) 동지의 과오에 관한 보고〉를 재가하고, 샤오샹룽의 군대 내 모든 직책을 박탈했다.

린뱌오가 제기한 "정치의 돌출" 운동은 여러 면에서 인민해방군에게 다음과 같은 엄청난 대혼란을 야기하기도 했다:

첫째, 간부와 전사가 사상과 이론 면에서 대혼란을 겪게 되었다는 것이다.

린뱌오는 "정치의 돌출"을 부추길 때 마르크스레닌주의와 마오쩌둥 사상을 전면에 놓고 제멋대로 왜곡했다. "정치가 경제에 비해 수위(首位)를 점하지 않을 수 없다."고 말한 레닌의 의도는 무산계급이 자신의 정치통치를 견지할 수 있는지의 여부와 무산계급독재가 없을 경우, 다시 말해서 무산계급과 노동인민이 정권을 획득하지 못한다면 사회주의경제를 건립하고 발전시킬 수 없다는 것을 지적하기 위한 것이었다.

그러나 린뱌오는 정치가 "수위(首位)를 점한다."는 구절만을 옮겨와 정치가 경제를 벗어나 경제에 충격을 주고 모든 것에 충격을 줄 수 있는 것이라고 잘못 해석하면서 정치를 돌출시켜야만 모든 사업이 성공적으로 수행될 수 있다고 강조했다.

결국, 린뱌오의 "정치의 돌출"은 정치와 경제, 정치와 군사, 정치와 업무, 정치사업과 기타 사업이 상호 연결되고 상호 의존적이며 상호 침투적이고 상호 전화(轉化)하는 마르크스주의의 변증법적 통일관계를 전면적으로 부정하는 것이었다. 따라서 정치사업이 '생명선'이라는 함의도 왜곡되었으며, 정치사업의 '보장' 역할도 말살되었고, 정치사업의 성격과 지위 및 역할에 대한 인식에도 혼란이 야기되었다. 그뿐만 아니라 정치사업이 각항 업무와 결합되는 것이 부정되었으며, 정치사업이 군사훈련과 각항 임무를 완수하는 것을 보장하게 되면 이를 정치사업의 지위를 격하시키는 것으로 간주했으며, 정치사업이 군사훈련의 각항 사업활동 속에서 실현되도록 하는 것을 '단순 군사관점'과 '단순 업무관점'으로 간주했다.

사정이 이쯤에 이르자 군사간부들은 더 이상 군사를 철저히 장악하려 하지 않았으며, 기술간부들도 기술을 철저히 장악하려 하지 않았고, 행정간부들 역시 업무를 철저히 장악하려 하지 않는 국면으로까지 치닫게 되었다.

둘째, 정치사업을 모든 것보다 높고, 모든 것보다 크며, 모든 것에 충격을 주는 위치로 올려놓음으로써 정치사업이 실제로부터 벗어나고 업무를 벗어나도록 만들었다는 것이다.

린뱌오의 "정치의 돌출"은 4개제일 중에서도 특히 살아있는 사상을 견지해야 하는 것이며, 정치사업을 수위에 올려놓고 군사훈련과 생산활동이 정치사업과 충돌할 경우 정치사업을 위해 길을 비키도록 하는 것이었다. 따라서 정치사업은 군대의 일상적인 최우선 임무가 되었으며, 정치교육과 정치운동 역시 부대의 최우선 사업이 되었다. 그뿐만 아니라 정치사업은 군대의 각항 사업의 '영혼'과 '통수'가 되었다.

한편, 당중앙군사위원회는 "정치의 돌출"이 뿌리를 내리도록 하기 위해 1966년 8월 16일 9개 군종과 병종의 군정교육에 있어서 시간 비율을 전면적으로 개편하라는 린뱌오의 지시에 따라 〈부대의 군정교육시간 비율을 개혁하는 것에 관한 중공중앙군사위원회의 결정(초안)〉을 공포했다. 〈결정〉은 "정치의 돌출" 정신으로부터 출발하여 정치교육 시간을 일률적으로 부대사업 시간의 50%로 하며, 군사훈련 시간은 전투 및 훈련부대의 경우 40%, 반(半)훈련 반(半)생산부대의 경우는 20%, 그리고 생산활동 부대는 10%로 하도록 규정했다.

셋째, 계급투쟁과 노선투쟁을 정치사업의 주요 내용으로 삼음으로써 정치사업의 형상과 부대 내부의 단결을 크게 손상시켰다는 것이다.

중국공산당 중앙은 1966년 2월 13일 〈온 힘을 다해 지속적으로 정치를 돋보이게 하며 5개항 원칙을 철저히 실행하라〉는 제목의 전군정치사업 문건을 하달하면서 린뱌오의 "정치의 돌출"에 관한 지시가 사회주의 사회에 여전히 계급과 계급투쟁이 존재하고 있다는 마오쩌둥 주석의 가르침에 근거하여 나온 것으로서 "정치의 돌출"이 곧 마오쩌둥 사상으로 계급투쟁을 장악하는 것임을 확인했다.

당 중앙의 이러한 지시가 있은 후, 인민해방군의 정치기관과 정치사업 요원들은 영도간부와 전사들을 대상으로 하여 계급투쟁과 노선투쟁을 전개하기 위한 지휘부를 구성하고, 계급투쟁과 노선투쟁을 장악하며, 무산계급을 일으키고 자본계급을 소멸한다는 의미의 흥무멸자(興無滅資) 투쟁을 전개하는 것을 부대 정치사업의 주요 내용으로 삼도록 했다. 그뿐만 아니라 계급투쟁의 관점과 계급분석의 방법으로 모든 것을 관찰하고 모든 것을 분석하며 모든 것에 대비하는 것을 정치사업의 기본 지도사상으로 삼도록 했으며, 계급투쟁으로부터 시작하여 "혁명대비판"을 전개함으로써 근원을 조사하고 낙인을 찍는 것을 정치사업의 중요한 방법으로 삼도록 했다.

2) 개인숭배와 마오쩌둥 사상의 학습

린뱌오는 문화혁명이 일어나기 이전인 1950년대 말부터 이미 마오쩌둥을 우상화하기 위한 작업에 착수했다. 린뱌오는 1959년 9월 전군고급간부회의 석상에서 "우리들은 마르크스레닌주의를 어떻게 학습해야 하는가? 나는 동지들에게 마오쩌둥 동지의 저작을 학습하는 것이 곧 마르크스레닌주의를 학습하는 첩경이라고 말하고자 한다."[90]고 하면서 분명하게 지신의 입장을 밝혔다. 그는 또 1960년 10월 전군고급간부회의 석상에서 "현재의 마르크스레닌주의는 무엇인가? 이는 곧 우리 마오 주석의 사상이다. 마오 주석의 사상은 오늘날 세계에서 최고봉에 서 있으며 현 시대사상의 정상에 있다."[91]고 하면서 마오쩌둥 주석의 저작 속에서 가장 중요하고 핵심적인 말들을 외울 것을 주장했다.

린뱌오는 또 문화혁명이 시작되기 직전인 1965년 11월 〈1966년도 전군사업방

---

90 林彪, "在全軍高級幹部會議上的講話", 1959年 9月, 上揭書, p.249, 再引用.

91 林彪, "在全軍高級幹部會議上的講話", 1960年 10月, 上揭書, p.249, 再引用.

침에 관한 지시〉를 통해서 마오쩌둥 주석의 저작을 활학활용하는 것, 즉 마오쩌둥 주석의 서적을 군대사업의 최고지시로 삼는 것을 "정치의 돌출" 제1조로 한다는 점을 분명히 했으며, 동년 11월 10일 전군정치사업회의의 소집에 앞서 "정치의 돌출"이 곧 마오쩌둥 사상을 돋보이게 하는 것이고 마오쩌둥 사상으로 모든 것을 통수(統帥)하고 모든 것을 추동(推動)하며 모든 것을 개조하는 것임을 특별히 강조했다.

더 나아가 린뱌오는 문혁 기간 중인 1966년 5월 18일 당중앙정치국 확대회의에서 "19세기의 천재는 마르크스와 엥겔스이다. 20세기의 천재는 레닌과 마오쩌둥이다. … 마오쩌둥 사상으로 전 군과 전 당을 통일한다면 어떠한 문제라도 모두 해결할 수 있다. 마오쩌둥의 말은 구구절절이 진리이며, 그 한 마디가 우리들의 말 만 마디를 앞선다."[92]고 역설했다. 그는 또 동년 8월 8일 중앙문혁소조 대표를 접견한 자리에서 마오쩌둥 주석이 당대의 가장 걸출한 무산계급의 영수이며 가장 위대한 천재라고 칭송했으며, 동년 8월 31일에는 외지에서 상경한 혁명사생(師生)들을 접견한 자리에서 마오 주석이 우리들의 위대한 도사(導師)이고, 위대한 영수(領袖)이고, 위대한 통수(統帥)이며, 위대한 타수(舵手)란 이른바 "4개위대(4個偉大)"를 제기했다.

린뱌오는 동년 12월 10일 총정치부가 편찬한 마오쩌둥 어록의 재판 서문에서 마오쩌둥을 천재로 치켜 올리면서 그를 거듭 우상시했다. 그뿐만 아니라 린뱌오는 자신의 심복인 우파셴(吳法憲)이 제기한, 즉 ①마오쩌둥 주석에게 충성하고, ②마오쩌둥 사상에 충성하며, ③마오쩌둥 주석의 무산계급 노선에 충성한다는 "3충어(3忠於)", 그리고 마오쩌둥 주석과 마오쩌둥 사상 및 마오쩌둥 주석의 무산계급 혁명노선에 대해서 ①한없이 열애하고, ②한없이 믿으며, ③한없이 숭배하고, ④한없이 충성한다는 이른바 "4무한(4無限)"을 자신의 것으로 만들어 즐겨 인용했다.

물론, 마오쩌둥의 우상화 작업이 순조롭게 진행된 것만은 아니었다. 당시 상당수의 원로 무산계급 혁명가들은 린뱌오의 마오쩌둥에 대한 우상화 작업에 반대했다. 1966년 11월 13일 예젠잉(葉劍英)은 베이징의 노동자체육관에서 대회 참석을 위해 상경한 군대의 원·교와 문화체육 부서 대표들을 접견한 자리에서 "마오쩌둥의 저작을 배우는 것은 예수의 기독교 성경을 배우는 것이 아니며 미신이 아니다."

---

92 林彪, "在中央政治局擴大會議上的講話", 1966年 5月 18日, 上揭書, p.251, 再引用.

라고 경고하기도 했다.

기실, 당 내의 많은 간부들은 린뱌오의 이러한 우상화 작업으로 인해 마오쩌둥 사상이 단순화되고 통속화되는 것을 우려했다. 이들은 마르크스레닌주의와 마오쩌둥 사상을 중국공산당의 지도사상이며 인민해방군 정치사업의 이론 기초이고, 또한 마오쩌둥 사상은 마르크스레닌주의를 계승하고 발전시킨 것으로 이해해야 한다고 주장했다.

그뿐만 아니라 이들은 린뱌오가 마오쩌둥 사상을 마르크스레닌주의와 분리시키고 대립시켰을 뿐만 아니라 마르크스레닌주의의 지위를 격하시켰으며, 마오쩌둥 사상을 당대 사상의 최고봉으로 격상시켰다고 비판하면서 마오쩌둥이 한 말을 최고의 지시와 절대적 권위로 간주함으로써 정치사업에 형식주의가 만연하고 '현대적 미신'이 성행하고 있는 것에 거부감을 표시했다.

제4장
문화대혁명 시기의 군대 정치사업

제1절

인민해방군의 정치개입과 당·군관계

1. 문화혁명의 발생과 전개과정

1) 발생 배경

문화대혁명은 마오쩌둥이 친히 발동하고 영도한 것이었다. 그는 사회주의 조건 하에서의 경제적 기초와 정치적 기초가 전혀 없는 이른바 "한 계급이 다른 한 계급을 전복하는" 정치대혁명을 발동함으로써 전국을 대혼란으로 몰고 갔다. 그는 무산계급독재를 공고히 한다는 명분으로 무산계급 문화대혁명을 일으켰지만, 그 이면에는 대란(大亂)을 통해 대치(大治)를 얻겠다는 개인적 야심이 숨겨져 있었다.

문화대혁명은 노선투쟁을 간판으로 내걸고 전개된 중국공산당 내부의 권력투쟁이었으며, 그 투쟁의 원인(遠因)은 삼면홍기(三面紅旗)[1]였다. 마오쩌둥은 자신이 발동한 삼면홍기가 실패로 막을 내리자 어쩔 수 없이 국가 주석직을 내려놓고 제2선으로 물러났으며, 이로부터 마오쩌둥과 반모(反毛)세력 간에는 투쟁이 반복적으로 전개되기 시작했다.

문화대혁명이 시작되기 전, 중국대륙은 이미 매우 불안정한 정치적 국면이 조성되고 있었다. 인민해방군을 예를 들더라도 상당수의 장병들이 마오쩌둥 사상에 염증을 느끼고 있었고, 중국공산당의 노선과 정책을 반대하고 있었다. 많은 장병들이 정치적으로는 삼면홍기의 폭정을 반대하고, 군사적으로는 혁명화 건군노선을 반대하며, 인민전쟁 사상을 반대하고 있었다. 중국공산당이 군대에 대해 취한 각종의 혁명화 조치, 예를 들면, 정치사업을 통한 통제 강화, 사병의 복무기간 연장, 계급제도의 폐지, 그리고 간부의 역할과 지위에 대한 무관심 등으로 인민해방

1 삼면홍기(三面紅旗)란 사회주의 총노선, 대약진, 인민공사를 말한다.

군 내부는 알력과 투쟁으로 혼돈을 거듭하고 있었다.

특히 린뱌오가 국방부장직에 임명된 이후 원래 제4야전군계의 군사간부들이 요직에 파격적으로 발탁되고 승진되었으며, 이미 파직된 제1야전군 사령관인 펑더화이(彭德懷), 장기간 동안 견제를 받아온 제4방면군계의 쉬샹첸(徐向前), 오랫동안 소외된 제2야전군 사령관인 류보청(劉伯承)과 그 부하들은 인민해방군 내에서 멸시와 공격을 받고 있었다. 그래서 원래의 제1, 제2야전군 간부, 원래의 제4방면군 간부, 그리고 원래 천이(陳毅)의 제3야전군 간부들은 불평과 불만 및 동병상련의 처지에서 매우 자연스럽게 린뱌오의 제4야전군계에 반대하는 전선을 결성했다.

류사오치(劉少奇)를 우두머리로 하는 반모세력은 점차 덩샤오핑(鄧小平), 허룽(賀龍), 펑더화이(彭德懷), 뤄루이칭(羅瑞卿)을 중심으로 하는 반모(反毛)집단을 형성했으며, 이에 맞서 마오쩌둥 역시 자신의 처인 장칭(江青), 군권을 장악하고 있는 린뱌오(林彪), 그리고 국무원의 대권을 장악하고 있는 저우언라이(周恩來)와 결합하여 친모(親毛)집단을 결성했다.

류사오치는 당과 공산주의청년단 조직 및 노동자, 농민, 청년, 여성 조직을 장악하고 있으면서 허룽, 뤄루이칭 등 군사간부와 결합함으로써 매우 유리한 고지에서 친모집단에 대항했다. 이에 반해 마오쩌둥은 당중앙군사위원회 주석으로써 군권을 장악하고, 국방부장인 린뱌오의 지원을 등에 업고, 현실에 불만을 품고 있는 청년들을 동원하여 홍위병(紅衛兵)을 조직하고, 류사오치와 덩샤오핑 일파를 자본주의노선을 걷고 있는 주자파(走資派)로 몰아세우면서 무산계급 혁명을 목표로 하는 문혁파의 정당성을 확보하고자 했다.

2) 전개과정

문화대혁명은 마오쩌둥의 구상에 따라 문예투쟁 → 노선투쟁→ 정치투쟁→ 권력투쟁→ 군대 개입의 수순을 거치면서 마무리되었다.

(1) 문예투쟁

베이징시(北京市) 부시장으로서 민주당파에 속하는 우한(吳晗), 《인민일보》 총편집과 신화사(新華社) 부사장을 역임한 후 베이징시 당 위원회 서기 겸 선전부장이 된 덩퉈(鄧拓), 베이징시 당 위원회 통일선전부장인 랴오머사(廖沫沙) 등 3인은 우한(吳晗)의 성인 우(吳)자, 덩퉈의 필명인 마난춘(馬南邨)의 중간자인 난(南)자,

그리고 랴오머사(廖沫沙)의 필명인 판싱(繁星)의 싱(星)자를 따서 우난싱(吳南星)이라는 필명으로 1961년 《전선(前線)》 잡지에 〈삼가촌찰기(三家村札記)〉를 게재한 적이 있었다. 이와 동시에 덩퉈는 《베이징일보》에 〈연산야화(燕山夜話)〉를 게재했는데, 이들 잡지와 신문은 모두 베이징시 당 위원회에 속한 당보였다.

그런데 글이 발표된 지 4년이 지나서 마오쩌둥 일파는 느닷없이 이들 삼가촌(三家村)[2]이 "①마오쩌둥을 중심으로 하는 당 중앙을 공격했고, ②마오쩌둥의 사회주의 총노선과 대약진 운동을 반대했으며, ③우파를 대변했고, ④지식을 소개한다는 구실로 반당행위를 했다는 죄명을 내걸고 비난하기 시작했다."[3]

① 우한의 《해서파관》

'해서파관(海瑞罷官)'은 베이징시 부시장인 우한(吳晗)이 저술한 역사극이었다. 그는 1959년 6월 16일 역사학자의 신분으로 〈하이루이(海瑞)가 황제를 욕했다〉는 제목의 글을 발표하고, "봉건시대에 황제는 침범할 수 없는 대상이었으며, 황제라는 이름조차 거론하기를 꺼렸고, 더욱이 황제를 욕한다는 것은 들어 본 적도 없다. 그런데 진정으로 황제를 욕하고 게다가 매우 통쾌하게 욕한 사람이 있었는데 바로 그 사람이 하이루이였다."[4]고 서술했다.

우한은 삼면홍기(三面紅旗)의 실정을 더 이상 방치할 수 없다고 생각하여 마오쩌둥에게 의견서를 제출했던 펑더화이가 1959년 8월 당 제8기 「8중전회」에서 반당집단으로 낙인찍혀 파면되자 《해서파관》을 집필하여 1961년에 탈고했다고 한다. 1965년 초 중국공산당 중앙의 문예 총책인 저우양(周揚)이 "1961년과 1962년 사이 문예대비판이 있었으며, 그때 은유적으로 옛날 것으로 오늘날을 풍자하는 식

---

2 삼가촌(三家村)은 린뱌오(林彪)와 장칭(江靑) 일파가 당권을 찬탈하기 위한 목적으로 조직적이고 계획적으로 날조한 대음모극이었다. 1961년 봄 베이징시의 이론 간행물인 〈전선(前線)〉은 덩퉈(鄧拓)를 위해 기고란을 할당해 주었으며, 그는 우한(吳晗)과 함께 《삼가촌찰기(三家村札記)》라는 제목으로 글을 교대로 발표했다. 《삼가촌찰기》는 덩퉈(鄧拓)가 〈베이징만보〉에 기고한 《연산야화(燕山夜話)》와 더불어 독자들의 열렬한 환영을 받았다. 그러나 문화대혁명 전야 린뱌오와 장칭 일파에 의해 '삼가촌흑점(三家村黑店: 黑店은 옛날 길손을 해치고 금품을 빼앗을 목적으로 악당들이 운영한 客店을 말함)'이라는 누명을 뒤집어썼으며, 덩퉈와 우한 및 랴오머사 3인 역시 '삼가촌반당집단'로 몰렸다.

3 陳力生, 「中共文化革命与政治鬪爭」, (台北: 黎明文化事業公司, 1974), p.47.

4 上揭書, p.34, 再引用.

으로 오늘의 사회주의 사회를 공격하고 현실 생활에 대한 불만을 발산했다."[5]고 한 발언도 이와 맥을 같이하는 것이었다.

오늘날까지 전해 내려오는 중국의 평극(平劇)과 지방극(地方劇)에는 포공희(包公戲)와 해서희(海瑞戲)가 있는데 포공희는 송조(宋朝) 때의 포청천(包靑天)에 관한 것이고, 해서희는 명조(明朝) 때의 해청천(海靑天)에 관한 것이다. 바로 이 해서(海瑞, 1514-1587)는 원래 명조(明朝)의 세종(世宗) 때 호부주사(戶部主事)로서 세종에게 간언했다가 노여움을 사 투옥되었다. 그는 그 후 목종(穆宗)이 즉위하자 석방되어 응천순무(応天巡撫)와 난징우도어사(南京右都御事)를 역임했다. 그리고 그는 응천순무로 있을 때 수리사업과 퇴전(退田)을 실시하고 무고한 사람들을 풀어주는 등 많은 개혁을 실시하여 백성들로부터 하이칭톈(海靑天)으로 칭송을 받았다. 우한은 바로 그 해서의 〔균전제를 실시할 때 지급받은 토지를 국가에 반환하는〕 퇴전(退田)을 인민공사로 인해 농민의 토지가 몰수된 것을 연상케하면서, 인민공사를 너무 빨리 시작했다고 한 펑더화이의 주장을 옹호했다.

② 야오원위안의 《해서파관》을 평함

야오원위안(姚文元)은 4년이 지난 1965년 11월 우한의 《해서파관(海瑞罷官)》을 비판하는 글을 상하이(上海)의 《문회보(文匯報)》에 게재했다. 이는 사실상 상하이시 당 위원회의 기관지가 베이징시 당 위원회의 지도층에 칼을 들이대는 것이었다.

야오원위안의 글이 발표되자 베이징시 당 위원회는 1966년 4월 16일 기관지인 《전선》 잡지와 《베이징일보》에 〈삼가촌찰기〉와 〈연산야화〉를 게재했다. 이러한 와중에서 린뱌오가 영도하는 당중앙군사위원회의 기관지인 《해방군보》와 저우언라이의 세력 하에 있는 통일전선보인 《광명일보》가 1966년 5월 8일 "덩퉈(鄧拓)의 연산야화는 당과 사회주의를 반대하는 반동적 저의가 담긴 글이다."는 제목의 글을 발표하면서 마오쩌둥 일파를 지지하고 나섰다.

(2) 중앙문혁소조의 구성

문화혁명 초기 문화 선전을 주관하는 중앙선전부는 류사오치(劉少奇)와 덩샤

---

5 上揭書, p.33, 再引用.

오핑(鄧小平) 일파인 루딩이(陸定一)와 저우양(周揚)이 장악하고 있었으며, 또한 천보다(陳伯達)가 《홍기》 잡지의 총편집을 담당하고 있었다. 그뿐만 아니라 펑전(彭眞)의 반대에 부딪쳐 야오원위안의 글은 《인민일보》에 게재될 수가 없는 상황이었다.

류사오치와 덩샤오핑 일파는 펑전을 중심으로 하는 문화혁명 5인소조를 조직하여 문화혁명을 영도하고 문화혁명을 당 중앙의 통제 하에 두고자 했다. 따라서 이들은 펑전, 루딩이, 캉성(康生), 우렁시(吳冷西), 저우양 등으로 문혁5인소조를 구성했으며, 이 5인소조는 1966년 2월 3일 야오원위안의 〈해서파관을 평함〉이 정치투쟁으로 변질되지 않도록 하기 위해 학술영역 내에 묶어두기 위한 〈5인소조의 학술토론에 관한 회보제강(匯報提綱)〉(2월제강)을 하달했다.

그러나 반격에 나선 마오쩌둥은 반년 동안의 투쟁 끝에 1966년 5월 당 중앙 정치국 확대회의를 소집하고 자신의 문혁 방침을 통과시킨 후 이른바 〈2월제강〉을 취소하고 그 대신에 〈5·16통지〉를 하달했다. 이 〈통지〉는 펑전이 영도하는 문혁5인소조 및 그 사업기구를 철폐하고 문혁소조(中央文革)을 설치하여 당 정치국 상무위원회에 예속시킨다고 선포했다.

그뿐만 아니라 마오쩌둥 일파는 중앙문혁의 고문에 정치국 후보위원인 캉성(康生), 조장에 정치국 후보위원인 천보다(陳伯達), 제1부조장에 「전인대」 대표인 장칭(江靑), 부조장에 중앙후보위원 및 중남국 제1서기 겸 후베이성(湖北省) 제1서기인 왕런중(王任重), 총정치부 부주임인 류즈젠(劉志堅), 상하이시 당 위원회 서기인 장춘차오(張春橋), 그리고 조원에는 상하이시 당 위원회 선전부장인 야오원위안과 린뱌오의 처인 예췬(葉群) 등을 임명했다.

(3) 정치투쟁으로의 전환

문화혁명 직전 중국공산당의 권력구조를 보면 당 정치국의 경우, 마오쩌둥, 류사오치, 저우언라이, 주더, 천윈, 린뱌오, 덩샤오핑, 동비우(董必武), 펑전, 천이, 리푸춘(李富春), 펑더화이, 류보청, 허룽, 리셴녠(李先念), 리징취안(李井泉), 탄전린(譚震林) 등 17인으로 구성되어 있었다.

특히 중국공산당의 최고 의사결정기구인 당 중앙 정치국 상무위원회의 경우, 당 중앙의 주석 겸 당중앙군사위원회 주석인 마오쩌둥, 당 제1부주석 겸 국가 주석인 류사오치, 당 부주석 겸 국무원 총리인 저우언라이, 「인대」 위원장인 주더, 국무원 부총리인 천윈(陳雲), 당중앙군사위원회 제1부주석인 린뱌오, 그리고 당 총서기 겸 국무원 부총리인 덩샤오핑 등 7인으로 구성되어 있었다.

이처럼 마오쩌둥은 류사오치와 덩샤오핑 일파에 비해 당 내에서 열세의 위치에 있었으며, 이러한 권력구조가 지속된다면 제2선으로 밀려나 있는 마오쩌둥으로서는 제1선으로 나설 수 있는 기회를 완전히 상실할 수밖에 없는 처지로 몰리게 되었다. 따라서 마오쩌둥 일파는 1965년 5월 18일 비판의 화살을 삼가촌(三家村)으로 돌리면서 당정치국 확대회의를 소집하고 정치국 위원과 서기처 서기 겸 베이징시 당 위원회 제1서기인 펑전, 총참모장인 뤄루이칭(羅瑞卿), 중앙선전부장인 루딩이(陸定一), 그리고 중앙판공청 주임인 양상쿤(楊尙昆)에게 죄를 뒤집어씌워 이들의 관직을 박탈했다.

중국공산당은 당 제8기 「10중전회」가 개최된 지 4년이 지난 1966년 8월 1일 「11중전회」를 개최했다. 「11중전회」는 ①1962년 9월의 당 제8기 「10중전회」 이래 당 중앙 정치국의 국내외 문제에 대한 중대한 정책과 조치를 비판하고 마오쩌둥 노선을 지지했으며, ②"공업은 다칭(大慶)을 배우고 농업은 다자이(大寨)를 배우며, 전국 인민은 인민해방군을 배운다."는 방침을 채택했고, ③전쟁과 재해에 대비하며 인민을 위한다는 전략방침을 결정했으며, ④삼면홍기를 포기하고 문화혁명 16개 조를 통과시켰다.

「11중전회」가 개최되는 동안 마오쩌둥은 "사령부를 포격하라"는 대자보를 붙이도록 지시하고 투쟁의 화살을 류사오치와 덩샤오핑에게 돌리기 시작했다. 그러나 마오쩌둥은 이 대결에서 절반을 간신히 넘기는 지지만을 획득했을 뿐이었다. 린뱌오가 류사오치를 대신하여 제2인자로 급부상했으나 당 중앙은 여전히 우파와 중간파의 천하였다. 그뿐만 아니라 덩샤오핑은 여전히 총서기였으며, 마오쩌둥 일파의 신당권파(新當權派)들도 소수파였기 때문에 마오쩌둥 일파는 홍위병(紅衛兵) 운동을 발동하여 지방으로부터 중앙을 공격하는 권력탈취 전략으로 전환했다.

(4) 홍위병 운동

친모파(親毛派)와 반모파(反毛派)는 홍위병 운동을 전개하기에 앞서 그 성분을 어떻게 규정하느냐의 문제를 놓고 날카롭게 대립했다. 노당권파(老當權派)인 반모파(反毛派)는 홍위병을 노동자, 빈농과 하층농민, 혁명군인, 혁명간부, 혁명열사의 홍5류(紅5類)로 국한하여 그 간부자제들이 홍위병의 영도권을 장악하기를 바랐으며, 이에 반해 신당권파인 친모파(親毛派)는 홍5류로만 제한하려는 유일성분론(唯一成分論)을 배격하면서 더 이상 계급이 아니라고 주장했으며, 흑5류(黑5類)[6]까지를 포함시키려 했다. 다시 말해서, 마오쩌둥파는 홍위병을 이용하여 자본주의의 길을 걷는 당권파인 주자파(走資派)를 공격하려 했기 때문에 홍위병이 홍5류에 국한됨으로써 전면적인 대중운동이 영향을 받게 될 것을 경계했던 것이다.

홍위병이 처음으로 모습을 드러낸 것은 1966년 8월 18일이었다. 이날 베이징에서 문화혁명을 경축하는 백만인 대중대회가 열렸는데, 홍위병이 마오쩌둥과 린뱌오 등 신당권파를 따라 무대에 등장했으며, 3일째 되는 날 이들 홍위병은 자본계급과 착취계급의 낡은 사상, 문화, 풍속, 습관을 파괴하고 무산계급과 사회주의의 새로운 사상, 문화, 풍속, 습관을 건립한다는 이른바 "파4구·립4신(破4旧·立4新)" 운동에 들어갔다.

홍위병 운동이 전개되면서 봉건주의와 자본주의 및 수정주의의 색채가 있는 거리와 상점의 명칭이 완전히 바뀌기 시작했다. 예를 들면, 베이징의 창안가(長安街)가 동방홍대로(東方紅大路), 동교민항(東交民巷)이 반제로(反帝路), 서교민항(西交民巷)이 반수로(反修路), 그리고 협화의원(協和医院)이 반제의원(反帝医院)으로 명칭이 바뀌는 등 동방홍(東方紅), 노농병(勞農兵), 인민(人民) 등 정치성 명칭이 사용되기 시작했다.

그뿐만 아니라 풍속과 습관에 있어서도, 홍콩식의 장발과 복장, 그리고 향수와 여성용 악세사리도 자본주의의 유행물로 간주되어 배척되었고, 심지어 전통적인 족보도 파기되었다. 그밖에도 전통적인 고대의 문물과 예술이 파괴되었으며, 종교가 박해를 받았고, 사유재산을 몰수한다는 명분으로 가택 수색이 빈번하게 발생했으며, 각급 간부에 대한 무차별적인 공격이 이루어졌다.

전국이 혼란에 빠지고 정국이 극도로 불안정해지자 각 성·시 지방조직과 당내의 노당권파들은 홍위병 운동을 반대하고 나섰다. 그러나 이러한 와중에서 마오쩌둥은 8차례나 홍위병 대표를 접견하고 이들을 적극적으로 지원한다고 선언했다. 어쨌든 홍위병 운동은 중국대륙을 천하대란으로 몰고 가기 시작했으며, 게다가 문화혁명을 본격적인 정치운동으로 변질시켰는데, 이는 당단(党团)을 이용하여 류사오치와 덩샤오핑 세력을 제거할 형편이 못되었던 마오쩌둥으로서는 대중노

---

6 흑5류(黑5類)란 지주, 부농, 반동분자, 우파분자, 파괴분자이다.

선을 동원하여 외곽으로부터 공격해 들어간다는 권력투쟁 전략에 맞아떨어지는 것이었다.

(5) 당 중앙의 붕괴와 지방당 위원회의 권력투쟁

마오쩌둥은 문화혁명을 문화대논전으로부터 시작하여 홍위병 운동을 거쳐 혁명조반파(革命造反派)의 대탈권 투쟁으로 변질시켰다.

앞에서도 이미 언급했듯이 마오쩌둥의 총공격 목표는 당 중앙이었으나 당 중앙이 류사오치와 덩샤오핑 일파에 의해 장악된 상태라 마오쩌둥으로서는 어쩔 수 없이 베이징에서 남쪽으로 멀리 떨어진 상하이에서 문화혁명을 획책할 수밖에 없었다. 당시 당 중앙과 각 지방당 위원회는 모두 마오쩌둥을 반대하는 입장을 취하고 있었으며, 마오쩌둥의 편에서 문화혁명에 가담한 인물은 단지 천보다, 캉성, 장칭, 장춘차오, 야오원위안, 치번위(戚本禹), 관펑(關鋒) 정도였고, 후에 류즈젠(劉志堅)이 린뱌오의 설득으로 가담했으며, 마오쩌둥이 제1차 투쟁에서 승리한 이후 타오주(陶鑄)와 왕런중(王任重)이 합세했을 뿐이었다.

홍위병 운동이 절정에 달했던 1966년 10월 당 중앙 사업회의는 류사오치와 덩샤오핑의 자아비판을 이끌어 내고 이들을 권좌에서 밀어내기로 결정했다. 그 결과, 당 중앙의 최고권력기구인 정치국 상무위원회 위원이 7명에서 마오쩌둥, 린뱌오, 저우언라이, 타오주, 천보다, 덩샤오핑, 캉성, 류사오치, 주더, 리푸춘, 천윈 등 11명으로 증가했고, 정치국 위원도 11명의 상무위원을 포함하여 동비우, 천이, 류보청, 허룽, 리셴녠, 리징취안, 탄전린, 쉬샹첸, 녜룽전, 예젠잉 등 21명으로 증가했다.

특히 정치국 주석인 마오쩌둥은 류사오치를 제1부주석직에서 밀어내어 상무위원회 위원으로 격하시키고 린뱌오를 제1부주석으로 앉히는데 성공했으며, 린뱌오, 저우언라이, 천보다, 캉성, 리푸춘을 정치국 상무위원회 위원으로 진입시키는데 성공함으로써 11명의 위원 중 과반수가 넘는 6표를 확보하게 되었다.

그러나 홍위병 운동에도 불구하고 홍위병의 대명대방(大鳴大放)이 각 성·시당 위원회의 권력을 동요시키지는 못했다. 이 때문에 당 중앙을 장악한 마오쩌둥은 홍위병 이외에 혁명조반파를 만들어 대대적인 권력 찬탈을 시작했으며, 투쟁의 화살을 지방당 위원회로 돌렸다. 마오쩌둥의 지시를 받은 혁명조반파는 먼저 상하이에서 권력쟁탈전을 시작했다. 특히 친모파(親毛派)로서 중앙문혁소조 부조장인 장춘차오(張春橋)와 조장인 야오원위안(姚文元)은 1967년 1월 상하이에서 시작된 권력의 대쟁탈전을 '1월혁명'이라고 선전했으며, 동년 2월 5일 상하이방송국은 상하이시 당 위원회와 인민위원회가 붕괴되고 상하이시 인민공사가 수립되었다고 선포했다. 이어서 동년 2월 28일 《인민일보》는 상하이시 혁명위원회가 설립되었다고 발표했다. 권력투쟁은 그 후에도 1년 8개월 동안 전국적으로 계속되었으며, 군사당권파를 주력으로 하는 지방 임시권력기구인 혁명위원회가 기존의 지방 당·정 기관인 성 당위원회와 성·시 인민정부의 권력을 접수했다.

2. 인민해방군의 임무와 정치적 역할

앞에서도 언급되었듯이 1967년 1월 23일 당 중앙, 국무원, 당중앙군사위원회 및 중앙문혁(中央文革)은 마오쩌둥의 지시에 따라 〈인민해방군이 혁명좌파대중을 단호히 지지하는 것에 관한 통지〉를 공동명의로 하달했으며, 이틀 후인 25일 《인민일보》는 〈인민해방군은 무산계급 혁명화를 단호히 지지한다〉는 제목의 《해방군보》 사설을 게재하면서 인민해방군의 당권투쟁 개입을 정식으로 선언했다. 따라서 중국인민해방군은 1972년까지 6년 동안 "좌파를 지지하고, 공업을 지지하며, 농업을 지지하고, 군대가 관리하고 통제하며, 군대가 훈련을 실시한다."는 이른바 3지양군(3支兩軍)[7]임무를 수행하기 시작했으며, 3지양군을 통해 문화대혁명의 정치투쟁 속으로 깊숙이 말려들어감으로써 국가 정치생활의 주요한 역할자가 되었다.

1) 문화혁명 발동시의 인민해방군 정치사업

(1) 전군 문화대혁명 운동의 발동

앞에서 이미 언급되었듯이 1966년 5월 4일부터 26일까지 중국공산당 중앙은 베이징에서 정치국 확대회의를 개최했다. 〈회의〉는 펑전, 뤄루이칭, 루딩이, 양상쿤의 이른바 반당문제를 비판하고 이들의 영도 직책을 정지시키기로 결정했다. 그뿐만 아니라 동년 5월 16일 〈회의〉는 마오쩌둥이 주관하여 작성한 〈중국공산당

---

7 3지(3支)는 지좌(支左),지공(支工), 지농(支農)이고, 양군(兩軍)은 군관(軍管), 군훈(軍訓)이다.

중앙위원회 통지(5·16통지)〉를 통과시켰다.

〈5·16통지〉는 중국공산당이 문화대혁명을 지도하는 데 있어서 강령의 성격을 띠는 문건으로서, 당시의 정세와 당내 모순에 대한 마오쩌둥의 시각을 집중적으로 반영하고, 문화대혁명의 주요 논점을 집중적으로 반영한 것이었다.

〈5·16통지〉는 무산계급 문화대혁명의 큰 깃발을 높이 치켜들고 이른바 반당 반사회주의적인 '학술적 권위'의 반동자본계급 입장을 철저히 비판할 것을 요구했으며, 학술계, 교육계, 언론계, 문예계, 출판계 등의 반동자본계급 사상을 철저히 비판함은 물론, 문화영역에 있어서 이들의 영도권을 탈취하고 무산계급이 모든 문화영역을 포함하는 상부구조에서 '독재'를 실행할 것을 요구했다. 그뿐만 아니라 〈통지〉는 당과 정부와 군대 및 각종 문화계에 침투한 자본계급의 대표적 인물들을 반혁명적 수정주의자로 몰아세우면서 이들이 정권을 탈취하여 무산계급독재를 자본계급독재로 만들려는 음모를 꾀하고 있다고 지적했으며, 각급 당 위원회가 〈2월제강(2月提綱)〉[8]의 집행을 즉각 중지하도록 촉구하면서 문화영역의 영도권 탈취를 위한 대반격에 나섰다.

〈2월제강〉은 1965년 11월 10일 야오원위안(姚文元)이 〈문회보(文匯報)〉에 발표한 《신편역사극 '해서파관(海瑞罷官)'을 평론함》이 몰고 올 파장을 사전에 차단하기 위해 작성된 것이었다. 기실, 야오원위안의 이 문장은 장칭(江靑)이 당 중앙과 마오쩌둥도 모르게 비밀리에 작성한 것이었다. 이 문장의 주요 내용은 역사학자로서 베이징시 부시장으로 있던 우한이 펑더화이의 죄명을 씻어주고, 인민공사를 철폐함과 동시에 개체경제를 부활시키며, 제국주의 및 지주와 반동계급으로 몰린 자들의 누명을 벗겨주려 했다는 것을 비판하는 것이었다.

이어서 동년 11월 29일 《해방군보》는 《인민일보》에 앞서 이 문장을 게재하고 《해서파관》이야말로 '대독초(大毒草)'라고 비난하면서 이를 계급투쟁이 이데올로기 영역에 반영된 것으로 간주하면서 인민해방군을 향해 전장에서의 계급투쟁과 정치사상 전선에서의 계급투쟁을 전개할 것을 촉구했다.

그 다음 해인 1966년 1월 22일 장칭은 상하이를 떠나 수저우(蘇州)에 도착한

8 〈2월제강(2月提綱)〉은 1966년 2월 3일 중앙문화혁명 5인소조인 펑전(彭眞), 루딩이(陸定一), 캉성(康生), 우렁시(吳冷西), 쉬리췬(許立群), 그리고 후성(胡繩), 야오전(姚溱), 왕리(王力), 판러위(范若愚), 류런(劉仁), 정톈샹(鄭天翔) 등 11인이 거행한 5인소조 확대회의의 토론 결과를 작성한 〈중앙문화혁명 5인소조의 학술토론에 관한 회보제강(匯報提綱)〉을 가리킨다.

후 부대의 문예를 연구한다는 구실로 린뱌오와 정치적 흥정을 했다. 그 다음 날 린뱌오는 총정치부에 지시를 하달하면서 "장칭 동지는 어제 나와 대담을 나누었다. 그녀는 문예사업 부문에서 정치적으로 매우 강하며 예술적으로도 매우 전문적이고 많은 귀중한 의견을 가지고 있다. 너희들은 그녀를 특별히 중시해야 할 뿐만 아니라 그녀의 의견을 사상과 조직 면에서 성실하게 실천에 옮겨야 한다. 금후 부대의 문예분야에 관한 문건은 그녀에게 보내 보도록 하며, 소식이 있게 되면 수시로 연락을 취하고, 그녀가 부대의 문예사업에 관한 현황을 이해하도록 함으로써 그녀의 의견을 구할 수 있도록 해야 한다."[9]고 추켜세웠다.

장칭은 또 동년 2월 2일부터 20일까지 상하이에서 군대의 유관 부문 책임자들이 참가한 부대 문예사업좌담회를 개최했다. 장칭은 회의석상에서 "문예부문에 있어서 마오 주석의 사상과 상대적으로 대립적인 반당반사회주의 음모자가 있다. … 이 음모자들은 우리들의 정치를 17년 동안 지배했는데, … 지금이 바로 우리가 그들의 정치를 지배할 차례이다."[10]고 충격적인 발언을 했다.

회의가 끝난 후 천보다와 장춘차오 등이 참가한 가운데 《린뱌오 동지가 장칭 동지에게 위임하여 소집된 부대 문예사업 좌담회 요록》이 작성되었다. 《요록》은 "문예계가 건국 이래 마오 주석의 사상과 상대적으로 대립적인 반당반사회주의의 음모자들에게 장악되었다. … 문예전선 상의 2개 노선 간의 투쟁은 필연적으로 군대 내부에 반영될 것이며, … 군대가 문화전선 상의 사회주의 대혁명에 적극적으로 참가해야 한다."고 요구했다. 《요록》은 사실상 린뱌오와 장칭이 당권을 찬탈하기 위한 목적으로 만들어 낸 것이며, 바로 문화대혁명의 의거가 되는 것이었다.

린뱌오는 1966년 3월 22일 당중앙군사위원회에 한 통의 편지를 보내면서 《요록》이 매우 훌륭한 문건이며, 마오쩌둥 사상으로 사회주의시기 문화혁명의 많은 중대한 문제에 대한 해답을 주었으며, 매우 큰 현실적 의의를 지니고 있을 뿐만 아니라 심원한 역사적 의의를 지니고 있는 것이라고 전제하면서 "16년 동안 문예전선 상에 첨예한 계급투쟁이 존재하고 있는데 누가 누구와 싸워 이기느냐 하는 문제는 아직도 해결되지 않았다. 문예진지는 무산계급이 점령하지 않으면 자본계급

9 國防大學黨史黨建政工教研室 編著, 「中國人民解放軍工作史」(社會主義時期), (北京: 國防大學出版社, 1989), p.258.

10 上揭書.

이 필연적으로 점령하게 되며 투쟁은 불가피한 것이다. 이는 곧 이데올로기 영역에서의 광범하고 심각한 사회주의혁명으로서 잘 하느냐 못하느냐에 따라 수정주의가 나타나게 된다."[11]고 경고했다.

인민해방군 총정치부는 1966년 4월 8일부터 6월 11일까지 전군창작회의를 소집했다 이 회의는 계급투쟁을 위한 회의인 동시에 문화대혁명을 위한 동원대회였다. 총정치부는 당중앙군사위원회와 당 중앙에 대한 보고를 통해 이 회의의 성격이 계급투쟁을 대강(大綱)으로 삼고, 계급투쟁의 관점에서 모든 문제를 분석하며, 〈2월제강〉을 타파하는 것이라고 규정했다.

마오쩌둥 역시 동년 5월 7일 린뱌오가 작성하여 총후근부에 보낸 〈부대의 농부업 생산을 가일층 향상시키는 것에 관한 보고〉를 읽고 린뱌오에게 서신 형식의 〈5·7지시〉를 하달했다. 마오쩌둥은 그 편지 속에서 "군대는 반드시 하나의 대학교이어야 한다. 정치를 학습하고, 군사를 학습하고, 문화를 학습해야 하며, 농부업 생산에 종사할 수 있고, 중소규모의 공장을 운영할 수 있으며, 대중사업에 종사할 수 있음으로써 군과 민이 영원히 일체가 되도록 해야 한다. 또한 수시로 자본계급을 비판하는 문화혁명 투쟁에 참가해야 한다."[12]고 강조하면서 전국의 인민이 전국의 모든 공장, 농촌, 학교, 상업, 서비스업, 당정기관을 인민해방군과 함께 혁명화된 대학교로 만들자고 촉구했다.

〈5·7지시〉는 마오쩌둥이 계급투쟁과 당내의 노선투쟁을 위해 결정한 것이며, 자신이 문화대혁명을 발동하기로 결심했을 때 작성한 것이었다. 이 지시의 기본정신은 〈5·16통지〉와 이른바 무산계급독재 하의 "계속혁명론"과 일치하는 것이었다. 따라서 군대가 〈5·7지시〉를 수행하는 중점은 이른바 무산계급독재 하의 계속혁명론을 관철하는 것이었다.

인민해방군 총정치부는 동년 5월 25일 다시 전 군을 향해 〈중공중앙의 5·16통지를 집행하는 것에 관한 통지〉를 하달했다. 이 통지는 〈5·16통지〉에서 지적된 문화전선의 각 분야에 있어서 상존하고 있는 문제, 그리고 무산계급 대혁명을 추진하기 위한 각항 방침과 정책이 인민해방군에게도 완전히 부합되는 것이며, 전 군의 각급 당 위원회는 반드시 영도를 강화하고 그 방침과 정책을 철저히 관철하도

11 上揭書, p.259.

12 上揭書, p.260.

록 해야 한다는 것을 거듭 확인했다.

총정치부는 이 〈통지〉를 하달함과 동시에 전군전화회의를 소집하고 군대 내에서의 문화혁명을 실행하기 위한 구체적인 계획을 하달했으며, 같은 날 당중앙군사위원회는 전군문화혁명소조가 설립되었음을 알리면서 이 소조를 총정치부 당 위원회의 영도 하에 두었다. 이와 같이 총정치부가 〈통지〉를 하달하고 전군전화회의를 소집함은 물론, 전군문화혁명영도소조를 정식으로 설립한 것은 군대 내에서 문화대혁명이 시작되었음을 알리는 것이었다.

결국 동년 6월 5일 중국공산당 중앙은 총정치부의 6월 14일자 〈부대에서 사회주의 문화대혁명 운동을 전개하는 데 있어서 몇 가지 조치에 관한 보고〉를 재가했다. 총정치부는 〈보고〉를 통해 인민해방군이 온 힘을 집중하여 문화대혁명과 관련된 문건과 글을 학습하고, 자본계급 반동사상을 비판하는 데 적극적으로 참가하며, 반당반사회주의 흑색노선을 향해 전투를 시작해야 한다고 요구하면서 구체적인 행동요령을 지시했다:

첫째, 사단 이하의 전투부대는 대면교육을 집중적으로 실시한다.

둘째, 권력을 쟁탈해야 하는 군(軍) 이상 기관의 단위는 상급 당 위원회의 허락을 득한 후에 대자보를 붙이거나 또는 비판회를 연다.

셋째, 군대가 거리에 나가 시위를 하는 것을 금지하며, 지방의 비판대회나 성토대회에 참가하는 것을 금지한다.

그 후 1966년 8월 1일부터 8월 12일까지 중국공산당 제8기 「11중전회」가 베이징에서 개최되었으며, 회의 기간 중 8월 5일 마오쩌둥은 〈사령부를 포격하라—나의 대자보〉를 써 공격의 화살을 류사오치와 덩샤오핑에게 돌렸다. 이어서 8월 8일 「11중전회」는 〈무산계급 문화대혁명에 관한 결정(16조)〉을 통과시키고, 부대가 당중앙군사위원회와 총정치부의 지시에 따라 문화대혁명 운동에 참가하도록 규정했다.

「11중전회」에서 16조가 통과된 후인 8월 16일 린뱌오는 당중앙군사위원회 상무위원회 확대회의를 소집했으며, 이 회의는 당 중앙의 〈무산계급 문화대혁명에 관한 결정〉에 근거하여 인민해방군의 군, 성군구, 군분구, 군종, 병종, 원·교, 그리고 총부 기관이 보다 심층적이고 열렬한 무산계급 대혁명을 전개할 것을 결정했다.

특히 〈회의〉는 실제상황에 근거하여 중점을 두어야 할 사항으로서, ①마오쩌둥 사상이 홍기를 진정으로 높이 치켜드는지, 그리고 마오쩌둥 주석을 진심으로 옹호하는지, ②정치를 돋보이게 하는지, 그리고 여전히 단순한 군사관점이 있는지, ③혁명에 열성적인지의 여부를 확인하는 것으로 정했으며, 특히 동년 9월부터 3개월의 기간을 두고 군 이상 기관의 문화대혁명을 시작하기로 결정했다.

(2) 인민해방군 문혁소조의 탈권투쟁

문화혁명이 절정에 이르자 중앙문혁소조와 전군문혁소조는 1967년 1월 4일 40여 개 원·교의 조반파(造反派) 대표와 문예사업자를 소집하여 회의를 개최했다. 그런데 회의석상에서 갑자기 천보다와 캉성이 류즈젠(劉志堅)을 지목하면서 그가 군대 내에서 류사오치와 덩샤오핑의 노선을 추종하는 전형적인 인물이라고 몰아붙였다. 그뿐만 아니라 이들은 류즈젠을 대표로 하는 전군문혁소조가 군대 내에서 류사오치와 덩샤오핑의 자본계급 반동노선을 관철하고 있다고 공격했다.

이를 계기로 군대 내부에서는 이른바 '자본계급 반동노선'을 비판하는 풍랑이 거세게 일기 시작했으며, 당 중앙과 당중앙군사위원회 및 총정치부의 결정에 의해 설립되어 각급 당 위원회 영도 하에 있던 각급 문화혁명 영도소조와 문화혁명 판공실이 자본계급 반동노선을 수행하는 보루로 낙인이 찍히게 되었다.

1967년 1월 6일에는 상하이에서 장춘차오와 야오원위안이 계획한 반혁명 탈권사건인 이른바 "1월폭풍"이 발생했다. 이에 발맞추어 린뱌오, 장칭, 캉성, 천보다 등은 당 중앙과 국무원 및 당중앙군사위원회의 영도권을 탈취할 목적으로 동년 1월 7일부터 9일까지 일부 학생들을 선동하여 중난하이(中南海)를 둘러싸게 하고, 류사오치, 덩샤오핑, 리푸춘, 천이, 리셴녠, 탄전린 등 당과 국가의 영도자들을 공격하게 함과 동시에 일부 군대를 선동하여 천이와 예젠잉을 공격하도록 했으며, 베이징 시내에는 주더를 타도하라는 대자보와 쉬샹첸과 녜룽전을 공격하라는 표어가 나붙었고, 투쟁의 화살이 당중앙군사위원회의 영도자들을 향하기 시작하면서 탈권운동이 전국적으로 확대되기 시작했다.

1967년 1월 11일 당중앙군사위원회는 마오쩌둥과 당 중앙의 비준을 득한 후 전군문화혁명소조를 개편하여 18명으로 구성된 새로운 전군문화혁명소조를 설립했으며, 조장에는 쉬샹첸을, 고문에는 장칭을, 그리고 부조장에는 관펑(關鋒)을 각각 임명했다. 그러나 쉬샹첸은 조장에 임명된 이후 전군문화혁명소조의 사업을 주관하면서 군대가 문화대혁명을 전개할 때는 반드시 당 위원회의 영도를 받아야 한다고 주장함으로써 마오쩌둥의 노여움을 사 조장 직책을 박탈당했다.

1967년 1월 상순부터 2월 하순까지 개최된 당중앙군사위원회 회의에서는 문화대혁명의 방법과 관련하여 격렬한 논쟁이 전개되었다. 특히 동년 2월 14일과 16일 저우언라이의 주관 하에 회이런탕(悔仁堂)에서 소집된 정치국 예비회의에서는 탄전린, 천이, 예젠잉, 리푸춘, 리셴녠, 쉬샹첸, 녜룽전, 위추리(余秋里), 구무(谷牧) 등이 문화대혁명의 방식에 대해 강렬하게 불만을 토로하면서 장칭, 캉성, 천보다, 장춘차오 등과 대립했다.

결국 이들의 행동은 마오쩌둥에게 비판을 받고 장칭과 캉성 등에 의해 "2월역류"로 모욕을 당했지만 장칭 일파의 기고만장한 기세를 꺾는 데는 일조가 되기도 했다. 이 사건이 있은 후 당 중앙과 당군사위원회는 많은 원로간부의 지원을 받으면서 부대를 안정시키기 위한 조치를 취하기 시작했다.

예를 들면, 1월 14일 중국공산당 중앙은 〈투쟁의 예봉을 군대로 향해서는 안 된다는 것에 관한 통지〉를 하달했으며, 1월 18일 당중앙군사위원회는 "전비를 강화하고 국방을 보위하는 데 유리한" 8가지 명령을 하달했다. 그리고 2월 8일에는 외출자들에게 기한 내에 해당 단위로 복귀하라는 통지를, 2월 11일에는 군(軍) 이상의 영도기관에 문화대혁명을 전개하는 데 있어서 준수해야 하는 몇 가지 규정을, 2월 16일에는 〈군대의 탈권범위에 관한 규정〉을, 3월 21일에는 〈고등군사학원 등 4개 단위가 좌파를 지지하고 농업을 지원하며 공업을 지원하는 것에 관한 통지〉를 각각 하달했다.

1967년 5월 13일에는 재경부대 문예단체의 2개파 군중들이 마오쩌둥의 〈옌안(延安)문예좌담회 석상에서의 담화〉 발표 제25주년을 기념하기 위해 문예 행사를 거행하기로 되어 있었다. 그런데 저우언라이와 총정치부는 서로 다른 관점을 가진 여러 대중조직이 문공단(文工团)을 단위로 하여 같은 무대에서 함께 연출해야 한다고 주장했다. 그러나 우파셴(吳法憲), 리쭤펑(李作鵬), 추후이쭤(邱會作) 등은 린뱌오와 예췬(葉群)의 지휘를 받으면서 저우언라이와 총정치부의 지시를 어기고 동시출연을 방해함은 물론, 2개파 대중조직 간의 모순을 이용하여 공연장을 아수라장으로 만들었다. 이 유혈사건이 바로 인민해방군이 인민해방군에게 총질을 한 선례를 남긴 "5·13사건"이었다. 사건 발생 이후, 린뱌오는 총정치부 주임인 샤오화(蕭華)가 "5·13사건"의 주동자라고 음해하면서 이를 구실로 샤오화를 몰아 내고 총정치부를 교란시켰으며, 자신의 심복인 황용성(黃永勝), 우파셴, 리쭤펑, 추후이줘를 대거 일선에 포진시켰다. 이어서 린뱌오와 그의 처인 예췬은 1967년 7월 25일 장칭과 밀담을 나눈 후 톈안먼(天安門) 성루에서 자신들의 추종자를 향해 샤오화를 타도하고 총정치부를 해방시킬 것을 공개적으로 명령했다.

그 후 1967년 8월 17일 린뱌오와 예췬은 장칭과 재차 협의한 후 우파셴을 조장으로 하고 예췬과 추후이줘 및 장수촨(張秀川)을 조원으로 하는 이른바 "군위간수소조(軍委看守小組)"를 설치했으며, 이 "군위간수소조"가 중앙문혁소조의 영도를 받으면서 중앙문혁소조 예비회의에 배석하고 재경기관과 부대의 문화대혁명 문제를 처리할 수 있도록 했다. "군위간수소조"는 대외적으로는 공개되지 않았지만 사실상 당중앙군사위원회 영도자들을 허수아비로 만들고 당중앙군사위원회와 총정치부의 직능을 대행했다.

1967년 11월 21일 마오쩌둥과 린뱌오는 류진핑(劉錦平)과 왕바오공(王宝功) 등으로 구성된 당중앙군사위원회 정치사업조와 문예조 및 군보조(軍報組)를 설치했다. 이어서 동년 12월 8일 린뱌오는 인민대회당에서 3개 소조의 전체 요원을 접견하고 "문예조는 장칭과 치번위(戚本禹)를 찾아 조언을 듣고, 군보조는 천보다와 야오원위안을 찾아 조언을 들으며, 정치사업조는 중앙문혁과 군위판사조(軍委辦事組)를 찾아 조언을 받도록 하라."[13]고 분명하게 지시했다. 이로부터 기존의 총정치부는 완전히 마비되었으며, 40여 명의 부부장급 이상 간부들이 비판을 받았으며, 20여 명의 부부장급 이상 간부들이 구금을 당했고, 총정치부 부주임인 위안즈친(袁子欽)이 박해를 받아 죽음에 이르기까지 했다.

당중앙군사위원회를 장악하려는 린뱌오의 기도는 끈질기게 계속되었다. 그는 1968년 3월 양청우(楊成武)가 자신의 지시를 어기고 저우언라이에게만 보고한 후 예젠잉 등 당중앙군사위원회 지도자들의 문건을 하달한 것은 자신에게 불충하고 "2월역류"를 뒤집으려는 것이었으며, 그뿐만 아니라 위리진(余立金)과 결탁하여 권력을 찬탈하려는 것이었다고 비난했다. 장칭 역시 린뱌오를 거들고 나섰다. 그녀는 푸충비(傅崇碧)가 3월 7일 허가를 받은 후 부대를 댜오위타이(釣魚台)에 주둔시킨 것을 가지고 중앙문혁을 무력으로 억압하려 했다고 뒤집어씌우면서 양청우가 위리진과 결탁하여 우파셴(吳法憲)을 제거하고 푸충비와 결탁하여 셰푸즈(謝富治)를 제거하려 했으며, 심지어는 황융성(黃永勝)까지 제거하려 했다고 모함했다.

---

13 上揭書, p.273.

결국 3월 22일 마오쩌둥과 린뱌오의 결정에 따라 당 중앙, 국무원, 당중앙군사위원회, 중앙문혁소조는 양청우의 대리 총참모장, 당중앙군사위원회 상무위원, 당중앙군사위원회 부비서장, 총참모부 당 위원회 제1서기직을, 그리고 푸충비의 베이징위수구 사령관직을 박탈했으며, 그 대신에 황용성을 총참모장직에 임명하고 온위청(溫玉成)이 베이징위수구 사령관직을 겸임하도록 했다.

3월 25일에는 당중앙군사위원회 판사조(辦事組)가 개편되었으며, 황용성과 우파셴이 각각 정·부 조장에, 그리고 예췬, 리줘펑, 추후이줘가 조원으로 임명되었다. 그리고 이틀 후에는 당중앙군사위원회가 인장(印章)을 당중앙군사위원회 판사조에 인계했으며, 얼마 후 당중앙군사위원회 상무위원회가 더 이상 개최되지 않을 것이라는 소식이 전해졌다. 결국 이때부터 당중앙군사위원회 판공회의와 당중앙군사위원회 상무위원회의 업무가 정지됨에 따라 당중앙군사위원회의 영도사업에 참가하고 있던 고급간부들이 군대에 대한 영도권을 행사할 수가 없게 되었으며, 린뱌오가 조종하는 당중앙군사위원회 판사조(辦事組)가 당중앙군사위원회의 영도권을 행사하기 시작했다.

린뱌오는 당중앙군사위원회의 기반을 확고히 한 후 총정치부를 장악하기 위한 작업에 착수했다. 1968년 10월 그는 추종자들과 함께 총정치부에 대해 군사관제를 실시했으며, 총정치부 기관과 직속단위의 간부 767명을 대상으로 심사를 실시했다. 총정치부에 대한 심사는 치밀하고 지속적으로 추진되었으며, 1969년 12월에 이르러서는 총정치부 기관의 약 95%에 달하는 간부 및 그 직속단위 일부 간부들이 베이징 및 전국의 28개 성·시·자치구, 그리고 전 군의 각 부대로 분산 배치되어 감시를 받고 있었다. 그런 후 1969년 11월 11일 중국공산당 중앙과 당중앙군사위원회는 리더성(李德生)을 총정치부 주임으로 임명하고 당중앙군사위원회 정치사업조를 철폐했다.

2) 인민해방군의 3지양군

(1) 3지양군의 제기 배경

홍위병 운동으로 야기된 통치권의 공백과 이로 인해 조성된 대혼란은 중국의 장래를 위협할 수 있는 수준으로까지 발전했다. 홍위병 운동이 전개되면서 ①모든 사회생산력에 대한 관리와 보호 기능이 마비되어 집단과 개인에 의해 사적으로 점유되거나 또는 치명적으로 파괴되어 사회주의사회가 그 존재와 발전의 경제기초를 상실하게 될 가능성이 있었고, ②전국의 경제상황이 지극히 혼란한 상태에 처하고, 교통 두절은 물론 생산활동이 중단되는 등 사회주의 건설이 불가능하게 되었으며, ③전국이 무정부상태로 돌입함에 따라 대중조직의 기능이 마비되고 전 사회가 대립과 갈등의 소용돌이 속으로 휘말려 들어갔다.

이러한 위기상황 하에서 마오쩌둥은 정국을 그대로 방치할 경우 중국대륙에 사회주의공화국은 더 이상 존재할 수 없다고 판단했다. 그뿐만 아니라 그는 개인적으로 전면적인 탈권의 전략목표를 실현함과 동시에 극도로 혼란하게 된 정국을 통제권 내로 끌어들여야 하는 2가지 과제를 해결해야만 했다. 그는 당시 완전한 당조직 계통을 유지하고 있었던 것은 인민해방군 뿐이었고, 지방당과 지방정권 및 대중조직은 완전히 기능이 마비된 상태였기 때문에 인민해방군을 동원하여 지방의 문화대혁명에 개입하도록 하는 결정을 내렸다.

문화대혁명의 전면적 발동이 완료된 후인 1966년 12월 26일 마오쩌둥은 1967년은 "전국에 걸쳐 계급투쟁을 전면적으로 전개하는 한 해가 될 것이다."[14]라고 강조했다. 마오쩌둥은 1967년의 원단 사설을 통해 무산계급이 대연합을 통해 자본계급 사령부를 타도할 것을 촉구했다. 그는 당 중앙에 류사오치와 덩샤오핑을 중심으로 하는 자본계급 사령부가 형성되었고, 중앙의 각 부문과 성·시·지(地)·현에도 이들의 대리인이 있으며, 일부 권력이 이미 주자파(走資派)에 의해 찬탈되었으며, 이데올로기 영역도 이미 그들에 의해 점령되었다고 지적했다. 그는 또 중국에서는 언제라도 우파가 정변을 일으키고, 수정주의가 대두하고 자본주의가 부활할 가능성이 얼마든지 있다고 판단했다. 이러한 이유를 내세워 마오쩌둥은 문화혁명을 전면적 탈권단계로 몰고 가면서 인민해방군에게 3지양군(3支兩軍) 임무를 부여했다.

기실, 1966년 5월 문화대혁명이 막 시작될 때 인민해방군은 당 중앙의 지시에 따라 지방의 문화대혁명을 지원하기 위해 1만여 명의 간부를 파견했다. 이들은 지방에서 문화혁명을 지도하는 사업조의 구성원으로서 일부 단위의 문화혁명을 영도하는 사업에 참가했다. 그러나 이들은 1966년 8월 5일 당 제8기 「11중전회」 기간 중 마오쩌둥의 〈사령부를 포격하라〉는 제목의 대자보가 나붙은 이후 류사오치, 덩샤오핑과 함께 이른바 자본계급 반동노선을 걷는 주자파로 몰려 비판을 받기 시작했다. 그 후 1967년 2월 12일에 이르러 국무원과 당중앙군사위원회는 지방의

---

14 李澤季强 主編, 「人民解放軍政治工作史鑑」, (北京: 北京大學出版社, 1992), p.251.

문화혁명에 참가한 군대의 사업조를 원대복귀시키기로 결정했으며, 이 결정에 따라 이들 간부들은 부대로 되돌아갔다.

1966년 8월부터 11월 사이 마오쩌둥은 베이징의 톈안먼(天安門)에서 8차례에 걸쳐 손에 손을 잡은 홍위병, 학생, 교사 및 군중들을 접견했다. 이때 인민해방군은 마오쩌둥의 지시에 따라 이들의 안전을 보장하고 질서를 유지하기 위한 활동을 전개했다. 총정치부는 동년 12월 9일 외지의 혁명사생(師生)을 접대하는 수도위원회와 정치사업검사조의 〈외지에서 상경한 혁명사생을 조직하고 훈련시키는 것에 관한 종합보고〉를 접수하고 부대원들의 접대활동을 격려했다. 그뿐만 아니라 당 중앙과 국무원도 동년 12월 31일 〈대·중학교 혁명사생에 대해 단기적인 군정(軍政) 훈련을 실시하는 것에 관한 통지〉를 하달했다. 따라서 인민해방군은 간부를 파견하여 이들로 하여금 지방학교 교사와 학생들에게 마오쩌둥의 저작을 학습하고 문화대혁명과 관련된 당 중앙의 문건을 학습하도록 했다.

(2) 3지양군의 전개과정

상하이에서 장춘차오와 야오원위안이 중심이 된 탈권투쟁이 시작되었던 1967년 1월 초 중국공산당 중앙, 국무원, 당중앙군사위원회, 중앙문혁은 공동으로 군대가 지방의 문화대혁명에 개입하는 것을 암시하는 〈상하이시 각 혁명조반(革命造反)집단에게 보내는 축전〉을 발송했다.

〈축전〉에 제일 먼저 반응을 보인 것은 안후이성(安徽省)이었다. 동월 21일 안후이성의 혁명조반파는 성 당위원회 제1서기인 리바오화(李保華)를 비판하는 대회를 계획했으며, 난징(南京)군구 당 위원회는 안후이성군구가 군대를 파견하여 투쟁을 지원해달라고 수도제3조반사령부의 안후이성 연락소에 요청한 사실을 당 중앙에 보고했으며, 보고를 받은 마오쩌둥은 즉각 군대를 파견하여 좌파대중을 지지하도록 지시했다. 같은 날 린뱌오는 마오쩌둥의 방침에 적극 찬성한다고 하면서 인민해방군이 반드시 좌파대중을 지지해야 한다고 역설했으며, 결국 1월 23일 당 중앙, 국무원, 당중앙군사위원회, 중앙문혁소조가 공동명의로 〈인민해방군이 혁명 좌파 대중을 적극적으로 지원하는 것에 관한 결정〉을 하달했다.

〈결정〉은 "문제는 개입하느냐 하지 않느냐가 아니라 어느 편에 서느냐 하는 것이며, 혁명파를 지지하느냐 아니면 보수파나 우파를 지지하느냐 하는 것이다. 인민해방군은 반드시 혁명좌파를 적극적으로 지지해야 한다."[15]는 전제 하에 마오쩌둥의 지시를 관철하기 위해 아래와 같은 구체적인 행동지침을 하달했다:

첫째, 군대가 지방의 문화대혁명에 개입하지 말도록 한 이전의 지시를 철회한다.

둘째, 혁명좌파 대중의 탈권투쟁을 적극적으로 지지한다.

셋째, 좌파를 반대하는 반혁명분자와 반혁명조직을 단호히 진압한다.

넷째, 주자파를 지원하지 않으며 자본계급의 반동노선을 걷는 일파들을 지지하지 않는다.

다섯째, 전 군에 2개 노선 투쟁교육을 실시하도록 한다."[16]

이어서 동년 1월 26일 국무원과 당중앙군사위원회는 〈군대가 민용항공체계를 접수하여 관리하도록 하는 것에 관한 명령〉을 하달했으며, 이는 곧 군사관제[軍管]의 실시를 예고하는 것이었다. 동년 2월 21일 중화인민공화국 공안부와 중국인민해방군 베이징위수구사령부는 연명으로 된 포고문을 통해 "국무원과 중앙군위의 명령을 받들어 중국인민해방군 베이징위수구사령부는 베이징시 공안국을 접수하여 군사관제위원회를 설치하며, … 시공안국에 소속된 기관에 일률적으로 군사대표를 파견하여 군사관제를 실시한다."[17]고 발표했으며, "군사관제위원회는 공안국 내부의 무산계급 혁명파가 철저히 혁명을 완수하고, 대중을 믿고, 대중에 의지하며, 대중과 결합하여 정치와 사상 및 조직에 있어서 펑전과 뤄루이칭의 반혁명수정주의 해독을 철저히 척결하고, 자본계급 반동노선의 영향을 철저히 제거하며, 낡은 공안국을 철저히 개조하여 마오쩌둥 사상으로 모든 것을 통수하는 지극히 혁명화된 공안국을 건설하는 데 적극적으로 지원할 것을 결정했다."[18]고 선언했다.

인민해방군에 의한 군사관제가 실시됨에 따라 공안국과 검찰원 및 법원의 기능이 사실상 중단되었다. 그 후 인민해방군은 일부 공장과 광산에 대한 군사관제를 실시했으며, 국무원의 일부 부(위)·성·시·자치구 등의 국가기관, 신문사와 방송국, 국방공업과 과학연구 부문, 교통운수 및 은행, 우편과 전신 및 전화 부문에

15 上揭書, p.252.

16 上揭書, pp.252-253.

17 國防大學党史党建政工教研室 編著, 前揭書, p.287.

18 上揭書.

대해서도 군사관제가 실시되었다.

당중앙군사위원회는 또 동년 2월 23일 〈군대가 지방의 봄갈이 생산활동을 적극적으로 지원하는 것에 관한 지시〉를 하달했다. 당중앙군사위원회는 인민해방군을 향해 당 중앙의 동년 2월 20일자 〈전국 농촌인민공사의 빈·하·중농과 각급 간부에게 보낸 서신〉의 정신에 따라 주둔지의 인민공사와 각급 영도간부들이 봄갈이 생산활동을 원만히 마칠 수 있게 적극적으로 협조하라고 지시했다. 그뿐만 아니라 동년 3월 3일 마오쩌둥은 선양(瀋陽)군구의 보고내용을 재가하면서 "군대는 지방과 협조하여 농업을 관장해야 하고 공업도 관장해야 하며, … 군대는 공업생산이 저하되는 것을 두고 보아서는 안 된다."[19]고 지적했다. 이로써 인민해방군은 농업을 지원하고 공업을 지원하는 임무마저 떠맡게 되었다.

문화혁명 기간 중 인민해방군의 임무가 종합적으로 정리된 것은 1967년 3월 19일 당중앙군사위원회가 〈역량을 집중하여 좌파를 지원하고, 농업을 지원하며, 공업을 지원하고, 군사관제를 실시하며, 군사훈련을 실시하는 임무를 수행하는 것에 관한 결정〉을 하달하면서부터였다. 바로 이 결정이 하달된 이후부터 인민해방군은 지방의 문화혁명을 지원하기 위해 보다 많은 인원을 파견하기 시작했으며, 사단 이상의 모든 기관에도 지방의 문화혁명을 지원하기 위한 전문 영도기구와 사업기구를 설립하기 시작했다. 이어서 동년 6월 15일 《해방군보》는 5개 항의 내용을 처음으로 3지양군(3支兩軍)이라고 호칭했다.

1968년 9월 6일 당중앙군사위원회 판사조는 〈3지양군 간부의 순환에 관한 보고〉를 전 군에 배포했다. 〈보고〉는 정확한 통계가 아님을 전제하면서, 3지양군 임무를 담당한 간부[20]가 전 군 간부의 약 3분의 1을 차지했으며, 부대마다 많게는 50%, 적게는 20% 정도의 간부를 파견했다고 전했다.

당중앙군사위원회 판사조는 1970년 11월 25일 총정치부의 〈전군 3지양군 사업의 상황보고〉를 전송(轉送)했다. 〈보고〉는 3지양군이 인민해방군의 장기적인 정치임무라고 하면서 모든 부대가 좌파를 장기적으로 지원한다는 사상을 확고히 수립하도록 요구했다. 또한 〈보고〉는 좌파를 지원하는 임무를 수행하는 사단 이상의 부대는 당 위원회의 영도 하에 3지양군 판공실(辦公室)을 설치하여 편제에 넣

---

19 上揭書.

20 지좌부대(支左部隊) 간부는 제외한다.

을 수 있다고 했다.

마오쩌둥이 군대에 좌파를 지지하는 임무를 부여한 목적은 군대로 하여금 정국을 안정시키거나 동란을 제지하도록 하기 위한 것이 아니라 조반파(造反派)의 전면적인 탈권을 지지하도록 하여 문화대혁명의 승리를 확보하는 데 있었다.

마오쩌둥이 제일 먼저 좌파의 탈권을 지지하기 위해 파괴한 것은 무산계급 자체의 국가기구였으며, 붕괴시킨 것은 인민민주독재의 국가정권이었고, 타도한 것은 혁명과 건설의 영도간부였다. 이와 같이 3지양군의 투쟁대상은 철저히 전도되었으며, 인민해방군은 반드시 좌파를 지지하여 주자파에 의해 탈취당한 당권과 정권 및 재정권(財政權)을 모두 거두어들여야만 했다.

특히 마오쩌둥은 1967년 초 한 계급이 다른 계급을 전복하는 대혁명을 호소하면서 전국적으로 전면적인 탈권투쟁을 전개했으나 당과 인민들로부터 거센 반발에 부딪쳤었다. 당 중앙의 영도집단 내에서는 혁명 1세대들의 "2월항쟁"이 발생했으며, 당중앙정치국에서는 완강한 도전에 직면하기도 했었다. 성·시·지(地)·현에서도 비판과 탈권대상으로 지목된 많은 간부들의 저항도 만만치 않았다. 게다가 노동자, 농민, 학생, 그리고 각계 인사들은 자발적으로 전투조직을 구성하여 각종 방식으로 당정기관을 보호하고 영도간부를 보호하는 데 앞장섰으며, 공산당원과 공산주의청년단원 및 적극분자들마저 조반파보다는 보수조직에 참가하여 대세를 관망하는 상황이 전개되고 있었다.

바로 이러한 역량 대비(對比)의 형세로 인해 마오쩌둥은 총결전의 전면적 탈권을 소수의 신망이 낮고 역량이 부족한 좌파에 의존할 수밖에 없었으며, 이들 좌파들이 탈권에 성공할 수 있게 하기 위해 인민해방군을 끌어들였다.

1967년 3월에 이르러 전국의 성·시·자치구는 단지 6분의 1만이 임시권력기구를 설치하고 있었다. 군사관제는 주로 공안, 통신, 언론, 은행, 창고, 감옥 등을 우선 대상으로 삼았으며, 그 후에 전국적인 범위로 확대되었다. 군사관제는 2가지 형태로 실시되었는데, 하나는 군사관제위원회를 설립하는 것이었고, 다른 하나는 군대표를 파견하거나 또는 필요시 군대를 파견하여 보호하는 것이었다.

성·시·현 3개 급에서는 당지의 최고군사기관과 다른 군사기관에서 파견된 요원으로 구성된 군사관제위원회가 당지의 최고 영도기구가 되어 혁명을 장악하고 생산을 촉진시키라는 마오쩌둥의 지시를 이행했다. 또한 각급 군사관제위원회는 상급 당 위원회와 군사관제위원회의 영도를 받음과 동시에 하급 당 위원회와 인민위원회 및 군사관제위원회를 영도했을 뿐만 아니라 당해 지역을 대표하여 다른 지역 당 위원회와 인민위원회 및 군사관제위원회와 밀접한 관계를 유지했다. 그런데 군사관제위원회 자체는 당지의 최고군사기관 당 위원회의 영도를 받았다. 군대 위주로 설립된 임시권력기구이든 아니면 군사관제를 실시하든지를 막론하고 군대가 지방의 당정기관을 접수했다.

(3) 3지양군의 기본내용

3지양군의 목적은 군대의 힘을 빌려 문화대혁명을 보장받으려는 것이었으며, 그렇기 때문에 3지양군의 기본임무는 문화대혁명의 이론, 노선, 방침 및 정책을 관철하는데 집중되었으며, 다음과 같은 사항들이 주요한 내용이 되었다.

첫째, 3지양군의 핵심은 좌파를 지원하는 것이었다.

이 점은 중국공산당 중앙의 〈인민해방군이 좌파혁명 대중을 단호히 지지하는 것에 관한 결정〉 속에서 분명하게 규정되었다. 3지양군은 이른바 무산계급을 동원하여 자본계급 및 당내의 대리인들을 향해 총반격을 가하도록 하는 것으로서 군대가 무산계급 혁명파의 편에 서서 무산계급 혁명좌파를 확고하게 지지하고 지원하도록 한 탈권투쟁이었다.

기실, 마오쩌둥이 말한 개입과 불개입이 문제는 좌파의 편에서 개입하느냐 아니면 우파의 편에서 개입하느냐의 문제로 국한되었다. 3지양군은 바로 군대가 좌파의 편에서 개입하는 것이었으며, 마오쩌둥의 "좌파를 보호하고, 좌파를 지지하며, 좌파대오를 건설하고 확대하라."[21]는 지시에 따라 진정한 무산계급 혁명파를 적극적으로 지지하고 지원하며 우파를 단호히 반대하기 위한 것이었다. 3지양군의 개념이 비록 좌파를 지지하고, 농업을 지원하며, 공업을 지원하고, 군사관제와 군사훈련을 실시하는 등의 여러 부분을 포함하고 있지만 실은 좌파를 지지하는 것이 다른 부분을 관통하는 기본축이었다.

《해방군보》 역시 모 부대의 좌파를 지지하는 사업에 대한 평가를 보도하면서, "아군이 농업을 지원하는[支農] 임무를 수행하는 것은 좌파를 지지하고[支左], 공업을 지원하며[支工], 군사관제를 실시하고, 군사훈련을 실시하는 것과 같이 반드시 2개 계급, 2갈래 길, 2개 노선투쟁이라는 대강(大綱)을 축으로 하여 투쟁의 큰

---

21 〈人民日報〉, 1967年 6月 11日字.

방향을 장악해야 하며, 최우선적인 것은 무산계급 혁명파를 지지하고, 자본주의의 길을 걷고 있는 당내의 최대 당권파(當權派)에 대해 대비판(大批判)운동을 전개해야 하는 것이다."[22]라고 강조했는데, 이는 지농(支農)이 지좌(支左)를 목적으로 하는 것임을 확인한 것이었다. 그뿐만 아니라 "군정훈련의 중심 내용은 무산계급 문화대혁명의 2개 노선투쟁에 관한 교육을 실시하는 것으로서, … 자본주의의 길을 걷고 있는 당내 최대의 당권파에 대한 비판을 심화하고, … 광범한 혁명사생(師生)이 마오쩌둥 사상의 기초 위에서 혁명 좌파를 핵심으로 하며, 조건이 성숙할 때 교학반(教學班)을 기초로 하는 전교혁명대연합을 실현하여 3결합 영도기구를 건립하는 것이다."라고 한 《해방군보》의 사설 역시 군사훈련이 군사관재와 더불어 지좌(支左)를 위한 것임 강조하는 것이었다.

둘째, 3지양군 사업은 문화대혁명의 이론, 노선, 방침 및 정책을 관철하고 집행하는 것을 보장하기 위한 것이었다.

인민해방군은 지방의 문화대혁명에 개입한 후 시작단계에서는 좌파를 식별 및 지지하고 '대연합'을 추진했으며, 1968년 가을 이후에는 "투쟁하고 비판하며 개조하는" 활동을 전개했고, 3결합의 혁명위원회를 설립했으며, 혁명대비판을 전개함은 물론, 계급대오를 재정비하고 당을 재정비했다. 인민해방군의 이러한 사업은 모두가 문화대혁명의 전략계획과 좌경사상의 지도 하에 전개된 것이었다.

3. 인민해방군의 계파 갈등

문화대혁명은 인민해방군이 각 계파로 구성되어 있었기 때문에 군 전체를 대표할 수 있는 어느 한 군사지도자의 출현이 불가능하다는 사실, 그리고 당내의 파벌투쟁이 계속될 경우에 어느 한쪽으로 끌려들어갈 수밖에 없었던 인민해방군 고유의 태생적인 구조적 특성을 확인해준 사건이었다.

이러한 현상은 친모파(親毛派)가 린뱌오의 홍1군단계를 전면에 내세웠던데 반해서, 류사오치와 덩샤오핑의 반모파(反毛派)에 허룽(賀龍)의 홍2방면군계가 가담했고, 그 밖의 홍4방면군계와 신4군계가 중립적 입장을 취했던 데서 잘 나타났다.

인민해방군은 문화혁명 당시 36개 보병군과 7개 독립보병사단, 22개 포병사

22 〈解放軍報〉, 1967年 6월 14日字.

단, 7개 장갑사단의 지상군과 해·공군 병력을 유지하고 있었다. 특히 야전군의 36개 군은 각 군구의 정치적·전략적 필요에 따라 1개에서 7개 군까지 대군구 별로 배치되어 있었으며, 공군에 예속된 6개 사단의 공정부대도 커이펑(開封), 선양(瀋陽), 상하이(上海), 광저우(廣州), 난창(南昌), 톈진(天津) 등 주요 도시에 각각 배치되어 당중앙군사위원회의 직접 지휘를 받고 있었다. 그러나 보다 더 중요한 것은 린뱌오의 홍1군단계 군사간부들이 해·공군 및 야전군의 요직을 절반 이상 장악하고 있었다는 사실이었다.

문화혁명이 시작되면서 군내 계파 간의 갈등은 상층부에서부터 표면화되었다. 그 진위야 어떻든 "2월병변"은 마오쩌둥의 직계인 홍1방면군계와 허룽의 홍2방면군계 간의 충돌이었다. 옹모파의 주장에 의하면, 마오쩌둥과 린뱌오가 항저우(杭州)에 머물면서 비밀리에 문화혁명을 준비하고 있던 1966년 5월경 당중앙군사위원회 부주석인 허룽이 베이징에서 펑전과 뤄루이칭 등의 지지를 받아 자신의 직계인 홍2방면군계 군사간부들을 요직에 앉히고 마오쩌둥과 린뱌오를 무력으로 제거하려는 계획을 세워놓고 있었다는 것이었다. 그뿐만 아니라 허룽은 자신의 직계부대인 산시(山西), 허난(河南)의 제1군을 베이징으로 이동시키려 했으나 린뱌오가 자신의 직계부대인 지린(吉林)의 제38군을 이동시켜 톈진, 바오딩(保定) 지역까지를 장악함으로써 사전에 저지했다는 것이었다.[23]

"2월병변"으로 당중앙군사위원회 부주석인 허룽과 총참모장인 뤄루이칭이 숙청된 후에 발생한 양청우(楊成武)사건도 실은 군내 계파간의 갈등이 표출된 것에 불과했다. 친모파(親毛派)의 주장에 의하면 양청우(楊成武)는, ①공군 정치위원 겸 공군당 위원회 제2서기인 위리진(余立金)과 결탁하여 우파셴(吳法憲)을 제거하고 공군의 지휘권을 탈취하려 했고, 베이징위수구 사령관인 푸충비(傅崇碧)와 결탁하여 셰푸즈(謝富治)를 몰아내고 베이징시 혁명위원회를 장악하려 했으며, ②산시(山西), 차하얼(察哈爾), 허베이(河北), 진찰기(晉察冀) 지역 출신만을 기용했을 뿐만 아니라 쉬스요우(許世友), 한셴추(韓先楚), 황용성(黃永勝), 천시롄(陳錫聯) 및 양더즈(楊得志)마저 제거하려 했으며, ③표면적으로는 뤄루이칭을 반대했지만 실제로는 그를 계속 옹호했을 뿐만 아니라 당 제8기 「11중전회」 이후에는 대리총참모장직의 "대리"를 떼어버리려고 했다는 것이었다.[24]

---

23 〈中共年報〉, 上冊, (台北: 中共研究雜誌社, 1969), pp.3-13.

파벌주의를 뜻하는 종파(宗派)주의와 산두(山頭)주의를 범하면서 군권을 탈취하려 했다는 옹모파의 논거를 그대로 받아들이기에는 문제가 있지만, 어쨌든 양청우 사건은 홍4방면군계와 신4군계를 두둔하려는 옹모파의 계산과 맞아떨어진 것만은 틀림이 없었다.

1966년 9월부터 군 이상 단위의 영도기관과 원·교 및 과학연구 단위를 대상으로 군대의 문화대혁명이 시작되면서 야전부대를 제외한 모든 인민해방군 부대가 지극히 혼란한 국면에 빠져들게 되자 이를 우려한 많은 원로 군간부들은 노골적으로 불만을 표출했다. 1966년 11월 13일부터 27일 사이 천이, 예젠잉, 허룽 및 쉬샹첸 등은 베이징노동자체육관에서 지방에서 상경한 군대 원·교와 문화체육 단위의 대표들을 접견했을 때 문화대혁명의 방법에 대해 맹렬히 비난했다.

예젠잉은 진리는 어디까지나 진리이며 진리를 넘어서는 것은 잘못이라고 하면서 무차별적인 공격에 제동을 걸었다. 또한 천이 역시 인민해방군이 질서를 지켜야 하며 노선투쟁도 한계를 지키고 무작정 확대해서는 안 된다고 역설했다. 허룽과 쉬샹첸도 이에 가세하여 군대의 혼란한 국면에 관심을 가지고 노골적으로 불만을 토로했다.

중앙에서의 군대 내 계파지도자들 간의 대립과 충돌은 지방으로 옮겨져 대군구 사령관과 야전군 지휘관 간의 대립으로 발전했다. 대군구마다 크고 작은 충돌이 있었지만, 1967년 7월 20일 우한(武漢)사건은 군구(軍區)부대와 지좌(支左)부대가 첨예하게 대립했던 대표적인 사건이었다. 우한사건은 장칭을 중심으로 한 중앙문혁집단이 투쟁의 장을 당내에서 군대로 옮겨 군권을 탈취할 목적으로 지방의 군사간부들을 공격한 데서 비롯되었다. 문혁파들은 군내의 계파에 관계치 않고 당시 군인당권파였던 광저우(廣州)의 황용성(黃永勝), 우한(武漢)의 천자이다오(陳再道), 청두(成都)의 황신팅(黃新廷), 난징(南京)의 쉬스요우(許世友), 지난(濟南)의 양더즈(楊得志), 그리고 선양(瀋陽)의 천시롄(陳錫聯)을 탄전린(譚震林)과 같은 유형의 우경기회주의적 반혁명분자로 지목하여 타도대상으로 삼았다. 중앙문혁과 군사간부들 사이에 대립적 상황이 발생했으며, 군사간부들은 계파에 관계없이 문혁파의 공격에 반응을 보이기 시작했다. 따라서 중앙문혁은 중앙대표를 지방에 파견하여 군의 저항을 무마할 수밖에 없었으며, 이러한 과정에서 중앙문혁이 파견한

---

24 上揭書, pp.3-14.

왕리(王力), 셰푸즈(謝富治), 위리진(余立金) 등이 우한(武漢)에 도착했을 때 발생한 것이 바로 우한사건이었다.

당시 우한(武漢)군구는 문화혁명의 와중에서 중앙문혁이 지지하는 홍위병과 학생 및 일부 노동자들로 구성된 집단과 군구사령관인 천자이다오(陳再道)가 지지하는 노동자와 퇴역군인들로 구성된 이른바 "백만웅사(百万雄師)" 간의 충돌로 혼미를 거듭하고 있었다. 바로 그때 천자이다오는 군구부대인 8201부대에 지시하여 왕리와 셰푸즈 등을 감금하도록 했으며, 창강(長江)대교와 기타 요도를 장악함으로써 내전의 위기로 몰고 갔다. 이에 중국공산당 중앙은 우한군구에 주둔하고 있는 야전군인 제15, 제20군에 전투태세를 명령하고, 동해함대의 군함 5척을 우한에 급파하도록 했으며, 우한공군 부사령관인 류펑(劉豊)에게 지시하여 공정부대인 8199부대를 작전에 투입하도록 하는 한편, 저우언라이로 하여금 천자이다오와 협상에 나서도록 했으며, 결국 저우언라이가 왕리와 셰푸즈를 구출하여 베이징으로 돌아갔다.[25]

기실, 우한사건은 천자이다오가 홍4방면군 출신으로 항일전쟁 시에는 제129사단의 제385여단 여단장을, 그리고 1945년 이후에는 제2야전군의 제16군 사령관을 역임하면서 쉬샹첸, 류보청 등과 밀접한 관계를 유지하고 있었으나 린뱌오와는 별다른 관계가 없었던 점으로 보아 당내의 권력투쟁이 파벌투쟁의 양상을 띠면서 군내의 계파 간에 대립으로 발전된 것임을 쉽게 알 수가 있었다. 또한 이 사건은 당중앙군사위원회의 직접 지휘를 받는 야전군과 해·공군 전력에 의해 군구부대가 제압당했다는 점에서 야전군의 정치적 역할이 그만큼 크다는 것을 입증해 주는 것이었다.

어쨌든, 친모파(親毛派)가 문화혁명에서 승리할 수 있었던 것은 당중앙군사위원회를 장악했다는 것이고, 그 다음으로 당중앙군사위원회의 지휘를 받는 야전군을 동원하여 군구부대를 제압할 수 있었기 때문이었다는 것이다.

문화혁명이 발동되기 직전의 당중앙군사위원회는 마오쩌둥이 주석, 그리고 홍2방면군계의 허룽(賀龍), 홍4방면군계의 류보청(劉伯承)과 쉬샹첸(徐向前), 신4군계의 천이(陳毅), 화베이야전군계의 녜룽전(聶榮臻), 홍1방면군계의 예젠잉(葉劍英)과 린뱌오(林彪)가 부주석으로 있었으며, 홍1방면군 출신인 뤄루이칭(羅瑞卿)

---

25 上揭書.

이 총참모장, 샤오화(蕭華)가 총정치부 주임으로서 각각 비서장과 부비서장직을 맡고 있었다.

그러나 문화혁명이 시작되면서 마오쩌둥에 반대하는 입장을 취했던 허룽과 뤄루이칭이 밀려나고 뒤이어 양청우와 샤오화마저 밀려나게 되면서 당중앙군사위원회의 기능이 사실상 마비되었다. 바로 이 틈을 타서 린뱌오는 자신의 심복인 홍1군단계의 우파셴(吳法憲), 온위청(溫玉成), 리줘펑(李作鵬), 류셴취안(劉賢權)을 비롯하여 홍1방면군계의 추후이줘(邱會作), 셰푸즈(謝富治), 그리고 자신의 처인 예췬(葉群)을 끌어들여 당중앙군사위원회 내에 별개의 판사조(辦事組)를 구성하고 그 일상업무를 관장했다.

문화혁명을 통해 타격을 받은 것은 홍2방면군과 홍4방면군 및 홍1방면군 내의 펑더화이 계열인 홍3군단계 군사간부들이었다. 문화혁명이 시작된 이후 1969년 4월까지 63명의 고위군사간부가 제거되었으며 이 중에서 출신이 불확실한 12명을 제외한 51명을 계파별로 보면, 홍2방면군계가 22명, 홍4방면군계가 11명, 신4군계가 2명, 그리고 16명의 홍1방면군계 중에서 홍3군단계가 9명이었다.[26]

1969년 문화혁명이 끝났을 때는 린뱌오계의 득세가 두드러지게 나타났다. 총부, 군종과 병종, 대군구 책임군사간부(정치위원은 제외함) 총 22명 중에서 신4군계가 2명, 홍4방면군계가 4명, 홍2방면군계가 2명에 불과했으나 홍1방면군계는 린뱌오계 6명을 포함하여 13명이나 되었다. 지방군구의 경우에도 11명의 대군구 사령관 중에서 홍4방면군계가 3명, 신4군계가 2명, 홍2방면군계가 1명에 불과했지만 홍1방면군계는 린뱌오의 제1군단계인 지난(濟南)의 양더즈(楊得志), 우한(武漢)의 쩡스위(曾思玉), 청두(成都)의 량싱추(梁興初), 신장(新疆)의 룽수진(龍書金)을 포함하여 5명이나 되었다.[27]

---

26 "中共人事," 〈中共年報〉, 1967, 1968, 1969; 黃震遐, 〈中共軍人誌〉, (台北: 當代歷史研究所, 1968) 參照.

27 上揭書.

4. 문화혁명 전후의 당·군 관계

1) 문화혁명 이전의 당·군 관계

마오쩌둥은 일찍이 "무장투쟁이 없다면 중국공산당이 있을 수 없었다."[28]고 했다. 무장투쟁과 중국공산당이 관계를 보면, 중국의 홍군은 중국공산당의 정치임무를 수행하는 당의 군대로서 출발했기 때문에 중국에 있어서 당·군 관계는 2위1체의 역사적 경험에 의한 산물이라고 할 수 있다.

혁명 초기에 있어서 중국공산당의 투쟁형태는 유격전 위주의 정치전이었다. 유격전은 결코 단순한 군사문제가 아니며 대중을 획득, 조직, 동원하여 정치목적을 달성하는 대중전술이다. 유격전은 다기능적인 혁명조직을 필요로 한다. 이와 같이 유격전이 갖는 몇 가지 기본적인 특성으로 인해 홍군시기의 당과 군 간에는 공산혁명이라는 동일한 정치목적을 정점으로 충돌이 아닌 협조관계가 비교적 철저하게 유지되고 있었다.

기실, 유격시기의 2원화 지휘체제가 군사간부와 정치간부 간의 마찰이 없이 상당한 정도의 기능을 발휘할 수 있었던 것은 다음의 몇 가지 사실에 기인하는 것이었다:

첫째, 정치간부와 군사간부 대부분이 주요 당원이었다.

둘째, 정치간부와 군사간부 간에 역할 분담이 명확하게 이루어지고 있지 않았기 때문에 양자 모두가 동일한 경험을 가지고 있었다.

셋째, 대부분의 경우에 정치간부와 군사간부 간의 상호 전직이 가능했으며, 어떤 경우에는 1인이 겸직하기도 했다.[29]

"유격전으로 득세한 정체(政体)는 기타 수단에 의해 수립된 정체보다 그 정치지도층 내부에 기능 분화의 경향이 비교적 적게 나타난다."[30] 중국공산당의 경우도 예외는 아니었으며, 정권 수립과 동시에 각 야전군이 점령한 지역을 중심으로 중국

---

28 毛澤東, "戰爭和戰略問題", 〈毛澤東選集〉, 卷二, (北京: 人民出版社, 1956), p.532.

29 Ellis Joffe, Party and Army(Cambridge: Harvard University Press, 1965), p.68.

30 David E. Albright, "*A Comparative Conceptualization of Civil-Military Relation*," World Politic, Vol. XX? No.4 (July, 1980), p.567.

대륙을 6개로 나누어 대군구를 설치하고, 이를 기준으로 삼아 대행정구와 지방당 성격의 당중앙국이 신설되었는데, 당·정·군의 직권 분화가 이루어지지 않았다.

예를 들면, 제4야전군이 점령했던 지역을 둥베이(東北)군구로 정하고 정치위원과 군사령관에는 동북국 서기와 군정위원회 주석을 맡은 가오깡(高岡) 1인에게 겸직하도록 함으로써 사실상 동북지방의 당·정·군 대권이 가오깡 1인의 수중으로 들어갔다. 중앙직할부대가 점령했던 지역은 화베이(華北)군구로 지정되었으며, 군사령관에는 녜룽전(聶榮臻), 정치위원에는 보이보(薄一波)가 임명되었다. 또한 제1야전군의 점령지역은 시베이(西北)군구로 구분되면서 군정위원회 주석을 맡은 펑더화이(彭德懷)가 군사령관에, 서북국 서기인 시중쉰(習仲勳)이 정치위원으로 임명되었다. 제2야전군의 점령지역은 시난(西南)군구로 구분되었으며, 군사령관에는 서남국 제2서기와 군정위원회 주석을 맡은 류보청(劉伯承)이, 정치위원으로는 서남국 제1서기와 군정위원회 부주석을 맡은 덩샤오핑(鄧小平)이 각각 임명됨으로써 군·정 수장 2인에 의한 당·정·군 대권 독점현상이 나타났다. 그리고 제3야전군의 점령지역이었던 화동(華東)군구도 같은 현상이 나타났다. 천이(陳毅)가 군사령관에, 그리고 화동국 서기와 군정위원회 주석인 라오수스(饒漱石)가 정치위원으로 임명되었다. 그뿐만 아니라 제4야전군의 점령지역이었던 중남(中南)군구 역시 중남국 제1서기와 군정위원회 주석인 린뱌오(林彪)가 군사령관에, 그리고 중남국 제2서기와 군정위원회 부주석인 뤄룽환(羅榮桓)이 정치위원으로 각각 임명되었다.

중공 정권 수립 초기의 이러한 군구제도는 홍군부터 시작하여 8로군·신4군을 거쳐 인민해방군에 이르는 과정에서 그 무장역량의 발전과 활동지역의 차이에 따른 지역관념으로 인해 인민해방군 내에서 파벌을 결성하고 유지하도록 하는 요인으로 작용했다. 특히 둥베이군구에서 나타난 당중앙국 서기 = 지방정부 주석 = 군구사령관 = 정치위원 1인 집권현상은 지방의 당·정·군 3결합에 의한 중앙에 대한 위협요인으로 받아들여질 수가 있었다.

1953년 말 동북지역의 가오깡(高岡)과 라오수스(饒漱石) 등이 '반당연맹'을 결성했다는 이유로 숙청된 가오라오(高饒)사건은 파벌주의[山頭主義]의 출현에 따른 중앙과 지방 간의 권력투쟁이었다는 점에서 중요한 의미를 갖는 것이었다.

중국공산당 중앙의 〈가오깡, 라오수스 반당연맹에 대한 결의〉에 의하면, 가오깡은 당과 국가의 영도권을 탈취할 목적으로 동북지역을 '독립왕국'으로 만들어

구간부들을 선동하면서 '근거지와 군대의 당'이 '백색지구의 당'과 분명하게 구분되어야 한다고 주장했으며, 라오수스도 가오깡의 이러한 목적이 성공하리라 믿고 자신의 당 중앙 조직부장직을 이용하여 당 중앙의 최고권위에 대해 반기를 들었다고 한다.[31]

마오쩌둥은 "가오라오(高饒)사건"을 계기로 지방에 대한 중앙의 통제를 강화하기 위한 조치로서 군구를 재조정했다. 그는 대군구제도를 폐지하고 그 대신에 1급군구(대군구)와 성군구(省軍區) 및 군분구(軍分區)를 신설했다 그 후 1957년 그는 다시 난징(南京)군구에 속해있던 장시(江西)와 푸젠(福建) 2개 성군구를 분리시켜 푸저우(福州)군구로 편입했으며, 산둥성(山東省)도 지난(濟南)군구로 승격시켰다. 그뿐만 아니라 6개 중앙국 제1서기가 각 군구의 제1정치위원을 겸직하도록 함으로써 지방부대에 대한 지방당의 2원화 영도체제를 보강했다. 그러나 이러한 군구의 재조정에도 불구하고 군대 내 파벌 간의 세력범위에는 큰 변동이 없었으며 지방군구는 여전히 지방주의의 근거지로 남아 있었다.

예를 들면, 린뱌오의 제4야전군계는 광저우(廣州)군구와 선양(瀋陽)군구를 장악하고 있었으며, 녜룽전(聶榮臻)의 산시·차하얼·허베이(晉察冀)계는 베이징(北京)군구와 지난(濟南)군구를, 천이(陳毅)의 신4군계는 난징(南京)군구와 푸저우(福州)군구를, 허룽(賀龍)의 홍2방면군계는 란저우(蘭州)군구와 청두(成都)군구를, 그리고 쉬샹첸(徐向前)의 홍4방면군계는 우한(武漢)군구와 쿤밍(昆明)군구를 각각 장악하고 있었다.

1964년 문화대혁명이 일어나기 직전 지방군구의 당·군 관계를 보면, 네이멍구성 당위원회 제1서기 겸 인민위원회 주석인 오란푸(烏蘭夫)의 군구사령관과 정치위원 겸직, 그리고 성 당위원회 제1서기인 왕언마오(王恩茂)의 신장군구 사령관과 정치위원 겸직을 제외한다면 대군구의 경우 군구사령관으로서 성 당위원회 제1서기를 겸임한 것은 시장(西藏)군구의 장궈화(張國華) 한 사람뿐으로 이른바 "당이 총검을 지휘한다."는 원칙이 철저히 유지되고 있었다. 더욱이 성군구의 경우에는 성 당위원회 제1서기 17명[32] 과 제2서기 1명 및 서기 2명을 포함한 20명의 당서기

31 曾永賢, "高饒事件剖析", 姚孟軒 編, 〈匪党内部鬪爭問題論集〉, (台北: 國際關係研究所, 1975), pp.207-208.

32 2명의 대리제1서기를 포함한다.

가 군구 제1정치위원직을 겸임함으로써 성 당위원회 제1서기→군구 제1정치위원→군구 사령관으로 이어지는 지휘체제가 자리를 굳혀가고 있었다.

【문혁 직전 지방당 서기의 정치위원과 사령관 겸직 현황】

(단위: 명)

대군구 \ 구분	문혁 이전(8대)	
	군사령관	정치위원
제1서기	3	5
제2서기		
서기		
계	3	5

성군구 \ 구분	문혁 이전(8대)	
	군사령관	정치위원
제1서기(대리)	3	15(2)
제2서기	0	1
서기	0	2
계	3	18(2)
총계	6	23(2)

*자료출처: 中共年報, 1967, 1969, 1974.

정치위원이 당·군 관계에 미치는 영향의 폭은 그 경험적 배경에 따라 다르게 나타날 수 있다. 과거 중국 군대의 정치위원들은 당원 경력 5년에 당성이 강하고 군사소양이 있으면 자격이 주어졌다. 중국인민해방군의 정치위원은 그 성격상 출신에 따라 3가지 유형으로 구분된다. 군대 내에서 정치사업 업무만을 담당해 온 정치간부, 군사간부로 있다가 정치간부로 발탁된 자, 그리고 군사업무가 아닌 당무사업에만 종사해 온 당간부로 구분된다. 앞의 양자와 군사간부와의 관계는 상호견제적이긴 하지만 후자보다는 그 강도가 약하게 나타날 수 있으며, 그 처신도 다를 수가 있다. 이러한 관점에서 볼 때 문화혁명 이전의 대군구와 성군구 정치위원 40명 중에서 군사간부 출신이 3명, 군대 내의 정치간부 출신이 12명, 그리고 당무계통의 당간부 출신이 25명으로 당간부 출신이 압도적으로 많았다는 것은 그만큼 군에 대한 당의 영도가 공고했음을 보여주는 것이라고 할 수 있었다.

【문혁 이전 대군구와 성군구 정치위원의 출신 현황】

(단위: 명)

시기 \ 구분	「8대」 (문혁 이전)	「9대」 (1969)	「10대」 (1973)
정치사업계통 (정치간부)	12	24	24
군사사업계통 (군사간부)	3	6	9
당무사업계통 (당간부)	25	6	9
계	40	35	39
* 자료출처: 中共年報, 1967, 1969, 1974.			

2) 당·정기관의 붕괴와 혁명위원회 설립

마오쩌둥은 문화혁명이 중반기에 접어들자 군대를 파견하여 좌파의 전면적 탈권을 지지하도록 하는 한편, 문화대혁명을 전략적 결전단계로 발전시켰다. 마오쩌둥이 전략적 결전단계에서 실현하고자 하는 목표는 전국적으로 인민해방군 대표, 혁명조반파 대표, 그리고 혁명적 영도간부로 구성되는 3결합의 임시권력기구를 수립하는 것이었다.

상하이의 "1월탈권" 이후 장춘차오(張春橋) 등은 이 임시권력기구를 "상하이공사(上海公社)"로 불렀으나 마오쩌둥의 허락은 받지 못한 상태였다. 그러나 1967년 3월 10일 《홍기》잡지 제5기는 〈혁명의 3결합을 논한다〉는 제목의 사설을 통하여 "탈권을 필요로 하는 지방과 단위에는 반드시 혁명의 3결합 방침을 실행하며, 혁명적이고 대표성이 있고 무산계급의 권위가 있는 임시권력기구를 수립해야 하고, 이 권력기구의 명칭은 혁명위원회로 하는 것이 좋다."[33]는 마오쩌둥의 지시가 있은 후인 1968년 9월 전국의 29개 성·시·자치구에 "혁명대중조직의 책임자, 당지에 주둔하고 있는 인민해방군 대표, 그리고 혁명영도간부로 구성된" 혁명위원회가 설립되었다.

이들 29개 혁명위원회 중에서 20군데를 군사간부가 주임직을 맡았다. 현(縣) 이상의 혁명위원회에서 주임을 맡은 군사간부는 베이징시(北京市)가 78%, 광둥성

33 《紅旗》, 第5期, 1967年 3月.

【각 성 · 시 · 자치구 혁명위원회 현황(1967년 1월 14일-1968년 9월 5일)】

구분	성명	이전직책	분류
헤이롱장성(黑龍江省)	판푸성(潘復生)	성위원회 제1서기	간부
산둥성(山東省)	왕샤오위(王效禹)	청도(青島)시 부시장	간부
베이징시(北京市)	셰푸즈(謝富治)	베이징(北京)시 당 위원회 서기	간부
톈진시(天津市)	졔셰궁(解學恭)	중공화북국(華北局) 서기	간부
상하이시(上海市)	장춘차오(張春橋)	상하이(上海)시 당 위원회 서기	간부
꾸이저우성(貴州省)	라자이한(李再含)	군구 정치위원	정치위원
산시성(山西省)	류거핑(劉格平)	부성장	간부
칭하이성(青海省)	류센취안(劉賢權)	성군구 사령관	군인
장시성(江西省)	청스칭(程世清)	성군구 정치위원	정치위원
깐수성(甘肅省)	시헝한(冼恒漢)	란주(蘭州)군구 정치위원	정치위원
허난성(河南省)	류젠쉰(劉建勛)	성위원회 제1서기	간부
허베이성(河北省)	리셰펑(李雪峯)	베이징(北京)시 당 위원회 제1서기	간부
광둥성(廣東省)	황용성(黃永勝)	광주(廣州)군구 사령관	군인
지린성(吉林省)	왕화이샹(王淮湘)	성군구 정치위원	정치위원
장수성(江蘇省)	쉬스요우(許世友)	남경(南京)군구 사령관	군인
저장성(浙江省)	난핑(南萍)	성군구 정치위원	정치위원
후난성(湖南省)	리위안(黎原)	야전군 지휘관	군인
닝샤성(寧夏省)	캉젠민(康健民)	란주(蘭州)군구 부정치위원	정치위원
안후이성(安徽省)	리더성(李德生)	성군구 사령관	군인
산시성(陝西省)	리루이산(李瑞山)	호남(湖南)성 당 위원회 서기	간부
랴오닝성(遼寧省)	천시롄(陳錫聯)	심양(瀋陽)군구 사령관	군인
스추안성(四川省)	장궈화(張國華)	성도(成都)군구 제1정치위원	정치위원
윈난성(雲南省)	탄푸런(譚甫仁)	곤명(昆明)군구 정치위원	정치위원
푸젠성(福建省)	한셴추(韓先楚)	복주(福州)군구 사령관	군인
후베이성(湖北省)	쩡스위(曾思玉)	무한(武漢)군구 사령관	군인
네이멍구(內蒙古)자치구	성하이칭(勝海清)	베이징(北京)군구 부사령관	군인
광시(廣西)자치구	웨이궈칭(韋國淸)	자치구 당 위원회 제1서기	간부
시장(西藏)자치구	쩡용야(曾雍雅)	군구 사령관	군인
신장(新疆)자치구	룽루이진(龍瑞金)	군구 사령관	군인
군인: 29명(사령관 11명 + 정치위원 18)/ 간부:10명			

(廣東省)이 81%, 랴오닝성(遼寧省)이 84%, 산시성(山西省)이 95%, 윈난성(雲南省)이 97%, 후베이성(湖北省)이 98%를 차지했다. 그뿐만 아니라 군사간부로서 각급 혁명위원회 책임자로 임명된 인원은 5000여 명에 달했으며, 위원으로 임명된 자만도 근 5만 명이 달했다. 다시 말해 3결합의 혁명위원회에서 주도적 역할을 담당한 것은 조반파 대표나 간부 대표가 아닌 바로 인민해방군 대표였다.

요컨대, 마오쩌둥이 당·정 영도기관을 혁명위원회로 대체한 목적은, ①주자파에 의해 빼앗긴 당권과 정권을 되찾아 오는 것이었고, ②주자파가 걷고 있는 '자본계급 반동노선'을 철저히 제거하고 새로운 무산계급의 문화대혁명을 실천하기 위한 것이었다. 결국 3결합의 혁명위원회는 당시 부대 내에서 전개되고 있던 4개제일, 38기풍, 정치의 돌출, 그리고 활학활용(活學活用)[34] 등을 각종 사업에 침투시킴으로써 좌경적 계급투쟁 활동을 조장하는 계기를 제공했다.

3) 문화혁명 이후의 당·군 관계

문화대혁명은 마오쩌둥의 대중노선과 류사오치의 수정주의 노선 간의 충돌이 파벌적 성향으로 발전된 탈권투쟁의 성격을 지니고 있었다. 중국공산당과 공산주의청년단뿐만 아니라 노동자, 농민, 청년, 부녀 등 조직을 장악한 류사오치와 덩샤오핑 중심의 반모(反毛)세력은 허룽계와 뤄루이칭계 및 군내 반모집단의 지지를 받고 있었으며, 이에 맞서 린뱌오, 장칭, 저우언라이로 전선을 형성한 옹모파는 린뱌오계의 제4야전군 세력의 확실한 지지를 받고 있었다. 마오쩌둥이 당중앙군사위원회 주석으로서 군권을 장악하고 린뱌오가 국방부장직을 맡고 있었다고는 하지만 군대 내의 서로 다른 생성배경, 파벌, 입장, 그리고 이해계로 말미암아 마오쩌둥으로서는 군구부대의 전면적인 지지를 약속받는 데 한계가 있었다.

문화혁명이 시작되면서 인민해방군 내부에서는 옹모파(擁毛派)와 반모파(反毛派) 및 중립적 성향이 지역과 파벌에 따라 서로 엇갈리게 나타났다. 제1·제2·제3야전군의 당권투쟁에 대한 방관적 태도나 린뱌오계인 제4야전군에 대한 반목현상은 사실상 군의 정치적 중립과 지방주의적 입장을 반영한 것이었으며, 특히 인민해방군의 토착적 성향으로 인해 문화혁명 초기에는 엄격한 의미에서의 당·군 간의 대칭적 대립현상은 나타나지 않았다.

---

34 활학활용(活學活用)이란 실제로 필요한 것을 배우고 탄력적으로 적용한다는 의미이다.

문화혁명은 마오쩌둥의 대중동원 방식에 의한 탈권운동으로 시작되었으며, 처음부터 마오쩌둥이 군대의 투입을 고려하고 있었는지는 분명치가 않다. 그러나 사태의 발전이 불확실해지면서 마오쩌둥은 문제가 있다고 판단된 군구에 대해서는 정치적 공세 방법으로, 그리고 반모적 저항이 강한 군구에 대해서는 "지좌(支左)부대"로 명명된 린뱌오계의 정예부대인 주력군을 동원하여 지방군을 진압한다는 방침을 굳히게 되었다.

마오쩌둥은 1967년 1월 23일 당중앙군사위원회 주석의 자격으로 군대의 투입을 명령했다. 그는 "중앙지좌(中央支左)부대"를 직접 지휘했으며, 지방주둔부대에 대해서는 3지양군(3支兩軍) 임무를 수행하도록 지시했다. 특히 마오쩌둥은 중앙정권이 수립된 이후로는 최초로 군구의 지방군을 진압하기 위해 당중앙군사위원회의 직접 지휘를 받는 주력군인 정예사단을 지방으로 내려보냈다.

이미 앞에서도 언급했듯이, "지좌부대"의 기본임무는 지방에 혁명위원회를 설립하여 군사관제를 실시하는 것이었다. 문화혁명이 시작되면서 당 중앙의 혼란으로 인해 지방당 위원회의 기능이 사실상 마비된 상태였다.

"지좌부대"는 지방정부를 접수하고 혁명위원회를 설립했으며, 혁명대중조직, 당지 주둔군 대표 및 혁명영도간부의 대표로 혁명위원회를 구성했다. 지방에 대한 군사통제가 실시됨에 따라 성 당위원회 제1서기가 군구 당위원회 제1서기와 군구 정치위원을 겸임했던 문화혁명 이전의 "당이 군대를 지휘하는" 체제가 완전히 무너졌으며, 이와는 정반대로 군구사령관이나 또는 정치위원이 군구당 제1서기를 겸직하면서 지방을 통제하는 "군대가 당을 영도하는" 현상이 발생했다.

4) 당 제9기 전국대표대회와 권력구조의 개편

(1) 군인·간부·대중[軍·幹·群]의 3결합 구조

마오쩌둥은 문화대혁명이 마무리됨에 따라 새로운 권력구조의 개편과 지도노선을 확립하기 위해 1969년 4월 1일부터 4월 24일까지 베이징에서 중국공산당 제9기 전국대표대회를 개최했으며, 바로 이 「9대」는 ①마오쩌둥 사상을 지침으로 하는 당장(党章)을 채택했고, ②마오쩌둥과 린뱌오세력을 주축으로 하는 당중앙위원회를 구성했고, ③린뱌오를 마오쩌둥의 후계자로 지명했다.

「9대」는 마오쩌둥을 당중앙위원회 주석, 린뱌오를 당중앙위원회 부주석으로 선출했으며, 당중앙정치국 상무위원회 위원으로 마오쩌둥, 린뱌오, 천보다, 저우언라이, 캉성 등 5명을 선출했다. 그리고 당중앙정치국 위원으로는 5명의 상무위원 이외에 예췬, 예젠잉, 류보청, 장칭, 주더, 쉬스요우, 천시롄, 리셴녠, 리줘펑, 우파셴, 장춘차오, 추후이줘, 야오원위안, 황용성, 동비우, 셰푸즈 등 16명을 선출했다.

「9대」를 통해 구축된 중국공산당의 권력구조는 아래와 같은 대표적인 특징을 가지고 있었다:

첫째, 마오쩌둥이 그간의 정적이었던 류사오치와 덩샤오핑 일파를 완전히 제거하고 가부장제적 권위를 확보했다.

둘째, 린뱌오가 공식적으로 마오쩌둥의 후계자로 지명되었다.

셋째, 마오쩌둥 일가와 린뱌오 측근들로 구성된 연합독재의 기반이 마련되었다.

넷째, 전체 인원의 절반이 넘는 13명의 군사간부가 당중앙정치국에 진입했다.

다섯째, 노당권파(老當權派)가 제거되고 신당권파(新當權派)가 등장함으로써 새로운 내부 모순과 투쟁이 시작되었다.

(2) 군인의 당권 장악

「9대」 이후 군권의 비대화 현상이 두드러지게 나타났다. 군사간부(정치간부 포함)의 당중앙위원회 진출은 문화혁명 이전의 35%에서 9%가 증가한 44%에 이르렀으며, 이에 비해 당·정 간부는 문화혁명 이전의 64%에서 37%나 감소한 27%에 머물렀다. 그리고 대중조직 및 기타 대표가 29%를 차지함으로써 장칭 세력의 급격한 부상도 돋보였다.

【「9대」의 당중앙위원회 권력분포 현황】

구분 / 위원	중앙위원	후보위원	계
군 인	74명(43.5%)	49명(45%)	123명(44%)
간 부	57명(33.5%)	19명(17.4%)	76명(27%)
대중조직 대표	39명(33%)	41명(37.6%)	80명(29%)
합 계	170명(100%)	109명(100%)	279명

지방당과 지방군구와의 관계에서는, 대군구의 경우에 1명의 사령관과 8명의 정치위원이, 그리고 성군구의 경우에는 15명의 사령관과 18명의 정치위원이 각각 혁명위원회의 주임, 제1부주임, 부주임직을 장악함으로써 군구부대가 지방당을 영도하고 있었다.

【문혁 전후 지방당 서기와 혁명위원회 주임의 군·정 수장 겸직 현황】

(단위:명)

대군구 \ 구분	「8대」(문혁 이전)		「9대」(1969)		「10대」(1973)	
	군사령관	정치위원	군사령관	정치위원	군사령관	정치위원
제1서기(주임)	3	5	(1)	(5)	0	7
제2서기(제1부주임)	0	0	0	(1)	2	3
서기(부주임)	0	0	0	(2)	1	0
계	3	5	(1)	(8)	3	10
성군구 \ 구분	「8대」(문혁 이전)		「9대」(1969)		「10대」(1973)	
	군사령관	정치위원	군사령관	정치위원	군사령관	정치위원
제1서기(주임)	3	15(2)	(3)	(12)	3	13
제2서기(제1부주임)	0	1	(1)	0	2	1
서기(부주임)	0	2	(11)	(6)	12	6
계	3	18(2)	(15)	(18)	20	
총계	6	23(2)	(16)	(26)	30	
* 자료출처: 中共年報, 1967, 1969, 1974.						

지방군구의 사령관과 정치위원 중에서 린뱌오계의 득세를 정확히 분석하기는 어렵지만, 1969년 한 해 동안 이동된 대군구의 정치위원 32명 중에서 린뱌오계가 17명으로 53%, 계파 불명자가 12명으로 37.5%, 그리고 허룽계 1명, 천이계 1명이 포함된 점으로 미루어 보아 린뱌오계의 득세 정도를 짐작할 수 있게 된다.

【계파별로 본 군정간부의 이동 현황(1969)】

(단위: 명)

계파	린뱌오	류보청	쉬샹첸	허룽	천이	미상자	합계
인원수	21	1	3	2	2	17	46
백분비	45.7%	2.2%	6.5%	4.3%	4.3%	37%	100%

특히 「9대」 이후 35명의 군구 정치위원의 경험적 배경을 보면, 군대 내의 정치간부 출신이 문화혁명 이전보다 12명이 증가한 24명으로 나타났으며, 이에 비해 당무사업 출신의 당간부는 19명이나 감소한 6명에 불과했으며, 군사간부 출신은 2명이 증가한 5명 정도였다. 이러한 추세는 린뱌오계의 제4야전군계 출신과 후발 양성세력들이 군대 내의 요직을 장악하고 있음을 말해주는 것이었다.

(3) 당의 정비 및 재건

마오쩌둥은 1969년 4월 당 제9기「1중전회」석상에서 대다수 공장의 영도권이 진정한 마르크스주의자와 진정한 노동자대중의 수중에 있지 않다고 지적하면서 당을 재정비할 것을 요구했다. 마오쩌둥의 지시가 있은 후인 1970년 2월 하순 중국 공산당 중앙은 정당건당사업좌담회(整党建党事業座談會)를 개최했다. 이어서 동년 3월 총정치부는 군대의 정당건당사업좌담회를 소집하고 전 군에 대한 정당(整党)과 건당(建党) 사업을 전개하기 위한 연구와 계획을 진행했다. 그뿐만 아니라 〈회의〉는 무산계급독재 하의 계속혁명론으로 당원을 교육시키고, 당원을 조직하여「9대」당장을 학습하도록 하며, 사상입당 문제를 성실히 해결할 것을 촉구했다.

특히「9대」이후 투쟁과 비판 및 개조가 진행되면서 군대 당 위원회와 3지양군 요원의 구체적인 안배와 협조 하에 전국 각지에서 당의 대표대회가 개최되고 각급 당 위원회가 설립되었다. 문화혁명 이전에 각급 영도사업을 담당하다가 후에 주자파로 낙인이 찍혔던 대부분의 노간부들이 해방되었으며, 대부분의 당 위원회나 또는 혁명위원회의 중책을 맡게 되었다. 그러나 지방당 위원회가 재건되었음에도 불구하고 군대당 위원회가 지방의 중대한 사업을 토의하여 결정하거나 또는 독단적으로 처리함으로써 전통적으로 실행해 오던 지방당 위원회의 1원화 영도체제는 여전히 복구되지 않았다.

제2절

린뱌오사건 이후의 군대 정치사업

1. 린뱌오사건의 전말과 성격

1) 린뱌오사건의 공식발표 내용

린뱌오사건은 "린뱌오가 정변에 실패하자 항공기를 이용하여 도망가다 1971년 9월 13일 와이멍구(外蒙古)에 추락하여 사망했다."는 중국 당국의 공식발표가 있은 후 외부에 알려지기 시작했다. 당국의 발표에 의하면, 일찍이 1971년 2월경 린뱌오와 예췬 및 린리궈(林立果)가 수저우(蘇州)에서 반혁명 정변을 모의한 후, 2월 하순 수저우에서 상하이로 갔다가 다시 항저우(杭州)로 와서 반혁명 계획을 수립하기 시작했다고 한다.

린리궈는 반혁명 계획을 수립하기 위해 동년 3월 18일 공군당 위원회 판공실 부처장인 리웨이신(李偉信)과 밀담을 나누었으며, 그 후 공군당 위원회 판공실 부주임인 저우위츠(周宇馳)를 베이징으로부터 불러내려 상하이에서의 보안에 각별히 유의하라고 했다는 예췬의 지시를 전달한 후 린뱌오도 이미 항저우의 활동내용을 알고 있다고 전했으며, 그런 후 3월 22일부터 24일까지 3일 간의 작업으로 만들어진 것이 바로 정변계획인 〈571공정기요(工程紀要)〉라는 것이었다. 중국 당국이 밝힌 린뱌오의 죄상은 대체적으로 다음의 몇 가지로 집약된다:

첫째, 린뱌오는 자본계급 사령부를 구성했으며, 아들인 린리궈(林立果)를 통해 반혁명 특무조직인 '연합함대'를 조직하여 마오 주석의 당 중앙을 전복하려 했다.

둘째, 린뱌오는 국가 주석직을 설치하려 했으며, 유심주의적인 '천재론(天才論)'을 주장하고, 당을 분열시키는 반당행위를 했다.

셋째, 린뱌오는 마오 주석이 지방을 순시하는 기회를 틈타 외지에서 그를 모해하는 한편, 베이징에서 중앙의 영도 동지들을 모해하려 했다. 또한 린뱌오는 정변에 실패할 경우를 대비하여 우파셴을 통해 항공기를 준비해 놓고, 황용성, 우파셴,

예췬, 리쥐펑, 추후이쥐 등과 함께 광저우(廣州)로 도망하여 중앙을 설치한 후 '남북조(南北朝)' 국면을 조성하려 했다. 린뱌오는 또한 소련과 결탁하여 남과 북 양쪽에서 마오쩌둥을 협공하려 했다.

넷째, 린뱌오의 반당반국 행위는 역사성이 있는 것이다. 그는 대지주 겸 자본가 가정에서 태어났으며, 입당 후에도 사상 개조를 하지 않았고, 펑더화이와 더불어 마오 주석의 권력을 찬탈하려 했으며, 류사오치와 함께 마오쩌둥의 '항미원조(抗美援朝)' 정책을 반대한 적이 있었다.

2) 제기된 몇 가지 의문점

중국당국의 공식발표에도 불구하고 린뱌오의 사망은 몇 가지 의문점을 던져주고 있다.

첫째, 린뱌오는 투쟁경험이 풍부하고 경거망동하지 않는 인물로서 설사 정변을 일으키려 했다 하더라도 그 계획 수립을 중하위급 간부들에게 맡기기보다는 자신의 심복인 예췬이나 황용성에게 은밀히 지시했을 것이라는 점이다.

둘째, 마오쩌둥은 이미 1971년 8·9월경 지방을 순시하면서 지방당권파의 면전에서 린뱌오를 공개적으로 비판하기 시작했다는 점이다. 그는 "나는 너 황용성이 해방군을 지휘하여 반란을 일으킬 수 있다고는 믿지 않는다. 군 밑에는 사단과 연대가 있으며, 또한 사(司)와 정(政) 및 후근 기관이 있는데 자네가 군대를 동원하여 나쁜 일을 한다면 자네의 말을 들을 것 같은가?"[35]라고 했으며, 또 "너희들은 군사에 관심을 가져야 하며, 문관만 될 수는 없으며, 무관이 되어야 한다. 군대 사업을 장악하는 것은 단지 노선을 학습하고 부정한 기풍을 시정하며 산두(山頭)주의와 종파(宗派)주의를 추구하지 않고, 단결을 강조하는 것에 지나지 않는 것이다."[36]라고 했다. 그뿐만 아니라 "과거 우리 부대에서는 군산훈련에 제식훈련 과목이 있었다. 단일병 교련에서 대대 교련까지는 대략 5·6개월의 시간이 걸렸다. 그런데 지금은 문(文)만 중시하고 무(武)를 소홀히 하고 있어 우리 군대를 문화군대로 만들었다."[37]고 하면서 린뱌오를 비판한 적이 있었다는 것이다.

---

35 袁悅 編, "毛主席在外地巡視期間同沿途各地負責同志的談話紀要(1971年 8月中旬至 9月12日)", 「林彪事件原始文件彙編」, (台北: 中國大陸問題研究出版社, 1973), pp.127-128.

36 上揭書, p.128.

셋째, 마오쩌둥은 1965년 장칭에게 보낸 편지 속에서 그 본심을 드러냈듯이 문화혁명 초기부터 린뱌오를 의심했다. 마오쩌둥의 린뱌오에 대한 경계심은 그 후에도 자주 엿보였다. 1970년 8월 루산(廬山)에서 소집된 당 제9기 「2중전회」에서 린뱌오와 천보다(陳伯達)가 국가 주석직을 설치해야 한다고 주장하면서 천재론(天才論)을 부추겼을 때 마오쩌둥은 이를 거부하면서 "천보다는 거짓 마르크스레닌주의자이다. 장기간 동안 천보다는 천재 문제를 들고 나와 변론했으며, 천재는 선천적인 것이지 결코 실천으로부터 오거나 대중 속에서 만들어지는 것이 아니라고 하면서 자신이 천재라는 것을 인정하라고 했는데, 이는 국가 주석이 되려는 생각에서 나온 것이다."[38]고 공박한 적이 있었다.

넷째, 마오쩌둥은 1971년 9월 12일 지방 순시를 끝내고 베이징으로 돌아왔으며, 그 하루 전인 9월 11일 저우언라이는 일본 자민당 의원인 카와사키 시게지(川崎重二)를 접견하던 중 황급히 자리를 떴고, 9월 13일부터 중국대륙에서 민항 및 군용기의 비행이 전면 금지되었다. 따라서 린뱌오가 9월 11일 왕둥싱(汪東興)의 공안요원에 의해 사살되었을 가능성도 제기되었다.

기실, 중국공산당 중앙과 마오쩌둥은 린뱌오사건이 발생하기에 앞서 이미 〔천보다를 숙청하기 위한 비판운동인〕 "비진정풍(批陳整風)"을 전개하면서 린뱌오, 황용성, 우파셴, 예췬, 리쭤펑, 추후이쭤 등에 대한 비판교육을 실시했다.

마오쩌둥은 1970년 10월 14일 우파셴을 서면검토하는 자리에서 "공산당원으로서 왜 광명정대한 기개가 부족한가? 몇 사람이 모여 반란을 일으키고 200여 명의 중앙위원을 기만하려고 한 것은 당이 창건된 이래 본 적이 없다."[39]고 했다. 그뿐만 아니라 그는 천보다가 의심스럽다는 것을 정치국회의에서 밝혔으며, 이러한 사실을 린뱌오에게 알렸다고 하면서 다른 사람들의 의견도 들어보고 싶다고 했다. 그 다음 날인 10월 15일 마오쩌둥은 예췬을 서면검토하면서 사상과 정치상의 노선이 정확한지의 여부가 모든 것을 결정한다는 말로 시작하여 "여러 해 동안 마르크스와 레닌을 읽는 것을 찬성하지 않은 동지들이 왜 지금 와서야 마르크스와 레

---

37 上揭書.

38 "中共中央中發(1971)56号 文件 - 毛主席給全党的一封公開信", 上揭書, p.22.

39 國防大學党史党建政治工作教研室 編著, 「中國人民解放軍政治工作史(社會主義時期)」, (北京: 國防大學出版社, 1989), p.303, 再引用.

닌에게 구원을 청하고, 제목도 천재론(天才論)으로 하는가? 「9대」에서 이미 토론하지 않았는가?"[40]라는 식으로 불쾌한 반응을 보였다.

당중앙군사위원회는 1971년 1월 9일 143명이 참가한 좌담회를 개최했으며, 회의 기간 중 황용성, 우파셴, 추후이쥐, 리쥐펑, 예췬 등은 천보다를 비판하거나 검토하지도 않았다. 동년 2월 9일 당중앙정치국은 비진정풍운동의 중점을 천보다를 비판하는 데 두며, 린뱌오가 주관한 당중앙군사위원회 좌담회를 학습하지 말도록 하는 것을 주요내용으로 하는 마오쩌둥의 지시를 전국 각지의 당원들에게 전파했다. 그뿐만 아니라 마오쩌둥은 1971년 8월 중순부터 9월 12일까지 남방 각지를 순시했으며, 가는 곳마다 당·정·군 주요 책임자들과 여러 차례 대화를 나누면서 린뱌오집단이 당 제9기 「2중전회」를 전후하여 추진한 음모활동을 폭로하고, 인민해방군이 "3대기율·8항주의"를 철저히 준수할 것을 역설했다.

결국, 마오쩌둥의 이러한 대담내용을 알게 된 린뱌오집단은 9월 8일 반혁명 무장정변을 일으키기로 결정하고 상하이 부근에서 마오쩌둥을 살해한다는 계획을 수립했으며, 마오쩌둥은 9월 11일 일정을 갑자기 취소하고 급거 상경했고, 9월 12일 린뱌오집단은 미리 준비해놓은 항공기를 이용하여 중국대륙의 남방에 위치한 광저우(廣州)로 내려가 별도의 당 중앙을 설립하고 내전에 돌입하려 했으나 그 계획이 사전에 발각되자 9월 13일 새벽 산하이관(山海關)에서 항공기로 도주 길에 오른 후 비행 도중 멍구(蒙古)의 온두얼한(溫都爾汗) 부근에 추락하여 사망했다고 한다.

3) 린뱌오사건의 성격

린뱌오는 10대 원수의 1인으로서 중국공산당 내에서는 서열 2위의 공식적인 후계자였다. 그는 1921년 중국공산당이 창건될 당시 소년이었으며, 1927년 8월 난창폭동에 참가한 후 징강산(井岡山)으로 들어가 홍9군의 군사지휘관이 되었다. 그 후 그는 홍1방면군의 제1군단을 이끌고 2만5천 리에 달하는 행군 도중에 소집된 준이(遵義)회의에서 마오쩌둥이 당중앙군사위원회 주석직을 되찾는 데 선봉에 섰으며, 옌안(延安)에 도착한 후 국민당과의 제2차 합작으로 항일전쟁에 참가했을 때는 3개 사단으로 편성되었던 8로군 중 1개 사단을 지휘했고, 항일전쟁이 끝난 후에는 제4야전군을 지휘했다.

---

40 上揭書.

중공 정권이 수립된 이후 린뱌오는 펑더화이가 삼면홍기를 반대하다 실각된 후 그의 자리인 당중앙군사위원회 제1부주석 겸 국방부장으로 군무를 장악했다. 그리고 그는 문화혁명 기간 중 자신의 직계인 제4야전군을 동원하여 제2선으로 밀려나 있던 마오쩌둥의 탈권을 지원하는 데 앞장섰다.

그러나 문화혁명 이후 문제의 핵심은 인민해방군의 3지양군 임무가 당·정 기관에 대한 군사관제를 실시하는 것이었기 때문에 군의 정치적 역할이 막강해질 수밖에 없었다는 데 있었다. 문화혁명 기간 중 지방의 당·정 대권을 장악한 임시권력기구로서의 혁명위원회는 거의 다 군사당권파가 그 주임직을 장악함으로써 사실상 군대 대표의 천하가 되고 있었다.

그뿐만 아니라 「9대」 이후 각 성·시의 지방당위원회가 재건되는 과정에서도 지방의 군사당권파가 혁명위원회에서 당 위원회로 진입함에 따라 군사당권파는 오히려 혁명위원회의 당권파인 동시에 당 위원회의 당권파로서 당·정 대권을 한 몸에 지니게 되었다.

특히 제4야전군계 군사간부들의 세력이 가장 막강했으며, 이들이 당중앙군사위원회를 장악하고 육·해·공 및 후방부대를 통제하고 있었기 때문에 린뱌오는 마오쩌둥의 입지에 충격을 가할 수 있는 위치에 있었다. 린뱌오의 측근인 황용성이 총참모장, 우파셴이 공군사령관, 리줘펑이 해군 제1정치위원, 추후이줘가 총후근부장으로서 '4대천왕(4大天王)'의 세력을 형성하고 있었다. 그뿐만 아니라 린뱌오 계열이 푸저우, 우한, 청두, 광저우, 신장, 시장 군구를 장악했고, 푸젠, 장시, 후베이, 광둥, 구이저우, 신장, 시장, 산둥 등 8개 성의 당·정 대권을 장악함으로써 마오쩌둥과 문혁파들을 위협하고 있었다.

기실, 문화혁명 기간 중 장칭의 궁정파(宮廷派)는 린뱌오의 군사당권파가 당권을 장악하는 것을 적극적으로 견제했다. 군사당권파가 혁명위원회를 통해 지방정권을 장악하고 다시 혁명위원회를 기반으로 하여 성 당위원회의 지방 당권을 장악했을 때 장칭의 궁정파는 노골적으로 불만을 표시했으며 마오쩌둥 역시 의혹의 눈초리를 보내기 시작했었다.

어쨌든, 문화혁명 이후에 형성된 "군이 당을 영도하는" 국면은 일찍이 중국공산당의 역사에서는 볼 수 없었던 초유의 사건으로서 인민해방군에 대한 중국공산당의 절대적 영도체제를 근본적으로 부정하는 것이었다. 문화혁명 이전까지만 해도 군구사령관이 성 당위원회 제1서기직을 겸임한다는 것은 상상조차 할 수 없었던 일이었다. 중공 정권이 수립된 이후 "당이 총검을 지휘하는" 원칙 하에 군구 사령관은 군구 제1정치위원직을 겸임한 성 당위원회 제1서기의 통제 하에 있었다.

이처럼 문화혁명을 통해 비대해진 린뱌오의 영향력을 우려하고 있었던 마오쩌둥은 결국 군에 대한 당의 절대적 영도체제를 재건하기 위해 문화혁명 기간 중에 와해된 지방당을 정돈하기 시작했다. 그러나 지방당의 재정비는 지방당위원회, 그리고 문화혁명 기간 중에 설립된 혁명위원회와 군사관리위원회 및 군대 내 당위원회를 기초로 하여 재정비될 수밖에 없었기 때문에 군의 영향력을 완전히 배제할 수는 없었다.

1971년 8월에 이르러 전국적으로 성 당위원회의 정돈작업이 완료되긴 했지만, 문화혁명 이전의 체제와는 그 성격이 판이하게 나타났다. 군구 당위원회에서 파견된 군대 대표가 성 당위원회의 제1서기 29명에서 22명, 그리고 제2서기 14명 중에서 11명을 차지함으로써 표면적으로는 지방당위원회가 재건되었지만 실제적으로는 군대 내 당위원회의 권력이 여전히 팽배했던 것이다.

마오쩌둥은 광저우군구(廣州軍區)가 작성한 3지양군 문건을 재가하기에 앞서 "지방당위원회가 이미 설립되었기 때문에 지방당위원회가 마땅히 1원화 영도를 실행해야 한다. 만약에 지방당위원회가 이미 결정한 사항을 다시 부대당 위원회로 가지고 가 토의한다면 앞뒤가 뒤집어진 것이 아닌가?"[41]라고 하면서 "군이 당을 영도하는" 국면에 강한 불만을 나타냈다.

이러한 상황 하에서 "군이 당을 영도하는" 국면을 "당이 군을 영도하는" 체제로 전환하여 "당이 총검을 지휘하는" 원칙을 확립하고자 했던 마오쩌둥으로서도 인민해방군 내의 비린뱌오계(非林彪系)인 제1야전군, 제2야전군, 제3야전군 계열을 끌어들이거나 또는 문화혁명 시 제거된 노당권파를 끌어들여 린뱌오의 제4야전군과 신군사당권파를 견제하는 것 이외에는 선택할 수 있는 그 어떠한 방법도 없었던 것으로 보였다.

2. 린뱌오사건과 군대 내 계파의 세력 변화

문화혁명을 통해 새롭게 부상한 문혁파(文革派)는 린뱌오세력과 대립적일 수

---

41 袁悅 編, 前揭書, p.128.

밖에 없었으며, 자신들의 권력을 유지하기 위해서도 린뱌오의 군권을 약화시켜야만 하는 입장에 있었다.

문혁파가 장악한 것은 당중앙정치국뿐이었으며, 국무원은 저우언라이의 간부파, 그리고 당중앙군사위원회와 지방의 군권은 린뱌오의 군인당권파의 수중에 있었다. 이처럼 잃었던 당권을 되찾기 위해 군을 동원했던 마오쩌둥이 결과적으로 비대해진 군권 때문에 되찾은 당권이 다시 위협을 받게 되었던 상황 하에서 1971년 9월 12일 발생한 것이 바로 린뱌오사건이었다.

린뱌오사건은 마오쩌둥의 주장대로 이미 후계자로 내정된 린뱌오가 구태여 당 제9기 「2중전회」에서 국가 주석이 되겠다는 의사를 공식적으로 밝힐 필요가 있었는지, 외국과 내통하여 '반당정변'을 일으킬 필요가 있었는지, 그리고 '반당정변'의 증거로 제시된 〈571공정기요(工程紀要)〉가 리웨이신(李偉信)의 자백에 의한 것이라고는 하나 그것이 어느 정도로 믿을만한 것인지 등에 대한 의문이 제기되는 사건이었다.

이러한 논란을 감안하면, 린뱌오사건은 오히려 권력투쟁의 차원에서 저우언라이가 영도하는 간부파와 비린뱌오계의 지방 군사간부가 연합하여 린뱌오의 후계자 지위를 박탈하려는 기도, 그리고 린뱌오집단의 급격한 부상으로 위기감을 느꼈고 게다가 문혁파를 키워야겠다는 생각이 절실했던 마오쩌둥의 입장이 서로 맞아떨어져 일어난 것으로 보는 관점이 설득력을 얻게 된다.

린뱌오사건은 마오쩌둥이나 문혁파의 입장에서도 정치생명을 건 한판의 결전이었다. 그동안 홍1방면군이 있고, 또한 홍1방면군을 이용하여 다른 방면군계를 견제할 수 있었기에 마오쩌둥은 자신의 권력을 보장받을 수가 있었기 때문이었다. 따라서 린뱌오를 제거한다는 것은 일찍이 펑더화이의 홍3군단을 잃고 권력의 지주로 이용해 온 홍1군단마저 제거하기 위해 다른 계파를 동원해야만 했기 때문에 분명히 모험적인 행동이었다. 그러나 마오쩌둥은 자신의 직계인 홍1방면군을 치기 위해 그동안 관계가 소원했던 홍4방면군과 신4군계의 군사간부들을 이용하겠다는 생각을 굳히고 사건이 발생하기 전부터 징후(京滬)를 순시하고 있었다. 그뿐만 아니라 그는 화동(華東)지구의 천이계(陳毅系) 부대를 화베이(華北)로 이동시키고, 베이징군구 사령관인 린뱌오계의 정웨이산(鄭維山)을 제거한 후 린뱌오를 고립시키기 시작했다.

린뱌오사건을 통해 드러났듯이 문혁파가 승리하는 데 결정적인 역할을 한 것은 선양(瀋陽), 베이징(北京), 광저우(廣州) 군구의 리더성(李德生), 천시롄(陳錫聯), 쉬스요우(許世友)였다. 이들은 모두 홍군시기부터 마오쩌둥에 의해 견제를 받았던 홍4방면군 출신이었다. 특히 마오쩌둥이 홍군시기에 홍4방면군의 제31군 사령관직을 맡았고, 옌안에서는 장궈타오(張國燾)를 지지했다는 이유로 형을 받기도 했으며, 야전군시기에는 제27군 사령관직을 역임했고, 문화혁명시기에는 자신의 직계인 제27군을 동원하여 반모(反毛)투쟁에 앞장섰던 쉬스요우(許世友)에게 신4군계를 지휘하도록 한 것은 그가 홍4방면군 출신이면서도 산둥(山東) 8로군계로서 제3야전군과도 관계가 깊었기 때문이었다.

린뱌오사건으로 타격을 받은 것은 홍1방면군 내의 홍1군단계였으며, 이에 반해 새로 부상한 계파는 홍4방면군계를 비롯하여 홍2방면군, 신4군 및 홍1방면군의 홍3군단계였다. 이러한 현상은 린뱌오사건 이후 1974년 1월까지 새로 기용되거나 복직된 군사간부와 정치위원 중에서 출신이 불분명한 8명을 제외한 37명을 대상으로 할 때, 홍2방면군계가 12명, 홍4방면군계가 8명, 신4군계가 6명, 홍3군단계가 5명, 그리고 1명의 홍1군단계를 포함한 홍1방면군계가 6명이었던 것에서도 잘 나타나고 있었다.[42] 그뿐만 아니라 23명의 총부, 군종, 병종, 대군구 책임군사간부(정치위원은 제외함) 중에서도 15명이었던 홍1방면군계가 7명으로 감소했지만, 이와는 반대로 2명이었던 홍2방면군계가 5명으로, 4명이었던 홍4방면군계가 7명으로, 그리고 2명이었던 신4군계가 4명으로 각각 증가했다.[43] 11개 대군구의 경우에도 베이징의 천시롄(陳錫聯), 선양의 리더성(李德生), 푸저우의 피딩쥔(皮定均), 광저우 쉬스요우, 청두(成都)의 천지웨이(陳基偉), 쿤밍의 왕비청(王必成), 란저우의 한셴추(韓先楚) 등 비린뱌오계의 진출이 두드러지게 나타났다.

마오쩌둥은 문화혁명과 린뱌오사건을 치르면서 노간부들에게 회의를 느꼈으며, 이들 또한 문화혁명 이후 마오쩌둥이 취하고 있는 극좌노선을 적극적으로 지지하지 않았다. 게다가 문화혁명을 통해 적을 많이 만들어 놓았던 장칭 일파도 린뱌오사건으로 군과는 대립적 입장에 있었다.

결국 마오쩌둥은 이러한 난관을 돌파하기 위해 1973년「10대」이후부터 "당

42 "中共人事", 〈中共年報〉, 1972, 1973年; 黃震遐, 〈中共軍人誌〉,(台北: 當代歷史研究所, 1968), 參照.

43 上揭書.

이 총검을 지휘한다."는 원칙을 강조하면서 장칭파가 군대를 장악할 수 있도록 문화혁명 세력들을 군대에 심어놓기 시작했다. 그러나 이러한 조치에도 불구하고 린뱌오사건으로 형성된 군대 내 계파 간의 세력구도는 마오쩌둥의 권력승계 작업을 어렵게 만드는 걸림돌이 되고 있었다. 왜냐하면, 마오쩌둥은 이미 펑더화이사건으로 홍3군단을 오래 전에 잃었고 린뱌오사건으로 홍1군단마저 버림으로써 사실상 "군으로써 군을 통제하는" 기본무기를 가지고 있지 않았으며, 그뿐만 아니라 문혁파의 도움으로 요직을 차지한 홍4·홍2방면군계 군사간부들이 반드시 문혁파를 지지한다는 보장도 없었기 때문이었다.

3. 린뱌오사건 이후의 권력구조 개편

1) 정치간부의 몰락과 재기

린뱌오의 사망은 군사당권파에게 일대 타격이 아닐 수 없었다. 그러나 린뱌오계가 모든 군사당권파를 대표하는 것은 아니었으며, 또한 린뱌오집단의 실각이 모든 군사당권파의 실각을 의미하는 것은 아니었다.

린뱌오사건으로 당중앙위원회, 각급 총부, 병종 및 군종의 주요 간부 36명이 숙청되었으며, 이들은 모두가 린뱌오 계열이었다. 재기용된 17명 중에서도 제4야전군계가 6명, 제2야전군계가 4명, 제1야전군계가 3명, 제3야전군계가 2명, 기타 계파 불명자가 2명으로 나타나 린뱌오계가 거세되고 있음을 알 수 있었다.

한편, 지방군구 주요 책임자의 숙청 및 복권 내용을 보면, "대군구의 부사령관과 부정치위원 이상의 주요 책임자 25명이 숙청되었으며 이들 모두가 린뱌오계로 나타났다. 이에 반해서 재기용된 39명의 간부 중 당간부 5명을 제외하면 제1야전군계가 6명, 제2야전군계가 3명, 제3야전군계가 9명, 제4야전군계가 15명"[44]으로서 린뱌오계가 큰 비중을 차지하고 있었지만, 그러나 다른 계파의 득세가 상대적으로 돋보였다.

군사당권파는 권력투쟁 과정에서 당중앙군사위원회의 영도권을 장악하는 것

44 江之南, "當前匪軍的內部情勢," 「匪情硏究」, 第16卷, 第8期, (中華民國國防部情報局,1973), pp.15-19.

【린뱌오사건 이후 숙청된 인민해방군 정치사업 간부】

성 명	직 급	계 파	후 임	계 파
다이진촨(戴金川)	총후근부 부정위	불명		
천녠디(陳念棣)	총후근부 부정위	불명		
리줘펑(李作鵬)	해군 제1정위	린뱌오	쑤전화(蘇振華)	펑더화이
장슈촨(張秀川)	해군 부정위	린뱌오	두이더(杜義德)	쉬샹첸
류진핑(劉錦平)	공군 부정위	린뱌오		
위원(郁文)	공군 부정위	린뱌오		
양징(楊勁)	공군 부정위	린뱌오		
위징산(于敬山)	제2포병 부정위	린뱌오		
저우츠핑(周赤萍)	푸저우군구 제1정위	린뱌오		
류펑(劉豊)	우한군구 제1정위	쉬샹첸	왕류성(王六生)	천이
장텅자오(江騰蛟)	난징군구 공군 정위	린뱌오		
펑요우(彭由)	난징군구 공군 부정위	린뱌오		
왕웨이궈(王維國)	난징군구 공군 제4군 정위			
천리윈(陳勵耘)	난징군구 고군 제5군 정위	린뱌오		
류싱위안(劉興元)	광저우군구 제1정위	린뱌오		
❖ 린뱌오계: 12인, 쉬샹첸계: 1인, 불명자: 2인				

【린뱌오사건 이후 복권된 정치사업 간부】

성명	이전 직위	신임 직위	계파
쑤전화(蘇振華)	해군 제1정의	해군 정위	펑더회이
두이더(杜義德)	해군 부정위	해군 부정위	쉬샹첸
랴오한성(廖漢生)	베이징군구 제2정의		허룽
종한화(鍾漢華)	우한군구 정위		허룽
간웨이한(甘渭漢)	청두군구 제3정위		허룽
리즈민(李志民)	고등군사원교 정위		펑더화이
리야오(李耀)	총후근부 부정위		펑더화이
리쉐산(李雪三)	총후근부 부정위		펑더화이
루난차오(盧南樵)	총후근부 정치부주임		허룽
주량차이(朱良才)	베이징군구 정위		펑더화이
룽첸(龍潛)	저장성군구 제2정위	허난성군구 부정위	천이

계파	펑더화이	쉬샹첸	허룽	천이	합계
인원수	5인	1인	4인	1인	11인

을 목표로 삼았다. 린뱌오의 당중앙군사위원회 제1부주석직이 예젠잉(葉劍英)에게 넘어갔으나 '4대천왕'의 직위는 여전히 공석으로 남아 있었고, 지방의 당·정·군 권력투쟁에서도 린뱌오의 제4야전군계는 결코 가벼운 상대가 아니었다.

어쨌든, 린뱌오사건 이후 마오쩌둥에게는 중국공산당의 부주석을 임명하고, 자신의 후계자를 결정하며, 당중앙정치국을 개편하는 것이 가장 시급한 문제였다. 당중앙정치국의 경우, 린뱌오, 예췬, 황융성, 우파셴, 리쭤펑, 추후이쭤 등이 제거되고, 그 이전에 실각된 천보다와 이미 사망한 셰푸즈를 빼면 13명의 위원만 남아 있어 보선이 불가피한 상태였다. 그뿐만 아니라 후계자를 선정하는 것도 자격이 있는 것은 노당권파뿐이었으나 그중에서 저우언라이는 마오쩌둥에게 늘 제2의 스탈린으로서 경계인물로 찍혀왔었고, 예젠잉, 리셴녠, 쉬샹첸, 녜룽전 등도 충분한 자격을 갖추고는 있었으나 늘 마오쩌둥에 반대하는 입장을 견지해 왔다는 점에서 쉽게 풀릴 수 있는 문제는 아니었다.

마오쩌둥은 린뱌오사건 이후 노당권파를 복권시켰지만 이들을 전적으로 신뢰하지 않았으며, 장칭을 중심으로 하는 궁정파를 키우겠다는 구상을 가지고 있었다. 그러나 장칭의 궁정파는 지지기반이 매우 취약했기 때문에 지방의 당권파를 동원하여 중앙의 권력을 장악하는 수순을 밟을 수밖에 없었던 것으로 보였다. 그래서 이러한 계획의 일환으로서 장칭 일파는 후난성(湖南省) 당 위원회 제1서기인 화궈펑(華國鋒)과 상하이시(上海市) 당 위원회 서기인 왕훙원(王洪文)을 중앙에 진입시켰다.

2) 노·중·청(老·中·靑) 3결합 권력구조

중국공산당은 1973년 8월 24일부터 28일까지 베이징에서 제10기 전국대표대회를 개최했다. 「10대」는 저우언라이의 정치보고, 왕훙원의 당장 개정에 관한 보고, 그리고 당중앙위원회 위원 선출을 주요 의제로 상정했다.

특히 왕훙원은 당장 개정에 관한 보고를 통해서 무산계급 문화대혁명은 사회주의 조건 하에서 무산계급이 자본계급과 모든 박해계급을 반대하는 정치대혁명으로서 마오쩌둥 주석이 류사오치를 두목으로 하고 린뱌오를 두목으로 하는 2개의 자본계급 사령부를 분쇄했다고 주장했다. 이러한 전제 하에 그는 ①마르크스주의를 신봉하고 수정주의를 신봉하지 않으며, 단결하고 분열하지 않으며, 광명정대하고 음모를 꾸미지 않는다는 3개 원칙을 견지하며, ②반조류(反潮流)를 극복하는 혁명정신을 가지며, ③대중투쟁을 통하여 많은 무산계급 혁명사업의 계승자를 양성하는데 있어서 노·중·청(老·中·靑) 3결합 원칙을 견지하며, ④당의 1원화영도를 강화하고 당의 전통적인 기풍을 발양함과 동시에 〔대명(大鳴), 대방(大放), 대자보(大字報), 대변론(大辯論)의〕 "4대(4大)"를 실시할 것임을 천명했다.

「10대」는 새로운 당중앙위원회 위원과 부주석, 당중앙정치국 위원 및 그 상무위원회 위원을 선출했다. 「10대」는 중앙위원회 부주석으로 저우언라이, 왕훙원, 캉성, 예젠잉, 리더성(신임) 등 5명을 선출했다. 이는 「8대」가 류사오치, 저우언라이, 주더, 천윈, 린뱌오(후에 선출됨) 등 5명의 부주석 중 류사오치를 제1부주석으로 선출했고, 「9대」가 린뱌오를 마오쩌둥의 후계자로 명기하고 유일한 부주석으로 지명했던 것과는 지극히 대조적이었다.

또한 당중앙정치국 위원으로는 마오쩌둥, 왕훙원, 웨이궈칭(韋國淸), 예젠잉, 류보청, 장칭, 주더, 쉬스요우, 화궈펑, 지덩쿠이(紀登奎), 우더(吳德), 왕동싱(汪東興), 천용구이(陳永貴), 천시롄, 리셴녠, 리더성, 장춘차오, 저우언라이, 야오원위안, 캉성, 동비우(董必武) 등 21명을 선출했고, 당중앙정치국 상무위원회 위원으로는 마오쩌둥, 왕훙원, 예젠잉, 주더, 리더성, 장춘차오, 저우언라이, 캉성, 동비우 등 9명을 선출했다.

"노·중·청(老·中·靑)" 3결합 원칙에 따라 개편된 권력구조가 장칭을 핵심으로 하고, 장춘차오와 야오원위안을 좌우수로 하며, 지덩쿠이, 리더성, 왕동싱, 화궈펑, 왕훙원을 중심으로 하는 문혁파의 득세를 예고하는 것이었지만 그렇다고 반드시 그것이 "군·간·군(軍·幹·群)" 3결합 권력구조의 몰락을 의미하는 것은 아니었다. 물론 당중앙위원회의 경우, 문혁파의 지지기반인 대중조직 및 기타 대표가 「9대」에 비해 11.7% 증가한 39.7%를 차지한 데 반해 군사간부가 13.7% 감소한 31.3%를 차지했지만 군은 여전히 막강한 영향력을 행사하고 있었다. 그뿐만 아니라 린뱌오의 제4야전군계가 대거 축출되었다고 해서 제1야전군과 제2야전군 및 제3야전군 계열의 군사간부들이 문혁파를 적극적으로 지지하는 기미는 보이지 않았다.

마오쩌둥은 린뱌오의 사망으로 공석이 된 당중앙군사위원회 제1부주석직에 누구를 앉히느냐로 많은 고심을 한 것으로 보였다. 마오쩌둥은 마땅한 인물을 물색할 수 없어 결국 문화혁명 당시 권력투쟁에 반대했고, "2월역류"에서도 중요한 역할을 했으며, 당중앙군사위원회 부주석이긴 했지만 1개 부총참모장만도 못했던 예젠잉을 그 자리에 앉힐 수밖에 없었다.

3) 지방당 위원회와 혁명위원회 개편

문화혁명 이전에는 지방당 위원회의 경우, 성급 당 위원회와 각 지역의 중앙국 제1서기가 모두 1급군구 제1정치위원직을 겸임함으로써 정치위원 주도형 영도방식과 당이 총검을 지휘하는 체제를 유지하고 있었다. 이와 동시에 제1정치위원은 군대 당 위원회 서기직을 겸임하고 있으면서 사실상 당과 군 2개 조직 모두를 관장했다. 그러나 문화혁명 이후 1급군구 사령관이 성급 당 위원회 제1서기직을 겸임하고, 많은 제1정치위원들이 숙청됨에 따라 사실상 군대 당 위원회 서기직 역시 사령관의 대행체제로 전환되었다. 이로부터 사령관이 당과 군 조직을 모두 관장하는 사령관 주도형 영도방식과 총검이 당을 지휘하는 국면이 조성되었던 것이다.

그러나 마오쩌둥은 린뱌오사건 이후 총검이 당을 지휘하는 국면을 타파하고 당이 군대를 영도하는 원칙으로 되돌아가기 위해 지방당의 군대에 대한 영도를 강화하기 위한 조치를 취하기 시작했다.

우선, 린뱌오사건 이후 군구 군·정 수장의 29개 성·시·자치구 당위원회 세력 분포의 변화를 보면, 1972년부터 1974년에 이르기까지 당중앙위원회 중앙위원과 후보중앙위원 중에서 군구사령관과 부사령관의 점유 비율이 50명에서 31명으로 60%가 감소했으며, 이와 동시에 정치위원이 차지하는 비율은 36명에서 33명으로 9% 정도만 감소했다. 1977년에 이르러서는 당 중앙위원회의 중앙위원과 후보중앙위원 모두 333명 중 성급 제1서기(제3서기·서기·부서기)직을 겸임한 군구 사령관(부사령관)이 오직 8명에 불과했으며, 이에 반해서 당 위원회 서기가 정치위원직을 겸임한 자가 37명, 그리고 군구 정치위원이 성급 서기를 겸임한 자가 7명으로 모두 44명이었다.

대군구사령관(부사령관)으로서 지방당 위원회의 제1인자가 된 것은 선양(瀋陽)의 왕언마오(王恩茂: 제1서기, 군구 부사령관 겸 지린성군구 제1정치위원), 베이징(北京)의 요우타이중(尤太忠: 제1서기, 군구 부사령관) 2명뿐이었으며, 이외에 성군구와 경비구로는 후베이(湖北)의 마후이(馬輝: 서기, 성군구 사령관), 쿤밍(昆明)의 왕비청(王必成: 서기, 군구사령관), 신장(新疆)의 류전(劉震: 제3서기, 군구사령관), 쿤밍(昆明)의 장즈슈(張銍秀: 부서기, 군구부사령관), 상하이(上海)의 저우춘린(周純麟: 서기, 경비구 사령관)이었다.

【린뱌오사건 이후 군구 군·정 수장의 29개 성·시·자치구 당 위원회 세력분포】

구분	1972	1974	1977
제1서기	69.0%(20/29)	50.0%(11/22)	14.3%(3/21)
제2서기	78.6%(11/14)	73.3%(11/15)	
서기	53.9%(48/49)	42.6%(49/115)	8.3%(3/36)
부서기	36.7%(11/30)	31.3%(10/132)	20%(1/5)
계	55.6%(90/162)	44.0%(81/184)	11.1%(7/62)

(단위:명)

대군구 / 구분	1972		1974		1977	
	군사지휘관	정치위원	군사지휘관	정치위원	군사지휘관	정치위원
제1서기	10	1	1	3	2	15
제2서기	1	6	3	4	0	0
제3서기	0	0	0	0	1	1
서기	9	8	4	6	1	1
부서기	0	2	0	0	1	0
계	20	17	8	13	5	17

성군구 / 구분	1972		1974		1977	
	군사지휘관	정치위원	군사지휘관	정치위원	군사지휘관	정치위원
제1서기	4	5	4	3	1	20
제2서기	3	1	1	1	0	0
제3서기	0	0	0	0	0	0
서기	17	9	13	13	2	0
부서기	6	4	3	3	0	0
계	30	19	20	20	3	20

- 1972: 성구구는 대군구 군사지휘관 5명이 포함됨.
- 1974: 성군구는 대군구 군사지휘관 3명이 포함됨.
- 1977: 성군구는 대군구 정치위원 겸임자 6명이 포함됨.

군구 정치위원 중에서 당 위원회 서기직을 겸임한 자는 광저우(廣州)의 웨이궈칭(韋國淸: 제1서기, 군구 제1정치위원), 헤이룽장(黑龍江)의 류광타오(劉光濤: 제1서기, 성군구 제1정치위원), 우한(武漢)의 장위화(張玉華: 서기, 군구 부정치위원), 저장(浙江)의 톄잉(鐵瑛: 제1서기, 성군구 제1정치위원), 선양(瀋陽)의 정사오산(曾紹山: 제1정치위원, 군구 제1정치위원)이었다.

29개 성·시 당위원회 서기의 군구 정치위원 및 군사령관 겸직현황을 보면, 제1서기의 경우에 대군구 정치위원에 7명, 성군구 정치위원에 13명, 그리고 성군구 사령관에 3명이 겸임됨으로써 점차 성 당위원회 서기→군구 정치위원→군구 사령관으로 연결되는 원래의 영도체제가 자리를 잡아갔다.

린뱌오사건 이후 군·정 수장의 혁명위원회 세력분포를 보면, 1972년부터 1974년에 이르기까지 당중앙위원회 중앙위원과 후보중앙위원 중에서 군구사령관과 부사령관의 점유 비율이 37명에서 26명으로 30%가 감소했으며, 이와 동시에 정치위원이 차지하는 비율은 19명에서 19명 그대로 유지되었다. 1977년에 이르러서는 당 중앙위원회의 중앙위원과 후보중앙위원 모두 333명 중 혁명위원회 주임(제1부주임·부주임)직을 겸임한 군구 사령관(부사령관)이 6명인데 반해서 정치위원직 겸임자는 37명이었을 뿐만 아니라 비군인 출신이 대다수였다.

예를 들면, 비군인 출신으로는 마리(馬力: 구이저우성군구 제1정치위원), 완리(万里: 안후이성군구 제1정치위원), 톈바오(天宝: 시장군구 제2정치위원), 왕첸(王謙: 산시성군구 제1정치위원), 마오즈융(毛致用: 후난성군구 제1정치위원), 바이루빙(白如氷: 지난군구 제1정치위원), 스마이·아이마이티(司馬義·艾買提: 신장군구 정치위원), 차오샤오광(喬曉光: 광시성군구 제1정치위원), 류즈허우(劉子厚: 베이징군구 정치위원 겸 허베이성군구 제1정치위원), 류젠쉰(劉建勛: 허난성군구 제1정치위원), 장웨이칭(江渭清: 푸저우군구 정치위원 겸 장시성군구 제1정치위원), 쉬자툰(許家屯: 장수성군구 제2정치위원), 리루이산(李瑞山: 란저우군구 정치위원 겸 산시성군구 제1정치위원), 우더(吳德: 베이징군구 정치위원 겸 베이징위수구 제1정치위원), 왕펑(汪峯: 신장군구 제2정치위원), 숭핑(宋平: 란저우군구 제2정치위원), 장리셴(張立憲: 후난성군구 정치위원), 자오신추(趙辛初: 우한군구 정치위원 겸 후베이성군구 제1정치위원), 자오쯔양(趙紫陽: 청두군구 제1정치위원), 펑충(彭冲: 난징군구 제2정치위원), 제셰궁(解學恭: 톈진경비구 제1정치위원), 랴오즈가오(廖志高: 푸젠성군구 제1정치위원), 사이푸딩(賽福鼎: 신장군구 제1정치위원), 탄치룽(譚啓龍: 칭하이성군구 제1정치위원), 훠스롄(霍士廉: 닝샤성군구 제1정치위원) 등이 있었다.

성급 혁명위원회 주임 중에서 혁명위원회의 제1인자가 된 군사령관은 선양(瀋陽)의 왕언마오(王恩茂: 군구부사령관), 베이징(北京)의 요우타이중(尤太忠: 군구 부사령관 겸 네이멍구군구 사령관) 둘 뿐이었으며, 혁명위원회의 제1인자가 된 정치위원은 광저우(廣州)의 웨이궈칭(韋國淸: 군구 제1정치위원), 헤이룽강(黑龍江)의 류광타오(劉光濤: 성군구 제1정치위원), 저장(浙江)의 톄잉(鐵瑛: 성군구 제1정치위원), 선양(瀋陽)의 정사오산(曾紹山: 군구 제1정치위원) 등이 있었다.

【린뱌오사건 이후 군인들의 혁명위원회 세력분포】

구 분	1972	1974	1977
주임	66.7%(18/27)	47.6%(10/21)	14.3%(3/21)
제1부주임	85.7%(6/7)	83.3%(5/6)	0(0/8)
부주임	46.4%(39/84)	40.4%(40/99)	5.4%(3/56)
계	53.4%(63/118)	43.7%(55/126)	7.1%(6/85)

【린뱌오사건 이후 군구 군·정 수장의 혁명위원회 세력분포】

(단위: 명)

대군구 / 구분	1972		1974		1977	
	군사지휘관	정치위원	군사지휘관	정치위원	군사지휘관	정치위원
주임	11	1	1	2	2	16
제1부주임	1	1	1	0	0	0
부주임	4	7	4	5	1	1
계	16	9	6	7	3	17

성군구 / 구분	1972		1974		1977	
	군사지휘관	정치위원	군사지휘관	정치위원	군사지휘관	정치위원
주임	3	1	4	2	1	20
제1부주임	4	0	2	1	0	0
부주임	14	9	14	9	2	0
계	21	10	20	12	3	20

- 1974: 성군구는 대군구 군사지휘관 겸임자 1명이 포함됨.
- 1977: 성군구는 대군구 정치위원 겸임자 5명이 포함됨.

당시 마오쩌둥의 구상은 "당으로써 군을 영도하는" 원칙을 확고히 수립한 후 당권을 문혁파에게 넘겨줘 문혁파가 군대를 충분히 통제할 수 있도록 하는 것이었다. 그러나 중앙의 당권은 문혁파가 장악하고 있었지만 지방의 당권은 여전히 군의 수중에 있었고, 더욱이 군이 마오쩌둥을 지지한다고 해서 반드시 후계자를 지지하는 것으로 볼 수는 없었다. 그래서 "문혁파는 민병을 장악하여 이를 중무장시킴으로써 지방군을 견제하려고 시도했다."[45]

비록 저우언라이의 강력한 요청이 있었던 것도 사실이지만, 마오쩌둥이 1973년 4월 덩샤오핑을 국무원 부총리로 앉히고, 공석중이던 총참모장직까지 맡길 수밖에 없었던 것은 "①저우언라이의 병세가 악화되면서 그 후임을 필요로 했으나 문혁파 내에서는 간부파의 지지를 얻을 만큼 정치경험과 행정능력이 뛰어난 인물을 찾을 수가 없었으며, ②장기간 동안 당중앙 총서기와 국무원 총리를 맡았던 덩샤오핑의 광범위한 관계를 이용하여 과거에 숙청되었다가 해방된 당정 노간부들을 단결시킬 필요가 있었고, ③덩샤오핑과 군대 내의 각 계파 간의 밀접한 관계를 이용하여 군의 지지를 공고히 할 필요가 있었기 때문이었다."[46] 그러나 1976년 4월 5일 톈안먼(天安門)사건이 발생하자 마오쩌둥은 6일 심야에 정치국회의를 긴급히 소집했으며, 〈회의〉는 시위의 책임을 물어 덩샤오핑의 직위를 다시 박탈하기로 결정했다.

기실, 덩샤오핑의 복권을 전후하여 혁명1세대 원로간부들이 잇달아 사망함으로써 중국지도부는 매우 혼란한 지경에 처해 있었다. 당중앙정치국 상무위원인 동비우가 1975년 4월 2일 사망했고, 당중앙 부주석 겸 정치국 상무위원인 캉성이 1975년 12월 16일 사망했으며, 1976년 1월 8일에는 당 부주석 겸 정치국 상무위원인 저우언라이가 사망했고, 같은 해 7월 6일 당중앙정치국 상무위원인 주더가 그 뒤를 따라갔다.

마오쩌둥이 1976년 9월 9일 사망하기 직전 여러 차례에 걸쳐 권력구조의 개편작업이 실행되었으며, 그 결과 화궈펑이 당 제1부주석, 왕홍원과 예젠잉이 당 부주석을, 그리고 화궈펑, 왕홍원, 예젠잉, 장춘차오가 당중앙정치국 상무위원회 위원으로 자리를 지키고 있었다. 그리고 4명의 상무위원 이외에 웨이궈칭, 류보청, 장칭, 쉬스요우, 우더, 지덩쿠이, 왕동싱, 천용구이, 전시롄, 리셴녠, 리더성, 야오원위안 등이 정치국 위원으로 자리를 잡고 있었다.

---

45 "1976年的共匪軍事,"「匪情研究」, 第12卷, 第1期, (中華民國國防部情報局, 1977).

46 「中共年報」, (台北: 中共研究雜誌社, 1974), pp.2-4.

4. 린뱌오의 건군노선에 대한 비판과 정치사업

1) 마오쩌둥의 린뱌오 비판

마오쩌둥은 앞에서도 언급되었듯이 린뱌오사건이 발생하기 전에 린뱌오가 군사훈련보다는 정치학습만을 강조함으로써 인민해방군을 문화군대로 만들었다고 비난한 바가 있었다. 린뱌오사건이 발생한 후에도 그는 인민해방군의 동요를 막기 위해 그동안 린뱌오가 건군노선에 있어서 범한 '과오'를 다음과 같이 구체화하면서 이를 시정하기 위한 노선과 기율교육을 강화하도록 지시했다:

첫째, 린뱌오는 '자본계급 군사노선'을 추구하면서 마오쩌둥의 혁명화 노선을 위반하고 총검으로 당을 지휘하려 했다.

둘째, 린뱌오는 인민해방군의 전력을 약화시키고 무산계급독재를 전복하기 위해 공론만 일삼는 정치를 돌출시키고 군사훈련을 억압했다.

셋째, 린뱌오는 인민해방군의 정치방향을 바꾸고 그 전투력을 약화시키기 위해 종종 행정영도와 당의 영도를 뒤섞어버리고 군사와 정치를 대립시켰다.

넷째, 린뱌오는 형식주의의 정치사업과 우승기 쟁탈(錦標)주의의 전형을 형상화함으로써 군사훈련과 정치사업을 바르지 못한 길로 끌고 갔다.[47]

기실, 린뱌오는 국방부장직에 취임한 이후 줄곧 마오쩌둥 사상을 선양하고 마오쩌둥의 건군노선을 관철했다. 린뱌오의 군사사상과 군사노선은 한 마디로 마오쩌둥의 그것을 추종한 것에 불과한 것이었다. 마오쩌둥 스스로도 "4개제일은 하나의 창조물이다. 해방군의 정치사상 사업과 군사사업은 린뱌오 동지가 4개제일과 38기풍을 제기한 이후 과거에 비해 크게 발전했으며, 또한 보다 구체화되고 이론화되었다."[48]고 하면서 극찬을 아끼지 않았었다.

린뱌오는 마오쩌둥 사상의 개념과 가치를 강조함과 동시에 인민해방군의 군사력 증강에도 심혈을 기울였다. 그는 "정치로 업무를 지도해야 하지만 정치가 업무를 벗어날 수 없다."[49]고 하면서 "정치를 통수의 지위에 올려놓는다[政治掛帥]고

47 "淸除資産階級軍事路線的惡劣影響",「人民解放軍國防戰士報」, 1972年 4月 15日字;「紅旗」, 第12期, 1971 參照.

48 "共匪內部建軍路線的鬪爭",「大陸觀察」, 第1卷, 第2期(1973年 2月), p.16, 再引用.

49 上揭書.

해서 군사를 버려서는 안 된다."[50]는 점을 강조했으며, 또한 마오쩌둥 사상의 홍기를 높이 치켜들고 활기차게 전진하자고 외치면서도 첨단과학을 향해 진군할 것을 요구하면서 사실상 현대화·혁명화 건군노선을 추구했다.

마오쩌둥은 과거 린뱌오의 힘을 빌려 펑더화이를 제거했을 때 그가 정치를 무시하고 군사만을 중시했다고 비난하면서 이를 시정하기 위해 정치제일을 제기한 적이 있었으며, 린뱌오가 제거된 이후에는 그가 정치로 모든 것에 충격을 가하고 군사를 무시했다는 죄명을 뒤집어씌우면서 군사제일주의 건군노선으로 회귀하는 자기모순에 빠져들었다.

이처럼 마오쩌둥의 정치와 군사의 관계에 대한 변증법적 관점은 당·군 관계에서 이론적으로는 "군(軍)과 정(政)을 동시에 중시하며, 군과 정의 결합"을 요구하고 있지만, 실제의 경우에는 정치간부와 군사간부 모두에게 불분명한 업무의 한계로 인한 곤혹감만 안겨주었다. 그뿐만 아니라 정치와 군사의 이러한 변증법적 관계는 2종류의 군사사상과 건군노선 투쟁의 이론적 근거로서 군사영도권을 장악하기 위한 권력투쟁의 전유물로 변질되곤 했다.

마오쩌둥은 린뱌오가 그동안 인민해방군에 미친 영향들을 제거하려 했지만 남의 것이 아닌 자신을 부정해야 하는 모순에 빠지지 않을 수가 없었다. 마오쩌둥은 4개제일(4個第1)과 '정치의 돌출' 등 린뱌오가 강조했던 정치구호를 없애고, 모든 문서와 조례 및 교재 속에 린뱌오와 관련된 내용들을 모두 삭제하긴 했지만, 명칭과 구호만 바꾸었을 뿐 그 기본정신과 내용은 건드릴 수가 없었다. 예를 들면, "4호중대(4好中隊)"를 "선진중대(先進中隊)"로, "5호전사(5好戰士)"를 "충성전사(忠誠戰士)"로 그 명칭만 바꾸었을 정도였다. 다시 말해서, 양적인 면에서 정치교육이 차지하는 시간상의 비중을 줄였을 뿐 질적으로는 전혀 그 어떠한 변화도 꾀할 수가 없었다.

기실, 1973년 8월에 소집된 당의 「10대」는 마오쩌둥의 무산계급독재 하의 계속혁명에 관한 학설을 거듭 확인하고, 문화대혁명과 「9대」 노선을 모두 긍정했다. 그뿐만 아니라 「10대」는 「9대」의 좌경노선을 재확인함으로써 사실상 군대 정치사업을 포함한 각 영역의 좌경노선을 긍정했다. 따라서 린뱌오에 대한 비판도 자연히 극좌가 아닌 극우와 관련된 분야로 제한될 수밖에 없었다.

---

50 "一定要抓住四好不放",「解放軍報」, 1969年 12月 12日.

2) 4인방의 덩샤오핑 비판

린뱌오사건 이후 인민해방군에 대한 통제를 공고히 하고 문화혁명으로 숙청되었던 간부들을 위로할 목적으로 다시 마오쩌둥에 의해 1973년 기용되었던 덩샤오핑은 1975년 1월 당 제11기 「2중전회」에서 당 중앙 부주석과 당 정치국 상무위원으로 피선되었으며, 동월 개최된 제4기 「인대」에서 국무원 부총리 및 인민해방군 총참모장직에 인준되었다.

덩샤오핑은 당중앙 부주석, 당중앙군사위원회 부주석, 국무원 부총리 및 인민해방군 총참모장의 3부1장(3副1長)직을 장악한 후인 1975년 1월 25일 총참모부 기관의 연대급 이상 간부회의에서 〈군대는 정비되어야 한다〉는 제목의 중요한 연설을 했다. 1975년 6월 24일부터 7월 15일까지 당중앙군사위원회는 베이징에서 확대회의를 개최했다. 이는 1960년 이후 15년 만에 처음으로 열리는 회의였다. 〈회의〉는 예젠잉과 덩샤오핑이 주관했으며, 군대에 미친 심각한 좌경적 영향의 제거와 군대의 정비, 그리고 군대 건설을 위한 지도방침과 거시정책을 강화하는 것을 주요 의제로 다루었다.

첫째, 군대의 정비를 위한 지도사상에 있어서는, 금세기 내에 중국을 사회주의의 현대화된 강국으로 건설하는 것을 위대한 분투목표로 설정하며, 군대가 무산계급독재의 주춧돌로서의 역할을 충분히 발휘하도록 하고, 경제건설과 국방건설을 추진하여 군대의 장비를 개선하고, 부대훈련을 전략적 위치로 격상시키는 것이었다.

이러한 결정은 정치를 우선시하고 계급투쟁을 강조하는 과거의 지도사상과는 현저한 차이를 보이는 것으로써 1954년의 군사계통당의 고급간부회의에서 확정된 지도사상에 근접하는 것이었다.

둘째, 군대의 정비를 위한 근거와 주요 과제에 있어서는, 린뱌오가 당중앙군사위원회의 일상업무를 12년 동안 관장하면서 극좌노선을 추구함으로써 군대건설에 심각한 타격을 입혔음을 지적하고 이의 해결을 촉구하는 것이었다.

린뱌오가 마르크스레닌주의와 마오쩌둥 사상으로 부대를 교육하는 것을 반대하고, 반동적인 유심론과 형이상학을 선전하고 찬양했으며, 군대에 대한 당의 절대적 영도를 반대하고, 산두(山頭)주의와 종파(宗派)주의 및 분열주의로 군대의 단결과 통일을 파괴했다고 비난했다. 그뿐만 아니라 군·정 간의 대립을 조장하고, 군대 정치사업의 우수한 전통을 파괴하고, 군사훈련을 폐지함으로써 부대의 전투력을 심각하게 약화시켰으며, 군대의 조직 건설을 파괴하고 국방과학 연구와 군수 생산을 파괴함으로써 군대의 전비사업을 심각하게 손상시켰다고 지적했다.

이와 관련하여 덩샤오핑은 문화대혁명, 특히 린뱌오가 군대의 건설에 미친 부정적 영향을 "종(腫), 산(散), 교(驕), 사(奢), 타(惰)"의 다섯 글자로 귀납했다.[51]

이른바 종(腫)이란 군대의 조직과 기구가 방만한 것이고, 산(散)은 파벌성이 심각하고 기율이 흐트러지고, 영도층이 연약하고 나태한 것이며, 교(驕)는 공을 세웠다고 교만하게 횡포를 부리며 군 내외의 단결을 저해하는 것이고, 사(奢)는 향락을 일삼고 대우를 받으려 하며 직권을 남용하여 사욕을 채우는 등의 자본계급 생활방식을 추구하는 것이며, 타(惰)는 책임을 지지 않고 진실을 말하지 않으며 관료주의를 추구하는 등 혁명의지가 쇠퇴한 것을 뜻한다.

덩샤오핑이 군대를 정비해야 한다고 한 것은 바로 앞의 다섯 글자를 바로 잡자는 것이었다. 그러나 정치, 사상, 조직, 그리고 기풍을 포함하는 이러한 전면적 정비는 전군의 최고 정치사업기관으로서의 총정치부 자체가 정비의 대상이 됨으로써 복잡한 국면으로 접어들게 되었다. 장춘차오는 전군의 정치부주임 좌담회를 통해 군대의 정비를 요구하고 있는 예젠잉과 덩샤오핑 등의 의견을 묵살하기 위한 작업에 착수했다. 장춘차오의 이러한 기도는 문혁파의 지원을 등에 업고 노간부의 지지를 받고 있는 덩샤오핑 세력의 부상을 사전에 제압한다는 전략적 차원으로 발전했다. 그러나 당 내와 군 내의 지지기반 확보를 위한 대결은 결국 마오쩌둥의 입장 여하에 따라 영향을 받을 수밖에 없었다.

마오쩌둥이 말년에 가장 많이 관심을 가지고 있었던 것은 어떤 개인이나 집단이 문화대혁명을 부정하고 수정주의를 추구하는 것을 적극적으로 차단하는 것이었다. 따라서 덩샤오핑이 군대의 정비를 구실로 문화대혁명을 부정하는 것은 용납될 수가 없었다. 따라서 이러한 노선과 관점의 차이는 장칭을 중심으로 하는 문혁파가 덩샤오핑을 공격하는데 이용될 소지가 충분했던 것이다. 1975년 이후 문혁파는 덩샤오핑을 비판하고 우경주의를 공격하는 운동을 당과 군 내에서 대대적으로 전개함으로써 예젠잉을 하야시키고 덩샤오핑의 모든 직책을 박탈하는 데 성공할 수가 있었다.

결국, 덩샤오핑은 1976년 4월 5일에 발생한 톈안먼(天安門)사건의 배후 주모

51 鄧小平, "軍隊整頓的任務", 「鄧小平文選」, 第2卷, (北京: 人民出版社, 1994), p.15.

자로 몰려 동월 7일 소집된 당정치국회의에서 당 내외의 모든 직책을 박탈당했다. 그 후 당 중앙을 장악한 4인방은 "덩샤오핑을 비판하고 우파를 반대하는(批鄧, 反右) 운동을 대대적으로 전개하면서 덩샤오핑이 건군노선에 있어서 다음의 몇 가지 과오를 범했다고 비판했다:

첫째, 계급투쟁을 대강(大綱)으로 하는 것을 부정하고, 군대가 전쟁 준비와 정비를 대강으로 삼아야 한다는 점을 적극적으로 권장했다.

둘째, 단순한 군사관점을 고취하고 군대의 성격을 바꾸려고 했으며, 무산계급 독재의 기둥과 주춧돌인 인민해방군을 자본주의를 부활시키기 위한 도구로 변질시켰다.

셋째, 군대에 대한 당의 절대적 영도를 부정하고, 군대가 국가의 핵심이라는 점을 고취했다.

넷째, 군대가 과거보다 못해졌다고 부추기면서 문화혁명을 뒤집고 끝장내려 했다.

다섯째, 간부를 선발하는 데 있어서 '단계론'을 부추기면서 수정주의 조직노선을 추진했으며, 자본계급의 모습으로 군대의 간부대오를 개조했다.

여섯째, 마오쩌둥의 인민전쟁 사상을 부정하고, 사상보다는 무기와 장비에 의존하는 전쟁을 신봉하면서 이른바 '유일무기론'을 제기했다.[52]

3) 4인방의 군대 간여와 정치사업

린뱌오사건이 발생한 이후 저우언라이와 덩샤오핑 및 예젠잉 등은 마오쩌둥의 지지 하에 인민해방군의 좌경적 잔재를 제거하기 위한 노력을 시작했으나 마오쩌둥이 장춘차오와 왕홍원을 당중앙군사위원회의 영도사업에 참여시킴으로써 4인방의 군대사업에 대한 영향력이 한층 강화되기 시작했다.

(1) 비림정풍운동

4인방은 극단적 우파주의에 대한 비판운동과 비림정풍(批林整風)운동을 전개했다. 1971년 말부터 1972년 가을까지 저우언라이는 린뱌오가 선동한 '극좌적' 사조를 비판하고, 무정부주의를 비판하는 문제를 누차 제기했다. 그러나 저우언라이

52 "1976年的共匪軍事", 「匪情研究」, 第12卷, 第1期, (中華民國國防部情報局, 1977).

의 이러한 행동은 장칭과 장춘차오 등의 강력한 반발에 부딪쳤으며, 마오쩌둥은 저우언라이의 이러한 의견을 부정하면서 오히려 린뱌오가 극우라고 몰아붙였다. 따라서 장칭 일파는 이를 기회로 삼아 자신들이 통제하고 있는 언론매체를 총동원하여 린뱌오에 대한 비판은 오직 극좌가 아닌 극우에 국한되어야 한다고 선전했다.

인민해방군 총정치부는 1973년 1월 8일 베이징에서 전군 각 단위 정치부 책임자가 참가한 전군비림정풍좌담회(全軍批林整風座談會)를 개최했다. 〈회의〉는 마오쩌둥과 당 중앙의 비림정풍에 관한 지시를 학습하고 각 단위별로 1년 동안 전개한 비림정풍 상황에 대한 보고를 실시했다.

그뿐만 아니라 〈회의〉는 "①부대의 비림정풍 실태를 분석하고, ②비림정풍을 계속해서 최우선 과제로 삼으며, ③먼저 린뱌오를 비판하고 후에 정풍을 실시하는 투쟁방향을 확고히 하고, ④린뱌오노선의 본질을 파악하고 혁명적 대비판을 심도 있게 전개하며, ⑤린뱌오집단의 반혁명 음모활동을 철저히 조사하는 문제를 집중적으로 토의했다."[53]

〈좌담회〉가 끝난 후 총정치부 선전부는 동년 3월 26일부터 4월 21일까지 전군 선전부장회의를 소집하고 중대에서 비림정풍교육을 실시하는 문제를 집중적으로 연구했다. 이어서 동년 4월 28일 총정치부는 〈중대의 사상과 정치노선 교육을 활성화하는 것에 관한 의견〉이라는 제목의 전군선전부장회의 요강을 전군에 배포했다.

〈요강〉은 정치, 사상과 이론, 조직, 군사에 있어서 린뱌오노선을 철저히 비판할 것을 요구하면서 린뱌오가 마오쩌둥이 제기한 "당이 총검을 지휘하는" 근본원칙을 반대했다고 비판했다. 이어서 〈요강〉은 간부와 전사를 대상으로 〈구톈회의 결의〉와 마오쩌둥의 군사저작을 학습하도록 함으로써 이들이 "①인민해방군은 마오쩌둥과 중국공산당이 창건하고 지휘하는 무산계급 군대이며, ②군대에 대한 당의 절대적 영도가 인민해방군의 근본원칙이고, ③전심전력으로 인민을 위해 복무하는 것이 인민해방군의 유일한 근본취지이고, ④인민해방군의 3대임무, 정치사업의 3대원칙, 3대민주, 3대기율·8항주의 등 양호한 전통을 반드시 발양해야 한다는 것을 이해하도록 해야 한다."[54]고 촉구했다.

중국공산당 제10기 전국대표대회는 「9대」의 좌경노선을 계승하고 무산계급

53 國防大學党史党建政工教研室 編著, 前揭書, p.324.

54 上揭書.

독재 하의 계속혁명론을 견지할 것을 강조했으며, 「10대」를 계기로 정치국 상무위원회에 진입한 장칭, 장춘차오, 야오원위안, 왕훙원 등은 새로운 실세로서 4인방을 결성하고 문화혁명노선을 견지할 것을 촉구했다.

(2) 비림비공운동

4인방은 비림비공(批林批孔)운동을 전개함으로써 군대 정치사업에 타격을 입혔다. 1974년 1월 18일 중국공산당 중앙은 마오쩌둥의 재가를 득한 후 장칭이 주도하는 베이징대학과 칭화대학의 대비판조가 편찬한 비판자료인 〈린뱌오와 공맹(孔孟)의 도(道)〉를 전 당에 배포했으며, 이로부터 비림비공운동이 전국적으로 확대되었으며, 이 운동을 계기로 장칭은 당권투쟁에 적극적으로 나서기 시작했다.

장칭과 야오원위안은 동년 1월 24일과 25일 양일간 재경부대의 비림비공 동원대회를 임의로 소집하고 저우언라이와 예젠잉 등 당 중앙 영도자들을 향해 공격의 화살을 퍼부었다. 장칭은 이 대회 이전에도 당중앙정치국을 무시하고 개인 명의로 당중앙군사위원회의 각 총부, 해군, 공군, 난징군구와 광저우군구 등 영도기관과 기층단위에 서신과 비판자료를 보내면서 비림비공을 위해 불을 지폈다.

문혁파의 강력한 요구가 있은 후 당중앙군사위원회는 1974년 7월 12일 "유가와 법가의 군사사상 투쟁사를 연구하고 린뱌오의 자본계급 군사노선을 비판하는 것은 비림비공운동을 한층 심도 있게 하는 중요한 부분이다."[55]고 지적하면서 각급 당 위원회가 대중을 동원하여 마오쩌둥의 군사사상을 성실하게 학습하도록 하고, 유가와 법가의 군사사상 투쟁사를 연구하는 것을 중시하도록 하며, 린뱌오의 자본계급 군사노선을 심층적으로 비판하도록 하고, 비림비공운동을 부단히 심화하도록 지시했다. 따라서 린뱌오의 군사사상과 군사노선에 대한 인민해방군의 비판활동은 다시 예(礼)로서 비화되어 열띤 공방으로 치닫게 되었다.

마오쩌둥은 1974년 10월 20일과 12월 26일 2차례에 걸쳐 무산계급독재론에 관한 담화를 발표하고, 중국이 실시하고 있는 상품제도, 8등급 임금제, 화폐교환제도 등이 구사회의 제도와 크게 다를 바가 없다고 지적하면서 문화대혁명이 필요했음을 거듭 강조했다. 이어서 중국공산당 중앙은 1975년 2월 18일 〈마오쩌둥의 이론 문제에 대한 지시를 학습하는 것에 관한 통지〉를 하달하면서 마오쩌둥의 담화

---

55 上揭書, p.326.

내용을 전달했으며, 인민해방군 총정치부는 동년 3월 1일 당 중앙의 〈통지〉 정신을 관철하기 위해 전군 각 단위의 정치부주임회의를 소집했고, 회의석상에서 총정치부 주임인 장춘차오는 경험주의를 반대할 것을 촉구했다.

(3) 반우경주의운동

4인방은 우경주의의 복권 풍조(右傾飜案風)에 대한 반격을 강화하고 군대의 정비사업을 마비시키려 했으나 실패했다. 1975년 초 덩샤오핑은 중국공산당 중앙의 일상업무를 장악한 이후 전국의 각 전선에서 재정비를 실시했으며, 비교적 체계적으로 문화대혁명의 과오를 시정하고, 4인방과 정면대결을 벌임으로써 4인방이 당권을 탈취하는데 있어서 최대의 걸림돌로 부상했다.

덩샤오핑의 전면적인 정돈사상과 그 실천은 마오쩌둥의 좌경 지도사상과는 부합되지 않았으며, 또한 덩샤오핑은 문화대혁명에 대해서도 "기본적으로는 정확했지만 부족한 데가 있었다."고 한 마오쩌둥 스스로의 평가를 훨씬 벗어나 "70%는 성과가 있었지만 30%는 잘못되었다."는 관점을 서슴없이 밝혔다.

덩샤오핑의 이러한 관점과 행위는 결국 마오쩌둥의 눈 밖에 나게 되었으며, 그뿐만 아니라 장칭 일파의 책동으로 1975년 말부터 1976년 초까지 우경주의의 복권 풍조(右傾飜案風)를 반격하는 운동으로 확대되었다. 그러나 인민해방군의 대부분 장병들은 무엇을 비판해야 하는지, 그리고 반격해야 하는 것이 무엇인지를 이해하지 못했으며 심지어는 불만을 토로하기까지 했다.

1976년 1월 8일 저우언라이가 78세로 생애를 마감함에 따라 당 중앙 정치국은 동년 1월 21일과 28일 화궈펑(華國鋒)에게 국무원 대리총리직을 맡기고 당 중앙의 일상업무를 주관하도록 함과 동시에 당중앙군사위원회의 일상업무는 천시롄(陳錫聯)으로 하여금 주관하도록 하자는 마오쩌둥의 제의를 통과시켰다. 이어서 동년 2월 16일 중국공산당 중앙은 당중앙군사위원회의 보고를 재가하고 덩샤오핑과 예젠잉의 담화가 잘못되었다는 1975년 당중앙군사위원회의 결정을 거듭 확인했다.

화궈펑은 1976년 2월 25일 당 중앙이 소집한 각 성·시·자치구 및 인민해방군 대군구 책임자 회의에서 덩샤오핑의 수정주의노선을 처리하는 것이 당면한 최대 과제이며, 덩샤오핑 문제를 공식적으로 비판할 수 있다고 언급했으며, 이로부터 덩샤오핑에 대한 비판운동이 공개화 되기 시작했다. 중국공산당은 또 동년 3월

3일 마오위안신(毛遠新)이 1975년 10월부터 1976년 1월까지 마오쩌둥이 행한 담화를 근거로 하여 작성한 〈마오 주석의 중요한 지시〉를 배포했다.

4인방은 이 〈지시〉에 담긴 내용을 최대로 활용하면서, "①덩샤오핑에 대한 비판과 우경주의의 복권 풍조에 대한 공격을 가일층 강화했으며, ②군대의 정돈사업이 우경주의의 복권을 노린 것이라고 몰아붙였고, ③노간부를 해방시켜 금의환향시키려 했다고 비난했으며, ④4개현대화를 자본주의화로 규정했고, ⑤노간부가 민주파이고 주자파라고 하면서 반동집단으로 규정했다."[56]

4인방의 좌충우돌하는 무원칙적이고 극좌적인 행동은 결국 대다수 인민들의 분노를 자아내기에 충분했다. 1976년 3월 말부터 4월 초까지 저우언라이 총리를 추모하는 톈안먼 대집회를 시작으로 하여 4인방을 성토하며 덩샤오핑 비판을 반대하는 대중운동이 전국적으로 확산되었다. 대중운동이 격화될 조짐을 보이자 당중앙정치국과 마오쩌둥은 '톈안먼사건'을 반혁명 정치사건으로 규정하고, 이른바 선동자와 막후 책임자를 색출하는 작업을 지시했으며, 이로 인해 인민해방군은 또 한 차례 덩샤오핑에 대한 비판운동의 소용돌이 속으로 휘말려 들어갔다. 그러나 '톈안먼사건'은 오히려 인민해방군의 4인방에 대한 불신과 불만을 증폭시키는 결정적 계기가 되었다.

---

56 上揭書, p.330.

제3절

마오쩌둥 사망 이후의 군대 정치사업

1. 권력구조의 변화

1976년 7월 6일 주더의 사망에 이어 동년 9월 9일 당중앙 주석과 당중앙군사위원회 주석 및 전국정협 명예주석인 마오쩌둥이 사망하자 새로운 영도중심의 향방을 예측하는 것은 그리 간단하지가 않았다.

당중앙 제1부주석 겸 국무원 총리인 화궈펑은 톈안먼사건을 무난히 처리했으나 당내의 지지기반이 취약하고 경륜이 부족했으며, 린뱌오사건 이후 당중앙군사위원회를 장악하고 제4기 「인대」에서 국방부장에 임명된 예젠잉은 덩샤오핑을 두둔하는 입장을 취해 왔고, 왕홍원과 장춘차오 역시 당내의 기반이 취약하고 경륜도 짧았으며, 장칭은 문화혁명 당시 적을 많이 심어놓아 당 간부와 군사간부들로부터 배척 내지는 멸시를 당하고 있다는 점에서 집단영도체제를 구축하는 것은 그리 쉽지 않은 상황이었다.

한편, 마오쩌둥이 사망한 이후 인민해방군은 무산계급독재 하에서의 자체의 역할 및 3지양군의 공헌을 강조하기 시작했으며, 린뱌오사건과 덩샤오핑의 실각 이후 군을 이끌어 갈 실력자가 없는 상황 하에서 제3야전군계의 수위(粟裕)가 당중앙군사위원회의 책임자로 부상했다. 또한 1급군구 사령관들은 성 당위원회 제1서기와 성 혁명위원회 주임직을 겸임하지 않고 군구 당위원회의 통제를 받고 있었기 때문에 문혁파가 전개하고 있는 "덩샤오핑을 비판하고 우파를 반대하는" 운동에 불만을 가지고는 있었으나 공개적인 의사 표시는 자제하고 있었다.

이러한 와중에서 문혁파는 군대 내에 기반을 다지기 시작했다. 화궈펑과 왕홍원이 모두 당중앙군사위원회 부주석직을 겸임했으며, 장춘차오가 인민해방군 총정치부 주임직을 겸임했고, 문혁파인 지덩쿠이(紀登奎), 우더(吳德), 마오위안신(毛遠新) 등이 각각 난징, 베이징, 선양 등 1급군구의 정치위원으로 군대 내 당 조직을 장악했다. 그러나 이들 문혁파의 군대 내 침투에도 불구하고 인민해방군 내의 동향이 결코 문혁파에게 유리하게 전개되지는 않았다. 군대 내의 계보로 볼 때, 제1야전군의 펑더화이와 허룽은 숙청되었고, 제3야전군의 천이와 제4야전군의 린뱌오는 사망했으며, 다만 덩샤오핑이 병로한 류보청의 제2야전군에 대해 일정한 영향력을 행사하고 있는 실정이었다.

마오쩌둥이 사망한 지 한 달도 안 된 1976년 10월 6일 화궈펑과 예젠잉 및 왕동싱(汪東興)은 문혁파의 두목인 장칭, 왕홍원, 장춘차오, 야오원위안을 체포했다. 마오쩌둥이 생전에 노간부들의 반대를 무마하고 정국이 안정되면 장칭의 문혁파에게 권력을 물려주겠다는 구상 하에 과도기의 인물로서 발탁했던 화궈펑에 의해 4인방이 덜미를 잡혔다는 것은 아이러니가 아닐 수 없었다.

기실, 문혁파는 ①자신의 정치적 기반인 혁명대중을 동원하여 당 중앙의 권력을 쟁취하는 데는 역부족이었으며, 특히 일반대중들은 마오쩌둥의 극좌노선에 등을 돌리고 있었고, ②반전통적이며 무차별적인 행태를 일삼으면서 당내 원로간부들의 심기를 건드려 이들의 원성을 샀으며, ③장춘차오가 비록 총정치부 주임으로 군대를 통제했으나 그 기간이 너무 짧았고, ④화궈펑을 이용하여 당·정 부문을 통제하려던 기도도 크게 빗나감으로써 권력투쟁을 전개하기도 전에 급소를 찔리게 되었던 것이었다.

화궈펑은 4인방을 제거한 후 자신의 입지를 강화하기 위해 다음과 같은 조치를 취했다:

첫째, 마오쩌둥의 후광을 최대로 이용하여 자신이 마오쩌둥에 의해 지명된 후계자임을 부각시키면서 4인방을 체포한 다음 날인 10월 7일 당 중앙 정치국 확대회의를 소집하고 마오쩌둥기념관의 건립과 마오쩌둥선집 제5권의 출판을 결정했다.

둘째, 마오쩌둥을 장칭과 분리시키고 자신을 지지하는 것[擁華]을 마오쩌둥을 지지하는 것[擁毛]과 일치시켰다.

셋째, 각급 간부의 문혁파에 대한 불만과 원한을 이용하여 4인방의 숙청을 주요 목표로 삼고 반(反)4인방 통일전선을 구축했다.

넷째, 정책과 노선에 있어서 마오쩌둥과 4인방이 발동한 "덩샤오핑을 비판하고 우파를 반대하는" 운동의 지속적인 전개를 선언하면서 4인방과 덩샤오핑을 동시에 압박하는 양면작전을 시작했다.

그러나 군대 내에 특별한 지지기반이 없었던 화궈펑은 "덩샤오핑을 비판하고 우파를 반대하는" 운동을 전개하는 데 있어서 난관에 봉착할 수밖에 없었다. 쉬스요우(許世友)와 웨이궈칭(韋國淸)은 1977년 봄 베이징과 다칭(大慶)에서 개최된 5·1노동절과 다칭(大慶)을 학습하자는 전국공업회의에 불참함으로써 사실상 남북 간의 대치국면을 조성했다. 상황이 심상치 않게 돌아가자 예젠잉이 조정에 나섰으며, 그 결과 화궈펑은 한 발짝 물러나 덩샤오핑과 우파에 대한 비판운동을 취소하고 덩샤오핑의 정상적인 활동을 보장했다.

동년 7월 16일 개최된 중국공산당 제10기 「3중전회」는 예젠잉의 중재로 화궈펑의 당 주석과 당 중앙군사위원회 주석을 추인하는 한편, 덩샤오핑에게는 과거의 3부1장(3副1長)[57]직을 다시 부여했을 뿐만 아니라 장춘차오를 국민당 첩자, 장칭을 역적, 야오원위안을 적대적 계급분자, 그리고 왕훙원을 신생 자본계급분자로 각각 규정했다.

중국공산당 내의 권력투쟁은 1977년 8월 12일부터 8월 18일까지 7일간 베이징에서 개최된 당 제11기 전국대표대회를 통해 극명하게 노출되었다. 「11대」에서 선출된 당중앙위원회의 후보위원 132명을 제외한 201명의 중앙위원 중, 노·중·청(老·中·靑)의 비율이 56%:29%:15%를 유지했지만, 군·간·군(軍·幹·群)의 비율은 36%:49%:15%로 군은 여전히 막강한 영향력을 행사할 수 있는 위치에 있었다.

「11대」는 당 주석인 화궈펑 이외에 예젠잉, 덩샤오핑, 리셴녠, 왕동싱 등 4명의 부주석을 선출했으며, 제1부주석은 두지 않았다. 그리고 당중앙정치국 위원으로는 화궈펑, 웨이궈칭, 우란푸(烏蘭夫), 팡이(方毅), 덩샤오핑, 예젠잉, 류보청, 쉬스요우, 천시롄, 지덩쿠이(紀登奎), 쑤전화(蘇振華), 리셴녠, 리더성, 우더, 위추리(余秋里), 왕동싱, 장팅파(張廷發), 천용구이(陳永貴), 껑뱌오(耿飈), 녜룽전, 니즈푸(倪志福), 쉬샹첸, 펑충 등 23명을, 그리고 후보위원으로는 천무화(陳慕華), 자오쯔양(趙紫陽), 사이푸딩(賽福鼎) 등 3명을 선출했고, 정치국 상무위원회 위원으로는 화궈펑, 예젠잉, 덩샤오핑, 리셴녠, 왕동싱 등 5명을 선출했다.

이상의 인선을 통해 볼 때 「11대」의 권력구조는 '좌파'인 화궈펑, '우파'인 덩샤오핑, 그리고 '중도파'인 예젠잉의 3두마차로 운영되는 집단영도체제의 성격이

---

57 3부1장은 당 부주석, 당중앙군사위원회 부주석, 국무원 부총리, 인민해방군 총참모장이다.

짙게 나타나고 있었다. 우선 화궈펑은 4인방 이외의 문혁파인 왕동싱, 리더성, 청시롄, 우더, 지덩쿠이, 니즈푸, 전용구이 등과 선양, 베이징 2개 1급군구 군사령관의 지지를 받고 있었으며, 덩샤오핑은 당·정 노(老)간부와 '해방간부'를 포함하여 웨이궈칭, 쉬스요우, 위추리, 팡이(方毅), 우란푸, 평충, 자오쯔양, 천무화 등의 지지를 받고 있었고, 예젠잉은 쉬샹첸. 녜룽전, 류보청, 리셴녠, 껑뱌오, 쑤전화(蘇振華), 장팅파(張廷發) 등 원로 당군 간부들의 지지를 받고 있었다.

이러한 3두마차 체제 하에서 중도파인 예젠잉은 ①화궈펑이 마오쩌둥의 승계자가 되는 것을 옹호하고 덩샤오핑이 화궈펑의 자리를 차지하는 것을 바라지 않았으며, ②덩샤오핑이 복권된 이후에 제기한 정책과 노선에 기본적으로 동의했고, ③전 당이 일치단결하여 대내외의 어려운 문제를 해결하는 데 집중하기를 바랐다. 예젠잉은 화궈펑과 함께 4인방을 타도했고, 어떠한 정치적 야심도 가지고 있지 않았으며, 또한 국가를 통치할 수 있는 능력에 한계가 있음을 스스로 인정하고 오직 군인의 직분에만 충실하고자 하는 성향의 인물이었다.

그러나 덩샤오핑은 화궈펑이나 예젠잉과는 다른 생각을 가지고 있었다. 그는 2차례나 마오쩌둥에 의해 숙청을 당한 경험을 가지고 있었으며, 마오쩌둥에 의해 후계자로 지명된 화궈펑보다 자신이 명성과 능력 면에서 훨씬 앞선다는 생각을 가지고 있었을 뿐만 아니라 화궈펑을 근본적으로 불신했다. 그는 톈안먼사건으로 자신이 축출되었을 때 화궈펑이 당 제1부주석으로 있으면서 거들어주기는커녕 오히려 앞장서서 비판했던 것을 잊지 않고 있었다.

이들 3자 간의 권력투쟁은 1978년 2월 26일부터 3월 5일까지 개최된 제5기 「인대」를 계기로 안정을 찾아가는 듯 했다. 「인대」는 국가 주석직을 설치하지 않는 조건으로 화궈펑의 국무원 총리직 겸임을 인준하고, 예젠잉을 「인대」 위원장으로 선출함으로써 어느 정도의 균형을 보장했다. 그러나 덩샤오핑은 "1보 후퇴, 2보 전진" 책략 하에 자신의 심복인 후야오방(胡耀邦) 당 조직부장과 웨이궈칭(韋國淸) 총정치부 주임을 좌우수로 이끌면서 당·정 부문에서의 세력기반을 확충해 나가는 데 진력했다.

화궈펑과 덩샤오핑 간의 권력투쟁은 중국공산당 중앙의 권력부재 현상을 야기시켰으며, 이로 인해서 지방당 조직의 기능이 마비되기 시작했다. 성 당위원회가 군구 당위원회의 세력에게 밀리기 시작했으며, 군구 정치위원을 맡고 있는 성 당위원회 제1서기를 제쳐놓고 군구 사령관이 군구 당위원회에서 모든 업무를 관장하는 사례가 빈번히 발생했다. 지방군구 사령관의 이러한 권력독점 현상은 중앙에서의 권력투쟁에 영향을 주었으며, 이러한 상황은 군대 내의 지지기반이 화궈펑에 비해 강했던 덩샤오핑에게 유리하게 작용했다.

2. 군대 계파의 정치적 역할

1976년은 잇단 혁명지도자들의 사망으로 중국의 정치권력 구조에 대변혁을 예고하는 중요한 한 해였다. 1976년 1월 저우언라이가 병사하자 문혁파는 장춘차오를 내세워 국무원을 장악하려고 했으며 이에 군사간부들이 거세게 반발하자 마오쩌둥은 절충안으로서 화궈펑을 대리총리로 앉힐 수밖에 없었다.

동년 4월 5일에 발생한 톈안먼사건은 공안계통을 동원하여 진압에 성공한 화궈펑의 입지를 강화시켜 주었던 데 반해서, 복권된 덩샤오핑에게는 우경으로 몰려 직위를 박탈당하고 끝내는 광둥(廣東)으로 피신할 수밖에 없는 불운을 안겨 주었다.

그러나 동년 9월 9일 마오쩌둥이 사망함에 따라 중국공산당 중앙 제1부주석인 화궈펑과 장칭 일파 사이에 본격적인 탈권투쟁이 시작되었다. 동년 10월 6일 화궈펑은 군사간부를 대표하는 예젠잉과 간부파를 대표하는 리셴녠(李先念)의 지지를 받아 왕둥싱과 천시롄에게 장칭, 왕훙원, 장춘차오, 야오원위안 등 이른바 4인방을 체포하도록 지시함으로써 문혁파와의 권력투쟁에서 승리로 이끌었다.

그러나 4인방이 제거되었다고 해서 대권이 화궈펑에게 넘어간 것은 아니었다. 21명이었던 정치국원 중 화궈펑, 예젠잉, 리셴녠, 류보청, 웨이궈칭, 쉬스요우, 지덩쿠이, 왕둥싱, 우더, 천융구이, 천시롄, 리더성 등 12명만 남은 상태에서 화궈펑이 정치국을 이끌어가기에는 분명한 한계가 있었다. 왜냐하면, 화궈펑은 "①당중앙위원회 전체회의의 선거를 통해 당 중앙 주석에 피선되어야 하는데 그렇지 않기 때문에 정치적 권위가 결여되어 있었고, ②원래의 정치적 기반이 문혁파였다는 점에서 대중의 지지를 받지 못했으며, ③국가 관료도 장악하지 못했고, ④항일전쟁 이후에 입당했기 때문에 원로간부들에 비해 경륜이 짧아 당 내에서는 물론 군대 내에서 지지세력을 확보할 수가 없었다."[58]

---

58 "1976年的共匪軍事", 「匪情研究」, 第12卷, 第1期, (中華民國國防部情報局, 1977), pp.2-9.

특히 화궈펑에게는 군대 내의 어느 계파와도 역사적 관계를 가지고 있지 않았다는 것이 최대의 약점이었다. 그가 비록 당중앙군사위원회 주석직을 장악하고 있긴 했지만, 그 실권은 군대 내 각 계파와 깊은 관계를 맺고 있던 예젠잉, 류보청, 쉬샹첸, 녜룽전 등 부주석, 그중에서도 특히 홍1방면군계이면서 다른 계파와도 관계가 무난했던 예젠잉에게 있었다. 그러나 군사지도부의 이러한 불안정은 군대 내 계파와 역사적 관계를 형성하고 있던 덩샤오핑에게는 유리하게 작용했다.

덩샤오핑이 왕둥싱, 천시롄, 우더, 지덩쿠이 등 문혁파의 반대에도 불구하고 1977년 7월에 소집된 당제11기 「2중전회」에서 "3부1장(3副1長)직을 되찾게 된 것도 실은 군의 지지를 받고 있었기 때문이며, 특히 웨이궈칭과 쉬스요우의 강력한 요구와 예젠잉의 협조에 힘입은 것이었다.

덩샤오핑이 복권되던 1977년 7월 당시 군대 내 계파 간의 세력구조는 매우 복잡한 양상을 띠고 있었다. 총참모장인 덩샤오핑을 제외한 23명의 총부, 군종과 병종, 그리고 대군구 책임군사간부 중에서, 홍4방면군계가 8명, 홍2방면군계가 6명, 신4군계가 4명, 그리고 비린뱌오계의 홍1방면군계가 5명이었다.[59] 그리고 대군구의 경우, 홍4방면군계가 선양의 리더성, 베이징의 천시롄, 광저우의 쉬스요우, 란저우의 한셴추, 신장의 류전(劉震) 등 5명이었으며, 홍1방면군계는 지난의 쩡스위(曾思玉), 우한의 양더즈(楊得志), 푸저우의 양청우(楊成武), 청두의 류싱위안(劉興元)등 4명이었고, 신4군계도 난징의 녜펑즈(聶鳳智), 쿤밍의 왕비청(王必成) 등 2명이 있었다.[60]

그런데 덩샤오핑과 화궈펑 간의 권력투쟁으로 야기된 중앙권력의 부재는 지방군구의 세력구조에 분할을 촉진하는 동인을 제공해 주고 있었다. 천시롄과 리더성이 베이징을 중심으로 화북(華北)과 동북(東北) 지역에서 세력을 형성하면서 화궈펑을 지지했으며, 양더즈, 쩡스위, 한셴추가 우한(武漢)을 중심으로 화중(華中)과 서북 및 화동(華東) 지역을 장악하고 있었고, 쉬스요우, 웨이궈칭, 왕비청 등이 광저우(廣州)를 중심으로 화남(華南)과 서남 지역에서 세력을 과시하면서 덩샤오핑을 지지하고 있었다.

지방군인 세력 간의 이러한 분열현상은 당중앙군사위원회 상무위원 겸 정치국

---

59 上揭書, pp.7-10.

60 上揭書.

원으로서 당시 지방군구의 실력자였던 천시롄, 리더성, 쉬스요우가 모두 홍4방면군계이면서도 문화혁명을 통해 달리해 온 정치적 입장 때문에 야기되었다는 점에서 과거에 나타났던 군대 계파 간의 대립과는 그 성격에 차이가 있었다.

특히 대군구 사령관의 영향력이 크게 강화된 것은 군대 내의 어느 한 계파도 당중앙군사위원회를 완전히 장악하지 못해 야전군에 대한 단일적 통제가 불가능했기 때문이었다. 그러나 대군구 사령관들의 영향력이 강화되었음에도 불구하고 군대 내 계파 간의 견제는 오히려 인민해방군을 대표할 수 있는 군사지도자의 출현을 가로막았으며, 이러한 상황 하에서 어느 한 지방군인 세력의 당 중앙에 대한 군사적 도전은 고려될 수가 없었다.

예를 들어, 홍1방면군과 신4군계의 책임군사간부들은 계파 관념이 비교적 적은 편이었고, 홍2방면군계는 그나마 지방세력을 형성하지도 못한 상태였으며, 홍4방면군계도 책임군사간부들이 정치적 입장에 따라 갈라져 '작은 산두(小山頭)'의 파벌주의 기풍을 벗어나지 못했기 때문에 이들의 정치적 역할에는 분명한 한계가 있었다. 이러한 군사적 분열현상은 린뱌오사건이나 4인방 사건에서 사용된 군사적 수단보다는 오히려 군대 내 계파 간의 불화를 조정할 수 있는 정치적 수완과 그리고 그러한 능력을 갖춘 정치인물에 의한 해결을 필요로 하고 있었다.

이러한 상황을 고려할 때 덩샤오핑은 정치적 경륜에서 화궈펑을 크게 앞서고 있었으며, 비록 당중앙군사위원회의 부주석이었지만 군대 내의 각 계파, 특히 홍4방면군계 군사간부들의 지지를 보장받을 수 있는 위치에 있었다. 덩샤오핑은 군대를 통제할 수 있었기 때문에 화궈펑과의 권력투쟁에서 당 내의 파벌이 군대 내의 계파와 결합하여 서로 적대적인 경쟁집단으로 발전하는 것을 막을 수가 있었으며, 투쟁의 장을 당과 국무원으로 옮겨 열세를 만회하는 데 유리한 위치를 확보할 수가 있었다.

덩샤오핑은 4인방 사건 이후 유지되어 온 화궈펑, 예젠잉, 덩샤오핑의 3각구도를 깨기 위해 펑전(彭眞)과 천윈(陳雲)을 끌어들여 중도적 내지는 화궈펑에게 기울고 있던 예젠잉과 리셴녠을 경계하고, 덩잉차오(鄧穎超)를 끌어들여 국무원을 장악하려고 기도했다. 이러한 노력과 병행하여 그는 공산주의청년단 제1서기로서 청년조직을 관장하고 있는 후야오방(胡耀邦)을 당 중앙 조직부장에 앉히는 데 성공했으며, 후야오방은 문화혁명 중에 숙청당한 노간부들을 복직시키고, 당 내의 중, 하급 간부들을 규합하여 덩샤오핑의 당 내 입지를 강화하는 데 앞장섰다.

3. 화궈펑의 군대 정치사업

1) 정치사업의 주요 임무

(1) 화궈펑의 4인방 비판

비등(批鄧)운동이 점차 가열되고 있었을 때인 1976년 9월 9일 마오쩌둥의 사망으로 인해 재연된 권력투쟁에서 문혁파를 제거하고 당권을 장악한 화궈펑과 예젠잉을 중심으로 하는 신당권파는 4인방에 대한 비판운동을 전면적으로 전개하면서 4인방이 건군노선에 있어서 중요한 과오를 범했다고 아래와 같이 주장했다:

첫째, 군대를 눈엣가시로 여기면서 군대를 교란시켜 당권을 탈취하여 했다.

둘째, 야전군, 지방군, 민병이 상호 결합된 무장역량체제를 파괴하고 민병과 군대 간, 민병과 대중 간의 분열과 대립을 조장하려 기도했다.

셋째, 여론을 조성하여 군대의 건설방향을 바꾸고 건군노선을 교란시키려 했다.

넷째, "강력한 국방군을 건설하기 위해 분투하라"는 마오쩌둥의 지시를 위반했을 뿐만 아니라 국방현대화를 반대했다.

다섯째, 민병의 역사적 역할을 전반적으로 부정하고 민병의 임무를 별도로 규정함으로써 민병이 당 위원회와 군대의 영도를 벗어나도록 만들었다.

여섯째, 민병을 자신들의 방식대로 정비하고 개편하여 독자적인 민병체계를 수립한 후 민병에 대한 지휘권을 장악하려 했다.[61]

화궈펑은 1977년 4월 전략적 결정인 이른바 "대강(大綱)을 움켜잡고 국가를 다스리는[抓綱治國]" 것을 제기했으며, 인민해방군을 향해서는 "대강을 움켜잡고 군대를 다스리는[抓綱治軍]" 것을 역설했다. 그는 인민해방군의 "목전의 임무는 대강을 움켜잡고 군대를 다스리는 것이며, 4인방을 폭로하고 비판하는 운동을 한층 더 심화하고, 전비사업과 부대건설을 촉진하며, 혁명화와 현대화를 가일층 촉진하는 것이다."라고 하면서 "대강을 움켜잡는 것[抓綱]"으로 인민해방군의 혁명화를 촉진하고, "군대를 다스리는 것[治軍]"으로 인민해방군의 현대화를 촉진할 것을 촉구했다.

이른바 "대강을 움켜잡는" 것은 4인방을 폭로하고 비판한다는 대강을 움켜잡

61 上揭書.

는 것으로서 그 구체적 내용은 “반드시 마오 주석의 군사사상과 군사노선을 지침으로 하고, 부대의 실제와 긴밀하게 연계하며, 4인방에 대한 폭로와 비판을 심화하고, 마오 주석의 지시를 가일층 관철하는 것이며,”[62] 또한 “군대를 다스리는” 것은 군대의 현대화를 실현하는 것이 목적이지만 그 방향은 “마오 주석의 인민전쟁 사상을 견지해야 하며, 적이 이른 시기나 아니면 늦은 시기에 공격해 오든, 대규모나 아니면 소규모로 공격해 오든, 그리고 통상전쟁을 수행하든 아니면 핵전쟁을 수행하든지에 관계없이 인민전쟁에 의존해야 한다.”[63]는 것이었다.

(2) 예젠잉의 10가지 시비 문제

1976년 10월 4인방이 타도된 이후, 군대 정치사업의 좌경적 요소에 대한 시정과 원상복귀가 결정적인 제3단계로 접어들게 되었다. 린뱌오와 장칭 집단이 심어 놓은 군대 정치사업의 극좌적 요소가 완전히 청산되고, 당 내의 극좌적 지도사상도 점차 제거되었으며, 인민해방군의 정치사업이 기본적으로 1950년대에 수립된 사상 관점과 제도의 틀로 회귀하게 되었다.

1977년 3월 예젠잉은 당중앙군사위원회 좌담회 석상에서 중요한 연설을 했다. 그는 4인방이 권력 찬탈을 위해 군대를 간섭하고 파괴했으며, 심지어 군대를 권력 쟁탈의 장애물로 간주하면서 적대시했음을 지적했다. 그뿐만 아니라 그는 4인방이 마오쩌둥의 건군 원칙과 방침 및 정책, 그리고 그 방법과 제도는 물론 인민해방군의 성격과 전통마저 부정함으로써 나타난 심각한 후유증을 치유하기 위해 다음의 10가지 문제에 대한 시비(十個応該不応該)를 분명하게 가려야 한다고 주장했다:

① 군대에 대한 당의 영도를 반드시 견지해야 하는가, 하지 말아야 하는가?

4인방은 당 중앙과 중앙군사위원회의 위에 군림하면서 개인 명의로 부대에 서신을 보내고, 사적 지시를 내리며, 관계를 유지하고 인맥을 심어 놓으며, 군대의 영도간부에 대한 인사를 좌지우지함으로써 군대에 대한 당의 영도를 약화시켰다. 그러나 군대는 여하한 경우라도 당의 절대적 영도 하에 위치하면서 당 중앙의 지휘를 받아야 하며, 절대로 야심을 가진 개인의 도구로 이용될 수 없다.

---

62 華國鋒, “要加速人民解放軍的革命化現代化建設”, 「解放軍報」, 1977年 4月 7日字.

63 上揭新聞.

② 반드시 무산계급의 당성을 견지하고 자본계급의 파벌성을 반대해야 하는가, 하지 말아야 하는가?

4인방은 파벌성을 비판하는 것을 적극적으로 반대하고 저지했으며, 파벌성을 비판하는 것을 조반파(造反派)를 비판하고, 신생역량을 공격하며, 좌파를 비판하고, 문화대혁명을 비판하며, 마오쩌둥의 혁명노선을 비판하는 것과 동일시했다. 이들이 파벌성을 비판하는 것을 두려워 한 이유는 파벌을 조성하여 권력을 찬탈하려 했기 때문이다. 그러나 인민해방군은 혁명적 전투임무를 수행하는 무장집단으로서 자본계급의 파벌성을 조성하거나 또는 반혁명적 파벌이 존재하는 것을 결코 용납해서는 안 된다.

③ 우리 당과 군의 양호한 전통을 반드시 계승하고 발전시켜야 하는가, 하지 말아야 하는가?

4인방은 혁명 전통을 근본적으로 무시했다. 인민해방군은 당이 총검을 지휘하는 원칙, 3대민주, 3대기율·8항주의 등 인민해방군의 영광되고 우수한 혁명 전통을 영원히 발양해야 한다.

④ 군대를 반드시 정비해야 하는가, 하지 말아야 하는가?

4인방은 군대의 정비를 과거로 되돌아가는 의미로 해석하고, 수정주의 노선을 걷는 것으로 여기면서 적극적으로 방해했다. 그뿐만 아니라 이들은 정치, 사상, 조직, 그리고 기풍에 있어서 인민해방군에게 엄청난 해독을 끼쳤다.

⑤ 혁명 기율과 규정을 반드시 준수해야 하는가, 하지 말아야 하는가?

4인방은 군대를 문란하게 하여 권력을 찬탈하려는 목적을 달성하기 위해 조령과 조례를 무시했다. 그러나 인민해방군은 3대기율·8항주의와 조령 및 조례로 부대를 교육하며 부대의 전투력을 향상시켜야 한다.

⑥ 후계자의 5개항 조건에 따라 노·중·청 3결합을 해야 하는가, 하지 말아야 하는가?

4인방의 선발 기준에 의해 발탁된 영도간부는 노·중·청을 막론하고 요직에서 떠나도록 해야 하며, 영도그룹은 반드시 친소관계가 아닌 능력에 따라 발탁하는

(任人唯賢) 원칙에 따라 노·중·청 3결합을 실행해야 한다.

⑦ 군대가 안정되어야 할 필요성을 반드시 강조해야 하는가, 하지 말아야 하는가?

4인방에 의해 무시되고 왜곡된 인민해방군의 명예는 반드시 회복되어야 하며, 인민해방군은 어떠한 경우라도 항상 안정을 유지해야 한다.

⑧ 반드시 엄격하게 훈련시키고 엄격하게 요구해야 하는가, 하지 말아야 하는가?

군사훈련을 철저히 실시하고 군대의 질을 향상시켜야 한다.

⑨ 야전군·지방군·민병의 3결합 무장역량체제를 반드시 견지해야 하는가, 하지 말아야 하는가?

4인방은 '제2무장'을 건설하여 인민해방군에 대적하려 했다. 그러나 인민해방군은 3결합 무장역량체제를 균형적으로 발전시켜야 한다.

⑩ 전쟁을 반드시 준비해야 하는가, 하지 말아야 하는가?

4인방은 군사훈련을 장악하고 무기와 장비를 장악하는 것을 반대했다.[64]

(3) 군대 정치사업 강화에 관한 결의(1978)

1978년 4월 27일부터 6월 6일까지 베이징에서 전군정치사업회의가 개최되었다. 〈회의〉는 새로운 역사적 조건 하에서 인민해방군 정치사업의 오랜 전통을 회복하고 발양하는 문제와 인민해방군의 전투력을 향상시키는 문제를 주요 의제로 취급했다.

〈회의〉는 중화인민공화국이 수립된 이후의 정치사업의 경험을 총결산하고, 린뱌오와 4인방이 인민해방군에게 끼친 영향과 해독을 청산한 후, 새로운 시기에 있어서 정치사업의 방향과 임무 및 방법을 제기했다. 그뿐만 아니라 〈회의〉는 〈당중앙군사위원회의 군대 정치사업을 강화하는 것에 관한 결의〉와 〈중국인민해방군 정치사업조례〉 및 〈중국인민해방군 간부복무조례〉 개정했다.

1977년 8월 29일 당 중앙이 임명한 총정치부 주임인 웨이궈칭(韋國淸)은 〈회

---

64 中華民國國防部總政治作戰部 編印, 「共匪原始資料彙編」, 第7号(1978), pp.7-9.

의〉 석상에서 행한 〈새로운 역사적 조건 하에서 정치사업의 양호한 전통을 발양하며, 아군의 전투력을 향상시키자〉라는 제목의 보고를 통하여 "마오 주석의 위대한 기치를 높이 치켜들고, 군대에 대한 당의 절대적 영도를 견지하며, 마르크스레닌주의와 마오쩌둥 사상 및 당의 노선으로 부대를 교육하는 것을 견지하고, 아군의 무산계급 성격을 견지하며, 대강(大綱)을 장악하고 군을 다스리며 전쟁을 준비하는 임무를 완수하는 것을 지도하고 보장하는 것"[65]을 새로운 시기에 있어서의 인민해방군 정치사업의 임무로 규정하고 이를 실현하기 위해 분투할 것을 촉구했다.

그뿐만 아니라 웨이궈칭은 부대의 조직, 정치사상, 기술, 그리고 장비실태 등 각 분야에서의 새로운 변화에 부응하여 4인방을 폭로하고 비판하는 투쟁을 철저히 전개하고, 혁명후계자를 선발 및 양성하며, 이데올로기 영역에서의 계급투쟁을 철저히 전개하고, 또한 교육훈련 사업에서의 정치사업을 중시하며, 각고분투하는 기풍을 양성하고, 평가제도를 확립하며, 엄격한 기강을 확립해야 한다는 점을 특별히 강조했다.

화궈펑, 예젠잉, 덩샤오핑도 회의 석상에서 각각 담화를 발표했다. 예젠잉은 인민해방군 50년의 역사적 경험과 자신의 체험을 근거로 하여 정치사업이 새로운 역사적 조건 하에서도 과거와 다름없이 인민해방군의 생명선임을 강조했다. 그러나 덩샤오핑은 중국공산당이 역사적 경험을 회고하고 마오쩌둥이 제창한 실사구시(實事求是)정신을 설명하면서 향후 견지해야 될 정치사업의 임무와 방향에 대해서 다음과 같이 언급했다:

"실제상황에 따라 사업방침을 결정하는 것은 모든 공산당원이 반드시 기억해야 하는 가장 기본적인 사상 방법과 사업 방법이다. 실사구시는 마오쩌둥 사상의 출발점이고 근본점이며, 모든 사업을 훌륭히 실행하는 데 있어서 반드시 준수해야 하는 근본원칙이다. 아군이 다년 간의 전쟁환경으로부터 평화환경으로 전입한 것은 과거와 가장 큰 차이이며, 부대가 짊어지고 있는 임무의 내용, 조직상황, 사상상태, 장병관계, 군민관계 및 무기와 장비의 개선 등에 모두 새로운 상황, 새로운 특징, 새로운 문제가 나타났으며 우리가 당면한 적도 바뀌었다. 아군 정치사업의 근본 임무와 근본 내용은 변하지 않았으며 우리의 양호한 전통도 여전히 마찬가지이

65 國防大學党史党建政工教研室 編著, 「中國人民解放軍政治工作史」, (北京: 國防大學出版社, 1989), p.372.

다. 그러나 시대가 다르고 조건이 다르며 대상이 다르기 때문에 문제를 해결하는 방법도 달라져야 한다. 만약 우리가 새로운 역사적 조건 하에 존재하고 있는 문제들을 분석하고 연구하지 않는다면 정치사업의 양호한 전통을 회복하고 발양할 수 없으며, 전쟁이 없는 상황 하에서 부대의 전투력을 향상시킬 수도 없고, 당이 군대에 부여한 임무를 완수할 방법이 없다."[66]

중국공산당 중앙은 전 당과 전 군의 〈중국공산당 중앙군사위원회의 군대 정치사업을 강화하는 것에 관한 결의〉를 재가하고 군대 정치사업을 강화하기 위한 구체적 내용을 다음과 같이 결정했다:[67]

첫째, 새로운 역사적 조건 하에서의 인민해방군 정치사업의 임무를 확정했다. 〈결의〉는 강력한 혁명 정치사업이 아군의 생명선이며, 마르크스주의 군사과학의 중요한 구성부분이라고 지적하면서, 〈구톈회의 결의〉의 기초를 다지고 정치사업의 오랜 전통을 계승하면서 새로운 역사적 조건 하에서 정치사업이 충분한 역할을 발휘하도록 하고, 군의 전투력을 향상시키는 것이 인민해방군이 당면한 최우선 과제임을 확인했다.

둘째, 마르크스레닌주의와 마오쩌둥 사상을 정확히 학습하고, 유물주의와 변증법을 제창하며, 유심주의와 형이상학을 반대할 것을 제기했다. 〈결의〉는 마르크스레닌주의와 마오쩌둥 사상을 학습하는 데 있어서 마르크스주의의 입장과 관점 및 방법을 장악해야 하며, 또한 실사구시를 견지하기 위하여 실제로부터 출발하여 이론과 실제를 상호 결합해야 하고, 이론과 실제를 연계하는 학풍을 발양하며, 이론과 실제가 분리된 형식주의와 '실용주의'를 시정할 것을 촉구했다.

셋째, 무산계급 당성을 강화하고 조직의 기율성을 강화하며 자본계급의 파벌성과 무정부주의를 반대할 것을 제기했다. 〈결의〉는 4인방과 그 잔당의 '자본계급 파벌체계'를 붕괴시키고, 자본계급 파벌성을 철저히 비판하며, 린뱌오와 4인방이 유포한 '무정부주의' 영향을 제거함으로써 무산계급 당성과 기율성을 재확립할 것을 요구했다.

넷째, 각고분투하는 전통을 발양할 것을 요구했다.

---

66 上揭書.

67 上揭書, pp.373-375.

다섯째, 당 위원회의 집단영도와 정치기관의 건설을 강화하기로 했다.

〈결의〉는 그 어느 때라도 당 위원회의 영도를 약화시킬 수 없다고 하면서 정치기관의 직권을 존중하고 정치기관의 위신을 회복시킬 것을 강조했다. 그러나 〈결의〉가 ①계급투쟁의 시각에서 사회주의시기의 2개 계급, 2갈래 길, 2개 노선투쟁이 장기적이고 굴곡적이며 격렬한 것이라는 전제 하에 계급투쟁을 대강으로 하는 사상을 관철하고, ②무산계급 문화대혁명을 긍정하고 문화혁명 기간 중 인민해방군이 수행한 3지양군 임무의 긍정적인 면만을 언급했으며, ③좌경적 함의와 내용의 무산계급독재 하의 계속혁명론에 근거하여 전 군을 무장시키는 것을 정치사업의 근본임무로 채택한 것은 덩샤오핑의 요구보다는 화궈펑의 "2개범시론(兩個凡是論)[68]이 그대로 반영되었음을 의미하는 것이었다.

2) 정치사업의 각종 활동

(1) 문혁파에 대한 비판운동

중국공산당 중앙은 4인방이 제거된 후 이들의 반혁명적 죄행을 철저히 폭로하고, 이들의 파벌체계를 철저히 조사하며, 그 폐해와 영향을 철저히 제거할 것을 호소했다. 따라서 인민해방군은 당 중앙의 이러한 요구에 부응하여 4인방을 비판하는 투쟁을 전개했다.

인민해방군은 당 중앙이 1976년 12월 10일 배포한 〈왕훙원, 장춘차오, 장칭, 야오원위안 반당집단의 죄증자료(1)〉에 근거하여 4인방의 당권 탈취 음모를 비판하는 제1단계 투쟁에 진입했으며, 당 중앙이 1977년 3월 6일 배포한 〈왕훙원, 장춘차오, 장칭, 야오원위안 반당집단의 죄증자료(2)〉에 근거하여 4인방의 반혁명 역사를 중심으로 하는 제2단계 투쟁을 전개했고, 그 후 동년 9월 23일 추가로 배포된 〈왕훙원, 장춘차오, 장칭, 야오원위안 반당집단의 죄증자료(3)〉에 근거하여 4인방

68 2개범시(兩個凡是)란 1977년 2월 7일 《인민일보》와 《홍기》 잡지 등 각 언론에 제기된 이후인 동년 3월 중앙사업회의에서 행한 화궈펑(華國鋒)의 기본 관점으로서, "무릇 마오쩌둥이 내린 결정은 모두 우리가 결연히 옹호해야 하며, 무릇 마오쩌둥이 내린 지시는 모두 우리가 시종 변함없이 따라야 한다."는 것이다. 그러나 화궈펑의 이러한 관점은 1978년 5월 중앙당교의 간행물에 발표된 "실천은 진리를 검증하는 유일한 기준이다."는 덩샤오핑(鄧小平)의 논조에 의해 부정된다.

의 반혁명노선이 각 분야에 미친 악영향을 중점적으로 비판하는 제3단계 투쟁을 전개했다.

인민해방군은 3단계 투쟁을 통해 4인방이 극좌적인 계급관계를 조장하고 반혁명 정치강령을 수립한 목적이 노혁명간부를 타도하고 당과 국가의 최고권력을 찬탈하기 위한 것이었다고 규정했다. 그뿐만 아니라 4인방이 반혁명 정치목적을 달성하기 위해 저지른 만행은 정치, 경제, 군사, 문화, 당무 등 각 분야를 오염시켰으며, 4인방에 의한 이러한 해독과 영향을 제거하는 것이 장기적이고 광범한 투쟁이 될 것이라고 단정했다.

(2) 3학운동

문화혁명으로 인해 와해된 인민해방군 부대의 양호한 전통을 되살리는 사업이 전군적으로 전개되었다. 1977년 인민해방군 총정치부는 레이펑(雷鋒)과 경골두6중대(硬骨頭6中隊)를 학습하는 대중운동을 전개하기로 결정했다. 화궈펑은 1977년 2월 불굴의 경골을 뜻하는 "경골두6중대"를 학습할 것을 요구했으며, 이를 계기로 경골두6중대는 인민해방군 부대 건설의 "홍기(紅旗)"가 되었다.

《해방군보》는 경골두6중대가 마르크스주의와 마오쩌둥 사상 학습, 부단한 정비, 3대기율·8항주의에 의한 부대 교육, 군과 정의 통일, 당 지부의 전투보루 역할 발휘를 견지하는 정치, 사상, 군사, 기율, 기풍이 강인한 중대라고 소개했다. 이어서 공군항공병 제1사단 당 위원회가 당과 군의 양호한 전통을 유지 및 발양하고, 먼저 학습하며, 어떠한 역경에서도 사업을 완수해 내고, 특수한 생활을 하지 않으며, 모범적으로 기율을 준수하는 강인한 지도그룹이라고 소개했다. 이른바 경골두6중대의 "5개 견지"는 아래의 내용을 포함했다:

첫째, 마르크스, 레닌, 마오쩌둥의 저작을 학습하고, 이론과 실제를 연계하는 정치사상 사업을 일상적으로 수행하며, 혁명 전통을 말하고, 영웅적 인물에게 배우며, 개인의 이기주의와 투쟁하고 수정주의를 비판하며, 무산계급을 일으키고 자본계급을 소멸하며, 마오쩌둥 사상으로 사병을 양성하는 것을 견지한다.

둘째, 당 지부의 역할을 발휘하고, 계급적 각오가 높고, 혁명사업 의지가 강하며, 모범적 역할을 잘 하고, 사상사업이 세밀한 간부 대오를 양성하는 것을 견지한다.

셋째, 계급교육을 중심으로 하는 새로운 형태의 정군운동을 지속적으로 전개하는 것을 견지한다.

넷째, 3대기율·8항주의로 부대를 교육하고, 모든 행동은 지휘에 따르며, 엄격한 혁명기율을 준수하고, 양호한 상하관계와 내외관계를 유지하는 것을 견지한다.

다섯째, 엄격하게 훈련하고, 엄격하게 요구하며, 문에 능통하고 무에 능통하며, 사상적으로도 건전하고 기술적으로도 우수하며, 적을 압도하는 강력한 힘, 불요불굴의 강인한 힘, 그리고 끝까지 견지하는 뒷심을 유지하고 발양하는 것을 견지한다.[69]

이처럼 화궈펑이 경골두6중대를 학습하도록 촉구하게 된 것은, ①군대 내에 있는 4인방의 잔여세력을 완전히 제거하고, ②지방 군대의 세력이 강대해져 당 중앙에 대항하는 할거세력을 형성하는 것을 방지하며, ③인민해방군 노간부들의 복권풍조를 제거하려는 데 그 목적이 있었다. 이 운동이 요구하는 것은 혁명화와 현대화였으며, 그 중점은 혁명화의 정치, 사상, 기술, 기율, 기풍을 견지하는 것이었다.

그뿐만 아니라 화궈펑은 1977년 3월 레이펑(雷鋒)을 학습하는 운동을 전개할 것을 촉구하면서, 레이펑을 학습하는 것은 공산주의 정신을 발양하고, 상부구조 영역의 혁명을 훌륭하게 수행하고, 무산계급의 전면적 독재를 실행하는 것에 대해 중요한 의미를 가진다고 지적했다.

이어서 《해방군보》는 레이펑이 마오쩌둥 사상의 품속에서 성장한 위대한 공산주의 전사이고, 사회주의 신세대의 빛나는 모범이며, 인민해방군의 우수한 대표라고 칭송하면서 그가 애증이 분명한 계급 입장과 언행이 일치하는 혁명정신 및 공(公)을 위해 사(私)를 버리는 공산주의 품격, 그리고 몸을 아끼지 않고 분투하는 무산계급 투지를 갖추고 있으며, 자신의 업무에 책임을 철저히 지고, 기술 향상을 위해 진력했음을 소개했다.

1977년 3월 《해방군보》는 마오쩌둥과 중앙지도자들이 레이펑 동지를 학습하자고 한 제사(題詞)와 레이펑일기를 발표했으며, 동년 12월에는 당중앙군사위원회가 공군항공병 제1사단 지도그룹을 표창하기로 결정하고 전 군의 각급 지도그룹이 공군항공병 제1사단 당 위원회를 학습할 것을 촉구했다.

이로부터 인민해방군은 전군적으로 개인은 레이펑을 학습하고, 집단은 경골두

---

69 丘石東, "對匪軍展開各種群衆運動之硏析", 「匪情月報」, 第20卷, 第6期, (中華民國國防部情報局, 1977).

6중대를 학습하며, 지도그룹은 공군항공병 제1사단을 학습하는 이른바 3학활동(3學活動)을 전개했다.

인민해방군 총정치부는 먼저 전형(典型)을 장악하고 선진적인 것을 학습하라는 마오쩌둥의 가르침을 학습할 것을 촉구하면서, 당중앙군사위원회의 〈군대 정치사업을 강화하는 것에 관한 결의〉와 인민해방군 총정치부의 "3학"활동에 관한 지시를 학습하도록 하는 목적은 "3학"이 부대의 혁명화와 현대화 건설을 강화하는데 중요한 역할을 한다는 것을 이해하도록 하는 데 있으며, 4인방이 레이펑과 경골두6중대를 학습하는 것을 반대하고 군의 오랜 전통을 파괴한 것을 비판하도록 하는 목적은 "3학"이 군의 오랜 전통을 부활하고 발양하는 데 있어서 중요한 조치임을 이해하도록 하는 데 있음을 특별히 강조했다.

3) 인민해방군 정치사업조례와 군대 당 위원회 조례

(1) 인민해방군 정치사업조례 총칙(1978년 8월)

① 정치위원의 지위와 역할

군대에 대한 당의 절대적 영도를 공고히 하고, 당의 노선과 방침 및 정책, 그리고 국가의 법률과 법령이 부대 내에서 철저히 실행되는 것을 보장하며, 부대 당 사업과 정치사업을 영도하기 위해 연대 이상의 부대와 연대 이상에 상당하는 단위, 그리고 필요에 의하여 독립적으로 임무를 수행하는 대대와 대대에 상당하는 단위에 정치위원을 둔다.

정치위원은 반드시 무산계급 혁명사업 후계자의 5개항 조건에 부합하고, 고도의 공산주의 의식을 갖추고 있으며, 당에 충성하고, 인민에 충성하며, 마오쩌둥 주석의 혁명노선에 충성하고, 강인하고 용감하며, 품행과 태도가 엄숙하고 단정하며, 정치사업 경험이 풍부하고 일정한 군사 소양을 갖추고 있을 뿐만 아니라 5년 이상의 당원 경력(党歷)을 갖춘 중국공산당의 우수당원이어야 한다.

정치위원은 군사지휘관과 함께 부대의 수장이다. 정치위원은 당 위원회의 일상업무를 주관하는 자이며, 직속 상급 수장에 예속된다. 당의 사업과 정치사업에서 상급 정치위원과 정치기관에 복종하고, 군사사업에서 상급 군사지휘관과 정치위원 및 군사기관에 복종한다.

② 정치위원의 주요 직책

정치위원은 반드시 마오쩌둥 주석의 위대한 기치를 높이 쳐들고, 새로운 시기에 있어서의 당의 기본임무와 아군 정치사업의 기본임무에 근거하며, 당 중앙, 중앙군사위원회, 총정치부, 그리고 상급 당 위원회, 부대 수장, 정치기관 및 동급 당 위원회의 결의, 지시, 명령에 의거하여 사업을 수행해야 한다. 정치위원은 반드시 역량을 집중하여 노선, 방침, 정책, 그리고 당의 사업, 정치사상사업을 장악해야 한다. 그 주요 직책은 아래와 같다:

- 부대가 마르크스레닌주의의 저작과 마오쩌둥 주석의 저작을 학습하는 것을 지도하고, 사상과 정치 노선 교육을 실시하며, 부대의 사상 실태를 장악하고, 부대의 사상영도를 강화하며, 자본계급 사상 기풍에 대해 단호하게 투쟁함으로써 부대가 항시 왕성한 정치정서와 강인한 전투의지를 유지하도록 한다.
- 당의 노선, 방침, 정책, 그리고 국가의 법률과 법령이 부대 내에서 철저히 집행되는 것을 보장한다. 소속부대 내에서 개인이나 또는 조직이 당의 노선, 방침, 정책을 위반하는 것을 발견할 시는 즉각 제지하고 시정할 권한을 가진다.
- 부대가 상급의 명령과 지시를 철저히 이행하고, 작전과 훈련 및 각항 임무를 완수하는 것을 지도하고 보장한다.
- 부대의 엄격한 기율을 유지하고, 부대의 고도의 집중적 통일을 보장하며, 기율을 파괴하고, 단결을 방해하며, 제도를 위반하는 행위를 예방하고 제지한다.
- 소속부대 당의 건설사업과 공산주의청년단의 건설사업을 지도한다.
- 동급 군사지휘관과 공동으로 부대의 작전, 훈련, 병참 사업 및 부대 건설의 계획을 수립하는 것을 책임질 뿐만 아니라 공포하는 명령에 서명한다.
- 동급 정치기관의 사업을 지도하고, 정치기관의 건설을 강화하며, 정치기관이 역할을 충분히 발휘하도록 하고, 소속 정치사업 요원의 수준을 향상시킨다.
- 당의 간부 노선, 방침, 정책을 철저히 집행하며, 간부의 양성교육을 강화하고, 간부를 사랑하고 관심을 가질 뿐만 아니라 간부를 임면하고 이동시키는 명령에 서명한다.
- 당의 보위사업 노선, 방침, 정책을 철저히 집행하며, 부대의 정치 및 조직상의 순수성을 보장한다.
- 장병일치, 군민일치, 적군와해 원칙을 철저히 집행하며, 지방 당·정 기관과

긴밀한 연계를 유지하고, 군대의 내용과 군(軍)과 정(政), 군(軍)과 민(民) 간의 단결을 강화한다.

- 전민개병(全民皆兵) 방침을 철저히 집행하며, 민병사업을 강화한다.

③ 군사지휘관과의 협조관계

정치위원은 군사지휘관과 함께 당 위원회의 영도 하에 부대의 각항 사업에 대해 공동으로 책임진다.

사업 중에, 군사지휘관과 능동적으로 협의하고, 상호 지지하며, 밀접히 협조해야 한다. 원칙적인 문제에 있어서 이견이 발생할 시는 반드시 그 문제를 당 위원회에 회부하여 토의를 거쳐 결정하거나 또는 상급의 지시를 받아 해결하도록 해야 한다. 긴급한 상황 하에서는, 작전행동과 군사행정 사업에 속하는 문제는 군사지휘관이 결정하며, 당의 정책과 정치사업에 속하는 문제는 정치위원이 결정한다. 그러나 모두 당 위원회와 상급에 책임을 지며 사후에 보고하고 심사를 받아야 한다.

④ 정치위원의 임무

정치위원은 마르크스레닌주의, 마오쩌둥 사상을 성실하게 학습해야 하며, 세계관을 개조하는데 노력하고, 전심전력으로 인민을 위해 봉사하며, 당의 노선과 방침 및 정책, 그리고 상급의 명령과 지시를 철저히 집행하고, 대중과 밀접하게 연계하고, 능동적으로 동지를 단결시키고, 당의 기율과 국법을 준수하며, 당의 통일을 유지하고, 비판과 자아비판에 용감하며, 그릇된 노선과 불량한 경향에 대해 용감하게 투쟁하고, 원칙을 견지하며, 실사구시하고, 실제에 깊숙이 파고 들어가며, 조사와 연구를 실시하고, 겸손하고 성실하며, 오만하거나 방자하지 않고 각고분투하며, 생기발랄하고, 정치사업에 정통하려고 노력하며, 군사와 업무 및 기술 사업을 숙지하고, 당이 부여한 각항의 임무를 적극적으로 완수하며, 각 분야에서 부대의 모범이 되어야 한다.

(2) 군대 당 위원회 조례(1978년 7월 18일)

① 당 위원회의 지위

군대에 대한 중국공산당의 절대적 영도를 실현하기 위해 당장(党章)의 규정에 따라 군대 내 연대 이상의 부대와 연대 이상에 상당하는 단위에 당의 위원회를 설립한다. 당의 각급 위원회는 각 당해 부대를 통일적으로 영도하고 단결시키는 핵심이다.

② 당 위원회의 영도

당 위원회의 통일적인 집단영도 하의 수장분업담임제(首長分業責任制)는 당이 군대를 영도하는 근본제도이다. 부대 내의 모든 중요한 문제는 긴급한 상황 하에서, 수장이 임시로 조치를 취하는 것 이외에는 모두 당 위원회가 먼저 토의하여 명확히 결정한 후에 분담하여 집행해야 한다. 그리고 군사사업 분야에 속하는 것은 군사지휘관이 계획하고 실행하는 것을 책임지며, 정치사업 분야에 속하는 것은 정치위원이 계획하고 실행하는 것을 책임진다. 군사지휘관과 정치위원은 반드시 당 위원회의 영도에 복종하고, 당 위원회의 결의를 집행하며, 자신의 직책을 적극적이고 능동적으로 수행해야 한다. 당 위원회는 부대의 수장을 집단영도 하에 두기도 하고, 그들이 적극성과 능동성을 충분히 발휘하도록 해야 하기도 한다.

③ 당 위원회의 사업

당 위원회는 반드시 마오쩌둥 주석의 위대한 기치를 높이 치켜들고, 마르크스주의를 실행하며, 수정주의를 실행해서는 안 되고, 단결하며, 음모와 계략을 꾸며서는 안 되며, 광명정대해야 하는 기본원칙을 견지하고, 새로운 시기에 있어서의 당의 기본임무에 근거하며, 당의 노선과 방침 및 정책, 상급 당 위원회의 결의, 그리고 상급 수장, 영도기관의 명령과 지시에 따라 부대의 실제상황과 결합하면서 부대의 사업을 통일적으로 영도해야 한다.

당 위원회가 토의하고 결정하는 중요한 문제는 아래와 같다:

- 당의 노선, 방침, 정책, 국가의 법률과 법령, 그리고 상급의 명령과 지시의 철저한 실행.
- 부대의 마르크스레닌주의, 마오쩌둥 사상의 학습, 특히 지도간부의 학습.
- 부대의 정치사상 영도와 사상기풍의 건설.
- 부대의 작전, 훈련, 시설, 근무, 생산, 그리고 일정한 시기의 군사, 정치, 병참 사업 및 민병 사업의 방침, 원칙, 계획.
- 당 위원회와 당 기층조직의 건설 및 공산주의청년단의 건설.

- 간부의 양성, 선발, 배치, 상벌, 그리고 당원의 기율과 처벌.
- 중요한 문제에 대한 상급 당 위원회의 지시 확인 및 사업 보고와 당해급 당 대표대회에 대한 사업 보고.
- 당 위원회가 반드시 토의하여 결정해야 하는 기타 중요한 문제.

④ 당 위원회의 구성

당의 각급 대표대회는 각 당해급 당 조직의 영도기관이다. 각급 당 대표대회는 동급당 위원회가 소집한다. 당 대표대회의 소집은 반드시 상급당 위원회의 비준을 거쳐야 한다. 연대 이상의 각급 당 대표대회는 3년마다 1회 거행한다. 특별한 상황 하에서는 상급당 위원회의 비준을 얻어 앞당기거나 또는 연기하여 거행할 수 있다.

당의 각급 대표대회의 임무는, 당 위원회의 사업보고를 청취하고 심사하며, 당해 부대의 사업 방침과 임무 등 중요한 문제를 토의하여 결정하고, 당 위원회와 상급 대표대회에 출석하는 대표를 선출하는 것이다. 당의 각급 대표대회에서는 민주를 충분히 발양하고, 비판과 자아비판을 전개하며, 당의 민주집중제에 따라 문제를 결정해야 한다.

당의 각급 위원회는 대표대회의 폐회기간에 각 당해급 당 조직의 영도기관이다. 당의 군 이상 위원회의 전체회의는 반년마다 1회 소집하며, 당의 기타 각급 위원회의 전체회의는 분기마다 1회 소집한다. 당 위원회 전체회의의 소집은 반드시 반수 이상의 위원이 참가해야 한다.

당 위원회 전체회의는 상무위원회와 서기·부서기를 선출하여 구성한다. 당 위원회 전체회의의 폐회기간에는 상무위원회가 당 위원회의 직권을 행사하며, 당 위원회 전체회의에 대해 책임을 지며 사업을 보고한다. 상무위원회 위원의 정수(定數)는 7-11인이다.

당의 각급 영도기관은 반드시 무산계급 혁명사업 후계자의 5개항 조건에 따라, 민주적 협의를 거쳐, 무기명투표로 선출하여 구성한다. 당의 각급 위원회 위원의 정수는 차상급 당 위원회가 결정하고, 인선은 차상급 당 위원회의 비준을 거치며, 특수한 상황 하에서는 상급 당 위원회가 지정할 수 있다.

⑤ 당 위원회의 민주집중제와 집단영도

당의 각급 조직은 반드시 당의 민주집중제 기율에 복종하고, 개인은 조직에 복종하며, 소수는 다수에 복종하고, 하급은 상급에 복종하며, 전 당은 중앙에 복종해야 한다.

당 위원회는 반드시 집단영도 원칙을 견지해야 한다. 대권(大權)은 혼자서 장악하고 소권(小權)은 분산시켜야 한다. 당 위원회의 결정은 모든 방법을 동원하여 실행해야 한다. 실행은 결단력이 있어야 하고 원칙을 떠나지 않는다. 사업을 심사하는 책임은 당 위원회가 가진다. 중요한 문제에 속하는 것은 반드시 당 위원회의 토의를 거쳐 결정해야 하며, 개인이 독단적으로 결정해서는 안 된다. 당 위원회가 이미 토의하여 결정하고 단지 실행만 남긴 모든 문제, 그리고 부대의 수장과 기관(부문)의 직책 범위 내의 문제는 모두 부대의 수장과 기관(부문)이 책임지고 처리해야 한다. 부대의 수장과 기관(부문)은 지체없이 자신의 사업범위 내의 주요한 문제를 당 위원회에 보고하고 그 지시를 받아야 하며, 또한 당 위원회의 결정에 근거하여 적극적이고 능동적으로 사업을 수행해야 하기도 한다.

당 위원회는 민주를 충분히 발양해야 한다. 문제를 토의하고 결정할 시는 서로 다른 의견을 충분히 발표하는 것을 허락하며, 민주의 기초 위에서 정확한 의견을 집중시키고, 소수가 다수에 복종하는 원칙에 따라 결정한다. 당 위원회의 구성원은 전체적 국면을 보는 관념을 가져야 하며, 당 위원회의 결정을 반드시 철저하게 실행하고, 만약에 달리하는 의견이 있으면 유보를 허락할 뿐만 아니라 직접 중앙과 중앙의 주석에게 보고할 권한을 가진다. 그러나 행동상에서는 어떠한 반대도 표시해서는 안 된다. 집단토의를 거쳐 결정한 모든 문제는 당 위원회의 동의가 없이는 외부로 전파해서는 안 된다.

당 위원회 서기는 훌륭한 '반장(班長)'이 되어야 한다. 당의 노선과 방침 및 정책을 정확히 이해하고 성실하고 철저하게 실행해야 하며, 강인한 당성(党性)과 양호한 민주기풍을 지녀야 하고, 모범적인 역할을 해야 한다. 서기와 위원 간의 관계는 소수가 다수에 복종하는 것이며, 서기는 개인적으로 중요한 문제를 결정하거나 또는 집단의 결의를 바꿀 수 없다. '반원(班員)', 특히 자신과 의견이 다른 사람을 단결시켜 함께 사업을 하도록 하는 데 능숙해야 한다. 서기는 자신과 당 위원회의 영도사업상의 결점과 과오에 대해 능동적으로 심사해야 하며, 책임을 지는 데 용감해야 한다.

당 위원회는 혁명적 단결을 강화하고, 당의 생활회의를 정기적으로 소집하며, 비판과 자아비판을 전개해야 한다.

당 위원회의 구성원은 원칙을 견지해야 하며, 또한 서로 이해하고 협조하며 우의를 다져야 한다. 집중도 있고 민주도 있으며, 기율도 있고 자유도 있으며, 통일적 의지도 있고 활달한 개인적 심정도 있으며, 생동감이 넘치고 활발한 정치적 국면을 조성하는데 노력한다.

⑥ 기관과 직속대 및 기층의 당 위원회

각급 영도기관 내부의 집단영도를 강화하기 위해 사단 이상의 부대와 사단 이상에 상당하는 단위의 사령부, 정치부에 당 위원회(부당위)를 설치한다. 부당위는 동급 부대 당위의 영도 하에 당해 기관(부문)의 사업을 집단영도하고, 당해 기관(부문) 사업의 방침과 계획 및 기타 중요한 문제를 연구하고 확정한다. 부당위는 당해 기관(부문)의 당 조직을 지도하는 관계에 있다. 부당위의 구성원은 동급 부대 당위가 지정한다.

연대 이상의 부대와 연대 이상에 상당하는 단위이 직속대에는 실제의 필요에 근거하여 당 위원회(직속당위)를 설치하며, 동급 부대 당위의 영도 하에 직속 예하의 당 사업과 정치사업을 영도하도록 한다. 직속 당위는 당 대표대회(당원대회)가 선출하여 구성한다.

대대와 대대에 상당하는 단위에는 당의 기층위원회를 설치한다. 대대당 위원회는 전 대대를 통일적으로 영도하고 단결시키는 핵심이다. 대대당 위원회는 전 대대 당원대회가 선출하여 구성하며, 임기는 2년이다.

⑦ 기율검사위원회 설치

당장(党章)의 규정에 따라 연대와 연대 이상에 상당하는 각급 당 위원회는 기율검사위원회를 설치한다.

각급 기율검사위원회는 동급 당 위원회가 선출하여 구성하며, 동급 당 위원회의 영도 하에 사업을 수행한다. 각급 기율검사위원회의 정수는 5-13인으로 한다. 그 임무는 당원에 대한 기율교육을 강화하고, 당원과 당원 간부가 기율을 이행하는 상태를 검사하는 것을 책임지며, 당의 기율을 위반하는 각종 행위와 투쟁하고, 당원의 고발과 제소를 수리할 뿐만 아니라 당외 대중의 당원에 대한 고발을 수리하며, 당원의 위법적이고 문란한 안건을 처리하는 것을 건의하는 것이다. 상급 기율검사위원회는 하급 기율검사위원회의 사업을 검사할 권한을 가진다. 하급 기율검사위원회는 상급 기율검사위원회에 상황을 반영하고, 사업을 보고할 책임이 있다.

제5장
덩샤오핑 영도시기의 군대 정치사업

제1절

덩샤오핑의 등장과 개혁노선

1. 범시파(凡是派)와 실천파(實踐派)의 충돌

중국공산당의 권력투쟁의 또 다른 표현인 당풍정돈 운동은 1942년 마오쩌둥이 전개한 옌안 정풍운동을 그 시발점으로 삼고 있으며, 당풍정돈 운동은 일반적으로 다음의 몇 가지 특성을 지닌다:

첫째, 당 내에 존재하고 있는 사상의 불일치를 극복하고, 파벌의 존재를 소멸하며, 조직의 분열을 방지한다.

둘째, 당원이 실제와 맞지 않고, 대중을 이탈하며, 기율을 위반하는 부정한 기풍을 시정한다.

셋째, 계급의 이색분자를 제거하고, 당의 조직을 청결하게 하는 것을 목적으로 발동된다.

요컨대, 중국공산당의 당풍정돈 운동은 한 마디로 사상을 정돈하고, 조직을 정돈하고, 기풍을 정돈하는 것이다. 중국공산당의 역사는 그간의 정풍운동이 당권파(當權派)가 자기와 다른 당내의 사상을 청산하고 자기와 다른 적대분자들을 숙청하는 것이며, 그 결과는 사상의 또 다른 대분화, 조직의 또 다른 대분열로 귀결되었다는 것을 말해주고 있다.

1977년 7월 덩샤오핑이 당 제10기 「3중전회」에서 복권되면서 당 내에는 덩샤오핑을 대표로 하는 문화혁명의 피해자인 노간부집단, 그리고 화궈펑을 대표로 하는 문화혁명의 수혜자인 마오쩌둥과 장칭집단의 잔여세력이 서로 대립하는 국면으로 접어들었다.

1977년 3월 화궈펑은 중앙사업회의에서 행한 담화를 통해 "2개범시(兩個凡是)"를 거듭 밝혔지만 끝내 덩샤오핑을 지지하는 당내 원로간부들의 반대를 극복하지 못했다. 원로간부들과 군의 지지를 등에 업고 덩샤오핑은 1978년 5월 화궈펑의 "2개범시"를 겨냥하여 "실천은 진리를 검증하는 유일한 기준이다."라는 관점을 제기했으며, 특히 실천의 결과로서 마오쩌둥의 사상과 이론, 그리고 노선과 정책을 재차 평가할 것을 주장함과 동시에 "사상의 해방"을 고취하고, 전 당이 이데올로기 혁명을 실행할 것을 호소했다.

결국 덩샤오핑의 이러한 요구는 당원 간부들을 향해 교조주의를 반대하도록 하고, 화궈펑의 2개범시 사상노선, 그리고 계급투쟁을 대강(大綱)으로 하는 정치노선을 양기(揚棄)하며, 이른바 실사구시적 사상노선과 4개현대화 건설을 중심으로 하는 정치노선을 채택하도록 하기 위한 것이었다. 이를 계기로 당 내에서는 조직의 모순 이외에 사상의 모순이 나타나게 되었고, 사상의 모순이 심화된 결과로 권력투쟁과 노선투쟁으로 발전하게 되었다.

결국 범시파와 실천파 간의 노선투쟁과 권력투쟁은 1978년 12월에 개최된 당 제11기 「3중전회」에서 덩샤오핑 일파의 승리로 일단락되었다. 덩샤오핑 일파는 화궈펑 일파의 수중으로부터 중앙 당권을 거두어들였으며, 당의 각급 조직과 당원 간부에 대한 통제와 감독을 강화했다. 그뿐만 아니라 화궈펑의 당 「11대」 노선이 밀려나고 덩샤오핑의 사상노선과 정치노선이 제11기 「3중전회」의 정치사상 노선으로 결정되었다. 이어서 1980년 2월에 소집된 당 제11기 「5중전회」에서 화궈펑 일파의 퇴진이 확정됨에 따라 덩샤오핑의 사상과 정치노선을 보장하는 조직노선이 순조롭게 집행되었다.

2. 개혁노선의 이론 기초

1) 모순 통제에 기초한 전쟁가피론과 시대관

덩샤오핑은 "계급투쟁을 대강(大綱)으로 삼는" 화궈펑의 범시파(凡是派)를 공격하면서 중국사회에 계급모순이 존재하긴 하지만 더 이상 주요 모순은 아니며 얼마든지 통제할 수 있다는 관점을 밝혔다:

"우리는 계급투쟁을 확대하는 것을 반대하며, 당 내에 자산계급이 있다고 생각하지 않으며, 사회주의 제도 하에서는 착취계급과 착취조건이 소멸된 이후에 자산계급이나 또는 다른 착취계급이 출현할 수 있다고는 생각하지 않는다. 그러나 우리는 사회주의 사회에 여전히 반혁명분자가 있고, 적의 간첩들이 있으며, 사회주의의 질서를 파괴하는 각종 형사범과 파괴분자가 있으며, 횡령과 절도를 일삼고 모리배 짓을 하는 새로운 착취분자가 있을 뿐만 아니라 이러한 현상들은 장기간 동안 완전히 사라지게 할 수는 없다는 것을 반드시 알아야 한다. 이들과의 투쟁은 과거 역사상의 계급 대 계급의 투쟁과는 다르지만, 그러나 여전히 일종의 특수한 형태의 계급투쟁이며, 역사상의 계급투쟁이 사회주의 조건 하에서 새로운 형태로 남아 있는 것이라고 말할 수도 있는 것이다."[1]

덩샤오핑은 중국 사회주의사회의 현재와 금후의 계급투쟁을 과거 역사 속의 계급사회의 계급투쟁과는 현저히 다른 것으로 규정하면서 기존의 모순투쟁론을 부정하고 새로운 모순통제론을 제기했다.

원래 모순투쟁론은 변증법적 유물주의의 관점에서 전쟁을 계급투쟁의 한 형태로 파악하며, 계급사회가 존재하고 계급모순이 존재하는 한 전쟁은 불가피한 것으로 전제하면서 전쟁의 근원을 제도의 차이에서 찾는다. 그러나 경제라는 객관적 조건보다는 사회 주체로서의 인간의 주관적 역할을 강조하게 되면 대립적인 모순의 충돌관계도 인간의 의지에 의해 통제될 수 있다는 논리로 전개된다.

이럴 경우, 전쟁의 근원이 제도보다는 정책에 초점이 맞추어지게 되며 전쟁도 인간의 의지에 의해 피할 수 있게 된다. 이와 같은 모순통제론의 전쟁가피관(戰爭可避觀)은 전쟁에 대한 유물변증법적 관점에 근거하여 인간이 시대의 조건과 사회모순을 결정할 수는 없지만 이미 결정된 역사무대에서 자신의 행위방식을 선택하고 사회모순을 통제할 수 있다는 해석에서 출발한다.

계급모순이 인간의 의지에 의해 통제될 수 있다는 덩샤오핑의 이러한 모순통제론은 곧바로 이 시대의 특징이 더 이상 전쟁이 아니며 오직 평화와 발전이라는 논리로 귀결된다. 그뿐만 아니라 평화와 발전이 시대의 주제가 되고 있는 국제환경은 중국이 더 이상 안보이익이나 정치이익에 얽매이지 않고 사회주의 현대화를 위한 생산력의 발전을 위해 매진할 수 있는 절호의 기회를 제공해 준다는 결론에 이르게 된다.

2) 국가이익을 출발점으로 하는 대외관계론

원래 모순투쟁론은 국가이익의 계급성을 강조하며, 민족이익보다 계급이익과

---

1 鄧小平, 「鄧小平文選」, 第2卷, (北京: 人民出版社, 1994), pp.168-169.

국제이익을 우선시한다. 때문에 모순투쟁론은 국제정세와 국내문제를 계급투쟁의 시각에서 접근하도록 요구할 뿐만 아니라 공산혁명의 실현이라는 대전제 하에서 경제이익보다는 안보이익과 정치이익을 우선시하도록 만든다. 이에 반해 모순통제론은 국가이익의 민족성을 강조하며, 국제이익과 계급이익보다는 민족이익을 우선시한다.

회고컨대, 중국공산당은 개혁개방 이전만 해도 자국과 이데올로기가 같은 사회주의국가인 소련의 길을 걸으면서 마르크스레닌주의의 계급투쟁론적 관점에서 국제정세를 분석했으며, 특히 문화혁명을 통해 좌경사조의 영향이 심화되면서 "서방학계에서 습관적으로 사용되고 있는 용어인 '국가이익'을 '민족이기주의'의 동의어로 간주하면서 국가이익지상론을 배척했다."[2]

개혁개방 이후 "우리는 모두 자신의 국가이익을 최고준칙으로 삼는다."[3]는 덩샤오핑의 지침성 발언이 있은 후 마르크스주의의 국가이익관을 확립하기 위한 기초작업이 시작되었다. 그러나 중국의 국가이익이 이데올로기를 탈피하여 대외정책의 목표가 되어야 한다는 점에는 공감대가 형성되고 있으나 사회주의국가의 특성상 국가이익이 지니게 되는 계급성과 민족성의 결합은 여타 국가의 국가이익에 내포된 함의와는 차별성을 보여주고 있었다.

마르크스주의의 국가론에 의하면, 국가는 한 계급이 다른 계급을 억압하는 도구이며, 국가이익은 통치계급의 이익이 집중적으로 체현된 것으로서 계급성을 지닌다. 마르크스주의는 국가이익을 개인이익과 사회의 공동이익 간의 모순으로 인해 나타난 필연적 산물로 본다. "사유제의 조건 하에서 생산관계 속의 지위가 서로 다른 사람들은 반드시 서로 다른 이익집단을 형성하게 되며, 무엇보다도 먼저 서로 다른 계급을 형성하게 된다. 동일한 계급의 구성원은 공동의 근본이익을 가지고 있으며, 서로 다른 계급의 구성원은 서로 다른 근본이익을 가진다. 이 때문에 개인이익 간의 충돌 및 개인이익과 공동이익 간의 충돌은 계급이익의 충돌로 나타난다. 또한 계급이익의 충돌은 첨예한 계급투쟁을 유발시키며, 사회의 각 계급은 쌍방의 공동이익을 위해서 자신과 사회가 소멸되지 않도록 하기 위해 표면적으로 각

---

2 高金鈿 主編, 「國際戰略學概論」, (北京: 國防大學出版社, 1995), p.44.

3 鄧小平, "結束嚴峻的中美關係要由美國採取主動", 「鄧小平文選」, 第3卷, (北京: 人民出版社, 1993), p.330.

계급을 초월한 공공 권력기기를 필요로 하게 된다. 이와 같이 표면적으로 사회 위에 군림하는 독립적인 공공 권력기기가 국가이며, 그것이 옹호하고 유지하는 것은 형식상으로 각 계급이 공동으로 향유하는 보편적 이익인 국가이익으로 나타난다."[4]

이처럼 계급국가로서의 국가의 이익은 통치지위를 점유하고 있는 계급의 이익에 의해 결정되는 것이기 때문에 국가이익은 선명한 계급의 낙인이 찍히게 된다. 국가이익의 계급성은 국가기기를 장악하고 있는 통치계급이 통치계급의 이익에 유익한 대내외 정책을 수립 및 집행하고, 이데올로기 영역에서의 통치계급의 주도적 지위를 유지 및 발전시키려는 것으로 표출된다. 따라서 마르크스주의는 국가이익의 계급성을 거론하지 않고 국가이익을 일종의 추상적이고 초계급적인 통일체로 간주하는 서방국가의 정치이론을 비판하면서 국제정치 속의 국가이익을 계급성이 있는 것으로 파악하며 그것을 통치계급의 이익과 동일시한다.

그러나 이와 동시에 국가는 민족국가로서 전체 민족의 주권을 대표하는 것이기 때문에 국가이익 역시 전 민족의 이익을 대표하는 민족성을 지니기도 한다. 국내정치 속의 '국가(State)'가 아닌 국제정치 범주의 '국가(Nation)'로서의 민족국가는 계급과 연계되기도 하고 서로 구별되기도 하는 역사적 범주이다. 어떠한 국가라도 모두가 특정한 하나 또는 복수의 민족으로 구성되어 있으며, 따라서 국가이익은 민족성을 지니게 되고 이러한 민족성은 전체 민족과 국가가 공동의 생존과 발전에 필요한 공동이익을 추구하는 것으로 반영된다.

국가는 계급의 국가일 뿐만 아니라 민족의 국가이며 국가의 민족성은 국가이익이 반드시 모종의 초계급성을 지니도록 결정한다. 민족국가에 있어서는 설사 통치계급과 피통치계급, 그리고 영도계급과 피영도계급 간에 대립과 차별이 존재한다 할지라도 그 서로 다른 계급은 대외관계에서 필연적으로 공동의 민족 속성을 표출하게 되기 때문에 모종의 공동이익을 가지게 된다. 때문에 모든 국가의 통치계급은 국제적으로 국가이익을 추구할 때 자국의 민족이익을 고려해야 한다.

이처럼 "한 국가가 처해 있는 국제관계 및 국제적인 중대한 사건을 놓고 통치자가 국제문제에 있어서의 위치 및 특정한 사건에 대한 정책을 확정하려 할 경우

4 倪健中 主編, 「國家安全: 中國的安全空間与21世紀的國略選擇」, 上冊, (北京: 中國國際廣播出版社, 1997), pp.21-22.

통치계급의 이익에 따라 결정할 수 있지만, 그러나 역사적인 상호관계를 무시할 수 없을 뿐더러 국가민족의 전체이익에 위배될 수는 없는 것이다. 국가가 주장하는 이데올로기의 차이로 인해 강렬한 계급성을 지니게 되지만 그로 인해 그 국제관계나 또는 양국 간의 관계가 반드시 일치하게 되는 것은 아니다. 이데올로기가 다른 국가도 어떤 때는 비교적 우호적인 관계로 발전하게 되는 경우도 있다. 국가라는 조직이나 또는 개념이 존재하는 시대에 있어서는 어떠한 계급이라도 국가의 통치계급이 될 때 국가의 초계급적 이익을 벗어날 수가 없다. 이른바 무산계급의 국제주의는 각 국가의 무산계급 및 그 대표로서의 공산당이 통치계급이 될 때 그들 각자의 국제주의에 대한 주장 및 그 집행정책 역시 각자 서로 다르게 나타난다. 이는 곧 국가의 초계급적 이익요소로 인한 것이다."[5]

중국의 경우, 이익의 내용을 기준으로 하여 국가이익을 안보이익, 경제이익, 정치이익으로 분류하는 것이 통례가 되고 있으며, 이들 3자에 대한 기본 관점도 다음과 같이 서술된다:

"주권국가의 안보이익, 경제이익, 정치이익은 상호 연계되어 있으면서 상호 영향을 미치는 유기적인 전체이다. 안보이익은 국가의 생존과 관계되는 것으로서 가장 근본적인 국가이익이다. 국가의 안보가 보장되어야만 비로소 국가의 경제이익과 정치이익을 논할 수 있게 된다. 경제이익은 국가의 생존과 발전에 관계되는 물질적 기초로서 국가의 다른 이익을 결정하는 요소가 된다. 경제이익을 유지 및 보호하고 경제의 번영과 발전을 촉진시키는 것은 국가의 안보를 보장하고 정국의 안정을 유지하는 데 도움이 될 뿐만 아니라 국가의 안보이익과 정치이익을 실현하는 데 강력한 물질적 보장을 제공해준다. 국가의 정치이익은 통치계급의 이익을 구현하는 것이며, 또한 상부구조로서의 국가의 구성부분으로서 계급성을 지닌 국가의 안보이익과 경제이익에 영향을 미친다."[6]

그뿐만 아니라 중국은 개혁과 개방을 추진하면서 국가이익을 근본이익과 중점이익(또는 기본이익)으로 구분하여 안보이익과 정치이익을 근본이익으로, 그리고

---

5 楊公素, 「中華人民共和國外交理論与實踐」, (北京: 北京大學國際關係學院 內部出版發行, 1997), pp.4-5.

6 趙公弼, "略論國家利益問題", 「政治學」, 第3期, (北京: 中國人民大學書報資料中心, 1999), p.72.

경제이익을 중점이익으로 분류한다. 특히 국가이익의 기본요소이자 구체적 이익인 이들 3자 간의 관계는 시대적 상황에 근거한 분량의 대비(對比) 문제일 뿐이며 중점이익을 위해 결코 근본이익이 희생되어서는 안된다는 점이 강조된다.

3) 세력균형에 기초한 국제전략관

모순통제론은 국제정세와 국내문제를 국가이익의 관점에서 파악하도록 할 뿐만 아니라 국제정세에 대한 세력균형론적 접근과 국내문제에 대한 계급통합론적 접근을 유도한다.

중국공산당은 개혁개방 이후 계급이익이 아닌 국가이익에 근거하여 대외관계를 처리하고 있으며, 과거의 계급투쟁론을 탈피하여 서방의 세력균형 이론과 내용을 같이하는 이른바 전략균형론을 제기하고 있다.

전략균형론의 목적인 동시에 반영물인 환경요인으로서의 국제전력구도라는 특정한 역사시기에 있어서 세계의 주요 국가 간이나 또는 주요 국가집단 간에 이익과 역량 대비(對比)를 기초로 하여 형성된 국제적 핵심구조와 전략태세이다. 다시 말해서 국제전략구도란 세계의 정치, 경제, 군가, 경제, 외교 등 각 전략요소의 공간과 지역적 분포 및 분포 및 배치를 가리킨다. 그러나 각 전력요소의 불균형적인 발전은 역량 대비의 변화를 가져다주며, 그 변화의 정도가 임계점을 넘어서게 되면 상대적으로 안정된 기존의 국제전략구도는 붕괴되고 새로운 구도가 형성된다.

그런데 모든 국제전략구도의 형성은 그 구도가 유지되고 운행될 수 있도록 하는 원칙과 규범 및 장치, 즉 그 구도와 상호 조응하는 국제질서의 확립을 필요로 한다. 왜냐하면, 특정한 시기의 국제질서는 특정한 국제구도의 제약과 영향을 받을 뿐만 아니라 그것과 서로 조응해야 하기 때문에 역사상의 모든 국제질서의 교체는 국제구도의 변동 및 교체에 직접적인 영향을 받게 된다.

중국공산당은 당면한 국제전략구도가 양극구도로부터 다극구도로 발전하고 있으며, 이러한 1초다강(1超多强) 전략구도 속에서는 세계경제의 상호의존성이 높아지면서 세계대전의 발생 가능성이 희박한 것으로 판단하고 있다. 그러나 1초다강구도 속의 1극으로 자리 잡고 있는 중국의 지도자들은 중국의 장래가 미국과의 관계 개선 여하에 따라 크게 영향을 받을 것으로 보면서, 현상유지와 현상타파의 국제전략 목표, 영합성(零合性) 국력 대비의 변화, 그리고 정치제도와 이데올로기의 차이를 중미관계의 발전을 가로막고 있는 대표적인 장애요인으로 분석한다.

역사의 교훈은 "미국이 대영제국이라는 경쟁상대가 없었다면 탄생하지 못했을 것이며, 일본의 도전이 없었다면 태평양의 제해권을 장악하지 못했을 것이고, 독일이 2차례에 걸친 세계대전을 일으키지 않았다면 서방의 영수가 될 수 없었을 것이며, 구소련이 없었다면 서방의 영수와 세계의 초강대국으로서 오늘을 지킬 수 없었을 것이다. 때문에 러시아가 지역대국으로 밀려난 지금 새로운 경쟁상대를 찾아 나서야 하는 처지에 있다."[7]는 예측을 가능하게 해 준다.

특히 "지정학적으로 볼 때, 해양국가는 지중해를 통제한 로마제국으로부터 대서양을 통제한 영국을 거쳐 대서양과 태평양을 동시에 장악하고 있는 미국으로 발전하고 있는 데 반해서, 대륙국가는 아주(亞洲)대륙의 동부를 주도했던 중국의 진한(秦漢)제국으로부터 구아(歐亞)대륙을 통제한 몽고제국을 거쳐 구아대륙을 장악한 러시아제국으로 발전했다. 이와 같은 해양국가와 대륙국가 간의 천년전쟁은 미국이 중국을 구아대륙 국가 중의 주요 역량으로 간주할 수 있는 충분한 이유가 될 수 있다."[8] 이 때문에 중국의 많은 전략가들은 "미국이 구아대륙의 중간지대에 위치하면서 해양국가로서의 우세와 대륙국가로서의 특징을 모두 갖추고 있는 중국이 그 2개의 장점을 보완하고 발전시킨다면 세계대국으로 부상할 수 있다고 보면서 중국을 자국의 지정학적 경쟁대상으로 설정하고 있다."[9]는 점에 유념하고 있다.

국제관계의 역사를 볼 때 신흥강국은 흔히 지존의 열강국가와 대결과 충돌을 일으키게 된다. 급격하게 부상한 강국은 세계체제에 가입할 때 필연적으로 자신이 참여하지 않거나 또는 자신의 이익에 부합하지 않는 규칙들을 다시 수립할 것을 요구하게 되며, 이에 반해서 기존의 열강들은 신흥국가의 영도권을 공유하는 문제를 받아들이려 하지 않는 일종의 구조적 전력모순이 존재하게 된다.

요컨대, 중국의 정치지도자들은 "중국은 ①공산당국가로서 독재정치를 신봉하고 있고, ②영토가 넓고 인구가 많으며 발전이 빠르다는 점에서 향후 국제전략구도와 세력균형 국면을 바꾸거나 심지어 미국의 초강대국 지위에 영향을 미칠 것

---

7 朱寧, "中美較量: 誰是贏家", 「科技与國力」, 第6期, (西安: 科技与國力雜誌社, 1999), p.33.

8 上揭書, p.34.

9 上揭書.

이며, ③거대한 이데올로기 장벽이 존재하고 있고, ④아태지역에서 기존 상황을 바꾸어놓을 수 있는 유일한 대국이다."[10]는 이유로 미국의 견제와 압력은 상당한 기간 동안 지속될 것으로 내다보고 있다.

4) 공산주의 발전단계에 기초한 사회주의 초급단계론

중국공산당의 사회주의 초급단계에 관한 논의는 사회주의 실현을 위한 당의 기본노선과 기본정책뿐만 아니라 국가이익의 우선순위를 재정의하는 이론근거를 제공한다.

마르크스에 의하면 공산주의는 높은 단계의 공산주의와 낮은 단계의 공산주의로 구분되는데, 낮은 단계의 공산주의는 통상적으로 사회주의라고 일컫는다. 이처럼 사회주의는 공산주의의 제1단계로서 매우 긴 역사적 단계가 된다. 국가가 소멸하는데 수백 년이 걸렸듯이 사회주의 단계도 수백 년이나 그 이상이 걸릴 수도 있다. 사회주의 단계에서는 능력껏 일하고 일한 것만큼 분배하는[各盡所能, 按勞分配] 원칙을 실행하고, 국가, 집단, 개인의 이익을 결합함으로써 적극성을 동원하며, 사회주의의 생산력을 발전시키게 된다. 이에 반해서 공산주의의 고급단계에서는 생산력이 고도로 발전하고 각자가 능력껏 일하고 필요한 만큼 분배하며(各盡所能, 按需分配), 개인의 이익을 보다 많이 인정하고 개인의 수요를 충족시키게 된다.

따라서 공산주의의 발전단계로 본다면, 중국의 사회주의 초급단계론은 중국사회가 이미 사회주의사회로서 사회주의를 떠날 수 없으며, 그리고 중국의 사회가 자본주의 단계를 뛰어넘어 생산력이 결여된 상태에서 곧바로 사회주의 단계로 진입함으로써 여전히 사회주의의 초급단계에 처해 있으며, 더 이상 공산주의를 향해 전진할 수 없다는 특정적 함의를 지니는 것으로서 다음과 같은 구체적 내용을 포함한다:

첫째, 점차적으로 빈곤을 탈피하고 낙후성을 탈피하는 단계이다.

둘째, 점차적으로 현대화된 산업국가를 실현하는 단계이다.

셋째, 고도로 발전된 상품경제를 실현하는 단계이다.

넷째, 개혁과 탐색을 통해 활력이 넘치는 사회주의 경제, 정치, 문화 체계를 세

---

10 呂有志, "重新審視中國的安全環境", 「國際政治」, 第6期, (北京: 中國人民大學書報資料中心, 2000), pp.95-96.

우고 발전시키는 단계이다.[11]

그러나 덩샤오핑은 초급단계의 사회주의 건설과 관련하여 "우리가 현재 하는 사업은 하나의 새로운 사업으로서, 마르크스가 말한 적도 없고 우리들의 앞 사람들도 말한 적이 없으며 다른 사회주의 국가 역시 한 적이 없는, 그래서 이미 만들어져 배울만한 경험도 전혀 없다."[12]는 점을 특별히 강조했다.

기실, 중국의 사회주의 초급단계는 자본주의의 단계를 거치지 않아 생산력이 낙후되고, 상품경제가 발달하지 않은 조건 하에서 생산자료의 공유제를 기초로 하는 사회주의 경제를 발전시키고자 함으로써 필연적으로 당면하게 되는 과정이며, 과거로 되돌아가 이른바 상품사회주의라는 이름의 자본주의를 학습하게 되는 특정한 단계를 가리킨다. 바로 이 특정한 단계의 성격은 사회주의 경제기초가 굳혀지지 않은 과도기와 다르며, 이미 사회주의 현대화를 실현한 단계와도 구분된다. 다시 말해서 중국의 사회주의는 반식민·반봉건적(半植民·半封建的) 동방대국에서 잉태된 것이기 때문에 정치와 경제 및 문화 분야에서 초급형태의 사회주의 특징을 지니게 된다.

이처럼 사회주의 초급단계론은 계급투쟁이 아닌 인민들의 나날이 증가하고 있는 물질문화의 수요와 낙후된 사회생산력 간의 모순을 주요 모순으로 규정하고 그 주요 모순을 해결하기 위한 방법으로 상품경제의 활성화를 통한 생산력의 발전을 요구한다. 따라서 중국사회뿐만 아니라 중국공산당의 근본 임무도 빈곤과 낙후성을 탈피하기 위한 사회생산력의 발전에 집중되며, 중국의 국가이익 역시 경제이익이 그 중심을 이루게 된다.

3. 개혁노선의 의사결정 원칙과 구조

1) 당·국가 관계의 특성

마르크스주의에 의하면, "정당과 국가기관은 모두 특정한 경제기초 위에서 건

---

11 中國毛澤東思想理論与實踐硏究會理事會 編, 「毛澤東思想辭典」, (北京: 中共中央党校出版社,1989), p.265.

12 鄧小平, "十三大的兩個特点", 「鄧小平文選」, 第3卷, (北京: 人民出版社, 1993), p.258.

립되어 그것을 위해 복무하는 상부구조이다. 사회주의사회에 있어서 당과 국가기관은 모두 무산계급독재의 도구로서 인민을 위해 복무하는 사회의 공복이다. 그 기본목표는 모두 사회주의를 건설하고 공산주의를 실현하는 것이며, 그 근본임무는 모두 사회생산력을 발전시키고 고도의 사회주의 물질문명과 정신문명을 건설하는 것이다."[13]

그뿐만 아니라 마르크스주의에 의하면, 당과 국가는 분리될 수 없는 통일체이긴 하지만 당은 하나의 자각적인 계급정당으로서 사회의 공공권위가 아니라는 점에서 국가정권과 구별된다. 국가는 그 계급내용을 벗어날 수는 없지만 형식적으로 전체 사회의 대표로서 정당과는 달리 전체 사회를 직접적으로 간여하고 관리하게 된다. 따라서 국가가 인류사회 속으로부터 분화되어 나온 관리기구로서 전문적인 관리업무를 담당하는 데 반해서 정당은 한 계급의 조직으로서 국가에 대한 총체적 영도를 진행하게 된다.

"중국공산당은 중국 노동자계급의 선봉대이고, 중국 각 민족 인민의 충실한 대표이며, 중국의 사회주의 사업을 영도하는 핵심이다. 당의 최종목표는 공산주의 사회제도를 실현하는 것이다. 중국공산당은 마르크스레닌주의와 마오쩌둥사상 및 덩샤오핑이론을 행동지침으로 삼는다."[14]

영도핵심으로서의 중국공산당의 역할은 지렛대와 전도장치로서의 국가정권기관과 비당조직을 통해 당의 노선과 방침 및 정책을 효율적으로 관철함으로써 최대로 발휘된다. 중국공산당이 핵심적 영도를 실현하는 경로는 다음과 같다:

첫째, 당은 마르크스주의 이론과 자국의 구체적 실제에 근거하여 인민대중의 근본이익에 부합하는 노선과 방침 및 정책을 수립하며, 그것을 법정절차에 따라 국가의 의지로 전환한다.

둘째, 당 조직의 사상과 정치 사업, 그리고 선전과 교육 사업을 통해 국가기관, 경제조직, 문화조직, 그리고 대중단체와의 협조관계를 유지함은 물론, 이들 기관과 조직 및 단체가 적극적인 역할을 발휘하도록 함으로써 당의 노선과 방침 및 정책이 관철되고 집행되는 것을 보장한다.

---

13 王滬寧 主編, 「政治的邏輯: 馬克思主義政治學原理」, (上海: 人民出版社, 1994), p.420.

14 烏杰 主編, 「回眸世紀潮: 中國共産党"1大"到"15大"珍典紀實」(下卷), (北京: 國家行政學院出版社, 1998), p.2558.

셋째, 국가기관에 주요 영도간부를 추천하며, 이들이 법정절차를 통해 영도 직위에 진입하도록 한다.

넷째, 당 자체의 건설을 강화하고 당의 조직사업을 철저히 하여 전체 당원이 정치생활과 사회생활의 각 영역에서 선봉적이고 모범적인 역할을 수행함으로써 많은 인민대중이 당의 장기적인 분투목표와 현 단계에서의 기본임무를 실현하기 위해 분투하도록 선도한다.

2) 중국공산당의 영도 원칙과 기본내용

덩샤오핑은 1979년 3월에 개최된 전국이론사업학술토론회[務虛會]에서 4개견지(4個堅持)를 제기했으며, 그 내용은 사회주의의 길, 인민민주독재, 중국공산당의 영도, 그리고 마르크스레닌주의와 마오쩌둥사상을 견지하는 것이었다. 이 4개의 견지는 상호 연계된 것이며, 이중에서도 가장 중요한 것은 중국공산당의 영도를 견지하는 것이었다.

기실, 중국공산당의 영도는 사상영도와 정치영도 및 조직영도를 포함하며, 이들 3자는 통일적인 불가분의 전체로 나타난다. 사상영도는 정치영도와 조직영도를 실현하는 기초와 전제이며, 정치영도는 방향과 노선의 문제이고, 조직영도는 정치영도의 실현을 제도적으로 보증하는 것이다.

첫째, 중국공산당의 사상영도는 "변증유물주의와 역사유물주의의 세계관과 방법론에 근거하여 당의 선전과 교육 사업, 그리고 사상과 정치 사업을 통해 실행하는 영도이다. 당의 사상영도는 당의 영도에 있어서 중요한 구성부분이며 당의 정치영도와 조직영도를 실현하는 기초와 전제가 된다."[15]

당 제11기「3중전회」이래 덩샤오핑 체제는 이론을 실제와 연계하고, 실사구시적이며, 실천을 통해 진리를 검증하고 진리를 발전시키는 사상노선을 견지하면서, 사상과 정치 사업을 사회주의 건설과 개혁의 각 영역에 일관되도록 하고, 인민들이 사회주의의 적극성과 창조성을 충분히 발휘하도록 격려하며, 중국 특색의 현대화된 사회주의를 건설하기 위해 분투하도록 하는 것을 사상영도의 핵심 내용을 삼았다.

---

15 中國毛澤東思想理論与實踐研究會理事會 編,「毛澤東思想辭典」, (北京: 中共中央党校出版社, 1989), pp.210-211.

둘째, 중국공산당의 정치영도는 "마르크스주의 이론과 특정한 시기에 있어서 당면한 객관적이고 실제적인 상황에 근거하여 강령, 노선, 방침 및 정책을 수립함으로써 전국 인민의 행동을 통일시키고 당이 국가기관 및 대중조직과 협조관계를 유지하도록 하는 것이다. 정치영도는 정치원칙과 정치방향 및 중대한 정책결정의 영도, 그리고 국가정권기관에 대한 주요 간부의 추천을 포함한다. 정치원칙의 영도는 가장 기본적인 정치원칙에 근거하여 사회주의 건설사업에 대한 총체적이고 거시적인 영도를 진행하는 것이다. 정치방향의 영도는 정확한 강령, 노선을 제정하고, 장기적인 분투목표와 현 단계의 임무를 규정함으로써 인민들이 정확한 방향과 길을 따라 전진하도록 하는 것이다. 그리고 중대한 의사결정의 영도는 당의 중대한 정책을 제정하고 실행하는 것이다. 당이 국가 사무에 대해 정치영도를 실행하는 주요 방식은, 당의 주장을 법정절차를 통해 국가의 의지로 바꾸며, 당 조직의 활동과 당원의 모범적 역할을 통해 많은 인민대중을 이끌어 당의 노선과 방침 및 정책을 실현하는 것이다."[16]

당 제11기 「3중전회」 이래 덩샤오핑 체제는 1개 중심, 2개 기본점을 정치영도의 중심내용으로 설정하고 있다. 1개 중심이란 경제건설을 가리키고, 2개 기본점이라 4개견지와 개혁개방을 일컫는다.

셋째, 중국공산당의 조직영도는 "엄격하고 신중한 조직사업과 간부사업을 통해 실현하는 영도이다. 다시 말해서 그것은 건전한 당 조직을 건설하고, 당원 간부를 양성, 선발, 임용, 감독하며, 당 조직과 당원 간부를 통해 당의 노선과 방침 및 정책의 집행을 보장받는 것이다. 당의 조직영도는 당의 정치영도를 위해 복무하며, 당의 정치영도를 실현하는 것을 조직적으로 보장하는 것이다."[17]

당 제11기 「3중전회」 이래 덩샤오핑 영도체제는 사회주의 초급단계의 기본노선으로 확정된 정치노선을 보장하기 위해 혁명화·지식화·전문화·연소화의 4화(4化) 간부대오를 건설하는 것을 당 조직영도의 기본요구로 설정하고 있다. 당의 각급 조직은 이를 당원과 간부를 양성, 선발, 임용하는 기준으로 삼을 뿐만 아니라 국가기관을 향해 주요 간부를 추천하며, 이들을 법정절차에 따라 영도 직위로 진입시키고 있다. 당은 반드시 민주집중제와 집단영도원칙을 엄격하게 실행하는 조직

---

16 上揭書, p.209.

17 上揭書, pp.209-210.

사업을 견지하고, 국가의 각급 기관과 각급 인민단체에 대해 협조하고 보증하며 감독하는 역할을 행사해야 한다.

【중국공산당의 개혁개방노선과 의사결정구조】

최고강령	■ **최종분투목표** • 공산주의 실현
↓	
최저강령	■ **단계별 분투목표** • 중국 특색의 사회주의 실현 ■ 지도사상 • 마르크스레닌주의와 마오쩌둥 사상 및 덩샤오핑 이론
↓	
기본노선	■ **1개 중심, 2개 기본점** • 1개 중심: 경제발전 • 2개 기본점: 개혁개방과 4개견지 ■ **4개견지** • 사회주의의 길 • 인민민주독재 • 중국공산당의 영도 • 마르크스레닌주의와 마오쩌둥 사상
↓	
기본임무	• 현대화 • 조국통일 • 반패권→세계평화 유지와 공동발전 촉진
↓	
기본방침과 기본정책	• 당의 영도력 강화 • 경제개혁 심화 • 경제개방 확대 • 사회주의시장경제 정착 • 사회주의 물질문명과 정신문명 건설 • 사회주의 민주와 법제 건설 • 일국양제의 조기실현

3) 중국공산당의 의사결정 구조

(1) 강령

중국공산당에 있어서 “당의 강령은 곧 당의 기본적인 정치적 주장이다. 당의 강령은 당의 분투목표와 그 목표를 실천하는 행동노선을 규정하고, 당의 성격을 체현하며, 당의 운동 수준을 반영하는 것으로서 전체 당원이 반드시 준수해야 하는 기본준칙이다."[18] 다시 말해서 "당의 강령은 당의 분투목표로서 최종목표와 중단기목표를 포함할 뿐만 아니라 최고강령과 최저강령으로 구분된다. 최고강령은 당이 궁극적으로 추구하고자 하는 분투목표로서 사회주의와 공산주의의 실현을 의미하는 것인 데 반해서 최저강령은 사회주의혁명이나 건설의 특정한 단계에서의 당의 분투목표를 가리킨다."[19]

분투목표인 동시에 반드시 준수해야 하는 기본준칙으로서의 중국공산당의 강령은 다음의 2개 단계로 구분된다. 최종적 분투목표인 최고강령은 공산주의 사회를 실현하는 것이며, 특정한 시기에 있어서의 분투목표인 최저강령은 사회주의 초급단계론에 근거하여 중국 특색의 사회주의를 실현하는 것이다.

(2) 노선

중국공산당에 있어서 "당의 노선은 당이 특정한 역사시기에 있어서 확정한 목표, 그리고 그것을 실현하기 위해 반드시 준수해야 하는 기본준칙과 기본방침 및 기본정책이다. 당의 노선은 기본노선과 구체적 사업노선으로 구분된다. 당의 기본노선은 내용의 측면에서 사상노선과 정치노선 및 조직노선으로 구별되기도 한다. 그리고 당의 구체적 사업노선은 기본노선의 제약을 받으며 기본노선을 위해 복무하는 것이다."[20]

특히 당의 기본노선은 통상적으로 무산계급 정당이 특정한 역사적 시기나 또는 특정한 역사적 단계에서 수립하여 각 분야의 사업을 지도하는 기본강령을 가리키는 것이다. 때문에 당의 기본노선에 포함되는 내용은 사실상 정치노선의 내용과 동일한 것이 된다.

중국공산당은 1987년 10월 25일에 개최된 제13기 전국대표대회에서 당 제11기 「3중전회」 이후의 개혁개방과 현대화 건설의 실천을 총결산하면서 사회주의 초급단계에 관한 이론을 확립하고, 그 사회주의 초급단계에서의 당의 기본노선을 다음과 같이 확정했다:

"경제건설을 중심으로 하며, 4개항 기본원칙을 견지하고, 개혁개방을 견지하

---

18 閻世奎, 「党對軍隊絶對領導理論与實踐」, (北京: 軍事科學出版社, 1993), p.92.

19 中國毛澤東思想理論与實踐硏究會理事會 编, 前揭書, pp.183-184.

20 閻世奎, 前揭書.

며, 자력갱생하고 창업에 각고분투하며, 중국을 부강하고 민주적이며 문명적인 사회주의 현대화국가로 건설하기 위해 분투하도록 전국 각 민족의 인민을 영도하고 단결시킨다."[21]

사회주의 초급단계에 있어서의 중국공산당의 기본노선은 한 마디로 "1개 중심, 2개 기본점"이다. 앞에서도 이미 언급했지만 여기서 1개 중심은 경제건설을 말하며, 2개 기본점은 4개항 기본원칙과 개혁개방을 견지하는 것이다.

중국공산당의 노선은 사상노선과 정치노선 및 조직노선을 포함한다. 그런데 "중국공산당의 사상노선은 당이 정치노선과 각항 방침과 정책을 수립하는 데 있어서 기초가 되는 것이며, 당의 노선과 방침 및 정책을 정확히 이해하고 집행하는 것을 보장하는 것이다. 현 단계에서 당의 사상노선은 모든 것은 실제로부터 출발하며, 이론과 실제를 연계시키고, 실사구시하며, 실천을 통해 진리를 검증하고 진리를 발전시키는 것이다."[22]

또한 "중국공산당의 정치노선은 특정한 역사적 시기에 있어서 당의 정치목표를 실현하기 위해 수립된 행동강령과 기본준칙이다. 일반적으로 말해서 당의 기본노선을 가리키는 것으로서 당의 사상, 조직, 경제, 군사 등 노선에 대해 상대적으로 말하는 것이다. 현 단계에 있어서 당의 정치노선은 중국 특색의 사회주의를 건설하는 것이다."[23]

그뿐만 아니라 "중국공산당의 조직노선은 자체의 사상노선과 정치노선이 성공적으로 관철되고 집행될 수 있도록 보장하기 위해 수립한 조직사업과 간부사업의 기본방침에 관한 준칙이다. 조직노선은 조직영도, 조직원칙, 조직제도, 조직기구, 당원과 간부의 기준, 당이 간부정책과 간부대오의 건설, 당내의 정치생활 준칙을 포함한다."[24]

(3) 임무

중국공산당에 있어서 당의 강령과 기본노선은 당의 기본임무를 결정한다.

---

21 上揭書, pp.185-186.

22 中國毛澤東思想理論与實踐研究會理事會 編, 前揭書, p.185.

23 上揭書, pp.185-186.

24 上揭書, p.187.

1980년 1월 16일 덩샤오핑은 "80년대에 우리들이 해야 하는 주요한 것은 3가지 일이다:

① 국제문제 속에서 패권주의를 반대하고 세계평화를 유지 및 보호하는 것이며,
② 타이완을 조국에 되돌아오도록 하여 조국통일을 실현하는 것이고,
③ 경제건설에 박차를 가하는 것으로서 이는 곧 4개현대화 건설에 박차를 가하는 것이다.

이 3가지 일의 핵심은 현대화 건설이다. 그것은 국내외 문제를 해결하는 기초이다."라고 언급했다. 즉 반패권과 조국통일 및 경제건설의 3대 사업은 중국공산당이 생존과 발전을 위해 달성해야 하는 중국공산당의 기본임무가 된다.

(4) 정책

중국공산당에 있어서 당의 강령이나 노선과는 달리 당의 "정책은 국가와 정당이 특정한 역사적 시기의 노선과 임무를 실현하기 위해 규정한 행동준칙이다. 기본정책은 왕왕 기본노선이나 기본임무와 함께 논의된다. 기본정책은 무산계급 정당이 특정한 역사적 시기나 또는 역사적 단계에서 수립하여 각 분야의 사업을 지도하는 기본방침과 원칙이다."[25]

덩샤오핑 영도체제의 중국공산당의 경우, 공산주의의 실현이라는 최고강령의 이전단계로서 중국 특색의 사회주의 실현이라는 최저강령을 표방하고 있으며, 최저강령을 실현하기 위해 기본노선이 확정되는데 사회주의 초급단계론을 그 이론 근거로 삼는다. 그런데 1개 중심과 2개 기본점을 핵심내용으로 하는 당의 기본노선은 당의 총임무를 규정하게 된다. 수행해야 하는 대상과 목표를 기본내용으로 하는 당의 기본임무는 경제건설, 반패권주의, 그리고 조국통일로 규정된다. 이어서 설정된 대상과 목표를 실현하기 위한 기본정책이 수립되며, 당의 기본정책은 영역별 정책으로 구체화되고 이를 집행하기 위한 구체적 행동노선으로 확정된다.

25 上揭書, pp.186-187.

제2절

당의 영도체제와 군사영도기구의 개혁

1. 당 영도체제의 개혁

현대화의 실현은 당의 영도를 개혁하는 것에서부터 출발해야 하며, 그 개혁은 당의 영도제도를 개혁하는 것과 간부구조를 개혁하는 것이 동시적으로 이루어져야 한다. 덩샤오핑은 4개현대화의 실현을 위한 당의 영도와 관련하여 다음과 같이 말했다:

“당의 영도를 견지할 뿐만 아니라 개선해야만 다른 사업을 이끌고 우리의 임무를 완수할 수 있다고 생각한다. 우리는 4개항 기본원칙을 견지하며, 이는 사회주의를 견지하고, 무산계급독재를 견지하고, 마르크스레닌주의와 마오쩌둥사상을 견지하며, 당의 영도를 견지하는 것인데, 이 4개 견지의 핵심은 당의 영도를 견지하는 것이다. 우리의 이 당은 마르크스레닌주의와 마오쩌둥사상의 당이며, 사회주의 사업을 영도하고 무산계급독재를 영도하는 핵심역량이며, 사회주의와 공산주의 의식을 가지고 혁명적 기율을 가진 무산계급의 선진대오이다.”[26]

덩샤오핑은 당의 영도제도를 개혁하기 위해 시급히 해결해야 하는 핵심과제로서 당 내에 존재하고 있는 “관료주의 현상, 권력의 과도한 집중 현상, 가부장제 현상, 간부 영도직무의 종신제 현상, 그리고 형형색색의 특권 현상”을 지적했으며, 이를 극복하기 위한 방향과 방법을 다음과 같이 설명했다:

첫째, 권력이 지나치게 집중되어서는 안 된다. 권력의 지나친 집중은 사회주의 민주제도와 민주집중제의 실행을 방해하고, 사회주의 건설의 발전을 방해하며, 집단적 지혜의 발휘를 방해하고, 개인의 독단적 결정을 용이하게 하며, 집단영도를 파괴하고, 새로운 조건 하에서 관료주의를 만들어 내는 중요한 원인이 된다.

---

26 鄧小平, “目前的形勢和任務”, 「鄧小平文選」, 第2卷, (北京: 人民出版社, 1994), p.266.

둘째, 겸직(兼職)과 부직(副職)이 지나치게 많아서는 안 된다. 개인의 지식, 경험, 정력은 유한한 것이며, 좌와 우, 그리고 위와 아래로 겸직이 지나치게 많으면 깊이 있게 사업하기가 어려우며, 특히 더 많이 더 적합한 동지들을 선발하여 영도 사업을 담당하도록 하는 것을 방해하게 된다. 부직이 지나치게 많으면 효율을 높이기가 어려우며, 관료주의와 형식주의를 손쉽게 조장하게 된다.

셋째, 당과 정부가 구분되지 않고, 당이 정부를 대신하는 문제를 해결하는데 착수해야 한다. 중앙의 일부 주요 영도동지들은 정부의 직무를 겸임하지 않고, 정력을 집중하여 당을 관장하고, 노선과 방침 및 정책을 관장할 수 있게 된다. 이렇게 함으로써 중앙의 통일적 영도를 강화하고 개선하는 데 도움이 되고, 각급 정부가 위로부터 아래로 향한 강력한 사업체계를 확립하고, 정부의 직권범위의 사업을 훌륭히 관장하는 데 도움이 된다.

넷째, 장기적인 관점에서 고려하여, 업무를 인계하는 문제를 순조롭게 해결해야 한다. 나이가 든 동지들은 당과 국가의 귀중한 재부이며, 책임이 중대하며, 현재 그들의 제1차적 임무는 당 조직이 후임자를 정확하게 선택하도록 돕는 것이다. 이는 엄중한 직책이다. 비교적 젊은 동지들이 제1선으로 가도록 하고, 나이가 든 동지들은 그들의 참모가 되며, 그들의 사업을 지지하는데, 이는 당과 정부가 정확하게 영도하는 연속성과 안정성을 유지하는 중대한 전략적 조치이다.[27]

권력의 과도한 집중 현상을 해결하기 위해 그동안 당이 장악했던 권력을 국가에 되돌려주는 이른바 당·정 분리로부터 시작된 당의 영도체제 개혁은 인민해방군이 중국의 정치에서 차지하고 있는 위치와 비중을 고려할 때 군사분야의 개혁으로 이어지는 것은 당연한 수순이었다. 이미 앞에서 한 번 언급되었지만, 덩샤오핑은 일찍이 인민해방군 내에 존재하고 있는 적폐현상을 직설적으로 지적하면서 군사 개혁의 당위성과 필요성을 강조했다.

그러나 군사 개혁은 군대가 국가의 군대가 아닌 당의 군대로서 당권을 보증하는 주춧돌이라는 점에서 보면 자신의 권력을 공고히 해야 하는 덩샤오핑의 입장에서도 "당이 총검을 지휘한다."는 기본원칙은 외면할 수 없게 된다. 이처럼 당·군

27 鄧小平, "党和國家領導制度的改革", 「鄧小平文選」, 第2卷, (北京: 人民出版社, 1994), p.321.

분리는 당·정 분리와는 그 성격 자체가 완전히 다른 차원의 문제로서 절대로 분리될 수 없는 것이기에 인민해방군 총정치부 주임인 웨이궈칭(韋國淸)과 총참모장인 양더즈(楊得志)는 '4개견지'를 재차 언급하면서 당의 군대에 대한 절대적 영도를 견지하기 위한 4가지 요구를 제기했다:

첫째, 당의 절대적 영도를 견지하는 데 있어서 가장 근본적인 것은 당의 혁명노선과 방침 및 정책의 영도를 견지하는 것이며, 당의 전략적 전환을 확고히 옹호하는 것이다.

둘째, 당의 절대적 영도를 견지하는 것은 모든 것이 당의 지휘에 복종하며, 당이 부여한 임무를 끝까지 수행하는 것이다.

셋째, 당의 절대적 영도를 견지하는 것은 군대의 정치사업을 견지하고, 마르크스레닌주의와 마오쩌둥사상으로 군대를 교육하는 것이며, 이는 당이 군대에 대해 절대적 영도를 실시하는 견실한 기초이다. 그러나 교조주의적 태도로서 마오쩌둥사상을 대하고, 기존의 틀에 박힌 공식을 기계적으로 외우는 것을 반대해야 하며, 또 한편으로 마오쩌둥사상에 대해 전반적으로 부정하는 입장을 취하고, 그것이 이미 지도적 의의를 상실했다고 생각하며, 그것을 학습하고 운용하는 것을 거부하는 것을 반대해야 한다.

넷째, 당의 절대적 영도를 견지하는 것은 당의 영도를 확실하게 믿고 필승의 신념을 확립하는 것이다.

어쨌든 당 제11기 「3중전회」 이래의 정치노선은 당의 영도, 역할, 그리고 기능을 전문화하고, 현대화된 지식과 기술 능력을 요구하는 것에 편중되어 있었다. 이 때문에 군사 영도권과 지휘권을 장악한 덩샤오핑은 당·정 분리와 보조를 맞추기 위해 인민해방군의 영도체제에 대한 상응한 개혁조치를 염두에 두고 있었지만, 그러나 군사영도체제의 미래와 관련해서 그 범위를 당·군 분리로 확대할 것인지, 아니면 상징적인 개혁에 국한시킬 것인지를 결정해야만 했다.

이 문제와 관련하여 덩샤오핑은 개인 야심가의 출현을 방지하는 관건이 당중앙군사위원회에 있다고 보면서, 군대가 당과 정부를 간여할 수 없도록 하기 위해서는 당중앙군사위원회의 권력이 진일보 개선될 필요가 있다고 생각했으며, 당중앙군사위원회의 영도간부는 가급적 당무와 정무를 멀리하는 것이 바람직하다는 의견을 피력하기도 했다. 이처럼 덩샤오핑은 당·군 분리 문제에 관해서는 역대 지도자들과 마찬가지로 군대가 당과 정부를 간여하도록 하는 것이 아니라 군대가 반드시 당의 절대적 영도에 복종하도록 하는 범주를 벗어나지 않았다.

2. 당·정 관계와 국가 주석직 부활

중국에 있어서 당과 국가의 관계는 국가기구의 권력 메커니즘, 인사 안배 및 기타 고위급 권력의 운용을 포함하여 모두 성문화되지 않은 관습에 의해 추동된다. 중국공산당은 통상적으로 국가기구를 통제하기 위해 국가 기구 내에 당 조직을 설치하여 각 기관의 행정을 감시하고 감독한다. 당의 서기처에 많은 부문을 설치하여, 층층이 수평적 관계의 국가기구를 지도한다. 그뿐만 아니라 당 중앙이 국무원 총리, 인민대표대회 상무위원회 위원장, 국가 주석 및 각 부문의 책임자 지명을 결정한다. 모든 각급 행정기관의 주요 책임자는 각급 당 위원회의 지명을 거쳐 임명된다.

예를 들어 82헌법에 의하면, "국가 주석과 중앙군사위원회는 모두 전국인민대표대회가 선거를 통해 선출한다."고 되어 있지만, 누가 후보자를 추천하거나 지명하는지는 분명하게 규정하지 않았으며, 과거의 관습에 근거하여 당연히 당 중앙이 지명하는 것으로 알려져 있다. 전국인민대표대회는 지명을 받은 자를 선거를 통해 선출하면 된다.

국무원 총리의 인선도 마찬가지이다. 국가 주석이 지명한다고 되어 있지만, 국가 주석은 지명 전에 반드시 당 중앙의 지시를 기다려 결정해야 하기 때문에 결과적으로는 당의 지명에 의해 결정되는 것이 된다. 이처럼 많은 행정권력은 헌법의 조문이 규정한 대로 작동되지 않으며, 성문화된 헌법이 아닌 당의 성문화되지 않은 '법'에 의해 좌우된다.

중국공산당의 논리에 따르면, 당의 국가에 대한 영도는 주로 마르크스레닌주의와 마오쩌둥 사상의 지도에 의지하며, 실사구시의 사상노선에 근거하여 객관적 실제와 인민이익에 부합하는 정확한 방침과 정책을 제기하는 것을 통해 실현된다. 이와 동시에 당원과 간부가 국가기구 속에서 적극적으로 역할을 하고 모범적으로 행동하며, 각급 당 조직이 대중들에게 사상과 정치 교육을 실시하고 대중과 밀접하게 연계하는 것을 통해 실현하게 된다.

요컨대, 당이 그 주장과 방침 및 정책을 재기하게 되면, 국가권력기관에 의해 접수될 뿐만 아니라 국가의 제도와 법률로 만들어진다. 그런 후에 모든 공산당원과 간부는 각자의 위치에서 그 제도와 법률을 유지하기 위해 투쟁할 뿐만 아니라 앞장서서 그 제도와 법률을 준수하며, 인민대중과 광범위하게 연계하고, 대중들이 그 제도와 법률을 준수하도록 교육하고 지도한다. 따라서 국가의 헌법과 법률을 준수하는 것은 결과적으로 당의 영도를 견지하는 것이 된다.

중국의 국가 주석직은 1954년 헌법에 의해 신설되었다. 82헌법이 공포되기 이전, 국가 주석은 1954년부터 1959년까지는 마오쩌둥이, 1959년부터 1965년까지는 류사오치(劉少奇)가 역임했으며, 주석직은 문화혁명 이후에 개정된 헌법에 따라 폐지되었다.

82헌법에 따라 부활된 국가 주석직은 군대에 대한 통제권을 가지고 있지 않으며, 최고국무회의를 소집할 권한을 가지고 있지 않다. 그러나 54헌법은 국가 주석이 명의상으로 국가 원수일 뿐만 아니라 전국 무장역량의 통수임을 규정하고 있었으며, 국가 주석이 국방위원회 주석직을 맡고, 필요시 최고국무회의를 소집하며, 그 주석직을 맡도록 규정하고 있었다.

3. 국가중앙군사위원회의 신설

주지하다시피 중국공산당은 장기간 동안 2개의 중앙군사위원회 영도체제를 가지고 있었다. 1935년 1월 중국공산당은 구이저우(貴州)에서 준이(遵義)회의를 소집하고, 중국공산당 중앙군사위원회를 개편할 때 마오쩌둥, 왕자샹(王稼祥), 저우언라이 3인영도소조를 구성했으나 소비에트 중앙정부군사위원회는 그대로 남겨두어 주더(朱德)가 그 주석 명의로 공문을 발표하는 데 서명하도록 했다. 당시 진정으로 중국공산당이 최고 군사영도권과 지휘권을 장악하고 있었던 것은 주더가 아닌 마오쩌둥이었다.

중국공산당은 1949년 10월 1일 중화인민공화국을 수립한 이후〈중국인민정치협상회의〉와 〈중화인민공화국중앙인민정부조직법〉의 규정에 근거하여 국가의 최고 군사지휘기구로서 중국인민해방군 및 기타 무장역량을 통일적으로 관할하고 지휘하는 인민혁명군사위원회를 설립했다. 당시 마오쩌둥은 중국공산당 중앙위원회 주석, 중화인민공화국 중앙인민정부 주석, 그리고 인민혁명군사위원회 주석으로서 무장역량의 최고 통수권자였으며, 인민혁명군사위원회는 중국공산당의 장성들로 구성되었다.

1954년 9월 20일 제1기 전국인민대표대회에서 통과 및 공포된 〈중화인민공화국헌법〉에 따라 중앙인민정부 인민혁명군사위원회가 폐지되었으며, 그 대신에 중화인민공화국 주석이 전국의 무장역량을 통솔하고 국방위원회 주석직을 맡기 시작했다. 제2기 전국인민대표대회 1차회의는 국방위원회와 국방부를 설치하고, 중국인민해방군 총사령직을 폐지하기로 결정했다. 국방위원회는 여전히 중국공산당과 당외 고위장성들로 구성되었으며, 사실상 통일전선의 성격을 띠는 명의상의 국가영도기구였다.

중국공산당 중앙정치국은 1954년 9월 28일 〈당의 군사위원회를 설립하는 것에 관한 결의〉를 통해 과거와 같이 중앙정치국과 서기처 예하에 당의 군사위원회를 설립하여 모든 군사사업을 영도하도록 해야 한다고 지적했다. 따라서 중앙정치국과 서기처 및 당군사위원회의 군사사업에 관한 결정은 당군사위원회의 명의로 내부계통을 통해 하달되었으며, 반드시 공개적으로 공포해야 하는 명령과 지시는 국무원이나 국방부의 명의로 하달되기 시작했다. 당시 마오쩌둥은 중국공산당 중앙 주석, 국가 주석, 중국공산당 중앙군사위원회 주석, 그리고 국방위원회 주석으로서 무장역량의 최고 통수권자였다. 그리고 펑더화이(彭德懷)는 중국공산당 중앙군사위원회의 일상업무를 주관했으며, 국무원 부총리 겸 국방부장과 국방위원회 부주석직을 맡고 있었다.

1958년 7월에 이르러 중국공산당 중앙군사위원회 확대회의는 〈조직체계의 개편에 관한 결의〉를 통과시켰으며, 이 결의의 규정에 따라 당중앙군사위원회가 중국공산당 중앙의 군사사업 부서로서 전 군을 통일적으로 영도하고, 당중앙군사위원회 주석이 전 군을 통솔하기 시작했으며, 국방부는 단지 당중앙군사위원회의 대외적 명칭에 불과하게 되었다. 당중앙군사위원회의 결정사항으로서 국무원의 비준이나 또는 행정명의로 하달할 필요가 있는 것은 모두 국방부의 서명을 통해 처리되었다. 그 후 1959년 4월과 1965년 1월에 각각 소집된 제2기와 제3기 전국인민대표대회는 류사오치(劉少奇)를 국가 주석과 국방위원회 주석으로 선출했다. 그러나 마오쩌둥은 여전히 중국공산당 주석과 당중앙군사위원회 주석으로서 전국의 무장역량을 통솔하고 있었다.

문화대혁명 이후에는 당의 군대에 대한 영도체제가 더욱 강화되었다. 1975년과 1978년에 각각 통과된 중화인민공화국 헌법의 규정에 따라 중화인민공화국의 무장역량은 중국공산당 중앙위원회 주석이 통솔하기 시작했으며, 국가는 더 이상 국방위원회를 설치하지 않게 되었다.

개혁개방 후인 1982년 9월에 개최된 제5기 전국인민대표대회 5차회의는 4번째의 새로운 헌법을 통과시켰다. "국가중앙군사위원회는 전국 무장역량을 영도하고, … 중앙군사위원회는 주석책임제를 실시하며,"〔제93조〕 "중앙군사위원회 주석은 전국인민대표대회와 그 상무위원회에 책임을 지고,"〔제94조〕 "중앙군사위원회 주석은 전국인민대표대회가 선거를 통해 선출하며, 그 구성원은 중앙군사위원회 주석의 지명을 거쳐 전국인민대표대회가 인선을 결정한다."〔제62조〕 이 82 헌법의 규정에 따르면, 국가중앙군사위원회 주석은 국가 주석과 수평적 위치에 있으며, 국가중앙군사위원회가 국가 주석에 예속되지 않는다는 것을 의미한다.

중국공산당 장정도 총서기를 중국공산당 중앙위원회가 선출하는 것으로 규정하고 있으며, 당중앙군사위원회 위원들도 당중앙위원회에서 선출한다. 이는 당중앙군사위원회 주석이 당중앙위원회 총서기와 같은 수준으로 높다는 것을 의미한다. 어쨌든 당 총서기가 관례에 따라 당중앙군사위원회 주석직을 겸임하고 있으며, 중앙군사위원회가 중국공산당과 국가의 일부일지라도 특수한 관계를 가진다.

물론, 국가 주석이나 또는 당 총서기가 동시에 국가나 또는 당 중앙군사위원회의 주석직을 겸임해야 한다는 것을 요구하는 분명한 조문이나 규정은 어디에서도 확인되지 않고 있다.

중국공산당 중앙정치국 상무위원회 위원이 각각 일정한 영역을 분담하여 책임지는 집단영도체제 하에서도 군사분야만은 오직 당 총서기의 수중에 있으며, 그 권력은 다른 정치국 상무위원들과 공유하지 않는다. 다른 당이나 또는 국가기구에 의한 군대 통제는 불가피하게 당 총서기의 군사영도지휘권을 약화시킬 것이기 때문에 중국공산당의 총서기 입장에서는 거의 독립적 실체인 군대를 감시하고 통제하는 장치를 강화할 수밖에 없게 된다.

이처럼 국가중앙군사위원회가 설립되었지만 당중앙군사위원회가 여전히 존재함으로 인해서 2개의 중앙군사위원회가 있게 된 셈이었다. 그러나 국가중앙군사위원회의 구성원이 모두 당중앙군사위원회의 구성원과 동일 인물이라는 점에서 보면, 중앙군사위원회가 외견상으로는 당중앙군사위원회와 국가중앙군사위원회로 분리되어 있는 것 같지만, 실제로는 과거와 다름없이 당중앙군사위원회가 실권을 가지고 중국인민해방군을 영도하는 국방영도체제가 유지되고 있는 것이다.

제3절
현대화 · 정규화 군사노선의 주요 내용

1. 군사노선의 쟁점

1) 혁명화·현대화·정규화의 정의

인민해방군은 덩샤오핑이 전쟁가피론과 전략균형론에 근거하여 시대의 주제를 평화와 발전으로 설정하면서 이른바 '평화시대'의 건군시기로 진입했다. 이로부터 인민해방군에게는 패권주의를 반대하고 국가의 주권과 안전을 수호하며, 사회주의 제도를 수호하는 역할과 임무가 주어짐과 동시에 혁명화·현대화·정규화라는 군대 건설의 기본 방향이 제기되었다.

(1) 혁명화

이른바 '혁명화'란 당의 군대에 대한 절대적 영도를 견지하는 것이다. 혁명화는 당 중앙과 중앙군사위원회의 영도와 지휘에 복종하고, 국가 건설의 전체적 국면에 복종하며, 인민군대와 인민전쟁의 전통적 우세를 발양하고, 현대화·정규화의 기본목표에 따라 부대를 건설하고, 새로운 시기의 군대 건설이 순조롭게 진행되도록 보증하는 것이다.

요컨대 혁명화가 요구하는 것은 군대가 당의 절대적 영도에 복종하고, 인민을 위해 복무하는 근본 취지를 견지하며, 홍군의 양호한 전통과 기풍을 견지하고, 당의 기본이론, 기본노선, 그리고 기본방침과 정책을 견지하며, 시종 변함없이 인민군대의 혁명 성격을 유지하는 것이다.

(2) 현대화

이른바 '현대화'란 첨단기술 조건의 객관적 요구와 낙후된 기존 장비 간의 모순을 여하히 해결하느냐를 가리키는 것으로서, 이는 새로운 시기에 있어서 군대 건설의 주요 모순이기도 한 것이다. 이 주요 모순은 무기와 장비의 역할이 강조되는 새로운 시기와 조건의 국지전쟁에서 더욱 중시되며, 무기와 장비가 이미 군대 전투력의 강약을 가늠하는 중요한 지표가 되고 있다는 것을 전제로 한다. 이 때문에 현대화는 국방과학기술과 국방산업의 발전을 고도로 중시하는 한편, 첨단기술 조건 하의 연합과 합동작전 능력을 향상시키기 위해 첨단기술 장비의 성능과 작전 전반을 숙지하는 현대전쟁 지식이 절실히 요구된다.

다시 말해서 현대화가 요구하는 것은 군대가 미래전쟁의 요구에 적응하며, 장병의 자질을 전면적으로 향상시키고, 무기와 장비를 개선하며, 부대의 과학적 편성 문제를 해결하고, 군대 건설에 있어서 과학기술 함량을 부단히 향상시키며, 현대적 조건 하의 총체작전 능력과 수준을 향상시키는 것이다.

(3) 정규화

이른바 '정규화'란 한 마디로 군대의 고도의 안정과 집중적 통일 유지를 요구하는 것으로서 혁명화와 현대화를 보증하며, 법제화를 그 선결조건으로 전제한다.

군대의 정규화는 무기와 장비의 현대화에 따라 부단히 향상되어야 하며, 현대전쟁의 발전에 따라 부단히 발전해야 한다. 첨단 과학기술이 당대의 군사적 실천 활동에서 광범위하게 응용되고 있음에 따라 군대의 편성이 과학적인지, 지휘체계는 효율적인지, 작전역량을 구성하는 각종 요소 간의 연계는 얼마나 밀접한지, 작동은 얼마나 협조적인지의 여부가 전쟁의 전체적 국면에 점점 더 많은 영향을 미치고 있다.

이처럼 정규화는 군대의 현대화 수준이 높으면 높을수록 그 요구도 더욱 더 높아지게 되며, 군대를 법에 근거하여 관리하고, 군대를 엄정하게 관리하는 근본 방침을 견지하며, 완전한 규정과 제도를 확립하고, 과학적 관리수준을 향상시키며, 조령과 조례를 통해 부대 건설의 구석구석을 규범화하고, 부대의 건설이 점차적으로 제도화와 법제화의 길로 향하도록 요구한다.

이 때문에 새로운 시기에 있어서의 군대의 정규화 건설 문제를 해결하기 위해서는 반드시 군사영역 내의 변화에 적응하게 하고, 조령과 조례를 주체로 하는 법규와 제도를 이용하여 군대 건설의 각 분야를 규범화하며, 현대전쟁의 법칙에 부합하는 조직구조와 작동기제를 확립하는 것을 중점으로 삼아야 한다. 따라서 군대 건설의 법제화를 실현하는 것은 새로운 시기에 있어서 군대의 정규화 건설에 필수

불가결한 요구가 되고 있다.

2) 건군노선에 대한 범시파와 실천파의 충돌

건국 이후의 중국공산당사에서 나타난 2갈래 건군노선의 투쟁은 국방현대화를 해야 하느냐 말아야 하느냐의 문제가 아니라 현대화를 여하히 달성하느냐의 문제를 놓고 벌어진 것이었으며, 항상 정치노선으로 비롯된 당 중앙의 권력투쟁과 밀접한 관계가 있었다.

마오쩌둥 사망 이후에 전개된 화궈펑의 '범시파(凡是派)'와 덩샤오핑의 '실천파' 간에 전개된 노선투쟁도 실은 과거 마오쩌둥과 류사오치 간의 노선투쟁의 연속이었다. 현대화 문제와 관련해서도 문혁 좌파들은 주로 마오쩌둥 노선을 계승하면서 정치제1주의와 대중운동 등 비교적 혁명적이고 과격한 방식으로 접근했으며, 이에 반해 노간부를 중심으로 하는 덩샤오핑 일파는 비교적 실제적이고 온건하며 점진적인 방식으로 접근했다. 물론, 이들 양파가 완전히 다른 주장을 하게 된 것은 서로 다른 경험에 연유하는 것이었다.

(1) 군사사상에 대한 재인식

기실, 마오쩌둥의 군사사상은 경험주의적인 것이기도 하고 노선주의적인 것이기도 한 것이며, 경험주의에 속하는 부분은 실사구시적인 접근으로 문제의 해결이 용이하지만, 그러나 노선주의에 속하는 부분은 그 군사사상의 기본원칙에까지 영향을 미치는 것이기에 치열한 논쟁을 수반하게 된다.

마오쩌둥의 군사사상에 관해서, 화궈펑의 범시파(凡是派)는 계급투쟁과 계급모순을 강조하면서 그것의 경험주의적인 것과 노선주의적인 것 모두를 전반적으로 긍정하면서 사회주의의 현대화를 실현하기 위해서는 반드시 "혁명화가 현대화를 통수한다."는 원칙을 따라야 한다고 주장하면서 다음과 같이 말했다:

"군대는 반드시 속도를 내면서 무기와 장비를 개선하고, 전술과 기술 수준을 향상시켜야 하지만, 그러나 정치적 요구는 반드시 더욱 엄격하고 더욱 높아야 한다. 군대의 정치사업을 약화시키는 것은 당의 군대에 대한 절대적 영도를 견지할 수 없고, 군대의 무산계급 성격을 유지할 수 없으며, 설사 현대화된 무기와 장비를 가지고 있더라도 그 효력을 충분히 발휘할 수 없다."[29]

그러나 1981년 6월에 개최된 당 제11기 「6중전회」의 결정으로 당중앙군사위원회 주석직을 장악하게 된 덩샤오핑은 「6중전회」에서 동시에 통과된 〈건국 이래 약간의 역사문제에 관한 결의〉라는 제목의 문건 속에서 마오쩌둥의 군사사상과 군사분야에 관한 중요한 저작이 모두 긍정되었고, 특히 마오쩌둥이 중국의 혁명전쟁 문제를 논술한 중요한 저작이 실천 중에 마르크스의 인식론과 변증법을 운용하고 발전시킨 가장 빛나는 범례로 확인된 것에 동조하면서도 오히려 유물론적 변증법의 관점에서 재차 해석하고자 했다.

"현대화 과정에서 인간의 가치관념과 행동양식에 반드시 먼저 모종의 변화가 일어나야 한다."[29]는 것을 잘 알고 있는 덩샤오핑으로서는 인민해방군 장병들이 오랜 기간 동안 마오쩌둥의 군사사상에 영향을 받아 경직된 고정관념과 사상을 바꾸어야 할 뿐만 아니라 교조로 여겨 왔던 마오쩌둥 군사사상으로부터 해방되는 것을 국방현대화의 선결조건으로 제기하지 않을 수가 없었다. 그렇기 때문에 덩샤오핑의 실천파는 마오쩌둥의 군사사상이 결코 교조가 될 수 없으며 단지 행동의 지침이라는 점을 특별히 강조했다.

따라서 덩샤오핑의 실천파는 실사구시를 강조하고, 새로운 역사적 조건 하에서 법칙성을 찾는 것을 연구하고 해결하는 방법으로 군사사상을 포함하여 마오쩌둥의 사상과 저작을 학습할 것을 요구했으며, 이미 시대에 뒤진, 그리고 미래전쟁에 적합하지 않은 마오쩌둥의 군사사상과 군사노선을 양기(揚棄)할 것을 주장하면서 아래와 같이 말했다:

"마오쩌둥 동지에 의하면, 마르크스주의자는 오직 인간의 사회적 실천만이 인간이 외계를 인식하는 데 있어서 진리성의 기준임을 인정한다. … 변증법적 유물주의의 인식론은 실천을 제1차적 위치에 올려놓고, 인간의 의식이 조금도 실천을 벗어날 수 없는 것으로 생각하며, 실천의 중요성을 부인하고, 실천을 떠나 인식하도록 하는 그릇된 이론을 배척한다. 우리들의 교조주의자들은 게으름뱅이이며, 그들은 구체적 사물에 대한 어렵고 힘든 연구사업이라면 그 어떠한 것도 거절하며, 그들은 일반적 진리를 근거 없이 나타나는 것으로 보면서, 그것을 인간이 헤아릴 수 없는 순수하고 추상적인 공식으로 바꾸고, 인류가 진리를 인식하는 정상적인

28 華國鋒, "華主席在全軍政治工作會議上的講話", 「華主席葉副主席在全軍政治工作會議上的講話」, (廣州: 廣東人民出版社, 1978), p.6.

29 Talcott Parsons, "*The Social System*", (Glencoe Ⅲ: The Free Press, 1951), p.83, 江炳倫, 「政治學論叢」, (台北: 華欣文化中心, 1975), p.83, 再引用.

절차를 완전히 부인할 뿐만 아니라 뒤바꾸어 놓는다."[30]

"모든 당원은 마르크스레닌주의와 마오쩌둥사상을 학습하는 것을 견지하고, 마르크스레닌주의의 보편적 진리를 혁명적 실천과 상호 결합하는 원칙을 견지해야 한다. 마르크스레닌주의와 마오쩌둥 사상의 기본원칙은 그 어느 때라도 위반할 수 없다. 그러나 반드시 실제와 상호 결합하고, 실제상황을 분석하고 연구하며, 실제문제를 해결해야 한다. 실제상황에 따라 사업방침을 결정하는 것은 모든 공산당원이 반드시 기억해야 하는 가장 기본적인 사상 방법이며 사업 방법이다. 실사구시는 마오쩌둥 사상의 출발점이고 근본점이다. 이는 유물주의이다. 그렇지 않다면 우리는 회의를 해도 오직 빈 말만 할 뿐이며, 그 어떠한 문제도 해결할 수 없다."[31]

(2) 군사전략 방침에 대한 재인식

화궈펑의 범시파(凡是派)는 인민전쟁 전략의 혁명화 노선을 그대로 계승하면서 외국의 침략이 있을 시 도시의 노동자 민병을 위주로 하는 인민대중의 군대로 소극적 방어전략인 종심방어를 선택했으며, 무기와 장비가 아닌 인적 요소를 전쟁의 승부를 좌우하는 최종적인 결정요인으로 보았다. 그러나 덩샤오핑의 실천파와 직업군인들은 외세의 침략을 자국의 영토 밖에서 섬멸하는 공세적 방어의 적극방어전략을 채택하면서 현대화된 국방군을 건설하고, 전투기술 훈련을 강화하며, 현대화된 새로운 무기와 장비를 개발하고 획득해야 한다고 주장했다. 실천파는 특히 혁명화 노선의 목표가 인민전쟁의 유격전에 대비하는 것으로서 이미 시대에 뒤진 것이라고 공격하면서 미래전쟁의 정규전에 대비하는 적극방어 전략의 당위성을 강조했다.

(3) 전투력의 강화에 대한 재인식

군대의 작전능력을 강화하는 문제에 있어서도, 혁명화 노선을 견지하는 범시파는 과거 홍군시기에 규정되었던 홍군의 3대 임무, 즉 생산활동을 하는 생산대로서의 임무, 대중획득을 위한 사업대로서의 임무, 그리고 전장에서의 전투대로서의

30 鄧小平, "在全軍政治工作會議上的講話", 「鄧小平文選」, 第2卷, (北京: 人民出版社, 1994), pp.113-114.

31 上揭書, p.114.

임무를 계승하면서 인민해방군이 대중노선을 통한 군민일치, 그리고 정치사상 훈련을 통한 장병일치를 통해 전투력을 강화할 수 있으며, 사상과 인적 요소가 제일 중요하고, 사상만 정확하고 투철하면 설령 무기가 부실하더라도 얼마든지 전쟁을 승리로 이끌 수 있다고 주장했다. 그러나 이에 반해 현대화 노선을 견지하는 실천파는 인민해방군이 더 이상 생산대나 사업대가 아닌 전투대로서의 임무를 수행해야 하며, 정치사상 교육 이외에 반드시 작전훈련을 강화하고, 새로운 무기와 장비를 획득하며, 작전지휘 능력을 포함한 군사영역의 전문성을 중시하는 것을 강조했다. 이들은 인적 요소의 중요성을 부정하지는 않지만, 그러나 선진적인 무기와 장비가 전투력의 기초임을 강조했다.

(4) 과학기술의 현대화에 대한 재인식

덩샤오핑의 실천파는 과학기술종사자를 무산계급으로 인정하면서 노동자, 농민 계급과 함께 사회의 기본계급으로 인정하고자 했으며, 4개현대화를 실현하기 위해서는 과학기술의 현대화가 관건이 되며, 과학기술이 생산력으로서 점점 더 거대한 힘을 보여주게 된다고 주장했다. 그러나 이에 반해 화궈펑의 범시파는 과학기술종사자들은 단지 무산계급이 단결시키고 교육하는 대상에 불과하며 결코 무산계급이 될 수 없으며, 4개현대화의 실현은 "사회주의 현대화"이어야 하고, "무산계급독재의 계속혁명의 현대화이어야 한다."고 주장했다. 요컨대 덩샤오핑은 전문가의 역할을 강조했으나 화궈펑은 과학기술의 발전이 대중노선을 걸어야 하고 정치가 통수이며 영혼이라고 강조했다.

(5) 홍(紅)과 전(專)의 관계에 대한 재인식

중국공산당의 사상노선과 정치노선이 결정된 이후에 제기되는, 그리고 사상노선과 정치노선을 보증하는 장치로서의 조직노선은 혁명화와 현대화 간의 투쟁 결과에 따라 간부정책으로 구체화된다. 간부정책으로 거론되는 우홍우전(又紅又專)은 마오쩌둥이 일찍이 1950년대에 지식인과 청년학생들을 향해 정치와 업무, 기술의 관계를 정확히 처리하도록 요구한 기준이었다. 홍(紅)은 계급성과 공산주의 사상에 기초한 정확한 정치적 관점을 가리키는 것이었고, 전(專)은 사상이 아닌 전문성으로서 개인의 전문지식과 전문기술을 가리키는 것이었다. 마오쩌둥의 본의도 지식인이든 청년학생이든 상관없이 업무와 기술의 전문성 이외에 마르크스주의를 학습해야 하며 정확한 정치적 관념이 없으면 영혼이 없는 것과 같다는 것이었다.

그러나 덩샤오핑은 전쟁의 성격과 양상이 과거와는 완전히 달라진 상황 하에서 홍(紅)과 전(專)의 관계도 새롭게 정의되어야 한다는 점을 제기했다:

"우리는 전쟁 연대 군인들의 경험을 통해 홍(사상)과 전(전문성)의 통일을 진지하게 연구해야 한다. 전쟁 연대에 혁명에 참가한 군인들 그 누가 전문성이 없다고 하겠는가? 그 당시에는 싸울 줄 모르면 아무 소용이 없었다. 그때는 당연히 홍과 전이 통일적인 것이었으며, 통일이 비교적 용이했다. 그러나 현재는 다르다. 건설을 하는 데도 업종이 다양하며, 각 업종마다 모두 전문지식을 필요로 하며, 끊임없이 새로운 지식으로 보완해야 한다. 현재의 군인도 과거와는 완전히 다르다. 지금의 군대는 좁쌀 한 자루를 어깨에 둘러메고 손에 소총을 들고 싸우던[小米加步槍] 시대와는 다르다. 과거에는 사격만 잘 하고 수류탄을 잘 던지면 싸울 수가 있었지만 지금은 그렇지가 않다. 지금은 해군은 해군의 전문지식이 있고, 공군은 공군의 전문지식이 있다. 참모업무 역시 그때와는 다르며, 지식의 범위도 매우 넓다. 지금의 군대가 과거의 경험을 따르면 안 되며, 이는 우리가 노력해서 해결해야 하는 문제이다. … 이를 해결하는 방법은 오직 하나 밖에 없는데, 그것은 곧 간부가 전문지식과 관리능력을 갖추는 것이다."[32]

"여기서 홍과 전의 관계를 말하고자 한다. 전은 홍과 같지만, 홍은 반드시 전이어야 한다. 어느 부서에서 어떤 일을 하든 상관없이 전문성이 없고 알지 못하면 눈먼 지휘를 하게 되고, 인민의 이익을 해치며, 생산과 건설의 발전을 지연시키게 되며, 홍을 말할 나위가 되지 못하게 된다."[33]

이처럼 덩샤오핑은 사회주의조국을 사랑하고, 사회주의를 위해 자발적으로 복무하며, 노농병을 위해 복무한다면 마땅히 무산계급의 세계관을 초보적으로 확립했다고 보아야 하며, 이들을 정치적 기준에 따라 말한다면 백(白)이 아닌 홍(紅)으로 말할 수 있어야 한다고 하면서, 홍(紅)에 대한 과거의 극좌적 관념을 배척하고 홍(紅)의 객관적 기준을 재정의했다.

이처럼 전에 충실한 것이 홍이라는 덩샤오핑의 홍에 대한 폭넓은 해석은 사실

32 上揭書, p.264.

33 上揭書, p.262.

상 전이 홍보다 중요하다는 것을 인정하는 것으로서, 현대화를 위해서는 "정부나 또는 그 어떠한 조직의 용인(用人) 기준 및 사회가치의 배분 기준이 더 이상 선천적으로 설정된 신분 지위를 근거로 할 수 없으며, 반드시 개인의 능력과 공적에 따라 결정되어야 한다."[34]는 요구를 충족하기 위한 것이었다.

2. 군사전략 방침의 전환

중국은 건국 이후 미국의 지지를 받는 타이완 국민당 정부의 존재를 가장 큰 위협요인으로 간주하면서 중국대륙이 전면적이고 대규모적인 전쟁에 휩싸이기 보다는 적의 기습에 의한 침략을 당할 위험성을 더욱 경계했다. 이 때문에 마오쩌둥은 1955년에 개최된 중국공산당 전국대표대회에서 "금후 제국주의가 전쟁을 발동한다면 제2차 세계대전 때와 마찬가지로 돌발적인 기습을 감행할 가능성이 매우 높다. 이 때문에 우리는 정신과 물질적으로 모두 준비를 해야만 돌발사건이 발생할 때 미처 손을 쓸 새가 없을 정도로까지 이르는 일이 없을 것이다."[35]라고 지적했다.

마오쩌둥의 이러한 지적이 있은 후인 1956년 3월 중국공산당 중앙군사위원회는 확대회의를 개최하고 군사전략을 집중적으로 토의했다. 국방부장인 펑더화이는 회의에서 〈조국을 보위하는 전략방침과 국방건설 문제에 관해서〉라는 제목의 보고를 통해서 "제국주의의 돌발적인 기습을 효율적으로 방지하고, 인민혁명과 국가건설의 성과를 보위하며, 국가의 주권과 영토의 보전 및 안전을 보위하고, 미래의 대침략전쟁에서 반드시 적극방어 전략방침을 채택해야 한다."고 강조함으로써 건국 이후 최초로 중국의 군사전략 방침을 분명히 했다.

당시 "적의 돌발적 기습을 방지하고 적극방어를 실행한다."는 전략방침은 주로 미국을 대표로 하는 이른바 제국주의 집단의 발동 가능한 기습을 겨냥한 것이었다. 특히 이 기간 중 마오쩌둥은 〈10대 관계를 논함〉이라는 제목의 글 속에서 "가장 믿을 수 있는 방법은 군비를 적당한 비율로 줄이고 경제건설 비용을 늘이는 것이다. 경제건설이 빠르게 발전하면 국방건설도 더 많이 발전할 수 있다."고 지적

---

34 上揭書.

35 毛澤東, 「毛澤東選集」, 第5卷, (北京: 人民出版社, 1977), p.141.

하면서 경제건설과 국방건설 간의 모순을 해결하는 기본 관점을 피력했다.

중국공산당은 마오쩌둥의 국방건설 사상에 근거하여 ①병력과 경비를 대폭적으로 감축했고, ②해군과 공군 및 기술병종을 대규모적으로 증강했으며, ③방위산업과 군사과학 연구를 중점적으로 발전시켰다.

중국은 제1차 5개년 계획 이후 소련의 원조 하에 79개 병기공장을 건설했으며, 소련 무기와 장비의 모방생산에 착수했다. 중국은 1950년대 말에 이르러 각종 경무기로부터 통상무기인 대포, 장갑차와 전차, 전투기, 소형 수상함정 등의 자체 생산능력을 확보했으며, 이와 병행하여 원자탄과 미사일 개발에 전력을 집중했다.

1950년대 중반 이후부터는 중국의 입장에서 본다면 안보를 위협하는 크고 작은 사건이 연속적으로 터진 시기였다. 소련과의 결별, 인도와의 국경분쟁, 타이완해협의 긴장고조, 미국의 월남전 개입 등으로 인해 중국의 안보상황은 최악의 국면을 맞고 있었으며, 이러한 상황 하에서 중국은 자국의 안보이익을 보장하기 위해 두 차례에 걸쳐 군사전략을 수정했다.

마오쩌둥은 1964년 10월 22일 지시를 통해 "반드시 전쟁에 입각하여 대규모적인 전쟁과 곧 다가올 전쟁에 대비하는 것에서 출발하며, 적극적으로 전쟁을 준비하고, 곧 다가올 전쟁과 대규모적인 전쟁 및 핵전쟁을 하는 것에 입각해야 한다. 우리는 전략 배치, 후방 시설, 작전 준비 및 국방산업 건설 등 분야에서도 이 문제를 충분히 유의해야 하며, 이와 동시에 국민경제의 건설 등 분야에서도 이 문제를 충분히 유의해야 한다."고 강조했다. 그 후 1969년 4월에 소집된 중국공산당 제9기 전국대표대회는 "절대로 미제국주의와 소련수정주의가 대규모적인 전쟁을 발동할 수 있는 위험성을 소홀히 보아서는 안 된다. 우리는 충분한 준비를 해야 하며, 그들이 대규모적인 전쟁을 일으키고 조기에 전쟁을 일으키며 통상전쟁을 일으키는 것에 대비해야 하며, 또한 그들이 핵전쟁을 일으키는 것에도 대비해야 한다."[36]는 내용을 공식적으로 확인했다.

중국은 1960년대부터 "전쟁에 대비해야 한다."는 지도사상 하에 국방건설을 위한 각종의 중대한 조치를 위했다. 중국은 전쟁에 대비하여 군대를 재정비했으며, 3선건설을 대규모적으로 추진했고, 핵무기와 운반수단에 대한 연구개발에 착

36 烏杰 主編, "林彪在中國共産党第9次全國代表大會上的報告", 「回眸世紀潮: 1大到15大珍典紀實」, 中卷, (北京: 國家行政學院出版社, 1998), p.1519.

수했으며, 제2포병부대를 창설하고 민병사단과 생산건설병단을 조직했다. 이 기간 중 중국은 대량의 인력과 물력을 투입하여 전쟁 대비에 진력하는 한편, 원자탄과 수소탄 실험, 인공위성 발사, 핵잠수함 건조 등 전략무기 분야에서 획기적인 발전을 이룩했다.

1970년대에 이르러 중국은 소련을 사회제국주의로 규정했으며, 소련을 가상적으로 간주하고 미국과 연합하여 소련의 위협에 대응한다는 이른바 일조선(一條線) 전략을 채택했으며, "전쟁에 대비한다."는 기존의 전략틀을 1980년대 초반까지 유지했다.

그러나 문화혁명이 공식적으로 종결된 이후, 특히 중국공산당 제11기 「3중전회」 이후 중국공산당은 계급투쟁의 관점에서 모든 것을 판단하는 기존의 지도사상을 포기하고 당의 사업중심을 현대화 건설로 전환했다.

이러한 사업중심의 전환은 사상과 관념상의 전환을 필요로 하게 되었으며, 무엇보다도 국제정세의 흐름을 혁명과 전쟁의 시각에서 보느냐, 아니면 평화와 발전의 측면에서 보느냐의 문제를 해결해야만 했다. 마오쩌둥은 그동안 전쟁이 혁명을 일으키지 않으면 혁명이 전쟁을 억제한다는 논리와 새로운 세계전쟁의 발생은 불가피하다는 관념을 가지고 있었다. 바로 이러한 인식과 관점은 당 제11기 「3중전회」의 기본노선과 정면으로 배치되는 것이었다.

1980년 1월 덩샤오핑은 〈목전의 형세와 임무〉라는 제목의 글 속에서 "80년대는 국제적으로나 국내적으로 모두 매우 중요한 연대이다. 국제적으로는 무슨 문제가 발생할지를 예측하기가 매우 어렵지만 매우 불안정적이고 위기가 충만한 년대라고 말할 수 있다. 물론, 우리는 반패권주의 운동을 성공적으로 수행한다면 전쟁의 폭발을 지연시킬 수 있으며, 보다 오랜 기간 동안의 평화를 쟁취할 수 있다는 믿음을 가지고 있다. 이는 가능한 것이며, 우리는 바로 이와 같이 노력하고 있다. … 따라서 우리의 대외정책은 평화적인 환경을 쟁취하여 4개현대화를 실현하는 것이어야 한다. 이는 거짓말이 아니고 진실된 말이다. 이는 중국인민의 이익에 부합될 뿐만 아니라 세계인민의 이익에 부합하는 매우 큰일이다."[37]고 지적했다.

기존의 전쟁불가피론이 부정되고 인간의 의지에 의해 전쟁을 지연시킬 수 있다는 전쟁가피론이 중국의 공식적인 세계관과 전쟁관으로 확정되면서 중국의 대

---

37 鄧小平, "目前的形勢和任務", 「鄧小平文選」, 第2卷, (北京: 人民出版社, 1994), p.241.

외전략도 근본적으로 전환되었다. 1985년 6월 덩샤오핑은 당중앙군사위원회의 확대회의에서 국제정세에 대한 판단과 대외정책 있어서 변화가 있으며, 이는 2개의 중요한 전환이라고 특별히 강조했다:

"첫 번째의 전환은 전쟁과 평화 문제에 대한 인식이다. 과거 우리의 관점은 줄곧 전쟁은 피할 수 없는 것일 뿐만 아니라 매우 임박해 있다는 것이었다. 침략전쟁에 대비하여 첨단 국방산업을 1·2·3선으로 구분하여 내륙 깊숙한 제3선에 배치하고, 산속에 분산시키고 동굴 속에 은폐하는 방침을 포함한 많은 정책들은 이러한 관점에서 출발한 것이었다. 우리는 최근 몇 년 동안의 정세를 관찰한 결과 세계대전을 일으킬만한 자격이 있는 초강대국으로서는 소련과 미국이 있는데, 이들 2개 국가는 감히 전쟁을 일으키려고 하지 않는다는 것을 알게 되었다. … 두 번째의 전환은 우리의 대외정책이다. 과거 일정한 기간 동안 우리는 소련패권주의의 위협을 겨냥하여 우리는 일조선(一條線) 전략을 수행했는데, 그것은 곧 일본으로부터 구주를 거쳐 미국으로 이어지는 방어선이었다. 현재 우리는 이 전략을 바꾸었으며, 이는 하나의 중대한 전환인 것이다."[38]

덩샤오핑의 이러한 2개 전환은 당 제11기 「3중전회」 이후 국제정세에 대한 중국의 시각을 종합적으로 정리한 것이었다. 경제건설을 중심으로 하는 당의 기본노선이 확정됨에 따라 당중앙군사위원회 역시 과거 장기간 동안 "곧 다가올 전쟁, 대규모적인 전쟁, 그리고 핵전쟁에 대비한다."는 임전태세에서 평화시기로 전환하여 "국지전쟁에 대응하고 이를 승리로 이끈다."는 새로운 시기의 군사전략 방침으로 확정했다. 그뿐만 아니라 평화시기를 충분히 이용하여 국가경제 건설의 지도하에 현대화 조건 하에서의 군대의 작전능력을 강화하기 위해 계획적이고 단계적으로 현대화를 향한 국방건설을 추진할 것을 요구했다.

3. 인민전쟁의 사상과 전략전술에 대한 검토

인민해방군 정치학원은 1979년 마오쩌둥의 10대 군사원칙을 토론하고 연구하는 과정에서 10개항 원칙 중에서 7개항을 수정했다. 이와 관련하여 일부는 월남

---

38 上揭書, "在軍委擴大會議上的講話", pp.126-127.

전을 교훈으로 삼아 마오쩌둥의 군사사상이 이미 실천의 경험을 거쳤으며, 마오쩌둥의 군사사상을 대하는 교조주의적 관점을 타파해야 한다고 주장했고, 또 일부는 과거에는 외국인의 노예철학이라고 조롱하던 외국 군대의 지식과 경험을 받아들이는 것이라고 비아냥거렸으며, 또 일부는 마오쩌둥의 군사사상을 의심하고 부정하는 것은 자신의 모든 경험과 지식을 부정하는 것이라고 여겨 단념하지 않았다. 이처럼 상반된 반응은 인민해방군의 전통적인 군사사상이 이미 근본적으로 동요되고 있으며, 그 지도방침 역시 방향을 일탈했음을 보여주는 것이었다.

덩샤오핑의 당권파는 소총으로 무장된 보병 위주의 인민전쟁 사상으로부터 탈피하여 현대전 양상에 적응하는 모든 군종과 병종이 합성된 군대를 건설하는 전략적 선택을 결정했다. 당권파는 합성훈련이 현대전쟁의 요구에 부합하는 것이지만, 인민해방군에게는 가장 취약한 부분이기 때문에 반드시 훈련의 중점으로 삼아야 한다는 점에 공감했으며, 야전군을 보병, 전차, 지상포, 고사포, 대전차 및 대공 소형미사일, 정찰, 통신, 공병, 화생방병, 병참부대 및 지휘기구를 포함한 이른바 제병종으로 구성된 시범연대를 편성했다. 그뿐만 아니라 인민해방군은 이러한 시범연대를 중심으로 하여 1981년 9월 장자커우(張家口)에서 대규모적인 합성훈련 연습을 실시했으며, 중대와 대대를 합성훈련을 향상하는 중요한 출발점으로 삼았다.

합성훈련이 요구하는 것은 화력을 많아 사용하고 병력을 적게 사용하는 것이다. 이러한 새로운 관념은 인민해방군이 정치제일을 내세우는 인해전술의 낙후된 사상을 바꾸어 놓는 것이었다. 그러나 중국의 입장에서는 미래의 가상적이 소련이었기 때문에 그 전략전술의 지도방침도 모두 소련 군대를 겨냥하고 있었다. 무기와 장비 면에서 비교가 될 수 없는, 적이 강하고 내가 약한[敵强我弱] 상황의 전략태세 하에서 소련의 침공에 대해 취할 수 있는 것은 인민전쟁의 전력전술에 의지하는 것뿐이었다.

따라서 인민해방군이 소련 군대와의 전쟁 초기에 취해야 하는 전략지도방침은 여전히 유적심입(誘敵深入)이어야만 했다. 따라서 중국공산당은 작전 초기에는 오직 주도적으로 전략종심(戰略縱深)으로 후퇴하여 자신에게 유리한 지형을 선택하고, 중점방어와 중점수비의 전략적 전역 요지에 의존하며, 〔유격전·운동전·진지전의〕 3종류 작전방식을 운용하면서 인민전쟁의 전략전술로서 유생역량을 보존해야 한다고 생각했다.

이처럼 중국공산당은 미래전쟁 초기에는 변방의 전략적 지형을 이용하여 적극방어를 하며, 적의 후방에서는 유격전을 전개하면서 파죽지세로 쳐들어오는 적을 저지하는 것을 강조한다. 적과 소규모적인 운동전도 전개하면서 소승(小勝)을 대승(大勝)으로 전환하면서 부단히 적의 유생역량을 약화시켜 점차 쌍방의 역량 대비를 바꾸어 놓는다. 전쟁 초기의 전략방침과 관련하여 중국공산당은 버티는 것[頂]과 유인하는 것[誘]은 반드시 전략적 국면을 보아 결정한다. 전략과 전역 요지의 정치, 경제, 문화 중심은 중점방어를 실시하고 수비를 강화한다. 작전방식에서는 내선의 지구적 방어전을 채택하며, 중·소 규모의 운동전을 실시하고, 진지방어를 지원함으로써 전쟁 국면을 안정시키는 것을 목적으로 한다.

이러한 전략방침은 1950년대에 채택된 위국(衛國)전쟁의 전략방침과 크게 차이가 나지 않는 것이었다. 위국전쟁의 전략방침은 지구전과 적극방어이며, 진지전을 하면서 운동전과 결합하고, 육군 위주로 연해의 국토 위에서 적을 섬멸하는 것이며, 적이 먼저 공격해 오기를 기다려 일보 물러나 있다가 적을 제압하는 것이었다. 그런데 당권파가 지금 채택하고 있는 것도, 직접 국경선 상에서 전장을 미리 정하는 것이 아니라 일정한 종심의 전략적 요지와 유리한 지형에 설정하는 것이며, 중점 방어진지의 설치와 중점 수비원칙을 채택하지만, 그러나 전체적인 전략방침의 지도사상은 인민전쟁의 개념을 크게 벗어나지 않았다.

군대의 현대화 건설은 군사과학기술의 발전을 통해 무기와 장비를 개선함과 동시에 자신의 군사전략 사상을 발전시키고, 선진적 작전방식을 장악하는 것을 학습해야 한다. 따라서 인민해방군도 무기와 장비의 현대화를 통해 실제와 부합하지 않는 기존의 낙후된 작전방식 역시 새롭게 혁신해야만 했다. 이를 위해 인민해방군은 "전 군의 지휘관들을 향해 새로운 작전방식을 연구하고 학습하는 데 노력할 것이며, 새로운 무기와 장비의 발전에 근거하여 가장 적합한 작전방법을 탐구해야 하며, 보수적인 사상을 타파하고, 낡은 관념을 제거하며, 시대에 뒤떨어진 경험과 진부한 군사학술 관점에 구속되지 않고, 실제로부터 출발하는 것을 견지하며, 실사구시적으로 새로운 작전방식을 연구하고 토론해야 한다."[39]는 점을 특별히 강조했다.

그러나 인민해방군 지도부는 현대화 전쟁과 상응하는 전략전술을 개발하는 것이 시급하지만, 무기와 장비 면에서 우세한 적의 역량을 압도하기 위해서는 상당

---

39 「解放軍報」, 1979年 4月 9日字.

한 기간을 필요로 한다는 전제 하에 마오쩌둥의 군사사상이 군대의 훈련과 작전능력을 향상하는 데 있어서 중요한 근거이며, 많은 기본원칙도 향후 여전히 적용될 수 있다는 것에 공감했다. 따라서 인민전쟁의 전략전술에 대한 검토는 경험주의적인 부분에 국한될 수밖에 없었다.

4. 간부구조의 개혁과 원·교(院·校)교육의 강화

1) 간부구조의 개혁

사상노선과 정치노선의 실현은 조직노선에 의해 보증되어야 한다. "당의 사상노선과 정치노선이 확립되고 난 후에 해결해야 하는 것은 바로 조직노선 문제이다. 이는 매우 중요한 문제이다. 정치노선이 확립되면 사람이 구체적으로 집행하고 관철하게 된다. 따라서 어떠한 사람이 집행하느냐에 따라, 즉 당의 정치노선에 찬성하는 사람이 집행하는지, 찬성하지 않는 사람이 집행하는지, 아니면 중간 입장을 유지하고 있는 사람이 집행하는지에 따라 그 결과는 완전히 달라지게 된다."[40]

"군대의 현대화는 주로 2개 분야가 있는데, 하나는 부단히 개선된 통상무기와 미사일 및 핵무기를 포함하여 현대화된 무기와 장비를 확보하는 것이고, 또 하나는 현대화된 무기와 장비, 그리고 이를 훌륭히 다룰 수 있는 현대 군사지식과 군사기술 및 전술을 구비한 사람을 확보해야 하는 것이다."[41]

다시 말해서 현대화된 혁명군대의 건설은 현대화된 장비를 건설하는 것 이외에 제1차적 문제는 고도의 정치적 각오와 현대전쟁 지식, 그리고 현대화된 무기와 장비를 장악할 수 있도록 숙련되고, 작전을 지휘할 수 있을 정도로 공산주의 사상으로 무장되고, 기술의 전문성을 두루 갖춘 간부대오를 양성하는 것이다.

요컨대, 조직노선의 성패는 사상노선과 정치노선에 부합하는 인재를 선발하여 중용하는 것에 달려 있으며, 인민해방군의 간부구조도 당의 조직노선을 반영하는 간부정책에 의해 영향을 받게 된다.

4개현대화(공업·농업·과학기술·국방)는 모두 현대화된 인재가 뒷받침되어야 하

40 鄧小平, "思想路線政治路線的實現要靠組織路線來保証", 「鄧小平文選」, 第2卷, (北京: 人民出版社, 1994), p.191.

41 「解放軍報」, 1977年 9月 4日字.

며, 단순히 고생을 두려워하지 않고 죽음을 두려워하지 않는 혁명정신만을 가지고서는 쓸모가 없게 된다. 특히 국방현대화의 실현은 간부정책을 철저히 개혁하는 것으로부터 시작된다. 인민해방군의 전통적인 간부정책은 표면적으로는 사상의 공산화와 기술의 전문화를 동시에 요구하는 우홍우전(又紅又專)이지만, 그러나 실제에 있어서는 사상[紅]이 먼저이고 기술[專]이 나중이었다. 이 밖에 또 다른 전통은 연령과 서열을 중시하는[論資排輩] 연공서열이었다. 이러한 전통적 간부정책으로는 국방현대화의 요구를 충족시킬 수 없는 것이었으며, 따라서 군대 내에 잔존하고 있는 4인방의 잔여세력, 그리고 극좌적이며 사상적으로 편향된 임표 세력들은 시급히 해결해야 하는 제거대상이 되고 있었다.

(1) 간부개혁의 필요성

① 간부의 노령화

덩샤오핑은 "우리 군대의 동지들은 내가 1964년에 정치사업회의를 할 때 군대간부의 연소화 문제를 제기했던 것을 회상할 수 있을 것이다. 그때부터 지금에 이르기까지 17-18년이 흘렀다. 당시 연소화 문제는 그다지 절박하지는 않았는데, 이미 문제가 되고 있다."[42]고 했으며, "「8대」 때는 나와 천윈(陳雲) 동지가 모두 52세였으며, 당시 중앙위원의 평균 연령은 그다지 많지 않았는데, 「9대」와 「10대」, 「11대」에는 중앙위원의 평균 연령이 매우 높아졌다."[43]는 점을 지적했다.

덩샤오핑은 조직노선의 성패가 사상노선과 정치노선에 부합하는 인재를 선발해야 하며, 이를 위해서는 무엇보다도 먼저 노간부가 과감하게 물러나고 젊고 유능한 간부들을 그 자리에 앉히는 것에 달려있다고 강조하면서 다음과 같이 말했다:

"4개현대화를 실현하려면 자격이 있는 인재를 시급히 양성하고 선발하는 것이며, 이 새로운 과제를 해결하는 것은 노간부와 고급간부의 몫으로 돌아간다. 노간부란 대체적으로 60세를 전후한 간부들이며, 60세를 약간 넘긴 간부들이 아마도 다수를 차지할 것이며 정력도 부족할 것이다. 그렇지 않다면 왜 집에서 일을 보며, 왜 사무실에서 8시간을 버티지 못하겠는가? 여기에 있는 동지들 중에서 하루에 8

---

42 鄧小平, "老幹部第1位的任務是選拔中青年幹部", 「鄧小平文選」, 第2卷, (北京: 人民出版社, 1994), p.385.

43 鄧小平, "設顧問委員會是廢除領導職務終身制的過渡辦法", 上揭書, p.414.

시간씩 사무실에 앉아 있을 수 있는 사람이 절반이나 될지 의문이 간다. 경험은 풍부하지만 정력이 부족하다는 것을 자신들이 잘 알 것이다. 내 경우도 정력이 예전만 못하며, 하루에 오전 오후 나누어 두 차례는 활동하는데 무리가 없지만 밤에는 버티기가 어려운데, 이는 자연의 법칙이며 방법이 없는 것이다. … 현재 우리가 당면한 문제는 젊고 기력이 왕성하며 전문지식을 가진 간부가 부족하다는 것이며, 만약에 이러한 간부가 없다면 4개현대화는 실현할 수 없는 것이다. 우리 노간부들은 후계자를 선발하는 일이 미루어질 수 없다는 것을 정신 차리고 보아야 한다. 그렇지 않으면 4개현대화를 실현하는 것은 헛소리로 변하게 된다."[44]

"후계자를 선발하는 것은 빠르면 빠를수록 좋다. 현재 우리들 사업의 진정한 핵심은 대부분이 40세 전후의 사람들이며, 30세 전후의 핵심은 매우 적은데, 우리는 마땅히 이 연령층의 핵심을 대담하게 선발해야 한다. 이 자리에 앉아 있는 간부들도 과거 중책을 맡았을 때의 나이가 많지 않았으며, 젊은 나이에 연대장, 사단장을 하고 심지어 군장(軍長)을 했다. 지금의 청년들이 그때의 젊은이들만 못하다는 것인가? 아니다. 우리와 같은 사람들에게 가려져 있었고, 자격을 따지고 서열을 중시하는 수구세력에 의해 이들 젊은이들이 짓눌리고 일어설 수 없었기 때문이다."[45]

이처럼 인민해방군의 간부대오는 나이가 많고 체력이 약한 부류가 주류를 이루고 있었고, 젊고 기력이 왕성한 간부들이 상대적으로 매우 적은 편이었으며, 연대급 이상 간부의 평균연령이 보편적으로 많았다. 연대급은 50세, 사단급은 55세, 군급은 60세, 당중앙군사위원회 상무위원, 각 총부, 각 대군구 책임자는 70세, 당중앙군사위원회 주석과 부주석은 78세를 넘어서고 있었으며, 간부구조가 완전히 사다리 형태를 유지하고 있었다.

특히 항일전쟁 이전에 참전한 경험이 있는 원로홍군 간부는 최고의 자리에 앉아 물러날 생각을 하지 않고 있었다. 원로홍군 간부들이 대다수의 성군구 사령관과 정치위원, 그리고 많은 대군구, 군종, 병종 사령관과 정치위원 직책을 차지하고 있어 청년과 중년 간부들의 인사 적체가 매우 심각한 상황에 이르고 있었다.

---

44 鄧小平, "高級幹部要帶頭發揚党的優良伝統", 「鄧小平文選」, 第2巻, (北京: 人民出版社, 1994), p.221.

45 鄧小平, "高級幹部要帶頭發揚党的優良伝統", 上掲書, p.223.

② 간부 자질의 저하

인민해방군 간부대오의 현대화·정규화 노선은 이른바 정치에는 무관심하고 전문기술만 중시한다는 백전(白專)을 비판하는 1958년의 반우(反右)운동, 린뱌오가 1960년대 초에 전개한 '4개제1'과 '정치의 돌출' 운동, 그리고 1960년대 중반부터 시작된 문화혁명 10년의 대재앙으로 인해 완전히 뒷전으로 밀려났다.

문화혁명 이전의 인민해방군 군사간부의 교육제도에 의하면, 소수의 홍군 원로간부 이외에는 모두가 사병 중에서 선발되어 양성되었다. 사병에서 소대와 중대급 간부로 승진한 후에는 초급병과학교에, 대대급 간부는 고급병과학교에, 연대급 간부는 군종 군사학원에, 그리고 사단급 이상 간부는 고등군사학원에 입교하여 교육을 받게 되며, 교육이 끝나면 원래의 부대로 복귀했다. 인민해방군의 최고 군사학부인 고등군사학원 및 정치학원이 1970년 군정대학으로 합병되었으며, 옌안시기 항일군정대학의 개교정신을 부활하고자 했다.

인민해방군의 대부분 간부들은 초등학교 졸업수준으로서 지식수준이 낮고 단기적인 군사와 정치 교육을 받은 것 이외에는 전문적인 군사훈련을 받지 못했다. 정치를 선발기준으로 삼아 군사 소양이 부족했고, 설령 군사학교에 입학하더라도 군사훈련을 받기보다는 정치학습과 생산활동에 치중했다.

이처럼 인민해방군 간부들, 특히 군사간부 중에서 연대급 이하의 간부들은 극소수만이 원·교(院·校)를 다닌 적이 있으며, 적어도 85% 이상이 부대에서 나고 자랐기 때문에 간단한 좌표조차 판독하지 못하는 간부도 있었다. 전문분야의 간부 역시 65세에서 25세까지 내려오면서 지식수준의 차이가 점점 더 벌어지고 있기 때문에 서로 배타적이고 시기하는 경향도 감지되고 있었다.

간부의 군사지식과 전문지식을 끌어올리지 않고는 군사현대화를 논할 수 없다는 것을 잘 알고 있는 덩샤오핑은 일찍이 "어쨌든 현대화를 실현하기 위해서는 지식을 존중하고 인재를 존중하는 분위기를 당 내에서부터 조성해야 한다. 우선적으로 지식인을 존중하지 않는 잘못된 사상을 반대해야 한다. 정신노동이나 육체노동을 막론하고 모두가 노동인 것이다. 정신노동에 종사하는 사람 역시 노동자인 것이다. 장차 정신노동과 육체노동은 분리될 수 없다."[46]고 하면서 사회의 기본계층에서 밀려나 계급의 적으로서 천대를 받던 지식인의 역할을 기대했다.

---

46 鄧小平, "尊重知識,尊重人才", 上揭書, p.40.

이어서 덩샤오핑은 "군대에서는 과학연구와 교육도 함께 움켜잡아야 하며, 현대전쟁을 진행하는데 현대전쟁 지식이 없다면 어찌 되겠는가? 군대의 영도간부 스스로가 지식을 갖출 뿐만 아니라 지식을 존중하도록 해야 한다. 각급 학교를 세우고 훈련을 통해 군대의 영도간부가 현대과학 문화지식과 현대전쟁 지식을 장악하도록 함과 동시에 우리 부대의 간부들이 젊어지도록 해야 한다. 60세가 되는 사람이 군장(軍長)이 되는 것은 안 되는 것이다."[47]고 지적하면서 군사간부의 연소화와 더불어 지식화의 중요성을 강조했다.

(2) 간부정책의 집행

중국공산당 중앙군사위원회는 1977년 12월 〈작전부대 간부의 연소화 정책〉을 수립했으며, 1978년 4월 24일에는 군·정 인재를 양성하기 위해 〈군대의 원·교를 설립하는 것에 관한 결정〉을 발표했다. 이어서 1978년 6월 6일 인민해방군 총정치부는 〈간부복무조례〉를 제정했으며, 당 중앙군사위원회는 5대 「인대」에 통과를 요청했다.

중국공산당 중앙은 간부정책을 집행하기에 앞서 특별히 "①당의 정치노선과 조직노선을 확고부동하게 옹호하고, ②공평무사하며, 법과 기율을 엄격하게 준수하고, 당성을 견지하며, 파벌성을 근절하고, ③강렬한 혁명적 사업심과 정치적 책임감을 지녀야 하고, 맡은 임무를 충실히 수행할 수 있는 업무능력을 갖추어야 한다."[48]는 3개 원칙을 강조했다. 그뿐만 아니라 중국공산당 중앙은 인민해방군 간부의 선발에 영향을 미칠 수 있는 내용의 6개 기본조건을 1980년도 제29호 문건으로 하달했다:

첫째, 마르크스레닌주의, 마오쩌둥 사상의 일정한 이론과 정책 수준을 구비하고, 사회주의의 길을 견지하기 위해 훌륭히 투쟁한다.

둘째, 자신의 영도사업에 있어서 실제로부터 출발하고, 단호하고 구체적으로 당의 정치노선, 사상노선, 조직노선, 그리고 각항의 방침과 정책을 집행할 수 있어야 한다.

---

47 上揭書, "尊重知識,尊重人才", p.40.

48 "同心同德鼓足幹勁提高我軍現代化水平", 「共匪原始資料彙編」, 第18号, (台北: 中華民國國防部總政治作戰部, 1980), p.109.

셋째, 사업에 대한 강렬한 혁명적 열정과 정치적 책임감을 가지고, 영도사업을 훌륭히 수행할 수 있는 전문능력, 조직능력, 그리고 지식수준을 가지고 있어야 한다.

넷째, 공평무사해야 하고, 지위를 이용하여 특권을 행사하지 않으며, 당성을 견지하고, 지위를 이용하여 파벌과 소집단을 도모하지 않는다.

다섯째, 긴밀하게 대중과 연계하고, 자신과 의견이 다른 동지를 포함한 모든 동지를 단결시키며, 비판을 받아들이고 자아비판을 할 수 있어야 한다.

여섯째, 신체가 건강하고, 비교적 번거로운 사업을 책임질 수 있어야 한다.

인민해방군 총정치부는 당중앙군사위원회의 〈작전부대 간부의 점진적 연소화에 관해서〉라는 제목의 요구가 있은 후 〈간부복무조례〉를 수정하고 간부의 연소화 기준을 규정했다: 중대장은 29세 이하, 대대장은 35세 이하, 연대장은 39세 이하, 사단장은 45세 이하, 그리고 군장(軍長)은 50세 이하로 규정했다.

예를 들어 베이징군구 수비제1사단의 경우, 간부복무조례에 규정된 연령에 부합하는 간부가 이미 94%에 달함으로써 기본적으로 당중앙군사위원회의 간부 연소화 요구를 충족했다. 33세의 사단 참모장이 출현했고, 39세 이하의 연대 간부가 38명, 39세 이하의 사단기관 과장이 12명이나 되었다.[49]

2) 원·교 교육의 강화

중국공산당은 문화혁명 때 군정대학으로 합병되어 완전히 붕괴되었던 원래의 군사 원·교(院·校)를 다시 바로 세우기 위한 작업에 착수했다. 당중앙군사위원회는 1978년 4월 제일 먼저 〈군대의 원·교를 처리하는 것에 관한 결정〉을 공표했으며, 인민해방근 각군 총부, 각 군종과 병종, 그리고 각 군구 당 위원회가 군대의 원·교에 대한 영도를 강화하도록 요구했다.

이어서 당중앙군사위원회는 1980년부터 시작하여 부대의 우수한 전사, 간부, 그리고 지방의 청년학생들을 모집하여 원·교의 훈련과 교육을 이수 한 후 시험에 합격한 자를 대상으로 간부의 직무를 맡기기 시작했다. 1980년 11월에는 제11차 전군원교(全軍院校)회의를 소집하여 〈원·교의 훈련과 양성을 거쳐 간부를 발탁하

---

49 「解放軍報」, 1979年 10月 4日字.

는 것에 관한 결정〉을 토의하여 수정했으며, 원·교 수료생의 간부 발탁 범위와 직위를 구체적으로 규정했다:

첫째, 〔함정부대 선임상사[軍士長], 부문장, 4급 이하 함정장, 항공부대 조종사, 항법사를 포함한〕 소대장과 정치지도원은 반드시 초급지휘학교나 또는 정치학교를 수료해야 한다.

둘째, 연대급 군사, 정치 지휘간부는 반드시 고급보병학교와 군·병종학원을 수료해야 한다.

셋째, 군급 군사, 정치 지휘간부는 반드시 군사학원, 정치학원을 수료해야 한다.

넷째, 각급 후근간부는 반드시 관련 후근학교(원)를 수료해야 한다.

다섯째, 각급 기관의 참모, 간사, 조리원(助理員) 등 간부는 원·교를 수료한 후 기층단위에서 2년 이상 근무한 간부 중에서 선발한다.

인민해방군은 청년간부를 선발할 때 부직(副職)이나 또는 하1급 정직(正職) 중에서 선발하는 것을 강조했으며, 점차 하1급 부직과 하2급으로 확대했고, 특히 "연소화, 지식화, 전문화" 요구를 충족하는 중년과 청년 간부를 중시하면서 이들이 3대 특징을 가지고 있다고 평가했다:

① 그들은 모두 해방 이후에 중국공산당이 양성한 간부이고,

② 그들은 정치적으로 모두 비교적 장기간에 걸쳐 단련되고 시험을 거쳤으며,

③ 그들은 장기간 동안의 사업을 통해서 일정한 사업 경험을 축적했고, 많은 사람들이 일정한 조직영도 능력을 가지고 있다는 것이었다.[50]

기층간부의 경우, ①부대 내에서 우수한 전사를 모집하여 원·교의 양성 시험에 합격하면 이들을 직접 간부로 발탁했고, ②고등학교 졸업예정자 중에서 시험을 거쳐 원·교 학생으로 모집했으며, 지방의 고등학교 졸업예정자와 동등한 조건 하에서는 우선적으로 부대 전사를 합격시켰으며, ③원·교 간부 양성의 부족한 부분을 보충하기 위해 군(軍) 이상 단위는 신입생 모집 조건에 따라 일방교양 지식에 관한 시험을 거쳐 우수한 전사를 선발한 후, 이들을 교도대와 훈련대에 입소시켜 1년 동안의 학업과정을 마친 후 졸업시험에 합격한 자를 간부로 발탁했다.

---

50 「紅旗」雜誌, 第19期, 1980年 10月, p.25.

제4절

현대화 · 정규화 건군노선의 군대 정치사업

1. 군대 정치사업 간부의 전문화와 지식화

당의 최저강령으로 설정된 중국 특색의 사회주의에 대한 신앙(信仰)의 위기, 당의 기본노선으로 확정된 1개 중심 2개 기본점에 대한 신심(信心)의 위기, 그리고 모범과 선도적 역할을 보여 주어야 하는 공산당원에 대한 신임(信任)의 위기는 인민해방군 장병들의 사상과 관념에도 파고들면서 정치사업의 임무와 역할에도 새로운 문제가 제기되고 있다.

그러나 덩샤오핑은 군대의 현대화·정규화 건설에 있어서 정치사업이 차지하는 가치와 정치간부의 역할에 대해 가지고 있는 일상적인 관점을 그대로 피력했다:

"많은 동지들이 정치사업회의를 개최하기를 바라고 있는데, 내가 생각하기에도 이러한 의견은 좋은 것 같으며, 전군정치사업회의를 개최하여 군대 당의 사업과 정치사업을 연구하고 강화해야 한다고 생각한다. 군대 당 위원회의 집단영도를 강화해야 하고, 정치기관을 강화해야 하며, 정치기관의 위신을 제고해야 한다. 정치사업 간부를 배치할 때 자질에 유념해야 하며, 정치간부는 모범적 역할을 할 수 있어야 한다. 현재 군대 내의 간부 문제는 매우 유념할 가치가 있다. 정치기관을 강화하는 것은 특별히 간부를 관장하는 부문을 강화하는 것임을 유념해야 한다. 정치기관의 간부, 특히 간부를 관장하는 간부는 남에게 욕을 먹더라도 공정하게 정도를 걸어야 한다. 우리의 전통은 줄곧 정치기관이 간부를 관장하는 것이며, 수장은 항상 정치기관의 심사를 거쳐 조직원칙에 부합해야 한다. 이렇게 양호한 전통을 계승해야 하며, 중대 정치사업에 특별히 유념해야 한다. 중대 간부, 특히 지도원은 업무를 잘 해야 한다. 중대 지도원은 연령이 조금 많아야 하고, 재직기간도 조금 길어야 한다는 점이 고려되어야 한다. 만약에 2-3년만 하고 교체된다면 경험을 축적할 수 없게 되어 사상사업을 하는 데 서투르게 된다."[51]

덩샤오핑은 정치간부의 양성 문제와 관련해서도 다음과 같이 언급했다:

"〔문화혁명 기간에 파괴된〕 기존의 학교를 기본적으로 부활해야 한다. 보다 많은 간부들을 학교로 보내 훈련을 받도록 해야 한다. 현재 정치간부를 훈련하는 학교가 매우 적은데, 가급적 빨리 늘려야 한다. 항일전쟁이 시작될 때부터 우리는 정치간부가 부족하다는 것을 느꼈으며, 해방전쟁시기에도 마찬가지였다. 군사지휘관을 선발하는 것은 비교적 용이했지만, 정치간부를 선발하는 것은 비교적 어려움이 많았으며, 적어도 과거의 제2야전군은 그러했다. 중대 이상의 정치간부의 수량과 군사간부의 수량이 거의 비슷하기 때문에 정치간부를 훈련하는 학교가 증가해야 한다. 증가하는 방법은 한 학교가 군사간부를 훈련하기도 하고 정치간부를 훈련할 수 있도록 할 수 있으며, 정치학교를 별도로 설치할 수도 있다. 이 문제는 더 연구할 수도 있다."[52]

이어서 덩샤오핑은 정치간부의 복무연령뿐만 아니라 원·교 교과과정의 군사와 정치의 비례관계까지를 구체적으로 언급하기도 했다:

"정치간부의 연령은 조금 더 많을 수 있으나 3-4세 정도 더 많으면 된다. 중대 지도원의 연령은 조금 더 많을 수 있으며, 경험을 축적하게 되면 사상사업을 심도 있게 수행할 수 있게 된다. 이로 미루어 볼 때 각급 정치간부의 연령은 군사간부에 비해 3-4세 많아진다. 군사지휘관은 비교적 젊지만 신체적 조건이 양호한 사람의 연령은 조금 많을 수 있다. 그리고 각급 군사학교의 교학 시간 비례는 3:7로서 정치 3할 군사 7할로 한다. 이에 비해서 정치학교는 4:6으로서 군사 4할 정치 6할로 한다. 학교의 영도간부는 강의를 겸하여 맡을 수 있으며, 대군구와 소속 부문의 영도간부도 모두 강의를 겸하여 맡을 수 있다."[53]

이처럼 덩샤오핑은 군대의 현대화·정규화 건설로 인해 강화될 군사영역의 자

---

51 鄧小平, "軍隊整頓的任務", 前揭書, 第2卷, p.21.

52 上揭書, "軍隊要把敎育訓練提高到戰略地位", p.59.

53 上揭書, p.64.

주권과 군사간부의 역할을 인정함과 동시에 군사간부에 결코 뒤지지 않는 현대 군사지식과 전문지식을 갖춘 정치간부의 역할을 통해 당의 군대에 대한 절대적 영도와 "당이 총검을 지휘하는" 기본원칙을 견지할 수 있기를 바랐다.

중국공산당의 인민해방군에 대한 절대적 영도를 보증하려면 군대의 당군화를 보증해야 하며, 군대가 당 중앙과 중앙군사위원회가 부여한 현대화·정규화 건군노선과 군사투쟁 임무를 완수하는 것을 보증해야 한다. 이를 위해서는 군대의 당군화를 정치사업의 근본 임무를 삼아야 하는데, 이것이 바로 새로운 시기에 있어서 인민해방군 건설의 가장 중요한 임무가 되어야 한다는 것이다.

기실, 인민해방군의 정치사업은 전통적으로 중국공산당의 사업이며, 그 정치기관은 중국공산당의 사업기관이다. 그리고 상급 정치기관은 하급 당 위원회, 정치위원, 정치기관의 사업을 지도하고 독촉한다. 한 마디로 인민해방군의 정치사업은 중국공산당이 인민해방군을 영도하는 것을 보증하는 것으로서 중국공산당의 생명줄이나 다름없는 것이다.

2. 군대 정치사업의 주요 활동

1981년 6월 중국공산당은 당 제11기 「6중전회」를 소집하고, 〈건국 이래 당의 약간의 역사문제〉를 통과시킴으로써 마오쩌둥 사상을 대하는 입장을 확정했으며, 당 제11기 「3중전회」 이래의 노선, 방침, 정책을 긍정했다. 이에 인민해방군은 당의 기본노선과 배합하면서 군대 내에 존재하고 있는 문제들을 극복하기 위해 정치사업을 강화했으며, 동년 8월 인민해방군 총정치부는 각급 부대가 새로운 형세와 임무에 근거하여 다음과 같은 내용의 정치사업 연구를 강화하도록 지시했다.

1)정치사업에 대한 전면적 연구활동

(1) 연구의 주요 임무

① 새로운 시기에 마주하고 있는 새로운 상황, 새로운 문제를 연구하고 해결하며 새로운 경험을 총결산한다.

② 미래의 반침략전쟁에 대비한 정치사업의 문제를 집중적으로 연구하며, 미래의 전시 정치사업을 위한 준비를 철저히 한다.

③ 군대 정치사업의 역사와 경험에 대한 연구를 강화하며, 군대 정치사업의 전

통과 경험을 새로운 상황을 연구하고 새로운 문제를 해결하는 것과 결합한다.

(2) 각급 기구의 연구사업 중점 제기

① 고급정치기관은 정치사업을 건설하는 데 있어서 중대한 의의를 가지는 문제, 특히 노선, 방침, 정책과 관련된 문제에 대한 해결 방안과 지도 의견을 제시한다.

② 군(軍) 이하의 정치기관과 정치간부는 당면한 정치사업의 현실문제 연구와 경험의 총결산 및 적시에 부대의 정치사업을 지도하는 것에 집중한다.

③ 각급 정치기관의 업무 부문은 중심사업의 조사와 연구에 참가하는 것 이외에 관련 방침과 원칙을 숙지하고, 부대의 상황과 문제 및 경험을 조사하고 이해한다.

④ 정치사업 연구를 주관하는 부문은 중심 사업을 조사하고 연구하는 것 이외에 전문적 조사연구, 영도기풍, 사업기풍을 검사한다.

⑤ 정치 원·교 및 각급의 각종 원·교의 교연실(教研室)은 교학 임무를 둘러싸고 부대로부터 온 학생을 조사와 연구 대상으로 삼고, 정치사업의 기본 이론과 원칙 연구에 집중한다.

(3) 정치사업 연구의 기본원칙 확정

① 반드시 마르크스레닌주의와 마오쩌둥 사상의 입장, 관점, 그리고 방법을 견지하고, 4개항 기본원칙을 따르며, 당 제11기 「3중전회」 이래의 노선, 방침, 정책, 그리고 〈건국 이래 당의 약간의 역사문제에 관한 결의〉를 관철한다.

② 실천을 통해 정확성이 증명될 뿐만 아니라 오늘날의 조건에 적용되는 정치사업의 기본원칙을 반드시 견지한다. 그러나 반드시 실제로부터 출발하고, 사상을 해방하며, 머리를 쓰고, 실사구시한다.

③ 변증유물주의와 역사유물주의로 연구사업을 지도하며, 문제를 객관적이고 전면적이며 본질적으로 분석하고, 모든 것을 긍정하거나 모든 것을 부정하며 이론과 실제의 연계를 견지한다.

④ 문제를 조사하고 연구하고 해결하는 3개 부분을 긴밀히 결합하며, 영도 부문과 대중을 서로 결합하는 원칙을 실행하며, 중대한 문제의 연구는 영도간부가 직접 계획하고 참가한다.

2) 전군정치사업회의 개최

인민해방군 총정치부는 웨이궈칭(韋國淸) 주임의 주관 하에 1982년 1월 5일부터 12일까지 인민해방군 각 대단위 및 각급 정치사업 영도간부가 참석한 가운데 베이징에서 전군정치사업회의를 개최했으며, 웨이궈칭은 1981년도 전군정치사업의 기본 상황과 1982년도 주요 임무를 중심으로 한 사업보고를 했다.

웨이궈칭은 1981년도의 정치사업 보고를 통해, 각급 당 위원회와 정치기관이 4개항 기본원칙을 견지하고, 당의 노선, 방침, 정책을 결연히 집행하고 관철함으로써 장병의 사상 인식을 제고하고, 사회주의 정신문명, 간부대오, 그리고 당의 건설을 강화하는 데 있어서 훌륭한 성과를 거두었으며, 인민해방군이 작전, 훈련, 생산, 재난구조 및 과학연구 등 임무를 수행하는 데 있어서 괄목할만한 실적을 올리면서 장병일치, 군정일치, 군민일치를 크게 촉진했다고 평가했으며, 새로운 형세 하에서의 정치사업은 여전히 인민해방군의 생명줄로서 오직 강화되어야 하고 약화되게 할 수는 없는 것이며, 군대가 현대화되고 정규화되면 될수록 정치사업은 더욱 더 강화되어야 한다는 점을 강조했다. 그뿐만 아니라 향후 인민해방군 정치사업의 제1차적 임무는 당의 노선, 방침, 정책을 학습하고 관철하며, 이미 습득한 경험을 충분히 발휘하여 사업을 훌륭히 수행하는 것임을 분명히 했다.

〈회의〉는 또 다음과 같은 내용을 중심으로 하는 1982년도 인민해방군 정치사업의 주요 임무를 결정했다:

첫째, 〈건국 이래 당의 약간의 역사문제에 관한 결의〉를 심층적으로 학습하고 관철하며, 사회주의 정신문명을 건설하는 운동을 광범위하게 전개하고, 부대의 정치사상 인식을 향상한다.

둘째, 조정방침을 성실히 관철하고, 사상사업과 조직사업을 철저히 실행한다.

셋째, 혁명화, 연소화, 지식화, 전문화 요구에 따라 간부대오의 건설을 강화한다.

넷째, 기층 건설을 강화하고, 당 지부의 건설과 기층 사상사업의 기초를 견실하게 다진다.

다섯째, 당 위원회와 기관의 사상기풍을 정돈함으로써 사상영도의 흐트러지고 연약한 상태와 당의 기풍이 결정적으로 호전되도록 한다.

3) 3사1정돈 활동의 전개

중국공산당 중앙은 1982년 4월 대륙에 만연하고 있는 사상의 혼란과 경제범죄의 증가를 방지하기 위해 이른바 자산계급의 자유화를 반대하고 경제영역 내의 범죄활동을 근절하기 위한 운동을 대대적으로 전개했다. 이에 인민해방군 총정치부는 당 중앙의 의도에 부응하여 즉각 1982년도 제8호 문건을 공포하고, 각급 기관과 부대 당 위원회를 향해 조직영도를 강화하며, 자산계급의 자유화를 반대하고 경제범죄를 타격하는 것을 각급 당 위원회의 중심사업으로 설정했다. 그뿐만 아니라 연대급 이상의 부대와 기관에 경제범죄를 소탕하는 영도소조를 설립하고, 당 위원회 제1서기, 제2서기가 직접 관장하고 책임지도록 지시했다.

이와 동시에 인민해방군 총정치부는 신설된 전문기구의 주요 임무가 3사1정돈(三查一整頓) 활동을 책임지고 전개하는 것이라고 설명했다. 3사(三査)란 사상교육을 검사하고[査思想教育], 법률과 기율 관념을 검사하며[査法紀觀念], 기풍 기율을 검사하는[査作風紀律] 것을 말하며, 1정돈(一整頓)이란 재경재무 관리제도를 정돈한다는 것이다.

3. 군대 정치사업의 해결과제

1) 사병의 구조와 관념의 변화

개혁개방 이후 인민해방군 장병의 사상은 현대화 과정에서 자본계급의 자유화 사조의 유입으로 전대미문의 급격한 변화를 피해가지 못하고 있으며, 이로 인해 군심과 사기가 극도로 침체되고 있다. 중국 인민해방군은 서방국가의 군대처럼 국가의 군대가 아니며, 발전도상국의 군대처럼 군사지도자 개인에게만 충성하는 무장력과는 달리 오직 중국공산당의 정치임무를 수행하는 무장집단의 성격을 유지해 오고 있다.

그러나 개혁개방 이후, 특히 군대의 현대화·정규화 건설이 빠르게 진행되면서 사병의 구조와 관념에도 새로운 변화의 조짐이 나타나기 시작했다.

인민해방군 사병은 대부분이 농촌 출신으로서 군인이 된 목적도 농민과 노동자로부터 벗어나 간부가 됨으로써 자신의 생활과 사회적 지위를 보장받기 위해서였다. 그러나 농촌의 경제정책이 조정되고 간부 선발방식도 바뀌고 입당 조건이 엄격해지면서 군대에 들어가 자신의 진로를 보장받으려는 농촌 청년들의 희망은 완전히 좌절되었다. 농촌으로부터 온 신병들은 생산책임제가 시작된 이후 집을 나와서 군인이 되면 집안에 1명의 노동력이 줄어들어 경제적으로 도움이 될 것이지만, 부대의 개혁으로 인해 입당하여 간부로 발탁될 수 있는 희망이 줄어들어 자신의 소망을 이룰 수가 없게 되었으며, 그뿐만 아니라 제대를 한 후에는 농촌으로 다시 돌아가야 하니 군대 생활 몇 년을 마치 헛일을 한 것이나 다름없다는 생각을 갖게 되었다.

특히 입당은 인민해방군 사병이 간부로 발탁되는 주요 통로였으며, 청년들이 군대에 들어가는 주요 동기이기도 했다. 그러나 인민해방군 총정치부는 1980년 4월 당원의 질적 보증과 양적 통제를 강화하는 새로운 규정을 공포하면서, 군대 내의 중대 당원을 20% 내로 통제하며, 더 이상 분대에 당원이 있고, 소대에 소조가 있어야 한다는 요구를 하지 말도록 지시했다. 이처럼 입당 조건이 엄격해지면서 인민해방군 내의 공산주의청년단원, 예비당원, 그리고 당원 간에 갈등이 야기되었으며, 심지어 공산주의청년단에 가입한 사병들은 조직활동에 참가하지 않고 탈당을 신청하는 등, 군대에 들어가 출로를 찾으려던 청년들은 크게 실망한 나머지 공산당에 등을 돌리기까지 했다.

2) 정치간부의 지위와 역할 약화

국방현대화를 위한 연소화, 지식화, 전문화 간부정책이 꾸준하게 추진되고, 합성훈련이 강화되면서 인민해방군 군사간부의 사상관념에 현저한 변화가 나타나고 있다. 특히 군사영역의 전문성이 강조되면서 점차 정치를 소홀히 하고, 정치를 혐오하는 현상이 증가하고 있으며, 정치간부들이 군사훈련 중에 배척되거나 제지를 당하는 일까지 벌어지고 있다. 게다가 "중국혁명의 3대법보"라든가 "정치사업의 3대원칙"과 같은 기본지식조차 제대로 설명하지 못할 정도로 정치간부의 자질이 급격히 저하됨으로 인해서 장병의 사상 통제가 나날이 해이해지고 있다.

3) 반자본계급 자유화

인민해방군 장병들은 점차 마르크스레닌주의의 구속으로부터 벗어나고 있다. 개혁개방 이후 서구문화의 유입으로 나타나기 시작한 자본계급 자유화 사조가 군대 내로까지 침투하면서 마르크스레닌주의로 무장된 인민해방군 장병들의 두뇌를 혼란스럽게 만들어 놓고 있다.

덩샤오핑은 일찍이 1985년 5월 자본계급 자유화 문제와 관련하여 다음과 같이 경계했다:

"중국에는 '4인방'을 분쇄한 이후에 일종의 사조가 나타났는데, 그것은 자본계급 자유화라고 부르며, 서방 자본주의 국가의 '민주', '자유'를 숭배하고, 사회주의를 부정한다. 이것은 안 된다. 중국은 현대화를 해야 하며, 절대 자유화를 할 수 없으며, 절대로 서방 자본주의의 길을 걸을 수 없다. 자본계급 자유화를 할 뿐만 아니라 형법에 저촉되는 사람에 대해서 엄정하게 처리하지 않으면 안 된다. 그들이 하는 수법은 대명(大鳴), 대방(大放), 대자보(大字報)가 아닌 것이 없고, 불법적인 간행물이며, 사실상 일종의 동란이고, '문화대혁명'이 남겨 놓은 방법이다. 이러한 바람이 불도록 할 수는 없다. 전국 인민대표대회는 1980년 헌법 속에 대명(大鳴), 대방(大放), 대변론(大辯論), 대자보(大字報)를 긍정하는 조문을 폐지하기로 결의했는데, 이 조문은 문화혁명 때 헌법에 들어간 것이다."[54]

그 후 2년이 지난 1987년 3월 덩샤오핑은 자본계급 자유화 사조의 침투에 우려를 표시하면서 그 문제의 성격을 아래와 같이 설명했다:

"당시 나는 자본계급 자유화를 반대하는 것을 현재 말해야 할 뿐만 아니라 10년에서 20년에 이르기까지 말해야 한다고 말했다. 그런데 오늘 나는 또 50년을 보탠다. 만약에 말하지 않으면 안정적이고 단결하는 정치적 국면은 없을 것이며 뒤범벅이 될 것이기 때문이다. … 물론 우리가 불안정하다고 느낄 정도로 일을 벌이는 사람이 있다면 모종의 행정수단을 사용하고, 기율과 법률 수단을 사용하는 것을 배제할 수 없다. 요컨대, 우리는 개혁과 건설을 진행하는데 편리하도록 안정적인 환경을 필요로 한다."[55]

이른바 자본계급 자유화란, 자본계급의 자유를 부추기면서 자본계급의 의회제, 양당제, 자본계급의 언론, 출판, 집회, 결사의 자유, 자본계급의 개인주의와 일정한 범위 내의 무정부주의, 자본계급의 금전숭배, 오직 이익만 추구하는 사상과 행위, 자본계급의 생활방식과 도덕 기준 및 예술 기준, 그리고 자본주의 제도와 자본주의 세계에 대한 숭배 등을 포함하는 사회정치적 사조를 의미한다.

---

54 鄧小平, "搞資産階級自由化就是走資本主義道路", 「鄧小平文選」, 第3卷, (北京: 人民出版社, 1993), pp.123-124.

55 上揭書, "有領導有秩序地進行社會主義建設", p.211.

중국공산당은 이러한 자본계급 자유화를 4개항 기본원칙의 대척점으로 대비하면서, 경제적으로는 공유제를 주체로 하는 것을 부정하고 사유화를 주장하며, 정치적으로는 공산당의 영도와 인민민주독재를 부정하고, 다당제와 양원제를 주장하며, 사상적으로는 마르크스레닌주의와 마오쩌둥사상의 지도적 지위를 부정하고 전반적인 서구화를 부추기는 것으로 규정한다.

4. 6·4톈안먼사태와 군대에 대한 사상통제

1) 톈안먼사태의 발생 배경과 전개 과정

개혁과 개방이 가속화되면서 기존의 정치체제가 경제개혁의 발목을 잡는 장애물이 되고 있다는 지적에 따라 1986년 덩샤오핑의 제의에 따라 정치체제 개혁을 위한 연구토론 소조가 설립되었으며, 자오쯔양(趙紫陽), 후치리(胡啓立), 톈지윈(田紀雲), 보이보(薄一波), 펑충(彭冲) 등이 위원으로 참가했다.

그러나 민주화를 요구하는 정서에 영합하거나 독재를 포기할 수 없으며, 결코 서방의 헌정제도를 그대로 베껴 쓸 수 없다는 전제 하에 오직 당·정 분리를 통해 행정의 효율성을 제고하는 것에 국한된 덩샤오핑의 기본 구상을 겨냥한 요구가 제기되고 있었다. 일부 세력들은 다당제, 삼권분립, 의회민주, 사법독립 등 서방 헌정주의의 기본틀을 공개적으로 제기했으며, 4개현대화 이외에 제5의 현대화로서 정치현대화를 요구하기도 했다.

1986년 여름 덩샤오핑은 서방의 생활방식, 자본주의, 그리고 다당제를 주장하는 천체물리학 교수인 팡리즈(方勵之)의 주장이 중국의 전통적인 가치관, 사회주의 이데올로기, 그리고 중국공산당의 영도능력을 해치는 것이라고 경고했다. 그러나 경제 자유화, 민주, 법치 등 요구를 내세우면서 빠른 속도로 확산되고 있는 학생운동을 우려하면서 중국공산당 중앙은 학생들이 문화혁명 방식의 동란을 획책하고 있다고 비난하기 시작했다. 그 후 학생운동에 대한 대처가 미온적이라는 이유로 후야오방(胡耀邦)이 1987년 1월 16일 당중앙위원회 총서기직을 박탈당했으며, 정치국 위원직만 유지했다. 후야오방이 사직한 후 당내의 보수파들은 덩샤오핑의 지지 하에 자본계급 자유화를 반대하는 좌경운동을 전개했다.

1989년 4월 15일 후야오방이 심장병으로 갑자기 서거하자 후야오방의 사망을 애도하는 군중들이 톈안먼 광장으로 몰려들기 시작했으며, 4월 17일에는 3천여 명의 베이징대학 학생들이 톈안먼 광장에 집결했으며, 베이징 시내의 각 대학 학생들이 모여 후야오방의 공과와 시비, 반자본계급 자유화운동의 재평가를 포함한 7개항 요구를 제기했다.

이처럼 학생운동이 거세지는 가운데 1989년 4월 23일 자오쯔양(趙紫陽)이 북한노동당 총서기인 김일성(金日成)의 초청으로 국빈방문길에 올랐으며, 그 다음날 리펑(李鵬)과 당중앙정치국 위원 겸 베이징시 당 위원회 서기인 리시밍(李錫銘), 국무위원 겸 베이징시 인민정부 시장인 천시퉁(陳希同)이 만나 톈안먼 광장의 상황에 대해 의견을 나누었다. 총서기인 자오쯔양이 빠진 가운데 당중앙정치국 상무위원회는 시위군중들을 향해 즉각 강경한 조치를 취할 필요가 있다는데 공감했다. 결국 국가 주석인 양상쿤(楊尙昆)과 국무원 총리인 리펑(李鵬)이 덩샤오핑의 거처로 찾아가 덩샤오핑을 만났으며, 이 자리에서 덩샤오핑은 강경한 입장을 취하는 것에 동의했다.

학생들의 시위활동이 점점 더 격화되자 5월 20일 중국정부는 정식으로 계엄령을 공포했으며, 그뿐만 아니라 5개 대군구로부터 30개 사단 병력을 동원했으며, 인민해방군 24개 집단군 중에서 14개 집단군 약 25만 명의 병사가 베이징시 부근으로 이동 배치되었다. 당일 오후 양상쿤은 베이징군구 사령관인 저우이빙(周衣冰)에게 계엄부대를 지휘하라는 전권을 부여했다.

6월 3일 하오 4시 30분 차오스(喬石) 주재로 중난하이(中南海)의 근정전(勤政殿)에서 리펑, 양상쿤, 츠하오톈(遲浩田), 리시밍(李錫銘), 저우이빙(周依冰), 뤄간(羅干) 등이 참가한 가운데 긴급회의가 열렸다. 〈회의〉는 당일 저녁 학생들의 시위활동을 반혁명폭란으로 규정하고 심야에 저우이빙(周依冰)이 해방군과 무장경찰부대를 지휘하여 톈안먼 광장으로 진입하는 것으로 결정했다.

리펑, 차오스, 양상쿤은 모두 중난하이 수영장 대청에서 계엄부대와 광장의 동태를 살폈으며, 계엄지휘부 부총지휘인 저우이빙과 국무원 비서장인 뤄간은 인민대회당에 있었고, 총참모장인 츠하오톈은 시산(西山)의 총지휘소에서 각 부대의 작전을 지휘했으며, 장쩌민은 경위대루(警衛大樓) 4층에서 광장의 동태를 살폈다.

당일 밤 중국인민해방군 부대는 베이징시의 각 방향으로부터 톈안먼 광장을 향해 진군을 시작했다. 제38집단군, 제63집단군, 그리고 제28집단군은 서쪽으로, 공수부대 제15군, 제20집단군, 제26집단군, 그리고 제54집단군은 남쪽으로, 제39집단군과 위수제1사단은 동쪽으로, 그리고 제40집단군과 제64집단군은 북쪽으로부터 진입했다. 대략 밤 10시경 제38집단군이 광장으로부터 서쪽으로 10㎞ 정도 떨어진 창안가(長安街)의 우커숭(五棵松) 십자로에 시위군중을 향해 발포하기 시작했다.

6월 4일 새벽 1시 30분경 제38집단군과 공수부대 제15군의 선봉대가 톈안먼 광장의 남쪽과 북쪽에 도착했으며, 이들은 즉각 톈안먼 광장 주위를 완전히 봉쇄하고, 학생과 주민들을 격리시켰으며, 이와 동시에 제27집단군과 제65집단군이 톈안먼 광장 서쪽의 인민대회당에 나타났고, 제24집단군은 동쪽의 국가박물관에 배치되기 시작했다.

덩샤오핑은 1989년 톈안먼사태가 발생한 지 5일이 지난 1989년 6월 9일 계엄부대의 군 이상 간부들을 접견한 자리에서 6·4톈안먼사태에서 희생당한 인민해방군과 무장경찰의 지휘관과 전투원을 애도하면서 "이번의 풍파는 조만간 올 것이었다. 이는 국제적인 큰 분위기와 중국 자체의 작은 분위기에 의해 결정된 것이고, 반드시 올 것이었으며, 인간의 의지로 전이되지 않는 것으로서 단지 늦고 이름의 문제이고 크고 작음의 문제였다."[56]고 언급했다.

덩샤오핑은 톈안먼사태의 성격을 "공산당을 타도하고 사회주의 제도를 전복하려는"[57] '동란'으로 규정하고, 계엄부대를 "인민의 자제병으로서 영원히 당이 영도하는 군대이고, 영원히 국가를 수호하고, 사회주의를 수호하며, 인민의 이익을 수호하는 당과 국가의 강철장성이다."[58]고 역설했다.

덩샤오핑은 또 동년 11월 12일 중앙군사위원회 확대회의에 참가한 전체 동지들과의 담화를 통해 인민해방군의 성격과 임무를 재차 언급했다:

"나는 우리 군대가 시종 변함없이 자기의 성격을 견지할 수 있다는 것을 확신한다. 이 성격은 당의 군대이고, 인민의 군대이며, 사회주의 국가의 군대라는 것이다. 이는 세계 각국의 군대와 다른 것이며, 다른 사회주의 국가의 군대와도 다른 것이다. 그들의 군대와 우리 군대는 역정과 경험이 다르기 때문이다. 우리 군대는 시종 당에 충성하고, 인민에 충성하고, 국가에 충성하며, 사회주의에 충성한다. 나는 우리 군대가 이 점을 해낼 수 있으며, 몇십 년에 걸친 시련과 경험은 군대가 자기

---

56 鄧小平, "在接見首都戒嚴部隊軍以上幹部時的講話", 上揭書, 第3卷, p.302.

57 上揭書, p.303.

58 上揭書, p.304.

의 책임을 이행할 수 있다는 것을 증명한다는 것을 확신한다."[59]

"그들의 구호는 2개가 있는데, 하나는 공산당을 타도하자는 것이고, 또 하나는 사회주의 제도를 전복하자는 것이다. 그들의 목적은 완전히 서방에 예속된 자산계급 공화국을 건설하려는 것이다. 우리는 인민이 반부패를 요구하는 것을 당연히 받아들인다. 우리는 또 나쁜 생각을 품고 있는 사람들이 제기한 이른바 반부패 구호를 좋은 말로 받아들일 것이다. 당연히 이러한 구호는 그들을 돋보이게 하는 장식에 지나지 않으며, 그 핵심은 공산당을 타도하고, 사회주의 제도를 전복하려는 것이다."[60]

2) 군대 장병에 대한 사상통제

계엄부대의 톈안먼 광장 진입이 순조롭게 이루어진 것만은 아니었다. 기실, 1989년 5월 17일 베이징군구 사령관인 저우이빙(周依冰)은 긴급작전회의를 소집하고 제38군을 베이징으로 진입시켜 계엄 임무를 수행하라는 당중앙군사위원회의 명령을 전달했지만, 제38집단군 사령관인 쉬친셴(徐勤先)이 부대를 이끌고 베이징시로 진입할 수 없다고 하면서 중앙군사위원회의 명령을 거부했다는 이유로 보직 해임되고 이 부대의 부사령관인 장메이위안(張美遠)이 대리 사령관으로 보임되는 사건이 발생했다. 그뿐만 아니라 베이징군구는 6월 3일 제38집단군이 베이징으로 진입할 때 부사령관, 부정치위원, 정치부 주임, 그리고 훈련부 부장 등 4인으로 구성된 지휘소를 파견하여 제38집단군 지휘부를 통제하도록 했다. 더군다나 쉬친셴이 옌안시기의 맹장으로 이름을 떨쳤던 쉬하이둥(徐海東)의 아들로서 인민해방군의 제1대 소장파의 대표적 인물이었다는 점에서 보면 매우 충격적인 사건이기도 했다.

제38집단군 이외에 다른 부대에서도 항명사건이 발생했다. 제39집단군 사령관인 푸빙야오(傅秉耀)는 모든 조치를 취할 수 있다는 상부의 명령을 접수한 후 다른 부대가 이미 군중들을 향해 발포했다는 것을 알게 되자 장병들을 향해 총구를 하늘로 향해 조금 높게 조준하라는 지시를 했으며, 제39집단군의 제116사단 사단장인 쉬펑(許峰)은 부대를 그대로 놔두고 홀로 입성했다가 보직 해임을 당한 후 부

---

59 上掲書, "會見參加中央軍委擴大會議全体同志時的講話", p.334.

60 上掲書, "在接見首都戒嚴部隊軍以上幹部時的講話", p.303.

대를 떠났다. 그의 직책은 예하 연대장인 아이후성(艾虎生)이 이어받았으며, 그의 연대는 착검한 채로 제 때에 톈안먼 광장에 제일 먼저 도착했다. 이 밖에도 산시성(山西省)의 다퉁(大同)에 주둔하고 있던 제28집단군 사령관인 뤼샹성(呂祥勝)은 의도적으로 행군을 지연하고 시간을 낭비함으로써 진압 임무를 게을리했다는 이유로 직위를 박탈당했다.

계엄군의 무력진압이 끝난 이후 중국공산당 중앙은 논공행상을 실시했는데, 지난(濟南)군구의 부사령관인 구후이(固輝)가 계엄부대 부사령관으로서 보여 준 공로를 인정받아 난징(南京)군구 사령관으로 임명됨과 동시에 상장 계급으로 승진되었고, 난징군구 부정치위원인 스위샤오(史玉孝)는 계엄부대 부정치위원으로서 보여준 공로를 인정받아 난징군구 정치위원으로 임명됨과 동시에 상장 계급으로 승진되었다. 그리고 베이징(北京)군구 정치부 주임인 장궁(張工)은 계엄부대 대변인으로서 보여 준 공로로 베이징군구 정치위원, 청두(成都)군구 정치위원, 그리고 군사과학원 정치위원을 각각 역임했으며, 상장 계급으로 승진했다.

이처럼 인민해방군의 일부 계엄부대가 군령을 따르지 않고, 당의 출동명령을 거부한 지휘관이 있었다는 것은 "당이 총검을 지휘한다."는 인민해방군의 전통과 인민해방군의 근본성격을 부정하는 것으로서 당·군 관계의 기본질서를 뒤흔드는 것이었다. 이는 덩샤오핑의 명망이 마오쩌둥에 미치지 못하기 때문이기도 하지만, 개혁개방 이후 군사현대화가 지속되면서 형성된 군사직업주의 경향, 그리고 인민해방군 장병들의 사상과 이념의 다양화에 기인하는 것이기도 했다:

첫째, 자산계급 자유화 사조와 함께 수반된 '군대의 국가화', '군대의 비정치화', '군대의 직업화', 그리고 '유일무기론' 등의 정치적 주장이 인민해방군의 전통적인 당군화와 정치화를 부정하는 촉매작용을 일으키고 있다.

둘째, 노인정치의 정서에 불만을 표시하는 중년 및 청년 장교들이 급증하고 있다.

군대 내 원로의 보수적 경직성, 농촌 출신이 주류를 이루고 있는 병사들의 상대적으로 낙후된 지식수준, 그리고 고급간부 자제의 기득이익 등이 부대의 현대화를 촉진하는 데 있어서 장애요인이 되고 있었다. 중위에서 중교(中校)까지 대략 48,000명에 이르는 인민해방군의 중간간부급 청년장교단은 출신별로 볼 때 원로간부의 자제, 군관학교 졸업생, 그리고 부대 내에서 성장한 일반장교들로 구성되어 있었으며, 이중에서도 간부 자제와 군관학교 졸업생이 주축을 이루고 있었다.

이 때문에 중간급 장교와 병사계층의 구성 변화는 장차 군인의 정치적 역할을 좌우하는 중요한 요인이 될 것으로 예상된다.

셋째, 인민전쟁론에 익숙한 노년세대의 혁명화와 유일무기론을 중시하는 신세대 군인들의 현대화와 정규화 간에 충돌이 발생하고 있다.

여전히 방어에 치중하면서 오직 군대가 쳐들어오면 인민전쟁의 큰 그물을 펼치고 적이 들어오도록 내버려 둔 후에 점차 그들을 먹어버린다는 진부한 인민전쟁 전략으로는 첨단기술을 바탕으로 한 대량살상무기로 공격해 오는 적에 대응하지 못한다는 것이 신세대 장교들의 공통된 인식이었다. 소총을 가지고 싸우는 것을 영광으로 삼고 인적 요소를 중시하고 있는 노년세대의 군인들을 겨냥하여 젊은 신세대 군인들은 첨단무기와 선진 군사지식의 중요성을 주장하고 있다.

넷째, 첨단군사무기의 출현과 전장에서의 적용은 인민해방군의 직업화를 촉진하는 결정적 요소가 되고 있다.

과학기술의 경쟁과 전략운용의 대결로 전환되고 있는 미래의 군사를 겨냥하여 지식화, 정규화, 전문화를 특징으로 하는 군대의 직업주의가 강조되고 있다. 군대의 직업화는 마오쩌둥의 군사사상과 인민전쟁 전략이 더 이상 현대전쟁에 적용될 수 없다는 논리로 귀결된다. 특히 군대의 직업화는 인민해방군의 전통인 사회화, 즉 중국공산당의 군대가 "전투대이기도 하고, 사업대이기도 하며, 생산대이기도 하다."는 양호한 전통을 부정하는 것이 되며, 결과적으로 군대의 비정치화와 국가화로 발전하는 계기를 마련해준다는 것이다.

따라서 중국공산당 중앙은 톈안먼사태 이후 인민해방군 내에 만연되고 있는 자본계급 자유화 현상을 방지하기 위해 군대에 대한 통제를 강화하기 시작했다. 인민해방군 총정치부 주임인 양바이빙(楊白冰)은 〈당의 절대적 영도는 우리 군대를 건설하는 영혼이고 군대를 세우는 근본이다〉라는 제목의 글 속에서 다음과 같이 말했다:

"당의 군대에 대한 절대적 영도는 하나의 근본적인 건군원칙으로서 우리 군의 탄생 초기에 이미 확립된 것이며, … 현재 새로운 형세 역시 이 원칙을 견지하는 것에 새로운 문제를 제기하고 있다. 우리는 세계 사회주의 사업이 일시적인 좌절을 맞이하고 있는 상황 하에서 중국 특색의 사회주의의 길을 확고하게 걸어가야 한다. 국제적 적대세력이 화평연변(和平演變) 전략을 추구하는 공세적 국면 하에서 사회주의 진지를 사수해야 한다. 부대의 영도집단이 원로간부에서 청년간부로 대체되고, 부대 구성원이 교체되고 있는 과정 속에서 아군의 양호한 전통이 대대로 전수되도록 해야 하며, 우리 모두가 당의 군대에 대한 절대적 영도를 견지한다는 역사적 과제를 훌륭히 해결해야 한다."[61]

이어서 양바이빙은 또 "대내외적으로 살아 있는 현실은, 무산계급 정당이 영도하는 인민군대가 적대세력이 화평연변을 기도하고, 사회주의 제도를 전복하는 데 있어서 거대한 장애물이라는 것을 설명해주고 있다. 당과 군대의 관계를 파괴하고 분열시키는 것은 당의 군대에 대한 영도를 부정하는 것이며, 그들이 화평연변을 꾀하는 중요한 수단이며, 계급투쟁의 일종의 법칙이다."[62]고 강조했다.

그뿐만 아니라 양바이빙은 군대의 비당화와 비정치화를 무기로 삼아 화평연변을 전개하고 있는 적대세력을 겨냥하여 "자본계급 국가의 군대는 자본계급 정치에 종속되는 것이다. 유지하고 보호하는 것은 모두 자본계급의 통치이다. '비정치화'를 고취하는 것을 통해서 자본계급의 정치화를 꾀하며, 이른바 '다원화'를 통해서 자본계급의 일원화를 실현한다."[63]고 지적했다. 더 나아가 그는 군대의 비정치화가 원래 서방 자본계급의 국가모형으로서, 군대에 대한 당의 절대적 영도를 폐지하고, 인민해방군의 무산계급 성질을 바꾸는 것을 포함하여 중국을 자본계급 공화국으로 변질시키는 것을 목적으로 하는 것이라고 공박했다.

5. 전시 정치사업의 제도화 요구

베이징군구의 정치사업 부문은 1981년 9월 장자커우(張家口)에서 실시한 군사대연습을 통해 미래전쟁에서의 정치사업의 특징에 적응하고, 전시 정치사업의 능력과 수준을 향상하기 위해 대대적인 전시 정치사업 연습을 실시했으며, 연습 후에는 훈련 경험을 통해 상존하고 있는 전시 정치사업의 많은 문제점들을 지적하고 개선책을 검토하기 시작했다.

정치사업 연습을 통해 나타난 문제점으로는 정치간부들의 전시 정치사업에 대

61 「中共年報」(台北: 中共研究雜誌社, 1992), pp.3-20.

62 上揭書.

63 上揭書, p.3-22.

한 인식과 경험이 부족하여 군사사업을 적극적으로 지원하고 지도할 수가 없었다는 것이었다.

연습에 참가한 대부분의 정치간부들은 군사연습을 지원해야 하는지, 그리고 전시 정치사업 훈련을 해야 하는 것인지를 두고 혼란스러워 했으며, 특히 젊은 정치간부들은 참전 경험도 없고 전시 정치사업 경험도 없기 때문에 과거의 낡은 경험만을 고집하는 노년간부들을 따르는 수밖에 없었다.

과거의 군사연습에서는 영도간부들이 정치사업을 중시하지 않았으며, 정치사업을 훈련계획에 포함하지도 않았고, 정치사업을 훈련하고 연습하는 재료나 방안도 없었기 때문에 군사훈련과 배합하여 전시 정치사업을 수립하고 실행하는 것이 쉽지 않았다.

그뿐만 아니라 훈련연습에서 해당 부대가 담당하는 연습 임무로부터 출발하지 않았으며, 또 다른 일부 단위는 정치간부가 군사를 모르기 때문에 수립된 연습훈련 방안을 제대로 이해하지 못해 정치사업 연습과 군사상황이 서로 어긋나는 상황이 발생하기도 했다.

이른바 혁명전쟁시기 인민해방군의 정치사업과 군사작전은 줄곧 긴밀하게 결합되어 진행되었으며, 정권 수립 이후 얼마 안 되어 한국전쟁에 개입함으로써 정치간부들은 비교적 풍부한 전시 정치사업 경험을 가지고 있었다. 그러나 그 후 20여 년 동안 전쟁의 양상과 성격이 부단히 바뀌고, 인민해방군도 대규모적인 전쟁에 참가한 경험이 부족하기 때문에 전시 정치사업이 점차 군사상황과 동떨어지기 시작했으며, 부대훈련 때는 노간부들의 과거 경험과 평시 정치사업의 방법과 절차에 의존하고 있었다.

중국공산당은 1979년 2월 월맹과의 전쟁 경험을 통해 인민해방군의 전시 정치사업이 현대 군사작전에 더 이상 배합될 수 없다는 것을 체감했으며, 이 문제를 해결하기 위해 당중앙군사위원회 인민해방군 총정치부는 인민해방군을 향해 전시 정치사업을 연구하고, 전시 정치사업 훈련반을 설립하여 정치사업간부를 훈련하도록 지시했다. 그러나 1981년에 실시된 장자커우(張家口)의 훈련연습에서도 전시 정치사업은 여전히 해결해야 하는 많은 문제점들이 남아 있었다.

현대전쟁은 각 부문의 긴밀한 협조를 요구하고 있으며, 정치간부는 해당 군사사업에 숙련되어야 할 뿐만 아니라 군사작전과 병참에 관한 지식도 갖추고 있어야만 군사작전과 병참지원을 정치사업과 긴밀하게 배합할 수 있게 된다. 그러나 장자커우의 대규모 전시 정치사업 연습을 통해서 드러난 정치간부의 현대전쟁 수행 능력, 특히 군사작전 지식과 병참 지식의 결여는 군사현대화와 발맞추어 전시 정치사업이 시급히 해결해야 하는 선결과제가 되었다.

그뿐만 아니라 인민전쟁의 요구에 적응하도록 제도화된 기존의 정치사업제도가 현대전쟁의 요구에 적응해야 하는 새로운 전시 정치사업을 제도화하는데 있어서 문제점이 없는 지를 점검해야 할 필요성이 제기되었다. 물론 인민해방군의 현행 정치사업조례와 전투조령이 부대 전시 정치사업의의 권한과 직책 및 행동을 규정하고 있지만 모두가 형식에 흐르고 있으며, 특히 "당 위원회 집단영도 하의 수장 분담책임제" 하에서 전시 정치사업이 군사작전 요구에 배합하는 문제의 해결 방향에 따라 정치간부의 자격과 역할, 군사간부와 정치간부의 직권과 역할 분담 등도 논의될 개연성은 얼마든지 존재하고 있었다.

제6장

장쩌민 · 후진타오 영도시기의 군대 정치사업

제1절

군사 현대화·정규화의 당·군 관계

1. 당의 군대에 대한 영도원칙 견지

1989년 9월 4일 덩샤오핑의 당중앙군사위원회 주석직 사임 요청으로 군권을 물려받게 된 장쩌민(江澤民)은 사실상 당·정·군 대권을 장악함에 따라 1992년 10월 19일 소집된 「14대」가 끝난 이후 당중앙군사위원회 구성원을 대폭적으로 교체했다. 주석인 장쩌민, 부주석인 류화칭(劉華淸), 그리고 위원인 츠하오톈(遲好田)이 유임되고 신임으로는 장전(張震)이 부주석으로, 그리고 장완녠(張万年), 위용보(于永波), 푸취안요우(傅全有) 등 3인이 위원으로 진입했으며, 양상쿤(楊尙昆)과 양바이빙(楊白冰) 및 자오난치(趙南起) 등 3인이 퇴임했다.

군대의 실권을 장악한 장쩌민은 덩샤오핑 이론을 근거로 하여 자신의 영도 지위를 공고히 했으며, 1995년 중앙군사위원회 확대회의에서 "애국봉헌 교육, 혁명인생관 교육, 존간애병 교육, 각고분투 교육"의 '4개교육'을 제기하면서 아래와 같이 당·군 관계의 기본 관점을 언급했다:

"중화인민해방군은 또한 당의 정치임무를 집행하는 무장집단이며, 당의 근본취지로서 근본취지를 삼고, 당의 목표로서 목표를 삼는다. 신민주주의 혁명시기에 아군이 집행하는 정치임무는 무장투쟁을 통해 3좌대산(三座大山)[1]을 무너뜨리고 신중국을 수립하는 것이었으며, 이는 마오쩌둥 동지가 말한 '정권은 총대로부터 나온다'는 것이었다. 중화인민공화국이 수립된 이후, 아국이 집행하는 정치임무는 조국통일을 옹호하고, 국가의 안전과 사회의 안정을 보장하며, 사회주의 건설사업을 보위하고 이에 참가하는 것이며, 총자루를 이용하여 정권을 공고히 하고, 사회주의 강산을 지키는 것이다. 요컨대, 아군은 인민민주독재의 견고한 주석(柱石)이

---

1 3좌대산(三座大山)이란 제국주의, 봉건주의, 관료주의를 가리킨다.

며, 사회주의 조국을 지키는 강철장성이며, 우리 당과 국가 정치의 장점을 구현하는 중요한 역량이다."[2]

이어서 장쩌민은 당 제14기 「5중전회」에서 정치방향, 정치입장, 정치관점, 정치기율, 정치감별력, 정치예민성 등 6개 분야의 정치를 말하면서 이 6개 분야를 잘 해결하기 위해 군대가 해야 하는 것은 당의 군대에 대한 절대적 영도를 보증하고, 인민군대의 성격을 보증하는 것이라고 강조했다.

장쩌민은 덩샤오핑의 이론을 근거로 하여 자신의 영도 지위를 공고히 했으며, 특히 가장 중요하고 관건이 되는 부분인 당·군 관계에 있어서 당과 총검의 종속관계, 특히 당의 군대에 대한 영도관계로서 자신의 영도 지위를 확보하고자 노력했다. 덩샤오핑의 당·군 관계론에 의하면, 인민해방군은 무조건적으로 중국공산당의 영도 하에 두어야 하고, 그 어떠한 다른 정치적 역량이 군대에 대한 영도권을 공유하는 것을 절대로 허락해서는 안 되며, 그뿐만 아니라 당 중앙의 영도를 확고부동하게 견지하고, 당이 총검을 지휘하는 원칙을 견지해야 하며, 절대로 총검이 당을 지휘하는 것을 용납해서는 안 된다.

이처럼 장쩌민은 당 「15대」 이후 덩샤오핑의 건군사상과 당·군 관계론으로부터 출발하여 아래와 같은 내용을 중심으로 하여 당·군 관계에 대한 자신의 기본 관점을 밝혔다:

첫째, 군대는 영원히 당 영도 하의 군대이며, 영원히 국가의 수호자이고, 영원히 사회주의의 수호자이며, 영원히 인민이익의 수호자이다.

둘째, 무산계급 군대가 무산계급 이익의 대표자인 중국공산당의 영도에 절대적으로 복종하는 것은 무산계급 군대를 건설하는 기본원칙이다.

셋째, 당이 군대를 영도하는 제도는 바뀌지 않는다.

넷째, 당이 중앙군사위원회를 통해 영도하는 제도는 바뀌지 않는다.

다섯째, 당이 간부를 관장하는 것을 견지하고, 덕과 재능을 겸비하며, 인격과 능력을 갖춘 사람을 임용하고, 공정하고 올바르며, 전국 각지에서 간부를 선발하고 임용하는 원칙에 따라 훌륭한 영도집단을 건설하는 것을 견지한다.

---

2 江澤民, "堅持党對軍隊的絶對領導", 「江澤民文選」, 第1卷, (北京: 人民出版社, 2006), p.487.

여섯째, 군대의 각급 당 조직 건설을 강화하고, 당 위원회의 핵심적 역할, 당 지부의 전투보루 역할, 그리고 당원의 선봉적 모범 역할을 충분히 발휘할 수 있도록 한다.

이처럼 장쩌민은 당의 군대에 대한 절대적 영도를 보증하기 위해서는 군대가 정치적으로 영원히 합격하는 것을 보증하는 것이라고 강조했다. 따라서 장쩌민체제에 있어서 군대의 정치적 합격은 곧 인민해방군 건설의 주요 임무인 동시에 군대 정치사업의 근본 임무가 되었다.

장쩌민은 2004년 9월 중앙군사위원회 확대회의에서 중국공산당 중앙군사위원회의 주석직을 후진타오(胡錦濤)에게 물려주기로 한 당 제16차 「4중전회」의 결정을 알리면서 고별사를 통해 인민해방군을 향한 희망사항을 제기했다:

"**첫 번째의 희망**은 군대가 처음부터 한결같이 확고부동하게 당의 말을 듣고, 당을 따라가며, 당의 지휘를 따르는 것이다. 당의 절대적 영도를 받아들이는 것은 인민해방군이 군대를 세우는 근본이고, 인민해방군의 영원히 변하지 않는 군혼이며, 인민해방군의 성격과 관계되고, 당의 흥망성쇠와 관계되고, 사회주의 앞날의 운명과 관계되며, 국가의 장기적 안정과 관계되는 것이다. … 인민해방군은 당의 군대이고, 그 어떠한 상황이나 그 어느 때라도 반드시 군대에 대한 당의 절대적 영도를 견지해야 하고, 군대의 정치적 합격을 확보해야 하며, 군대가 당에 충성하고, 사회주의에 충성하고, 조국에 충성하고, 인민에 충성하는 것을 확보해야 한다. 이러한 근본적인 정치원칙의 문제에 있어서 전 군 동지는 두뇌가 맑게 깨어있어야 하고 입장이 매우 견고해야 하며, 기치가 매우 선명해야 한다.

두 번째의 희망은 군대가 영원히 홍군의 정치적 본색을 유지하는 것이다. 인민해방군은 영광된 혁명 전통을 가진 인민군대이며, 홍군시기로부터 점차적으로 영광된 전통과 양호한 기풍을 형성했다. 이 영광된 전통과 양호한 기풍은 인민해방군의 성격과 근본 취지를 반영했고, 인민해방군의 정치적 본색을 구현했으며, 인민해방군의 귀중한 정신적 재부가 되고 있다.

현재 인민해방군은 급변하고 있는 사회환경의 직접적인 영향을 받고 있으며, 인민해방군 장병의 구조 역시 새롭게 바뀌고 있다. 예를 들면, 중앙군사위원회 구성원 중에 전쟁 년대에 혁명에 참가했던 경험자가 한 명도 없으며, 새로운 역사적 조건 하에서 인민해방군의 영광된 전통과 양호한 기풍을 계승하고 발전시키는 것도 시급히 해결해야 하는 중대한 과제가 되고 있다. 중국 특색의 군사변혁을 적극적으로 추진하고, 군대의 현대화 건설을 강화하는 역사적 진전과정에서 전 군 장병은 반드시 인민해방군의 영광된 전통과 양호한 기풍을 대대로 전해 주어야 한다는 것이다.

세 번째의 희망은 군대가 세계의 군사발전 조류의 전열에 서서 노력하는 것이다. 사상을 해방하고, 실사구시하며, 시대의 발전과 더불어 발전하는 것을 견지하는 것은 당과 군대의 사업이 새로운 국면을 열어가는데 있어서 반드시 거쳐야 하는 길이다. 군사영역은 경쟁과 대결이 가장 치열한 영역이며, 혁신정신을 가장 많이 필요로 하는 영역이다. 우리는 반드시 기계화와 정보화의 2중 역사적 임무를 완수하고, 정보화군대를 건설하고 정보화전쟁에서 싸워 이기는 전략목표를 확고부동하게 실현하기 위해 노력해야 한다.

네 번째의 희망은 군대가 부단히 고도의 단결과 통일을 공고히 하고 발전시키는 것이다."[3]

2. 군사전략의 전환과 군사혁신

장쩌민체제의 집권 초기 세계 군사정세에 2가지의 큰 변화가 나타나고 있었는데, 하나는 소련의 붕괴로 인해 냉전이 종식되고 양대 군사집단의 하나인 바르샤바조약기구가 해체된 것이고, 다른 하나는 정보과학을 대표로 하는 첨단과학기술이 군사영역에 운용됨으로써 나타난 혁명적 발전이었다. 전자의 변화는 대규모적인 전쟁을 더욱 불가능하게 만들었고 국지전쟁의 가능성을 더욱 더 높여 주었으며, 후자의 변화는 새로운 군사혁신을 촉진했다. 이 때문에 강철을 특징으로 하는 산업시대의 전쟁 모델이 시대에 뒤진 유물로 남게 되고, 그 대신에 첨단기술 및 정보의 획득을 위해 각축하는 군비경쟁이 가속화되었다.

이러한 시대의 흐름에 부응하고 새로운 군사혁신에 뒤지지 않기 위해 장쩌민 영도 하의 당중앙군사위원회는 군사전략을 수정하기 위한 중대한 조치를 취했다. 1993년 초 소집된 당중앙군사위원회 확대회의는 인민해방군 전략방침의 기점을

---

3 江澤民, "我的心永遠同人民軍隊在一起", 「江澤民文選」, 第3卷, (北京: 人民出版社, 2006), pp.603-604.

현대기술, 특히 첨단기술 조건 하의 국지전쟁을 승리로 이끌며, 질적 개선을 강화하고, 신속작전능력을 향상하는 데 두기로 결정했다. 그뿐만 아니라 당중앙군사위원회는 새로운 전략방침을 관철하기 위해 "과학기술로 강한 군대를 만든다."는 것을 중심사상으로 하는 "2개의 근본적인 전환", 즉 일반적 조건 하의 국지전쟁에 대응하는 것으로부터 현대기술, 특히 첨단기술 조건 하의 국지전쟁을 승리로 이끄는 것으로의 전환, 그리고 군대의 건설에 있어서 수량 위주의 규모형에서 질 위주의 효능형으로, 인력 밀집형으로부터 과학기술 밀집형으로의 전환을 제기했다.[4]

장쩌민체제는 여전히 적극방어를 군사전략 방침으로 채택하고 있었다. 적극방어의 전략사상이란 무엇보다도 먼저 경제건설에 도움이 되는 대내외 환경을 유지하기 위해 국방을 공고히 하고 국가안보를 보위하는 것을 군사전략의 기본목표로 삼으며, 약세로서 강세를 제압하고 열세로서 우세를 제압하는 것을 군사전략의 기본사상으로 삼고, 유물변증법의 대립통일 원리를 운용하여 방어와 공격을 통일시키고 방어와 공격을 결합하는 것을 특징으로 하는 일종의 전략적 사고의 산물로서 이미 방어작전의 범주를 초월하여 근본적인 전략지도사상으로서 전쟁의 전 과정을 지도하는데 적용된다.

그러나 중국은 걸프전쟁의 교훈을 거울삼아 군사혁신 이론을 연구하고 발전시켜왔으며, 특히 1994년에는 국방과학공업위원회가 전문가를 초청하여 군사혁신 문제에 관한 세미나를 개최했고, 동년 12월에는 해방군보와 육군참모학원이 공동으로 세계군사혁신의 도전에 대응하는 전문가들의 좌담회를 개최하는 등 건군노선의 일대 변혁을 유도했다.

장쩌민체제는 장차전에 대비할 수 있는 ①초정밀 및 원거리 타격능력, ②선진적 전장 지휘와 통제 및 정보 능력, ③정보전 능력 확보 ④비살상 무기의 개발 등을 신군사혁신의 기본목표로 결정했으며, 이를 위해 군사기술, 무기와 장비, 군사이론, 그리고 군사조직체제의 혁신을 주요 추진내용으로 삼았다.

이처럼 장쩌민체제는 장차전에 대비한 지상작전능력과 해군작전능력 및 공군작전능력을 강화하는 것 이외에 정밀제어유도무기, 자동화작전지휘체계, 그리고 대전자전을 현대전쟁의 3대 지주로 여기면서 정보전과 전자전을 신군사혁신의 핵

4 江澤民, "十年來軍委工作的回顧和總結", 「江澤民文選」, 第2卷, (北京: 人民出版社, 2006), pp.456-457.

심으로 설정했다.

장쩌민체제는 전략태세의 변화, 특히 북방으로부터의 위협이 감소하자 미래의 작전방향에 대해 전략적 차원의 중대한 전환을 결정했다. 즉 전략목표를 북서쪽의 중·러 국경으로부터 동남쪽의 연해로 옮겨와 타이완을 위주로 하는 동남 연해와 남해 및 중인국경으로 설정했다. 중국은 국지전쟁과 무장충돌이 불가피할 뿐만 아니라 타이완해협과 남해에서 언제든지 무장충돌이 발생할 수 있다는 전제 하에 이 지역에서의 군사적 우세를 확보하는 데 진력하고 있다.

이러한 전략환경의 변화와 국가이익을 출발점으로 한 군사전략의 전환은 인민해방군의 해군력 증강을 자극하는 요인으로 작용했다. 경제건설을 위한 해양자원의 확보와 해양권익의 보호 필요성이 증대되고, 전략핵전력의 3위1체로서의 탄도미사일, 핵무기, 핵잠수함을 보유하게 됨에 따라 근해방어전략에서 원양방어전략으로의 전환에 필요한 기초가 마련되었고, 타이완을 공격하여 국가통일을 실현하기 위해서는 공격성 상륙작전 능력과 중장거리 제해 및 제공 능력을 확보해야 한다는 공감대가 형성되면서 해군전략이 전면적으로 수정되었다. 중국의 해양전략목표는 주로 다음과 같은 내용을 포함했다:

첫째, 해양전력을 강화하고, 해양을 향해 발전하며, 이른바 300만㎢의 해양국토를 효과적으로 통제하고 관할한다.

둘째, 해양권익에 대한 인식을 강화하고, 자국 해역의 주권과 해양권을 보호하며, 분쟁이 일고 있는 도서와 해역에 대해서는 공동개발을 추진하되 영유권은 철저히 보호한다.

셋째, 타이완의 독립에 대한 군사적 위협을 유지하고, 타이완해협의 제공권과 제해권을 쟁취하며, 타이완에 대한 상륙작전 능력을 제고한다.

넷째, 해양방어통제선을 전속 경제해역으로 확대할 뿐만 아니라 점차적으로 서태평양 방향의 해양 종심방어를 확대하며, 원양방어 능력을 향상시키고, 서태평양의 해상강국으로 부상한다.

다섯째, 남중국해의 해양권익을 보호하고, 전략자원의 원활한 공급을 보장받기 위해 말라카해협을 통해 중동으로 향하는 해상교통로를 확보한다.[5]

---

5 "海洋戰略", 〈軍事瞭望〉, 1999年 第11月号 参照.

중국해군은 이미 동부는 저우산(舟山)을 중심으로 하고 칭다오(靑島)와 산다오(三島)를 양 날개로 하는 해양전장체계, 남부는 위린(楡林)을 중심으로 하고 시사(西沙)와 잔강(湛江)을 중심으로 하는 해양전장체계를 구축하고 특히 남사(南沙)를 전진기지로 삼아 해양전력을 발전시키고 있다.

이러한 해양전장체계의 구축은 중국 해군의 공세적 확장전략을 전개하기 위한 출발점이 되는 것이었다. 적극방어보다 진일보 발전된 해군의 공세적 확장전략은 중국이 제1도련(島鏈) 이외의 영역에 대해 효과적인 통제를 실시하기 위해 연해를 중심으로 하는 방어전략을 탈피할 것이라고 언급한 류화칭(劉華淸) 전 중국해군 사령관의 발언과도 일맥상통하는 것이었다. 이는 사실상 중국이 북쪽은 일본 이북의 캄차카반도로부터 시작하여 남쪽은 타이완과 필리핀 사이의 바시해협(Bashi Channel)을 통해 인도네시아의 대부분 해역에 이르기까지의 제1도련을 벗어나기보다 원거리 해역까지를 통제권 내에 두겠다는 것을 의미한다. 따라서 중국 해군의 장기전략 목표는 근해로부터 태평양으로 확대하여 괌과 마리아나군도 및 카로리나군도를 포함하는 제2도련(島鏈)을 통제하는 것이 된다.

해군의 전략목표 달성을 위한 해양전략의 단계별 발전목표에 의하면, 2020년까지는 컴퓨터시스템을 이용한 중대형 해상작전지휘소를 핵심으로 하는 병력구조로 개편하며, 전략 운용에 있어서는 제1도련 내의 근해해역 전력목표를 효율적으로 통제하고, 2030년까지는 해군구조의 최적화를 통해 전력과 전역 임무를 수행할 수 있는 병력구조, 특히 고도의 정보화 수준을 보유한 대형 항모전단을 확보하며, 2040년대에는 강력한 해역형 해군력을 유지하게 된다.

그뿐만 아니라 장쩌민체제의 중국공산당은 당대의 전쟁형태에 대한 연구를 본격적으로 시작하면서 1998년 첨단기술전쟁의 본질은 정보화이며, 인류의 전쟁형태가 정보화전쟁의 단계로 진입했다고 판단했으며, 1999년에 이어 2000년에도 "정보화전쟁은 장차 점차적으로 산업시대의 기계화전쟁을 대체하여 미래전쟁의 기본형태가 될 것이며, 정보화전쟁은 21세기의 주요 전쟁형태가 될 것이다."[6]라고 강조했다.

전쟁 지도의 기본사상과 원칙의 문제와 관련해서도, 장쩌민은 적극방어를 전역전투의 공격과 전략공격을 포함한 공세적 방어로 규정하면서 정보화의 발전에

6 江澤民, 「江澤民文選」, 第3卷, (北京: 人民出版社, 2006), p.584.

적응하는 제군종과 병종의 합성군대로서의 합동작전 능력을 향상시킬 것을 촉구했다.

아울러 국방과 군사현대화의 발전전략과 관련해서도 장쩌민은 "정보화전쟁이 기계화전쟁을 대체하는 것은 이미 필연적 추세가 되고 있으며, 정보 능력이 없는 기계화군대는 전쟁의 발전에 의해 도태된다. 따라서 중국공산당 역시 새로운 세기의 국방과 군대현대화 건설을 위한 3단계 전력구상을 제기했을 뿐만 아니라 군대의 현대화 건설이 기계화와 정보화의 2중적 역사임무를 완수해야 한다는 것을 분명히 했다."[7]고 강조했다.

이어서 장쩌민은 "3단계 전략구상에서 확정된 목표는 인민해방군이 금세기 50년 이전에 국방과 군대의 정보화를 점차적으로 실현하는 것이다. 기계화와 정보화의 관계를 정확하게 처리해야 하며, 그것은 기계화를 기초로 하고, 정보화를 주도로 하며, 정보화로 기계화를 이끌고, 기계화로 정보화를 촉진하며, 군대 정보화의 가속적인 발전을 추동하는 것이다."[8]라고 지적했다.

3. 군사의 정규화·법제화

장쩌민체제는 마오쩌둥의 군사사상을 학습하고, 덩샤오핑의 새로운 시기에 있어서 군대 건설을 강화하는 것에 관한 중요 사상과 전략적 결정을 학습하며, "정치는 합격하고, 군사는 강인하고, 기풍은 양호하고, 기율은 엄명하며, 보장은 힘이 있어야 한다."는 5강(5講)에 따라 부대 건설을 강화하고 전투력을 향상시킬 것을 촉구했으며, 그뿐만 아니라 이 5강이 인민해방군의 전투력을 구성하는 기본 요소이며, 인민해방군의 현대화·정규화 건설의 기본목표가 구체화된 것임을 강조했다.

1996년 6월 중순 중국공산당은 전 군의 관련 부문 책임자와 전문가들을 소집하여 북경에서 인민해방군의 정규화 건설과 군사 법제학 학술토론회를 개최했으며, 인민해방군이 중앙군사위원회가 확립한 법에 근거하여 군대를 관리하는[依法治軍] 방침을 관철하는 것과 부대의 정규화 건설을 결합하며, 군사법제의 건설을 강화하는 것을 통해 정규화 건설을 보장하기로 결정했다.

---

7 上揭書, p.586.

8 上揭書, p.587.

중국공산당은 정규화를 조령과 조례를 주체로 하는 법규와 제도 및 규범을 확립하고, 통일적 지휘, 제도, 편제, 기율, 훈련을 실행하며, 조직성, 계획성, 기율성을 강화하고, 정규적인 전비, 훈련, 사업, 생활 질서를 확립하며, 군대 건설의 법제화와 규범화를 실현하는 것으로 정의한다. 장쩌민 역시 "정규화는 현대 혁명군대를 건설하는 객관적 요구이며, 현대화된 군대를 건설하기 위해서는 반드시 정규화를 강조하지 않을 수 없다."고 강조하면서 "반드시 조령과 조례에 따라 부대의 행동을 규범화해야 하며," 조령화, 법제화, 규범화가 정규화의 핵심 내용임을 분명히 해야 한다고 지적했다.

이처럼 군대의 정규화는 군사 법제를 의거로 삼아야 한다. 건전한 군사 법제가 없는 군대는 진정으로 현대화된 군대일 수가 없으며, 군사 법제의 건설을 떠나서는 군대의 정규화를 논할 수가 없게 된다. 따라서 전군의 군사법 체계 및 각종 규정을 확립하는 것이 정규화를 실현하는 제1차적 조건이 된다.

중국의 군사법은 국가의 군사제도의 표준(根據)이고 군제(軍制)는 군사상의 각종 법제이며, 통상적으로 군사 법률, 법령, 및 국가기관이 공포하는 모든 규범성 문건을 포함한다. 군사법은 군사법률, 군사법규, 군사규정, 규범성 문건 등으로 구분되기도 한다.

군사법률이란 국가의 입법기관이 공포한 국방과 군사분야에 관련된 전문적 입법문건으로서 법률적 지위와 효력이 헌법의 바로 아래에 있는 것으로서 중화인민공화국 병역법이 있다. 군사법규는 국무원과 중앙군사위원회가 제정한 규범성 문건으로서 그 법률적 지위와 효력은 헌법과 군사법의 하위에 있고 규정의 상위에 있으며, 조령, 조례, 결정, 규정 등이 있다. 군사규정은 국무원의 각 부, 위원회, 그리고 중앙군사위원회의 각 총부가 제정한 것으로서 그 법률적 지위와 효력은 헌법, 군사법률, 군사법규의 하위에 있으며, 조례, 명령, 지시, 규정 등이 있다. 그리고 규범성 문건이란 각 군종과 병종, 각 대군구가 헌법, 법률, 군사법규, 그리고 상급의 결정, 명령, 지시 등을 집행하기 위해 직권범위 내에서 공포한 군사법의 규범 성격을 지닌 문건이다.

국무원과 중앙군사위원회의 입법은 법에 의거한다. 헌법 제89조 제1항은 국무원이 "헌법과 법률에 근거하여 행정조치를 규정하고, 행정법규를 제정하며, 결정과 명령을 공포한다."고 규정하고 있으며, 제90조는 "국무원의 각 부, 각 위원회는 법률과 국무원의 행정법규, 결정, 명령에 근거하여 본 부문의 권한 내에서 명령, 지시, 그리고 규정을 공포한다."고 규정하고 있다. 이 2개의 조문은 국무원과 각 부 및 위원회는 헌법과 법률을 집행하고 자기의 직권을 행사하기 위해 국방군사관리 내용을 포함한 각종의 서로 다른 형식, 서로 다른 효력을 가진 규범성 문건을 제정하고 공포하는 권한을 가지는 것을 분명하게 규정하고 있다. 이 밖에도 헌법은 중앙군사위원회 및 그 각 총부에 대해 그 입법권을 분명하게 부여하지는 않았지만, 그러나 중앙군사위원회는 당과 국가의 최고 군사영도기관이며, 그 군대에 대한 영도는 정치영도와 군사영도의 통일을 구현하고 있다. 중앙군사위원회가 제정한 군사 규범성 문건은 당의 문건이기도 하고 국가의 규범성 문건이기도 한 것이며, 당의 권위를 가지는 것이기도 하고 법률적 효력을 가지는 것이기도 한 것이다.

중앙군사위원회 예하에 설립된 중앙군사위원회 법제국은 중앙군사위원회가 군사법제 건설사업을 영도하는 사무기구이고, 전 군의 법제사업을 관리하는 직능부문이며, 업무적으로 중앙군사위원회에 책임을 지며, 인민해방군의 최고위 법제단위에 속한다. 그 주요 사업으로는 ①국방 입법과 군사 입법의 계획과 기획을 담당하며, ②각 부문이 중앙군사위원회에 제출하는 법규 초안을 심사하고, ③전국인민대표대회 상무위원회 법제사법위원회, 국무원 법제국과 협조하여 국방입법과 군사입법 분야의 협조사업을 실행한다.

중국인민해방군의 법제화는 기본적으로 완료된 상태이며, 이미 제정되어 적용되고 있는 중국의 현행 군사법을 내용별로 보면 아래와 같다:

- **군대의 조직편제와 관련된 법률과 규정:** 〈중국인민해방군 사령부조례〉, 〈중국인민해방군 정치사업조례〉, 〈중국인민해방군 후근사업조례〉, 〈군대의 조직편제 관리 권한에 관한 규정〉, 〈해군 영도에 관한 규정〉, 〈공군 부문 영도에 관한 규정〉.
- **군대의 간부 분야에 관한 법률과 규정:** 〈중국인민해방군 장교복무조례〉, 〈중국인민해방군 민간직 간부조례〉, 〈중국인민해방군 계급조례〉, 〈중국인민해방군 간부임면 임시조례〉.
- **군인의 퇴역분야에 관한 법률과 규정:** 〈군대간부의 이직휴양에 관한 규정〉, 〈군대간부의 퇴직휴양에 관한 규정〉, 〈군대간부의 현역 퇴출문제에 관한 규정〉, 〈중국인민해방군 예비역장교조례〉.
- **군인의 우대와 위로에 관한 법률과 규정:** 〈혁명열사가족과 혁명군인가족 우대 임시조례〉, 〈혁명상이군인 우대조례〉.

- **군대의 작전분야에 관한 법률과 규정:** 〈중국인민해방군 전투조령개칙〉, 〈중국인민해방군 군과 사단 전투조령〉, 〈중국인민해방군 연대와 대대 전투조령〉, 〈중국인민해방군 보병전투조령〉, 〈중국인민해방군 해군전투조령〉, 〈중국인민해방군 공군전투조령〉, 〈중국인민해방군 병참사업조례〉.
- **교육훈련 분야에 관한 법률과 규정:** 〈중국인민해방군 군사훈련요강〉, 〈중국인민해방군 군사훈련사업조례〉, 〈중국인민해방군 원·교사업조례〉, 〈중국인민해방군 함정부대 군사훈련사업조례〉, 〈중국인민해방군 공군훈련사업조례〉.
- **부대 관리에 관한 법률과 규정:** 〈중국인민해방군 내무조령〉, 〈중국인민해방군 기율조령〉, 〈중국인민해방군 대열조령〉, 〈중국인민해방군 해군함정조령〉, 〈중국인민해방군 공군비행조령〉, 〈중국인민해방군 관리교육조령〉, 〈중대 관리교육사업의 약간의 규정〉, 〈군대 기층건설 조령〉.

제2절

군대 정치사업의 당면과제

1. 사회 기본계급의 몰락과 사회계층화

1) 재산형 사회의 서열화와 양극화

경제건설을 위한 개혁과 개방 정책이 본격화되면서 자원배치의 시장화에 따른 자유로운 사회유동과 직업선택의 보장, 다양한 종류의 소유제 인정, 사회정책과 제도의 혁신, 분배제도와 자원획득 방식의 변화 등 각종 요인으로 인해 중국 사회는 과거의 지령성 계획경제 하에 형성되었던 신분형 계급구조로부터 새로운 형태의 재산형 계층구조로 급격히 전환되고 있다.

첫째, 사회계층의 능력·실적주의 경쟁구조가 형성되고 있다. 성취 욕구를 기본 정향으로 하는 계층화가 이루어지고 있고, 개인의 사회경제적 지위가 귀속성이 아닌 개인의 능력과 노력에 의해 결정되고 있다. 특히 분업과 전문화 경향이 심화되면서 개인의 계층 지위 형성에 영향을 미치고 있다.

둘째, 피라미드형 계층구조가 형성되고 있다. 등급구조 형태와 경제 소득의 분포구조로 볼 때 중간계층이 매우 더디게 성장하고 있다.

셋째, 사회계층의 서열화와 양극화가 심화되고 있다. 국가관리층과 전문기술직이나 기업주와 경영인계층은 보다 많은 경제자원과 조직자원 및 문화자원을 확보하고 있음으로 인해서 최고의 서열에 위치하고 있는 반면, 노동자와 농민은 확보하고 있는 자원의 양이 상대적으로 빈약하기 때문에 최하위의 서열로 밀려나고 있어 중국사회의 서열화와 양극화는 점점 더 심화되고 있다.

넷째, 노동자계급과 농민계급이 자체 분화로 인해 계획경제시기의 주도적 위치로부터 최하위의 사회계층으로 전락했으며, 이와는 반대로 그동안 비노동계급으로서 천대를 받았던 지식인들이 사회의 기본계급으로 격상됨으로써 계급의 영도와 피영도 관계가 전도되었다.

2) 단위제와 도·농 2원화구조의 붕괴

중국공산당은 체제 유지를 목적으로 하는 단위제의 기능이 약화되고, 사회자원의 자유로운 유동에 따른 호구제와 도농 2원화구조가 붕괴되면서 계획경제시기와 같은 사회통제력을 상실하고 있다.

도시민의 생존과 활동 공간이 확대되면서 도시사회의 기본단원인 단위의 기능이 약화되고 있고, 농민들의 도시를 향한 거센 물결이 이어지면서 호구제와 도농 2원화 통제구조가 붕괴되고 있다.

(1) 단위제의 기능 약화와 도시 통제

계획경제시기에 있어서 중국의 도시사회는 단위[9]를 기본단원으로 하고 있었으며, 도시의 단위제는 사회주의중국이 수립된 이후 사회자원의 총량이 상대적으로 부족한 상황과 현대화를 추진해야 하는 현실적 요구를 결합해야 했으며, 바로 이러한 배경 하에서 사회자원의 총량확대와 사회통합의 요구를 충족시키기 위해 설립된 것이었다.

그러나 사회주의 시장경제의 발전과 더불어 정치권력이 부분적으로 경제영역과 사회영역으로부터 퇴출됨으로써 단위제의 전능적이고 복합적인 통제기능[10]이 크게 약화되고 있다. 이 때문에 행정권력에 대한 통제를 통해 실현되고, 당 위원회 서기가 제1인자로서 모든 사업을 책임지며, 당 위원회가 집단토론을 거쳐 의사결정을 주도하는 단위의 직접적인 영도방식도 크게 바뀌고 있다.

첫째, 권력의 하방과 경쟁원리의 도입으로 인해 사회영역과 경제영역의 자주권이 크게 강화되고 있으며, 그 결과 권력의 다극화가 점차 형성되고 있다. 정치권력의 경제 및 사회 영역에 대한 침투력이 크게 약화되고, 정치권력의 재분배를 통한 단위의 체제유지 기능도 상당한 제약을 받고 있다. 그러나 단위는 아직도 권력

---

9 '단위'는 계획경제시기에 도·농 2원화구조의 기초 위에서 형성된 도시사회의 기본단원이다. '단위'는 국가와 개인을 연결하는 고리로서 정치권력의 재분배를 통한 정치체제의 유지와 사회자원의 재분배를 통한 사회통제를 목적으로 설립되었다. 이 때문에 단위제는 개인의 정치권력과 사회적 지위를 결정하고, 개인의 생존과 활동 공간을 통제함으로써 국가와 개인 간의 보호-피보호 관계를 유지하는 기능을 한다.

10 단위의 기본기능은 ①정치권력의 재분배를 통한 체제 유지, ②사회자원의 재분배를 통한 사회 통제, ③정치권력과 사회적 지위의 획득통로 통제, ④개인의 생존과 발전을 위한 활동공간 보장으로 집약된다.

과 긴밀하게 연계되어 있으며, 당정계통, 군대계통, 입법기관, 사법계통, 정치협상회의, 업종별 총회에서부터 일반적 의미의 국가행정기관과 전민소유제 사업단위 및 국유기업 단위에 이르기까지 모든 단위의 구성원 역시 선전권, 교육권, 경제권, 입법권, 사법권, 행정권 등 각종 권력을 장악하고 있을 뿐만 아니라 이들 권력으로부터 파생된 이익을 향유하고 있다.

둘째, 자원배치의 시장화로 인해 단위는 더 이상 자원의 최종 분배자로서 위치하고 있지 않으며, 이로 인해 사회자원의 재분배를 통한 사회통제 기능도 그만큼 약화되고 있다. 기업과 사업 단위는 생존을 위해 자원의 획득과 배분을 시장기능에 맡기고 있으며, 더 이상 국가의 행정 지원에 의존하지 않기 때문에 그 사회통제 기능이 크게 약화되고 있으며, 이로 인해 중국공산당의 사회통제력 역시 심각한 타격을 받고 있다.

셋째, 정치사회가 시장사회로 전환되면서 개인의 단위에 대한 의존성과 구속력이 크게 약화되고 있다. 정치사회에서는 단위가 정치권력과 사회적 지위를 획득하기 위해 접근하는 유일한 통로로 위치했고, 단위를 벗어난다는 것은 스스로의 생존을 포기하는 것이나 다름없었다.

그러나 다양한 종류의 소유제가 인정되고 시장원리에 의한 분배방식이 채택됨으로써 계획경제시기의 신분구조가 해체되고 경쟁적 능력구조가 새롭게 형성됨에 따라 개인들은 생존을 위해 반드시 정치권력과 사회적 지위를 보장받을 필요가 없게 되었다. 이 때문에 사회구성원들을 통제했던 단위의 기본기능이 약화되고 있으며, 결과적으로 중국공산당의 개인에 대한 통제능력도 제약을 받고 있다.

넷째, 사회자원의 획득통로가 다양해지고 개인이 생존하고 발전할 수 있는 자유로운 활동공간이 확대되면서 개인들은 이미 단위 밖에서 사회자원을 획득하고 있으며, 더 이상 '행정인'과 '단위인'이 아닌 '경제인'의 자격으로 점차 활동의 폭을 넓혀가고 있다.

(2) 도·농 2원화구조의 붕괴와 농촌 통제

국가의 사회자원에 대한 통제 약화 및 그 자원 통제권의 부분적 양도에 따른 사회자원의 자유로운 유동과 활동공간의 확대는 도·농 2원화구조를 붕괴시키는 요인으로 작용하고 있다.

중국공산당은 정권을 장악한 이후 사회를 효율적으로 통제하고 국가-사회 간의 안정적인 역량 대비를 구성하는 것을 무엇보다도 중요한 과제로 여겼으며, 이를 해결하기 위해 의도적으로 도시와 농촌을 완전히 분리하여 장벽을 구축했다.[11] 기실, 당시의 호적제도는 "사회자원의 총량이 부족한 상황 하에서 도·농 2원화구조를 유지하면서 농촌을 희생시켜 도시의 공업화를 실현한다."[12]는 발상에서 출발한 것으로서 사회주의의 평균주의 사상과도 근본적으로 배치되는 것이었다. 호적제도의 주요 목적은 농촌 인구의 도시 유입을 차단함으로써 도시의 공급부족 현상을 해결하는 데 있었던 것이다.

이처럼 계획경제시기의 중국 농민들은 출생하게 되면 자동적으로 인민공사의 사원이 되어 생산대에서 취업을 보장받았으며, 간부로 발탁되거나 군인이 되는 경우를 제외하곤 거의 농촌을 벗어나지 못했다. 그러나 중국의 농민들은 이미 ①자신의 노동력을 스스로 행사할 수 있는 노동처분권, ②노동과 투자를 통해 획득한 수입을 법적으로 보장받을 수 있는 재산권, ③자신의 능력과 필요에 따라 결정할 수 있는 노동선택권, ④상호계약에 따라 고용관계를 결정할 수 있는 개인의 직업선택권 등을 행사할 수 있게 됨으로써 더 이상 농토에 구속될 필요 없이 스스로 활로를 찾아 나서고 있다.

특히 신분은 농민이면서 도시에 진입하여 일용직에 종사하는 농민공들에 대한 통제는 거의 불가능한 상태에 이르고 있으며, 도시의 부족한 일손을 메워준다는 이점으로 인해 이미 호구제도 유명무실해지고 있으며, 이로 인해 중국공산당의 농민에 대한 강제적 통제방식은 더 이상 효력을 발생하지 못하고 있다.

2. 지배이데올로기의 실종과 사회가치의 다원화

일반적으로 말해서 "문화는 사회나 공동체가 공동으로 인정하는 가치체계 및 그 가치체계를 구체화시키는 물질적 실체로 구성되며, 3개의 상호 연관된 부분으로 구분된다:

첫째, 실제적이고 예술적인 인공적 물체를 가리키는 물질문화이다.

둘째, 특정한 사회의 풍속과 습관 및 제도 등을 포함하는 사유방식과 행위준칙

11 周翼虎, 楊曉民, 「中國單位制度」, (北京: 中國経濟出版社, 1999), pp.37-38.

12 上揭書, p.344.

을 가리키는 규범문화이다.

셋째, 사상, 태도, 가치관 및 신앙으로 구성된 인식문화이다.[13]

그런데 중국의 현실문화는 대체적으로 3개 요소로 구성된다:

①소련모델의 사회주의문화, ②전통적 봉건주의문화, ③서방의 자본계급문화이다.[14] 특히 "소련모델이 주도적 문화로 자리 잡고 있던 계획경제시기의 중국사회에서는 전통적 봉건주의 문화와 서방의 자본계급 문화가 비밀리에 감추어진 문화구조로 존재했다. 전통적 봉건문화의 내밀적 은형구조는 문화의 관성작용으로 인해 스스로의 토대를 유지하면서 표층에서 떠도는 소련모델의 사회주의 문화가 전통문화의 색채를 띠도록 만들었다. 그러나 사회주의 체제의 몰락과 개혁개방으로 인해 표층에 자리 잡고 있던 사회주의 문화가 강타를 당하고 있는 틈새를 뒤집고 전통적 봉건주의 문화가 다시 고개를 들고 있을 뿐만 아니라 서방의 자본계급 문화가 거세게 밀려들어오고 있다."[15]

중국문화의 주류를 형성했던 일원론적 마르크스주의 문화는 문화급진주의적 성격의 영향으로 인해 이미 그 호소력을 크게 상실하고 있다. 물론, 중국공산당은 공식적으로는 아직 마르크스주의를 포기하지 않고, 사회주의 시장경제에 조응하는 새로운 사회주의 문화의 건설을 요구하고 있지만 전통적 봉건주의 문화의 부활과 자본계급 문화의 확산은 이미 거역할 수 없는 대세가 되고 있다.

첫째, 아편으로 여겨졌던 종교활동이 허용되면서 전통적인 민간신앙은 물론이고 종교문화가 다시 형성되고 있다. 기실, 중국사회는 "①조상숭배를 바탕으로 하는 효(孝)와 충(忠) 관념, ②배타적이 아닌 다양한 신앙의 혼재, ③초월성을 경시하고 현실을 중시하는 경향, ④세속적인 왕권에 의해 압제되는 종교문화적 특성이 전래되고 있다."[16]

---

13 倪健民, 「國家安全: 中國的安全空間与21世紀的國略選擇」, (北京: 中國國際廣播出版社, 1997), p.832.

14 范欽林, "民族自尊的誤區与現代化文化的選擇", 李世濤 主編, 「知識分子立場: 激進与保守之間的動蕩」, (北京: 時代文芸出版社, 2000), p.342.

15 上揭書.

16 倪健民, 前揭書, p.842.

따라서 중국공산당은 과거에는 마르크스의 기본원리에 근거하여 봉건적 색채를 띠는 각종 미신과 서방으로부터 유입된 각종 종교를 배척했지만, 개혁개방 이후 내면적으로는 종교를 국가이익을 추구하기 위한 현실적이고 전략적인 수단으로 취급하고 있다. 중국공산당은 "①개혁과 건설의 현실적 성취와 인민대중의 현실적 체험을 효율적으로 운용하여 무신론에 대한 생동적 선정을 전개하며, ②서방 종교세력의 침투를 경계하고, 마르크스주의의 세계관과 사회발전법칙에 대한 이해를 증진시킨다."[17]는 기본원칙 하에 종교가 사회주의 정신문명의 건설에 미칠 부정적인 요소를 제거하는 데 주력하고 있다.

둘째, 하부구조로서의 경제적 토대인 시장경제에 조응하는 상부구조로서의 윤리문화가 형성되면서 마르크스주의의 일원론적 윤리문화가 퇴색하고 있다. 중국공산당은 도덕을 역사의 발전을 벗어난 추상적 개념이 아닌 경제의 반영물로 보면서 중국의 사회주의 윤리문화가 공유제를 기본으로 하면서도 다양한 소유제를 인정하고 있는 경제구조의 반영물로서 "①국가이익과 집단이익 및 개인이익을 상호 결합한 사회주의의 집단정신을 고양하며, ②개인은 정상적인 경로와 합법적인 수단을 통해 자신의 이익을 추구하고, ③시장경제 속의 이기주의와 이익추구 및 공정한 경쟁원칙의 합리성을 인정하는" 방향으로 형성되어야 한다는 점을 강조하고 있다.

그러나 개인주의와 시장경제를 바탕으로 한 시민사회가 형성되면서 결과의 평등주의와 분배의 평균주의 및 집단주의를 주요 내용으로 하는 계획경제시기의 사회주의 계급문화가 위력을 상실하고 있으며, 이와는 대조적으로 기회의 평등관과 분배의 실적주의 원칙 및 개인주의를 주요 내용으로 하는 시민사회의 윤리문화가 형성되고 있다.

셋째, 이익을 중심으로 하는 사회관계가 형성되면서 새로운 법률관념이 형성되고 있다. 예를 들면, "계급투쟁 관념으로부터 이익조정 관념으로, 정책에 의한 치국관념으로부터 법에 의한 치국관념으로, 법률의 객체관념으로부터 법률의 주체관념으로, 법률허무주의 관념으로부터 법률신념주의 관념으로, 의무본위 관념으로부터 권리본위 관념으로, 정·법합일 관념으로부터 사법독립 관념으로, 그리고 소송천시 관념으로부터 소송권리 관념으로 바뀌고 있다."[18]

---

17 上揭書, p.843.

18 上揭書, p.833.

중국인들은 이미 지켜야 할 재산, 생존을 위해 찾아야 하는 직업, 그리고 노후의 생계와 건강문제가 모두 국가의 통일적인 계획과 배치 하에 해결되었고, 지켜야 할 법보다는 충실히 복종해야만 하는 당의 노선과 방침 및 정책만이 있었던 지령성 계획경제 하의 신분형 사회에서와는 달리 자신들의 기본적인 생존과 안전 욕구를 스스로 해결해야 하는 경쟁사회 속에서 살고 있다는 것을 인식하고 있다. 이 때문에 중국인들은 그동안 착취로만 여겨왔던 고용관계와 실적위주의 분배방식에 적응하면서 집단주의적 계급의식에서 벗어나고 있으며, 자신들의 경제적 자유를 보장받기 위해 의무보다는 권리를 요구하며, 국가의 행정조치보다는 법을 중시하는 경향을 보여주고 있다.

어쨌든, 중국사회의 서열화되고 양극화된 사회구조와 다원론적 사회문화는 이미 신분형 사회구조와 일원론적 마르크스주의 문화에 충격을 가하면서 중국의 현실문화가 사회주의 문화인지 자본주의 문화인지를 구분하는 것을 무의미하게 만들면서 중국인들의 가치관을 혼란스럽게 만들고 있다. 이러한 가치의 다양성은 중국공산당의 지도사상은 물론, 사상영도를 약화시키는 중요한 요인으로 작용하고 있다.

3. 3신위기의 출현과 당 영도력의 약화

장쩌민 당 총서기 역시 사회주의 시장경제가 심화되면서 중국사회의 사상영역에 나타나고 있는 부정적 현상을 경고하고 나섰다: ①일부에서는 공개적으로 전면적 서구화를 부추기고 있고, 정치적으로는 중국공산당의 영도를 취소하고 약화시키는 것을 선양하면서 서구의 다당제와 의회민주를 주장한다. ②경제적으로는 사유화를 선양하고 공유제의 주체적 지위와 노동한 것만큼 분배하는 것[按勞分配]을 주체로 하는 원칙을 취소할 것을 주장한다. ③사상과 문화적으로는 마르크스주의의 지도적 지위를 취소할 것을 제기하고, 지도사상의 다원화를 주장하며, 극단적 개인주의의 가치관을 옹호한다.[19]

중국공산당의 영도는 기본적으로 사상영도, 정치영도, 그리고 조직영도를 포함한다. 중국공산당의 이러한 영도는 지령성 계획경제체제로부터 사회주의 시장

19 江澤民, "關於堅持四項基本原則", 「江澤民文選」, 第3卷, (北京: 人民出版社, 2006), p.231.

경제체제로 전환되는 과정에서 나타나고 있는 가치와 질서의 위기로 인해 3신위기(3信危機)[20]로 대표되는 심각한 도전에 직면하고 있다.

1) 사상영도

중국공산당이 최고강령으로서 표방하고 있는 중국 특색의 사회주의는 그 개념의 모호성으로 인해 지배적 정치이데올로기로서의 역할을 제대로 발휘하지 못하고 있다:

"아직도 사회주의 현대화를 실현하는 과정에서 사회발전의 기본구도는 궁극적으로 어떻게 되어야 하는 것인지, 어떠한 사회계층구조를 형성해야 하며 또 어떻게 그 계층구조를 발전시켜야 하는 것인지를 설명해 줄 수 있는 정치이데올로기가 존재하지 않고 있다. 이처럼 선명한 정치이데올로기의 부재는 각종 사상의 주장으로 인한 혼란만을 가중시킴은 물론, 각 사회계층 간의 갈등과 모순을 심화시키고 있다."[21]

일반대중뿐만 아니라 일부 당원들도 당의 실사구시 노선이 궁극적으로는 중국사회를 자본주의로 변질시킬 것으로 내다보고 있다. 이들은 계획경제의 포기와 사유제의 부분적 허용, 그리고 동유럽과 소련 사회주의제도의 붕괴를 목도하면서 사회주의의 장래에 회의를 느끼고 있다. 그뿐만 아니라 사회주의가 이미 실패했으며, 공산주의는 공상에 불과한 것이고, 사회주의의 길을 더 이상 고집할 필요가 없다고 생각하며, 마르크스주의와 마오쩌둥 사상도 이미 시대에 뒤진 것으로 여기고 있다.

1999년 베이징시 교육사업위원회가 주관하고 베이징대학 학생사업부가 베이징대학 학생들을 대상으로 실시한 설문조사에서도 지식청년들의 정치의식과 가치관이 크게 바뀌고 있는 것으로 나타났다. 지식청년들의 대부분은 "당이 주관하는 사상과 이론학습보다는 자신들의 장래와 직결되는 경제문제와 국제사건이나 활동에 깊은 관심을 보여주었을 뿐, 사회주의 정신문명의 건설은 물론이고, 법치

---

20 3신위기(3信危機)란 중국 인민들의 마르크스레닌주의와 마오쩌둥 사상에 대한 신앙(信仰), 중국공산당이 추진하고 있는 1개 중심, 2개 기본점의 정치노선에 대한 신심(信心), 그리고 중국공산당의 조직과 당원간부에 대한 신임(信任)이 위기를 맞고 잇다는 것을 뜻한다.

21 陸學芸 主編, 「当代中國社會階層研究報告」, (北京: 社會科學文獻出版社, 2002), pp.98-99.

와 반부패운동이 기대 이상의 실효를 거두지 못하고 있는 것으로 평가했다."[22]

설문조사에 의하면, 마르크스주의의 이론과 실제의 결합을 강조하고 있는 중국공산당의 사상영도가 반드시 성공한다는 것은 아니며, 마르크스레닌주의와 마오쩌둥 사상 및 덩샤오핑 이론이 일맥상통하는 과학적 체계이지만(78.6%), 사회주의와 자본주의가 결국에는 한 곳으로 모이게 될 것이며(44.3%), 사회주의 초급단계는 자본주의를 배우는 학습단계이고(38.1%), 사유화는 중국사회가 발전하기 위한 필연적 선택이며(30.5%), 사회주의 시장경제를 발전시키기 위해서는 정신문명을 희생시키지 않을 수 없다(31.1%)고 여기는 정치적 관점으로 인해 사상영도에 혼란이 가중되고 있다.

그뿐만 아니라 개인주의와 가치관의 주관화로 인해 집단주의를 기초로 하는 사회주의 도덕관과 가치관이 부식되고 있다. 물론, "조국을 위하고, 인민을 위하며(80.1%), 봉사를 인생의 최대 만족으로 여기고(54.8%), 국가이익과 집단이익이 개인이익에 우선해야 한다(64.2%)는 가치판단이 주류를 형성하고 있지만, 그러나 인간의 본질이 이기적인 것이며(34.3%), 개인의 이익이 최대로 충족될 때 사회의 전체이익이 실현될 수 있고(39.1%), 현대인이란 돈을 벌고 쓸 줄 알아야 하고(70.1%), 세태를 반영하듯 정직한 사람이 손해를 본다(28.7%)고 여기는 자아중심적 의식구조가 형성되고 있다. 마르크스주의의 집단주의 정신과는 정면으로 대립되는 개인주의 가치관의 형성은 시장경제의 발전과 더불어 시민사회의 출현을 앞당기고 있으며, 더 나아가 보수주의와 자유주의의 사상 논쟁을 유발하면서 마르크스주의를 지도이념으로 하고 있는 중국공산당의 사상영도를 위협하고 있다.

2) 정치영도

중국공산당은 일반대중들의 적극적인 지지를 받으면서 개혁과 관련된 각종 정책을 추진했지만, 그 성과 못지않게 부작용을 극복해야 하는 입장에 있다. 일반대중들은 개혁노선을 지지하는 것만큼 개혁과정에서 나타나고 있는 간부들의 자질 저하와 부정부패 및 특수화 현상, 심화되고 있는 소득격차, 그리고 불완전한 사회보장제도로 인한 평등관념의 실종을 우려하고 있다.

첫째, 당정 영도간부들의 정치적 자질 저하가 심화되고 있다. 대부분의 중국 지

---

22 「北京大學工作通訊」, 第2-3期, 1999年 3月, pp.44-45.

도자들은 정권을 수립하고 사회주의 개조운동을 통해 사회주의 제도를 공고히 할 수 있었던 것은 마르크스주의 이론과 정치투쟁 예술 및 정치적 영도능력으로 무장된 지식인 출신의 간부들, 그리고 확고부동한 무산계급 입장과 강인한 정치투쟁 능력을 갖춘 노농병 출신의 간부들이 있었기에 가능했다고 믿고 있다. 그러나 이들은 개혁개방 이후 각급 지도층의 문화수준과 전문화 수준 및 경제활동 능력이 크게 향상된 점은 인정하지만 사회의 계급상황, 대중의 사상실태, 그리고 사회의 각종 모순에 대해서는 거의 관심을 두지 않고 있는 현실을 우려하고 있다. 심지어 일부 영도간부들은 4개항 견지와 개혁개방이라는 2개의 기본점이 경제발전이라는 1개 중심에 의해 변질됨으로써 통합형 영도간부와 전문형 영도간부의 균형적 발전이 무너지고 있는 점에 주목하고 있다.

둘째, 일부 당정간부들은 권력의 시장화 과정을 통해 재부를 축적함으로써 새로운 홍색자본계급으로 부상하고 있다. 이들은 특수계층으로서 사익을 추구하면서 인민대중과는 대립적 관계를 형성하고 있다. 일부 당정간부들의 막강한 권력과 관본위주의(官本位主義)로 인해 대중노선이 더 이상 효력을 발휘하지 못하고 있을 뿐만 아니라 정경유착 현상이 근절되지 않고 있음으로 인해서 당의 정책과 방침 및 노선이 인민대중들로부터 절대적 지지를 획득하는데 실패하고 있다.

셋째, 일부 당원간부들의 부패현상이 심화되고 있다. 중국의 부패현상은 새로운 단계로 발전하고 있다. 1990년대부터는 사회주의 시장경제를 향한 체제개혁이 본격화되면서 일기 시작한 금전만능주의의 영향 하에 자본주의의 병리현상으로 지적되었던 각종 경제범죄가 창궐하면서 당의 영도를 위협할 정도로 부패의 질이 사악하고 지능화되고 있다.

넷째, 사회복지제도가 확립되지 않음으로써 개혁정책의 성과가 퇴색되고 있으며, 이로 인해 당의 개혁정책이 크게 훼손되고 있다. 시장경제에 조응하는 효율성만이 강조되고, 사회계층 및 지역 간의 수입격차가 확대되고 있으며, 빈곤계층의 생활이 위협을 받게 되는 양극화 현상과 각 계층 간의 모순을 해결하려는 노력은 뒷전으로 밀려나고 있다. 게다가 소득이 높은 사람이 낮은 사람에 비해 보다 많은 혜택을 누리고 있고, 도시의 호구를 가진 근로자들이 농민공보다 많은 혜택을 누리는 등, 기형적인 사회보장제도로 인해 당의 정책이 기층 민중들로부터 외면당하고 있다.

3) 조직영도

중국공산당은 중국 최대의 계급정당인 동시에 집정당(執政党)의 위치에 있으며, 성·시·현·향·각급 행정구역, 그리고 공장, 농촌, 기관, 학교, 군대 및 기타 모든 사회조직 내에 자체의 조직을 가지고 있다. 중국 내의 8개 민주당파는 단지 참정당(参政党)으로서 중국공산당의 영도 하에 국정에 참여하고 있으며, 각기 강령 속에 중국공산당의 영도에 복종하며 이를 옹호한다는 내용을 명기하고 있다.

중국공산당은 단위를 통해 각종 단체와 사회조직을 통제하고 있다. 공산주의청년단의 단원은 중국공산당 당원의 숫자를 능가하고 있으며, 소선대(少先隊) 대원도 초등학교 1학년에서 공산주의청년단 입당 연령에 이르기까지의 소년 중 약 70%를 차지하고 있으며, 모든 행정단위와 〔국유기업, 집단소유제기업, 합자기업, 일부 외자기업을 포함한〕 기업단위 및 사업단위의 근로자 대부분이 노조원으로 가입되어 있다. 이들은 모두 사회조직의 구성원으로서 중국공산당이 수립한 방침과 정책을 관철시키고 집행하는 것을 주요 임무로 삼고 있다.

첫째, 농민계급의 분층화로 당 조직이 크게 약화되고 있다. 개혁개방 이후 그동안 신분제로 구속되었던 농민들은 인민공사가 해체되면서 토지의 사용권과 경영권을 획득함으로써 독자적인 상품생산자가 되었고, 호구제가 완전히 폐지되지는 않았지만 자유로운 사회유동 공간과 직업선택권이 보장됨으로써 농업 이외의 다른 업종에도 종사하기 시작했다.

농민계급은 시장을 통한 노동력의 매매와 고용관계에 적응하면서 시장기회의 장악능력과 사회경제적 자원의 점유상황의 차이로 인해 이미 내적 분층화가 이루어지고 있다:

① 주로 도급을 받은 집단경작지에 의존하여 생활하는 농업노동자계층.

② 특별한 경제자원이나 문화자원을 갖지 않고 농업에 종사하기를 꺼리면서 도시로 진입하여 자신의 노동력을 팔아 생계를 유지하는 농만공계층.

③ 주로 사영기업주와 개체상공호 및 외자기업에 고용된 고용농민노동자계층.

④ 농촌의 의료, 교육, 과학기술 및 문화부문에 종사하는 농민지식인계층.

⑤ 자신의 노동과 성과를 자주적으로 지배하면서 타인의 노동력을 고용하고 있는 개체노동자와 개체상공호계층.

⑥ 생산자료를 소유하고 있으면서 자신의 자본을 운용하고 타인의 노동력을 고용하여 이윤을 획득하는 사영기업주계층.

⑦ 경영권과 분배권을 행사하며 농촌경제를 주도하고 있는 향진기업관리자계층.
⑧ 국가와 농민 간의 연결고리 역할을 담당하고 있는 농촌관리자계층.[23]

이처럼 생산책임제가 도입된 이후 집단경제체제가 와해되고 농민의 이농현상이 심화되고 있으며, 특히 도·농 2원화구조의 붕괴와 함께 사회유동이 확대되면서 농촌사회의 분층화가 가속화되고 있다. 이 때문에 농촌의 기층 당 조직은 본래의 통제기능을 상실하고 있다. 농촌의 당 지부는 더 이상 당원들로 하여금 자신과 주변 대중들의 상황을 반영하도록 격려하지 않고 있으며, 당원 역시 당 조직을 향해 자신의 사상은 물론이고, 설사 주변 대중의 상황을 이해하고 있더라도 당 조직에 보고하지 않는 현상이 일반화되고 있다.

둘째, 노동자계급의 분층화로 당 조직이 약화되고 있다. 계획경제시기의 중국정부는 ①정권의 공고화와 사회안정을 국가목표로 삼았으며, ②생산자료의 공유제를 기초로 하는 정치적 신분구조를 유지했고, ③정·기합일(政·企合一)과 당·정합일(党·政合一)을 통한 집단주의 추구를 생존방식으로 삼았으며, ④정부가 주체가 되는 평균주의적 분배방식을 채택했다.

계획경제시기의 중국정부는 중국공산당의 사회기초인 노동자계층의 지지를 얻어내기 위해 노동자들에게 막강한 '제도성 권력'을 넘겨주었다. 따라서 노동자계급은 당의 기본적인 사회기초로 위치하면서 조직자원을, 공유제의 주인으로서 경제자원을, 그리고 문화자원마저 모두 장악함으로써 제도성 권력의 행사를 보장받았다.

그러나 개혁개방 이후 중국의 노동자계급은 1980년대와 1990년대 전반까지만 해도 개혁의 수혜계층으로 존재했으나 1990년대 중반 이후부터는 개혁의 직접적인 대상이 되면서 기존의 사회적 지위와 영향력을 잃어가고 있다. "단위 간의 수입격차만 벌어지고 이익분화가 주로 사회의 계층화가 아닌 단위의 집단화로 나타났지만 국유기업의 재산권 개혁이 이루어지고 특히 1995년 노동계약제가 전면적으로 실시되면서 관리자에게 노동자를 해고할 수 있는 권력이 주어지자 이를 계기로 노동자와 관리자 간의 수입격차가 크게 벌어지기 시작했다."[24]

23 陸學芸 主編, 前揭書, pp.170-172.

24 上揭書, pp.151-152.

어쨌든 중국의 노동자들은 자신들을 개혁의 최대 피해자로 여기고 있으며, 당이 자신들의 이익을 대변하기 보다는 오히려 지식과 능력 및 재부를 가지고 있는 사람들을 옹호하고 있는데 불만을 토로하고 있다. 이들은 지배계급으로서의 정치와 경제 및 사회적 지위를 잃어가면서 더 이상 사회주의국가의 주인이 아님을 체감하고 있다.

당 조직 역시 국유기업의 개혁으로 퇴출된 노동자들을 향해 개혁정책의 당위성만을 설득하고 있고, 정권을 공고히 하기 위한 기본계급으로서의 노동자계급의 역할을 기대하는 노력을 소홀히 하고 있다. 특히 당 조직은 1989년의 6·4톈안먼 사태 이후 소관업무의 일부가 안전 부문과 공안 부문으로 이관됨에 따라 활동영역이 크게 위축되고 있다.

셋째, 당원 자격이 확대되고 당의 전인민화가 시도되고 있다. 지식인과 사영기업주들의 선도자적 역군으로서의 역할이 증대됨에 따라 과거에는 '자본계급 및 그 대리인'으로서 "독재와 교육 및 개조의 대상"으로 낙인이 찍혔던 적대분자들이 사회주의 건설을 위한 단결대상과 동반계층으로 흡수되고 있다. 기실 계획경제시기에는 '자본계급 및 그 대리인'을 입당시킨다는 것은 노동계급의 선봉대를 자처하고 계급적 출신 성분을 입당 기준으로 삼아야 한다는 계급논리를 근본적으로 배제하고 사실상 마르크스레닌주의 정당으로서의 존재이유를 부정하는 것이어서 그 논의 자체가 금기시되어 왔었다.

그러나 개혁개방 이후 양적으로 증가하고 있는 사영기업주계층이 활동영역을 넓혀감에 따라 이들에 대한 당의 장악능력도 한계에 부딪치고 있다. 당정기구는 사영기업의 발전상황과 사영기업주의 사상동향을 구체적으로 파악하거나 장악하지 못하고 있다. 이 때문에 새로운 쟁점으로 부상하고 있는 사영기업주의 공산당 가입문제는 ①가치와 질서의 위기가 심화되고 있는 가운데 '좌'와 '우'의 이념논쟁이 재현될 것이고, ②그 이념논쟁은 결국 노선투쟁으로 이어지게 되고 노선투쟁의 결과는 권력구조의 향방을 좌우하게 될 것이며, ③당내 '민주역량'의 비대화로 마르크스레닌주의정당으로서의 중국공산당의 기본성격이 변질될 것이라는 이유를 내세워 반대의 목소리가 거세지고 있다.

그러나 중국공산당의 주도세력들은 일부 보수파의 거센 저항에도 불구하고 노동자와 농민의 이익만이 아닌 모든 사회계층의 이익을 대표하는 초계급적 성격의 '전인민당'으로 발전한다는 목표 하에 상징적이고 제한적이긴 하지만 사영기업주계층을 포함한 각 사회계층의 대표들을 호선방식에 의해 당원으로 흡수하려는 노력을 계속하고 있다. 중국공산당이 '전인민당'으로 거듭 태어나겠다고 강조하고 있는 것은 장차 출현하게 될지도 모르는 경쟁적 정당을 사전에 차단하고, 이들의 정치적 주장이나 관점을 부분적으로 수용하여 새로운 정치이데올로기를 창출함으로써 거대한 지배정당의 지위를 확고히 하겠다는 의지로 이해된다.

제3절

군대 정치사업의 사상 지도

1. 장쩌민의 지도지침과 당면과제

1) 사상정치 사업의 출발점

장쩌민 영도체제는 1989년의 6·4톈안먼사태, 동유럽 공산국가의 붕괴, 그리고 1992년의 구소련 해체 등 국제공산주의 운동사에 있어서 나타난 전대미문의 거대한 변혁을 마주하면서 자본계급 자유화로 인한 군대의 비정치화를 이들 공산체제가 붕괴된 원인 중의 하나로 지적했다.

중국공산당은 사회주의 정권의 군대가 당과 군대 내 진보세력과의 공동의 협력 하에 자발적으로 민주화를 선택하게 된 폴란드 군대의 국가화, 그리고 당의 뜻을 거부하고 인민의 뜻에 따른 루마니아 군대의 결정적 역할을 관찰하면서 군대의 비정치화가 공산주의 체제를 붕괴시키는 과정을 다음과 같이 분석했다:

공산당 내부에 자본계급 자유화분자와 정치적 투기세력들이 나타나 당의 조직 기율과 정치생활 제도를 파괴하는 제1단계가 시작된다. 그들은 유리한 시기에 특정세력과 결합하여 '군대의 비정치화', '군대의 국가화'를 내세우면서 공산당의 군대에 대한 절대적 영도를 약화시키는 구호를 내걸 뿐만 아니라 정치적 행동으로 돌입한다.

이어서 제2단계에서는 군사영도기구를 개편하거나 또는 정부기구를 개편하는 가운데 은밀하게 군사지도자의 인선에 끼어들게 되는데, 그 목적은 군대의 성격이 바뀌는 것에 대한 당의 저항력을 약화시키는 것이며, 더 나아가 당의 군대에 대한 영도권을 완전히 취소하는 것이다.

마지막으로 제3단계에 이르게 되면, 장애물을 제거한 후 떳떳하게 행정권력의 행사를 구실로 삼아 편제를 축소하고, 군사비를 삭감하며, 군대의 관리체제를 약화시킴으로써 군심을 와해하고 정권을 변색시켜 서방 자본주의국가가 막후에서

지시하고 실현하고자 하는 화평연변을 실현하게 된다.[25]

장쩌민은 자본계급의 자유화 경향과 화평연변으로 오염된 군대 내의 편향된 사상과 정치적 주장을 바로 잡기 위해서는 보다 강화된 사상정치 사업이 필요하다는 점을 절감했다. 그는 1995년 9월에 개최된 당 제14기 「5중전회」에서 처음으로 이른바 정치방향, 정치입장, 정치관점, 정치기율, 정치감별력, 정치예민성을 언급하면서 군대로 말한다면, 이 6개 분야를 가장 잘 해결하는 것은 바로 당의 군대에 대한 절대적 영도를 보증하고 인민군대의 성격을 보증해야 하는 것임을 강조했다. 이어서 그는 1996년에는 인민해방군 사단급 이상 간부들을 접견한 자리에서, 동년 1월 24일에는 전국선전부장회의에서, 그리고 동년 3월에는 제8기 전국인대 4차회의 기간 중 "사상의 경계를 구분하는 문제"를 반복적으로 강조했다.

장쩌민의 잇따른 발언이 있은 후인 1996년 4월 1일부터 5월 11일까지 인민해방군의 〈해방군보〉는 연속으로 총정치부 선전부와 일부 대군구의 이론선전연구부가 "제리쉬안(解里軒)"이 서명한 8편의 이론성 글을 게재했다. 장쩌민 역시 경제개방과 경제체제의 전환과정에서 각종 그릇된 사상이 불가피하게 부대에 충격을 가하고 있고, 각종 부패한 사상문화가 간부와 전사를 향해 침투하고 있는 현실을 겨냥하면서, 위에서 제기된 8가지 문제의 경계를 확실하게 구분하는 것이야 말로 중국 특색의 사회주의를 건설하는 올바른 방향으로서 군대 사상정치 교육의 출발점이 되어야 한다는 점을 지적했다.[26]

(1) 사회주의와 서방 의회민주의 경계를 분명하게 구분한다.

중국 특색의 사회주의 민주를 견지하고 발전시키기 위해서는 반드시 중국공산당의 영도를 견지해야 한다. 중국공산당의 영도는 중국 특색의 사회주의 민주가 자본주의 의회민주와 구분되는 근본적인 특징이며, 중국 특색의 사회주의민주를 발전시키는데 있어서 반드시 견지해야 하는 기본원칙이다.

(2) 성심성의껏 인민을 위해 복무하는 것과 극단적 개인주의, 권력으로 사욕을

25 「中共年報」, "從「保駕護航」起落看中共党軍關係," (台北: 中共研究雜誌社, 1993), pp.7:11-7:12.

26 江澤民, "堅持党對軍隊的絶對領導," 「江澤民文選」, 第1卷, (北京: 人民出版社, 2006), p.491.

도모하는 것의 경계를 분명하게 구분한다.

성심성의껏 인민을 위해 복무하는 것은 중국공산당의 근본 취지이며, 일종의 세계관, 인생관, 가치관으로서 중국공산당원과 전투지휘관의 사업과 전투력을 분발시키는 역량이다. 특히 간부들에게 중요한 것은, 시장경제의 등가교환 원칙을 정치생활 영역으로 끌어들이는 것을 방지하며, 착실하게 인민을 위해 권력을 행사하는 것이다. 사회주의 상품경제를 발전시키는 것은 경제영역에서 반드시 가치법칙을 중시하고 운용해야 하고 등가교환을 말해야 하지만, 그러나 상품교환의 원칙을 절대 당 내의 정치생활에 끌어들여서는 안 된다. 일부 영도간부들이 수중의 권력을 이용하여 수단과 방법을 가리지 않고 사익을 도모하며, 자신의 권력을 완전히 등가교환의 흥정거리로 이용하는 작태는 시정되어야 한다.

(3) 서방의 선진기술과 과학적 관리경험을 학습하는 것과 외국의 것을 맹목적으로 숭배하고 외세에 빌붙는 것의 경계를 분명하게 구분한다.

자본주의를 정확히 이해한다. 자본주의사회가 창조한 현대문명의 성과를 대담하게 받아들이고 이용해야 하지만, 그러나 전반적인 서구화를 반대하고, 자본주의의 부패한 사상문화의 침식을 방지해야 한다.

(4) 사회주의 사상 기풍과 부패한 자본주의와 봉건주의 사상 기풍의 경계를 분명하게 구분한다.

반드시 공산주의 사상을 지도지침으로 하는 집체주의를 견지하고, 극단적 개인주의를 반대한다. 집체주의 사상원칙을 위배하고 개인주의의 기치를 내걸면서 국가, 집단, 그리고 타인의 이익을 손상시키는 개인지상주의를 반대한다.

그뿐만 아니라 혁명의 이상과 신념, 그리고 고상한 도덕과 정서를 견지하며, 배금주의를 철저히 배격한다. 시장경제의 부정적 요소의 영향을 받아 자본주의사회에 존재하는 '물신[拜金教]'을 신봉하면서 당의 기율과 국가의 법률마저 유린하는 행위를 배격한다.

(5) 각고분투하고 근검절약하여 나라를 세우는 것과 향락과 사치와 낭비를 추구하는 것의 경계를 분명하게 구분한다.

반드시 정확한 인생 태도와 건강한 문명의 생활방식을 견지하며, 탐욕스럽고 음탕하며 사치스러운 향락주의를 반대한다. 자본주의는 부패하고 몰락하는 사회제도이며, 그 사회사상의 기풍은 필연적으로 향락주의를 추구하게 된다. 특히 부대는 화류계의 번화한 모습에 영향을 받는 것을 극도로 경계하며, 착취계급의 부패한 사상문화와 생활방식의 침식을 방어하는 것을 사상정치의 건설을 강화하는 긴박한 과제로 삼아야 한다.

(6) 유물론과 유심론의 경계를 분명하게 구분한다.

유물론과 유심론은 2개의 근본적으로 대립적인 세계관이며, 양자의 기본적인 경계는 철학이론의 형태에 있어서는, 물질과 정신 중의 어느 것을 세계의 본원으로 삼고 제1차성의 문제로 삼느냐의 서로 다른 회답으로 귀결된다. 실제의 사업에 있어서는, 실사구시와 주관주의의 서로 다른 사상노선으로 표현된다. 유물론은 물질이 세계의 본원이며, 제1차성이고, 정신은 제2차성으로서 물질에 종속되며, 인식은 대뇌의 객관적 물질세계에 대한 반영이라고 주장한다. 유물론의 기본원칙을 실제의 사업 속에서 관철하는 것은 실사구시와 모든 것은 실제로부터 출발하는 사상노선을 견지하고, 주관과 객관의 상호 결합, 그리고 인식과 실천의 상호 통일을 이루는 것이다.

마르크스주의의 유물론은 변증법과 상호 결합한 변증법적 유물론이며, 유물변증법을 위배하고 형이상학에 빠져들게 되면 필연적으로 유심론으로 향하게 된다. 현실생활 속에서는 물질문명과 정신문명, 정치와 경제, 정치와 군사, 정치와 업무 등은 모두가 변증법적으로 통일되어 존재하고 있으며, 만약에 형이상학적인 사유모델로 문제를 인식하게 되면 단편적으로 한 쪽만을 강조하게 되고 유심론적인 그릇된 결론에 도달하게 된다.

마르크스주의의 유물론은 실천적 유물론이다. 실천성은 마르크스주의의 철학이 다른 모든 철학과 구별되는 가장 주요하고 가장 현저한 특징이며, 그 어떠한 인식, 이론, 의사결정도 실천으로 옮기지 않으면 오직 정신의 상태에 머물 수밖에 없으며, 그 어떠한 것도 근본적으로 실현할 수 없다. 따라서 이론을 수립하고 의사결정을 하는 과정에서 유심론을 반대해야 하며, 실천은 하지 않고 이론만 말하고, 결정한 것을 실제에 적용하지 않는 일종의 유심론을 반대해야 하고, 형식과 내용, 일반적인 호소와 구체적인 지도의 관계를 정확하게 인식하고 처리하지 못하며 오직 형식주의에만 매달리는 것을 반대한다.

마르크스주의의 유물론이 말하는 실천은 대중의 사회적 실천이며, 대중을 이탈하는 모든 경향은 유심론을 가져온다. 마르크스주의 철학은 인민대중이 사회의 물질적 재부의 창조자임과 동시에 사회제도를 변혁하는 결정적 역량임을 발견하고, 그로부터 인민대중이 역사의 창조자라는 근본적 관점을 확립했다. 대중을 이탈하는 것은 실천을 이탈하는 것이며, 필연적으로 유심론의 과오를 범하게 되며, 공산당은 이 기본원리를 모든 활동 속에서 운용하며, 모든 것은 대중을 위하고, 모든 것은 대중을 의지하며, 대중 속으로부터 나와서 대중 속으로 들어간다는 당의 근본적인 사업노선인 대중노선을 형성한다. 따라서 당 내에 존재하고 있는 일부 대중을 이탈하는 현상, 예를 들면, 당원 간부들의 관료주의, 극단적 개인주의, 배금주의, 향락주의 등 현상은 철저히 배격되어야 한다.

(7) 공유제를 주체로 하고 다양한 종류의 경제 성분을 공동으로 발전시키는 것과 사유화의 경계를 분명하게 구분한다.

공유제를 주체로 하고 다양한 종류의 경제 성분을 공동으로 발전시키는 것과 사유화의 경계를 분명히 구분하는 것의 핵심은 공유제의 주체적 지위가 동요될 수 없다는 것을 견지하는 것이다. 공유제의 주체적 지위를 견지하는 것은 사회의 총생산 속에서 국가소유와 집체소유 자산이 우세를 차지하고, 국유경제가 전체 경제에서 주도적 역할을 발휘하고 지배적 지위를 차지하는 것이다. 과학적 사회주의 이론의 중요한 돌파는 시장경제를 사회의 기본 경제제도의 범주로 간주하는 사상의 구속으로부터 벗어나고, 시장경제가 일종의 자원배치방식이고 일종의 경제수단이며, 자본주의의 사유제와 서로 결합할 수도 있고 또 사회주의 공유제와 결합할 수도 있는 것이다.

중국의 사회주의 소유제 구조 속에서 비공유제 경제는 종속과 복종의 위치에 있으며, 경제활동은 공유제 경제의 영향과 제약을 받고 있고, 사회주의 경제의 보충 역할을 하는 것이기 때문에 공유제 경제와 협조관계를 유지하게 된다.

(8) 마르크스주의와 반마르크스주의의 경계를 분명하게 구분한다.

마르크스주의가 과학적인 학문의 원리와 법칙임을 굳게 믿고, 시종 변함없이 마르크스주의의 지도적 지위를 견지한다. 마르크스주의의 개별적 결론이 시대에 뒤진 것임에도 불구하고 마르크스주의의 사회발전에 관한 기본법칙, 사회주의에 관한 기본원리는 이미 실천을 통해 입증된 것이다. 군대로 말한다면, 마르크스주의에 대한 확고한 신념은 여전히 건군의 원칙이다. 이 원칙은 약화될 수 없고 강화될 수만 있으며, 이 원칙이 동요되면 인민해방군의 성격과 근본 취지는 동요된다.

마르크스주의를 부정하고, 과학적 사회주의의 기본원리를 부정하는 그릇된 관점과 경계를 분명히 하며, 마르크스주의를 교조화하고, 당대 중국의 실제에 부합하지 않고, 시대의 요구에 부합하지 않으며, 현 단계에 있어서 경제사회 발전의 객관적 법칙에 부합하지 않는 관점과도 경계를 분명히 한다.

따라서 마르크스주의와 반마르크스주의의 경계를 분명하게 구분하는 것은,

첫째, 그 어떠한 때라도 반드시 마르크스주의를 엄정한 과학적 체계로 보고, 완전하고 정확하게 이해하고 운용하며,

둘째, 그 어떠한 때라도 모두 반드시 이론과 실제를 연계하는 원칙을 관철하며,

셋째, 그 어떠한 때라도 반드시 마르크스주의를 견지하는 것과 마르크스주의를 발전시키는 것을 변증법적으로 통일하고 견지하는 가운데 발전하며 또 발전하는 가운데 견지하는 것이다.

이상의 8가지 문제의 경계를 분명하게 구분하는 목적은 중국공산당의 절대적 영도 하에 중국 특색의 사회주의를 건설하는 것으로 귀결된다. 이를 위해 장쩌민은 개념의 모호성으로 인해 당의 지도사상으로 자리를 제대로 잡지 못하고 있는 중국 특색의 사회주의를 보다 쉽게 이해할 수 있도록 정치, 경제, 문화로 분류하여 아래와 같이 서술했다:

“우선, 중국 특색의 사회주의 경제를 건설하는 것은, 사회주의 조건 하에서 시장경제를 발전시키고, 생산력을 부단히 해방하고 발전시키는 것이며, 이를 위해서는,

첫째, 사회주의 공유제를 주체로 하고, 다종류 소유제 경제가 공동으로 발전하는 기본적인 경제제도를 견지한다.

둘째, 사회주의 시장경제체제를 견지하고 개선함으로써 시장이 국가의 거시통제 하에서 자원 배치에 대해 기초적 성격의 역할을 하도록 한다.

셋째, 노동에 따라 분배하는 것을 주체로 하는 다종류 분배방식을 견지하고 개선함으로써 일부 지역과 일부 사람들이 먼저 부유해지도록 하고, 나중에 부유해지는 사람을 이끌고 도와주며, 점차 공동의 부유를 향해 나아가도록 한다.

넷째, 대외개방을 견지하고 개선하며, 국제경제 협력과 경쟁에 적극적으로 참가한다.

다섯째, 국민경제가 지속적이며 빠르고 건강하게 발전하고, 인민이 경제의 번영 성과를 함께 향유하는 것을 보증한다는 것이다.

다음으로 중국 특색의 사회주의 정치를 건설하는 것은, 중국공산당의 영도 하에 인민이 주인이 되는 기초 위에서 법에 따라 나라를 다스리고, 사회주의 민주정치를 발전시키는 것이며, 이를 위해서는,

첫째, 노동자계급이 영도하고, 노농연맹을 기초로 하는 인민민주독재를 견지하고 개선한다.

둘째, 인민대표대회제도와 공산당이 영도하는 다당합작, 정치협상제도, 그리고 민족구역자치제도를 견지하고 개선한다.

셋째, 민주를 발전시키고, 법제를 건전하게 하며, 사회주의 법치국가를 건설한다.

넷째, 사회의 안정, 정부의 청렴성과 높은 효율성, 전국 각 민족 인민의 단결과 화목, 생동감이 넘치고 활발한 정치적 국면을 실현하는 것이다.

마지막으로 중국 특색의 사회주의 문화를 건설하는 것은, 마르크스주의를 지도로 삼고 이상이 있고 도덕이 있고 문화가 있고 기율이 있는 공민을 육성하는 것을 목표로 삼으며, 현대화를 향하고 세계를 향하고 미래를 향하는 민족적이고 과학적이고 대중적인 사회주의 문화를 발전시키는 것이며, 이를 위해서는,

첫째, 덩샤오핑 이론으로 전 당을 무장하고, 인민을 교육하는 것을 견지한다.

둘째, 인민을 위해 복무하고, 사회주의를 위해 복무하는 방향과 백화제방(百花齊放), 백가쟁명(百家爭鳴) 방침을 견지하며, 학술과 문예를 건설하고 발전시키는 것에 중점을 둔다.

셋째, 중국의 현실을 기초로 하고, 역사문화의 양호한 전통을 계승하며, 외국문화의 유익한 성과를 흡수하는 사회주의 정신문명을 건설한다는 것이다."[27]

---

27 江澤民, "高擧鄧小平理論偉大旗幟, 把建設有中國特色社會主義事業全面推向二十一世紀", 「江澤民文選」, 第2卷, (北京: 人民出版社, 2006), pp.17-18.

인민해방군 총정치부 선전부와 〈해방군보〉는 1996년 6월 6일 재경부대의 일부 전문가를 초빙하여 〈영도간부는 반드시 정치를 말해야 하며, 중대한 원칙 문제에 있어서 기본적인 경계를 분명하게 구분해야 한다는 것에 관한 장쩌민의 중요한 지시정신을 여하히 한 걸음 더 나아가 관찰할 것인가〉의 주제를 가지고 좌담회를 개최했으며, 이 좌담회에는 국방대학 부교장인 후수동(侯樹棟), 군사과학원 마오쩌둥군사사상연구소 소장인 푸리췬(傅立群), 국방대학 마르크스주의 연구소장인 왕주민(王祖民), 군사과학원 전략부 부부장인 허우요우즈(侯有志), 국방과학공업위원회 정책법규연구실 부주임인 스스인(石世印), 그리고 제2포병 정치선전부 이론연구실 주임 등이 참석하여 그 구체적인 실천방안을 논의했다.

2) 사상정치 사업의 당면과제

장쩌민은 사회주의 시장경제체제가 심화되면서 형성된 사회의 다원주의 현상이 군대 내 당위원회 영도와 장병의 사상관념에 미친 부정적인 영향을 다음과 같이 요약하여 지적했다:

첫째, 사회주의 시장경제가 심화되면서 군대 내 정치사업 조직이 제대로 작동되지 않고 있다.

우선, 당 조직이 흐트러지고 있다는 것이다. 기구 개편 영향으로 각급 당 위원회와 당 지부 조직 인사의 변동폭이 매우 크고, 간부 당원의 감축으로 인해 당 위원회나 지부위원회가 소집되지 못하는 상황이 종종 발생하고 있다. 그뿐만 아니라 기층당 조직은 당원을 발전시키는 사업에서 종종 자격을 따지고 서열을 중시하는 원칙과 등급관념을 논함으로써 당원의 자질이 크게 낮아지고 당원의 선봉적 모범 역할 의식이 크게 약화되고 있다.

공산주의청년단 지부위원회의 사업도 혼선을 빚고 있다. 중대에 부지도원을 설치하는 것을 폐지하고 소대장이 단(团) 지부(支部)의 서기직을 겸임하게 되면서부터 당(党) 지부(支部)의 서기와 지도원의 업무량이 크게 증가함으로써 단 지부에 대한 감독이 소홀해져 단 지부 조직이 취약해지고 제도가 제 기능을 발휘하지 못하고 있다.

혁명군인위원회도 민주 기풍을 상실하고 있다. 조직이 느슨해지고 있고, 많은 단위가 부족한 인원을 선출하지도 않고 있으며, 군인대회에 사업을 보고도 하지 않는 등 조직과 제도가 제 기능을 발휘하지 못하고 있다. 그뿐만 아니라 정치민주,

군사민주, 경제민주의 3대 민주의 역할이 소홀히 취급되고 있다. 특히 많은 단위가 장부를 검사하지 않고, 급식도 연구하지 않아 경제민주가 형식에 치우치고 있다.

둘째, 군기를 위반하는 현상이 점차 증가하고 있다. 일부 간부는 기층 간부가 규정에 따라 병사를 이끌지 않고 체벌을 가하는 것을 묵인하는 일이 비일비재하게 일어나고 있다. 심지어 병사들이 군대 생활에 적응하지 못하고 자살하는 사고까지 일어나고 있다. 부대 내의 구락부나 접대소에서 젊은 여성들을 불러 유흥을 즐기는 풍조가 만연하고 있고, 혼잡한 여성관계도 당연시 되고 있다.

셋째, 장병관계가 나날이 악화되고 있다. 장병 간에 사상과 감정의 괴리가 벌어지고 있고, 평등의식이 희박해지고 있으며, 공리적 정서가 만연하고, 관리교육 상의 형식주의와 무관심주의 및 일방적 명령주의가 도를 넘고 있다.

이 때문에 장쩌민은 사상정치와 이데올로기사업을 주관하는 당 위원회 서기의 역할을 강조하면서, 그 어떠한 상황 하에서도 사상정치와 이데올로기 사업에 대한 영도를 느슨하게 할 수 없다는 점을 강조했으며, 그뿐만 아니라 당 위원회의 통일적 영도를 위해서는 당정 각 부문과 노동조합, 공산주의청년단, 부녀연합 등 인민단체가 함께 관리하면서 각기 책임을 지는 사상정치사업체제, 즉 건전한 사상정치 사업의 책임제를 확립할 것을 요구했다.

특히 장쩌민은 개혁개방 이래 중국 인민의 정신문화 생활이 많이 변했으며, 또 빠른 속도로 변하고 있어 사상정치 사업의 감화력과 침투력이 약화되고 있으며, 새로운 방식과 방법 및 수단이 요구되고 있다고 지적하면서 정보네트워크기술의 발전이 사상정치 사업에 대해 미치는 영향을 언급했다:

"특히 정보네트워크 기술의 발전은 사상정치 사업을 전개하는데 있어서 현대화 수단을 제공하고, 사상정치 사업의 공간과 경로를 크게 넓혀주고 있다. 정보네트워크 기술을 중시하고 최대로 활용하는 것은 사상정치 사업을 위해 효율성을 향상시키고, 영향범위를 확대하며, 영향력을 강화한다. 인터넷은 개방적이고, 정보가 복잡하고 다양하며, 대량의 진보적이고 건강하며 유익한 정보를 가지고 있기도 하지만 적지 않은 반동적이고 미신적이며 음란한 내용들도 있다. 인터넷은 이미 사상정치 사업의 새롭고 중요한 진지가 되고 있다."[28]

---

28 江澤民, "在中央思想政治工作會議上的講話", 「江澤民文選」, 第3卷, (北京: 人民出版社, 2006), p.94.

"사상문화 진지가 마르크스주의, 무산계급의 사상에 의해 점령되지 않고, 각종의 비마르크스주의, 비무산계급 사상, 심지어는 반마르크스주의의 사상에 의해 점령되고 있다는 것이 이미 많은 사실들에 의해 입증되고 있다. 이론, 뉴스, 출판, 신문, 소설, 음악, 회화, 무도, 희곡, 영화, TV, 방송, 네트워크 등을 포함한 위로부터 아래까지의 모든 사상문화 진지가 우리들이 과학이론을 선전하고, 선진문화를 전파하고, 아름다운 심령을 형상화하는 진지가 되어야 하며, 절대로 4개항 기본원칙을 위반하고, 개혁개방 정책을 위반하고, 당의 방침과 정책을 위반하는 그릇된 관념을 제공하는 통로가 되게 해서는 안 된다. 사상문화 단위가 정신적 산물을 생산하고 전파하는 것은 반드시 사회적 효과와 이익을 제1위에 올려놓아야 하며, 사회적 효과와 이익을 경제적 효과 및 이익과 정확히 결합하는데 노력해야 한다. 각급 당위원회는 모두 진지 의식을 강화하고, 사상문화 진지에 대한 영도를 확실하게 강화해야 한다. 모든 사상문화 단위의 당 조직은 당의 방침과 정책 및 국가의 법률과 법규를 성실하게 집행해야 한다."[29]

"사상정치 영역의 영도권과 주도권을 장악할 수 있느냐의 여부는 제일 먼저 당위원회 자신의 마르크스주의 이론 수준 및 그 운용능력을 보아야 한다. 당정 영도집단의 최고책임자는 자신의 마르크스주의 이론 기초를 강화하고, 정치적 민감성과 정치적 감별력을 향상하기 위해 노력해야 한다. 영도집단 구성원은 마르크스주의 아론 기초가 비교적 탄탄하고 이데올로기 영역의 사업에 숙련된 동지를 선발하여 안배해야 한다."[30]

기실, 군대의 사상정치 건설은 혁명화 건설의 핵심이다. 따라서 정치를 말하는 것은 사상정치 건설을 강화하는 것과 일치하는 것이며, 정치사업의 생명선 지위를 견지하는 것과도 일치하는 것이다. 군대는 당의 정치임무를 집행하는 무장집단으로서 반드시 사상정치 건설을 가장 중요한 위치에 올려놓아야 한다. 사상정치 사업은 반드시 강화해야 하며, 느슨해지거나 약화될 수가 없는 것이었다.

그뿐만 아니라 사상정치 건설을 강화하기 위해서는 반드시 진보적 사상과 혁명정신이 군대 내에 관통되도록 하는 것을 견지해야만 하는 것이었다. 그래서 장쩌민은 개혁개방 이후 화류계의 영향과 부패한 사상문화의 침투로 인한 심각한 시

29 上揭書, p.97.

30 上揭書, p.98.

험을 마주하면서, 사회주의 시장경제와 상대적으로 평화적인 환경이 부대 건설에 가져다 준 새로운 상황, 새로운 문제를 마주하면서 새로운 형세 하에서 전 군 부대가 반드시 애국봉헌 교육, 혁명인생관 교육, 존간애병(尊幹愛兵) 교육, 그리고 각고분투 교육을 심도 있게 실시해야 한다고 강조했다. 그뿐만 아니라 교육은 실제와 결합하고, 장병이 혁명정신, 기율 엄수와 자아희생 정신, 공평무사하고 자기보다 남을 먼저 생각하는 정신, 모든 적을 압도하고 모든 어려움을 압도하는 정신을 발양하고, 혁명낙관주의, 온갖 어려움을 극복하고 승리를 쟁취하는 정신을 견지하는 것을 이끌고 격려해야 한다는 점을 분명히 했다.

3) 사상정치 사업의 전개방향

장쩌민 당 총서기는 덩샤오핑이 설계한 혁명화, 현대화, 정규화 건군노선을 계승하면서 군대의 제도화와 법제화를 향한 발걸음을 재촉했다. 장쩌민은 군사력의 건설방향을 양적 규모형으로부터 질적 효능형으로, 그리고 인력밀집형으로부터 과학기술 집약형으로 전환했다.

이러한 방향의 군사혁신 과정에서 장쩌민은 군사정치 교육의 중점을 과거의 계급이익을 기초로 하여 정치제일주의를 강조하던 내용으로부터 국가안전과 국가이익을 중심으로 하는 내용으로 바꾸었다. 그 결과, 군대 사상정치 사업의 방향도 자연스럽게 당·국일체의 기본원칙 하에서 계급이익이 아닌 국가이익을 출발점으로 하는 국가주의, 집체주의, 그리 민족주의를 강조하는 쪽으로 바뀌게 되었다. 요컨대, 이러한 흐름은 군대의 사상정치 사업에 있어서 지도사상으로서의 마르크스레닌주의와 마오쩌둥 사상의 자리가 위협을 받기 시작했음을 반영하는 것이었다.

그뿐만 아니라 "당이 군대를 영도하는" 원칙도 이데올로기와 개인의 권위로부터 법규와 제도를 확립하고 법규와 제도로서 당이 총검을 지휘하는 원칙을 관철하는 방향으로 넘어가고 있다. 물론, 말은 이렇게 하지만, 많은 법규와 제도에는 도처에 당의 의지와 제도의 합리적 작동 간의 모순이 그대로 담겨져 있다. 1997년 3월 인민대표대회 제5차회의에서 통과된 국방법은 당의 의지와 제도 간의 거대한 모순을 그대로 드러내고 있다. 이러한 모순은 군사의 전문화 발전과 현대화 군대가 필요로 하는 소프트웨어와 하드웨어의 균형적인 배합에 부정적인 장애요소로 작용하고 있다. 당의 군대에 대한 절대적 영도와 제도 간의 모순은 향후 군정관계의 변화를 가늠하는 주요 변수가 되고 있다.

군대 정치사업의 기본원칙인 장병일치와 군민일치 원칙이 동요되고 있다. 군사현대화와 경제현대화 간에 자원의 쟁취를 둘러싼 모순이 존재하고 있다. 개혁개방이 심화되면서 군대의 하급과 중급 간부들이 경제적인 면에서 상대적 박탈감을 견디지 못해 부대를 떠나는 현상이 나타나고 있다. 군대 내에 만연하고 있는 배금주의와 개인주의 가치관, 군대 내의 승진 통로와 제도의 비합리성은 현역군인들이 부대를 떠나게 되는 주요 원인이 되고 있다.

장쩌민은 부대의 정규화와 법제화 과정에서 나타나고 있는 부작용과 난제를 해결하기 위해 부대의 사상정치 사업을 강화하는 것을 촉구했다. 그는 부대의 사상정치 건설을 강화하며, 강력한 사상사업과 조직사업을 통해 마르크스레닌주의, 마오쩌둥 사상, 덩샤오핑 이론, 그리고 당의 노선, 방침, 정책을 장병에게 주입하고, 덩샤오핑이 제창한 "5종류의 혁명정신"[31]을 널리 발양할 것을 역설했다. 그뿐만 아니라 그는 부대의 사상정치 건설이 당면하고 있는 새로운 상황, 새로운 문제를 심층적으로 연구하고, 새로운 경험을 총결산하며, 정치사업의 목표지향성, 체계성, 창조성을 강화하고, 부대의 사상정치 건설을 새로운 수준으로 향상시킬 것을 촉구했다.

장쩌민의 지침에 따라 인민해방군은 1997년도 전군정치사업의 요점으로서 애국봉헌, 혁명인생관, 존간애병(尊幹愛兵), 그리고 각고분투의 4개교육을 확정했다. 이어서 인민해방군 총정치부 당 위원회는 베이징에서 총정치부 기관 간부와 직속단위 사단 이상 간부를 대상으로 하는 훈련반을 소집했으며, 「15대」 정신의 체계적 학습을 통해, 덩샤오핑 이론의 기치를 높이 치켜들고, 당의 기본노선을 집행하고, 장쩌민을 핵심으로 하는 당 중앙의 권위를 옹호하기로 결의했다. 그뿐만 아니라 국방대학 내에 전 군과 무장경찰부대의 각 이론연구실 주임 및 군(軍) 이상 단위의 선전이론 간부 90명이 참가한 훈련반을 개설하고, 마르크스레닌주의, 마오쩌둥 사상, 그리고 덩샤오핑 이론을 지도지침으로 삼고, 장쩌민의 「15대」 보고를 중점으로 학습하도록 했다.

---

31 덩샤오핑이 제창한 '5종류의 혁명정신'이란, ①혁명적이고 목숨을 버리는 정신, ②기율을 엄수하고 자아를 희생하는 정신, ③공평무사하고 나보다 남을 먼저 생각하는 정신, ④모든 적을 압도하고 모든 어려움을 압도하는 정신, ⑤혁명적 낙관주의를 견지하고 모든 어려움을 배제하며 승리를 쟁취하는 정신을 가리킨다.

장쩌민은 중국공산당 창당 79주년 전야에 소집된 사상정치사업회의에서 1989년의 6·4톈안먼사태 이후 "대내외적인 복잡한 요인으로 인해서 우리는 사상과 정치 영역에서 해야 할 일이 엄청나게 많아지고 있으며, 우리나라의 사상과 정치 영역에서의 모순과 투쟁은 장기적이며 복잡해지고 있고, 일정한 조건 하에서 심지어는 매우 첨예화되고 있다. 이 때문에 사상과 정치 사업이 당의 모든 사업 중에서 차지하는 지위는 변할 수가 없으며, 각급 당 조직이 태만하지 않고 사상과 정치 사업의 임무를 견지하는 것도 변할 수가 없고 부단히 사상과 정치 사업의 질과 수준을 향상시키는 요구도 변할 수가 없다."[32]고 강조했다. 그뿐만 아니라 사상과 정치 사업은 "정신의 물질에 대한, 사회의식의 사회적 존재에 대한, 상부구조의 경제기초에 대한, 그리고 정치의 경제에 대한 반작용을 충분히 긍정해야 하지만 지난날의 사상사업만능론이나 정치제일주의의 사고방식과 사업방법을 반복해서는 안 되며, 그렇다고 하부구조의 상부구조에 대한, 즉 경제의 사상과 정치에 대한 결정적 작용의 원리를 지나치게 단순화, 절대화, 통속화해서도 안 된다."[33]고 하면서 경제사업과의 상호관계를 변증법적으로 대하고 처리해야 한다고 요구했다.

장쩌민은 「14대」 이후 당권과 군권을 모두 장악한 후 인민해방군의 양호한 전통을 ①당의 절대적 영도를 접수한다, ②산악유격근거지주의(산두주의)를 반대한다, ③조직의 기율을 집행한다, ④각고분투하는 기풍을 견지한다, ⑤실사구시 기풍을 견지한다, ⑥대중노선 기풍을 견지한다, ⑦정치사업을 강화하는 것을 중시한다, ⑧군사훈련을 강화하는 것을 중시한다, ⑨간부를 선발하고 임용하는 원칙과 기준을 견지한다, ⑩영도간부는 양호한 전통을 발양하는 것을 앞장서서 이끌어야 한다는 등 10개 조항으로 집약했으며,[34] 인민해방군을 향해 양호한 전통을 발양하고 노홍군의 본색을 유지할 것을 촉구했다.

---

32 江澤民, "在中央思想政治工作會議上的講話", 「江澤民文選」, 第3卷, (北京: 人民出版社, 2006), p.84.

33 上揭書, p.85.

34 上揭書, p.7-14.

2. 장쩌민 영도의 사회주의 신념과 애국주의

1) 사회주의 신념

(1) 신념 교육 실시의 배경과 지도지침

중국공산당은 1989년의 톈안먼사태 이후 인민해방군이 사회주의 신념교육을 전군적으로 전개할 것을 촉구했다. 개혁개방 이후 사회주의 시장경제가 실행되면서 출현하기 시작한 개인주의, 배금주의, 그리고 이기주의로 조장된 자본계급 자유화 사조가 군대 내로 침투하면서 장병들의 "4개견지"에 대한 신념이 크게 흔들리기 시작했다. 이에 대처하기 위해 인민해방군 총정치부는 전군의 사회주의 신념을 공고히 하는 것을 새로운 형세 하에서의 부대의 정치건설을 강화하는 전국적 성격의 중요한 임무로 삼았을 뿐만 아니라 1989년 말의 전군정치사업회의에서 사회주의 신념교육을 금후 부대 정치교육의 핵심과제로 삼았다.

사회주의 신념교육을 위해 인민해방군 총정치부는 인민해방군의 각급 당 조직, 정치기관, 그리고 정치간부들이 정치사업 조례의 대회 개최를 통해 "조례를 학습하고, 이해하고, 활용하는" 문제에 있어서 솔선수범하며, 특히 조례를 학습하고 관철하는 과정에서 당의 군대에 대한 절대적 영도라는 핵심사상을 보장하고, 자본계급 자유화 사조가 당과 군대 관계에서 조성한 혼란을 깨끗하게 정리하도록 요구했다.

장쩌민 총서기는 자본주의 민주화 사조가 군대 내에 확산되는 것을 방지하기 위해 특별히 인민해방군을 향해 5개항의 요구를 제기했다: ①정치적으로 영원히 합격하는 문제, ②화평연변을 반대하고 자산계급 자유화를 반대하는 문제, ③4개항 기본원칙의 교육을 심도 있게 실시하는 문제, ④상품경제 조건 하에서의 정치사업을 훌륭히 수행하는 문제, ⑤부대가 정리정돈과 개혁을 심화하는 과정에서의 이익관계 조정을 정확히 대하도록 교육하는 문제.

특히, 정치적으로 영원히 합격하는 문제와 관련해서는, 중국공산당은 당의 군대에 대한 절대적 영도를 그 건군의 군본 원칙으로 삼고, 그것을 인민해방군이 정치적으로 영원히 합격하는 것을 보증하는 제1차적 조건으로 간주한다. 따라서 당의 군대에 대한 절대적 영도를 견지하는 것은 인민해방군의 모든 행동이 당 중앙과 중앙군사위원회의 지시에 따라야만 하는 것이다. 이 때문에 중국공산당은 다른 당파가 군대 내에 조직을 설립하여 활동하는 것을 불허하며, 군대의 구성원이 다른 민주당파와 종교 조직에 참가하는 것을 불허하고, 총자루가 영원히 당에 충성하는 사람의 수중에 장악되도록 한다.

1989년 6·4톈안먼사태가 발생했을 때 중국공산당은 일부 자산계급 자유화의 거물이 이른바 군대의 비당화와 비정치화를 부추기는 음모를 꾸미고, 당·군 분리와 군대의 정치 불개입을 떠벌렸으며, 또 어떤 사람은 중앙군사위원회를 철폐하자는 구호를 공개적으로 제기하고, 군대가 중심을 유지해야 한다고 선동하기까지 했다고 비난했다. 중국공산당은 일부 선동가들이 자산계급 자유화 사조의 영향을 받아 맹목적으로 서방 자산계급의 군사이론을 가져다가 국가가 군대를 영도해야 한다는 점을 강조하면서 당의 군대에 대한 절대적 영도를 약화시키려고 했다고 지적했으며, 인민해방군이 이러한 언론과 경향을 단호하게 반대하고, 당이 총검을 지휘하는 것을 견지하며, 정치적으로 영원히 합격하도록 촉구했다.

그뿐만 아니라 화평연변을 반대하고 자산계급 자유화를 반대하는 문제와 관련해서도, 중국공산당은 국제적인 적대세력의 화평연변 전략에 인민해방군이 노출되어 있다고 하면서 자산계급 자유화 사조가 군대 내로 침투하면서 인민해방군의 성격 자체가 심각한 위험에 직면하고 있는 것으로 파악했다.

특히 장기간 동안의 평화적 환경 하에서 인민해방군 장병들의 국방관념이 약화되고 전투의지가 해이해지는 것을 사전에 방지하기 위해 중국공산당은 인민해방군을 향해 다음과 같은 내용의 지시를 하달했다:

그 어떠한 상황 하에서도 당의 군대에 대한 절대적 영도를 조금의 동요함도 없이 견지하고, 그 어떠한 상황 하에서도 당과 인민의 이익을 모든 것에 우선하는 위치에 올려놓으며, 그 어떠한 상황 하에서도 기치가 선명하게 4개항 기본원칙을 견지하고, 그 어떠한 상황 하에서도 부대의 안정과 통일을 유지하며, 그 어떠한 상황 하에서도 국가의 안전과 안정을 보위하는 영광된 임무를 성공리에 완수한다.

(2) 사회주의 신념 교육의 지도사상과 기본방법

① 지도사상

인민해방군의 사회주의 신념교육은 마르크스주의 이론을 학습하는 것을 근본으로 삼고, 각 부대가 자산계급 자유화로 인해 조성된 사상과 이론의 혼란을 제거하는 것을 목표로 하며, 군대가 당의 영도를 보위하고 사회주의 제도 속에서의 특수한 역할을 확실하게 이해하도록 체계적인 사회주의 신념교육을 실시한다.

② 기본방법

첫째, 마르크스주의 이론의 학습과 교육을 강화하는 것을 근본으로 삼는다. 연대 이상 간부들이 마르크스주의 철학, 과학적 사회주의와 당의 건설이론을 학습하며, 반드시 단기훈련반을 위주로 하고, 집단학습과 개인학습을 상호 결합한다. 대대 이하의 간부와 전사는 마오쩌둥 저작과 덩샤오핑 저작 및 과학적 사회주의의 기본지식을 선별 학습하여 중국의 근대사와 국가정세를 이해하도록 한다.

둘째, 중국의 근현대사와 기본적인 국가정제에 관한 교육을 실시한다. 인민해방군은 사회주의 신념교육 속에서 군대 구성원이 구사회 중화민족이 겪은 굴욕의 역사, 중국공산당과 인민해방군의 찬란한 분투역사에 관한 학습과 교육을 통해 "공산당이 없었으면 신중국도 있을 수 없었으며", "오직 사회주의만이 중국을 구해낼 수 있고, 중국을 발전시킬 수 있으며", "당의 기본노선이 중국특색의 사회주의를 건설하는 유일하고 정확한 노선이라는 3개의 기본적인 결론을 심층적으로 이해하도록 한다.

셋째, 사회주의 신념을 확고히 함으로써 군대 이데올로기 사업을 개관한다. 인민해방군은 각 부문이 사회주의 이데올로기를 확고히 하는 사업을 계획한다. 인민해방군 각 부대는 이론토론회를 개최하고, 이론성 글과 문답집을 편찬하여 부대 교육을 위해 이론 무기를 제공한다. 사회주의 건설과 개혁개방의 실적을 적극적으로 선전하며, 애국주의와 사회주의 정신의 실천을 돋보인 전형을 발굴하고, 신념 교육에 대한 지도를 돋보이도록 한다.

2) 애국주의

(1) 중국공산주의 속의 민족주의와 애국주의

중국의 공산주의 운동사에서 민족주의는 종종 애국주의의 동의어로 사용되곤 했다. 기실. 민족주의는 일종의 심리상태와 이데올로기 및 사회적 실천운동으로서의 복합적이며 구조적인 특성을 지닌다. 요컨대 "민족주의는 민족공동체 구성원이 민족의식의 기초 위에 형성된 당해 민족에 대한 일체감과 지고무상의 충성심을 갖는 심리상태이고, 민족과 민족 문제에 관한 이론과 정책을 포함하는 사상체계와 이데올로기이며, 그 이론과 정책의 지도 하에 당해 민족의 생존과 발전 이익을 추구하고 유지 및 보호하려는 사회적 실천과 대중운동이다."[35]

그런데 민족주의는 정치목적과 정치이익에 따라 애국주의로 표현되기도 한다.

애국주의는 기본적으로 정서적 차원의 것으로서 자신이 속해 있는 민족과 국토에 대한 열정과 집착, 그리고 자신이 속해 있는 문화 및 기본적 가치관에 대한 일체감을 가리키는 것이다. 개인의 경우, 모든 문화와 사회 속에서 그 제도의 차이에 관계없이 애국주의 정감을 가지게 된다. 정치적 언어영역에서 민족주의가 애국주의와 동의어로 사용되는 것은 이들 양자가 모두 국가에 대한 집단적 충성으로부터 출발하는 집단적 행동을 요구하기 때문인 것이다.

중국의 전통문화와는 상관없는 공산주의 가치체계와 행위규범으로부터 중화민족의 일체감과 충성심을 추구하고자 했던 문화대혁명으로 인해 마오쩌둥 영도시기의 중국인들은 '계급인'과 '집단인'의 자격으로 공산주의 문화부호와 정치부호를 공동으로 향유하는 민족 신분을 가지고 있었다. 이는 공산주의 이데올로기의 범주체계에서는 국제주의와 민족주의가 서로 조화를 이룰 수 없으며, 국제주의는 민족주의 사조의 합법성과 그 발전 정도를 제약하는 일정한 작용을 한다는 것을 말해주는 것이기도 했다.

물론, 마오쩌둥은 혁명 초기부터 마르크스주의의 국제주의가 중화민족의 장래를 보장해주는 만병통치약이 될 수 없다는 것을 간파하고 있었다. 그래서 그는 "마르크스주의의 중국화"를 제기하면서 중국 민족의 특성에 부합하는 마르크스주의의 이론체계를 확립할 것을 요구했으며, 마르크스레닌주의를 무비판적으로 수용하는 것을 경계했다. 이처럼 마오쩌둥은 민족주의 개념을 공산주의 이데올로기 부호체계 속으로 직접 편입시킬 수 없었기 때문에 애국주의라는 특정한 개념 속에서 민족 문제를 해결했으며, 국제주의와 민족주의를 적절히 배합하는 지혜를 발휘했다. 마오쩌둥은 마르크스 사상 속의 국제주의를 표방하면서도 중화민족의 이익을 위해 자극적인 민족주의 용어 대신에 그 동의어로서 애국주의를 제창했으며, 공산주의의 겉옷을 입고 있으면서 중화민족의 이익을 최우선시하는 정책을 철저히 추구했다.

공산정권을 수립한 이후에도 마오쩌둥은 중국이 다민족 공동체라는 특성을 고려하여 '민족' 개념을 소수민족의 종개념(concept of species)인 하위개념으로 사용하기도 하고, 중화민족의 속개념(concept of genus)인 상위개념으로 사용하기도 했다. 이러한 개념상의 모호성은 중국이 중화민족의 이익과 지위를 강조하기 위해

35 余建華, 「民族主義: 歷史遺産与時代風雲的交匯」, (上海: 學林出版社, 1999), p.13

대외적으로 민족주의를 사용할 때 대내적으로는 소수민족의 분리주의 경향에 합법성을 제공하는 결과를 초래하게 된다. 이 때문에 중국은 민족주의 개념이 학문영역을 벗어나 국가이데올로기의 구성부분이 되는 것을 금기시하고 있으며, 그 대체품으로서 애국주의 개념을 도입하고 있다. 이와 같이 중국의 민족주의는 이데올로기와 다민족성에 근거하여 사회주의 이데올로기의 부호를 통해 표현된다. 민족주의가 직접 이데올로기로 표현되지 않음으로써 민족주의 함의는 애국주의라는 특정한 개념으로 정의될 수밖에 없는 것이다.

이처럼 아편전쟁 이후 정치민족주의와 문화민족주의가 결합된 형태로 출발한 중국의 근대민족주의는 중화인민공화국이 수립된 이후 중화민족의 개념 형성을 통해 민족의 일체감과 국가에 대한 충성심을 요구하는 심리상태로서의 민족주의로, 공산주의의 실현과 사회주의 민족국가의 건설을 목적으로 하는 정책과 이론을 제기하는 이데올로기로서의 민족주의로, 그리고 근대 대중정당으로서의 공산당의 주도 하에 정치엘리트와 일반대중이 결합된 형태로 나타난 사회적 실천과 정치운동으로서의 민족주의로 발전하면서 애국주의 형태로 표현되고 있다.

(2) 애국주의 운동의 목적과 내용

중국공산당은 당 제11기「3중전회」이후 "부패한 자본계급 자유화 사상과 봉건적 잔재사상을 배척하고 무정부주의와 극단적 개인주의 영향을 극복하며, 공산주의, 애국주의, 그리고 어려움을 극복하고 창업하는 혁명정신의 발양을 선도하는 것"을 사상과 정치 교육의 중점으로 삼았다.

그뿐만 아니라 중국공산당은 문화혁명 이후에 당풍이 무너지고 사회기풍이 망가진 현상을 개선하기 위해 1979년 이후부터 매년 사회주의 정신문명을 건설하기 위한 운동을 전개했다. 주로 "문명을 말하고, 예의를 말하고, 위생을 말하고, 질서를 말하고, 도덕을 말한다."는 5강(五講), "심령이 아름답고, 언어가 아름답고, 행위가 아름답고, 환경이 아름답다."는 4미(四美), "조국을 열애하고, 사회주의를 열애하고, 당을 열애한다."는 3열애(三熱愛) 및 "문명예의의 달" 활동을 전개함으로써 물질문명의 건설과정에서 나타나고 있는 병폐를 타파하고, "이상이 있고, 문화가 있고, 도덕이 있고, 기율이 있다."는 4유(四有)의 인재를 양성하는 것을 사상과 정치 교육의 기본목표로 삼았다.

그러나 장쩌민은 사회주의 시장경제로 전환한 이후 중국사회가 지본계급 자유화 사조의 영향을 받아 배금주의와 극단적 개인주의 및 향락주의로 몸살을 앓고 있고, 집단주의와 공산주의 사상이 폄훼되거나 조롱거리로 전락하고 있으며, 이러한 틈새를 이용하여 공세를 멈추지 않고 있는 적대세력의 화평연변을 더 이상 방관할 수 없는 지경에 이르렀다고 판단했다. 그뿐만 아니라 이미 앞에서 언급되었듯이 인민들의 마르크스레닌주의와 마오쩌둥 사상에 대한 신앙(信仰), 중국공산당이 추진하고 있는 1개 중심, 2개 기본점의 정치노선에 대한 신심(信心), 그리고 중국공산당의 조직과 당원간부에 대한 신임(信任)을 상실함으로써 장쩌민 영도체제는 심각한 리더십의 위기에 직면하고 있었다.

이처럼 공산주의의 실현은 요원하며, 공산주의는 환상에 지나지 않는다고 여기는 사람들이 하루가 다르게 증가하고 있었으며, 그뿐만 아니라 마르크스의 사회주의 사상과 제도는 본래 인민을 위해 복무하는 것인데, 그 실천적 경험은 오히려 인민을 속박하는 질곡으로 바뀌고 있었다. 그 결과 중국 인민들은 사회주의 제도를 원망하면서 사회주의 제도를 주장하고 유지하려는 중국공산당을 신관료통치기구로 여기고 있었다. 특히 6·4톈안먼사태 이후 자본계급 자유화 사조의 범람으로 청소년들의 사상이 크게 변하고 있었으며, 학교의 사상정치 사업은 더 이상 제 기능을 발휘하지 못하고 있었다.

결국 장쩌민은 4개항 기본원칙과 자본계급 자유화의 대립과 투쟁을 사회주의 조건 하에서 일정한 범위 내에 존재하고 있는 계급투쟁의 중요한 표현으로 간주하면서 다음과 같이 말했다:

"국내외의 적대세력은 화평연변을 통해 중국의 사회주의 제도를 전복하고, 아국 인민이 자기 국가의 운명을 주재하는 권리를 박탈함으로써 중국을 서방 대국의 속국으로 만들려고 기도하고 있다. 만약에 국가의 주권, 민족의 독립, 그리고 국가의 존엄을 상실한다면 인민 민주를 상실하게 될 뿐만 아니라 근본적으로 인권을 상실하게 된다. 1989년의 동란과 반혁명 폭란을 선동하고 획책하고 지휘했던 그 극소수 사람들, 국외로 도주한 동란과 폭란분자들은 사회주의 제도를 반대할 뿐만 아니라 국외의 적대세력에 의지하여 조국을 위해하고, 인민을 반대하는 행동을 진행하며, 나라를 팔아먹는 입장과 영혼을 충분히 표출했다."[36]

---

36 江澤民, "愛國主義和我國知識分子的使命", 「江澤民文選」, 第1卷, (北京: 人民出版社, 2006), pp.122-123.

그뿐만 아니라 장쩌민은 자본계급 자유화를 애국주의와 사회주의에 대한 반동으로 규정하면서 애국주의를 사회주의와 본질적으로 통일적인 것으로 정의했다:

"당대의 중국에서 애국주의와 사회주의는 본질적으로 통일적인 것이다. 당대의 중국에서 애국주의와 인민민주, 즉 사회주의 민주는 본질적으로 통일적인 것이다. 세계에는 오직 구체적이고 상대적인 민주만 있으며, 추상적이고 절대적인 민주는 없다. 민주는 상부구조에 속한다. 어떠한 민주를 실행하느냐는 국가와 사회제도의 성질에 의해 결정된다. 사회주의 민주와 자본주의 민주는 근본적으로 구별된다. 민주의 건설은 하나의 과정이며, 그 발전의 정도는 일정한 경제문화 상황과 서로 관련이 있다. 공산당의 영도 하에 인민이 주인이 되어 자기 국가를 건설하고 관리하는 것이 사회주의 민주의 핵심 내용이다. 사회주의 민주를 옹호하고 발전시키는 것은 애국주의의 중요한 체현이다."[37]

장쩌민의 발언이 있은 후 중국공산당 중앙과 선전부는 3신위기(三信危機)를 극복하기 위해 1994년 8월 23일 〈애국주의 강요〉를 공포하고, 전국적으로 전면적이고 대규모적인 애국주의 교육활동을 전개하기 시작했다. 중국공산당은 애국주의 교육의 목적을 "중화(中華)를 진흥하고, 개혁개방과 사회주의 현대화 사업을 추진하며, 사회주의 정신문명과 물질문명의 협조적 발전을 실현하고, 사회주의의 전면적 발전을 촉진하며, 특히 많은 청년들이 옛 일을 이어받아 앞으로 나아가며, 이상이 있고, 도덕이 있고, 문화가 있고, 기율이 있는 한 세대의 신인이 되도록 하는" 것으로 규정했다.

1994년 중국공산당 선전부가 공포한 〈애국주의교육 실시 강요〉 속에서 제기된 애국주의 교육의 기본원칙은 다음의 5가지로 집약된다:

첫째, 덩샤오핑의 중국 특색의 사회주의를 건설하는 이론과 당의 기본노선을 지도지침으로 삼는다.

둘째, 민족정신을 진작하고, 민족의 응집력을 강화하며, 민족의 자존심과 자신감을 확립하고, 애국통일전선을 공고히 하고 발전시키며, 인민대중의 애국 열정을 중국 특색의 사회주의를 건설하는데로 인도하여 응집시킨다.

---

37 江澤民, "愛國主義和我國知識分子的使命", 「江澤民文選」, 第1卷, (北京: 人民出版社, 2006), p.122.

셋째, 덩샤오핑의 애국주의에 관한 일련의 중요한 논술에 따라 애국주의 교육의 이론, 교재, 제도, 그리고 기지 건설을 훌륭히 하고, 애국주의 교육을 각항의 사상정치교육 속으로 관통하도록 하는 것을 사회주의 정신문명 건설의 기초 사업으로 삼는다.

넷째, 애국주의는 결코 편협한 민족주의가 아니며, 중화민족의 우수한 성과를 계승하고 발전시키기도 하며, 자본주의 발전국가를 포함하는 세계 각국이 창조한 모든 문명의 성과를 학습하고 흡수한다.

다섯째, 당대의 중국에서 애국주의는 사회 본질과 일치하는 것이며, 중국 특색의 사회주의를 건설하는 것은 새로운 시기에 있어서 애국주의의 주제이다. 애국주의, 집단주의, 그리고 사회주의 사상교육은 3위1체이며, 중국 특색의 사회주의를 건설하는 위대한 실천 속에 유기적으로 통일되는 것이다.

그뿐만 아니라 애국주의 교육은 주로 ①중화민족의 유구한 역사, ②중화민족의 우수한 전통문화, ③중국공산당의 기본노선 및 사회주의 현대화 건설의 성과, ④중국의 국정, ⑤중국사회의 민주와 법제, ⑥국방과 국가안전, ⑦민족의 단결, ⑧평화통일과 일국양제에 관한 내용을 포함한다.

중국공산당이 애국주의 교육을 대대적으로 전개하게 된 것은 주로 정치적으로 자본계급 자유화의 엄중한 충격과 화평연변의 압력에 직면하고 있었고, 사회적으로는 정신의 퇴폐, 당풍, 정풍, 사회 기풍의 파괴, 인민의 도덕수준 및 문화적 자질이 나날이 저하하고 있는 곤경에 직면하고 있었기 때문이었다.

이 때문에 장쩌민체제는 덩샤오핑의 중국 특색을 지닌 사회주의를 건설하는 이론을 지도지침으로 하고 공산당의 기본노선을 견지하며, 이상이 있고, 도덕이 있고, 문화가 있고, 기율이 있는 사회주의 공민을 양성하고, 사회주의 정신문명을 건설하는 것을 기초로 삼는 것을 애국주의 교육의 목적으로 삼았다.

(3) 애국주의의 지도적 역할

이데올로기로서의 민족주의는 사회의 사상과 의식을 통제할 뿐만 아니라 사회적 실천을 위한 일종의 정치행동으로 전화된다. 이데올로기로서의 민족주의는 현대국가를 위해 특별히 편리한 사회동원과 통제수단을 제공한다.

1980년대부터 중국 민족주의의 정치부호는 그 지위를 보다 많이 문화부호에 넘겨주고 있었다. '용', '만리장성', '황허', '창강' 등이 전통적 문화체계로부터 발굴되어 민족의 자존심과 민족의 일체감을 향상하는 수단으로 사용되기 시작했다.

1990년대에 들어서면서 정치이데올로기가 쇠퇴하고 기존의 문화구조에 불균형 현상이 나타나기 시작하면서 생긴 빈자리를 채워줄 새로운 이데올로기에 거는 기대가 커지게 되었다. 소련형 사회주의 문화가 주도적 지위를 상실하고, 지배이데올로기로서의 마르크스레닌주의와 마오쩌둥 사상의 영향력이 쇠퇴함으로써 초래된 문화적 공백으로 인해 사상적 지침과 생활의 의의를 찾을 수 있는 의탁처가 필요하게 되었으며, 이때 바로 애국주의가 민족주의의 동의어로서 이러한 공백을 메우면서 사상적 지주가 되었으며, 특히 문화부호로 변질되면서 대중 속에서 거대한 응집력을 발휘하기 시작했다.

특히 1990년대부터 일기 시작한 중국의 신민족주의 열풍은 과거의 전반적인 서구화와 철저한 반전통주의를 중심내용으로 삼았던 근대민족주의와는 완전히 다른 모습을 보여주었다. 중국의 신민족주이자들은 유가문화만이 중국인의 영혼을 되살리고, 민족정신을 진작시키며, 도덕과 윤리의 위기를 해결함은 물론, 안정된 질서를 유지할 수 있는 처방이 될 수 있다고 확신했다. 이 때문에 이들은 유가문화의 전통적 가치를 계승하고 창조적으로 발전시킴으로써 현대적 중화민족주의를 창출할 수 있다고 주장했다.

이처럼 장쩌민의 애국주의는 바로 중국 신민족주의가 추구하는 중화민족주의의 동의어로 이해될 수도 있었다. 중국공산주의의 애국주의는 중국공산당의 지도사상으로 자리를 잡고 있으면서 자본계급 자유화 경향과 적대세력의 화평연변을 무력화시켜야 하는 중국 특색의 사회주의문화가 제대로 역할을 하지 못함으로써 나타난 공백을 메우는 역할자로서 등장하게 되었던 것이다.

그뿐만 아니라 장쩌민체제는 당과 국가를 동일시하는 것을 애국주의 교육의 또 다른 목적으로 삼고 있었다. 장쩌민체제는 잃어버린 마르크스레닌주의와 마오쩌둥 사상의 지위를 되찾아야 한다는 요구도 거의 빛을 바래고 있었고, "중국 특색을 지닌 사회주의"가 도대체 진정한 사회주의와 무엇이 다르고 무엇이 같은지에 대해서도 분명한 개념이 전달되지 않음으로써 인민들이 더욱 혼란스러워하고 있다는 것을 잘 알고 있었다. 그래서 장쩌민체제는 사회주의를 출발점으로 하는 새로운 세계관, 가치관, 인생관을 무기로 당면한 사상의 영도력을 복원하고자 했으며, 특히 이러한 환경 속에서 국가를 사랑하는 것이 곧 당을 사랑하는 것이라는 논리를 펴면서 애국주의를 지도사상의 대열에 합류시키고자 했다.

이처럼 장쩌민체제는 중국 인민이 전통적인 이데올로기를 불신함에 따라 이를 극복하기 위한 조치로서 애국주의 교육을 강화했다. 중국의 전통적인 유가사상의 가치를 자본계급 자유화 사조에 대한 대항마로 내세우기 시작했으며, 이러한 유가사상의 주입은 국가에 충성하고 가정, 부모, 친구에 봉사하는 정신을 강조하기 위한 목적으로 전개되었다.

3. 후진타오 영도의 사회주의 핵심 가치관

후진타오(胡錦濤) 당 총서기는 2006년 10월 당 16대 「6중전회」에서 〈중공중앙의 사회주의의 조화로운 사회를 세우는데 있어서 약간의 중대한 문제에 관한 결정〉을 통과시켰으며, 처음으로 "사회주의의 핵심 가치체계를 건설한다."는 중요한 명제와 전략 임무를 제기했다. 그는 그 다음 해인 2007년에도 "6·25중요담화"를 통해서 사회주의의 핵심 가치체계를 대대적으로 건설하고 전 당과 전국의 인민들이 단결하고 분투하는 공동의 사상 기초를 공고히 할 것을 강조했다.

후진타오가 제기한 사회주의의 핵심 가치체계는 4개 분야의 기본내용, ①마르크스주의의 지도사상, ②중국 특색의 사회주의의 공동이상, ③애국주의를 핵심으로 하는 민족정신 및 개혁과 혁신을 핵심으로 하는 시대정신, ④사회주의의 영욕관(榮辱觀)을 포함한다.

첫째, 마르크스주의의 지도사상은 사회주의의 핵심 가치체계의 영혼이 된다. 마르크스주의는 중국공산당을 세우고 중화인민공화국을 세운 근본적인 지도사상이며, 사회주의 이데올로기의 기치와 영혼이다. 사회주의의 핵심 가치체계 중에서 마르크스주의가 제공하는 것은 과학적 세계관이고 세계를 인식하고 세계를 개조하는 입장과 관점 및 방법이다. 따라서 마르크스주의의 지도사상은 중국 특색의 사회주의의 공동이상을 형성하는 이론 기초이며, 만약에 마르크스주의의 지도적 지위가 동요된다면 중국 특색의 사회주의의 이론 기초가 동요하게 되고, 중국 특색의 사회주의의 길로 나아가는 당과 인민의 결심과 믿음도 동요하게 된다는 점이 강조된다.

둘째, 중국 특색의 사회주의의 공동이상은 사회주의의 핵심 가치체계의 주제가 된다. 이 공동이상은 중국공산당의 영도 하에 중국 특색의 사회주의의 길을 걸으며, 중화민족의 위대한 부흥을 실현하는 것이다. 공동이상은 사회주의 초급단계에서의 당의 목표, 국가의 발전, 민족의 진흥을 개인의 행복과 밀접하게 연계하고, 각 계층과 집단의 공동의 염원을 유기적으로 결합하며, 실천과 검증을 통해 사회적 공감대를 형성하면서 강력한 호소력과 친화력 및 응집력을 발휘하게 된다.

셋째, 애국주의를 핵심으로 하는 민족정신 및 개혁과 혁신을 핵심으로 하는 시대정신은 사회주의의 핵심 가치체계의 정수(精髓)가 된다. 민족정신과 시대정신은 중화민족이 생존하고 발전하는데 있어서 의지하는 정신적 지주이다. 이들 양자는 서로 융합하면서 중화민족의 생명력, 창조력, 응집력 속에 용해되어 중화민족의 부흥을 추동하는 정신적 동력이 된다.

넷째, 후진타오 총서기가 2006년 3월 4일 전국정협 제10기 4차회의에서 제기한 8가지의 영예와 8가지의 수치를 뜻하는 8영8치(8榮8恥) 사회주의 영욕관(榮辱觀)은 사회주의의 핵심 가치체계의 기초로서 다음의 8개 사항으로 구성된다:

① 조국을 열애하는 것을 영광으로 삼고, 조국을 위해하는 것을 수치로 삼는다.
② 인민에게 봉사하는 것을 영광으로 삼고, 인민을 떠나는 것을 수치로 삼는다.
③ 과학을 숭상하는 것을 영광으로 삼고, 우매하고 무지한 것을 수치로 삼는다.
④ 부지런히 일하는 것을 영광으로 삼고, 편안한 것만 좋아하고 힘든 일은 싫어하는 것을 수치로 삼는다.
⑤ 단결하고 서로 도와주는 것을 영광으로 삼고, 남에게 손해를 끼치고 자기의 이익만을 도모하는 것을 수치로 삼는다.
⑥ 성실하게 신용을 지키는 것을 영광으로 삼고, 이로운 것을 보면 도의를 잊는 것을 수치로 삼는다.
⑦ 법과 기율을 준수하는 것을 영광으로 삼고, 법을 어기고 규율을 어지럽히는 것을 수치로 삼는다.
⑧ 각고분투하는 것을 영광으로 삼고, 교만하고 사치스럽고 황음하고 방탕한 것을 수치로 삼는다는 것이다.

이른바 "8영8치"를 주요 내용으로 하는 후진타오의 사회주의 영욕관은 사회주의 시장경제와 상호 적응하고, 사회주의의 법률 및 규범과 서로 협조적이며, 중화민족의 전통적 미덕을 이어받는 사회주의 사상과 도덕 체계로 정의된다. 따라서 사회주의 영욕관은 사회 구성원들이 행위의 득실을 판단하고, 도덕적 선택을 하며, 가치정향을 확정하는 데 있어서 기본적인 가치 준칙과 행위 규범을 제공하게 된다.

이러한 4개 분야의 기본내용은 상호 연계되고, 상호 관통하며, 유기적인 통일을 유지하면서 사회주의 이데올로기의 가치체계를 형성하게 된다. 따라서 마르크스주의의 과학적 이론의 지도가 없으면 사회주의 이데올로기는 방향과 영혼을 잃게 되고, 중국 특색의 사회주의의 공동이상이 없으면 사회주의 이데올로기는 그 내핵과 주제를 잃게 되며, 민족정신과 시대정신이 없으면 사회주의 이데올로기는 정수와 주선율을 잃게 되고, 사회주의 영욕관이 없으면 사회주의 이데올로기는 가치 좌표와 도덕 기준을 잃게 된다는 논리로 귀결된다.

제4절

정보화 전쟁의 군대 정치사업

1. 간부 양성과 원·교(院·校) 교육 강화

장쩌민은 무기와 인적 요소 간의 상호관계에 관해서도 마오쩌둥의 관점을 그대로 계승하면서 군사 인재의 중요성을 거듭 강조했다. 그는 "인재는 군대를 일으키는 근본이며, 반드시 높은 수준의 인재를 양성하는 것을 군대 현대화 건설의 근본 대계로 삼아야 한다. 우리가 줄곧 강조했듯이, 전쟁의 승부를 결정하는 것은 인간이지 무기가 아니며, 무기와 장비가 어느 정도로 발전하는지에 상관없이 전쟁에서의 인간의 역할은 시종 제1차적인 것이며, 그 어느 때라도 모두 물건을 보고 사람을 보지 않을 수는 없는 것이다. 만약에 높은 자질의 인재를 가지고 있고, 또 선진적 무기와 장비를 가진다면 범이 날개를 얻는 격이 된다."[38]는 점을 확인했다.

특히 정보화 전쟁과 관련된 군사 인재를 양성하는 문제에 대해서도 장쩌민은 "정보화 전쟁의 현저한 특징은 지식과 기술이 고도로 집적된 것이다. 우리는 반드시 미래전쟁의 요구에 따라 과학인재의 양성 목표를 수립하고, 높은 자질의 신형 군사인재를 양성해야 한다. 신형 군사인재는 반드시 견실한 현대 과학문화 지식의 기초를 구비한 지식형 혁명군인이어야 한다. 이와 병행하여 장병의 사상정치 교육과 전투기풍의 양성을 중시하기도 하고 또한 그들의 현대 과학문화 수준과 현대 군사기술 능력을 향상시키는데 노력해야 한다."[39]고 강조했다.

이어서 그는 정보화 전쟁을 수행할 수 있는 전문화되고 지식화된 최적의 간부 구조를 조기에 구축할 수 있어야 한다고 하면서 간부 양성의 방향을 제기했다:

"전략적 안목을 가지고 세계군사의 발전추세를 파악하고, 정보화 전쟁의 지휘

---

38 上揭書, 第2卷, "實現國防和軍隊現代化建設跨世紀發展的戰略目標", p.88.

39 江澤民, "論中國特色軍事変革", 「江澤民文選」, 第3卷, (北京: 人民出版社, 2006), p.591.

와 정보화 군대의 건설에 익숙한 지휘장교 대오, 비교적 높은 과학문화 자질과 전반적인 군사 자질을 구비하고, 군대의 건설과 작전 문제에 대해 계책을 꾸밀 줄 아는 참모 대오, 과학의 전선에 서서 무기와 장비의 혁신적 발전과 관건이 되는 기술적 난관을 돌파하는 계획을 수립하는 과학자 대오, 최신 무기와 장비의 성능에 정통하고, 각종의 고장과 복잡한 문제를 해결하는 기술전문가 대오, 전문기술을 기초로 하고, 수중의 무기와 장비를 다루는데 숙련된 지식을 구비한 하사관 대오를 양성한다."[40]

인민해방군은 1996년 중앙군사위원회의 통일적 계획에 따라 훈련을 질적 향상을 핵심으로, 개혁을 동력으로, 그리고 과학기술을 선도로 삼으면서 원·교 훈련의 개혁 강도를 배가함으로써 인민해방군 간부의 군사적 자질 향상을 도모했다.

특히 인민해방군 총참모부와 총정치부는 군사영역의 전문화와 지식화를 실현하기 위해 1996년 하순 1997년부터 군대의 일부 연구생 양성 단위가 작전부대의 사단, 연대직 간부들을 대상으로 군사학 석사학위 연구생을 모집한다는 통지를 하달했다. 석사학위 연구생과정의 전공으로는 전역학, 전술학, 작전지휘, 군대정치사업학, 후근조직지휘 등이 설치되었으며, 작전부대의 사단, 연대직 군사, 정치, 후근지휘간부가 주요 모집대상이었다. 1996년 당시 인민해방군 원·교는 이미 10명의 원사(院士), 600명의 박사, 6,000여 명의 석사 학위 소지자를 확보하고 있었다.

인민해방군의 원·교 교육은 그 양성 대상의 직능에 따라 지휘원교와 전문기술원교의 2종류로 구분된다. 지휘원교의 경우는 주로 작전부대의 군사, 정치, 후근영도 핵심을 양성하며, 지휘장교가 필요로 하는 지식구조와 개인의 발전 요구에 근거하여 초·중·고 3단계로 나뉘며, 각각 초급지휘장교, 중급지휘장교, 그리고 고급지휘장교를 양성한다.

초급지휘장교를 양성하는 원·교인 초급지휘원교는 분대의 전술지휘관을 양성하는 원·교로서 인민해방군의 기초 원교이며, 주로 군사, 정치, 문화기초 교육을 실시하며, 4년제의 대학에 입학하는 고등학교 졸업예정자, 고등학교 지식수준의 정·부 분대장 및 우수 사병을 모집대상으로 하며, 대학의 본과 수준에 상당하는 초급지휘장교를 배출한다.

중급지휘장교를 양성하고, 합동전술 지휘관을 양성하는 중급지휘원교는 육·

40 上揭書, p.592.

해·공군의 지휘학원, 정치학원, 후근학원, 장갑병과 포병학원 등을 포함한다. 학제는 1년으로 합동전술 지휘관을 양성한다. 육군지휘학원을 예로 든다면, 그 교학내용은 전술학, 사단전투지휘 및 부대 관리를 위주로 하고, 연대전술을 중점으로 하며, 군사이론과 과학기술지식 및 군종과 병종의 운용교육으로 편성된다.

고급지휘원교는 집단군직 지휘장교를 양성하며, 학제는 1년이다. 국방대학은 육·해·공군, 군사, 정치, 후근 등의 지휘장교를 위주로 하고, 주로 전략, 전역, 사회주의 건설이론, 영도과학, 세계정치경제와 국제관계 등을 교육하며, 이중에서도 특히 집단군의 전역 과목을 중점적으로 취급한다. 졸업 후에는 합동전술 지휘관에서 전역지휘관으로 승격되며, 그에 걸맞는 직무를 수행하게 된다.

초급지휘원교인 시안(西安)정치학원은 부대 기관의 정규 정치간부를 양성하는 고등원교이며, 정치간부들은 주로 조직사업, 간부사업, 감찰사업, 예술사업, 대중사업, 연락사업, 보위사업, 선전교육사업 등에 종사하게 된다. 3개 전공이 개설되어 주로 철학, 정치경제, 사회과학, 군사, 당의 역사, 그리고 정치사업 등 6개 과목을 이수하고 있었지만, 인민해방군의 현대화·정규화 요구에 부응하기 위해 1996년 교과 내용과 교육 방법을 전면적으로 개편했으며, 현재는 8개 전공학과와 40여 개 과정(課程)을 개설하고 있다.

2. 장쩌민 영도 하의 정치사업 중점 과제

장쩌민 영도시기의 인민해방군은 1995년 5월 28일 새로 수정된 〈중국인민해방군 정치사업조례〉를 공포했으며, 이 〈정치사업조례〉는 마르크스레닌주의, 마오쩌둥 사상, 그리고 덩샤오핑의 중국 특색의 사회주의를 건설하는 이론을 지도지침으로 삼고, 새로운 시기의 군대 정치사업의 경험을 바탕으로 하여 당「14대」이래의 당 중앙과 중앙군사위원회의 당의 건설과 정치사업을 강화하는 것에 관한 요구를 강화했다. 이번에 수정된 조례 역시 정치사업이 당의 군대에 대한 절대적 영도를 보증하는 근본 원칙과 근본 제도임을 거듭 확인했으며, 새로운 시기의 군대 정치사업의 지위와 역할, 기본 임무, 방침, 그리고 원칙을 서술했고, 각급 당 조직과 정치기관, 정치간부의 직책과 요구를 규정했다.

1) 부대의 사상정치 건설

1991년의 걸프전쟁 이후 전쟁양상이 새로운 단계로 발전하고 첨단기술의 국지전이 이미 현대전의 주요 형태가 됨에 따라 인민해방군 내에서는 기존의 군대 정치사업에 대한 새로운 인식의 중요성이 대두되었으며, 특히 첨단기술 조건 하의 국지전에서 군대 정치사업의 지위와 역할이 여전히 중요한 것인지의 여부를 놓고 갑론을박이 계속되었다.

중국공산당은 1993년 초 중앙군사위원회 확대회의를 개최하고, 국제전략정세를 겨냥하여 새로운 시기의 군사전략 방침을 조정했으며, 첨단기술 조건 하의 국지전에서 정치사업을 둘러싸고 나돌고 있는 각종 의심과 우려를 불식시키기 위해 당의 군대에 대한 절대적 영도를 강조하고, 정치사업이 인민해방군에 대해 여전히 필요하고 중요하다는 점을 거듭 확인했다.

이어서 1995년 1월 중국공산당 중앙은 〈군대 당의 건설을 진일보 강화한다〉는 제목의 결정을 하달했으며, 그 주요 내용은 아래와 같다:

첫째, 당의 군대에 대한 절대적 영도를 견지한다. 당의 건설을 강화하는 것을 중시하는 것은 인민해방군의 양호한 전통이다.

둘째, 각급 당 조직은 정치가 견고하고, 사상이 통일되고, 조직이 건전하며, 기풍이 단정한, 매우 강력한 응집력과 전투력을 가진 영도 핵심이 되어야 한다.

셋째, 전 군의 각급 당 조직은 민주집중제를 견지하며, 장쩌민을 핵심으로 하는 당 중앙의 권위를 결연히 옹호하고, 부대에 대한 집중적이고 통일적인 영도를 보증한다.

넷째, 당 지부 건설을 강화하고, 당원의 교육관리 사업을 강화하며, 당원이 기본노선을 견지하고, 국가에 헌신하며, 각고분투하고, 기율과 법률을 준수하고, 대중과 연계하는데 있어서 모범 역할을 하도록 한다.

이어서 3개월 후인 동년 4월 인민해방군 총정치부는 또 부대의 사상정치 건설을 강화하기 위해 아래와 같은 조치를 취했다:

첫째, 1994년 전 군을 향해 〈기층의 사상과 정치 교육을 강화하고 개선하는 것에 관한 약간의 규정〉을 공포한 후, 각 부대가 이를 기층의 사상과 정치 교육을 계획하고 실시하는 기본으로 삼도록 했으며, 그뿐만 아니라 장쩌민의 4개 교육 중요 지시를 관철하도록 지시했다.

둘째, 교육의 내용에 있어서는, 마르크스레닌주의, 마오쩌둥 사상, 특히 덩샤오핑의 중국 특색의 사회주의를 건설하는 것에 관한 이론을 계속적으로 학습하는 것을 기초로 삼아 애국봉헌 교육, 혁명인생관 교육, 존간애병 교육, 각고분투 교육을 훌륭히 실시하며, 상술한 4개 분야의 교육을 훌륭히 실시하는 것을 새로운 시기에 있어서 인민해방군이 사상과 정치를 강화하고, 부대의 응집력을 강화하며, 전투력을 향상시키는 중요한 공정 및 금후 사상과 정치를 건설하는 중요한 임무로 삼도록 했다.

셋째, 교육의 중점에 있어서는, ①연대 이상 각급 영도와 기관 간부는 보편적으로 민주생활회, 개인의 중요한 업무 보고, 그리고 대중의 간부 평가 등 형식을 운용하여 비판과 자아비판을 전개함으로써 자신의 권력을 정확히 행사하며, 직권의 관문을 잘 넘어 가고, ②금전 문제를 정확히 처리하며, 금전의 관문을 잘 넘어 가며, ③탐욕과 향락을 반대하며, 생활의 관문을 잘 넘어 가고, ④명예와 이익을 멀리하고 묵묵히 봉사하고 헌신하며, 명리의 관문을 잘 넘어 가는 것으로 한다.

중국공산당은 그 후 1995년 5월 5일 새로 수정된 〈중국인민해방군 정치사업조례〉 속에서 군대 정치사업이 당의 군대에 대한 절대적 영도를 보증하는 근본 원칙과 근본 제도임을 거듭 밝혔으며, 그뿐만 아니라 새로운 시기의 군대 정치사업의 지위와 역할, 기본 임무, 그리고 방침과 원칙을 서술했다. 이처럼 중국공산당은 군대 정치사업의 역할은 변해서 작아질 수가 없고 더욱 커져야 하며, 정치사업은 여전히 인민해방군의 첨단기술 조건 하의 생명선이고, 여전히 전쟁을 승리로 이끄는 법보임을 거듭 확인했다.

2) 정치사업의 주요 임무

정치사업의 주요 임무는 작전의 특징에서 출발하여 당 중앙과 중앙군사위원회의 지시에 근거하여 작전임무를 둘러싸고 사업을 전개하는 것이다. 개괄적으로 말하면, 다음의 "5개보증(5個保証)" 역할을 발휘하는 것이다:

첫째, 전략 의식을 강화하고, 중앙군사위원회의 작전방침을 전면적으로 관철하는 것을 보증한다. 첨단기술 조건 하의 국지전 전역 목적과 전략 목적을 일치시킨다. 부대는 전쟁 임무를 수행할 때 반드시 전략적 전체 국면으로부터 출발하며, 중앙군사위원회의 작전방침에 근거하여 부대의 사상과 행동을 원칙적으로 통일하며, 부대가 반드시 중앙군사위원회의 결정을 자각적으로 준수하고, 모든 행동은 지휘에 따르도록 교육한다. 계획을 수립하고 결정을 내리며 선전 구호를 제기할 때까지 모두 전체적 국면과 전략적 영향에 대해 중앙군사위원회의 전략방침을 실현하는 것을 보증한다.

둘째, 전투의지를 격려하며, 부대가 시종 의기양양한 사기를 유지하는 것을 보증한다. 부대의 사기를 고취하는 것은 전쟁의 전 과정을 관통하는 정치사업의 임무이다. 부대가 전쟁의 성격을 정확히 인식하고, 적에 대항하여 국가를 보위하는 책임감과 사명감을 강화하며, 첨단기술 병기로 인해 조성된 공포심리와 적의 심리공세를 겨냥하여 부대가 덩샤오핑이 제기한 5가지 혁명정신을 발양하는 것을 교육한다.

셋째, 지능 기능을 개발하고, 인간과 무기의 효능이 최대로 발휘되는 것을 보증한다. 첨단기술 조건 하의 전역작전은 군사력과 경제력의 힘겨루기일 뿐만 아니라 인간의 용감한 정신과 지능 기능의 각축이다. 전쟁 정치사업은 부대 장병의 용감한 정신을 불러일으키고, 어렵고 힘든 전쟁에 용감하며, 보다 더 중요한 것은 자신의 장점으로 적의 단점을 제압하는 전법을 창조하고, 과학기술 요원이 의사결정과정에서 참모와 브레인 역할을 충분히 발휘하도록 하며, 자기의 지식과 재능을 이용하여 적의 첨단기술 무기에 대응하는 수단을 탐색하고, 손 안에 있는 무기와 장비의 효능을 충분히 발휘하며, 적극적이고 효율적으로 적을 타격한다.

넷째, 전체를 보는 관점을 확립하며, 모든 군종과 병종이 밀접하고 협조적으로 배합하는 것을 보증한다.

다섯째, 광범위하게 대중을 동원하고, 군과 민이 합쳐 적에 대항하는 것을 보증한다.

3) 정치사업의 근본 요구

중국공산당은 건군 이래 시종 마르크스주의 이론을 중국 혁명전쟁의 실천과 상호 결합함으로써 하나의 완전하고 특색을 지닌 정치사업의 양호한 전통을 유지해 오고 있으며, 바로 이러한 전통은 인민해방군 최대의 정치적 장점이며 적을 억제하고 승리로 이끄는 중요한 법보(法宝)가 되고 있다. 따라서 첨단기술 조건 하의 국지전 작전에서도 이러한 특유의 정치적 장점을 충분히 발휘해야 한다.

(1) 당이 총검을 지휘하는 것을 견지하며, 당 조직의 핵심적인 영도 역할을 충

분히 발휘한다.

당의 군대에 대한 절대적 영도는 인민해방군이 다른 모든 군대와 구별되는 뚜렷한 상징이며, 인민해방군이 전쟁을 승리로 이끌 수 있다는 것을 근본적으로 보증하는 것이다. 미래의 첨단기술 조건 하의 전쟁은 여전히 당 위원회의 통일적인 집단영도 하의 수장분담책임제의 역할을 충분히 발휘해야 하며, 관련 전쟁과 작전의 지도사상과 총체적 방안, 전역(戰役)과정에서의 중대한 의사결정 등 전쟁의 전체적 국면에 대해 직접적인 영향을 미치는 중대한 문제에 대해 당 중앙과 중앙군사위원회가 확정한 방침과 원칙, 그리고 전시의 실제상황에 따라 당 위원회가 집단으로 토의하여 내린 결정을 견지해야 한다.

그뿐만 아니라 전쟁의 신속반응성을 고려하여 당의 작전에 대한 영도를 개선하고, 통상적인 상황과 긴급한 상황, 그리고 미리 대응방안을 준비해 놓는 것과 임기응변식으로 조치하는 것 등 서로 다른 상황 하에서의 군사행동의 조치 원칙과 방법을 성실하게 연구하며, 수장분업책임제를 강화하고, 사업 방법과 기풍을 개선하며, 단계를 간소화하고 시간을 단축하며 효율을 향상시킨다.

(2) 군민일치를 견지하고 대중의 지혜 역할을 발휘하도록 한다.

중국공산당은 군사민주를 실행하는 것이 당의 대중노선이 군사투쟁 속에서 구체적으로 운용되는 것이며, 인민해방군이 약세에서 강세로 전환하고, 강력한 적과 싸워 이길 수 있었던 중요한 원인 중의 하나가 부대 내에서 군사민주를 폭넓게 실행하고, 대중의 지혜에 의존하며, 인민해방군의 특징에 부합하는 많은 전법을 창출했기 때문으로 확신한다.

그뿐만 아니라 첨단기술 무기와 장비가 점점 더 발전하고 있지만 빈틈이 없는 것은 아니라고 본다. 첨단기술 장비와 무기가 만능약은 아니며, 그 약점과 한계성이 있게 마련이다. 마르크스가 지적한 전쟁의 발전법칙에 창이 있으면 방패가 있다는 것에 따라 항상 대응할 수 있는 방법이 있는 것이다. 이 때문에 첨단기술 조건 하의 작전은 집단의 지혜와 의견을 한 군데로 모아 나의 장점으로 적의 약점을 공격하는 효율적인 방법을 연구 검토하며, 지피지기의 기초 위에서 융통성 있게 전술을 운용해야 한다.

이처럼 중국공산당은 첨단기술 조건 하에서도 인민전쟁이 여전히 적과 싸워 이기는 근본 역량임을 강조한다. 인민전쟁의 무장역량체제는 현대전쟁의 요구에 적응할 수 있으며, 그 어떠한 적에 대해서도 강력한 위협작용을 발휘하는 것으로 본다. 게다가 많은 인구를 보유한 중국의 경우, 군과 민이 일치단결할 때 그 어떠한 적도 중국 인민을 모두 섬멸한다는 것은 불가능하다는 논리로 맞선다.

(3) 장병일치를 견지하고, 간부의 솔선수범 역할을 충분히 발휘한다.

장병일치는 인민해방군 정치사업의 3대 원칙의 하나이며, 장병의 단결은 인민해방군 전투력의 중요한 구성부분이다. 첨단기술 조건 하의 작전은 부대를 안정시키고 전투의지를 고취해야 하는데, 그 중요한 조건은 장병일치에 의지하고, 간부의 솔선수범 역할에 의지함으로써 각급 간부가 어려운 전장생활 속에서 전사와 동고동락하고, 피를 흘리는 희생을 두려워하지 않고, 부대를 인솔하여 임무를 완수하도록 해야 한다는 것이다.

(4) 적군와해를 견지하고, 정치공세 역할을 충분히 발휘한다.

적군와해는 인민해방군 정치사업의 3대 원칙 중의 하나이며, 역대 전쟁에서 인민해방군은 이 원칙을 충분히 운용하여 적군을 분화, 와해, 고립시킴으로써 전쟁을 승리로 이끄는데 중요한 역할을 했다.

첨단기술 조건 하에서 적군은 현대화된 무기와 장비를 가지고 있고, 점차 심리작전을 중시하고 있으며, 이는 적군을 와해하는데 어려움을 가증시키고 있다. 그러나 적군을 분화하고 와해하는 기초와 조건은 여전히 존재하고 있다. 예를 들면, ①적이 진행하고 있는 것은 비정의의 침략전쟁이므로 필연적으로 인민의 반대에 직면하게 될 것이다. ②적군 작전부대의 사기는 주로 금전과 물질적 이익에 의존하고 있기 때문에 고향을 떠나 이역만리에서 전쟁에 쉽게 염증을 느끼게 될 것이다. ③선진적인 군사사상, 전법, 그리고 본토작전의 우세에 의존하면서 아방에 유리하고 적에게 불리한 전장태세를 창출함으로써 적군이 피동적 입장에 서게 할 수 있을 것이다. 이 때문에 첨단기술 전쟁의 작전에서 적군을 와해하는 것은 가능할 뿐만 아니라 커다란 성과를 올릴 수 있는 것이다.

(5) 강인한 전투기풍을 견지하고 혁명정신의 능동적 역할을 발휘한다.

덩샤오핑이 제창한 5종류의 혁명정신을 대대적으로 발양한다: ①혁명적이고 목숨을 버리는 정신, ②기율을 엄수하고 자아를 희생하는 정신, ③공평무사하고 나보다 남을 먼저 생각하는 정신, ④모든 적을 압도하고 모든 어려움을 압도하는 정신, ⑤혁명적 낙관주의를 견지하고 모든 어려움을 배제하며 승리를 쟁취하는 정신을 최대로 발양한다. 적이 맹렬하게 타격하고 연속적으로 공격해 오는 상황 하에서 부대가 강력한 돌격력과 대항력을 가지고, 그 어떠한 험난하고 위급한 상황하에서라도 강인한 돌파력과 인내력을 발휘한다.

3. 후진타오 영도 하의 정치사업 주제와 중점과제

1) 정치사업의 주제와 기본사업

(1) 인민해방군의 성격과 근본취지

중국인민해방군은 중국공산당이 창건하고 영도하는 군대이며, 마르크스레닌주의, 마오쩌둥 사상, 덩샤오핑 이론, 그리고 장쩌민의 '3개대표'[41]의 중요한 사상으로 무장한 인민군대이고, 중화인민공화국의 무장역량이며, 인민민주독재의 견고한 주춧돌이다. 인민과 함께 긴밀한 관계를 유지하면서 온 마음과 뜻을 다해 인민을 위해 봉사하는 것이 이 군대의 유일한 근본취지이다. 중국인민해방군은 반드시 시종일관 변함없이 인민군대의 성격을 견지하고, 당에 충성하며, 사회주의에 충성하고, 조국에 충성하며, 인민에 충성해야 한다.〔제2조〕

(2) 인민해방군의 임무

중국인민해방군은 국방을 공고히 하고, 침략에 대항하며, 조국을 보위하고, 인민의 평화적 노동을 보위하며, 국가의 건설사업에 참가하는 임무를 책임진다. 중국인민해방군은 반드시 당의 기본이론, 기본노선, 기본강령, 그리고 기본경험을 견지해야 하며, 마오쩌둥의 군사사상, 덩샤오핑의 새로운 시기의 군대건설 사상, 그리고 장쩌민의 국방과 군대건설 사상을 관철시키며, 중앙군사위원회의 새로운 시기의 군사전략 방침을 관철한다.

중국인민해방군은 정치적으로 합격하고 군사적으로 강인하며 기풍이 양호하

---

41 3개대표: ①중국공산당은 시종 선진적 생산력의 발전 요구를 대표해야 한다. ②중국공산당은 시종 선진적 문화의 전진방향을 대표해야 한다. ③중국공산당은 시종 가장 광대한 인민의 근본이익을 대표해야 한다.

고 기율이 엄격하며 보장력이 강해야 한다는 기본요구에 따라 싸워서 이기며, 불변하는 2개의 역사적 과제를 긴밀하게 둘러싸고 중국 특색의 군사혁신을 적극적으로 추진하며, 기계화와 정보화 건설이라는 2개의 역사적 임무를 완수하기 위해 노력하고, 현대화되고 정규화된 하나의 강력한 혁명군대를 건설하며, 중국 특색의 사회주의를 건설하고, 조국통일을 완수하며, 세계의 평화를 수호하고 공동의 발전을 촉진시키기 위해 분투해야 한다.〔제3조〕

(3) 인민해방군의 지위

중국인민해방군은 반드시 중국공산당의 절대적 영도 하에 있어야 하며, 그 최고 영도권과 지휘권은 중국공산당의 중앙위원회와 중앙군사위원회에 예속된다.〔제4조〕

(4) 정치사업의 기본임무

새로운 세기의 새로운 단계에 있어서 중국인민해방군 정치사업의 기본임무는 다음과 같다:

첫째, 국가의 개혁개방과 소강(小康)사회의 전면적 건설, 그리고 사회주의 현대화 건설을 촉진하는데 힘써 이바지한다.

둘째, 중국 특색의 군사혁신과 군대의 혁명화, 현대화, 정규화 건설을 위해 힘써 이바지 한다.

셋째, 당의 군대에 대한 절대적 영도와 인민군대의 성격을 정치적, 사상적, 조직적으로 보장한다.

넷째, 이상이 있고, 도덕이 있고, 문화가 있고, 기율이 있는 군인 양성을 목표로 하는 군대사회주의 정신문명의 건설을 보장한다.

다섯째, 군대 내부의 단결, 그리고 군과 정, 군과 민의 단결을 보장한다.

여섯째, 군대 전투력의 향상과 각항 임무의 완수를 보장한다.〔제7조〕

(5) 정치사업의 주요 내용

① 사상정치 교육

마르크스레닌주의, 마오쩌둥사상, 덩샤오핑이론, 그리고 '3개대표'의 중요한 사상의 학습을 계획한다. 당의 노선과 방침 및 정책 교육을 진행하고, 인민군대의 성격, 근본취지, 양호한 전통, 그리고 중국공산당사를 포함한 교육을 실시한다. 중국 특색의 사회주의 이론체계로 장병을 무장시키며, 애국주의, 집단주의, 혁명영웅주의를 교육한다. 장병의 정신적 지주를 강화하며, 당에 충성하고, 인민을 열렬히 사랑하며, 국가에 충성하고 헌신적으로 사명을 완수하고, 영예를 숭상하는 당대 혁명군인의 핵심적 가치관을 육성한다.

② 당 조직의 건설

당이 당을 관장하며 엄격하게 당을 관리한다는 방침을 견지하고, 당 조직의 원칙성과 전투성을 강화한다. 당의 조직과 제도를 완벽하게 확립하며, 당원을 발전시키고 교육하는 관리사업을 철저히 수행하고, 민주집중제를 견지하고 발전시킴으로써 당원의 민주적 권리를 보장하며, 기층의 민주 건설을 강화하는 것을 기초로 삼고, 규정에 따라 당무를 공개하며, 당내 민주 건설을 촉진함으로써 당의 집중적 통일을 유지하고 보호한다. 사상, 정치, 조직, 기풍 면에서 당의 건설을 강화하고, 당 조직의 창조력과 응집력 및 전투력을 강화하며, 당 위원회의 핵심적인 영도역할, 당 지부의 전투적 보루역할, 그리고 공산당원의 선봉적 모범역할을 발휘한다.

③ 간부대오의 건설

당의 간부노선을 견지하며, 간부대오의 혁명화, 연소화, 지식화, 전문화 방침을 전면적으로 실현하고, 간부사업의 법제화를 실현하며, 민주적이며 공개적이고 경쟁을 원칙으로 하는 인재의 선발과 임용 장치를 개선함으로써 높은 자질을 갖춘 신형 군사 인재를 육성한다.

④ 기율검사와 감찰업무

당의 규약과 기타 당내 법규를 유지하고 보호하며, 당의 노선과 방침 및 정책, 그리고 중앙군사위원회의 결의와 명령 및 지시의 집행상황을 검사하고 감독한다. 반부패 청렴사업을 전개하며, 영도간부의 권력 행사에 대한 감독을 강화한다. 당의 기율과 군의 기율 교육을 실시하며, 법규 위반 사건에 대한 처리를 검열한다.

⑤ 보위사업

보위사업의 정책과 법규 및 제도를 완벽하게 확립한다. 방범활동을 강화하고,

적대세력의 침투와 파괴활동 및 심리전에 대응하며 보위활동을 전개한다.

⑥ 군사재판과 군사검찰 및 사법행정 사업

법에 따라 군대 내에서 행사하는 국가의 심판권과 감찰권을 대표하며, 사법행정 사업을 계획하고 전개한다. 군대 내에서 헌법과 법률의 존엄성을 보장한다. 그뿐만 아니라 법률적 수단을 통해 국방이익, 그리고 군대, 군인, 군속의 합법적 권익을 유지하고 보호하며, 부대와 장병을 위해 법률적으로 이바지한다.

⑦ 대중사업

장병이 민족정책, 종교정책, 그리고 대중기율을 준수하도록 교육하며, 정부를 옹호하고 인민을 사랑하며 군과 민이 공동으로 사회주의 정신문명을 건설과 정, 군과 민의 단결을 유지하고 보호한다. 또한 중앙과 지방의 유관 부문과 긴밀하게 협조하면서 전 국민의 국방교육을 실시한다.

⑧ 전시 정치사업

당 위원회의 작전에 대한 통일적 영도를 강화하며, 중국공산당중앙과 중앙군사위원회의 군사전략 방침과 작전원칙, 그리고 명령과 지시의 관철과 집행을 보장한다. 작전 동원과 전장 격려를 수행하며, 조직을 완벽하게 하고 간부를 충원하며 이동시킨다. 군사민주를 발양하고, 공을 세우는 모범적 활동을 전개한다. 여론전과 심리전 및 법률전을 실시하며, 적군와해 사업을 전개하고, 대심리전, 대책동 사업을 전개하며, 군사 사법과 법률 봉사사업을 전개한다. 참전한 민병과 민공(民工) 정치사업, 전구(戰區) 대중사업을 전개하며, 전장의 기율과 대중의 기율을 유지 및 보호하고, 열사의 지원사업을 철저히 수행한다.

⑨ 정치사업 연구

군대 정치사업의 역사, 현 실태 및 발전추세를 연구하고, 개혁개방과 발전된 사회주의 시장경제 조건 하에서의 정치사업의 특징과 법칙을 연구하며, 중국 특색의 군사혁신이 정치사업에 대해 제기하는 새로운 요구를 연구한다. 첨단기술전쟁에서 정치사업을 전개하고 정치사업의 작전기능을 발휘하는 효율적인 방법을 연구하며, 현대과학기술을 운용하여 정치사업을 개선하는 방법과 수단을 연구하며, 정치사업의 법규와 제도 및 정책을 제정하고 정치사업을 강화하며 개선하기 위해 이론적 지도와 의사결정 근거를 제공한다.

2) 기율검사 사업의 강화

(1) 기율검사위원회의 지위와 성격 및 구성

중국공산당 중앙군사위원회의 기율검사위원회는 당의 전군 기율검사기관이며, 그 구성 인원은 중앙군사위원회가 결정한다. 중앙군사위원회의 기율검사위원회는 중앙군사위원회와 중앙기율검사위원회의 2중영도 하에 총정치부와 함께 당의 전군 기율검사사업을 책임진다.

따라서 중국인민해방군 내의 연대급 이상 단위에 설립된 각급 기율검사위원회는 각급 당의 기율을 유지하고 집행하는 중국공산당의 검사기관으로서 동급 당 위원회와 상급 기율검사위원회의 2중영도 하에 사업을 진행한다.

당의 연대급 이상 단위의 각급 기율검사위원회는 동급 당 대표대회가 선거를 통해 구성한다. 정수는 7-11인이며, 서기와 부서기를 두고, 상무위원회는 설치하지 않는다. 당의 각급 대표대회가 선출하여 구성한 기율검사위원회는 상1급 당 위원회, 기율검사위원회에 보고하여 등록한다. 당의 기율검사위원회가 선출한 서기와 부서기는 동급 당 위원회를 통과한 후에 상1급 당 위원회에 보고하여 비준을 득한다. 당의 총지부 위원회와 지부 위원회는 기율검사위원을 둔다.

당의 각급 기율검사위원회의 매기 임기는 동급 당 위원회와 동일하다. 각급 기율검사위원회의 구성원은 본 단위를 전출하거나 면직되고 현역을 퇴출할 시는 그 기율검사위원회의 직무도 즉각 자동적으로 해제되며, 부족한 인원에 대해서는 당해급 기율검사위원회가 보충의견을 제시하며, 위원의 보충은 동급 당 위원회가 심사하여 비준한다. 서기와 부서기는 상1급 당 위원회에 보고하여 비준을 득한다.

(2) 각급 기율검사위원회의 주요 임무

첫째, 당의 장정(章程)과 기타 당내의 법규를 옹호하며, 당의 노선과 방침 및 정책, 중앙군사위원회의 결의, 명령, 지시, 그리고 상급 당 위원회와 기율검사위원회의 결의, 지시의 집행 상황을 검사하고 감독하며, 당 위원회가 군대의 당풍(党風)과 정치의 청렴화 건설을 강화하고, 반부패사업을 계획하는 것을 협조한다.

둘째, 본 단위의 당풍(党風)과 당기(党紀) 상황을 조사하고 분석하며, 당원에 대해 일상적인 기율준수 교육을 실시하고, 당의 기율을 유지하는 것에 관한 결정을 한다.

셋째, 당원 영도간부에 대해 권한을 행사하며, 조사와 감독을 진행한다.

넷째, 당의 조직과 당원이 당의 장정(章程)과 기타 당내 법규를 위반하는 비교적 중요하거나 복잡한 안건을 조사하여 처리하며, 이들 안건 중의 당원에 대한 처벌을 결정하거나 취소한다.

다섯째, 당원의 고발과 제소를 수리하고, 당원의 권리를 보장한다.

여섯째, 동급 당 대표대회, 동급 당 위원회와 상급 기율검사위원회에 사업을 보고한다.

(3) 각급 기율검사위원회의 직권

첫째, 소속 당 조직과 당원이 당의 기율을 위반한 행위에 대해 초보적인 조사 확인부터 시작하여 입안(立案)검사를 진행한다. 초보적인 조사 확인과 입안 검사의 비준 권한은 중앙군사위원회 기율검사위원회의 관련 규정에 따른다. 특별히 중요하거나 복잡한 안건 조사를 처리하는 과정에서의 문제와 결과에 대해서는 반드시 동급 당 위원회와 상급 기율검사위원회에 보고해야 한다.

둘째, 동급 당 위원회와 그 구성원이 당의 기율을 위반한 상황을 발견하면 반드시 동급 당 위원회에 제기해야 한다. 동급 당 위원회가 해결하지 않거나 또는 정확히 해결하지 않을 때는 상급 기율검사위원회에 제소하여 처리를 협조하도록 청구할 권리를 가진다. 동급 당 위원회가 안건을 처리한 결정에 대해 다른 의견이 있으면 상1급 기율검사위원회의 재조사를 청구할 수 있다.

셋째, 상급 기율검사위원회는 하급 기율검사위원회의 사업을 검사할 권한을 가질 뿐만 아니라 하급 기율검사위원회가 안건에 대해 내린 결정을 비준하거나 또는 바꿀 수 있는 권한을 가진다. 만약에 바꾸어야 하는 당해 하급 기율검사위원회의 결정이 이미 그 동급 당 위원회의 비준을 얻었다면, 이러한 변경은 반드시 그 상1급 당 위원회의 비준을 거쳐야 한다.

(4) 각급 기율검사위원회의 사업원칙

첫째, 중대한 문제는 모두 반드시 위원회의 집단토론을 거쳐 결정해야 한다.

둘째, 당의 기율을 위반한 안건을 검사하고 처리하는 것은 반드시 사실에 근거해야 하며, 당내의 법규를 근거로 삼아야 한다.

셋째, 적시에 동급 당 위원회와 상급 기율검사위원회에 물어 지시를 청한 후에 사업을 보고한다.

넷째, 당원과 대중의 비평과 건의 청취를 중시하며, 당 조직과 대중의 감독을 받는다.

다섯째, 원칙을 견지하고, 직책에 충실하며, 실사구시(實事求是)하고, 도리가 바르고 품행이 단정하며, 청렴결백하게 공무를 집행하고, 몸소 모범을 보인다.

3) 3전 임무의 수행

3전(三戰)이란 여론전·심리전·법률전을 가리킨다. 중국공산당 중앙 및 중앙군사위원회는 2003년 12월 공동으로 〈중국인민해방군 정치사업조례〉를 공포했으며, 〈조례〉 제2장 제18조의 〈전시 정치사업〉 속에 "여론전·심리전·법률전을 진행하고, 적군 와해 사업을 전개하며, 대(對)심리전, 대(對)책동 사업을 전개하고, 군사사법과 법률복무 사업을 전개한다."고 규정함으로써 정치사업의 범위를 확대하고 직능을 강화했다.

그뿐만 아니라 〈정치사업조례〉 제3장 제17조에 규정에 따라 인민해방군 총정치부가 전 군의 여론전·심리전·법률전 사업 전개를 영도하는 최고 지휘단위가 되었으며, 여론전은 총정치부 선전부의 책임 하에 정확한 여론의 향방을 견지하고, 심리전은 총정치부 연락부의 책임 하에 적군을 와해하는 것에 중점을 두며, 법률전은 군사법원 및 군사감찰원의 책임 하에 법률 수단을 운용하여 국방과 군대 이익을 유지 및 보호하는 것을 목적으로 하고 있다.

이처럼 3전(三戰)이 인민해방군 정치사업의 범위에 추가로 포함된 것은 기계화 전쟁으로부터 정보화 전쟁으로의 전환을 확정한 인민해방군의 전략방침 요구를 충족하기 위한 것으로도 보인다. 물론, 3전은 전자전과 네트워크전 등 비전통 군사전쟁을 핵심으로 하는 정보화 전쟁의 전략환경 속에서 더욱 빠르고 더욱 광범위하게 정치목표를 달성하고 정치적 우세를 확보할 수 있는 역할을 담당하게 된다.

3전의 실천적 요구에 적응하기 위해 중국공산당은 2005년부터 푸저우(福州)에 "311기지"를 건설하여 운영하고 있다. 이 311기지는 3전과 타이완에 대한 심리전 사업을 책임지고 있으며, 총정치부 산하의 연락부가 심리전 전략단계의 계획 수립을 책임지고 있었다.

3전의 하나인 여론전은 TV, 네트워크, 신문, SNS 등 플랫폼(platform)을 통해서 특정한 목적을 위해 선택한 언론매체와 정보자료를 운용함으로써 아측에 유리한 여론과 민의를 조성하며, 적에게 불리한 상황을 조성하고, 적의 전투의지를 약화시킴으로써 임무 수행에 도움이 되도록 하는 투쟁 행동을 가리킨다. 요컨대, 여론전은 국가의 전략의도와 작전임무에 근거하여, 여론을 무기로 삼고, 각종 전달수단과 정보자원을 종합적으로 운용하여 아측의 전투정신을 격려하며, 적의 전투의지를 약화시키고, 이를 통해 정치적 주도와 군사적 승리를 쟁취하는데 도움이 되는 여론환경을 조성하는 투쟁행동인 것이다.

3전(三戰)의 또 하나인 심리전은 심리적 원칙을 기초로 하며, 적의 심리를 공격하여 전투의지를 약화시키는 행위로서 목표대상의 심리를 전장으로 삼고, 지혜를 무기로 삼으며, 정보를 근거로 삼고, 선전을 수단으로 하며, 각종 방법을 조직적이고 계획적으로 운용함으로써 목표대상의 사기와 전투의지를 와해시켜, 싸우지 않고 적의 군대를 굴복시키는 것을 목적으로 하는 전법을 가리킨다.

마지막으로 법률전은 전쟁 쌍방이 관련 국내법과 국제법, 특히 전쟁법을 무기로 삼아, 각종 수단과 경로를 통해서 적의 전쟁행위의 위법성을 폭로하고, 아방 전쟁행위의 합법성을 선양함으로써 법리적 우세, 그리고 국제사회와 광범위한 대중의 도의적 동정과 지지를 쟁취하기 위하며 전개하는 대결적 활동을 가리킨다. 요컨대, 법률전은 국가의 전략의도와 군사투쟁 임무에 근거하여, 법률을 무기로 삼고, 일정한 법률적 방법과 수단을 통해 법리적 우세를 쟁취하고, 정치적 주도와 군사적 승리를 획득하기 위해 전개하는 투쟁행동을 가리킨다.

이처럼 인민해방군의 전시 정치사업의 범주에 포함되고 있는 3전(三戰)은 전시와 평시의 구분이 없이 정치, 경제, 군사, 문화 등 각 영역에서 의제의 부각과 여론의 유도를 통해서 정치적 우세와 군사적 승리를 목표로 전개될 공산이 커지고 있다. 전자전과 네트워크전을 핵심으로 하는 정보화 전쟁의 전략환경은 3전의 지위와 역할 증대를 촉진하는 요인으로 작용하고 있으며, 이를 계기로 인민해방군 정치사업의 직능 범위도 크게 확대되고 있다.

4) 전시 정치사업의 강화

인민해방군의 전시 정치사업은 아래의 사항을 포함한다:

첫째, 당 위원회의 작전에 대한 통일적 영도를 강화하며, 중국공산당 중앙과 중앙군사위원회의 군사전략 방침과 작전원칙, 그리고 명령과 지시의 관철과 집행을 보장한다.

둘째, 작전 동원과 전장 격려를 수행하며, 조직을 완벽하게 하고 간부를 충원하며 이동시킨다.

셋째, 군사민주를 발양하고, 공을 세우는 모범적 활동을 전개한다.

넷째, 여론전과 심리전 및 법률전을 실시하며, 적군와해 사업을 전개하고, 대심리전, 대책동 사업을 전개하며, 군사 사법과 법률 봉사사업을 전개한다.

다섯째, 참전한 민병과 민공(民工) 정치사업, 전구(戰區) 대중사업을 전개하며, 전장의 기율과 대중의 기율을 유지 및 보호하고, 열사의 지원사업을 철저히 수행한다.

이처럼 참전부대의 당 위원회는 관련 전쟁과 작전의 지도사상과 종합적인 방안, 전역(戰役) 과정에서의 중대한 의사결정 등 전쟁의 전체적 국면에 대해 직접적인 영향을 미치는 중대한 문제에 대해 당 중앙과 중앙군사위원회가 확정한 방침과 원칙을 관철하고 집행한다.

전시의 실제상황에 따라 당 위원회가 집단으로 토론하여 내린 결정에서, 군사작전에 관한 문제는 군사지휘관이, 그리고 정치사업에 관한 문제는 정치위원이 각각 책임을 지고 집행한다. 미래의 첨단기술 조건 하의 전쟁에서도 당 위원회가 작전을 영도하게 되며, 통상적인 상황과 긴급한 상황, 그리고 미리 대응방안을 준비해 놓은 것과 임기응변식으로 조치하는 것 등 서로 다른 상황 하에서의 군사행동의 조치 원칙과 방법에 따라 군사 수장과 정치 수장은 긴밀하게 협조한다.

물론 당 위원회의 최종적인 결정은 당 위원회 서기직을 겸임하고 있으면서 부대의 작전명령에 부서권을 행사할 수 있는 정치위원에게 있으며, 군사지휘관이 당 위원회의 결정과 결의를 부정하는 월권은 절대 용납되지 않는다.

제5절
인민해방군 영도지휘체제의 혁신 요구

1. 당·정 합일과 당·군 합일의 군사영도지휘체제

중국공산당 중앙은 국방문제를 포함한 국가생활 속에서 결정적인 영도 역할을 발휘하고 있다. 국방과 전쟁 및 군대의 건설과 관련된 중대한 문제는 중국공산당 중앙, 당중앙군사위원회, 당중앙정치국 및 그 상무위원회가 의사결정을 할 뿐만 아니라 필요한 법정절차를 통해 당과 국가의 통일적인 정책으로 삼아 관철하고 집행한다. 특히 중국인민해방군은 중국공산당의 절대적 영도 하에 위치하며, 그 최고 영도권과 지휘권은 중국공산당 중앙위원회와 중앙군사위원회에 속한다.

중앙군사위원회는 주석책임제를 실행하며, 중앙군사위원회 주석은 사실상 전국 무장역량의 통수권자이다. 중앙군사위원회의 구성원은 주석, 부주석, 그리고 약간 명의 위원으로 구성된다. 중앙군사위원회 예하에는 인민해방군 총부 기구인 중국인민해방군 총참모부, 총정치부, 총후근부, 총장비부가 설치되어 있다. 총부는 중앙군사위원회의 사업기구이기도 하고, 전 군의 군사, 정치, 후근, 장비 사업의 영도기구이기도 하다.

중국인민해방군 총참모부는 전국 무장역량의 군사 건설을 계획 및 영도하며, 전국 무장역량의 군사행동을 계획 및 지휘하는 것을 책임지며, 그 조직기구로는 판공청과 작전, 정보, 통신, 대전자, 군훈, 군무, 동원, 병종, 육군항공병, 외사, 관리 등 부문으로 편성되어 있다. 총정치부는 전 군 당의 사업을 관리하고, 정치사업을 계획 및 집행하는 것을 책임지며, 그 조직기구로는 판공청과 조직, 간부, 선전, 보위, 연락, 기율검사, 직속사업부 등으로 편성되어 있다. 총후근부는 전 군의 후근사업을 계획 및 영도하는 것을 책임지며, 그 조직기구로는 사령부와 정치부 및 재무, 군수, 위생, 수송, 물자, 병영건설 등 부문이 있다. 그리고 총장비부는 전 군의 무기와 장비의 건설사업을 계획 및 영도하는 것을 책임지며, 그 조직기구로는 사령부,

정치부, 후근부 및 종합계획, 군병종장비, 육군장비 과학연구 구매, 통상장비 보장, 전자정보 기초, 외사 등 부문이 있다. 또한 인민해방군 내에는 중앙군사위원회와 총부의 영도 하에 군병종 영도기구, 군구 영도기구, 군사과학원, 그리고 국방대학이 설립되어 있다.

인민해방군의 해군, 공군, 제2포병 영도기구 내에는 모두 사령부, 정치부, 후근부, 장비부가 설치되어 있다. 해군 예하의 영도기구는 해군함대와 기지이며, 공군 예하의 영도기구는 군구공군이고, 제2포병 예하의 영도기구는 제2포병 기지이다. 인민해방군의 육군 내에는 단독으로 설립된 영도기구가 없으며, 총참모부가 그 영도 직능을 맡고 있다.

대군구 또는 전구라고 일컫는 인민해방군의 군구는 전략구역 합성군대의 영도기구로서 중앙군사위원회, 총부, 그리고 부대 사이에 있는 1급조직이다. 베이징, 선양, 란저우, 지난, 난징, 광저우, 청두 등 7개 대군구의 영도기구 내에는 사령부, 정치부, 합동후근부, 장비부가 있다. 대군구는 그 예하에 육군 집단군, 각 병종부대, 후근보장부대와 성군구, 군사학교가 있으며, 해당 군구 내의 육군, 해군, 공군 부대의 합동작전 행동과 연습의 계획 및 협조를 책임지며, 해당 군구의 민병, 병역, 동원, 인민방공 및 전장 건설 등을 지도한다.

중국인민해방군의 군사영도지휘체제는 중앙군사위원회가 총참모부를 통해 각 전구, 해군, 공군, 제2포병에 대해 작전지휘를 실행하는 것이다. 육군의 각 야전 집단군과 병종부대는 편제관계에 따라 소재 전구의 지휘 하에 들어간다. 각 전구에 배치되어 있는 해군, 공군 부대는 편제상 해군과 공군에 속하며 각각 해군과 공군 영도기구 및 소재 전구의 2중영도를 받는다. 전구 내의 3군 합동작전행동은 전구가 통일적으로 지휘한다. 제2포병은 중앙군사위원회와 총부의 집중적 영도 하에 수직적 지휘를 받는다. 성군구(위수구·경비구)와 군분구는 군대계통에 예속되며, 소재 성(시·자치구)과 지구 당위원회의 군사사업 부문과 정부의 병역기구로서 소속 전구의 영도를 받는다.

중국공산당은 서방국가의 군사영도체제가 자본주의 국가제도의 일부로서 자본주의국가의 국체와 정체를 위해 복종하며, 자본주의제도를 공고히 하기 위해 봉사하는 것으로 규정하면서, 자국의 군사영도체제는 사회주의 국가제도의 일부로서 사회주의국가의 국체와 정체를 위해 복종하며, 중국 특색의 사회주의제도를 공고히 하기 위해 봉사하는 것이라고 그 차이점을 강조한다.

그뿐만 아니라 중국의 군사영도체제가 서방국가의 그것과 비교하여 가장 큰 차별성을 가지는 것은 중국공산당이 무장역량을 절대적으로 영도하는 제도를 가지고 있으며, 중국공산당 중앙군사위원회와 국가중앙군사위원회가 동일한 기구로서 역할을 수행하는 체제를 유지하고 있고, 그뿐만 아니라 군대 내의 각급에 중국공산당 조직이 설립되어 군대에 대한 영도를 실행하고 있는 것에 있음을 지적한다.

이처럼 중국공산당은 중국의 군사영도지휘체제가 중국공산당의 군대에 대한 절대적 영도권과 지휘권을 구현하고 보장함으로써 군대가 당과 인민의 수중에 확고하게 장악되도록 하여 영원히 무산계급 군대의 성격과 인민군대의 본색을 견지할 수 있도록 할 수 있으며, 또한 국가기구를 통해 인민해방군의 전면적 건설과 국방현대화 건설을 강화함으로써 필요시 전국의 군과 민이 전시체제로 신속히 전환하여 국가안보를 보위하고 사회주의 건설사업의 순조로운 진행을 보장할 수 있는 장점을 가지고 있다고 주장한다.

요컨대, 중국공산당이 중국 인민의 모든 사업의 영도핵심이며, 중화인민공화국과 중국인민해방군은 모두 중국공산당이 창설하고 영도하는 것이라는 점에서 중국공산당의 군대에 대한 절대적 영도가 중화인민공화국의 군대에 대한 영도와 일치하는 것이라는 논리로 귀결된다.

2. 군사영도지휘체제의 혁신 요구

걸프전쟁(Gulf War, 1990. 8. 2-1991. 2. 28)이 끝난 후 중국인민해방군 총참모부와 군사과학원은 각각 걸프전쟁 좌담회와 걸프전쟁 연구토론회를 개최했다. 그 결과 현대전쟁이 이미 첨단기술전쟁으로 발전하고 있으며, 첨단기술 능력이 우세한 쪽이 전장의 주도권을 장악하게 되고, 군사기술이 낙후된 쪽은 공격을 당하게 된다는 값진 교훈을 얻었으며, 이를 계기로 인민해방군은 군사간부들이 현대화 건설 과정에서 과학기술의 역할을 고도로 중시하고 군대의 질적 건설을 중시해야 한다는 쪽으로 결론을 이끌어냈다. 이로부터 중국공산당 중앙군사위원회는 1993년 초 새로운 시기에 있어서 적극방어 군사전략 방침을 수립했으며, 전략지도에 있어서 중대한 조정을 실행하고, 군사투쟁을 준비하는 기점을 일반적인 조건 하의 국지전쟁에 대응하는 것으로부터 현대기술, 특히 첨단기술 조건 하의 국지전에서 승리하는 것으로 전환했다.[42]

이어서 "1995년 중앙군사위원회는 과학기술로 강한 군대를 만드는 전략을 제기했으며, 그 중점은 국방과학연구를 강화하고, 무기와 장비를 개선하며, 장병의 과학기술 자질을 향상시키고, 과학적인 체제와 편제를 수립하며, 과학기술 혁신능력과 과학적인 관리수준을 향상하며, 이와 동시에 군대 건설에 있어서 점차적으로 양적 규모형으로부터 질적 효능형으로, 그리고 인력 밀집형으로부터 과학기술 밀집형으로의 전환을 실현해야 한다는 것을 제기했다."[43]

2000년 12월 장쩌민은 〈기계화와 정보화는 아군 건설의 2중 역사임무이다〉라는 제목의 글 속에서 인민해방군을 향해 21세기의 전쟁은 정보화 전쟁이 될 것이며, 이를 대비하는 것이 곧 인민해방군의 현대화·정규화가 실현해야 하는 목표임을 확인했다:

"본 세기 이래 전쟁의 기본형태는 기계 대공업을 기술의 기초로 하는 기계화 전쟁으로서 그 전형적인 것이 두 차례의 세계대전이었다. 현재는 군대의 작전방식과 작전수단은 참신한 면모를 드러내 보여주고 있으며, 전쟁형태 역시 기계화로부터 정보화로 전환되고 있다. 무기와 장비는 지능화되고 있고, 공격무기는 원거리 타격, 정밀유도, 적의 방어망 은폐돌파능력을 갖추고 있으며, 각종의 주요 작전 지휘소는 정보 감지, 목표 탐지와 유도, 정보공격과 방호능력을 가지고 있다. 지휘통제는 자동화되고 있으며, C4ISR[44] 체계를 통해 전장의 각 군병종 무기체계, 작전지휘, 장비지원을 결합하여 유기적인 전체가 됨으로써 육·해·공, 우주, 전자가 일체화된 전장을 구축한다. 전자전, 컴퓨터네트워크전을 주요 내용으로 하는 정보전이 전쟁 무대에 등장하기 시작하고 있다. 전통적인 제해권, 제공권 이외에 또 정보통제권 문제가 나타나고 있다. 첨단기술전쟁에서 정보통제권이 없으면 제해권과 제공권을 말할 수 없게 된다. 걸프전쟁 이래의 첨단기술 국지전은 현대전쟁에서 차지하는 정보기술의 매우 중요한 역할을 보여주고 있다. 첨단기술전쟁은 정보화를 주요 특징으로 하는 것이다. 새로운 군사변혁은 실질적으로 군사정보화 혁명이다.

---

42 江澤民, "國際形勢和軍事戰略方針", 「江澤民文選」, 第1卷, (北京: 人民出版社, 2006), p.285.

43 江澤民, "十年來軍委工作的回顧和總結", 「江澤民文選」, 第2卷, (北京: 人民出版社, 2006), p.457.

44 C4ISR는 Command(지휘), Control(통제), Communication(통신), Computers(컴퓨터)와 Intelligence(정보), Surveillance(감시), Reconnaissance(정찰)의 약자이다.

정보화는 군대 전투력의 배율기이다. 바로 이와 같기 때문에 선진국가는 모두 정보화를 새로운 세기에 있어서 군대현대화 건설의 주요 목표로 삼고 있다. 정보화 전쟁은 21세기의 주요 전쟁형태가 될 것임을 예견할 수 있다."[45]

새로운 시기에 있어서의 군사전략 방침이 확정된 이후 인민해방군이 시급히 해결해야 하는 과제는 가장 취약한 부분으로 남아 있는 작전지휘체계를 개선하는 것이었다. 인민해방군이 서방 선진국가 군대와 비교하여 뒤처지고 있는 것은 무기와 장비의 수준 이외에도 정보화전쟁의 요구에 적응하지 못하는 작전지휘체계였다. 인민전쟁의 요구에 적응하도록 만들어진 기존의 작전지휘체계로는 정보화전쟁을 수행하는데 한계가 있을 수밖에 없었다.

정보화 수준이 낮고, 각종 작전요소를 긴밀히 연결시키는데 필요한 기술 기초가 부족한 것 이외에도 인민해방군으로서는 작전체계를 개선하는데 있어서 해결해야 하는 문제들이 많이 남아 있었다:

"**첫째,** 영도지휘체제가 불완전하고, 제대로 된 합동작전지휘체계가 없다. 모든 군종과 병종이 전시에 합동작전 임무를 효과적으로 수행할 수 없으며, 현대 작전체계를 확립하는 문제는 말도 꺼내지 못할 정도이다.

둘째, 무기와 장비의 발전 수준이 뒤따르지 못하고 있으며, 여전히 설계 단계에 있다.

셋째, 작전역량의 구조가 비합리적이다. 국가의 주권과 존엄을 수호하기에 충분한 역량을 확보하기 위해 해군,공군, 제2포병부대를 건설하고 첨단기술을 갖춘 군종과 병종 부대를 건설해야 한다.

넷째, 후근보장체제와 국방동원체제가 불완전하다."[46]

인민해방군의 영도권과 지휘권은 당중앙군사위원회가 장악하고 있으며, 여기서 '영도권'이란 서방국가 군대의 군정권을 말하며, '지휘권'이란 군령권을 가리킨다. 인민해방군은 서방국가의 군대와는 달리 국가의 군대가 아닌 당의 군대로서 군정과 군령의 합일을 특징으로 하는 영도지휘체제를 유지하고 있었다.

45 江澤民, "機械化和信息化是我軍建設的双重歷史任務", 「江澤民文選」, 第3卷, (北京: 人民出版社, 2006), p.162.

46 上揭書, pp.164-165.

3. 군사영도지휘체제의 혁신모델

1) 러시아 군대의 영도지휘체제

1980년대 구소련의 군사영도체제를 돌이켜 보면, 소련공산당 중앙, 소련최고소비에트, 소련 부장회의가 국방과 무장역량에 대해 최고의 영도권을 행사했다. 소련공산당 중앙은 소련의 무장역량을 건설하는데 있어서 기본적인 정치방침을 결정하는 것을 책임졌으며, 소련 최고소비에트는 소련 국방회의를 구성하고 그 구성원을 비준하며, 소련 무장역량의 최고지휘관을 임면하고, 계엄, 총동원과 국지적 동원, 그리고 전쟁상태를 선포하는 것을 책임지고 있었다. 소련 부장회의는 국가안전과 국방능력을 보장하는 일련의 조치를 취하고, 무장역량의 건설을 영도하며, 소련 국방부의 사업을 지도했다.

소련 국방회의는 평시에는 소련 무장역량의 최고 정책결정기구이며, 전시에는 소련 국가와 무장역량의 최고 영도기구로서 전국의 군사, 정치, 경제 사업을 통일적으로 영도한다. 국방회의는 소련공산당 중앙 총서기가 주석직을 맡고, 부장회의 주석(총리)은 부주석직을 맡으며, 국방부장, 당 중앙의 군사사업을 주관하는 서기, 국가안전위원회 주석, 총참모장, 그리고 외교부장 등 당정군 고위 수뇌로 구성된다.

소련 국방부는 소련 무장역량의 중앙영도기구이며, 국방회의의 영도를 받는다. 국방부 예하에는 총참모부, 총정치부, 무장역량후근부, 총감찰부, 총장비부, 총간부부, 총재무부, 건축과 병영부, 총군사훈련부, 총군사원교부 등 총부, 그리고 전략로켓군, 육군, 방공군, 공군, 해군 등 5대 군종사령부 및 각 전구, 군구, 해외주둔군대잡단사령부 등이 설립되어 있었다.

총참모부는 평시와 전시 국가무장역량의 주요 영도지휘기구로서 전략계획을 수립하고 전략지휘를 계획하며, 국방부의 각 부, 각 군종, 각 전구, 군구 및 군구 집단, 각 방공구, 각 함대와 민방사령부 사업을 협조하는 것을 책임진다. 총정치부는 평시와 전시 소련 무장역량 내의 당의 영도기구이며, 소련 군대의 당정 사업을 영도한다.

소련의 무장역량은 전략로켓군, 육군, 방공군, 공군, 해군 등 5개 군종, 그리고 무장역량 후근, 민방사령부와 민방부대, 변방군과 내위부대로 구성된다. 전략로켓군의 사용권은 최고통수부에 귀속되며, 군종 총사령은 해당 군종의 훈련, 방비, 각종 보장 및 구체적인 지휘사업을 책임진다.

육군총사령부는 육군의 훈련, 편제, 장비, 행정관리 등 분야의 사업을 책임지며 작전지휘권은 가지지 않는다. 방공군 총사령은 방공군에 대한 작전지휘권을 행사하며, 해당 군종의 훈련, 과학연구, 장비, 행정관리 등 분야의 사업을 책임진다. 공군 총사령은 해당 군종의 훈련, 편제, 장비, 행정관리 등 분야의 사업을 책임지며, 최고통수부와 총참모부의 명령에 근거하여 장거리 항공병의 지휘를 책임진다. 해군 총사령은 해군의 훈련, 과학연구, 장비, 행정관리 사업을 책임지며, 작전지휘권을 행사한다.

이처럼 소련공산당이 붕괴되기 이전에는 당이 무장역량을 영도하는 원칙을 유지하고 있었으며, 모든 중대한 국방과 군사 문제는 소련공산당 중앙영도핵심 및 그에 직접적으로 예속된 군사정책결정기구가 결정했다. 그런데 1990년 3월 대통령제로 바꾸고, 그 해 7월 다당제를 실행한 이후 1991년 2월 대통령 직속의 안전회의가 설립되었으며, 그 안전회의는 국가의 안전과 관련된 중대한 문제를 결정하는 것을 책임지고 있었다. 안전회의는 주로 대통령, 부통령, 총리, 외무장관, 국가안전위원회 주석, 내무장관, 국방장관 등으로 구성되었다. 국방부는 대통령과 안전회의의 영도를 받았으며, 1991년 3월 총정치부가 철폐되고 총군사정치부가 설립되었다. 이로써 소련 군대의 영도지휘체제는 점차 "비당화", "군대의 국가화"로 전환되기 시작했다.[47]

1991년 12월 구소련이 공식적으로 해체된 이후 러시아연방은 독립적인 주권국가가 되었으며, 러시아연방은 1992년 3월 국방부를 설립했고, 4월에는 국가안전회의를, 그리고 5월에는 러시아 군대를 공식적으로 창설했다.

2008년에 실행된 군사개혁 이후 러시아 군대의 영도지휘체제는 군정·군령 합일체제로부터 군정·군령 분리체제로 전환했다. 군정분야는, 대통령이 국방부장 및 그 각 총국과 군병종 사령부를 통해 전군의 관리를 영도하며, 영도관계는, 대통령→국방부→군병종 사령부→소속 병단(부대)으로 이어진다. 군령분야는, 대통령, 국방부장이 국방부의 지휘기구를 통해 전 군에 대해 작전지휘를 실시하며, 그 지휘관계는, 대통령→국방부장(총참모부를 통해서)→통합전략사령부(戰區)→전역(戰役)사령부→작전병단(부대)으로 이어진다.[48]

---

47 胡光正 主編, 「中外軍事組織体制比較教程」, (北京: 軍事科學出版社, 2013), pp.10-11.

48 上揭書, p.13.

2010년에는 합동작전 능력을 강화하기 위해 기존의 6대 군구를 폐지하고 4대 통합전략사령부(서부·남부·동부·중앙)를 설치했다. 통합전략사령부는 관할 구역 내의 〔전략핵 역량을 제외한〕 모든 무장역량에 대한 작전지휘권을 가지고 있으며, 러시아군 통합작전의 지휘중심이 된다. 각 통합전략사령부는 원래의 군구처럼 오직 육군만을 동원할 수 있는 것이 아니고 해당 방향의 육·해·공군 통합작전을 지휘한다.

2) 미국 군대의 영도지휘체제

미국의 군사영도체제는 대통령, 국가안전위원회, 국방부 및 그 예하의 참모장 합동회의, 육·해·공 3개 군종부 및 각 연합사령부로 구성된다.

미국 헌법은 대통령이 무장부대 총사령을 겸임하며, 최고 지휘권을 행사하도록 규정하고 있다. 대통령은 국방부장을 통해 2개 계통을 경유하여 전군을 영도하고 지휘한다. 즉 육·해·공 3개 군종부을 통해 전군에 대한 행정영도를 실행하며, 참모장 합동회의와 연합작전사령부를 통해 전군에 대한 작전지휘를 실행한다.

국방부는 대통령이 미국의 무장역량을 영도하고 지휘하는 최고군사기구이다 군종부는 육군부·해군부·공군부를 포함하며, 국방부의 영도를 받으며, 문관이 장관직을 담당한다. 3군 군종부는 각 군종의 최고 행정영도기구로서 해당 군종 건설의 각 사업, 즉 인사와 행정관리, 전비훈련, 병역동원, 무기와 장비의 연구개발 및 구매 등을 책임진다.

참모장 합동회의는 대통령, 국가안전위원회, 국방부장의 군사참모기구이며, 대통령과 국방부장이 군대에 대한 작전지휘를 실행하는 집행기구이다. 참모장 합동회의는 참모장 합동회의 의장, 부의장, 육군참모장, 해군작전부장, 공군참모장, 그리고 해병대 사령관으로 구성된다.

4. 군사영도지휘체제 혁신의 고려 요인

중국인민해방군은 정보화 전쟁의 요구에 적응하기 위해 작전이론과 군대구조 및 군사영도지휘체제의 혁신을 서두르고 있는 러시아 군대나 미국 군대의 경험과 성과를 모델로 삼아 군사현대화의 기본방향을 설정하기 위한 노력을 경주하고 있다. 특히 인민해방군의 군사영도지휘체제의 혁신은 단순히 군사분야에 국한되는 것이 아니라 당의 군대와 국가의 군대를 구분하게 되는 정치권력의 문제와도 직결되는 것이어서 신중한 접근이 요구되기도 한다.

1) 군정과 군령의 분리 문제

일반적으로 말해서 중국인민해방군의 영도지휘체제와 같이 군사력의 건설을 영도하는 군정과 군사력의 운용으로서 작전을 지휘하는 군령의 합일체제는 평시의 건설과 전시의 지휘를 동시에 관장할 수 있기 때문에 군정과 군령을 긴밀하게 배합하는데 도움이 되는 반면, 임무가 방만하여 전력을 작전지휘에 집중하는데 영향을 받게 된다. 이에 반해 군정과 군령이 분리된 체제는 지휘기구가 비교적 단순하고 임무도 간단하지만 군정과 군령을 배합하는데 있어서는 종종 서로 어긋나는 현상이 나타나게 된다.

그러나 군대의 건설과 작전지휘 측면에서 볼 때 군정과 군령이 분리된 체제가 현대전을 수행하는데 있어서는 비교적 효율적인 군사영도지휘체제로 평가된다. 정보화 전쟁의 조건 하에서 군대를 건설하는데 있어서는 무기와 장비의 수준이 나날이 발전함에 따라 각 군종과 병종의 전문화가 더욱 더 심화되고 있고, 전문화의 구분이 더욱 더 세분화되고 있으며, 이에 따른 교육과 훈련 및 무기와 장비의 관리를 위한 업무량도 더욱 더 증가하고 있고, 임무도 더욱더 막중해지고 있다. 그뿐만 아니라 첨단기술의 정보화 전쟁은 합동작전을 위한 합동지휘는 물론이고, 지휘기구의 정예화와 전문화가 요구된다.

군정과 군령의 분리체제가 갖는 장점으로는, "①군종기관이 군정을 주관하는 것은 장기적이고 안정적으로 전문성에 따라 군종을 건설하는데 유리하며, ②작전지휘기구가 작전, 정보, 통신 등 지휘와 밀접하게 관련이 있는 부문만 설치함으로써 기구와 인원을 크게 간소화할 수 있게 되고, ③직능의 전문화와 단일화로 지휘기구가 복잡한 행정업무를 벗어나 오직 작전지휘에만 전력을 집중하는데 도움이 된다."[49]

2) 합동작전 지휘체계의 구축

첨단기술 조건 하의 작전지휘체제는 모든 군종과 병종의 합동작전을 지휘하는

---

49 上揭書, p.39.

방향으로 발전하고 있다. 합성군대는 현대 국방과학기술과 무기와 장비의 발전에 따른 필연적인 결과이며, 합동작전은 현대적 조건 하의 전쟁의 요구이며, 합동지휘는 현대전쟁을 지휘하는 기본원칙이다. 모든 군종과 병종의 합동작전을 통일적으로 지휘하는 체제를 확립하는 것은 모든 군종의 작전행동을 직접 지휘하고 협조하는데 유리하며, 각 군종의 분산 지휘로 나타나는 폐단을 피할 수 있기도 하고 임시 배속이나 지원을 위해 지휘기구를 조직하는데 수반되는 일련의 문제들, 1970년대 제4차 중동전쟁 이후 합성화군대와 합동지휘체제의 구축을 제기했으며, 1980년대에 이르러 "공지일체"의 합동작전 이론을 제기했다. 90년대에 이르러서는 걸프전쟁의 교훈을 거울삼아 합동작전의 중요성을 강조하면서 "공·지·해·우주의 일체전" 합동작전 이론을 발전시켰다. 21세기로 들어서면서 미군은 전략 중심을 조정하면서 합동작전을 강화하기 위한 인재 양성을 위해 여러 곳에 합동작전 지휘학원을 설립하기도 했다.

러시아 군대의 경우는, "2008년 군사개혁을 통해 효율적인 합동작전 수행을 목적으로 기존의 6대 군구 편제를 4대 군구 편제로 개편했으며, 4대 군구를 기초로 하여 4대 합동전략사령부를 설립했을 뿐만 아니라 소속 공군과 해군 병력을 군구 지휘 하에 들도록 했다. 전략방향의 설치와 전쟁 구상의 불일치를 해소함으로써 전시의 임시 조정을 피하고, 합동작전 지휘체계의 합리성과 안정성을 향상함과 동시에 3분의 1의 군구 기관과 중고위급 장교의 직위를 축소하고, 군구 관할구에 의존하는 합동후근보장체제의 개혁과 동원체제의 개혁을 견인했으며, 지휘 단계를 줄이고 작전의 효율성을 강화했다. 이와 동시에 65개 군사원교를 10개의 체계적인 군사대학으로 통합함으로써 간부 훈련체계의 집중화와 합동화를 실현했다."[50]

3) 지휘 단계의 축소와 전장 지휘관의 자주권 확대

지휘 단계를 축소하여 전구와 전구 이하 지휘기구에 고도의 자주권을 부여한다. 냉전이 종식된 이후 첨단기술의 국지전쟁이 전쟁의 주요 형태가 되고 있으며, 국지적 충돌과 돌발사건의 급증이 그 주요한 표출양상으로 나타나고 있다. 현대의 국지전쟁이 지니는 전쟁의 돌발성과 전장 상황의 복잡성 및 정세의 급변성으로 인해 적시에 대응할 수 있는 기민하고 융통성이 있는 지휘가 절실히 요구된다.

---

50 上揭書, p.40.

국가 최고지휘당국의 각 방향과 각 전장에 대한 실시간 통제가 어려워지고 있고, 지휘 단계의 간소화가 요구되고 있으며, 전장 지휘관이 융통성과 기동성을 발휘하면서 지휘할 수 있도록 보다 많은 자주권을 부여해야 할 필요성이 제기되고 있다. 미군의 경우, 지휘단계는 국가급 지휘체계, 합동사령부(전구급) 지휘체계로 구분된다. 일반적인 상황 하에서 대통령과 국방부장은 이 2개 지휘계통을 통해 전군을 지휘하며, 긴급한 상황이 발생시 직접 제1선 부대를 지휘할 수 있다.

전구에 보다 많은 자주권을 부여하고 있다. 미군은 국지전쟁의 전장을 효율적으로 지휘하기 위해 통수부의 집중적이고 통일적인 지휘를 강조함과 동시에 전장 지휘관에게 보다 많은 권력을 부여하고 있다.

4) 지휘체계의 정보화

대량의 새로운 첨단기술 무기체계의 출현으로 인해 현대 첨단기술전쟁의 조직과 지휘가 더욱 더 복잡해지고 있다. 대량의 정보량을 처리하기 위해 군대지휘체계 내에 컴퓨터와 선진 장비가 광범하게 사용되고 있으며, 정보 처리의 자동화와 의사결정의 과학화를 상호 결합함으로써 지휘의 효율성이 부단히 향상되고 있다. 특히 C^4ISR 체계가 광범하게 운용됨에 따라 작전지휘방식과 지휘구조 및 업무방식도 그에 상응하게 발전하고 있다. 그뿐만 아니라 대전자전과 정밀타격 등 첨단기술 작전에서의 지휘체계의 생존능력 향상, 그리고 지휘의 실행 가능성과 안정성 보장 등이 필연적으로 요구되고 있다.

정보화 전쟁에서 전쟁의 승부를 결정하는 관건은 지피지기와 기회의 선점에 있다. 정보화 무기와 장비의 응용은 정보화 기술수준이 비교적 높은 한 쪽이 비교적 큰 우세를 점하도록 만든다. 새로운 전쟁양상의 발전추세에 기초하여 정보화 작전에 적합한 지휘체계가 이미 각국 군사혁신의 주요 목표가 되고 있다.

요컨대, 중국공산당은 정보화 전쟁을 효율적으로 수행할 수 있는 영도지휘체제를 구축하는데 있어서 이미 앞서 나아가고 있는 러시아와 미국 군대를 모델로 삼아 군정과 군령이 분리된 영도지휘체제, 그리고 군사지휘관의 자주권이 상당한 수준으로 보장되는 전구제도를 채택할 가능성이 매우 높아 보인다. 물론 중국공산당 중앙은 당의 군대로서 인민해방군이 가지고 있는 특성을 고려하여 중국공산당의 인민해방군에 대한 절대적 영도를 보장하는 당 위원회 영도 하의 수장분담책임제도 폐기하기 보다는 오히려 강화할 것으로 보인다.

제7장

시진핑 영도시기의 군대 정치사업

제1절 군대 정치사업의 지도 이념과 논거

1. 중국 특색의 사회주의의 핵심가치관

후진타오 영도체제의 뒤를 이어 들어선 시진핑 영도체제는 마르크스주의의 지도사상, 중국 특색의 사회주의의 공동이상, 애국주의를 핵심으로 하는 민족정신과 개혁과 혁신을 핵심으로 하는 시대정신, 그리고 사회주의의 영욕관을 포함하는 4개 분야를 기본내용으로 하는 후진타오의 사회주의 핵심 가치체계를 계승하면서 그 내용을 새롭게 보완했다.

시진핑은 2012년 11월에 개최된 당 18대의 보고를 통해서 국가영역에서는 부강, 민주, 문명, 조화를 창도하고, 사회영역에서는 자유, 평등, 공정, 법치를 창도하며, 개인영역에서는 애국, 경업(敬業), 성신(誠信), 우선(友善)을 창도하는 이른바 24개 글자의 "3개창도(3個唱導)"를 제기하면서, 사회주의의 핵심 가치관을 적극적으로 육성할 것을 제기했다. 이로부터 "3개창도"를 기본내용으로 하는 사회주의 핵심 가치관은 중국 특색의 사회주의의 발전 요구와 맞물리면서 중국의 전통문화를 계승하고, 당과 사회의 가치 공유를 집약한 시진핑 영도체제의 지도지침으로 자리를 잡아가고 있다.

기실, 개혁개방과 사회주의 시장경제가 심화되면서 나타나고 있는 경제성분, 조직형태, 취업방식, 이익관계, 그리고 분배방식의 다양화는 사회에 활력을 불어넣음과 동시에 사상의 독립성, 선택성, 다변성, 그리고 차이성을 자극함으로써 사상영역에서 지배적 지위를 차지하고 있던 사회주의 이데올로기를 밀어내고 있다.

특히 개혁개방 이후의 중국사회는 전지구화 시대와 정보화사회가 도래하면서 사회이데올로기 영역에 각종 사상이 대량으로 출현하고 있고, 이질적인 사상과 문화가 서로 교차하고 충돌하는 복잡한 국면이 전개되고 있다. 그뿐만 아니라 극단적 개인주의, 배금주의, 향락주의 등 부패한 도덕관념이 개인의 심령을 침식하고 있고, 금전과 권력 및 지위가 추구하고자 하는 인생의 목표로 자리를 잡아가고 있다.

시진핑이 사회주의의 핵심 가치체계를 제기하게 된 것은 급변하고 있는 중국사회를 이끌어 갈 수 있는 지배이데올로기에 대한 명쾌한 정의가 절실하게 요구되고 있는 중국공산당의 절박한 처지를 그대로 반영하고 있는 것으로 보인다.

2. 중화민족주의의 실현과 전략 구상

1) 중국몽

중국몽(中國夢)은 시진핑 당 총서기가 2012년 11월 29일 정식으로 제기한 지도사상과 집정이념이다. 그는 중국몽을 중화민족의 위대한 부흥을 실현하는 것으로 정의하면서, 중화민족의 근대 이래의 가장 위대한 꿈으로서 반드시 실현할 수 있는 것임을 강조했다.

중국몽의 핵심 목표는 2개 100년의 목표로 개괄할 수 있는데, 이는 곧 2021년의 중국공산당 창립 100주년과 2049년의 중화인민공화국 수립 100주년이 될 때면 중화민족의 위대한 부흥을 순조롭게 실현한다는 것이다. 이를 위해 중국공산당은 중국 특색의 사회주의의 길을 걸으면서, 중국 특색의 사회주의 이론체계를 견지하고, 민족정신을 발양하여 모든 역량을 집중하며, 정치, 경제, 문화, 사회, 생태문명의 5위1체를 건설한다.[1]

그 후 2017년 7월 21일 시진핑은 인민해방군 건군 제90주년 경축을 주제로 한 전람회를 참관한 자리에서 행한 연설을 통해 중국몽의 실현을 강조하면서 다음과 같이 언급했다:

"인민군대가 90년 동안 고무하고 격려하며 분발하면서 견고한 이상과 신념, 양호한 혁명전통, 강인한 전투기풍을 응집한 것은 우리들의 고귀한 정신적 재부이다. 우리는 찬란한 역사를 마음 속 깊이 새기고, 홍색 유전자를 계승하며, 새로운 출발점에서 혁명 선배가 창립한 위대한 사업을 끊임없이 추진해 나가고, 많은 간부대중과 전 군의 모든 지휘관 및 전투원들이 중국 특색의 사회주의 길에 대한 자신감, 이론에 대한 자신감, 제도에 대한 자신감, 그리고 문화에 대한 자신감을 확고

1 "習近平提出的指導思想", 百度百科.

히 하도록 고무하고 격려하며, 중화민족의 위대한 부흥인 중국몽을 실현하기 위해 노력하고, 인민군대를 세계 일류의 군대로 건설하기 위해 조금도 해이함이 없이 분투해야 한다."

중화민족의 위대한 부흥은 중국의 역사에서 가장 찬란한 문화를 가지고 있으면서 세계의 중심에 위치했던 당조(唐朝)의 중화제국을 재현하는 것을 목표로 삼는 것이다. 다만 그 성격에 있어서 봉건중국이 아니라 사회주의중국이라는 차별성이 부각되고 있으며, 중국 애국주의의 원천인 중화민족주의가 가장 강력한 추동력으로 작용하고 있다. 여기에 덧붙여 시진핑이 추구하는 중국몽은 오늘날의 사회주의중국이 정치, 경제, 군사, 문화적으로 세계 일류의 초강대국의 자리에 위치하면서 중국대륙을 세계의 중심으로 삼아 주변을 향해 확장해 나가는 공세적 천하주의의 실현을 목표로 하는 것임이 점차 확인되고 있다.

시진핑은 중앙정치국 제29차 집단학습을 주관할 때 "중화민족의 위대한 부흥을 실현하는 중국몽은 당대 중국 애국주의의 선명한 주제이다."라는 점을 제기했으며, 특히 중국몽을 실현하기 위해서는 반드시 중국의 정신, 즉 애국주의를 핵심으로 하는 민족정신 및 개혁과 혁신을 핵심으로 하는 시대정신을 발양해야 한다고 강조했다.

이처럼 "중국몽은 국가를 사랑하고, 당을 사랑하고, 사회주의를 사랑하는 것의 유기적 통일을 구현한 것이다. 중화민족의 위대한 부흥을 실현하기 위해서는 반드시 중국공산당 영도의 핵심적 지위를 견지해야 하며, 중국 특색의 사회주의 길을 견지해야 한다. 이 때문에 당대의 중국에서, 국가를 사랑하는 것은 당을 사랑하고, 사회주의를 사랑하는 것과 밀접하게 연계되어 있다. 이러한 불가분의 통일성은 당대 중국 애국주의의 가장 중요한 구현이다."[2]

중국의 역사에서 오랑캐 종족에 비해 문화적으로 우월하다는 화하족(華夏族)이나 한족(漢族)이 문화민족 개념이라면 중화민족(中華民族)은 정치민족이라고 말할 수 있다. 정치민족의 의미를 지니는 중화민족은 쑨원(孫文)의 국족주의(國族主義)와 량치차오(梁啓超)의 국민주의에 바탕을 두고 있었으며, 신해혁명으로 청조가 무너지고 근대국가인 중화민국이 수립되면서 공식적으로 개념화되기 시작

---

2 "中國夢是當代中國愛國主義的鮮明主題, 新華網, 2016年 5月 10日. http://www.xinhuanet.com//politics/2016-05/10/c-128972885.htm

했다.

중국공산당은 중화민족의 형성과정을 다음과 같이 설명하고 있다: 신해혁명으로 민족국가의 기본이 되는 정치적 기본틀이 공고히 되었으며, 쑨원(孫文)의 삼민주의가 제창되면서 민족주의 이데올로기의 이론구조가 형성되었고, 항일전쟁으로 중화민족의 민족정서가 함양되었으며, 1949년 공산주의국가가 출현하게됨으로써 공산주의를 문화의 상징으로 하는 중화민족이 형성되었다.

중화민족의 '중화(中華)'는 원래 중국이나 화하(華夏)와 상통하는 의미를 가지고 있었으며, 화하문화가 발달하면서 '중화'로 지칭되었다. 중국의 고대 문헌 속에서 '하(夏)'는 한족을 가리켰으며, '화하'는 "영광된 중국인"을 의미했다. 다시 말해서 '중화'는 원래 화하족을 주류로 하여 발전된 한족을 지칭했었다.

중화민족의 중심 종족으로 자리 잡고 있는 한족은 중국의 역사에서 염황(炎黃)과 동이(東夷)의 양대 주류와 묘만(苗蛮), 백월(百越), 융적(戎狄)의 3개 지류를 가지고 있는 것으로 전해지고 있다. 한족은 하·상·주 시대에 황하와 장강 유역에서 생활하던 부락연맹이 해체된 이후 춘추로부터 전국을 거쳐 진(秦)에 이르는 동안 민족의 대융합을 거치면서 형성되었다.

이와 같이 중화민족은 중국 영토 내에 정주하는 56개 민족공동체를 포함하는 다민족의 함의를 지니고 있다. 이러한 중화민족 개념은 제국주의의 대립물로서, 그리고 강력한 정치적 실체로 부상하면서 형성된 일련의 발전과정으로 볼 때 결코 그 정치적이고 이데올로기적인 성격을 벗어나지 못하고 있다. 그때문에, 중화민족이 정치부호로 사용될 때 중화민족은 곧 중화인민공화국이라는 국가와 완전한 동의어가 되고, 민족주의도 애국주의가 되며, 바로 이러한 민족주의와 애국주의는 실천 면에서 그 어떠한 차별성도 지니지 않게 된다.

요컨대, 중국의 애국주의는 자본주의의 애국주의가 아니라 사회주의의 애국주의이기 때문에 그 추구하는 가치는 자본주의가 아닌 사회주의의 핵심 가치관이 된다. 따라서 "사회주의의 핵심 가치관을 양성하고 발양하는 것은 중국공산당이 중국 특색의 사회주의의 위대한 사업을 추진하고, 중화민족의 위대한 부흥인 중국몽을 실현하기 위한 중대한 의사결정을 내리는 근거가 된다. 사회주의의 핵심 가치관을 양성하고 발양하는데 있어서 제1차적인 것은 사회주의의 핵심 가치관을 서방의 보편적 가치와 구분하는 것이다. 사회주의의 핵심 가치관이 제창하는 민주는 인민 민주이며, 자유는 인민민주독재 하의 자유이고, 공정은 모두가 함께 건설하고, 모두가 함께 누리는 공정이며, 법치는 당의 영도를 견지하고, 인민이 주인이 되며, 법에 따라 나라를 다스리는 것이 유기적으로 통일된 법치이다."[3]

시진핑은 2017년 10월 18일 중국공산당「19대」보고를 통해, 중화민족의 위대한 부흥을 실현하는 것은 근대 이래의 중화민족의 가장 위대한 꿈이라는 것을 지적하면서, 공산주의를 실현하는 것을 당의 최고이상과 최종목표로 삼고 중화민족의 위대한 부흥을 실현하는 것을 역사적 사명으로 확인했다.

시진핑 영도체제는 이미 중화민족의 우월성에 호소하면서 중국이 장차 대국화를 통해 정치대국, 경제대국, 군사대국, 그리고 문화대국을 실현하여 세계의 중심에 위치한다는 목표를 제기했으며, 바로 그것이 중국몽(中國夢)인 것이다.

이러한 중국몽은 중화민족주의가 중국의 전통적 천하주의와 결합되어 형성된 산물이기도 한 것이다. 천하주의는 원래 전통적인 유가문화 속에서 부자관계가 확대된 형태로 나타난 것이었으며, 한족과 다른 종족과의 관계를 평등관계가 아닌 문화적 등급관계나 또는 번속관계로 보면서 주변의 민족이나 국가에 대해 엄격하고 수직적인 지배-복종, 중심-주변 관계를 요구하는 화하문화중심주의의 성격을 지니고 있었다.

기실, 아편전쟁 이후 중화민족의 현대적 민족의식과 애국주의의 출현을 지연시켰을 뿐만 아니라 서방의 선진문화를 흡수하여 전통문화를 개조하고 민족국가의 현대화 과정을 촉진시키는 것을 가로 막고 있었던 것이 화하 중심의 문화우월주의를 중심내용으로 하는 유가문화, 특히 중화사상의 중심에 자리 잡고 있는 천하주의였다.

요컨대 천하주의를 완성하는 민족주의로서, 그리고 사회주의 속의 애국주의로 나타나는 중화민족주의는 국가의 통일과 민족의 단결을 보장하는 시진핑 영도체제의 강력한 무기로 작동하게 된다. 이처럼 이데올로기로서의 중화민족주의는 중국공산당의 정치목적과 정치이익에 따라 애국주의로 표현되기도 하고, 특히 중국사회의 사상과 의식은 물론이고 중국인민해방군 장병의 두뇌를 무장시키는 사상무기로 작동하게 된다.

---

3 "核心価值観爲實現中國夢提供思想保証", 新華網, 2016年 5月 10日, http://www.xinhuanet.com//politics/2016-05/10/c-128972551.htm

2) 일대일로 전략구상

일대일로(一帶一路: the Belt and Road)란 "실크로드 경제권"과 "21세기 해상실크로드"를 가리킨다. 육상실크로드는 고대 중국의 도성인 뤄양(洛陽)을 시발점으로 하여 창안(長安)을 거쳐 허시(河西)회랑, 중앙아시아국가, 아프간, 이란, 이라크, 시리아 등을 통해 로마에 이르는 길을 말한다. 그리고 해상실크로드란 중국의 동남연해로부터 시작하여 동남아 국가들을 경유하여 인도양을 지나 홍해 인근의 동아프리카에 이르는 해상교통로를 가리킨다.

일대일로는 2013년 9월 7일 시진핑 주석이 카자흐스탄 나자르바예프 대학에서 행한 연설을 통해 제기한 "실크로드의 경제권" 건설로부터 비롯된 일대(一帶), 그리고 2013년 10월 3일 시진핑 주석이 인도네시아 의회에서 행한 연설을 통해 아세안과의 해상협력을 강조하면서 제기한 21세기 "해상실크로드"의 공동 건설에서 비롯된 일로(一路)가 합해져 만들어진 중국공산당의 중국몽을 실현하기 위한 전략구상이다.

일대일로 전략구상은 중화인민공화국 100주년이 되는 2049년에 이르러 21세기 중화제국의 부활을 의미하는 중국몽의 실현을 목표로 삼는다. 중국몽이 중국특색의 시회주의 건설이라는 중국공산당의 최저강령의 범주 내에서 추구하는 분투목표라고 정의한다면, 일대일로는 중국공산당의 최저강령의 성격을 지니고 있는 국가목표로서의 중국몽을 실현하기 위한 전략으로 기능하게 된다.

이처럼 시진핑 영도체제는 중화민족주의의 최고가치로서 중국몽의 기치를 높이 치켜들고, 애국주의라는 라벨을 강조하면서 천하주의의 확대된 형태로서의 일대일로 전략구상을 강령성 국가목표로 채택하고 있다.

일대일로는 중국이 국토의 안전과 발전을 위한 장벽을 구축하고, 미국이 주도하고 있는 국제무역질서로부터 벗어나 보다 큰 범위의 자원과 시장협력을 추구하는 전략구상으로서 중국이 200년만에 처음으로 제기한 중국 주도의 대륙간 개발협력의 기본틀이기도 하지만, 미국 주도의 정치질서로부터 벗어나 능동적이고 공세적인 안보전략으로 전환한다는 의지의 표현이기도 한 것이다.

일대일로 전략구상은 미국의 인도-태평양 전략과 충돌하면서 그 진행과정이 순조롭지만은 않을 것으로 예상될 수도 있겠지만, 그러나 중국공산당의 입장에서는 결코 쉽게 포기할 수도 없는 숙명적이며 역사적인 과업이 되고 있다. 중국공산당은 미국으로부터 오는 경제와 군사적 압박이 일시적인 현상이 아니라 구조적 전략모순에 기인하는 것으로 간주하면서 일대일로 전략에 자국 안보의 사활을 걸고 있다. 일대일로가 위안화를 강력한 무기로 삼아 아시아·아프리카 제국이라는 세계의 '제1중간지대'와 연합하고 유럽과 러시아라는 '제2중간지대'를 끌어들여 미국의 포위망을 돌파하고자 하는 전략적 판단에 근거한 것이라면, 중국은 장차 미국에 대적하는 전략적 요구를 충족하기 위해 소요되는 경제적·군사적 부담도 이미 계산에 넣고 있어야 한다.

3) 강군몽

시진핑 당 총서기의 중국몽은 "중국 역사의 그 어느 때에 비해서도 중화민족의 위대한 부흥의 목표를 실현하는데 더 많이 근접해 있고, 더 많은 믿음과 능력을 가지고 있다."[4]는 자신감으로부터 비롯되고 있다.

시진핑 당 총서기가 강군몽(强軍夢)을 제기한 것은 제12기 전국인민대표대회 1차회의에 참석한 인민해방군 대표단 전체회의에서 행한 담화를 통해 "새로운 형세 하의 당의 강군 목표를 확실하게 파악하며, 군대의 혁명화, 현대화, 정규화 건설을 전면적으로 강화하고, 당의 지휘를 따르고, 전쟁을 승리로 이끌 수 있으며, 기풍이 양호한 인민군대를 건설하기 위해 분투하자"고 격려하면서부터였다.

그는 당의 지휘를 따르고, 전쟁을 승리로 이끌 수 있으며 기풍이 양호한 군대를 건설하는 것은 "2개 100년"의 분투목표를 실현하고, 중화민족의 위대한 부흥을 실현하는 전략을 뒷받침하는 역량을 준비하는 것임을 강조했을 뿐만 아니라, 한 걸음 더 나아가 "부유해지는 것"으로부터 "강해지는 것"으로, 그리고 "대국의 군대"로부터 "강국의 군대"로의 비약, 즉 강군목표를 포함하는 일련의 강군 전략사상을 제기했다.

국방과 군대개혁 심화 영도소조 조장인 시진핑은 2015년 11월 베이징에서 거행된 중앙군사위원회의 개혁사업회의에서 행한 담화를 통해, 국방과 군대 개혁을 중국몽과 강군몽을 실현하는 시대적 요구이며, 강군(强軍)과 흥군(興軍)을 위해 반드시 거쳐야 하는 길이고, 군대의 미래를 결정하는 관건임을 강조했다.

이처럼 시진핑은 당의 지휘를 따르고, 전쟁을 승리로 이끌 수 있으며, 기풍이 양호한 인민군대를 건설하는 것을 새로운 형세 하에서의 강군목표로 규정했으며,

4 "深刻把握党在新時代的强軍目標的豊富内涵", 「中廣网」, 2018年 2月 24日.

당의 지휘를 따르는 것은 군대 건설의 정치방향을 결정하는 영혼이고, 전쟁을 승리로 이끌 수 있는 것은 군대의 근본 직능과 군대 건설의 기본 방향을 반영하는 핵심이며, 기풍을 양호하게 하는 것은 군대의 성격, 근본취지, 그리고 본색의 계승과 발전을 보증하는 것임을 강조했다.

"중국몽으로 강군몽을 이끌고 강군몽으로 중국몽을 지탱한다."는 시진핑의 전략구상은 강군몽 역시 독립적인 실체가 아니라 중국몽, 강국몽과 밀접한 전략적 관계를 유지하고 있으며, 그 강군 목표는 민족부흥의 중국몽을 실현하는 전략적 선택으로서 매우 중요한 의미를 지닌다:

첫째, 중국공산당이 추진하고 있는 국방과 군대 건설은 중국 특색의 사회주의 사업의 전략적 배치의 한 구성부분이며, 이를 통해 실현하고자 하는 강군몽은 중국몽을 지탱하는 전략역량을 확보하는 것을 목표로 한다.

둘째, 강군몽은 중국공산당의 영도력을 공고히 하고, 국가의 장구한 태평과 안정을 보장하며, 사회주의 제도와 중국 특색의 사회주의를 발전시키는데 필수불가결한 무장역량 확보를 목표로 한다.

셋째, 강군몽은 중국몽을 지탱해주는 전략역량으로서 중국몽의 내재적 요구를 반영한 것이다. 강군몽은 강국몽을 실현하는 충분조건이며, 강국몽은 또한 중국몽을 실현하는 충분조건이 된다.

부국이라고 해서 반드시 강국은 아닌 것이다. 부국은 강군의 초석이며, 강국은 부국의 이익을 보장한다. 그렇지만 강군몽이 완전하지 않으면 중국몽도 완전하기가 어렵게 된다. 막강한 경제력은 국가를 강대하게 만드는 기초이긴 하지만, 만약에 그것을 수호하는 국방력과 군사력의 뒷받침이 없다면 진정한 의미의 중국몽은 기대할 수 없게 된다.

물론, 중국공산당은 막강한 군사력을 확보했다고 해서 반드시 세계 일류의 군대가 되는 것은 아니라는 정치적 입장을 견지한다. 중국공산당이 요구하는 강군은 당의 지휘를 따르고, 전쟁을 승리로 이끌 수 있으며, 기풍이 양호한 인민군대이어야 한다.

여기서 당의 지휘를 따르는 것은 인민군대를 건설하는 혼이며, 인민군대를 강하게 하는 혼으로서 군대 건설의 정치적 방향을 결정한다. 인민해방군은 중국공산당의 정치임무를 수행하는 무장집단이며, 반드시 조금도 동요함이 없이 중국공산당의 영도에 복종하며, 그 어떠한 때 그 어떠한 상황 하에서도 모두 당의 말을 듣고 당을 따라가야 한다.

"강자만이 천하를 얻을 수 있다."는 중국 역사의 교훈으로부터 얻은 강군몽의 의지는 머지않아 중국이 세계 일류의 군사강국이 될 것이라는 확고한 믿음으로 이어지고 있으며, 강군몽을 실현하기 위한 구체적인 전략구상 단계도 제기되고 있다.

시진핑의 강군몽은 "2020년까지 기계화, 정보화 건설을 기본적으로 실현하는데 있어서 중대한 진전을 이룩하며, 전략 능력을 크게 향상시킨다. 국방현대화의 일정과 병행하면서 군사이론의 현대화, 군대 조직형태의 현대화, 군사인력의 현대화, 무기와 장비의 현대화를 전면적으로 추진함으로써 2035년까지 국방과 군대 현대화를 기본적으로 실현하며, 금세기 중엽까지는 인민군대를 세계 일류의 군대로 건설한다."[5]는 중국인민해방군의 강군목표로 구체화되고 있다.

인민해방군은 당을 위해 충성하고, 조국을 위해 충성하고, 인민을 위해 충성하며, 사회주의를 위해 충성하는 인민군대의 본색을 계승 및 발전시키고 있다. 정치적으로 중립적인 자본주의 국가화를 경계하고, 당의 정치임무를 버리고 국가의 사업을 위해 충성하는 군대의 국가화를 배척하고 있다.

국가의 군대가 아닌 당의 군대로서, 그리고 사회주의의 사상과 이론체계로 무장된 무장집단으로서의 인민해방군, 특히 인민해방군 해군은 남중국해를 기점으로 하여 인도양을 거쳐 아프리카와 중동 지역으로 향하는 해상교통로의 확보를 제1차적 임무로 삼고 있다. 인민해방군 해군은 일대일로, 특히 "일로" 전략으로 나날이 확대되고 있는 해외권익의 수호자를 자처하면서 등단 채비를 서두르고 있다. "일로"의 전략 요지를 확보하거나 또는 자국의 군사기지로 활용하고자 하는 의지가 구체화되고 있는 조짐도 자연스럽게 드러나고 있다.

---

5 中國國防白皮書(2019) 參照.

제2절
개혁 이전의 군사영도지휘체제

1. 군정·군령 합일형 영도지휘체제

중국공산당의 중앙군사위원회는 일반적으로 군정·군령 분리형 군사영도지휘체제를 채택하고 있는 서방국가와는 달리 군정·군령 합일형을 채택해 오고 있었다. 이처럼 군정과 군령을 분리하지 않고 있는 중국공산당 중앙군사위원회의 기능과 역할은 사회주의체제의 당·군 관계에서 비롯된 것이었다.

중국공산당 중앙군사위원회는 군대 내에 설립되어 있는 당 조직을 통해 군대에 대한 절대적 영도권(군정)과 지휘권(군령)을 행사함으로써 당이 총검을 지휘한다는 원칙을 견지하고 있으며, 국가중앙군사위원회를 통해서는 중국군의 현대화 건설에 군과 민이 동참하도록 유도하고 있다.

일반적으로 말해서 군정과 군령의 합일형 영도지휘체제는 군정과 군령을 긴밀하게 결합시킴으로써 평시의 군사력 건설과 전시의 작전지휘를 동시에 관장할 수 있다는 장점을 가지고 있지만, 그러나 무기체계의 발전과 복잡화, 그리고 전장 공간과 지휘범위의 확대로 인해 효율적인 작전지휘가 제약을 받는 추세에 있다. 그럼에도 불구하고 중국공산당은 전쟁형태에 적응하는 군사전략적 요구보다는 군대에 대한 당의 통제력을 강화해야 한다는 정치적 요구를 앞세우면서 군정·군령 합일형 영도지휘체제를 고집하고 있었다.

정권 수립 이후 중국공산당의 중앙군사위원회는 원래 총참모부, 훈련총감부, 무장역량감찰부, 총정치부, 총간부부, 총후근부, 총재무부, 총군계부(總軍械部)로 구성된 8개 총부체제를 유지하고 있었다. 그러나 1958년 7월 당중앙군사위원회 확대회의에서 통과된 〈조직체제의 개편에 관한 결의〉에 근거하여 당중앙군사위원회는 총재무부와 총군계부는 총후근부로, 총간부부는 총정치부로 각각 편입시키고 훈련총감부와 무장역량감찰부를 폐지했으며, 총참모부, 총정치부, 총후근부의 3개 총부체제를 유지했다. 그리고 40년이 흐른 1998년 4월 당중앙군사위원회의 결정에 따라 총장비부가 신설됨으로서 4개 총부 체제가 유지되고 있었다.

4개 총부 중 당중앙군사위원회의 영도 하에 인민해방군의 군사사업을 영도하는 군사사업기구인 동시에 인민해방군의 총사령부인 인민해방군 총참모부는 인민해방군의 군사력 건설을 계획하고 영도하며, 인민해방군의 군사행동을 조직 및 지휘하는 것을 책임지고 있었다. 그뿐만 아니라 작전지휘, 군사력 건설 및 계획, 군사훈련, 조직과 편제, 병역동원과 행정관리를 책임지고 있었으며, 육군 영도기구의 역할과 임무도 담당하고 있을 정도로 막강한 권한을 행사하고 있었다.

그리고 인민해방군의 총정치부는 당 중앙과 당 중앙군사위원회의 영도 하에 인민해방군의 정치사업을 영도하며, 인민해방군 내의 당 사업을 관리하고, 정치사업의 계획 및 집행을 책임지고 있는 당중앙군사위원회의 정치사업 기구였다. 총정치부는 군대 당의 건설, 간부의 양성 및 관리, 선전과 문화활동, 보위 및 연락 사업을 영도할 뿐만 아니라 당중앙군사위원회의 기율검사위원회와 함께 군대 당의 기율검사 사업을 영도하고 있었다.

인민해방군의 총후근부는 당중앙군사위원회의 영도 하에 인민해방군의 후근건설과 후근보장 사업을 계획하고 영도하는 후근사업 기구였다. 총후근부는 인민해방군의 재무, 위생, 수송, 병영, 물자 등 사업을 관리하고 영도하는 책임을 지고 있었다. 뒤늦게 신설된 인민해방군의 총장비부는 당중앙군사위원회의 영도 하에 인민해방군의 장비사업을 계획하고 영도하는 장비사업기구였다. 총장비부는 무기체계의 연구와 개발, 각종 무기와 장비의 구매 등 사업을 계획하고 영도하는 책임을 지고 있었다.

2. 군·병종의 영도지휘체제

중국공산당은 건국 이후 인민해방군의 군종과 병종의 영도기구를 설립했다. 1949년 11월 11일 공군 영도기구의 설립을 시작으로 하여 1950년 4월 14일에는 해군 영도기구, 동년 8월 1일에는 포병 영도기구, 동년 9월 1일에는 장갑병 영도기구, 동년 10월 8일에는 방공부대[6] 영도기구, 동년 11월 8일에는 공안부대[7] 영도기

6 방공부대는 1955년 8월 방공군으로 개칭된다.

구, 그리고 동년 12월 25일에는 공병 영도기구를 각각 설립했다. 이처럼 군종과 병종의 영도기구가 설립됨으로써 인민해방군은 장기간 동안 유지되어 온 단일적 보병으로부터 군종과 병종으로 구성된 합성군대로 발전하기 시작했다.

그 후인 1958년 7월 당중앙군사위원회는 확대회의에서 통과된 〈조직체제의 개편에 관한 결의〉에 근거하여 총부체제의 개편과 더불어 육군, 공군, 방공군, 공안군 등 5개 군종체제에서 방공군을 공군에 합편하고 공안군 번호를 폐지함으로써 육·해·공군 3개 군종체제로 전환했다.

이를 계기로 중국인민해방군은 육군, 해군, 공군의 3개 군종과 하나의 독립병종인 제2포병 등 4개 군·병종 체제를 유지하기 시작했다. 군종인 해군, 공군, 그리고 병종인 제2포병 영도지휘기구 내에는 사령부, 정치부, 후근부, 장비부가 설치되어 있었다. 해군 예하의 영도지휘기구는 해군 함대와 기지이고, 공군 예하의 영도지휘기구는 군구공군이며, 제2포병 예하의 영도기구는 제2포병 기지였다. 그런데 육군은 단독으로 설치된 영도기구를 가지고 있지 않았으며, 당중앙군사위원회의 총참모부가 그 영도지휘 기능을 책임지고 있었다.

1) 육군의 영도지휘계통

중국인민해방군 육군은 집단군→사단→연대→대대→중대→소대→분대로 이어지는 지휘체제를 유지하고 있었으며, 연대 이상은 대부분이 합성 편조를 채택하고 있었다. 기실, 인민해방군은 1927년 8월 1일 육군을 모체로 하여 창설된 후 보병 위주로 성장했으며, 정권 수립 이후인 1950년대 포병, 장갑병, 공정병, 화학병 등 병종 영도기구를 설립했다.

1976년 이후 당중앙군사위원회는 특종병의 비율과 합성화 수준을 높이고 화력과 독립작전능력을 강화하는 방향으로 육군 보병사단의 체제와 편제에 대한 개혁과 조정을 단행했으며, 1982년에는 육군의 각 병종부대에 대한 집중적이고 통일적인 영도를 강화하기 위한 조치로서 원래 당중앙군사위원회 편제 직속의 포병, 장갑병, 공정병 영도지휘기구를 철폐하고 그 대신에 포병부, 장갑병부, 공정병부를 총참모부 예하에 두었으며, 그뿐만 아니라 군구에 배치되어 있던 일부 독립병종부대를 각 군종이 관리하도록 했다.

---

7 공안부대는 1955년 7월 공안군으로 개칭된다.

개혁작업은 계속되었으며 1983년 12월부터는 육군의 군(軍) 내에서 주로 보병전차와 장갑수송차를 주장비로 하는 기계화보병사단이 편성되기 시작했다. 육군은 전역(戰役)작전 임무를 담당하도록 하기 위해 원래 군구에 소속된 장갑병 전체와 대부분의 포병 및 공정병을 집단군에 편입시켰으며, 군(軍)에 소속된 병종부대를 집단군 소속의 전차사단(여단), 포병여단, 고사포여단, 공병연대, 통신연대로 개편했으며, 육군항공병부대와 화학 및 대전자전분대를 증편했다. 1985년 7월에 이르러 합성화 편제인 집단군 편성이 완료되었으며, 이를 계기로 육군은 사실상 해군과 공군 및 제2포병과 연합작전을 수행할 수 있는 강력한 군종으로 발전했다.

육군의 집단군은 2006년 7월 이후부터 새로운 편제표에 근거하여 기계화와 정보화를 결합한 방향으로 발전하고 있다. 특히 육군 집단군은 기동작전과 입체적 공격 및 방어의 전략적 요구에 근거하여 규모를 합리적으로 축소하고 있으며, 부대를 점차 소형화, 모듈화, 다기능화 해 가고 있다.

2) 해군의 영도지휘계통

중국인민해방군 해군의 기본체제는 해군→함대→기지→수경구(함정지대·항공사단·해병여단)→함정대대(항공연대)의 5개 급으로 구성되어 있다.

여기서 해군(기구)은 해군부대의 영도지휘기구인 동시에 당중앙군사위원회가 해군을 영도하는 업무부문으로서 해군 당위원회와 수장의 영도 하에 해군부대의 당정영도, 작전지휘, 전장건설, 부대건설, 장비건설 및 관리, 후방 및 기술지원 등 사업을 전반적으로 책임지고 있었다.

그리고 함대는 특정한 해상전략방향 상의 작전을 책임지는 영도지휘기구로서 관할구 내의 해상작전과 소속병력의 합성훈련, 전비태세의 조직 및 지휘, 전장 건설의 기획, 지휘기지의 방어작전을 영도하고 있었다.

기지는 관할구 내 해군의 각 부대와 학교 및 관련 단위의 후근기술 보장사업을 통일적으로 영도하며, 함대의 영도 하에 관할구 내의 방어작전과 일상적인 전비태세를 계획하고 관리하고 있었다.

해군의 일상적인 행정영도는 해군→함대→기지→수경구(지대)의 4급체제로 운영되고 있었으며, 작전지휘는 3급과 4급의 병행체제로 운용되지만 3급체제가 위주가 되고 있었다. 그리고 해상기동작전은 해군→함대→지대의 3급체제, 기지방어작전은 해군→함대→기지→수경구의 4급체제로 운영되고 있었다. 특히 작전

지휘분야의 경우, 함대는 해군의 영도를 받을 뿐만 아니라 소재 군구의 영도를 받는 이른바 2중영도를 받고 있었다.

해군의 항공병부는 병종 영도기구에 속했으며, 함대와 동급으로서 해군항공병의 영도지휘기구인 동시에 해군항공병부대를 영도하는 해군(기구)의 업무부문이었다. 해군항공병은 주로 소속부대의 당정영도, 부대건설, 간부와 병사 관리, 교육훈련, 함대항공병 비행의 계획 및 실행을 책임지고 있었다. 그리고 함대항공병은 기지와 동급으로서 소속부대에 대한 종합적인 영도 및 지휘를 책임지고 있었다.

3) 공군의 영도지휘계통

중국인민해방군 공군은 종적으로는 당중앙군사위원회 공군→군구공군→군(기지)→사단(여단)→연대→대대→중대 순으로 구성되어 있으며, 횡적으로는 당중앙군사위원회 공군에서 연대 급에 이르기까지 사령부, 정치부(처), 후근부(처), 장비부(처)가 설립되어 있다.

공군 수장 예하는 공군사령부, 공군정치부, 공군후근부, 공군장비부, 그리고 군구공군 수장으로 구성되어 있으며, 군구공군 수장 예하는 군구공군사령부, 정치부, 후근부, 장비부, 그리고 군(기지) 수장으로 구성되어 있다.

공군은 공군의 최고영도기구로서 당중앙군사위원회와 총부의 영도 하에 공군의 전반적인 건설을 책임지고 있으며 부분적으로 작전지휘권을 행사하고 있었다. 그리고 군구공군은 공군의 전역군단으로서 전략방향의 전역작전 임무를 책임지고 있었으며, 편제상 당중앙군사위원회에 예속된 공군은 합동작전에 참가 시 소재 군구의 지휘를 받게 되어 있었다.

이처럼 각 군구 내에 배치된 공군부대는 군구와 공군의 2중영도를 받고 있었으며, 편제상 공군에 속해있는 부대의 건설과 관리는 공군이 책임지고 있었고, 군구는 해당 지역 내의 공군부대에 대한 일정한 작전지휘권을 가지고 있었다.

4) 제2포병의 영도지휘계통

제2포병은 당중앙, 당중앙군사위원회의 직접적인 지휘를 받는 전략부대이며, 전략억제의 핵심역량이다. 1956년 5월 26일 당중앙과 중앙군사위원회는 미사일과 원자탄을 개발하여 전략핵역량을 창설하며 핵독점을 타파한다는 결정을 내렸으며, 이를 계기로 제2포병을 창설했다. 1959년 중국은 정식으로 지대지 전략미사일부대를 창설했고, 1964년 9월에는 처음으로 중거리미사일 작전기지를 건설하여 당중앙군사위원회의 포병에 예속시켰으며, 대외적으로는 공정지휘부라는 호칭을 사용했다. 그 후 1964년 10월 16일 최초로 원폭 실험에 성공하면서 1966년 7월 1일 마오쩌둥(毛澤東) 주석의 허락 하에 저우언라이(周恩來) 총리가 직접 명명한 제2포병이 창설되었으며, 이를 계기로 명실공히 전략미사일부대의 영도지휘기구가 설립되었다.

1982년과 1984년 두 차례에 걸쳐 단행된 제2포병의 영도지휘체제와 기관 편제에 대한 개혁이 마무리 되면서 영도지휘체제의 단일화와 간소화가 이루어졌으며, 제2포병의 전략핵미사일부대는 일정한 규모의 실전능력을 구비한 주요 핵반격작전역량으로서 당중앙군사위원회의 직접적인 지휘를 받고 있었다. 제2포병의 영도지휘 층차는 제2포병→기지→여단→대대로 되어 있었으며, 제2포병의 영도기관으로는 사령부, 정치부, 후근부, 장비부가 설치되어 있었다.

제2포병의 전략미사일부대는 지대지 전략미사일 무기체계를 갖추고 전략적 핵반격 임무를 수행하는 부대로서 통수부의 명령에 따라 독자적으로나 또는 다른 군종의 전략핵부대와 연합하여 적의 핵공격에 대해 효율적인 자위적 반격을 가하며 적의 중요한 전략목표를 타격하는 것을 주요 임무로 삼고 있었다. 그리고 전역전술미사일부대는 미사일 공격임무를 수행하는 부대로서 근거리와 중근거리 통상미사일부대를 운영하고 있었다.

3. 방어전략과 군구의 영도지휘체제

중국인민해방군 조직체제의 중요한 구성부분의 하나인 대군구는 국가의 행정구역, 지리적 위치, 전략과 전역방향 및 작전임무 등에 근거하여 설치된 군대의 1급조직이며 전략구역 내의 최고 군사영도지휘기구였다.[8]

중국의 군구제도는 기본적으로 소련의 군구제도를 모방한 것이지만. 그 설립과 획분은 전통적으로 중앙과 지방의 관계에 있어서 통치의 용이성과 행정의 효율성, 그리고 국가방위의 차원에서 군사전략 운용의 효율성이라는 2가지 기준을 충족시키는 방향에서 조정되어 오고 있다.

8 「中國人民解放軍」, 上卷, (北京: 當代中國出版社, 1994), p.360.

건국 이후의 마오쩌둥 영도시기 중국의 대군구체제는 대내적인 통치상황의 변화, 그리고 외부로부터의 군사적 위협에 대처하기 위한 인민전쟁 전략과 군사력 건설이라는 정치·군사적 요구에 따라 여러 차례의 개편이 이루어졌다. 제1단계(1950-1955)인 6개 대군구체제와 제2단계(1956-1984)인 11개 대군구체제를 거쳐 제3단계(1985-2015)인 7개 대군구체제가 유지되고 있었다.

기실, 중국공산당 중앙군사위원회는 대륙 장악을 목전에 둔 1948년 11월 전군의 조직편제와 번호를 통일시키고, 인민해방군을 야전부대, 지방부대, 그리고 유격부대로 구분했다. 그뿐만 아니라 군구를 1급, 2급, 3급 군구와 군분구(軍分區)로 구분했다. 그 후 1949년 1월 당중앙군사위원회는 야전군을 4개 야전군으로 편성하고 군구를 5개의 1급군구, 즉 서북(西北)군구, 중원(中原)[9]군구, 화둥(華東)군구, 둥베이(東北)군구, 화베이(華北)군구로 획분했다.

그러나 건국 이후 마오쩌둥은 대내 정치적으로는 중앙집권적 통치를 강화하기 위해 당·정·군의 실권을 장악해야 할 필요성을 느끼고 있었고, 대외 군사적으로는 적의 침략에 대비하여 인민전쟁의 지구전 전략과 적극방어전략을 효율적으로 운용하기 위한 방법을 모색하고 있었으며, 결국 이러한 정치·군사적 요구가 군구를 획분하는 기준으로 반영되었다.

중국공산당 중앙군사위원회는 1950년 1월 해방전쟁의 진군방향과 국가행정구획에 따라 기존의 군구를 6개 대군구와 18개 2급 군구로 개편했다. 이러한 군구 개편은 해방전쟁의 승리를 보장하고 인민정권을 공고히 하며 제국주의의 침략전쟁을 방지한다는 인민해방군의 주요 임무를 고려한 조치이기도 했다.

그 후 당중앙과 당중앙군사위원회는 1955년 2월 인민해방군의 대규모적인 혁명화, 정규화, 현대화 건설 요구, 그리고 당의 중앙국과 중앙분국의 설치상황을 고려하여 12개 대군구-선양(瀋陽)군구, 베이징(北京)군구, 지난(濟南)군구, 난징(南京)군구, 광저우(廣州)군구, 우한(武漢)군구, 쿤밍(昆明)군구, 청두(成都)군구, 란저우(蘭州)군구, 신장(新疆)군구, 시장(西藏)군구, 네이멍구(內蒙古)군구-를 설치하기로 결정했다.

그 후 5개월이 지난 동년 7월 국무원은 군구를 1·2·3급으로 구분하던 방식을 취소하고 군구와 성군구를 통일적으로 개칭했으며, 얼마 후 군구·성군구·군분구

---

9 후일 화중(華中)으로 개칭된다.

의 3급체제로 전환했다. 그러나 당중앙군사위원회는 1956년 4월 타이완과의 군사적 충돌에 대비하여 푸젠(福建)전선의 영도지휘를 강화할 목적으로 원래 난징(南京)군구에 속해있던 푸젠(福建)과 장시(江西) 2개 성을 분리하여 별개의 푸저우(福州)군구를 증설했으며, 이를 계기로 13개 대군구 체제를 유지했다.

그 후인 1967년 5월에 이르러 당중앙군사위원회는 소련과의 군사적 관계가 악화되자 화베이(華北)전선의 영도지휘를 통일시킬 목적으로 네이멍구(內蒙古)군구를 성급군구로 전환하여 베이징(北京)군구에 예속시켰다. 그뿐만 아니라 1969년 11월에는 시장(西藏)지구의 정치적 불안정을 고려하여 시장군구를 성급군구로 전환하여 청두(成都)군구에 편입시켰다. 이어서 1975년 5월에는 신장(新疆)군구의 명칭을 우루무치(烏魯木齊)군구로 바꾸었으며, 이로부터 한 동안 11개 대군구체제가 유지되었다.

그러나 개혁개방시기에 접어든 이후 당중앙군사위원회는 국방현대화의 일환으로 1985년 5월 100만 명의 인민해방군 병력을 감축하기로 결정했으며, 미래전에 대비하기 위해 현대화되고 정규화된 군사력 건설에 착수했다. 이를 위한 핵심사업의 하나로서 당중앙군사위원회는 군구제도가 지니고 있는 취약성, 즉 얕은 전역중심, 취약한 독립작전과 연합작전능력, 중첩되고 비대한 기구, 그리고 방만한 인력과 물력의 낭비 등 고질적인 문제들을 해결하기 위한 작업에 착수했다. 그 결과 1985년 7월 기존의 11개 대군구가 7개 대군구, 즉 베이징군구, 선양군구, 란저우군구, 지난군구, 난징군구, 광저우군구, 청두군구로 개편되었으며, 이러한 7대군구체제는 2015년 말까지 유지되고 있었다. 7대 군구체제 하에서 각 군구 별 무장역량의 영도지휘 범위는 아래와 같았다:

- **베이징**(北京)**군구:** 허베이(河北), 산시(山西), 네이멍구(內蒙古), 베이징(北京), 톈진(天津)
- **선양**(瀋陽)**군구:** 랴오닝(遼寧), 지린(吉林), 헤이룽장(黑龍江), 네이멍구(內蒙古)자치구의 동부 삼맹(三盟)
- **지난**(濟南)**군구:** 산둥(山東), 허난(河南)
- **난징**(南京)**군구:** 장수(江蘇), 저장(浙江), 안후이(安徽), 푸젠(福建), 장시(江西), 상하이(上海)
- **광저우**(廣州)**군구:** 후베이(湖北), 후난(湖南), 광둥(廣東), 광시(廣西), 하이난

(海南)

- **청두**(成都)**군구:** 스촨(四川), 윈난(雲南), 구이저우(貴州), 시장(西藏), 충칭(重慶)
- **란저우**(蘭州)**군구:** 산시(陝西), 간수(甘肅), 닝샤(寧夏), 칭하이(靑海), 신장(新疆)

중국의 이러한 군구제도는 지역의 군사적 자주권이 보장되는 지방분권형으로 보이지만 실은 당·정·군 일원화라는 특성에서 나타나듯이 중국공산당의 영도와 정치위원의 통제 하에 유지되는 중앙집권형의 성격을 보여주고 있었다.

기실, 중국의 대군구는 당중앙군사위원회, 총부, 부대 사이에 있는 1급 조직으로서 그 영도지휘기구는 사령부, 정치부, 합동후근부, 장비부로 구성되어 있었으며 다음과 같은 임무를 책임지고 있었다:

첫째, 당중앙, 당중앙군사위원회가 확정한 건군원칙과 작전방침의 이행 및 관철

둘째, 관할부대의 혁명화, 정규화, 현대화 건설 영도

셋째, 관할구 내 모든 군종과 병종 부대 합동작전의 통일적 지휘

넷째, 관할구 내의 민병, 병역, 동원, 인민방공 및 전장 건설 영도[10]

이처럼 "인민해방군의 각 군종인 해군과 공군 및 제2포병은 당중앙군사위원회 총참모부의 지휘를 받고 있었고, 육군의 각 야전집단군과 병종부대는 편제에 따라 소재 군구의 작전지휘 하에 있었으며, 각 군구에 배치되어 있는 해군과 공군 부대는 편제상 각각 해군과 공군에 예속되어 있었지만 해군과 공군의 영도기구, 그리고 소재 군구로부터 2중 영도를 받고 있었다. 그리고 군구 내의 3군 합동작전 행동은 군구가 통일적으로 지휘하고 있었으며, 다만 제2포병은 부대의 특성상 당중앙군사위원회와 총부의 집중적 영도 하에 수직적인 지휘를 받고 있었다."[11]

그밖에도 중국의 "성군구(위수구·경비구)는 군구 편제에 예속되어 있었으며, 중국공산당 성(자치구·직할시) 위원회의 군사사업부문과 정부의 영역사업기구로서 군구와 성(자치구·직할시)의 당위원회, 그리고 정부의 2중 영도를 받고 있었다. 성군구(위수구·경비구)에는 사령부, 정치부, 후근부, 장비부 등 영도기구가 설치되어 있었다. 성군구는 주로 소재지 성(자치구·직할시)의 민병, 병역, 동원 사업과 주요

10 上揭書, p.361.

11 胡光正 主編, 「中外軍事組織体制比較教程」, (北京: 軍事科學出版社, 2013), p.32.

도시의 경비임무를 책임지고 있었으며, 또 어떤 성군구는 변방과 해안의 방비임무를 담당하고 있었다."[12]

12 張万年 主編, 「當代世界軍事与中國國防」, (北京: 軍事科學出版社, 1999), pp.315-316.

제3절

군사 개혁의 중점과 내용

1. 영도지휘체제의 혁신 방향

시진핑(習近平) 당총서기는 중국이 장기간 동안 유지해 온 인민전쟁의 방어전략과 대육군주의의 군정·군령 합일형 영도지휘체제가 가지고 있는 각종 폐단과 비효율성을 극복하지 않고서는 정보화 조건 하의 국지전 내지는 미래전을 승리로 이끌 수 없다는 전략적 판단 하에 시급히 해결해야 하는 당면과제로서 중국인민해방군의 영도지휘체제를 제1순위로 올려놓았다.

기실, 군사기술혁명과 무기체계의 급속한 발전, 그리고 전장 공간의 확대로 인해 새롭게 변화하고 있는 장차전의 양상에 대응하기 위한 작전이론과 군대의 구조 및 영도지휘체제의 혁신은 미·러를 중심으로 한 군사강국을 필두로 하여 빠른 속도로 진행되고 있었다. 특히 군사영도지휘체제의 혁신은 아래의 내용들이 주요 대상이 되고 있었다:

① 영도지휘 층차 상의 군정(군사력 영도)과 군령(작전지휘)의 상호분리.
② 제 군종과 병종의 연합작전지휘체제 강화.
③ 지휘 단계의 축소와 전구 지휘기구의 자주권 보장.
④ 지휘계통의 정보화 수준 향상.
⑤ 무기체계의 발전을 위한 영도관리체제 구축.[13]

이 때문에 시진핑 영도 하의 인민해방군은 러시아와 미국의 군사영도지휘 모델, 특히 러시아 모델을 도입하여 자체의 낡고 비효율적인 영도지휘체제를 개혁해야 한다는 의지를 강력히 피력했다. 특히 시진핑은 "러시아가 2008년부터 새로운

---

13 胡光正 主編, 前揭書, pp.38-43.

얼굴의 군사개혁을 과감하게 추진했으며, 영도지휘체제를 새롭게 바꾸는데 중점을 두면서 원래 육군 위주의 6대 군구를 통합하여 동·서·중·남의 새로운 4대 군구로 개편했으며, 관할 군구 내의 육·해·공군 3군 부대를 통일적으로 지휘하도록 했고, 현대전쟁의 요구에 적응하는 합동전략훈련지휘체제를 확립했다."[14]는 것에 큰 관심을 표명했다.

시진핑은 바로 이러한 러시아와 미국의 군사영도지휘 모델을 도입하여 정보화 조건 하의 국지전쟁은 물론이고 우주전과 사이버전을 망라한 미래전에서 승리할 수 있는 중국형 군사영도지휘체제를 2020년까지 끝내는 것을 목표로 삼았다. 여기서 "중국형"이란 중국의 인민해방군이 러시아나 미국의 군대처럼 국가의 군대가 아니라 당의 군대임을 고려해서 나온 것이라고 볼 수 있다. 이 때문에 중국형 군사영도지휘체제의 설계는 군정·군령 분리형을 종착점으로 하고 있으며, 당중앙군사위원회→군종→부대로 이어지는 영도관리체제(군정체계)와 당중앙군사위원회→전구→부대로 이어지는 합동작전지휘체제(군령체계)의 분리를 핵심내용으로 삼고 있다.

2. 중앙군사위원회 주석책임제의 강화

중앙군사위원회 주석책임제는 특히 장쩌민 당총서기에 의해 강조되기 시작했다. 장쩌민은 일찍이 1992년 "중앙군사위원회는 전국의 무장역량을 영도하며, 주석책임제를 실행한다."는 법조문에 근거하여 중앙군사위원회 사업 규칙을 주도적으로 수정했으며, "중앙군사위원회 주석은 중앙군사위원회의 업무를 주관하며, 부주석은 주석의 업무를 협조할 뿐만 아니라 중앙군사위원회의 일상업무를 주관한다. 중앙군사위원회 상무회의는 중앙군사위원회 주석이 주관하고, 주석이 출석하지 않을 때는 부주석이 주관하며, 중앙군사위원회 위원은 회의에 출석한다."는 내용으로 개정했다.

그러나 중앙군사위원회 주석책임제가 본격적으로 점화되기 시작한 것은 2014년 10월 30일부터 11월 2일까지 푸젠(福建)의 상항(上杭) 구톈진(古田鎭)에서 개최된 이른바 '신구톈(新古田)회의'라고 하는 전군정치사업회의에서였다. 〈회의〉

---

14 「解放軍報」, "重塑我軍領導指揮体制是强軍興軍的必然選擇", 2015年 11月 30日字.

에서 중앙군사위원회 부주석인 판창룽(范長龍)은 "당의 군대에 대한 절대적 영도를 견지하고, 시(習) 주석의 일련의 중요한 담화를 과학적 지침으로 삼는 것을 견지하며, 확고부동하고 자각적으로 중앙군사위원회 주석책임제를 옹호하고 관철해야 한다."고 강조했다.

이어서 또 다른 중앙군사위원회 부주석인 쉬치량(許其亮)도 2014년 11월 "중앙군사위원회 주석책임제를 중심에 놓고 관철하며, 관련 제도와 기제(機制)를 개선하고 적용하며, 전 군의 모든 행동이 당 중앙, 중앙군사위원회, 그리고 시 주석의 지휘를 따르는 것을 확실하게 보증해야 한다."[15]고 지적했으며, 2015년 1월에 이르러 중앙군사위원회 주석책임제가 "전국의 무장역량은 중앙군사위원회 주석이 통일적으로 영도하고 지휘하며, 국방과 군대 건설의 모든 중대한 문제는 중앙군사위원회 주석이 결정하고, 중앙군사위원회의 전반적인 사업은 중앙군사위원회 주석이 주관한다."[16]는 것을 주요 내용으로 하는 것임을 확인했다.

이처럼 2016년의 군사개혁 직전까지만 해도 중앙군사위원회는 11명으로 구성되어 있었는데, 그중에 주석직은 시진핑(習近平)이, 부주석으로는 판창룽(范長龍)과 쉬치량(許其亮) 2명이 각각 맡고 있었으며, 나머지 8명의 위원인 창완취안(常万全), 팡펑후이(房峰輝), 장양(張陽), 자오커스(趙克石), 장요우샤(張又俠), 우성리(吳勝利), 마샤오톈(馬曉天) 등은 국방부, 총참모부, 총정치부, 총후근부, 총장비부, 해군, 공군, 제2포병 순으로 각각 관장하고 있었다. 당중앙군사위원회는 민주집중제 원칙에 따라 집단영도를 표방하고 있었으나 실질적으로는 주석책임제로 운영되면서 시진핑 주석 1인에게 모든 권력이 집중되고 있었다.

2016년 2월 현재 당중앙군사위원회의 구성원은 주석과 부주석 및 위원 등 기존의 11명 이외에 웨이펑허(魏鳳和: 로켓군 사령관)가 위원으로 추가되었으며, 두진차이(杜金才: 기율위원회 서기), 리줘청(李作成: 육군 사령관), 가오진(高津: 전략지원부대 사령관) 등이 위원 후보자로 이름을 올리고 있다는 소식도 들려오고 있었다.

그 후 2017년 10월에 개최된 당 제19기 전국대표대회는 중앙군사위원회 위원 인선을 확정하였다. 장요우샤(張又俠)가 부주석으로 승진하였으며, 위원이 8명에서 4명으로 감소하였다. 국방부장인 웨이펑허(魏鳳和), 군위 합동참모부 참모장인

---

15 〈人民日報〉, 2014年 11月 4日字.

16 〈解放軍報〉, 2015年 1월 28日字.

리줘청(李作成), 군위 정치사업부 주임인 먀오화(苗華), 그리고 군위 기율검사위원회 서기인 장성민(張升民) 등 4명이 위원으로 선출되었는데, 이들 중 모두가 상장이지만 장성민 혼자 중장 계급이었다.

【중국공산당 제19기 중앙군사위원회 위원 명단(2017년 10월)】

성명	계급	생년	본적	직책
시진핑 習近平		1953	산시 陝西	주석
쉬치량 許其亮	공군 空軍上將	1950	산둥 山東	부주석
장요우사 張又俠	육군 陸軍上將	1950	산시 陝西	부주석
웨이펑허 魏鳳和	육군 陸軍上將	1954	산둥 山東	국방부 부장
리줘청 李作成	육군 陸軍上將	1953	후난 湖南	위원+군위 합동참모부 참모장
먀오화 苗華	해군 海軍上將	1955	푸젠 福建	위원+군위 정치사업부 주임
장성민 張升民	육군 陸軍上將	1958	산시 陝西	위원+군위 기율검사위원회 서기

요컨대, 중앙군사위원회는 주석책임제를 실행하고, 그 주석은 중앙군사위원회의 직권 범위 내에서 사업에 대해 최종 결정권을 행사한다. 그 지시와 명령은 중앙군사위원회를 대표하며, 전 군은 반드시 관철하고 집행해야만 한다. 그뿐만 아니라 군사영도 사업의 특수성을 고려하여 중앙군사위원회의 주석은 임기의 제한을 두지 않고 있으며 계속 연임할 수 있게 되어 있다.

당의 군대로서 당의 절대적 영도를 받아야 하는 인민해방군의 특성상 당위제와 정위제를 대표로 하는 군대의 정치사업은 개혁의 대상이 아니라 오히려 견지해야 하고 강화해야 하는 대상이 되고 있다. 때문에 당 총서기 겸 당중앙군사위원회 주석인 시진핑은 "군대 당의 선도적 역할 없이는 인민해방군의 모든 사업이 성공적으로 수행될 수 없으며, 군대 당 조직의 역량과 우세가 발휘되지 않고서는 국방과 군대의 개혁이 성공적으로 마무리될 수 없다는 판단 하에 군대의 각급 당 위원회, 특히 당 위원회의 제1책임자인 서기가 부대를 통일적으로 영도하며 군사혁신을 선도하는 강력한 선봉장의 역할을 해 줄 것"[17]을 요구했다.

3. 군정·군령 분리형 군사영도지휘체제

중국은 러시아나 서방국가와는 달리 국가가 아닌 당이 무장역량을 영도하며, 당중앙군사위원회가 실질적인 최고통수부, 최고군사정책결정기구, 최고군사영도기구, 최고군사지휘기구의 기능과 임무를 책임지는 군정·군령 합일형 군사영도지휘체제를 유지하고 있었다.

그러나 시진핑 당 총서기는 2015년 11월 24일부터 26일까지 개최된 당중앙군사위원회의 개혁사업회의에서 중국의 국방과 군대 개혁을 심화시키는 것에 관한 의견을 구체적으로 개진했다.

무엇보다도 먼저 당의 군대에 대한 절대적 영도를 강화하고 당중앙군사위원회 주석책임제를 견지하는 것, 즉 정치와 전략의 관점에서 인민해방군 조직의 기본틀을 새로 짜는 것이 군대 개혁의 핵심원칙과 근본요구라는 점이 강조되었다.

그뿐만 아니라 군대 조직의 기본틀을 새로 짜기 위한 체제의 설계와 제도의 안배는 정보화시대의 전쟁을 승리로 이끌기 위한 군대의 전문화·합성화·분업화 요구를 충족시키는데 맞추어져야 하며, 이를 위해서는 군정·군령 분리형 영도지휘체제가 구축되어야 한다는 것이었다.

기실, 군정·군령 분리형 영도지휘체제는 군사력의 건설과 작전지휘 측면에서 보면 합일형에 비해 분명히 효율적이고 합리적이며, 보다 많은 장점을 가지고 있다:[18]

첫째, 군종 기구가 군정을 주관함으로써 전문성을 살려 장기적이고 안정적으로 군종을 건설할 수 있으며,

둘째, 작전지휘 기구에 작전, 정보, 통신 및 지휘와 상호 밀접하게 관련된 부문만을 설치함으로써 기구와 인원을 대폭적으로 줄일 수 있고,

셋째, 직능의 전문화와 단일화로 지휘기구가 복잡한 행정업무를 벗어나 오직 작전지휘에만 전력을 집중하게 할 수 있다.

이 때문에 시진핑의 군사영도지휘체제 혁신 역시 당중앙과 당중앙군사위원회

17 上揭軍報.

18 上揭書, p.39.

의 영도 하에 군사력의 건설(군정)과 군사력의 운용(군령)을 완전히 분리하여 운영하는 것으로 되어 있으며, 주로 아래의 내용이 핵심이 되고 있다:

① 당중앙군사위원회 주석책임제의 강화를 통한 당군화(党軍化) 성격 유지.
② 군정과 군령의 분리형 영도지휘체제 구축.
③ 당중앙군사위원회의 총부체제로부터 직능부문제로의 전환.
④ 당중앙군사위원회의 군·병종체제 개편.
⑤ 영도지휘의 중간단계 폐지를 통한 작전지휘의 효율성 향상.
⑥ 병력감축을 통한 기구의 간소화·정예화 실현.
⑦ 공세적 방어전략 하의 합동작전지휘체제 확립과 전구의 신설.[19]

이처럼 시진핑은 "당중앙군사위원회가 군정과 군령을 포함하는 전반적인 사항을 총괄하고, 전구는 주로 군사력의 운영, 즉 작전지휘(군령)를 전담하며, 군종은 주로 군사력의 건설(군정)을 전담하도록 하는 것[軍委管總, 戰區主戰, 軍種主建]이 영도지휘체제 개혁의 기본원칙임을 거듭 확인했다."[20]

그뿐만 아니라 시진핑은 이러한 원칙 하에 금번의 군사영도지휘체제 개혁을 3단계로 나누어 지속적으로 추진하기로 결정했다. 첫 단계는 육군, 로켓군, 전략지원부대 등 3개 부대의 영도기구를 설립하는 것이고, 둘째 단계는 중앙군사위원회의 4개 총부제를 철폐하고 업무의 전문성에 근거한 15개의 새로운 직능부문제를 설립하는 것이다. 그리고 마지막 단계는 합동작전지휘체제를 구축하기 위해 7대 군구제도를 폐지하고 5대 전구를 설립하는 것이다. 이러한 중국형 군사영도지휘체제는 계획대로라면 2020년 이전에 완전히 자리 잡게 된다.

4. 중앙군사위원회 총부제의 개편과 다직능부문제 신설

당중앙군사위원회의 4대 총부제를 폐지하고 직능부문제를 신설한 것은 당중앙군사위원회 주석책임제를 강화하고, 당중앙군사위원회의 집중적이고 통일적인

---

19 「解放軍報」, "習主席在中央軍委改革工作會議上重要講話新思想新觀点新論斷新要求解讀", 2015年 11月 24日字

20 上揭軍報.

영도를 강화하며, 인민해방군의 최고 영도권(군정권)과 지휘권(군령권)이 중국공산당중앙과 당중앙군사위원회에 집중되도록 하기 위한 것이었다.

중국공산당의 중앙군사위원회는 원래 총참모부를 통해 각 군구, 그리고 각 군종과 병종에 대한 작전지휘권을 행사하고 있었다. 총참모부는 사실상 당중앙군사위원회의 최고군사영도지휘기구임과 동시에 육군영도지휘기구의 역할을 겸하고 있었으며, 각 군종과 병종에 대한 작전지휘를 책임지고 있었다.

그러나 시진핑은 군사개혁을 단행하여 당중앙군사위원회의 총부체제를 직능부문제로 개편했다. 당중앙군사위원회 예하의 총참모부, 총정치부, 총후근부, 총장비부 등 기존의 4대 총부체제를 업무 성격에 따라 7개 부, 3개 위원회, 5개 직속기구 등 총 15개 부서로 개편했다.

【당중앙군사위원회의 영도지휘체제 개편】

4개 총부제		15개 직능부문제
• 총참모부(작전) • 총정치부(당무) • 총후근부(군수) • 총장비부(무기/장비)	⇨	**• 6부(部):** 합동참모부(원래의 총참모부), 정치사업부(원래의 총정치부), 후근보장부(원래의 총후근부), 장비발전부(원래의 총장비부), 훈련관리부(원래의 총참모부와 군사훈련부), 국방동원부(원래의 총참모부와 동원부) **• 3개 위원회(委員會):** 기율검사위원회(원래의 총정치부 기율검사부), 정치법률위원회(원래의 총정치부 군사법원 및 군사검찰원), 과학기술위원회(원래의 총장비부 과학기술위원회) **• 3판(辦)기구:** 전략계획판공실(원래의 총참모부 전략계획부), 개혁편제판공실(신설), 국제군사협력판공실(원래의 총참모부 외사국) **• 1청(廳):** 판공청 **• 1국(局):** 기관사무관리총국(원래의 총참모부 군무부) **• 1서(署):** 심계서(원래의 총후근부 심계국)

먼저 총참모부, 총정치부, 총후근부, 총장비부 등 기존의 4대 총부체제가 15개 직능부문제로 개편되었다. 공청(辦公廳)은 친성샹(秦生祥) 육군중장이 주임으로 임명되었다.

인민해방군의 작전지휘를 책임지고 있는 합동참모부는 참모장으로서 당중앙군사위원회 위원을 겸임하고 있는 팡펑후이(房峰輝) 육군상장, 5-6명(육·해·공)의 부참모장, 참모장 조리, 합동참모부 기율검사위원회 서기 등으로 구성되어 있다. 정치간부는 제외되었으며, 시진핑이 합동지휘중심 총지휘를 맡았다.

정치사업부는 주임으로서 당중앙군사위원회 위원을 겸임하고 있는 장양(張陽) 육군상장, 여러 명의 정치사업부 부주임과 주임 조리, 정치사업부 기율검사위원회 서기 등으로 구성되어 있다.

후근보장부는 부장으로서 당중앙군사위원회 위원을 겸임하고 있는 자오커스(趙克石) 육군상장과 후근보장부 정치위원, 여러 명의 부부장과 1명의 부정치위원, 후근보장부 기율검사위원회 서기로 구성되어 있다.

장비발전부는 부장으로서 당중앙군사위원회 위원을 겸임하고 있는 장요우샤(張又俠)와 장비발전부 정치위원인 왕홍야오(王洪堯) 육군상장, 여러 명의 부부장과 1명의 부정치위원, 1명의 장비발전부 기율검사위원회 서기로 구성되어 있다.

훈련관리부는 부장인 정허(鄭和) 육군소장과 정치위원인 장성민(張升民)이 책임지고 있으며, 국방동원부는 부장인 성빈(盛斌) 육군소장과 정치위원인 주성링(朱生岭)이 책임지고 있다.

3개 위원회로는 기율검사위원회, 정치법률위원회, 과학기술위원회가 설립되었으며, 5개 직속기구로는 전략계획판공실, 개혁편제판공실, 심계서, 국제군사협력판공실, 기관사무관리총국 등이 설립되었다.

특히 전략계획판공실은 ①중대한 전략문제 연구, ②군대의 건설과 발전에 관한 기획과 개혁 방안 수립, ③군대 전략자원의 종합적인 배치와 거시적 통제 건의, ④부문 간의 영역을 넘어서는 관련 문제의 조정 및 해결, ⑤ 군대건설을 위한 계획과 기획의 실행상황 평가 등 5대 직능을 수행하고 있는 것으로 알려지고 있다.

시진핑이 인민해방군의 4대 총부제를 15개 직능부문제로 전환한 것은 군대에 대한 영도지휘 권력을 4대 총부로부터 거두어들여 다시 당중앙군사위원회로 집중시킴으로써 당이 총검을 지휘한다는 원래의 정치원칙을 공고히 했다는 것에 큰 의미가 있었다.

총부제로부터 다직능부문제로의 전환은 핵심 직능을 돋보이도록 하고, 유사한 직능을 통합하며, 감독 직능을 강화하고, 협조 직능을 충실히 한다는 방향에 따라 추진되었다. 특히 중앙군사위원회 기관의 직능과 배치를 재조정함으로써 각 부문이 중앙군사위원회의 영도지휘체제 속에서 참모와 집행 및 복무 기관이 되도록 하는 것에 집중되었다.

이처럼 당중앙군사위원회의 직능부문제는 그 예하의 각 업무부문이 시진핑 주석과 당중앙군사위원회에 직접 책임을 지고 있으면서 시진핑 당 총서기와 당중앙군사위원회의 전략지휘 및 전략관리를 보장하는 진정한 참모와 집행기구가 되도록 설계되어 있다.

5. 군종 신설과 영도관리체제

당중앙군사위원회는 기존의 군·병종 체제를 개편했으며, 장차전에 대비하여 새로운 군종을 신설했다. 총참모부 예하의 지상군을 떼어내어 독립 군종으로서 육군을 신설했고, 제2포병의 명칭을 로켓군으로 바꾸어 원래의 병종에서 군종으로 승격시켰으며, 장차전에 대비하여 새로운 전략지원부대를 신설했다.

【당중앙군사위원회의 군병종 개편】

2개 군종, 1개 병종		5개 군종
• 군종: 해군·공군 • 병종: 제2포병	⇨	• 해군 • 공군 • 로켓군(제2포병 개편) • 육군(신설) • 전략지원부대(신설)

시진핑 당 총서기는 2015년 12월 31일 당중앙군사위원회의 사무동인 81청사에서 거행된 인민해방군의 육군 영도기구, 로켓군, 그리고 전략지원부대의 창설식전에서 육군의 리줘청(李作成) 사령관과 류레이(劉雷) 정치위원, 로켓군의 웨이펑허(魏鳳和) 사령관과 왕자성(王家勝) 정치위원, 그리고 전략지원부대 가오진(高津) 사령관과 류푸롄(劉福連) 정치위원에게 각각 군기를 수여했다.

육군 영도기구의 설립은 군정·군령 분리형 체제로 전환함으로써 합동작전지휘체제를 확립하기 위한 선결조건을 창출하는 것을 목적으로 하고 있다. 육군총부는 편제상 리줘청 사령관(당중앙군사위원회 위원)과 류레이 정치위원, 여러 명의 부사령관, 1명의 부정치위원, 1명의 기율검사위원회 서기, 1명의 참모장, 그리고 육군정치사업부 주임, 육군후근보장부 부장과 정치위원, 육군장비부 부장과 정치위원으로 구성되어 있다.

해군총부는 편제상 우성리(吳勝利) 사령관(당중앙군사위원회 위원)과 먀오화(苗華) 정치위원, 여러 명의 부사령관, 1명의 부정치위원, 1명의 기율검사위원회 서기, 1명의 참모장, 그리고 해군정치사업부 주임, 해군후근보장부 부장과 정치위원, 해군장비부 부장과 정치위원으로 구성되어 있다.

공군총부는 편제상 마샤오톈(馬曉天) 사령관(당중앙군사위원회 위원)과 위중푸(于忠福) 정치위원, 여러 명의 부사령관, 1명의 부정치위원, 1명의 기율검사위원회 서기, 1명의 참모장, 그리고 공군정치사업부 주임, 해군후근보장부 부장과 정치위원, 해군장비부 부장과 정치위원으로 구성되어 있다.

제2포병을 격상시켜 군종으로 신설한 로켓군총부는 편제상 웨이펑허(魏鳳和) 사령관(당중앙군사위원회 위원 예정자)과 왕자성(王家勝) 정치위원, 여러 명의 부사령관, 1명의 부정치위원, 1명의 기율검사위원회 서기, 1명의 참모장, 그리고 로켓군정치사업부 주임, 로켓군후근보장부 부장과 정치위원, 로켓군장비부 부장과 정치위원으로 구성되어 있다.

미래전에 대비하기 위해 신설한 전략지원부대 총부는 편제상 가오진(高津) 사령관(당중앙군사위원회 위원 예정자)과 류푸롄(劉福連) 정치위원, 여러 명의 부사령관, 1명의 부정치위원, 1명의 기율검사위원회 서기, 1명의 참모장, 군사우주[航天]부대 사령관과 정치위원, 인터넷 및 정보전부대 사령관과 정치위원, 그리고 전략지원부대 정치사업부 주임, 전략지원부대 후근보장부 부장과 정치위원, 전략지원부대 장비부 부장과 정치위원으로 구성되어 있다.

6. 공세적 방어전략과 전구의 영도지휘체제

중국 인민해방군은 과거 베이징(北京), 선양(瀋陽), 지난(濟南), 난징(南京), 광저우(廣州), 란저우(蘭州), 청두(成都) 등 7대 군구를 유지하고 있었으며, 이들 군구는 신속반응부대로서 7개 중점집단군인 제1·13·21·27·38·39·54집단군을 포함하여 모두 18개 집단군을 관할하고 있었으며, 그 후 다시 13개 집단으로 개편했다.

그러나 시진핑 당 총서기는 2016년 2월 1일 북경의 81청사에서 거행된 인민해방군 전구 창설대회에서 동부전구의 류웨쥔(劉粵軍) 사령관과 정웨이핑(鄭衛平) 정치위원, 남부전구의 왕자오청(王教成) 사령관과 웨이량(魏亮) 정치위원, 서부전구의 자오중치(趙宗岐) 사령관과 주푸시(朱福熙) 정치위원, 북부전구의 숭푸셴(宋

普選) 사령관과 추이민(褚益民) 정치위원, 그리고 중부전구의 한웨이궈(韓衛國) 사령관과 인팡룽(殷方龍) 정치위원에게 각각 군기를 수여했다. 이어서 그는 5대 전구(동부·서부·남부·북부·중부)의 획분과 전구연합작전기구의 설립이 중국의 꿈(中國夢)과 강군의 꿈(强軍夢)을 실현하기 위한 전략적 조치임을 특별히 강조했다.

【군구제도의 개편】

<table>
<tr><th>7개 대군구(大軍區)</th><th></th><th>5대 전구(戰區)</th></tr>
<tr><td>
◇선양(瀋陽)군구
• 랴오닝(遼寧), 지린(吉林), 헤이룽장(黑龍江), 네이멍구(內蒙古)군구 일부
◇베이징(北京)군구
허베이(河北), 산시(山西), 네이멍구(內蒙古)군구, 베이징(北京)위수구, 톈진(天津)위수구
◇란저우(蘭州)군구
• 산시(陝西), 간수(甘肅), 닝샤(寧夏), 칭하이(靑海), 신장(新疆)군구
◇지난(濟南)군구
• 산둥(山東), 허난(河南)군구
◇난징(南京)군구
• 장수(江蘇), 저장(浙江), 안후이(安徽), 푸젠(福建), 장시(江西)군구, 상하이(上海)위수구
◇광저우(廣州)군구
• 후베이(湖北), 후난(湖南), 광둥(廣東), 광시(廣西), 하이난(海南)
◇청두(成都)군구
• 스촨(四川), 윈난(雲南), 구이저우(貴州), 시장(西藏), 충칭(重慶)
</td><td>⇨</td><td>
◇북부전구
사령관: 숭푸셴(宋普選),
정치위원: 추이민(褚益民)
• 랴오닝(遼寧), 지린(吉林), 헤이룽장(黑龍江), 네이멍구(內蒙古)군구
◇중부전구
사령관: 한웨이궈(韓衛國),
정치위원: 인팡룽(殷方龍)
• 베이징(北京), 톈진(天津), 허베이(河北), 산시(山西), 허난(河南), 후베이(湖北), 산둥(山東)군구
◇동부전구
사령관: 류웨쥔(劉粵軍),
정치위원: 정웨이핑(鄭衛平)
• 상하이(上海), 장수(江蘇), 저장(浙江), 안후이(安徽), 푸젠(福建), 장시(江西)군구
◇남부전구
사령관: 왕자오청(王教成),
정치위원: 웨이량(魏亮)
• 후난(湖南), 광둥(廣東), 광시(廣西), 하이난(海南), 윈난(雲南), 구이저우(貴州)군구
◇서부전구
사령관: 자오종치(趙宗岐),
정치위원: 주푸지(朱福熙)
• 충칭(重慶), 스촨(四川), 시장(西藏), 산시(陝西), 간수(甘肅), 닝샤(寧夏), 칭하이(靑海), 신장(新疆) 군구
</td></tr>
</table>

인민해방군의 전구 신설은 중국대륙의 북방이 아닌 남방의 해양으로부터 오는 군사적 위협에 대처해야 하는 변화된 전략방향, 그리고 기계화·정보화 조건 하의 국지전쟁에 대처하기 위한 공세적 방어전략 방침의 요구에 적응하기 위한 전략적 조치의 성격이 짙게 깔려 있다.

특히 현대전의 기본 작전형태인 합동작전을 수행하기에 편리한 전구의 신설은 지상군 위주의 인민전쟁 전략에 바탕을 둔 군구제도의 전략적 효용성에 대한 부정에서 출발하고 있으며, 군사영도지휘체제의 개혁과 불가분의 관계에 있는 것으로서 개혁의 성패를 좌우하는 마지막 단계가 되고 있었다.

시진핑은 전구에 합동작전사령부를 설립하여 ①전략방향과 전쟁구상 간에 일치하지 않았던 문제점을 해소하고, ②합동작전 지휘능력을 강화함과 동시에 기구의 간소화·정예화 및 인력의 감축을 실현하며, ③합동후근보장체제와 동원체제를 구축하고, ④중간 지휘단계를 철폐함으로써 작전의 효율성을 크게 향상시킨 러시아의 경험에 각별한 관심을 가지고 있었다.[21]

기실, 군구와 전구는 국가의 행정구획, 지리적 위치, 그리고 전략방향에 근거하여 설립된 군사조직이라는 점에서 보면 공통점을 가지고 있지만 그 영도지휘체제는 군정과 군령의 합일형이냐 아니면 분리형이냐에 따라 확연한 차별성을 보여준다.

원래 군구는 관할구 내의 모든 군종과 병종 부대의 합동작전 지휘 및 소속부대의 군사훈련, 정치사업과 행정관리, 그리고 후근기술의 보장을 책임지며, 관할구 내의 민병, 병역, 동원 사업과 전장 건설을 영도하는 것을 주요 임무로 삼고 있었다. 이처럼 군구는 군사력의 건설과 관리(군정), 그리고 모든 군종의 합동작전 지휘(군령)를 책임지고 있었으며, 이로 인해 야기되는 엄청난 양의 군사행정은 사실상 효율적인 합동작전 지휘를 가로막는 저해요인이 되고 있었다.

이러한 군구의 폐단을 시정하기 위한 것이 바로 시진핑에 의해 결정된 전구의 신설이었다. 중국인민해방군은 신설된 전구제도 하에서 당중앙군사위원회→전구→부대로 이어지는 작전지휘체제, 그리고 당중앙군사위원회→군종→부대로 이어지는 건설관리체계로 2원화된 영도지휘체제를 유지하고 있으며, 아래와 같이 새로운 모습을 보여주고 있다:

---

21 胡光正 主编, 前揭書, pp.40-41.

첫째, 전구합동참모부가 당중앙군사위원회→전구→부대의 군령(작전지휘)체계에 따라 당중앙군사위원회 합동참모부의 지휘 아래 관할구 내의 각 군종과 병종, 즉 육군, 해군, 공군, 로켓군, 전략지원부대, 민병, 예비역부대를 통일적으로 지휘하고 있다.

둘째, 당중앙군사위원회의 각 군종 총부가 당중앙군사위원회→군종→부대의 군정(건설관리)체계에 따라 관할구 내 각 군종, 즉 육군, 해군, 공군, 로켓군, 전략지원부대의 건설과 관리를 영도하고 있다.

예를 들어 대군구제도 하에서는 선양군구에 주둔하고 있는 육군 집단군의 건설과 관리를 선양군구 자체가 책임지고 있었지만, 전구제도 하에서는 당중앙군사위원회의 육군 총부가 책임지고 있으며, 전구는 오직 합동작전과 연습 및 훈련만을 책임지고 있다. 전구 내의 공군, 해군, 로켓군, 그리고 전략지원부대의 건설과 관리 역시 전구가 아닌 당중앙군사위원회의 각 군종 총부가 책임지고 있으며, 전구는 관할구 내 각 군종의 합동작전과 훈련만을 전담하고 있다.

셋째, 전구의 정치사업은 당중앙군사위원회 정치사업부가 영도하고 있으며, 후근기술보장 사업은 당중앙군사위원회 후근보장부가 영도하고 있고, 성군구에 대한 영도관리와 지방의 국방동원은 당중앙군사위원회의 국방동원부가 영도하고 있으며, 전구는 오직 작전지휘에만 집중하고 있다.

넷째, 본토방위전략에서 출발하여 인민전쟁을 수행하기 위한 야전군·지방군·민병의 3결합 무장역량체제를 유지할 목적으로 국가의 행정구획에 맞춤으로서 종종 전략방향과 일치될 수 없었던 군구제도와는 달리 행정구획을 타파하고 전략방향에만 철저하게 근거하여 획분된 전구제도 하에서 효율적인 전쟁수행능력과 강화된 작전지휘능력을 보여주고 있다.[22]

22 馬浩亮(大公网 評論員), "北京觀察: 戰區与軍區五大不同," 2016年 2月 2日.

제4절

군대 정치사업제도의 혁신 내용

1. 시진핑의 당·군 관계와 정치사업에 대한 기본 관점

중국공산당은 줄곧 당의 군대에 대한 절대적 영도와 당이 총검을 지휘한다는 당권지상[党權至上]의 통치이데올로기를 견지하고 있으며, 이를 보증하는 제도적 장치로서의 군대 정치사업을 인민해방군의 생명선으로 간주한다. 이 때문에 중국공산당의 역대 영도자들은 모두 정치사업 제도를 통해 군대에 대한 영도지휘권을 확실하게 장악하고 이를 기반으로 하여 자신의 영도 권위를 확립하는 것을 철의 법칙으로 삼고 있다.

중국공산당과 군대의 관계를 회고해 보면, 지난 날 정치적 성격의 유격전과 운동전을 위주로 하는 인민전쟁 년대의 마오쩌둥과 덩샤오핑은 정권을 수립한 이후의 집정시기에도 인민군대의 창건자로서 뿐만 아니라 군사집단의 1인으로서, 특히 정치와 군사의 2중 역할자로서 군대 장령들과 매우 깊은 유대관계를 유지하고 있었으며, 당중앙군사위원회 주석으로서 군대에 대해 절대적인 영도권과 지휘권을 행사하고 있었다.

그러나 혁명세대의 퇴진과 더불어 순수한 당료(党僚) 출신으로서 군대와 별반 인연이 없는 제3세대 영도자인 장쩌민이 집권하게 되면서 당·군 관계에 미묘한 변화가 감지되기 시작했다. 당중앙군사위원회 주석직을 장악했지만 자신의 통제범위 밖에 있는 군사장령들의 지지가 절실히 필요했던 장쩌민으로서는 군대를 여하히 장악하여 자신의 영도력을 공고히 하느냐가 반드시 해결하고 넘어가야 하는 시급한 과제가 되었던 것이다. 그는 15년 동안 당중앙군사위원회 주석으로 있으면서도 군대의 지지를 얻기 위해서 당중앙군사위원회가 해야 할 사업들을 해당 총부와 군구 장령들에게 위임하여 협조를 얻는 형식을 채택했다.

장쩌민은 쉬차이허우(徐才厚)를 통해 군대 정치사업체제를 통제함으로써 군대에 대한 영도권과 지휘권을 무난히 행사할 수 있을 것으로 기대했다. 그러나 그의 기대는 크게 빗나가고 말았다. 얻은 것만큼 잃은 것도 있었다. 군대 정치사업의 실권을 장악한 쉬차이허우는 부정축재와 매관매직을 일삼으면서 심복들을 발탁하여 당 위원회의 집단영도는 물론이고 당중앙군사위원의 군사 영도권과 지휘권을 무력화시켰다.

장쩌민의 뒤를 이어 권좌에 오른 후진타오(胡錦濤) 역시 군대와 깊은 인연이 없는 당료 출신으로서 비록 당중앙군사위원회 주석직을 장악했지만, 그러나 장쩌민에 의해 발탁되어 당중앙군사위원회 부주석직을 차지하고 있는 궈보슝(郭伯雄)과 쉬차이허우(徐才厚)의 견제를 받고 있었다. 이처럼 4개 총부가 당중앙군사위원회의 많은 직능과 권한을 대행하면서 사실상 하나의 독립적인 영도 단위가 됨으로써 중앙군사위원회의 군대에 대한 실질적 영도는 한낱 구호에 그치고 있었다.

그러나 중국공산당 18대에서 제5세대 영도자로서 등극한 시진핑 당 총서기는 당중앙군사위원회의 의사결정과 집행 및 감독 직능이 4개 총부에 집중되어 있는 상황을 더 이상 방치할 수 없다고 판단한 후 지체 없이 반부패 숙청작업을 대대적으로 전개하면서 인민해방군 내의 장쩌민계 구세력들을 제거하고 자신의 군대에 대한 영도 권위를 확고히 하기 위한 작업에 착수했다.

시진핑은 2013년 3월 11일 제12기 전국인민대표대회 1차회의의 해방군대표단 전체회의에서 행한 연설을 통해 인민해방군의 임무와 역할에 관해 아래와 같이 강조했다:

"우리 군은 당의 정치임무를 집행하는 무장집단이며, 반드시 당의 지휘를 따르는 것을 군대 건설의 가장 중요한 것으로 삼고, 부대의 절대적 충성, 절대적 순결, 절대적 신뢰를 확실하게 보증해야 한다. 우리 군은 당이 창건했으며, 그 탄생은 당과 긴밀하게 연계되어 있고, 시종 당의 절대적 영도 하에 행동하고 전투를 한다. 우리 당은 마르크스주의의 정당이며, 성심성의껏 인민을 위해 복무하는 당이고, 오직 당의 군대에 대한 절대적 영도를 견지할 때 비로소 근본적으로 인민군대의 성격을 보증할 수 있다. 80여 년 동안 우리 군이 시종 강력한 응집력, 구심력, 전투력을 유지하고, 각종 시험을 겪으면서도 부단히 승리하고 또 승리를 향해 나아갈 수 있었던 가장 근본적인 원인은 당의 강력한 영도에 의지한 것이었다. 만약에 바로 이 점을 잃어버린다면 군대의 성격이 변하게 된다. 그 어느 때나 그 어떠한 상황하에서도 우리 군은 모두 반드시 당의 지휘를 따르는 이 강군의 혼을 견지하고, 당이 군대를 절대적으로 영도하는 근본 원칙과 인민군대의 근본 취지를 동요함이 없이 견지하며, 당의 이론, 노선, 방침 및 정책을 동요함이 없이 관철하고 집행하며, 시종 당에 충성하고, 사회주의에 충성하고, 조국에 충성하고, 인민에 충성해야 하며, 모든 행동은 당 중앙과 중앙군사위원회의 지휘를 따라야 한다."[23]

2014년 3월 15일 중국공산당은 중앙군사위원회 주석인 시진핑을 조장으로 하고, 중앙군사위원회 부주석인 쉬치량(許其亮)과 판창룽(范長龍)을 각각 부조장으로 하는 〈중앙군사위원회의 국방과 군대개혁의 심화를 위한 영도소조〉를 설립했으며, 이를 계기로 군대 개혁을 위한 실질적인 추진단계로 진입했다.

이어서 2014년 10월 31일 당 총서기, 국가 주석, 그리고 중앙군사위원회 주석인 시진핑은 푸젠성(福建省) 상항현(上杭縣) 구톈진(古田鎭)에서 개최된 전군정치사업회의[新古田會議]에서 행한 연설을 통해 군대 정치사업의 시대적 주제, 정치사업의 근본적 성격을 지니는 4가지 문제, 그리고 정치사업의 중점적인 5개 분야를 특별히 강조했다.

시진핑은,

"**첫째,** 군대 정치사업의 주제가 중화민족의 위대한 부흥인 중국몽을 실현하는 것을 긴밀하게 둘러싸고, 새로운 형세 하에서의 당의 강군목표를 실현하기 위해 견고한 정치적 보증을 제공하는 것임을 분명히 했다.

둘째, 군대 정치사업을 강화하는데 있어서 가장 긴요한 것으로서 근본적 성격을 지니는 4가지 문제, ①이상과 신념, ②당성 원칙, ③전투력의 기준, ④정치사업의 위신을 전 군에 공고히 하는 것임을 지적했다.

셋째, 군대 정치사업을 강화하는데 있어서 중점적으로 움켜잡아야 하는 5개 분야로서, ①군혼(軍魂)을 양성하는 사업, ②고급과 중급 간부의 관리, ③기풍 건설과 반부패 투쟁, ④전투정신 교육, ⑤정치사업의 혁신과 발전에 역점을 두고 진력하는 것임을 강조했다."[24]

23 習近平, "加强党史軍史和光榮伝統教育, 確保官兵永遠聽党話跟党走", 「求是」, 2021/15.

24 "全軍政治工作會議在古田召開,習近平出席會議並發表重要講話", 新華網, 2014年 11月 1日, http://www.xinhuanet.com//politics/2014-11/01/c-111307405.

2015년 1월 27일에 소집된 중앙군사위원회 개혁영도소조 제2차 전체회의는 개혁의 방향을 구체화했으며, 이어서 동년 7월 14일에 소집된 제3차 전체회의는 〈국방과 군대 개혁을 심화하기 위한 종합방안 건의〉를 심의하여 통과시켰다. 그 후 동년 7월 22일과 23일 양일 간 중앙군사위원회 상무회의와 중앙정치국 상무위원회는 〈종합방안〉을, 그리고 동년 10월 16일에는 중앙군사위원회 상무위원회가 〈영도지휘체제의 개혁실시방안〉을 심의하여 통과시켰다.

마침내 중국공산당 중앙은 2016년 1월 1일 〈중앙군사위원회의 국방과 군대 개혁에 관한 의견〉을 제기했으며, 중앙군사위원회의 주석책임제 강화, 중앙군사위원회의 총부체제 조정, 군구의 폐지와 전구의 신설, 전구합동작전지휘기구 설립, 기율검사와 정법 메커니즘의 혁신 등을 계획대로 실시하여 2020년 이전까지 중국몽과 강군몽을 뒷받침할 수 있는 역량을 강화한다는 청사진을 제시했다.

당 총서기 겸 당중앙군사위원회 주석인 시진핑이 "군대 당의 선도적 역할이 없이는 인민해방군의 모든 사업이 성공적으로 수행될 수 없으며, 군대 당 조직의 역량과 우세가 발휘되지 않고서는 국방과 군대의 개혁이 성공적으로 마무리될 수 없다는 판단 하에 군대의 각급 당 위원회, 특히 당 위원회의 제1책임자인 서기가 부대를 통일적으로 영도하며 군사혁신을 선도하는 강력한 선봉장 역할을 해야 한다."[25]고 강조했듯이 당의 군대로서 당의 절대적 영도를 받아야 하는 인민해방군의 특성상 당위제와 정위제를 대표로 하는 군대의 정치사업은 개편과 조정을 통해 강화하고 견지해야 하는 대상이 되고 있다.

시진핑의 군대 정치사업에 대한 기본 관점은 국방부 대변인인 우첸(吳謙)이 중앙군사위원회의 15개 직능기구를 설립하는 것에 관한 2016년의 기자회담 중 군대 개혁 이후에도 당 위원회 제도, 정치위원 제도, 정치기관 제도를 포함하는 군대 정치사업제도가 계속 유지될 것임을 확인한 발언 속에서도 잘 나타나고 있었다.

시진핑은 국방과 군대 개혁을 성공적으로 마무리한 후인 2017년 7월 21일 중국인민해방군 건군 90주년 기념을 주제로 한 전람회에 참석하여 행한 연설을 통해 인민군대로서의 기본 성격과 근본 취지를 아래와 같이 거듭 강조했다:

"인민군대가 90년 동안 고무하고 격려하며 분발하면서 견고한 이상과 신념,

---

25 "習主席在中央軍委改革工作會議上重要講話新思想新觀点新論斷新要求解讀", 「解放軍報」, 2015年 11月 4日字.

양호한 혁명전통, 완강한 전투기풍을 응집한 것은 우리의 고귀한 정신적 재부이다. 우리는 찬란한 역사를 마음 속 깊이 새기고 홍색 유전자를 계승하며, 새로운 출발점에서 혁명 선배가 세워놓은 위대한 사업을 끊임없이 추진해 나아가고, 많은 간부 대중과 전군의 모든 지휘관과 전투원들이 중국 특색의 사회주의의 길에 대한 자신감, 이론에 대한 자신감, 제도에 대한 자신감, 그리고 문화에 대한 자신감을 확고히 하도록 고무하고 격려하며, 중화민족의 위대한 부흥인 중국몽을 실현하기 위해 노력하고, 인민군대를 세계 일류의 군대로 건설하기 위해 조금도 해이함이 없이 분투해야 한다."[26]

그뿐만 아니라 시진핑은 "역사는 우리에게 당이 총검을 지휘하는 것이 인민군대의 본질과 근본 취지를 유지하는 것을 근본적으로 보장하는 것이며, 이는 우리 당이 피비린내 나는 투쟁 속에서 얻어낸 진리임을 말해주고 있다. 중국공산당이 있고, 중국공산당의 강력한 영도가 있기 때문에 인민군대가 전진하는데 방향이 있고, 힘을 가지게 되는 것이다. 앞으로 나아가는 길에 인민군대는 반드시 당의 군대에 대한 절대적 영도를 확고부동하게 견지해야 하며, 바로 이 점을 영원히 변할 수 없는 군혼(軍魂)으로, 그리고 영원히 버릴 수 없는 명줄로 삼아야 하며, 그 어느 때 그 어떠한 상황 하에서도 모두 당의 깃발로서 깃발을 삼고, 당의 방향으로서 방향을 삼으며, 당의 의지로서 의지를 삼아야 한다."[27]는 점을 지적했다.

시진핑의 군대 개혁은 전문화와 미래전쟁에 대비하여 군사영도지휘체제 개혁을 통해 전투력을 향상시키는 것을 목적으로 하는 것이었지만, 당·군 관계의 권력구조 관점에서 보면 "중앙군사위원회의 주석책임제를 전면적으로 실시하고, 군대의 최고 영도권과 지휘권을 당 중앙과 중앙군사위원회가 확실하게 장악하는 것을 보증하기 위한 것이기도 했다. 군사 개혁 이전에는 중앙군사위원회가 비록 최고 의사결정기구이긴 했지만, 그러나 그 과정에서 중앙군사위원회는 결코 군대를 영도하고 작전을 지휘하는 권력을 실질적으로 장악하지 못하고 있었다. 그 영도권과 지휘권을 4대 총부와 해군, 공군, 제2포병사령부 등이 나누어 가지고 있었다."[28]

---

26 習近平, "2017年7月21日在參觀慶祝中國人民解放軍建軍90周年主題展覽時的講話", 前揭書.

27 習近平, "2017年8月1日在慶祝中國人民解放軍建軍90周年大會上的講話", 上揭書.

요컨대, 시진핑의 입장에서는 인민해방군의 정치사업이야말로 약화될 수 없고 오직 강화할 수만 있으며, 정체할 수 없고 오직 전진할 수만 있으며, 피동적일 수 없고 오직 능동적일 수만 있는 것으로서, 그 어느 때 그 어느 상황 하에서라도 군대 정치사업의 근본 임무와 기본제도는 변할 수가 없는 것이었다. 그래서 그는 인민해방군 총부에 과다하게 집중된 권력을 거두어들이기 위한 당중앙군사위원회의 주석책임제 강화, 총정치부에 과다하게 집중된 권력을 분산하고 견제하기 위한 제도적 조치, 그리고 미래전에 대비한 전시 정치사업의 연구 및 발전에 역점을 둠으로써 당의 군대에 대한 절대적 영도와 당이 총검을 지휘하는 정치원칙을 공고히 하는 쪽으로 정치사업을 개편 및 보강하고 있다.

2. 총정치부의 폐지와 정치사업부의 신설

개혁을 통해 신설된 중앙군사위원회 정치사업부는 과거 인민해방군 내의 당무사업에 대해 전권을 행사하면서 책임을 지고 있었던 총정치부와 비교할 때 그 임무와 지위 및 역할 면에서 상당한 차이를 보여 준다.

과거 총부체제 하에서는 총정치부가 군대의 정치, 인사, 기율검사, 정법 등 모든 사업을 관장하면서 부대 정치사업을 영도하고 지휘하는 실질적인 권력을 행사하고 있었다. 그러나 현재의 정치사업부는 오직 정치사업만을 책임지고 있으며, 기율검사와 정법 및 보위 직능은 별도의 전문적인 책임부문이 관장하고 있다. 현재는 중앙군사위원회→총정치부(정치사업·기율검사·정법)→각 부대로 이어지는 영도체제가 폐지되고 중앙군사위원회(정치사업부·기율검사위원회·정법위원회)→각 부대로 이어지는 영도체제가 유지되고 있다. 그뿐만 아니라 당중앙군사위원회 주석이 정치사업부, 기율검사위원회, 정법위원회를 직접 통제하면서 군대의 인사, 기율검사 및 정법 권력을 완전히 장악하고 있다.

---

28 吳銘, "重塑我軍領導指揮体制是强軍与興軍的必然選擇", 「解放軍報」, 2015年 11月 30日字.

【총정치부 개편 이후의 직능변화】

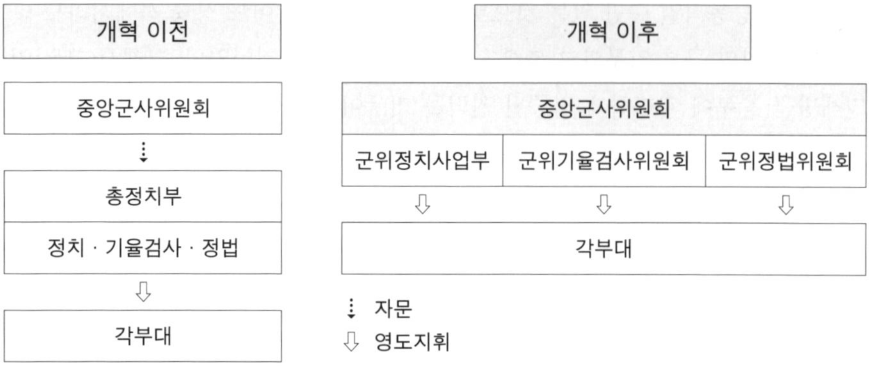

1) 총정치부의 주요 직책

개혁 이전의 〈정치사업조례〉 규정에 따라 인민해방군 총정치부는 아래의 사항을 관장하고 있었다:

① 조직사업
② 간부사업
③ 선전교육사업
④ 정법사업
⑤ 보위사업
⑥ 감찰사업
⑦ 문화체육사업
⑧ 대중사업
⑨ 연락사업
⑩ 군사심판사업
⑪ 군사검찰사업
⑫ 군사훈련 중의 정치사사업
⑬ 임무 집행중의 정치사업
⑭ 전시정치사업
⑮ 3전(3戰: 심리전·여론전·법률전) 사업의 전개
⑯ 군대 원·교(院校)의 정치사업

⑰ 예비역부대와 민병의 정치사업
⑱ 정치기관과 정치간부대오의 건설
⑲ 정치사업의 정보화 건설
⑳ 정치사업 연구

이처럼 총정치부는 인민해방군의 조직 내에서 군대 내의 사상과 조직 사업, 정치사업의 영도부문, 군대의 기율과 군법 준수, 3전의 운용과 적군 와해 사업을 책임지고 있었으며, 군대 내의 인사 대권을 장악하고 있으면서 막강한 영향력을 행사하고 있었다.

총정치부는 편제상 판공청, 조직부, 간부부, 선전부, 보위부, 문화부, 대중사업부, 연락부, 직속사업부, 기율검사부, 군사법원, 군사검찰원 등을 두고 있었으며, 직속기관으로는 해방군보사, 가무단, 출판사 등 문화와 체육 단위, 그리고 정치군관을 양성하는 학원을 두고 있었다.

2) 정치사업부의 개편 방향

시진핑은 중앙군사위원회 주석책임제를 강화함과 동시에 지나치게 권력이 집중된 총정치부의 지위와 역할을 축소하는 방향으로 제도와 직능을 조정했다. 그는 원래 인민해방군의 기율검사와 정법 및 보위 사업 부문을 장악하고 있던 총정치부를 정치사업부로 개편하면서 그 직권범위도 인민해방군의 사상과 정치 사업 위주로 제한했다. 원래 총정치부가 관장하고 있던 기율검사 사업은 신설된 중앙군사위원회 기율검사위원회로 이관하고, 검찰과 심판 및 보위 사업은 중앙군사위원회 정법위원회로 넘겨 관장하도록 했다.

중앙군사위원회 기율검사위원회와 중앙군사위원회 정법위원회는 모두 중국공산당 중앙군사위원회 직속으로서 중앙군사위원회 정치사업부와 동일한 등급이며, 그 수장도 모두 상장 계급으로서 전구 수장과도 동급을 유지하고 있다. 특히 중앙군사위원회 기율검사위원회 서기인 장성민(張升民) 상장은 2017년 공포된 당 중앙군사위원회 위원 명단에 정치사업부 주임인 먀오화(苗華)와 함께 포함되어 있었다.

중앙군사위원회 기율검사위원회와 중앙군사위원회 정법위원회는 정치사업 체계를 벗어난 후에 독립적으로 검사, 순시, 사법 등 사업을 전담하고 있다. 그뿐만 아니라 당중앙군사위원회는 전담기율검사위원회를 각 부문에 파견하여 해당 기율검사위원회 서기를 맡도록 하고, 해당 단위의 부(副)정치위원과 동급의 계급을 부여함으로써 해당 부대의 군사 수장 및 정치위원으로부터 그 어떠한 구속을 받지 않고 독자적으로 사건을 조사하고 처리하는 감독메커니즘을 강화했다.

이로 미루어 보아 시진핑은 인민해방군 내에서 장기간 동안 인사, 선전, 기율검사, 정법, 보위 사업을 장악하고 있는 총정치부의 권력을 분산시켜 더 이상 정치사업부의 권력이 비대해지는 것을 사전에 차단하고, 고위 군사장령들의 부패와 독직 사건이 재발하지 못하도록 하는데 초점을 맞추고 있는 것처럼 보인다. 그러나 당·군 관계의 또 다른 관점에서 보면 당의 사상과 정치 영도에 속하는 군대의 사상과 정치 사업은 중앙군사위원회 정치사업부가 담당하도록 하고, 당의 조직과 기율 영도에 속하는 사업은 중앙군사위원회 기율검사위원회가 관장하도록 하며, 정법과 보위 사업은 중앙군사위원회 정법위원회가 관장하도록 함으로써 이들 3개 위원회가 부대 정치사업을 서로 견제하고 감독하게 할 수 있는 이점이 있으며, 또 한편으로는 중앙군사위원회 주석이 이들 3개 위원회로부터 각각 보고를 받고 지시하는 형식을 취할 수 있어 당의 군대에 대한 절대적 영도를 보증하는 것에도 더욱 더 도움이 될 것으로 보인다.

이 밖에도 원래 총정치부에 속해 있던 예술학원, 난징(南京)정치학원, 시안(西安)정치학원이 해방군 국방대학 군사문화학원, 국방대학 정법학원, 국방대학 정치학원으로 각각 편입되었으며, 원래 간부부의 원교국이 개편되어 신설된 중앙군사위원회 군사훈련관리부 원교국이 관장하도록 했다. 원래 심리전을 책임지고 있던 총정치부 연락부는 전략지원부대로 편입되었고, 병사와 군무원국이 신설되면서 작전에 참가하지 않는 비전투 현역인원의 직위를 군무원이 담당하게 되었으며, 인력자원을 작전지휘와 건설관리로 구분함으로써 인민해방군의 인력 구성을 최적화했다.

그뿐만 아니라 전시 정치사업의 3전(3戰)도 정치사업의 범주를 벗어나 이미 서로 다른 직능단위가 관장하고 있다. 심리전은 전략지원부대가 관장하고 있고, 법률전은 군사심판, 군사검찰, 사법행정 사업 단위가 관장하고 있으며, 여론전은 3전의 중요한 플랫폼이 되고 있는 네트워크여론국이 전담하고 있다.

【군사개혁 이후 중앙군사위원회 정치사업부 조직조정내용】

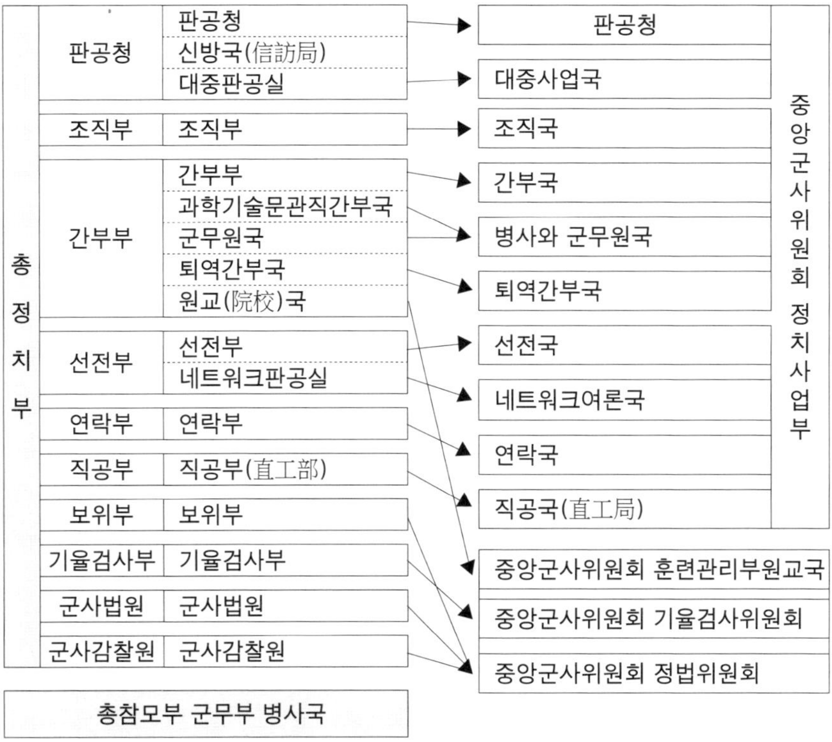

❖ 資料出處: 范宏宙撰, 「習近平改革後共軍政工組織與職能調整之研究: 主觀文人統制的觀點」, (中華民國國防大學政治作戰學院政治學系, 博士論文, 2019.) p.156.

3) 정치사업부의 업무 분장

(1) 판공청

중앙군사위원회 정치사업부의 각항 사업을 통합하여 관리하며, 상급이나 또는 동급과의 협조관계를 책임진다. 주로 외사(外事)와 사법행정 및 편찬연구를 관장한다.

(2) 조직국

원래는 조직부였으며, 현재는 조직사업을 책임지는 조직처, 군대 내의 당무사업을 책임지는 당무처, 공산주의청년단과 청년사업을 담당하는 군단처(群団處),

【군사개혁 이후 중앙군위 정치사업부 소속 직속단위 조직 조정 내용】

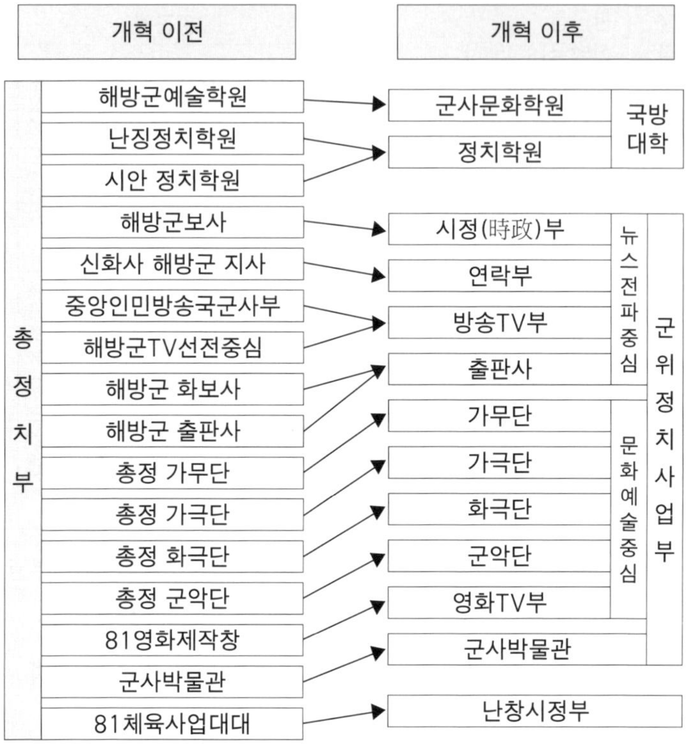

❖ 資料出處: 范宏宙撰, 「習近平改革後共軍政工組織與職能調整之研究: 主觀文人統制的觀點」, (中華民國國防大學政治作戰學院政治學系, 博士論文, 2019.) p.159.

그리고 기층의 규범화 건설을 담당하는 기층처(基層處)로 편성되어 있다. 주로 당의 건설사업, 당 지부 사업, 당원의 발전과 교육훈련 및 관리감독, 군대의 청년사업, 민주제도, 부녀사업, 사단(社团)관리, 군인의 결혼관리 등을 주요 임무로 한다.

(3) 간부국

원래는 간부부였으며, 현역 군관의 인력자원 관리와 건설을 책임진다. 주로 군관의 계급, 간부의 양성, 간부의 정보화 건설, 전문직 기술간부, 간부의 복지, 간부의 보수와 대우, 간부의 심사 및 안배, 간부의 퇴역, 간부의 서류 등을 담당한다.

(4) 선전국

원래는 선전부였으며, 현재는 군대의 문화체육 건설을 책임지는 문화처, 군대의 선전과 모범을 표창하는 교육처로 편성되어 있으며, 군대의 선전사업, 출판사업, 문화사업, 체육사업, 기층문화사업을 담당한다.

(5) 네트워크여론국

원래는 보위부에 속했으며, 네트워크의 여론환경과 여론 상황을 장악하고, 군대의 네트워크 여론상황을 분석하며, 군대의 네트워크 여론을 인도하고, 부대에 악영향을 미치는 네트워크상의 자료를 처리함으로써 군심과 사기 및 국가의 안전을 보장하는 것을 주여 임무로 삼는다.

(6) 병사와 군무원국

원래는 간부부에 속했으며, 현재는 군무원 간부와 병사 사업을 전담하고 있다. 군무원의 임면과 대우 및 퇴역을 관리하며, 병사의 경우는, 의무병과 지원병 관리, 기술병 양성, 병사의 계급과 상벌 및 대우, 사병의 제대 관리를 책임진다.

(7) 퇴역간부복무관리국

원래는 간부부에 속했으며, 전 군의 퇴역간부를 위해 복무하고 관리하는 책임을 진다. 퇴역군인의 배치, 생활보조, 전상자 위로금, 복지대우, 직업훈련, 주거보조비 지급, 의료지원, 교육지원, 양로보험 등 사업을 전담한다.

(8) 대중사업국

원래는 판공청 내의 대중사업판공실이었으며, 현재는 판공청과 동급으로 정치사업부의 1급단위이다. 현재는 군과 민의 공동 건설, 군과 민의 화합, 경제건설 지원, 재난구조 참가, 소수민족의 대중사업, 군대의 대중기율 사업, 군·정과 군·민 관계 처리, 군과 민의 마찰 방지와 처리, 전 인민의 국방관념 선양, 그리고 기층대중사업을 전담한다.

(9) 직속사업국

원래 통정치부 직속사업부였으며, 현재는 정치사업부 소속의 직속기구와 부대

【중국인민해방군 정치기관 조칙체계도】

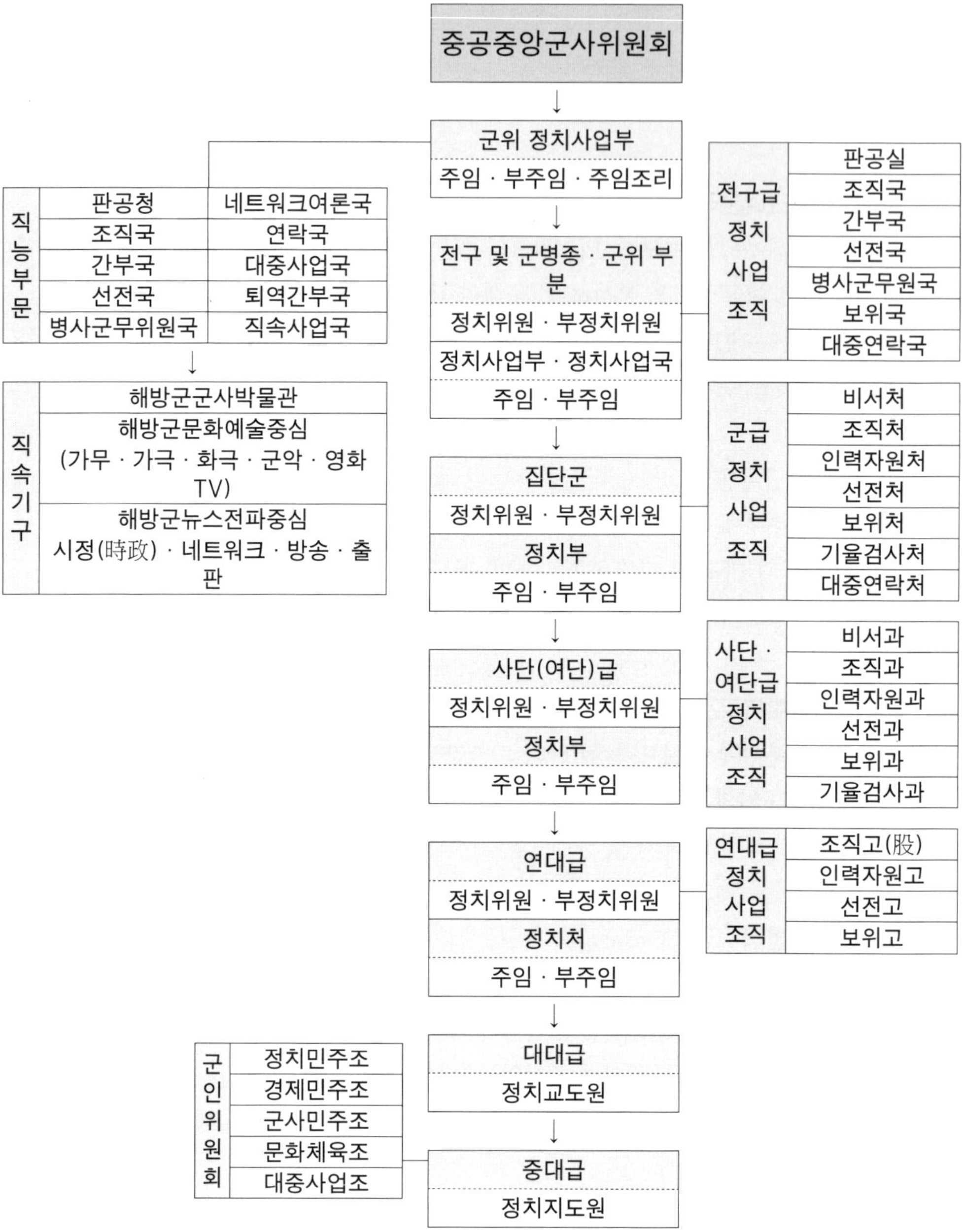

❖ 資料出處: 范宏宙撰, 「習近平改革後共軍政工組織與職能調整之硏究: 主觀文人統制的觀點」, (中華民國國防大學政治作戰學院政治學系, 博士論文, 2019.) p.175.

의 정치사업, 인사행정관리, 환경위생 등 사업을 주로 관장한다.

⑽ 연락국

연락국은 주로 타이완의 정치정보 수집, 양안관계, 외국군대에 대한 조사연구, 그리고 대외우호협력 등 사업을 관장한다. 관련 단위인 중국국제우호연락회, 중화문화발전촉진회, 중국군사문화연구회, 중국화예방송공사, 해협의소리방송국, 61716부대 등과 업무를 협조하고 있다.

4) 정치사업부의 주요 임무

군대 정치사업의 개혁은 중앙군사위원회의 최고 등급에서는 권력의 분권 및 견제에 초점이 맞추어져 있었으며, 새롭게 개편된 중앙군사위원회 정치사업부의 경우, 그 조직에 있어서는 직능을 분화하고, 체제와 편제에 있어서는 등급을 축소하는 방향으로 개편되었다. 대군구가 전구로 개편되면서 그 정치사업 직능도 조정되었으며, 다른 각 등급의 정치기관은 조직의 규모가 축소된 것 이외에 직능상의 사업 내용은 그대로 유지되고 있다.

이처럼 총정치부가 폐지되고 새로 개편된 중앙군사위원회 정치사업부는 기율검사와 군법 및 연락 사업을 제외하면 종전의 총정치부 때와 다름없이 군대 내의 사상교육, 조직, 보위 등 사업을 계속하고 있다. 현재 정치사업부는 주로 당의 사상건설, 조직건설, 정치교육, 그리고 군사인력자원의 관리를 책임지고 있다. 정치사업부의 주요 임무는 아래와 같다:

⑴ 당의 군대에 대한 절대적 영도 보장

① 당 중앙과 중앙군사위원회의 결의와 명령 및 지시를 관철한다.

② 당의 노선과 방침 및 정책, 그리고 국가의 헌법과 법률이 군대에서 관철되고 집행되는 것을 보증한다.

③ 군대가 마르크스레닌주의와 마오쩌둥사상, 그리고 역대 영도자의 중요 사상을 학습하고, 중국 특색의 사회주의 이론체계로 장병을 교육하는 것을 영도한다.

④ 군대 정치사업의 방침과 정책 제도를 수립하고, 정치사업 법규를 제정한다.

⑤ 당 중앙과 중앙군사위원회에 적시에 상황을 반영하며 지시를 바라고 보고한다.

(2) 조직사업

당의 기본노선을 관철하고, 군대가 사명과 임무를 완수하는 것을 조직적으로 보증하며, 다음의 사항을 포함한다:

① 군대 당 조직의 정책과 제도를 수립하고, 군대 내 당 조직의 건설을 지도한다.
② 중국공산당 전국대표대회에 출석하는 군대 대표를 선거를 통해 선출한다.
③ 군대 당원의 발전, 교육, 관리 사업을 영도한다.
④ 군대의 당무사업을 관리한다.
⑤ 군대의 영웅 모범의 학습활동을 영도한다.
⑥ 군인의 공적 평가와 상훈, 무휼(撫恤)과 우대, 결혼과 연애 사업을 관리한다.
⑦ 정치사업 조례의 제정과 수정 및 집행 상황을 감독하는 것을 책임진다.
⑧ 전국인민대표대회와 현급 이상의 지방 각급 인민대표에 출석하는 군대 대표를 선거를 통해 선출한다.
⑨ 군대 내 각급 중국공산당 전체위원회, 상무위원회의 사무를 책임진다.
⑩ 군대 내 공산주의청년단 건설을 영도한다.
⑪ 군대의 청년사업을 관리한다.
⑫ 군대의 부녀사업을 책임진다.
⑬ 군대의 관련 사회단체 조직의 사무를 영도한다.
⑭ 무경(武警)부대 당의 사업 및 정치사업 추진을 관리한다.

(3) 군사인력관리 사업

당의 간부를 관리하고, 당이 인재를 관리하는 것을 견지하며, 총검이 공산당에 충성하고, 공산당이 신뢰할 수 있는 사람의 수중에 장악되는 것을 확실하게 보증하며, 다음의 사항을 포함한다:

① 군대의 심사, 임면, 안배, 계급 평정, 기술직의 평정을 책임진다.
② 군대의 간부사업 정책과 제도, 그리고 간부대오의 건설계획을 제정한다.
③ 집단군급 이상의 영도집단과 정사단(正師団)직 이상 영도간부의 임면, 안배계획, 현역퇴역 사업을 심사하여 평가하는 것을 책임진다.
④ 군관의 계급 사업을 관리한다.
⑤ 전문기술직 군관과 문관직 간부와 인원 사업을 관리한다.
⑥ 간부의 양성, 원·교(院校) 신입생 모집, 병사의 간부 발탁 승진, 그리고 졸업

생의 배치 사업을 관리한다.

⑦ 국민교육에 위탁하여 군대간부를 양성하는 사업을 책임진다.

⑧ 군대간부를 선발하여 외국에 유학을 보낸다.

⑨ 군인의 보수와 복지를 관리한다.

⑩ 예비역 군관과 전문직 인민무장대오를 지도한다.

⑪ 군대를 떠난 퇴역간부를 영도하고 관리한다.

⑫ 군인이 전국인민대표대회, 중국인민정치협상회의 전국위원회 참가하는 것을 맡아 처리한다.

⑬ 군대간부가 정보계통 자료관리와 서류관리 사업을 종합하는 것을 책임진다.

(4) 선전교육 사업

공산당의 이론으로 장병의 이상과 신념을 확고부동하게 보증하며, 다음의 사항을 포함한다:

① 군대 내의 선전선동과 교육, 그리고 대외적인 형상 선전과 뉴스발표를 책임진다.

② 군대의 사상정치 교육과 선전사업의 계획을 수립하고, 군대의 사상정치 교육과 이론학습 및 원·교(院校)의 정치이론 교학사업을 지도한다.

③ 사상정치 교육과 이론 학습의 기본교재를 편집하고 심사한다.

④ 군대의 정치이론 연구와 이론대오의 건설을 영도한다.

⑤ 군대의 사회주의 정신문명 건설을 지도한다.

⑥ 군대가 당대 혁명군인의 핵심적 가치관을 육성하는 사업을 전개하는 것을 지도한다.

⑦ 군대의 일상적 사상사업과 심리복무 사업을 지도한다.

⑧ 군대의 뉴스선전·출판사업을 영도하고 관리한다.

⑨ 중대한 사건, 중대한 활동, 그리고 중대한 전형(典型)의 선전 보도를 협조한다.

⑩ 정치사업의 정보네트워크를 관리한다.

⑪ 군사의 대외선전사업을 지도하고 관리한다.

(5) 문화체육사업

① 부대 내의 문화·체육 활동을 책임지고, 군대 문화사업의 정책과 제도, 그리고 문화·체육의 발전계획을 수립한다.

② 전 군의 문화체육 활동과 문화체육 대오의 건설을 지도한다.

③ 전 군의 문예창작, 연출, 평론, 이론연구, 체육대회를 계획하고 지도한다.

④ 전 군위 문화도서, 녹음과 녹화 제작물의 출판, 발행, 방영 사업을 지도한다.

⑤ 기층부대의 문화사업부문에 구락부, TV방영조를 설치하는 것을 도우며 지도한다.

⑥ 전 군의 문화장비, 기재, 시설의 건설과 관리 사업을 지도한다.

(6) 대중과 연락사업

부대의 군·정, 군·지방 간의 관계를 향상하고, 우군을 단결시키고, 적군을 와해하며, 다음의 사항을 포함한다:

① 군대와 주둔지역 대중의 군대 옹호, 인민 사랑, 군과 민의 마찰 등을 처리하는 사업을 연계하고 협조한다.

② 정부의 상관 부문과 회동하여 군·정, 군·민 관계를 협조하는 정책과 제도를 수립한다.

③ 군대가 군과 민이 함께 사회주의 정신문명을 건설하는 활동에 참가하고, 사회주의와 조화사회의 건설에 참가하는 것을 지도한다.

④ 〔군인을 옹호하고 군인가족을 우대하는〕 옹군우속(擁軍優屬)과 〔정부를 옹호하고 인민을 사랑하는〕 옹정애민(擁政愛民)의 모범단위를 건설하는 활동을 책임진다.

⑤ 민족정책, 종교정책을 집행하며, 대중의 기율을 준수하는 상황을 검사한다.

⑥ 군대가 국가경제사회의 건설을 지원하고, 재난구조와 사회공익사업에 참가하며, 빈곤퇴치 사업을 전개한다.

⑦ 타이완에 대한 사업을 전개한다.

⑧ 해외교민에 대한 사업을 전개한다.

⑨ 외국군대의 상황을 조사연구하고, 선전사업을 전개한다.

⑩ 국제적십자와의 연락사업을 진행한다.

(7) 군사훈련과 임무 수행 중의 정치사업

① 군사훈련 중의 정치사업 규정을 제정한다.

② 군대의 군사훈련 중의 정치사업 상황을 장악하고, 적시에 강화하고 개선하는 것에 대한 의견을 제기한다.

③ 군대가 군사훈련 중에 모범 병사와 선진적 전형을 선발하여 표창하고 선전한다.

⑤ 다양화된 군사임무의 특징과 요구에 근거하여 정치사업 규정을 제정한다.

⑥ 비전쟁 군사행동 중의 정치사업을 추진하고, 군대의 전투대, 사업대, 선전대 역할을 발휘한다.

⑦ 비전쟁 군사행동 중의 정치사업을 강화하고 개선하는 의견을 제시한다.

⑧ 후근보장, 장비보장, 과학연구, 과학실험, 원·교 교학 및 국방시공, 전비근무 중의 정치사업을 지도한다.

⑨ 선진 경험을 총결산하여 널리 보급하며, 중대한 전형을 선전하고 표창한다.

(8) 전시 정치사업

① 전시 정치사업 지시를 하달한다.

② 부대가 작전동원을 진행하는 것을 지도한다.

③ 참전부대의 당단(党团)을 조직하며, 당 위원회가 작전에 대한 통일적 지도를 실시하는 것을 지도한다.

④ 간부를 조정하고 보충한다.

⑤ 전시 안전보위사업을 안배하고, 적의 침투, 모반획책, 파괴를 방비한다.

⑥ 전시 군사뉴스 관제를 계획하고 실시한다.

⑦ 대중이 전선을 지원하기 위해 참전하는 것을 계획하고 동원한다.

⑧ 무휼우대와 열사의 보상과 표창 사업을 책임진다.

⑨ 전시의 장려와 징벌 규정을 수립한다.

⑩ 귀순자, 포로, 포로로 잡힌 자에 대한 정책과 법규를 제정한다.

⑪ 여론전을 전개하고 그 교육훈련을 실시하며, 여론전을 위한 인재대오, 전문역량 및 장비 건설을 강화한다.

(9) 원·교 정치사업

① 원·교(院校) 정치사업의 정책과 제도를 수립한다.
② 원·교가 사상정치 건설을 강화하는 것을 지도한다.
③ 원·교 교원의 선발, 양성, 임용, 교류 사업을 지도한다.
④ 원·교의 정치이론과 교재체계를 책임지며, 원·교가 정치이론과의 교학 수준을 향상시키는 것을 지도한다.
⑤ 군대의 정치 원·교 건설을 영도한다.

(10) 민병과 예비역 및 무경부대 정치사업

① 당이 무경(武警)을 관장하는 것을 견지하며, 예비역 부대와 민병의 사상 건설과 조직 건설을 강화한다.
② 예비역 부대와 민병의 정치사업 정책과 제도를 수립한다.
③ 예비역 부대와 민병의 사상정치교육을 지도하며, 조작의 정돈, 군사훈련, 전비근무를 실시한다.
④ 예비역 부대와 민병의 전시 정치사업을 영도한다.
⑤ 예비역 부대와 민병이 돌발사건을 처리하고, 사회주의 현대화 건설에 참가하는 임무 중의 정치사업을 영도한다.
⑥ 예비역 군관을 영도하고 관리한다.
⑦ 전 인민의 국방교육을 추진하고, 병역과 학생의 군사훈련 중의 저이사업을 지도한다.

(11) 정치기관과 정치간부대오의 건설

① 전 군의 정치기관, 정치간부의 체제와 편제를 기초하여 제정하며 관리한다.
② 군대의 정치기관과 정치간부 대오의 건설계획을 수립한다.
③ 군대의 정치기관 건설과 정치간부의 양성을 지도한다.

(12) 정치사업 연구

① 정치사업과 관련된 외사사업을 관리한다.
② 군대의 민원사업을 지도한다.
③ 군대의 정치사업 사료 편찬을 지도한다.

④ 군대의 정치사업 경비를 관리한다.

3. 중앙군사위원회 기율검사위원회

〈군대정치사업조례〉의 규정에 의하면, 각급 기율검사위원회의 주요 임무는 아래와 같이 요약된다:

① 당의 장정과 기타 당 내의 법규를 옹호하고, 당의 노선, 방침, 정책, 그리고 중앙군사위원회의 결의, 명령, 지시 및 상급 당 위원회와 상급 기율검사위원회의 결의를 관철하고 집행하는 것을 검사하고 감독하며, 당 조직과 당원이 사상, 정치, 행동에 있어서 당 중앙과 고도의 일치성을 유지하는 것을 보증한다.

② 당해 단위의 당풍과 당기 실태를 조사하고 분석하며, 당 위원회가 당풍과 청렴정치 건설을 강화하는 것을 협조한다. 정치기관이 당원에 대해 당성, 당풍, 당기 교육을 진행하고, 당기를 옹호하는 것에 관한 결정을 내리는 것을 협력한다.

③ 당의 조직과 당원이 당의 장정과 기타 당 내의 법규를 위반하는 안건을 검사하고 처리한다.

④ 동급과 하급 당 위원회 및 그 구성원이 민주집중제를 집행하고, 당기를 준수하는 상황 및 사상과 기풍 실태를 검사하고 감독한다.

⑤ 당 조직과 당원의 당기 위반을 검거하고 고소하는 것을 수리하며, 당원의 제소를 수리하며, 당원을 구타하고 보복하며 무고하며 위해를 끼치는 문제를 검사하고 처리한다.

⑥ 동급 당의 대표대회, 동급 당의 위원회, 그리고 상급 기율검사위원회에 사업을 보고한다.[29]

개혁 이전의 중국공산당 중앙군사위원회의 기율검사위원회는 당의 전군기율검사기관으로서 그 구성원은 중앙군사위원회가 결정했으며, 중앙군사위원회의 기율검사위원회는 중앙군사위원회와 중앙기율검사위원회의 2원화영도 하에 총정치부와 함께 공동으로 당의 전군기율검사사업을 진행했다.[30] 그뿐만 아니라 중국

29 2021年「軍隊政治事業條例」, 第32條.

30 2010年〈中國人民解放軍 政治事業條例〉第49條.

인민해방군 내의 연대급 이상 단위에 설립된 각급 기율검사위원회는 당의 기율을 유지하고 집행하는 각급 검사기관으로서 동급 당의 위원회와 상급 기율검사위원회의 2원화영도 하에 사업을 진행하고 있었다.[31]

이처럼 인민해방군 내부의 기율검사 체제는 주로 당 위원회가 책임을 지고, 각급 수장이 부대에 대해 기율감찰을 실시하며, 정치기관은 부대의 행정감찰 사업을 영도하고, 기율검사감찰 부문은 행정감찰 직능을 이행했다. 군대기율검사위원회 서기직은 대부분이 총정치부 부주임이 겸임했으며, 쉬차이허우(徐才厚)도 2000년 12월 총정치부 상무부주임으로 있으면서 중앙군사위원회 기율검사위원회 서기직을 겸임하기도 했다.

인민해방군 각급 부대의 기율검사, 검열조사 및 심판기관은 각급 정치기관에 종속된 2급 부문으로서, 당 위원회의 영도도 받고 있었기 때문에 군직(軍職)의 기율검사와 정법 간부는 단위의 예속관계와 인사임면권을 고려하지 않을 수가 없어 감히 법에 따라 직권을 독립적으로 행사하기가 쉽지 않았으며, 심지어 당 위원회 정부(正副) 서기를 담당하고 있는 군·정 수장이 구체적인 안건을 직접 묻거나 간섭할 수가 있었다. 이처럼 기율검사 및 정법 부문은 장기간 동안 정치 부문에 속해 있었고, 인사 및 예산도 모두 정치부문의 통제 하에 있었기 때문에 그 독립성과 권위성을 유지하기란 사실상 불가능했다.

그러나 개혁 이후의 중앙군사위원회 기율검사위원회는 ①중앙군사위원회의 직속 독립기관으로서 군대 내 당의 기율검사, 조사감찰 및 순시 등 직능을 책임지고 있으며, ②기율검사위원회 서기직도 정치사업 부직(副職)이 겸임하던 것을 없애고 전직(專職)과 상설 편제를 채택하고 있으며, ③파견제도를 실시하고 있고, ④2중영도체제를 구체화하고 있다.

"연대급 이상 단위에 설립된 각급 기율검사위원회는 각급이 당의 기율을 유지하고 집행하는 검사기관으로서 동급 당의 위원회와 상급 기율검사위원회의 2중영도 하에 사업을 진행하고 있다."[32] 그뿐만 아니라 "중국공산당 중앙군사위원회 기율검사위원회는 전군 당의 기율검사기관으로서, 그 편성 인원은 중앙군사위원회가 결정한다. 중앙군사위원회 기율검사위원회는 중앙군사위원회와 중앙기율검사

31 上揭條例, 第48條.

32 2021年「軍隊政治事業條例」 第29條.

【군사개혁 이후 인민해방군 기율검사 기구 지휘체제도】

위원회의 2중영도 하에 정치사업부와 공동으로 전군 당의 기율검사 사업을 책임진다. 연대급 이상 단위 당의 기율검사위원회는 동급 당 대표대회가 선거를 통해 선출하며, 정수는 7-11인으로 하고, 서기와 부서기를 두고 있으며, 상무위원회는 설치하지 않고 있다."[33]

4. 중앙군사위원회 정법위원회

개혁 이전, 인민해방군의 군사심판, 군사검찰, 보위 사업 등은 정치사업의 범위 내에 포함되었으며, 군대의 정치사업 부문이 관장하고 있었다. 그러나 현재는 중앙군사위원회 정법위원회가 정법 직능을 총정치부로부터 넘겨받아 관장하고 있으며, 주요 업무는 아래와 같이 요약된다:

① 정법사업의 영도체계, 정책, 법규와 제도를 확립한다.

---

33 上揭條例, 第30條.

② 군사심판, 군사검찰, 사법행정, 그리고 보위 사업의 협조관계를 계획한다.
③ 인민해방군의 범죄예방사업과 중대 안건에 대한 조사 및 처리를 지원한다.
④ 정법 부문의 내부감독 통제메커니즘의 개선을 지도한다.
⑤ 인민해방군 정법기관과 정법대오의 건설을 지도한다.
⑥ 보위 사업의 정책과 법규 및 제도를 수립한다.
⑦ 군대 내부의 보위, 보안, 방첩을 책임진다.
⑧ 부대의 관할범위 내의 형사 안건을 수사한다.
⑨ 부대의 안전경비 사업을 지도한다.
⑩ 인민해방군의 은폐투쟁 사업을 영도한다.
⑪ 민족분열세력, 종교적 극단세력, 폭력테러세력 및 기타 반동세력의 분열, 파괴, 침투 활동에 대한 대처 방법과 사업을 협조하고 지도한다.
⑫ 전 군의 형사사건 수사와 형사과학기술 사업을 영도한다.
⑬ 전 군의 군사 감옥과 교도소 사업을 영도한다.

당중앙군사원회 직속의 군대사법기관으로서 정법위원회는 법에 따라 직권을 독립적으로 행사하고 있으며, 구역에 따라 군사재판과 검찰기구를 두고 있다. 중앙군사위원회 등급 하위에는 법률적으로 성(省)의 고등법원에 상당하는 정군(正軍)급 군사법원과 군사검찰원을 두고 있다. 그리고 각 전구에는 법률적으로는 중급 인민법원에 상당하는 정사단(正師团)급 군사법원과 군사검찰원을 설치했으며, 전구 범위 내의 각 군·병종과 무경(武警)부대 내부의 특정 직무 이상 인원의 형사안건의 2심을 책임지도록 하고 있다. 전구 군사법원과 군사검찰원 하에 다시 부사단(副師团)급 지방군사법원과 지방검찰원을 두고 있으며, 당해 성, 자치구, 직할시 범위 내의 각 군·병종과 무경부대 내부의 특정 직무 이하 인원의 형사안건의 1심을 책임지도록 하고 있다. 이 밖에도 중앙군사위원회 정법위원회는 원래의 중앙군사위원회 법제국, 그리고 총정치부의 보위부,사법국, 군사감옥 등을 모두 흡수함으로써 그동안 약화되고 행정화된 사법권을 집중적이고 통일적으로 행사하고 있다.

특히 2021년 4월 1일부터 시행하고 있는 〈중국공산당군대위원회정법위원회사업규정(시행)〉은 당 위원회 정법위원회의 설치와 운용, 직능과 임무, 그리고 사업 제도를 체계적으로 규범화함으로써, 당이 정법 사업을 영도하는 원칙과 제도를 관철하고 실현하고, 군대 정법사업에 대한 중앙군사위원회의 집중적이고 통일적인 영도를 강화하며, 헌법과 법률이 군대에서 정확하고 통일적으로 실행되도록 하는데 있어서 준거를 제공하고 있다.

〈규정〉에 근거하여 당 위원회 정법위원회는 부대 정법사업의 직능 부문을 영도하고 관리하며, 정치사업 부문을 설치하고 있는 연대 이상 부대와 연대 이상 부대에 상당하는 단위는 일반적으로 당 위원회 정법위원회를 설립한다. 개혁 이전에는 중앙군사위원회 기율검사위원회 서기가 인민해방군 정법위원회 서기직을 겸임하고 있었으며, 개혁 이후에는 신설된 군사위원회 정법위원회가 중앙군사위원회 직속으로서 사업을 전개하고, 군사 법원, 군사 검찰원, 그리고 보위 부문을 통일적으로 영도하고 있다.

【중국인민해방군 군사검찰원 조직현황】

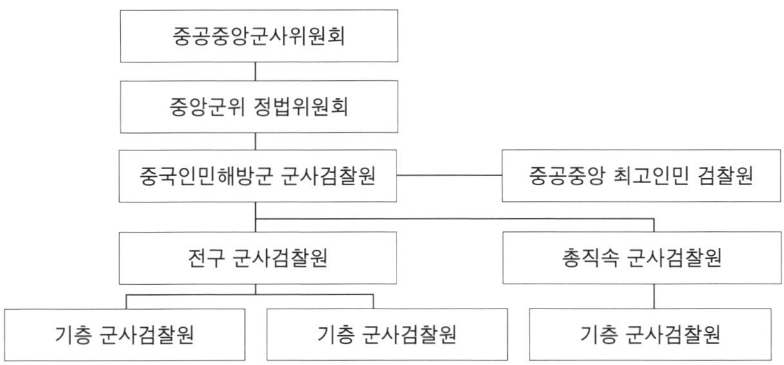

【중국인민해방군 군사법원 조직현황】

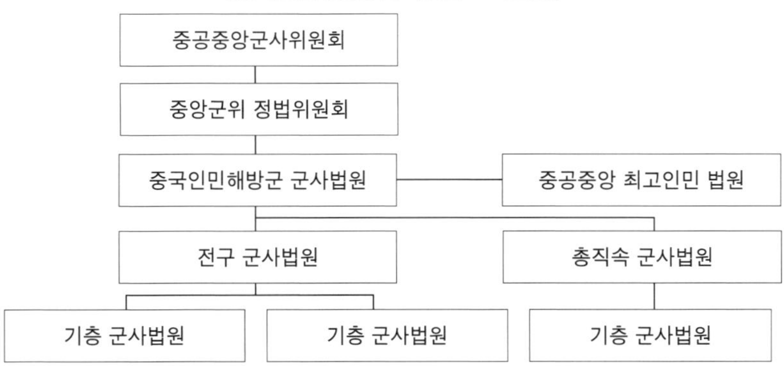

연대급 이상 단위에 설립된 각급 정법위원회는 각급이 당의 정법사업을 집행하는 정법기관으로서 동급 당의 위원회와 상급 정법위원회의 2중영도 하에 사업을 진행하고 있다. 그뿐만 아니라 중국공산당 중앙군사위원회 정법위원회는 전군 당의 정법기관으로서, 그 편성 인원은 중앙군사위원회가 결정한다. 중앙군사위원회 정법위원회는 중앙군사위원회의 영도 하에 정치사업부와 공동으로 전군 당의 정법사업을 책임진다. 연대급 이상 단위 당의 정법위원회는 동급 당 대표대회가 선거를 통해 선출하며, 서기와 부서기를 두고 상무위원회는 설치하지 않고 있다.

제5절 군대 정치사업의 중점 내용

1. 당 조직의 건설

시진핑(習近平)은 2018년 8월에 소집된 19대의 제1차 〈전군당건설사업회의〉에 출석하여 오늘날 인민해방군이 발전하여 강대해질 수 있었던 것은 중앙군사위원회 주석책임제, 당 위원회제도, 정치위원제도, 그리고 정치기관제도를 포함하는 중국 특색의 군사제도를 조금도 동요하지 않고 견지함으로써 당의 군대에 대한 절대적 영도를 보증할 수 있었던 것에 있다고 지적했다.

기실, 시진핑은 2013년 11월 당중앙군사위원회 주석직을 장악한 후 제일 먼저 〈전군당건설사업회의〉에 출석하여 ①시종 당의 군대에 대한 절대적 영도를 견지하고, ②시종 전쟁을 할 수 있고, 전쟁을 승리로 이끌 수 있는 것을 견지하는 것을 근본적인 착안점으로 삼으며, ③시종 당이 당을 관리하고 엄격하게 당을 관리하는 방침을 견지하며, ④시종 개혁과 혁신 정신으로 군대 당 건설을 강화하는 것을 견지한다는, 즉 "시종 견지해야 하는 4가지 사항"을 제기했다.

이처럼 시진핑은 정치사업제도를 활성화하여 사상, 조직, 기풍, 반부패 등의 관점에서 당 조직을 강화하고 당 조직의 능력을 향상시킴으로써 당이 군대에 대한 영도권과 지휘권을 공고히 하고자 했다.

2. 사상정치 사업

2018년 시진핑은 중앙군사위원회의 당의 건설을 위한 회의 석상에서 새로운 시대의 중국 특색의 사회주의 사상과 새로운 시대의 당의 강군사상으로 장병을 무장시키고, 부대가 당에 절대적으로 충성하는 사상적 토대를 구축해야 한다고 지적했으며, 그뿐만 아니라 당의 군대에 대한 절대적 영도를 견지하는 것이 인민해방군의 영원히 변하지 않는 군혼이라고 강조했다. 이처럼 그는 사상적 토대를 건설하고 당에 충성하는 근본적인 정치원칙을 견지하는 것을 보증하는 부대의 사상 건설과 정치선전의 중점 내용과 방법을 제시하고 있다:

첫째, 마르크스주의, 중국공산당 영도자들의 사상과 이론, 특히 당 18대 이래의 시진핑의 강군사상을 운용하여 군대 내 당원 및 부대 장병들의 고도의 정치적 민감성과 감별력을 양성하며, 더 나아가 정치소양을 향상하고 정치적 입장을 유지하도록 한다.

둘째, 중국공산당의 노선과 방침 및 정책, 국가의 헌법과 법률, 그리고 정세와 임무의 선전을 통해 군대의 공산주의, 특히 중국 특색의 사회주의에 대한 신앙을 교육한다.

셋째, 당의 군대에 대한 절대적 영도를 견지하는 것을 교육의 핵심으로 삼고, 부단히 군혼교육을 강화하며, 당원과 장병의 중국공산당에 대한 일치된 충성심을 확실하게 보증한다.

넷째, 당의 말을 따르고 당을 따라가는 것이 인민해방군 장병의 근본적인 정치원칙이며, 각급 정치부문은 장병 개인의 정치입장, 정치방향, 정치신념, 정치품격, 정치능력을 군대의 당에 대한 충성도를 검증하는 기준으로 삼는다.

인민해방군 장병에 대한 사상과 정치 교육의 중요성과 시급성은 일명 신구톈(新古田)회의라고 하는 2014년의 전군정치사업회의에 참석한 인민해방군 고위 장령들의 발언을 통해 확인되었다. 예를 들어 심양군구 정치위원인 추이민(褚益民)은 정치교육의 실효성에 대한 일반 장병들의 인식을 있는 그대로 과감 없이 전했다:

"정치교육의 기능과 역할에 대한 잘못된 인식을 해결하는데 진력하며, 사상을 관장하고 교육을 장악하고 있는 책임 당국을 강화한다. 어떤 사람은 정치교육은 공허한 것이며, 시장경제의 정보화 사회에서는 정치교육으로는 사방에서 불어오는 바람을 막아내기에는 역부족이라고 생각하고 있으며, 또 어떤 영도간부는 교육을 하지 않아도 문제가 일어나지 않는다고까지 말한다. 정치교육의 중심역할과 지위를 견지하기 위해서는 당 위원회가 책임지고 나서야 한다."[34]

---

34 "古田會議(2014年全軍政治工作會議)", 〈百度百科〉, https://baike.baidu.com/item/%E5%8F%A4%E7%94%B0%.

특히 국방과학기술대학 정치위원인 왕젠웨이(王建偉)는 정보화 사회의 군대 정치사업이 지향해야 하는 사상과 정치 교육의 최적화를 위한 방향에 관해서 구체적으로 언급했다:

"부족한 사상과 인식 문제를 해결하는데 진력하며, 확실하게 정보네트워크를 정치사업의 주진지로 삼는다. 정보기술의 급속한 발전으로 인해 정치사업이 거대한 도전에 직면하고 있으며, 지금 이에 적응하지 못하고 배합하지 못하는 많은 문제점들이 드러나고 있다. 그 주요한 예로서 정보네트워크가 이데올로기의 투쟁양상을 바꾸어 놓고 있으며, 장병의 사상과 행위에 충격을 주고 있고, 정치사업이 정보화 국지전쟁에서 싸워 이기는데 있어서 나아가야할 방향을 요구하고 있으며, 정치간부에게 많은 요구가 제기되고 있는데, 이러한 요구들을 제대로 인식하지 못하는 현상이 나타나고 있다. 정치사업은 인간을 만드는 사업이며, 인간이 있는 곳에 정치사업이 있게 된다. 지금 인간은 네트워크에 있으며, 휴대폰, SNS에 있다. 이처럼 정보네트워크는 우리가 반드시 쟁취하고 반드시 지키며 반드시 점유해야 하는 진지이다."[35]

이처럼 "정보화 기술 수단을 충분히 운용하지 못하는 문제를 해결하고, 확실하게 정보화 수준을 향상시키는 것을 정치사업을 개선하는 핵심 중의 핵심으로 삼는다. 정보네트워크와 서로 적응하는 사유와 관념을 수립하고, 정보진지, 정보안전, 정보작전, 정보통제 등 관념을 튼튼하게 확립한다. … 정치사업의 전통적 우세와 정보화 기술과의 고도의 결합을 실현하며, 병영 내의 정보네트워크를 장병의 정신 정원으로 만든다. 부족한 정보화 영도력 문제를 해결하는데 진력하며, 정보화 네트워크 투쟁에서 주도권을 쟁취하는 것을 시급히 해결해야 하는 당면과제로 설정한다."[36]

이어서 발언에 나선 란저우군구 정치위원인 먀오화(苗華)는 홍색 전통의 유전자를 대대로 물려주어야 한다는 시진핑의 지적을 실천에 옮기는 것은 전적으로 영도간부의 책임이라고 강조하면서 그 실태를 구체적으로 설명했다:

"현재 영도간부들에게 충성 유전자가 희미해지고 있고, 전투 유전자가 약화되

---

35 上揭百度百科.

36 上揭百度百科.

고 있으며, 본성 유전자가 퇴화하고 있고, 원칙 유전자가 달라지고 있는데, 이를 고도로 중시해야 한다. 홍색 유전자는 우리 당과 우리 군의 뿌리와 혼이며, 이것들을 잃어버리면 뿌리가 잘려나가고 혼이 사라지며, 질이 변하고 색이 바뀌며, 한 알의 모래알이 되고, 전투력을 상실하게 된다. 영도간부는 반드시 시종 홍색 유전자의 영구한 가치를 확고하게 믿어야 하며, 홍색 유전자를 전승하는 역사적 책임을 자각적으로 짊어져야 한다."[37]

군대 정치사업의 사상과 정치 교육의 주요 내용은 위에서 언급된 것 이외에도 "군대의 비당화, 비정치화와 군대의 국가화" 통제, 애국주의와 집단주의 및 혁명영웅주의 교육, 당사(党史)와 국사(國史) 및 군사(軍史) 교육, 혁명유전자와 군대의 양호한 전통과 기풍 교육, 자아희생정신, 사회주의 핵심가치관, 당대 군인의 핵심가치관 등을 포함한다.

사상과 정치교육 및 정치선전은 주로 교실교육, 회의와 선전, 대중매체 운용, 정치환경 건설, 사회대교실, 그리고 네트워크 플랫폼 등의 다양한 방법을 통해 이루어진다. 특히 네트워크의 새로운 매체가 이미 인민해방군 정치선전의 주요 수단이 되고 있다. ①네트워크는 신속한 전파가 가능하다는 이점 때문에 대부분의 부대에서 부대 내의 일상생활을 전파하는 수단이 되고 있다. ②상급 단위의 지시와 사업 방침을 여러 매체를 통해 하달하며, 기층단위의 장병을 향해 바짝 다가가서 각종 문제를 수집하고 해결한다. ③비디오나 동영상 등 다양한 전파방식과 연계하면서 당 위원회의 임무나 또는 주둔지 민정과 풍속을 장병들에게 교육한다. ④새로운 매체는 중국공산당이 군대 사상과 정치 교육을 전개하는데 있어서 유능한 조수 역할을 하고 있으며, 네트워크가 정치사업 교육의 발전을 위해 날개를 달아주고 있다.

3. 인력자원 관리

당의 군대에 대한 절대적 영도를 보증하는 것은 결국 무기가 아닌 인간이며, 그렇기 때문에 총자루가 중국공산당에 충성하는 믿을만한 사람에 의해 장악되어야

---

37 上揭百度百科.

한다. 이 때문에 중국공산당은 군대를 장악하고 통제하는데 있어서 간부에 대한 인사권 행사를 가장 효과적인 무기로 활용하고 있으며, 인민해방군의 당무계통, 특히 정치사업부의 간부 담당 부문은 정치적 정확성과 개인의 충성도를 고려하여 간부를 선발하게 된다.

인사사업 부문의 경우, 원래의 총정치부 간부부의 직능이 중앙군사위원회 정치사업부에서 간부국, 병사와 군무원국, 퇴역간부관리국으로 분리되었으며, 전구 등급에서는 간부국, 병사와 군무원국으로 통합되었고, 다시 군급 이하의 등급에서는 인력자원 부문으로 명칭이 통일되었다.

인민해방군 정치사업부의 인력자원 부문은 여전히 장교, 병사, 군무원에 대한 인사 관리를 책임지고 있으며, 그 구체적인 내용은 간부 평가와 심사, 선발과 임면, 이동과 배치, 퇴역관리, 상벌 등을 포함하며, 상술한 사업절차는 비록 각급 당 위원회의 영도 하에 각급 정치기관이 실시하지만, 그러나 실제의 집행과정에서는 제일 먼저 정치기관이 평가와 심사 의견을 제출하며, 〈중국인민해방군 현역군관직무임면조례〉의 규정에 근거하여 정치기관이 임면 건의를 제기하지 않으면 당 위원회는 토의를 해서는 안 된다.

간부 선발의 자격기준도 4화(전문화, 지식화, 연소화, 혁명화)정책이 정착되면서 당성보다는 전문성이 강조되고 있다. 군사간부에게는 군사분야에 관한 전문지식과 전투능력이 제1차적 선발기준이 되고 있으며, 군병종 원·교(院校)에서 정규교육을 받고 임관한 장교가 장교집단의 주류를 형성하고 있다. 정치간부도 모두가 정치학원에서 정규교육을 받고 임관한 장교가 주류를 이루면서 집단적 동질감을 형성하고 있다. 특히 군사영역에서 전문성을 필요로 하는 기술전문직 단위는 일반대학을 졸업자를 대상으로 하여 선발한 군무원들을 배치함으로써 비전투인력을 효율적으로 운용하고 있다.

제6절

군대 정치사업의 기본제도

정치사업 제도는 인민해방군의 가장 독특한 정치적 특징이며, 군대 내부의 영도체계와 군대 내의 당의 영도방식을 규정하며, 중국공산당이 군대를 절대적으로 영도하는 일련의 제도 속의 가장 핵심적인 부분이고, 중국공산당이 사상, 정치, 조직에 있어서 군대에 대한 절대적 영도를 보증하는 것이다. 이 제도는 당 위원회 제도, 정치위원 제도, 정치기관 제도를 포함하며, 이는 중국공산당 영도 하의 군·정 권력구조, 즉 군대가 당 조직의 영도에 완전히 복종하고, 군대가 당의 이데올로기에 의해 지배되며, 당의 임무와 목표를 달성하는 도구가 되는 것을 보증한다.

2016년의 중앙군사위원회 기관의 개혁과 관련된 기자회견에서 인민해방군 대변인은 군대 당 건설은 군대의 모든 사업의 기초와 관건이며, 정치사업은 인민해방군의 생명선이고, 이 때문에 개혁 이후에도 여전히 당이 군대를 절대적으로 영도하는 근본 원칙과 제도를 견지할 것이며, 당 위원회, 정치위원, 정치기관 제도를 실행하고, 정치간부와 당 조직을 설립함으로써 군대 당의 건설과 정치사업이 더욱 더 공고해지고 강화되도록 할 것임을 분명하게 지적했다.[38]

1. 당 위원회 제도

1) 당 위원회의 종류

인민해방군 내에 설립된 당 위원회 조직은 크게 4개 유형으로 분류된다.

제1유형은 연대 이상의 부대와 연대 이상의 부대에 상당하는 단위에 설립된 당 위원회로서 통상 부대 당 위원회라고 하며, 각 해당 단위를 통일적으로 영도하고 단결시키는 핵심으로서, 당 위원회의 통일적 집단영도 하의 수장분담책임제를 실

38 "央視獨家解讀軍委機關調整組建: 15部門爲何條件", 「央視新聞」, 2016年 1月 4日字.

행한다.

제2유형은 연대급 이상 단위의 사령부, 정치부(처), 후근부(처), 장비기술부(처)에 설립된 당 위원회, 당의 직속위원회, 그리고 총지부위원회로서 통상 기관(부문) 당 위원회라고 한다. 각급 기관(부문) 당 위원회는 동급 부대 당 위원회의 영도 하에 직속단위에 대해 통일적 영도를 실행한다. 그리고 각급 기관(부문) 당의 직속위원회는 당의 기관(부문) 위원회의 영도 하에 직속단위에 대해 통일적 영도를 실행한다.

제3유형은 대대와 대대에 상당하는 단위에 설립된 기층위원회로서 통상 기층 당 위원회라고 하며, 각 해당 단위를 통일적으로 영도하고 단결시킨다.

제4유형은 중대와 중대에 상당하는 단위에 설립된 지부로서 통상 당 지부라고 하며, 군대 내의 당의 기층조직인 동시에 각 해당 단위를 통일적으로 영도하고 단결시키는 핵심이다. 중대 당 지부위원회는 지부위원회의 통일적인 집단 영도 하에 중대장과 정치지도원이 분담책임제를 실행한다.

이 밖에도 당이 중대 내의 교연실(教研室), 과연실(科研室), 기술실, 의료실에 설립한 지부가 있고, 또 중대의 각급 기관에 설립한 기관 당 지부와 총지부가 있다.

2) 당 위원회의 구성과 주요 임무

(1) 당 위원회의 선출과 구성

중국공산당은 중국인민해방군의 연대 이상 부대와 연대 이상 부대에 상당하는 단위에 당의 위원회를 설립하고 있고, 대대와 대대에 상당하는 단위에 당의 기층위원회를 설립하고 있으며, 중대와 중대에 상당하는 단위에는 당의 지부를 설립하고 있다.

【당 위원회 조직표】

지휘계통	당 조직
전구, 군 · 병종, 중앙군사위원회, 무장경찰	당 위원회
집단군, 위수구, 성군구	당 위원회
사단, 경비구, 군분구, 무경총대(武警總隊)	당 위원회
연대, 현(縣)인민무장부, 무경지대(武警支隊)	당 위원회
대대, 무경대대	당 기층위원회
중대, 무경중대	당 지부

당의 각급 위원회(지부)는 각 해당 단위를 통일적으로 영도하고 단결시키는 핵심이다. 당 위원회(지부)의 통일적인 집단영도 하의 수장분담책임제는 당이 군대를 영도하는 근본제도이다. 성군구(위수구·경비구), 군분구(경비구), 그리고 현(시·구)의 인민무장부는 군대 계통과 지방당 위원회의 2중영도제도를 실행하며, 군대 계통의 수직영도와 예속관계를 견지하기도 하고 동급 지방당 위원회의 영도를 받기도 한다.

당의 각급 위원회의 임기는 5년이며, 그 구성원의 정수는 상1급 당의 위원회가 결정한다. 사단급 이상 단위의 당 위원회 위원은 반드시 5년 이상의 당력(党歷)을 가진 중국공산당원이어야 하며, 여단과 연대급 단위의 당 위원회 위원은 반드시 3년 이상의 당력을 가진 중국공산당원이어야 한다.

당의 각급 대표대회가 선거를 통해 선출하여 구성한 위원회는 상1급 당 위원회에 보고하여 등록한다. 상무위원회와 서기 및 부서기는 동급 당 위원회 전체회의에서 〔후보자와 당선자 수가 같은〕 등액(等額)선거 방식으로 선출하며, 상1급 당 위원회에 보고하여 비준을 득한다. 상무위원회의 정수는 일반적으로 5-11인으로 하며, 상무위원회는 당 위원회 전체회의의 폐회기간 중 위원회의 직권을 행사하며, 당 위원회 전체회의에 책임을 질 뿐만 아니라 정기적으로 보고를 해야 한다. 그리고 성군구(위수구·경비구), 군분구(경비구), 그리고 현(시·구) 인민무장부와 예비역 사단과 연대 당 위원회의 제1서기는 지방의 동급 당 위원회 서기가 겸임한다.

(2) 주요 임무

당 대표대회의 폐회기간 중 당 위원회는 당해 단위의 사업을 통일적으로 영도하며, 아래 사항을 토론하여 결정한다:

① 당의 노선과 방침 및 정책, 국가의 헌법과 법률, 군대의 법규와 규정, 상급 당 위원회의 결의와 상급 수장 및 영도기관의 명령, 지시 등의 관철과 집행.

② 부대의 마르크스레닌주의, 마오쩌둥 사상의 학습, 중국 특색의 사회주의를 건설하는 이론 학습.

③ 당 조직의 건설, 당의 기율검사사업, 공산주의청년단 건설의 중대한 문제.

④ 부대의 작전, 훈련, 건설의 방침과 원칙, 연도와 단계별 사업계획. 중대한 임무를 완수하는 요구와 조치.

⑤ 지도그룹의 조정과 배치, 간부의 심사, 선발, 양성, 임면, 이동배치, 상벌, 계급

과 직급의 조정.

⑥ 당해급 당의 대표대회와 당 위원회 결의의 관철과 집행 상황의 상급 당 위원회 지시 요청과 보고, 그리고 당해급 당 대표대회 보고.

⑦ 생산경영활동의 방침과 정책, 그리고 중대한 경비 지출.

⑧ 기타 당 위원회가 반드시 토의하여 결정해야 하는 문제.

3) 당 기층위원회의 구성과 주요 임무

(1) 기층위원회의 선출과 구성

대대에 설립된 당의 기층위원회의 정수는 상1급 당 위원회가 결정하며, 당의 기층위원회는 서기와 부서기를 둔다. 당의 기층위원회는 대대와 대대에 상당하는 단위의 당원대회가 〔후보자의 수가 당선자 수보다 많은〕 차액(差額)선거를 통해 선출하며, 후보자의 수는 당선자의 수보다 적어도 20% 많아야 한다. 서기와 부서기는 기층위원회가 차액선거를 통해 선출하며, 상1급 당 위원회에 보고하여 비준을 득하며, 필요시에는 상1급 당 위원회가 지정할 수 있다.

(2) 주요 임무와 결정과제

기층당원대회의 폐회기간 중 당의 기층위원회는 당해 단위의 사업을 통일적으로 영도하며, 그 주요 임무는 아래와 같다:

① 당의 노선과 방침 및 정책, 상급의 결의와 명령 및 지시, 그리고 당해급 당 조직의 결의를 선전하고 집행하며, 장병이 작전, 훈련, 기타 각항 임무를 완수하는 것을 계획하고 이끈다.

② 당원이 마르크스레닌주의와 마오쩌둥 사상을 학습하고, 중국 특색의 사회주의를 건설하는 이론을 학습하며, 당의 기본노선, 당의 기본지식, 그리고 당의 양호한 전통을 학습하는 것을 계획한다.

③ 당 지부가 당의 조직생활을 엄격하게 하며, 당원에 대해 교육과 관리 및 감독을 하는 것을 영도한다.

④ 당원을 발전시키는 사업을 계획적으로 실행한다.

⑤ 소속 단위가 기층건설을 전면적으로 강화하는 것을 영도하고, 선진적 모범이 되려고 노력하는 대중운동을 전개하고 영웅의 모범적 활동을 학습하는 것을 계획한다.

⑥ 간부를 교육하고 관리하며, 간부의 양성과 임용을 건의한다.
⑦ 당해 단위의 기율검사 사업을 영도한다.
⑧ 당해 단위의 공산주의청년단 총지부위원회의 사업을 영도한다.

당의 기층위원회는 아래의 사항들을 토의하여 결정한다:
① 당의 노선과 방침 및 정책, 국가의 헌법과 법률, 군대의 법규와 규정, 그리고 상급의 결의와 명령 및 지시의 관철과 집행.
② 임무, 훈련, 그리고 기타 중대한 임무를 완수하는 조치.
③ 당원대회와 기층위원회 결의의 관철과 집행 상황을 상급 당 위원회에 지시를 요청하고 보고하는 것과 당해급 당원대회에 보고하는 문제.
④ 중대 당 지부와 기층의 건설상황 분석, 중대 당 지부와 기층 건설을 강화하는 중요한 조치.
⑤ 중대 핵심의 배치와 인원의 조정 및 분배.
⑥ 새로운 당원의 입당과 예비당원의 정식당원 전환에 대한 심사 및 비준.
⑦ 직권범위 내의 상벌 사업.
⑧ 반드시 기층위원회가 토의하여 결정해야 하는 기타 문제.

4) 당 중대 지부의 구성과 주요 임무

(1) 당 지부의 선출과 구성

중국인민해방군 내의 중대와 중대에 상당하는 기층단위에 중국공산당이 설립한 지부는 군대 내 당의 기층조직이며, 각 당해 단위를 통일적으로 영도하고 단결시키는 핵심이다.

3인 이상의 정식당원이 있는 중대는 당의 지부를 설립해야 한다. 장기간 동안 독자적으로 임무를 수행하는 임시 단위도 당의 임시 지부를 설립할 수 있다. 당 지부의 설립은 반드시 연대급 단위 당 위원회의 비준을 득해야 한다. 중대 당 지부의 영도기관은 지부당원대회와 지부당원대회가 선출한 위원회이다. 지부위원회는 반드시 지부당원대회가 차액선거를 통해 선출하여 구성하며, 위원 후보자의 수는 당선자 수보다 적어도 20% 많아야 한다. 지부위원회의 정수는 일반적으로 5-7인으로 하며, 많아야 9인을 넘기지 않는다. 지부위원회는 통상 서기와 부서기, 그리고 조직위원, 선전위원, 청년위원, 기율검사위원, 보위위원, 대중사업위원을 두며,

필요시 적군사업위원을 둘 수 있다. 서기와 부서기는 지부위원회가 차액선거를 통해 선출한다. 당 지부는 당원의 수와 분포상황을 근거로 하여 당 소조로 나눈다. 당 소조의 조장은 당소조회의 추천으로 결정되며, 간부 당원은 반드시 사병 당원과 같이 한 조로 편성되어 당의 소조 생활을 해야 한다.

(2) 주요 임무와 결정 과제

지부의 당원대회와 당원대회에서 선출하여 구성한 지부위원회는 당해 단위의 사업을 통일적으로 영도하며, 그 주요 임무는 아래와 같다:

① 당의 노선과 방침 및 정책, 국가의 헌법과 법률, 군대의 법규와 규정, 상급의 결의와 명령 및 지시, 그리고 당해 지부의 결의를 선전하고 집행하며, 당원이 선봉적이고 모범적인 역할을 충분히 발휘하도록 하고, 대중이 작전, 훈련, 그리고 기타 항의 임무를 완수하는 것을 계획하고 이끈다.

② 당원이 마르크스레닌주의와 마오쩌둥 사상을 성실하게 학습하고, 중국 특색의 사회주의를 건설하는 이론을 학습하며, 당의 기본노선, 기본지식, 그리고 당의 양호한 전통을 학습하는 것을 계획한다.

③ 당의 조직생활을 엄격하게 하며, 비판과 자아비판을 전개하고, 당원에 대해 민주적 평의(評議)를 진행하는 것을 계획하며, 우수한 당원을 표창하고, 당원이 의무를 이행하는 것을 감독하며, 당원의 권리가 침해를 당하지 않도록 보장한다.

④ 대중과 밀접하게 연계하며, 대중의 당원과 당의 사업에 대한 비판과 의견을 항상 이해하며, 대중의 합법적은 권익을 옹호한다. 일상적인 사상사업을 실시하며, 중대 내의 그릇된 사상과 불량한 기풍을 적시에 발견하고 시정하며, 존간애병(尊幹愛兵)활동을 전개하고, 장병관계를 밀접하게 한다. 문예체육활동을 전개하고, 중대의 문화생활을 활발하고 풍부하게 한다. 중대의 물질새활에 관심을 가지고 개선한다. 장병의 가족에 대한 사업을 실시한다.

⑤ 군관이 직권을 정확히 행사하고, 군관이 기율을 준수하고 법을 지키는 것을 교육하고 감독하며, 멸사봉공하는 것을 보증한다.

⑥ 옹정애민(擁政愛民)활동을 전개하고, 군·정과 군·민 관계를 명확히 한다.

⑦ 당원과 대중이 경계심을 향상하고, 적대세력과 적대분자의 침투와 파괴활동에 맞서 투쟁하며, 위법적인 범죄행위에 맞서 투쟁하도록 한다.

⑧ 계획적으로 당원을 발전시키는 사업을 전개한다.
⑨ 중대의 공산주의청년단 지부와 군인위원회 사업을 영도한다.
⑩ 장병이 선진연대가 되려고 노력하며 우수병사가 되려고 노력하는 활동을 전개하고, 영웅의 모범을 학습하는 활동을 전개하는 것을 계획한다.

그뿐만 아니라 당 지부위원회는 아래의 사항을 토론하여 결정한다:
① 당의 노선과 방침 및 정책, 국가의 헌법과 법률, 군대의 법규와 규정, 상급의 결의와 명령 및 지시의 관철과 집행.
② 중요한 사업임무의 안배.
③ 중대의 건설 계획.
④ 장병의 사상실태 분석과 사상사업을 강화하는 중요한 조치.
⑤ 핵심의 배치와 조직의 조정 및 인원의 이동과 배치.
⑥ 계급의 승진.
⑦ 전문직 하사관 선발, 우수병사의 입학생 간부로 발탁 승진 및 전문기술 학습 추천.
⑧ 당원의 발전.
⑨ 중대 인원의 상벌.
⑩ 중요한 경비의 지출과 중요한 물자의 사용.
⑪ 공산주의청년단 지부, 군인위원회의 건설.
⑫ 중대의 기타 중요한 문제

(3) 당 지부의 직권과 업무 분장

중대당 지부위원회는 지부위원회의 통일적 집단영도 하의 중대장, 정치지도원의 분담책임제를 실시한다. 지부위원회는 당해 단위에 대해 통일적 영도를 하며, 중대가 결정해야 하는 문제는 반드시 지부위원화나 또는 지부당원대회를 통해 토의하여 결정한다. 긴급한 상황 하에서는 중대장, 정치지도원이 상황을 보아 처리할 수 있으며, 그러나 사후에 반드시 지부위원회나 또는 지부당원대회에 적시에 보고하고 검사를 받아야 한다. 당지부위원회가 최종적으로 결정을 내리게 되면 중대장과 정치지도원은 분담하여 책임을 지고 관철하며 집행한다. 군사사업 분야에 속하는 것은 중대장이 계획하고 실시하는 것을 책임지며, 정치사업 분야에 속하는 것은 정치지도원이 계획하고 실시하는 것을 책임진다. 중대장과 정치지도원은 반드시 지부위원회의 영도에 복종하고, 지부위원회의 결의를 집행하며, 적극적이고 주도적으로 직책을 이행하고, 긴밀하게 협력하며, 서로 지지해야 한다. 지부위원회는 행정사무를 독점해서는 안 되며, 응당 행정 수장이 사업을 독립적으로 책임지는 것을 지지해야 한다.

당 지부 서기의 업무 분담은 아래와 같다:

① 당 지부의 일상업무를 책임지며, 지부위원회의 개최를 주관한다.

② 당 지부 결의의 관철과 집행을 검사하고 독촉하며, 지부위원회를 대표하여 지부당원대회와 상급당 조직에 적시에 사업을 보고한다.

③ 당의 민주생활회를 소집하고, 비판과 자아비판을 전개하는 것을 계획한다.

④ 지부 위원 및 영도 간부와 밀접한 관계를 유지하고, 상황을 교환하며, 사업을 연구한다.

⑤ 부서기는 서기가 공석 시 서기의 사업을 대행한다.

당 지부 각 위원의 업무 분장은 아래와 같다:

① 조직위원은 지부의 조직 상황을 장악하며, 당원을 발전시키는 사업을 관리하고, 당비를 징수하며, 당원의 조직관계 처리를 책임진다.

② 선전위원은 당원의 사상과 학습 상황을 이해하고, 당원의 학습과 교육을 계획하며, 선전고무 사업을 계획하고 전개하는 것을 책임진다.

③ 청년위원은 단 지부 사업을 책임지며, 당 지부의 관련 청년사업의 결의를 관철하고 집행한다.

④ 기율검사위원은 당의 기율을 집행하는 상황을 검사하며, 당원의 제소와 고발을 수리하고 전달하는 것을 책임진다.

⑤ 보위위원은 범죄예방과 보안사업을 책임진다.

⑥ 대중사업위원은 옹정애민(擁政愛民)과 군·민 공동의 사회주의 정신문명 건설 사업에 참가하는 것을 책임지며, 대중의 기율을 검사하고 옹호하며, 장병 가족을 돌보는 사업에 참여한다.

⑦ 적군사업위원은 적군 와해사업을 책임진다.

(4) 당 지부의 조직생활 제도

- **회의제도:** 지부당원대회는 매월 1회 개최하며, 지부위원회는 필요에 따라 소집한다. 당 소조회는 매월 1회 소집한다. 회의는 응당 기록해야 한다.
- **당일(党日)제도:** 매주 반일(半日) 당의 조직생활을 진행한다.
- **당과(党課)제도:** 매월 1-2회 당과교육을 진행한다.
- **보고사업제도:** 지부위원회는 분기나 또는 사업 단계에 따라 지부당원대회에 사업보고를 진행한다.
- **민주생활제도:** 반년에 1회 지부위원회나 또는 지부당원대회를 개최하여 속마음을 털어놓고 서로를 이해하며, 비판과 자아비판을 전개하고, 단결을 강화하고 사업을 개선한다.
- **당원보고제도:** 당원은 매월 1회 당 조직에 사상, 사업, 그리고 지부가 할당한 임무의 수행 상황을 보고하며, 중요한 문제를 만날 때는 응당 적시에 보고해야 한다. 자리를 오래 비울 때는 응당 서면보고를 해야 한다.
- **당원에 대한 민주적 평의(評議)제도:** 당원, 특히 간부 당원의 사상, 사업, 기풍과 모범적 역할에 대해 당내와 당외를 서로 결합한 방법을 채택하여 매년 적어도 1회 서로 의견을 교환하고 의논한다.

5) 당 위원회의 운용방식

당의 각급 위원회는 민주집중제의 원칙을 견지하면서 당 위원회의 통일적인 집단영도 하의 수장분담책임제를 관철하고 집행한다.

첫째, 당 위원회는 당해 단위에 대해 통일적인 영도를 실행한다. 통일영도란 당 위원회가 영도하는 지위와 영도사업의 범위를 가리킨다. 모든 중대한 문제는 반드시 당 위원회가 토론하여 결정해야 하며, 긴급한 상황 하에서는 수장이 상황에 맞게 일을 처리할 수 있으며, 사후에는 반드시 적시에 당 위원회에 보고해야 할 뿐만 아니라 검사를 받아야 한다. 그뿐만 아니라 부대의 모든 군·정 수장과 기타 인원은 당 위원회의 영도를 벗어나 제멋대로 행동해서는 안 되며, 다른 당파가 그 어떠한 단체나 조직도 설립하는 것이 허용되지 않는다. 이처럼 부대의 조직과 인원 및 사업은 사상, 정치, 조직 및 행동에 있어서 통일을 기하기 위해 당 위원회의 통일적 영도를 받아야 한다.

둘째, 당 위원회는 본 단위에 대해 집단영도를 견지한다. 집단영도란 당의 대중노선과 민주집중제 원칙이 당의 영도사업에 구체적으로 운용되는 것을 가리킨다. 중대한 문제에 속하는 것은 모두 반드시 당 위원회가 민주적으로 토론하고, 집단이 결정하며, 개인이 독단으로 처리해서는 안 된다. 문제를 토론할 때는 반드시 민주를 충분히 발양해야 하고, 문제를 결정할 때는 반드시 소수가 다수에 복종하는 원칙을 엄격하게 집행해야 한다. 중요한 문제의 결정은 표결로 한다. 당 위원회의 구성원은 반드시 전체적 국면을 보는 관점을 가지고 집단영도에 적극적으로 참가하고 이를 옹호해야 한다. 당 위원회의 결정에 대해 다른 의견을 가지고 있다면 유보한다는 것을 선언할 수 있을 뿐만 아니라 상급 당 위원회를 향해 중앙에 제기하도록 요구할 권한을 가진다. 그러나 당해급이나 또는 상급 당 위원회가 결정을 바꾸기 전까지는 반드시 철저하게 집행해야 한다.

셋째, 수장분담책임제란 당 위원회가 결정한 정책이나 결의 및 지시를 집행하는 원칙을 가리킨다. 당 위원회가 결정을 내린 후에는 군·정 수장이 분담하여 관철하고 집행하는 것을 책임진다. 군사사업 분야에 속하는 것은 군사 수장이, 그리고 정치사업 분야에 속하는 것은 정치 수장이 계획하고 실시하는 것을 책임진다. 군·정 수장은 반드시 당 위원회의 영도에 복종하고, 당 위원회의 결의를 집행하며, 적극적이고 주도적으로 직책을 이행하고, 긴밀히 협력하며, 서로 지지해야 한다. 당 위원회는 행정사무를 독점해서는 안 되며, 마땅히 행정 수장이 독립적으로 책임지는 사업을 지지해야 한다.

기실, 중국공산당의 통일적 집단영도 하의 수장분담책임제 자체는 군사 수장과 정치 수장 서로가 견제하도록 하는 메커니즘이다. 당 위원회의 집단토론을 통해 결정된 사항은 군사 수장과 정치 수장이 함께 서명함으로써 효력을 발생하게 되며, 동급 군사조직이나 또는 하급 군사조직은 군사 수장과 정치 수장이 공동으로 서명한 명령을 접수한 후에야 비로소 집행할 수 있게 된다. 이러한 당 위원회 제도의 설계는 정치위원이 부대의 군사지휘관을 통제하도록 하면서, 또 한편으로는 정치사업 간부가 부대장의 지휘를 받는 원칙 하에서 군사지휘관과 정치수장이 서로 견제하도록 하는 2원화 영도가 유지된다.

그러나 정치위원은 당의 전권대표로서 정치사업을 통해 군대를 통제하며, 군대 내에서의 공산당의 역할을 공고히 하는 등 비교적 광범위하게 권한을 행사한다. 이에 반해 군사 수장은 동급 정치위원의 견제를 받을 뿐만 아니라 당 관련 사업의 지시와 검토를 받아야 한다. 이처럼 군사 수장은 당의 정치노선에 의해 규정된 번거롭고 까다로운 절차에 따라 일종의 꼭두각시로 행세하게 되는 정치위원의 1원화 영도로 변질된다.

당 위원회에서 서기와 위원은 평등한 권리를 향유하며, 개인은 중대한 문제를 결정하거나 또는 위원회의 결정을 바꿀 수 없다. 서기는 반드시 강인한 당성과 양호한 민주기풍을 지녀야 하며, 허심탄회하게 위원의 의견을 청취하며, 모든 사람의 지혜를 집중하는데 능숙해야 하고, 위원의 역할이 충분히 발휘되도록 해야 한다. 서기는 자신과 당 위원회 사업의 결점과 과오에 대해 주도적으로 검사를 하고 용감하게 책임을 지며, 자각적으로 위원회의 감독을 받아들여야 한다. 당의 각급 위원회는 응당 상급의 관련 규정과 당해 단위의 실제상황에 근거하여 의사규칙을 제정하고, 민주적이고 과학적인 의사결정을 실행하는 것을 보증해야 한다.

6) 당 위원회의 영도 형태

당 위원회의 통일적인 집단영도 하의 수장분담책임제는 한마디로 당 위원회의 영도 하에 부대의 군·정 수장, 즉 군사계통의 수장과 정치계통의 수장이 각각 업무를 분담하여 집행하는 2원화 영도제도이다. 그러나 실제의 적용과정에서는 정치 수장의 1원화 영도 행태로 나타난다.

인민해방군의 각급 부대 정치 수장은 당 위원회의 일상업무를 관장하며, 당무와 정치사업을 모두 책임지고 있다. 그뿐만 아니라 정치 수장은 부대의 군사 수장이 명령을 거역하는 것을 사전에 방지할 수 있는 부대의 인사, 작전훈련, 그리고 부대관리 분야에 대한 부서권(副署權)을 가지고 있다.

이 때문에 인민해방군 부대 내에서 최고 수장인 당 위원회 서기직은 일반적으로 말해서 그 대부분을 정치 수장이 겸임하고 있으며, 2중역할자로서의 정치위원은 당 위원회 서기로서 그 위원과의 관계에서 영도와 피영도 관계를 유지하게 된다. 비록 당 위원회의 의사결정과정에서 서기와 위원이 그 자격과 역할에 있어서 모두 평등하며, 1인1표 원칙에 따라 진행된다고 규정하고 있지만, 그러나 실제의 상황을 보면 사정은 크게 달라진다:

첫째, 당 위원회의 권력이 왕왕 정부(正副) 서기의 수중에 집중되며, 소수인이 당 위원회의 상위에 위치하는 상황이 나타나게 되며,

둘째, 서기가 독단적으로 일을 처리함으로써 군·정 수장과 기관 부문의 직능이 효율적으로 발휘될 수 없게 되고,

셋째, 집단영도 자체가 1언당(1言堂)의 가부장제적 행태로 변하게 될 공산을 배제할 수 없게 되며,

넷째, 모든 공(功)은 서기에게 돌아가고, 모든 과(過)는 집단영도 탓으로 돌아가는 현상이 종종 나타나게 된다.

어쨌든 당 위원회의 통일적인 집단영도 하의 수장분담책임제 하에서는 정치위원이 군대에 파견된 중국공산당의 전권대표로서 당해 부대 당 위원회의 서기직을 겸임하고 있으면서 정치사업을 통해 군대를 통제하고 군대 내에서의 공산당의 지위를 공고히 하고 있다. 이에 반해 군사지휘관은 동급 정치위원의 견제와 감독을 받을 뿐만 아니라 당 관련 사업의 지시와 검토를 받아야한다. 군사지휘관은 당의 정치노선을 집행하는 각종 규정과 절차를 준수해야 한다.

이처럼 당 위원회의 수장분담책임제는 부대가 반란을 일으키거나 또는 군사지휘관에 의해 부대가 좌지우지되지 못하도록 기능을 하는 것이지만, 이와 동시에 정치사업부와 동급의 기율검사위원회와 정법위원회를 중앙군사위원회에 신설함으로써 정치위원의 개인적 권력 남용을 견제하고 제한하는 제도적 장치도 많이 보강되고 있다.

2. 정치위원제도

인민해방군은 연대급 이상 단위에는 정치위원을, 대대급에는 정치교도원을 , 그리고 중대급에는 정치지도원을 두고 있다.

【정치위원제도의 편성표】

지휘계통	정치수장
전구, 군 · 병종, 중앙군사위원회, 무장경찰	정치위원
집단군, 위수구, 성군구	정치위원
사단(여단), 경비구, 군분구, 무경총대(武警總隊)	정치위원
연대, 현(縣)인민무장부, 무경지대(武警支隊)	정치위원
대대, 무경대대	정치교도원
중대, 무경중대	정치지도원

1) 정치위원

(1) 정치위원의 지위

정치위원은 동급 군사 주관(主官)과 함께 소재 부대의 수장이며, 동급 당 위원회의 영도 하에 소속 부대의 각항 사업을 공동으로 책임진다. 정치위원은 당 위원회의 일상업무를 주관한다. 정치위원은 상급 수장에 직접 예속되며, 정치사업에 있어서는 상급 정치위원과 정치기관에 복종하며, 군사사업에 있어서는 상급 군사 지휘관, 정치위원, 그리고 군사기관에 복종한다.

(2) 정치위원의 자격

정치위원은 반드시 5년 이상의 당력(党歷)을 가진 중국공산당 당원이어야 하며, 아래의 조건을 구비해야 한다:

① 직책을 이행하는 데 필요한 마르크스레닌주의, 마오쩌둥 사상의 이론과 정책 수준을 구비하고, 중국 특색의 사회주의를 건설하는 이론을 장악하며, 견고한 공산주의 신념과 강인한 무산계급 당성을 가지고 당의 노선과 방침 및 정책을 모범적으로 관철하고 집행해야 한다.

② 강렬한 혁명 사업심과 정치적 책임감, 풍부한 정치사업 경험, 그리고 비교적 강한 조직의 영도능력을 구비해야 한다.

③ 현대전쟁이 필요로 하는 군사소양, 필요한 과학문화와 전문지식이 있어야 한다.

④ 작전에 용맹하고 과단성이 있으며, 사업에 개척적이고 실무적이며, 대중과 밀접하게 연계하고, 비판과 자아비판에 용감하며, 민주를 발양하고 동지를 단결시킬 줄 알고, 공정하고 올바르며, 멸사봉공하고, 타의 모범이 되는 양호한 기풍을 가져야 한다.

(3) 정치위원의 직책

정치위원은 반드시 상급 당 위원회, 상급 수장, 영도기관의 결의와 명령 및 지시, 그리고 동급 당 위원회의 결의에 근거하여 당해 단위의 실제와 결합하여 사업을 진행해야 한다. 그 주요 직책은 아래와 같다:

① 부대가 당의 노선과 방침 및 정책, 국가의 헌법과 법률, 상급의 결의와 명령 및 지시를 관철하고 집행하는 것을 영도하며, 위반자를 발견하면 마땅히 제지

하며 시정해야 하고, 필요 시에는 당 위원회나 또는 기율검사위원회에 회부하여 토론을 거쳐 처리할 수 있다.

② 부대가 마르크스레닌주의와 마오쩌둥 사상을 학습하고, 중국 특색의 사회주의를 건설하는 이론과 당의 기본노선을 학습하며, 사회주의 정신문명의 건설을 진행하고, 사상 동태를 장악하며, 정치사업을 강화하고, 각종의 그릇된 사조의 영향과 부패한 사상의 침식을 배척하고, 불량한 경향과 용감하게 투쟁하도록 영도함으로써 부대가 확고부동한 정치방향과 왕성한 투지를 유지하도록 한다.

③ 부대가 군대의 법규, 규정을 관철하고 집행하며, 군대의 기율을 자각적으로 옹호하도록 영도함으로써 부대의 고도로 집중적인 통일을 보증한다.

④ 동급 군사 주관(主官)과 협력하여 작전을 계획하고 지휘한다. 작전과 훈련 등 각항 임무 중의 정치사업을 집행하는 것을 영도하고, 부대가 상급이 부여한 각항 임무를 완수하는 것을 보증한다. 동급 군사 주관과 공동으로 각항 명령에 서명한다.

⑤ 부대 당 조직의 건설과 공산주의청년단 건설을 영도하며, 당의 기율검사 사업을 지도한다.

⑥ 당의 간부노선, 방침, 정책과 관련 법규, 규정에 근거하여 간부사업을 진행하며, 소속부대의 산아제한 사업을 영도한다.

⑦ 부대가 당의 정법사업 방침과 정책을 관철하며, 정법 건설에 중점을 두고, 안전보위와 기밀유지 사업을 훌륭히 실행한다.

⑧ 부대가 정치민주, 경제민주, 군사민주, 그리고 존간애병(尊幹愛兵)활동을 전개하는 것을 영도하며, 부대의 문화사업, 대중사업, 그리고 적군와해사업을 영도한다.

⑨ 기층건설을 강화하는 것과 관련된 상급의 규정을 관철하고 집행하며, 기층건설에 매진한다.

⑩ 정치기관의 사업을 영도한다.

(4) 군사수장과의 협조관계

정치위원은 사업을 수행할 때 응당 군사 주관과 주도적으로 상의하며, 서로 지지하고, 긴밀하게 협력해야 한다. 원칙적인 문제에 있어서 의견의 일치를 이룰 수가 없을 때 응당 당 위원회에 회부하여 토론하여 결정하거나 또는 상급이 해결해 주기를 기다린다. 긴급한 상황 하에서는 군사사업 분야에 속하는 문제는 군사 주관이 결정하고, 정치사업 분야에 속하는 문제는 정치위원이 결정하며, 그러나 모두 당 위원회와 상급에 반드시 책임을 져야 하며, 사후에 보고하고 검사를 받아야 한다. 부정치위원은 정치위원의 사업을 협조한다.

2) 정치교도원

(1) 정치교도원의 지위

정치교도원은 대대장과 함께 전 대대 인원의 수장이며, 상급 수장, 정치기관, 그리고 대대 당 위원회의 영도 하에 전 대대의 각항 사업을 공동으로 책임진다. 정치교도원은 대대 당 위원회의 일상업무를 주관한다.

(2) 정치교도원의 자격

정치교도원은 반드시 3년 이상의 당력(党歷)을 가진 중국공산당 당원이어야 하며, 아래의 조건을 구비해야 한다:

① 직책을 이행하는 데 필요한 마르크스레닌주의와 마오쩌둥 사상의 이론과 정책 수준을 구비하고, 중국 특색의 사회주의를 건설하는 이론을 장악하는데 노력하며, 당의 노선과 방침 및 정책을 모범적으로 관철하고 집행해야 한다.

② 강렬한 혁명사업심과 정치적 책임감, 풍부한 정치사업 경험, 그리고 비교적 강한 조직의 영도능력을 구비해야 한다.

③ 현대전쟁이 필요로 하는 군사소양, 필요한 과학문화와 전문지식이 있어야 한다.

④ 작전에 용감하고, 사업에 적극적이며, 원칙을 견지하고, 공정하고 올바르며, 대중과 연계하고, 멸사봉공하며, 타의 모범이 되는 양호한 기풍을 가져야 한다.

(3) 정치교도원의 직책

정치교도원은 반드시 상급의 결의와 명령 및 지시, 그리고 대대 당 위원회의 결의에 근거하고, 당해 단위의 실제와 결합하여 사업을 진행해야 한다. 정치교도원은 온 힘을 다해 정치사업을 계획하고 영도해야 하며, 그 주요 직책은 다음과 같다:

① 장병이 당의 노선과 방침 및 정책, 국가의 헌법과 법률, 군대의 법규와 규정,

그리고 상급의 결의와 명령 및 지시를 관철하고 집행하는 것을 계획하고 인도한다.

② 장병이 마르크스레닌주의와 마오쩌둥 사상을 학습하고, 중국 특색의 사회주의를 건설하는 이론을 학습하는 것을 계획하고 영도한다. 중대가 정치교육 방법을 개선하고, 정치교육의 각항 제도를 집행하며, 정치교육의 실현을 확실하게 움켜잡는 것을 돕는다. 전 대대의 사상 실태와 분대장 이상 핵심의 기본상황을 장악하며, 일상적인 사상사업을 철저히 진행한다.

③ 대대장이 전투를 계획하고 지휘하는 것을 협력하며, 전투동원, 선전격려, 조직의 정비, 부대의 단결, 적군 와해, 그리고 포로를 너그럽게 대하는 사업을 철저히 진행한다. 작전단위와 참전 민병 및 민공과 협력하여 정치사업과 전지대중사업을 실행한다. 장병이 군사민주를 발양하고, 적을 사살하여 공을 세우는 운동을 전개하는 것을 계획한다. 장병이 명령을 철저히 집행하고, 전장 기율을 지키며, 양호한 전투기풍을 발양하고, 작전임무를 완수하는 것을 교육한다. 전투평가 사업을 계획하고 전후의 관련사업을 처리한다.

④ 군사훈련을 실시하며, 임무 중의 정치사업을 집행한다. 사상동원과 선전격려를 실시하며, 장병이 적극성과 창조성을 발휘하여 훈련과 임무를 완수하는 것을 보증한다.

⑤ 중대 당 지부의 상황을 숙지하고, 중대 당 지부가 조직을 완전하게 하고, 당의 민주집중제 원칙을 관철하며, 당의 조직생활제도를 엄격하게 하며, 당원을 교육하고 관리하고 발전시키는 사업을 실행한다.

⑥ 간부를 심사하며, 간부의 양성, 임용, 상벌에 대해 의견을 제시하며, 간부의 군정 자질과 사업능력을 향상시키고, 전 대대의 산아제한 사업을 영도한다.

⑦ 중대의 문화사업을 지도하고, 장병의 문화생활을 활성화하고 풍부하게 한다.

⑧ 부대와 주둔지역의 정치상황을 장악하고, 적대세력과 적대분자의 침투파괴 활동과 투쟁하며, 법을 위반하는 범죄행위와 투쟁하고, 각종 불량한 경향과 투쟁하며, 부패한 사상의 침식을 배척하고, 범죄안건의 발생을 예방한다.

⑨ 공산주의청년단 총지부위원회가 중심임무를 둘러싸고 청년의 특징에 적합한 활동을 전개하는 것을 지도한다.

⑩ 중대가 군인위원회의 사업을 철저히 실행하는 것을 지도한다.

⑪ 장병이 과학문화 지식을 학습하는 것을 영도하고, 군대와 지방에서 모두 쓰

이는 인재를 양성하는 사업을 철저히 실행한다.

⑫ 앞다투어 선진적 모범이 되려고 노력하며, 영웅의 모범을 학습하는 대중성 운동을 전개하는 것을 계획하고, 선진적 전형을 양성하고 널리 알리며, 상벌사업을 실시한다.

⑬ 장병이 옹정애민(擁政愛民) 활동을 전개하는 것을 계획한다.

(4) 대대장과의 협조관계

정치교도원은 사업을 수행하는데 있어서 응당 대대장과 주도적으로 상의하며, 서로 지지하고, 밀접하게 협력해야 한다. 원칙적인 문제에 있어서 의견의 일치를 이루지 못할 때는 응당 대대 당 위원회에 회부하여 토론하여 결정하도록 하거나 또는 상부에 요청하여 해결해주기를 기다린다. 긴급한 상황 하에서는 군사사업 분야에 속하는 문제는 대대장이 결정하고, 정치사업 분야에 속하는 문제는 정치교도원이 결정하며, 그러나 모두 반드시 대대 당 위원회와 상급에 책임을 지며, 사후 보고를 하고 검사를 받는다.

3) 정치지도원

(1) 정치지도원의 지위

정치지도원은 중대장과 함께 전 중대 인원의 수장이며, 상급 수장, 정치기관, 그리고 중대 당 지부의 영도 하에 중대의 각항 사업을 공동으로 책임진다. 정치지도원은 중대 당 지부의 일상업무를 주관한다.

(2) 정치지도원의 자격

정치지도원은 반드시 중국공산당의 정식 당원이어야 하며, 아래의 조건을 구비해야 한다:

① 직책을 이행하는데 필요한 마르크스레닌주의와 마오쩌둥 사상의 이론과 정책 수준을 구비하고, 중국 특색의 사회주의를 건설하는 이론을 장악하는데 노력하며, 당의 노선과 방침 및 정책을 모범적으로 관철하고 집행해야 한다.

② 강렬한 혁명 사업심과 정치적 책임감을 가지며, 당무사업을 하고, 사상사업을 하고, 정치과목을 말하며, 내부관계를 협조하고 조직에 의지하여 사업을 전개하는 능력을 구비해야 한다.

③ 현대전쟁이 필요로 하는 군사소양, 필요한 과학문화와 전문지식이 있어야 한다.

④ 작전에 용감하고, 사업에 적극적이며, 원칙을 견지하고, 공정하고 올바르며, 대중과 연계하고, 멸사봉공하며, 타의 모범이 되는 양호한 기풍을 가져야 한다.

(3) 정치지도원의 직책

정치지도원은 반드시 상급의 결의와 명령 및 지시, 그리고 중대 당 지부의 결의에 근거하고, 당해 단위의 실제와 긴밀하게 결합하여 사업을 진행해야 한다. 정치지도원은 온 힘을 다해 정치사업을 계획하고 영도해야 하며, 그 주요 직책은 다음과 같다:

① 장병이 당의 노선과 방침 및 정책, 국가의 헌법과 법률, 군대의 법규와 규정, 그리고 상급의 결의와 명령 및 지시를 관철하고 집행하는 것을 계획하고 인도한다.

② 장병이 마르크스레닌주의와 마오쩌둥 사상을 학습하고, 중국 특색의 사회주의를 건설하는 이론을 학습하는 것을 계획하고 영도한다. 정치교육의 각항 내용과 제도를 실제에 적용하고, 정치과목을 학습하고 토론하며, 장병이 매일 뉴스와 신문을 듣고 보는 것을 계획한다.

③ 중대장이 전투를 계획하고 지휘하는 것을 협력하며, 전투동원, 선전격려, 조직의 정비, 부대의 단결, 적군 와해, 그리고 포로를 너그럽게 대하는 사업을 철저히 진행한다. 작전단위와 참전 민병 및 민공과 협력하여 정치사업과 전지대중사업을 실행한다. 장병이 군사민주를 발양하고, 적을 사살하여 공을 세우는 운동을 전개하는 것을 계획한다. 장병이 명령을 철저히 집행하고, 전장 기율을 지키며, 양호한 전투기풍을 발양하고, 작전임무를 완수하는 것을 교육한다. 전투평가 사업을 계획하고 전후의 관련사업을 처리한다.

④ 군사훈련과 임무 수행 중의 정치사업을 실시한다. 사상동원을 진행하고, 각종 방법을 동원하여 선전격려를 전개하며, 각종 대회를 계획하고 당원이 선봉적인 모범 역할을 발휘하도록 함으로써 훈련과 임무의 완성을 보증한다.

⑤ 일상적인 사상사업을 실시하며, 장병의 개인경력, 가정환경, 개성과 특징 및 특기와 취미를 숙지하며, 전 중대의 사상 실태를 장악하고, 장병이 입당, 진급, 입학, 이동, 상벌, 연애, 혼인, 가정, 제대, 전업 등 문제를 정확히 처리하도

록 인도하며, 장병의 개인이익 문제를 해결하는 것을 도우며, 사상사업의핵심 대오를 건설하고 양성하여 이들이 일상적인 사상사업에서 역할을 발휘하도록 한다.

⑥ 당 지부의 일상적인 업무를 수행한다. 당의 조직생활제도를 실현하며, 당 지부위원회의 단결을 유지하고, 당원이 당 지부의 결의를 집행하는 것을 검사하고 감독하며, 당원을 교육하고 관리하며 발전시키는 사업을 실시한다.

⑦ 간부를 사랑하고 간부가 사상수준과 통솔능력을 향상시키는 것을 협조하며, 간부의 양성과 임용에 대해 의견을 제시하고, 우수병사를 선발하여 입학시키고, 간부로 발탁하여 승진시키며, 전문직 하사관으로 전환하는 것에대해 의견을 제시하며, 산아제한사업을 실시한다.

⑧ 중대 주둔지의 정치상황을 장악하고, 안전보위 사업을 실시하며, 국가안전을 유지하고 보안교육을 실시한다. 적대세력과 적대분자의 침투파괴 활동과 투쟁하며, 법을 위반하는 범죄행위와 투쟁하고, 각종 불량한 경향과 투쟁하며, 부패한 사상의 침식을 배척하고, 범죄안건의 발생을 예방한다.

⑨ 단 지부가 중대의 중심임무를 둘러싸고 청년의 특징에 적합한 활동을 전개하는 것을 지도하며, 단원과 청년을 동원하여 각항 임무를 완수하는데 있어서 돋보이는 역할을 발휘하도록 한다.

⑩ 군인위원회가 조직을 완전하게 하고, 제도를 정착시키며, 활동을 전개하고, 정치민주와 경제민주 및 군사민주를 발양하고, 장병의 합법적인 권익을 보호하며, 장병의 물질생활을 개선하고, 장병이 중대 건설에 관심을 가지고 적극성을 발휘하도록 한다.

⑪ 건전하고 유익한 문화체육활동을 전개하고, 중대의 문화생활을 활성화하고 풍부하게 하며, 장병이 문화지식을 학습하는 것을 계획하고, 군대와 지방에서 두루 쓰이는 인재를 양성하는 사업을 실행하는 것을 영도한다.

⑫ 앞다투어 선진적 모범이 되도록 노력하는 대중성 운동을 전개하고 영웅의 모범적 활동을 학습하는 것을 계획한다.

⑬ 존간애병(尊幹愛兵) 활동을 전개하고, 장병의 단결을 강화한다. 군관이 병사에 관심을 자지고 단정하게 대하도록 교육하며, 병사가 군관을 존경하고 명령에 복종하며, 기율을 준수하도록 교육한다.

⑭ 장병이 옹정애민(擁政愛民) 활동을 전개하는 것을 계획하며, 장병이 정부를

옹호하고, 인민을 애호하고, 대중의 기율과 사회공덕을 준수하며, 군과 민이 함께 사회주의 정신문명을 건설하는 활동에 적극적으로 참가하도록 한다.

(4) 중대장과의 협조관계

정치지도원은 사업을 수행하는데 있어서 응당 중대장과 주도적으로 상의하고, 서로 지지하며, 밀접하게 협력해야 한다. 원칙적인 문제에 있어서 의견의 일치를 이루지 못할 때는 응당 당지부위원회에 회부하여 토론하여 결정하도록 하거나 또는 상부에 요청하여 해결해주기를 기다린다. 긴급한 상황 하에서는 군사사업 분야에 속하는 문제는 중대장이 결정하고, 정치사업 분야에 속하는 문제는 정치지도원이 결정하며, 그러나 모두 반드시 당지부위원회와 상급에 책임을 지며, 사후 보고를 하고 검사를 받는다.

3. 정치기관 제도

인민해방군의 정치기관은 소속부대 정치사업의 영도기관이며, 상급 정치기관과 동급 부대 당 위원회 및 정치위원의 영도 하에 소속부대의 사업을 관리하고, 정치사업을 계획하며 수행하는 것을 책임진다. 정치기관의 설치는 조례에 따라 중앙군사위원회와 군병종 및 전구 이상에는 정치사업부(국), 집단군과 여단(사단)급 단위에는 정치부, 연대급 단위에는 정치처가 설립되어 있으며, 대대와 중대에는 편제 인력의 정치간부가 군대 정치사업을 책임지고 있다.

【정치기관제도의 편성표】

지휘계통	정치기관
전구, 군·병종, 중앙군사위원회, 무장경찰	정치사업부(국)
집단군, 위수구, 성군구	정치부
사단(여단), 경비구, 군분구, 무경총대(武警總隊)	정치부
연대, 현(縣)인민무장부, 무경지대(武警支隊)	정치처
대대, 무경대대	기층위원회(정치교도원)
중대, 무경중대	군인위원회(정치지도원)

1) 전구와 군병종 정치사업부

전구와 군병종 정치사업부(국)는 소속부대 정치사업의 영도기관이며, 중앙군사위위원회 정치사업부, 동급 부대 당 위원회, 정치위원의 영도 하에 소속부대 당의 사업을 관리하는 것을 책임지며 정치사업을 진행하는 것을 계획한다.

(1) 전구와 군병종 정치사업부의 주요 임무

- 중국공산당 중앙, 중앙군사위원회, 정치사업부의 결의와 명령 및 지시, 그리고 동급 부대 당 위원회의 결정을 준수하며, 새로운 시기의 군대 정치사업의 기본 임무와 주요 내용에 근거하여 당해 단위의 실제로부터 출발하며, 정치사업 계획을 제정하고, 각항 사업을 전반적으로 안배한다.
- 부대가 마르크스레닌주의와 마오쩌둥 사상을 학습하고, 중국 특색의 사회주의를 건설하는 이론을 학습하며, 당의 기본노선 교육, 사회주의 정신문명 건설, 당의 건설, 간부대오의 건설을 진행하는 것을 영도한다.
- 보편성을 지니고 경향성을 지닌 문제에 대한 조사연구를 강화하고, 선진경험을 총결산하여 널리 보급하며, 당의 노선과 방침 및 정책, 국가의 헌법과 법률이 부대에서 관철되고 집행되는 것을 보증한다. 적시에 정치사업부, 동급 부대 당 위원회에 상황을 반영하며 사업을 지시받고 보고한다.

(2) 전구와 군병종 정치사업부의 주요 직책

① 조직사업

- 부대 당 조직의 상황을 장악하고, 각급 당 조직을 건설하는 계획과 조치를 취하고 발전시키는 사업을 영도한다.
- 당무사업과 정치통계를 관리한다.
- 정치기관의 건설을 계획하고 지도한다.
- 관련 부문과 회동하여 기층건설을 지도한다.
- 부대의 민주제도 건설을 영도한다.
- 부대가 대중성 경쟁사업과 영웅의 모범활동 학습을 전개하는 것을 영도하고, 장려, 무휼(撫恤), 결혼 사업을 관리한다.
- 정치기관, 정치간부의 체제와 편제를 제정하고 관리하는데 참여한다.

- 군대가 당 전국대표대회에 대표로 참석하는 관련 사업을 맡아 처리하며, 부대가 전국과 지방 각급 인민대표대회에 참석하는 대표를 선출하는 것을 지도한다.
- 부대의 공산주의청년단 건설과 청년사업 및 부녀사업을 영도한다.

② 간부사업

- 집단군, 사단급 영도집단과 연대[正团]에서 집단군[正軍]직 간부의 상황을 심사하고 장악하며, 조정과 배치 의견을 제기한다.
- 간부의 임면, 조정과 배치, 전업, 제대 사업을 관리한다.
- 군관의 계급과 진급 사항을 관리한다.
- 전문기술직 군관과 문관직 간부 사업을 관리한다.
- 간부의 양성과 원·교(院校)의 신입생 모집 및 졸업생의 배치 사업을 관리한다.
- 예비역부대와 인민무장대오의 건설을 지도한다.
- 퇴역간부와 관련된 사업을 영도하고 관리한다.
- 간부의 복지, 실력통계(實力統計), 문서기록 사업, 간부의 보수와 관련된 사업을 관리한다.

③ 선전교육사업

- 선전교육 사업을 계획하고 정치교육 자료를 편집하여 배포한다.
- 정치이론의 핵심을 양성하고, 이론 연구를 전개하며, 연대 이상 간부의 이론 학습을 계획하고 영도하는 것을 책임진다.
- 부대의 사상 실태를 장악하고, 부대의 정치교육과 일상적인 사상사업을 영도한다.
- 원·교(院校)의 정치이론 교학사업을 지도한다.
- 부대의 뉴스, 출판, 그리고 관련 시청각교육 사업을 영도하고 관리한다.
- 관련 부문과 회동하여 부대가 과학문화를 학습하고 군대와 지방에서 두루 쓰이는 인재를 양성하는 사업을 계획하고 지도한다.

④ 보위사업

- 보위사업과 관련된 제도와 조치를 제정하며, 부대가 범죄를 예방하는 종합적

인 관리 사업을 진행하는 것을 지도하고 협조한다.

- 부대의 은폐투쟁 사업을 영도한다.
- 부대의 범죄안건 수사 사업을 영도한다.
- 해군과 공군의 방어선과 국방과학연구시험의 보위 사업을 영도한다.
- 영도기관, 핵심부문, 중대활동의 안전경비 사업을 영도하고, 관련 인원에 대한 정치적 심사를 계획하는 것을 책임진다.
- 부대의 교정사업과 노동개조, 노동교양 사업을 계획하고 영도한다.

⑤ 기율검사사업

- 동급 당 기율검사위원회와 함께 부대 당의 기율검사사업을 영도한다.
- 부대가 당원에 대해 당성(党性), 당풍(党風), 그리고 당기(党紀) 교육을 실시하는 것을 지도하고, 부대 당 조직의 당풍청렴 건설을 독촉하고 검사하며, 직권범위 내의 당기 위반 안건을 검사하고 처리한다.
- 부대의 행정감찰 사업을 영도하고, 직권범위 내의 행정처분 사업을 맡아 처리한다.

⑥ 문화사업

- 부대가 대중성 문화체육활동과 구락부 건설을 전개하는 것을 지도한다.
- 부대가 문예창작, 문예평론, 문예연출, 체육경기활동을 전개하는 것을 계획하고 영도한다.
- 문화도서의 편집출판, 영화와 TV, 그리고 녹음과 비디오테이프 제작과 방송, 방영 사업을 책임진다.
- 문예, 영화와 TV, 체육대오의 건설을 영도한다.
- 문화와 체육 기재의 공급관리 사업을 책임진다.

⑦ 대중사업

- 부대가 옹정애민(擁政愛民)활동을 전개하고, 군과 민이 공동으로 사회주의 정신문명을 건설하고 옹군우속(擁軍優屬)과 옹정애민의 모범단위를 만드는 활동에 참가하는 것을 영도한다.
- 부대가 민족정책, 종교정책을 집행하고 대중 기율을 준수하는 상황을 검사하

며, 지방정부와 회동하여 군·정, 군·민 관계 분야와 관계되는 문제를 처리한다.

- 관련 부문과 회동하여 부대가 국가의 경제건설에 참가하고 지원하며, 재난구조와 빈곤퇴치 사업을 전개하는 것을 계획하고 지도한다.

⑧ 연락사업

- 부대가 적군와해 교육훈련을 실시하는 것을 영도한다.
- 외국 군대의 정치상황을 조사연구하며, 부대가 변경회담 진행 중의 정치사업을 계획하고 지도한다.
- 외국 군대에 대한 선전사업과 연락사업을 책임진다.
- 타이완에 대한 사업을 전개한다.

⑨ 군사심판사업

- 당해급 군사법원이 직권범위 내의 각종 안건을 법에 따라 심판하는 것을 지도하며, 하급 군사법원의 심판사업을 지도한다.

⑩ 군사검찰 사업

- 당해급 군사검찰원이 검찰권을 법에 따라 행사하며, 상급 군사검찰원의 권한을 위임받은 안건을 맡아 처리하고, 하급 군사검찰원의 사업을 영도한다.

⑪ 군사훈련과 임무 집행 중의 정치사업

- 상급 지시와 부대가 책임지고 있는 임무에 근거하여 군사훈련과 임무 수행 중의 정치사업 의견을 제기한다.
- 군사훈련과 임무 수행 중의 정치사업 상황을 이해하고 장악하며, 선진 경험을 총결산하여 널리 보급한다.
- 현대기술, 특히 첨단기술 조건 하의 국지전쟁의 정치사업 연습훈련을 계획하고 지도한다.

⑫ 전시정치사업

- 중앙군사위원회, 직능부문, 그리고 당해 부대 수장의 명령과 지시에 근거하여

전시 정치사업 의견을 연구하여 제기한다.

- 참전부대가 정치사업을 전개하는 상황을 이해하고 장악하며, 전시 정치사업 경험을 총결산하여 널리 보급한다.
- 적군와해 사업을 전개하는 것을 지도한다.
- 영웅의 모범적인 사적(事迹)을 선양하며, 부대가 공훈을 평가하고 열사를 표창하며, 무휼(撫恤)사업을 전개하는 것을 지도한다.

⑬ 민병과 예비역 부대의 정치사업

- 민병과 예비역 부대의 정치교육을 지도한다.
- 각급 인민 무장 부문이 민병과 예비역 인원이 솔선해서 사회주의 현대화 건설에 참가하는 것을 동원하고 계획하는 것을 지도한다.
- 민병과 예비역 부대의 군사훈련, 전시대비 근무, 민병조직의 조정 중의 정치사업을 지도한다.
- 예비역 간부를 영도하고 관리한다.
- 민병의 전시 정치사업을 지도한다.
- 관련 부문과 회동하여 병역 정치사업, 학생군사훈련 중의 정치사업과 전민국방교육을 지도한다.

2) 집단군 이하 단위의 정치부

① 중국인민해방군 집단군, 사단, 그리고 집단군과 사단에 상당하는 단위의 정치부는 소속부대 정치사업의 영도기관이며, 상급 정치기관, 동급 부대 당 위원회와 정치위원의 영도 하에 소속부대 당 사업을 관리하는 것을 책임지며, 정치사업을 계획하고 진행한다.

② 여단 정치부, 연대 정치처와 여단과 연대 급에 상당하는 단위의 정치부, 처는 소속부대 정치사업의 영도기관이며, 상급 정치기관, 동급 부대 당의 위원회와 정치위원의 영도 하에 기층대 당의 사업을 관리하는 것을 책임지며, 정치사업을 계획하고 진행한다.

③ 중국인민해방군 성군구, 군분구 정치부는 소속단위 정치사업의 영도기관이며, 상급 정치기관, 군대 동급 당 위원회 및 동급 정치위원의 영도 하에 민병과 병역 정치사업을 계획하고 진행하며, 〔예비역 부대를 포함한〕 소속부대, 인민

무장부 당의 사업을 관리하는 것을 책임지며, 정치사업을 계획하고 진행한다.

④ 정치부(처) 주임은 상급 정치기관, 동급 부대 당 위원회와 정치위원의 영도 하에 당해 정치기관의 사업을 주관하며, 소속부대의 정치사업에 대한 영도를 계획하고 실시한다.

⑤ 정치부(처) 주임은 반드시 직책을 수행하는데 필요로 하는 마르크스레닌주의와 마오쩌둥 사상의 이론과 정책 수준을 갖추어야 하며, 중국 특색의 사회주의를 건설하는 이론을 장악하고, 확고부동한 공산주의 신념, 강인한 무산계급 당성을 가지고 있어야 하고, 당의 노선과 방침 및 정책을 모범적으로 관철하고 집행해야 한다. 풍부한 정치사업 경험, 비교적 강한 조직영도능력을 가지고 있어야 한다. 원칙을 견지하고, 올바르고 공정해야 하며, 솔선수범하고, 멸사봉공하며, 대중과 밀접하게 연계하며, 조사연구를 잘 해야 한다.

⑥ 정치부(처) 주임은 반드시 5년 이상의 당력(党歷)을 가진 중국공산당 당원이어야 한다.

3) 군인대표회의와 군인위원회

(1) 여단(연대) 군인대표대회

중국인민해방군 여단, 연대급 단위의 군인대표회의는 군대의 민주생활을 건전하게 하고 발전시키며, 군인이 민주적 권리를 정확하게 행사하고 부대 관리에 참여하는 것을 보장하는 민주제도이다. 회의는 매년 1회 개최하며, 동급 부대 당 위원회의 영도와 정치기관의 지도 하에 회의 주석단이 주재한다.

군인대표회의의 주요 임무는 아래와 같다:

① 당해 단위 수장의 사업보고를 청취하고 심의하며, 사업의 개선에 관한 의견과 건의를 제기한다.

② 당해 단위가 상급의 결의와 명령 및 지시, 그리고 군대의 법규와 규정을 관철하고 집행하는 것을 감독한다.

③ 많은 군인의 의견과 요구를 반영하며, 영도간부와 영도기관이 사업과 기풍을 개선하는 것을 돕고, 군인의 합법적 권익을 보호한다.

④ 부대의 경제생활을 감독하고, 군인의 생활복지를 개선하는 의견과 건의를 제기한다.

군인대표회의는 응당 민주와 집중의 관계를 정확히 처리하고, 민주 기초 위의 집중과 집중 지도 하의 민주를 실행해야 한다. 대표가 법이 정한 민주적 권리를 행사하는 것을 확실하게 보장해야 하며, 그 어떠한 조직과 개인도 억압하고 방해하며 보복해서는 안 된다. 군인대표회의의 모든 활동은 반드시 단결을 강화하고, 기율을 유지하며, 부대의 고도로 집중된 통일을 보장하며, 부대의 전투력을 공고히 하고 향상하는데 도움이 되어야 한다.

(2) 중대 군인위원회

중국인민해방군 중대 군인위원회는 중대가 정치민주, 경제민주, 군사민주를 실행하며, 군인이 민주적 권리를 행사하고, 대중성 활동을 전개하는 것을 보장하는 조직이다. 중대 군인위원회는 당 지부의 영도와 중대장, 정치지도원의 지도 하에 사업을 진행한다.

중대 군인위원회는 5-7인으로 구성된다. 위원은 대중이 후보자를 추천하며, 전 중대 군인들이 선거를 통해 선출하여 당 지부의 비준을 득하게 된다. 위원의 임기는 1년이다. 결원이 생기면 적시에 보충해야 한다. 군인위원회는 주임과 부주임 각 1인을 추천하여 선출하며, 주임은 일반적으로 부중대장이 맡고, 위원은 군사와 정치 자질이 양호하고, 대중들에게 위신이 있으며, 일정한 조직과 활동 능력을 가지고 있고, 대중을 위해 복무하기를 바라는 병사와 군관이 맡는다. 군인위원회 밑에는 정치민주조, 경제민주조, 군사민주조, 문화오락체육조, 대중사업조를 둔다. 조장은 위원이나 또는 부주임이 겸임하며, 위원은 해당 조의 사업에 적합한 병사가 맡는다. 각 조의 구성원은 일반적으로 3인이 된다.

군인위원회의 주요 사업은 아래와 같다:

① 중대 사업을 강화하고 개선하는 것에 관한 의견과 건의를 제기한다. 장병이 군대의 법규와 규정을 준수하는 것을 감독하고, 타의 모범이 되는 사람을 표창하며, 위법행위를 비판하고 적발한다. 사병의 군관에 대한 의견과 요구를 반영하며, 장병 간의 모순을 해결하는데 협조한다. 사병을 입학시키고, 기술병으로 선발하여 양성하고, 정부(正副) 분대장으로 승진시키며, 전문직 하사관으로 추천한다. 장병의 공훈심사를 진행한다.

② 장병의 급식에 대한 의견을 항상 이해하고 개선방법을 반영한다. 경비 지출을 감독하고, 회계를 정기적으로 검사하고 공포하며, 횡령과 절도, 요란하게

꾸며서 낭비하는 것, 그리고 자기에게 주어진 몫 이상을 가지거나 차지하는 것을 방지한다.

③ 장병이 군사훈련을 중심으로 하는 각항 사업에 적극적으로 참가하고, 서로 가르치고 배우며, 가르치고 배우는 것을 평가하며, 경연을 비교 평가하는 활동을 전개하며, 임무 완수를 위해 훌륭한 대책과 방안을 제시하도록 한다. 전시에는 장병이 작전명령을 확고부동하게 집행하며, 적을 극복하고 압도하는 전법을 연구하고, 전투평가 활동을 전개하도록 한다.

④ 대중성 문화오락체육 활동을 전개하는 것을 계획한다.

⑤ 중대 수장이 장병이 옹정애민 활동을 전개하고, 군과 민이 함께 사회주의 정신문명을 건설하는 활동에 참가하는 것을 중대 수장과 협조하여 계획한다.

⑥ 대중의 기율을 검사하고 보호하며, 장병이 인민대중을 위해 봉사하고, 인민대중의 의견과 건의를 반영하는 것을 처리하며, 군인가족에 대한 지원사업을 실행한다.

제7절

군사직업주의와 정치사업제도의 직능 변화

1. 군사직업주의의 당·군 관계 관점

당·군 관계의 성격을 분석하는 군사직업주의(military professionalism)의 기본관점은 주로 헌팅턴(Samuel Huntington)의 문민통제론으로부터 비롯되고 있다. 군인의 전문지식과 기술, 사회적 책임감, 그리고 집단의식 등 3개 기준으로 군대의 전문화 수준을 측정하며, 이와 동시에 문민이 군대를 통제하는 유형으로서 객관적 통제와 주관적 통제로 구분하여 그 성격을 해석한다.

객관적 통제는 군인이 군사영역에서 최대의 전문성을 발휘함으로써 정치적 중립을 유지하고, 문민정부의 정치적 지도에 복종하도록 하는 것이며, 이에 반해서 주관적 통제란 군인과 문민 간에 분명한 경계가 없이 문민 세력이 군대에 침투하여 군대를 장악하는 것이다.

특히 객관적 통제란 군대가 군사직업주의로 발전하며, 군사업무에 책임을 지고, 정치업무에 대한 간섭을 최소화하도록 한다. 군인에게 군사영역에서의 자주권을 최대로 보장해줌으로써 군대가 국가의 도구가 되고 문민정부가 군대를 효율적으로 통제할 수 있게 된다. 이처럼 군대는 특정한 정당이나 또는 개인에 속하지 않고 정치적 중립을 유지함으로써 국가를 위해 복무하는 무장집단으로 남게 된다.

그러나 서방 민주주의국가 정치체제의 문민집단과 군대 간의 관계를 분석하여 얻은 헌팅턴의 군사직업주의와 문민통제 모델은 레닌주의나 또는 전체주의 정치체제에 속하면서 서로 다른 환경 속에서 성장한 군대의 특성으로 인해 공산주의체제의 당·군 관계를 분석하는 데는 한계성을 드러내고 있다.

우선, 복수 정당의 민주주의 정치체제 하에서 선거를 통해 정권을 장악한 집단을 문민집단이라고 정의한다면, 중국공산당 1당독재 하의 영도집단과는 동일시되지 않는다. 그뿐만 아니라 국가가 먼저 있고 국가의 안전을 위해 나중에 만들어진 군대를 가진 정치체제 하의 민·군 관계와 당과 군대가 동시에 창건되고 나중에 국가가 만들어진 오늘날의 중국공산당 1당독재체제 하의 당·군 관계는 그 성격에 있어서 차별화될 수밖에 없어 보인다.

일찍이 마오쩌둥은 국민당과의 혁명투쟁에서 승리할 수 있었던 것은 3개의 법보(法宝)를 가지고 있었기 때문인데, 당의 건설, 무장투쟁, 그리고 통일전선이 바로 그것이라고 했다. 이들 3자는 별개의 것이 아니라 서로 의존적이고 보완적인 유기적 복합체였다. 당이 군대를 창설했지만 군대 역시 유격전으로 당을 세우는 것을 도와주었다. 군대는 당의 정치임무를 수행하는 무장집단이었고, 당은 군대를 앞세워 혁명활동을 전개했으며, 군대 속에 당이 있었고 당에 군대가 있는 형태가 유지되었다.

이처럼 혁명전쟁시기에는 정치와 군사의 구별이 없었고, 당과 군대의 경계가 모호했다. 부대의 군사간부가 당의 간부였고, 부대의 정치간부도 당연히 당의 간부였으며, 당의 간부가 군사간부이기도 하고 정치간부이기도 했다. 그뿐만 아니라 군사간부가 정치간부의 역할을 담당하고 정치간부가 군사간부의 역할을 담당하는 등 2중역할자로서 활동했다. 이처럼 정치와 군사의 결합을 특징으로 하는 유격전을 통해 일어선 중국공산당과 군대 사이에는 철저한 공생(symbiosis)관계 유지되고 있었다.

그러나 덩샤오핑의 현대화·정규화 건군노선으로 태동하기 시작한 군사직업주의는 점차 정치가 군사를 영도하고 비전문가가 전문가를 영도하는 혁명화 건군노선의 정치제1주의를 밀어내기 시작했다. 특히 간부의 4화정책(전문화·지식화·연소화·혁명화)은 간부를 선발하는 기준에 있어서 계급성을 중시하는 홍(紅)으로부터 전문성을 중시하는 전(專)으로의 전환을 유도하면서 군사직업주의를 추동하는 중요한 동인이 되었다.

군사전략 방침의 변화 또한 인민해방군의 군사직업주의를 자극하는 촉진제로 작용했다. 일찍이 전통적인 인민전쟁의 전략방침에서 벗어나 현대화 조건 하의 인민전쟁(1978-1986)→국지전쟁과 경제건설(1985-1992)→첨단기술 조건 하의 국지전쟁(1992-2003)→정보화 조건 하의 국지전쟁(2004-현재) 전략방침이 채택되면서 무기체계의 발전과 그 운용에 관한 전문지식과 작전능력이 절실하게 요구되고 있으며, 이러한 군사환경 속에서 군사간부들에게 주어진 역할과 임무가 크게 돋보이기 시작하면서 군사직업주의가 진전되고 있다. 특히 지상군 위주의 작전형태로부터 벗어나 합동작전을 미래전쟁의 주요형태로 발전시킨다는 전략방침은 인민해방군의 직업주의를 자극하는 직접적인 계기가 되고 있다.

이러한 군사직업주의의 영향 하에 1990년대부터 인민해방군 내에 군사간부와 정치간부의 경계가 점차 분명해지고, 정치와 군사, 즉 당과 군대의 전통적인 공생관계에 균열이 생기기 시작했다. 당·군 관계를 분석하는데 있어서 지도계층의 세대교체와 인민해방군의 직업주의화로 인해 "공생"이라는 용어가 밀려나고 그 자리에 "직업주의"가 대신하고 있다.

현대화·정규화를 향해 발전하면서 독립적인 실체로서 당과 분리되는 수준으로 까지는 이르지 못했지만, 군대의 주요 임무가 사회질서를 유지하는 대내 정치안보로부터 외부로부터 오는 군사적 위협에 대처하는 대외 군사안보로 그 중심을 옮겨가게 되면서 인민해방군 장교들은 정치활동을 줄여가면서 직업군인으로서 군사집단의 이익과 가치를 추구하는 것에 긍정적으로 반응하고 있다.

2021년 6월 1일 제13기 전국인민대표대회 상무위원회 제29차 회의에서 통과된 〈중화인민공화국의 군인 지위와 권익 보장법〉 제2조는 "군인은 전 사회가 우러러 존경하는 직업이다. 국가와 사회는 군인을 존중하고, 우대하며, 군인이 그 직업의 특징을 살리고, 직책과 사명을 책임지며, 국가에 공헌하는 것에 걸맞는 지위와 권익을 향유하는 것을 보장하며, 항시 각종 형태의 옹군우속(擁軍優屬) 활동을 전개한다."고 명기함으로써 인민해방군 장병들의 직업군인으로서의 법적 지위를 공식화했다.

그뿐만 아니라 〈보장법〉 제22조는 "군대는 애국주의, 집단주의, 혁명영웅주의 교육을 강화하고, 군인의 영예의식을 강화하며, 영혼이 있고, 기량이 있고, 혈기가 있고, 인품과 덕성이 있는 새로운 시대의 혁명군인을 양성하며, 강철과 같은 신앙, 강철과 같은 신념, 강철과 같은 기율을 가진 강인한 부대로 단련한다."는 것을 핵심 내용으로 하는 직업군인의 윤리도 명확하게 정의하고 있다.

인민해방군의 장교단은 군사원·교에서 정규교육을 받고 졸업한 후 군사영역에서의 경험을 통해 자신들의 경력을 관리하고 있으며, 특히 점증하고 있는 직업주의의 책임감과 군대장교로서의 집단의식을 형성하면서 군사영역에서의 자주권을 확대해 나가고 있다.

어쨌든 군사문제의 전문성과 복잡성이 심화되면서 미래전에서의 확실한 승리를 확보하기 위해서는 군대가 자신의 문제를 스스로 처리할 수 있을 정도의 일정한 권한이 반드시 보장되어야 하며, 군대가 최고 정책결정과정에 참여하여 전문적인 자문을 제기함으로써 군대의 발전 요구를 충족하도록 하는 것이 필요하다는 인식이 점차 공유되고 있는 것으로 보인다.

직업주의의 기본 관점은 중국공산당과 인민해방군의 관계를 다음과 같이 전망한다:

첫째, 군사간부의 지위와 역할이 강화되고 이와 상대적으로 정치간부의 지위와 역할이 약화된다.

둘째, 약화된 정치간부의 권한으로 정치사업이 위축되며, 부대 당 위원회에서의 의사결정과정에서 군사지휘관의 발언권이 강화된다.

셋째, 군사직업주의는 인민해방군의 생명선인 정치사업제도를 무력화시킨다.

넷째, 부대 정치사업제도의 붕괴는 중국공산당의 군대에 대한 영도지휘권의 실종을 야기하게 된다.

다섯째, 중국공산당의 군대에 대한 통제력의 부재는 결과적으로 인민해방군의 "비정치화, 비당화, 국가화"를 재촉하게 된다.

2. 군사직업주의의 촉진요인

인민해방군의 군사직업주의가 발전하는데 있어서 도움이 되는 2가지의 정치사회적 환경이 조성되고 있는데, 그 하나는 중앙권력의 승계구도가 제도화되고 있다는 것이고, 또 다른 하나는 공산주의라는 지배이데올로기의 실종으로 군대의 사상정치 사업이 그 위력을 상실하고 있다는 것이다.

중국공산당의 문민집단은 6·4텐안먼사태 이후 지방의 저항과 시민의 소요가 일부 발생하긴 했지만, 급속한 경제성장, 독립적인 정치조직의 억제, 그리고 불만사항과 저항에 대해 발빠르게 대처함으로써 군사개입의 필요가 없을 정도로 질서를 유지하는데 성공하고 있으며, 이를 계기로 문민에 의해 선출된 미래 핵심 지도자의 비준에 군사적 영향력을 제한하는 한층 제도화된 후계자 선정절차를 공식화하고 있다. 당총서기와 국무원 총리를 비롯한 최고영도집단은 최고의 영도지위에 오르기 전에 일련의 공식적인 자리와 비공식적인 정책 임무를 맡게 된다. 예를 들면, 최고지도자가 되기 위해서는 서로 다른 2개 성의 당 서기직을 역임해야 한다는 조건을 충족해야 하듯이 최고지도자의 자격조건이 더욱 표준화되고 있다.

인민해방군 지도자들은 군사적 경험이나 군대의 지명도가 전혀 없는 새로운 세대의 문민 엘리트들이 권력승계의 제도화로 인해 더 이상 정치적 위기를 해결하기 위해 군대의 개입을 요청할 필요가 없게 되었음을 인지하고 있다. 엘리트정치에 있어서 보다 제도화된 규범의 출현은 군사지도자들에게 직업주의적 책임감에 집중할 수 있도록 함과 동시에 점차 엘리트정치로부터 멀어지게 만드는 계기를 제공한다.

또 하나의 요인은 공산주의 이데올로기의 실종과 더불어 나나타고 있는 사회가치의 다원화이다. 사회주의 시장경제의 사회심리적 충격과 사회적 가치관념의 다원화로 인해 부대의 정치사업과 정치교육이 제대로 기능을 발휘하지 못하고 있다. 이는 부분적으로 중국사회의 공산주의 이데올로기에 대한 신념과 확신의 전반적인 실종을 반영한다. 중국의 최고지도자들은 이미 마르크스주의의 핵심 교리를 포기한 채 오직 레닌주의의 조직원리만 강조하고 있는 것으로 보인다.

공산주의 이데올로기에 대한 신앙의 위기는 마르크스레닌주의와 마오쩌둥 사상이 인민해방군 정치사업의 지도사상으로 자리를 잡아가는 데 있어서 이미 임계점을 벗어난 지가 오래되고 있음을 암시한다. 중국공산당은 이미 마르크스주의의 대체품으로서 애국주의를 발굴하여 레닌주의와 결합시키려는 노력을 아끼지 않는 것으로 보이며, 더 이상 인민들이 믿고 있는 가치나 신앙을 통제하면서 마르크스주의를 강요하지는 않는 것처럼 보인다.

정치간부들은 공산주의 이데올로기로 부대 장병의 사상을 무장시키는 정치적 교화보다는 오히려 서방국가 군대의 군목과 유사한, 군대의 사기를 전담하는 정훈장교의 역할에 집중하는 경향을 보여주고 있는 지표도 소개되고 있다. 물론, 정치장교와 정치위원은 정치적 교화활동에 보다 적은 시간을 보낸다 할지라도 항상 장병의 사기를 진작시키는 역할 이외에도 중국공산당의 전권대표로서 군사지휘관의 행동을 감시하는 본연의 책무는 게을리하지 않는다.

일부 사람들은 공산주의 이데올로기의 실종으로 인민해방군의 정치사업제도가 약화되고 있으며, 게다가 정치장교 역시 인민해방군의 공동문화에 휘말리게 됨으로서 당에 대한 충성심을 시험을 받게 될 수도 있다고 암시한다. 그뿐만 아니라 정치사업제도와 정치장교들이 항상 이러한 딜레마를 맞고 있으며, 정치적 통제나 또는 교화의 도구로서의 이들의 역할은 결코 원래의 근본취지만큼 강력하지 못하다고 지적한다.

3. 군사직업주의와 군대의 국가화 논쟁

군사직업주의의 발전과 더불어 인민해방군의 국가화를 전망하게 하는 징후들도 종종 나타나고 있다:

첫째, 국방법의 제정과 국가중앙군사위원회의 역할 분담에 대한 장기적인 전망이 제기된다.

둘째, 장교집단의 직업주의 증가와 군사간부에 대해 보다 많은 역할과 임무가 요구되고 있으며, 이에 비례하여 부대의 사상과 조직 사업을 주관하는 정치간부는 역할이 축소되고 진급율도 군사간부에 비해 현저히 낮아지고 있다.

셋째, 부대의 전투력 강화를 비롯한 군사영역의 자주권 행사에만 집중하고자 하는 인민해방군의 열망은 군대의 정치화를 견지하려는 당의 통제에 부담을 주고 있다.

넷째, 인민해방군의 기본임무가 대내안보에서 대외안보를 향해 전이되고 있다. 오늘날 중국의 대내안보는 인민무장경찰이 일차적으로 책임을 지고 있으며, 인민해방군의 기본임무는 거의 배타적으로 외부로부터 오는 군사위협에 대처하는, 더 나아가 해외권익을 보호하는 대외안보를 책임지는 것이다.

결국 문제의 초점은 중국공산당의 일당독재체제 하에서 군대의 국가화가 가능하다는 것인지, 아니면 그러한 군대가 오직 진정한 다당제의 민주주의 체계 속에서만 존재할 수 있다는 것인지에 관한 논쟁이 종결될 수 있을지에 집중된다.

중국에서 군대의 국가화는 사실상 직업주의적인 국가의 군대가 국가와 입법통제의 틀 속에서 지배적인 중국공산당과 공존할 수 있다는 것을 의미한다. 그러나 인민해방군의 국가화는 적어도 아래의 사항들을 전제로 하게 된다:

① 국가 주석의 중앙군사위원회 주석직 수행과 완전한 군대 통제.

② 국가중앙군사위원회의 행정기구로서 대외안보를 전담하는 명실상부한 국방부.

③ 군인이 아닌 순수한 민간인 출신의 국방장관.

④ 군대의 동원과 무력의 사용을 관리하는 제도적이고 법적인 통제.

⑤ 국가기관의 입법과 예산외 세입의 금지를 통한 군대에 대한 완전한 예산통제.

⑥ 전문적 군대교육에 있어서의 사상정치 사업의 배제 등.

이상의 기준으로 볼 때 인민해방군이 국가의 군대로 탈바꿈한다는 것은 먼 장래의 일로 예상된다. 중국공산당과 인민해방군을 연결해 주는 정치사업제도의 폐지가 전제될 수밖에 없기 때문이다.

인민해방군 장병들은 중국공산당이 여전히 중국에서 정치권력과 권위의 궁극적인 원천이라는 것에 별로 이의를 달지 않고 있다. 인민해방군 장병들은 자신들이 당에 속하느냐 아니면 군대에 속하느냐의 문제를 따지는 것 자체를 시간 낭비로 여긴다. 이들에게는 중국공산당에 충성하는 것이 국가를 사랑하고 인민을 사랑하는 것이 된다. 이처럼 인민해방군의 대다수 장병들에게는 국가의 헌법적 통제보다는 오히려 당에 충성하는 것을 신조로 삼고 있으며, 중국공산당을 중화인민공화국과 동일시하고 있다.

4. 군사직업주의와 군·정 수장의 관계

인민해방군의 기술정향적인 직업주의가 강화되고, 상대적으로 정치사업제도의 직능이 약화되고 있는 가운데, 군사지휘관과 정치위원은 비록 중국공산당의 통제 하에서 공개적으로 적대감은 드러내놓고 있지는 않지만 일정한 정도의 긴장관계를 유지하고 있다.

군사지휘관의 역할이 군사현대화 사업과 직업주의 경향을 통해 격상되고 있는데 반해서, 정치위원은 부대의 사기를 향상시키고 병사들로 하여금 변화하고 있는 당의 정책을 준수하도록 준비하는 자신들의 역할에 더하여 군사지식과 경험을 축적하는 과업을 수행하고 있다.

기술지향주의, 부사관(하사관)제도, 그리고 군사지휘관의 교육수준 향상을 요구하는 군사직업주의의 발전은 군사지휘관의 보다 많은 전문성과 헌신을 요구한다. 특히 특별한 경계선이 없고, 승리하느냐 패배하느냐의 문제가 오직 지휘장치의 확고하고 사려 깊은 결정, 정확한 정보 판단, 그리고 병참 등에 의해 좌우되는 미래전의 특성을 고려할 때 군사지휘관의 역할 증대는 의심의 여지가 없어 보인다.

인민해방군 간부의 선발과 승진이 더 이상 당성을 강조하는 정치적 요인에 의존하지 않고 오직 전문성만을 기준으로 삼고 있으며, 정치적 의식과 행동주의는 별로 고려되지 않는다. 부대의 훈련이나 병영생활에서도 정치학습이 거의 사라지고 있으며, 장교들은 공산주의 교리보다는 군사 교리, 전략, 전술의 복잡한 내용들을 학습하는 데 시간을 보내고 있다. 정치사업은 이데올로기의 교화보다는 주로 복지와 사기 및 생활과 관련된 문제에 집중되고 있다.

군대의 사상정치 사업을 약화시키는 요인으로 지적되고 있는 것은 사회가치의 다원화와 이른바 자본계급의 자유화 사상이다. 사회주의 시장경제가 심화되고 군대의 현대화·정규화 노선에 힘입어 나타나고 있는 자본주의적 생활양식과 사고방식은 인민해방군의 정치사업을 약화시키는 요인으로 작용하고 있다:

첫째, 부대 장병들은 혁명적 열정을 팽개치고, 계급의식이나 집단이익보다는 오직 개인이익을 우선시하면서 개인적인 명성과 부를 인생의 최고가치로 여기고 있다.

둘째, 부대의 사상정치 사업이 행정사업으로 취급되고, 지나치게 관리사업으로 단순화되고 있으며, 심지어 전우들 사이의 접촉을 상업화하는 불건전한 경향마저 나타나고 있다.

셋째, 특히 군대 내에 만연하고 있는 형식주의, 관료주의, 그리고 폭력주의 등으로 군사민주와 정치민주가 무너지고 장병관계가 근본적으로 훼손되고 있다.

이처럼 군사직업주의의 영향으로 군사간부의 지위와 역할이 크게 향상되고 있는데 반해서, 정치간부의 지위와 역할은 그만큼 위축되고 있다. 정치간부로서는 군사영역의 전문지식과 경험이 과학영역의 지식과 관련이 있는 것이기에 장기적인 교육 훈련과 경험을 지불해야 한다. 이를 위해 중국공산당은 정치간부들에게도 일정한 군사소양을 갖추도록 요구하고 있으며, 정치사업을 수행하는 과정에서 요구되는 군사 관련 전문지식을 습득할 수 있도록 정치간부를 양성하는 정치학원의 교육과정도 정치와 군사 과목의 시간 배정을 적절하게 안배하고 있다.

그럼에도 불구하고 정치적 교화의 가장 강력한 무기였던 공산주의 이데올로기의 영향력이 예전에 비해 거의 위력을 발휘하지 못함에 따라 사상과 정치 교육 및 정치선전을 주관하는 정치간부의 활동은 위축될 수밖에 없어 보인다.

정치이데올로기에 대한 관심이 크게 저조한 것은 군사직업주의 경향에 영향을 받은 지극히 자연스러운 결과이지만, 그럼에도 불구하고 중국공산당은 여전히 마르크스레닌주의와 마오쩌둥 사상을 군대 정치사업의 지도사상으로 삼고 있다.

어쨌든, 정치사업의 약화와 정치간부의 역할 감소를 보면서 정치위원과 군사지휘관의 관계를 영합관계로 보는 것에는 많은 검증이 필요해 보인다. 부대 내 군사간부와 정치간부 간의 견제와 대립 관계는 군사직업주의에 대비되는 "정치직업주의"로의 발전 가능성에도 주목하게 한다. 군사간부와 정치간부의 관계는, 다시 말해서 군사직업주의와 정치직업주의가 기존의 권력관계로부터 출발하여 군사간부의 권력이 강화되는 것만큼 상대적으로 정치간부의 권력이 약화되는 것으로 보는 영합(零合)관계로는 설명되지 않는다.

5. 당 위원회의 영도와 군사직업주의의 한계

중국공산당의 군사영도지휘체제가 서방국가의 그것과 근본적으로 다른 것은 중국공산당이 무장역량을 절대적으로 영도하는 제도를 유지하고 있고, 당중앙군사위원회와 국가중앙군사위원회가 동일한 기구로 기능하고 있으며, 군대의 각급 단위에 중국공산당의 조직이 설립되어 중국공산당의 군대에 대한 영도권과 지휘권 행사를 제도적으로 보장하고 있다는 것이다. 이러한 제도적 보장장치가 바로 당 위원회 제도[党委制]와 정치위원 제도[政委制]이다.

중국인민해방군 내에는 상급부대에서 하급부대에 이르기까지 당 조직이 설치되어 있다. 연대급 이상의 부대와 단위에는 당 위원회, 대대 및 대대에 상당하는 단위에는 당 기층위원회, 그리고 중대 및 중대에 상당하는 단위에는 당 지부가 설립되어 있다.

그런데 부대 내에 설립된 각급 당 위원회는 당해 부대의 모든 행동과 활동을 통제한다. 부대의 각급 당 위원회는 주요 정치간부와 군사간부로 구성되어 있다. 사단의 당 위원회를 예로 든다면, 군사계통의 사단장, 부사단장, 참모장, 정치계통의 사단 정치위원, 사단 부정치위원, 사단 정치부 주임 등 적어도 6명 이상으로 구성되어 있다.

물론, 조례의 규정에 따르면, 군대 당 위원회는 반드시 민주집중제를 견지하고, 당 위원회의 통일적인 집단영도 하의 수장분담책임제를 관철해야 하며, 그뿐만 아니라 당 위원회가 결정을 내리게 되면, 군사사업 분야에 속하는 사항은 군사 수장이 책임지고 집행하고, 정치사업 분야에 속하는 사항은 정치위원이 책임지고 집행하도록 되어 있다.

인민해방군은 당 위원회제도 이외에 정치위원제도를 운영하고 있다. 부대의 정치 수장인 정치위원은 군사 수장인 군사지휘관과 함께 당해 부대의 수장으로서 군사지휘관의 행동을 감독하고, 부대가 중국공산당의 지휘를 벗어나거나 또는 당이 군대를 영도하는 체제에 위협을 조성하는 행위를 사전에 차단하고 방지하는 임무를 수행한다.

원래 부대의 군사지휘관을 감시하기 위해 부대에 파견된 당의 전권대표로서의 정치위원은 당해 부대의 작전과 인사에 관한 모든 문건에 서명할 수 있는 부서권(副署權)을 행사할 수 있다. 모든 부대는 당 위원회의 영도 하에 수장이 책임을 지고 있었으며, 모든 명령은 반드시 당해 부대의 군사 수장과 정치 수장이 연서(連署)를 해야만 효력을 발생했으며, 작전행동과 병력배치는 참모장이 부서(副署)를 하게 되어 있었다.

일반적인 상황 하에서 정치위원은 당 위원회의 서기직을 겸임하고 부대장은 부서기직을 겸임한다. 과거의 전쟁년대에는 군사경험이 풍부한 부대 사령관이 당 위원회의 서기직을 겸임하고 정치위원이 부서기직을 맡는 경우도 있었다. 정치위원은 부대장 유고시 군사지휘권을 행사하며 부대를 지휘할 수 있다. 부대 간부의 임면은 정치부의 간부 부문이 의견을 제시하며, 정치부 주임과 정치위원이 연구·검토한 후에 당 위원회에 보고하여 결정하도록 한다.

예를 들어 사단(여단) 당 위원회의 경우, 사단장은 군사계통의 수장이 되며, 사단 정치위원은 정치계통의 수장이 된다. 만약에 사단의 사업 문제를 놓고 사단장과 사단 정치위원 사이에 이견이나 불화가 발생한다면, 사단 당 위원회를 소집하여 토론을 거쳐 해결하게 되는데, 이때 최종적인 결정권은 사단 당 위원회의 서기직을 겸임하고 있는 사단 정치위원이 행사하게 된다. 이런 점에서 보면 당 위원회 집단영도 하의 수장분담책임제는 사실상 당의 전권대표로서 부대에 파견된 정치위원의 1원화 영도라고 할 수 있다.

남중국해에서 작전임무를 수행하고 있는 인민해방군 해군 함정의 지휘계통과 의사결정구조를 예로 든다면, 함정에는 당 위원회가 설치되어 있으며, 정치위원이 군사지휘관인 함장과 함께 당 위원회의 구성원으로서 임무를 수행하고 있다. 함정의 지휘관인 함장은 군함의 전배태세 준비와 군사작전 활동을 책임지며, 정치위원은 승무원의 당에 대한 충성심을 양성하고 군대의 생활방식을 건전하게 하는 것을 책임진다.

특히 정치위원은 함장과 동등한 자격으로 전투작전을 계획하고 전투작전을 지휘하는 훈련에 참가하여 작전경험을 축적하고 있다. 작전 명령은 정치위원의 부서가 있은 후에야 효력을 발생하게 된다. 이처럼 대다수 서방국가 해군 함정의 군사지휘관 1원화 지휘체계와는 달리 중국의 해군 함정은 정치위원과 함장이 동등한 자격으로 부대를 관리하는 2원화 지휘체계를 유지하고 있다. 그러나 당 위원회 영도 하의 2원화 지휘체계라는 것도 그 실상을 보면 함정 당 위원회의 서기직을 겸임하고 있는 정치위원이 최종적인 의사결정권을 행사한다는 점에서 정치위원 1원화체제인 것이다.

이처럼 중국공산당의 군대에 대한 영도권과 지휘권 행사를 보증하는 통제메커니즘으로서의 당위제와 정위제가 존재함으로 인해서 군사직업주의의 발전, 다시 말해서 군사지휘관의 지위와 역할 변화를 제약하는 변수로 작용할 것인지에 대한 궁금증이 반복적으로 제기된다.

6. 직업주의적 당의 군대

인민해방군의 직업화 경향은 직업군인이 정치적 교화를 포함하여 기타 정치적 통제를 받아들이면서도 군사영역의 자주권이 보장되어야 한다는 기대치를 점차 높여가도록 유도한다. 물론, 군사직업주의 경향이 인민해방군에 대한 공산당의 절대적 영도를 느슨하게 만드는 요인으로 작용하고 있는 것은 분명하지만, 그렇다고 이러한 군사직업주의의 발전이 중국공산당의 군대에 대한 절대적 영도라는 거대한 장벽을 뛰어넘을 수 있을 것인지에 대해서는 합리적 의문이 제기된다.

기실, 중국공산당은 인민해방군의 군사직업주의 경향에 예민하게 대처하면서 여전히 마르크스레닌주의와 마오쩌둥 사상, 덩샤오핑이론, 그리고 중국 특색의 사회주의 이론을 군대 정치사업의 지도사상과 지침으로 삼고 있으며, 이의 관철을 최우선 순위에 올려놓고 있다. 이는 중국공산당이 공산주의 이데올로기를 지배집단의 결속과 유대를 보장하는 유력한 도구로 사용할 수가 있다는 이점뿐만 아니라 군대에 대한 사상영도를 보증하는 정치사업제도의 존재이유를 정당화하는 무기로도 사용할 수 있기 때문인 것으로 보인다.

특히 중국공산당은 "군대의 비당화, 군대의 비정치화, 그리고 군대의 국가화" 경향을 "당이 총검을 지휘한다."는 정치원칙에 대한 도전으로 보면서 이러한 경향의 사상적 근원이 되고 있는 군사직업주의에 강력하게 대처하고 있다.

그뿐만 아니라 인민해방군 장교집단 역시 인민해방군이 처한 상황이 아무리

변하고, 인민해방군의 기본임무가 아무리 바뀌더라도, 인민해방군의 직업주의가 아무리 발전하더라도, 그리고 인민해방군의 정치적 역할이 아무리 변하더라도 중국공산당 중앙위원회, 중앙군사위원회, 그리고 당 총서기의 영도에 절대적으로 복종해야 한다는 충성심과 신조만은 지켜낼 것으로 보인다.

이처럼 인민해방군과 중국공산당 간에는 분명한 경계가 없으며, 군대의 전문화와 직업화 경향이, 다시 말해서 군사직업주의가 중국공산당의 이익을 앞서갈 수 있을 정도로 성장하기에는 갈 길이 멀어 보인다. 중국공산당은 여전히 군대가 당의 활동범위 밖으로 벗어나 독립적인 실체로 존재하는 것 자체를 부정하면서 인민해방군의 가치와 이익은 오직 중국공산당의 가치와 이익에 예속되어야 한다는 정치원칙을 견지한다.

어쨌든, 정치사업제도는 정치사업의 주제가 마르크스주의로부터 민족주의로 바뀌었을 뿐이며, 그 자체는 여전히 완전하게 존재하고 있다. 게다가 중국공산당은 인민해방군에 대한 절대적 통제를 보증하는 감독메커니즘으로서의 정치사업제도 이외에도 중앙군사위원회의 기율검사위원회와 정법위원회의 기능을 더욱 강화해 나갈 것으로 전망된다.

따라서 헌팅턴의 용어를 빌린다면 중국인민해방군은 중국공산당의 일당독재체제가 지속되는 한 중국공산당의 주관적 통제 하에서 직업주의의 특성을 보장받을 것이지만, 그러나 중국공산당의 영도에 절대적으로 복종하는 당의 군대로 남게 될 것이 확실해 보인다.

나가면서

다당제의 민주주의 정치체제 하에서는 군대가 국가의 군대로서 국가를 위해 일을 하지만, 공산당 일당독재의 공산주의체제 하에서는 군대가 당의 군대로서 오로지 당을 위해 일을 한다. 물론, 중국공산당의 인민해방군도 예외는 아니다. 중국인민해방군은 중국공산당 일당독재체제 하에서 국가의 군대가 아닌 중국공산당의 군대로 복무한다.

중국인민해방군이 중국공산당을 향해 자발적으로 충성하고 있는 것인지, 아니면 중국공산당이 강압적인 수단을 동원하여 인민해방군의 복종을 이끌어 내고 있는 것인지를 묻는 것 자체가 우문일지도 모른다. 왜냐하면, 공산혁명 초기 중국공산당이 혁명무력인 홍군을 통제하기 위하여 도입된 후 혁명적 실천을 거치면서 마오쩌둥에 의해 중국화된 역사적 산물이며, 이와 동시에 중국공산당이 군대를 통제하는 특유의 제도적 메커니즘으로 정착된 군대 정치사업제도의 지위와 역할이 오늘날에도 여전하기 때문이다,

중국공산당은 인민해방군 내에 설립된 정치사업제도를 통해 사상과 조직 사업을 전개함으로써 인민해방군의 절대적 복종을 이끌어 내고 있다. 이처럼 중국공산당이 인민해방군을 절대적으로 통제할 수 있는 것은 바로 당 위원회, 정치위원, 그리고 정치부(처)를 포함하는 이른바 정치사업이라는 제도적 장치가 마련되어 있기 때문이다.

인민해방군의 정치사업은 군사분야를 감독하고 통제하는 것 이외에도 사상과 조직 사업을 포함한다. 공산주의 이데올로기와 변형된 사회주의적 애국주의로 병사들의 두뇌를 무장시키고, 제국주의에 대한 적개심을 고취시킴으로써 병사들의 장기투쟁 관념과 투쟁의지를 제고한다.

그런데 상당수의 중국문제 전문가들은 마르크스레닌주의와 마오쩌둥 사상이 중국사회에서 더 이상 지배이데올로기로서의 역할을 기대할 수 없으며, 정치현대

화의 핵심인 정치민주화가 피할 수 없는 역사적 사조임을 강조하고 있다. 이러한 흐름에 발맞추어 대다수의 군사전문가들도 중국인민해방군이 언젠가는 중국공산당의 군대로부터 벗어나 중화인민공화국의 군대로 발전하게 될 것이라는 가설을 선호하고 있다. 이러한 가설에서 출발하여 국가가 당으로부터 완전히 분리되는 날이 올 것이며, 게다가 군사직업주의가 전성기에 이르게 될 것이기에 인민해방군도 중국공산당으로부터 멀어지면서 당의 군대로부터 국가의 군대로 탈바꿈할 것이라고 전망도 내놓고 있다.

그러나 많은 분석과 연구에도 불구하고 아직까지는 현상과 본질을 구분하여 접근할 필요가 있어 보인다. 인민해방군 장교집단의 직업윤리가 민주국가 군대 장교집단의 그것과는 성격에 있어서 차별화된다는 합리적 논거가 설득력을 얻어가고 있기 때문이다.

중국인민해방군의 직업군인들은 여전히 공산주의 이데올로기로 무장되어 있으며, 자본계급의 자유화와 군대의 비당화를 거부하고 있다. 이들이 표방하고 있는 애국주의와 집단주의 및 혁명영웅주의라는 것도 실은 사회주의의 또 다른 표현에 지나지 않는다.

중국인민해방군 장교집단은 당을 국가와 동일시하고 있고, 당에 충성하는 것이 곧 국가를 사랑하는 애국이라고 생각하면서 국가가 당과 분리되어야 한다는 논리에 동의하지 않는다. 그뿐만 아니라 군대가 곧 당이기 때문에 군대가 당을 떠나 국가로 옮겨 국가의 외투를 입는 것에도 거부감을 느낀다.

인민해방군 장교집단이 지니고 있는 중국공산당 군대로서의 사회주의적 직업윤리관은 군대 정치사업의 사상사업과 조직사업을 통해 양성된 결과물인 것이다. 따라서 사회주의 이데올로기로 무장되고, 레닌주의 공산당의 조직원리로 훈련된 인민해방군의 존재는 중국공산당이 정치사업제도를 약화시키기 보다는 오히려 강화해야 하는 당위성을 제공한다.

따라서 국제정세가 변하고, 아무리 무기체계가 발전하고 전쟁형태가 변하더라도, 그리고 아무리 군사직업주의가 발전하여 인민해방군의 행동양식을 지배하더라도 중국공산당의 인민해방군에 대한 영도를 보증하는 제도적 장치로서의 정치사업제도는 그 존재이유가 부정되지 않는다.

이 때문에 중국인민해방군에 대한 이해는 그것이 국가가 아닌 당의 군대라는 것에서 출발하게 된다. 요컨대, 인민해방군의 군사력이나 군사제도 또는 군사전략

위주의 경성역량(硬性力量) 이외에도 인민해방군의 영도지휘체제와 영도력, 사상과 조직 역량 같은 유형전력를 위주로 하는 연성역량(軟性力量)의 중요성이 간과될 수 없다는 것이다.

어쨌든, 중화인민공화국의 상위에 자리 잡고 있는 중국공산당의 인민해방군에 대한 '주관적·직접적' 통제 유형으로서의 인민해방군 정치사업제도는 향후 상당한 기간 동안 중국공산당의 군대에 대한 절대적 영도를 보증하는 제도적 장치로서 건재할 것으로 보인다. 물론, 그렇다고 해서 군대의 정치사업제도를 위협할만한 잠재적 요인이 없다고 단정하는 것은 아니다.

그 잠재적 요인이란 바로 천하대란을 야기할 정도로 극심한 당 중앙의 권력투쟁을 가리킨다. 노선투쟁으로 폭발된 권력투쟁이 파벌투쟁으로 발전하면서 중앙권력의 진공상태가 나타날 때 이미 정치화된 군대로서의 중국인민해방군이 스스로의 의지와는 상관없이 정치투쟁에 휘말리게 되었던 문화대혁명 때의 운명을 거부하지 못할 개연성은 항시 존재한다.

그럼에도 불구하고 중국인민해방군의 군사직업주의가 점차 확산되고 중국공산당이 정치권력 승계의 합리적 제도화와 법제화를 통해 계속 정국을 안정적으로 이끌어나간다면, 이와 비례하여 중국인민해방군에 대한 중국공산당의 영도권과 지휘권을 보증하는 인민해방군의 정치사업제도 역시 약화되기 보다는 오히려 강화될 것이며, 중국인민해방군의 정치적 역할도 중국공산당과 그 운명을 함께 할 것으로 보인다.

어쨌든, 군대 정치사업은 인민해방군의 생명선 몫에 충실할 것이며, 중국인민해방군은 향후 상당한 기간 동안은 정치적 중립에 습관이 된 민주국가의 군대가 아니라 여전히 정치화를 표방하는 당의 군대로 남을 것으로 보인다.

〈참고문헌〉

중문문헌

中共中央馬克思·恩格斯·列寧·斯大林著作編訳局(1972). 『列寧選集』, 第1卷. 北京: 人民出版社.

中共中央馬克思·恩格斯·列寧·斯大林著作編訳局(1972). 『列寧選集』, 第2卷. 北京: 人民出版社.

中共中央馬克思·恩格斯·列寧·斯大林著作編訳局(1972). 『列寧選集』, 第3卷. 北京: 人民出版社.

中共中央馬克思·恩格斯·列寧·斯大林著作編訳局(1972). 『列寧選集』, 第4卷. 北京: 人民出版社.

中共中央馬克思·恩格斯·列寧·斯大林著作編訳局(1971). 『馬克思恩格斯選集』, 第1卷(上·下). 北京: 人民出版社.

中共中央馬克思·恩格斯·列寧·斯大林著作編訳局(1971). 『馬克思恩格斯選集』, 第2卷(上·下). 北京: 人民出版社.

中共中央馬克思·恩格斯·列寧·斯大林著作編訳局(1971). 『馬克思恩格斯選集』, 第3卷(上·下). 北京: 人民出版社.

中共中央馬克思·恩格斯·列寧·斯大林著作編訳局(1971). 『馬克思恩格斯選集』, 第4卷(上·下). 北京: 人民出版社.

毛沢東. (1952). 『毛沢東選集』, 卷1. 北京: 人民出版社.

______. (1956). 『毛沢東選集』, 卷2. 北京: 人民出版社.

______. (1953). 『毛沢東選集』, 卷3. 北京: 人民出版社.

______. (1960). 『毛沢東選集』, 卷4. 北京: 人民出版社.

______. (1977). 『毛沢東選集』, 卷5. 北京: 人民出版社.

鄧小平. (1994). 『鄧小平文選』, 第1卷. 北京: 人民出版社.

鄧小平. (1994). 『鄧小平文選』, 第2卷. 北京: 人民出版社.

鄧小平. (1994). 『鄧小平文選』, 第3卷. 北京: 人民出版社.

江沢民. (2006). 『江沢民文選』, 第1卷. 北京: 人民出版社.

江沢民. (2006). 『江沢民文選』, 第2卷. 北京: 人民出版社.

江沢民. (2006).『江沢民文選』, 第3巻. 北京: 人民出版社.
黄克誠. (1943).『共産主義与軍隊』. 新4軍第4師司令部.
郭化若. (1950).『軍事辨証法』. 上海: 新群出版社.
羅瑞卿, (1939).『抗日軍隊中的政治工作』. 中国文化社.
朱徳. (1946).『論解放区戦場建軍原則』. 蘇中軍区政治部.
劉少奇. (1952).『論党』. 北京: 人民出版社.
黄涛. (1957).『中国人民解放軍的三十年』. 北京: 人民出版社.
中共中央文献研究室編. (1992).『建国以来重要文献選編』, 第1冊-第6冊. 北京: 中央文献出版社.
中共中央文献研究室編. (1987).『建国以来毛沢東文稿』, 第1冊-第7冊. 北京: 中央文献出版社.
中国毛沢東思想理論与実践研究会理事会編. (1989).『毛沢東思想辞典』. 北京: 中共中央党校出版社.
姜思毅 主編. (1991).『中国共産党軍隊政治工作七十年史』, 第1巻-第5巻. 北京: 解放軍出版社.
__________. (1984).『中国人民解放軍政治工作史』. 北京: 中国人民解放軍政治学院出版社.
__________. (1997).『軍隊政治工作学』. 北京: 軍事科学出版社.
趙叢 主編. (1998).『中国人民解放軍政治工作学』. 北京: 国防大学出版社.
国防大学党史党建政工教研室 編著. (1989).『中国人民解放軍政治工作史: 社会主義時期』. 北京: 国防大学出版社.
____________________ (1991).『中国共産党的戦略策略』(1921-1949). 北京: 解放軍出版社.
閻世奎. (1993).『党対軍隊絶対領導理論与実践』. 北京: 軍事科学出版社.
楊永斌 主編. (1993).『毛沢東軍隊政治工作思想研究』. 北京: 軍事科学出版社.
梁必業. (1994).『軍隊政治工作的学習与実践』. 北京: 軍事科学出版社.
裘克人 主編. (1993).『軍隊政治工作学理論新探』. 北京: 軍事科学出版社.
姚鉄山. (1993).『軍隊基層政治工作与科学管理』. 北京: 解放軍出版社.
向栄高外 共著. (1992).『軍隊団支部工作概論』. 北京: 解放軍出版社.
楊林雄 主編. (1989).『連隊政治工作基礎知識』. 北京: 解放軍出版社.

林伯野 主编. (1989).『軍事辨証法思想史』. 北京: 解放軍出版社.
劉継賢·張全啓 主编. (1995).『毛沢東軍事思想原理』. 北京: 解放軍出版社.
陳継安. (1995).『毛沢東軍事思想新論』. 北京: 軍事科学出版社.
潘石英 主编. (1992).『当代中国軍事思想精要』. 北京: 解放軍出版社.
当代中国叢書編纂委員会. (1994).『中国人民解放軍』(上,下). 北京: 当代中国出版社.
李沢季強 主编. (1992).『中国人民解放軍政治工作史鑑』. 北京: 北京大学出版社.
牙含章. (1984).『民族問題与宗教問題』. 成都: 中国社会科学出版社· 四川民族出版社.
云光 主编. (1985).『社会主義政治学』. 北京: 人民出版社.
艾思奇 主编. (1978).『辨証唯物主義与歴史唯物主義』. 北京: 人民出版社.
曹剣浪 著. (2004).『中国国民党軍簡史』(上,中,下冊). 北京: 解放軍出版社.
国防大学戦史簡編編写組. (2017).『中国人民解放軍戦史簡編』. 北京: 解放軍出版社.
陳宇 著. (2007).『中国黄埔軍校』. 北京: 解放軍出版社.
中国軍事写作協会 主编. (2012).『新世紀軍隊政治工作科学発展』. 北京: 軍事科学出版社.
丁超. (2015).『胡錦涛軍隊思想政治建設理論』. 成都: 電子科技大学.
李祖発. (2004).『高技術戦争政治工作組織指揮研究』. 北京: 国防大学出版社.
肖裕声. (2015).『中国共産党軍隊政治工作史』, (上·下巻). 北京: 軍事科学出版社.
楊貴華 主编. (2013).『中国人民解放軍戦史教程』. 北京: 軍事科学出版社.
胡光正 主编. (2013).『中外軍事組織体制比較教程』. 北京: 軍事科学出版社.
劉建軍 著. (2000).『単位中国: 社会調控体系重構中的個人,組織与国家』. 天津: 人民出版社.
郭華倫. (1969).『中共史論』, 第1冊-第4冊. 台北: 国際関係研究所.
王建民. (1969).『中国共産党史稿』. 第1編-第3編. 台北: 正中書局.
陳力生. (1974).『中共文化革命与政治闘争』. 台北: 黎明文化事業公司.
袁悦 編. (1978).『林彪事件原始文件彙編』. 台北: 中国大陸問題研究所.

中華民国五十年文献彙編委員会. (1976).『共匪禍国史料彙編』第3編.
中華民国国防部総政戦部. (1960).『国軍政工史稿』.
________________________. (1965).『共匪中国人民解放軍政治工作条例』
________________________. (1963).『現階段匪軍政工』
中国国民党中央委員会第6組. (1957).『匪軍政治工作的研究』.
中華民国対共軍事研究会. (1955).『匪党政軍関係及其権責之劃分』.
________________________. (1957).『朱毛匪軍現行政工制度与政治工作』
中華民国政工幹校. (1959).『匪軍政工及其対策之研究』
________________________. (1964).『匪軍政工』.
中華民国政戦学校. (1972).『匪軍政工』.
中華民国国防部情報参謀次長室. (1962),『共匪文件彙編』
金達凱. (1981).『匪軍政工制度之研究』. 台北: 国防部総政戦部.
丁望 主編. (1969).『中共文化大革命資料彙編』. 香港: 明報出版社.
江一山 編. (1965).『中共軍事文件彙編』, 1950-1964. 香港: 友聯研究所.
李天民 編. (1973).『匪党問題論集』. 台北: 国際関係研究所.
周子強 編. (1974).『共匪軍事問題論集』. 台北: 国際関係研究所.
張敬文 編. (1975).『共匪政治問題論集』. 台北: 国際関係研究所.
沈世平 訳. (1973).『中国国民党与中国共産党』. 台北: 中華書局.
蔣中正. (1957).『蘇俄在中国』. 台北: 中央文物供応社.
蔣経国. (1967).『風雨中的寧静』. 台北: 国防部総政治作戦部.
Raymond L. Gartroff. (1956). Soviet Military Doctrine.『蘇俄軍事思想』. (鈕先鍾 中文訳).(1957). 台北: 軍事訳粋社
范宏宙. (2019).『習近平軍改後共軍政工組織与職能調整之研究: 主観文人統制的観点』. 台北: 国防大学政治作戦学院政治学系(博士論文).
陳亭予. (2017).『共軍政工制度変遷之研究』. 台北: 国防大学政治作戦学院中共軍事事務研究所(碩士論文).
張耀升. (2019).『習近平軍改下共軍的政治工作演変: 以三戦観点分析』. 台北: 国防大学政治作戦学院中共軍事事務研究所(碩士論文).

영문문헌

Griffith, Samuel B. (1967). The Chinese Army. New York: Mcgraw Hill.

Huntington, Samuel P.(1957). The Soldier and the State: The Theory and Politics of Civil – Military Relation. Cambridge, Mass: Harvard Univ. Press.

Janowitz, Morris. (1964). The Military in the Political Development of New Nations. Chicago: The Univ. of Chicago Press.

______________. (1970). Political Conflict. Chicago: Quadrangle Books.

______________. (1960). The Professional Soldier. New York: Free Press.

______________. (1974). Sociology and the Military Establishment. London: Sage.

Joffe, Ellis. (1965). Party and Army. Cambridge Mass: Havard Univ. Press.

________. (1987). The Chinese Army After Mao. Cambridge Mass: Havard Univ. Press.

Kao Ying-Mao. (1973). The People's Liberation Army and China's Nation-Building. New York: International Art & Science Press.

Kao Ying-Mao et al. (1971). The Political Work System of the Chinese Communist System: Analysis and Documents. Province: Brown Univ. Press.

Kokowicz, Roman. (1967). The Soviet Military and the Communist Party. Princeton: Princeton Univ. Press.

Lane. David. (1978). Politics and Society in the USSR. London: MartinRobertson.

Lews, John Wilson(eds). Party Leadership and Revolutionary Power in China. New York: Cambridge Univ. Press.

Adelman, Jonathan R.(ed). (1982). Communist Armies in Politics. Boulder, Colo.: Westview Press.

________________. (1980). The Revolutionary Armies: The Historical Development of the Soviet and the Chinese People's Liberation Armies. Westport, Conn.: Greenwood Press.

Arkinson, Littleton B. (1950). Dual Command in the Red Army. Alabama: Air Univ., Maxwell Airforce Base.

Bullard, Monte R. (1985). China's Political- Military Evolution: The Party and the Military in the PRC, 1960-1984. Boulder, Colo.: Westview Press.

Mulvenon, James C. (1997). Professionalization of the Senior Chinese Officer Corps: Trend and Implications. Santa Monica: Rand.

Shambaugh, David C. (1996). China's Commander-In-Chief: Juang-Zemin and the PLA. In Chinese Military Modernization,(eds), C. Dennsion Lane. et al. Washington, D.C.: The AEI Press.

Michael Kiselycznyk and Phillip C. Saunders. (2010). Civil-Military Relations in China: Assessing the PLA's Role in Elite Politics. INSS China Strategic Perspectives, No.2. Washington, D.C.: National Defense University Press.

Chai, Trong R. (1979 Apr). "*Communist Party Control over the Bureacracy, the Case of China*", Comparative Politics, Vol Ⅱ, No.3.

Joffe, Ellis. (1973 Jul/Sep). "*The Cinese Army after the Cultural Revolution*," The China Quarterly , No. 55.

Joffe, Ellis and Segal, Gerald. (1978/Nov/Dec). "*The Chinese Army and Professionalism*". Problems of Communism.

Shambaugh, David C. (2002). "*Civil-Military Relations in China: Party-Army or National Military?*". Copenhagen Journal of Asian Studies 16.

부록

중국공산당의 역대 군대 정치사업조례

목차

Ⅳ. 덩샤오핑 영도시기의 중국인민해방군 정치사업조례(1983년) _770

Ⅴ. 후진타오 영도시기의 중국인민해방군 정치사업조례(2010년 공포)

Ⅵ. 시진핑 영도시기의 중국인민해방군 정치사업조례(2016년) _859

Ⅶ. 시진핑 영도시기의 군대 정치사업조례(2021년) _895

Ⅰ. 중국공산당 홍군 제4군 제9차 대표대회 결의안(1929년 12월)

〈구톈(古田)회의 결의안〉

제1장 당 내의 그릇된 사상을 시정하는 것에 관해서

홍군 제4군 공산당 내에 각종 비무산계급 사상이 존재하고 있으며, 이것이 당의 확고한 노선을 집행하는데 매우 커다란 장애가 되고 있다. 만약에 이를 철저히 시정하지 않는다면 홍군 제4군은 중국의 위대한 혁명투쟁이 부여한 임무를 절대로 담당할 수 없을 것이다. 4군 당 내의 각종 부정확한 사상의 원인은 근본적으로 당 조직의 기초가 대부분 농민 및 기타 소자본계급 성분으로 구성된 것에 연유한다. 그러나 당 영도기관의 이러한 부정확한 사상에 대한 단호하고 일치된 투쟁의 결여, 그리고 당원에 대한 정확한 노선교육의 부족 역시 이처럼 부정확한 사상이 존재하고 발전하게 하는 중요한 원인이다. 대회는 중앙이 9월에 보낸 서신의 정신에 근거하여 4군 당 내의 각종 비무산계급 사상의 표출, 근원, 그리고 그 시정 방법을 지적하고, 동지들이 일어서서 철저히 숙청하도록 호소하는 바이다.

제1절 단순한 군사적 관점에 관해서

단순한 군사적 관점의 근원은 아래와 같다:

(1) 정치 수준이 낮다. 군대 내의 정치영도의 역할을 인식하지 못하며, 홍군과 백군이 근본적으로 다르다는 것을 인식하지 못한다.

(2) 고용(雇傭)군대 관념이 남아 있다. 많은 포로병들이 홍군에 가입함으로써 농후한 고용군대 관념이 뒤섞여 들어 왔으며, 이로 인해 단순한 군사 관점이 부대의 기층에 만연하고 있다.

(3) 이상의 2개 원인으로 인해 제3의 원인이 발생하게 되었는데, 이는 곧 군사적 역량만을 지나치게 믿고, 인민대중의 역량을 믿지 않는 것이다.

(4) 당이 군사활동에 대해서 적극적으로 관심을 가지지도 않고 토의도 하지 않는 것 또한 일부 동지들이 단순한 군사관점을 가지게 되는 원인이 되고 있다.

단순한 군사관점은 홍군의 일부 동지들에게서 심각하게 나타나고 있으며, 그 현상은 아래와 같다:

(1) 군사와 정치 양자 간의 대립을 인정하며, 군사가 단지 정치 임무를 달성하는 도구의 하나임을 인정하지 않고 있다. 심지어 "군사가 잘 되면 정치는 저절로 잘 될 것이며, 군사가 잘 되지 않으면 정치도 잘 되지 않는다."고 말하고 있으며, 한 걸음 더 나아가 군사가 정치를 영도한다는 것을 인정하고 있다.

(2) 아군의 임무가 국민당 군대처럼 단순히 전투만 하는 것으로 여기고 있으며, 아군의 임무가 계급의 정치임무를 수행하는 하나의 무장집단의 의미를 가지고 있는 것을 모르고 있다. 아군은 활동에 있어서, 특히 중국에서의 현재 활동에 있어서 결코 단순히 전투만 하는 것이 아니며, 전투라는 하나의 활동 이외에 대중을 향해 선전하고, 대중을 조직하며, 대중을 무장시키고, 대중을 도와 전군을 건설하는 등의 중대한 임무를 담당해야 한다. 군의 전투는 전투를 위한 전투가 아니며, 완전히 대중을 향해 선전하고, 대중을 조직하며, 대중을 무장시키고, 대중을 도와 정권을 건설하기 위해 전투하는 것이다. 그런데 대중을 향해 선전하고 대중을 조직하고 무장시켜 정권을 건설하는 목표를 벗어나, 완전히 전투의 의미를 상실하고, 또한 아군의 존재 이유를 근본적으로 상실하였다.

(3) 따라서 조직에 있어서, 정치사업 기관을 군사사업 기관에 예속시키고, 사령부가 대외적으로 구호를 발표하는 노선으로 발전하게 되면서 국민당 군대가 걷고 있는 길과 같이 대중을 이탈하고, 군대가 정치권력을 독점하며, 계급의 위치를 벗어날 위험에 처해 있다.

(4) 이와 동시에 선전에 있어서 선전활동의 중요한 임무를 소홀히 하고, 대중조직에 있어서 사병회(士兵會)의 조직 및 노농대중의 조직을 소홀히 함으로써 결과적으로 선전과 조직 활동이 없어지는 현상이 나타나게 되었다.

(5) 전투에 이기면 교만해지고 전투에 지면 소극적이다.

(6) 오직 기본대오만을 위해서 생각하고 행동하는 것만 알고, 지방을 무장화하는 것이 홍군의 중요한 임무의 하나임을 알지 못하는 홍4군의 본위주의(本位主義)는 일종의 확대된 소단체주의이다.

(7) 소수의 동지들은 4군의 국지적 환경에만 사로잡혀 4군 이외에는 혁명세력이 없다고 여기고 있다. 따라서 이들에게는 능력을 보존하고 투쟁을 피해야 한다는 관념이 매우 농후한데, 그것은 또한 기회주의의 잔재(殘滓)이다.

(8) 주객관적인 조건을 고려하지 아니하고, 혁명의 급성병에 걸려, 어려움을 무릅쓰고 세심하고 엄밀한 대중활동을 하기를 원치 않으며, 오직 큰일만을 하려 들고, 머릿속에는 유심론적 환상이 가득 차있는데, 이것 역시 모험주의의 잔재이다.

시정방법은 아래와 같다:

(1) 교육을 통해 당 내의 정치 수준을 향상시키며, 군사적 관점의 이론적 근원을 청산한다. 이와 동시에 기회주의와 모험주의의 잔재를 청산하고 4군의 본위주의를 타파한다.

(2) 장병의 정치훈련, 특히 포로들의 입대교육을 강화함과 동시에 가능한 한 지방 정(政)·군(軍) 기관이 투쟁경험이 있는 노농분자들을 선발하여 아군에 가입시킴으로써 조직에 있어서 단순한 군사적 관점의 근원을 약화시키고 제거하도록 한다.

(3) 홍군 당 및 홍군 장병에 영향을 미칠 수 있도록 지방 당의 홍군 당에 대한 비판 및 정(政)·군(軍) 기관의 홍군에 대한 비판을 발동한다.

(4) 당은 군사사업 부분에 대해서 적극적인 주의와 토의를 가져야 하며, 모든 사업은 당의 토의와 결의 하에서 다시 대중노선을 통해 수행되도록 한다.

(5) 아군의 법규를 제정하며, 아군의 임무, 군사사업 계통과 정치사업 계통의 관계, 그리고 아군과 대중의 관계를 분명하게 규정한다.

제2절 극단적 민주화에 관해서

중앙의 지시가 있은 후에 4군당 내에는 극단적 민주화 현상이 많이 감소하였으며, 당의 결의가 비교적 잘 실행될 수 있었고, "아래로부터 위로의 민주집권제", "먼저 하급에 토의를 붙인 후 다시 상급이 결의한다."는 구호를 말하는 사람이 없어진 것이 사실이다. 그러나 이러한 감소현상은 실제로는 표면적인 감소에 불과하며, 결코 일반 당원의 관념 속에서 극단적 민주화 사상이 근본적으로 청산된 것은 아니다. 아직도 극단적 민주화의 독소 근원이 많은 동지들의 관념 속에 깊숙하게 뿌리를 내리고 있는데, 결의안을 마지못해 이행하는 태도가 바로 그 증거인 것이다.

시정방법은 아래와 같다:

(1) 이론적으로 극단적 민주화의 근본을 제거한다. 먼저 극단적 민주화의 위험이 당 조직을 손상 내지는 완전히 파괴하고, 당의 전투력을 약화 내지는 완전히 붕괴시켜, 당이 투쟁의 책임을 담당하지 못하게 함으로써 필연적으로 혁명을 실패로 몰고 감과 동시에 통치계급의 반혁명적 수명이 연장되는 것을 돕게 된다는데 있다는 것을 지

적해야 한다.

그 다음으로는 극단적 민주화의 근원이 소자본계급(소농 생산 및 도시 소자본)의 자유로운 산만성에 있음을 지적해야 한다. 이처럼 자유로운 산만성이 당 내로 들어와 정치와 조직에 있어서 극단적 민주화 사상이 되었다. 이러한 사상은 무산계급의 투쟁임무와 근본적으로 배치되는 것이며, 객관적으로는 사실상 반혁명사상의 일종으로서, 이러한 사상을 가진 사람은 만약에 시정하여 노력하지 않고 임의로 발전해 나간다면 필연적으로 반혁명의 길을 걷게 될 것이다.

(2) 조직에 있어서 집중적 지도 하의 민주적 생활을 유지하며, 그 노선은 아래와 같다:

① 당의 지도기관은 영도의 중추를 건립할 수 있도록 정확한 지도노선을 가지고 일이 생기면 방법을 강구해야 한다.

② 상급기관은 하급기관의 실태 및 대중생활의 실태를 정확히 파악하여 사회의 기층을 정확히 지도할 수 있는 객관적 기초를 확립한다.

③ 당의 각급 기관은 모든 일을 결의시 지나치게 임의적이어서는 안 되며, 일단 결의가 되면 반드시 결단력을 가지고 이행해야 한다.

④ 상급기관의 결의 중 중요한 것은 반드시 신속하게 하급기관 및 당원대중에게 전달해야 하며, 그 방법은 활동분자회나 지부 또는 종대(縱隊)의 당원대회를 〔반드시 가능한 환경인가를 조사한 후에〕 개최하며, 요원을 당원대회에 보내 보고하도록 한다.

⑤ 당의 하급기관 및 당원대중은 상급기관의 지시에 대한 상세한 토론를 거쳐 지시의 의미를 철저히 이해할 뿐만 아니라 그것을 실행하는 방법을 결정해야 한다.

제3절 비조직적 관점에 관해서

4군당 내에는 비조직적 관점이 존재하고 있으며, 다음의 3종류 현상으로 나타나고 있다:

(1) 소수가 다수에 복종하지 않는다. 대표적인 예로서, 소수인들은 제의가 부결되면 지나치게 화를 내거나 당의 결의안을 성실하게 이행하지 않는다.

시정방법은 아래와 같다:

① 회의 석상에서 참가자들이 마음껏 의견을 발표하게 하며, 쟁점이 되는 문제에 대해 충분히 이해하게 하고, 시비를 분명히 하며, 적당히 넘어가거나 타협하는 것이 없도록 해야 한다. 1차에 해결될 수 없으면 2차에 재심의하여 〔활동에 방해가 되지

않는 조건 하에서) 명쾌한 결론에 도달될 수 있도록 한다.

② 당의 기율 중의 하나는 소수가 다수에 복종하는 것이다. 소수의 의견이 당의 제1차 회의에서 부결되면 차기 회의가 열리기 전까지는 반드시 다수의 결의를 옹호해야 하고, 반대를 표시하는 어떠한 행동도 해서는 안 되며, 차기 회의에서 다시 토론을 제기할 수 있도록 한다.

(2) 비조직적 비판

① 당 내 비판은 당 조직을 견고히 하고 당의 전투력을 증대시키는 무기이지만, 그러나 4군당 내의 비판 중 상당한 부분은 이러한 의미를 이해하지 못하고 오히려 개인을 공격하는데 잘못 사용되어 개인을 파괴하였을 뿐만 아니라 당 조직을 파괴하였는데, 이것은 완전히 소자본계급의 개인주의 의식이 표현된 것이다.

시정방법은 당원들에게 비판의 의미를 이해시키고, 계급투쟁을 승리로 이끌 수 있도록 당의 전투력을 증대시키며, 비판을 개인을 공격하는 무기로 사용할 수 없도록 하는 것이다.

② 많은 당원들은 당 안에서 비판하지 않고 당 밖에서 비판하고 있는데, 이것은 일반당원의 관념 속에 당 조직의 정치적 의미를 심어놓지 않았기 때문이며, 그렇기 때문에 당 조직(회의 등)의 중요성을 모르고, 조직 안과 조직 밖에서의 비판이 아무런 구별이 없다고 여기는 원인이 되고 있다. 이러한 결과는 파멸의 길로 이끌고 가기에 족한 것이다.

시정방법은 일반당원의 관념 속에 당 조직의 정치적 의미를 심어놓는 것이며, 이렇게 할 때 대중들에게 책임을 지지 아니하고 나쁜 영향을 미치는 모든 비조직적 비판을 근본적으로 청산할 수 있다.

(3) 일부 당원의 특수화

이러한 현상이 나타나게 된 원인은 아래와 같다:

① 아군은 여태껏 중대한 과오를 범해 왔는데, 그것은 당 기관이 군사사업에 관한 토의에 거의 주의를 기울이지 않았으며, 따라서 군사활동에 책임을 지고 있는 동지들에게 당의 회의에서 군사에 관한 계획(예를 들면 훈련계획, 관리계획, 작전계획 등) 및 보고를 항시 제출하도록 독촉하지 않았기 때문이었다. 이 때문에 당의 토론은 군사를 떠나게 되었고, 군사를 책임지고 있는 동지 또는 당연히 당의 지도를 받고 당에 보고를 해야 하는 것을 잊게 되었으며, 그 결과, 아군의 군사사업은 당의 기관과 일반당원이 이해하지 못하는 특수한 부분이 되었다. 이와 같이하여 당원의 군사화라는 임무에 커다란 장애가 되었을 뿐만 아니라 당과 군을 분리시켜 당이 군사를 영

도할 수 없는 위험에 이르게 되었다.

② 앞에서 언급된 당 임무의 중대한 과오가 있음으로 인해서 군사를 책임지고 있는 일부 동지들이 당 내의 특수한 부분이 되었다. 이와 동시에 기타 사업을 책임지고 있는 동지들은 실제로 대중을 향해 접근하기를 원하지 않고, 대중의 비판을 두려워하여 일이 바쁘다는 핑계를 대었으며, 그렇기 때문에 지부대회와 소조회(小組會)에 참석하지 않고, 참석하더라도 활동 보고를 하지 않고 일반당원과는 다르게 행동하였다. 그 결과, 대중을 멀리하고 당을 멀리하는 일들이 벌어졌으며, 지부의 책임자도 이러한 현상을 시정하지 않고 오히려 이처럼 특수한 당원들의 행태를 두려워하였다. 결국 이러한 현상은 현재 아군 당의 생활이 편협하고 기형적이며 건전하지 못하게 된 원인이 되고 있다.

시정방법은 아래와 같다:

① 당의 각급 회의는 반드시 군사사업의 계획 및 보고를 의사일정에 넣고, 보다 더 많이 토의하고 결정하도록 한다.

② 어떠한 사업을 책임지고 있는 당원이라도 모두 지부대회 및 소조회에 반드시 출석해야 할 뿐만 아니라 활동 보고를 해야 하고, 특별한 이유도 없이 불참하는 일이 없도록 한다.

제4절 절대적 평균주의에 관해서

아군 내의 절대적 평균주의는 과거 일정한 시기에 매우 심각할 정도로 발전하였으며, 많은 분투 끝에 상당히 감소한 것이 사실이지만 아직도 그 잔재가 많이 남아 있다.

예를 들면, 부상병에게 지급하는 보상비에 있어서 부상의 경중을 반대하고 균등한 지급을 요구하고 있고, 지휘관이 말을 타는 것이 업무상의 필요에 의한 것임을 인정하지 않고 불평등한 제도로 보고 있으며, 물품을 나누어 갖는데 극단적인 균등을 요구하면서 특별한 경우에 보다 더 많이 배분되는 것을 바라지 않는다. 쌀을 짊어지는데도 어른과 아이, 그리고 체력이 강하고 약한 것을 묻지도 않고 오직 똑같이 짊어질 것을 요구하고 있으며, 방도 똑같은 크기로 구분할 것을 요구하면서 사령부의 방이 큰 것에 욕설을 퍼붓고, 근무도 골고루 서기를 원하고 한 번 더 서는 것을 원하지 않고 있다.

이러한 예들은 아군의 장병들에게 절대적 평균주의가 있음을 증명하는 것일 뿐만 아니라 그 절대적 평균주의가 대중들의 머릿속에서 근본적으로 제거되지 않았으며, 단지, 부분적이거나 또는 형식적으로 제거되었을 뿐임을 말해주는 것이다. 절대적 평균주의는 사실상 정치적인 극단적 민주화와 마찬가지로 수공업과 소농경제의 산물이며, 정치영역에서도 나타나고 경제영역에서도 나타나는 것이다.

따라서 그 시정방법은 이론적으로 자본주의가 소멸되지 않은 시기에서는 절대적 평균주의가 단지 농민소자본가의 일종의 환상일 뿐만 아니라 사회주의 경제시기에도 물질의 분배 또한 각자 및 각 활동의 필요에 따라야 하며, 결코 절대적 평균이 없다는 것을 지적해야 한다. 다만 아군 내에서의 물질의 분배는 마땅히 최대한도의 평균을 실행해야 하며, 이것은 현재의 상황 하에서 아군의 투쟁을 위해 필요한 것임을 지적해야 한다. 그러나 절대적 평균주의는 투쟁에 필요한 것이 아니고 오히려 그와는 반대로 투쟁에 방해가 되기 때문에 일체의 이유를 묻지 아니하는 절대적 평균을 반드시 반대해야 한다.

제5절 주관주의에 관해서

주관주의는 아군 당원들에게 매우 팽배해 있다. 그 결과, 정치정세 분석, 사업 지도, 그리고 당 조직에 매우 큰 장애가 되고 있다. 정치정세가 주관주의적 분석과 사업에 대한 주관주의적 지도로 인해 수반되는 필연적인 결과는 기회주의가 아니면 모험주의이다. 그리고 당 내에서는 주관주의적 비판정신으로 인해 증거도 없이 비판하거나 서로 헐뜯고 시기하고 있으며, 그 결과로 당 내에 무원칙적이고 무의미한 분규가 만연하고 있으며, 당 조직이 파괴되고 있다.

당 내의 비판문제에 관해서는 주관주의적 비판정신 이외에도 반드시 언급해야 하는 것이 있는데, 그것은 곧 비정치적 비판정신이다. 비판의 임무에서 제일 많이 이해하지 못하고 있는 것은 정치상의 과오를 지적하는 것이며, 그 다음으로는 조직상의 과오를 지적하는 것이다. 개인생활의 결점 및 작은 기술적인 것에 대해서는 그것들이 정치 및 조직상의 과오와 밀접한 관련이 없는 것이라면 많이 지적할 필요가 없으며, 동지들이 더 이상 문제를 제기하지 않도록 한다.

그뿐만 아니라 기술적인 비판이 계속됨으로써 당의 정신이 완전히 기술적인 것만 찾는데 집중되고, 사람마다 몸을 도사리게 되어 끝내 당의 정치임무를 망각하게 된다면 이야말로 최대의 위험인 것이다. 따라서 홍군 당 내의 기술적인 비정치적 비판정신은 주관주의적인 비과학적 비판정신과 마찬가지로 반드시 최악의 결과를 맞이하게 될 것이다.

유일한 시정방법은 당원의 사상과 당 내의 생활을 정치화, 과학화하는 것이다. 이 목적을 달성하기 위해서는 아래와 같다:

① 당원들이 정치상황과 계급세력을 분석하고 평가하는데 있어서 주관주의적 분석

과 평가를 마르크스레닌주의 방법으로 대체할 수 있도록 교육을 시켜야 하며,

② 당원들이 사회경제에 대한 조사와 연구에 유념하도록 함으로써 투쟁 책략과 사업 방법을 결정하도록 하며, 동지들이 실제적 조사를 떠나서는 공상과 모험에 빠지게 된다는 것을 알도록 해야 하며,

③ 당 내의 비판은 주관주의적이고 기술적인 정신을 청산하는데 집중되도록 해야 하며, 말할 때는 증거가 있어야 하고, 토론 활동은 정치적 의미가 있도록 해야 한다.

제6절 개인주의에 관해서

4군당 내에서 표출되고 있는 개인주의 현상은 다음과 같은 종류가 있다.

(1) 보복주의

당 내에서 사병 동지의 비판을 받으면 당 밖에서 기회를 찾아 때라고 욕을 하는 수단으로 보복을 하는데, 이러한 예는 비일비재하다. 또한 당 내에서도 보복이 이루어지고 있는데, 이번 사례가 적지 않게 발생하고 있다.

이러한 보복주의는 완전히 개인의 관점에서 출발하는 것이다. 계급의 이익이 있음을 모르고 전체 당의 생활이 있음을 모르며 오직 자기 자신만이 있음을 아는 것이다. 그 목표는 적이라는 계급에 있지 않고, 자신의 대오 속의 개인에 있는 것으로서 그것은 곧 쉽게 조직을 약화시킬 수 있고 전투력을 약화시킬 수 있는 부식제이다.

(2) 소집단주의

표면적으로는 개인주의가 확대된 것이나 그 골격은 여전히 매우 편협한 개인주의로서 많은 부식작용과 원심작용을 하고 있다. 홍군 내에는 과거에 이러한 소집단 분위기가 팽배하였으며, 줄곧 분투노력한 결과 지금은 많이 없어졌지만, 그러나 아직도 그 잔재가 남아 있어 배가의 노력을 필요로 하고 있다.

(3) 고용(雇傭)관념

당과 국가가 계급의 임무를 집행하는 도구이며, 자신이 그 중의 일원이라는 것을 인식하지 못하고 있다. 자신이 혁명의 주체임을 인식하지 못하고, 투쟁이 자기와는 무관하며, 자신은 오직 군대의 상급자나 또는 당부 기관에 대해 책임을 지는 것이지 혁명에 대해서는 책임을 지는 것이 아니라고 생각하고 있다. 이러한 고용혁명의 관념은 4군 내에 팽배해 있으며, 무조건적으로 노력하고자 하는 적극적인 활동분자가 많지 않은 것에 기인하고 있다. 따라서 고용관념이 청산되지 않으면 적극적인 활동분자가 증

가할 수 없고, 혁명의 중책이 시종 소수인에게 맡겨지게 되는데, 그것은 투쟁에 크게 불리한 것이다.

(4) 향락주의

향락을 추구하는 개인주의의 일종으로서 4군 내에 팽배해 있다. 이들은 항상 자신의 대오가 대도시로 나아가기를 바라고 있는데, 이는 혁명사업을 위한 것이 아니고 오직 향락을 위한 것이다. 이들이 제일 싫어하는 것은 생활하기가 어려운 홍색지구에서 활동하는 것이며, 향락주의의 결과로서 전체로서의 혁명을 지키지 않고, 단체행동을 생각하지 않으며, 오직 개인의 이익만을 추구하게 된다.

(5) 소극적이고 태만한 활동 기강

이러한 현상은 근본적으로 자신의 계급 임무를 정확히 인식하지 못하는 개인주의에서 비롯되고 있다. 그러나 당과 군이 사건을 처리하고 활동 임무를 분배하며 기율을 집행하는데 있어서 비합리적이라는 객관적 요인도 작용하고 있다.

(6) 대오이탈 관념

4군 내에는 활동요원이 자신의 대오를 떠나 지방사업을 요구하는 형상이 점증하고 있다. 이러한 현상은 완전히 개인주의적인 것에 기인하는 것만이 아니며, 4군의 물질적 생활이 너무나 차이가 나고 있으며, 장기간의 투쟁으로 인해 피로감이 누적되고, 사건을 처리하고 사업임무를 배분하거나 또는 기율을 집행하는데 있어서 부적당한 점이 나타나는 등의 객관적 환경요인으로 인한 것이다.

제7절 유구사상에 관해서

4군의 구성원들 중에는 유민(遊民)이 상당수를 차지하고 있으며, 남방의 각 성마다 많은 유민대중들이 존재하고 있음으로 인해서 홍군 내에는 유구(流寇)주의의 정치적 관념이 팽배해 있으며, 이러한 사상은 여러 분야에서 표출되고 있다.

(1) 인내심을 가지고 어려움을 극복하면서 대중을 도와 정권을 건설함으로써 그 정치적 영향력을 확대하는 것을 바라지 않고 오직 이리저리 떠돌아다니는 유격방식으로만 그 정치적 영향력을 확대하려 한다.

(2) 군대를 확장하는 조직노선에 있어서 지방 자위군을 확장하는 것으로부터 지방군을 통해 비지방군으로 확장하는 노선을 걷지 아니하고 "군인을 모집하고 말을 사들이며", "역도들을 항복시켜 흡수하는" 방식으로 군대를 확장하는 노선을 걷는다.

(3) 대중과 함께 험난하고 고통스러운 투쟁을 하는 것을 번거롭게 여기고 오직 대도시로 가서 많아 먹고 많이 마시는 것만을 생각한다.

이러한 일체의 유구주의 현상은 아군에게 부여된 혁명의 막중한 임무를 수행하는데 심각한 장애가 되고 있으며, 그렇기 때문에 유구사상을 청산하는 것은 사실상 아군 당 내의 사상투쟁이 추구하는 중요한 목표가 되고 있다.

그 시정방법은 아래와 같다:

① 교육을 통해 유민(遊民) 성분에 바탕을 둔 당 내의 부정확한 사상을 바꿈으로써 유구주의를 청산한다.

② 기존의 기본 대열 및 이후에 새로 들어오는 포로병에 대해 반유민적 의식교육을 실시한다.

③ 투쟁경험이 있는 적극적인 노농분자를 기존의 아군 대열 속으로 끌어들여 그 성분을 바꾼다.

④ 투쟁적인 노농대중 속에서 새로운 군대를 창출한다.

제8절 모험주의의 잔재에 관해서

4군당은 모험주의에 대한 투쟁에 엄청난 노력을 기울였지만 당 내에는 아직도 일부 잔재가 남아 있다. 모험주의는 유민 무산계급 의식과 소자본계급 의식이 합해져 형성된 것이며, 주객관적인 조건을 고려하지 않고 무턱대고 행동하며, 도시정책을 집행하는데 있어서 결단성도 없고 철저하지도 않으며, 군기가 이완되고, 탈영병을 총살하고 체형을 가하는 제도 등은 그 많은 부분이 모험주의에서 비롯된 것이다.

시정장법은 아래와 같다:

(1) 이론으로 모험주의를 청산한다.

(2) 제도와 정책으로 모험적 행위를 시정한다.

제2장 당의 조직문제

홍군 당의 조직문제는 현재 매우 심각한 시점에 이르렀으며, 특히 당원의 질적 차이와 조직의 이완은 홍군의 영도와 정책 수행에 매우 큰 영향을 미치고 있다. 대회는 이 문제에 대해 특별히 상세하게 분석하여 결정하였다.

동지들은 당 조직이 당의 정치임무를 확실히 책임지고 성공적으로 수행할 수 있도록 하기 위해 대회의 정신에 입각하여 당 조직을 개조하는데 반드시 노력해야 한다.

제1절 당의 조직노선

(1) 당원을 발전시키는 노선은 전투병을 주요 대상으로 한다. 이와 동시에 일꾼이나 근무병과 같은 비전투병도 소홀히 해서는 안 된다.

(2) 중대마다 지부를 건설하고, 분대에는 소조를 건설하는 것은 홍군 내 당 조직의 중요한 원칙의 하나이다. 당원의 수가 지나치게 적은 부대에서 사실상 분대마다 소조를 건설할 수 없을 때는 잠시 소대 단위로 소조를 건설하고, 조원을 계획적으로 각 분대에 배치하는데, 이러한 것은 과도기적 방법임을 분명하게 이해해야 한다.

(3) 홍군의 원래 소조 편성방법인 간부분자와 일반분자, 지식분자와 노동분자의 혼성 편성법은 매우 올바른 것이다. 그러나 계획적으로 각종 출신이 서로 다른 능력을 지닌 분자들을 적절하고 올바르게 혼합하여 편성하는 데는 문제점이 발견되고 있으며, 이후에는 이 점에 더욱 유념해야 한다. 단순히 간부분자를 소조로 편성하는 것은 해서는 안 되는 것이다.

제2절 당 조직의 이완문제

(1) 4군 당의 조직현황

① 당원 가입이 너무나 임의적이고, 당원 자격이 부족한 많은 사람들을 끌어들이고 있으며, 특히 장교와 하사관은 어떠한 조건도 묻지 않고 일률적으로 끌어들이고 있다. 그래서 당의 질이 매우 낮아지고 있다.

② 각급 당부(黨部)는 문제를 해결하기 위해 활동하고, 동지들에게 임무를 교육하는 것을 완전히 망각하고 있다. 활동분자대회, 지부대회, 종대(縱隊)나 지대(支隊)의 당원대회와 같은 훈련 성격의 회의가 매우 적게 열리고 있다.

③ 기율이 일반적으로 해이하다. 특히 중요한 활동을 책임지는데 있어서 대신할 사람이 없고, 과오를 범하는 자에 대해서도 적당히 얼버무려 버리고, 기율을 실행하지 않는다. 한 사람에게 그렇게 하면 다른 사람에게도 그렇게 하지 않을 수가 없기 때문에 기율이 무너지고 있다.

④ 모든 장교와 하사관이 당원이 된 결과, 모든 군사정치기관의 활동요원은 자신의 사회적 직업활동에 별로 관심을 갖지 않고, 사회적 직업활동을 곧 당의 활동으로 간

주하면서 양자를 구분하지 못하고 있다. 따라서 각급 군사사업회의나 각급 정치사업회의는 거의 없으며, 모든 것은 당이 결정하면 끝나는 것으로 알고 있고, 사회직업 중에서 발휘해야 하는 당원의 핵심적 역할은 전혀 거론조차 하지 못하고 있다.

⑤ 상급과 하급의 관계가 밀접하지 못하다. 하급의 보고에 대해서 상급은 별로 지시를 내리거나 시정을 하지 않고 있다. 하급의 회의에 상급은 요원을 보내 출석시키는 일이 별로 없다. 이는 곧 상급기관의 조직이 완전하지 못하기 때문이며, 또한 상급기관의 활동이 적극적이지 못한 것도 하급기관을 지도하는데 세심하지 못하거나 철저하지 못하게 되는 원인의 하나이다.

특히 부대가 유격활동을 위해 출발할 시의 지도활동과 같은 실제 활동을 지도하는데 일반적으로 상세하지 못하며, 어떤 부대에 대해서는 대략적인 지도조차도 없는 실정이다.

⑥ 지부대회와 소조회는 거의 제때 열리지 않고 있다.

(2) 시정노선

① 과거의 기초를 제거하는데 힘를 쏟는다. 그릇된 정치관념, 아편 흡연, 재물의 축적과 도박 등을 금하며, 이를 어기거나 고치지 않는 자에 대해서는 간부와 비간부를 막론하고 일률적으로 숙청하거나 당에서 축출한다.

② 새로운 당원의 가입조건은 아래와 같다:

- 〔계급적 각성을 포함한〕 정치관념에 그릇된 점이 없고,
- 충실하고,
- 희생정신이 있고 활동을 적극적으로 할 수 있으며,
- 큰 돈을 벌겠다는 관념이 없으며,
- 아편을 피우지 않고 도박을 하지 않는 것이다.

이상의 5가지 조건을 갖춘 사람만이 비로소 소개를 받아 당에 들어올 수 있다. 소개인은 먼저 피소개인이 상기 조건을 확실히 구비했는지의 여부를 심사해야 하며, 필요한 소개 절차를 밟아야 한다. 입당을 소개한 후에는 신입 당원에게 〔비밀활동을 포함한〕 지부생활 및 당원이 반드시 준수해야 하는 요점을 상세하게 알려주어야 한다. 소개인은 반드시 소개인으로서의 상응하는 책임을 져야 한다. 지부위원회는 요원을 파견하여 입당자와 대화를 나누고, 입당 조건을 구비했는지를 심사하도록 한다.

(3) 각급 당부는 단순히 문제를 해결하고 실제활동을 지도하는 것이 아니고, 동지를 교육하는 중대한 임무를 가지고 있다. 동지를 훈련시키는 각종 회의, 훈련반 및 토론회

등과 같은 기타 훈련방법은 모두 계획하여 실시해야 한다.

(4) 기율을 엄격하게 집행하며, 기율을 적당히 얼버무리는 현상을 제거한다.

(5) 당원의 사회적 직업과 당 활동 간의 성격을 분명히 구분한다. 〔당 내의 중요하거나 또는 전문적 임무를 책임지는 사람을 직업혁명가로 하는 것 이외에는〕 모든 당원은 반드시 한 건의 사회적 직업을 책임져야 함과 동시에 자신의 사회적 직업에서 당이 자신에게 부여한 활동을 책임져야 한다.

(6) 각급 당부의 활동은 반드시 이전에 비해 보다 더 적극적이어야 한다. 하급은 상급에 상세히 보고를 해야 하며, 상급은 이러한 보고에 대해 상세하게 토의하고 답변할 뿐만 아니라 요원을 보내 하급회의에 출석시킬 수 있으며, 활동요원이 적고 활동능력이 취약하며 활동시간이 부족하다는 것을 핑계로 삼아 자신의 소극성을 변명하거나 또는 이러한 활동을 소홀히 할 수 없다.

(7) 지부위원회대회와 지부위원회 이상의 각급 당부는 반드시 매일 지부대회 및 소조회가 토의하는 자료를 계획하여 규정하며, 회기를 규정하고, 개회를 엄격하게 독촉해야 한다.

① 여하히 당원이 회의에 참석하여 흥미를 갖도록 할 것인가?

당원이 회의에 참석하는데 흥미를 느끼지 못하는 원인은 아래와 같다.

- 회의의 의미를 이해하지 못한다.

  지부회의는 다음과 같은 중요한 의미를 가진다.

  첫째, 문제를 해결하는 것이다. 모든 투쟁의 문제, 내부의 문제는 모두 회의 석상에서 집중적으로 토의하여 결정해야 한다. 만약에 회의에 참석하지 않거나 또는 회의에 참석하더라도 적극적으로 의견을 발표하지 않는다면 그것은 회의의 정치적 의미를 이해하지 못하는 것이고, 투쟁에 흥미를 느끼지 못하는 것이다. 투쟁에 적극적인 사람은 반드시 회의에 열심히 참석하고 열심히 발언한다.

  둘째, 동지를 교육시키는 것이다. 회의는 문제를 해결할 뿐만 아니라 문제를 해결하는 과정에서 문제의 환경을 분석하고, 상급의 지시를 참고해야 하며, 이와 같이 할 때 동지들이 회의의 중요성과 실제성을 체감하고 이를 통해 자신의 머리 속을 정치화하고 실제화할 수 있게 된다. 동지마다 정치화되고 실제화된다면 당의 전투력은 강대해진다. 이는 곧 회의의 교육적 의의이다. 홍군 당원은 이러한 의의를 이해하지 못하기 때문에 회의에 참석하는 것을 싫어하거나 또는 회의에 참석해서도 흥미를 느끼지 못하게 되는 첫 번째의 원인이 된다.

- 집행하지 않기로 결의하거나 또는 상급에 묻거나 구한 결의안의 사항에 대한 답변을 오랫동안 접하지 못하기 때문에 토의에 대한 흥미가 감소하게 된다.

• 책임자가 사전에 충분한 준비를 하지 않는다. 의사일정을 준비해 놓지 않고, 문제의 내용과 환경도 파악하지 못하고 있으며, 문제가 어떻게 해결되어야 하는가에 대해서도 의견을 제시하지도 못한다.

• 사회자는 당원의 발언을 쉽게 중단시키며, 발언이 의제를 벗어나게 되면 즉시 제지하여 흥을 깨뜨리고 소리를 내지 못하게 한다. 만약에 발언이 잘못되면 중단시키는 것은 물론이고 비웃기까지 한다.

• 회의장이 질서가 봉건적이며, 활기가 없고, 회의에 참석하는 것이 감옥에 들어가는 것과 같다.

② 시정노선

• 회의는 정치화되고 실제화되어야 한다.

• 회의의 중대한 의의를 항시 동지들, 특히 신입 당원과 활동에 적극적이지 않은 당원에게 환기시켜야 한다.

• 결의는 너무 가볍게 취급해서는 안 되며, 일단 결의가 채택되면 철저하게 실행해야 한다.

• 상급기관이 하급기간에 성실하고 신속하게 답변해야 하는 문제는 너무 시간을 지체하여 열기가 식게 해서는 안 된다.

• 책임자는 사전에 의사일정을 준비해야 하며, 의사일정은 구체화되도록 해야 한다. 문제의 내용과 환경에 대해서 먼저 조사를 하여 분명하게 해야 할 뿐만 아니라 어떻게 해결해야 하는가에 대해서 먼저 생각해야 한다.

• 사회자는 회의를 지도하기 위해 훌륭한 기법을 활용해야 하며, 대중이 토의의 흐름에 따라 모종의 문제를 향해 달려가도록 인도해야 한다. 그러나 의제를 벗어나 중요한 의미를 지니는 방향으로 발전하게 되면, 분위기를 죽이고 제지해서는 안 될 뿐만 아니라 그러한 발전의 요점을 소중히 지키고, 이를 대중에게 소개하여 새로운 의제로 만들어야 한다. 이렇게 할 때 회의는 생기가 돌게 되고 문제가 진정으로 해결될 수 있음과 동시에 회의가 진정으로 교육적 의미를 실현할 수 있게 된다.

• 회의장의 봉건적 질서를 제거한다. 공산당의 회의장이 무산계급의 적극적이고 활발하며 상쾌한 정신을 반영시키려 한다면 이러한 것들을 질서화해야 한다.

제3절 홍군 당 내의 청년조직 및 그 활동 【생략】

제4절 정치위원과 당 내 활동의 관계

대대와 지대(支隊) 2개급 당부의 서기는 정치위원을 겸임하지 않는 것을 원칙으로 하지만 활동요원이 부족한 부대에서는 잠시 겸임할 수 있으며, 당의 서기직을 담임하지 않는 정치위원은, 상급 당이 반드시 상황을 관찰하고 조건이 적합한 환경 하에서, 당의 특파원으로 위촉되며, 당해급 당부의 활동을 지도하는 임무를 수행한다.

제5절 직속대 최고 당부의 문제

군(軍) 및 각 종대(縱隊)의 직속대(直屬隊)는 모두 직속대 위원회를 조직하여 이를 최고 당부로 하며, 위원의 정수(定數)는 5-7명으로 한다.

제6절 사병회 당단의 문제

대대 병사회에는 당단(黨團)을 설치하지 않으며, 활동은 지부위원회(支委)가 지도한다. 종대(縱隊) 병사회에는 당단을 설치해야 하며, 그 당단은 종대위원회(縱委)의 지도를 받는다.

제3장 당 내의 교육문제

제1절 의의

홍군 당 내의 가장 절박한 문제는 교육문제라고 할 수 있다. 홍군이 완벽하게 되고 확장되도록 하기 위해서는, 그리고 홍군이 투쟁 임무를 책임질 수 있도록 하기 위해서는 당 내부로부터 교육을 실시해야 한다.

당 내의 정치수준을 향상시키지 않고, 당 내의 각종 편향을 숙청하지 않는다면 절대로 홍군을 완전하게 하고 확장시킬 수 없을 뿐만 아니라 홍군이 중대한 투쟁 임무를 책임지도록 할 수 없다.

따라서 당 내부의 교육을 계획하여 실시하며, 과거의 계획 없이 흘러가는 대로 내

버려두는 상태를 시정하는 것이야말로 당의 중요한 임무 중의 하나가 되어야 한다. 대회는 다음의 자료와 방법으로 당원을 교육시키기로 규정하였으며, 당의 지도기관은 보다 상세한 토의를 거쳐 이 임무를 수행해야 한다.

제2절 자료

(1) 정치분석
(2) 상급지도기관의 통고에 대한 토의
(3) 조직에 관한 상식
(4) 홍군 당 내의 8가지 그릇된 사상의 시정
(5) 기회주의와 트로츠키주의 반대파를 반대하는 문제에 대한 토의
(6) 대중사업의 책략과 기술
(7) 유격지역 사회경제에 대한 연구
(8) 마르크스레닌주의 연구
(9) 사회경제과학 연구
(10) 혁명의 당면단계와 그 전도문제

이상의 10개 항에서 〔사회경제과학 연구를 포함한〕 일부가 간부에게 제한적으로 적용되는 것을 제외하곤 모두가 일반당원에게 공히 적용된다.

제3절 방법

(1) 당보(黨報)
(2) 정치 브리핑
(3) 동지를 교육시키는 각종 소책자 편집
(4) 훈련반
(5) 조직적인 독서 안배
(6) 글을 모르는 당원에 대한 서보(書報) 열독
(7) 개별적 담화
(8) 비판
(9) 소조회
(10) 지부대회
(11) 지부위원회, 조연석회(組聯席會)

⑿ 종대(縱隊) 단위 조장 이상의 활동분자회의
⒀ 전군 지서(支書) 이상의 활동분자대회
⒁ 종대 단위의 당원대회
⒂ 종대 단위의 각급 서(書), 선(宣) 조연석회의
⒃ 전군 지대(支隊) 이상의 서(書), 선(宣) 조연석회의
⒄ 정치토론회
⒅ 당원을 실제활동에 참가시키는 적절한 안배

제4장 홍군의 선전활동 문제 【생략】

제5장 사병의 정치훈련 문제 【생략】

제6장 체형(體刑)의 폐지 문제 【생략】

제7장 부상병 우대 문제 【생략】

제8장 홍군의 군사계통과 정치계통 간의 관계 문제

제1절 상급 지방정권이 수립되기 이전의 관계

홍군의 군사기관과 정치기관은 상급 지방 정권기관이 수립되기 이전에는 전적위원회(前敵委員會)의 지도 하에 수평적으로 활동을 실행한다.

제2절 홍군과 대중의 관계

(1) 정강(政綱)과 같은 전군적 의미를 가지는 사항은 군사와 정치 2개 기관이 연명으로 서명하여 공포한다.
(2) 대중을 향해 선전하며, 대중을 조직하고, 정권을 수립하며, 그리고 몰수하고, 재판하며, 처벌하고, 모금하며, 구제와 구난을 하는 등의 대중사업에 대한 지휘와 감독은 지방 정권기관이 수립되기 전에는 모두 정치부의 직권에 속한다.
(3) 정권기관이 수립되지 않은 지방은 지방 정권기관이 수립될 때 까지 홍군 정치부가 지방 정권기관을 대행한다. 지방 정권기관이 이미 수립된 지방은 반드시 지방 정권

기관이 모든 사항을 독자적으로 처리하도록 해야 하며, 대중 속에서 그 신앙을 공고히 하는 것을 원칙으로 해야 한다. 다만 지방 정권기관이 건전하지 않거나 또는 홍군과 지방이 관계가 있는 사항의 경우에는 지방 정권기관과 홍군 정치부가 연명으로 서명하는 방법으로 처리해야 한다.

(4) 지방무장의 건립과 발전을 지원하는 책임은 정치부가 진다. 지방무장의 평시 군사훈련과 전시 작전지휘를 지원하는 책임은 사령부가 진다.

그러나 모두 가능한 한 지방 정권기관을 통해야 하며, 가급적 직접적인 처리는 피해야 한다.

제3절 홍군 내 인력 사용과 행정 문제

홍군 내의 인력 사용과 행정은 군사와 정치 2개 기관이 각각 독자적인 노선을 가진다. 인원의 상호 이동과 소식의 상호 전달 등과 같이 서로 관계가 있을 때는 공한을 이용하여 수평적으로 통보한다.

제4절 예절과 군기의 실행

예절과 군기의 실행은 군사와 정치 2개 기관이 상호 간에 계급에 복종하는 원칙을 지켜야 하며, 계통이 다르다는 것을 핑계로 지휘에 복종하지 않거나 또는 태만해서는 안 된다.

제5절 급양, 위생, 행군, 작전 시의 지휘계통

급양, 위생, 행군, 작전, 야영 등 사항은 정치계통이 반드시 군사계통의 지휘를 받아야 한다. 정치훈련 및 대중사업 등의 사항은 군사계통이 반드시 정치계통의 지휘를 받아야 한다. 그러나 지휘는 상대방 기관 내의 종속기관(총무과나 또는 부관처 등)에 직접 하달하는 형식을 취할 수 있다.

제6절 홍군의 자금 조달 문제

홍군의 자금조달에 대한 지휘 및 정치사업을 위한 비용의 결정과 지출은 모두 정치부에 속하고, 군사기관은 간섭해서는 안 되며, 당부의 비용은 정치부가 지급한다.

제7절 정치위원의 부서권(副署權) 문제

군사기관의 모든 명령은 정치위원만이 반드시 부서(副署)해야 하며, 정치부 주임은 서명할 필요가 없다. 정치기관의 모든 명령은 정치부가 단독으로 행사하며, 정치위원은 부서(副署)할 필요가 없다.

Ⅱ. 중국 국민혁명군 제18집단군(제8로군) 정치사업조례 초안(1942년)

제1장 총칙

〔**제1조**〕 중국 국민혁명군 제18집단군(제8로군)은 전 중국의 통일적인 항일군대의 1개 구성 부분이며, 그뿐만 아니라 당연히 통일적인 항일군대 내의 가장 견고하고, 가장 진보적이며, 가장 각오가 되어 있는 한 부분이다.

〔**제2조**〕 중국 국민혁명군 제18집단군은 주지하는 바와 같이 과거의 중국 노농홍군이 개편된 것이다. 제18집단군은 중국공산당이 영도하는 군대이며, 그 군대 내에는 공산당의 지부, 공산당의 대표인 정치위원, 정치부가 있다. 이는 국민혁명군의 기타 부분이 중국국민당이 영도하는 군대이며, 그 군대 내에 국민당의 당부가 있는 것과 같은 것이다.

〔**제3조**〕 정치사업은 혁명군대의 생명선이며, 제18집단군은 과거 홍군 시대 정치사업의 훌륭한 전통을 계승하였으며, 항시 정치사업을 매우 중시하고 있고, 정치사업을 경시하는 모든 관념과 정치사업을 취소하려는 모든 기도에 대해 단호하게 투쟁한다.

〔**제4조**〕 항일전쟁 중 제18집단군 정치사업의 기본내용은 항일전쟁에서 최후의 승리를 쟁취하기 위해 군대의 전투력을 향상시키고, 장병일치와 군민일치를 추구하며, 우군을 단결시키고 적군을 와해시키는 것이다.

(1) 장병일치를 추구하는 것은 정치사업, 공산당의 당 사업, 선전교육사업, 방첩 사업을 통해 아군의 단결을 공고히 하고, 아군의 전투력과 기율을 공고히 함으로써 아군의 전체 구성원이 정치적으로 고도의 자각성을 가지고 하나의 기본목표인 민족해방을 위해 끝까지 분투하도록 하는 것을 말한다. 제18집단군은 중국 노동인민의 군대이며, 장교와 사병은 모두가 노동인민의 대표이고, 착취계급을 대표하는 것이 아니

며, 이것은 제18집단군이 장병일치를 획득할 수 있는 양호한 조건이다.

(2) 군민일치를 추구하는 것은 전쟁지역(戰地) 주민 내에서의 정치사업을 수행하고, 전쟁지역 민중을 발동하여 항전에 적극적으로 참여하도록 하려는 것을 말한다. 이러한 목적을 위해서는 반드시 군대에 엄격한 기율이 있어서 주민들이 군대를 두려워하지 않고 사랑할 수 있게 해야 한다. 반드시 지방의 민중 속에서 선전하고 격려하는 사업과 대중단체를 조직하는 사업을 수행해야 하며, 반드시 항일민족통일전선의 각종 정책을 실행해야 하고, 당지 정부와 협조하여 민주적 개혁과 민생의 개선을 실행하며, 민국 26년(1937년) 9월경에 아당(我黨), 아군(我軍)과 공동으로 합의한 항일건국의 기본 정치원칙인 민족의 독립, 민권의 자유, 민생의 행복 등 3대 원칙을 실행해야 한다. 반드시 전구(戰區)의 기본대중인 노농노동대중을 발동시킴과 동시에 일본에 대항하는 모든 사회계층을 단결시켜야 한다. 반드시 전쟁지역 주민의 자위능력을 강화시키고, 항일자위군과 항일유격대를 조직해야 한다. 반드시 그 행동구역 내에서 괴뢰정권을 파괴하고 중국의 정권을 부활시켜야 한다.

(3) 우군을 단결시키는 것은 정치사업을 통해서 항일군대 간의 우군관계를 강화하고, 작전 및 기타 각종 경험을 교환하며, 단결을 견지하고, 항전을 견지하며, 오해를 풀고, 적과 매국노의 도발과 이간(離間)을 적발하며, 투항하고 타협하려는 음모와 활동을 반대하는 것을 말한다.

(4) 적군을 와해시키는 것은 적군에 대한 정치사업을 실행하고, 전단과 소책자를 살포하며, 포로들에 대한 활동을 실시하여 적군의 전투력을 약화시키고, 적의 군대를 와해시키며 중·일 인민들을 단결시켜 공동의 적인 일본제국주의를 타도하는 최종목적을 달성하는 것을 말한다. 이와 동시에 매국노의 군대 내부에서 와해시키고 쟁취하는 활동을 전개하여 적의 이화제화(以華制華) 정책을 반대하고, 일본제국주의를 고립시키며 타도하는 목적을 달성하는 것을 말한다.

〔제5조〕 제18집단군의 일반 정치사업은 당해(當該) 군대 내의 공산당 사업과 밀접하게 연계되어 있는 불가분의 것이다. 공산당의 조직은 이 군대의 핵심이며, 공산당원은 이 군대 내의 가장 선진적이고 가장 잘 사상적 준비가 되어 있는 부분이다. 제18집단군의 정치적 자질과 전투력은 모두 이 군대 내의 공산당 조직과 사업에 의존하고 있다. 정치사업은 반드시 당의 사업에 의존해야 하며, 그와 동시에 또한 당의 사업인 것이다. 정치 종사자의 주요한 구성 부분은 반드시 중국공산당의 당원이어야 하며, 정치위원은 곧 공산당의 대표이고, 정치부는 곧 공산당의 기관이다. 그래서 제18집단군 내의 공산당 조직 및 사업의 역할을 경시하고 약화시키며 제한하려는 모든 기도는 당해 군의 내부나 또는 외부로부터 오든지를 막론하고 모두 당해 군의 전투력에 극단적으로 유

해하며, 항전의 전체이익에 유해한 것이기 때문에 반드시 단호하게 반대해야 한다. 지금까지 第18집단군의 〔정치위원, 정치부, 당 지부 등과 같은〕 각종 정치조직과 정치사업 제도는 반드시 존중되어야 하는 것이다.

〔제6조〕 第18집단군 정치사업의 영도방법은 다음과 같은 것을 기본원칙으로 한다.

(1) 집중적 지휘를 최고 원칙으로 함과 동시에, 분산작전 환경을 평가하고, 각급 정치기관의 적극성과 자발성 및 창조성을 발양한다.
(2) 중대(中隊)의 사업을 모든 정치사업의 기점으로 한다.
(3) 공산당의 조직, 특히 지부 사업을 모든 정치사업의 기초로 한다.
(4) 융통성이 있고, 구체적인 영도를 정치사업의 주요한 영도방식으로 하며, 진보적이고 창조적인 사업을 적극적으로 추구하고, 활동을 하지 않거나 공식화하는 것을 철저히 금한다.

〔제7조〕 본 조례는 第18집단군의 각 부대에 적용됨과 동시에 신4군(新4軍)과 공산당원이 조직한 전쟁지역의 유격대 등과 같은, 그리고 공산당원이 영도하는 기타 부대에 적용된다.

제2장 조례

제1절 정치지도원 사업조례

〔제1조〕 중대(中隊) 내의 정치사업을 실행하기 위해 중대와 대(隊) 내에 정치지도원(政治指導員)을 둔다.

〔제2조〕 정치지도원은 중대 정치사업의 지도자와 실행자이며, 그 구체적인 임무는 아래와 같다:

(1) 상급 정치기관의 지시와 계획에 따라, 그리고 당해 부대의 실제 상황에 따라 자체의 사업 일정을 정하여, 그 지시와 계획을 실시할 뿐만 아니라 각종 방법을 사용하여 당해 중대의 전투력을 제고한다.
(2) 전사(戰士)의 정치교육과 문화교육 및 기타 과외활동을 실시하고 지도한다.
(3) 정치적으로 중대 군사교련의 실시와 전투임무의 완수를 보장한다.

(4) 군사지휘관과 협조하여 공동으로 당해 중대의 기율 및 경제위생 사업의 관리를 유지한다.

〔제3조〕 정치지도원은 정치사업에 있어서는 그 상급 정치위원과 정치기관에 복종하며, 군사업무에 있어서는 중대장의 결심과 계획에 협력한다.

〔제4조〕 정치지도원은 반드시 중대장과 함께 일상적이고 밀접한 상의를 하면서 당해 중대의 전투력을 제고한다. 전 중대의 업무에 관해서, 군사행정과 군사지휘 분야에 속하는 것은 중대장이 결정하고, 정치사업 분야에 속하는 것은 정치지도원이 결정하며, 상호 간에 의견 충돌이 있을 때는 상급기관이 해결한다.

〔제5조〕 정치지도원은 상급 정치위원과 정치기관의 명령에 따라 임시로 정치위원의 직무를 대행할 때 정치위원과 완전히 동일한 권한과 책임을 가진다.

〔제6조〕 정치지도원은 반드시 중국공산당의 적극적인 정식 당원이어야 하며, 중국공산당의 매 시기의 정책과 주장을 마땅히 이해해야 하고, 아군의 조직 원칙과 임무 및 목적을 이해해야 하며, 자체의 모든 활동에 있어서 반드시 당의 결의와 구호를 실행하며, 많은 노농전사(勞農戰士) 대중 속에서의 당의 영도 역할을 공고히 할 뿐만 아니라 상당한 군사지식을 지녀야 하고, 부단히 군사지식을 학습해야 한다.

〔제7조〕 정치지도원은 자신의 직무를 수행하는데 있어서나 또는 개인의 행동에 있어서, 반드시 전체 군인의 모범이 되어야 할 뿐만 아니라 말이나 행동으로 모범을 보여야 한다.

〔제8조〕 정치지도원은 정치사업을 수행할 때 스스로가 대중을 향해 직접 접근하고, 전사의 정서, 능력, 자질 등을 완전히 이해하는 것이 필요하기 때문에 반드시 전 중대원의 성명, 본적, 출신성분, 이력, 개성, 활동능력 및 정치적 인식능력 등을 파악해야 한다.

〔제9조〕 정치지도원은 중대와 대대(大隊)의 훈령과 명령 및 당해 중대의 경제생활 실태를 반드시 알아야 한다.

〔제10조〕 정치지도원은 반드시 중대의 공산당 지부 사업을 돕고 지도하며 중대 지부위원회의 위원에 당선되어야 한다.

〔**제11조**〕 정치지도원은 상급 정치기관의 결정에 따라 당해 중대 전사의 정치교육과 문화교육을 실행하고 지도해야 한다.

〔**제12조**〕 정치지도원은 반드시 중대구락부 및 벽보활동을 지도해야 한다.

〔**제13조**〕 정치지도원은 반드시 청년전사의 특수교육을 지도하고 청년대(靑年隊)의 활동을 지도한다.

〔**제14조**〕 정치지도원은 반드시 전 중대의 군인이 지방 주민에 대한 대중사업에 적극적으로 참여하도록 영도해야 하며, 대중을 향해 선전하고 격려하며, 민중이 그들 자체의 단체를 만드는 것에 협조하고, 무장을 시키며, 적과 그 괴뢰정권을 타도하고, 항일민주정권의 수립을 지도한다.

〔**제15조**〕 정치지도원은 반드시 전 중대의 전사가 도망을 반대하는 투쟁을 실행하는 것을 영도해야 한다.

〔**제16조**〕 정치지도원은 반드시 간첩이 부대에 섞여 들어오는 것을 방지하는데 유념해야 할 뿐만 아니라 전 중대의 군인이 경각심을 높이도록 교육시키며 방첩투쟁을 실행해야 한다.

〔**제17조**〕 정치지도원은 정치사업에 있어서 〔상훈과 처벌 문제에 관해서〕 중대장과 같은 법의 집행권을 가진다.

〔**제18조**〕 정치지도원은 전투원의 의견서와 진정서를 접수하여 직접 필요한 해석을 할 수 있으며, 정상적인 절차에 따라 해결하거나 또는 직접 담당자나 또는 담당기관에 보내 해결한다.

〔**제19조**〕 정치지도원은 전투원에 대한 군사훈련과 관리교육 분야에서, 중대장이 그들을 정치적 각성이 높고 군사기술이 양호한 전사로 만들기 위해 훈련시키는 것을 전력을 다해 지원해야 한다.

〔**제20조**〕 정치지도원은 중대 내의 〔폭음, 도박, 아편흡연, 간음, 구타, 절도 등과 같은〕 반도덕적 행위를 근절시킬 방도를 강구해야 한다.

〔**제21조**〕 정치지도원은 행군 시 대열에 참가하지 않을 수 있을 뿐만 아니라 군사임무를 위한 근무를 맡지 않는다. 중대가 훈련 시 지도원은 반드시 중대장과 함께 공동으로 출석해야 한다. 대부대가 훈련 시 지도원은 중대장과 나란히 선다.

〔**제22조**〕 정치지도원은 항시 대대와 연대의 정치위원과 정치처에 구두와 서면보고를 해야 하며, 활동 중에 직면하는 어려움을 해결해야 한다.

〔**제23조**〕 작전 시 정치지도원은 반드시 전투원과 대화를 유지하고, 큰소리를 지르며, 구호를 외치고, 전단을 읽는 등 가능한 방법을 동원하여 전투원의 혁명적 용기와 전투의지를 제고하며, 전구의 대중을 향해 우호적인 태도를 취할 뿐만 아니라 대(對)포로 사업을 실행해야 한다.

〔**제24조**〕 작전 중 정치지도원은 반드시 전선에 나아가 참고 견디며 용감하고 전장의 기율을 준수하는데 모범이 되어야 한다. 그리고 그 위치는 작전상황에 따라 정하며 중대의 후방으로 가서는 안 된다.

〔**제25조**〕 작전 중 정치지도원이 부상을 입거나 또는 사망할 시 상급 정치기관의 명령이 내려오거나 또는 정식 지도원이 오기까지는 지부 서기가 자동적으로 지도원의 직책을 대리한다.

〔**제26조**〕 중대 정치지도원의 임면권은 타 정치위원과 정치부 및 이와 동등한 급(지부)의 정치기관에 속한다.

〔**제27조**〕 중대 내에는 부(副)정치지도원 1명, 문화교육 간사나 또는 정치문화 교원(教員) 1명을 두어 정치지도원의 사업을 협조하도록 한다.

제2절 정치위원 사업조례

◆ 총칙

〔**제1조**〕 군대 내 당과 정치사업을 직접 지도하고 실행하기 위해 대대, 연대, 여단, 사단, 군, 군구, 독립유격대, 독립지대(支隊), 독립작전부대 및 각 직속기관학교 내에 가장 계

급적 의식이 강하고 가장 강인하며 가장 용감할 뿐만 아니라 정치교육과 정치사업 경험이 있는 공산당원을 정치위원으로 임명한다.*

〔제2조〕 정치위원은 군대 내에서의 중국공산당의 전권대표이며, 군대 내에서의 당의 정치노선과 기율을 집행하는 완전한 책임자이다.

〔제3조〕 정치위원은 자신의 부대 내에서의 당의 영도를 공고히 하기 위해 부대 내의 모든 활동과 행동을 문의할 수 있는 권한을 가진다.

〔제4조〕 정치위원은 당의 정치적 지도 역할을 통해 모든 군사행정 책임자가 순조롭게 활동을 완수할 수 있도록 보장할 뿐만 아니라 그들이 적극적으로 정치사업과 정치교육사업에 참가하도록 끌어들임과 동시에 그들의 활동상의 위신을 향상시킨다.

〔제5조〕 정치위원은 반드시 중국공산당 중앙과 총정치부 및 직속 상급 정치기관의 명령에 따라 활동해야 한다.

◆ 정치위원의 책임과 권한

◇ 군무와 행정 분야

정치위원은 군사지휘관과 공동으로 당해 부대의 교육과 훈련을 실시하기 위해 반드시 다음의 행동을 취한다:

(1) 당해 부대의 전투력 및 기율을 향상시키고 공고히 할 뿐만 아니라 각종 방법을 취하여 도망을 근절시키는 것을 책임진다.

(2) 지휘관, 군사요원, 정치요원을 선발하고 관찰하며 검거하는 활동에 참가할 뿐만 아니라 요원을 이동시키거나 위임하는 명령에 서명한다.

(3) 모든 작전, 동원, 교육, 검사에 관한 계획과 명령을 기초하고 수립하는데 참여할 뿐만 아니라 명령에 서명한다.

(4) 간첩의 행동과 활동을 예방할 뿐만 아니라 그와 같이 정치적, 기술적, 경제적 방법으로 본 군대를 파괴하는 것을 목적으로 하고 있는 첩자들을 단호한 방법을 사용하여 근절한다.

---

* 정치위원의 자격은 반드시 노동자 당원으로서 1년 이상의 당력(黨齡, 당원경력)이 있어야 하는 것에 주의해야 한다.

〔제6조〕정치위원은 정치분야에서 단독으로 명령을 하달할 수 있는 권한을 가진다.

〔제7조〕정치위원과 동급의 군사지휘관 간에 의견 상의 충돌이 발생할 때는, 작전분야에 속하는 행동은 군사자휘관이 결정하며, 기타 사항은 정치위원이 최종적으로 결정하나 모든 사항은 동시에 군(軍)·정(政) 수장(首長)에게 보고해야 한다.

〔제8조〕당해 부대의 모든 요원에게 반혁명이나 또는 군대 조직의 파괴를 목적으로 하는 행동이 있음이 발견될 때 정치위원은 혁명법률을 집행할 권한을 가진다.

◇당무와 교육 분야

〔제9조〕정치위원은 군대 내에서의 중국공산당의 전권대표이며, 군대 내에서 고정적으로 정치회의의 의장이 된다.

〔제10조〕정치기관이 있는 부대 내의 정치위원은 당해 정치기관의 주임을 겸임할 수 있다.

〔제11조〕정치위원은 다음의 방법으로 당해 부대의 정치사업을 지휘한다:

(1) 정치위원은 정치적 인식, 행동, 기율, 그리고 당의 임무를 수행하는데 있어서 반드시 대중의 모범이 되어야 한다.

(2) 과내(課內)와 과외(課外)활동의 실시를 지도하고 독촉한다.

(3) 당해 부대의 전체 군인이 정치사업과 정치교육사업에 참여하도록 끌어들인다.

(4) 당해 부대의 전체 군인이 〔선거와 같은〕 일반적인 민주정권의 공민생활에 참여하도록 지도한다.

(5) 정치위원은 반드시 마르크스레닌주의를 학습하는데 노력하여 이론 수준과 사업능력을 향상시켜야 한다.

〔제12조〕정치위원은 반드시 전체 군인과 밀접한 관계를 유지하면서 그들 내의 도덕을 위반하거나 불량한 모든 현상을 예방해야 한다.

〔제13조〕정치위원은 당 지부에 대해 각별한 주의를 기울여야 하며, 동급 지휘관이 전투원 및 하급 지휘관 속에서 지지를 얻을 수 있도록 보장해야 한다.

〔**제14조**〕만약에 지부의 결의가 당의 노선에 위배되거나 또는 부대의 전투력을 저해할 시 정치위원은 당해 지부의 결의를 집행하는 것을 중지시킬 권한을 가지나, 반드시 상급에 보고해야 한다.

〔**제15조**〕정치위원은 정치기관과 지방 당부 간의 상호관계 조례에 따라 주둔지의 모든 대중단체와 밀접한 관계를 유지하며, 상호 간의 활동계획을 상의한다.

◆ 정치위원의 당에 대한 책임

〔**제16조**〕정치위원은 당해 부대 당의 모든 활동에 관해서 반드시 상급 정치기관에 완전히 책임을 져야 한다.

◆ 정치위원의 예속계통

〔**제17조**〕정치위원은 모든 관계에 있어서 직속 상급 정치위원과 군사지휘관에게 복종한다. 당무와 정치사업에 있어서는 상급 정치부에 복종한다.

〔**제18조**〕정치위원의 소속 정치위원과 정치기관에 대한 당과 정치사업에 관한 지시는 반드시 동급 정치기관을 통해야 한다.

◆ 정치위원의 임면, 이동, 검거에 관한 절차

〔**제19조**〕정치위원의 임면은 총정치부가 별도의 명령 규정을 공포한다.

〔**제20조**〕작전 중 정치위원이 부상을 당하거나 또는 사망할 시는 정치위원이 사전에 지정한 대리인이나 또는 정치부(정치처) 주임이 대행하며, 반드시 상급기관에 즉각 보고해야 한다.

〔**제21조**〕전문적인 정치위원을 인선하여 파견할 수 없을 시에는 반드시 상급기관이 당해급 지휘관이나 또는 정치부 주임을 지정하여 정치위원을 겸임하도록 명령한다.

제3절 보병 연대 정치처 사업조례

〔**제1조**〕 보병 연대 및 독립대대, 독립작전 대대나 또는 지대(支隊)의 정치처는 연대, 대대나 또는 지대의 모든 군인들 속에서 당 사업과 정치사업을 직접 실행하며, 지방의 대중사업과 적군와해사업 및 군대 범위 내의 통일전선 사업을 지원하는 기관이다.

〔**제2조**〕 정치처의 조직은 아래와 같다:

(1) 조직고(組織股)
(2) 선전교육고(宣傳敎育股)
(3) 민운고(民運股)
(4) 대적군사업고(對敵軍事業股)
(5) 방첩고(防諜股)
(6) 총지부(總支部)
(7) 기술서기(技術書記)

〔**제3조**〕 정치처는 반드시 상급 정치기관의 명령과 계획 및 동급 정치위원의 지시에 따라 군사지휘관과 함께 활동을 협의하고 실행할 뿐만 아니라 동급 참모처와 활동상의 협조를 유지한다.

〔**제4조**〕 정치처의 사업은 아래와 같다:

(1) 부대 지휘관과 협조하며, 당해 부대 전체 군인의 정치정서, 군기, 풍기, 그리고 전투정신을 공고히 한다.
(2) 소속 전체 군인의 정치교육, 문화교육을 조직 및 실행할 뿐만 아니라 군사교육을 협조한다.
(3) 소속 부대의 군인대회를 조직하고 출석하며, 정치문제 및 실제 생활문제를 토론한다.
(4) 대중사업을 지휘 및 실행하며, 지방 주민이 수복지구 내의 항일민주정권을 수립하고 개편하는 것을 지원한다.
(5) 지방정부와 지방 당무를 협조하며, 자신이 소속된 부대의 주둔 구역 내에서 대중사업 및 정치교육사업을 수행한다.
(6) 상급의 지시와 명령에 따라 주둔지 주위의 우군에 대한 연락사업을 수행한다.
(7) 상급의 지시에 따라 주든지 주위의 적과 그 괴뢰군에 대해 쟁취와 와해사업을 수행

한다.

(8) 소속 부대 내의 모든 정치요원의 사업을 항시 조사하며, 수시로 그들에 대한 개선 사업을 지시한다.

(9) 소속 부대의 일반적인 정치와 당무 사업 자료를 체계적으로 수집하며, 수시로 상급 정치기관에 보고한다.

(10) 총지부의 사업을 지도하고 지원한다.

(11) 소속 부대의 청년사업과 청년전사의 특수교육사업을 지도하고 수행한다.

(12) 당해 부대의 방첩사업을 지도하고 수행한다.

【이하 생략】

제4절 정치협리원 사업조례

〔**제1조**〕 일부 군사부문과 후방근무 성격의 사업부문 내에 정치협리원을 둔다.

〔**제2조**〕 정치협리원(政治協理員)은 직속 상급 정치위원과 정치기관의 영도 하에 당해 기관부문의 정치사업을 수행하며, 그 직권과 사업 범위는 정치지도원과 동일하다.

〔**제3조**〕 2개 및 2개 이상의 사업단위가 있을 때, 정치협리원의 직책은 상부의 지시를 받아 하부에 전달하는 것이며, 정치기관 특파원의 자격으로 각 단위 정치지도원의 사업을 검사하고 독촉하는 것을 책임지며, 수시로 그들에게 사업의 개선을 지시할 뿐만 아니라 그러한 종류의 상황을 수시로 상급 정치기관에 보고한다.

〔**제4조**〕 상급기관의 기본계획에 따라 정치와 당무 사업일정표를 작성한다.

〔**제5조**〕 상급기관의 계획에 따라 각 단위의 정치교육과 문화교육을 계획하고 실시한다.

〔**제6조**〕 정치협리원은 반드시 소속부대 당의 사업을 지도할 뿐만 아니라 총지부나 또는 지부위원으로 당선되어야 한다.

〔**제7조**〕 단위가 비교적 많고 사업이 비교적 번잡한 부문 내에는 2인이나 또는 3인의 간사를 두어야 하며, 정치협리원의 영도 하에 활동을 협조하고 실시하도록 한다.

〔**제8조**〕정치협리원은 정치지도원과 동등한 조건을 구비하는 것 이외에 그 능력과 경험에서 마땅히 정치지도원을 앞서야 한다.

〔**제9조**〕정치협리원은 정치업에 있어서 그 상급 직속 정치위원이나 또는 정치기관에 복종할 뿐만 아니라 당해 기관의 행정 수장과 협의하여 실시하며, 당해 수장의 의견을 존중해야 한다.

군무에 있어서는 당해 기관부문의 수장에 복종한다.

〔**제10조**〕정치협리원의 임면(任免)과 이동은, 사단에 속하는 직속 부대원은 사단 정치부, 군구(軍區)에 속하는 직속 부대원은 군구 정치부, 그리고 집단군에 속하는 자는 집단군 정치부가 행사한다.

제5절 여단 정치부 사업조례

〔**제1조**〕여단 정치부는 상급 정치기관의 당 사업과 정치사업에 관한 명령에 의거하여, 소속 각 부대의 당 사업과 정치사업을 직접 지휘하며, 지방 대중과 지방당의 사업을 지원하고, 적군와해사업을 수행하며, 우군에 대한 연락사업을 지도하고 수행하는 기관이다.

〔**제2조**〕여단 정치부의 사업은 아래와 같다:

(1) 소속 각 부대의 당과 정치기관을 조직한다.

(2) 소속 각 부대의 정치위원, 정치기관, 그리고 당의 사업을 직접 지휘한다.

(3) 당해 여단의 구체적 상황에 의거하여 상급 정치기관의 훈령을 융통성 있게 실행한다.

(4) 당해 여단의 정치심리 상태에 관한 자료를 수집하여 정리한다.

(5) 정치요원의 회의 및 당과 일반 전투원의 대표회의를 소집한다.

(6) 당해 여단의 정치사업 요원을 기록하고 배치한다.

(7) 전투원과 하급간부가 열독하는데 적합한 〔비정규적이고 소규모의 신문인〕 소보(小報)를 출판한다.

(8) 당해 여단의 상황에 의거하여 임시 선전자료를 준비하고 모든 선전교육 자료를 분배한다.

(9) 작전 시 전쟁에 대한 선전과 격려 활동을 지도하고 실시한다.

(10) 적군을 와해하고 포로병을 처리하는 사업을 수행한다.
(11) 지방의 당정기관 및 대중단체와의 연락사업을 계획하고 수립하며, 당과 대중단체가 없는 구역에서는 당과 대중단체의 사업을 계획한다.
(12) 우군에 대한 연락사업을 지도하고 실시한다.
(13) 당해 여단의 간부교육사업을 계획하고 실시한다.
(14) 당해 여단의 대중단체 사업을 지도하고 독촉한다.
(15) 방첩사업을 지도하며, 당해 군을 파괴하고 위해하려는 부대 내의 간첩활동 및 반혁명행위를 예방하고 근절한다.

【이하 생략】

〔제3조〕 여단 정치부 내에 당무위원회를 조직하며, 그 사업 세칙은 당무위원회 사업조례에 명기한다.

〔제4조〕 여단 정치부는 〈정치기관과 지방 당부 간의 관계 조례〉에 의거하여 지방 당부와 활동을 협의한다.

〔제5조〕 여단 정치부의 기술과 경비는 여단의 공급기관이 지원한다.

〔제6조〕 여단 정치부에는 다음의 각 과를 둔다:
(1) 조직과(組織科)
(2) 선전교육과(宣傳教育科)
(3) 민운과(民運科)
(4) 적군사업과(敵軍事業科)
(5) 연락과(聯絡科)
(6) 방첩과(防諜科)
(7) 총무과(總務課)

〔제7조〕 여단 정치부 주임은 총정치부가 임면한다. 여단 정치부의 각 과 과장은 사단 정치부가 임면한다.

제6절 사단 정치부 사업조례

〔**제1조**〕사단 정치부는 당해 사단이 아군의 대(對)주민 정치사업, 당의 사업 및 적군을 와해하는 정치사업을 실행하는 지도기관이다.

〔**제2조**〕사단 정치부는 반드시 야전정치부와 총정치부의 명령에 의거하여 그 활동을 실시한다.

〔**제3조**〕사단 정치부의 사업은 아래와 같다:

(1) 소속 정치위원 및 정치기관의 정치사업, 당의 사업, 대(對)지방주민사업, 대(對)우군연락사업, 사회통일전선사업 및 적과 그 괴뢰군대에 대한 와해사업을 직접 지휘한다.

(2) 소속 각급의 정치기관을 조직한다.

(3) 야전정치부 및 총정치부의 훈령에 의거하여 당해 사단의 군대정치훈련계획을 규정한다.

(4) 총정치부의 훈령과 중국공산당중앙의 결의에 의거하여 소속 각 부대의 사업을 지도한다.

(5) 하급 및 중급 정치사업 요원을 양성한다.

(6) 전투원과 간부의 정치교육사업을 계획하고 지도한다.

(7) 단해 사단의 군인기자, 당무통신원 및 총정치부 잡지통신원을 조직하고 그 활동을 지휘한다.

(8) 소속 각 부대의 정치심리 상태, 정치기관 정치사업 요원의 야전정치부, 총정치부의 명령과 훈령에 대한 실행을 검열하며, 그러한 종류의 상황을 정기적으로 상급 정치기관에 총결산하여 보고한다.

(9) 대중 속의 정치선전과 격려 사업을 지도하고 실시한다.

(10) 당해 사단의 정치요원회의와 당원대표대회를 소집한다.

(11) 야전정치부와 총정치부의 명령에 의거하고, 당해 사단의 실제상황을 참조하여 당해 사단의 정치사업 명령을 수립한다.

(12) 정치보장 계획을 수립한다.

(13) 새로운 점령지구에서의 정권복구사업을 계획한다.

(14) 새로운 부대와 지방부대의 사업을 지도하고 지원하며, 이들 부대에 간부를 지원한다.

〔**제4조**〕사단 정치부 내에 당무위원회를 조직하며, 그 사업 세칙은 당무위원회 사업조례에 명기한다.

〔**제5조**〕사단 정치부의 경비는 사단 공급부가 지원한다.

〔**제6조**〕사단 정치부에는 다음의 각 부를 설치한다:
(1) 조직부(組織部)
(2) 선전교육부(宣傳敎育部)
(3) 민운사업부(民運事業部)
(4) 적군사업부(敵軍事業部)
(5) 연락부(聯絡部)
(6) 방첩부(防諜部)
(7) 총무처(總務處)

제7절 당무위원회 사업조례

◆ 조직

〔**제1조**〕총정치부, 군구, 군분구, 군, 사단, 여단 정치부 내에 반드시 당무위원회를 설치한다.

〔**제2조**〕각급 당무위원회는 각급 당원대표대회가 선거하여 구성하며, 군사행동으로 인해 회의의 소집이 불가능한 시기에는 상급 정치부가 결정해야 한다.

총정치부, 군구, 군, 사단 당무위원회는 정식위원 9-11인, 그리고 후보위원 3인으로 구성한다. 군분구, 여단 정치부 당무위원회는 정식위원 5-7인, 그리고 후보위원 2인으로 구성한다.

〔**제3조**〕군분구와 여단 당무위원회 위원의 당원경력(黨齡)은 최소 2년으로 하며, 서기는 최소 3년으로 한다. 군구, 군, 사당 당무위원회 위원의 당원경력은 최소 3년, 서기는 최소 4년으로 한다. 총정치부 당무위원회 위원의 당원경력은 최소 4년, 서기는 최소 6년으로 한다. 〔특수한 상황 하에서는 중국공산당중앙의 허가를 받아 당원경력을 줄일 수 있다.〕

〔**제4조**〕 군분구 당무위원회는 반드시 군구 정치부의 비준을 거쳐야 하고, 여단 당무위원회는 반드시 사단 정치부의 비준을 거쳐야 하며, 군구, 군, 사단 당무위원회는 반드시 총정치부의 비준을 거쳐야 하고, 총정치부 당무위원회는 반드시 중국공산당중앙의 비준을 거쳐야 한다.

〔**제5조**〕 당무위원회 위원의 임기는 1년으로 하며, 연임할 수 있다.

◆ 직권

〔**제6조**〕 당무위원회의 권한은 당의 규약과 당의 도덕을 파괴하는 것과 당원을 받아들이고 당원을 처벌하는 것에 관한 모든 사항을 토론하여 결정하는 데 있다.

〔**제7조**〕 각급 당무위원회는 당원이 당의 규약 및 당의 도덕을 파괴하는 행동에 대해서 사전에 조사를 하고 최종적인 결정을 내릴 수 있으며, 당원을 받아들이는 사항에 대해서는 반드시 중국공산당중앙의 신당원 입당수속에 의거하여 시행해야 한다.

〔**제8조**〕 당무위원회의 모든 결의는 동급 정치기관을 통해 시행할 수 있다. 모종의 문제에 대해 의견이 충돌할 때는 상급 당무위원회가 최종적으로 결정한다.

〔**제9조**〕 당원은 당무위원회의 결의에 동의하지 않는다면 정치부 계통을 통해 상급 당무위원회에 이의를 제기할 수 있다. 각급 정치부는 단지 이의를 신청한 자에게 필요한 해석을 내릴 수 있으며, 이를 저지할 권리가 없다.

〔**제10조**〕 당무위원회 위원은 동급 정치기관의 각종 회의에 참가할 권한을 가진다.

〔**제11조**〕 각급 당무위원회는 반드시 각급 당원대표대회에서 그 활동을 보고해야 하다.

◆ 사업기관

〔**제12조**〕 당무위원회는 사업을 집행하기 위해 1명의 책임서기를 둔다.

〔**제13조**〕 당무위원회의 책임서기 직무는 아래와 같다:
(1) 당해급이나 또는 상급 당무위원회의 결정을 집행한다.

(2) 당무위원회의 회의자료를 준비한다.
(3) 각종 문건을 심사한다.
(4) 각 정식 후보위원의 심사 문건을 분배한다.
(5) 모종의 사항을 조사하기 위해 필요한 인원의 회의를 소집한다.
(6) 문건의 복사나 수발을 지도하고 독촉한다.
(7) 당무위원회의 활동을 보고한다.

〔제14조〕 당무위원회는 활동에 있어서 당해급 정치기관의 기술기관을 이용할 수 있다.

〔제15조〕 군, 사단 및 군구 당무위원회 서기는 여단 당무위원회 서기의 연석회의를 제때에 소집하거나 또는 그들이 보고하도록 명령할 수 있다.

제8절 군구 정치부 사업조례

〔제1조〕 군구 정치부는 당해 군구에 소속된 각 분구, 각 기층병단, 각 지방부대, 그리고 당과 정치사업의 기관이다.

당해 군구 범위 내에서 아군, 지방 주민, 적과 그 괴뢰군대에 대한 정치사업을 실행하고, 지방 당의 사업을 지원하고 당해 군구 내 전쟁의 정치동원과 병역동원에 관한 사업을 지도한다.

군구 정치부는 총정치부의 명령에 따라 사업을 실행한다.

〔제2조〕 군구 정치부의 사업은 아래와 같다:
(1) 소속된 각 분구, 각 유격지대(支隊), 각 현(縣) 자위군, 각 부대 정치위원 및 정치부의 사업을 직접 지휘한다.
(2) 소속된 각 분구, 각 유격지대, 각 현 자위군 및 각 부대 정치기관을 조직한다.
(3) 총정치부의 훈령에 의거하여 당해 군구의 각 기간부대와 지방부대의 정치훈련계획을 규정한다.
(4) 교도대대나 또는 대대 부설학교를 개설하여 하급과 중급 정치요원을 양성한다.
(5) 각 기간부대와 지방부대의 정치교육사업을 계획하고 지도한다.
(6) 지방의 대중에 대한 정치선전고무 사업을 지도하고 실시한다.
(7) 당해 군구 주위의 적과 그 괴뢰군대를 쟁취하고 와해하는 사업을 계획적으로 지도하고 실시한다.

(8) 소속된 각 부대의 정치적 심리상태 및 당과 정치사업에 관한 모든 자료를 수집하고 정리한다.
(9) 정치사업 요원의 회의와 군구 당원대표대회를 소집한다.
(10) 당해 군구의 정치사업 요원, 군사지휘 요원, 그리고 의무, 위생, 보급관리 요원에 대한 검거활동에 참가한다.
(11) 총정치부의 명령과 훈령에 의거하고, 당해 군구의 실제상황을 참고하여 당해 군구의 명령과 훈령을 결정한다.
(12) 각 현의 자위군 정치부의 사업을 지도하고 독촉하며 검열한다.
(13) 지방당이 당해 군구 범위 내에서 사회통일전선 사업, 그리고 우당과 우군 간의 연락사업을 실행하는 것을 지원한다.

〔**제3조**〕 군구 정치부 내에 당무위원회를 조직하며, 그 사업 세칙은 당무위원회 사업조례에 명기한다.

〔**제4조**〕 군구 정치부의 경비는 군구 공급부가 지원한다.

〔**제5조**〕 군구 정치부에는 다음의 각 부를 설치한다:
(1) 조직부
(2) 선전교육부
(3) 민운사업부
(4) 동원부
(5) 방첩부
(6) 적군사업부
(7) 연락부
(8) 총무처

〔**제6조**〕 군구 정치부 주임 및 각 부 부장은 총정치부가 임면한다.

제9절 군분구 정치사업조례 【생략】

제10절 야전정치부 사업조례 【생략】

제11절 병원 정치기관 사업조례【생략】

제12절 병참 정치기관 사업조례【생략】

제13절 군대 내 정치기관 당의 기관과 지방 당과의 관계 조례

〔**제1조**〕군대 내의 공산당 조직과 지방의 공산당 조직은 모두 공동의 목표와 공동의 정치임무를 가지고 있기 때문에 군대 당과 지방 당은 동일한 작전지구 내에서 반드시 사업상의 배합과 밀접한 연계를 유지해야 한다.

〔**제2조**〕군대 내 공산당의 조직과 지방의 공산당 조직은 일반적인 관계에 있어서 원칙적으로 각기 독립된 조직계통과 지도계통을 유지한다.

〔**제3조**〕군대 내 당의 조직과 지방의 당의 조직은 반드시 상호 협조하고, 상호 존중하며, 상호 활동상황을 통지하고, 문건을 교환하며, 피차 경시해서는 안 된다.

〔**제4조**〕전쟁 동원과 병역 동원 시 지방당은 반드시 전력을 다해 군대를 지원해야 한다.

〔**제5조**〕군대 내 당의 조직과 정치기관은 반드시 지방 당의 사업을 지원하고, 지방 당의 사업, 특히 새로운 점령구에 대한 사업에 적극적으로 참가해야 한다.

〔**제6조**〕만약에 군대 내 당의 조직과 지방 당의 조직 간에 이견이 발생할 때는 상급 군대 정치기관 및 상급 지방 당의 조직에 보고하여 해결한다.

〔**제7조**〕지방 당부는 반드시 군대와 지방 당과 유관한 사업 문제를 자체의 사업계획에 포함시키며, 그와 동시에 정치기관도 반드시 지방 당의 의견을 널리 구하고, 지방 사업과 유관한 문제를 자체의 사업계획에 포함시켜야 한다.

〔**제8조**〕지방 당이 직접 영도하는 지방 무장 내의 당 조직과 정치기관은 각급 지방 당부에 직접 예속된다.

〔**제9조**〕지방 당 조직은 지방의 비밀조직이며, 정치처 주임 이상의 정치사업 요원만이

비밀당부 책임자와 관계를 유지할 수 있다.

〔**제10조**〕지방 당부와 군대가 밀접한 관계를 유지하게 하기 위해 군대 당 대표와 지방 당 대표는 반드시 서로 회의에 참가해야 하고, 군대 정치기관의 대표는 반드시 각급 지방 당 위원회의 회의에 참가해야 하며, 지방 당 대표 역시 반드시 군대 정치기관 회의에 참가해야 한다.

(1) 정치기관 대표는 반드시 당해 부대의 상황 및 활동상황을 지방 당 위원회의 회의에서 보고하며, 지방 당 사업에 대해서도 건의해야 한다.

(2) 지방 당 대표는 군대 정치기관의 회의에 참가할 때 반드시 지방의 활동상황 및 일반 활동상황을 보고하고, 군대사업에 대해서도 건의해야 한다.

(3) 정치기관 대표는 선거나 또는 상급 당부의 지정으로 당해 지방당 위원회의 위원이 될 때는 표결권을 가지며, 그러지 않을 경우에는 단지 발언권만 가진다.

(4) 일반적으로 말해서, 군대의 연대급 정치기관 대표는 현위(縣委) 및 지위(支委)급 회의에 참가하며, 여단과 지대(支隊) 및 그 이상의 정치기관 대표는 지위(支委) 및 구위(區委) 회의에 참가한다. 이와 반대로 현위(縣委)의 대표는 연대 정치기관 회의에 참가할 수 있고, 지위(支委) 대표는 연대, 여단 정치기관 회의에 참가할 수 있으며, 구당위(區黨委) 대표는 연대와 여단 이상의 정치기관 회의에 참가할 수 있다. 만약에 특별한 상황 하에서는 협의하여 변경할 수 있다.

(5) 지방 당부가 대표대회를 거행할 때, 군대 정치기관은 요원을 출석시켜 군사문제에 관해 보고하도록 할 수 있으며, 군대 당 대표대회가 개최될 때 지방 당부는 요원을 참석시켜 지방 활동 및 대중투쟁 상황에 관해 보고한다.

〔**제11조**〕군대 정치기관과 당부 및 지방 당부는 활동절차를 협의한다.

(1) 지방 당은 군대 내의 각종 운동을 발기하는데 있어서 반드시 정치기관의 동의를 널리 구해야만 전개할 수 있다.

(2) 군대 내 당 사업을 조사할 때는 반드시 군대 정치기관과 공동으로 실행해야하며, 반드시 정치기관을 통해 시정해야 한다.

(3) 군대 내의 당원을 처벌하는 것에 관한 결정은 군대 내 당무위원회가 그 시행을 책임지며, 필요시에는 지방 당부의 의견을 널리 구할 수 있다.

〔**제12조**〕정치기관이 새로운 점령구에 당 조직을 건설하는 규정은 아래와 같다:

(1) 군대의 점령지에서 당 조직이 전혀 없는 구역은 정치기관이 반드시 공개적이거나 또는 비밀적인 당 조직을 건설하는 것을 책임져야 한다.

(2) 정치기관이 건설한 당 조직은 상급 지방 당이 요원을 파견하여 지도하거나 또는 관계를 유지하기 전 까지는 정치기관이 그 모든 활동을 지도할 권한을 가진다.

(3) 부대가 당해 지구를 떠난 후 그 당 조직이 지방 당과 관계를 맺지 않고 있을 때, 정치기관은 필요에 따라 인력을 남겨 그 활동을 지도하게 할 수 있을 뿐만 아니라 그 조직 상황 및 관계를 반드시 관할해야 하는 지방 당에 이관해야 한다.

(4) 지방 당이 간부를 파견하여 새로운 점령구의 조직을 접수하도록 할 때 정치기관은 즉각 새로 건립된 조직을 지방 당에 이관해야 한다.

〔제13조〕 지방 당이 군대를 확충하고 공고히 하며 참전 중에 해야 하는 임무는 아래와 같다:

(1) 아군과 전구(戰區)의 노농(勞農) 노동대중의 생활이 밀접한 연계를 유지하도록 하기 위해 지방 당은 반드시 대중과 군대가 밀접한 연계제도를 건설하도록 동원해야 한다.

(2) 지방 당부는 반드시 노동대중 속에서 아군의 전과를 선전해야 한다.

(3) 지방 당은 반드시 군대를 확충하는 사업과 전사의 가족을 우대하는 사업을 적극적으로 실행할 뿐만 아니라, 군대를 확충하고 아군 전사의 가족을 우대하며 아군과 관계가 있는 모든 활동상황을 항시 군대 정치기관의 기관보에 게재해야 한다.

(4) 아군의 작전지구 내에 있는 지방 당부는 반드시 아군 부대의 작전을 지원하고, 많은 노동대중을 동원하며, 정찰, 경계, 교통, 보급, 수송 및 모든 참전 사업을 수행해야 한다.

(5) 적의 점령구나 또는 그 인근의 지방 당부는 아군이 적군을 공격할 때 반드시 대중투쟁을 최대로 발동하고, 적의 후방을 파괴하며, 아군 작전에 호응해야 한다.

(6) 아군이 승리 시 지방 당은 반드시 대중대회를 소집하여 경축할 뿐만 아니라 노농대중이 군대에 들어오도록 권장해야 한다.

〔제14조〕 전구(戰區)의 당·정·군·민 등 조직의 영도를 통일하기 위해 반드시 당·정·군·민 등 조직의 책임자가 군정위원회(軍政委員會)를 조직해야 하며, 그 인선과 직권은 당의 최고기관인 중앙이 결정한다.

제14절 군대 내 청년 사업조례【생략】

제15절 중대 군인구락부 사업 임시조례

〔**제1조**〕교육을 보조하고, 전사의 자각적이며 자발적인 정신을 양성하며, 부대의 엄격하고 활기찬 기풍을 조성하기 위해 중대(기관) 내에 군인구락부를 설치한다.

〔**제2조**〕중대 군인구락부는 중대 전사의 대중성 조직이며, 전체 전투원의 과외 학습조직이고, 대중의 단체생활 조직이다.

〔**제3조**〕중대 군인구락부의 편성은 아래와 같다:

(1) 구락부는 중대(기관) 전체 군인대회가 구성하며, 7인을 선출하여 간사회를 조직하고, 일상적 사업을 지도하도록 한다. 구락부 간사회는 적어도 15일에 1회 회의를 개최하며, 자체 사업의 실행을 토론하고 확인하며, 금후의 사업계획을 결정할 뿐만 아니라 매월 군인대회에 1회의 사업보고를 행한다.

(2) 구락부는 그 상하 급의 독립계통이 없으며, 중대 구락부는 중대 수장(중대장과 지도원)의 지시와 영도를 직접 받아 그 임무를 수행한다. 구락부 간사회는 4개월에서 반년 사이에 1회 재선하며 연임할 수 있다.

〔**제4조**〕구락부 간사회는 사업을 편리하게 수행하기 위해 임무를 구체적으로 분담하여 책임지며, 그 임무는 아래와 같다:

(1) 주임

중대 수장의 지도를 받으며, 당해 구락부의 전반적인 활동을 지도하고 독촉하며 확인하는 책임을 진다.

(2) 군사학습위원

군사지휘관을 돕고, 군사교육의 보조자료를 계획하여 준비할 뿐만 아니라 각 분대의 분대장을 통해 과외로 군사 토론과 실습을 실시한다.

(3) 정치학습위원

정치지도원을 돕고, 정치교육의 보조자료를 계획하고 준비하며, 신문 구독, 수수께끼 문답, 고사 들려주기 및 변론을 실시할 뿐만 아니라 각 분대의 학습 조장이 과외토론을 실시하는 것을 지도한다.

군사정치 연구는 필요 시 임시로 각종 〔군사분야는 적의 전술동작, 아군의 작전경험을 연구하며, 정치분야는 제국주의 전쟁, 소련연구, 헌정 문제 등과 같은 각종 시사문제를 연구하는〕 소조(小組)를 편성하여 전사가 자발적으로 참여하도록 허고, 그 연구 결과를 각각 분대와 소대 및 중대 단위로 보고토록 할 수 있다. 매 문제마다 연구가 끝나면 당해 소조는 해산할 수 있다.

(4) 체육오락위원

〔농구, 축구, 높이뛰기와 멀리뛰기, 경주 및 각종 유희와 같은〕 과외체육활동, 〔창가, 바둑, 오락회 등과 같은〕 오락활동을 계획하고 지도할 뿐만 아니라 각종 시설을 계획하고 기재를 보관하는 것을 책임진다. 체육오락위원 밑에는 상황과 임무를 고려하여 농구부(대), 축구부, 육상부, 합창조, 오락조 등과 같은 대(隊)와 조(組)를 구성한다.

(5) 위생위원

중대의 개인 및 공공 위생활동을 지도, 독촉 및 확인하며, 의사를 초빙하여 위생보고를 실시하고 부상병의 치료를 돕고 선전한다.

(6) 벽보위원회 주임

당해 중대의 벽보를 계획하여 편집하고 출판한다. 벽보위원회는 3명으로 구성하며, 주임 이외의 나머지 2명은 편집을 담당한다.

(7) 경제협조위원회 주임

당해 중대의 급양요원을 돕고, 급양을 개선하는 계획을 수립하며, 낭비와 탐오 현상을 방지한다. 경제협조위원회는 3명으로 구성하며, 주임은 전반적인 사업의 지도를 책임지고, 나머지 2명은 물가 조사와 급양 항목의 일일 결산을 각각 분담한다.

제16절 정치전사 사업조례 【생략】

제17절 군대 내 당의 중대지부 및 총지부 사업조례

◆ 지부의 조직

〔**제1조**〕지부는 군대 내에서의 당의 기본단위이고, 중대 내의 보루이며, 중대 내에 당원이 7명 이상이 되면 모두 지부를 조직해야 하며, 7명 이하이면 소조를 조직한다.

〔**제2조**〕지부 조직의 설치 절차는 아래와 같다:

연대와 대대의 정치위원이나 또는 연대 정치처 주임이 지정한 당원 1명이 전 중대의 정식 및 후보 당원을 소집하여 지부설립대회를 거행하는 것을 책임진다.

〔**제3조**〕제1차 설립대회의 목적은 회의 참석자의 당적을 심사할 뿐만 아니라 임시 지부위원회를 선출하는데 있다. 〔부대 내의 당원이 10명이 안 되면 1명의 임시서기만을 선출한다.〕

〔**제4조**〕제1차 임시 설립대회는 연대와 대대의 정치위원이나 또는 연대 정치처 주임이 그 실행을 지도하는 것을 책임지며, 대회의 기록에 참석자의 성명을 상세히 밝혀야 하고, 대회의 결의는 총지부위원회 및 연대 정치위원이 비준한다. 〔상급 당부의 비준이 있기 전에는 임시 지부를 조직하여 일반적인 당 정치문제를 토론할 수 있으며, 정식으로 당 조직을 대표하는 원리를 가지지 않는다.〕

〔**제5조**〕이미 비준된 지부는 당원대회를 소집하고, 정식으로 지부위원회를 선출할 수 있다.

〔**제6조**〕후보당원만 많고 정식당원이 7명 미만이면 지부를 설립할 수 없다.

〔**제7조**〕중대 지부, 연대 총지위(總支委), 대대 총분지(總分支)의 도장은 필요시 당해 부대의 도장을 이용할 수 있다.

〔**제8조**〕연대, 대대 정치위원은 당무위원회 및 정치부의 허가를 득한 후에만 지부를 해산하거나 개편할 수 있다. 〔작전상황 하에서 지부의 활동이 작전활동을 방해할 시, 연대, 대대 정치위원은 직접 지부를 해산할 수 있으며, 반드시 가능한 한 그 해산 이유를

상급 정치부 및 당무위원회에 상세히 보고해야 한다.〕

〔**제9조**〕지부의 결의가 당의 노선을 위반하거나 군대의 전투력을 저해할 시, 정치위원은 그 집행을 중지시킬 권한을 가지며, 반드시 상급에 보고해야 한다.

〔**제10조**〕부대에 새로 도착한 당원이나 또는 후보당원은 즉시 등록을 마치고 그 소개서를 확인받아야 한다.

〔**제11조**〕각 부대 내의 당의 역량을 조정하고, 지부 활동을 개선하기 위해 정치기관은 각 부대의 당원을 서로 이동시킬 수 있다.

〔**제12조**〕부대 내의 당원은 모두 당해 부대의 지부에 반드시 참가해야 하며, 만약에 당해 부대에 지부 조직이 없을 때는 상급 정치기관이 다른 부대의 지부에 참가하도록 지정한다.

◆ 연대 총지부, 대대 총분지부 및 중대 지부의 지도기관

◇ 대회

〔**제13조**〕중대 지부위원회 및 중대 지부당원대회는 중대 지부의 지도기관이며, 연대 총지부위원회 및 연대 당원대회, 대대 총분지부위원회 및 대대 당원대회는 연대와 대대 지부의 지도기관이다. 연대와 대대 및 중대의 당원대회는 반드시 3분의 2 이상의 당원이 참석해야 합법적이 된다. 중대 지부대회는 매월 적어도 2회, 대대 총분지부대회는 매월 적어도 1회, 연대 총지부대회는 매 2개월마다 적어도 1회 개최한다.

〔**제14조**〕작전상황 하에서 정치위원은 실제상황에 따라 대회의 소집을 연기할 수 있으며, 반드시 그 연기 이유를 즉시 상급 정치기관에 보고해야 한다.

◇ 중대 지부위원회,대대 총분지위원회, 연대 총지부위원회

〔**제15조**〕중대 지부위원회 위원은 중대 지부당원대회가 선출하며, 정식위원 5-7명, 후보위원 2-3명으로 구성하고, 위원 중에서 서기 및 부서기 각 1명을 선출한다. 서기와 부서기 및 위원의 명단은 총지위가 비준한다. 만약에 정식위원 7명으로 구성된 지부위원회인 경우에는 이들 중에서 각각 서기, 조직위원, 선전교육위원, 지방사업위원, 방첩

위원, 청년위원, 부서기를 담당한다.

정식위원 5명으로 구성된 지부위원회는 이들 중에서 서기, 조직위원, 선전교육위원, 청년위원, 방첩위원, 부허기를 각각 겸임한다. 중대 지부위원회는 매 3개월마다 1회 재선거를 실시한다. 〔중대 지부의 당원이 10인 미만일 때는 서기1명만을 두며, 당원이 20인 미만일 경우, 지부위원회는 5명의 정식위원과 2명의 후보위원만을 선출한다. 지방사업위원은 반드시 지방사업조 조장을 겸임해야 한다.〕

〔제16조〕 연대 총지부위원회는 각 연대 당원대회가 선출하며, 정식위원 7명과 후보위원 3명으로 구성하고, 위원 중에서 서기와 부서기 각 1명을 선출하며, 서기와 부서기 및 위원의 명단은 여단이나 또는 지대(支隊) 정치부가 비준한다. 상기 위원은 서기, 부서기, 조직위원, 선전위원, 당 내교육원, 지방사업위원, 청년위원을 각각 겸임한다. 연대 총지부위원회는 매 반년마다 1회 재선거를 실시한다.

〔제17조〕 대대 총분지부는 정식위원 5명과 후보위원 2명으로 구성하며, 위원 중에 서기 1명을 선출하고, 서기 및 위원의 명단은 연대 총지부위원회가 비준한다. 상기 위원은 서기, 부서기, 선전위원, 조직위원, 청년위원을 각각 겸임한다.

◇ 중대 지부 서기 및 연대와 대대 총지위 위원회 서기

〔제18조〕 중대 지부위원회와 대회, 연대 위원회와 대회의 결의는 중대 지부 서기 및 연대와 대대 총지위 서기가 그 집행을 책임진다.

〔제19조〕 중대 지부 서기는 반드시 반년의 당원경력을 구비해야 하며, 연대 총지부 서기는 반드시 1년 이상의 당원경력을 구비해야 한다.

◇ 연대 당원 대표대회

〔제20조〕 만약에 작전환경 중에 있거나 또는 기타 중요한 이유로 인해 전 연대당원대회를 소집할 수 없을 때는 연대 정치위원의 허가를 받아 연대 당원대표대회를 소집할 수 있다.

〔제21조〕 전 연대 당원대표대회의 대표는 중대 지부대회가 선출하며, 5-10명의 당원당 1명의 대표를 선출할 수 있으며, 매 지부마다 반드시 2명 이상의 대표가 대표대회에

출석할 수 있어야 한다. 〔대회에 출석하는 대표로 당선되기 위해서는 적어도 3개월의 당원경력을 구비해야 한다. 후보위원은 대표로 당선될 수 없다. 그리고 정치위원은 작전환경 중에 실제상황을 판단하여 앞에서 열거한 규정을 변경할 수 있다.〕

〔제22조〕 연대 총지위 위원은 대표대회에서 표결권을 가진다.

◆ 중대 지부의 기본 임무와 사업

◇ 중대 지부의 임무와 활동

〔제23조〕 중대지부의 기본 임무는 아래와 같다:

(1) 부대 내의 일반적인 당 활동을 직접 실행한다.

(2) 상급 당의 모든 훈령과 지시를 성실하게 실행한다.

(3) 전체 지부당원의 정치인식과 문화수준을 향상시킬 뿐만 아니라 그들이 지부 활동과 지방의 대중활동에 적극적으로 참가하도록 끌어 들인다.

(4) 당원 대중과 비당원 대중 간의 관계를 밀접하게 유지할 뿐만 아니라 각종 구체적인 방법을 동원하여 전체 군인 속에서의 당의 지도적 역할을 공고히 한다.

(5) 청년대원 속에서 사업을 실행한다.

(6) 새로운 당원을 받아들일 뿐만 아니라 후보당원을 정식당원으로 전환한다.

(7) 부대 내의 군사 및 정치사업 요원이 전투원을 교육하는 것을 돕고, 부대 내의 정치정서를 제고할 뿐만 아니라 지휘관과 전투원이 지방의 대중사업에 참가하는 것을 지도한다.

(8) 모든 방법을 동원하여 중대 전 군인의 기율을 공고히 하고, 부대의 전투력을 제고한다.

〔제24조〕 〔제23조〕의 임무를 완수하기 위해 지부는 반드시 계획적으로 사업을 실행해야 한다.

〔제25조〕 당원을 훈련시키고 공산주의 교육을 실시하기 위해 지부는 반드시 다음의 활동을 해야 한다:

(1) 당원대회에서 반드시 일반적인 정치문제 및 당해 중대의 일상문제를 토론해야 한다.

(2) 당원이 기율을 준수하고 활동에 적극적으로 참가할 뿐만 아니라 동지 간에 친밀한 관계를 확립하도록 최선을 다한다.

(3) 당원과 비당원 속에서 도덕을 위반하는 일체의 행위(폭주, 낭만, 기호, 도주, 정서 등)에 대해 투쟁해야 한다.

(4) 당위 활동을 수행하고 당원을 교육시키기 위해 반드시 당의 학습일정을 규정해야 한다.

〔**제26조**〕당원이 적극적으로 활동하도록 끌어들일 뿐만 아니라 그들이 당의 임무를 수행하도록 독촉하기 위해 중대 지부는 반드시 다음 사항을 실행해야 한다:

(1) 지부당원의 양과 질에 대해 반드시 정확한 통계를 유지해야 한다.

(2) 모든 지부당원과 후보당원에게 당의 활동을 할당한다.

〔**제27조**〕당의 정치와 문화 수준을 제고하는데 있어서 중대 지부는 반드시 아래 항을 실행해야 한다:

(1) 정치 학습조가 각종 정치문제 자료를 수집하는 것을 도울 뿐만 아니라 당원이 그러한 활동에 적극적으로 참여하도록 최선을 다한다.

(2) 당원이 마르크스주의와 레닌주의에 관한 학습을 발전시키도록 돕는다.

(3) 당원이 항시 신문을 구독할 뿐만 아니라 벽보 통신원이 되도록 격려한다.

〔**제28조**〕비당원 대중에 대해서는 반드시 다음과 같이 해야 한다:

(1) 반드시 모든 당원이 항시 비당원 전투원을 접근하여 밀접한 관계를 유지하도록 함으로써 개별적이거나 또는 구체적인 선전활동을 하는데 편리하도록 해야 한다.

(2) 총지부위원회의 지시에 따라 선전격려 활동을 전개한다.

(3) 특별히 중대구락부의 활동에 관심을 가질 뿐만 아니라 전문요원을 파견하여 그 지도를 책임지도록 한다.

(4) 비당원이 공개적인 당원대회에 참가하도록 끌어들인다.

(5) 당에 적극적인 비당원 전투원에 관심을 가지며, 그들이 각종 사회단체 활동에 적극적으로 참가하도록 끌어들일 뿐만 아니라 그들을 끌어들여 입당시킨다.

(6) 전투원이 일반적인 정치문제를 이해하도록 돕는다.

(7) 비당 대중에 대해 반드시 당원을 할당하여 개별적 대담을 하도록 해야 한다.

〔**제29조**〕청년대에서 지부는 반드시 다음의 사항을 실행해야 한다:

(1) 청년대원을 등록시키고 통계를 유지한다.

(2) 청년대 사업조례에 의거하여 청년대원에게 일정한 활동 임무를 부여할 뿐만 아니라 그들을 끌어들여 구락부의 각종 괴외활동 및 지방의 대중활동에 적극적으로 참

가하도록 한다.
(3) 청년대 속에서 적극분자를 끌어들여 입당시킨다.

〔제30조〕 정치사업 및 군사사업 요원을 돕는 데 있어서 지부는 다음의 사항을 실행해야 한다:
(1) 각종 방법을 동원하여 당원을 격려하고 그들이 비당원 대중 속에서 활동을 적극적으로 수행하는 모범이 되도록 한다.
(2) 당해 중대의 경제와 정치 상황을 정치지도원에게 통보한다.
(3) 정치지도원이 부대를 무단이탈하는 현상과 투쟁하는 것을 조직적으로 돕는다.
(4) 정치전사의 활동을 지도한다.
(5) 지방사업조 조장과 지방사업조의 당원 조원을 통해 지방사업조의 활동을 지도한다.

〔제31조〕 전투 시 지부는 반드시 모든 당원이 행군생활 중의 어려움을 특별히 견디도록 함과 동시에 용감하게 작전하도록 함으로써 일반 전투원의 모범이 될 뿐만 아니라 부대 내의 작전에 대한 공포와 비관심리를 불식시키도록 한다.

◇중대 지부대회의 활동

〔제32조〕 중대 지부대회의 활동은 아래와 같다:
(1) 일반적인 정치와 당의 문제를 토론한다.
(2) 지부위원회의 활동 보고를 청취 및 토론하고 지부 활동계획을 통과시킨다.
(3) 당원의 처벌, 당원의 제명 및 새로운 당원의 가입에 대한 문제를 토론한다.
(4) 당해 부대 내의 일상생활과 일반적인 정치문제를 토론한다.

◇중대 지부위원회 및 서기의 활동

〔제33조〕 지부위원회는 지부당원대회가 폐회한 이후 지부의 최고 지도기관이 되며, 지부당원대회 및 연대와 대대 총지부에 대해 책임을 진다.

〔제34조〕 중대 지부위원회의 활동은 아래와 같다:
(1) 지부의 모든 당원이 상급 당부의 명령 및 지부의 결의를 이행하는 것을 감독한다.
(2) 활동계획을 수립하고 대회에 제출하여 통과시키며, 그 이행에 관심을 가진다.
(3) 지부의 전체 당원에게 활동을 할당하며 수시로 그 이행 상황을 확인한다.

(4) 전체 당원을 끌어들여 선전과 조직 등 활동에 참가하도록 한다.
(5) 지부당원대회를 준비하고 소집한다.
(6) 정기적으로 당해 지부의 활동을 총지부에 보고한다.

〔제35조〕 지부위원은 지부 서기가 모든 결의를 이행하고 각종 현안 문제들을 해결하도록 위탁할 수 있다.

〔제36조〕 지부 서기는 반드시 모든 당원의 개성 및 그 활동능력을 상세하게 파악해야 한다.

〔제37조〕 지부 서기는 당의 문건과 기록을 보존하고, 회계를 관리하며, 당비를 징수하고, 활동일정을 수립하며, 지부위원회의 의사일정을 준비할 뿐만 아니라 각 위원회의 활동을 독촉한다.

◆ 연대 총지부 및 대대 총분지부의 활동과 임무

◇ 총지부의 임무 및 활동

〔제38조〕 총지부는 상술한 〔제23조〕부터 〔제31조〕의 임무와 활동 이외에 다음의 각 항을 수행해야 한다.
(1) 중대 지부의 〔각 중대 지부의 활동 보고를 토론하고, 전 연대의 활동계획을 수립하는〕 모든 활동을 지도한다.
(2) 당의 각종 소조와 정치학습조를 활용하여 당의 교육활동을 실시하며, 항시 모든 당원의 정치적 인식 수준을 확인할 뿐만 아니라 그들이 자발적으로 연구하도록 지정한다.
(3) 당해 부대 정치교육기관 내의 당원의 보장을 통해 군대정치교육 중에 당의 노선을 철저히 이행하고, 당원이 공산당의 주장을 비당원 대중 속에서 통속적으로 해석하도록 하며, 모든 전투원이 중국공산당의 주위에 단결하도록 힘쓴다.
(4) 청년활동에 있어서 청년사업위원회의 활동을 지도하고, 모든 청년전사가 지부 밑에 견고하게 단결되도록 하고, 그 중의 적극분자를 끌어들여 입당시키는데 힘쓴다.
(5) 지방 당부의 활동을 돕기 위해 총지부는 일상활동을 통해 전투원이 당지의 노동대중과 밀접하게 접근하도록 한다.
(6) 부대 내의 정치사업 및 군사사업 요원의 활동을 돕기 위해 반드시 군대와 사회단체에서 활동하는 당원들로 하여금 보고토록 하며, 그 보고를 근거로 하여 건의를 작성

하며 그것을 상급에 보고한다.

◇ 연대 총지부대회의 활동

〔제39조〕 연대 총지부대회의 활동은 〔제32조〕의 규정 이외에 다음과 같은 것이 있다:

(1) 연대 총지부위원회의 활동계획을 통과시킨다.

(2) 일반적인 정치 및 당의 문제를 토론하고 결의를 제출한다.

(3) 총지부위원회의 활동보고를 청취 및 토론하고 보고에 대한 결의를 제출한다.

(4) 상급 당 대표대회에 출석하는 대표를 선출한다.

◇ 총지부위원회 및 총분지부위원회 서기의 활동

〔제40조〕 총지부위원회의 활동은 〔제33조〕부터 〔제37조〕까지 규정된 것 이외에 다음과 같은 것이 있다:

(1) 각 대대 총분지부 및 중대 지부위원회의 일상활동을 독촉 및 지도하고 각 대대와 중대 지부 서기의 연석회의(합동회의)를 정기적으로 소집한다.

(2) 상급 당부와 연대 당원대회의 모든 결의를 성실히 수행하며 각 중대 지부의 전체 당원이 그 결의를 이행하도록 독촉한다.

(3) 각 부대의 구체적 상황에 근거하여 활동계획을 수립하고 대회에 제출하여 통과시키며 그 수행을 독촉한다.

〔제41조〕 연대와 대대 총분지위 서기는 연대와 대대 총분지위의 일상활동을 직접 영도하는 자이다.

〔제42조〕 총지위 서기 및 총분지위 서기의 직접적인 직무 범위는 상술한 규정 이외에 다음의 사항이 있다:

(1) 정치위원의 당해 부대 당에 대한 활동 지시를 직접 접수한다.

(2) 각 중대 지부 서기의 활동을 성실하게 지도한다.

(3) 전체 당원과 총분지위 위원회가 계획과 상급 당부의 훈령을 실행하도록 독촉한다.

(4) 당원 활동분자의 통계를 유지한다.

◆ 상호 관계의 연계

◇ 중대 지부와 총지부, 총분지부 및 당 기관의 관계

〔제43조〕 모든 중대 지부 및 중대 지부위원회의 활동은 대대 총분지를 통해 연대 총지위에 책임을 지며 연대 총지위는 반드시 중대 지부에 훈령과 활동분야의 결의를 하달해야 한다.

〔제44조〕 총지위는 필요 시 지부당원을 상호 이동시킬 수 있는 권한을 가지며, 그러나 반드시 연대 정치위원과 정치처 주임의 동의를 득해야 한다.

◇ 지부의 정치위원 및 정치지도원의 상호 관계

〔제45조〕 정치위원은 당의 전권대표이며, 당해 부대 당의 활동상황에 대해서 당에 대해 전적으로 책임을 진다.

〔제46조〕 연대 총지부와 중대 지부는 정치위원의 지도와 명령을 간섭할 수 없다.

〔제47조〕 연대와 대대 총분지위와 정치위원 간에 이견이 발생 시, 연대와 대대 총분지위는 반드시 정치위원의 지시를 수행해야 하며, 그러나 연대와 대대 총분지위는 그 이유를 상급 정치기관에 제소하고 그 해결을 기다릴 수 있다.

〔제48조〕 연대와 대대 총분지위가 상급 정치기관에 정치위원의 행동을 제소할 때 정치위원은 그것을 제지할 권한을 가지지 않는다. 〔지부대회에서 정치위원의 행동을 토론하기 위해서는 사전에 상급 정치부의 결의를 득해야 할 뿐만 아니라 정치부의 대표가 반드시 대회에 출석해야 한다.〕

〔제49조〕 중대 지부와 정치지도원 간에 충돌이 발생 시 연대와 대대 총분지위가 그 문제를 토론하고 연대 정치위원이 그 문제를 해결한다.

〔제50조〕 부대 내에 반혁명활동이 있을 때 지부는 반드시 정치위원이 그것을 근절시키는 것을 도와야 한다.

〔제51조〕 총지위 및 개별 당원은 반드시 전투원 속에서 군사지휘관과 정치요원 및 기

타 활동요원의 신앙과 위신을 유지시키고 공고히 해야 한다.

〔**제52조**〕지부는 군사요원의 명령을 간섭해서는 안 된다.

〔**제53조**〕군사 및 군사관리 요원이 직무를 정확하게 수행하지 않고 군대의 법규를 파괴하거나 또는 직권을 남용한다면 지위회는 반드시 상급 정치위원에게 즉시 보고해야 한다.

◆ 당원의 가입과 제명

〔**제54조**〕지부는 당원으로 가입시키고 당원을 제명하는데 있어서 반드시 중국공산당 당장(黨章)에 근거하여 실행해야 한다.

〔**제55조**〕당원으로 가입시키고 당원을 제명하기 위해서는 중대 지부위원회, 중대 지부대회, 대대 총분지위원회, 연대 총지부, 연대 당원대표대회의 수순을 밟아 통과시킨다. 당원으로 가입시키고 당원을 제명하는 문제는 반드시 상세하게 기록으로 남겨두어야 한다.

〔**제56조**〕입당 신청자의 지원서를 토론하고 요구하기 전에 위원회는 반드시 그 입당 신청서를 확인하고 신청인이 회의에 출석하도록 요구해야 한다.

〔**제57조**〕입당 문제의 접수 여부를 최종적으로 결정하는 것은 당무위원회에 속한다.

〔**제58조**〕당원의 제명을 최종적으로 결정하는 것은 당무위원회에 속한다. 〔제명을 당한 자는 그 제명 결의에 대해 제소할 수 있는 권한을 가진다.〕

〔**제59조**〕군대 내 전체 당원 및 후보당원의 당비 납부는 중국공산당중앙 및 총정치부의 결정에 따라 매월 납부한다.

〔**제60조**〕당비는 연대 총지부위원회가 거두어 급에 따라 상급에 납부하며 남겨서는 안 된다.

Ⅲ. 마오쩌둥 영도시기의 인민해방군 정치사업조례(1963년 3월 27일)

제1장 중국인민해방군 정치사업조례 총칙

〔**제1조**〕 중국인민해방군은 중화인민공화국의 무장역량이며, 중국공산당과 마오쩌둥(毛澤東) 동지가 창설하고 영도하는 노동자농민의 군대이고, 새로운 인민군대이다. 당과 마오쩌둥 동지가 제정한 마르크스레닌주의의 정치노선과 군사노선은 아군이 승리를 획득하는 것을 근본적으로 보장하는 것이다. 인민과 함께 긴밀하게 서며, 전심전력으로 인민을 위해 봉사하는 것은 아군의 유일한 근본 취지이다. 아군은 당과 마오쩌둥 동지의 영도 하에 전국의 인민과 한 길을 걸으면서, 장기간 동안의 험난한 투쟁을 거쳐, 중국에서의 제국주의와 봉건주의 및 관료자본주의의 반동통치를 철저히 무너뜨리고, 인민민주혁명의 역사적 임무를 완수하였다. 항미원조(抗美援朝)투쟁에서 아국의 인민은 고도의 애국주의와 국제주의 정신 및 과감하고 용맹스러운 행동으로 지원군을 조직하여 조선 인민과 함께 미국 침략자를 격퇴하였다. 아국의 사회주의 혁명과 사회주의 건설의 새로운 역사적 시기에서, 아군은 사회주의 사업의 보위자인 동시에 사회주의 사업의 건설자이며, 반드시 마오쩌둥사상의 위대한 홍기(紅旗)를 계속하여 높이 치켜들고, 당의 사회주의 건설 총노선, 대약진(大躍進), 인민공사(人民公社)의 삼면홍기(三面紅旗)를 높이 치켜들며, 아군의 영광된 전통을 계승하고 발양하며, 자신을 양호한 현대화된 혁명군대로 건설하고, 국가의 주권, 그리고 영토의 보전과 안보를 보위하고, 대만(臺灣)을 해방시키며, 동방과 세계의 평화를 보위하기 위해 분투하며, 당의 강령과 노선을 실현하고, 사회주의와 공산주의 사업을 위해 분투한다.

〔**제2조**〕 마오쩌둥사상은 중국 인민혁명과 사회주의 건설의 지침이며, 또한 중국인민해방군의 건설과 군대 정치사업의 지침이다. 마오쩌둥 동지는 당대의 위대한 마르크스레닌주의자이다. 마오쩌둥사상은 제국주의가 붕괴를 향해 달리고 사회주의가 승리

를 향해 달리는 시대에 중국혁명의 구체적 실천과 당과 인민의 집단적 분투 중에 마르크스레닌주의의 보편적 진리를 응용하여 창조적으로 발전시킨 마르크스레닌주의이다. 마오쩌둥사상은 제국주의를 반대하는 강력한 사상무기이며, 현대수정주의와 교조주의를 반대하는 강력한 사상무기이다. 마오쩌둥 동지는 당의 정확한 정치노선을 제정하였을 뿐만 아니라 이 정치노선에 복종하는 정확한 군사노선을 제정하였다. 마오쩌둥 동지의 계급, 계급투쟁, 무산계급혁명과 무산계급독재에 관한 이론, 실천론과 모순론 및 인민 내부의 모순을 정확히 처리하는 것에 관한 이론, 동풍이 서풍을 압도한다는 논단과 대외정책의 기본노선, 제국주의와 모든 반동파는 종이호랑이이고, 전략적으로는 적을 경시하고 전술적으로는 적을 중시한다는 이론, 전쟁과 평화 및 전쟁의 승패를 좌우하는 결정적 요소는 인간이며 물질이 아니라는 이론, 사회주의 건설의 총노선과 대약진 및 인민공사의 이론과 정책, 경제건설과 국방건설의 관계에 관한 논술, 인민전쟁의 사상과 혁명전쟁의 전략전술 원칙, 정치는 통수이고 영혼이라는 것과 홍(紅)과 전(專)의 관계에 관한 논술, 인민군대의 건군 취지와 건군 원칙, 당의 군대에 대한 절대적 영도, 당 위원회 제도와 정치위원 제도 및 정치사업 제도, 장병일치, 군민일치, 적군와해를 기본원칙으로 하는 정치사업, 군대 내의 민주제도와 전투기풍, 민병제도와 전민개병(全民皆兵) 사상 등등은 과거에 아군의 승리 획득을 근본적으로 보장해 주는 것이었을 뿐만 아니라 금후에도 반드시 준수해야 하는 모든 행동의 지침이다.

〔제3조〕 중국공산당은 중국인민해방군 내에 각급 위원회를 건립하여 부대를 통일적으로 영도하고 단결시키는 핵심이다. 당 위원회의 통일적인 집단영도 하의 수장(首長)분담책임제는 당의 군대에 대한 영도를 실현하는 근본제도이다.

부대 내의 모든 중대한 문제는 긴급한 상황 하에서는, 수장이 기민하고 결단성 있게 처리하는 것 이외에 반드시 사전에 당 위원회가 충분히 토론해야 하고, 당의 민주집중제에 따라 결정하며, 군사활동 분야에 속하는 것은 군사지휘관이 계획하고 실시하는 것을 책임지고, 정치활동 분야에 속하는 것은 정치위원이 계획하고 실시하는 것을 책임진다. 정치위원과 군사지휘관은 모두 부대의 수장(首長)이며 부대의 활동에 대해 공동으로 책임을 진다. 정치위원은 또한 일반적인 상황 하에서 당 위원회의 일상활동을 주관하며 책임진다. 당은 중대 내에 지부를 설립하여 중대를 통일적으로 영도하고 단결시키는 핵심으로 하며, 그것은 당이 많은 장병 대중과 연계하는 기본적 유대이다. 중국인민해방군은 당 중앙의 통일적인 영도 하에서의 군사계통과 지방 당 위원회의 군대에 대한 2중영도 제도의 실행을 관철시킴으로써 지방 당 위원회가 군대를 영도하고 감독할 수 있도록 하며, 군대와 지방 당 위원회 간의 관계를 밀접히 하고, 활동상의 상호 배합과 상호 지원을 강화하도록 해야 한다.

〔**제4조**〕 중국인민해방군 내에서의 중국공산당의 정치사업은 아군의 생명선이다. 정치사업은 곧 당의 사업이다. 정치기관은 곧 당의 사업기관이다. 정치사상의 요소는 아군 전투력의 제반 요소 중에서 가장 중요한 요소이다.

아군은 반드시 당 중앙과 마오쩌둥 동지의 지금까지의 지시에 근거하여 무기와 인간의 관계를 처리하는데 있어서 인적 요소를 제1위에 올려놓고, 각종 사업과 정치사업의 관계를 처리하는데 있어서 정치사업을 제1위에 올려놓고, 정치사업 중에서 사상사업을 제1위에 올려놓고, 그리고 사상사업 중에서 살아있는 사상을 장악하는 것을 제1위에 올려놓아야 한다.

이것은 아군 정치사업의 방향이며, 또한 군대 건설의 방향이다. 아군 정치사업의 기본 임무는 마르크스레닌주의와 마오쩌둥사상으로 부대를 교육하고, 전체 인원의 무산계급 각성을 제고하며, 당의 영도노선과 정책 및 국가의 법률과 법령의 시행을 관철시키고, 당의 군대에 대한 절대적 영도를 공고히 하며, 38기풍을 배양하고, 군대의 고도로 집중화된 통일과 엄격한 기율을 유지하며, 군대 내부와 외부의 단결을 강화하고, 내부에서는 장병 간, 상하급 간, 군사사업과 정치사업 및 기타 각종 사업 간, 그리고 각 부대 간의 단결을 강화하며, 외부에서는 군대와 인민 간, 군대와 지방조직 간, 아군과 우군 간의 단결을 강화할 뿐만 아니라 적군을 와해시키는 사업을 실행함으로써 부대의 전투력을 공고히 하고 향상시키며, 자체를 단결시키고, 적과 싸워 이기는 목적을 달성하는 것이다.

〔**제5조**〕 정치사업의 주요한 내용은 아래와 같다:

(1) 부대가 중국공산당의 강령과 노선 및 정책을 관철시키고 완수하며, 국가의 법률과 법령을 준수하고, 당과 국가가 부여한 모든 임무를 완수하도록 영도하고 보장한다.

(2) 전체 인원을 조직하여 마르크스레닌주의, 마오쩌둥 동지의 저작을 학습하고, 당의 결의와 지시를 전달하며, 부대의 사상 동태를 장악하고, 살아 있는 사상교육을 실시하며, 좋은 일과 좋은 사람을 표창하고, 불량한 경향을 극복하며, 현대 수정주의와 자본계급 사상의 영향과 침식을 방지한다. 전체 인원이 조국에 충성하고, 인민에 충성하며, 당의 사업에 충성하고, 국가의 대사에 관심을 가지며, 국제공산주의 운동에 관심을 가지고, 피압박민족의 해방운동에 관심을 가지며, 세계 인민의 혁명투쟁에 관심을 가지고, 제국주의와 모든 반동파를 적대시하고 멸시하며, 애국주의와 국제주의 및 혁명영웅주의 정신을 발양하고, 전투 의지를 강화하고 항시 전투 준비를 유지하도록 교육한다.

(3) 중국공산당의 장정(章程)을 준수하고, 군대 내 당의 사상사업과 조직사업을 관리하며, 당의 각급 위원회와 당의 기층조직 건설을 관리한다. 공산주의청년단 조직의

사업을 영도한다.

(4) 전시 정치사업을 실행하고, 끊임없는 선전과 격려를 실시하며, 전투 사기와 견고한 필승의 신념을 고무하고, 부대가 철저히 명령을 이행하며 작전임무를 완수하는 것을 보장한다.

(5) 전체 군인을 동원하여 마오쩌둥 군사사상과 아군의 작전경험을 적극적으로 학습하고, 전술과 기술을 학습하는데 노력하며, 자신의 업무에 정통하고, 각종 조령과 조례, 그리고 규정과 제도를 철저히 집행하며, 부단히 부대의 군사지식을 향상시키고, 엄격한 조직성과 기율성 및 양호한 전투기풍을 배양하며, 군사훈련 임무를 완수하는 것을 보장한다.

(6) 38기풍을 발양하고 배양한다. 견고하고 정확한 정치방향, 견고하고 소박한 사업기풍, 융통성있고 기동적인 전략전술, 단결하고 긴장하며 엄숙하고 활발한 기풍은 아군의 작전과 훈련 및 모든 행동의 준칙이며, 언제나 반드시 선전교육을 실시하고, 대중이 훈련과 일상생활을 통해 단련되고 양성되도록 충분히 행동해야 한다.

(7) 당의 노동자와 농민을 핵심으로 하고, 지식분자를 단결시키고 교육시키며 개조하는 간부정책을 철저히 집행하며, 간부를 선발하고 활용하는데 있어서의 덕재겸비(德才兼備) 원칙을 견지하고, 간부를 양성하고 배치하며 심사한다. 간부의 제대와 전업 및 퇴직 후의 안배 활동과 간부의 가족에 대한 활동을 실행한다.

(8) 보위사업을 실시하고, 부대의 정치적 경각심을 제고하며, 국가기밀과 군사기밀을 엄수하고, 반혁명적 파괴활동을 방지하며, 숨어있는 반혁명분자를 숙청한다. 모든 위법적인 범죄행위와 투쟁하고 부대의 정치와 조직상의 순수성을 보장한다.

(9) 문화사업을 실시하고, 당의 문예방침을 장악하며, 대중적인 문화오락과 체육활동을 전개한다. 문화학습을 계획한다.

(10) 간부를 존경하고 병사를 사랑하는[尊幹愛兵] 훌륭한 전통을 발양하고, 장병의 단결을 강화한다. 간부가 전사를 사랑하고 엄격히 요구하며 인내심을 가지고 설득하도록 교육하며, 전사가 간부를 존경하고 자각적으로 기율을 준수하며 철저히 명령을 이행하도록 교육한다. 집중적 영도 하에 정치민주와 경제민주 및 군사민주를 전개하고, 대중이 적극성과 창조성을 충분히 발휘하도록 한다.

전체 인원의 복리에 관심을 가지며, 유관 부문이 부대의 물질생활을 개선하는 것에 협조한다. 부대를 공고히 하는 활동을 원활히 실행하며 비전투원의 감소를 방지한다.

(11) 정부를 옹호하고 인민을 사랑하는[擁政愛民] 훌륭한 전통을 발양하고, 군대와 지방 당·정 기관, 그리고 군대와 인민대중의 관계를 밀접하게 한다. 부대가 3대기율·8항주의를 엄격히 준수하고, 사회주의 건설과 국가의 정치생활에 적극적으로 참가하며,

지방이 대중사업을 실행하는 것에 협조하도록 교육한다.

(12) 적군을 와해하고 포로를 우대하는 정책을 철저히 집행하며 적군을 와해시키는 활동을 전개한다.

(13) 국방과학 연구기구의 정치사업을 실시하며, 성과를 내고 인재를 배출하는 것을 보장한다.

(14) 학교의 정치사업과 정치교육을 실시하며, 홍(紅)과 전(專)을 겸비한 간부를 양성한다.

(15) 후방근무의 정치사업을 실시하고, 근검한 건군 방침을 철저히 집행하며, 물자 공급과 위생 및 생산 등 임무를 완수하는 것을 보장한다.

(16) 지방 당·정 기관과 협조하여 민병 정치사업을 실시하고, 장병과 전시동원 및 군인의 제대와 퇴역에 관한 정치사업을 실시한다.

(17) 전체 인원이 국제주의 정신을 발양하고, 우군을 단결시키는 활동을 성실하게 수행하며, 아군과 우군의 전투 우의를 공고히 하고 발전시키도록 교육한다.

(18) 활동을 확인하고 선진적 경험을 총결산하고 전파하며, 사전에 지시를 청하고 사후에 보고하는 제도를 엄격하게 실행한다.

〔제6조〕 중국인민해방군의 정치사업은 반드시 당의 사업 기풍, 즉 이론과 실천을 상호 결합하는 기풍, 인민대중과 밀접하게 연계하는 기풍 및 자아비판 기풍을 발양해야 한다. 정치사업은 반드시 "대중 속으로부터 나와서 대중 속으로 들어가는", 그리고 "집중시켜 견지해 나가는" 원칙을 실행하고, 일반적인 호소와 개별적인 지도를 상호 결합하고, 핵심을 영도하는 것과 일반대중을 상호 결합하는 방법을 운용하며, 집중적인 영도 하에 민주를 발양하고, 대중노선을 철저히 집행해야 한다.

정치사업은 당의 각급 조직에 의존하고, 간부와 당원에 의존하며, 많은 대중을 동원하여 실행하고, 누구나 발언하고, 누구나 감독하며, 서로 격려하고, 서로 협조하도록 해야 한다. 내부관계를 처리하고, 사상문제를 해결할 때 반드시 단결→ 비판→단결 방침을 견지하며, 설득식 교육방법을 채택하고, 인식을 제고하며, 시비를 분명히 밝히고, 단결을 증진시켜야 한다.

활동 중에는 반드시 조사연구를 중시하고, 중대를 향하며 실제에 깊숙이 파고 들어가 활동이 기층에서 실현되도록 해야 한다. 모든 정치사업 요원은 마르크스레닌주의, 마오쩌둥 동지의 저작을 학습하는데 노력하고, 당의 노선과 정책을 철저히 집행하며, 입장을 확실히 하고, 원칙을 견지하며, 작전에 용감하고, 활동에 적극적이며, 간소하고 소박하며, 대중과 연계를 맺고, 모든 임무를 완수할 때마다 모범적인 역할을 해야 한다.

〔**제7조**〕 중국공산당의 중국인민해방군에 대한 절대적 영도를 보장하기 위해 군대 내에서 당의 사업과 정치사업을 실시하며, 연대 이상의 부대와 연대 이상에 상당하는 단위에 정치위원과 정치기관을 설치하며, 대대와 대대에 상당하는 단위에 정치교도원을 설치하고, 중대와 중대에 상당하는 기층단위에 정치지도원을 설치하며, 연대 이상의 기관 부문에는 필요에 근거하여 정치협리원을 설치할 수 있다.

제2장 중국인민해방군 총정치부 사업조례

〔**제1조**〕 중국인민해방군 총정치부는 중국공산당 중앙위원회의 영도 하에 군대 내 당의 사상사업과 정치사업을 관리하고, 전군의 정치사업을 계획하고 실행하는 최고 영도기관이다.

〔**제2조**〕 총정치부의 기본 임무는 마오쩌둥사상의 홍기(紅旗)를 높이 치켜들고, 마르크스레닌주의와 마오쩌둥사상으로 전체 군인의 두뇌를 무장시키며, 당의 강령과 노선 및 정책, 그리고 국가의 법률과 법령을 철저히 집행하며, 당의 군대에 대한 절대적 영도를 공고히 하고, 당 중앙위원회의 건군노선과 전략방침의 실현을 보장하며, 장병일치와 군민일치 및 적군와해 원칙을 철저히 집행하며, 38기풍(38作風)을 배양하고, 아군의 훌륭한 전통을 발양하며, 군사와 정치 기율을 유지하고, 군대의 전투력을 공고히 하고 제고함으로써 아군을 양호하고 현대화된 혁명군대로 건설하여 국가의 주권과 영토의 보전 및 안보를 보위하고, 대만(臺灣)을 해방시키며, 동방과 세계 평화를 보위하는 영광된 임무를 성공적으로 완수하는 것이다.

〔**제3조**〕 총정치부는 반드시 당 중앙위원회와 그 군사위원회의 결의와 지시에 따라 군대의 실제상황을 결합시켜 매 시기의 전군 정치사업의 방침과 임무를 확정할 뿐만 아니라 계획하고 실시해야 한다.

총정치부의 주요한 활동은 아래와 같다:

(1) 전군의 정치교육과 사상사업을 영도하고, 부대가 마르크스레닌주의와 마오쩌둥동지의 저작을 학습하도록 계획하며, 당의 결의와 지시를 전달하고, 전군의 사상 동태를 장악하며, 전군 인원의 무산계급 각성을 부단히 향상시키고, 전투의지를 강화하며, 애국주의와 국제주의 및 혁명영웅주의 정신을 발양하고, 자본계급사상 경향을

방지하고 극복하며, 전군의 의지와 행동의 통일을 보장한다.

(2) 전군 당의 사상건설과 조직건설을 영도하고, 군대 내 당 조직의 상황을 이해하고 연구하며, 당의 각급 위원회와 당의 기층조직 건설을 지도한다.

(3) 전시 정치사업을 영도하고, 부대가 당 중앙위원회와 그 군사위원회의 작전방침을 철저히 집행하며, 작전임무를 완수하는 것을 보장한다.

(4) 군사훈련 중의 정치사업을 영도하고, 마오쩌둥 군사사상을 선전하며, 훈련방침을 선전하여 부대가 항시 양호한 전투준비와 높은 기량의 연마 정서를 유지하고, 부대의 군사 소양과 전술기술수준을 향상시키도록 한다.

(5) 당의 간부정책을 장악하고, 간부 중에서도 특히 고급간부의 정치사상실태를 이해하며, 전군 간부의 양성, 심사, 선발, 배치 임면, 계급과 상벌 활동을 관리하고, 전군 간부의 제대, 전업, 퇴역후의 안배 활동과 간부 가족에 대한 활동을 관리한다.

(6) 당의 보위사업 정책을 장악하고, 전군의 보위사업을 영도하며, 군대의 정치와 조직상의 순수성을 보장한다. 전군의 군사감찰사업과 군법 사업을 지도한다.

(7) 전군 공산주의청년단 조직의 사업을 영도하고, 부대의 청년사업을 지도한다.

(8) 전군의 문화사업을 영도하고, 당의 문예 방침을 장악하며, 부대가 대중적 문화오락과 체육활동을 전개하는 것을 지도한다. 부대의 문화학습을 영도한다.

(9) 전군의 신문과 간행물을 출판하고, 전군의 신문과 간행물 사업을 관리한다. 대외군사선전 사업을 관리한다.

(10) 전군이 장병일치 원칙을 철저히 집행하며, 정치민주와 경제민주 및 군사민주를 발양하고, 간부를 존경하고 병사를 사랑하는[尊幹愛兵] 활동을 실시하며, 부대의 관리와 교육활동을 개선하고, 장병관계를 밀접히 하도록 영도한다. 군인의 고발과 제소를 수리한다.

(11) 전군이 군민일치 원칙을 철저히 집행하며, 정부를 옹호하고 인민을 사랑하는[擁政愛民] 활동을 전개하고, 군대와 지방 당·정 기관, 군대와 인민대중의 관계를 밀접히 하도록 영도한다. 부대가 3대기율·8항주의를 엄격히 준수하고, 사회주의 건설과 국가의 정치생활에 적극적으로 참가하도록 교육한다. 대중의 서신과 래방을 처리한다.

(12) 전군이 적군와해 원칙을 철저히 집행하는 것을 영도하며, 적군을 와해하고 포로를 우대하는 정책을 장악하고, 적군 상황을 조사연구하며, 적군와해사업을 영도하고 포로사업을 처리한다.

(13) 전군이 대중적 혁명시합과 전시 수훈운동을 전개하는 것을 영도하며, 영웅적인 인물과 선진적 사적(事跡)을 선양(宣揚)한다.

(14) 국방과학 연구기구의 정치사업을 영도하고, 성과를 내고 인재를 배출하는 것을 보장한다.

(15) 학교의 정치사업과 정치교육을 영도하고, 홍(紅)과 전(專)을 겸비한 간부를 양성한다.

(16) 후방근무의 정치사업을 영도하고, 근검한 건군방침을 철저히 집행하며, 물자의 공급, 무기, 재무, 운수, 위생, 그리고 생산 등 임무를 완수하는 것을 보장한다.

(17) 당의 민병사업방침과 국가의 병역제도를 철저히 집행하며, 지방의 당·정 기관과 협조하고, 민병 정치사업을 실행하며, 장병과 전시동원, 그리고 군인의 제대와 퇴역에 관한 정치사업을 실행한다.

(18) 전군 인원의 복리에 관심을 가지며, 유관 부문이 부대의 물질생활을 개선하는 것을 협조하고, 지방의 상이군인, 퇴역군인, 군인가족, 그리고 열사가족의 문제를 처리하는 것을 협력한다.

(19) 당과 국가의 통일적 영도 하에 아군과 형제국가 군대, 우호국가 군대 간의 우의를 공고히 하고 발전시킨다.

(20) 정치사업조례를 제정하고, 각급 정치기관과 정치사업 요원의 편제를 확정한다.

〔**제4조**〕 총정치부는 반드시 사상사업을 최고의 위치에 올려놓고, 역량을 집중시켜 방침과 정책 문제 및 중심 임무를 장악해야 한다. 기층 건설을 중시한다. 매 시기의 활동에 대해 기본임무와 기본요구를 제기하며, 활동에 대한 확인을 계획적으로 실시하고, 조사연구를 실시하며, 선진적 경험을 총결산하고 전파한다. 활동 중 유관 분야와 밀접하게 배합한다.

적시에 당 중앙위원회와 그 군사위원회에 상황을 반영하며, 사전에 지시를 청하고 사후에 활동 결과를 보고한다.

제3장 중국공산당 군대위원회 조례

〔**제1조**〕 중국공산당의 중국인민해방군에 대한 절대적 영도를 실현하기 위해 중국공산당 장정(章程)이 규정한 바의 원칙에 따라 군대 내 연대 이상의 부대와 연대 이상에 상당하는 단위에 당 위원회를 건립한다. 당의 각급 위원회는 각 당해 부대를 통일적으로 영도하고 단결시키는 핵심이다.

〔**제2조**〕 당 위원회의 통일적인 집단영도 하의 수장분담책임제(首長分擔責任制)는 당이 군대를 영도하는 근본제도이다. 부대 내의 모든 중대한 문제는, 긴급한 상황 하에서 수장(首長)이 기민하고 과감하게 처리해야 하는 것 이외에는 모두 당 위원회가 반드시

토론하여 결정해야 하며, 군사사업 분야에 속하는 것은 군사지휘관이 계획하고 실시하는 것을 책임지며, 정치사업 분야에 속하는 것은 정치위원이 계획하고 실시하는 것을 책임진다. 군사지휘관과 정치위원은 반드시 당 위원회의 영도에 복종하고, 당 위원회의 결의를 실행하며, 적극적이고 능동적으로 자신의 직책을 수행해야 한다. 당 위원회는 부대 수장을 자신의 영도 하에 놓기도 하고 그들이 적극성과 능동성을 충분히 발휘하도록 하기도 한다.

〔제3조〕 당 위원회는 반드시 마오쩌둥사상을 지침으로 삼고, 당 중앙위원회와 그 군사위원회의 노선과 정책, 상급 당 위원회의 결의, 상급 부대의 수장과 영도기관의 명령과 지시, 그리고 부대의 실제상황에 근거하여 부대사업을 통일적으로 영도해야 한다. 당 위원회는 반드시 역량을 집중하여 방침과 정책 문제를 장악하고, 정치사상 사업을 최고의 위치에 올려놓아야 한다.

당 위원회가 토론하여 결정하는 중대한 문제는 아래와 같다:

(1) 당의 방침과 정책, 그리고 상급의 명령과 지시의 철저한 이행.

(2) 부대 작전 및 일정한 시기의 군사, 정치, 후방지원 활동의 방침과 계획.

(3) 부대의 사상 영도와 사상 건설.

(4) 당 위원회와 당의 기층조직의 사상 건설과 조직 건설 및 공산주의청년단 건설.

(5) 간부의 양성, 선발, 배치 및 상벌.

(6) 상급 당 위원회에 제출할 중요한 문제의 보고와 당해급 당 대표대회에 제출할 활동 보고.

(7) 당 위원회가 반드시 토론하여 결정해야 하는 기타 중요한 문제.

〔제4조〕 당의 각급대표대회(당원대회)와 위원회 조직은 아래와 같다:

(1) 당의 각급대표대회는 각 당해급 당 조직의 최고영도기관이다. 대표대회는 당 위원회와 부대 수장의 보고를 청취하고 심사하며, 당해 부대의 활동 방침과 임무 등 중대한 문제를 토론하여 결정하며, 당 위원회와 상급대표대회에 출석하는 대표를 선출한다. 당의 각급대표대회는 반드시 민주를 충분히 발양하고, 비판과 자아비판을 진지하게 전개하며, 대표가 발언권과 표결권을 충분히 행사하도록 보장하고, 당의 민주집중제에 따라 문제를 결정해야 한다.

당의 각급대표대회의 매기의 임기는 아래와 같다:

① 군 이상의 부대는 3년, 사단과 연대는 2년이며, 기타 연대 이상에 상당하는 단위

는 상급 당 위원회가 결정한다. 대표대회 회의는 각 당해급 당 위원회가 매년 1회 소집한다. 당원수가 적은 단위는 대표대회를 소집하지 않을 수 있으며, 매년 1회의 당원대회를 개최한다. 당원대회의 직권은 대표대회와 동일하다. 만약에 특수한 상황으로 인해 대표대회 회의의 소집을 연기할 필요가 있을 시는 반드시 당 위원회 전체회의가 결정하여 상급 당 위원회에 보고하여 비준을 득해야 한다.

② 당의 각급대표대회의 대표는 당원 대중에게 대표대회의 결의를 설명하고 선전할 책임을 가지며, 대표대회나 또는 당 위원회에 당원 대중의 요구를 반영하고, 당 영도기관과 원래 선거단위의 당원 대중과의 연계를 강화할 뿐만 아니라 적당한 방식으로 당 영도기관의 활동을 감독한다.

(2) 당의 각급 위원회는 대표대회의 폐회기간에 각 당해급 당 조직의 최고영도기관이 되며, 당 위원회는 대표대회가 선출하여 구성하며, 대표대회의 집행기관으로서 대표대회에 책임을 진다. 당 위원회는 대표대회에 활동을 보고하고 대표의 비판을 청취하며, 대표의 질문에 답변하고, 대표의 결의를 반드시 철저하게 실행해야 한다. 만약에 상황이 바뀌고 결의가 이미 당시의 실제상황에 부합하지 않는다고 판단될 때는 반드시 대표대회를 소집하여 토론하고 수정하거나 또는 상급 당 조직에 건의하여 그 실행을 중지해 주도록 요구해야 한다.

당의 각급 위원회의 임기는 각 당해급 대표대회의 임기와 동일하다. 당의 각급 위원회의 위원 정수는 차상급 당 위원회가 결정한다. 당의 군구, 군종, 병종 위원회의 전체 회의는 매년 적어도 3회 소집한다. 당의 기타 각급 위원회의 전체회의는 매년 적어도 4회 소집한다.

(3) 당 위원회 전체회의는 상무위원회를 선출한다. 상무위원회는 당 위원회 전체회의의 폐회기간에 당 위원회의 직권을 행사한다. 상무위원회는 당 위원회 전체회의에 책임을 질 뿐만 아니라 활동을 보고한다. 상무위원회는 당 위원회 전체회의의 결의를 반드시 철저하게 실행해야 한다.

만약에 상황이 바뀌고 결의가 당시의 실제상황에 부합하지 않는다고 판단될 시는 반드시 당 위원회 전체회의를 소집하여 토론하고 수정해야 한다. 긴급한 상황 하에서는 상무위원회가 새로운 결정을 내릴 수 있으며, 그러나 반드시 당 위원회 전체 위원에게 즉시 통지해야 할 뿐만 아니라 당 위원회의 차기 전체회의에 회부하여 비준을 받아야 한다.

상무위원회의 위원 정수는 당 위원회 위원 정수의 약 3분의 1을 차지한다. 상무위원회 위원의 인선은 반드시 차상급 당 위원회의 비준을 득해야 한다.

(4) 당의 각급 위원회 전체회의는 서기·부서기를 선출한다. 서기·부서기의 인선은 반

드시 차상급 당 위원회의 비준을 득해야 한다. 서기는 상무위원회의 영도 하에 일상 활동을 처리한다. 부서기는 서기의 활동을 협조한다. 서기는 당 위원회 전체회의와 상무위원회의 결의를 반드시 철저하게 실행해야 하며, 위반하거나 또는 수정해서는 안 될 뿐만 아니라 당 위원회와 상무위원회의 심사와 감독을 받아야 한다.

(5) 특수한 상황 하에서 상급 당 위원회는 당 위원회 위원, 상무위원회 위원과 서기 및 부서기를 지명할 수 있다.

(6) 당의 각급 조직은 반드시 당원 개인은 당의 조직에 복종하고, 소수는 다수에 복종하며, 하급 조직은 상급 조직에 복종하고, 전국의 각 조직은 전국대표대회와 중앙위원회에 통일적으로 복종하는 원칙을 철저히 집행해야 한다. 하급 당 조직은 만약에 상급 당 조직의 결의가 당해 단위의 실제상황에 부합하지 않는다고 판단될 시는 반드시 건의해야 하며, 상급 당 조직의 수정이 있기 전 까지는 반드시 무조건적으로 실행해야 한다.

〔**제5조**〕 당 위원회는 반드시 당의 민주집중제에 근거하여 집단영도를 실행해야 한다.

(1) 당 위원회는 반드시 집단영도 원칙을 견지하고, 중대한 문제는 반드시 집단토론을 거쳐 통일적 사상과 통일적 행동을 달성해야 한다. 당 위원회가 이미 토론하여 결정하고 오직 실행만 남은 문제, 그리고 부대의 수장과 기관 부문 내의 문제는 모두 부대 수장과 기관 부문이 처리해야 한다. 부대의 수장과 기관 부문은 적시에 자신의 활동범위 내의 주요한 상황과 주요한 문제를 당 위원회에 보고하여 지시를 받기고 하고, 당 위원회의 결정에 근거하여 적극적으로 책임을 지고 활동을 실행하기도 해야 한다.

(2) 당 위원회는 문제를 토론하고 결정할 때 충분히 민주를 발양하며 민주의 기초 위에서 집중을 실행해야 한다. 당 위원회 회의를 소집할 때는 반드시 반수 이상의 위원이 참가해야 한다. 회의 시는 서로 다른 의견의 논쟁을 허락하고, 사상일치의 기초 위에서 결정을 내리도록 노력해야 한다. 문제를 결정 시는 반드시 소수가 다수에 복종해야 한다. 당 위원회의 모든 구성원은 전반적인 활동에 관심을 가지며, 집단영도에 적극적으로 참가하고, 무조건적으로 당 위원회의 결정을 실행해야 하며, 만약에 다른 의견을 가지고 있다면 유보를 허락하거나 또는 상급 당 조직에 제기해야 한다.

(3) 당 위원회 서기는 당 위원회의 일상 활동을 책임지고 주관하는 자이며, 당의 노선과 정책을 정확히 장악하고, 확고한 원칙성을 가지며, 모범적 역할과 민주적 기풍을 발휘하면서 집단영도에서 핵심적 역할을 해야 한다. 서기의 권리는 기타 위원과 동일하며, 개인적으로 중대한 문제를 결정할 수 없다. 서기는 마르크스레닌주의와 마오쩌둥 동지의 저작을 진지하게 학습하고, 모범적으로 당의 결의를 실행하며, 당의

기율을 준수해야 한다. 당의 민주집중제를 성실히 실행하고, 각 위원이 역할을 발휘하도록 하며, 각 위원 중에서도 특히 자신과 의견을 달리하는 위원이 같은 길을 걷도록 해야 한다. 자아비판 정신을 가지고 자신과 당 위원회의 지도활동상의 결점과 과오에 대해서 반드시 능동적으로 심사하고 책임을 지는데 용감해야 한다.

(4) 당 위원회의 집단영도를 완전하게 하고, 당 위원회의 단결을 강화하며, 당 위원회 구성원 간의 상호 감독을 강화하기 위해 당 위원회와 상무위원회는 매년 수차례의 당생활 회의를 개최하여 방침과 정책의 실행상태와 사상기풍 문제를 심사하며, 비판과 자아비판을 전개해야 한다. 당 위원회의 모든 구성원은 당 지부 생활에 적극적으로 참가하고, 당 지부와 당원 대중의 감독을 받아들여 한다.

〔제6조〕 기관(부문) 당 위원회와 직속대 당 위원회 및 기층 당 위원회은 아래와 같다:

(1) 군 이상 부대, 그리고 군 이상 단위에 상당하는 각급 사령부와 정치부는 당 위원회를 건립하며, 각 당해 기관(부문)의 활동에 대해 집단영도를 실시하고, 당해 기관(부문) 활동의 방침과 계획 및 당해 기관(부문)의 기타 중요한 문제를 연구하여 확정하도록 한다. 당 위원회의 구성원은 상급 당 조직이 지명한다.

(2) 연대 이상의 부대, 그리고 연대 이상의 단위에 상당하는 직속대는 실제의 필요에 근거하여 당 위원회를 건립하며, 직속대 당 조직의 사상 활동과 조직 활동을 지도하고, 직속대의 정치사업을 지도하도록 한다. 당 위원회는 대표대회(당원대회)가 선거를 통해 구성한다.

(3) 대대와 대대에 상당하는 단위는 당 위원회를 건립한다. 대대 당 위원회는 당의 기층조직이고, 당이 많은 장병 대중과 연계하는 기본적 유대이며, 전 대대를 통일적으로 지도하고 단결시키는 핵심이다. 대대 당 위원회는 전 대대 당원이 선거를 통해 구성하며, 임기는 1년이고 매년 1회 당원대회를 소집한다.

〔제7조〕 연대 이상의 부대, 그리고 연대 이상의 단위에 상당하는 당의 각급 위원회는 당의 감찰위원회를 설립한다. 감찰위원회는 당해급 당 위원회 전체회의가 선출하며, 차상급 당 위원회의 비준을 거친다. 감찰위원회는 반드시 당원 중에서도 특히 당원 간부가 당의 노선과 정책을 실행하고, 당의 장정, 당의 기율, 공산주의 도덕, 그리고 국가의 법률과 법령을 실행하는 상황을 항시 이해해야 한다. 당원이 당의 기율을 위반하는 안건을 심사하고 처리해야 하며, 당원에 대한 처벌을 결정하거나 취소해야 하며, 당원의 고발과 제소를 수리해야 한다. 감찰위원회는 당해급 당 위원회의 영도 하에 활동을 실시한다. 상급 감찰위원회는 하급 감찰위원회의 활동을 심사할 권한을 가질 뿐만 아니라 하급 감찰위원회가 안건에 대해 내린 결정을 비준하고 변경할 권한을 가진다. 감

찰위원회 위원은 당해급 당 위원회 전체회의에 〔표결권이 없이〕 열석(列席)한다. 감찰위원회는 반드시 당해급 당 위원회와 상급 감찰위원회에 항시 활동을 보고해야 할 뿐만 아니라 당해급 당 위원회를 거치지 않고 상급 당 위원회와 상급 감찰위원회, 그리고 당중앙위원회에 직접 보고할 권한을 가지며, 상황을 반영하고 법을 위반하거나 기율을 문란시키는 행위자를 검거한다.

〔제8조〕 당 중앙의 통일적인 영도 하에서의 군사계통과 지방당 위원회의 군대에 대한 2중영도제도를 철저히 집행한다. 지방과 유관한 각항의 활동에서는 지방당 위원회의 영도와 감독을 받고, 지방당 위원회에 활동을 보고하고 지시를 받으며, 부대와 지방당 위원회 간의 관계를 밀접히 하고, 활동상에서의 상호 배합과 상호 지원을 강화한다.

군대 내 당 위원회는 반드시 능동적으로 지방당 위원회와 밀접한 연계를 유지하며, 책임동지를 선출하여 지방당 위원회에 참가하거나 또는 지방당의 회의에 열석(列席)하도록 파견하고, 각항의 중대한 정책 문제를 토론하는데 참가하며, 당중앙위원회 및 지방당 위원회와 유관한 결의와 지시의 전파를 청취하고, 지방의 활동상황과 사회정치적 상황을 이해하며, 지방의 활동 경험을 받아들인다.

제4장 중국인민해방군 정치위원 사업조례

〔제1조〕 중국인민해방군 내에서 중국공산당의 노선과 정책 및 국가의 법률과 법령을 철저히 집행하며, 부대의 당 사업과 정치사업을 영도하기 위해 군대 내에 정치위원제도를 건립한다. 연대 이상의 부대와 연대 이상에 상당하는 단위에, 그리고 필요한 경우 독립적으로 임무를 수행하는 대대와 대대에 상당하는 단위에 정치위원을 배치한다.

정치위원은 반드시 고도의 무산계급 각성을 구비하고, 강인하고 용감하며, 조국과 공산주의 사업에 충성하며, 당과 마오쩌둥 동지의 노선에 충성하고, 정치사업 경험과 일정한 군사 소양을 구비해야 할 뿐만 아니라 5년 이상의 당원경력을 가진 중국공산당의 당원이어야 한다.

〔제2조〕 정치위원은 군사지휘관과 함께 부대의 수장이다. 일반적인 상황 하에서 정치위원은 당 위원회의 일상 활동을 책임지고 주관하는 자이다. 정치위원은 상급 부대의 수장에 직접적으로 예속된다. 당의 사업과 정치사업에서 상급 정치위원과 정치기관에 복종하며, 군사사업에서 상급 군사지휘관과 정치위원 및 군사기관에 복종한다.

〔**제3조**〕 정치위원은 반드시 마오쩌둥사상을 지침으로 하고, 당중앙위원회와 그 군사위원회, 총정치부, 상급 당 위원회와 부대 수장 및 정치기관, 그리고 동급 당 위원회의 결의와 지시 및 명령에 의거하여 활동을 실행한다. 정치위원은 반드시 온 정력을 쏟아 방침과 정책 문제 및 정치사상 사업을 장악해야 한다.

정치위원의 주요한 직책은 아래와 같다:

(1) 군대 내에서 당의 노선과 정책 및 국가의 법률과 법령을 철저히 집행하는 것을 보장한다. 만약에 소속부대 내에서 개인이나 또는 조직이 당의 노선과 정책을 위반하는 것이 발견될 때는 반드시 지체 없이 당 위원회에 회부하여 토론하고 처리하도록 해야 하며, 긴급한 상황 하에서는 즉각 제지할 권한을 가질 뿐만 아니라 당 위원회에 보고하고, 당 위원회에 책임진다.

(2) 부대가 상급의 명령과 지시를 철저히 집행하고 작전과 훈련 및 모든 활동 임무를 완수하는 것을 보장한다.

(3) 부대가 마르크스레닌주의와 마오쩌둥 동지의 저작을 학습하고, 당의 결의와 지시를 전달하며, 부대의 사상실태를 장악하고, 사상영도와 정치교육을 강화하며, 부대의 무산계급 각성을 제고하고, 불량한 경향을 방지하고 극복함으로써 부대가 항시 왕성한 정치정서와 강인한 전투의지를 유지하는 것을 영도한다.

(4) 군대의 엄격한 기율을 유지하고, 집중적 영도 하의 민주를 발양하며, 내부의 단결을 강화하고, 부대의 높은 집중적 통일을 보장하며, 기율을 파괴하고 단결을 저해하며 제도를 위반하는 행위를 예방하고 제지한다.

(5) 소속부대의 당의 건설사업과 공산주의청년단의 건설사업을 영도한다.

(6) 동급 군사지휘관과 공동으로 부대의 작전, 훈련, 보급, 그리고 부대의 건설계획을 수립하는 것을 책임질 뿐만 아니라 공포하는 명령에 서명한다.

(7) 동급 정치기관의 사업을 영도하고, 정치기관의 역할을 충분히 발휘하도록 하며, 정치기관의 건설을 강화하고 소속 정치사업 요원의 수준을 향상시킨다.

(8) 당의 간부정책을 장악하고, 간부의 양성에 관심을 가지며, 간부를 임면하고 인원을 이동시키는 명령에 서명한다.

(9) 당의 보위사업 정책을 장악하고, 부대의 정치와 조직상의 순수성을 보장한다.

(10) 지방 당정기관과의 연계를 유지하고, 군대와 인민대중과의 관계를 밀접하게 한다.

〔**제4조**〕 정치위원과 군사지휘관은 당 위원회의 영도 하에 부대의 사업에 대해 공동으로 책임진다. 정치위원은 활동 시에 군사지휘관과 능동적으로 협의하고, 밀접하게 협력한다. 원칙적인 문제에 있어서 이견이 발생할 시는 반드시 문제를 당 위원회에 회부

하여 토론을 거쳐 결정하게 하거나 또는 상급에 해결을 요구해야 하며, 긴급한 상황 하에서는 작전행동과 군사사업 문제에 속하는 것은 군사지휘관이 결정하고, 당의 정책과 정치사업 문제에 속하는 것은 정치위원이 결정하며, 그러나 모두 당 위원회와 상급에 책임을 지고, 사후에 보고하며 심사를 받아야 한다.

〔**제5조**〕 정치위원은 반드시 마르크스레닌주의와 마오쩌둥 동지의 저작을 학습하는데 노력하고, 당의 정책과 상급의 지시를 진지하게 연구한다. 항시 부대에 깊숙이 파고 들어가 조사하고 연구한다. 경험을 총결산하고, 혁명적 기백을 유지하며, 당의 원칙을 견지하고, 능동적으로 간부를 단결시키며, 대중과 밀접하게 연계한다. 작전임무를 수행시 정책과 기율, 사업 기풍, 그리고 도덕과 품위를 지킴으로써 부대의 모범이 되어야 한다.

제5장 중국인민해방군 군구 정치부 사업조례

〔**제1조**〕 군구 정치부는 총정치부, 군구 당 위원회, 그리고 정치위원의 영도 하에 소속 부대 당의 사상사업과 조직사업을 관리하고, 정치사업을 계획하며 실행하는 영도기관이다.

〔**제2조**〕 군구 정치부의 기본 임무는, 마오쩌둥사상을 지침으로 삼고, 부대의 정치교육과 사상사업을 영도하며, 전체 인원의 무산계급 각성을 제고하고, 당의 건설사업을 영도하며, 당의 노선과 정책, 국가의 법률과 법령, 그리고 상급의 명령과 지시를 집행하고 관철하며, 당의 군대에 대한 절대적 영도를 공고히 하고, 장병일치와 군민일치 및 적군와해 원칙을 집행하고 관철하며, 38기풍을 배양하고, 군사와 정치 기율을 유지하며, 부대의 전투력을 공고히 하고 제고함으로써 정치, 사상, 그리고 조직적으로 부대가 작전과 훈련 및 모든 활동 임무를 완수하는 것을 보장하는 것이다.

〔**제3조**〕 군구 정치부의 주요한 활동은 아래와 같다:

(1) 정치교육과 사상교육을 영도하고, 부대가 마르크스레닌주의와 마오쩌둥 동지의 저작을 학습하는 것을 계획하며, 당의 결의와 지시를 전달하고, 부대의 사상실태를 이해하고 연구하며, 부대의 무산계급 각성을 부단히 향상시키고, 애국주의와 국제주의 및 혁명영웅주의 정신을 발양하며, 전투의지를 강화하고, 불량한 경향을 방지하

고 극복한다.

(2) 당의 건설사업을 영도하고, 항시 당 조직의 실태를 이해하고 연구하며, 당의 각급 위원회와 당의 기층조직 건설을 강화하고, 당 조직이 당의 민주집중제를 철저히 집행하며, 당의 단결을 강화하고, 당의 기율을 유지하며, 당의 조직을 공고히 하고 순수하게 하도록 지도한다.

(3) 전시 정치사업을 영도하고, 부대가 작전임무를 완수하는 것을 보장한다.

(4) 군사훈련 중의 정치사업을 영도하고, 마오쩌둥 군사사상을 선전하며, 훈련방침을 선전하고, 훈련 중의 대중노선을 철저히 집행하며, 38기풍을 배양함으로써 부대가 항시 양호한 전투준비와 높은 훈련정서를 유지하고, 군사 소양과 전술기술수준을 부단히 향상시킬 수 있도록 한다.

(5) 당의 간부정책을 철저히 집행하며, 항시 간부의 정치사상실태와 활동능력을 이해하고, 간부의 양성, 심사, 선발, 배치, 임면, 계급, 그리고 상벌 활동을 관리하고, 간부의 제대, 전업, 퇴역안배 활동과 간부 가족에 대한 활동을 관리한다.

(6) 당의 보위사업 정책을 철저히 집행하며, 부대의 정치적 경각심을 제고하고, 방첩과 기밀유지 활동을 계획하고 실행하며, 반혁명적 파괴활동을 방지하고, 숨어 있는 반혁명분자를 숙청하고, 부대의 순수성을 보장한다. 군사검찰사업과 군법 사업을 지도하고, 부대의 법제교육을 강화하며, 모든 위법적인 범죄행위와 투쟁한다.

(7) 공산주의청년단 조직의 사업을 영도하고, 청년단 지부의 건설을 강화하며, 부대가 청년의 특성에 맞추어 청년활동을 전개하도록 지도한다.

(8) 부대의 문화사업을 영도하고, 당의 문예방침을 철저히 집행하며, 부대가 대중적 문화오락과 체육사업을 전개하는 것을 지도한다. 부대의 문화학습을 영도한다.

(9) 부대의 신문과 간행물을 출판하며, 통신 보도를 계획하고, 군사 선전사업을 실행한다.

(10) 부대가 장병일치 원칙을 철저히 집행하며, 정치민주와 경제민주 및 군사민주를 발양하고, 간부를 존경하고 병사를 사랑하는[尊幹愛兵] 활동을 실시하며, 부대의 관리 및 교육 활동을 개선하고, 장병관계를 밀접히 하도록 영도한다.

부대를 공고히 하는 활동을 훌륭히 실시하며, 비전투원의 감소를 방지한다. 군인의 고발과 제소를 수리한다.

(11) 부대가 군민일치 원칙을 철저히 집행하며, 정부를 옹호하고 인민을 사랑하는[擁政愛民] 활동을 실시하고, 군대와 지방 당·정 기관, 그리고 군대와 인민대중 간의 관계를 밀접히 하도록 영도한다. 부대가 3대기율·8항주의를 엄격히 준수하고, 사회주의 건설에 적극적으로 참가하도록 교육한다. 대중의 서신과 내방을 처리한다.

(12) 부대가 적군와해 원칙을 철저히 집행하며, 적군을 와해시키고 포로를 우대하는 정

책을 철저히 집행하며, 적군의 상황을 조사연구하고, 적군와해사업을 실시하고 포로 사업을 처리하는 것을 영도한다.

(13) 부대가 대중적 혁명시합과 전시 수훈운동을 전개하고, 영웅적 인물과 선진적 사적(事跡)을 선양하도록 영도한다.

(14)소속학교의 정치사업과 정치교육을 영도한다.

(15) 후방근무의 정치사업을 영도하고, 근검한 건군방침을 철저히 집행하며, 물자의 공급, 무기, 재무, 운수, 위생, 그리고 생산 임무를 보장한다.

(16) 당의 민병사업 방침과 국가의 병역제도를 철저히 집행하며, 지방 당·정 기관과 협력하여 민병 정치사업을 실행하고, 장병과 전시동원 및 군인의 제대와 퇴역 시의 정치사업을 실행한다.

(17) 전체 인원의 복지에 관심을 가지고, 유관 부문이 부대의 물질생활을 개선하도록 협력하며, 지방이 상이군인, 퇴역군인, 군인 가족, 그리고 열사 가족의 문제를 처리하는 것을 협조한다.

(18) 대리 관리 단위의 정치사업을 영도한다.

〔**제4조**〕 군구 정치부는 반드시 사상사업을 최고의 위치에 올려놓고, 역량을 집중하여 방침과 정책 문제의 중심활동을 장악하며, 기층 건설을 강화해야 한다. 총정치부가 확정한 매 시기 정치사업의 기본임무와 기본요구에 근거하여, 당해 군구의 실제상황과 결합시키고, 활동을 안배하거나 또는 지구 성격의 보충 규정을 만든다. 중대를 대상으로 기층 속으로 깊숙이 파고 들어가 항시 조사연구를 실시하며, 적시에 문제를 발견 및 해결하고, 선진적 경험을 총결산하고 전파해야 한다.

당해 지구의 정치와 경제 상황을 이해하고 연구하는데 주의한다. 적시에 총정치부와 군구당 위원회에 상황을 반영하고 활동을 위해 지시를 받고 보고한다.

제6장 중국인민해방군 대대 정치교도원 사업조례

〔**제1조**〕 정치교도원(政治教導員)은 정치기관이 대대에 파견한 정치사업 요원이며, 연대의 수장과 정치처 및 대대당 위원회의 영도 하에 당의 사업과 정치사업을 수행한다.

정치교도원은 반드시 조국과 당의 사업에 충성하고, 작전에 용감하며, 업무에 적극적이고, 열심히 학습하며, 대중과 밀접하게 연계할 뿐만 아니라 중대의 정치사업 경험과 일정한 군사지식을 구비한 중국공산당의 정식 당원이어야 한다.

정치교도원의 주요한 임무는, 마오쩌둥사상을 지침으로 하고, 정치교육과 사상사업을 실시하며, 전 대대원의 무산계급 각성을 제고하고, 당 지부의 활동을 지도하며, 당의 노선과 정책, 국가의 법률과 법령, 그리고 상급의 명령과 지시를 철저히 집행하며, 38기풍을 배양하고, 장병의 단결과 군과 민의 단결을 강화하고, 적군을 와해하며, 군사와 정치 기율을 준수하고, 부대의 전투력을 공고히 하고 제고함으로써 전투와 훈련 및 모든 활동 임무를 완수하도록 정치, 사상, 조직적으로 보장하는 것이다.

〔**제2조**〕 정치교육을 계획하고 실시하며, 살아 있는 사상을 장악하고, 일상적인 사상사업을 훌륭히 실시하며, 애국주의와 국제주의 및 혁명영웅주의의 정신을 발양하여, 모든 지휘전투원이 항시 왕성한 정치정서와 강인한 전투의지를 유지할 수 있도록 한다.

(1) 간부와 전사가 마오쩌둥 동지의 저작을 학습하고, 계급교육과 사상정치교육 및 혁명전통교육을 실시하는 것을 계획한다.

(2) 한 쪽으로는 당과 상급의 지시를, 그리고 다른 한 쪽으로는 당해 대대의 사상실태를 확실하게 장악하고, 당과 상급의 지시를 무기로 삼아 부대의 현실적인 사상문제를 해결한다.

(3) 전 대대의 분대 이상 핵심의 성명, 본적, 출신성분, 가정상황, 사회경력, 사상, 그리고 장기와 개성을 숙지하고, 항시 그들의 사상실태를 파악하며, 사상사업을 훌륭히 실시한다.

(4) 중대장이 정치과목을 강의하고, 교육효과를 분석하며, 교학 경험을 교환하고, 교학방법을 개선하며, 교학상의 난점을 해결하는 것을 지원한다. 간부와 전사에게 강의를 실시하고, 문제에 해답하는 보고를 하도록 한다.

(5) 중대가 대중적 사상 협조를 전개하고, 모범적인 일과 사람을 표창하며, 영웅적 인물과 선진적 사적을 선양하며, 불량한 경향을 방지하며 극복하고, 독서와 신문읽기 활동을 계획하며, 중대 속으로 깊이 파고 들어가 간부와 전사와 마음을 터놓고 대화를 나누고, 일상적인 사상사업을 훌륭히 실시하도록 지도하고 지원한다.

〔**제3조**〕 당 지부의 활동을 지도하고, 당 지부가 전투적 보루 역할을 충분히 발휘하도록 한다.

(1) 당 지부위원회의 집단영도 실태를 확인하고, 당 지부가 당의 민주집중제를 철저히 집행하며, 핵심의 단결을 강화하고, 적시에 당 지부의 영도에 존재하고 있는 문제를 해결하며, 당원이 모범적 역할을 발휘하도록 하고, 당원과 대중의 연계를 밀접히 하도록 지도한다.

(2) 항시 당 지부의 회의에 참가하고, 당 지부가 회의를 잘 실행하고, 민주를 충분히 발

양하며, 비판과 자아비판을 정확히 전개하고, 당일(黨日)활동의 내용을 풍부히 하며, 당의 생활을 건전하고 활발하게 하도록 지도한다.

(3) 중대가 당원에 대해 당의 노선과 정책, 당의 장정, 당원의 수양과 활동방법에 관한 교육을 실시하는 것을 지도할 뿐만 아니라 직접 당원에게 강의를 실시하고, 당원의 공산주의 각성과 활동능력을 제고한다. 항시 당 지부 핵심의 사상실태와 활동상황을 이해하고, 그들의 양성에 관심을 가진다.

(4) 중대 당원의 양과 질 및 분포 상황을 숙지하고, 당 지부가 당원의 접수활동을 충실히 하도록 지도한다.

〔**제4조**〕 전시 정치사업을 충실히 실행하고, 당해 대대가 수령한 모든 전투임무를 완수하는 것을 보장한다.

(1) 전투동원을 부단히 계획하고 실시하며, 중대가 대중적 선전고무 활동을 전개하고, 적개심을 불러일으키고, 전투정서를 격려하고, 필승의 신념을 확고히 하도록 지도한다.

(2) 전 대대원이 명령을 철저히 이행하고, 용감하고 강인하며, 인내심을 가지고 각고분투하고, 융통성이 있고 기동적이며, 밀접하게 협동하는 전투기풍을 발휘하도록 교육한다. 전장에서의 기율을 유지한다.

(3) 군사민주와 대중적 살적수훈(殺敵樹勳) 운동을 전개한다.

(4) 당 지부와 단 지부의 전시활동을 지도하고, 적시에 당과 단 조직을 정비한다. 간부를 배치하고 이동시키는데 있어서 의견을 제기한다. 보충요원의 사상사업을 충실히 실시한다.

(5) 부대를 공고히 하고, 비전투원의 감소를 방지한다. 부상자에 대한 정치사업과 열사에 대한 사후처리사업을 충실히 실시한다.

(6) 배속 단위, 민병과 민공(民工)에 참가하는 정치사업을 충실히 실행한다. 전지(戰地)의 대중사업을 충실히 실시한다.

(7) 전선(戰線)에서의 대적(對敵)선전을 계획하고 실시하며, 적군을 와해시키고, 포로우대 정책을 철저히 집행한다.

(8) 정치교도원은 대대장이 전투를 계획하고 지휘하는 것을 협조해야 한다. 전투 중에 용감하고 강인해야 하며, 모범적인 행동으로 부대에 영향을 미치고, 특히 가장 어렵고 가장 위급할 때보다 침착하게 어려움을 극복하면서 간부와 전사가 단결하여 전투임무를 철저히 완수하도록 한다.

〔**제5조**〕 군사훈련 중의 정치사업을 충실히 실행하며, 훈련 임무를 완수하는 것을 보장

한다.

(1) 동원을 철저히 실시하고, 마오쩌둥 군사사상을 선전하며, 훈연방침을 선전하고, 현장의 선전격려 사업을 전개하며, 적시에 훈련 중의 사상문제를 발견하고 해결하여, 부대가 항시 양호한 전투준비와 높은 정병(精兵)정서를 유지할 수 있도록 한다.

(2) 훈련 중에 대중노선을 철저히 집행하며, 중대가 대중적으로 가르침과 배움을 서로 평가하고, 가르침과 배움을 서로 도우며, 평가와 시합을 위한 활동을 전개하는 것을 지도한다.

(3) 부대가 조령(條令), 조례(條例), 교정(教程)과 규정, 제도를 엄격히 이행하고, 무기와 장비를 애호하도록 교육한다. 부대가 사고를 방지하고, 안전을 보장하는 것을 교육한다.

(4) 전 대대원이 훈련과 일상생활 중에 38기풍의 단련과 양성을 강화하고, 간부가 모범적인 행동으로 전사를 지휘하도록 교육한다.

〔제6조〕 간부의 심사와 평가 활동을 충실히 실시하고, 간부를 선발하고 배치하며 이동시키는데 있어서 의견을 제기한다. 활동 중에 간부를 양성하고, 중대의 전투핵심을 확보하고 관리하며, 기층간부의 예비대상을 선발하고 양성하는데 관심을 가진다.

〔제7조〕 부대의 내부와 주둔지 주민의 정치적 실태를 파악하고, 방첩과 기밀유지 교육을 실시하며, 부대의 정치적 경각심을 제고하고, 대중적 방첩과 가밀유지 활동을 전개하며, 내부를 순수하게 만들고, 반혁명적 파괴활동을 방지한다. 부대의 법제교육을 강화하고, 모든 위법적 범죄행위와 투쟁한다.

〔제8조〕 중대의 대중조직이 역할을 발휘하도록 한다. 중대의 공산주의청년단 지부의 사업을 지도하고, 단 지부의 건설을 강화하며, 청년의 특성에 맞게 청년활동을 전개한다. 중대 혁명군인위원회의 사업을 지도하고, 정치민주와 경제민주 및 군사민주를 전개하고, 과외학습을 계획하며, 대중적 문화오락과 체육위생 사업을 전개하며, 간부와 전사가 문화과학 지식을 학습하도록 계획한다.

〔제9조〕 간부를 존경하고 병사를 사랑하는[尊幹愛兵] 활동을 실시하고, 장병관계를 밀접히 한다. 간부가 전사를 사랑하고, 엄격히 요구하며, 인내심을 가지고 설득하도록 교육하며, 전사가 간부를 존경하고, 자각적으로 기율을 준수하며, 명령을 철저히 이행하도록 교육한다. 항시 장병관계의 실상을 확인하고, 구체적인 조치를 취하여 관리와 교육 활동을 개선한다. 전 대대원의 복지에 관심을 가지며, 환자를 보호하고, 행정을 개

선하여 중대의 물질생활을 향상시키는데 협조하며, 방역과 위생 활동을 충실히 실시한다. 간부 가족에 대한 활동과 부대를 방문하는 전사 가족에 대한 활동을 충실히 실시한다. 신병의 입대와 전사의 제대 및 퇴역을 위한 정치사업을 충실히 실시한다.

〔**제10조**〕 정부를 옹호하고 인민을 사랑하는[擁政愛民] 활동을 실시하고, 군민관계를 밀접히 한다. 전 대대원이 3대기율·8항주의를 엄격히 준수하고, 사회주의 건설에 적극적으로 참가하며, 대중의 생산과 구난구제를 지원하고, 주둔지 대중에게 지방이 민병사업을 실시하는 것을 협조하도록 선전한다. 항시 대중의 기율을 심사하고, 능동적으로 대중의 의견을 구한다.

〔**제11조**〕 정치교도원은 반드시 정력을 집중하여 정치교육과 사상사업 및 당 지부 사업을 장악하고, 중대가 정치사업을 실행하는 것을 지원하고 심사하며 독촉한다. 항시 중대 속으로 깊숙이 파고 들어가고, 분대와 소대에 깊숙이 파고 들어가며, 현장에 깊숙이 파고 들어가 당지에서 사업을 지도한다. 중대가 사소한 경험도 총결산하는 것을 지원하고, 정치지도원과 당(黨)과 단(團) 핵심의 사상 수준과 활동 능력을 부단히 향상시킨다.

〔**제12조**〕 정치교도원과 대대장은 대대당 위원회의 영도 하에 전 대대의 사업을 분담하여 책임진다. 활동 중에 대대장과 능동적으로 협의하며, 밀접하게 협동해야 한다. 원칙적인 문제에 있어서 이견이 발생할 시는 문제를 대대당 위원회에 회부하여 토론을 거친 후 결정하거나 또는 상급이 해결해 주도록 요구하고, 긴급한 상황 하에서는 군사사업 분야에 속하는 문제는 대대장의 결심에 따라 실행하고, 정치사업 분야에 속하는 문제는 정치교도원의 결심에 따라 실행하도록 해야 하며, 그러나 모두 대대당 위원회와 상급에 대해 책임을 지고, 사후에 보고하며 심사를 받아야 한다.

부정치교도원은 정치교도원이 사업을 실행하는 것을 협조한다. 정치교도원의 이직 기간에는 부정치교도원이 그 직무를 대행한다.

제7장 중국인민해방군 중대 정치지도원 사업조례

〔**제1조**〕 정치지도원(政治指導員)은 정치기관이 중대에 파견한 정치사업 요원이며, 정치기관, 상급수장, 그리고 당해 중대 지부의 영도 하에 당 지부의 사업과 정치사업을 실행한다. 정치지도원은 중대장과 함께 전 중대원의 수장이다.정치지도원은 반드시 조

국과 당의 사업에 충성하고, 작전에 용감하며, 업무에 적극적이고, 학습을 위해 노력하며, 대중과 밀접하게 연계하는 중국공산당의 정식 당원이다.

정치지도원의 주요한 임무는 마오쩌둥사상을 지침으로 하고, 정치교육과 사상교육을 실시하며, 전 중대원의 무산계급 각성(의식)을 제고하고, 당 지부의 사업을 실행하며, 당의 노선과 정책, 국가의 법률과 법령, 그리고 상급의 명령과 지시를 철저히 집행하며, 38기풍을 배양하고, 장병의 단결과 군과 민의 단결을 강화하며, 적군을 와해하고, 군사와 정치 기율을 유지하며, 중대의 전투력을 공고히 하고 제고함으로써 전투와 훈련 및 모든 활동 임무를 완수하도록 정치와 사상 및 조직적으로 보장하는 것이다. 정치지도원은 활동을 충실히 실행하기 위해 반드시 상황을 이해하고, 당과 단에 의존하여 대중과 연계하며, 사상으로 영도하고 인내와 설득으로 교육하며, 실사구시(實事求是)하고 엄격하고 신속하며, 38기풍을 준수하고 도처에 모범이 되며, 간부를 단결시키고 밀접하게 협동해야 한다.

〔제2조〕 정치지도원은 반드시 정치교육과 사상교육을 충실히 실행하고, 마오쩌둥사상으로 전 중대원의 두뇌를 무장시키며, 무산계급 각성(의식)을 부단히 제고하고, 애국주의와 국제주의 및 혁명영웅주의 정신을 발양함으로써 모든 지휘전투원이 강렬한 적개심과 높은 전투의지를 가지도록 해야 한다.

(1) 항시 간부와 전사가 마오쩌둥 동지의 저작을 학습하고, 마오쩌둥사상으로 사업을 지도하며, 중대의 사상 문제와 실제 문제를 해결하고 답변하는 것을 계획한다.

(2) 항시 간부와 전사에게 계급교육을 실시하고, 무산계급 사상을 고취시키며, 자본계급 사상을 근절시키고, 불량한 경향을 방지하고 극복함으로써 전 중대원이 입장을 확실히 하고 투지를 확고히 하도록 한다.

(3) 적시에 시사교육과 정치교육을 실시하여 전 중대원이 국내외 정세, 당의 노선과 정책을 이해하고, 전비의식을 강화하며, 강인한 전투의지를 확립하도록 한다.

(4) 항시 혁명전통교육을 실시하고, 아군의 건군원칙과 임무, 38기풍, 3대민주, 3대기율·8항주의, 옹정애민, 존간애병 등을 이해시켜 전 중대원이 아군의 훌륭한 전통을 계승하고 발양하도록 한다.

〔제3조〕 정치지도원은 정치교육과 사상교육을 실시하며, 반드시 살아있는 사상을 장악해야 한다.

(1) 한쪽은 당과 상급의 지시를, 그리고 다른 한쪽은 당해 중대의 사상 동태를 철저히 장악하고, 당과 상급의 지시를 무기로 삼아, 중대의 각종 현실적인 사상 문제를 해결하고, 간부와 전사의 정치적 각성과 사상 수준을 부단히 향상시킨다.

(2) 상황을 충분히 파악하고, 전 중대원의 성명, 본적, 출생성분, 가정상황, 사회경력, 사상, 그리고 특기와 개성을 숙지하며, 항시 전사와 대화를 나누고, 시시각각 전사의 사상 동태와 정서에 관심을 가지면서, 전사와 마음이 통하는 친구가 된다. 문제를 처리할 때는 반드시 사전에 상황을 정확히 파악하며, 주관적이고 독단적이어서는 안 된다.

(3) 설득 위주의 교육원칙을 견지하고, 일이 생기면 도리를 강구하며, 사상의 자각성을 계발하고, 표창과 대면교육을 위주로 한다. 과오를 범한 전사에 대해서는 관심과 사랑에서 출발하여 인내심을 가지고 개별교육을 실시하며, 점차적으로 각성을 제고하고, 과오를 시정하는 것을 돕는다.

(4) 능동적으로 발생가능한 사상 변화를 예측하고, 그 단서를 분명히 파악하며, 전면에 나서 활동을 실시하고, 예측하지 못한 문제가 발생하게 되면 사상사업을 적시에 실시해야 한다.

(5) 당 내에서 당 외에 이르기까지 대중이 사상사업을 실행하도록 계획하고 동원하며, 사람마다 입을 열고, 사람마다 감독하며, 서로 격려하고, 서로 협력한다.

(6) 사상교육 운동은 일상적인 교육과 서로 결합되도록 해야 한다. 상급의 통일적인 영도 하에 대중적 사상교육 운동을 전개하고, 중대의 사상에 존재하고 있는 보편적인 주요한 문제를 해결한다.

일정한 시기의 사상교육 운동을 충실히 장악해야 하기도 하고 일상적인 정치교육과 사상사업을 철저히 장악해야 하기도 한다.

(7) 정치과목을 강의한다. 강의 전에 준비를 충분히 하고, 과정 내용과 중대의 사상실태를 충분히 연구해야 하며, 강의를 할 때는 중심을 장악하고, 실제와 연계시키며, 계발적이고 유도적인 방법으로 도리와 이치를 깊숙이 파고 들어가며, 강의가 끝난 후에는 토론을 실시하고, 강의를 못한 것은 보강해야 한다.

(8) 각종의 다양한 방법을 취해야 하며, 그 주요한 방법은 아래와 같다:

① 신문 구독, 방송 청취, 벽보와 흑판보를 계획한다.

② 회고하며 대비하는 방법을 운용하고, 대중이 체험하도록 하며, 자아교육을 실시하도록 한다.

③ 공장, 광산, 인민공사, 혁명박물관과 혁명유적을 방문하고 관람하는 것을 계획한다.

④ 영웅적이고 모범적인 인물, 지방간부, 그리고 부대원의 가족을 초청하여 보고회를 가지며, 당해 중대를 거쳐 간 수장과 전우가 중대를 방문하도록 초청한다.

⑤ 노래, 영화, 희극 등의 예술활동을 통해 사상교육을 실시한다.

〔**제4조**〕 정치지도원은 전투조령의 전시 정치사업에 관한 요구에 근거하여 전시 정차 사업을 훌륭히 수행하고, 중대가 수령한 모든 전투임무를 완수하도록 보장해야한다.

(1) 선전격려 사업을 부단히 실시하고, 전투의 의미와 목적, 그리고 유리한 조건과 어려움을 분명하게 말하며, 적의 만행을 폭로하고, 적시에 승전 소식을 전파하며, 간단명료한 구호를 제기하고, 부단히 전투정서를 격려하고 필승의 신념을 확고히 하도록 한다.

(2) 전 중대원이 명령을 철저히 이행하고, 지휘에 복종하며, 용감하고 강인하며 인내심을 가지고 각고분투하며, 융통성이 있고 기동적이며, 밀접하게 협동하는 전투기풍을 발양하도록 교육한다. 전장의 기율을 유지한다.

(3) 군사민주와 대중적 살적수훈(殺敵樹勳) 운동을 전개한다.

(4) 적시에 당과 단 조직을 정비하고, 당원과 단원이 전투에서 역할을 충분히 발휘하도록 한다. 중대장이 적시에 행정 조직을 조정하는 것을 협조한다. 보충요원의 사상사업을 훌륭히 실시한다.

(5) 부상자에 대한 정치사업과 선열에 대한 사후처리 사업을 훌륭히 실시한다.

(6) 배속단위의 정치사업을 훌륭히 실시한다. 전지(戰地)의 대중사업을 훌륭히 실시한다.

(7) 전선(戰線)에서의 대적(對敵)선전을 전개하고, 포로우대 정책을 철저히 집행한다.

(8) 정치지도원은 중대장이 전투를 계획하고 지휘하는 것을 협조해야 한다. 전투에서 용감하고 강인해야 하며, 모범적인 행동을 보임으로써 중대에 영향을 미치고, 특히 가장 위급할 때보다 냉정하고 침착하며, 어려움을 극복하고, 간부와 전사가 전투임무를 철저히 완수하도록 해야 한다.

〔**제5조**〕 정치지도원은 군사훈련 중의 정치사업을 훌륭히 실시하고, 훈련 임무를 완수하는 것을 보장해야 한다.

(1) 정치동원을 철저히 하며, 훈련방침을 반복하여 선전하고, 간부와 전사가 어려움 속에서도 배움을 행하고 훈련을 익히도록 격려하며, 적시에 훈련 중의 사상문제를 발견하고 해결함으로써 중대가 항시 높은 훈련 정서를 유지할 수 있도록 한다.

(2) 대중이 훈련계획을 토의하고 철저히 집행하도록 격려하고, 가르침과 배움을 평가하고, 상호 가르치고 배우며, 가르침과 배움을 보장하고 평가와 시합 활동을 실시하는 것을 계획한다.

(3) 현장에 깊숙이 파고 들어가 각종 방식으로 대중적 선전격려 사업을 실시하며, 개중의 합리적 건의를 지지하고, 적시에 선진적 경험을 전파한다.

(4) 교관의 정치사업을 훌륭히 실행한다.

(5) 전 중대원이 조령, 조례, 교정(教程)과 규정, 그리고 제도를 엄격히 이행하고, 무기

와 장비를 애호하며, 조작 규정을 준수하고, 사고를 방지하며, 안전을 보장하는 것을 교육한다.

(6) 전비(戰備) 사상교육을 강화하여 중대가 항시 양호한 전투준비를 유지할 수 있도록 한다.

(7) 전 중대원이 훈련과 일상생활 중에 38기풍의 단련과 양성을 강화하고, 전술과 기술을 훌륭히 익히기도 하고 기풍을 훌륭히 익히기도 한다.

(8) 정치지도원은 전술과 기술을 학습하는데 노력함으로써 정치사업과 전술기술이 밀접하게 결합될 수 있도록 한다.

〔**제6조**〕 정치지도원은 부대를 단결시키고 공고히 하는 활동을 훌륭히 실행해야 한다.

(1) 중대의 관리와 교육사업조례를 철저히 집행한다. 간부가 특별히 병사를 사랑하는 관념을 확립하고, 형제의 감정으로 전사를 사랑하고 전사에 관심을 가지며, 엄격하게 관리하기도 하고 인내심을 가지고 설득하기도 하는 교육 원칙을 철저히 집행하며, 전사의 각종 문제를 정확히 처리할 뿐만 아니라 부대를 방문하는 가족에 대한 활동을 훌륭히 실시하도록 교육한다.

전사가 간부를 존경하고 사랑하며, 자각적으로 기율을 준수하고, 명령을 철저히 이행하도록 교육한다. 전 중대원이 형제 부대를 단결시키고 임무를 수행하는데 있어서 열정을 가지고 협력하며, 능동적으로 지원하고, 형제부대로부터 학습하는데 유의하도록 교육한다.

(2) 부대를 공고히 하고, 비전투원의 감소를 방지하며, 전 중대원의 복지에 관심을 가지고 부상자를 보호하고, 중대장이 중대의 물질생활을 개선하며, 방역과 위생활동을 훌륭히 실시하도록 협조한다. 대중이 방범과 보안 활동을 훌륭히 실시하도록 하고, 사망과 사고를 방지한다. 전투와 행군 중의 사상사업을 훌륭히 실시하고, 적시에 문제를 발견하고 처리하며, 도망과 낙오 현상을 방지한다.

(3) 중대의 내부와 주둔지 주민의 정치적 실태를 파악하고, 항시 방첩과 기밀유지 교육을 실시하며, 전 중대원의 정치적 경각심을 향상시키고, 국가기밀과 군사기밀을 엄수하며, 내부를 순수하게 하고, 반혁명적 파괴활동을 방지한다.

〔**제7조**〕 정치지도원은 옹정애민(擁政愛民) 활동을 훌륭히 실시하며, 군민관계를 밀접히 해야 한다.

전 중대원이 모범적으로 정책과 법령을 실행하고, 3대기율·8항주의를 엄격히 준수하며, 대중이익을 보호하고, 지방간부를 존중하며, 대중의 풍속과 습관을 존중하고, 대중의 생산과 구난구제를 지원하며, 민병 훈련을 지원하고, 주둔지 대중에 대한 선전을 실시하는 것을 교육한다. 항시 대중의 기율을 확인하고, 능동적으로 대중의 의견을 구한다.

〔제8조〕 정치지도원은 당 지부 활동을 훌륭히 실시해야 하며, 당 지부의 지도와 당원의 활동에 의존하면서 중대의 정치사업을 실행해야 한다.

(1) 당 지부위원회의 집단영도에 적극적으로 참가하고, 모범적으로 지부의 결의를 실행하며, 능동적으로 지부위원회 및 간부와 밀접히 연계함으로써 전 중대원이 당 지부를 중심으로 단결하고 일심협력하여 활동을 훌륭히 실행할 수 있도록 한다.

(2) 각항의 임무를 수행할 때는 당 내로부터 당 외로 향하는 방법에 따라 동원하고 배치하며, 당원이 비당 적극분자를 단결시키고, 대중이 각항 임무를 완수하는 것을 통솔하도록 교육해야 한다.

(3) 당과제도(黨課制度)와 당일제도(黨日制度)를 견지하고, 적시에 당원에게 당의 정책과 결의 및 지시를 전달하며, 당원에게 당의 장정, 당원의 수양 및 활동방법에 관한 교육을 실시하고, 당원의 공산주의 의식과 활동능력을 부단히 향상시킨다.

〔제9조〕 정치지도원은 반드시 강인한 대중관념과 민주기풍을 지녀야 하며, 활동 중에 대중노선을 철저히 집행하며, 대중조직이 그 역할을 충분히 발휘하도록 해야 한다.

(1) 당 지부의 지도 하에 공산주의청년단 지부의 활동을 지도하고, 단(團)의 교육을 강화하며, 전 단(團)의 조직을 건전하게 하고, 청년의 특성에 맞게 청년활동을 발전시켜, 단원이 부대의 활발한 핵심이 되어 각항의 중요한 활동에서 단원과 청년이 돌격역할을 발휘할 수 있도록 한다.

(2) 혁명군인위원회의 활동을 지도하고, 정치민주와 경제민주 및 군사민주를 전개하며, 과외학습을 계획하고, 대중적 문화오락과 체육위생 활동을 전개한다. 간부와 전사가 문화과학 지식을 학습하는 것을 계획한다.

(3) 전 중대원이 대급(隊級) 우애정신을 발양하고, 당원과 단원을 핵심으로 하여 대중적 협조활동을 전개하고, 서로 관심을 가지며, 서로 협력하고, 장점을 취하고 단점을 보완하며, 공동으로 발전하도록 한다.

(4) 혁명영웅주의 정신을 발양하고, 다양한 종류의 형식을 취하며, 대중적 혁명 시합과 전시 수훈운동을 전개하고, 선진 단위와 선진 인물을 표창하며, 사람마다 공을 세우고, 일마다 공을 세우며, 단체마다 공을 세우도록 호소하고, 공을 세우고 상을 받은 사람이 겸손하고 성실하며 부단히 발전하도록 교육한다.

〔제10조〕 정치지도원, 중대장과 함께 당 지부위원회의 집단영도 하에 전 중대의 활동

을 분담하여 실행하고 책임진다. 활동 중에 중대장과 밀접하게 연계하며, 서로 협의하고, 서로 존중하며, 서로 협조한다. 다른 의견이 있을 시는 능동적으로 대화를 나누어야 한다. 비원칙적인 문제에 속하는 것은 서로 양해하며 무원칙적으로 분규를 일으키지 않는다. 원칙적인 문제에 속하는 것으로서 해결할 수 없을 시는 당 지부위원회에 회부하여 토론을 거쳐 회부하거나 또는 상급이 해결해 주도록 요구해야 한다. 그러나 긴급한 상황 하에서는 군사사업 분야에 속하는 문제는 중대장의 결심에 따라 실행하고, 정치사업 분야에 속하는 문제는 정치지도원의 결심에 따라 실행하며, 그러나 모든 것은 당 지부위원회와 상급에 책임을 지고, 사후에 보고하며 심사를 받아야 한다.

부정치지도원은 정치지도원이 활동하는 것을 협조한다. 정치지도원은 항시 부정치지도원과 사업을 연구하며 구체적으로 협력한다. 정치지도원이 이직한 기간에는 부정치지도원이 그 직무를 대행한다.

제8장 중국공산당 중대 지부 사업조례

〔제1조〕 중국공산당이 중국인민해방군 중대에 설립한 지부는 군대 내에 있는 당의 기층조직이며, 당이 많은 장병 대중과 연계하는 기본적 유대이고, 중대를 통일적으로 지도하고 단결시키는 핵심이다.

〔제2조〕 당 지부는 반드시 마오쩌둥사상을 지침으로 하고, 상급의 지시와 중대의 실제 상황에 근거하여 중대의 활동을 통일적으로 지도하고, 중대의 전투력을 부단히 향상시키며 공고히 해야 한다.

당 지부의 주요한 임무는 아래와 같다:

(1) 중대 내에서 선전사업과 조직사업을 실행하며, 당의 노선과 정책 및 결의를 철저히 집행한다.

(2) 전 중대원이 상급의 명령과 지시를 철저히 이행하고, 전투와 훈련 및 모든 사업임무를 완수하는 것을 보장한다.

(3) 당원이 마르크스레닌주의와 마오쩌둥 동지의 저작을 학습하는 것을 계획하고, 당원에게 당의 장정, 당원의 수양, 그리고 사업 방법에 관한 교육을 실시하며, 당원의 공산주의 의식과 사업 능력을 향상시킨다.

(4) 항시 대중의 정서와 요구를 이해하고, 이를 상급 조직에 반영하며, 중대의 물질적

문화생활에 관심을 가지고 이를 개선한다. 공산주의청년단 지부와 혁명군인위원회의 사업을 지도한다.

(5) 당원을 받아들이고 당비를 징수하며, 당원을 심사하고 평가하며, 당원에 대해 당의 기율을 집행한다.

(6) 중대 간부에 대한 사상교육을 강화하고, 중대 내의 핵심을 양성한다. 간부에 대한 선발과 배치 및 상벌을 건의한다.

(7) 38기풍을 발양하고, 부대의 기율을 공고히 하며, 장병의 단결을 강화하고, 불량한 경향을 방지하고 극복한다.

(8) 당원과 대중이 정치적 경각심을 향상시키고, 방첩과 기밀유지 사업을 강화하는 것을 교육한다.

〔**제3조**〕 당 지부의 조직은 아래와 같다:

(1) 정식당원이 3명 이상인 중대에는 모두 당의 지부를 설립해야 하며, 당 지부의 설립은 반드시 연대나 또는 연대에 상당하는 단위의 당 위원회 결정을 거쳐야 한다.

(2) 중대당 지부의 최고 지도기관은 지부당원대회이며, 당원대회의 폐회기간에는 그가 선출하여 구성한 지부위원회가 된다.

지부당원대회는 지부위원회의 사업보고를 청취하고 심사하며, 중대장과 정치지도원의 사업보고를 청취 및 토의하고, 중대의 중대한 문제를 토의 및 결정하며, 지부위원회와 상급대표대회에 출석하는 대표를 선출하고, 당원을 접수하고 처벌하는 문제를 결의한다. 당원대회는 일반적으로 매월 1회 소집한다.

지부위원회는 지부당원대회의 결의를 철저히 집행한다. 지부위원회 위원의 정수(定數)는 연대나 또는 연대에 상당하는 단위의 당 위원회가 결정한다. 지부위원회는 실제 상황에 근거하여 서기와 부서기, 그리고 조직, 선전, 청년, 보위 등 위원을 둘 수 있으며, 독자적으로 임무를 수행하고, 필요 시에는 대중사업과 적군사업을 위한 위원회를 설치할 수 있다. 지부위원회의 임기는 1년이며, 일반적으로 매월 2회 개최한다. 만약 지부위원회에 결원이 생길 때는 적시에 당원대회를 소집하여 보선을 실시해야 한다.

(3) 지부위원회는 1명의 지부 서기를 선출하며, 필요 시에는 1-2명의 부서기를 추가로 선출할 수 있다. 서기와 부서기의 인선은 반드시 연대나 또는 연대에 상당하는 단위의 당 위원회의 비준을 거쳐야 한다. 지부 서기는 지부위원회의 결의에 근거하여 지부의 일상적 사업을 계획하고 수행한다. 부서기는 서기가 사업을 수행하는 것을 협조하며, 서기가 부재 시 서기의 사업을 대행한다.

(4) 지부위원은 지부위원회의 지도 하에 관련 사업을 분담하여 수행한다. 조직위원은

지부의 조직 상황을 파악하고, 당원을 접수하는 사업을 관리하며, 당비를 징수하고 당원의 조직 관계를 이동시키는 것을 책임지며, 지부의 감찰사업을 책임진다. 선전위원은 당원의 학습상황을 파악하고, 당의 교육과 당원의 학습을 계획하는데 의견을 제기하며, 대중에 대한 선전격려 사업을 관리하는 것을 책임진다. 청년위원은 공산주의청년단 지부의 사업을 책임지고, 당 지부의 청년사업과 유관한 결정을 철저히 집행한다. 보위위원은 방첩과 기밀유지 사업을 책임진다.

(5) 당 지부 밑에는 소대별로 당의 소조(小組)를 구성할 수 있다. 간부 당원은 반드시 전사 당원과 혼성으로 편조되어 소조생활을 해야 한다.

당의 소조는 1명의 조장을 선출하며, 필요 시에는 1명의 부조장을 추가로 선출할 수 있다. 당 소조의 역할은 당원이 학습하는 것을 계획하고, 비판과 자아비판을 전개하며, 당원이 지부의 결의를 수행하고 대중사업을 수행하는 것을 독촉한다.

〔제4조〕 당 지부위원회의 집단영도는 아래와 같다:

(1) 중대의 모든 중대한 문제는 반드시 지부위원회의 토의를 거쳐 결정해야 하며, 중대의 수장이 계획과 실행을 분담하여 책임지고, 긴급한 상황 하에서는 중대의 수장이 신속하고 과감하게 조치를 취하고 사후에 보고할 수 있다. 중대의 간부는 지부의 결의를 모범적으로 이행하며, 적극적이고 능동적으로 자신의 직책을 수행해야 한다. 지부는 중대 간부의 직권을 존중하고, 그들이 역할을 적극적이고 충분하게 발휘하도록 해야 한다.

(2) 지부위원회는 중대의 사업을 지도하는데 있어서 반드시 중대한 문제를 장악해야 하며, 일상적인 행정업무를 독점해서는 안 된다. 지부위원회가 반드시 토의하고 결정해야 하는 주요한 문제는 아래와 같다:

① 당의 결의와 상급의 명령 및 지시를 철저히 이행하는 것을 보장한다.
② 전투와 훈련 등 중심 임무를 배분하고 확인하며 총괄한다.
③ 정치사상 사업을 수행한다.
④ 당 지부를 건설하고, 공산주의청년단 지부와 혁명군인위원회의 중요한 사업을 지도한다.

(3) 지부위원회의 집단영도는 집중이 있어야 하고 민주도 있어야 한다. 지부위원회의 모든 구성원은 반드시 전 중대의 사업에 관심을 가져야 하며, 집단영도에 적극적으로 참가하고, 문제를 토의할 때는 반드시 자신의 의견을 충분히 발표해야 한다. 만약에 지부위원회에서 중요한 의견 차이가 발생할 시는 반드시 반복하여 토의해야 하며, 긴박한 문제가 아닐 경우는 사상의 일치를 바탕으로 하여 결정이 날 수 있도록

하기 위해 결론을 내리는데 조급해서는 안 된다.

문제를 결정할 때는 반드시 소수가 다수에 복종하는 원칙을 실행해야 하며, 소수인이 말하고 치워버릴 수는 없다. 지부위원회의 모든 구성원은 지부위원회의 결정을 반드시 무조건적으로 이행해야 하며, 만약에 의견을 달리할 때는 유보하거나 또는 상급 조직에 제기할 수 있다.

(4) 당 지부는 사업 중에 반드시 대중노선을 실행해야 한다. 문제를 결정할 때는 조사연구를 실시하고, 허심탄회하게 대중의 의견을 청취함으로써 결의가 보다 더 실제에 부합되도록 한다. 지부는 결의를 결정한 후에 당원의 사업과 공산주의청년단 지부 및 혁명군인위원회의 사업을 통해 대중을 훌륭하게 동원함으로써 지부의 결의가 전 중대원의 자각적인 행동으로 바뀔 수 있도록 해야 한다.

(5) 지부 서기는 민주기풍을 가져야 하며, 지부위원회가 집단적인 지혜를 발휘하고, 허심탄회하게 각 분야의 의견을 청취하며, 항시 각 위원과 문제를 협의하고, 지부의 결의를 실행하는데 있어서 모범적인 역할을 발휘해야 한다. 지부 서기의 권리는 기타 위원과 동일하며, 문제를 개인적으로 결정할 수 없다.

〔제5조〕 당 지부는 반드시 당원이 대중과 밀접하게 연계하며, 대중사업을 훌륭히 실행하도록 교육해야 한다.

(1) 대중에게 당의 노선과 정책 및 결의를 선전한다.

(2) 항시 대중과 개별적으로 대화를 나누며, 사상적으로 대중을 도와주고 협조를 하는데 있어서 핵심 역할을 발휘한다.

(3) 허심탄회하게 대중으로부터 배우며, 대중의 어려움에 관심을 가지고, 대중의 정서와 요구를 성실하게 반영하고, 대중의 마음을 아는 친구가 된다.

(4) 스스로 모범적인 행동을 보임으로써 대중에게 영향을 미치고, 대중이 전투와 사업 및 학습 등 임무를 완수하도록 선도한다.

(5) 좋은 사람과 좋은 일을 표창하고, 불량한 경향을 반대하며, 과오를 범한 동지에게는 능동적으로 접근하고 열정적으로 지원한다.

〔제6조〕 당 내의 민주와 당의 조직생활은 아래와 같다:

(1) 당 지부는 반드시 회의와 종합보고 및 당일(黨日)제도를 견지해야 한다. 당원은 당의 회의에 적극적으로 참가하며, 능동적으로 당 조직에 종합보고를 해야 한다. 당일(黨日)에는 반드시 당의 사업을 수행하고, 당의 회의를 소집하거나 또는 당의 교육을 실시하며, 대중에게 당의 선전사업을 수행해야 한다.

(2) 지부의 생활에서는 반드시 민주를 발양함으로써 당원이 자신의 의견을 충분히 발

표하고, 사업과 지도에 대해 비판과 건의를 할 수 있도록 해야 한다.

지부는 당원의 의견에 대해서 일률적으로 환영하는 태도를 가지고 정확하게 접수하며, 잘못된 것은 인내심을 가지고 설명하고, 서로 다른 의견을 억압하는 것을 용납해서는 안 되낟. 당원이 당 내 문제에 대한 의견을 당 외에서 말하는 것은 허락되지 않는다.

(3) 비판과 자아비판을 정확하게 전개한다. 비판을 시작할 때는 반드시 단결→비판→단결 원칙을 견지하고, 실사구시(實事求是)적이며, 시비를 분명히 하고, 인식을 제고하며, 단결을 강화해야 한다.

(4) 당 지부는 당원의 과오를 처리할 때는 반드시 선의로 남을 돕고, 병을 고쳐주고 사람을 구하는 태도를 취하며, 과오를 범한 동지가 과오를 알고 고치도록 도와주어야 한다. 당원을 처벌할 때는 반드시 당의 장정과 규정의 수속절차를 엄격히 준수하고, 본인이 회의에 참석하여 변론하는 것을 받아들이며, 그들이 의견을 유보하고 제소하는 것을 허락해야 한다.

제9장 중국공산주의청년단 중대 지부 사업조례

〔제1조〕 중국공산주의청년단이 중국인민해방군의 중대 내에 설립한 지부는 군대 내에서의 단(團)의 기층조직이고, 중대의 선진적 청년의 대중조직이며, 당 지부의 조수이다.

〔제2조〕 단 지부는 상급 정치기관과 중대당 지부의 영도 하에, 그리고 중대장과 정치지도원의 지도 하에 사업을 실행한다.

〔제3조〕 단 지부의 기본 임무는 마오쩌둥사상으로 단원을 교육시키며, 그들이 공산주의 의식을 제고하고, 그들을 혁명영웅주의 기개와 양호한 정치·군사 소양을 구비하고, 엄격한 기율로 단련된 우수한 혁명군인으로 양성하여 전투와 훈련 등 중요한 임무를 완수하는데 있어서 돌격 역할을 충분히 발휘하도록 하는 것이다.

단 지부의 주요한 활동은 아래와 같다:

(1) 단원과 청년을 조직하여 마오쩌둥 동지의 저작을 학습하도록 하며, 당의 노선과 정책을 학습하고, 당과 단의 기본지식을 학습하도록 한다.

(2) 단원과 청년이 당의 정책과 결의를 철저히 집행하며, 국가의 법률과 법령을 준수하

고, 상급의 명령과 지시를 철저히 집행하도록 교육한다.

(3) 단원과 청년이 군사기술과 문화과학 지식을 학습하는데 노력하고, 업무에 정통하며, 무기와 장비를 애호하고 장악하도록 교육한다.

(4) 단원이 청년 대중과 밀접하게 연계하고, 대중의 정서와 요구를 항시 이해하고 반영하며, 청년 대중을 향해 부단히 사상사업을 진행하고, 스스로 모범적인 행동을 보임으로써 청년 대중을 단결시키고 이끌면서 중대의 각항 임무를 완수하도록 교육한다.

(5) 단원과 청년이 아군의 훌륭한 전통을 계승하고, 38기풍을 발양하며, 군사와 정치 기율을 준수하고, 불량한 경향을 반대하도록 교육한다.

(6) 단원과 청년이 혁명군인위원회의 활동에 적극적으로 참가하고, 문화오락과 체육 위생 활동을 전개하며, 부대를 활성화시키고, 체질을 강화하는 것을 독려한다.

(7) 단원을 접수하고, 단비를 징수하며, 단원의 처벌을 토의하고, 단원의 제소를 수리한다.

〔**제4조**〕단 지부의 조직은 아래와 같다:

(1) 단원이 3인 이상인 중대는 모두 단 지부를 설립해야 한다. 단 지부의 설립은 반드시 단이나 또는 단에 상당하는 정치기관의 승인을 받아야 한다.

(2) 중대 단 지부의 영도기관은 단원대회이며, 단원대회의 폐회기간에는 그가 선출하여 구성한 지부위원회이다.

단원대회는 단 지부위원회의 활동보고를 청취하고 심사하며, 당 지부의 결의를 전달학, 단 지부위원회와 상급대표회의에 출석하는 대표를 선출하며, 단원을 접수하고 처벌하는 것을 결의한다.

단원대회는 일반적으로 매월 1회 소집하여 개최한다. 단 지부위원회는 단원대회의 결의를 철저히 집행한다. 단 지부위원회 위원의 정수(定數)는 대대나 또는 대대에 상당하는 단위의 당 위원회가 결정한다. 단 지부위원회는 실제상황에 근거하여 서기·부서기와 조직, 선전, 문화, 체육 등 위원을 둘 수 있다. 단 지부위원회는 임기가 1년이며, 일반적으로 매월 1-2회 개최한다. 단 지부위원회에 결원이 발생할 시는 지체 없이 단원대회를 개최하여 보선을 실시해야 한다.

(3) 단 지부위원회는 지부 서기 1인을 선출하며, 필요 시에는 부서기 1-2인을 추가로 선출할 수 있다. 단 지부의 서기와 부서기의 인선은 반드시 당 지부위원회의 동의를 얻어야 하며, 대대나 또는 대대에 상당하는 단위의 당 위위원회가 승인한다. 지부 서기는 단(團) 지부위원회의 결의에 근거하여 단 지부의 일상활동을 계획하고 수행한다. 부서기는 서기가 사업을 수행하는 것을 협조한다.

(4) 단 지부위원은 단 지부위원회의 영도 하에 유관 사업을 분담하여 수행한다. 조직위

원은 단 지부의 조직상황을 파악하고, 단원을 접수하는 사업을 관리하며, 단비를 징수하고, 단원의 조직관계를 이동시키는 것을 책임진다. 선전위원은 단원의 학습상황을 이해하고, 단의 교육과 단원을 조직하여 학습을 시키는 의견을 제시하는 것을 책임지고 청년 대중에 대한 선전격려 활동을 책임진다. 문화체육위원은 청년이 적극적으로 문화오락과 체육위생 활동에 참가하도록 독려하는 것을 책임진다.

(5) 단 지부 밑에는 소대나 또는 분대 별로 단의 소조(小組)를 구성할 수 있다. 단의 소조는 조장 1인을 선출하며, 필요 시에는 부조장 1인을 추가로 선출할 수 있다. 단 소조는 단원을 조직하여 학습을 시키며, 단원의 활동을 분배하고, 단 지부의 결의를 이행해야 한다.

〔**제5조**〕 단 지부는 활동 중에 당 지부의 지시에 근거하고, 중대의 중심사업을 둘러싸고, 청년의 특성을 고려하며, 생동감이 넘치는 활발한 방법을 채택하여 각항의 활동을 전개해야 한다. 민주를 충분히 발양하고 단의 지부생활을 활성화시킨다. 단 지부는 당일(黨日)에 당과(黨課)를 실시하거나 또는 단의 회의를 개최하고, 청년활동을 계획해야 한다.

제10장 중국인민해방군 중대 혁명군인위원회 사업조례

〔**제1조**〕 중국인민해방군 중대 혁명군인위원회는 당 지부의 영도, 그리고 중대장과 정치지도원의 지도를 받는 전체 군인의 대중조직이다. 그 기본 임무는 집중영도 하에 정치민주와 경제민주 및 군사민주를 전개하고, 과외학습을 계획하며, 대중적 문화오락과 체육위생 사업을 전개함으로써 단결을 강화하고, 기율을 공고히 하며, 전투력을 제고하는 목적을 달성하는 것이다.

〔**제2조**〕 혁명군인위원회의 주요한 사업은 아래와 같다:

(1) 전 중대원이 의견을 내놓고, 방법을 강구하며, 상급의 명령과 지시 및 당 지부의 결의를 철저히 이행하도록 촉구한다.

(2) 혁명군인의 민주 권리를 유지하고, 영도에 대한 전사의 의견을 이해하고 반영하며, 사업을 개선하는 것을 건의한다.

(3) 중대의 수장이 급식과 농부업 생산을 하며, 경제적 지출을 감독하고, 정기적으로 품목을 조사하고 공포하며, 탐오와 낭비를 방지하는 것을 협조한다.

(4) 대중적 선전격려 사업을 전개하고, 대중이 상호 협조, 상호 평가, 그리고 시합과 수훈 등 사업을 수행하도록 촉구하며, 좋은 일과 좋은 사람을 표창한다.
(5) 과외학습, 문화오락, 체육과 위생 사업을 수행한다.
(6) 벽보와 흑판보(黑板報)를 작성하고, 독보(讀報)와 통신보도 사업을 전개한다.
(7) 전 중대원이 3대기율·8항주의를 자각적으로 준수하도록 촉구하며, 38기풍을 발양하고, 혁명군인의 영예를 유지한다.

〔**제3조**〕 혁명군인위원회의 조직은 아래와 같다:
(1) 혁명군인위원회는 전 중대 군인대회가 선출하여 구성하고, 당 지부위원회의 심사와 비준을 거치며, 혁명군인위원회는 5-15명으로 구성하고, 원칙적으로 분해야 한다. 혁명군인위원회의 임기는 1년이며, 매월 1회 회의를 개최한다. 만약 혁명군인위원회에 결원이 생길 때는 반드시 군인대회를 적시에 소집하여 보선을 실시해야 한다.
(2) 혁명군인위원회는 1명의 주임과 1-2명의 부주임을 선출한다. 주임은 일반적으로 간부가 담임할 수 있으며, 부주임은 일반적으로 전사가 담임할 수 있다. 혁명군인위원회는 사업의 필요와 중대원의 과다에 근거하여 경제위원회, 그리고 문화오락조, 벽보조, 대중사업조를 둘 수 있다. 경제위원회 주임은 혁명군인위원회 부주임직을 겸임하며, 경제위원회 위원과 혁명군인위원회의 각 조장은 혁명군인위원회 위원이 겸임한다.
(3) 혁명군인위원회는 반드시 군인대회에 자체의 사업을 보고하고, 전체 군인의 비판과 건의를 청취해야 한다. 혁명군인위원회의 중요한 사업은 반드시 군인대회에 회부하여 토의하도록 해야 한다.

〔**제4조**〕 혁명군인위원회는 사업 중에 반드시 민주를 충분히 발휘하고, 대중이 자각적이고 자발적으로 참가하도록 끌어들여야 한다. 혁명군인위원회의 모든 민주적 사업은 반드시 집단영도 하에 실시되어야 한다. 당 지부와 중대의 수장은 항시 혁명군인위원회의 사업에 관심을 가지고 이를 지지하며, 허심탄회하게 혁명군인위원회가 제기하고 반영하는 의견을 청취하고 성실하게 처리해야 한다.

〔**제5조**〕 혁명군인위원회는 구락부를 설치하여 전 중대 군인의 과외활동 장소로 삼아야 한다.

제11장 중국인민해방군 함 · 정 정치사업조례

〔**제1조**〕 당의 절대적 영도를 보장하고, 당의 사업과 정치사업을 수행하기 위해 함(艦)은 규모가 큰 군함(戰艦)을 가리키며, 정(艇)은 일반적으로 쾌속정(快速艇)과 같이 배수량이 500톤 이하의 소형 군용선박을 가리킨다.

중대 내에 당의 기층조직을 설립하며, 정치위원이나 또는 정치지도원을 둔다. 함·정 정치사업의 기본 임무는 마오쩌둥사상을 지침으로 하고, 정치교육과 사상사업을 수행하며, 전체 함정 근무자의 무산계급 의식을 향상시키고, 당의 기층조직 사업을 수행하며, 당의 노선과 정책, 국가의 법률과 법령, 그리고 상급의 명령과 지시를 철저히 집행하며, 38기풍을 배양하고, 장병의 단결과 군과 민의 단결을 강화하고, 적군을 와해시키며, 군사와 정치 기율을 유지하고, 부대의 전투력을 공고히 하고 향상시킴으로써 전투와 훈련 및 모든 사업임무를 완수하도록 정치와 사상 및 조직적으로 보장하는 것이다.

〔**제2조**〕 정치교육을 실시하고, 살아있는 사상을 장악하며, 일상적인 사상사업을 훌륭히 수행하고, 애국주의와 국제주의 및 혁명영웅주의 정신을 발양함으로써 함정 근무자들이 항시 왕성한 정치정서와 강인한 전투의지를 유지하도록 한다.

(1) 함정근무자가 마오쩌둥 동지의 저작을 학습하는 것을 계획하고, 계급교육과 시사정책 교육 및 혁명전통 교육을 실시한다.

(2) 당과 상급의 지시, 그리고 함정 근무자의 사상실태를 모두 장악하며, 당과 상급의 지시를 무기로 삼아 함정 근무자의 각종 현실적인 사상문제를 해결한다.

(3) 전투준비 교육, 해상방어 투쟁과 연관되고 외국의 함(艦), 선(船), 항공기를 대하는 지시와 규정에 관한 교육을 실시함으로써 함정 근무자가 고도의 적극적인 전투의지와 강인한 정책 관념을 가지도록 한다.

(4) 함정 근무자의 성명, 본적, 출신성분, 가정환경, 사회경력, 사상, 특기, 개성, 기술과 건강상태를 숙지하고, 함정 근무자의 사상 정서에 항시 관심을 가지며, 사상사업을 우선적으로 수행한다.

(5) 정치교육과 사상사업의 방식과 방법은 융통성이 있고 다양해야 한다. 실제와 연계하며, 정치과(政治課)를 훌륭히 실시한다. 좋은 일과 좋은 사람을 표창하며, 불량한 경향을 방지하고 극복한다. 대중이 모두 입을 열고 사상적으로 협조하도록 한다. 일정한 시간의 사상교육 운동을 훌륭히 장악하기도 하고, 일상적인 정치교육과 사상사업을 훌륭히 실시하기도 해야 한다. 사상문제의 해결은 실제 문제의 해결과 서로 결

합되도록 해야 한다.

〔제3조〕 전시 정치사업을 수행하며, 모든 전투 임무를 완수하는 것을 보장한다.

(1) 부단히 전투 동원을 실시하고, 전투의 의미와 목적, 유리한 조건과 어려운 점, 그리고 어려움을 극복하는 방법을 분명하게 말하며, 적의 음모와 죄행을 폭로하고, 승전 소식을 전파하며, 대중적 선전격려 사업을 전개하고, 부단히 전투정서를 격려하며, 전투 의지를 향상시키고, 필승의 신념을 확고히 하도록 한다.

(2) 함정 근무자가 명령을 철저히 이행하고, 자각적으로 기율을 준수하며, 전투 위치를 엄수하도록 교육하고, 용감하고 강인하며, 인내심을 가지고 각고분투하고, 융통성 있게 기동하며, 밀접하게 협동하는 전투 기풍을 발양한다.

(3) 군사민주를 전개하고, 군사지휘관이 전투에 앞서 대중이 의견을 내놓고, 방법을 강구하며, 전술과 기술상의 난점을 해결한다. 전투가 끝나면 투지를 평가하고, 지휘를 평가하며, 기술을 평가하고, 협동활동을 평가하며, 실전경험을 교환하기 위해 계획하는 것을 협조한다.

(4) 적을 사살하고 공을 세우는 대중운동을 전개하고, 영웅적 인물과 선진적 사적(事跡)을 선양한다.

(5) 적시에 당과 단의 조직을 정비하고, 부문(소함정), 선실 당소조(黨小組), 그리고 단소조(團小組)의 당원과 단원이 전투에서 역할을 충분히 발휘하도록 한다.

(6) 부대를 공고히 하고, 비전투원의 감소를 방지한다. 부상자에 대한 정치ㅏ업과 열사에 대한 사후처리 사업을 훌륭히 수행한다.

(7) 대기 중의 정치사업을 실시하며, 적시에 전투준비 사상을 검열하며, 해이하고 조급해 하는 정서를 방지하고 극복함으로써 함정 근무자가 항시 양호한 전투준비를 유지할 수 있도록 한다.

(8) 함정이 파손되거나 조난을 당할 시의 정치사업을 실시하며, 함정 근무자가 침착하고, 함정과 함께 하며, 강인하고, 투쟁을 견지하도록 교육한다.

(9) 적군을 와해하는 사업을 수행하며, 포로를 우대하는 정책을 집행하고 관철한다.

〔제4조〕 군사훈련 중의 정치사업을 실시하고, 훈련임무를 완수하는 것을 보장한다.

(1) 마오쩌둥 군사사상을 선전하고, 훈련방침을 선전하며, 함정 근무자가 항구(연안)에서 강인한 훈련정신을 발양하고, 고난을 극복하며, 해상작전능력을 함양하도록 교육한다.

(2) 출해(出海)훈련의 3단계 정치사업을 실행한다.

- **출해준비단계:** 함정 근무자의 사상과 기술 상태를 충분히 이해하고, 출해훈련의

임무와 요구에 의거하여, 사상사업을 충분히 진행하고, 함정 근무자가 출해훈련에 적극성을 발휘하도록 하고, 대중이 출해훈련 계획을 토의하고 철저히 집행하도록 발동함으로써 출해훈련의 준비사업을 훌륭히 수행한다.

- **해상훈련단계:** 항시 선실, 전투 위치, 그리고 사업이 가장 어려운 위치에 깊숙이 파고 들어가 함정 근무자의 사상과 생활 및 조직 등 상황을 이해하고, 대중적 선전격려 사업을 전개하며, 함정 근무자가 풍랑과 멀미를 이기고, 고된 훈련을 통하여 대중노선을 철저히 집행하도록 하며, 서로 가르치고 배우고, 가르치고 배우는 것을 책임지며, 평가하고 시합을 시키는 사업을 전개한다.
- **종합강평단계:** 대중이 가르침과 배움을 평가하고, 출해훈련의 경험과 교훈을 종합하며, 표창과 비판을 하고, 강평 후의 사상사업을 훌륭히 수행하도록 발동한다.

〔제5조〕 함(艦)과 정(艇)의 수리 중 정치사업을 수행한다. 사상영도를 강화하고, 함정 근무자의 적극성을 제고하며, 나태하고 해이해지는 것을 방지하고, 사업 능률을 향상시키며, 함정 수리의 질을 보장하고, 근검절약하고 낭비를 방지하며, 모든 어려움을 극복하고, 자체 수리보수 임무를 완수한다. 함정 군무자의 수리창 규칙을 준수하고, 직공과의 단결과 협동을 강화한다. 시운전과 시험항해의 사상사업을 훌륭히 수행한다.

〔제6조〕 함(艦)과 정(艇)의 안전을 보장하는 정치사업을 수행한다.

(1) 사고를 예방하는 사상사업을 적극적으로 수행한다. 함정 근무자가 군함, 무기와 장비 및 기계를 애호하고, 정치적 책임감을 향상시키도록 교육한다.

함정 근무자가 조작 기술을 숙달하며, 복잡한 상황에 직면했을 때 침착하고 과감하며, 정확히 처리하고, 조급하게 서두는 정서를 방지하며, 각종 사고를 방지할 수 있도록 교육한다.

(2) 함정 근무자가 조령과 조례, 그리고 규정과 제도를 성실하고 철저하게 실행하며, 교범과 기술규정을 엄격히 준수하도록 교육한다. 대중이 수리와 보수 및 정비사업을 훌륭히 수행하도록 발동한다.

(3) 사고가 발생하기 쉬운 시기를 파악한다. 부두를 떠나고, 항구로 들어오며, 근무자가 멀미를 심하게 할 때, 복잡한 해구에서 역류항해를 할 때, 야간훈련과 각종 합동훈련을 할 때, 그리고 정서가 해이해지거나 이완되기 쉬울 때는 모두 사상사업을 훌륭히 수행해야 한다. 일의 실마리를 주의 깊게 장악하고, 사고의 징후를 심각하게 처리하며, 사고를 초기에 미리 방지한다.

〔제7조〕 부대를 공고히 하고 단결시키는 사업을 훌륭히 수행한다.

(1) 존간애병(尊幹愛兵) 사업을 실행하고, 장병관계를 밀접히 한다. 간부가 병사를 사랑하는 관점을 수립하고, 계급형제의 감정으로 전사를 사랑하고 관심을 가지도록 하며, 엄격히 요구하기도 하고 인내심을 가지고 설득하기도 하는 교육원칙을 철저히 집행하도록 한다. 전사의 각종 문제를 정확히 처리하도록 교육하며, 전사가 간부를 사랑하고 존경하며, 자각적으로 기율을 준수하고, 명령을 철저히 이행하도록 교육한다. 함정 근무자가 당해 단위와 형제 단위의 단결을 강화하도록 교육한다.

(2) 함정 근무자의 복지에 관심을 가지며, 환자를 보호하고, 항시 식사와 영양상태를 파악하고, 함정 근무자의 물질생활을 개선하는 행정에 협력하며, 방역과 위생 사업을 훌륭히 수행한다. 가족에 대한 사업을 수행한다.

(3) 대중적 방첩 및 기밀유지 사업을 전개하고, 함정 근무자의 정치적 경각심을 향상시키며, 적의 방송을 청취하는 것을 금지하고, 적의 반동적 선전을 폭로하며, 반혁명적 파괴사업을 방지하고, 부대의 순수성을 보장한다.

〔제8조〕 옹정애민(擁政愛民) 사업을 실행하고, 군민관계를 밀접히 한다. 함정 근무자가 3대기율·8항주의를 엄격히 준수하고, 인민대중에게 선전사업을 실행하며, 민병 훈련을 지원하고, 어업 생산과 해상교통의 안전을 보호하며, 선박과 인원의 해난을 구조한다. 항시 대중이 기율을 거사하고, 능동적으로 대중의 이견을 구한다.

〔제9조〕 당 기층조직의 사업을 훌륭히 실행하고, 대중조직이 역할을 발휘하도록 한다.

(1) 당의 기층조직이 통일적으로 지도하고 단결시키는 핵심적 역할을 발휘하도록 하고, 당의 집단영도를 강화하며, 단의 민주집중제를 철저히 집행하며, 당 조직을 건전하게 하고, 당 생활에 활력을 불어넣으며, 비판과 자아비판을 전개하고, 당의 단결을 강화하며, 당의 기율을 유지하고, 당의 교육을 실시하며, 당원의 공산주의 의식과 사업 능력을 향상시킨다.

(2) 공산주의청년단 지부의 건설을 강화하고, 단(團)의 교육을 실시하며, 청년의 특성에 맞게 청년사업을 전개하고, 단원과 청년이 돌격 역할을 발휘하도록 한다.

(3) 혁명군인위원회의 사업을 지도하고, 정치민주와 경제민주 및 군사민주를 전개하며, 과외학습, 통신보도, 벽보와 청취, 그리고 방송사업을 계획하고, 해상과 부두에서의 문화오락과 체육위생 사업을 전개한다. 문화과학 지식의 학습을 계획한다.

〔제10조〕 함·정 정치사업은 반드시 당 기층조직의 집단영도에 의거하고, 간부와 당원의 모범적 역할에 의거하며, 충분히 대중을 동원하여 수행함으로써 정치사업이 기술업무 속으로 깊숙이 파고 들어갈 수 있도록 해야 한다.

항시 선실과 전투단위에 깊숙이 파고 들어가 함정 근무자의 사상 변화를 파악하고, 그들의 고통에 관심을 가지며, 진정으로 그들과 한마음이 되어 단결하도록 함으로써 함정 근무자가 모든 임무를 완수하도록 한다.

제12장 중국인민해방군 비행대대 정치사업조례

〔**제1조**〕 당의 절대적 영도를 보장하고, 당의 사업과 정치사업을 수행하기 위해 비행대대 내에 당 지부를 설립하고, 정치위원을 둔다. 비행대대 정치사업의 기본 임무는, 마오쩌둥사상을 지침으로 하고, 정치사업과 사상사업을 수행하며, 전체 인원의 무산계급 의식을 향상시키고, 당 지부의 사업을 수행하며, 당의 노선과 정책, 국가의 법률과 법령, 그리고 상급의 명령과 지시를 철저히 집행하고, 38기풍을 배양하고, 장병의 단결과 군과 민의 단결을 강화하며, 적군을 와해시키고, 군사와 정치 기율을 유지하며, 부대의 전투력을 공고히 하고 향상시킴으로써 전투와 훈련 및 모든 사업임무를 완수하도록 정치, 사상, 조직적으로 보장하는 것이다.

〔**제2조**〕 정치교육을 실시하고, 살아있는 사상을 장악하며, 일상적인 사상사업을 훌륭히 수행하고, 애국주의와 국제주의 및 혁명영웅주의 정신을 발양함으로써 전체 인원이 왕성한 정치정서와 강인한 전투의지를 유지하도록 한다.

(1) 전체 인원이 마오쩌둥 동지의 저작을 학습하고, 계급교육과 시사정책 교육 및 혁명 전통 교육을 실시하는 것을 계획한다.

(2) 당과 상급의 지시, 그리고 당해 단위의 사상실태라는 두 가지를 확실히 장악하고, 당과 상급의 지시를 무기로 삼아 각종 현실적인 사상문제를 해결한다.

(3) 전투준비 교육과 외국의 항공기. 함정과 민간 선박에 대해 대처하는 지시와 규정에 관한 교육을 실시함으로써 전체 인원이 전투를 위한 고도의 적극성을 가지기도 하고 강인한 정책적 관념을 가지기도 하도록 한다.

(4) 모든 인원의 성명, 본적, 출신성분, 가정상황, 사회경력, 사상, 특기, 개성, 기술과 건강상태를 파악하고, 항시 그들의 사상동향에 관심을 가지며 사상사업을 우선적으로 수행한다.

(5) 정치교육과 사상사업의 방식과 방법은 융통성이 있고 다양해야 한다. 실제와 연계하고, 정치과목을 훌륭히 강의한다. 좋은 사람과 좋은 일을 표창하고, 불량한 경향을 방지하고 극복한다. 대중이 모두 입을 열어놓고, 사상적으로 협조하도록 발동한다.

일정한 시기의 사상교육 운동을 적극적으로 전개하기도 하고 일상적인 정치교육과 사상사업을 적극적으로 수행하기도 한다. 사상문제의 해결은 실제문제를 해결하는 것과 상호 결합되도록 해야 한다.

(6) 공중 근무자의 결혼문제와 가정생활에 관심을 가지고, 가족에 대한 사상사업을 적극적으로 수행하며, 조종사가 배우자를 정확히 선택하도록 교육한다.

〔**제3조**〕전시정치사업을 수행하고, 모든 전투임무를 완수하는 것을 보장한다.

(1) 부단히 전투동원을 실시하고, 전투의 의미와 목적, 유리한 조건과 어려움, 그리고 어려움을 극복하는 방법을 분명하게 말하며, 적의 음모와 죄행을 폭로하고, 적개심과 적극적인 전투의지를 불러일으키며, 출격하기 전의 막간을 이용하여 지체 없이 간단하고 활력이 넘치는 행동구호를 제기하고, 승전 소식을 전파하며, 전투의지를 향상시키고, 필승의 신념을 확고히 하도록 한다.

(2) 공중 근무자가 명령을 철저히 이행하고, 지휘에 복종하며, 자각적으로 기율을 준수하고, 용감하고 강인하며, 각고분투하고 인내심을 가지며, 융통성이 있고 기동적이며, 밀접한 협동을 유지하며, 연속적으로 작전을 수행하고, 적극적이고 능동적이며 일당백(一當百)으로 작전하는 전투기풍을 발휘하도록 교육한다.

(3) 군사민주를 전개하고, 군사지휘관이 공중 근무자가 전투에 임하기 전에 상황을 파악하고 방법을 강구하며, 전술과 기술상의 난점을 해결하도록 하고, 전투 후에는 투지를 평가하고, 전술을 평가하며, 지휘를 평가하고, 실전경험을 상호 교환하도록 계획하는 것을 협조한다.

(4) 적을 사살하고 공을 세우는 대중운동을 전개하고, 영웅적 인물과 선진적 사적(事跡)을 선양한다.

(5) 당과 단의 조직을 지체 없이 정비하고, 당원과 단원이 전투에서 역할을 충분히 발휘하도록 한다. 군사지휘관이 지체 없이 행정 조직을 조정하고, 중대장과 장기(長機)와 요기(僚機), 그리고 공중 근무조의 핵심을 이동시키고 배치하는 것을 협조한다. 보충요원의 사상사업을 적극적으로 수행한다.

(6) 부대를 공고히 하고, 비전투원의 감소를 방지한다. 부상자에 대한 정치사업과 열사에 대한 사후처리 사업을 적극적으로 수행한다.

(7) 적시에 전투준비 사상을 검열하고, 나태하고 이완된 사상과 조급한 정서를 방지하고 극복함으로써 전체 인원이 전투를 위한 고도의 경각심을 유지하고, 수시로 적의 돌발적인 습격에 철저히 대비한다.

〔**제4조**〕비행훈련 중의 정치사업을 수행하고, 훈련임무를 완수하는 것을 보장한다.

(1) 마오쩌둥 군사사상을 선전하고, 훈련방침을 선전하며, 지체 없이 훈련 중의 사상문제를 발견하고 해결하며, 전체 인원이 고된 훈련을 통해 전술과 기술을 익히고, 군사 민주를 전개하며, 가르침과 배움을 서로 평가하고, 가르침과 배움을 서로 도우며, 각종 시합을 통해 격려하는 운동을 계획하고, 기술요원을 양성하며, 부단히 훈련의 질과 양을 향상시키는 것을 계획하고 보장한다.

(2) 비행일 정치사업제도를 실시하며, 정치사상사업이 비행을 위한 계획에서 실시단계에 이르기까지의 매 단계에서 철저히 수행되도록 한다.

① **사전준비단계**에서는, 모든 공중근무자의 사상, 기술, 신체 상황을 충분히 파악하고, 공중근무자가 임무를 부여받고 개인적으로 준비하며, 집단적으로 연구하고, 지상연습을 하는데 있어서 사상사업을 수행한다. 비행을 한 지가 오래 되고, 항상 조직상의 과오를 범하며, 나쁜 비행 습관이 있고, 새로운 과목을 비행하거나 단독으로 비행하는 공중근무자에 대해서는 지체 없이 사상상의 협조와 기술상의 협조를 계획하고 난점을 해결한다. 대중이 훈련계획을 토론하고 철저히 집행하며, 전체 인원이 지상준비를 성실히 실행하는 것을 보장하도록 발동한다.

② **직접준비단계**에서는, 현장에 깊숙이 파고 들어가 항공 공정과 정비 보장의 준비 상태를 이해하고, 공중근무자가 항공기를 성실하게 점검하고 좌석에 앉아 실습하는 것을 격려하고 독촉한다.

비행 전에 모든 공중근무자들의 사상과 정서를 분석하고, 비행에 부적합한 것이 발견되면 군사지휘관이 지체 없이 처리하도록 협력하며, 비행계획이 변경되면 지체 없이 사상사업을 수행해야 한다.

③ **실시단계**에서는, 부단히 공중근무자의 비행 상태와 사상 상태를 파악하고, 적시에 선전격려 사엊을 수행하며, 현장학습을 계획하고, 경험과 교훈을 전파하며, 불안전 요소나 또는 비행에 영향을 미치는 문제를 발견하여 군사지휘관이 지체 없이 효과적으로 해결하도록 협조한다. 비행을 정지당한 공중근무자에 대해서는 사상교육을 강화해야 한다.

④ **강평단계**에서는, 비행 중의 중요한 문제를 파악하고, 구체적으로 분석하며, 사상과 기술상의 원인을 분명하게 구분하고, 살아있는 사례로 교육을 실시하며, 경험과 교훈을 총결산하고, 비판과 표창을 병행하며, 강평 후의 사상사업을 적극적으로 수행하는데 숙달되어야 한다.

(3) 전체 인원이 훈련과 일상생활 중에서 38기풍을 단련하고 배양하는 것을 강화하도록 교육하며, 간부가 모범적인 행동을 보임으로써 공중근무자들에게 영향을 미치고 이들을 지휘하는 것을 교육한다.

〔**제5조**〕비행안전의 정치사업을 수행하는 것을 보장한다.

(1) 항시 안전을 보장하는 교육을 실시하며, 대중이 안전을 보장하는 것을 적극적으로 책임지도록 하고, 모든 공중근무자가 비행기술을 숙달하고, 항공이론을 적극적으로 연구 발전시키며, 장비를 사용하는 지식을 배우고, 특수한 상황에 직면하여 침착하고 과감하며, 정확하게 조치를 취하고, 조급하게 서두르지 않고, 소극적인 안전의식을 타파하는 것을 교육한다.

(2) 공중근무자가 조령과 조례, 교정과 규장, 그리고 제도를 엄격히 준수하고, 공중에서의 상황을 실제로 반영하듯이 성실하고 정확하게 임무를 수행하도록 교육한다. 조직성과 기율성을 강화하고, 간부의 모범적 역할을 강조하며, 대중적인 상호감독을 전개한다.

(3) 비행이 비교적 순조로워 사상 마비의 조짐이 보일 때, 훈련의 진도가 느려 조급성을 보일 때, 그리고 사고의 징후가 심각할 때는 지체 없이 대중이 안전검사를 실시하고, 사고의 징후를 성실하게 파헤치고 심각하게 처리하며, 사고를 초기단계에서 근절한다.

(4) 중점을 장악하고, 중요한 길목을 철저히 지킨다. 단독비행, 과목의 전환, 장비의 교체, 장기간의 비행 중단, 휴일 전후, 환절기, 돌발적인 기상 변화 등 비행 시 사고 발생의 위험이 있을 시는 사전에 사상사업을 철저히 수행하여 모든 공중근무자가 정서적으로 안정되고, 패기가 충만하며, 사상문제를 가지고 비행을 하지 않으며, 의문이나 애로가 되는 문제를 가지고 비행을 하지 않고, 질병을 안고 비행을 하지 않도록 보장한다.

(5) 사고가 발생할 시는 부대의 정서를 안정시키고, 대중이 원인을 찾아내고 그것을 교훈으로 삼으며, 조치를 강구하고, 믿음을 향상시키도록 촉구한다.

〔**제6조**〕존간애병(尊幹愛兵) 사업을 수행하고, 관리와 교육사업을 수행하며, 내부의 단결을 강화한다.

(1) 전체 인원이 계급적 우애와 집단주의 정신을 발양하고, 장기와 요기, 공중근무자, 공중근무와 지상근무, 교관과 학생, 당해 단위와 형제 단위 간의 단결을 강화하고, 겸허하고 성실하며, 서로 배우고, 능동적으로 배합하며, 서로 지원한다.

(2) 엄격하게 요구하기도 하고 인내심을 가지고 설득하는 교육원칙을 철저히 집행하며, 인내심을 가지고 설득하는 방법으로 엄격하게 요구하는 목적을 달성하며, 책임을 포기하는 것을 방지하기도 하고 간단한 적당주의를 방지하기도 해야 한다. 성과가 있으면 표창을 하고, 결점과 과오가 있으면 비판을 해야 하며, 용감하게 비판하고, 용감하게 시정하며, 표창과 비판을 견뎌내는 기풍을 양성해야 한다.

(3) 전체 인원의 복지에 관심을 가지며, 환자를 보호하고, 항시 급식과 영양 실태를 파악하며, 전체 인원의 물질생활을 개선하는 행정에 협조하고, 방역과 위생 사업을 적극적으로 수행한다.

(4) 외출, 휴가, 요양, 방문 등의 사상사업과 관리 및 교육사업을 적극적으로 수행한다.

〔제7조〕 부대의 내부와 주둔지 주민의 정치상황을 파악하고, 방첩과 비밀유지 교육을 실시하며, 전체 인원의 정치적 경각심을 제고하고, 대중적 방첩 및 비밀유지 사업을 전개하며, 적의 방송을 청취하는 것을 금지하고, 적의 반동적 선전을 폭로하며, 반혁명적 파괴사업을 방지하고, 부대의 순수성을 보장한다.

〔제8조〕 옹정애민(擁政愛民) 사업을 수행하고, 군·민 관계를 밀접히 한다.

전체 인원이 3대기율·8항 주의를 엄격히 준수하는 것을 교육한다. 항시 대중의 기율을 검사하고, 능동적으로 대중의 의견을 구한다.

〔제9조〕 당 지부의 사업을 적극적으로 수행하고, 대중조직이 역할을 발휘하도록 한다.

(1) 당 지부가 통일적으로 영도하고 단결시키는 핵심적 역할을 발휘하도록 하며, 당 지부위원회의 영도를 강화하고, 당의 민주집중제를 철저히 집행하며, 당 지부의 조직을 건전하게 하고, 당 지부의 생활을 활발하게 하며, 비판과 자아비판을 전개하고, 당의 단결을 강화하며, 당의 기율을 유지하고, 당원의 공산주의 의식과 사업 능력을 향상시킨다.

(2) 청년의 특성에 맞게 청년사업을 전개하며, 단원과 청년이 돌격 역할을 발휘하도록 한다.

(3) 대중이 혁명군인위원회의 사업에 적극적으로 참가하도록 하며, 정치민주와 경제민주 및 군사민주를 전개하고, 과외학습을 계획하며, 대중적 문화오락과 체육위생 사업을 전개한다. 문화과학 지식을 학습하도록 계획한다.

〔제10조〕 비행대대의 정치사업은 반드시 당 지부위원회의 집단영도에 의거하고, 간부와 당원의 모범적 역할에 의거하여, 대중이 실시하도록 충분히 동원함으로써 정치사업이 기술업무에 침투되도록 해야 한다. 항시 비행장에 깊숙이 파고 들어가고, 대중 속으로 깊숙이 파고 들어가 개개인이 사업을 함으로써 모든 사업이 개인의 신상에 실행되도록 한다. 사업을 계획할 시는 몇 가지 방안을 준비하고, 시기를 장악하며, 지체 없이 능동적으로 진행해야 한다.

공중근무지와 일심동체가 되고, 그들의 사상적 맥박을 장악하여 그들의 마음을 이해하며, 전체 인원이 모든 임무를 완수하도록 단결시킨다.

제13장 중국인민해방군 성군구 · 군분구 정치부 사업조례

〔**제1조**〕 성군구·군분구 정치부는 상급 정치기관, 당의 성위원회나 또는 지방위원회, 동급 당 위원회와 정치위원의 영도 하에 민병 정치사업과 병역 정치사업을 계획하고 실행하며, 성군구·군분구 소속부대의 당 사업과 정치사업을 관리하는 영도기관이다.

〔**제2조**〕 성군구·군분구 정치부의 기본임무는, 마오쩌둥사상을 지침으로 하고, 민병 정치사업과 병역 정치사업을 수행하며, 부대당의 사업과 정치사업을 영도하고, 당의 노선과 정책, 국가의 법률과 법령, 그리고 상급의 명령과 지시를 철저히 집행하며, 민병과 부대의 무산계급 의식을 향상시키고, 민병과 부대에 대한 당의 절대적 영도를 공고히 하며, 해륙 변방의 보위, 작전과 훈련, 사회 치안의 유지, 그리고 장병 및 전시동원 등 임무를 완수하는 것을 보장하는 것이다.

〔**제3조**〕 성군구·군분구 정치부의 주요한 사업은 아래와 같다:

(1) 민병 건설에 있어서 계급노선을 철저히 집행하며, 유관 부문과 협력하여 민병 조직을 공고히 하고 순수하게 한다. 당의 지방 기층조직이 민병의 정치사업을 강화하는 것을 지도한다.

(2) 민병의 정치교육과 사상사업을 계획하고 실시하며, 항시 민병의 사상실태를 파악하고 연구하며, 유관 부문과 협력하여 민병에 대해 계급교육, 국내외 정세 및 당의 노선정책 교육, 사회주의 교육, 민병 임무 교육, 혁명전통 교육과 38기풍 교육을 실시하며, 민병의 무산계급 의식과 애국주의 사상을 제고하고, 국방관념과 전투의지를 강화한다.

(3) 항시 기층 단위와 전직(專職)인민무장 간부의 정치사상실태와 사업능력을 파악하고, 유관 부문과 협력하여 그들의 양성, 심사, 선발, 이동과 배치, 그리고 임면 등 사업을 관리하며, 그들의 생활복지에 관심을 가진다. 예비역 간부 사업을 관리하고, 예비역 간부의 등록사업과 전시동원 사업을 수행한다.

(4) 민병의 근무 중 정치사업을 계획하고 수행하며, 민병의 해륙 변방투쟁에 관한 정책과 지시를 철저히 집행하도록 교육하며, 각항의 근무를 완수하는 것을 보장한다.

(5) 민병의 전시 정치사업을 계획하고 수행하며, 동원사업을 철저히 하고, 적을 사살하

고 공을 세우는 운동을 전개하며, 전장의 기율을 유지하고, 적을 와해하고 포로를 우대하는 정책을 철저히 집행하며, 전투임무와 전투근무를 완수하는 것을 보장한다.

(6) 민병의 군사훈련 중 정치사업을 계획하고 수행하며, 마오쩌둥 동지의 인민전쟁과 전민개병(全民皆兵)에 관한 사상을 선전하고, 민병훈련의 의미와 요구를 선전하며, 민병이 군사훈련과 국방체육 사업에 적극적으로 참가하도록 하고, 훈련 중에 대중노선을 철저히 집행하며, 민병이 무기와 장비를 아끼고 사랑하며, 사고를 방지하고, 군사훈련 임무를 완수하는 것을 보장한다.

(7) 민병이 대중적 혁명시합을 계획하고 전개하는 것을 지도하며, 영웅적 인물과 선진적 사적을 선양한다.

(8) 국가의 병역제도를 철저히 집행하며, 병력을 징집하고 병력을 선발하며 전시동원을 하는 정치사업을 계획하고 수행하며, 징집대상자에 대한 정치심사 사업을 수행한다.

(9) 제대, 전업, 퇴역, 전역, 상이군인의 안배 실태를 이해하고, 군인가족, 열사가족, 그리고 참전하여 부상을 입은 민병을 우대하는 무휼(撫恤)사업 실태를 이해하며, 유관 부문과 협력하여 그들의 합리적 요구를 해결하고, 그들의 정치사상 교육을 강화한다.

(10) 유관 부문과 협력하여 인민대중에게 국방교육을 실시하며, 혁명을 위한 경각심을 제고하고, 국방관념을 강화하며, 인민군대를 열애하고, 국방건설을 적극적으로 지원한다.

(11) 당해 지구 주둔군과 지방 당·정 기관 및 인민대중과의 관계를 이해하고, 옹정애민(擁政愛民)과 옹군우속(擁軍優屬) 사업을 강화하는 의견을 제시한다. 대중의 서신과 내방을 처리한다.

(12) 성군구·군분구 소속부대와 대관(代管) 단위의 당 사업과 정치사업을 영도한다. 부대당 사업과 정치사업은 군·사단 정치부 사업조례의 규정에 따라 수행한다. 성군구 정치부는 군사검찰사업과 군법 사업을 지도해야 한다.

〔**제4조**〕 성군구·군분구 정치부는 반드시 주요 역량을 집중하여 민병 정치사업을 계획하고 실행해야 한다.

사업 중에는 당 성위원회나 또는 지방위원회의 영도와 감독을 받고, 능동적으로 유관 부문과 긴밀하게 협력하며, 생산 임무와 지방의 기타 중점사업을 완수함으로써 민병의 건설을 실시해야 한다. 지체 없이 상급 정치기관, 당의 성위원회나 또는 지방위원회, 그리고 동급 당 위원회에 상황을 반영하고 보고사업에 관한 지시를 받는다.

제14장 중국인민해방군 현(시) 인민무장부 정치사업조례

〔**제1조**〕 현(시) 인민무장부는 정치위원을 두고, 정치사업과나 또는 정치간사를 두며, 민병 정치사업과 병역 정치사업을 수행한다. 현(시) 인민부장부의 정치사업은 성급 정치위원, 정치기관, 당의 현(시) 위원회 및 인민무장부 당 위원회의 영도를 받는다.

현(시) 인민무장부 정치사업의 기본 임무는, 마오쩌둥사상을 지침으로 하고, 당의 노선과 정책, 국가의 법률과 법령, 그리고 민병 및 병역 사업과 유관한 지시와 결정을 집행하고 관철하며, 민병에 대한 당의 절대적 영도를 공고히 하고, 민병의 무산계급 의식과 국방관념을 향상시키며, 민병 조직을 공고히 하고 순수하게 하며, 민병이 사회주의 건설에 적극적으로 참가하도록 독려하고, 작전과 훈련, 사회치안의 유지, 병력의 징집 및 전시동원 임무를 완수하는 것을 보장하는 것이다.

〔**제2조**〕 당의 지방 기층조직이 민병 정치사업을 계획하고 강화하는 것을 지도하며, 민병이 당의 결의와 상급의 명령 및 지시를 집행하고 관철하며, 당의 영도에 철저히 복종하는 것을 보장한다.

민병을 건설하는데 있어서 계급노선을 철저히 집행하며, 유관 부문이 민병의 정치심사 사업을 지도하고, 지주분자, 부농분자, 자본계급 우파분자, 그리고 반혁명분자가 민병 조직에 섞여 들어오는 것을 방지하도록 협력하며, 민병의 무기가 정직하고 신뢰할 수 있는 노동자, 빈농, 그리고 중하층 농민의 적극분자 수중에 확실하게 장악되는 것을 보장한다.

〔**제3조**〕 민병의 정치사업과 사상사업을 수행한다. 민병의 사상실태를 항시 파악하고 연구하며, 유관 부문이 민병에 대해 계급교육, 국내외 정세와 당의 노선 및 정책 교육, 사회주의 교육, 민병업무 교육, 혁명전통 교육, 그리고 38기풍 교육을 수행하는 것을 협조하며, 좋은 일과 좋은 사람을 표창하고, 민병의 무산계급 의식과 애국주의 사상을 향상시키며, 국방관념과 전투의지를 강화한다.

〔**제4조**〕 기층단위의 전문직 인민무장 간부의 정치사상실태와 업무능력을 항시 파악하고, 유관 부문이 그들의 양성, 평가, 선발, 배치, 그리고 임면 사업을 관리하는 것을 협조하며, 그들의 생활과 복지에 관심을 가진다. 예비역 간부 사업을 관리하고, 예비역 간부와 밀접히 연계하며, 예비역 간부의 등록사업과 전시동원 사업을 수행한다. 민병의 핵심에 대한 교육과 양성을 강화한다.

〔**제5조**〕민병이 근무 중의 정치사업을 수행하도록 하며, 각항의 근무를 완수하는 것을 보장한다. 민병이 근무를 자신의 영광된 의무로 인식하고 책임지며, 적극적으로 각항의 임무를 수행하도록 교육한다. 민병이 국내방위와 육해 변방 투쟁에 관련된 정책과 지시를 철저히 집행하며, 근무 중의 기율을 준수하고 이행하도록 교육한다. 민병이 경각심을 제고하고, 기밀을 엄수하며, 입장을 안정적으로 견지하고, 반혁명분자와 파괴분자의 파괴활동을 방지하도록 교육한다.

〔**제6조**〕민병의 전시 정치사업을 수행하고, 전투임무와 전투근무의 완수를 보장한다. 전시 정치동원을 적극적으로 수행하며, 민병이 작전에 참가하고, 전선을 지원하도록 전투정서를 격려하고, 전투임무와 전투근무를 적극적으로 완수하도록 한다. 민병이 명령을 철저히 이행하고, 지휘에 복종하며, 영웅적이고 강인하며 어떠한 어려움도 참아내고 기지와 융통성을 발휘하는 전투기풍을 발양하도록 교육한다. 민병이 적을 사살하고 공을 세우는 대중활동을 전개하는 것을 지도한다. 전지(戰地) 대중의 이익과 대중 기율을 유지하고 옹호한다. 적군을 와해시키고 포로를 우대하는 정책을 집행하고 관철한다.

〔**제7조**〕민병의 군사훈련 중의 정치사업을 수행하고, 군사훈련 임무를 완수하는 것을 보장한다. 마오쩌둥 동지의 인민전쟁과 전민개병(全民皆兵)에 관한 사상을 선전하고, 민병훈련의 의미와 요구를 선전하며, 민병이 군사훈련과 국방체육활동에 적극적으로 참가하도록 독려한다. 훈련 중에 대중노선을 철저히 집행하며, 서로 가르치고 배우며 평가하는 대회를 계획한다. 제대, 전업, 퇴역 군인이 군사훈련에서 핵심 역할을 발휘하도록 한다. 민병이 무기와 장비를 사랑하고 아끼며, 사고를 방지하고, 안전을 보장하도록 교육한다.

〔**제8조**〕병력의 징집과 병력의 선발 및 전시동원 중의 정치사업을 수행한다. 국가의 병역제도를 선전하고 철저히 집행하며, 민병과 적령기 청년이 조국의 징집에 적극적으로 응소하도록 교육한다.

징집대상자와 그들의 가족에 대한 사상교육을 강화한다. 징집대상자의 정치심사 사업과 인계인수 중의 정치사업을 적극적으로 수행한다.

〔**제9조**〕제대, 전역, 퇴역, 퇴직 및 상이군인의 배치 실태를 파악하고, 군인가족, 열사가족, 그리고 참전 중 부상을 입은 민병에 대한 우대와 원호 사업 실태를 이해하며, 유관부문과 협조하여 그들의 합리적 요구를 해결하고, 그들이 영예를 유지하고, 혁명전통

을 발양하며, 당의 정책과 국가의 법률 및 법령을 준수하도록 교육한다. 제대, 전업 및 퇴역 군인이 사회주의 건설과 민병사업에서 핵심 역할을 발휘하도록 한다.

〔제10조〕 유관 부문과 협조하여 인민대중에 대해 국방교육을 실시하고, 혁명 경각심을 향상시키며, 국방관념을 강화하고, 그들이 인민군대를 열애하며, 국방건설을 적극적으로 지원하도록 한다.

〔제11조〕 당지의 주둔군과 지방 당·정 기관 및 인민대중의 관계를 이해하고, 옹정애민(擁政愛民)과 옹군우속(擁軍優屬) 사업을 강화하는 것에 관한 의견을 제시한다. 내방하는 군인들에게 당지의 상황을 소개하고, 교육을 실시한다. 대중으로부터 오는 서신과 내방을 처리한다.

〔제12조〕 인민무장부 인원에 대한 정치사업을 수행하고, 마오쩌둥 동지의 저작과 당의 노선 및 정책을 학습하고, 무산계급 의식을 향상시키며, 검소하고 고생하는 기풍을 발양하고, 당 지부의 활동을 강화하며, 당의 민주집중제를 철저히 집행하고, 당의 생활을 건전하게 하고 활발하게 하며, 당의 단결을 강화하고, 당의 기율을 유지하며 옹호하고, 임무의 완수를 보장하는 것을 계획한다.

〔제13조〕 현(시) 인민무장부의 정치사업은 반드시 당의 현(시) 위원회의 영도와 감독을 받으며, 능동적으로 유관 부문과 밀접하게 협조하고, 생산 임무와 지방의 기타 중점 사업을 완수함으로써 민병 건설을 실행한다.

항시 농촌, 공장, 학교에 깊숙이 파고 들어가며, 대중과 밀접하게 연계하고, 조사와 연구를 성실하게 수행하며, 선진적 경험을 총결산하고 널리 확산시킨다. 지체 없이 상급 정치기관과 당의 현(시)위원회에 상황을 반영하고, 지시 하달을 요청하는 한편 활동을 보고한다.

제15장 중국인민해방군 학교 정치부(처) 시업조례 【생략】

제16장 중국인민해방군 병원 정치부(처) 사업조례 【생략】

제17장 중국인민해방군 정치협리원 사업조례

〔**제1조**〕정치협리원(政治協理員)은 상급 정치기관이 연대 이상의 기관부문에 파견한 정치사업 요원이며, 상급 정치기관의 영도, 그리고 당해 단위 당 조직과 당해 단위 수장의 영도 하에, 당의 사업과 정치사업을 수행한다.

정치협리원은 반드시 조국과 당의 사업에 충성하고, 작전에 용감하며, 사업에 적극적이고, 학습에 열중하며, 대중과 밀접하게 연계할 뿐만 아니라 일정한 정치사업 경험을 구비한 중국공산당의 정식당원이어야 한다.

〔**제2조**〕정치협리원의 주요 임무는 아래와 같다:

마오쩌둥사상을 지침으로 하고, 정치교육과 사상사업을 수행하며, 당 지부의 사업을 수행하고, 당의 노선과 정책, 국가의 법률과 법령, 그리고 상급의 명령과 지시를 철저하게 실행하며, 38기풍을 발양하고, 단결을 공고히 하며, 기율을 유지하고, 전체 인원의 책임감과 적극성을 향상시키고, 각항 임무를 완수하는 것을 보장하는 것이다.

〔**제3조**〕정치협리원의 직책은 아래와 같다:

(1) 당해 단위의 당 조직과 수장이 간부의 정치학습을 계획하고, 전사와 직공의 정치교육을 지도하고 실시하며, 전체 인원이 마오쩌둥 동지의 저작과 당의 노선 및 정책을 학습하도록 하고, 전체 인원의 무산계급 의식을 향상시키며, 전투의지를 강화하는데 협조한다.

(2) 항시 전체 인원의 정치사상실태를 이해하고 파악하며, 당해 단위의 당 조직과 수장이 간부의 사상영도를 강화하고, 전사와 직공의 사상사업을 성실히 수행하며, 지체 없이 사상문제를 해결하고, 좋은 일과 좋은 사람을 표창하며, 불량한 경향을 방지하고 극복하는데 협조한다.

(3) 당 지부의 사업을 적극적으로 수행하고, 당의 민주집중제를 철저히 집행하며, 당 지부 조직을 건전하게 하고, 당 지부의 생활을 활발하게 하며, 당일(黨日)제도를 견지하고, 당의 교육을 실시하는 것을 계획한다.

(4) 보위사업을 수행하며, 전체 인원이 정치적 경각심을 향상시키고, 국가 기밀과 군사 기밀을 엄수하며, 반혁명적 파괴사업을 방지하는 것을 교육한다.

(5) 공산주의청년단 지부의 사업을 지도하고, 단의 교육을 계획하고 실시하며, 단원과 청년이 돌격 역할을 발휘하도록 한다.

(6) 혁명군인위원회의 사업을 지도하고, 정치민주와 경제민주 및 군사민주를 전개하

며, 과외학습을 계획하고, 대중적 문화오락과 체육위생 사업을 수행한다.

(7) 당해 단위의 당 조직과 수장이 간부사업을 수행하는 것을 협조한다.

(8) 급식을 개선하며, 복지사업을 수행하고, 가족에 대한 사업을 적극적으로 수행하는 것을 협조한다.

(9) 존간애병(尊幹愛兵) 사업을 수행하고, 관리교육을 개선하며, 간부, 전사, 직공 간의 관계를 밀접히 하고, 내부의 단결을 강화한다.

(10) 옹정애민(擁政愛民) 사업을 수행하고, 전체 인원이 3대기율·8항주의를 준수하고, 사회주의 건설에 적극적으로 참가하도록 교육한다.

〔**제4조**〕 정치협리원은 반드시 실제에 깊숙이 파고 들어가며, 대중과 연계하고, 당 지부와 전체 간부에 의존하며, 대중적 정치사업을 전개해야 하며, 항시 당해 단위의 당 조직과 수장에게 상황을 반영하고, 보고사업에 관한 지시를 받아야 한다.

Ⅳ. 덩샤오핑 영도시기의 중국인민해방군 정치사업조례(1983년)

제1장 중국인민해방군 정치사업조례 총칙

〔**제1조**〕 중국인민해방군은 중국공산당이 창설하고 마르크스레닌주의와 마오쩌둥사상으로 무장한 새로운 인민의 군대이며 중화인민공화국의 무장역량으로서 인민민주독재의 굳건한 초석이다. 인민과 긴밀히 함께 일어나며 전심전력으로 인민을 위해 복무하는 것은 우리 군의 유일한 근본취지이다.

우리 군은 중국공산당의 영도 하에 전국 인민과 함께 하고 공산주의의 위대한 기치를 높이 치켜들고, 애국주의와 국제주의 및 혁명영웅주의 정신을 발양하고, 장기간의 각고분투하는 과정을 거쳐 인민혁명전쟁으로써 제국주의, 봉건주의, 그리고 관료자본주의의 통치를 전복하였으며, 신민주주의혁명의 위대한 승리를 쟁취하여 중화인민공화국을 수립하였다. 또한 건국 이후 항미원조(抗美援朝)전쟁과 조국의 변방을 보위하는 투쟁을 전개하였고, 제국주의와 패권주의의 침략, 파괴와 무장도발을 물리쳤으며, 국가의 독립과 안전을 유지하고 보호하였으며, 사회주의 혁명과 사회주의 건설을 보위하고 또 그것을 위해 참가함으로써 인민민주독재를 공고히 하기 위한 새로운 공헌을 창출하였다.

사회주의 현대화 건설의 새로운 역사적 시기에 있어서 우리 군은 반드시 사회주의의 길을 계속 견지하고, 인민민주독재를 견지하며, 공산당의 영도를 견지하고, 마르크스레닌주의와 마오쩌둥사상을 견지하며, 현대화되고 정규화된 강대한 혁명군대의 건설을 이룩하고 더 나아가 현대전쟁 조건 하에서의 자위능력을 향상시키며, 인민군대의 우수한 전통을 유지하고 발양하며, 정치사업을 강화하고 개선해 나가며, 전군으로 하여금 고도의 자아희생정신과 엄격한 조직성 및 혁명적 기풍을 구비하게 하고, 사회주의 조국의 강철같은 국방 보위와 사회주의의 물질문명, 정신문명을 건설하는 주요역량을 이룩한다. 당과 국가가 부여한 임무를 확실하게 완수하고, 현대화되고, 고도로 문명화된 사회주의 국가를 건설하며, 대만을 포함한 국내의 조국통일 대업을 실현하고, 제국주의와 패권주의 및 식민주의를 반대하며, 세계평화를 유지하고 보호하며, 공산주의 사업을 위해 분투하고 노력한다.

〔제2조〕 마르크스레닌주의와 마오쩌둥사상은 중국인민해방군의 혁명화, 현대화, 정규화 건설과 정치사업을 위해 반드시 따라야 할 지침이다. 마오쩌둥 군사사상은 우리 군이 전승하는 경전이다. 새로운 역사적 조건 하에서 우리 군은 반드시 마르크스레닌주의와 마오쩌둥사상의 위대한 기치를 계속 높이 치켜들고, 마르크스레닌주의와 마오쩌둥사상의 계급적 입장, 관점, 방법을 진지하게 학습하고 운용하며, 군대 건설과 작전 중의 새로운 문제를 연구하고 해결하며, 마오쩌둥 동지가 제안하고 종합한 인민군대의 건설과 인민전쟁 및 그 전략과 전술의 수행에 관한 사상을 견지하고, 군대를 하나의 대학교로 만든다고 생각하고 장기간에 걸쳐 효율적으로 실행했던 당의 영도에 관한 각종 제도 및 정치사업의 이론, 방침, 원칙을 견지함과 동시에 실천을 통해서 더욱 풍부하게 발전시킨다.

〔제3조〕 중국인민해방군은 중국공산당의 절대적 영도 하에 위치하며, 모든 행동은 당 중앙위원회와 중앙군사위원회의 지휘에 따르고, 사상과 정치적으로 당 중앙과 고도의 일치성을 유지한다.

군대에 대한 당의 절대적 영도를 실현하기 위해 연대 이상 부대와 연대 이상에 상당하는 단위에 당 위원회를 설립한다. 당의 각급 위원회는 각 당해 부대의 통일적 영도와 단결의 핵심이다. 당 위원회의 통일적인 집단영도 하의 수장분담책임제는 군대에 대한 당의 영도를 실현하는 근본제도이다. 정치위원과 군사지휘관은 다 함께 부대의 수장이며 부대의 각종 업무에 대해 공동으로 책임을 진다. 정치위원은 당 위원회 일상업무의 주재자(主宰者)이다. 당이 중대 내에 설립한 지부는 군대 내 당의 기층조직이며 중대의 통일적 영도와 단결의 핵심이다.

성군구·군분구, 현(시)의 인민무장부는 반드시 군사계통과 지방 당 위원회의 2원화 영도제도를 관철시키며, 군사계통의 수직영도와 예속관계를 견지해야 한다. 뿐만 아니라 동급 지방 당 위원회의 영도를 받아야 하며, 동급 지방 당 위원회의 군사사업부가 되며, 지방 당 위원회 서기가 정치위원을 겸임한다.

〔제4조〕 중국인민해방군 내에서의 중국공산당의 정치사업은 우리 군의 생명선이다. 정치사업은 곧 당의 사업이다. 정치기관과 사령(司令)기관, 후근(後勤)기관은 분업과 협력 관계이다. 상급 정치기관은 하급 당 위원회, 정치위원, 정치기관의 업무에 대해서

반드시 지도와 감독 및 감사를 실시해야 한다.

우리 군의 혁명화, 현대화, 정규화 건설과 미래의 반(反)침략전쟁에 있어서 정치사업만이 능히 이를 약화시키지 않고 강화하며, 모든 업무에 있어 반드시 사상을 이끄는 선도적 역할을 견지하고, 굳건하고 정확한 정치방향을 유지하도록 한다. 정치사업은 군사, 후방지원, 기술 등 각 분야의 사업과 긴밀하게 결합하여 한 길로 나아가도록 해야 한다. 전체 군인, 특히 각급 영도간부와 공산당원은 모두 정치사업을 수행하여 그 위력을 충분히 발휘하도록 해야 한다.

아군 정치사업의 기본임무는 마르크스레닌주의와 마오쩌둥사상, 그리고 당의 노선과 방침 및 정책으로써 부대를 교육하고, 공산주의 사상을 핵심으로 하는 사회주의 정신문명을 건설하며, 이상, 도덕, 문화, 기율이 있고 예절과 위생을 중시하며, 힘들고 고생스럽고 곤란하며 고통스러운 것을 두려워하지 않고, 피를 흘리는 희생을 두려워하지 않는 혁명군인으로서의 간부와 전사를 양성하고, 군대에 대한 당의 절대적 영도를 보장하며, 군대의 고도의 집중적 통일과 엄격한 기율을 유지하고 보호하며, 군 내부와 외부의 단결을 강화하고, 부대의 전투력을 공고히 하며 향상시키며, 정치적, 사상적, 조직적으로 각종 개혁의 순조로운 실행을 보장하고, 당과 국가가 우리 군에 부여한 모든 임무를 완성하는 것을 보장한다.

〔**제5조**〕 중국인민해방군 정치사업의 주요 내용은 아래와 같다:

(1) 부대의 마르크스레닌주의와 마오쩌둥사상을 학습하는 것을 체계화 하고, 당이 노선과 방침 및 정책, 그리고 국가의 법률과 법령을 철저히 집행하며, 정치교육과 일상적인 사상사업을 수행하고 공산주의 의식을 향상시키며, 혁명투지를 강화하고, 자본주의 부패사상과 봉건주의 잔재사상 및 기타 비무산계급 사상을 배척하고 극복하며, 정신오염을 방지하고 제거하며, 각종 불순한 경향을 반대한다.

(2) 군대 내 당의 사상사업과 조직사업을 관리하고, 당의 각급 위원회와 기층조직의 건설을 강화하며, 당의 민주집중제를 견지하고, 당의 기율을 유지하고 보호하며, 당의 기풍을 단정하게 하고 당의 단결을 강화하며, 당 위원회의 핵심적 영도 역할과 당 지부의 전투적 보루 역할 및 당원의 선봉적 모범 역할이 충분히 발휘되도록 한다.

공산주의청년단의 건설을 강화하고, 청년단의 총력을 집중시키는 역할과 광범위한 청년과 연계하는 교량 역할을 충분히 발휘한다.

(3) 군사훈련에 관한 정치사업을 수행하고, 군사훈련의 방침과 원칙의 관철 및 실행을 보장하며, 부대의 현대전쟁 조건 하에서의 작전능력을 전면적으로 향상시킨다.

(4) 간부와 전사가 아군의 조령과 조례 및 규정을 성실하고 철저하게 실행하며, 3대기율·8항주의를 엄격히 준수하는 것을 교육하고, 조직성과 기율성을 강화한다.

(5) 과학과 문화 교육을 실시하고, 간부와 전사의 과학·문화지식수준과 전문기술수준을 향상시키며, 국가를 보위할 수 있고 또 국가를 건설하는 군,민 2개 분야에서 모두 활용될 수 있는 인재를 양성한다.

(6) 전시 정치사업을 수행하며, 부대가 당 중앙위원회와 중앙군사위원회의 전략방침과 작전원칙, 그리고 명령과 지시를 반드시 철저하게 실행하며, 작전임무를 완수하는 것을 보장한다.

(7) 간부에 대한 업무를 관리하고, 당 간부에 대한 정책을 실행하며, 재덕겸비(才德兼備) 원칙에 따라 간부를 선발하며 현명한 자를 임용하는 원칙을 견지하고, 오로지 연고자 우선으로 임용하는 것을 반대하며, 혁명화, 연소화, 지식화, 전문화된 간부 대오를 건설한다.

(8) 당 정치사업의 방침과 정책을 철저히 집행하며, 법제와 방첩 및 보안 교육을 강화하고, 반부패투쟁을 전개하며, 반혁명분자의 파괴사업과 사회주의를 파괴하는 기타 범죄활동을 경계하고 분쇄하며, 부대가 정치적, 조직적으로 순수함을 유지하고 공고히 하는 것을 보장한다.

(9) 당의 문화 방침과 정책을 철저히 집행하며, 문예와 제육 사업을 실행하고, 대중적인 문화와 오락 및 체육 사업을 전개한다.

(10) 정치민주, 경제민주, 군사민주를 전개하고 간부와 전사가 적극성과 창조성을 충분히 발휘하도록 한다.

(11) 장병일치의 원칙을 철저히 집행하며, 장교와 사병의 단결을 강화한다. 군민일치 원칙을 철저히 집행하며, 군과 정부, 군과 민의 단결을 강화한다. 적군와해 원칙을 철저히 집행하며, 적군와해사업을 전개한다.

(12) 민병사업과 병역사업의 방침과 정책 및 법령을 철저히 집행하며, 민병과 병역의 정치사업을 수행한다.

〔제6조〕 중국인민해방군의 정치사업은 반드시 마르크스주의와 실사구시(實事求是) 사상노선을 견지하고, '좌'와 '우'의 그릇된 사상 경향을 방지하고 바로 잡아야 한다. 당의 이론을 실제와 결합하고, 대중과 긴밀히 연계하며, 비판과 자아비판의 우수한 기풍을 유지하고 발양한다. 대중노선을 견지하고, 영도자와 대중과의 상호 결합을 실행하며, 일반적인 호소와 개별적인 지도를 상호 결합하는 방법을 실행한다.

실제로 깊이 파고 들어가 조사하고 연구하며 항상 새로운 상황을 주의 깊게 연구하고, 새로운 문제를 해결하며, 새로운 경험을 종합하고 정치사업의 정확성, 전투성, 대중성, 그리고 유효성을 강화한다. 사상 문제에 대해서는 막힌 물길을 트는 것과 같은 방침을 견지하며, 적과 아의 모순과 인민 내부의 모순을 엄격히 구분하고 또 정확히 처리하며 일체의 적극적인 요소를 효율적으로 이용한다.

〔**제7조**〕 군대에 대한 당의 절대적 영도와 정치사업의 구체적 수행을 보장하기 위해 연대 이상 부대와 연대 이상에 상당하는 단위에 정치위원과 정치기관을 두며, 대대와 대대에 상당하는 단위에 정치교도원을 둔다. 중대와 중대에 상당하는 기층단위에 정치지도원을 둔다. 연대 이상의 기관부문에 있어서는 필요에 따라 협력하면서 일을 처리하는 정치협리원을 둔다.

〔**제8조**〕 모든 정치사업 요원은 4개 기본원칙* 을 모범적으로 견지해야 하며, 〈중국공산당 장정〉과 〈당 내 정치생활에 관한 약간의 준칙〉을 준수하고, 당의 노선과 방침 및 정책, 그리고 국가의 헌법과 법률을 집행하고 관철한다. 마르크스레닌주의와 마오쩌둥사상을 학습하는데 노력하고, 군사, 업무, 과학·문화 지식을 익히고 정치사업의 특징과 규율에 정통하며, 군사와 정치적 자질 및 업무능력을 향상시킨다. 작전에 용감하고, 명령을 이행하는데 모범이 되고 실사구시(實事求是)와 각고분투하는 것에서 모범이 되며, 법과 기율을 지키고, 단결하고 통일하는데 모범이 되며, 각종 임무를 완수하는데 있어서 스스로 모범을 보여줌으로써 모범적인 역할을 해야 한다.

제2장 중국인민해방군 총정치부 사업조례

〔**제1조**〕 중국인민해방군 총정치부는 중앙군사위원회의 정치사업기관으로서 중국공산당 중앙위원회와 중앙군사위원회의 영도 하에 군대에서의 당의 사업과 정치사업을 책임지고 관리한다.

〔**제2조**〕 총정치부는 중국공산당 중앙위원회와 중앙군사위원회의 결의 및 지시를 준수하고, 아군 정치사업의 기본임무에 근거하여 군대의 실제생활과 결합하고, 매 시기의 전군 정치사업의 방침과 임무를 확정하며, 군대에 대한 당의 절대적 영도를 보장하고, 전군이 사상과 정치적으로 당 중앙과 똑같이 고도의 일치감을 갖도록 하며, 공산주의 사상을 핵심으로 하는 사회주의 정신문명의 건설에 노력하고, 네 가지를 갖추고 세 가

* 정치사업 요원은 4개 기본원칙은 ①공산당 영도의 견지, ②마르크스레닌주의와 마오쩌둥사상의 견지, ③인민민주독재의 견지, ④사회주의 노선의 견지이다.

지를 강조하며 두 가지를 두려워하지 않는(四有三講兩不怕)* 혁명군인을 양성하며, 부대가 정치, 사상, 조직적으로 고도의 집중적 통일을 보장하고 당과 국가가 아군에게 부여한 각종 임무를 원만히 수행한다.

◆ 총정치부의 주요 임무

(1) 전군의 마르크스레닌주의와 마오쩌둥사상을 학습하는 것을 지도하며, 당의 노선과 방침 및 정책, 국가의 헌법과 법률, 그리고 중앙군사위원회의 지시를 철저히 집행하며, 전국 정치교육의 기본계획 대강을 수립하며, 교재 편집과 심사를 실시하고, 전군의 정치사상실태를 연구하며, 혁명투지를 강화하고, 자본주의 부패사상과 봉건주의 잔재사상 및 기타 비무산계급 사상을 배척하고 극복하며, 각종 불순한 경향을 반대한다. 부대가 애국주의, 국제주의 및 혁명영웅주의 정신을 발양하도록 교육하며, 침입한 적을 격퇴하고 섬멸할 수 있도록 항시 준비한다.

(2) 전군에서의 당의 건설을 지도하고, 단 조직의 상황을 연구하며, 당의 건설 업무를 제시하고, 당의 민주집중제를 견지하며, 당의 사상과 기풍 및 조직을 정돈하고, 당의 기율을 유지하고 보호하며, 당의 단결을 강화하고 당의 전투력을 향상시킨다. 전군의 청년사업을 지도하며, 공산주의청년단 조직의 건설을 강화하고, 많은 공산주의청년단 단원과 청년들로 하여금 각종 임무를 완수하는데 있어서 총력을 집중하는 역할을 충분히 발휘하도록 한다.

(3) 군사훈련에 관한 정치사업을 지도하며, 부대가 마오쩌둥 군사사상과 현대전쟁 지식을 습득하도록 교육하고, 훈련의 방침과 원칙을 철저히 관철시키며, 전군의 훈련임무 완수를 보장하고, 현대전쟁 조건 하에서의 합동작전 능력과 신속대응 능력을 향상시킨다.

(4) 간부와 전사들이 우리 군의 조령과 조례 및 규정을 성실하게 집행하고 관철하며, 3개기율·8항주의를 엄격히 준수하도록 교육하며, 조직성과 자율성을 강화하고, 정규화된 업무질서, 생활질서 및 전쟁대비 질서를 확립한다.

(5) 전군의 과학·문화 학습을 지도하고, 간부와 전사들이 지식과 인재를 존중하도록 교육하며, 부대가 학습 문호를 광범위하게 넓히도록 지도하고, 전군의 과학·문화지식수준과 전문기술수준을 향상시키며, 조국보위와 조국건설을 할 수 있는 군대와 지

---

* "四有三講兩不怕"에서 '四有'는 ①이상, ②도덕, ③문화, ④기율을 갖추는 것을 뜻하고, '三講'은 ①군용, ②예절, ③기율을 강조하는 것을 뜻하며, '兩不怕'는 ①어렵고 힘든 것을 참아내고, ②피를 흘려 희생하는 것을 두려워하지 않는다는 뜻이다.

방 2개 분야에서 활용할 수 있는 인재를 양성한다.

(6) 전시 정치사업을 지도하며, 전군이 당 중앙위원회와 중앙군사위원회의 전략방침과 작전원칙, 그리고 명령과 지시를 철저히 집행하며, 작전임무의 완수를 보장한다. 현대전쟁 조건 하에서의 작전에서 정치사업 경험을 연구하고 총결산한다.

(7) 전군의 간부사업을 지도하고 당의 간부 정책을 집행하고 관철하며, 덕재겸비(德才兼備) 원칙에 따라 간부를 선발하여 지부에 배치하고, 오직 현명한 자만을 임용하는 것을 견지하며, 오로지 연고자 우선으로 임용하는 것을 반대한다. 간부 조직 건설의 규칙과 간부 업무의 규정과 제도를 입안한다. 전군 간부에 대한 심사, 양성, 배치, 임면, 지급, 포상과 징계, 그리고 직무 평정과 학위 사업을 관리한다. 전임 인민무장경찰부대 간부와 예비역 간부에 대한 사업을 관리한다.

(8) 전군의 정치와 법률 사업을 지도하고, 당의 정치와 법률 사업의 방침 및 정책을 철저히 집행하며, 국가보위사업을 확립하고, 전군의 군사사업 점검과 군대의 형법과 군법 사업을 지도하며, 법제와 방첩 및 비밀유지 교육을 강화하고, 반부패투쟁을 전개하며, 정치적 사고를 예방하고, 반혁명분자의 파괴활동과 사회주의를 파괴하는 기타 범죄활동을 방비하고 분쇄하며, 부대가 순수성을 유지하고 공고히 되는 것을 보장한다.

(9) 전군의 문화사업을 지도하고, 당의 문예와 체육 사업 방침과 정책을 철저히 집행하며, 문예와 체육 및 영사작업반의 건설을 강화하고, 군사를 소재로 하는 문예창작을 발전시키며, 부대로 하여금 대중적인 문예와 오락 및 체육 사업을 전개하도록 지도하고, 부대의 영화 및 TV 관련 사업을 관리한다.

(10) 당 선전사업의 방침과 정책을 철저히 집행하고 전군을 대상으로 하는 신문과 간행물에 관한 사업을 잘 처리하며, 부대의 신문과 간행물 및 뉴스 보도에 관한 사업을 지도한다. 전군의 도서 출판 사업을 관리한다. 대외 군사선전 사업을 관리한다.

(11) 전군이 장병일치 원칙을 철저히 집행하도록 지도하며, 상경하애(上敬下愛)의 양호한 전통을 발양하며, 정치민주, 경제민주, 군사민주를 전개하고, 부대의 관리교육을 개선하며, 장교와 병사의 단결을 강화한다. 군인의 제소와 고발을 수리한다.

(12) 전군이 군민일치 원칙을 철저히 집행하도록 지도하며, 옹정애민(擁政愛民) 사업을 수행하며, 군과 정부, 군과 민의 단결을 강화한다. 부대로 하여금 지방 당 조직과 지방 정부를 존중하고 겸허하게 인민대중으로부터 배우며, 대중기율을 준수하고, 국가와 대중의 이익을 보호한다. 민족 정책을 실행하고 사회주의 현대화 건설에 적극 참가하고 지지하며, 군과 민이 공동으로 사회주의 정신문명을 건설하는 사업을 광범위하게 전개하고, 인민대중으로부터 오는 서신과 내방에 관한 사업을 적극적으로 처리하도록 교육한다.

(13) 전군이 적군와해 원칙을 철저히 집행하도록 지도하고, 포로를 너그럽게 대하는 정책을 수행하며, 적의 상황을 조사하고 연구하며 대적(對敵) 선전 및 와해사업을 전개한다. 부대가 적군와해사업과 포로관리사업을 적극적으로 수행하도록 지도한다.

(14) 전군이 대중성이 있는 선진적 개인 경쟁과 선진 단위를 창조하는 혁명경쟁사업을 전개하는 것을 지도하며, 장려사업을 적극적으로 실행하고, 영웅적이고 모범적인 공적을 선양한다.

(15) 각급 원·교(院校), 국방과학기술 및 군사과학 연구분야기관에 대한 정치사업을 지도하고, 교육 및 과학연구의 임무 달성을 보증하며, 성과를 시현하고 인재를 양성한다.

(16) 후방근무에 관한 정치사업을 지도하고, 병참 건설과 병참의 각종 임무 달성을 보장한다. 전군의 복지에 관심을 가지고 유관 부서와 협조하여 부대의 물질생활을 개선한다. 가족 계획 및 환경 보호에 관한 선전교육사업을 전개한다.

(17) 당의 민병사업 방침과 국가의 병역제도를 철저히 집행하며 민병 정치사업과 병역 정치사업을 지도한다.

(18) 유관 부서와 협조하여 원호사업에 관한 규정을 연구하고 수립하며, 열사에 대한 찬양사업을 적극적으로 수행하고, 상이군인, 퇴역군인, 군인가족 및 희생되거나 병사한 군인의 가족에 대한 문제를 적절히 처리한다.

(19) 전군이 당과 국가의 대외정책을 철저히 집행하는 것을 지도하고, 아군과 우방국가 군대 간의 우의를 증진시킨다.

(20) 정치사업의 각종 조례와 유관 정책 및 규정을 제정한다. 각급 정치기관과 정치사업 요원의 편제와 체제를 제정한다. 전군의 정치기관 건설을 강화한다.

〔제3조〕 총정치부는 반드시 당 중앙위원회와 중앙군사위원회의 지시를 성실하게 학습하고 체득하여 주요 역량으로서 노선과 방침 및 정책 문제, 그리고 매 시기의 중점임무와 기층 건설을 주도하고, 대중노선을 관철하며 많은 간부와 전사 및 각급 영도기관이 적극성과 창조성을 충분히 발휘하도록 한다. 실제로 깊숙이 파고 들어가 조사하고 연구하며, 훌륭한 전형(典型)을 틀어쥐고, 양호한 경험을 총결산하고 확산시키며, 군부대가 지니고 있는 보편성과 편향성 문제를 해결한다.

기관 건설을 강화하고 민주집중제를 견지하며, 집단의 지혜를 발휘하고 지도 기풍과 사업 방법을 부단히 개선하여 업무 효율을 향상시킨다. 적시에 당 중앙위원회와 중앙군사위원회의 상황을 알리고, 지시의 하달을 요청하며 사업을 보고한다.

제3장 중국공산당 군대위원회 조례

〔**제1조**〕 중국공산당은 중국인민해방군에 대한 절대적 영도를 실현하기 위해 중국공산당 장정에 규정된 원칙에 따라 연대 이상 부대와 연대 이상에 상당하는 단위에 당 위원회를 설립한다. 당의 각급 위원회는 각 당해 부대의 통일적 영도와 단결의 핵심이다.

〔**제2조**〕 당 위원회의 통일적 집단영도 하의 수장분업책임제는 당이 군대를 영도하는 근본제도이다. 부대의 중요한 문제는 모두 당 위원회에서 민주적 토론으로 결정하며, 그런 후에 분업에 따라 군사업무 분야에 속하는 것은 군사지휘관이 책임을 지고 수행하며, 정치업무 분야에 속하는 것은 정치위원이 책임지고 수행해야 한다.

긴급한 상황 하에서는 수장(首長)이 임기응변식으로 처리하고, 사후에 신속히 당 위원회에 보고해야 한다. 군사지휘관과 정치위원은 반드시 당 위원회의 결의를 집행하며, 적극적이고 자발적으로 자기의 직책을 수행해야 한다.

당 위원회는 부대의 수장을 집단영도 하에 두며, 또 그들의 직권을 존중하고 그들이 적극성과 자발성을 충분히 발휘하도록 해야 한다.

〔**제3조**〕 당의 각급 위원회는 반드시 당의 장정(章程), 중앙위원회의 지시와 상급 당 위원회의 결의, 그리고 상급수장과 영도기관의 명령 및 지시에 근거하며, 부대의 실제상황과 결합하여 부대업무를 통일적으로 영도한다.

(1) 당의 노선과 방침 및 정책, 국가의 헌법과 법률, 그리고 상부의 명령과 지시를 철저히 집행한다.
(2) 부대의 정치사상을 지도하고 기풍을 확립한다.
(3) 부대의 작전과 일정한 시기의 군사, 정치, 후방지원 사업, 그리고 민병사업의 방침과 원칙을 수립한다.
(4) 당의 각급 조직, 당의 기율검사사업, 그리고 공산주의청년단을 건설한다.
(5) 지도부의 조정과 배치, 그리고 간부의 양성, 선발, 포상, 징계 등 문제를 처리한다.
(6) 군과 정부, 군과 민의 관계를 처리한다.
(7) 상급 당 위원회에 제출하는 중요한 문제의 재가를 요청하는 보고, 그리고 동급 당 대표대회에 제출하는 업무 보고를 처리한다.
(8) 반드시 토론하여 결정해야 하는 기타 중대한 문제를 해결한다.

〔**제4조**〕 당의 각급대표대회(당원대회)와 위원회의 조직은 아래와 같다:

(1) 당의 각급대표대회와 그 대회가 선출하여 구성한 위원회는 각기 당해급 당의 영도기관이다. 당의 각급 위원회는 동급 대표대회에 책임을 지며 또 업무를 보고한다.

① 당의 각급대표대회는 군 이상에서는 5년에 1회 거행하며, 사단과 연대에서는 3년에 1회 거행한다. 특수한 상황 하에서는 차상급 당 위원회의 승인을 받아 미리 앞당기거나 또는 연기하여 거행할 수 있다.

② 당의 각급대표대회는 동급 당 위원회가 소집한다. 당원이 적은 단위는 당원대회를 소집할 수 있다.

③ 당의 각급대표대회의 전수와 선거방법은 동급 당 위원회가 결정하며, 차상급 당 위원회에 보고하여 승인을 받는다.

(2) 당의 각급대표대회의 직권은 아래와 같다:

① 동급 위원회 보고를 청취하고 심사한다.

② 동급 기율검사위원회 보고를 청취하고 심사한다.

③ 당해 부대의 중대한 문제를 토론하여 결정한다.

④ 동급 당 위원회 위원을 선출하고, 동급 당 기율위원회 위원을 선출하며, 차상급 당 대표대회에 출석하는 대표를 선출한다.

(3) 당의 각급 위원회의 매기 임기는 군급 이상은 5년, 사단과 연대급은 각각 3년이다. 사단 이상 당 위원회 위원은 5년 이상의 당원경력을 구비해야 하며, 연대 당 위원회 위원은 3년 이상의 당원경력을 가지고 있어야 한다.

① 당의 각급 위원회 위원의 정수는 차상급 당 위원회의 결정으로 구성된다. 당의 각급 위원회 위원이 당해 단위에서 전근, 면직, 휴직, 사직 또는 고문으로 전임되었을 때는 위원회 전체회의의 일괄적인 선거를 통해 차상급 당 위원회에 보고하여 승인을 받는다.

② 당의 각급 위원회 전체회의는 군 이상은 반년에 최소한 1회, 사단과 연대는 분기별로 최소한 1회 개최한다.

③ 당의 각급 위원회는 대표대회의 폐회기간 중 상급 당 조직의 지시와 동급 당 대표대회의 결의를 집행하고, 당해 부대의 사업을 영도하며, 정기적으로 상급 당 위원회에 사업을 보고한다.

④ 당의 각급 위원회 전체회의는 상무위원회와 서기·부서기를 선출하며, 상급 당 위원회에 보고하여 승인을 받으며, 필요 시 상급 당 위원회가 지정할 수도 있다. 당의 상무위원회는 위원회 전체회의의 폐회기간 중 위원회의 직권을 행사하며, 차기 대

표대회의 폐회기간 중에도 계속 일상업무를 주관하며, 새로운 상무위원회가 구성되는 즉시 중지한다. 당의 상무위원회 위원의 정수는 5-11인이다.

⑤ 당의 각급대표대회의 대표와 위원회 구성은 반드시 선거인의 뜻을 충분히 존중해야 한다. 선거는 무기명 투표방식을 채택한다. 후보자 명단이 작성되면 정식선거를 실시할 수 있다. 후보자의 수가 당선자의 수보다 많은 방법을 채택하여 선거를 실시할 수도 있다.

⑥ 당의 각급 조직은 당원이 당 조직에, 소수가 다수에, 하급기관이 상급기관에, 그리고 전체 당과 각급 조직 및 전체 당원이 당 전국대표대회와 중앙위원회에 복종해야 하는 원칙을 반드시 실행한다.

〔**제5조**〕당의 각급 위원회는 반드시 민주집중제를 준수하고 집단영도를 실행한다.

(1) 당 위원회는 집단영도의 원칙을 견지해야 한다. 중대한 문제에 속하는 것은 반드시 당 위원회의 토론과 결정을 거쳐야 하며, 개인이 단독으로 결정해서는 안 된다. 일반적으로 당 위원회의 토론과 결정을 거쳐 실행을 기다리는 문제나 또는 부대 수장의 직권 범위 내에 속하는 문제는 모두 수장이 책임지고 처리하며 사후에 당 위원회에 보고해야 한다.

(2) 당 위원회는 민주를 충분히 발휘해야 한다. 문제를 토론 시 다른 의견도 충분히 발휘하도록 하며, 민주를 바탕으로 하여 소수가 다수에 복종한다는 원칙에 따라 결정을 내린다. 당 위원회의 구성원은 전체의 입장에 입각한다는 생각을 가지고 있어야 하며, 집단영도에 적극적으로 참가해야 하고, 만약 당의 결정에 대해 다른 의견이 있을 시는 자기 의견의 유보를 성명할 수 있으며, 아울러 권한이 있는 상급 당 조직이 직접적으로 중앙에 의견을 제출할 수 있으나 상급 혹은 당해 당 위원회가 변경 결정을 하기 전까지는 반대되는 어떠한 행동도 해서는 안 되며, 오직 결정된 사항을 철저히 이행해야 한다.

(3) 당 위원회 서기는 투철한 당성과 양호한 민주 기량을 구비해야 한다. 위원회 내에서 서기와 위원의 권리는 평등하며 서기는 개인적으로 문제를 결정하거나 또는 집단의 결정을 변경할 수 없다.

서기는 당의 사업을 주관하고 일상업무를 처리하는 주요한 책임을 지며, 위원의 의견을 겸허히 듣고 중지를 잘 모아야 하며, 각 위원회가 그 역할을 충분히 발휘하도록 해야 한다. 서기는 자신이나 당 위원회가 영도사업에서 과오를 범했을 시 자발적으로 조사해야 하며, 용감하게 책임을 져야 한다.

(4) 당 위원회나 또는 당무위원회는 반년에 최소한 1회의 당생활회의를 개최하여 허심탄회하게 의견을 교환하고 비판과 자아비판을 전개하여 단결을 공고히 한다. 당의

구성원은 원칙을 견지하고, 상호 존중하고 상호 이해하며, 상호 지지하고 긴밀히 협력하며, 자각적으로 당 위원회의 집단영도를 유지하고 보호해야 한다.

〔제6조〕 기관(부문) 당 위원회는 당 위원회와 당의 기층위원회를 직접 관장한다.

(1) 각급 영도기관 내부의 집단영도를 강화하기 위해 사단 이상 부대와 그것에 상당하는 부대의 사령부와 정치부에 당 위원회(부당 위원회)를 설립한다.

각 당 위원회는 동급 당 위원회의 영도 하에 해당 기관의 사업에 대해 집단영도를 실시하며, 해당 기관(부문) 사업의 방침과 계획 및 기타 중요한 문제를 연구하고 수립하며, 각 당 위원회는 해당 기관(부문)의 당 조직과는 지도관계에 있으면서 기관 당 조직이 사업을 영도한다. 부 당 위원회의 구성원은 동급 부대 당 위원회가 지정한다.

각 총부, 국방과학공업위원회, 각 군구, 각 군종과 병종의 부문 당 위원회는 예하 단위가 비교적 많으면 고도의 집중적이고 통일적인 영도를 실행하기 위해 각 총부, 국방과학공업위원회, 각 군구, 각 군종과 병종 당 위원회의 승인을 거쳐 1급 당 위원회의 권한을 행사하도록 개정할 수 있다.

(2) 연대 이상의 부대와 연대 이상 단위에 해당하는 기관과 직속부대는 실제 수요에 근거하여 직속 당 위원회를 설립하고 동급 부대 당 위원회의 영도 하에 기관과 직속부대 당의 사업과 정치사업을 통일적으로 영도한다. 직속 당 위원회는 당의 대표대회 또는 당원대회에서 선거를 통해 구성한다.

(3) 대대와 대대에 상당하는 부대의 당 위원회는 당의 기층위원회를 설립한다. 대대 당 위원회는 전 대대의 통일적인 영도와 단결의 핵심이다.

대대 당 위원회는 전 대대 당원대회에서 선거로 구성되며, 매기 임기는 2년이며, 매년 1회 당원대회를 개최한다. 기층당 위원회는 서기·부서기를 선출하며, 상급 당 조직에 보고하여 승인을 받아야 한다.

〔제7조〕 당의 각급 위원회는 반드시 자체 건설을 강화해야 한다. 당 위원회의 구성원은 중국공산당 장정(章程)에 의거하여 자기 요구를 엄격히 해야 하며, 〈당 내 정치생활에 대한 몇 가지 준칙〉을 규범적으로 준수하며, 군대의 각종 조령과 조례 및 규정과 제도를 성실히 실행한다.

당 위원회를 일치단결되고, 생기와 투지가 왕성하며, 창조에 과감하고, 대중 속에서 신망이 있으며, 각종 시련을 견디어 낼 수 있는 굳건한 영도의 핵심으로 건설하는데 노력한다.

제4장 중국공산당 군대 군기기율검사위원회 조례

〔**제1조**〕 당의 건설을 강화하고, 당의 우수한 전통과 기풍을 유지하고 발양하기 위해 중국공산당 장정에 규정된 규칙에 따라 중국인민해방군 연대 이상 부대와 연대 이상에 상당하는 단위의 수요에 의거하여 당의 기율검사위원회를 설치한다. 당의 각급 기율검사위원회는 동급 당의 위원회와 상급 기율위원회의 2중영도 하에 사업을 수행하며, 이는 소속부대 당의 기율검사기관이다.

〔**제2조**〕 당의 각급 기율검사위원회 조직은 아래와 같다:

(1) 당의 각급 기율검사위원회는 동급 당의 대표대회에서 선거로 구성된다. 당의 각급 기율검사위원회는 직속 차상급 당 기율검사위원회나 또는 당 위원회의 구성원이 참가하는 것을 적당히 받아들여야 한다. 당의 각급 기율검사위원회의 매기 임기는 동급 당 위원회와 같다.

(2) 당의 각급 기율검사위원회의 정수는 대군구와 군병종급은 15-25인, 병단, 군 및 군급 이상의 군사학원, 군사학교는 11-17인, 그리고 사단과 연대급은 5-11인으로 한다. 연대급에 상당하면서 기율검사위원회를 설치하지 않은 단위는 당 위원회가 1인의 위원을 분담시켜 기율검사 사업을 주관하도록 해야 한다.

당의 각급 기율검사위원회 전체회의는 군 이상은 일반적으로 반년마다 1회 회의를 개최하며, 연대는 사업상의 필요에 따라 수시로 회의를 소집한다.

(3) 전임 위원과 사무실이 설치되어 있는 군 이상의 기율검사위원회는 상무위원회를 설치해야 한다. 기율검사위원회 전체회의는 상무위원과 서기·부서기를 선출하여 동급 당 위원회를 거쳐 차상급 당 위원회에 보고하여 승인을 받는다.

당의 기율검사위원회 상무위원회는 동급 당 위원회의 부서기 또는 상무위원, 기관지도 동지와 전임 위원이 참가하며, 정원은 5-7인으로 하고 부서기는 1-2인으로 한다.* 상무위원회는 당 기율검사위원회의 직권을 행사하며, 기율검사위원회의 사업을 주관한다.

상무위원회는 사업상의 필요에 따라 수시로 회의를 소집할 수 있으며, 조사와 허가 및 상부에 보고해야 할 필요가 있는 당기 위반사건을 토론하며, 당풍과 연관된 문제 및 기타 중요한 사건을 연구한다. 기율검사위원회 상무위원회는 정·부 서기와 협조하여 일상 업무를 처리한다.

---

* 그 중 1인은 전임 부서기가 된다.

〔**제3조**〕 당의 각급 기율검사위원회는 반드시 당의 장정과 상급 당 위원회, 기율검사위원회와 동급 당 위원회의 의결 및 지시에 의거하고, 부대의 실제상황과 결합하여 사업을 추진하며, 그 주요 사업은 당풍을 바로 잡는 것이다.

(1) 당의 장정과 기타 중요한 규정과 제도를 유지하고 보호하며, 당 위원회의 당풍 정돈에 협력하고, 당의 노선과 방침 및 정책, 그리고 중앙군사위원회의 결정과 명령 및 지시의 이행상태를 검사하여 각급 당 조직과 전체 당원이 사상과 정치적으로 당 중앙과 고도의 일치성을 유지하는 것을 보장한다.

(2) 부대의 당풍과 당기 상황을 항시 숙지하고 분석하며, 정치기관과 협력하여 당원에 대한 당성, 당풍, 당기 교육을 실시하고, 당원의 공산주의 정신을 향상시키며, 당의 우수한 전통과 기풍을 발양하고, 자본주의의 부패사상과 봉건주의 잔재사상 및 기타 비무산계급사상을 배척하고 극복하며, 정신의 오염을 방지하고 제거하며, 각종 불순한 경향을 반대하고, 올바르지 못한 풍조를 반드시 바로 잡는다.

(3) 당 조직 및 당원의 당 장정과 당 기율, 그리고 국가의 법률과 법령을 위반하는 사건을 검사하고 처리하며, 유관 부문과 협조하여 경제 또는 기타 부문에서 사회주의를 파괴하는 범죄활동을 척결하며, 당의 정책과 허가 권한에 따라 이들 사건 중에서 당원에 대한 처벌을 결정하거나 취소한다.

(4) 당원의 민주 권리를 보장하고, 당원의 고소와 청원을 처리하며, 당 장정과 국가 법률을 위반하는 수단을 사용하여 당원을 대하는 것을 엄격히 금지하고, 보복과 무고 및 모함으로 타격을 주는 것을 엄격히 금지한다.

(5) 당 내에서의 처벌에 관한 허가 권한의 규정에 따라 하급 기율검사위원회가 보고한 사건의 심사 및 허가, 그리고 상급기관에 보고하여 심사 및 허가를 받아야 할 안건을 인수하여 처리하며, 동시에 특별히 중요하거나 복잡한 사건 중의 문제 처리와 처리 결과를 동급 당 위원회와 상급 기율검사위원회에 보고해야 한다.

(6) 동급 당 대표대회와 동급 당 위원회 및 상급 기율검사위원회에 사업을 보고한다.

〔**제4조**〕 당의 각급 기율검사위원회는 반드시 민주집중제 원칙을 견지하며, 집단영도와 분업책임이 상호 결합된 제도를 엄격히 실행한다. 모든 중대한 문제는 위원회의 전체회의 또는 상무위원회에서 집단토론을 거쳐 결정해야 한다.

당의 각급 기율검사위원회가 토론하여 결정하는 중요한 문제는 아래와 같다:

(1) 당의 노선과 방침 및 정책, 국가의 헌법과 법률, 상급 당 조직이 지시한 사항의 철저한 실행, 그리고 군의 정치적 자질과 사업능력의 부단한 향상.

(2) 당 대표대회와 상급 기율검사위원회에 제출한 중요한 문제의 재가 요청 보고.

(3) 동급 당 위원회와 상급 기율검사위원회에 제출한 중요한 문제의 재가 요청 보고.
(4) 중대한 당 기율사건의 조사 및 처리.
(5) 연도계획이나 또는 단계적인 사업의 안배와 총결산.
(6) 반드시 토론하여 결정해야 하는 기타 문제.

〔**제5조**〕 당의 각급 기율검사위원회의 직권 범위는 아래와 같다:
(1) 당의 각급 기율검사위원회는 당해 단위에 소속된 당 조직과 당원의 당기 위반행위에 대해 조사할 권한을 가진다. 그러나 동급 당 위원회 구성원의 당기 위반 문제와 모종의 특수한 문제에 대한 조사는 사전에 동급 당 위원회에 보고하거나 또는 상급 기율검사위원회의 동의를 얻어야 한다.
(2) 당의 각급 기율검사위원회가 만약 동급 단위와 그 구성원의 당 기율, 그리고 국가의 법률과 법령에 대한 위반상황을 발견했을 시는 반드시 사실 그대로 동급 당 위원회에 보고해야 한다. 동급 당 위원회에서 해결해 주지 않거나 또는 확실하게 해결해 주지 않을 때에는 상급 기율검사위원회에 제소하여 처리 협조를 의뢰할 권한을 가진다.
(3) 상급 기율검사위원회는 하급 기율검사위원회의 사업을 조사할 권한을 가지고 있으며, 이울러 하급 기율검사위원회의 사건에 대한 결정을 허가하거나 변경할 권한을 가지고 있다. 그러나 변경 결정을 해야 할 경우에는 만약 이미 동급 당 위원회의 승인을 받았을 시는 반드시 차상급 당 위원회의 승인을 받아야 한다.

〔**제6조**〕 당의 각급 기율검사위원회는 자체 건설을 강화해야 한다. 기율검사위원회의 구성원은 엄격하게 자신을 절제하는 법칙을 따르며, 청렴결백하고 멸사봉공하며, 스스로 규범을 보이고, 선두에 서서 당의 노선과 방침 및 정책을 실행하며, 당의 장정과 규칙을 모범적으로 준수한다. 입장을 확고히 하고, 기치를 선명하게 하며, 각종 부정한 풍조와 위법 및 당기 문란 행위에 대해서 과감하게 투쟁을 전개해야 한다. 충성으로 직무를 지키고, 강직하며 아부하지 않고, 사사로운 정에 얽매이지 않으며, 각종 혼란과 장애를 용감하게 제거하고, 깊이 조사하고 연구하며, 겸허하고 신중하며, 실사구시(實事求是) 원칙을 견지해야 한다. 마르크스레닌주의와 마오쩌둥사상의 학습을 위해 노력하며, 군사와 사업 및 과학 지식을 학습하며, 군의 정치적 자질과 사업능력을 부단히 향상시켜야 한다.

제5장 중국인민해방군 정치위원 사업조례

〔제1조〕

(1) 부대 내에서 당의 노선과 방침 및 정책, 그리고 국가의 헌법과 법률을 철저히 집행하는 것을 보장하고, 당의 사업과 정치사업을 영도하며, 연대 이상의 부대와 연대 이상에 상당하는 단위, 그리고 임무를 독자적으로 수행하는 대대와 대대에 상당하는 단위의 필요에 따라 정치위원을 둔다.

(2) 정치위원은 고도의 공산주의 의식을 갖추어야 하며, 당과 조국의 사업에 충성하고, 굳세고 용감하며, 품행이 방정하고, 마르크스레닌주의와 마오쩌둥사상에 대한 일정한 이론 수준 및 풍부한 정치사업 경험, 그리고 일정한 군사 소양과 과학, 문화 지식을 갖추고 있으며, 또한 5년 이상의 당원경력을 구비한 중국공산당원이어야 한다.

〔제2조〕 정치위원과 군사지휘관은 똑같이 부대의 수장이며, 부대의 각 분야 사업에 대해 공동으로 책임진다. 정치위원은 당 위원회의 일상사업의 주재자이다. 정치위원은 직속 상급부대의 수장에 예속된다. 정치사업에 있어서는 상급 정치위원 및 정치기관에 복종한다.

〔제3조〕 정치위원은 아군 정치사업의 기본임무, 당과 상부의 지시와 명령, 그리고 동급 당 위원회의 의결에 근거하며, 당해 부대의 실제상황과 결합하여 사업을 전개해야 한다.

정치위원의 주요 직책은 아래와 같다:

(1) 부대가 굳건하게 당의 노선과 방침 및 정책, 그리고 국가의 헌법과 법률을 철저히 집행하는 것을 지시하고 보장한다. 만약 개인이나 조직이 정책과 법령을 위반하고 있음이 발견될 때는 즉시 이를 제재하고 시정할 뿐만 아니라 당 위원회가 토의하여 처리하도록 제안할 권한을 가지고 있다.

(2) 부대가 마르크스레닌주의와 마오쩌둥사상을 학습하는 것을 영도하고, 공산주의 사상을 핵심으로 하는 사회주의 정신문명을 건설하고 과학과 문화지식을 학습하는 것을 영도하며, 부대의 정치사상실태를 파악하고 정치사상 영도를 강화하며, 부대가 정확한 정치발전과 굳건한 전투의지를 유지하도록 한다.

(3) 부대의 당과 공산주의청년단의 건설을 영도한다.

(4) 부대가 상부의 명령과 지시를 철저히 집행하며, 각 분야의 임무를 완수하는 것을 영도하고 보장한다. 동급 군사지휘관과 공동책임 하에 부대의 작전, 훈련, 후방지원

사업 및 부대건설과 민병건설계획을 수립하고 공포하는 명령서에 공동으로 서명한다.

(5) 당의 간부 정책을 장악하며, 간부에 대한 양성교육을 강화하고, 관심을 갖고 간부를 사랑하며, 간부의 임면(任免)과 인사이동에 관한 명령에 서명한다.

(6) 당의 정치와 법률 사업 방침과 정책을 장악하며, 부대의 법제 관념을 강화하고, 부대의 정치와 조직에 있어서 순수성을 보장한다.

(7) 부대가 전개하는 정치민주, 경제민주, 군사민주 운동을 영도한다. 부대의 엄격한 기율을 유지하고 보호하며, 부대의 가장 높은 집중적 통일을 보장한다.

(8) 장병일치, 군민일치 원칙을 철저히 집행하며, 군대 내부, 그리고 군과 정, 군과 민간의 단결을 강화한다. 적군와해원칙을 철저히 집행하며, 포로를 관대하게 대우하는 정책을 관장한다.

(9) 간부와 전사의 복지에 관심을 가지며, 부대의 물질과 문화생활을 개선하는데 심혈을 기울인다.

(10) 동급 정치기관의 사업을 영도하고, 정치기관의 건설을 강화하며, 정치기관의 역할을 충분히 발휘하도록 하고, 정치사업 요원의 군사와 정치 자질 및 사업능력을 향상시킨다.

〔**제4조**〕 정치위원은 사업에 있어서 군사지휘관과 능동적으로 상의하고 상호 지지하며 긴밀히 협조해야 한다. 원칙적인 문제에 있어서 의견이 대립되어 타협이 이루어지지 않았을 때는 당 위원회에 토의 및 결정을 제청하거나 상부에 보고해야 하며, 긴급한 경우, 작전행동과 군사행정사업에 속하는 문제는 군사지휘관이 결정하고, 당의 정책과 정치사업에 속하는 문제는 정치위원이 결정한다. 그러나 모두 당 위원회 및 상부에 대해 책임을 져야 하며, 사후 보고를 하고 심사를 받는다.

〔**제5조**〕 정치위원은 각고의 노력으로 마르크스레닌주의와 마오쩌둥사상을 학습하며, 당의 노선과 방침 및 정책, 그리고 상부의 명령과 지시를 정확하게 이해하고 철저히 집행하며, 당의 장정과 국법을 준수한다.

당의 원칙을 견지하며, 당의 단결을 유지하고 보호하며, 비판과 자아비판에 과감해야 한다. 실제를 깊이 있게 파악하고 조사하며 연구하고, 실사구시(實事求是)의 새로운 것을 창조하는데 용감하며, 대중을 연계하고 겸허하고 성실하며 각고분투해야 한다. 정치사업에 정통하도록 노력하며, 군사사업 및 기술을 숙지하며, 각 분야에서 스스로 모범을 보이며 부대의 본보기가 되어야 한다. 부정치위원은 정치위원의 사업수행을 도와준다.

제6장 중국인민해방군 군구 정치부 사업조례

〔**제1조**〕 군구 정치부는 총정치부, 군구 당 위원회와 정치위원의 영도 하에 소속부대 당 사업을 관리하며 정치사업을 수행하는 영도기관이다.

〔**제2조**〕 군구 정치부는 반드시 아군 정치사업의 기본임무를 근거로 하여 상부의 명령과 지시 및 군구 당 위원회의 결정을 군구의 실제상황과 결합하여 철저히 이행하고, 군대에 대한 당의 절대적 영도를 굳건히 하며, 부대가 사상과 정치적으로 당 중앙과 똑같이 고도의 일치성을 유지하도록 하고, 공산주의 사상을 핵심으로 하는 사회주의 정신문명의 건설에 노력하며, "사유삼강양불파(四有三講兩不怕)"* 의 혁명군인을 양성하고, 부대가 고도의 집중적 통일을 유지하고, 각종 임무를 원만히 완수하는 것을 보장한다.

군구 정치부의 주요 임무는 아래와 같다:

(1) 부대가 마르크스레닌주의와 마오쩌둥사상을 학습하는 것을 영도하며, 당의 노선과 방침 및 정책, 그리고 국가의 헌법과 법률을 철저히 집행하는 것을 영도하며, 부대의 정치사상실태를 연구하고 확실히 파악하여 정치교육과 사상사업에 관한 요구를 제출하고, 사상영도를 강화하며, 간부와 전사의 공산주의 의식과 혁명투지를 향상시키고, 자본주의 부패 사상과 봉건주의 잔재 사상 및 기타 비무산계급 사상을 배척하고 극복하며, 정신오염을 방지하고 제거하며, 각종 불순한 경향을 반대한다. 부대가 애국주의와 국제주의 및 혁명영웅주의 정신을 발양하고 침입한 적을 격퇴하고 섬멸할 수 있게 항시 준비하도록 교육한다.

(2) 당의 건설사업을 영도한다. 당 조직의 상황을 항상 이해하고 연구하며, 당 건설의 필요성에 관한 보고서를 제출하고, 당의 민주집중제를 철저히 집행하며, 당의 교육과 발전 사업을 영도하고, 당의 사상과 기풍 및 조직을 정돈하며, 당의 기율을 유지 및 보호하고, 당의 단결을 강화하며, 당의 투쟁력을 향상시킨다. 청년에 대한 사업을 영도하고 공산주의청년단 조직의 건설을 강화하며, 청년이 각종 임무를 완수하는데 있어서 방대한 단원과 총력을 집중시키는 역할을 충분히 발휘하도록 한다.

(3) 군사훈련에 관한 정치사업을 영도한다. 부대가 마오쩌둥 군사사상과 현대전쟁 지

---

* 4유(四有)는 ①이상, ②도덕, ③문화, ④기율을 갖추는 것을 뜻하고, 3강(三講)은 ①군용, ②예절, ③기율을 강조하는 것을 뜻하며, 양불파(兩不怕)는 ①어렵고 힘든 것을 참아내고, ②피를 흘려 희생하는 것을 두려워하지 않는다는 뜻이다.

식을 열심히 습득하도록 교육하며, 훈련의 방침과 원칙 및 계획을 철저히 집행하며, 훈련 임무의 완수를 보장하고, 현대전쟁 조건 하의 합동작전 능력과 신속대응 능력을 부단히 향상시키며, 우수한 전투기풍을 배양한다. 군사 학습과 전시 정치사업의 연구 및 훈련을 결합한다.

(4) 간부와 전사들이 각종 조령과 조례 및 규정과 제도를 성실히 실행하며, 3대기율·8항주의를 엄격히 준수하도록 교육하고, 조직성과 기율성을 강화하며, 정규화된 사업질서, 생활질서, 훈련교육질서 및 전쟁대비질서를 수립한다.

(5) 부대의 과학·문화 학습을 영도하고, 간부와 전사들이 지식과 인재를 존중하도록 교육하며, 부대가 학습 문호를 널리 개방하도록 영도하며, 간부와 전사들의 과학·문화 지식수준과 전문기술수준을 향상시키고, 국가를 보위할 수 있고 또 국가를 건설할 수 있는 군대와 민간 2개 분야에 모두 활용될 수 있는 인재를 양성한다.

(6) 전시 정치사업을 영도하고, 부대가 당중앙위원회와 중앙군사위원회의 전략방침과 작전원칙, 그리고 상부의 명령과 지시를 철저히 이행하며, 작전임무의 완수를 책임진다. 현대전쟁 조건 하에서의 작전분야 정치사업 경험을 연구하고 총결산한다.

(7) 간부사업을 영도한다. 당의 간부 정책을 철저히 집행하며, 덕재겸비(德才兼備) 원칙에 따라 간부를 선발하여 지도부에 배치하며, 오로지 현명한 자를 임용하는 원칙을 견지하고, 연고자를 우선적으로 임용하는 것을 반대한다. 간부의 심사, 양성, 배치, 임면, 진급, 포상, 징계와 직무평가 사업을 관리한다. 간부의 전업, 제대, 이직, 퇴직 사업과 간부 가족에 대한 사업을 관리한다. 전문직 인민무장 간부와 예비역간부 사업을 관리한다.

(8) 정부사업을 영도하고, 당의 정치와 법률 사업 방침 및 정책을 철저히 집행하며, 보위사업을 잘 처리하고, 군검찰사업과 군법원사업을 영도하며, 부대의 법률제도와 방첩보안교육을 강화하고, 반부패투쟁을 전개하며, 정치적 사고를 예방하고, 반혁명분자의 파괴활동과 사회주의를 파괴하는 기타 범죄활동을 방지하고 척결하며, 부대의 정치적 순수성을 보장한다.

(9) 당의 문화체육 사업 방침과 정책을 철저히 집행하며, 부대의 문예창작 사업을 계획하고 지원하며, 대중적인 문예와 오락 및 체육 활동을 전개한다. 부대의 영화 및 TV 사업을 관리하며, 문예와 체육 및 영사작업반의 설치를 강화한다.

(10) 당 선전사업의 방침과 저액을 철저히 집행하며, 신문과 간행물에 대한 사업을 잘 처리하고, 통신 보도를 계획적이고 체계적으로 하며, 군사선전 사업을 전개한다.

(11) 장병일치 원칙을 철저히 집행하며, 상경하애(上敬下愛) 의 우수한 전통을 발양하고, 정치민주와 경제민주 및 군사민주를 전개하며, 부대의 관리교육을 개선하고, 장병의 단결을 강화하며, 간부와 전사가 적극성과 창조성을 충분히 발휘하도록 한다.

군인의 고발과 제소를 접수하고 처리한다.

(12) 군민일치 원칙을 철저히 집행하며, 옹정애민(擁政愛民) 활동을 전개하고, 군과 정, 군과 민의 단결을 강화한다. 부대가 지방의 당 조직과 지방정부를 존중하도록 교육하며, 겸허하게 인민대중으로부터 배우고 대중의 기율을 준수하며, 국가와 대중의 이익을 보호하고, 민족정책을 실행하며, 사회주의 현대화 건설에 적극적으로 참가하고 지지하며, 사회주의 정신문명의 군과 민 공동건설활동을 광범위하게 전개한다. 인민대중이 보낸 편지와 방문 사업을 잘 처리한다.

(13) 적군와해 원칙을 철저히 집행하며, 적군 상황을 조사하며 연구하고, 대적(對敵)선전 사업을 전개하며, 적군 와해 및 포로를 우대하는 정책을 관장하고, 적군와해사업과 포로관리사업을 적극적으로 수행한다.

(14) 부대가 대중성 있는 선진적 개인 경쟁, 선진적 단위를 창조하는 혁명적 경쟁사업을 전개하도록 영도하며, 포상사업을 적극적으로 처리하고, 영웅적이고 모범적인 사적(事跡)을 선양한다.

(15) 소속된 군사학교와 과학연구 단위 및 사업대행 단위에 대한 정치사업을 지휘한다.

(16) 후방근무 정치사업을 영도하며 병참 건설과 병참의 각종 임무 완수를 책임진다. 전체 인원의 복지에 관심을 갖고 유관 부서와 협조하여 부대의 물질적 생활여건을 개선한다. 가족계획과 환경보호에 대한 선전교육 활동을 적극적으로 수행한다.

(17) 육·해군 국경방위부대에 대한 정치사업을 영도하고, 당의 육·해군 국경방위 방침과 정책을 철저히 집행하며, 유관 부서와 협조하여 그들의 실제 문제를 적절하게 처리한다.

(18) 당의 민병사업 방침과 국가의 병역제도를 철저히 집행하며, 민병 정치사업을 영도하고, 지방의 유관 부서와 협조하여 예비역 인원과 징집자 및 전시동원에 대한 정치사업을 수행한다. 제대 및 퇴역 군인에 대한 정치사업을 적극적으로 수행한다.

(19) 원호사업에 관한 규정과 제도를 철저히 집행하며, 유관 부서와 협조하여 혁명열사에 대한 찬양활동을 적극적으로 전개하며, 상이군인, 제대 및 퇴역 군인, 군인가족과 희생자, 그리고 병사자의 군인가족에 대한 문제를 적절히 처리한다.

(20) 예하의 각급 정치기관과 정치사업 요원의 편제를 관리한다. 정치기관 및 정치사업 간부 조직의 건설을 강화한다.

〔제3조〕 군구 정치부는 반드시 당의 노선, 방침, 그리고 정책을 철저히 집행하며, 각 시기의 중점 임무를 주요 역량으로 틀어쥐고, 기층 건설을 강화하며, 각종 사업을 통합하고 기획하며 안배한다. 기층 속으로 깊숙이 파고 들어가 조사하고 연구하며, 문제를 적시에 발견하여 해결하고 훌륭한 전형(典型)을 틀어쥐고, 선진적 경험을 총결산하여 널

리 전파한다. 사업의 자발성과 창조성을 충분히 발휘하고, 영도 품격과 사업의 수행 방법을 부단히 개선해 나가며, 사업의 효율성을 향상시킨다. 적시에 총정치부 및 군구 당위원회에 상황을 알리고 지시 하달을 요청하며 활동을 보고한다.

제7장 중국인민해방군 군·사단 정치부 사업조례 【생략】

제8장 중국인민해방군 연대 정치처 사업조례 【생략】

제9장 중국공산주의청년단 사업위원회 사업조례 【생략】

제10장 중국인민해방군 대대 정치교도원 사업조례

〔**제1조**〕 정치교도원은 차상급의 최고책임자와 정치기관 및 대대 당 위원회의 영도 하에 당 기층조직의 활동과 정치사업을 수행한다. 정치교도원과 대대장은 똑같이 전 대대원의 수장이 되며, 전 대대 사업을 공동으로 책임진다. 정치교도원은 반드시 당과 조국의 사업에 충성하고, 명령을 이행하며, 작전에 용감하고 사업에 적극적이며, 학습에 힘쓰며 기율을 준수하고, 원칙을 견지하며, 품행이 방정하고, 대중과 긴밀히 연계하며, 아울러 중대에서의 정치사업경험과 일정한 정치이론수준 및 군사수준, 그리고 과학·문화지식을 구비하고 있는 중국공산당의 정식당원이어야 한다.

〔**제2조**〕 정치교도원은 반드시 아군 정치사업의 기본임무, 그리고 상부의 명령과 지시에 근거하며, 실제상황을 결합하여 사업을 수행하며, 당해 대대의 전투력을 공고히 하고 향상시키며, 작전과 교육훈련 등 각종 임무의 달성을 영도하고 보장한다.

정치교도원의 주요 직무와 책임은 아래와 같다:

(1) 정치교육과 정치사업을 수행한다. 전 대대원에게 마르크스레닌주의와 마오쩌둥사상의 학습을 실시하며, 당의 노선과 방침 및 정책, 그리고 국가의 헌법과 법률을 철저히 집행하며, 전 대대원의 사상동향과 분대장 이상 간부들의 기본실태를 정확히 파악하고, 정치교육과 일상적인 사상사업을 수행하며, 공산주의 의식을 향상시키고 혁명투지를 강화하며, 각종 그릇된 사상과 불순한 경향을 배척하고 극복하며, 간부

와 전사들이 고도의 자아희생정신과 엄격한 조직의 기율성 및 혁명적 기풍을 갖추도록 한다.

전체 인원이 애국주의, 국제주의 및 혁명영웅주의 정신을 발양하고 항시 전쟁에 대비하도록 교육한다.

(2) 당의 기층조직 사업을 수행한다. 대대 당 위원회의 일상적 사업을 잘 처리하고 민주집중제를 철저히 집행하며, 집단영도를 견지하고, 단의 조직생활을 건전하게 하며, 당의 단결을 강화한다. 중대 당 지부의 사업을 항상 검사하고 지도하며, 지부를 지도하는데 있어서 발생하는 문제는 적시에 해결하고, 당의 교육과 당원의 사업 발전을 계획적으로 실시하며, 당 지부 간부를 양성하고, 당의 기풍을 단정하게 하며, 당의 기율을 유지 및 보호하고, 당 지부의 전투적 보루 역할과 당원의 선봉적 모범 역할이 발휘되도록 한다.

(3) 군사훈련과 각종 임무수행 중의 정치사업을 계획하고 수행한다. 훈련에 있어서 적극적인 동원을 유도하며, 마오쩌둥 군사사상과 군사훈련의 방침과 원칙 및 중대한 의의를 선전하며, 각종 사상문제를 적시에 발견하여 해결하고, 전 대대원이 항상 적극적인 훈련 자세와 양호한 전투태세를 유지하도록 한다. 중대가 대중적인 병사훈련 활동을 전개하고, 고된 훈련을 통해 적을 무찌를 수 있는 능력을 갖추며, 현대전쟁 조건 하에서의 작전기술과 전술을 정확히 이해하도록 노력하고, 하나의 특기에 다양한 재능을 지니며, 한 명의 병사가 다방면에 쓰일 수 있도록 한다.

간부와 전사들이 조령과 조례 및 규정과 제도를 엄격히 실행하며, 조직성과 자율성을 강화하고, 무기와 장비를 아끼고 사랑하며, 사고를 방지하고 안전을 보장하도록 교육한다. 군사훈련과 결합하여 전시 정치사업을 학습하고 연습한다. 시공, 근무, 생산, 긴급구조 등 임무수행 중의 사상사업을 심층적으로 전개하며, 간부와 전사가 적극성과 창조성을 충분히 발휘하도록 하고, 각종 임무를 완수하는 것을 보장한다.

(4) 과학·문화 교육을 계획하여 실시하며, 부대의 자발적인 학습의욕을 부단히 향상시키며, 교학방법을 개선하고, 간부와 전사의 과학·문화 지식수준과 전문기술수준을 향상시키며, 능히 국가를 보위할 수 있고 또한 국가를 건설할 수 있는 군대와 민간 2개 분야에서 활용될 수 있는 인재를 양성한다.

(5) 전시 정치사업을 계획하여 실행한다. 전투동원과 선전선동 활동을 수행하며, 전 대대원이 상부의 명령과 지시를 철저히 이행하고, 지휘에 복종하도록 교육하며, 전투에서 용감하며 희생을 두려워하지 않고 피로를 두려워하지 않으며, 민첩한 기지와 긴밀한 협동 및 연속적인 작전의 전투기풍을 발양하고, 불굴의 혁명 기개와 절조를 유지한다. 당 지부와 공산주의청년단 조직의 전시활동을 영도하고, 그때그때 조직을 조정한다. 적을 무찔러 공을 세우는 운동을 대중적으로 전개한다.

적군와해사업을 수행하고 포로를 우대하는 정책을 실행한다. 전장의 기율을 유지하고 보호한다. 부상자와 병자에 대한 사상사업과 열사에 대한 사후처리 사업을 적극적으로 처리한다. 대대장과 협력하여 전투를 계획하고 지도하며, 간부와 전사들이 작전임무를 정확히 완수하도록 단결시키고 지도한다.

(6) 간부에 대한 사업을 수행한다. 기층간부에 대한 양성교육을 강화하고, 간부의 선발, 배치, 포상, 징계에 관한 의견과 우수한 전사를 선발하여 사관학교에 입학시켜 장교로 양성하는 것에 관한 의견을 제출한다. 전업 및 제대 간부의 사상사업과 가족계획에 대한 선전교육 활동을 적극적으로 처리한다.

(7) 보위사업을 수행한다. 법제 및 방첩보안 교육을 강화하고, 전 대대원의 혁명 경각심을 향상시키며, 정치적 사고를 예방하고, 법제 관념을 강화하며, 일체의 위법적인 범죄행위에 대해 투쟁을 전개한다.

(8) 공산주의청년단 총지부와 지부 및 혁명군인위원회의 사업을 영도한다. 대중성 있는 선진적 개안 경쟁과 선진적 단위의 창조적 혁명경쟁 활동을 전개하고, 장려사업을 적극적으로 수행하며, 영웅적이고 모범적인 사적을 계획하여 학습하도록 한다.

(9) 상경하애(上敬下愛) 운동을 전개하고, 장교와 사병의 단결을 강화한다. 장교와 사병 간이 관계를 항상 조사하며, 중대가 관리교육사업을 훌륭히 수행하도록 도와준다. 전 대대원의 물질과 문화생활에 관심을 가진다. 부대를 따라오는 가족에 대한 사업을 적극적으로 처리한다.

(10) 옹정애민(擁政愛民) 사업을 수행한다. 군과 정, 군과 민 간의 단결을 강화한다. 전 대대원에게 지방의 당 조직과 정부를 존중하고, 겸허하게 인민대중으로부터 배우며, 3대기율·8항주의를 준수하고, 소수민족의 풍속과 습관을 존중하며, 사회주의 현대화 건설에 적극적으로 참가하고 지지하며, 군과 민이 공동으로 사회주의 정신문명을 건설하는 사업을 광범위하게 전개하고, 인민대중을 위해 훌륭한 일을 하도록 교육하며, 지방과 협조하여 민병사업을 철저히 수행한다.

〔**제3조**〕 정치교도원과 대대장은 대대 당 위원회의 집단영도 하에 사업을 수행한다. 사업을 수행함에 있어서 대대장과 자발적으로 협의하며 서로 지지하고 긴밀히 협력해야 한다. 원칙적인 문제에 있어서 의견 충돌이 발생 시에는 대대 당 위원회에 토의와 결정을 제기하거나 또는 상부에 해결을 요청해야 한다. 긴급한 상황의 경우, 군사사업에 속하는 문제는 대대장의 결심에 따라 실행하고, 정치사업에 속하는 문제는 정치교도원의 결심에 따라 처리하며, 모두 대대 당 위원회와 상부에 대해 책임을 지며, 사후에 신속하게 보고하고 심사를 받아야 한다.

〔**제4조**〕 정치교도원은 정치교육과 당 기층조직의 건설을 장악하고 모든 정력을 기울여야 한다. 정치, 군사, 과학·문화 및 유관 사업과 기술지식을 성실히 학습한다. 항상 중대의 실제에 깊숙이 파고 들어가 현장에서 사업을 영도한다. 전형(典型)을 틀어쥐며, 경험을 교환하고 종합하며, 중대 간부와 당 청년단 간부의 사상 수준과 사업능력을 부단히 향상시키는데 주의를 기울인다. 자발성과 창조성을 충분히 발휘하고, 자기 책무를 적극적으로 수행하며, 스스로 모범을 보이고 전 대대원의 본보기가 된다. 부정치교도원은 정치교도원의 사업을 보좌하며, 정치교도원이 부재 시 그 직책을 대행한다.

제11장 중국인민해방군 중대 정치지도원 사업조례

〔**제1조**〕 정치지도원은 정치기관과 차상급수장 및 중대 당 지부의 영도 하에 당 지부 사업과 정치사업을 수행한다. 정치지도원과 중대장은 똑같이 전 중대원의 수장이 되며, 전 중대 사업을 공동으로 책임진다. 정치지도원은 반드시 당과 조국의 사업에 충성하고, 명령을 이행하며, 작전에 용감하고, 사업에 적극적이며, 학습에 노력하고, 기율을 준수하며, 원칙을 견지하고, 품행이 방정하며, 대중과 긴밀히 연계하고, 일정한 정치사업 능력과 군사, 과학·문화 지식을 갖춘 중국공산당의 정식당원이어야 한다.

〔**제2조**〕 정치지도원은 반드시 아군 정치사업의 기본임무, 그리고 상부의 명령과 지시에 근거해야 하며, 중대의 실제상황을 결합하여 사업을 수행하며, 중대의 전투력을 공고히 하고 향상시키며, 작전과 교육훈련 등 각종 임무의 달성을 영도하고 보장한다.

정치지도원의 주요 임무는 아래와 같다:

(1) 정치교육을 실시한다. 간부와 전사의 마르크스레닌주의와 마오쩌둥사상 학습을 주관하고, 당의 노선과 방침 및 정책, 그리고 헌법과 법률을 철저히 집행하며, 정치교육을 실시하고, 공산주의 의식을 향상시키며, 혁명투지를 강화하고, 각종의 잘못된 사상과 불순한 경향을 배척하고 극복하며, 전 중대원이 고도의 자아희생 정신과 엄격한 조직의 기율성 및 혁명적 기풍을 갖추도록 한다. 전 중대원에게 애국주의와 국제주의 및 혁명영웅주의 정신을 발양하고 항시 전쟁에 대비하도록 교육한다.

(2) 일상적인 사상사업을 적극적으로 수행한다. 전 중대원의 개인경력, 가정상황, 개성과 특성을 숙지한다. 사상의 동태를 정확히 파악하고, 항시 간부와 전사들과 진솔한 대화를 나누며 설득식 교육을 견지하고, 그들의 입당, 승진, 포상, 징계, 결혼, 가정

등의 문제에 정확히 대처하고 스스로 깨우쳐 혁명이익에 복종하도록 인도한다. 부대교육을 사회교육 및 전사가정 교육과 똑같이 결합한다. 간부와 당의 당원, 공산주의 청년단의 단원이 대중성이 있는 사상공조 운동의 전개를 주관하며, 개별적 교육활동을 잘 수행하고, 전사의 실제문제를 정리(情理)에 맞게 해결하며, 긍정적인 요소를 발휘하고 부정적인 요소를 극복한다. 신병의 입대 및 기간병 퇴역자에 대한 사상사업과 가족계획에 대한 선전교육 활동을 적극적으로 수행한다.

(3) 당 지부 사업을 철저히 수행한다. 지부의 일상적인 사업을 적극적으로 수행하고, 지부의 집단영도를 유지하고 보호하며, 자발적으로 지부위원과 상황을 교환하고 문제를 상의하며 서로 일치협력하여 지부위원회의 건설을 강화한다. 지부가 결의한 사항에 관한 당원의 실행 상황을 조사하고 숙지한다. 당의 일일활동을 계획하고 실시하며, 당 교육과 당원 발전에 관한 사업을 수행한다. 당원에게 대중단결 사업을 훌륭히 처리하도록 하고, 자기 스스로가 모범적인 행동을 보임으로써 대중을 이끌어 임무를 완수하도록 교육한다.

(4) 군사훈련과 각종 임무수행 중의 정치사업을 적극적으로 수행한다. 훈련 중에 간부와 전사들이 군사훈련의 중대한 의의를 충분히 인식하고, 훈련의 방침과 원칙 및 계획을 철저히 집행하며, 고된 훈련으로 적을 이길 수 있는 능력을 지니고, 현대전쟁 조건 하의 작전기술과 전술을 열심히 숙달하며, 우수한 전투기풍을 배양하는 것을 교육한다. 훈련 현장으로 깊숙이 파고 들어가 선전선동 활동을 전개하며, 훈련 중의 사상 문제를 적시에 발견하고 해결한다. 교육 및 학습 평가를 계획하여 실시하며, 대중성 있는 병사훈련 활동 및 기술혁신 활동을 전개한다. 각종 조령과 조례 및 규정과 제도를 엄격히 실행하고, 조직성과 기율성을 강화하며, 무기와 장비를 아끼고 조작수칙을 준수하며, 사고를 방지하도록 간부와 전사를 교육한다. 군사훈련을 종합하고 전시 정치사업을 학습하고 훈련한다. 시공, 생산, 근무, 위험과 재난 시의 긴급구조 등 임무를 수행하는데 있어서 심도 있는 사상교육을 실시하며, 유관 정책과 기율 및 의의를 분명하게 인식시키고, 간부와 전사들이 적극성과 창조성을 충분히 발휘하도록 하고, 각종 임무를 완수하는 것을 보장한다.

(5) 과학·문화 교육을 계획하여 실시하고 자발적인 학습의욕을 부단히 향상시키며, 가르치고 배우는 방법을 개선하고, 간부와 전사들의 과학·문화 지식수준과 전문기술 수준을 향상시키며, 국가 보위와 국가 건설을 할 수 있는 군대와 지방 2개 분야에서 모두 활용될 수 있는 인재를 양성한다.

(6) 전시 정치사업을 적극적으로 처리한다. 전투동원과 선전선동 사업을 철저히 수행하고, 전투사기를 격려하며, 필승의 신념을 굳건히 한다. 전 중대원이 명령을 철저히 이행하고 지휘에 복종하며, 전투에서 용감하고, 희생을 두려워하지 않고 피로를 두

려위하지 않으며, 기지가 민첩하고, 긴밀한 협력과 연속적으로 작전을 전개하는 전투기풍을 발양하고, 불굴의 혁명 기개와 절조를 보전하도록 교육한다. 전투에서 당원과 공산주의청년단 단원이 모범적 역할을 충분히 발휘하도록 한다. 적을 무찔러 공을 세우는 운동을 전개한다. 대중에게 사업에 대한 계략과 방책을 제시하게 하고, 기술과 전술상의 난점을 극복한다. 적절한 시기에 조직을 조정하고 전장의 기율을 유지하고 보호하며, 부대사업을 공고히 하도록 하고, 비전투원의 손실을 방지한다. 전선에서의 대적(對敵)선전과 적군와해사업을 전개하며, 포로를 관대하게 대하는 정책을 실행한다. 중대장과 협력하여 전투를 계획하고 지휘하며 모든 작전임무를 완수하는 것을 보장한다.

(7) 보위사업을 적극적으로 수행한다. 중대와 주둔지의 정치상황을 항상 파악하고, 전 중대원의 혁명 경각심을 향상시키고, 국가 기밀과 군사 비밀을 엄수하도록 교육하며, 반혁명적 파괴활동을 방지하고 정치적 사고를 예방한다. 법제 교육을 실시하고 법제 관념을 강화하며, 모든 위법적 범죄행위에 대한 투쟁을 전개한다.

(8) 상경하애(上敬下愛) 활동을 전개한다. 간부가 전사를 사랑하는데 관심을 가지며, 관리를 엄격히 하고, 인내심을 갖고 교육하며, 전사의 각종 문제를 정확히 처리하며, 소수민족 출신 간부와 전사의 생활습관을 존중하고, 전사의 동반가족에 대한 사업을 잘 처리하도록 교육한다. 전사가 간부를 존경하고, 기율을 준수하며, 관리에 복종하고, 명령과 지시를 철저히 이행하도록 교육한다.

(9) 옹정애민(擁政愛民) 사업을 전개한다. 전 중대원이 방대한 당 조직과 지방정부를 존중하며, 겸허하게 인민대중으로부터 배우고, 3대기율·8항주의를 엄격히 실행하며, 소수민족의 풍속과 관습을 존중하고, 주둔지 대중에 대한 사업을 적극적으로 수행하며, 사회주의 현대화 건설에 적극적으로 참가하고 지원하며, 사회주의 정신문명의 군·민 공동건설사업을 광범위하게 전개하고, 인민대중을 위해 훌륭한 사업을 하며, 지방과 협조하여 민병사업을 수행하고, 대중 기율을 항시 점검하며, 군과 정, 군과 민의 단결을 강화하는 것을 교육한다.

(10) 공산주의청년단 지부와 혁명군인위원회의 사업을 영도하고, 정치민주와 경제민주 및 군사민주를 발양하며, 대중성 있는 문예오락, 체육활동을 전개하고, 중대의 물질적, 문화적 생활여건을 개선한다. 대중성 있는 선진적 개인경쟁, 선진적 단위를 창조하는 혁명적 경쟁활동을 전개하고, 포상사업을 적극적으로 처리하며, 영웅적이고 모범적인 사적을 학습하도록 한다.

〔제3조〕 정치지도원과 중대장은 당 지부위원회의 집단영도 하에 사업을 수행한다. 사업을 수행하는데 있어서 반드시 중대장과 긴밀히 협력하며, 서로 협의하고, 상호 존중

하며 지지하고, 상호 협력해야 한다. 서로 다른 의견이 있을 시는 자발적으로 진솔하게 토의하고, 원칙적인 문제에 속하지 않는 것은 서로 양해하며, 무원칙적인 논쟁을 일으키지 않는다. 원칙에 속하는 문제로 의견 충돌이 일어나 해결이 불가능할 때는 반드시 지부위원회에 토의하여 결정하도록 요청하거나 또는 상부에 해결을 요청하여 지시를 받아야 한다. 긴급한 상황의 경우, 군사사업에 속하는 것은 중대장의 결심에 따라 실행하고, 정치사업에 속하는 것은 정치지도원의 결심에 따라 실행한다. 그러나 모두 지부위원회와 상부 기관에 책임을 지며, 사후에 신속하게 보고하고 심사를 받아야 한다.

〔**제4조**〕 정치지도원은 반드시 정치, 군사, 과학, 문화 및 유관 지식을 학습하는데 노력해야 한다. 당 지부의 영도에 따르며, 중대의 각종 조직과 당, 공산주의청년단 핵심간부의 역할을 발휘한다. 항상 분대와 소대 및 현장에 깊숙이 파고 들어가 상황을 파악하고 사건에 부딪힐 때는 대중과 상의하며, 사업 방법에 주의하고, 사업 효율을 강구하며, 정치사업으로써 각종 사업을 관철시켜 나간다. 자기 스스로 모범적인 행동을 보임으로써 전 중대원을 단결시키고 이끌어 각종 임무를 완수하도록 한다. 부정치지도원은 정치지도원의 사업 수행을 보좌하며, 정치지도원이 부재 시 그 직책을 대행한다.

제12장 중국공산당 중대 지부 사업조례

〔**제1조**〕 중국공산당이 중국인민해방군 중대에 설립한 지부는 당의 군대 내 기층조직이며, 중대의 통일적 영도와 단결의 핵심이다.

〔**제2조**〕 중대 당 지부는 반드시 당장(黨章)에 규정된 기층조직의 기본임무, 상부의 결의와 명령 및 지시, 그리고 중대의 실제상황에 근거하여 중대의 사업을 통일적으로 영도하며, 전투적 보루 역할을 충분히 발휘하고 중대의 전투력을 공고히 하며 향상시킨다.

중대 당 지부의 주요 임무는 아래와 같다:

(1) 당의 노선과 방침 및 정책, 그리고 상부의 결의와 명령 및 지시를 선전하고 이행하며, 대중을 단결시키고 인솔하여 작전과 교육훈련 등 각종 임무를 완수한다.

(2) 당원과 대중이 마르크스레닌주의와 마오쩌둥사상을 성실하게 학습하고, 당의 기본지식과 당의 우수한 전통을 학습하며, 군사, 업무, 과학, 문화를 학습하고 사회주의 정신문명 건설을 영도한다.

(3) 당원에 대한 교육과 관리를 실시하며, 당의 조직생활을 엄격히 하고 당원의 의무를 확실히 이행하도록 감독하며, 기율을 준수하고 당원의 권리가 침해받지 않도록 보장한다.

(4) 대중과 긴밀히 연계하고, 당원과 당의 사업에 대한 대중들의 비평과 의견을 항상 숙지하고, 상부에 사실 그대로 보고하며, 대중의 정당한 권익을 보호하고, 대중에 대한 사상사업을 적극적으로 수행하여 그들의 의식을 향상시키며, 중대의 물질적, 문화적 생활수준을 관심을 가지고 개선한다.

(5) 간부에 대한 관리와 교육을 강화한다. 간부의 선발과 배치 및 포상과 징계 사항을 건의한다. 우수한 전사를 추천하여 사관학교에 입학시키는 사업을 적극적으로 처리한다.

(6) 당원과 대중이 적극성과 창조성을 충분히 발휘하도록 하고, 그들 중에서 우수한 자와 각종 전문기술 인재를 찾아내며, 그들이 사업을 개선해 나가도록 격려하고 지원하며, 혁신과 창조를 펴나가며, 부대 건설과 군대와 지방 2개 분야애서 모두 활용될 수 있는 인재의 양성을 위해 공헌한다.

(7) 당원의 자격 기준을 견지하고, 당원의 발전에 대한 사업을 적극적으로 처리하며, 당비를 징수하고, 당원을 심사하고 평정하며, 모범적인 업적을 이룬 당원을 표창하고, 당의 기율을 유지하고 보호한다.

(8) 비판과 자아비판을 전개하고, 사업 중의 결점과 과오를 시정하며, 각종 그릇된 사상과 불순한 경향을 배척하고 극복한다.

(9) 당원과 대중의 법제 개념을 강화하고, 혁명 경각심을 향상시키며, 반혁명분자와 기타 파괴분자의 범죄활동에 대해 철저히 투쟁하도록 교육한다.

(10) 공산주의청년단 지부와 혁명군인위원회의 사업을 지도하며 그 역할을 충분히 발휘하도록 한다.

〔제3조〕 당 지부의 조직은 아래와 같다:

(1) 정식당원이 3인 이상 있는 중대는 모두 당 지부를 설립해야 한다. 당 지부의 설립은 연대 또는 연대에 상당하는 부대 당 위원회의 결정이 있어야 한다.

(2) 중대 당 지부의 영도기관은 지부당원대회이며, 지부당원대회의 폐회기간에는 지부당원대회에서 선출하여 구성한 지부위원회가 된다.

지부당원대회의 임무는 아래와 같다:

① 상부의 결의와 지시를 전달하고 토론하며, 중대의 중요한 문제를 토론하여 결정한다. 지부위원회의 사업보고를 토론하여 승인하며, 중대장 및 정치지도원의 사업

보고를 청취하고 토론한다. 지부위원회와 차상급 당 대표대회에 참석하는 대표를 선출한다. 당원 가입과 당원에 대한 처벌을 결의한다. 지부당원대회는 통상 매월 1회 소집한다.

지부위원회는 지부당원대회의 결의를 철저히 집행한다. 지부위원회 위원 정수는 연대 또는 연대에 상당하는 부대 당 위원회가 결정한다.

② 지부위원회는 실제상황에 근거하여 서기·부서기 및 조직, 기율검사, 선전, 청년, 보위 위원을 둘 수 있으며, 필요시 대중사업 위원과 적군사업 위원을 둘 수 있다. 지부위원의 정수가 적을 경우에는 1인의 위원이 여러 위원의 사업을 겸임해 관리할 수 있다. 지부위원회가 선출한 서기와 부서기는 연대 또는 연대에 상당하는 부대 당 위원회가 승인한다.

지부위원회의 매기 임기는 1년이며, 매월 최소 1회 회의를 개최한다. 지부위원회에 결원이 발생했을 시는 즉시 지부당원대회를 소집하여 보궐선거를 해야 한다.

③ 당 지부는 통상 소대나 또는 당원의 수와 분포상태에 따라 당의 조(組)를 나누어야 한다. 각 조는 조장 1인을 선출한다. 소조(小組)회의는 매월 최소한 1회 소집한다. 간부당원은 전사당원과 함께 조로 편성되어 소조활동을 해야 한다. 당 소조는 당원들을 조직하여 학습을 실시하고, 당원을 면담하여 그에 대한 상황을 종합하고 보고하며, 비판과 자아비판을 전개하고, 지부의 결의사항을 이행하는 당원을 독려하며, 발전대상자를 교육하고 양성하며, 대중에 대한 사상사업을 실행해야 한다.

〔**제4조**〕지부 서기와 각 위원의 업무는 아래와 같다:

지부 서기는 지부의 일상적 사업을 수행하는 것을 책임진다. 상부의 지시와 지부의 상황에 따라 지부위원회를 소집하여 사업을 토론한다. 적시에 지부의 결의에 대한 이행 실태를 점검하고, 지부 사업을 총괄하며, 아울러 규정된 기일에 따라 지부당원대회 및 차상급 당 위원회에 사업을 보고한다. 지부위원 및 중대 간부와 항상 긴밀한 연계를 유지하고, 상황을 교환하며 사업을 연구한다.

부서기는 서기의 사업 수행을 보좌하며, 서기가 결원 시에 서기의 사업을 대행한다.

조직위원은 책임을 지고 지부의 조직 상황을 파악하며, 당원의 발전에 대한 사업을 관리하고, 당비를 징수하며, 당원의 조직관계를 연결시키거나 전환시킨다.

기율검사위원은 책임을 지고 당 기율의 집행 상태를 점검하며, 당원의 고발 및 제소를 접수하고 전달한다. 선전위원은 책임을 지고 당원의 사상 및 학습 상황을 파악하고, 당의 교육에 대한 의견을 제시하며, 선전선동 활동을 계획하고 전개한다.

청년위원은 청년단 지부의 사업을 책임지며, 청년사업과 유관한 당 지부의 결의를 철저히 이행한다. 보위위원은 방첩보안 사업을 책임지며 중대와 주둔지의 정치상황을 파악하고, 법제교육을 실시하며, 정치적 사고를 예방하고, 반혁명분자의 파괴활동과 위법적 범죄행위의 발생을 방지한다. 대중사업위원은 옹정애민(擁政愛民) 사업을 책임지며 대중의 기율 준수 실태를 점검한다. 적군사업위원은 적군와해사업을 책임진다.

〔**제5조**〕 당 지부위원회의 집단영도은 아래와 같다:

(1) 중대의 중요한 모든 문제는 지부위원회의 집단토의를 거쳐 경정해야 하며, 중대장과 정치지도원이 사업을 분담하여 계획하고 실행한다.

긴급한 상황의 경우, 중대장이나 정치지도원이 직책에 의거하여 임시조치를 취할 수 있으나 사후에 지부위원회에 보고한다. 중대 간부는 지부의 결의사항을 모범적으로 이행하고 자발적이며 적극적으로 자기의 직책을 수행해야 한다. 지부위원회는 중대의 일상적인 행정사무를 독단적으로 처리해서는 안 되며, 중대 간부가 자기의 직권을 행사하는 것을 보장하며, 그들이 적극성과 창조성을 충분히 발휘하도록 한다.

(2) 지부위원회의 집단영도는 민주가 있어야 하고 집중이 있어야 한다. 문제를 토의하여 결정할 때는 소수가 다수에 복종하는 원칙을 반드시 이행해야 한다. 소수는 다른 의견에 대해 진지하게 고려해야 한다.

서기는 민주적 기풍이 있어야 하고, 집단의 지혜를 최대로 발휘하도록 하며, 위원의 의견을 허심탄회하게 청취하고, 중요한 문제를 독단적으로 결정할 수 없다. 위원은 전체의 입장에서 보고 생각해야 하며, 서기의 사업을 존중하고 지원하며, 집단영도에 적극적으로 참가하고 유지하며 옹호해야 한다.

지부위원회의 구성원은 지부위원회의 결정을 반드시 확실하게 이행해야 하며, 만약 다른 의견이 있을 시는 자신의 의견을 보류하는 것을 공개적으로 발표(성명)하거나 또는 차상급 당 조직에 의견을 제시할 수 있으나 반대를 표현하는 그 어떠한 행동도 해서는 안 된다.

(3) 지부위원회는 사업을 실행함에 있어서 반드시 실사구시(實事求是) 원칙과 대중노선을 견지해야 한다. 문제를 결정하기 전에 먼저 심층적으로 상황을 파악하고 당원과 대중의 의견을 겸허하게 청취해야 한다. 결의를 한 후에는 당원의 적극적인 활동과 공산주의청년단 지부 및 혁명군인위원회의 활동을 통하여 지부의 결의를 전 중대원의 자발적인 행동으로 승화시켜야 한다.

(4) 지부위원회의 구성원은 부단히 당성을 강화하고, 전심전력으로 중대를 건설하며, 각고분투하고, 사익을 도모하지 않으며, 모범적인 행동으로 전 중대원의 본보기가 되어야 한다.

〔**제6조**〕 당의 조직생활은 아래와 같다:

(1) 당 지부는 반드시 회의, 종합보고, 그리고 당일(黨日)제도를 견지해야 한다.

당원은 당의 활동에 적극적으로 참가하고 자발적으로 당 조직에 사상 및 사업 현황을 종합하여 보고해야 한다. 당일(黨日)은 당의 활동에 이용해야 하고, 당 회의를 소집하며, 당 교육을 실시하고, 대중에 대한 당의 선전사업을 수행하는데 활용되어야 한다.

(2) 지부의 사업에 있어서 민주적 기풍을 충분히 발휘하고, 당원의 민주 권리를 존중하며, 당원에게 의견을 충분히 발표할 수 있는 기회를 부여해야 하며, 당원으로 하여금 사업과 영도에 대해 비판하고 건의할 수 있도록 해야 한다. 지부는 당원의 의견에 대해 환영하는 태도를 가지고 올바른 것은 받아들이고 틀린 것은 이유를 설명해 주어야 하며, 결코 비평을 억압하거나 보복해서는 안 된다. 당원은 당의 관념을 강화하고, 당의 기율을 준수하며, 당의 기밀을 엄수해야 하고, 당 내에서 토론하여 결정한 문제는 당 조직의 동의가 없이는 밖으로 전파해서는 안 된다.

(3) 비판과 자아비판을 올바르게 전개하고, 진리를 견지하며, 잘못된 것을 바로 잡는다. 비판할 때는 실사구시(實事求是)적 자세로서 남을 도와야 하며, 단결→비판→단결 방식을 견지하고, 시비를 분명하게 가리며 동지를 단결시킨다.

(4) 당 지부는 당의 기율을 위반한 당원에 대해서는 반드시 과거의 실패와 과오를 교훈삼아 다시는 과오를 범하지 않도록 하며, 병을 고쳐 사람을 구한다는 방침으로 과오의 성격과 구체적 상황의 경중에 따라 비판교육에서 이율처분에 이르는 처벌을 내리며, 동시에 인내심과 성의를 가지고 과오를 범한 동지가 잘못을 인식하고 과오를 시정하도록 도와준다. 당원에 대한 기율 처분은 반드시 당의 장정(章程)에서 규정한 바에 따라 처리한다.

〔**제7조**〕 공산당원의 선봉적 모범 역할은 아래와 같다:

당 지부는 중국공산당 장정이 당원에 대해 제시한 요구를 당원들이 노력하여 실행하도록 교육하며, 당원이 선봉적 모범 역할을 충분히 발휘하여 반드시 완수하도록 해야 한다. 전심전력으로 인민을 위해 봉사하고, 개인의 모든 것을 희생하더라도 애석해하지 않으며, 공산주의를 실현하기 위해 평생 분투하도록 한다.

당원은 마르크스레닌주의와 마오쩌둥사상, 그리고 군사와 업무 및 과학·문화 지식을 성실히 학습한다. 당의 노선과 정책 및 결의를 적극적으로 선전하고 확실히 실행하며 스스로 각성하여 당 기율과 국법 및 군대 기율을 준수한다. 항상 대중들과 더불어 동고동락하고 가장 밀접한 관계를 유지하며, 대중들에 대한 사상사업에 월등하며, 당 내외의 단결을 강화한다. 당에 충성하고 성실하며, 실사구시와 언행일치 자세를 갖추며, 고통스러운 것에는 가장 먼저 나서고 즐거움은 가장 뒤에 누리며, 돌격에는 선봉에 서고 퇴각할 때는 가장 뒤에 서며, 고통을 두려워하지 않고 죽음을 두려워하지 않으며, 당이 부여한 각종 임무를 철저히 완수한다.

제13장 중국공산주의청년단 중대 지부 사업조례 【생략】

제14장 중국인민해방군 중대 혁명군인위원회 사업조례 【생략】

제15장 중국인민해방군 함 · 정 정치부 사업조례

〔**제1조**〕 당의 절대적 영도를 보장하기 위해 당의 기층조직에 대한 사업과 정치사업을 수행하며, 함·정(艦·艇) 중대에 당 기층위원회나 또는 당 지부를 설립하며, 정치위원이나 또는 정치지도원을 둔다. 정치위원 및 정치지도원은 함(정)장 및 정(艇) 중대장과 함께 당해 단위의 수장이며, 각종 사업에 대해 공동으로 책임진다. 일부 함(艦)의 부서에는 필요에 따라 정치교도원을 둔다. 정치교도원은 부서장과 함께 당해 부서의 수장이다.

〔**제2조**〕 함·정 정치사업은 반드시 아군 정치사업의 기본임무, 그리고 상부의 명령과 지시에 의거하며, 함·정의 실제생활을 긴밀히 결합하여 수행하고, 작전, 교육훈련 등 각종 임무를 완수하는 것을 보장하며, 혁명화, 현대화, 정규화된 해군을 건설하고, 아국 영해의 주권을 보위하며 아국의 해양권익을 유지하고 보호하며, 해상으로부터의 제국주의와 패권주의 침략을 방어하고, 대만을 포함한 조국통일 대업을 실현하기 위해 분투해야 한다.

함·정 정치사업의 주요 내용은 아래와 같다:

(1) 정치교육을 실시한다. 전체 인원이 마르크스레닌주의와 마오쩌둥사상을 학습하는 것을 계획하여 실시하며, 당의 노선과 방침 및 정책, 그리고 국가의 헌법과 법률을 철저히 집행하며, 정치교육을 실시하고, 공산주의 의식을 향상시키며, 혁명투지를 강화하고, 전체 인원이 고도의 자아희생정신과 엄격한 조직 기율성 및 혁명적 기풍을 갖추도록 한다. 전체 인원이 애국주의와 국제주의 및 혁명영웅주의 정신을 발양

하고 항시 전쟁에 대비하도록 교육한다.

(2) 일상적인 사상사업을 수행한다. 간부와 전사의 정치사상실태를 항상 분석하고 연구하며, 사상 동향을 파악하고, 그들이 배와 섬, 해양 및 해군 사업을 사랑하며, 함정사업을 성실히 수행하여 입당, 진급, 결혼, 혁명 분업 등의 문제에 정확히 대처하고, 각종 그릇된 사상과 불순한 경향을 배척하고 극복하도록 교육한다. 사상인식 문제를 대처하는데 있어서는 막힌 물꼬를 튼다는 방침을 견지하며, 사상인식의 향상과 실제 문제의 해결을 결합해 나가야 한다. 당과 공산주의청년단 조직에 의지하며, 대중적인 사상의 상호 협조를 전개하고, 적극적인 요소를 발양하며, 전체 인원이 항상 왕성한 혁명 열정을 견지하도록 한다.

(3) 당의 기층조직 건설을 강화한다. 당의 민주집중제를 철저히 집행하며, 집단영도를 견지하고, 조직 생활을 건전하게 하며, 비판과 자아비판을 정확하게 전개하고, 당의 교육을 실시하며, 당원의 발전사업을 완수하고, 예비당원에 대한 조사와 교육을 강화하며, 당원의 질과 양을 향상시키고, 당의 사상, 기풍, 조직을 적시에 정돈하고, 당의 기율을 유지하고 옹호하며, 당의 단결을 강화하고, 당 기층조직의 전투적 보루 역할 및 당원의 선봉적 모범 역할을 충분히 발휘하도록 한다.

(4) 공산주의청년단 사업을 강화하고 공산주의청년단 단원과 청년의 총력을 집중시키는 역할을 발휘하도록 한다. 혁명군인위원회의 사업을 수행하고 정치민주, 경제민주, 군사민주와 함·정의 특성에 적합한 문예, 오락, 체육 및 위생 사업을 전개한다.

(5) 군사훈련에 관한 정차사업을 수행한다. 군사훈련의 중대한 의의를 선전하고, 훈련 방침과 원칙 및 계획의 철저한 이행을 보장하며, 항구(해안)에서 고된 훈련을 하고 바다로 나아가 충분한 훈련을 한다. 간부와 전사들이 마오쩌둥 군사사상을 학습하는데 노력하며, 아군의 실전 경험과 현대전쟁 지식 및 외국군대의 경험을 연구하는데 노력하고, 현재 보유하고 있는 무기와 장비를 개조하여 활용하며, 해상작전의 특징을 결합하고, 적을 무찌를 수 있는 수단을 연마하고 익히도록 교육한다.

대중성 있는 병사훈련 활동을 전개하며, 간부와 전사가 적극성과 창조성을 발휘하도록 하며, 현대전쟁 조건 하에서의 작전기술과 전술 수준을 향상시키고, 자신의 직책에 부여된 사업과 기술에 정통하며, 우수한 전투기풍을 양성하고, 경쟁적으로 명사수와 명포수 및 기술명장이 되도록 한다. 하나의 특기에 다양한 재능을 가지며 한 명의 병사가 여러 곳에 쓰일 수 있도록 하며, 군사훈련 임무를 원만히 완수하도록 노력한다. 전투연습을 결합하고 전시 정치사업을 학습하고 훈련하도록 한다.

(6) 과학·문화 교육을 실시하고, 학습에 대한 자각성을 부단히 향상시키며, 교육방법을 개선하고, 간부와 전사의 과학·문화 지식수준과 전문기술수준을 향상시키며, 국가 보위를 할 수 있고 국가 건설을 할 수 있는 군대와 지방 2개 분야에서 모두 활용될

수 있는 인재를 양성한다.

(7) 출항 시 3단계 정치사업을 철저히 수행한다.

• **출항 준비단계:** 함·정 승무원의 사상, 신체, 기술 상태를 철저히 파악하고, 사상동원을 실시하며, 유관 방침과 정책 및 국제해양법 등 법규를 학습하는 것을 계획하고, 각종 상황 하에서의 정치사업 예비안을 연구하고 수립하며, 필요 시 조직을 조정한다. 함·정의 승무원이 무기와 기계 상태를 성실히 검사하고, 적시에 물자와 기자재의 보충 및 탑재를 마치며, 각종 준비업무를 확실히 수행하도록 교육한다.

• **항해 실시단계:** 선실 및 전투위치로 깊숙이 파고 들어가 함·정 승무원의 사상과 생활 및 조직 등의 상태를 파악하고, 심도 있고 주도면밀한 사상사업을 수행하며, 대중성 있는 선전선동을 전개하고, 함·정의 승무원이 파도, 멀미, 고온, 혹한 등 어려움을 이겨낼 수 있도록 격려하며, 그들의 물질적, 문화적 생활여건을 개선하는데 관심을 가지고, 왕성한 사기를 유지하며, 전문기술수준과 조작기술을 향상시켜 각종 임무를 원만히 완수하도록 한다.

• **총괄 강평단계:** 영도자와 대중을 상호 결합하는 방법을 채택하고, 경험과 교훈을 성실히 총괄하며, 우수한 자를 표창하고, 사상사업을 철저히 수행하며, 함·정의 승무원들이 교만함과 조급함을 경계하도록 교육함과 동시에 가일층 독려하며, 무기와 장비를 신속하게 점검하고 수리하도록 하여 함·정의 양호한 전투준비가 유지되는 것을 보장한다.

(8) 전시 정치사업을 완수한다. 전투 이전에는 전투동원을 실시하고 전투지휘관이 대적(對敵) 적개심을 촉발시키고 영웅적이고 용감하게 작전을 수행하며, 적을 무찔러 공을 세우도록 호소하고, 대중을 동원하는데 유리한 조건과 어려움을 분석하고, 전술과 기술상의 난점을 해결하며, 필승의 신념으로 동요됨이 없이 용감하게 싸우도록 한다.

항해 및 대기 중에는 전체 인원이 고생과 피로를 감내하고, 이완된 사상과 조급한 감정을 방지하고 극복하며, 경각심을 향상시키고, 전투배치 위치를 엄수하여 임전태세를 갖추도록 교육한다.

전투 중에는 선전선동 사업을 적극적으로 전개하고, 전체 인원이 명령을 철저히 이행하고, 해상에서의 대적(對敵) 투쟁 정책을 엄격히 실행하며, 희생과 피로를 두려워하지 않고, 전투에 용감하고, 기지가 있고 민첩하며, 긴밀히 협력하고, 연속적으로 작전하는 전투기풍을 발양하도록 한다. 당 조직의 작전에 대한 영도를 강화하고 당원과 공산주의청년단 단원의 선봉적인 모범 역할을 충분히 발휘하도록 한다. 전장 기율을 엄격히 유지하고 고도의 집중과 통일을 보장한다. 적시에 대적(對敵) 선전을 전개하고, 적군의 분열 및 와해사업을 수행하며, 포로를 관대하게 처리하는 정책을 수행한다. 자매부대와 해상어민 및 민병과의 협동작전 중 정치사업을 철저히 수행한다. 함정의 파손 및 조난 시 전체 인원이 굳건하고 침착하며 긴급구조에 분투노력하도록 교육한다. 전투 후에는 즉시 조직을 조정하여 전진하게 하며, 경험과 교훈을 성실하게 총괄하고, 논공행상을 실시하며 영웅적이고 모범적인 사적을 선양한다.

부상자 및 환자에 대한 사상사업과 열사에 대한 사후처리 사업을 철저히 수행하며, 부대의 전투력을 신속히 회복하고 다음 전투를 준비한다.

(9) 함정의 안전에 관한 정치사업을 철저히 수행한다. 전체 인원이 함정의 무기와 장비를 아끼고 정치활동을 철저히 하며, 조령과 조례 및 각종 규정을 엄수하고 조작 규정을 준수하도록 교육한다. 사고가 발생하기 쉬운 시기를 확실히 파악하여 사고를 예방하도록 한다. 일단 사고가 발생하면 적절히 처리해야 하며 적시에 부대의 분위기를 안정시키고 원인을 찾아내어 교훈으로 삼는다.

(10) 함정의 인수 및 수리 중의 정치사업을 철저히 수행한다. 간부와 전사가 각고분투(刻苦奮鬪)와 자력갱생(自力更生) 정신을 발양하고, 관물을 아끼며 힘써 절약하고, 어려움을 극복하며, 전문기술을 적극적으로 학습하고, 기술혁신 사업을 전개하도록 교육한다. 대중 기율을 유지 및 옹호하고, 공장 규정을 준수하며 직공과의 단결 및 협력을 강화한다. 시운전과 시험 항해 및 검수 중의 안전교육과 사상사업을 철저히 수행하고, 함정의 인수 및 수리의 질과 양을 보장하며, 임무를 원만히 완수하도록 한다.

(11) 보위사업을 철저히 수행한다. 내부 및 주둔지의 정치상황을 철저히 파악하여 숙지하고, 방첩과 보안 및 반부패 교육을 실시하며, 전체 인원의 혁명 경각심을 제고하고, 비밀을 엄수하며, 적의 라디오 방송 청취 및 TV 사청을 금지하고, 반혁명분자의 파괴 및 적의 선동과 전복 활동을 방지하고, 정치적 사고를 예방하며, 해상방어선의 안전을 확보한다. 법제교육을 실시하며 법제관념을 강화하고 모든 위법적 범죄행위에 대해 투쟁을 전개한다.

(12) 상경하애(上敬下愛) 사업을 수행하고 장교와 사병의 단결을 강화한다. 간부가 전사를 사랑하고 존중하며, 전사의 정치적 발전과 물질적, 문화적 생활여건에 관심을 가지고 엄격하게 관리하며, 인내심을 가지고 설득하고, 전사의 각종 문제를 정확히 처리하도록 교육한다. 전사들이 간부를 존경하고 사랑하며, 관리에 복종하고, 명령을 철저히 이행하며, 스스로 깨달아 기율을 준수하도록 교육한다.

(13) 옹정애민(擁政愛民) 사업을 전개하고, 군과 정, 군과 민의 단결을 강화한다. 부대가 지방의 당 조직과 지방정부를 존중하고 겸허하게 인민대중으로부터 배우며, 3대기율·8항주의를 준수하고, 민족정책을 실행하며, 사회주의 현대화 건설에 적극적으로 참가하고 지원하며, 군과 민 공동으로 사회주의 정신문명을 건설하는 사업을 광범위

하게 전개하고, 해상순찰, 초계, 어선 및 선박 보호, 긴급구난, 과학시험 등 업무를 완수하고, 해양자원을 보호하는 것을 교육한다. 지방과 협조하여 어민과 해상 민병에 대한 사업을 수행하고, 군과 민 합동방위체제를 강화한다.

(14) 대중성 있는 선진적 개인경쟁, 선진적 단위를 창조하는 혁명적 경쟁활동 등을 전개하고, 방문사업을 수행하며, 영웅적이고 모범적인 자의 사적을 학습하는 것을 계획하고 실행한다.

〔**제3조**〕함·정 정치사업 간부는 정치, 군사, 과학·문화 및 유관 사업 기술지식을 성실히 학습해야 하며, 당의 원칙을 견지하고 당의 기율을 준수해야 한다. 실제에 깊숙이 파고 들어가 조사하며 연구하고, 선진적 경험을 총괄하고 확대하며, 실제적이고 빈틈없이 사업을 수행한다. 현장에 깊숙이 파고 들어가고 대중 속으로 깊숙이 파고 들어가며, 함·정 승무원과 일체가 되고 스스로 모범적인 행동을 보임으로써 전체 인원을 단결시키고 이끌어 모든 임무를 완수한다.

제16장 중국인민해방군 비행대대 정치사업조례

〔**제1조**〕당의 절대적 영도를 보장하고, 당의 기층조직에 대한 사업과 정치사업을 수행하기 위해 비행대대에 당 지부 및 정치위원을 둔다. 정치위원은 비행대대장과 함께 전 대대원의 수장이며, 대대의 사업을 공동으로 책임진다.

〔**제2조**〕비행대대 정치사업은 반드시 아군 정치사업의 기본임무와 상부의 명령 및 지시에 근거하며, 대대의 실제상황을 결합하여 수행하고, 작전, 교육훈련 등 각종 임무를 완수하는 것을 보장하며, 확고한 정치관과 고상한 인격을 가지고, 고도의 기술과 작전에서 용감하며 굳건한 기개를 지니며, 엄격한 기율성과 강인한 체력을 구비한 비행요원을 양성하고, 혁명화, 현대화, 정규화된 공군을 건설하며, 국가를 보위하고 침략자와 싸워 이기기 위해 준비하고 분투해야 하는 것이다.

비행대대 정치사업의 주요 내용은 아래와 같다:

(1) 정치교육을 실시한다. 전체 인원이 마르크스레닌주의와 마오쩌둥사상을 학습하는 것을 계획하며, 당의 노선과 방침 및 정책, 그리고 국가의 헌법과 법률을 철저히 집행하고, 정치교육을 실시하며, 공산주의 의식을 향상시키고, 혁명투지를 강화하며,

전체 인원이 고도의 자아희생 정신과 엄격한 조직 기율성 및 혁명 기풍을 갖추도록 한다. 전체 인원이 애국주의와 국제주의 및 혁명영웅주의 정신을 발양하고, 경각심을 향상시키며 전쟁에 대비하도록 교육한다.

(2) 일상적인 사상사업을 철저히 수행한다. 각 비행요원의 사상과 품성, 개인 특성, 기술수준, 건강 상태, 가정 및 친구와의 교제 상황 등을 숙지하고, 사상 동태를 항상 분석하며, 매 개인에 따라 사상 동향을 주기적으로 확실히 파악한다. 비행요원이 비행임무에 열의를 다하고, 충성스럽고 성실하며, 장래 직무, 연애, 결혼 및 가정 등 문제를 정확히 대처하고, 혁명이익을 자각하고 복종하도록 교육한다.

대중이 사상적으로 서로 도움을 주고받도록 유도하며, 각종 그릇된 사상과 불순한 경향을 배척하고 극복하도록 한다.

단독으로 외출하는 비행요원(공중근무자), 비행이 정지된 비행요원 및 비행요원 가족에 대한 사상사업을 철저히 수행한다. 가족계획에 대한 선전교육사업을 철저히 수행한다. 사상 문제는 실사구시(實事求是) 정신으로 대처해야 하며, 적시에 발견하고 확실하게 처리한다.

(3) 당 지부 사업을 수행한다. 당의 민주집중제를 철저히 집행하며, 당 지부위원회의 집단영도를 강화하고, 당 교육을 실시하며, 당의 조직생활을 엄격하게 하고, 당 소조 사업을 강화하며, 당원의 기준을 견지하고, 당원의 발전사업을 수행한다. 비판과 자아비판을 올바르게 전개하며, 당성을 강화하고, 당원의 태도를 단정하게 하며, 당의 기율을 유지 및 보호하고, 당의 단결을 강화하며, 당 지부의 전투적 보루 역할과 당원의 선봉적 모범 역할이 충분히 발휘되도록 한다. 청년사업을 철저히 수행하며, 공산주의청년단 단원의 총력을 집중하는 역할을 발휘하도록 한다.

대중이 혁명군인위원회의 사업에 적극적으로 참가하도록 유도하고, 대중적인 문예와 오락, 체육, 위생 및 각종 학습활동을 전개하며, 국가 보위와 국가 건설을 할 수 있는 군대와 지방의 2개 분야에서 모두 활용될 수 있는 인재를 양성한다.

(4) 비행훈련에 관한 정치사업을 철저히 수행한다. 비행요원이 비행훈련의 중대한 의의를 충분히 인식하고, 훈련 방침과 원칙 및 계획을 성실히 실행하며, 명령과 대강 및 각종 규정을 확고히 준수하고, 실전의 요구로부터 출발하며, 항공이론과 현대전쟁 지식 및 과학·문화 지식을 열심히 학습하고, 외국 군사정세를 연구하며, 각고의 노력으로 기술과 전술을 깊이 연구하고, 지상에서 고되게 훈련하고 공중에서 정교한 비행술을 발휘하도록 한다.

서로 가르치고 배우는, 즉 대중이 병사를 훈련시키는 활동을 전개하고 훈련의질과 양을 향성시키며, 비행요원이 고도의 기동능력과 탁월한 사격 및 폭격기술을 갖추고, 민첩한 전술동작과 용감하고 굳건한 전투기풍을 갖추도록 한다. 정치사업은 비행훈련의 전 과정을 통해 수행해야 한다.

• **비행 전 준비단계:** 모든 비행요원의 사상과 신체 상태를 파악하며, 비행계획이 실제와 부합되도록 한다. 비행의 특징에 따라서 사상동원을 철저히 실시하고, 비행요원이 전체의 입장에서 보는 자세를 확립하도록 하며, 비행계획을 철저하고 정확하게 실행하여 지상준비에 만전을 기하도록 교육한다. 계획적으로 사상 및 기술의 상호협력을 통해 기술적 난관을 해결한다.

• **비행 직접 준비단계:** 현장으로 깊이 파고 들어가 비행인원의 사상, 신체 변화와 항공기 및 기상 상황을 철저히 파악하고, 사상사업을 철저히 수행하며, 비행지휘관과 협력하여 항공기의 운항 및 비행 중지를 결정한다.

• **비행 실시단계:** 적시에 비행인원의 비행과 사상 및 신체 상태를 파악하고, 열심히 보고 묻고 주의를 환기시키며, 선전선동 활동을 전개하고, 현장 경험을 상호 교환하며, 비행에 영향을 주거나 안전을 위협하는 문제를 발견하고 비행지휘관과 협조하여 신속하고 확실하게 처리하며, 과단성 있는 조치를 취해 즉시 해결하고 비행계획을 순조롭게 실행하도록 한다.

• **비행 강평단계:** 대중의 교학 및 지휘 평가를 유도한다. 강평 전후에 사상사업을 철저히 수행하며, 실사구시(實事求是) 정신으로 경험과 훈련을 총괄하고, 임무를 훌륭히 수행한 자는 찬양하고, 바람직하지 않은 현상에 대해서는 비판한다.

(5) 비행 안전에 대한 정치사업을 철저히 수행함으로써 비행사고를 적극적으로 예방한다. 비행요원이 투철한 안전 관념을 가지고 혁명정신과 과학적 태도를 결합하여 조급함과 해이함 및 자만심을 방지하고 극복하며, 조령과 대강 및 규정과 제도, 그리고 비행 기율을 엄격히 준수하고, 공중에서의 상황을 사실에 입각하여 보고하고 임무를 정확하게 수행하며, 특수한 상황을 조우할 때는 침착하고 과감하며 정확히 조치하도록 교육한다. 단독비행, 훈련과목의 전환, 상이한 임무비행, 장비의 교환, 비행 중단, 기념일과 휴일 전후, 환절기와 기상 변화 등 사고가 발생하기 쉬운 시기를 정확히 포착하여 확실하게 사상사업을 수행해야 한다. 안전 상황을 항시 분석하고, 대중이 항공기 정비를 철저하게 하도록 유도하며 안전을 위협하는 사상과 행위에 맞서 투쟁한다. 조종간부들에게 자신에게 엄격하며 비행 안전에 모범이 되도록 교육한다.

대중적 안전에 공을 세우거나 경쟁사업을 전개하고 전체 인원이 적극성을 발휘하도록 함으로써 비행안전을 보장한다. 일단 비행사고가 발생하면 부대가 교훈을 정확히 받아들이고 감정을 안정시키며 혁명정신을 고양하도록 교육한다.

(6) 방첩보안 사업을 철저히 수행한다. 방첩보안 교육 및 반부패 교육을 실시하고, 전

체 인원의 혁명 경각심을 향상시키며, 비밀을 엄수하고, 적의 라디오 방송 청취 및 적의 TV 시청을 엄금하며, 반혁명분자의 파괴 및 적의 선전전복 활동을 방지하고, 정치적 사고를 예방하며, 공중방어선의 안전을 확보한다. 법제교육을 실시하고 법제 관념을 강화하며 모든 위법적 범죄행위에 맞서 투쟁한다.

(7) 전시 정치사업을 수행한다. 전투동원 및 선전선동을 효과적으로 수행하고, 대적(對敵) 적개심 및 참전의지를 유발시키며, 현 보유 장비로써 적을 이긴다는 신념과 결심을 굳건하게 한다. 비행요원이 명령을 철저히 이행하고, 기율과 관련된 작전의 정책과 규정을 자각하고 준수하며, 전투에서 용감하고, 희생을 두려워하지 않고 피로를 두려워하지 하지 않으며, 기지가 있고 민첩하고, 긴밀하게 협동하고 연속적으로 작전을 전개하는 전투기풍을 발휘하도록 교육한다.

(8) 상경하애(上敬下愛) 사업을 완수하고 정치민주와 경제민주 및 군사민주를 발양한다. 전체 인원이 적극적이고 자발적으로 지휘관과 조종사, 장기와 요기, 공중근무 종사자, 공중근무 종사자와 지상근무자, 교관과 교육생, 그리고 당해 대대와 자매단위 간의 단결을 강화하고, 서로 관심을 가지고 아끼며 서로 배우고 도와주도록 교육한다.

(9) 옹정애민(擁政愛民) 사업을 수행하고 군과 정, 군과 민의 단결을 강화한다. 전체 인원이 지방의 당 조직과 지방정부를 존중하고 겸허하게 인민대중으로부터 배우며, 3대기율·8항주의를 준수하고, 국가와 대중의 이익을 보호하며, 사회주의 현대화 건설에 적극적으로 참가하고 지지하며, 군과 민이 사회주의 정신문명을 공동으로 건설하는 사업을 광범위하게 전개하도록 교육한다.

(10) 대중적인 선진적 개인경쟁, 선진적 단위를 창조하는 혁명적 경쟁활동을 전개하고, 포상업무를 수행하며, 영웅적이고 모범적인 사적을 학습하는 것을 계획한다.

〔제3조〕 비행대대 정치사업 간부는 정치와 군사 및 과학·문화 지식을 학습하는데 노력하며, 비행업무와 관련된 사항을 숙지해야 한다. 당 조직에 의존하여 대중을 동원하고 기종(機種)에 부여된 임무와 특징 서로 다름에 따라 시기를 놓치지 않도록 자발적으로 활동을 전개한다.

현장과 대중 속으로 깊이 파고 들어가며, 비행요원과 일체가 되고, 주도면밀하게 사상사업을 수행한다. 훌륭한 전형(典型)을 틀어쥐고, 경험을 주의 깊게 총괄하고 업무효율을 향상시킨다. 우리 당과 군의 우수한 전통과 기풍을 발양하고, 스스로가 모범을 보이며, 각고분투하고, 자신의 모범적 행동으로써 전체 인원이 단결하여 모든 임무를 완수하도록 한다.

제17장 중국인민해방군 성군구·군분구 정치부 사업조례

〔제1조〕 성군구·군분구 정치부는 차상급 정치기관과 부대 및 지방의 동급 당 위원회와 정치지도원의 영도 하에 소속부대 당의 사업을 관리하고, 민병 정치사업과 병역 정치사업 및 부대 정치사업을 조직적으로 수행하는 영도기관이다.

〔제2조〕 성군구·군분구 정치부는 반드시 당과 국가의 민병과 병역 시업의 방침과 원칙, 상부의 명령과 지시, 그리고 지방당 위원회와 정부의 배치에 의거하고, 당해 구(區)의 실제상황과 결합하여 사업을 수행해야 한다.

지방당 위원회의 통일적 영도 하에 조직기반과 정치기반 및 군사기반의 구축 요구에 따라 민병 건설을 강화하고, 민병의 전투력을 향상시키며, 민병에 대한 당의 절대적 영도를 공고히 하고, 사상과 정치면에서 당 중앙과 고도의 일치감을 갖도록 하며, 공산주의 사상을 핵심으로 하는 사회주의 정신문명 건설에 노력하고, 이상과 도덕이 있고 문화가 있으며 기율을 준수하고, 고통과 어려움을 두려워하지 않고 피를 흘리는 희생을 두려워하지 않는 민병을 양성하며, 각종 임무를 원만히 완수하도록 한다.

성군구·군분구 정치부의 주요 사업은 아래와 같다:

(1) 유관 부서와 협조하여 민병 조직을 건설하는 중에 정치적 조건을 정확히 숙지하고, 민병 간부의 선발과 배치, 그리고 민병의 정치심사 사업을 영도하며, 민병 조직을 공고히 하고 정치적으로 순수하게 한다.

(2) 유관 부서와 협조하여 민병의 마르크스레닌주의와 마오쩌둥사상의 학습을 영도하고, 당의 노선과 방침 및 정책, 그리고 국가의 헌법과 기율을 철저히 집행하며, 민병의 사상 동태를 항상 파악하고 연구하며, 애국주의, 집단주의, 사회주의, 공산주의, 그리고 인민전쟁 사상 교육을 실시한다. 일상적인 사상사업을 수행하고, 정치의식을 향상시키며, 혁명투지를 강화하고, 자본주의의 부패 사상과 봉건주의의 잔재 사상 및 기타 비무산계급 사상을 배척하고 극복하며, 정신오염을 방지하고 제거하며, 각종 불순한 경향을 반대한다. 민병이 사회주의 물질문명과 정신문명 건설에 적극적으로 참가하고, 농공업 생산 등 임무를 선봉에 서서 완수하며, 항시 종군 및 참전을 준비하도록 교육한다.

(3) 민병의 군사훈련에 관한 정치사업을 영도한다. 군사훈련의 중요한 의의를 선전하고, 민병이 군사훈련과 국방체육활동에 적극적으로 참가하도록 유도한다. 민병이 무기와 장비를 아끼고, 조작 규정 및 관리 규정을 엄격히 준수하도록 교육하며, 사고를

철저히 방지하고 안전을 보장하도록 한다.

(4) 민병에 대한 전시 정치사업을 유도한다. 정치동원을 심도 있게 실시하고, 적을 사살하고 공을 세우는 대중운동을 전개하며, 민병이 적극적으로 참전하고 전선을 지원하며 후방을 공고히 하고, 전장 기율을 준수하고, 대중의 이익을 보호하며, 적군을 와해하고 포로를 우대하는 정책을 철저히 집행하도록 교육한다. 민병에 대한 전시 정치사업 경험을 연구하고 총괄하며 확대한다.

(5) 민병의 근무에 관한 정치사업을 영도하며, 민병이 내륙방위와 육, 해 국경 방어투쟁에 관한 방침과 정책을 철저히 집행하며, 사회 치안의 유지와 보호에 적극적으로 참가하고, 각종 근무를 수행하며, 국가와 인민의 이익을 보호하는 것을 교육한다. 민병이 근무를 수행하는 중의 사상실태와 정책 및 기율 준수 실태를 파악하고 연구하며, 문제를 적시에 발견하여 조치를 취하고 적절하게 해결하며, 각종 근무 수행을 보장한다.

(6) 전문적 인민무장간부의 배치 원칙을 숙지하여 운용하며, 그들의 정치사상실태와 업무능력을 항상 파악하고, 임면(任免) 사업을 적절히 수행한다. 지방의 유관 부서와 협력하여 간부의 양성, 선발, 전속, 배속 등 사업을 차질 없이 수행하며, 그들의 생활과 복지에 관심을 가진다.

(7) 민병이 대중적인 선진적 민병 경쟁, 선진적 민병 단위를 창조하는 혁명적 경쟁사업을 조직적으로 전개하도록 영도하며, 포상 사업을 철저히 집행하고, 영웅적이고 모범적인 사적을 선양한다.

(8) 국가의 병역제도를 철저히 집행하며, 지방의 유관 부서와 협력하여 징집 인원과 예비역 인원 및 전시동원자에 대한 정치사업을 수행하고, 징집대상자에 대한 정치심사 사업을 엄격히 실행하여 전사의 질과 양을 보장한다.

(9) 지방의 유관 부서와 협조하여 전업, 제대, 퇴역 군인 및 상이군인에 대한 직장 배치를 적절하게 처리하며, 군인가족과 열사가족, 희생당하고 병사한 군인가족, 그리고 참전근무 중 부상하거나 사망한 민병가족에 대한 우대와 원호사업을 차질 없이 수행한다. 인민대중으로부터 오는 서신과 방문 사업을 철저히 수행한다.

(10) 주둔군과 현지 정부 및 인민대중 간의 연계사업을 철저히 수행한다. 수시로 상황을 서로 교환하고, 상호 간의 관계를 조정하며, 군과 정, 군과 민의 단결을 강화한다. 지방의 유관 부서와 협력하여 인민대중에 대해 사회주의, 공산주의 및 조국을 열렬히 사랑하고 국가를 보위하는 선전과 교육을 실시하며, 국방의식을 강화하고 인민군대를 사랑하며, 국방건설에 적극적으로 참가하고 국방시설을 보호하도록 한다.

〔**제3조**〕 성군구·군분구 정치부는 중국인민해방군 군·사단 정치부 사업조례의 규정에

따라 소속부대 당 사업과 정치사업을 영도해야 한다. 군 검찰사업과 군 법률 사업을 영도한다. 대리하여 관리하는 단위 및 군대의 퇴직간부에 대한 정치사업을 철저히 수행한다.

〔**제4조**〕성군구·군분구 정치부는 반드시 주요 역량을 모아 민병 정치사업을 수행한다. 자발적으로 유관 부서와 밀접히 협력하며, 중심 사업과 생산 임무를 강화하도록 영도한다. 항상 기층으로 깊이 파고 들어가 새로운 상황 하에서의 민병 정치사업의 특징과 규칙을 조사하고 연구하며, 문제를 발견하여 해결하며 선진적 경험을 총괄하고 널리 전파한다. 적시에 상부에 상황을 알리고 지시의 하달을 요청하며 사업을 보고한다.

제18장 중국인민해방군 현(시)인민무장부 정치사업조례【생략】

제19장 중국인민해방군 원·교(院校) 정치부 사업조례【생략】

제20장 중국인민해방군 병원정치부(처) 사업조례【생략】

제21장 중국인민해방군 정치협리원 사업조례

〔**제1조**〕정치협리원은 차상급 정치기관과 당해 단위 당 조직 및 기관장의 영도 하에 당의 기층조직 사업과 정치사업을 수행한다. 정치협리원은 반드시 당과 조국의 사업에 충성하고, 명령을 이행하며, 작전에 용감하고, 활동에 적극적이며, 학습에 힘쓰고, 기율을 준수하며, 원칙을 견지하고, 품행이 방정하며, 대중과 긴밀히 연계하고, 정치사업 경험과 일정한 정치이론 수준 및 과학·문화 지식을 구비한 중국공산당의 정식당원이어야 한다.

〔**제2조**〕정치협리원은 반드시 아군 정치사업의 기본임무, 상부의 명령과 지시, 그리고 당해 단위 당 조직의 결의에 의거하고, 기관의 특성과 결합하여 수장이 사업을 수행하는 것을 협조한다.

정치협리원의 주요 직책은 아래와 같다:

(1) 전 인원이 마르크스레닌주의와 마오쩌둥사상을 학습하고, 당의 노선과 방침 및 정책, 그리고 국가의 헌법과 법률을 철저히 집행하며, 정치교육을 실시하고, 공산주의 의식을 향상시키며 혁명투지를 강화하는 것을 계획하여 실시하며, 전 인원이 고도의 자아희생정신과 엄격한 조직 기율성 및 혁명기풍을 갖추도록 한다. 전 인원이 애국주의와 국제주의 및 혁명영웅주의 정신을 발양하고 항시 전쟁에 대비하도록 교육한다.

(2) 항상 전 인원의 정치사상실태를 이해하고 확실히 파악하여 주도면밀한 사상사업을 깊이 있게 수행한다. 전 인원이 전심전력으로 인민을 위해 봉사한다는 생각을 가지고 직책에 부여된 사업을 성실히 수행하며, 우리 당과 우리 군의 우수한 전통을 유지하고 옹호하며 발양하고, 각종 그릇된 사상과 불순한 경향을 배척하고 극복하도록 교육한다.

(3) 당 지부 사업의 수행을 지도하며, 민주집중제를 철저히 집행하고, 당의 생활을 건전하고 활기 있게 하며, 당의 교육을 실시하고, 당원의 발전사업을 성실히 수행하고, 당의 기율을 유지하고 옹호하며, 당의 기풍을 단정하게 하고, 당의 단결을 강화한다. 공산주의청년단 지부 및 혁명군인위원회의 사업을 지도한다.

(4) 전 인원이 마오쩌둥 군사사상을 적극적으로 학습하고, 현대 군사과학과 기술과 전술 및 과학·문화 지식을 학습하며, 사업을 깊이 연구하고 사업 효율을 향상시키며, 각종 임무를 완수하도록 교육한다.

(5) 전시 정치사업을 적극적으로 수행하고, 기관의 전 인원이 상부의 명령과 지시를 철저히 수행하고, 고난과 피를 흘리는 희생을 두려워하지 않는 혁명정신을 발양하도록 교육하며, 전시의 각종 임무를 완수한다.

(6) 간부 사업과 가족에 대한 사상사업을 철저히 수행한다. 가족계획과 환경보호에 관한 선전교육활동을 전개한다.

(7) 보위사업을 수행하며, 전 인원이 혁명 경각심을 향상시키고, 법제관념을 강화하며, 기밀을 엄수하고, 반혁명분자의 파괴활동을 방지하며, 일체의 위법적 범죄행위에 대한 투쟁을 전개하는 것을 교육하며, 기관의 사상적 순수성과 안전을 보장한다.

(8) 상경하애(上敬下愛) 사업을 전개하고, 정치민주와 경제민주 및 군사민주를 실행하며, 간부와 전사 및 직원 간의 단결을 강화하고, 대중의 복지에 관심을 가지며, 대중성 문예, 오락, 체육 및 위생 사업을 전개한다.

(9) 전 인원이 옹정애민(擁政愛民)의 영광스런 전통을 발양하고, 지방 당 조직과 지방 정부를 존중하며, 겸허하게 인민대중으로부터 배우며, 3대기율·8항주의를 준수하고, 사회주의 현대화 건설에 적극적으로 참가하고 지지하며, 사회주의 정신문명의 군, 민 공동건설사업을 광범위하게 전개하고 주둔지의 대중사업을 적극적으로 실행하며, 군과 정 및 군과 민의 단결을 강화하는 교육을 실시한다.

(10) 대중적인 혁명적 경쟁사업을 전개하고, 포상사업을 적절히 수행하며, 영웅적이고 모범적인 사적을 학습하는 것을 계획하여 실시한다.

〔제3조〕 정치협리원은 반드시 정치, 군사, 과학·문화 및 유관 사업의 기술 지식을 성실하게 학습해야 한다. 당과 공산주의청년단 조직에 의지하고 대중을 유도하여 사상사업을 적극적으로 수행한다. 실제 속으로 깊숙이 파고 들어가 상황을 파악하고, 선진적 경험을 총괄하고 확산시키며 부단히 개선한다. 정치기관과 당해 단위 당 조직 및 책임자에게 항상 상황을 알리며 지시 하달을 요청하고 사업을 보고한다.

제22장 중국공산당 군대 기관 지부 사업조례

〔제1조〕 중국공산당이 중국인민해방군 기관에 설립한 지부는 군대 기관에서의 당의 기층조직이고, 기관을 단결시키는 핵심이며, 당해 각 부대나 또는 기관 직속 당 위원회의 영도 하에 당의 사상사업과 조직사업을 계획하여 수행하고 각종 사업의 임무 완수를 보장한다.

〔제2조〕 기관의 당 지부는 반드시 당의 장정이 규정한 기층조직의 기본임무, 상부의 결의와 명령 및 지시, 그리고 기관의 특성에 의거하여 사업을 수행한다.

기관 당 지부의 주요 임무는 아래와 같다:

(1) 당의 노선과 방침 및 정책과 결의를 선전하고 이행하며, 당원과 대중이 적극성과 창조성을 충분히 발휘하도록 하고, 자신의 직무를 훌륭히 처리하며 각종 임무를 완수하도록 교육한다.

(2) 당원이 마르크스레닌주의와 마오쩌둥사상 및 당의 기본지식을 성실히 학습하도록 계획하고 실시하며, 군사와 업무 및 과학·문화 지식을 익히고, 사회주의 정신문명을 건설하는 것을 교육한다.

(3)당원에 대한 교육과 관리를 실시하고, 당의 조직생활을 엄격히 하며, 비판과 자아비판을 올바르게 전개하고, 활동 중에 범한 결점과 과오를 공개하고 시정하며, 정신오염을 방지하고 제거하며, 불순한 경향을 반대하고 그릇된 풍조를 시정한다. 당원이 의무를 확실히 이행하는지를 감독하고, 국법과 군기를 엄격히 준수하도록 하며, 당

원의 권리가 침해받지 않도록 보장한다.

(4) 대중과 긴밀히 연계하고, 대중의 의견과 요구를 항상 파악하고 보고하며, 대중의 정당한 권익을 유지 및 보호하고, 일상적인 사상사업을 수행하며, 기관의 직원들에 대한 복지에 관심을 가지고 유관 부서와 협조하여 물질적, 문화적 생활여건을 개선한다.

(5) 당원으로 가입시키고, 당비를 징수하며, 당원을 심사하고 평정하며, 당원 중에서 모범적인 사적을 이룬 자를 표창하고, 당의 기율을 유지하고 옹호하며 준수한다.

(6) 간부의 양성, 훈련, 승진, 배치, 포상, 징계 등 문제를 건의한다. 국가기관과 공장 등의 직원과 노동자 및 그 가족에 대한 사상사업, 그리고 가족계획, 환경보호에 관한 선전교육사업을 훌륭히 수행한다.

(7) 당원과 대중의 법제관념을 강화하고, 혁명 경각심을 향상시키며, 이들이 국가와 군대의 기밀을 엄수하고, 반혁명분자 및 기타 파괴분자의 범죄활동에 대해 철저히 투쟁을 전개하고, 기관의 안전을 보장하도록 교육한다.

(8) 공산주의청년단 지부와 혁명군인위원회의 사업을 영도한다.

〔제3조〕당 지부 조직

(1) 기관 당 지부의 설립은 소재지 부대나 또는 기관의 직속 당 위원회가 사업의 필요 및 당원 수에 따라 결정한다.

(2) 당 지부의 영도기관은 지부당원대회이며, 당원대회의 폐회기간 중에는 당원대회에서 선출하여 구성한 지부위원회이다.

지부당원대회의 임무는 아래와 같다:

① 상부의 결의와 지시를 전달하고 토론하며, 지부의 중요 문제를 토론하여 결정한다. 지부위원회의 사업보고를 청취하고 심사한다. 지부위원회 위원과 차상급 당의 대표대회에 참석하는 대표를 선출한다. 당원 가입 및 처벌 문제를 결의한다. 지부당원대회는 3개월마다 1회 소집하여 개최한다.

② 지부위원회는 지부당원대회의 결의를 철저히 집행한다. 지부위원회의 정수(定數)는 소재지 부대나 또는 기관의 직속 당 위원회가 결정한다. 지부위원회는 실제 상황에 근거하여 서기·부서기, 그리고 조직, 기율검사, 선전, 보위, 청년 등 위원을 둘 수 있다. 각 위원은 유관 사업을 분담하여 책임을 진다. 지부위원회가 선출한 서기와 부서기는 소재지 부대나 또는 기관의 직속 당 위원회가 승인한다. 지부위원회의 매기 임기는 2년이며, 위원회에 결원이 발생할 경우에는 즉시 지부당원대회를 소집하여 보궐선거를 실시해야 한다.

③ 당 지부는 기관의 실제상황에 근거하여 당의 소조를 나누어 설립한다. 각 조는 조장 1인을 선출하며, 필요시에는 부조장 1인을 더 선출할 수 있다. 소조회의는 통상적으로 매월 1회 소집한다.

〔제4조〕 당 지부위원회의 집단영도

(1) 당 지부위원회는 반드시 집단영도와 개별사업의 분담책임을 서로 결합한 제도를 실행해야 하며, 이는 당해 기관 당의 사상사업과 조직사업에 있어서 중요한 요소가 된다.

Ⅴ. 후진타오 영도시기의 군대 정치사업조례 ①

중국인민해방군 정치사업조례(2010년)

제1장 총칙

〔**제1조**〕 중국인민해방군 정치사업을 규범화하고 강화하기 위해 〈중국공산당 장정(章程)〉과 〈중화인민공화국 헌법〉에 근거하여 본 조례를 제정한다.

〔**제2조**〕 중국인민해방군은 중국공산당이 창건하고 영도하는 군대이며, 마르크스레닌주의, 마오쩌둥(毛澤東)사상, 덩샤오핑(鄧小平)이론, 그리고 '3개대표' 중요사상*으로 무장한 인민군대이고, 중화인민공화국의 무장역량이며, 인민민주독재의 견고한 주춧돌이다. 인민과 함께 긴밀한 관계를 유지하면서 온 마음과 뜻을 다해 인민을 위해 봉사하는 것이 이 군대의 유일한 근본취지이다. 중국인민해방군은 반드시 시종일관 변함없이 인민군대의 성격을 견지하고, 당에 충성하며, 사회주의에 충성하고, 조국에 충성하며, 인민에 충성해야 한다.

〔**제3조**〕 중국인민해방군은 국방을 공고히 하고, 침략에 대항하며, 조국을 보위하고, 인민의 평화적 노동을 보위하며, 국가의 건설사업에 참가하는 임무를 책임진다.

중국인민해방군은 반드시 당의 기본이론, 기본노선, 기본강령, 그리고 기본경험을 견지해야 하며, 마오쩌둥의 군사사상, 덩샤오핑의 새로운 시기의 군대건설 사상, 그리고 장쩌민(江澤民)의 국방과 군대건설 사상을 관철시키며, 중앙군사위원회의 새로운 시기의 군사전략 방침을 관철한다.

중국인민해방군은 정치적으로 합격하고 군사적으로 강인하며 기풍이 양호하고 기

* 3개대표란 장쩌민(江澤民)이 2000년 2월 25일 광동성(廣東省)을 시찰했을 때 한 발언으로서 그 내용은, 중국공산당은 시종 ①중국의 선진적 생산력의 발전 요구, ②중국의 선진적 문화의 전진방향, ③중국의 가장 많은 인민의 근본이익을 대표해야 한다는 것이었다.

율이 엄격하며 보장력이 강해야 한다는 기본요구에 따라 싸워서 이기며, 불변하는 2개의 역사적 과제를 긴밀하게 둘러싸고 중국 특색의 군사혁신을 적극적으로 추진하며, 기계화와 정보화 건설이라는 2개의 역사적 임무를 완수하기 위해 노력하고, 현대화되고 정규화된 하나의 강력한 혁명군대를 건설하며, 중국 특색의 사회주의를 건설하고, 조국통일을 완수하며, 세계의 평화를 수호하고 공동의 발전을 촉진시키기 위해 분투해야 한다.

〔**제4조**〕 중국인민해방군은 반드시 중국공산당의 절대적 영도 하에 있어야 하며, 그 최고 영도권과 지휘권은 중국공산당의 중앙위원회와 중앙군사위원회에 예속된다.

〔**제5조**〕 중국인민해방군의 정치사업은 중국공산당이 군대 내에서 실행하는 사상사업과 조직사업이며, 군대의 전투력을 구성하는 중요한 요소이고, 군대에 대한 당의 절대적 영도를 실행하여 군대가 제 기능과 사명을 이행하는 것을 근본적으로 보장하는 것으로서 중국인민해방군의 생명선이다.

〔**제6조**〕 중국인민해방군의 정치사업은 마르크스레닌주의, 마오쩌둥사상, 덩샤오핑이론, 그리고 '3개대표' 중요사상을 지도지침으로 삼는다.

〔**제7조**〕 새로운 세기의 새로운 단계에 있어서 중국인민해방군 정치사업의 기본임무는 아래와 같다:

(1) 국가의 개혁개방과 소강(小康)사회의 전면적 건설, 그리고 사회주의 현대화 건설을 촉진하는데 힘써 이바지한다.
(2) 중국 특색의 군사혁신과 군대의 혁명화, 현대화, 정규화 건설을 위해 힘써 이바지한다.
(3) 당의 군대에 대한 절대적 영도와 인민군대의 성격을 정치적, 사상적, 조직적으로 보장한다.
(4) 이상이 있고, 도덕이 있고, 문화가 있고, 기율이 있는 군인 양성을 목표로 하는 군대 사회주의 정신문명의 건설을 보장한다.
(5) 군대 내부의 단결, 그리고 군과 정, 군과 민의 단결을 보장한다.
(6) 군대 전투력의 향상과 각항 임무의 완수를 보장한다.

〔**제8조**〕 중국공산당은 중국인민해방군 연대 이상의 부대, 그리고 그에 상당하는 단위에 당 위원회를 설립하고, 대대와 대대에 상당하는 단위에는 당의 기층위원회를 설립

하며, 중대와 중대에 상당하는 단위에는 당 지부를 설립한다.

당의 각급 위원회(지부)는 각 당해 단위를 통일적으로 영도하고 단결시키는 핵심이다. 당 위원회(지부)의 통일적인 집단영도 하의 수장분업책임제는 당이 군대를 영도하는 근본제도이다.

성군구(위수구·경비구), 군분구(경비구), 현(시·구)의 인민무장부와 예비역부대는 군대계통과 지방당 위원회의 2원화 영도제도를 실행한다. 이들 인민무장부는 군대계통의 수직적 영도와 예속관계를 유지하기도 하고 또 동급 당 지방위원회의 영도를 받기도 하며, 동급 당 지방위원회의 군사사업부가 된다.

예비역부대의 사단, 여단, 연대, 그리고 기타 그에 상당하는 동급 단위는 군대계통의 수직적 영도와 예속관계를 유지하기도 하고, 또 동급이나 또는 상급 당 지방위원회의 영도를 받기도 한다.

〔제9조〕 중국인민해방군은 총정치부를 설치한다. 연대급 이상 단위에는 정치위원을 두며, 대대에는 정치교도원을, 그리고 중대에는 정치지도원을 둔다. 그리고 상술한 부(분)대에 상당하는 동급 단위에 정치간부와 정치기관을 설립할 때는 당 중앙군사위원회나 또는 그 권한을 위임받은 단위가 결정한다.

〔제10조〕 중국인민해방군의 정치사업은 반드시 다음의 원칙을 준수해야 한다:

(1) 당의 군대에 대한 절대적 영도를 견지한다.
(2) 인민군대의 성격과 근본취지를 견지한다.
(3) 과학적 이론으로 장병을 무장시킨다.
(4) 사상과 정치 건설을 군대의 각항 건설 중에서 수위에 올려놓는 것을 견지한다.
(5) 군대의 현대화 건설이라는 중심을 둘러싸고 사업을 전개하는 것을 견지한다.
(6) 장병의 전면적 발전을 견지한다.
(7) 장병일치, 군민일치, 적군와해 원칙을 견지한다.
(8) 정치민주, 경제민주, 군사민주를 발양하는 것을 견지한다.
(9) 법에 따른 군대관리와 엄격한 군대관리를 견지한다.
(10) 양호한 전통과 혁신적 발전의 통일을 계승하는 것을 견지한다.

〔제11조〕 중국인민해방군 정치사업의 근본적인 기풍과 방법은 실사구시(實事求是)와 대중노선(大衆路線)이다.

(1) 〔교조주의의 질곡에서 탈피한다는〕 사상의 해방(思想解放), 〔사실에 토대를 두고 진리를 탐구한다는〕 실사구시(實事求是), 〔시대의 흐름에 맞게 나아간다는〕 여시구

진(與時俱進)을 견지한다.

(2) 무실정신(務實精神)을 추구하고 발양하며, 이론과 실제의 연계를 발양하고, 대중과의 연계를 밀접히 하고, 비판과 자아비판의 양호한 전통을 견지한다.

(3) 실제에 깊숙이 파고들어가 연구와 조사를 실시하며, 대중 속에서 나와 대중 속으로 들어가며 형식주의와 관료주의를 반대한다.

(4) 정치사업을 각항의 건설과 임무 속으로 침투시켜 선진적 요구와 광범한 요구, 그리고 사상문제의 해결과 실제문제의 해결을 위해 영도간부와 광범한 대중을 결합하여 사업을 전개한다.

(5) 새로운 형세 하에서의 정치사업의 특징과 법칙을 탐색하고 파악하며, 정치사업의 시대감과 목표지향성, 실효성, 그리고 능동성을 강화한다.

〔제12조〕 중국인민해방군 내의 정치기관은 군대정치사업의 영도기관이며, 군대 내 당의 사업을 관리하는 것을 책임지고 정치사업을 계획한다.

제2장 정치사업의 주요내용

〔제13조〕 중국인민해방군 정치사업의 주요 내용은 중국인민해방군의 성격, 근본취지, 직능, 그리고 정치사업의 기본임무에 근거하여 확정한다.

〔제14조〕 중국인민해방군 정치사업의 주요한 내용은 아래와 같다:

(1) **사상정치 교육**

마르크스레닌주의, 마오쩌둥사상, 덩샤오핑이론, 그리고 '3개대표' 중요사상의 학습을 계획한다. 당의 노선과 방침 및 정책 교육을 진행하고, 인민군대의 성격, 근본취지, 양호한 전통, 그리고 중국공산당사를 포함한 교육을 실시한다. 중국 특색의 사회주의 이론체계로 장병을 무장시키며, 애국주의, 집단주의, 혁명영웅주의를 교육한다. 장병의 정신적 지주를 강화하며, 당에 충성하고, 인민을 열렬히 사랑하며, 국가에 충성하고 헌신적으로 사명을 완수하고, 영예를 숭상하는 당대 혁명군인의 핵심적 가치관을 육성한다.

(2) 당 조직의 건설

당이 당을 관장하며 엄격하게 당을 관리한다는 방침을 견지하고, 당 조직의 원칙성과 전투성을 강화한다. 당의 조직과 제도를 완벽하게 확립하며, 당원을 발전시키고 교육하는 관리사업을 철저히 수행하고, 민주집중제를 견지하고 발전시킴으로써 당원의 민주적 권리를 보장하며, 기층의 민주 건설을 강화하는 것을 기초로 삼고, 규정에 따라 당무를 공개하며, 당 내 민주 건설을 촉진함으로써 당의 집중적 통일을 유지하고 보호한다. 사상, 정치, 조직, 기풍 면에서 당의 건설을 강화하고, 당 조직의 창조력과 응집력 및 전투력을 강화하며, 당 위원회의 핵심적인 영도역할, 당 지부의 전투적 보루역할, 그리고 공산당원의 선봉적 모범역할을 발휘한다.

(3) 간부 대오의 건설

당의 간부노선을 견지하며, 간부 대오의 혁명화, 연소화, 지식화, 전문화 방침을 전면적으로 실현하고, 간부사업의 법제화를 실현하며, 민주적이며 공개적이고 경쟁을 원칙으로 하는 인재의 선발과 임용 장치를 개선함으로써 높은 자질을 갖춘 신형 군사 인재를 육성한다.

(4) 공산주의청년단의 건설과 청년사업

공산주의청년단 조직을 완벽하게 확립하고, 청년단의 조직생활과 사업제도를 실현하며, 공산주의청년단이 당을 보조하는 역할, 임무를 완수하는 돌격대 역할, 그리고 광범한 청년과 연계하는 교량 역할을 발휘하도록 한다. 부대의 중심임무를 둘러싸고 청년의 특성에 맞는 교육과 활동을 전개하며, 청년이 학습을 통해 인재가 되도록 격려하고 지지한다.

(5) 민주제도의 확립

군인대표대회, 군인대표회의, 그리고 군인대회, 군인위원회 등 민주제도를 완벽하게 확립하며, 정치민주, 경제민주, 군사민주를 전개하고, 장병의 주체적 지위를 존중하며, 장병이 민주적 권리를 실현하고 유지하도록 하고, 장병이 적극성과 창조성을 발휘하도록 한다.

(6) 기율검사와 감찰업무

당의 규약과 기타 당 내 법규를 유지하고 보호하며, 당의 노선과 방침 및 정책, 그리고 중앙군사위원회의 결의와 명령 및 지시의 집행상황을 검사하고 감독한다. 반부패 청렴사업을 전개하며, 영도간부의 권력 행사에 대한 감독을 강화한다. 당의 기율과 군의 기율 교육을 실시하며, 법규 위반 사건에 대한 처리를 검열한다.

(7) 보위사업

보위사업의 정책과 법규 및 제도를 완벽하게 확립한다. 방범활동을 강화하고, 적대세력의 침투와 파괴활동 및 심리전에 대응하며 보위활동을 전개한다.

(8) 군사재판과 군사검찰 및 사법행정사업

법에 따라 군대 내에서 행사하는 국가의 심판권과 감찰권을 대표하며, 사법행정사업을 계획하고 전개한다. 군대 내에서 헌법과 법률의 존엄성을 보장한다. 그뿐만 아니라 법률적 수단을 통해 국방이익, 그리고 군대, 군인, 군속의 합법적 권익을 유지하고 보호하며, 부대와 장병을 위해 법률적으로 이바지한다.

(9) 군사선전 사업

당의 이론과 실천, 방침, 그리고 정책을 선전하며, 중국공산당중앙과 중앙군사위원회의 중대한 결정사항을 선전하고, 군대 건설의 중대한 성취와 선진적 전형(典型)을 선전한다.

(10) 과학과 문화교육【생략】

(11) 문화체육사업【생략】

(12) 대중사업

장병이 민족정책, 종교정책, 그리고 대중기율을 준수하도록 교육하며, 정부를 옹호하고 인민을 사랑하며 군과 민이 공동으로 사회주의 정신문명을 건설과 정, 군과 민의 단결을 유지하고 보호한다. 또한 중앙과 지방의 유관 부문과 긴밀하게 협조하면서 전 국민의 국방교육을 실시한다.

(13) 연락사업【생략】

(14) 군인의 상벌과 복지 및 우대 사업【생략】

(15) 일상적인 사상사업【생략】

(16) 군사훈련 중의 정치사업

정세와 군사투쟁 준비교육을 실시하며, 부대의 훈련 열기를 고조시킨다. 장병이 실전과 같이 훈련하도록 인도하며, 부대의 전투정신과 양호한 전통을 배양한다. 군사연습 중의 정치사업을 철저히 수행하며, 전시 정치사업을 연구하고, 완전한 전시 정치사업을 위한 사전 준비를 철저히 한다.

⒄ 임무 중의 정치사업

후방지원 보장, 장비 보장, 과학시험, 원·교(院校)의 교학, 국방시설, 근무, 대테러, 국제평화 유지, 군사외교, 재난구제 등 임무 중의 정치사업을 실행한다.

⒅ 전시 정치사업

당 위원회의 작전에 대한 통일적 영도를 강화하며, 중국공산당중앙과 중앙군사위원회의 군사전략 방침과 작전원칙, 그리고 명령과 지시의 관철과 집행을 보장한다. 작전 동원과 전장 격려를 수행하며, 조직을 완벽하게 하고 간부를 충원하며 이동시킨다. 군사민주를 발양하고, 공을 세우는 모범적 활동을 전개한다. 여론전과 심리전 및 법률전을 실시하며, 적군와해사업을 전개하고, 대심리전, 대책동 사업을 전개하며, 군사 사법과 법률 봉사사업을 전개한다. 참전한 민병과 민공(民工) 정치사업, 전구(戰區) 대중사업을 전개하며, 전장의 기율과 대중의 기율을 유지 및 보호하고, 열사의 지원사업을 철저히 수행한다.

⒆ 예비역부대와 민병의 정치사업

당이 무장력을 관장하는 원칙을 견지하며, 예비역부대와 민병의 사상건설과 조직건설을 강화한다. 예비역부대와 민병 조직의 조정과 군사훈련을 실행하며, 예비역부대의 장교와 전문직 인민무장 간부 대오의 건설을 강화한다.

⒇ 정치사업연구

군대 정치사업의 역사, 현 실태 및 발전추세를 연구하고, 개혁개방과 발전된 사회주의 시장경제 조건 하에서의 정치사업의 특징과 법칙을 연구하며, 중국 특색의 군사혁신이 정치사업에 대해 제기하는 새로운 요구를 연구한다. 첨단기술전쟁에서 정치사업을 전개하고 정치사업의 작전기능을 발휘하는 효율적인 방법을 연구하며, 현대과학기술을 운용하여 정치사업을 개선하는 방법과 수단을 연구하며, 정치사업의 법규와 제도 및 정책을 제정하고 정치사업을 강화하며 개선하기 위해 이론적 지도와 의사결정 근거를 제공한다.

제3장 총정치부

〔**제15조**〕 중국인민해방군 총정치부는 중앙군사위원회의 정치사업기관이며, 전군 정치사업제도의 영도기관이다. 총정치부는 중국공산당중앙과 중앙군사위원회의 영도하에 전군 당의 사업관리를 책임지며, 정치사업을 계획하고 실행한다.

〔**제16조**〕 총정치부 주임은 총정치부의 사업을 주관하며, 전군의 정치사업에 대한 영도를 계획하고 실행한다. 총정치부 부주임과 주임 보좌관은 주임의 사업을 협조한다.

〔**제17조**〕 총정치부의 주요한 직권은 아래와 같다:

(1) 중국공산당중앙, 중앙군사위원회의 결의와 명령 및 지시를 관철하고 실현하며, 당의 노선과 방침 및 정책, 그리고 국가의 헌법과 법률이 군대 내에서 관철되고 집행되는 것을 보장한다.

전군이 마르크스레닌주의, 마오쩌둥사상, 덩샤오핑이론, 그리고 '3개대표' 중요사상을 학습하는 것을 영도하고, 전국적이고 정책적인 문제를 조사하고 연구하여 군대정치사업의 방침과 정책 및 제도, 그리고 정치사업 법규를 제정하며, 전군의 정치사업을 총괄하고 검사하며 지도하고, 적시에 중국공산당중앙과 중앙군사위원회에 상황을 반영하며 업무 보고를 요청한다.

(2) 전군의 조직사업을 영도한다.

① 군대의 당 조직을 건설하는 정책과 제도를 제정하며, 전군의 당 조직 건설을 지도한다.

② 전군이 당의 전국대표대회와 대표회에 출석하는 대표를 선거를 통해 선출하는 것을 지도한다.

③ 전군 당원의 발전과 교육 및 관리사업을 계획하고 지도한다.

④ 전군의 당무사업과 정치통계를 관리한다.

⑤ 다른 총부와 협조하여 군대의 기층 건설을 지도한다.

⑥ 전군의 민주제도 확립을 영도하며, 당 내의 민주와 군대 내의 정치민주, 경제민주, 그리고 군사민주를 전개하는 것을 지도한다.

⑦ 정치사업조례의 제정 및 수정을 책임지며, 집행상황의 검사와 감독을 철저히 집행한다.

⑧ 전군에서 선거를 통해 선출되어 출석한 전국인민대표대회와 현급 이상의 지방

각급 인민대표대회 대표의 사업을 지도한다.

⑨ 전군의 공산주의청년단 건설과 청년사업 및 부녀사업을 지도한다.

군대의 유관 사회단체 조직의 사무를 책임진다.

(3) 전군의 간부사업을 영도한다.

① 전군 간부사업의 정책과 제도 및 간부 대오의 건설을 위한 기획을 수립하며, 군대의 인재전략 프로그램을 계획하고 실행한다.

② 군(軍)급 이상의 최고영도자와 정(正)사단직 이상의 영도간부에 대한 평가와 평정을 책임지며, 간부의 임면과 배치 및 퇴역 등 사업을 관리한다.

③ 장교의 계급제도를 관리한다.

④ 전문직 기술장교와 문관직 간부, 문관직 인원에 대한 사업을 관리한다.

⑤ 간부의 양성, 원·교(院校)의 신입생 모집, 사병을 대상으로 한 간부 선발, 그리고 군사학교 졸업생의 배치사업을 관리한다.

⑥ 전군 간부의 임금, 복지 등과 관련된 사업을 관리한다.

⑦ 예비역 장교와 전문직 인민무장 간부 대오의 건설을 지도한다.

⑧ 전군의 퇴역간부(離休와 退休간부) 사업을 영도하고 관리한다.

⑨ 군대 인원의 전국인민정치협상회의 참가와 관련된 사업을 맡아 처리한다.

⑩ 전군 간부의 자력 통계와 기록 사업을 관리한다.

(4) 전군의 선전교육정책을 영도한다. 【생략】

(5) 전군의 정법사업을 영도한다. 【생략】

(6) 전군의 보위사업을 영도한다. 【생략】

(7) 전군 당의 기율검사사업을 영도한다. 【생략】

(8) 전군의 문화체육사업을 영도한다. 【생략】

(9) 전군의 대중사업을 영도한다. 【생략】

(10) 전군의 연락사업을 영도한다. 【생략】

(11) 전군의 군사심판사업을 영도한다. 【생략】

(12) 전군의 군사감찰사업을 영도한다. 【생략】

(13) 군사훈련 중의 정치사업을 영도한다. 【생략】

(14) 임무수행 중의 정치사업을 영도한다. 【생략】

(15) 전시 정치사업을 영도한다. 【생략】

(16) 전군의 여론전·심리전·법률전 사업 전개를 영도한다. 【생략】

(17) 전군 원·교(院校)의 정치사업을 영도한다. 【생략】

(18) 예비역부대와 민병의 정치사업을 영도한다. 【생략】

(19) 전군 정치기관과 정치간부 대오의 건설을 영도한다. 【생략】

(20) 전군 정치사업의 정보화 건설을 영도한다. 【생략】

(21) 전군의 정치사업연구를 영도한다. 【생략】

(22) 중공중앙, 국무원, 중앙군위의 관련 규정에 근거하여 중국인민무장경찰부대당의 사업관리를 책임지며, 정치사업의 진행을 영도한다. 【생략】

제4장 중국공산당의 군대 내 조직

제1절 당의 각급대표대회와 당의 각급 위원회

〔**제18조**〕 중국인민해방군의 연대급 이상 단위에 있는 중국공산당의 각급대표대회, 그리고 각급대표대회에서 선거를 통해 선출되어 구성된 당의 위원회는 중국공산당의 각급 영도기관이다.

당의 각급 위원회는 동급 당 대표대회를 향해 업무를 보고할 뿐만 아니라 책임지며, 대표대회의 폐회기간 중 당해 단위의 사업을 영도한다.

〔**제19조**〕 당의 각급대표대회는 동급 당 위원회가 소집하며, 5년마다 1회 거행한다. 특수한 상황 하에서는 상1급 당 위원회의 비준을 득한 후 미리 거행하거나 또는 연기할 수 있다.

당의 각급대표대회 대표의 정수(定數)와 선거방법은 동급 당 위원회가 결정할 뿐만 아니라 상1급 당 위원회에 보고하여 비준을 득한다.

당의 군구·부군구 급 단위의 대표대회는 소속 연대급 이상 단위의 대표가 일반적으로 출석해야 하며, 당의 군 급 단위 대표대회는 소속 대대급 이상 단위의 대표가 출석해야 하고, 당의 사단·여단·연대 급 단위의 대표대회는 소속 중대급 이상 단위의 대표가 일반적으로 출석해야 한다. 정식당원이 200명이 되지 않는 단위는 당원대회를 개최할 수 있다.

당의 각급대표대회의 대표와 위원회의 구성은 응당 선거인의 의지가 구현되어야 한다. 후보자 명단은 반드시 당 조직과 선거인의 충분한 토론을 거쳐야 한다. 선거는 무기명 투표방식을 채택한다. 후보자의 수가 선출해야 하는 위원 정수보다 많은 차액(差額)선거 방식으로 정식선거를 실시한다. 차액선거 방법으로 예비선거를 실시하여 후보자 명단을 작성한 후에 정식선거를 실시할 수 있다. 대표대회의 후보자 수는 적어도 선출해야 하는 위원 정수보다 20% 많아야 하며, 위원회의 후보자 수는 정수보다 적어도 10% 많아야 한다. 피선거인은 참석한 선거인 중에서 과반수의 찬성표를 획득해야만 당선될 수 있다.

당의 각급대표대회의 대표는 임기제를 실행하며, 매기의 임기는 동급 당의 대표대회의 임기와 동일하고, 당의 대표대회 개최와 폐회기간에는 대표 자격을 유지하며, 대표의 권리를 행사하고, 대표의 직책을 이행하며, 대표의 역할을 발휘한다.

〔**제20조**〕당의 각급대표대회의 직권은 아래와 같다:

(1) 동급 당 위원회의 보고를 청취하고 심사한다.

(2) 동급 당 기율검사위원회의 보고를 청취하고 심사한다.

(3) 해당 단위의 중대한 문제를 토론하며 결의한다.

(4) 동급 당 위원회와 당 기율검사위원회의 위원을 선출한다.

(5) 당의 전국 또는 상급대표대회와 대표회의에 출석하는 대표를 선출한다.

〔**제21조**〕당의 각급대표대회 폐회기간 중 당의 각급 위원회는 필요 시 대표회의를 소집하여 시급히 해결해야 하는 중대한 문제를 토론하여 결정한다. 대표회의 대표의 정수와 선출방법은 대표회의를 소집하는 위원회가 결정한다.

〔**제22조**〕당의 각급 위원회는 매기의 임기가 5년이며, 위원회의 정수는 상1급 당 위원회가 결정한다. 사단급 이상 단위의 당 위원회 위원은 반드시 5년 이상의 당원경력을 가진 중국공산당 당원이어야 하며, 당의 여단과 연대급 당 위원회 위원은 반드시 3년 이상의 당원경력을 가진 중국공산당 당원이어야 한다.

당의 각급대표대회가 선거를 통해 선출하여 구성한 위원회는 상1급 당 위원회에 그 결과를 준비하여 보고한다. 상무위원회의 위원과 서기 및 부서기는 동급 당 위원회 전체회의에서〔후보자의 수가 선출해야 하는 인원 정수와 동일한〕등액(等額)선거 방식으로 선출하며, 상1급 당 위원회에 보고하여 비준을 득한다.

상무위원회의 정수는 일반적으로 7-15인이다. 상무위원회는 당 위원회 전체회의의 폐회기간 중 위원회의 직권을 행사하며, 당의 위원회 전체회의를 향해 책임질 뿐만 아니라 정기적으로 사업을 보고한다. 그리고 상무위원회는 차기 당 대표대회가 열리고 있는 기간에는 새로운 상무위원회가 구성될 때 까지 일상적 업무를 계속하여 주관한다.

당의 성군구(위수구·경비구), 군분구(경비구), 현(시·구)의 인민무장부 위원회, 당의 예비역부대 사단, 여단, 연대, 그리고 기타 그에 상당하는 동급 단위의 위원회에는 제1서기를 설치한다.

당의 성군구(위수구·경비구), 군분구(경비구), 현(시·구)의 인민무장부 위원회의 제1서기는 동급 당 지방위원회 서기가 겸임한다. 그리고 당의 예비역부대 사단, 여단, 연대, 그리고 기타 그에 상당하는 동급 단위의 위원회 제1서기는 당해 부대의 제1정치위원이 맡는다.

당의 각급 위원회의 구성원은 본 단위를 떠나거나 면직되거나 퇴역을 하게 되면 그 당 위원회의 직무가 자동적으로 면제된다. 위원회 구성원의 보충과 제명은 동급 상무위원회가 의견을 제시하며, 상1급 당 위원회에 보고하여 비준을 득한다. 상1급 당 위원회는 필요 시 하1급 당 위원회의 책임자를 지정할 수 있다.

〔**제23조**〕당의 각급 위원회는 아래 사항을 토론하고 결정한다:

(1) 당의 노선과 방침 및 정책, 국가의 헌법과 법률 및 군대의 법규와 제도, 상급 당 위원회의 결의와 지시, 그리고 상급수장과 영도기관의 명령과 지시의 집행.
(2) 장병의 마르크스레닌주의, 마오쩌둥사상, 덩샤오핑이론, '3개대표' 중요사상, 그리고 현대 과학·문화 지식, 특히 첨단 군사과학기술 지식의 학습 계획.
(3) 당 조직의 건설, 당의 기율검사 사업, 공산주의 청년단 건설의 중대한 문제.
(4) 작전훈련, 교육관리, 후방지원과 무기 및 장비 보장의 중요한 문제, 연도별 및 단계별 사업계획, 중대한 임무를 완수하기 위한 요구와 조치.
(5) 영도그룹의 이동과 배치, 간부의 시험, 선발, 양성, 임면, 상과 벌, 계급과 직급의 조정, 인재대오의 건설.
(6) 부대의 안전과 군과 정, 군과 민 관계의 중요한 문제.
(7) 중요한 경비 지출, 중요한 공사, 대량의 물자 구매.
(8) 본급 당 대표대회, 대표회의와 당 위원회 결의의 관철 상황.
(9) 반드시 당 위원회가 토론하여 결정해야 하는 기타 사항.

〔**제24조**〕독립적으로 임무를 수행하는 임시 단위는 마땅히 필요에 따라 당의 임시위원회를 설립해야 한다. 당 임시위원회의 구성, 직권, 예속관계, 그리고 설치방법은 그것을 설립하는 당 위원회의 비준을 얻어 결정한다.

〔**제25조**〕당의 각급 위원회는 반드시 민주집중제를 견지하며, 당 위원회의 통일적인 집단영도 하의 수장분업책임제를 철저히 집행한다. 집단영도와 민주집중, 개별접촉을 통한 공감대 형성, 그리고 회의에서 결정된 원칙을 준수하면서 다음과 같은 사항을 집

행한다:

(1) 본 단위에 대한 통일적 영도를 실행한다. 모든 중대한 문제는 반드시 당 위원회가 토론하여 결정한다. 다만 긴급한 상황 하에서는 수장이 사전조치를 취한 후 가급적 빠른 시간 내에 반드시 당 위원회를 향해 사후보고를 할 뿐만 아니라 검사를 받는다.

(2) 집단영도를 견지한다. 중대한 문제에 속하는 모든 사항은 반드시 당 위원회가 민주적으로 토론하고 집단적으로 결정하며, 개인의 독단적 전횡은 허용되지 않는다. 당 위원회 위원은 당 위원회가 결정한 문제에 대해 다른 의견을 가지고 있으면 그것을 보류하도록 요구할 수 있으며, 당의 상급조직을 향해 문제를 제기할 권한을 가진다. 그러나 상급 당 위원회가 기존의 결정을 바꾸기 전 까지는 이미 결정된 사항을 충실하게 집행해야 한다.

(3) 군사와 정치의 수장은 직책에 따라 분업책임제 하에 당 위원회가 내린 결정을 철저히 집행한다. 군사사업 분야에 속하는 사항은 군사지휘관이 계획과 실행을 책임지며, 정치사업 분야에 속하는 사항은 정치위원이 계획과 실행을 책임진다. 군사와 정치 수장은 반드시 당 위원회의 영도에 복종해야 하며, 당 위원회의 결의를 집행하고, 직책을 적극적으로 수행하며, 상호 밀접하게 협조하면서 지지한다. 당 위원회는 행정사무를 독점해서는 안 되며, 반드시 행정 수장이 사업을 독자적으로 책임지고 전개하도록 지지해야 한다.

(4) 당 위원회 내에서 서기와 부서기 및 위원은 각각 평등한 권리를 향유하며, 개인은 중대한 문제를 결정하거나 또는 위원회의 결정을 바꿀 수 없다. 서기와 부서기는 반드시 확고한 당성과 양호한 민주기풍을 가지고 있어야 하며, 모든 사람의 지혜를 모으고, 위원의 역할을 훌륭히 발휘할 수 있어야 한다. 서기와 부서기는 응당 당 위원회의 감독을 자각적으로 접수해야 한다.

(5) 당 위원회는 응당 과학적인 의사결정, 민주적인 의사결정, 그리고 법에 근거한 의사결정을 견지해야 한다.

〔제26조〕 당의 각급 위원회 전체회의는 군구·부군구 급 단위의 경우 적어도 매년 1회 소집해야 하며, 군·사단 급 단위는 적어도 반년에 1회 소집해야 하고, 여단과 연대 급 단위는 적어도 매 분기마다 1회 소집해야 한다.

〔제27조〕 당의 각급 위원회는 당이 당을 관장하며 엄격하게 당을 관리하는 방침을 반드시 관철시키고 자체 건설을 강화해야 한다. 학습제도를 견지하고 이론소양, 정책 수준, 그리고 영도능력을 향상시키며, 사상의 해방을 견지하고, 실사구시(實事求是)적이고 시대와 더불어 전진한다.

또한 영도방식과 사업방법을 개선하고, 민주집중제 원칙을 견지하고 집단영도를 강화하며, 민주생활회제도를 견지하고, 비판과 자아비판을 정확하게 전개한다.

그뿐만 아니라 영도그룹의 단결을 유지하고 강화하며, 당성을 논하고, 품성을 중시하고, 타인의 모범이 되며, 당의 기율과 당풍을 엄격히 준수하고, 당과 대중의 감독을 자각적으로 접수하며, 양호한 형상을 수립한다.

제2절 당의 기관(부문) 위원회와 직속위원회

〔제28조〕 총참모부, 총정치부, 총후근부, 총장비부에 당 위원회를 설치하며, 그 구성과 직권 및 선출방식은 당 중앙군사위원회와 중국공산당 장정의 관련 규정과 실제상황에 근거하여 결정한다. 각 총부 기관과 2급 부(部) 당 조직의 설치, 구성, 직권 및 선출방식은 해당 총부 당 위원회가 결정한다.

〔제29조〕 군구·부군구·군·사단·여단급 단위의 사령부·정치부·후근부·장비부에는 각각 당 위원회를 설치한다. 그리고 당의 사령부위원회, 정치부위원회에는 서기와 부서기를 두고, 상무위원회는 설치하지 않으며, 그 구성원은 동급 부대 당 위원회가 결정한다.

당의 후근부 위원회, 장비부 위원회의 정수는 동급 부대 당 위원회가 결정하며, 위원회는 당의 대표대회나 또는 당원대회가 선거를 통해 선출하여 구성한다. 그중에서 군구·부군구 급 단위 당의 후근부위원회, 장비부위원회에는 5-9인의 상무위원회를 설치한다. 그리고 위원회가 선출한 상무위원회의 위원과 서기 및 부서기는 동급 부대 당 위원회에 보고하고 비준을 득한다.

당의 각급 기관위원회는 동급 부대 당 위원회의 영도 하에 해당 기관의 사업 중에서 중대한 문제와 그리고 자체의 건설문제를 토론하여 결정하며, 직속 단위에 대해 통일적 영도를 실시한다. 당의 각급 기관위원회는 동급 부대 당 위원회보다 1개 등급이 낮은 권한을 행사한다.

〔제30조〕 군구·부군구·군·사단·여단급 단위의 사령부·정치부·후근부·장비부, 그리고 직속 단위가 비교적 많은 곳에는 당의 기관위원회를 설치함과 동시에 당의 직속위원회를 설치한다.

당의 각급 기관 직속위원회는 당의 대표대회나 또는 당원대회에서 선거를 통해 선출된 자로 구성하며, 서기와 부서기를 둔다. 위원의 수가 많은 곳에는 5-7인의 상무위원회를 설치하며, 그 위원과 서기 및 부서기는 동급 당 기관위원회에 보고하여 비준을 득한다.

당의 직속위원회는 동급 당 기관위원회의 영도 하에 직속단위에 대해 통일적 영도를 실행하며, 기관당의 사업을 책임진다. 직속위원회가 행사하는 권한은 동급 당의 기관위원회가 확정한다.

〔제31조〕 연대 급 단위의 사령부, 정치처와 직속단위에는 필요에 따라 통일적인 당의 직속위원회를 설치하여 기관과 직속단위 당의 사업을 관리하며, 정치사업의 진행을 계획하는 것을 책임지도록 한다.

연대 급 단위의 후근처, 장비처에는 당의 기층위원회를 설치하며, 각 해당 처와 직속단위 당의 관리를 책임지고 정치사업의 진행을 책임지도록 한다.

당의 연대 급 단위의 직속위원회, 그리고 후근처와 장비처의 기층위원회는 당원대회가 선거를 통해 선출하여 구성하며, 매기의 임기는 3년으로 하고, 서기와 부서기를 두며, 상무위원회는 두지 않는다. 서기와 부서기는 위원회가 선거를 통해 선출하며, 당의 연대 단위 위원회에 보고하여 비준을 득한다.

〔제32조〕 중급, 초급 군대의 원·교(院·校) 기관은 일반적으로 기관에 따라 당의 위원회를 설치한다. 인원과 단위가 비교적 적은 곳에는 통일적인 당의 총지부위원회나 또는 당의 지부위원회를 설치할 수 있으며, 그 구성과 직권 및 선출방식은 본 조례 〔제29조〕의 규정을 참조한다.

〔제33조〕 각급 사령부, 정치부(처) 당의 기관(부문)위원회와 직속위원회의 영도제도와 자체 건설은 본 조례 〔제25조〕와 〔제27조〕의 규정을 참조한다. 본 장 제1절은 원칙적으로 각급 후근부, 장비부 당의 기관(부문)위원회와 직속위원회에 적용된다.

제3절 당의 기층위원회

〔제34조〕 중국공산당이 중국인민해방군의 대대와 그에 상당하는 단위에 설립한 기층위원회는 각 해당 단위를 통일적으로 영도하고 단결시키는 핵심이다. 당의 기층위원회 정수는 상1급 당 위원회가 결정하며, 서기와 부서기를 두고, 매기의 임기는 3년이다.

당 기층위원회는 당원대회에서 차액(差額)선거로 선출하며, 상1급 당 위원회에 보고하여 비준을 득하며, 위원 후보자의 인원수는 적어도 선출할 인원의 20% 이상이어야 하고, 선거권을 가지고 회의에 참석한 당원 수가 반드시 회의에 참석해야 하는 당원 수의 5분의 4를 초과해야 하며, 피선거인은 회의에 참석한 인원수의 과반이 넘는 찬성표를 획득해야만 비로소 당선이 확정된다. 서기와 부서기는 기층위원회에서 등액(等額)선거로 선출하며, 상1급 당 위원회에 보고하여 비준을 득한다.

당 기층위원회 위원의 증원은 기층위원회가 의견을 제시하고 상1급 당 위원회의 비준을 득하며, 위원회 위원은 해당 단위를 떠나거나 면직되거나 또는 현역에서 퇴출되면 당 기층위원회의 직무가 자동적으로 면제되며, 필요 시 서기와 부서기는 상1급 당 위원회가 지명할 수 있다.

〔제35조〕 대대와 대대에 상당하는 단위의 당원대회 직권은 아래와 같다:

(1) 상급의 결의와 명령 및 지시를 관철시키고 집행하기 위한 조치를 토론한다.

(2) 본 단위의 중대한 문제를 토론하고 결정한다.

(3) 기층위원회의 보고를 토론하고 비준한다.

(4) 기층위원회 위원을 선출하고, 상급 당의 대표대회와 대표회의의 대표로 출석한다.

〔제36조〕 당 기층위원회는 기층 당원대회의 폐회기간 중 본 단위의 조직, 인원, 그리고 사업을 집중적이고 통일적으로 영도한다. 그 주요 임무는 아래와 같다:

(1) 당의 노선과 방침 및 정책, 국가의 헌법과 법률 및 군대의 법규제도, 그리고 상급의 결의, 명령, 지시를 철저히 집행한다.

(2) 장병이 마르크스레닌주의, 마오쩌둥사상, 덩샤오핑이론, '3개대표' 중요사상을 학습하고, 당의 기본지식과 양호한 전통을 학습하며, 과학·문화와 군사 및 업무 지식을 학습하는 것을 계획한다.

(3) 당 지부의 건설을 영도하고, 당의 조직생활을 엄격히 하며, 당원을 교육, 관리 및 감독한다.

(4) 당원을 발전시키는 사업을 계획하고 수행한다.

(5) 소속단위의 기층건설을 영도하고, 선진적이며 영웅의 모범적인 활동을 학습하는 것을 계획한다.

(6) 간부를 교육하고 관리하며, 관리를 양성하고 활용하며, 상벌 내리는 것을 건의한다.

(7) 본 단위의 기율검사 사업을 영도한다.

(8) 본 단위의 공산주의청년단 총지부위원회의 사업을 영도한다.

〔제37조〕 당의 기층위원회는 아래 사항을 토론하고 결정한다:

(1) 당의 노선과 방침 및 정책, 국가의 헌법과 법률 및 군대의 법규제도, 그리고 상급의

결의와 명령 및 지시의 관철과 집행.

(2) 작전, 훈련, 그리고 기타 중대한 임무를 완수하는 조치.

(3) 당원대회와 기층위원회 결의의 관철과 집행상황, 상급 당 위원회에 대한 보고 요청, 당해급 당원대회에 대한 보고.

(4) 소속단위 당 지부의 기층 건설 상황의 분석, 당 지부의 기층 건설 강화를 위한 중요한 조치.

(5) 소속단위 핵심요원의 안배와 인원의 조정 및 배치.

(6) 신입당원의 접수와 예비당원에 대한 정식당원 심사 및 비준.

(7) 직권 범위 내의 상벌 사업.

(8) 당의 기층위원회가 토론하여 결정해야 하는 기타 사항.

본 조례의 〔제25조〕, 〔제27조〕의 규정은 원칙적으로 당의 기층위원회에 적용된다.

제4절 당의 지부

〔제38조〕 중국공산당이 중국인민해방군의 중대와 그에 상당하는 단위에 설립한 지부는 군대 내에 있는 당의 기층조직으로서 각 해당 단위를 통일적으로 영도하며 단결시키는 핵심이다.

〔제39조〕 정식 당원이 3인 이상인 중대 급 단위는 모두 당의 지부를 설립해야 한다. 당 지부의 설립은 반드시 당의 여단·연대 급 단위 위원회의 비준을 득해야 한다.

지부당원대회와 그 대회가 선출하여 구성하는 위원회는 해당 단위의 사업을 통일적으로 영도한다. 지부위원회는 반드시 지부당원대회의 결의를 관철시키고 집행해야 하며, 지부당원대회를 향해 사업을 보고하고 감독을 받는다.

당 지부위원회는 지부당원대회에서 차액선거로 선출되며, 위원 후보자의 인원수는 선출되는 인원수보다 적어도 20% 이상 많아야 한다. 선거권을 가지고 회의에 참석한 당원의 인원수는 반드시 회의에 참석해야 하는 당원 수의 5분의 4를 초과해야 하며, 피선거인은 회의에 참석한 인원수의 과반이 넘는 찬성표를 획득해야만 비로소 당선이 될 수 있다. 서기·부서기는 지부위원회에서 등액선거로 선출된다. 오직 서기와 부서기만 있는 당 지부의 경우는 서기와 부서기가 지부당원대회에서 등액선거로 선출된다. 선거를 통해 선출된 지부위원회 위원과 서기·부서기는 상1급 당 위원회에 보고하여 비준을 득한다.

당 지부위원회의 인원수는 많아야 9명이고, 일반적으로 5명에서 7명으로 하며, 서기와 부서기, 그리고 조직위원, 선전위원, 청년위원, 기율검사위원, 보위위원, 대중사업위원을 두며, 필요 시 적군사업 위원을 둘 수 있다. 사관(士官)당원이 비교적 많은 단위는 응당 사관당원 지부위원회에 참가해야 한다. 위원의 인원수가 비교적 적은 것은 1명의 위원이 여러 명 위원의 사업을 관장할 수 있다. 그리고 정식당원이 적은 지부는 3인지부위원회를 설치하거나 또는 서기와 부서기 만을 둘 수 있다.

당 지부위원회의 매기 임기는 2년이며, 만약 차기 회의의 개최를 앞당기거나 또는 연장할 필요가 있을 시는 반드시 상1급당 위원회에 보고하여 비준을 득해야 한다. 지부위원회 위원의 증원은 지부당원대회를 개최하여 보선하거나 또는 지부위원회가 의견을 제시하여 상1급당 위원회에 보고한 후 비준을 득할 수 있다. 필요 시 서기와 부서기는 상1급 위원회가 지명할 수 있다.

독립적으로 임무를 수행하는 임시 단위는 응당 필요에 근거하여 당의 임시 지부를 설립할 수 있다. 당의 임시지부위원회의 구성, 직권, 예속관계 및 설치방법은 그 설립을 비준한 당의 위원회가 결정한다.

〔**제40조**〕당 지부는 본 단위의 조직, 인원 및 사업에 대해 집중적이고 통일적인 영도를 실행한다. 지부당원대회의 직권은 아래와 같다:

(1) 상급의 결의와 지시를 철저히 집행하기 위한 조치를 토론한다.

(2) 본 단위의 중대한 문제를 토론하여 결정한다.

(3) 지부위원회의 보고를 토론하여 비준하며, 본 단위 군과 정 담당관의 사업보고를 청취 및 토론한다.

(4) 지부위원회 위원과 당의 상급대표대회와 대표회의에 출석하는 대표를 선출한다.

(5) 당원을 받아들이고 처벌하는 문제를 결정한다.

〔**제41조**〕당 지부의 주요 임무는 아래와 같다:

(1) 당의 노선과 방침 및 정책, 국가의 헌법과 법률 및 군대의 법규제도, 상급의 결의와 명령 및 지시, 그리고 지부의 결의를 선전하고 집행하며, 당원과 대중이 작전, 훈련, 그리고 기타 임무를 완수하는 것을 계획하고 이끌어 간다.

(2) 당원이 마르크스레닌주의, 마오쩌둥사상, 덩샤오핑이론, 그리고 "3개대표" 중요사상을 학습하고, 당의 기본지식과 양호한 전통을 학습하며, 과학·문화와 업무 지식을 학습하는 것을 계획한다.

(3) 당의 조직생활제도를 실현하며, 비판과 자아비판을 전개하고, 당원에 대해 민주적 평가를 진행하고, 당원의 의무 이행을 감독하며, 당원의 권리가 침해를 받지 않도록

보장한다.

(4) 대중의 당원과 당의 사업에 대한 비판과 의견을 항상 이해하며, 대중의 정당한 권익을 수호한다.

(5) 일상적인 사상사업을 철저히 수행하며, 장병의 현실적인 사상문제와 실제문제에 관심을 가지고 해결한다.

(6) 간부를 존경하고 병사를 사랑하는 활동을 전개하고 장병관계를 밀접히 하며, 정부를 옹호하고 인민을 사랑하는 활동을 전개하고 군과 정, 군과 민 관계를 밀접히 한다.

(7) 범죄를 예방하기 위한 제도와 조치를 실현하고, 적대세력의 침투 및 파괴활동에 맞서 투쟁하며, 위법적 범죄행위에 대해 투쟁한다.

(8) 입당을 요구하는 적극분자를 교육하고 양성하며, 당원을 발전시키는 사업을 수행하는 것을 계획하며, 당비를 징수한다.

(9) 공산주의청년단 지부와 군대위원회의 사업을 영도한다.

(10) 장병이 선진화를 위해 최선을 다하는 활동을 전개하며 영웅의 모범적 활동을 학습하는 것을 계획한다.

〔제42조〕 당의 지부위원회는 아래 사항을 토론하고 결정한다:

(1) 당의 노선과 방침 및 정책, 국가의 헌법과 법률 및 군대의 법규제도, 그리고 상급의 결의와 명령 및 지시의 관철과 집행.

(2) 본 단위의 건설 계획과 중요한 사업임무의 배당.

(3) 장병의 사상실태 분석과 사상정치 사업을 강화하기 위한 조치.

(4) 핵심요원의 안배, 조직의 조정, 계급과 직급의 승진, 인원의 조정과 배치.

(5) 하사관의 선발, 우수사병의 진학시험 추천, 입학 추천과 전문기술 학습.

(6) 당원의 발전.

(7) 상과 벌.

(8) 중요한 경비의 지출과 중요한 물자의 사용.

(9) 공산주의청년단 지부, 군인위원회의 설립.

(10) 지부위원회가 토론하고 결정해야 하는 기타 중요한 사항.

본 조례 〔제25조〕의 규정은 원칙적으로 당의 지부위원회에 적용된다.

〔제43조〕 당 지부의 서기·부서기 및 각 위원의 업무 분담은 아래와 같다:

(1) 당 지부 서기는 지부의 일상업무를 책임지며, 지부위원회 개최를 주관하고, 당 지부 결의의 관철과 실행을 검사하고 감독하며, 지부위원회를 대표하여 제때에 지부당

원대회와 상급 당 조직을 향해 사업을 보고한다. 지부의 민주생활회를 조직하고 개최하며, 비판과 자아비판을 전개하고, 지부위원회 위원 및 간부와 함께 밀접한 연계를 유지하며, 상황을 서로 주고받고, 사업을 연구한다.

(2) 당 지부 부서기는 서기의 사업 진행을 협조하고, 서기가 없을 때 서기의 사업을 대행한다.

(3) 조직위원은 당 지부의 조직생활을 장악하는 것을 책임지며, 당원을 발전시키는 사업을 관리하고, 당비를 거두며, 당원의 조직관계를 받아서 넘겨준다.

(4) 선전위원은 당원의 사상실태를 이해하고, 당원의 학습과 교육을 계획하며, 선전고무 사업을 전개하는 것을 책임진다.

(5) 청년위원은 공산주의청년단 지부 사업을 책임지고, 당 지부의 청년사업과 관련된 결의를 관철시키고 집행한다.

(6) 기율검사위원은 당원이 당의 기율을 집행하는 상황을 검사하며, 당원의 고발과 소원을 심리하고 이관하는 것을 책임진다.

(7) 보위위원은 범죄예방과 비밀보안 사업을 책임진다.

(8) 대중사업위원은 정부를 옹호하고 인민을 사랑하는 사업을 책임지며, 장병 가족에 대한 사업에 참여한다.

(9) 적군사업위원은 적군와해사업을 책임진다.

〔**제44조**〕 당 지부는 당원의 숫자와 분포상황에 따라 당의 소조를 구분한다. 당소조의 조장은 당 소조회가 추천으로 선출한다. 간부당원은 마땅히 사병당원과 함께 당의 소조에 편입되어 당의 소조생활을 해야 한다.

당 소조의 주요한 사업은 아래와 같다:

(1) 당원의 학습활동을 계획한다.

(2) 당원의 종합보고를 접수한다.

(3) 당원이 당의 결의를 집행하도록 독촉한다.

(4) 당의 발전대상을 교육하고 양성한다.

(5) 당원과 대중의 사상사업을 수행한다.

(6) 당비를 징수한다.

〔**제45조**〕 당 지부는 아래의 조직생활제도를 견지해야 한다:

(1) **회의제도:** 지부 당 대회는 매 분기 적어도 1회 개최하며, 지부위원회는 필요에 따라 개최하고, 당 소조회는 매월 1회 개최한다. 회의 내용은 반드시 기록해야 한다.

(2) **당일**(黨日)**제도:** 매주 반일(半日)의 시간을 이용하여 당의 활동을 실시하며, 필요 시 상대적으로 집중적인 이용이 가능하지만 매월 2회보다 적어서는 안 된다.

(3) **당과**(黨課)**제도:** 매월 1회 당과교육을 실시한다.

(4) **사업보고제도:** 지부위원회는 매 반년이나 또는 사업단계 별로 지부당원대회를 향해 사업과 자체 건설상황을 보고한다.

(5) **민주생활제도:** 매 반년마다 1회 지부위원회나 또는 지부당원대회를 개최하여 의견을 교환하며, 비판과 자아비판을 전개한다.

(6) **당원종합보고제도:** 당원은 매 2개월에 1회 당 지부나 또는 당 소조를 향해 사상과 사업상황을 보고하며, 중요한 문제가 있거나 또는 외출 시에는 즉각 보고해야 한다.

(7) **민주적 당원평가제도:** 적어도 매년 1회 당원, 특히 간부당원의 모범적 역할에 대해 당 내와 당 외가 서로 결합하는 방법을 채택하여 평가를 진행한다.

〔제46조〕 중국공산당이 중국인민해방군 내의 교연실(教研室), 과연실(科研室), 의료과(실)와 군대표실(처)에 설립한 지부는 군대의 교연, 과연, 기술, 의료와 군사대표기구 안에 있는 당의 기층조직이며, 각 해당 단위를 정치적으로 영도하고 단결시키는 핵심이다. 그 주요한 임무는 아래와 같다: 【생략】

본 조례 〔제39조〕, 〔제43조〕, 〔제44조〕, 〔제45조〕의 규정은 원칙적으로 교연실, 과연실, 기술실, 의료과(실)와 군대표실(처) 당 지부에 적용된다.

〔제47조〕 중국공산당이 중국인민해방군의 각급 기관에 설립한 지부와 총지부는 군대 기관 내에 있는 당의 기층조직이며, 상급조직의 영도 하에 당의 사업을 책임지고 행정책임자를 포함한 모든 당원을 감독하며, 행정책임자가 임무를 완수하도록 협조한다.

당의 기관 지부와 총지부의 설립은 소재 부대당의 위원회나 또는 당의 기관(부문)위원회나 또는 당의 기관직속위원회가 실제상황과 사업요구에 근거하여 결정한다.

당의 기관 총지부는 동급 당의 기관(부문)위원회나 또는 당의 기관직속위원회의 영도 하에 소속단위의 당 지부를 영도한다. 당의 기관 지부와 총지부의 임무는 아래와 같다: 【생략】

본 조례 〔제39조〕, 〔제43조〕, 〔제44조〕, 〔제45조〕의 규정은 원칙적으로 당의 기관 지부와 총지부에 적용된다.

제5장 군대 내에 있는 중국공산당의 기율검사기관

〔**제48조**〕 중국공산당이 중국인민해방군 내의 연대급 이상 단위에 설립한 각급 기율검사위원회는 당의 기율을 유지하고 집행하는 각급 검사기관이며, 동급 당의 위원회와 상급 기율검사위원회의 2원화영도 하에 사업을 수행한다.

〔**제49조**〕 중국공산당 중앙군사위원회의 기율검사위원회는 당의 전군 기율검사기관이며, 그 구성원은 중앙군사위원회가 결정한다. 중앙군사위원회의 기율검사위원회는 중앙군사위원회와 중앙기율검사위원회의 2원화 영도 하에 총정치부와 함께 공동으로 당의 전군 기율사업을 수행한다.

〔**제50조**〕 당의 연대급 이상 단위의 각급 기율검사위원회는 동급 당의 대표대회에서 선거를 통해 선출하며, 정수는 7-10인으로 하고, 서기와 부서기를 두며 상무위원회는 두지 않는다. 당의 각급대표대회에서 선거를 통해 선출한 기율검사위원회는 상1급 당 위원회와 기율검사위원회에 처리를 보고한다. 당의 기율검사위원회가 선출한 서기와 부서기는 동급 당 위원회를 통하여 상1급 당 위원회에 보고한 후 비준을 득한다. 당의 총지부위원회와 지부위원회는 기율검사위원을 둔다.

〔**제51조**〕 당의 각급 기율검사위원회의 매기 임기는 동급 당 위원회와 같다. 각급 기율검사위원회의 구성원은 본 단위를 떠나거나 면직되거나 또는 현역에서 물러나게 되면 그 기율검사위원회의 직무는 즉각 자동적으로 면제된다. 결원 시에는 당해급 기율검사위원회가 충원 의견을 제기하며, 위원은 동급 당 위원회가 심사하여 비준하고, 서기와 부서기는 상1급 당 위원회에 보고하여 비준을 득한다.

〔**제52조**〕 당의 각급 기율검사위원회의 주요 임무는 아래와 같다: 【생략】

〔**제53조**〕 당의 각급 기율검사위원회의 직권은 아래와 같다: 【생략】

〔**제54조**〕 당의 각급 기율검사위원회의 사업원칙은 아래와 같다: 【생략】

제6장 정치위원, 정치교도원, 그리고 정치지도원

제1절 정치위원

〔**제55조**〕 정치위원은 동급 군사지휘관과 함께 소재지 부대의 수장이며, 동급 당 위원회의 영도 하에 소속 부대의 각항 사업을 공동으로 책임진다. 정치위원은 당 위원회의 일상업무를 주관한다. 정치위원은 상급수장에게 직접 예속되어 있으며, 정치사업을 수행하는데 있어서 상급 정치위원과 정치기관에 복종하고, 군사사업 분야에 있어서는 상급 군사지휘관과 정치위원 및 군사기관에 복종한다.

〔**제56조**〕 정치위원은 반드시 직책을 수행하는데 있어서 필요로 하는 마르크스레닌주의의 소양과 정책 수준을 구비해야 하며, 마르크스레닌주의, 마오쩌둥사상, 덩샤오핑이론, '3개대표' 중요사상 및 과학적 발전관을 성실히 학습해야 하고, 자각적으로 중국특색의 사회주의 이론체계로 두뇌를 무장하며, 이상과 신념을 확고히 하고, 당의 노선과 방침 및 정책, 그리고 상급의 결의와 명령 및 지시를 철저히 집행한다. 정치위원은 반드시 5년 이상의 당원경력이 있는 중국공산당의 당원이어야 한다.

〔**제57조**〕 정치위원은 응당 온 마음과 뜻을 가지고 당해 단위의 정치사업을 계획하고 영도해야 하며, 그 주요 직책은 아래와 같다:

(1) 당해 부대가 당의 노선과 방침 및 정책을 철저히 집행하며, 국가의 헌법과 법률을 집행하고, 상급의 결의와 명령 및 지시, 그리고 동급 당 위원회의 결의를 집행하는 것을 영도한다.

(2) 당해 부대가 마르크스레닌주의, 마오쩌둥사상, 덩샤오핑이론, 그리고 '3개대표' 중요사상을 학습하며, 사상과 정치 교육을 계획하고 전개하는 것을 영도한다.

(3) 당해 부대가 군대의 법규와 제도를 철저히 집행하며, 군대의 기율을 유지하고 보호하며, 부대의 집중적 통일과 안정적 단결을 보장하는 것을 영도한다.

(4) 군사지휘관과 협조하여 지휘작전과 군사훈련 및 돌발사태가 발생할 시의 응급조치 등 임무를 수행한다.

(5) 적군와해사업을 훌륭히 수행하며, 부대의 여론전과 심리전 및 법률전을 영도하고 계획한다.

(6) 부대 당 조직의 건설과 공산주의청년단의 건설을 영도하며, 당의 기율검사 사업과

행정감찰사업을 지도한다.

(7) 부대의 간부사업을 영도하며, 인재대오의 건설을 관장한다. 그리고 소속부대의 산아제한 사업을 영도한다.

(8) 부대의 정법 건설을 영도하고, 안전과 보위사업을 담당한다.

(9) 부대가 정치민주, 경제민주, 군사민주를 전개하는 것을 영도하며, 당의 기층건설 강화와 관련된 상급의 규정을 관철한다.

(10) 정치기관의 사업을 영도한다.

〔제58조〕 정치위원은 사업을 수행하는 과정에서 응당 군사지휘관과 서로 지지하며 밀접한 협조관계를 유지해야 한다. 원칙적인 문제에 있어서 군사 수장과 의견의 일치를 이룰 수 없을 때는 응당 당 위원회에 제기하여 토론을 거친 후 결정하거나 또는 상급 부서가 해결해주도록 지시를 기다린다. 긴급한 상황의 경우, 군사사업 분야에 속하는 문제는 군사 수장이 결정하며, 정치사업 분야에 속하는 문제는 정치위원이 결정한다. 그러나 모두 당 위원회와 상급 부서에 반드시 책임을 져야 하며, 즉시 사후보고를 하고 검사를 받아야 한다.

제2절 정치교도원

〔제59조〕 정치교도원은 동급의 군사 수장과 함께 소재 단위의 수장이며, 상급수장, 정치기관, 그리고 동급 당 위원회의 영도 하에 해당 단위의 각항 사업을 공동으로 책임진다. 정치교도원은 당 위원회의 일상업무를 주관한다. 정치교도원은 반드시 3년 이상의 당원경력을 가진 중국공산당 당원이어야 한다.

부정치교도원은 정치교도원의 사업을 협조한다.

〔제60조〕 정치교도원은 반드시 직무를 수행하는데 필요로 하는 마르크스주의의 이론수준을 갖추어야 하고, "3개대표" 중요사상을 성실히 실천하며, 이상과 신념을 확고히 하고, 당의 노선과 방침 및 정책, 그리고 상급의 명령과 지시를 철저히 집행해야 한다.

또한 혁명적 사업 의지와 정치적 책임감, 풍부한 기층 정치사업 경험과 비교적 강한 조직영도능력을 갖추어야 하며, 작전임무를 수행하는데 필요한 군사적 자질, 전문기술, 그리고 과학·문화 지식을 갖추어야 한다.

그뿐만 아니라 양호한 사상품격과 기풍을 가지고, 작전에 용감하고, 사업에 성실하며, 대중과 연계하며, 동지를 단결시키고, 원칙을 견지하고, 정도를 걸으며, 청렴하고 공평무사하며 솔선수범해야 한다.

〔**제61조**〕 정치교도원은 온 힘을 다해 정치사업을 적극적으로 전개해야 하며, 그 주요 직책은 아래와 같다:

(1) 장병이 당의 노선과 방침 및 정책, 상급의 결의와 명령 및 지시, 본 단위의 당 위원회의 결의를 관철하고 이행하도록 교육하고 이끌어 간다.

(2) 장병이 과학이론을 학습하는 것을 계획하고 영도하며, 소속단위가 정치교육을 전개하는 것을 계획하고, 장병의 사상실태와 핵심대오의 기본상황을 장악하고, 일상적인 사상사업을 철저하게 수행한다.

(3) 군사지휘관과 협력하여 전투지휘를 계획하며, 전시 정치사업을 철저히 수행한다.

(4) 군사훈련을 철저히 하고 임무 중의 정치사업을 수행한다.

(5) 소속 당 지부가 조직을 완벽하게 하고, 제도를 정착시키며, 당 지부의 핵심을 양성하고, 당원을 발전시키고 교육하며 관리하는 사업을 철저히 수행하도록 지도하고 도와준다.

(6) 간부를 심사하고 이해하며, 간부의 양성과 활용 및 상벌에 대해 의견을 제시하며, 간부가 군사와 정치 소양 및 사업능력을 향상시키는 것을 도와주며, 간부의 사상교육과 관리사업을 철저히 수행하고, 산아제한 사업을 철저히 이행한다.

(7) 장병이 과학·문화 지식을 학습하고, 문화체육 활동을 전개하는 것을 계획하고 지도한다.

(8) 부대와 주둔지의 정치상황을 장악하고, 소속단위가 안전보위사업을 철저히 수행하며, 범죄안건의 발생을 예방하도록 지도한다.

(9) 공산주의청년단 총지부위원회의 사업을 지도하고, 소속단위가 군인위원회의 사업을 철저히 수행하도록 지도한다.

(10) 선진적이고 혁신적인 활동의 전개와 영웅의 모범적 활동 학습을 계획하며, 상벌사업을 철저히 이행하고, 정부를 옹호하고 인민을 사랑하는 활동을 계획한다.

〔**제62조**〕 정치교도원과 본 단위 군사지휘관과의 업무상 관계는 본 조례 〔제58조〕의 규정을 참조한다.

제3절 정치지도원

〔**제63조**〕 정치지도원은 동급 군사지휘관과 함께 소재 단위의 수장이며, 상급수장, 정

치기관, 그리고 당 지부의 영도 하에 당해 단위의 각항 사업을 공동으로 책임진다. 정치지도원은 당 지부의 일상업무를 관장한다. 정치지도원은 반드시 중국공산당의 정식 당원이어야 한다.

부정치지도원은 반드시 정치지도원의 사업을 협조한다.

〔**제64조**〕 정치지도원은 반드시 직책을 수행하는데 필요로 하는 마르크스주의이론 지식을 구비해야 하고, "3개대표" 중요사상을 앞장서서 실천하며, 당의 노선과 방침 및 정책, 그리고 상급의 명령과 지시를 모범적으로 수행한다. 그리고 확고한 이상과 신념, 강렬한 책임감과 필요한 과학·문화 지식을 가져야 한다.

또한 당무사업을 추진하고, 조직에 의존하여 사업을 전개하는 능력을 가지고 있어야 하며, 정치교육을 계획하고 실시하며, 일상적인 사상사업을 철저히 수행하는 능력을 가져야 하고, 내외관계를 협조하고 사업능력을 관리하며, 전투지휘와 훈련을 계획하고, 각항 임무를 수행하는 능력을 가져야 한다.

그뿐만 아니라 양호한 사상품격과 기풍을 가지고, 작전에 용감하고, 사병에게 솔선수범하며, 사병을 사랑하고, 동지를 단결시키며, 공정하고 정의로우며, 청렴결백하고 공익을 위해 힘써야 한다.

〔**제65조**〕 정치지도원은 반드시 전력을 다해 정치사업을 계획하고 실행하며, 그 직책은 아래와 같다:

(1) 장병이 당의 노선과 방침 및 정책, 상급의 결의와 명령 및 지시, 그리고 당 지부의 결의를 관철하고 실행하는 것을 교육하고 선도한다.

(2) 장병이 과학이론을 학습하고, 뉴스를 보고 들으며 신문을 구독하고, 정치교육 내용과 제도를 실현하는 것을 계획한다.

(3) 군사지휘관과 협력하여 전투지휘를 계획하고, 전투동원, 선전고무활동, 그리고 부대를 공고히 하고, 적군을 와해시키는 사업을 철저히 수행한다. 장병이 군사민주를 드높이고 공을 세우는 모범적인 활동을 전개하도록 계획하고, 장병이 명령을 확고히 수행하고, 용감하고 강인하며, 희생을 두려워하지 않고, 작전임무를 완수하도록 교육한다.

(4) 군사훈련을 철저히 하며, 임무 중의 정치사업을 수행한다. 장병이 군사전문지식을 학습하고, 무기와 장비를 장악하며, 전술기술수준을 향상하는 것을 계획하고 교육한다. 시합활동을 전개하고, 장병의 적극성과 창조성을 불러일으킨다.

(5) 사상사업의 핵심대오를 건설하고 양성하며, 일상적인 사상사업을 철저히 수행한다. 장병의 경력, 가정, 개성, 취미와 특기를 자세히 파악하며, 장병이 분업, 입당, 시

험, 하사관 선택, 승진, 상과 벌, 이동과 배치, 연애와 결혼, 부상과 질병, 가정, 제대 등 문제를 정확히 처리하도록 인도하고, 사상사업과 심리소통을 집중적으로 진행하며, 장병이 인적교류와 법에 관련된 문제를 원만하게 처리하도록 돕는다.

(6) 당 지부의 일상업무를 철저히 수행한다. 당의 조직생활제도를 정착시키고, 당원을 발전시키는 것을 교육하며 관리하는 사업을 철저히 수행한다.

(7) 간부 사랑에 관심을 가지며, 간부의 사상수준과 병사를 통솔하는 능력을 향상시키는 것을 도와주며, 하사관을 교육하고 관리하는 사업과 산아제한 사업을 철저히 수행한다.

(8) 보안유지와 준법기율 교육을 수행하며, 범죄예방 사업제도와 조치를 실현하고, 안전보위사업을 철저히 수행한다.

(9) 공산주의청년단 지부와 군인위원회의 사업을 지도한다. 장병이 문화체육활동을 전개하는 것을 계획하며, 장병이 직무학습을 통해 인재가 되도록 격려한다.

(10) 간부를 존경하고 병사를 사랑하며, 정부를 옹호하고 인민을 사랑하며, 창조적이고 선진적이며, 영웅의 모범적 활동을 학습하는 것을 계획한다.

제7장 군구 급 이하 단위의 정치기관 【생략】

제8장 중국공산주의청년단 【생략】

제9장 군인대표회의와 군인위원회 【생략】

제10장 부칙 【생략】

Ⅴ. 후진타오 영도시기의 군대 정치사업조례 ②

중국공산당 군대위원회 사업조례(2010년)

제1장 총칙

〔**제1조**〕 중국공산당의 군대 각급 위원회의 영도를 강화하고 개선하며, 당의 위원회(당위) 사업의 과학화, 제도화, 규범화를 촉진하기 위해 〈중국공산당 장정〉과 〈중국인민해방군 정치공작조례〉에 근거하여 본 조례를 제정한다.

〔**제2조**〕 본 조례는 군대의 연대급 이상 단위의 당 전체회의(전위회「全委會」) 및 그 상무위원회(상위회「常委會」)에 적용한다.

〔**제3조**〕 중국인민해방군은 중국공산당의 절대적 영도 하에 있는 인민군대이며, 그 최고 영도권과 지휘권은 중국공산당 중앙위원회와 중앙군사위원회에 예속되어 있다. 당 위원회는 당의 군대에 대한 절대적 영도를 보장하는 근본제도이며, 당 위원회의 사업은 당이 군대를 절대적으로 영도한다는 근본원칙을 반드시 견지하는 것이다.

〔**제4조**〕 각급 당 위원회는 각 당해 단위를 통일적으로 영도하고 단결시키는 핵심이며, 당해 단위의 모든 조직과 인원 및 사업에 대해 집중적이고 통일적인 영도를 실행한다.

〔**제5조**〕 각급 당 위원회는 반드시 마르크스레닌주의, 마오쩌둥사상, 덩샤오핑이론, 그리고 "3개대표" 중요사상을 지도지침으로 삼고, 과학적인 발전관을 깊숙이 관철하고 실현하며, 후진타오(胡錦濤)의 새로운 형세 하의 국방과 군대건설에 관한 중요한 논술을 성실하게 관철하며, 새로운 시기의 군사전략 방침을 관철하고, 군대의 현대화 건설을 중심임무로 삼고 실천에 옮긴다.

당의 지휘에 복종하고, 인민을 위해 헌신하며, 용감하게 싸워 이기는 양호한 전통을 발양한다. 당대 혁명군인의 핵심적인 가치관을 육성시키고, 군대 건설의 과학적 수준을 향상시키며, 정보전 조건 하에서의 국지전 수행을 핵심으로 하는 다양한 임무를 수행할 수 있도록 군대의 능력을 향상시킨다.

사상, 정치, 조직상으로 인민해방군이 당의 절대적 영도 하에 있는 인민군대가 되도록 하기 위해 국방과 군대 건설의 과학적 발전을 보장하고, 새로운 세기의 새로운 단계에 있어서 아군이 역사적 사명을 효율적으로 완수하는 것을 보장한다.

〔제6조〕 각급 당 위원회는 반드시 민주집중제를 견지하며, 당 위원회의 통일적인 집단 영도 하의 수장분업책임제를 철저히 집행한다. 모든 중대한 문제는 반드시 당 위원회의 집단토론을 거쳐 결정하며, 긴급한 상황 하에서는 수장이 응급조치를 취할 수 있지만, 그러나 반드시 빠른 시간에 당 위원회에 사후보고를 하고 확인을 받는다.

당 위원회가 결정을 내리게 되면 군사와 정치 수장은 분업책임제에 따라 철저히 집행하며, 군사사업 분야에 속하는 사항은 군사지휘관이 책임지고 집행하며, 정치사업 분야에 속하는 사항은 정치위원이 책임지고 집행한다. 군사와 정치 수장은 반드시 당 위원회의 영도에 복종하며, 당 위원회의 결의를 집행하고, 직책을 적극적으로 수행하며, 밀접하게 협조하고 상호 지지한다. 당 위원회는 행정업무를 독점하지 않으며, 행정 수장이 독자적으로 책임지고 사업을 전개하는 것을 지지해야 한다.

〔제7조〕 당 위원회 사업은 반드시 아래 원칙을 준수해야 한다:

(1) 사상의 해방, 실사구시(實事求是), 그리고 시대와 더불어 전진하는 것을 견지한다.

(2) 대중노선, 인간을 근본으로 삼는 것, 그리고 장병의 구체적 지위와 창조정신을 견지한다.

(3) 집단영도, 민주집중, 개별적 공감대 형성, 그리고 회의를 통한 결정을 견지한다.

(4) 중심임무를 둘러싸고 사업을 전개하며, 전체적 국면을 파악하고, 통일적으로 계획하고 고루 돌보는 것을 견지한다.

(5) 당이 당을 관장하고 당을 엄격하게 관리하는 것을 견지한다.

(6) 당의 장정과 기타 당 내 법규 및 국가의 헌법과 법률, 그리고 군대의 법규와 제도에 근거하여 업무를 수행하는 것을 견지한다.

〔제8조〕 각급 당 위원회는 반드시 소강(小康)사회의 전면적 건설과 새로운 세기의 새로운 단계에 있어서의 아군의 역사적 사명의 효율적 수행 요구에 적응해야 한다. 정보화 군대를 건설하고, 정보화전쟁에서 싸워 이길 수 있는 전략목표를 고려하며, 능력의 건설과 선진성의 건설을 기축선(主線)으로 삼고, 사상 건설, 조직 건설, 기풍 건설, 제도 건설, 그리고 반부패를 위한 청렴화 건설을 전면적으로 강화한다. 학습형 당 조직의

건설에 진력하며, 먼저 시작하여 우수한 성적을 만들어 내는 활동을 계획하고 전개하며, 부대의 정치사상 건설을 부단히 강화한다.

부대 건설의 정방향 기량을 파악하고, 군사투쟁 준비를 영도하며, 부대가 정보화 조건 하의 작전임무를 완수할 수 있는 능력을 이끌고, 중국 특색의 군사혁신을 추진하며, 기계화와 정보화 건설을 추진하고, 군대를 법에 따라 엄격하게 관리하고, 부대의 정규화 건설 능력을 강화한다.

강인하고 꿋꿋하며, 분발하여 이루어 내는 당 위원회의 영도그룹을 건설하는데 노력하며, 부대 건설의 과학적 발전을 영도하고, 정보화체계에 기초한 작전능력을 향상시키고, 부대가 다양한 군사임무를 완수하도록 이끌어가는 데 있어서 영도의 핵심 역할을 발휘한다.

제2장 직책

〔**제9조**〕 당 전체회의(全委會)는 당 대표대회의 폐회기간 중 상급 당 위원회의 결의, 지시, 그리고 동급 당 대표대회의 결의를 집행하고, 당해 단위의 사업을 영도하며 다음과 같은 직책을 수행한다:

(1) 당의 노선과 방침 및 정책, 국가의 헌법과 법률 및 군대의 법규와 제도, 그리고 상급의 결의와 명령 및 지시를 철저히 집행한다.

(2) 마르크스레닌주의, 마오쩌둥사상, 덩샤오핑이론, "3개대표" 중요사상 및 과학적 발전관을 학습하는 것을 안배하고 연구하며, 중국 특색의 사회주의 이론체계로 장병을 무장시키고, 현대 군사지식과 정보화를 핵심으로 하는 첨단과학기술 지식, 현대 관리과학 등 지식의 학습을 분석하고 연구한다.

(3) 부대 건설의 형세를 분석하고, 부대의 중장기 발전계획과 연도나 또는 단계별 사업계획, 그리고 군사, 정치, 후근(후방지원), 장비 사업과 임무수행 중의 중대한 문제를 토론하여 결정한다.

(4) 당 위원회 자체의 건설과 하급 당 조직, 당원대오의 건설 및 동급 당의 기율검사위원회(紀委)의 건설에 있어서 중대한 문제를 연구하고 해결한다.

(5) 간부 대오와 인재대오의 건설에 있어서 중대한 문제를 토론하여 결정한다.

(6) 당 위원회의 사업보고와 동급 기율검사위원회의 사업보고를 청취하고 심사하며, 상무위원회(常委會)와 그 구성원, 동급 기율검사위원회(紀委)와 그 구성원의 직무이행, 권력행사, 그리고 청렴성과 자율성에 대한 감독을 진행하며, 상위회의 사업 및

그 구성원이 업무보고를 하고 청렴성과 준법상황을 진술하는 것에 대해 민주적으로 논평하거나 또는 민주적으로 평가한다.

(7) 당 대표대회의 소집이나 또는 당 대표대회의 중요한 사항을 토론하고 결정하며, 당 대표대회에 보고된 사업을 심의한다.

(8) 상위회와 그 서기·부서기를 선출하며, 동급 기율검사위원회(紀委)에서 선출된 서기와 부서기를 토의하여 통과시킨다.

(9) 중대한 건설 항목의 선정, 경비의 사용 내역, 그리고 관리상의 중대한 문제를 토론하고 심의한다.

(10) 당 대표대회와 당 위원회의 결의를 철저히 집행하는 것을 감독하고 독촉하며, 집행 중인 문제를 연구하고 해결한다.

(11) 전위회(全委會)가 결정한 기타 사항을 반드시 토론하고 결정한다.

〔**제10조**〕 상위회는 전위회를 향해 사업을 책임질 뿐만 아니라 보고를 하며, 전위회가 폐회된 기간에는 위원회의 직권을 행사하며, 다음의 직책을 행사한다:

(1) 당의 노선과 방침 및 정책, 국가의 헌법과 법률, 군대와 법규와 제도, 그리고 상급의 결의와 명령 및 지시를 철저히 집행한다.

(2) 마르크스레닌주의, 마오쩌둥사상, 덩샤오핑이론, "3개대표" 중요사상 및 과학적 발전관을 연구하고 안배하며, 중국 특색의 사회주의 이론체계로 장병을 무장시키며, 현대 군사지식과 정보화를 핵심으로 하는 첨단 과학기술 지식, 그리고 현대 관리과학 등 지식의 학습 사업을 연구하고 안배한다.

(3) 전위회를 소집하고 주관하며, 회의 전에 전위회가 토론하고 결정할 심의사항을 제출할 뿐만 아니라 그에 대한 의견을 제시한다.

(4) 부대의 건설 상황을 분석하고, 부대의 군사, 정치, 후근, 장비 사업과 임무수행 과정의 중요한 문제, 부대의 안전과 안정, 군과 정 및 군과 민 관계 등 분야의 중대한 문제를 토론하고 결정한다.

(5) 당해 단위 당의 건설상황을 분석하고, 당 위원회 자체의 건설과 하급 당 조직의 건설에 대한 지원을 연구하며, 당원교육, 관리와 복무, 먼저 시작하여 우수한 성과를 이루어 내는 활동의 전개, 당풍의 청렴화 건설과 반부패사업의 조치와 방법, 그리고 공산주의청년단의 건설과 군대위원회 건설의 중대한 문제를 연구하고 해결한다.

(6) 당 위원회는 동급 기율위원회의 인원 구성과 증원, 면제 사항을 연구하고 해결한다.

(7) 간부 대오와 인재대오 건설의 계획과 조치를 연구하고 수립하며, 규정의 권한과 절차에 따라 간부의 임면, 이동과 배치를 결정하거나 또는 의견을 제기하며, 예비간부의 확정과 하사관(士官)대오의 건설에 있어서 중대한 문제를 연구하고 해결한다.

(8) 상벌 사항을 토론하여 결정한다.
(9) 중대한 공사와 건설, 대량의 물자 구매, 큰 항목의 자산관리, 연도별 경비와 예산, 중요한 경비의 지출 등 경비의 사용과 관리상의 중대한 문제를 토론하고 결정한다.
(10) 전위회, 상위회의 결의가 관철되고 집행되는 상황을 분석하고, 조사와 감독사업을 철저히 한다.
(11) 상위회가 결정한 기타 사항을 토론하여 결정한다.

〔제11조〕 당 위원회의 서기는 당 위원회의 일상업무를 주관하며, 다음의 직책을 이행한다:
(1) 상위회의 회의를 소집하고 주관하며, 민주집중제 원칙에 따라 문제를 토론하여 결정한다.
(2) 상위회를 대표하여 전위회나 또는 당 대표회의에 사업을 보고하며, 지난(前回) 당 위원회를 대표하여 당의 대표대회에 사업을 보고한다.
(3) 당의 건설과 부대 건설의 과학적 발전을 계획하고 연구하며, 수행 중인 중대한 문제를 완수하고, 상위회나 또는 상급위원회에 결의를 제출한다.
(4) 상급 당 위원회의 지시와 본급 당 위원회의 결의를 철저히 집행하는 것을 검사하고 독촉하며, 집행 중인 문제를 계획하고 해결한다.
(5) 당 위원회의 자체 건설을 장악하고, 법규와 제도의 집행을 관철하며, 비판과 자아비판을 솔선하여 실행하며, 단결과 협력사업을 훌륭히 전개하며, 위원들의 학습과 사업 및 생활에 관심을 가질 뿐만 아니라 교육과 관리 및 감독을 실시한다. 부서기는 서기의 사업을 협조하며, 서기가 결석 시에는 서기의 직책을 대행한다.

〔제12조〕 당 위원회 위원과 상위회 위원은 다음의 직책을 수행한다:
(1) 집단영도에 참여하고 이를 유지 및 보호하며, 당 위원회가 토론하여 결정하는 문제에 대해 의견을 제시하며 건의한다.
(2) 당 위원회의 결의를 집행하며, 당 위원회가 부여한 임무를 완수한다.
(3) 기관과 부대의 당 위원회 사업에 대한 의견을 이해하며, 곧바로 당 위원회를 향해 부대의 건설과 관련하여 전국적인 중요한 상황을 반영하며 결의를 제출한다.
(4) 당 위원회 영도그룹의 단결을 유지하며, 서기와 부서기 및 기타 위원의 사업을 지지한다.
(5) 당 위원회의 건설과 사업에 관한 법규와 제도를 준수하고, 비판과 자아비판을 전개하며, 서기와 부서기 및 기타 위원의 사업을 감독한다.

〔**제13조**〕 당의 임시위원회는 그 설립을 비준한 당 위원회에 책임을 질 뿐만 아니라 그 영도를 받아들이며, 그 설립을 비준한 당 위원회가 규정한 직권을 행사하며, 본 조례 〔제9조〕의 (1), (2), (3), (4), (10) 항 규정의 직책을 이행하는 것 이외에 아래의 직책을 이행한다.

(1) 그 설립을 비준한 당 위원회나 또는 임무를 수행하는 인원의 원래 단위 당 위원회에 간부의 임면과 하사관(士官)의 선발 및 채용에 대한 의견과 건의를 제기한다.

(2) 당원사업을 전개하고 발전시키며, 상벌활동을 실시하고, 임무를 수행하는 인원의 원래 단위 당 위원회에 당원의 발전과 상벌의 실행에 대해 의견을 제기하고 건의한다.

(3) 중요한 경비의 지출과 대량의 물자 구매를 토론하여 결정한다.

당의 임시위원회는 그 직권 범위를 넘어서는 사항을 연구하고 결정해서는 안 된다.

제3장 안건토의와 의사결정

〔**제14조**〕 당 위원회의 안건 토의와 의사결정은 반드시 집단영도, 민주집중, 개별적 공감대 형성, 회의를 통한 결정 등 원칙을 관철하며, 다음의 절차에 따라 진행한다:

(1) 의제의 확정

전위회의 의제는 상위회가 확정한다. 상위회 회의의 주제는 서기·부서기가 연구하여 확정한다. 의제를 확정하기 전 위원의 의견을 널리 구하며, 특수한 상황 이외에는 예정에 없는 의제를 임시로 제의해서는 안 된다.

(2) 상정 안건의 준비

회의에서 토의될 주요한 의제는 응당 사전에 조사하고 연구하며, 각 분야의 의견, 특히 하급 당 조직, 동급 당의 대표대회 대표와 장병의 의견을 충분히 청취한다. 전문기술, 법률과 법규 등 분야의 자문과 논증을 통해 명확하고 구체적인 방안을 도출하며, 필요 시에는 2개 이상의 선택 가능한 방안을 제출해야 한다.

(3) 사전통지

전위회의 소집 시간과 그 의제는 군구·부군구·군 급 단위가 미리 15일 전에 반드시 각 위원에게 통지해야 하며, 사단·여단·연대 급 단위는 5일 전에 각 위원에게 통지해야 한다. 상위회의 소집 시간과 의제는 일반적으로 2일 전에 각 위원에게 통지해야 하며, 회의 관련 자료도 일반적으로 그와 동시에 송달(送達)해야 한다. 위원은 반드시 회의 의제를 둘러싸고 필요한 조사와 연구를 진행하며 성실하게 의견을 준비해야 한다. 사정이 있어서 회의에 참석할 수 없을 때는 서면형식을 통해 의견을 표시할 수 있다.

(4) 충분한 공감대 형성

전위회에 제출하여 토론을 통해 결정하고자 하는 중대한 문제는 상위회가 반드시 회의 전에 관련 상황을 위원에게 통보하여 충분한 의견수렴을 형성해야 하며, 상위회에 제출하여 토론을 통해 결정하고자 하는 중대한 문제는 서기와 부서기가 회의 전에 위원의 의견을 충분히 청취해야 하고, 위원과의 개별적 접촉을 통해 공감대가 형성되도록 노력한다. 개별적인 의견수렴을 위해서 반드시 대등한 입장에서 의견 교환이 이루어지도록 해야 하며, 회의 전에 공감대 형성 결과를 각 위원에게 통보해야 한다. 과반수 이상의 위원이 동의하지 않으면 회의에 제출하여 토론을 해서는 안 된다.

(5) 민주적 토론

전위회와 상위회 회의가 토론하고 결정하는 중대한 문제에 대해서는 필요 시 관련 인원이 회의에 도착하여 설명을 하도록 안배할 수 있다. 많은 사항을 연구할 때는 반드시 사항 별로 차례로 토론을 해야 한다. 회의에서의 발언은 일반적으로 위원, 부서기, 서기 순으로 진행하며, 당 위원회는 구성원들이 의견을 충분히 발표할 수 있도록 보장해야 한다. 필요에 근거하여 당의 대표대회 대표는 회의에 옵서버로 참석하여 그 의견과 건의를 청취할 수 있다.

(6) 회의의 표결

전위회와 상위회 회의가 중요한 사항을 토론하여 결정하는 것은 반드시 아래의 규정에 따라 구두, 거수, 무기명투표나 또는 기명투표 방식으로 표결을 진행해야 한다.

많은 사항을 결정할 때는 항목별 순서에 따라 표결해야 하며, 그중에서도 중요한 간부의 임면과 중요한 상벌 사항을 연구하고 결정하는 것은 차례대로 표결해야 한다. 표결을 통해 반드시 참석해야 하는 인원수의 과반이 넘으면 통과되며, 회의에 참석하지 않은 위원의 서면의견은 표결 표수에 계산되지 않는다.

상위회와 동급 기율검사위원회(紀委)에 대한 상위회의 사업보고는 거수나 또는 무기명투표 방식으로 표결하며, 중요한 공사와 건설 사항, 경비의 사용, 그리고 관리의 중요한 문제에 대해서는 기명이나 또는 무기명투표 방식으로 표결한다. 서기와 부서기 및 상위회 위원이 업무보고를 할 때 청렴성과 준법사상에 대해서는 무기명 투표 방식으로 표결한다.

상위회 회의는 중요한 공사와 건설, 대량 물자의 구매, 큰 항목의 자산 처리, 연도별 경비와 예산, 중요한 경비의 지출 등 경비의 사용과 관리의 중요한 문제에 대해서는 구두, 거수, 기명이나 또는 무기명 투표방식으로 표결한다. 간부의 임면과 상벌 사항에 대해서는 구두, 거수나 또는 무기명투표 방식으로 표결하며, 예비간부의 연구와 확정은 무기명투표 방식으로 표결한다.

전위회와 상위회 회의가 중대한 문제를 결정하는 표결방식은 서가와 부서기가 위원의 의견을 널리 구한 후에 확정하며, 표결 결과는 현장에서 공포해야 한다. 무기명투표 이외의 기타 표결방식은 모든 위원들의 표결의견을 반드시 문서에 기록해야 하며, 서로 다른 의견에 대해서는 마땅히 사실대로 기록해야 한다.

(7) 결의의 확정

전위회와 상위회 회의가 토론하고 결정하는 사항은 다수 위원의 의견이 일치할 때는 마땅히 신속하게 결의를 확정해야 한다. 두 종류의 의견으로 나뉘거나 두 종류 이상의 이견이 형성되면 긴급한 상황이 아닐 경우 반드시 다수 의견에 따라 집행해야 하는 것 이외에는 마땅히 결정을 내리는 것을 잠시 뒤로 미루며, 조사와 논증을 보완한 후 차기 회의에 제출하여 재심하도록 한다.

특수한 상황 하에서는 상황을 토론하고 상급 당 위원회에 보고하여 판정을 요청할 수 있다. 회의의 결의는 마땅히 회의 요록을 만들며, 수요에 근거하여 하일급(下一級) 당 조직과 관련 부문에 인쇄하여 배포해야 한다.

(8) 결정된 사항의 실행

당 위원회는 결의가 확정된 후에는 군사계통과 정치계통 수장의 분업책임에 따라 실행에 옮겨져야 하며, 당 위원회는 마땅히 검사와 감독을 철저히 해야 하고, 결의가 관철되고 집행되도록 보장해야 한다.

〔**제15조**〕 당 위원회는 반드시 과학적인 의사결정, 민주적인 의사결정, 법에 의한 의사결정을 실행하며, 반드시 다음의 원칙을 준수한다:

(1) 안건을 토의하고 결정하기 전에 먼저 당의 노선과 방침 및 정책, 국가의 법률과 군대의 법규 및 제도, 그리고 상급의 결의와 명령 및 지시에 근거하여 사상과 인식을 통일하고 실제와 결합함으로써 반드시 파악해야 하는 구체적 원칙을 확정한다.

(2) 중대한 문제는 반드시 전위회나 또는 상위회의 회의에서 민주적으로 토론하고 집

단적으로 결정하며, 서기와 부서기와는 충돌해서는 안 되며, 개별적으로 의견을 구해서도 안 된다.

(3) 회의는 법정 인원수를 충족해야 한다. 전위회와 상위회 회의는 반드시 3분의 2 이상의 위원이 참석해야 개최할 수 있다. 서기와 부서기가 참석하지 않으면 일반적으로 전위회 회의와 상위회 회의를 개최해서는 안 된다. 다만 긴급한 상황 하에서는 책임자를 임시로 지정하여 회의를 개최할 수 있다.

(4) 평등한 발언권을 보장한다. 문제를 토론하고 결정할 때는 서기·부서기, 그리고 위원이 모두 평등한 발언권과 표결권을 가지며, 서기와 부서기는 응당 위원의 의견을 존중해야 하며, 서로 다른 의견에 대한 억압이나 개인의 독단적인 전횡이 허용되어서는 안 된다.

(5) 소수는 다수에 복종한다. 중대한 문제를 토론하고 결정할 때는 다수인의 의견에 따라 결의를 채택하며, 소수인의 서로 다른 의견에 대해서는 응당 진지하게 고려해야 한다. 당 위원회의 구성원 개인은 당 위원회가 결정한 문제에 대해서 다른 의견을 가지고 있으면 보류를 공개적으로 선언할 수 있으며, 상급에 반영할 수 있다. 다만 당 위원회의 결정이 바뀌기 이전에는 반드시 확고부동하게 집행해야 한다.

(6) 회피한다. 간부의 임면, 상벌 등 사항을 토론하고 결정하는 것은 회의 참석자나 또는 그 친속이 포함되며, 본인은 응당 규정에 따라 회피해야 한다.

(7) 비밀을 유지한다. 회의 내용은 규정의 범위에 따라 전달하는 것 이외에는 그 어떠한 형태로도 외부로 누설해서는 안 된다.

〔제16조〕 각급 당 위원회는 응당 의사결정의 감독장치, 의사결정의 과오시정장치, 영도간부의 문책장치를 건립해야 하며, 정책집행 과정 중의 정보피드백을 중시하고, 즉시 정책결정 내용을 수정하여 완벽하게 하며, 집행 중의 문제를 연구하고 해결한다. 상급 당 위원회와 기율검사위원회는 응당 하급 당 위원회의 의사결정에 따라 감독과 검사를 강화하며, 곧바로 문제를 발견하고 시정해야 한다.

제4장 영도 기풍

〔제17조〕 각급 당 위원회는 응당 사상기풍을 중점으로 삼는 것을 견지하면서, 대중과 밀접하게 연계하고, 진리를 추구하고 실무적인 사업 수행에 힘쓰며, 비판과 자아비판 기풍을 크게 진작시킨다. 당성을 말하고 품행을 중시하며 표현을 정확히 하고, 당 위원

회의 창조력과 응집력 및 전투력을 강화한다. 각급 당 위원회는 응당 아래의 요구를 관철해야 한다:

(1) 사업의 지도사상을 단정하게 한다. 정확한 사업과 활동 및 치적을 세우는데 있어서 정확한 관념을 수립하며, 상부에 대한 책임과 하부에 대한 책임의 상호 통일을 견지하며, 사업의 출발점과 지향하는 목표점을 부대의 전투력 향상 위에 놓고, 부대의 기초적 성격과 장기적 성격의 건설을 장악하는 것을 중시한다.

(2) 기층지상(至上)과 사병제1을 견지한다. 인간을 근본으로 삼고 기층을 위해 복무하고 장병을 위해 복무하는 것을 당 위원회의 의사결정과 사업지도 속에 견지하며, 기층의 협조회와 연계점을 장악하고, 기층을 위해 봉사하는 것을 승낙하며, 부대에 가서 직책을 대신하며(代職), 쪼구리고 앉아 보살피고(蹲点), 중대에 가서 병사로 생활하는 제도를 계획하고 실현하며, 기층건설을 제약하고 장병의 전면적 발전에 영향을 주는 중점과 난점이 되는 문제를 적극적이고 주도적으로 해결한다.

(3) 과학을 존중하고 진리를 추구하며 실무에 힘쓴다. 부대의 실상을 정확하게 장악하고 이해하며, 부대 건설의 규율을 준수하며, 실질적인 성과를 구한다. 부대가 중대한 임무를 수행하는데 있어서 당 위원회 구성원은 반드시 일선에 직접 나가서 솔선수범하며, 앞장서서 지휘한다.

(4) 개척하고 혁신하며 단호하게 밀고 나간다. 과학적 발전관의 요구에 부합하는 사상관념을 수립하며, 부대 건설의 단계별 특징에 대한 연구를 심화하고, 시대와 더불어 전진하는 정신으로 부대 건설을 발전시키는 과정상의 문제를 해결함으로써 사업지도에 있어서 시대성이 구현되고 법칙성이 장악되며 창조성이 풍부하도록 한다.

(5) 법에 따라 지도하고 과학적으로 통일된 계획을 세운다. 법에 근거한 지도를 기본적인 사상관념, 영도방식, 그리고 활동요구로 삼고, 법규와 제도에 따라 영도사업 행위를 엄격하게 규범화한다. 군사, 정치, 후근, 그리고 장비의 건설관계를 정확히 처리하며, 사업의 협력장치를 수립하며, 큰 항목의 임무와 단계성 사업의 통일적인 안배를 실행하며, 현대 과학기술 수단을 운용하고, 영도사업의 효율성을 제고한다.

(6) 어렵고 고통스러운 조건 하에서 분투노력하며, 청렴한 기풍을 유지한다. "2개의 반드시 해야하는 것(務必)"을 명심하고, 근검한 건군과 근검한 사업추진을 견지한다. 당 위원회의 구성원은 응당 당성의 수양을 강화하고, 마르크스주의의 세계관, 인생관, 가치관을 수립하며, 정확한 권력관, 지위관, 이익관을 견지하며, 근면하고 맡은바 임무에 전심전력을 기울이며, 공평하게 권력을 행사하고, 말과 행동이 같게 하며, 각항 규정을 청렴하고 자율적으로 이행하도록 이끌며, 향락주의와 사치풍조를 억제하도록 이끌고, 자중(自重)하고, 자성(自省)하며, 스스로 독려하는 것(自勵)을 실천에 옮기며, 시종일관 공산당원 본래의 정치적 면모를 유지한다.

〔**제18조**〕 당 위원회는 응당 일상적으로 기관, 하급 당 조직, 그리고 장병의 영도기풍 개선에 대한 의견을 청취해야 하며, 반년과 연도 사업의 총결산, 당 위원회의 민주생활회, 당원 영도간부의 업무보고와 청렴성 및 준법정신, 그리고 개인 관련 사항의 보고 등 사업을 결합하며, 존재하고 있는 문제를 조사하여 찾아내고, 개선 조치를 연구하고 제출하며, 기관, 하급 당 조직, 그리고 장병을 향해 공포하고 감독을 받아들여야 한다.

〔**제19조**〕 영도기풍에 심각한 문제가 존재하고 있는 당 위원회에 대해서 상급 당 위원회는 교육을 통해 정돈하며, 총결산을 통해 교훈을 얻도록 하고, 존재하고 있는 문제를 해결하며, 필요 시에는 조직을 재정비해야 한다.

제5장 제도

〔제20조〕 학습 제도

이론의 혁신을 통한 당의 무장을 근본으로 삼고, 학습형 당 조직의 건설을 강조하며, 반을 만들어 교대로 훈련을 하고, 당 위원회 중심의 조별학습(組學)과 개인의 독학(自學)을 상호 결합하며, 이론을 배우고, 과학기술을 배우고, 관리를 배우고, 마르크스주의 이론을 중점적으로 학습하며, 모든 과학적인 새로운 사상, 새로운 지식, 새로운 경험을 장악하고 운용하는데 노력한다.

배운 것을 실제에 활용하고 그로써 배움을 촉진하는[學以致用, 用以促學] 것을 중시하며, 당 위원회의 중심조는 매 분기별로 부대 건설의 한두 가지 중점과 난점 문제를 둘러싸고 토론하며 의견을 교환한다. 군(軍)급 이상 단위의 당 위원회는 응당 장기적으로 해당 단위 건설의 발전상의 중대한 문제에 대해 전략적이며 미래지향적인 성격의 연구를 진행해야 한다.

각급 당 위원회는 응당 학습의 출근기록 감독과 학습지도를 강화하며, 개인의 학습평가, 대중의 학습논평, 진학시험 계획 등 방식을 취하며, 인원, 시간, 내용, 효과의 실현을 보장해야 한다. 당 위원회는 본급(本級)과 하급 당 위원회 및 그 구성원의 학습상황에 대해 매 반년마다 1회 검사와 비판을 진행하며, 매년 1회 종합심사를 진행할 뿐만 아니라 그 검사와 심사 결과를 선진 당 위원회와 간부의 활용 및 상벌을 심사하여 선발하는 중요한 조건으로 삼는다.

〔제21조〕회의 제도

전위회, 군구와 부군구 급 단위는 매년 적어도 1회 소집하며, 연대와 연대 급 단위는 매 분기별로 적어도 1회 소집하고, 특수한 상황이 발생할 경우에는 수시로 소집할 수 있다. 상위회 회의는 일반적으로 매월 1회 소집하며, 중요한 상황이 발생하였을 때는 수시로 소집할 수 있다.

사업요구에 근거하여 당 위원회 확대회의를 개최하거나 또는 관련 인원을 전위회 옵서버로 참석하도록 하며, 범위를 확대하고 옵서버 인원을 증가하는 것은 상위회가 확정한다. 상위회 회의는 관련 인원을 옵서버로 참석시킬 수 있으며, 옵서버로 참석하는 인원은 서기·부서기가 확정한다. 동급 당 대표대회의 대표가 전위회에 옵서버로 참석하는 회의는 〈중국공산당 군대 각급대표대회 임기제 실시방법(試行)〉과 관련 규정에 따른다.

〔제22조〕조사연구 제도

당 위원회의 계획사업, 의사결정, 임무할당, 부대건설에 있어서 중대한 현실적 문제의 해결은 응당 사전에 조사와 연구를 진행해야 한다. 각급 당 위원회는 매년 조사연구 사업을 안배해야 하며, 군(軍) 이상 단위 당의 상위회 위원의 조사연구 시간은 매년 적어도 1개월보다 적어서는 안 된다. 사단·여단·연대 급 단위 당의 상위회 위원의 조사연구 시간은 매년 적어도 2개월보다 적어서는 안 된다. 조사연구는 반드시 대중 속으로 깊이 파고들어가고, 기층으로 깊이 파고들어가서 제1차적 재료를 장악해야 한다. 당 위원회 구성원은 응당 자기 스스로 조사보고를 써야 한다. 상위회 위원의 조사보고는 응당 본급 당 위원회에 보고해야 하며, 서기·부서기의 조사보고와 정책 건의는 응당 상급 당 위원회에 보고해야 한다.

〔제23조〕중대한 의사결정 시 의견을 널리 구하는 제도

당 위원회는 중대한 문제를 연구하고 결정하는데 있어서 응당 의견을 널리 구해야 하며, 하급 당 조직과 관련이 있는 중대한 문제에 대해서는 응당 하급 당 조직의 의견을 널리 구해야 한다. 부대의 전반적인 사업, 그리고 장병의 절실한 이익과 관련이 있는 사항에 대해서는 응당 하급 당 위원회, 기관, 그리고 장병의 의견을 충분히 청취해야 할 뿐만 아니라 동급 당 대표대회 대표의 의견을 널리 구해야 한다. 간부의 임용, 표창, 그리고 장려사항에 대해서는 응당 동급 기율검사위원회(紀委)의 의견을 널리 구해야 한다. 전문기술, 법률과 법규에 관련된 문제는 응당 전문가나 또는 전문기구의 의견을 듣고 자문을 구해야 한다.

〔제24조〕평가지도 제도

각급 당 위원회는 응당 평가지도제도를 견지해야 하며, 〈중국인민해방군 군사훈련 조례〉의 규정에 따라 부대의 훈련 상황을 분석하고, 훈련의 진행에 영향을 미치는 중대한 문제를 연구하고 해결해야 한다. 당 위원회의 평가지도는 군구와 부군구 급 단위의 경우는 반년에 1회, 군(軍)과 사단 단위는 매 분기별 1회, 여단과 연대 급 단위는 매월 또는 매 훈련단계 별 1회를 실시한다. 수업, 과학연구, 임무수행과 보장 등 단위의 당 위원회는 응당 본 단위의 중심사업을 정기적으로 분석하고 연구해야 한다.

〔제25조〕사업보고 제도

당 위원회는 응당 정기적으로 전위회에 사업을 보고하고 감독을 받아야 하며, 사업보고에는 응당 전위회의 결의, 중대한 문제의 의사결정, 그리고 상위회의 자체 건설 등 내용의 집행상황이 포함되어야 하며, 그중에서도 중요한 간부의 활용, 중대한 경비의 지출, 그리고 중대한 공사의 건설 등 상황은 특별보고를 할 수 있다. 전위회의 토론과 심의에 근거하여 사업보고에 대한 성실한 수정을 진행하며, 당 위원회 구성원의 염원을 충분히 구현한다.

〔제26조〕당 내 상황통보 제도

중국공산당중앙, 중앙군사위원회, 그리 상급 당 위원회가 통보한 상황에 대해서는 요구에 따라 즉시 중계 전송하거나 또는 조직을 통해 전달해야 하며, 전위회가 정한 결의에 대해서는 일반적으로 하급 당 조직과 당원에게 통보해야 한다. 상위회 회의에서 토론하여 결정한 사항에 대해서는 수요에 근거하여 당 위원회 위원, 본급 기관의 당원 영도간부, 하급 당 조직, 그리고 당원과 대중에게 통보한다.

〔제27조〕상급에 보고하여 지시를 요청하는 제도

당 위원회가 본급에 대해 결정권이 없는 사항이나 또는 본급의 직권 범위에 속하지만 정책과 규정이 불명확한 사항은 오직 즉각적으로 상급 당 위원회에 보고하고 지시를 요청해야 한다.

소속 부대의 중대한 행동, 중대한 임무의 완수, 발생한 중대한 사고 안건, 그리고 소재지구에서 발생한 중대한 사건 및 기타 중요한 사항에 대해서는 반드시 규정에 따라 상급 당 위원회나 책임 부서 또는 상급을 향해 즉각 보고를 하고 지시를 요청해야 한다.

당 위원회는 하급 당 조직의 지시 요청에 대해 즉시 회답해야 한다.

〔제28조〕민주생활회 제도

당 위원회는 응당 규정에 따라 민주생활회를 소집해야 하며, 회의의 주제는 상급의 지시 정신과 본 단위의 실제에 근거하여 확정해야 한다. 민주생활회는 주로 비판과 자아비판을 전개하며, 당성 분석을 진행하고, 문제를 조사하여 찾아내며, 모순을 파헤쳐 드러내고, 경험과 교훈을 총결산한다. 민주생활회를 통해 사상을 통일하고, 기풍을 개선하고, 감독을 강화하며, 단결을 증진시키고, 당 내 생활의 원칙성과 실효성을 강화하고, 자신의 역량에 의존하면서 문제를 해결하는 능력을 향상시킨다.

상급 당 위원회는 응당 하급 당 위원회의 민주생활회를 지도해야 한다. 상급 당 위원회의 지도부 구성원이 하급 당 위원회의 민주생활회에 참가하기 위해서는 응당 하급 당 위원회 지도부 구성원과 하나하나 허심탄회하게 이야기를 하며, 상호 의견을 교환하고, 서로 협조해야 하며, 하급 당 위원회 지도부에 대한 강평을 진행하고 요구를 제기해야 한다.

당 위원회 민주생활회의 질적 수준이 높지 않고, 요구에 부응하여 해결하지 못하는 문제에 대해서는 상급 당 위원회가 응당 책임을 지고 다시 소집하도록 명령해야 한다.

〔제29조〕이중조직생활 제도

당 위원회 구성원은 본급 민주생활회에 참가하는 것 이외에도 반드시 규정에 따라 소재지 당 지부의 조직생활에 참가해야 하며, 당 지부나 또는 당 소조에 사상, 학습, 그리고 활동상황을 보고하고, 당 조직과 당원 및 대중의 감독을 받아야 하며, 사정이 있어서 참가할 수 없을 때는 마땅히 휴가를 신청해야 한다.

〔제30조〕사업보고와 청렴성 및 준법정신을 진술하는 제도

당 위원회의 상위회 구성원과 상위회가 설치되지 않은 당 위원회의 구성원은 응당 매년 전위회나 또는 당 위원회 확대회의에서 1회의 사업보고와 청렴성 및 준법정신을 진술하는 활동을 실시해야 한다. 필요 시 상급 당 위원회는 회의에 활동조를 파견하여 참가하도록 하여 상황을 이해하도록 하며, 사업보고와 청렴성 및 준법정신을 진술하는 활동을 지도하도록 할 수 있다. 사업보고와 청렴성 및 준법정신 진술이 끝난 후 당 위원회는 응당 규정에 따라 민주적 심의나 또는 민주적 평가를 계획해야 한다.

제6장 감독과 책임

〔**제31조**〕 당 위원회와 그 구성원이 본 조례를 집행하는 상황은 반드시 감독을 받아야 한다.

(1) 전위회의 당 대표대회를 향한 사업보고, 그리고 상위회의 전위회를 향한 사업보고는 응당 본 조례의 집행상황을 중요한 내용으로 삼을 뿐만 아니라 심의를 받아야 한다.

(2) 상급 당 위원회는 응당 하급 당 위원회 및 그 구성원의 본 조례 집행상황을 감독한다.

(3) 당 위원회 및 그 구성원은 응당 본 조례의 집행상황을 민주생활회의 중요한 내용으로 삼고 그것을 대조하고 검사해야 한다.

(4) 각급 기율검사위원회(紀委)는 응당 동급 당 위원회 및 그 구성원, 그리고 하급 당 위원회 및 그 구성원의 본 조례 집행상황을 감독한다.

(5) 당 위원회 및 그 구성원의 본 조례 집행상황은 응당 하급 당 조직과 당원 및 대중의 감독을 받는다.

(6) 당 위원회 서기·부서기는 당 위원회의 본 조례 집행상황에 대해 주요한 책임을 지며, 상급 당 위원회는 본 조례의 집행상황을 하급 당 위원회 서기·부서기의 근무실적을 평정하는 중요한 내용으로 삼는다.

〔**제32조**〕 당 위원회 및 그 구성원이 본 조례를 위반할 시는 응당 비판을 하고 교육을 시키며, 책임을 지고 시정하도록 명령해야 한다. 아래 사항 중의 하나일 경우에는 〈중국공산당 기율처분조례〉와 군대의 관련 규정에 따라 당 위원회에 대한 기율상의 처리를 행하며, 책임자를 처벌하고, 범죄혐의가 있는 경우에는 사법기관으로 넘겨 처리하도록 한다.

(1) 상급의 결의, 명령, 지시, 그리고 본급 당 위원회의 결의를 집행하지 않거나 또는 집행할 능력이 없어 심각한 결과를 초래하는 경우.

(2) 의사결정 절차와 원칙을 위반한 경우.

(3) 당 위원회의 결의를 마음대로 바꾸는 경우.

(4) 업무상의 실수, 의사결정의 과오, 성실하지 못한 기풍, 그리고 적당히 얼버무려 책임을 회피하는 근무태도로 인해 불량한 영향이나 심각한 결과를 초래하는 경우.

(5) 응당 보고를 하고 지시를 기다려야 하는 사항을 감추고 보고하지 않거나 허위로 날조하여 불량한 영향이나 심각한 결과를 초래하는 경우.

(6) 규정에 따라 중요한 사항을 통보하지 않고, 불량한 영향이나 심각한 결과를 초래하는 경우.
(7) 당 위원회의 회의내용과 토론상황을 누설하여 심각한 상황을 초래하는 경우.
(8) 하급의 지시 요청에 대해 즉시 답변을 하지 않거나 또는 하급이 반영한 문제에 대해 즉시 조치를 취하지 아니하여 심각한 결과를 초래하는 경우.
(9) 비평, 검거, 고발을 방해하고 억압하며 보복성 공격을 가하는 경우.
(10) 본 조례를 위반하면 응당 책임을 추궁해야 하는 기타 상황의 경우.

제7장 부칙

〔제33조〕 여단급 이상 단위의 기관 당 위원회와 기관 직속 당 위원회는 본 조례의 집행을 참조한다.

〔제34조〕 당 위원회의 전시사업(활동)은 중앙군사위원회의 관련 규정에 따라 집행한다.

〔제35조〕 중국 인민무장경찰부대는 본 조례를 집행한다.

〔제36조〕 본 조례의 해석은 총정치부가 책임진다.

〔제37조〕 본 조례는 공포한 날부터 시행된다. 2004년 4월 15일 중앙군사위원회가 공포한 〈중국공산당 군대위원회사업조례(시행)〉은 즉각 폐지된다.

Ⅵ. 시진핑 영도시기의 중국인민해방군 정치사업조례(2016)

〈정치사업조례〉는 당이 군대를 영도하는 근본원칙, 근본제도, 조직체제를 집중적으로 규범화한 것이며, 아군 정치사업의 기본 법규이다.

2003년 공포한 〈정치사업조례〉는 군대의 정치사업을 규범화하고 지도하며, 부대 당의 건설과 사상정치 건설을 강화하고, 정치사업의 창조적인 새로운 발전을 추진하며, 부대의 전투력을 증강하고 각항 임무를 원만히 완수하는 것을 보증하는데 있어서 중요한 역할을 발휘하였다. 이번에 수정한 〈정치사업조례〉는 당의 제17차 전국대표대회 정신을 전면적으로 관철하고 적용하며, 국방과 군대 건설에 있어서의 과학적 발전관의 중요한 지도방침과 지위를 확고하게 확립한 중대한 조치이며, 새로운 형세 하의 군대 정치사업을 강화하고 개진하기 위한 필연적 요구이다.

새로 수정된 〈정치사업조례〉는 중국 특색을 지닌 사회주의의 위대한 기치를 높이 치켜들고, 덩샤오핑(鄧小平)이론과 "3개대표" 중요사상을 지도지침으로 삼았으며, 과학적 발전관을 심도 있게 관철하고 적용하였고, 후진타오(胡錦濤) 주석의 새로운 형세 하의 국방과 군대 건설의 중요한 논술을 성실하게 적용하였으며, 당의 창조적이고 새로운 이론의 군대 정치사업에 대한 새로운 요구를 충분히 구현하였고, 군대 정치사업의 새로운 경험과 성과를 총결산하고 흡수하였으며, 정치사업이 직면한 새로운 상황과 새로운 문제에 대답하고 해결하였고, 새로운 형세 하의 아군의 사명과 임무, 건설 목표와 정치사업의 지도사상, 기본임무, 사업의 원칙, 근본적 기풍, 주요 내용, 그리고 당의 영도제도, 정치기관의 주요 직책 등 분야의 규정을 한 걸음 더 나아가 충실히 하고 개선하였다.

새로 수정된 〈정치사업조례〉는 근년에 이르러 군대 정치사업의 실천, 예를 들어 중국 특색을 지닌 사회주의 이론 체계로 장병을 무장시키며, 과학적 발전관을 심도 있게 학습하고 실천하는 활동을 전개하며, 당대 혁명군인의 핵심적 가치관을 대대적으로 배양하고, 당 조직 능력의 건설과 선진성 건설을 강화하며, 간부의 선발과 임용 기제를 개선하고 발전시키며, 여론전·심리전·법률전의 교육훈련을 전개하여 얻은 신선한 경험을 총결산하고 충분히 받아들였다.

새로 수정된 〈정치사업조례〉는 시대의 발전에 따른 새로운 변화, 그리고 사명과 임무의 새로운 요구에 적응하고, 군대의 임무수행을 위한 과제훈련, 합동훈련, 전략전역 수장(首長)기관의 훈련, 기초훈련과 비전쟁 군사행동 중의 정치사업 및 학습형 당 조직건설, 신형 군사인재의 육성, 그리고 정법(政法)사업 내용을 장악하며, 정보화 수단의 운용과 정치사업의 전개 등을 강화하고, 당 위원회(지부)의 다양한 군사임무수행에 대한 영도와 정치기관과 정치간부의 임무수행 중의 정치사업을 분명하게 규정하였다.

새로 수정된 〈정치사업조례〉는 과학적 발전관을 심도 있게 학습하고 실천하는 활동을 전개한 중요한 성과이며, 반드시 새로운 형세 하의 군대 정치사업을 더욱더 규범화하고 추진하며, 정치사업의 시대감과 적극성, 목표지향성, 실효성을 강화하고, 사상, 정치, 조직에 있어서 아군이 시종 당의 절대적 영도 하의 인민군대가 되는 것을 보증하며, 국방과 군대 건설의 과학적 발전을 확실히 보증하고, 새로운 세기와 새로운 단계에서의 아군의 역사적 사명을 완수하는 것을 강력히 보증하였다.

제1장 총칙

〔제1조〕 중국인민해방군의 정치사업을 규범화하고 강화하기 위해 〈중국공산당장정〉, 〈중화인민공화국 헌법〉에 근거하여 본 조례를 제정한다.

〔제2조〕 중국인민해방군은 중국공산당이 창건하고 영도하는 것이며, 마르크스레닌주의, 마오쩌둥사상, 덩샤오핑이론과 "3개대표" 중요사상으로 무장한 인민군대이고, 중화인민공화국의 무장역량이며, 인민민주독재의 굳건한 기둥과 주춧돌이다. 인민의 편에 서서 온 마음 한 뜻으로 인민을 위해 봉사하는 것이 본 군대의 유일한 근본 취지이다. 중국인민해방군은 반드시 변함없이 인민군대의 성격을 유지하며, 당에 충성하고, 사회주의에 충성하고, 조국에 충성하고, 인민에 충성한다.

〔제3조〕 중국인민해방군은 국방을 공고히 하고, 침략에 대항하며, 조국을 보위하고, 인민의 평화로운 노동을 보위하며, 국가의 건설 사업에 참가하는 임무를 담당한다. 중국인민해방군은 반드시 당의 기본이론, 기본노선, 기본강령과 기본경험을 견지하며, 마오쩌둥(毛澤東)의 군사사상, 덩샤오핑(鄧小平)의 새로운 시기의 군대건설 사상, 장쩌민(江澤民)의 국방과 군대건설 사상을 관철하고, 중앙군사위원회의 새로운 시기의 군

사전략 방침을 관철하며, 정치적으로 합격하고, 군사적으로 어떠한 시련도 극복하고, 기풍이 양호하고, 기율이 엄격하고 공정하며, 보장력이 강한 기본요구에 따라 중국 특색의 군사혁신을 적극적으로 추진하며, 기계화와 정보화 건설의 2중적인 역사적 임무를 완수하는데 노력하고, 하나의 강력한 현대화되고 정규화된 혁명군대를 건설하고, 중국 특색의 사회주의를 건설하며, 조국통일을 완수하고, 세계평화를 유지하며, 공동의 발전을 촉진하기 위해 분투한다.

〔**제4조**〕 중국인민해방군은 반드시 중국공산당의 절대적 영도 하에 위치하며, 그 최고 영도권과 지휘권은 중국공산당 중앙군사위원회와 중앙군사위원회에 속한다.

〔**제5조**〕 중국인민해방군의 정치사업은 중국공산당의 군대 내에서의 사상사업과 조직사업이며, 군대의 전투력을 구성하는 중요한 요소이고, 당의 군대에 대한 절대적 영도를 실현하고 군대가 역할을 수행하는 것을 근본적으로 보증하는 것이며, 중국인민해방군의 생명선이다.

〔**제6조**〕 중국인민해방군의 정치사업은 마르크스레닌주의, 마오쩌둥사상, 덩샤오핑 이론과 "3개대표" 중요사상을 지도지침으로 삼는다.

〔**제7조**〕 중국인민해방군 정치사업의 새로운 세기와 새로운 단계에서의 기본임무는 국가의 개혁개방과 소강(小康)사회를 전면적으로 건설하고, 사회주의 현대화 건설을 촉진하기 위해 봉사하며, 중국 특색의 군사혁신과 군대의 혁명화, 현대화, 정규화 건설을 위해 봉사하고, 정치, 사상, 조직에 있어서 당의 군대에 대한 절대적 영도와 인민군대의 성격을 보증하며, 이상이 있고, 도덕이 있고, 문화가 있고, 기율이 있는 군인을 양성하는 것을 목표로 하는 군대의 사회주의 정신문명 건설을 보증하고, 군대 내부의 단결, 그리고 군과 정, 군과 민의 단결을 보증하며, 군대 전투력의 향상과 각항 임무의 완수를 보증한다.

〔**제8조**〕 중국공산당은 중국인민해방군 연대 이상 부대와 연대 이상 부대에 상당하는 (이하는 연대급 이상 단위를 칭한다) 단위에 당의 위원회를 설립하며, 대대와 대대에 상당하는 단위에는 당의 기층위원회를 설립하고, 중대와 중대에 상당하는 단위에는 당의 지부(支部)를 설립한다. 당위 각급 위원회(지부)는 각 당해 단위의 통일적 영도와 단결의 핵심이다. 당 위원회(지부)의 통일적인 집단영도 하의 수장분업책임제는 당이 군대를 영도하는 근본제도이다.

성군구(위수구·경비구), 군분구(경비구), 현(시·구), 인민무장부대와 예비역부대는 군대계통과 지방당 위원회의 2중 영도제도를 실행한다. 성군구(위수구·경비구), 군분구(경비구)와 현(시·구) 인민무장은 군대계통의 수직영도와 예속관계를 유지하기도 하고, 또 동급 당 지방위원회의 영도를 받기도 하며, 동급 당 지방위원회의 군사사업부이다. 예비역부대의 사단, 여단, 연대는 군대계통의 수직영도와 예속관계를 유지하기도 하고, 또 동급이나 또는 상급 당 지방위원회의 영도를 받기도 한다.

〔**제9조**〕 중국인민해방군은 총정치부를 설립한다. 연대급 이상 단위는 정치위원과 정치기관을 설립하며, 대대는 정치교도원을 설립하고, 중대는 정치지도원을 설립한다. 상술한 부(분)대에 상당하는 단위의 정치간부와 정치기관의 설립은 중앙군사위원회나 또는 중앙군사위원회로부터 권한을 위임받은 단위가 결정한다.

〔**제10조**〕 중국인민해방군 정치사업은 반드시 다음의 원칙에 따라야 한다:

당의 군대에 대한 절대적 영도를 견지한다. 인민군대의 성격과 근본취지를 견지한다. 과학적 이론으로 부대를 무장하는 것을 견지한다. 사상정치 건설을 군대의 각항 건설의 으뜸가는 자리에 올려놓는 것을 견지한다. 군대의 현대화 건설이라는 중심을 둘러싸고 사업을 전개하는 것을 견지한다. 장병의 전면적 발전을 촉진하는 것을 견지한다. 장병일치, 군민일치, 적군와해를 견지한다. 정치민주, 경제민주, 군사민주를 발양하는 것을 견지한다. 법에 따라 군대를 엄격하게 관리하는 것을 견지한다. 양호한 전통과 창조적 발전의 통일을 계승하는 것을 견지한다.

〔**제11조**〕 중국인민해방군 정치사업의 근본적인 기풍과 방법은 실사구시(實事求是)와 대중노선이다. 반드시 사상을 해방하고, 실사구시하며, 시대의 변화에 따라 끊임없이 발전하는 것을 견지한다. 이론과 실제의 연계를 발양하고, 대중과의 연계를 밀접히 하며, 비판과 자아비판의 양호한 기풍을 전개한다. 실제에 깊숙이 파고 들어가 조사하고 연구하며, 대중 속으로부터 나와서 대중 속으로 들어가고, 형식주의와 관료주의를 반대한다. 선진성의 요구와 광범성의 요구, 사상 문제의 해결과 실제 문제의 해결, 그리고 영도 핵심과 광범한 대중을 결합하여 사업을 전개한다. 정치사업의 특징과 법칙을 탐색하고 파악하며, 정치사업의 시대감과 목표지향성, 실효성, 적극성을 강화한다.

〔**제12조**〕 중국인민해방군 내의 정치기관은 정치사업의 영도기관이며, 군대 내 당의 사업을 관리하고, 정치사업의 진행을 계획하는 것을 책임진다.

제2장 정치사업의 주요 내용

〔**제13조**〕 중국인민해방군 정치사업의 주요 내용은 중국인민해방군의 성격, 근본 취지, 역할, 그리고 정치사업의 기본임무에 근거하여 확정한다.

〔**제14조**〕 중국인민해방군 정치사업의 주요 내용은 아래와 같다:

(1) 사상정치 교육

마르크스레닌주의, 마오쩌둥사상, 덩샤오핑이론과 "3개대표" 중요사상을 학습하는 것을 계획한다. 당의 노선과 방침 및 정책에 관한 교육을 실시하고, 인민군대의 성격, 근본취지, 역할, 그리고 양호한 전통 교육을 실시하며, 애국봉헌, 혁명인생관, 간부에 대한 존경과 병사에 대한 사랑, 분투정신 교육을 실시하며, 이상과 신념, 군인의 도덕, 법률과 법규 및 시사 정책에 관한 교육을 실시하고, 애국주의, 집단주의, 혁명영웅주의 교육과 혁명절개 교육을 실시한다.

(2) 당 조직의 건설

당은 당을 관리해야 하고, 엄격하게 당을 관리하는 방침을 견지하며, 당 조직의 원칙성과 전투성을 강화한다. 건전한 당의 조직과 제도를 건립하며, 당원의 발전과 교육관리사업을 철저히 집행하며, 당의 생활을 엄격하게 하고 당의 민주 권리를 보장한다. 사상, 정치 조직 기풍에 있어서 당의 건설을 강화하고, 당 조직의 창조력, 응집력, 전투력을 강화하며, 당 위원회의 핵심적 영도 역할, 당 지부의 전투보루 역할, 그리고 공산당원의 선봉적이고 모범적인 역할을 강화한다.

(3) 간부 대오의 건설

당의 간부노선을 관철하며, 인격과 능력을 갖춘 사람만 임용하며, 덕과 재능을 겸비하는 원칙을 견지하고, 간부사업의 법규와 제도, 정책, 선발, 양성, 그리고 간부의 양성과 관리를 확립하고 개선하며, 영도집단을 조정하고 배치하며, 간부 대오의 혁명화, 연소화, 지식화, 전문화를 실현하고, 높은 자질의 신형 군사인재를 양성한다.

(4) 공산주의 청년단의 건설과 청년사업

건전한 공청단(共靑團) 조직을 건립하고, 청년단의 조직생활과 사업제도를 적용하며, 공청단의 당 보조 역할, 임무를 완수하는 돌격대 역할, 그리고 많은 청년들을 연결하는 교량 역할을 발휘한다. 부대의 중심임무를 둘러싸고 청년의 특성에 적합한 교육과 활동을 전개하며, 청년이 학습을 통해 쓸모 있는 인물이 되도록 격려하고 지지한다.

(5) 민주제도의 건설

건전한 군인대표대회, 군인대표회의와 군인대회, 군인위원회 등 민주제도를 건립하며, 정치민주, 경제민주, 군사민주를 전개하고, 장병의 민주권리를 유지 및 보호하며, 장병이 적극성과 창조성을 발휘하도록 한다.

(6) 기율 검사와 행정감찰사업

당의 노선과 방침 및 정책, 그리고 중앙군사위원회의 결의와 명령 및 지시의 집행 상황을 조사하고 감독한다. 부패를 반대하고 청렴을 제창하는 활동을 전개하며, 영도간부의 권력 행사에 대한 감독을 강화한다. 당의 기율과 군대의 기율 교육을 실시하며, 기율위반 안건을 조사하고 처리한다.

(7) 보위사업

건전한 보위사업 제도를 건립하고, 범죄예방 사업을 철저히 집행한다. 〔겉으로 드러나지 않는〕 은폐투쟁을 전개하고, 적대세력의 침투, 책동과 모반, 그리고 파괴를 방비한다. 안전경비 활동을 철저히 한다. 법에 따라 형사수사 사업을 진행하며, 군사감옥과 교정 사업을 철저히 한다.

(8) 군사재판·검찰·사법행정사업

법에 따라 국가를 대표하여 군대 내에서 재판권, 검찰권을 행사하며, 사법행정사업을 계획하고 전개하며, 헌법과 법률이 군대에서 실행되는 것을 보증한다. 법률적 수단을 운용하여 국가의 군사이익을 유지 및 보호하며, 군대와 군인의 합법적 권익을 유지 및 보호하고, 부대와 장병을 위해 법률 봉사를 제공한다.

(9) 과학·문화 교육

완전한 학습제도를 건립하고, 부대가 현대 과학과 문화 지식, 특히 첨단 군사과학기술 지식을 학습하는 것을 계획하며, 장병이 학력교육과 평생교육에 참가하도록 격려하고 지지하며, 과학·문화 자질과 전문기술수준을 향상시키며, 조국을 보위할 수 있기도 하고 조국을 건설할 수 있기도 한 인재를 육성한다.

⑽ 군사선전 사업

당의 이론과 노선, 방침, 정책을 선전하고, 중국공산당 중앙, 당중앙군사위원회의 중대한 정책을 선전하며, 군대 건설의 중대한 성과와 선진적 전형(典型)을 선전한다. 정확한 여론의 발전방향을 견지하고, 군대의 신문, 방송, TV, 네트워크 선전과 출판사업에 대한 관리를 강화하며, 대외 군사선전을 계획하고 전개한다.

⑾ 문예체육 사업

부대의 문예체육 대오를 건설하고, 군사문예체육 사업을 발전시킨다. 병영문화를 건설하고, 문화의 장비, 시설, 그리고 환경을 개선하며, 대중성 문화체육 활동을 계획하고 전개한다.

⑿ 대중사업

장병의 민족정책, 종교전책, 그리고 대중기율을 준수하도록 교육하며, 정부를 옹호하고 인민을 사랑하며 군과 민이 함께 사회주의정신문명활동을 전개하고, 군과 정, 군과 민 관계 분야의 문제를 정확히 처리하며, 군과 정, 군과 민의 단결을 유지 및 보호한다. 국가와 지방의 관련 부문이 협조하여 전민 국방교육을 전개한다. 부대를 동원하여 국가경제건설을 지원하며, 긴급재난구조와 사회공익사업에 참가한다.

⒀ 연락사업

적군을 와해시키고 우군을 단결시키는 사업을 진행한다. 대만에 대한 사업을 전개한다. 외국군대, 적군, 그리고 국내외 민족분열세력 실태를 조사하고 연구한다. 부대가 심리전 연구와 훈련을 하는 것을 지도한다.

⒁ 군인의 표창, 복지, 우대와 무휼

표창과 복지를 위한 정책과 제도를 확립하고, 특출한 공헌이 있는 군인에 대해 표창을 실시하며, 군인에 대한 복지와 대우가 정착되도록 조사하고 감독한다. 정부의 관련 부문과 함께 완전한 우대와 무휼 정책 및 규정을 제정하고, 군인 및 그 가족을 우대하며, 열사, 유가족, 상인군인에 대한 무휼(撫恤)을 실행한다.

⒂ 일상적인 사상사업

장병의 현실적인 사상 문제를 겨냥하여 적시에 사상교육을 실시하고 심리적 소통을 실행한다. 부대, 사회, 가정, 그리고 사상사업 핵심대오의 역할을 발휘하며, 대중성 사상협조활동을 전개한다.

(16) 군사훈련 중의 정치사업

정세와 군사투쟁 준비교육을 실시하며, 부대의 연병 열정을 불러일으킨다. 실전으로부터 출발한 혹독한 훈련을 실시하며, 부대의 전투정신과 양호한 기풍을 양성한다. 군사연습 중의 정치사업을 철저히 실시한다. 전시 정치사업 연습훈련을 실시하며, 완전한 전시 정치사업의 사전계획안을 수립한다.

(17) 임무수행 중의 정치사업

후근보장, 장비보장, 과학시험, 교육기관의 교학 및 국방시설, 당직근무, 반테러, 국제평화 유지, 군사외교, 긴급재난구조 등 임무 중의 정치사업을 실행한다.

(18) 전시 정치사업

당 위원회의 작전에 대한 통일적 영도를 강화하며, 중국공산당 중앙, 당중앙군사위원회의 군사전략 방침, 작전원칙, 그리고 명령과 지시의 관철과 집행을 보증한다. 작전 동원과 전장 격려를 진행한다. 조직을 건전하게 하고, 간부를 조정하며 보충한다. 군사민주를 발양하며, 공을 세우고 모범이 되는 활동을 전개한다. 여론전·심리전·법률전을 진행하며, 적군와해사업을 전개하고, 대심리전과 대책동사업을 전개하며, 군사 사법과 법률봉사 사업을 전개한다. 참전하는 민병과 노무자에 대한 정치사업과 전구의 대중사업을 실행한다. 전장의 기율과 대중의 기율을 유지하고 보호한다. 열사에 대한 사후조치를 관철하고 집행한다.

(19) 여비역 부대와 민병의 정치사업

당이 무장력을 관리하는 원칙을 견지하며, 예비역부대와 민병의 사상 건설과 조직 건설을 강화하며, 민병 조직의 정비, 군사훈련, 임무수행 중의 정치사업과 병역 정치사업을 관철하고 집행한다. 전문직 인민무장 간부 대오의 건설을 강화한다.

(20) 정치사업연구

정치사업의 역사, 현재 상태와 발전추세를 연구하고, 개혁개방과 사회주의 시장경제가 발전하는 조건 하에서의 정치사업의 특징과 법칙을 연구하며, 중국 특색의 군사혁신의 정치사업에 대해 제기하는 새로운 요구를 연구하고, 첨단기술전쟁 중의 정치사업을 전개하고, 정치사업 작전기능의 효율적인 수단을 발휘하는 것을 연구하며, 정치사업의 법규와 제도 및 정책을 제정하는 것을 연구하고, 정치사업을 강화하고 개선하기 위해 이론 지도와 의사결정 근거를 제공한다.

제3장 총정치부

〔**제15조**〕 중국인민해방군 총정치부는 중앙군사위원회의 정치사업 기관이며, 전군 정치사업의 영도기관이다. 총정치부는 중국공산당 중앙과 중앙군사위원회의 영도 하에 전군의 당 사업을 관리하고, 정치사업을 계획하며 진행하는 것을 책임진다.

〔**제16조**〕 총정치부 주임은 총정치부의 사업을 주관하며, 전군 정치사업에 대한 영도를 계획하고 실시한다.

총정치부 부주임, 주임보좌는 주임의 사업을 협조한다.

〔**제17조**〕 총정치부의 주요 직책은 아래와 같다:

(1) 중국공산당 중앙과 중앙군사위원회의 결의와 명령 및 지시를 관철하고 적용하며, 당의 노선과 방침 및 정책, 그리고 국가의 헌법과 법률이 군대에서 관철하고 집행하는 것을 보증한다. 전군이 마르크스레닌주의, 마오쩌둥사상, 덩샤오핑이론과 "3개대표" 중요사상을 학습하는 것을 영도한다. 전국적이며 정책적인 문제를 조사하고, 군대 정치사업의 방침과 정책 및 제도를 제정하며, 정치사업 법규를 기초하여 제정한다. 전군의 정치사업을 안배하고 조사하며 지도한다. 적시에 중국공산당 중앙과 중앙군사위원회에 상황을 반영하고, 사업보고의 지시를 받는다.

(2) 전군의 정치사업을 영도한다. 군대 당 조직 건설의 규정과 제도를 제정하고, 전군 당 조직의 건설을 지도하며, 전군이 선거를 하여 당의 전국대표대회와 대표회에 출석하는 대표를 선출하는 것을 지도한다. 전군의 당원 교육과 당원의 발전 사업을 계획하고 영도한다. 전군의 당무사업과 정치통계를 관리하며, 다른 총부와 회동하여 군대의 기층 건설을 지도한다. 전군의 민주제도 건설을 영도하고, 전군이 영웅의 모범적 활동을 학습하는 것을 영도한다. 표창, 무휼과 결혼문제를 관리한다. 정치사업조례를 기초하고 제정하는 것을 책임지며, 그것을 관철하고 집행하는 상황을 조사하고 감독한다.

(3) 전군의 간부사업을 영도한다. 전군 간부사업의 정책과 규정, 그리고 간부 대오의 건설 계획을 제정한다. 군급(軍級) 이상의 영도집단과 정(正) 사단장직 이상의 영도간부에 대한 평가, 간부의 임면과 배치, 현역퇴출 사업을 관리하는 것을 책임진다. 장교의 진급업무를 관리한다. 전문직 기술장교, 문관직 간부, 비현역 문관직 종사자 사업을 관리한다. 간부의 양성, 군사교육기관의 피교육생 모집과 졸업생의 배치 사업을 관리한다. 보통고등교육기관의 위탁교육을 통해 군대간부를 양성하는 사업과

해외파견교육사업을 책임진다. 전군 간부의 봉급, 복지와 관련된 업무를 관리한다. 예비역 간부와 인민무장 간부 대오의 건설을 지도한다. 전군의 퇴역*과 관련된 사업을 영도하고 관리한다. 군대 구성원이 전국인민정치협상회의에 참가하는 것과 관련된 사업을 맡아 처리한다. 정치간부의 자력 통계와 문서보관 사업을 관리한다.

(4) 전군의 선전교육사업을 영도한다. 전군의 정치교육과 선전사업의 계획 및 대강(大綱)을 제정하고, 전군의 정치교육과 이론학습 및 원·교(院·校)의 정치이론 교학사업을 지도하며, 이론학습과 정치교육의 기본교재를 편집하고 심사한다. 전군의 정치이론 연구와 이론대오의 건설을 영도한다. 전군의 사회주의 정신문명 건설을 지도한다. 전군의 일상적 사상사업을 지도한다. 관련 총부와 회동하여 전군의 과학·문화학습을 계획하고 지도한다. 전군의 신문, 선전, 출판 사업과 정치사업의 정보네트워크를 영도하고 관리한다. 중대한 사건, 중대한 군사활동과 중대한 전형(典型)의 선전보도를 계획하고 협조한다.

(5) 전군의 보위사업을 영도한다. 군대 보위사업의 정책과 규정을 제정한다. 전군의 범죄예방 종합관리사업을 지도하고 협조한다. 전군의 안전경비 사업을 지도한다. 전군의 은폐투쟁 사업을 영도한다. 사교(邪敎)조직의 파괴활동에 대한 방비와 처리 업무를 지도하고 협조한다. 전군의 형사수사 업무를 영도한다. 전군의 군사감옥과 교정업무관리를 지도한다.

(6) 중앙군사위원회 기율검사위원회와 회동하여 전군 당의 기율검사 사업을 영도한다. 군대 당을 감독하는 제도와 안건을 조사하고 심리하는 규정을 제정한다. 당의 노선과 방침 및 정책, 법규와 제도, 그리고 중앙군사위원회의 결의와 명령 및 지시의 관철과 집행 상황을 조사하고 감독한다. 전군 당풍의 청렴화 건설과 반부패 사업을 계획하고 협조하는 것을 지도한다. 당의 기율을 위반하는 중요한 안건을 조사하고 처리한다. 전군의 행정감찰사업을 영도한다. 행정감찰의 정책과 규정을 제정한다. 행정감찰법규와 규정의 집행상황을 계획하고 조사한다. 군기를 위반하는 중요한 안건을 조사하고 처리한다.

(7) 전군의 문화사업을 영도한다. 군대 문화사업의 정책과 규정 및 문화체육의 발전계획을 수립하고, 전군의 문화체육 활동과 문화체육 대오의 건설을 지도하며, 전군의 문예창작 연출과 문예이론 연구를 계획하고 지도하며, 체육대회를 전개하고, 전군의 문화도서, 영화와 TV, 녹음과 비디오테이프 등 제품의 출판 및 발행, 그리고 TV 방영사업을 지도한다. 전군의 문화체육 장비, 기자재, 시설의 건설과 관리사업을 지도한다.

---

* 건국 이전에 당에 가입한 당원의 퇴역[離休]과 건국 이후 당에 가입한 당원의 퇴역[退休]을 포함한다.

(8) 전군의 대중사업을 영도한다. 국가의 관련 부문과 회동하여 군과 정부, 군과 민 관계의 정책과 규정을 제정하고 협조하며, 전군이 민과 함께 사회주의 정신문명을 건설하는 것에 참가하며, 군대를 옹호하고 군인 가족을 우대하며, 정부를 옹호하고 인민을 사랑하는 모범단위활동을 전개하는 것을 지도한다. 민족정책, 종교정책을 집행하고, 대중의 기율을 준수하는 상황을 조사한다. 관련 총부와 회동하여 국가의 경제건설에 참가하는 것을 지원하며, 긴급재난구조를 실시하고, 빈민구제사업을 실행하는 것을 지도한다.

(9) 전군의 연락사업을 영도한다. 전군 연락사업의 정책과 규정을 제정하고, 대만에 대한 사업을 계획하고 전개하며, 외국군대의 상황을 조사하고 연구하며, 심리전 교육훈련과 기술장비 건설을 계획하고 지도한다. 변경회담회견 중의 정치사업과 외국군대에 대한 선전사업을 전개하는 것을 지도한다. 국제적십자사와 관련이 있는 연락사업을 책임진다.

(10) 전군의 군사재판사업을 지도한다. 군사재판사업의 법규를 기초하고 제정하며, 중국인민해방군 군사법원이 법에 따라 직권범위 내의 각종안건과 최고인민법원으로부터 권한을 위임받거나 또는 지정된 재판안건을 지도하며, 하급군사법원의 재판사업을 지도한다.

(11) 전군의 군사검찰사업을 지도한다. 군사검찰사업의 법규를 기초하고 제정하며, 중국인민해방군 군사검찰원이 법에 따라 검찰권을 행사하고, 하급 군사검찰원의 군사검찰사업을 영도하며, 전군의 직무범죄 예방사업을 지도한다.

(12) 군사훈련과 임무수행 중의 정치사업을 영도한다. 군사훈련과 임무수행 중의 정치사업의 관련 규정을 제정하고, 전군의 군사훈련과 임무수행 중의 정치사업상황을 장악하며, 적시에 강화하고 개선하는 의견을 제기하고, 군을 사랑하며, 임무수행에 특출한 전형을 표창하고 선양한다.

(13) 전시 정치사업을 영도한다. 전시 정치사업 지시를 하달하고, 부대가 작전동원을 실시하는 것을 지도하며, 건전한 참전부대의 전장 조직을 건립하고, 당 위원회가 작전에 대한 통일적 지도를 실시하는 것을 지도한다. 적시에 간부를 보충하고 조정하며, 정치사업의 작전 기능을 발휘하고, 여론전·심리전·법률전을 계획하고 전개하며, 적군와해사업을 철저히 집행하고, 적의 책동과 파괴를 방비한다. 관련 부문과 회동하여 대중이 전선에 나가 지원하는 것을 계획하며, 무혈사업을 철저히 집행하고, 전시의 장려와 징벌 규정을 수립하고, 귀순자와 포로 및 포로가 된 아군에 대한 정책을 수립한다.

(14) 전군의 원·교(院·校) 정치사업을 영도한다. 원·교 정치사업의 정책과 규정을 수립하고, 원·교가 정치사상 건설을 강화하는 것을 지도하며, 원·교가 교원의 선발, 양

성, 그리고 간부교류 사업을 철저히 집행하도록 지도하고, 원·교가 정치이론과의 교학능력을 향상하도록 지도한다. 전군의 정치 원·교 건설을 영도한다.

(15) 예비역부대와 민병 정치사업을 영도한다. 국가의 관련 부문과 회동하여 예비역부대와 민병의 정치사업 정책과 규정을 제정하고, 정치교육을 전개하는 것을 지도하며, 조직의 정돈, 군사훈련, 전비태세준비 등 임무 중의 정치사업을 철저히 실시한다. 예비역 간부를 영도하고 관리하며, 민병의 전시 정치사업을 영도하고, 국가의 관련 부문과 협조하여 전민국방교육을 전개하며, 병영 정치사업과 학생 군사훈련의 정치사업을 지도한다.

(16) 전군의 정치기관과 정치간부 대오의 건설을 영도한다. 전군의 정치기관, 정치간부의 체제와 편제를 제정하고 관리하는데 참여하고, 전군 정치기관과 정치간부 대오 건설의 계획과 조치를 수립하고, 전군 정치간부의 양성을 계획하고 지도한다.

(17) 전군의 정치사업연구를 영도하고, 전군의 사법행정사업을 영도하며, 군대의 변호사를 관리하며, 법률봉사업무를 지도한다. 정치사업과 관련된 외사업무를 맡아 처리하며, 전군의 민원사업을 지도하고, 정치사업사료의 편찬업무를 지도하고, 전군의 정치사업지휘의 자동화 건설을 지도하며, 관련 총부와 회동하여 전군의 정치사업경비를 관리한다.

(18) 중국공산당 중앙, 국무원, 중앙군사위원회의 관련 규정에 근거하여 중국인민무장경찰부대 당의 사업관리를 책임지며, 정치사업의 진행을 영도한다.

제4장 중국공산당의 군대 내 조직

제1절 당의 각급대표대회와 당의 위원회

〔**제18조**〕 중국공산당의 중국인민해방군 내 연대급 이상 단위의 대표대회와 그 대표대회가 선출하여 구성한 위원회는 당의 각급 영도기관이다. 당의 각급 위원회는 동급 당의 대표대회에 사업을 책임지고 보고하며, 대표대회의 폐회기간 중에는 본 단위의 사업을 영도한다.

〔**제19조**〕 당의 각급대표대회는 동급 당 위원회가 소집하며, 5년에 1회 거행한다. 특수한 상황 하에서는 상1급 당 위원회의 비준을 거쳐 앞당겨 거행하거나 또는 뒤로 연기할 수 있다.

당의 각급대표대회가 대표하는 정수(定數)와 선거방법은 동급 당 위원회가 확정하며, 상1급 당 위원회에 보고하여 비준을 득한다. 당의 군구·부군구 급 단위 대표대회는 그 소속 연대급 이상 단위가 일반적으로 대표로 출석해야 하며, 당의 군 급 단위 대표대회는 그 소속 대대급 이상 단위가 일반적으로 대표로 출석해야 하고, 당의 사단·여단·연대 급 단위 대표대회는 그 소속 중대급 이상 단위가 일반적으로 대표로 출석해야 한다. 정식 당원이 200명이 안 되는 단위는 당원대회를 소집할 수 있다.

당의 각급대표대회의 대표와 위원회의 구성은 반드시 선거인의 의지를 체현해야 한다. 후보자 명단은 반드시 당 조직과 선거인의 충분한 준비와 토론을 거친 후에 마련되어야 한다. 선거는 무기명 투표방식을 채택한다. 입후보자의 인원수가 당선자의 정수보다 많은 차액(差額)선거 방식을 채택하여 정식으로 선거할 수 있으며, 차액선거 방법을 채택하여 예비선거를 통해 후보자 명단을 확정한 후 정식으로 선거를 실시할 수 있다. 대표 입후보자의 인원수는 당선자 정수에 비해 적어도 100분의 20이 많아야 한다. 피선거인은 참석한 선거권자의 과반수 이상의 찬성표를 얻게 되면 비로소 당선이 확정된다.

〔제20조〕 당의 각급대표대회의 직권은 아래와 같다:

(1) 동급 당 위원회의 보고를 청취하고 심사한다.

(2) 동급 당 기율검사위원회의 보고를 청취하고 심사한다.

(3) 본 단위의 중대한 문제를 토론하여 결정한다.

(4) 동급 당 위원회와 당의 기율검사위원회를 선거를 통해 선출한다.

(5) 당의 전국과 상급대표대회, 대표회의에 출석하는 대표를 선거를 통해 선출한다.

〔제21조〕 당의 각급대표대회의 폐회기간 중에는 당의 각급 위원회가 필요 시 대표회의를 소집하며, 적시에 해결을 필요로 하는 중대한 문제를 토론하여 결정한다. 대표회의를 대표하는 정수(定數)와 선출방법은 대표회의를 소집하는 위원회가 결정한다.

〔제22조〕 당의 각급 위원회는 매기의 임기가 5년이며, 위원회의 정수는 상1급 당 위원회가 결정한다. 당의 사단급 이상 단위 위원회 위원은 반드시 5년 이상의 당원경력(黨齡)을 가진 중국공산당원이어야 하며, 당의 여단·연대 급 단위 위원회 위원은 반드시 3년 이상의 당원경력을 가진 중국공산당원이어야 한다.

당의 각급대표대회가 선거를 통해 선출하여 구성한 위원회는 상1급 당 위원회에 문건을 작성하여 등록 보고를 한다. 상무위원회의 위원과 서기·부서기는 동급 당 위원회 전체회의가 입후보자의 인원수가 당선자의 정수와 동일한 등액(等額)선거를 통해 선출하며, 상1급 당 위원회에 보고하여 비준을 득한다. 상무위원회의 정수는 일반적으로 5-7인이다. 상무위원회는 당 위원회 전체회의의 폐회기간 중 위원회의 직권을 행사하며, 당 위원회 전체회의에 책임을 지고, 정기적으로 사업을 보고한다. 상무위원회는 차기 당 대표대회의 개회기간 중 새로운 상무위원회가 선거를 통해 선출될 때까지 계속해서 일상업무를 주관한다.

당의 성군구(위수구·경비구), 군분구(경비구) 위원회와 현(시·구) 인민무장부 위원회 제1서기는 동급 당 지방위원회 서기를 겸임한다. 당의 예비역 사단, 여단, 연대 위원회 제1서기는 동급이나 또는 상급 당 지방위원회 영도자 겸임한다.

당의 각급 위원회 구성원은 본 단위로부터 전출 또는 면직되거나 현역에서 퇴출될 때 위원회의 직무가 자동적으로 해제된다. 위원회 구성원의 보충은 상무위원회가 의견을 제시하고, 상1급 당 위원회에 보고하여 비준을 득한다. 필요 시 상1급 당 위원회의 책임자를 지정할 수 있다.

〔**제23조**〕당의 각급 위원회는 아래 사항을 토론하여 결정한다:

(1) 당의 노선과 방침 및 정책, 국가의 헌법과 법률, 군대의 법규제도, 상급 당 위원회의 결의, 상급 수장과 영도기관의 명령 및 지시의 철저한 이행.
(2) 마르크스레닌주의, 마오쩌둥사상, 덩샤오핑이론, 그리고 "3개대표" 중요사상의 학습. 현대 과학·문화 지식, 특히 첨단 군사과학 지식의 학습.
(3) 당 조직의 건설, 당의 기율검사 사업, 공산주의청년단 건설의 중대한 문제.
(4) 작전훈련, 교육관리, 후근(后勤)과 장비 보장의 중요한 문제, 연도와 단계별 사업계획, 중대 임무를 완수하는 요구와 조치.
(5) 지도부의 조정과 배치, 간부의 심사, 선발, 양성, 임면, 배치, 상벌, 계급과 직급 조정, 인재대오(人才隊伍)의 건설.
(6) 부대의 안전과 안정, 군과 정, 군과 민 관계 분야의 중요한 문제.
(7) 중대한 경비의 지출, 중대한 공사 건설, 대량의 물자 구입
(8) 본급 당 대표대회와 대표회의, 그리고 당 위원회 결의의 이행 상태, 상급 당 위원회를 향한 지시 요청과 보고, 본급 당 대표대회에 대한 보고.
(9) 반드시 당 위원회가 토론하여 결정해야 하는 기타 사항.

〔**제24조**〕독립적으로 임무를 수행하는 임시 단위는 반드시 필요에 근거하여 당의 임시위원회를 설립한다. 당 임시위원회의 구성, 직권, 예속관계는 그 설립을 비준한 당 위원회가 결정한다.

〔**제25조**〕 당의 각급 위원회는 반드시 민주집중제를 견지해야 하며, 당 위원회의 통일적인 집단영도 하의 수장분업책임제(首長分工責任制)를 철저히 집행하며, 집단영도, 민주집중, 회의를 통한 결정 원칙을 따르며, 아래 사항을 집행한다:

(1) 본 단위에 대해 통일적 영도를 실행한다. 모든 중대한 문제는 당 위원회가 토론하여 결정하며, 긴급한 상황 하에서는 수장(首長)이 그때그때 상황에 맞게 처리하며, 사후에 즉시 당 위원회에 보고하여 검사를 받는다.

(2) 집단영도를 견지한다. 무릇 중대한 문제라면 반드시 당 위원회가 민주적으로 토론하여 집단적으로 결정하며 개인이 독단적으로 처리해서는 안 된다. 문제를 토론하여 결정하는 것은 반드시 소수가 다수에 복종하는 원칙을 적용해야 한다. 중요한 문제의 결정은 표결을 통해야만 한다. 소수의 서로 다른 의견에 대해서는 반드시 진지하게 고려해야 한다. 당 위원회가 결정한 문제에 대해 다른 의견이 있다면 보류를 공개적으로 선언할 수 있고, 당의 중앙에 이르기까지의 상급 조직에 의견을 제기할 권한을 가지며, 다만 본급이나 또는 상급 당 위원회가 결정을 바꾸기 전 까지는 반드시 원래의 결정을 철저히 이행해야 한다.

(3) 당 위원회가 내린 결정은 군(軍)과 정(政) 수장이 분업을 통해 철저하게 실행한다. 군사사업 분야에 속하는 것은 군사지휘관이 그 계획과 실행을 책임지며, 정치사업 분야에 속하는 것은 정치위원이 그 계획과 실행을 책임진다. 군과 정 수장은 반드시 당 위원회의 영도에 복종해야 하며, 당 위원회의 결의를 집행하고, 직책에 따라 주어진 소임을 다하고, 밀접하게 협조하며, 서로 지지해야 한다. 당 위원회는 행정사무를 독점해서는 안 되며, 반드시 행정 수장이 독립적으로 책임지고 사업을 수행하는 것을 지지해야 한다.

(4) 당 위원회에서 서기와 위원은 평등한 권리를 향유하며, 개인은 중대한 문제를 해결하거나 또는 위원회의 결정을 바꿀 수 없다. 서기는 반드시 강건한 당성과 양호한 민주적 기풍을 지녀야 하며, 모두의 지혜를 모으는데 익숙해야 하며, 위원이 제 역할을 발휘하도록 해야 한다. 서기는 반드시 당 위원회의 감독을 자각적으로 받아들이며, 자기와 당 위원회 사업의 결점과 과오에 대한 책임을 적극적으로 떠맡아야 한다. 위원은 반드시 직책을 성실히 이행해야 하며, 당 위원회의 집단영도에 적극적으로 참가해야 한다.

(5) 당 위원회는 마땅히 건전하고 민주적이며 과학적인 의사결정 과정을 수립해야 한다. 중대한 사항의 결정은 반드시 심층적으로 조사하고 연구하며, 광범하게 의견을 청취하고, 과학적 논증을 진행해야 한다. 전문적이고 기술적 성격이 비교적 강한 중대한 사항의 결정은 마땅히 전문가의 의견을 널리 구해야 한다.

당의 각급 위원회는 마땅히 본조(本條)의 규정과 본 단위의 실제상황에 근거하여 의사(議事) 규칙을 제정해야 한다.

〔**제26조**〕 당의 각급 위원회 전체회의는, 군구·부군구 급 단위는 적어도 매년 1회 개최하고, 군·사단 급 단위는 적어도 매 반년 1회 개최하며, 여단·연대 급 단위는 적어도 매 분기 1회 개최한다.

〔**제27조**〕 당의 각급 위원회는 반드시 엄격하게 당을 관리한다는 방침을 관철해야 하며, 자체 건설을 강화한다. 중심조학습제도(中心組學習制度)를 견지하며, 당의 기본이론을 성실하게 학습하며, 당의 노선과 방침 및 정책을 학습하고, 현대 군사지식과 첨단 과학기술 지식을 학습하며, 이론과 정책의 수준 및 영도능력을 향상한다. 사상의 해방, 실사구시(實事求是), 시대의 흐름에 맞게 나아가는 것(與時俱進)을 견지하며, 영도방식과 사업방법을 개선한다. 민주집중제 원칙을 견지하고, 집단영도를 강화한다. 민주생활회제도를 견지하고, 비판과 자아비판을 전개한다. 내부모순을 정확히 처리하고, 지도부의 단결을 강화한다. 당의 기율을 엄수하고, 당과 대중의 감독을 자각적으로 받아들이며, 당풍과 청렴한 정치를 건설하고, 양호한 이미지를 수립한다.

제2절 당의 기관(부문)위원회와 직속위원회

〔**제28조**〕 총참모부·총정치부·총후근부·총장비부는 당 위원회를 설립한다. 그 구성, 직권 및 그것을 설립하는 방식은 중앙군사위원회가 〈중국공산당 장정(章程)〉의 관련 규정과 실제상황에 근거하여 결정한다. 각각 총부 기관과 2급 부(部) 당 위원회의 조직, 구성, 직권 및 그것을 설립하는 방식은 해당 총부 당의 위원회가 결정한다.

〔**제29조**〕 군구·부군구·군·사단·여단급 단위의 사령부·정치부·연합후근부·장비부는 각각 당 위원회를 설립한다. 당의 사령부 위원회, 정치부 위원회는 서기·부서기를 두고, 상무위원회는 설치하지 않으며, 그 구성원은 동급 부대 당 위원회가 결정한다. 당의 연합후근부 위원회, 장비부 위원회의 정수(定數)는 동급 부대 당 위원회가 확정하며, 위원회는 당 대표대회나 또는 당원대회가 선거를 통해 선출하여 구성한다. 그중의 군구·부군구 급 단위 당의 연합후근부 위원회, 장비부 위원회는 5-9인의 상무위원회를 설치한다. 위원회가 선출한 상무위원회 위원과 서기·부서기는 동급 부대 당 위원회에 보고하여 비준을 득한다.

당의 각급 기관위원회는 동급 부대 당 위원회의 영도 하에 본 기관 사업의 중대한 문제와 자체 건설 문제를 토론하여 결정하며, 직속 단위에 대해 통일적 영도를 실행한다. 당의 각급 기관위원회는 동급 부대 당 위원회보다 1개 등급이 낮은 권한을 행사한다.

〔제30조〕 군구·부군구·군·사단·여단급 단위의 사령부·정치부·연합후근부·장비부, 그리고 직속 단위가 비교적 많은 곳은 당의 기관위원회를 설립함과 동시에 당의 직속 위원회를 설립할 수 있다.

당의 각급 직속위원회는 당 대표대회나 또는 당원대회가 선거를 통해 구성하며, 서기와 부서기를 두고, 위원의 인원수가 많은 곳은 5-7인의 상무위원회를 설립한다. 위원회가 선출한 상무위원회 위원과 서기 및 부서기는 동급 당 기관위원회에 보고하여 비준을 득한다. 당의 직속위원회는 동급 당 기관위원회의 영도 하에 직속단위에 대해 통일적 영도를 실행하며, 기관 당의 사업을 책임진다. 직속위원회가 행사하는 권한은 동급 당 기관위원회가 확정한다.

〔제31조〕 연대 급 단위의 사령부, 정치처와 직속단위는 필요에 근거하여 통일적인 당의 직속위원회를 설립하며, 관리기관과 직속 단위 당 사업의 관리를 책임지고, 정치사업을 계획하고 실행한다.

연대 급 단위의 후근처, 장비처는 당의 기층위원회를 설립하며, 해당 처와 직속단위 당의 사업관리를 책임지며, 정치사업을 계획하고 진행한다. 당의 연대 급 단위의 직속위원회와 후근처, 장비처의 기층위원회는 당원대회에서 선거를 통해 선출되어 구성되며, 서기와 부서기를 두고, 상무위원회는 설치하지 않는다. 위원회가 선출한 서기·부서기는 연대 급 단위 당의 위원회에 보고하여 비준을 득한다. 위원회의 매기 임기는 3년이다.

〔제32조〕 초급, 중급 군대의 원·교(院·校) 기관(부문)은 일반적으로 부문에 따라 당 위원회를 설립할 수 있으며, 인원과 직속 단위가 적은 것은 통일적인 당의 총지부위원회나 또는 당의 지부위원회를 설립할 수 있으며, 그 구성, 직권, 그리고 설립 방식은 본 조례 〔제29조〕의 규정을 참조한다.

〔제33조〕 각급 사령부, 정치부 당의 기관(부문)위원회의 영도제도와 자체 건설은 본 조례 〔제25조〕, 〔제27조〕의 규정을 참조한다. 본 장 제1절은 원칙적으로 각급 연합후근부, 장비부 당의 기관(부문)위원회와 직속위원회에 적용된다.

제3절 당의 기층위원회

〔**제34조**〕 중국공산당이 중국인민해방군 내의 대대와 대대에 상당하는 단위에 설립한 기층위원회는 각 해당 단위가 통일적으로 영도하고 단결하는 핵심이다.

당 기층위원회의 정수(定數)는 상1급 당 위원회가 결정하며, 서기·부서기를 두고, 그 구성원의 매기 임기는 3년이다.

당의 기층위원회는 기증 당원대회가 입후보자의 인원수가 당선자의 정수보다 많은 차액(差額)선거를 통해 당선된 자로 구성된다. 위원 후보자의 인원수는 당선자의 정수에 비해 100분의 20이 많아야 한다. 선거권을 가진 참석 당원의 인원수는 반드시 참석 당원 인원수의 5분의 4를 초과해야 하며, 피선거인은 참석 인원의 과반수 이상의 찬성표를 얻게 되면 비로소 당선이 확정된다. 서기·부서기는 기층위원회가 등액(等額)선거를 통해 선출하며, 상1급 당 위원회에 보고하여 비준을 득하고, 필요시에는 상1급 당 위원회가 지정할 수 있다.

〔**제35조**〕 기층 당원대회의 직권은 아래와 같다:

(1) 상급의 결의와 지시 조치를 토론하여 철저히 이행한다.
(2) 본 단위의 중대한 문제를 토론하여 결정한다.
(3) 기층위원회의 보고를 토론하여 비준한다.
(4) 기층위원회 위원과 상급당 대표대회, 대표회의에 출석하는 대표를 선출한다.

〔**제36조**〕 당의 기층위원회는 기층 당원대회의 폐회기간 중 본 단위의 사업을 통일적으로 영도하며, 그 주요 임무는 아래와 같다: 【생략】

제4절 당의 지부

〔**제38조**〕 중국공산당이 중국인민해방군 내의 중대와 중대에 상당하는 단위에 설립한 지부(支部)는 군대 내에 있는 당의 기층조직이며, 각 해당 단위가 통일적으로 영도하고 단결하는 핵심이다.

〔**제39조**〕 정식당원 3인 이상의 모든 중대급 단위는 당 지부를 설립한다. 독립적인 임무를 수행하는 임시 단위는 필요에 근거하여 당의 임시 지부를 설립할 수 있다. 당 지

부의 설립은 반드시 당의 여단·연대 급 단위 당 위원회의 비준을 거쳐야 한다.

지부당원대회와 그 대회가 선출하여 구성한 위원회는 본 단위 사업을 통일적으로 영도한다. 지부위원회는 반드시 지부당원대회의 결의를 철저히 이행하며, 지부당원대회에 보고할 뿐만 아니라 조사와 감독을 받는다.

지부위원은 지부당원대회가 차액선거를 통해 선출하며, 위원 후보자의 인원수는 당선자의 정수에 비해 적어도 100분의 20이 많아야 한다. 선거권을 가진 출석 당원은 반드시 출석해야 하는 당원 인원수의 5분의 4를 초과해야 하며, 피선거인은 참석 인원수의 과반수가 넘는 찬성표를 얻어야 당선이 확정된다. 지부위원회의 인원수는 일반적으로 5-7인이고, 많아야 9인을 넘지 못하며, 통상적으로 서기·부서기와 조직위원, 선전위원, 청년위원, 기율검사위원, 보위위원, 대중사업위원을 두며, 필요 시에는 적군사업위원을 둘 수 있다. 하사관(士官) 당원이 많은 단위는 1명의 하사관 당원이 지부위원회에 참가해야 한다. 서기·부서기는 지부위원회가 차액선거를 통해 선출한다. 위원의 인원수가 비교적 적은 상황 하에서는 1명의 위원이 여러 명 위원의 사업을 겸하여 관리할 수 있다. 정식당원이 적은 지부는 3인 지부위원회를 설립하거나 또는 서기와 부서기 만을 둘 수 있다. 지부위원회 위원은 상1급 당 위원이 비준하며, 서기와 부서기는 여단과 연대 급 단위 당 위원회가 비준한다. 지부위원회의 매기 임기는 2년이다. 만약에 차기 선거를 앞당기거나 연기할 필요가 있다면 상급 당 조직에 보고하여 비준을 득해야 한다.

〔제40조〕 지부당원대회의 직권은 아래와 같다:

(1) 상급의 결의와 지시 및 조치를 토론하여 철저히 이행한다.

(2) 본 단위의 중대한 문제를 토론하여 결정한다.

(3) 지부위원회의 보고를 토론하여 비준하며, 본 단위의 군(軍)과 정(政) 주관(主官)의 사업보고를 청취하고 토론한다.

(4) 지부위원회 위원과 당의 상급대표대회와 대표회의에 출석하는 대표를 선출한다.

(5) 당원을 받아들이고 처벌하는 문제를 결정한다.

〔제41조〕 당 지부의 주요 임무는 아래와 같다:

(1) 당의 노선과 방침 및 정책, 국가의 헌법과 법률, 군대의 법규와 제도, 상급의 결의와 명령 및 지시, 그리고 본 지부의 결의를 선전하고 실행하며, 당원과 대중을 인솔하여 작전과 훈련, 및 기타 임무를 완수하는 것을 계획한다.

(2) 당원이 마르크스레닌주의, 마오쩌둥사상, 덩샤오핑이론, 그리고 "3개대표" 중요사상을 학습하며, 당의 기본지식과 양호한 전통을 학습하고, 과학·문화와 업무 지식을

학습하는 것을 계획한다.

(3) 당의 조직생활제도를 실제에 적용하고, 비판과 자아비판을 전개하며, 당원에 대한 민주적 심의와 평가진행을 계획하고, 당원의 의무이행상태를 감독하고, 당원의 권리가 침범당하지 않도록 한다.

(4) 당원과 당 사업에 대한 대중의 비판과 의견을 항상 이해하며, 대중의 정당한 이익을 옹호한다.

(5) 일상적인 사상 사업을 성공적으로 완수하며, 장병의 현실적 사상문제와 실제적 문제를 관심을 가지고 해결한다.

(6) 간부를 존경하고 병사를 사랑하는(尊干愛兵) 활동을 전개하며, 장병관계를 밀접히 하고, 정부를 옹호하고 인민을 사랑하는(擁政愛民) 활동을 전개하고, 군과 정 및 군과 민 관계를 밀접히 한다.

(7) 예방범죄제도와 조치를 실제에 적용하고, 적대세력의 침투와 파괴활동에 맞서 투쟁을 전개하며, 위법한 범죄행위에 대해 투쟁한다.

(8) 입당을 요구하는 적극분자에 대한 양성교육을 진행하며, 당원의 발전사업을 성공적으로 끝내도록 계획하고, 당비를 징수한다.

(9) 공산주의청년단 지부와 군대위원회의 사업을 영도한다.

(10) 장병이 앞서 나가기 위해 애를 쓰며, 영웅의 모범적 활동을 학습하는 것을 계획한다.

〔**제42조**〕 당 지부위원회는 아래 사항을 토론하여 결정한다:

(1) 당의 노선과 방침 및 정책, 국가의 헌법과 법률, 군대의 법규와 제도, 상급의 결의, 명령, 지시의 관철과 집행.

(2) 본 단위의 건설 계획과 중요한 사업임무의 안배.

(3) 장병의 사상실태분석과 사상정치사업을 강화하는 조치.

(4) 핵심간부의 배비(配備), 조직의 조정, 계급과 직급의 승진, 인원의 이동과 배분.

(5) 하사관(士官) 선정, 우수병사의 심사와 추천, 전문기술 학습을 위한 일반학교 위탁교육자 선발과 추천.

(6) 당원의 확충.

(7) 장려와 처벌.

(8) 중요한 경비의 지출과 중요한 물자의 사용.

(9) 공산주의청년단 지부와 군대위원회의 건설.

(10) 지부위원회가 반드시 토론하여 결정해야 하는 기타 중요 사항.

본 조례 〔제25조〕의 규정은 원칙적으로 당의 지부위원회에 적용된다.

〔**제43조**〕 당 지부 서기와 각 위원의 분장(分掌)은 아래와 같다:

(1) 지부 서기는 당 지부의 일상업무를 책임지며, 지부위원회의 소집을 주관한다. 당 지부 결의의 관철과 집행을 검사하고 감독하며, 지부위원회를 대표하여 규정된 시간대로 지부당원대회와 상급 당 조직을 향해 사업을 보고한다. 지부의 민주생활회를 계획하고 소집하며, 비판과 자아비판을 전개한다. 지부위원 및 간부와 밀접한 관계를 유지하며, 상황을 서로 교환하고, 사업을 연구한다.

(2) 부서기는 서기의 사업을 협조하며, 서기가 결석 시 서기의 사업을 대리한다.

(3) 조직위원은 지부의 조직 상황을 장악하고, 당원 사업을 관리하고 발전시키며, 당비를 징수하고, 당원의 조직관계를 접수하여 해당 부문으로 전하는 것을 책임진다.

(4) 선전위원은 당원의 사상실태를 이해하고, 당원의 학습과 교육을 계획하며, 선전격려사업의 전개를 책임진다.

(5) 청년위원은 공산주의청년단의 지부 사업을 책임지며, 당 지부의 청년사업 관련 결의를 철저히 집행한다.

(6) 기율검사위원은 당원이 당의 기율을 이행하는 상황을 검사하며, 당원의 제소와 고발을 수리하여 전달하는 것을 책임진다.

(7) 보위위원은 예방범죄와 비밀유지사업을 책임진다.

(8) 대중사업위원은 정부를 옹호하고 인민을 사랑하는(擁政愛民) 사업을 책임지며, 대중의 기율을 검사하고 유지하며, 장병의 가족에 대한 사업에 참여하여 이를 성공적으로 완수한다.

(9) 적군사업위원은 적군와해사업을 책임진다.

〔**제44조**〕 당 지부는 아래의 조직생활 제도를 견지해야 한다:

(1) **회의 제도:** 지부당원대회는 적어도 매 분기 1회 소집하며, 지부위원회는 필요에 근거하여 소집하고, 당 소조회는 매월 1회 소집한다. 회의내용은 반드시 기록해야 한다.

(2) **당일**(黨日) **제도:** 매주 반일(半日)의 시간을 활용하여 당의 활동을 진행하며, 필요시에는 상대적으로 집중적인 사용을 할 수 있으며, 그러나 매월 2회보다 적어서는 안 된다.

(3) **당과**(黨課) **제도:** 매월 1회 당과(黨課)교육을 실시한다.

(4) **사업보고 제도:** 지부위원회는 매 반년(半年)이나 또는 사업단계에 따라 지부당원대회에 사업과 자체건설상황을 보고한다.

(5) **민주생활 제도:** 매 반년 1회의 지부위원회나 또는 지부당원대회를 소집하여 속마음을 털어놓고 의사소통을 하며, 비판과 자아비판을 전개한다.

(6) **당원보고 제도:** 당원은 2개월마다 1회 당 지부나 또는 당 소조에 사상과 사업상황을 보고하며, 중요한 문제를 접하거나 또는 외출 시에는 적시에 보고해야 한다.

(7) **민주적인 당원평의 제도:** 당원, 특히 간부당원의 모범적 역할에 대해 당 내와 당 외가 서로 결합한 방법을 채택하여 평의를 진행한다. 매년 적어도 1회 실시한다.

〔**제46조**〕 중국공산당이 중국인민해방군 내의 교연실(敎硏室), 과연실(科硏室), 기술실, 의료과(실), 군대대표실(처)에 설립한 지부는 군대의 교학, 과학연구, 기술, 의료와 군사대표기구 내에 있는 당의 기층조직이며, 각 해당 단위의 정치 영도와 단결의 핵심이다.

【이하 생략】

제5장 중국공산당의 군대 내 기율검사기관

〔**제48조**〕 중국공산당이 중국인민해방군 내의 연대급 이상 단위에 설립한 각급 기율검사위원회는 각급 당의 기율을 유지하고 집행하는 검사기관이며, 동급 당 위원회와 상급 기율검사위원회의 2중영도 하에 사업을 진행한다.

〔**제49조**〕 중국공산당 중앙군사위원회의 기율검사위원회는 당의 전군 기율검사기관이며, 그 구성 인원은 중앙군사위원회가 결정한다. 중앙군사위원회의 기율검사위원회는 중앙군사위원회와 중앙기율검사위원회의 2중영도 하에 총정치부와 함께 당의 전군 기율검사사업을 책임진다.

〔**제50조**〕 당의 연대급 이상 단위의 각급 기율검사위원회는 동급 당 대표대회가 선거를 통해 구성한다. 정수는 7-11인이며, 서기와 부서기를 두고, 상무위원회는 설치하지 않는다. 당의 각급대표대회가 선출하여 구성한 기율검사위원회는 상1급 당 위원회, 기율검사위원회에 보고하여 등록한다. 당의 기율검사위원회가 선출한 서기와 부서기는 동급 당 위원회를 통과한 후에 상1급 당 위원회에 보고하여 비준을 득한다.

당의 총지부위원회와 지부위원회는 기율검사위원을 둔다.

〔**제51조**〕 당의 각급 기율검사위원회의 매기 임기는 동급 당 위원회와 동일하다. 각급

기율검사위원회의 구성원은 본 단위를 전출하거나 면직되고 현역을 퇴출할 시는 그 기율검사위원회의 직무도 즉각 자동적으로 해제되며, 부족한 인원에 대해서는 당해급 기율검사위원회가 보충의견을 제시하며, 위원의 보충은 동급 당 위원회가 심사하여 비준한다. 서기와 부서기는 상1급 당 위원회에 보고하여 비준을 득한다.

〔제52조〕 당의 각급 기율검사위원회의 주요 임무는 아래와 같다:

(1) 당의 장정(章程)과 기타 당 내의 법규를 옹호하며, 당의 노선과 방침 및 정책, 중앙군사위원회의 결의, 명령, 지시, 그리고 상급 당 위원회와 기율검사위원회의 결의, 지시의 집행상황을 검사하고 감독하며, 당 위원회가 군대의 당풍(黨風)과 정치의 청렴화 건설을 강화하고, 반부패사업을 계획하는 것을 협조한다.

(2) 본 단위의 당풍(黨風)과 당기(黨紀) 상황을 조사하고 분석하며, 당원에 대해 일상적인 기율준수 교육을 실시하고, 당의 기율을 유지하는 것에 관한 결정을 한다.

(3) 당원 영도간부에 대해 권한을 행사하며, 조사와 감독을 진행한다.

(4) 당의 조직과 당원이 당의 장정(章程)과 기타 당 내 법규를 위반하는 비교적 중요하거나 복잡한 안건을 조사하여 처리하며, 이들 안건 중의 당원에 대한 처벌을 결정하거나 취소한다.

(5) 당원의 고발과 제소를 수리하고, 당원의 권리를 보장한다.

(6) 동급 당 대표대회, 동급 당 위원회와 상급 기율검사위원회에 사업을 보고한다.

〔제53조〕 당의 각급 기율검사위원회의 직권은 아래와 같다:

(1) 소속 당 조직과 당원이 당의 기율을 위반한 행위에 대해 초보적인 조사확인부터 시작하여 입안(立案)검사를 진행한다.

초보적인 조사 확인과 입안 검사의 비준 권한은 중앙군사위원회 기율검사위원회의 관련 규정에 따른다. 특별히 중요하거나 복잡한 안건 조사를 처리하는 과정에서의 문제와 결과에 대해서는 반드시 동급 당 위원회와 상급 기율검사위원회에 보고해야 한다.

(2) 동급 당 위원회와 그 구성원이 당의 기율을 위반한 상황을 발견하면 반드시 동급 당 위원회에 제기해야 한다. 동급 당 위원회가 해결하지 않거나 또는 정확히 해결하지 않을 때는 상급 기율검사위원회에 제소하여 처리를 협조하도록 청구할 권리를 가진다. 동급 당 위원회가 안건을 처리한 결정에 대해 다른 의견이 있으면 상1급 기율검사위원회의 재조사를 청구할 수 있다.

(3) 상급 기율검사위원회는 하급 기율검사위원회의 사업을 검사할 권한을 가질 뿐만 아니라 하급 기율검사위원회가 안건에 대해 내린 결정을 비준하거나 또는 바꿀 수

있는 권한을 가진다. 만약에 바꾸어야 하는 당해 하급 기율검사위원회의 결정이 이미 그 동급 당 위원회의 비준을 득하였다면, 이러한 변경은 반드시 그 상1급 당 위원회의 비준을 거쳐야 한다.

〔제54조〕 당의 각급 기율검사위원회의 사업원칙은 아래와 같다:

(1) 중대한 문제는 모두 반드시 위원회의 집단토론을 거쳐 결정해야 한다.

(2) 당의 기율을 위반한 안건을 검사하고 처리하는 것은 반드시 사실에 근거해야 하며, 당 내의 법규를 근거로 삼아야 한다.

(3) 적시에 동급 당 위원회와 상급 기율검사위원회에 물어 지시를 청한 후에 사업을 보고한다.

(4) 당원과 대중의 비평과 건의 청취를 중시하며, 당 조직과 대중의 감독을 받는다.

(5) 원칙을 견지하고, 직책에 충실하며, 실사구시(實事求是)하고, 도리가 바르고 품행이 단정하며, 청렴결백하게 공무를 집행하고, 몸소 모범을 보인다.

제6장 정치위원, 정치교도원과 정치지도원

제1절 정치위원

〔제55조〕 정치위원은 동급 군사주관(主官)과 함께 소재부대의 수장(首長)이며, 동급 당 위원회의 영도 하에 소속 부대의 각항 사업에 대해 공동으로 책임진다. 정치위원은 당 위원회의 일상업무를 주관한다. 정치위원은 직속 상급수장에 예속되며, 정치사업에 있어서는 상급 정치위원과 정치기관에 복종하며, 군사사업에 있어서는 상급 군사자휘관, 정치위원, 그리고 군사기관에 복종한다.

부정치위원은 정치위원의 사업을 협조한다.

〔제56조〕 정치위원은 반드시 직책을 수행하는데 필요한 마르크스주의 이론의 소양과 정책수준을 구비해야 하며, "3개대표" 중요사상을 성실하게 실천하며, 이상과 신념이 확고부동해야 한다. 강건한 당성과 조직기율 관념을 가지며, 당의 노선과 방침 및 정책, 그리고 상급의 명령과 지시를 철저히 집행한다. 풍부한 정치사업 경험, 비교적 강한 조직영도능력과 개척 및 혁신능력, 비교적 높은 군사 자질과 과학·문화 수준을 구비해야 한다. 양호한 사상과 인품 및 기풍을 가지고, 영웅적인 과감한 작전을 수행하

며, 대국을 돌보며, 원칙을 견지하고, 비판과 자아비판을 정확히 전개하며, 동지를 단결시키고 대중과 밀접하게 연계하며, 타의 모범이 되어야 한다. 정치위원은 반드시 5년 이상의 당원경력(黨齡)을 가진 중국공산당 당원이어야 한다.

〔제57조〕 정치위원은 마땅히 온 힘을 다해 본 단위의 정치사업을 계획하고 영도해야 하며, 그 주요 직책은 아래와 같다:

(1) 부대가 당의 노선과 방침 및 정책, 국가의 헌법과 법률, 상급의 명령과 지시, 동급 당 위원회의 결의를 철저히 집행하는 것을 영도한다.

(2) 부대가 마르크스레닌주의, 마오쩌둥사상, 덩샤오핑이론, 그리고 "3개대표" 중요사상을 학습하고, 사상정치 교육을 계획하고 전개하는 것을 영도한다.

(3) 부대가 군령과 조례 및 기타 법규와 제도를 철저히 집행하며, 군대의 기율을 유지하고 지키며, 부대의 단결과 안정 및 집중적 통일을 보증하는 것을 영도한다.

(4) 동급 군사주관(主官)과 협동하여 작전지휘, 훈련, 그리고 중대한 임무를 계획하고 완수하며, 작전, 훈련 등 각항 임무 중의 정치사업을 훌륭히 실행하도록 영도하고, 동급 군사주관과 공동으로 각항 명령에 서명한다.

(5) 적군와해사업을 성공적으로 수행하며, 부대가 심리전 전개를 계획하는 것을 영도한다.

(6) 부대 당 조직의 건설과 공산주의청년단 건설을 영도하며, 당의 기율검사사업과 행정감찰사업을 지도한다.

(7) 간부사업을 성공적으로 실행하며, 인재대오의 건설을 열심히 하고, 소속부대의 산아제한사업을 영도한다.

(8) 부대의 정법(政法)건설을 영도하고, 안전과 보위, 은폐투쟁, 그리고 기밀유지사업을 성공적으로 수행한다.

(9) 부대가 정치민주, 경제민주, 군사민주를 전개하는 것을 영도하며, 기층건설을 강화하는 것에 관한 상급의 규정을 관철하고, 기층 건설을 확실하게 장악하며, 부대의 문화사업과 대중사업을 영도한다.

(10) 정치기관의 사업을 영도한다.

〔제58조〕 정치위원은 사업에 있어서 반드시 군사주관(主官)과 서로 지지하면서 밀접하게 협조해야 한다. 원칙적인 문제에 있어서, 일치된 의견에 도달할 수 없을 때는 반드시 당 위원회에 회부하여 토론을 통해 결정하거나 또는 상급에 요청하여 해결한다. 긴급한 상황 하에서는, 군사분야에 속하는 문제는 군사주관이 결정하고, 정치분야에 속하는 문제는 정치위원이 결정한다. 그러나 모두 당 위원회가 상급에 책임을 지며, 사

후보고를 해야 하고, 조사를 받아야 한다.

제2절 정치교도원

〔**제59조**〕정치교도원은 동급 군사주관과 함께 소재 단위의 수장이며, 상급수장, 정치기관, 그리고 본 단위 당 위원회의 영도 하에 본 단위의 각항 사업에 대해 공동으로 책임을 진다.

(1) 정치교도원은 본 단위 당 위원회의 일상업무를 주관한다.

(2) 부정치교도원은 정치교도원의 사업을 협조한다.

〔**제60조**〕정치교도원은 반드시 직책을 수행하는데 필요한 마르크스주의 이론 수준을 구비해야 하고, "3개대표" 중요사상을 성실히 실천하며, 이론과 신념이 확고하고, 당의 노선과 방침 및 정책, 그리고 상급의 명령과 지시를 결연히 이행해야 한다. 혁명적 사업심과 정치적 책임감, 풍부한 기층 정치사업 경험과 비교적 강한 조직영도능력을 지녀야 한다. 작전임무를 수행하는데 필요한 군사적 자질, 전문화된 기술능력과 과학·문화 지식을 구비해야 한다. 양호한 사상과 인품 및 기풍을 갖추고, 작전에 용감하며, 사업을 견실히 하고, 대중과 연계하며, 동지를 단결시키고, 원칙을 견지하고, 공정하고 올바르게 처신하고, 청렴결백하게 공무를 집행하고, 몸소 모범을 보인다.

정치교도원은 반드시 3년 이상의 당원경력(黨齡)을 가진 중국공산당원이어야 한다.

〔**제61조**〕정치교도원은 온 힘을 다해 정치사업을 전개하며, 그 주요 직책은 아래와 같다:

(1) 장병이 당의 노선과 방침 및 정책, 상급의 결의, 명령, 지시, 본 단위 당 위원회의 결의를 관철하고 이행하도록 교육하고 이끈다.

(2) 장병이 과학이론을 학습하는 것을 계획하고, 소속단위가 정치교육을 전개하는 것을 계획하며, 장병의 사상실태와 핵심대오의 기본상황을 장악하며, 일상적인 사상사업을 성공적으로 수행한다.

(3) 군사주관이 전투지휘를 계획하는 것을 협조하며, 전시 정치사업을 성공적으로 수행한다.

(4) 군사훈련을 성공적으로 수행하고, 임무 중의 정치사업을 수행한다.

(5) 소속 당 지부가 조직을 건전하게 하고, 제도를 실제에 적용하며, 당 지부의 핵심을 양성하는 것을 지도하고 협조하며, 당원의 발전, 교육, 관리사업을 성공적으로 수행

한다.

(6) 간부를 심사하고 이해하며, 간부의 양성, 운용, 상벌에 대해 의견을 제기하며, 간부가 군사와 정치 자질 및 사업능력을 제고하는 것을 협조하며, 간부의 사상교육과 관리사업을 확실하게 장악하며, 산아제한 사업을 성공적으로 수행한다.

(7) 장병의 과학·문화 지식을 학습하고, 문화체육 활동을 전개하는 것을 계획하고 지도한다.

(8) 부대와 주둔지의 정치상황을 장악하고, 소속 단위가 안전보위사업을 성공적으로 수행하고, 범죄 안건의 발생을 예방하는 것을 지도한다.

(9) 공산주의청년단 총지부위원회의 사업을 지도하고, 소속단위가 군인위원회의 사업을 성공적으로 수행하도록 지도한다.

(10) 창조적이고 선진적인 활동을 전개하고, 영웅의 모범적 활동을 학습하는 것을 계획하며, 상벌 사업을 성공적으로 수행하고, 정부를 옹호하고 인민을 사랑하는 활동을 전개하는 것을 계획한다.

〔제62조〕 정치교도원과 본 단위 군사주관의 사업관계는, 본 조례 〔제58조〕의 규정을 참조하여 실행한다.

제3절 정치지도원

〔제63조〕 정치지도원은 동급 군사주관과 함께 소재 단위의 수장이며, 상급수장, 정치기관, 당 지부의 영도 하에 본 단위의 각항 사업에 대해 공동으로 책임진다. 정치지도원은 당 지부의 일상업무를 주관한다.

부정치지도원은 정치지도원의 사업을 협조한다.

〔제64조〕 정치지도원은 반드시 직책을 수행하는데 필요한 마르크스주의 이론 지식을 구비하고, "3개대표" 중요사상을 실천하는 것을 이끌며, 당의 노선과 방침 및 정책, 그리고 상급의 명령과 지시를 모범적으로 이행하며, 확고한 이상과 신념, 강렬한 책임감과 필요한 과학·문화 지식을 구비해야 한다. 당무사업을 수행하고 조직에 의존하여 사업을 전개하는 능력, 정치교육을 실시하는 것을 계획하고 일상적인 사상사업을 성공적으로 수행하는 능력, 대내외 관계를 협조하고 관리하는 능력, 전투지휘와 훈련을 계획하고 각항 임무를 수행하는 능력을 갖추어야 한다. 양호한 사상과 인품 및 기풍을 가지며, 작전에 용감하고, 몸소 병사들의 앞에 서며, 병사를 사랑하고, 동지를 단결시키

며, 올바른 길을 걸으며, 청렴결백하게 공무를 집행해야 한다.

정치지도원은 반드시 중국공산당의 정식당원이어야 한다.

〔**제65조**〕 정치지도원은 반드시 온 힘을 다해 정치사업을 전개하는 것을 계획하며, 그 주요 직책은 아래와 같다:

(1) 장병이 당의 노선과 방침 및 정책, 상급의 결의와 명령 및 지시, 그리고 당 지부의 결의를 관철하고 이행하도록 교육하며 이끈다.

(2) 장병이 과학이론을 학습하고, 뉴스를 듣고 신문을 읽으며, 정치교육의 내용과 제도를 실제에 적용하는 것을 계획한다.

(3) 군사주관(主官)이 전투지휘를 계획하는 것을 협조하며, 전투동원, 선전격려, 부대의 단결, 적군와해사업을 성공적으로 실행하며, 장병이 군사민주를 발양하고, 공을 세워 모범이 되는 활동을 전개하는 것을 계획하며, 장병이 명령을 철저히 이행하고, 용감하고 강인하며, 희생을 두려워하지 않고, 작전임무를 완수하는 것을 교육한다.

(4) 군사훈련을 성공적으로 수행하며, 임무 중의 정치사업을 수행한다. 장병이 군사전문지식을 학습하고, 무기와 장비를 장악하며, 전문기술수준을 향상시키는 것을 계획하고 교육한다. 경쟁심을 불러일으키는 활동을 전개하고, 장병의 적극성과 창조성을 동원한다.

(5) 사상사업의 핵심대오를 건립하고 양성하며 일상적인 사상사업을 성공적으로 수행한다. 장병의 경력, 가정상황, 개성, 취미와 특기를 숙지하며, 장병이 분업, 입당, 학교응시, 하사관(士官) 선정, 승진, 상과 벌, 이동, 결혼, 부상과 질병, 제대 등 문제를 정확히 처리하도록 인도한다. 사상사업과 심리소통을 목표로 삼아 이를 성공적으로 수행하며, 장병이 대인 의사소통과 법과 관련된 문제를 잘 처리하도록 돕는다.

(6) 당 지부의 일상업무를 성공적으로 수행한다. 당의 조직생활 제도를 실제에 적용하며, 당원의 발전, 교육, 관리사업을 성공적으로 수행한다.

(7) 간부에 관심을 가지고 사랑하며, 간부가 사상 수준과 통솔 능력을 향상시키는 것을 돕고, 하사관(士官)을 교육하고 관리하는 사업과 산아제한 사업을 성공적으로 수행한다.

(8) 비밀을 유지하고 법률과 기율을 엄수하는 교육을 진행하며, 예방범죄사업 제도와 조치를 실제에 적용하며, 안전보위사업을 성공적으로 수행한다.

(9) 공산주의청년단 지부와 군인위원회 사업을 지도한다. 장병이 문화체육 활동을 전개하는 것을 계획하며, 장병의 직무교육을 격려한다.

(10) 간부를 존경하고 병사를 사랑하며, 정부를 옹호하고 인민을 사랑하며, 창조적이고 선진적인 활동을 전개하며, 영웅의 모범적 활동을 학습하는 것을 계획한다.

〔**제66조**〕정치지도원과 본 단위 군사주관(主官)과의 사업상 관계는 본 조례 〔제58조〕의 규정을 참조한다.

제7장 군구급 이하 단위의 정치기관

제1절 군구 급 단위의 정치부

〔**제67조**〕중국인민해방군 군구 급 단위 정치부는 소속 부대 정치사업의 영도기관이며, 총정치부, 동급 부대 당 위원회와 정치위원의 영도 하에 소속 부대 당의 사업을 관리하며, 정치사업 진행을 계획하는 것을 책임진다.

〔**제68조**〕군구 급 단위 정치부의 주요 직책은 아래와 같다:

(1) 중국공산당 중앙, 중앙군사위원회, 총정치부와 동급 부대 당 위원회의 결의와 명령 및 지시를 관철하고 실제에 적용하며, 당의 노선과 방침 및 정책, 그리고 국가의 헌법과 법률을 부대에서 철저히 집행하는 것을 보증한다. 부대가 마르크스레닌주의, 마오쩌둥사상, 덩샤오핑 이론, 그리고 "3개대표" 중요사상을 학습하는 것을 영도한다. 소속부대 정치사업의 안배를 총괄하며, 중요한 문제에 대해 조사하고 연구하며, 정치사업에 대한 지도 의견을 제기하고, 관련 규정(規程)과 조치를 수립한다. 정치사업의 실제 적용 실태를 점검하고 독촉하며, 선진 경험을 총결산하고 널리 확산한다. 적시에 총정치부와 동급 부대 당 위원회에 상황을 반영하며, 상급에 지시를 요청한 후 사업을 보고한다.

(2) 부대의 조직사업을 영도한다. 각급 당 조직 건설의 계획과 조치를 수립하고 강화한다. 본급 당 대표대회, 대표회의, 군인대표대회와 당의 전국대표대회, 전국인민대표대회 출석과 관련된 사업을 청부맡아 처리한다. 당원 교육과 당원의 발전사업을 영도한다. 당무사업과 정치통계를 관리한다. 관련 부문과 회동하여 기층 건설을 지도한다. 정치기관의 건설을 계획하고 지도한다. 정치기관과 정치간부의 체제와 편제를 수립하고 관리하는데 참여한다. 부대의 민주제도 건설을 영도한다. 부대가 창조적이고 선진적인 활동을 전개하고, 영웅의 모범적 활동을 학습하는 것을 영도한다. 상과 벌, 우대와 위문, 결혼, 단체 사업을 관리한다. 부대 공산주의청년단 건설, 청년사업, 그리고 부녀사업을 영도한다.

(3) 부대의 간부사업을 영도한다. 간부 대오 건설의 계획과 조치를 연구하고 수립한다.

군, 사단 지도부와 정(正) 연대직부터 정(正) 군직 간부에 이르기까지의 실태를 심사하고 장악하며, 이동과 배치에 대한 의견을 제출한다. 간부의 임면, 이동과 배치, 문관직(文官職) 간부, 그리고 비현역 문관직 인원 사업을 관리한다. 간부의 양성, 원·교(院·校)의 신입생 모집과 졸업생의 배치 및 보통고등교육 위탁간부를 양성하는 사업을 관리한다. 예비역 간부와 인민무장 간부 대오의 건설을 지도한다. 〔건국 이전에 당에 가입한 간부의〕 퇴역(離休)과 〔건국 이후에 당에 가입한 간부의〕 퇴역(退休)과 관련된 사업을 영도하고 관리한다. 간부의 봉급, 복지와 관련된 사업을 관리한다. 간부 관리를 위한 자료와 기록 사업을 관리한다. 소속 단위 인원이 정치협상회의에 참가하는 것과 관련된 사업을 청부맡아 처리한다.

(4) 부대의 선전교육사업을 영도한다. 선전교육과 이론학습 계획을 수립하고, 정치교육과 이론학습 자료를 편집하여 발송한다. 연대 이상 당 위원회의 중심조(中心組)와 교육 연대 이상 간부의 이론 학습, 이론 핵심의 양성, 이론연구의 전개를 책임진다. 부대의 사상실태를 파악하고, 부대의 정치교육과 일상적 사상사업을 영도한다. 원·교(院·校)의 정치이론 교학사업을 지도한다. 부대의 뉴스, 출판 사업과 정치사업 네트워크를 영도하고 관리한다. 부대가 과학·문화와 첨단 군사과학기술 지식을 학습하는 것을 계획하고 지도한다.

(5) 부대의 보위사업을 영도한다. 보위사업과 관련된 제도와 조치를 수립하며, 부대가 예방범죄의 종합적인 관리사업을 진행하는 것을 지도하고 협조한다. 부대의 은폐투쟁 사업과 형사수사 사업을 영도한다. 해상과 공중 방어선과 국방과학 연구시험의 보위사업을 영도한다. 영도기관, 핵심부문, 중대한 활동의 안전경비 사업을 책임진다. 관련 인원에 대한 정치심사 사업을 계획한다. 군사감옥 사업을 영도한다. 직권 범위 내의 행정처분 사업을 청부맡아 처리한다.

(6) 동급 당 기율검사위원회와 함께 부대 당 기율검사 사업을 영도한다. 부대의 당성(黨性)과 당풍(黨風) 및 당기(黨紀) 교육을 지도하며, 부대의 당풍 청렴화 건설을 독촉하고 조사하며, 직권 범위 내의 당기(黨紀) 위반 안건을 조사하고 처리한다. 부대의 행정감찰사업을 영도한다. 직권 범위 내의 행정처분 사업을 청부맡아 처리한다.

(7) 부대의 문화사업을 영도한다. 부대가 구락부 건설을 강화하고 문화체육 활동을 전개하는 것을 지도한다. 문예창작, 평론, 연출과 체육대회 활동을 전개하는 것을 계획한다. 문화 도서의 편집 출판, 영화와 TV 및 녹음과 녹화 제품의 방송과 방영사업을 책임진다. 문예, 영화와 TV, 체육 대오의 건설을 영도한다. 문화체육의 기초시설 건설과 장비와 기재의 관리를 책임진다.

(8) 부대의 대중사업을 영도한다. 부대가 정부를 옹호하고 인민을 사랑하는 운동을 전개하는 것을 영도한다. 부대가 민족정책, 종교정책을 실행하고 대중 기율을 준수하

는 실태를 조사하며, 군과 민이 공동으로 사회주의 정신문명 활동을 전개하는 것을 계획한다. 지방정부와 회동하여 군과 정, 군과 민 관계 분야에 관계되는 문제를 처리한다. 관련 부문과 회동하여 부대가 국가의 경제건설에 참가하고, 재난구조를 진행하는 것을 계획하고 지도한다.

(9) 부대의 연락사업을 영도한다. 부대가 적군와해사업을 수행하는 것을 영도하며, 관련 부문과 회동하여 부대가 심리전 교육 훈련을 전개하는 것을 계획한다. 외국군대의 실상을 조사하고 연구한다. 국경 내외의 민족분열세력에 대한 분화와해사업을 계획하고 수행한다. 부대가 국경 회담과 접촉 중의 정치사업을 수행하는 것을 계획하고 지도한다. 외국군대에 대한 선전사업과 연락활동을 책임진다. 대만에 대한 사업을 전개한다.

(10) 부대의 군사재판사업을 지도한다. 본급 군사법원이 법에 의거하여 직권 범위 내의 안건을 재판하는 것을 지도하며, 하급 군사법원의 재판사업을 지도한다.

(11) 부대의 군사검찰사업을 지도한다. 본급 군사검찰원이 법에 의거하여 검찰권을 행사하고, 상급 군사검찰원의 권한을 부여받아 처리하는 안건을 청부맡아 처리하는 것을 지도하며, 하급 군사검찰원의 사업을 영도한다.

(12) 부대의 군사훈련을 영도하고 임무수행 중의 정치사업을 수행한다. 군사훈련과 임무수행 중의 정치사업 의견을 제출한다. 군사훈련과 임무수행 중의 정치사업상황을 이해하고 장악하며, 경험을 총결산하여 널리 확산하며, 전시 정치사업 예비 안건을 연구하고 수립한다. 전시 정치사업 훈련을 계획하고 지도한다.

(13) 부대의 전시 정치사업을 영도한다. 전시 정치사업 지시와 실시 방안을 수립한다. 부대가 작전동원을 실시하며, 당과 단의 조직을 완벽하게 하며, 간부를 조정하여 배치하는 것을 지도한다. 여론전·심리전·법률전을 계획하고 전개하며, 적군와해사업을 성공적으로 수행하며, 적의 침투, 모반 획책과 파괴를 방비한다. 합동작전 중의 단결협조 사업을 성공적으로 수행한다. 군사 사법(司法)과 법률봉사 사업을 전개한다. 전구(戰區) 대중사업을 성공적으로 수행한다. 영웅의 모범적인 사적(事迹)을 선양한다. 부대가 공과 상을 심사하며, 열사를 표창하고, 우대와 위문 사업을 지도한다.

(14) 예비역부대와 민병의 정치사업을 영도한다. 예비역부대와 민병의 정치교육을 지도하고, 군사훈련, 당직근무 등 임무 중의 정치사업을 성공적으로 수행한다. 예비역 간부를 영도하고 관리한다. 민병의 전시 정치사업을 지도한다. 관련 부문과 회동하여 병역 정치사업, 학생군사훈련 중의 정치사업과 전민 국방교육을 지도한다.

(15) 부대의 정치사업연구와 사법행정사업을 영도한다. 우편과 방문 사업을 철저히 수행한다. 관련 부문과 회동하여 정치사업 경비를 관리한다.

〔**제69조**〕본 절의 규정은 원칙적으로 총참모부 정치부, 총정치부 직속 사업부, 총후근부 정치부, 총장비부 정치부에 적용된다.

부군구 급 단위 정치부는 본 절의 규정을 참조하여 집행한다.

제2절 군과 사단급 단위 정치부

〔**제70조**〕중국인민해방군의 군·사단급 정치부는 소속부대 정치사업의 영도기관이며, 상급 정치기관, 동급 부대 당 위원회와 정치위원의 영도 하에 소속부대 당의 사업을 관리하고 정치사업의 진행을 계획하는 것을 책임진다.

〔**제71조**〕【생략】

제3절 여단과 연대급 정치부와 정치처

〔**제72조**〕중국인민해방군의 여단·연대 급 단위의 정치부, 정치처는 소속부대 정치사업의 영도기관이며, 상급 정치기관, 동급 부대 당 위원회와 정치위원의 영도 하에 소속부대 당의 사업을 관리하고 정치사업의 진행을 계획하는 것을 책임진다.

〔**제73조**〕【생략】

제4절 성군구 · 군분구 정치부

〔**제74조**〕중국인민해방군의 성군구·군분구 정치부는 소속단위 정치사업의 영도기관이며, 상급 정치기관, 군대 동급 당 위원회와 정치위원의 영도 하에 민병과 병역 정치사업을 계획하고 진행하며, 〔예비역부대를 포함한〕소속부대, 인민무장부 당의 사업을 관리하고, 정치사업을 계획하며 진행하는 것을 책임진다.

〔**제75조**〕【생략】

제5절 원 · 교, 과학연구(시험) 단위 【생략】

제6절 홍콩, 마카오 주둔부대 정치부 【생략】

제7절 정치부(처) 주임, 정치기관 간부, 그리고 정치협리원

〔제84조〕 정치부(처) 주임은 상급 정치기관, 동급 부대 당 위원회와 정치위원의 영도하에 본 정치기관의 사업을 주관하며, 소속부대 정치사업에 대한 영도를 계획하고 실행한다.

정치부(처) 주임은 반드시 직책을 수행하는데 필요한 이론 소양과 정책 수준을 구비해야 하며, 당성이 강하고, 이념과 신념이 확고하며, 당의 노선과 방침 및 정책을 모범적으로 관철해야 한다. 풍부한 정치사업 경험, 그리고 정치사업을 계획하고 전개하는 능력을 갖추어야 하며, 조사하고 연구하며 경험을 총결산하는데 익숙해야 하고, 양호한 사상과 인품 및 기풍을 가지며, 원칙을 견지하고, 진리를 추구하고 구체적 사업을 수행하는데 힘쓰며, 공명정대하고 품행이 단정하며, 몸소 모범이 되고, 청렴결백하게 공무를 집행해야 한다.

정치부(처) 주임은 반드시 5년 이상의 당원경력(黨齡)을 가진 중국공산당원이어야 한다.

정치부(처) 주임의 주요 직책은 군대 정치사업의 기본임무와 주요 내용, 상의 결의와 지시 및 계획, 그리고 동급 부대 당 위원회의 결의와 수장(首長)의 지식에 근거하며, 본 조례의 정치기관에 대한 관련 규정에 의거하여 소속 부대원이 직책을 수행하고 임무를 완수하는 것을 계획하고 영도하는 것이다.

정치부(처) 부주임은 주임의 사업을 협조한다.

〔제85조〕 정치기관 간부는 원·교(院·校)와 상응하는 양성과정을 거쳐야 하며, 기층간부로서 2년 이상을 근무해야 하고, 일정한 정치사업 경험을 가져야 한다. 정치기관 간부는 반드시 중국공산당원이어야 한다.

〔제86조〕 정치협리원(協理員)은 상급 정치기관이 연대급 이상 단위의 기관(부문)에 파견한 정치간부이다. 정치협리원은 상급 정치기관, 본 기관(부문) 당 조직의 영도와 기관(부문) 수장의 지도 하에 정치사업을 수행한다.

정치협리원은 반드시 직책을 수행하는데 필요한 이론 및 정책 수준과 정치사업 경험을 갖추어야 하며, 당의 노선과 방침 및 정책을 모범적으로 철저히 집행하며, 본 기관(부문)의 업무를 숙지하고, 원칙을 견지하며, 기율을 준수하고 법을 지키며, 겸허하고 성실하며, 공명정대하고 품행이 단정하며, 동지를 단결시키고, 대중과 연계해야 한다.

정치협리원은 반드시 중국산당원이어야 한다.

【이하 생략】

제8장 중국공산주의청년단의 군대 내 조직

〔제87조〕 중국공산주의청년단의 중국인민해방군 내 조직은 중국공산당이 영도하는 군대 내의 선진적 청년의 대중조직이며, 많은 청년들이 실천을 통해 중국 특색의 사회주의와 공산주의를 학습하는 학교이며, 당의 조수(助手)와 예비군이다.

〔제88조〕 공산주의청년단은 군대의 여단·연대 급 단위와 간부 양성을 위주로 하는 원·교(院·校) 및 하사관학교에 위원회를 설립하며, 대대와 대대에 상당하는 단위에 총지부를 설립하고, 중대와 중대에 상당하는 단위에 지부를 설립한다.

〔제89조〕 공산주의청년단의 여단·연대 급 단위와 간부 양성을 위주로 하는 원·교(院·校) 및 하사관학교 내의 각급 단원(團員) 대표대회(단원대회), 그리고 그 대표대회가 선출하여 구성한 위원회는 공산주의청년단의 각 당해 단위의 영도기관이다. 단원대표대회는 매 2년에 1회 개최하며, 특수한 상황 하에서는 동급 당 위원회와 정치기관의 비준을 얻어 미리 개최하거나 또는 뒤로 연기할 수 있다. 단원의 인원수가 200명이 안 되는 단위는 단원대회를 개최할 수 있다. 단원대표대회(단원대회)는 본급 당 위원회의 영도와 본급 수장, 정치기관의 지도 하에 공산주의청년단 위원회가 개최를 계획한다.

단원대표대회의 대표 정수는 공산주의청년단 위원회가 소속단위 단원의 인원수를 근거로 하여 확정하며, 동급 당 위원회와 정치기관에 보고하여 비준을 득한다. 원칙적으로 여단·연대 급 단위와 간부 양성을 위주로 하는 원·교(院·校) 및 하사관학교 내의 단원대표대회는 소대급 단위가 반드시 대표로 출석해야 하며, 대대급 단위의 단원대표대회는 분대가 반드시 대표로 출석해야 한다.

단원대표대회에 출석하는 대표는 하1급 단원대표대회나 또는 단원대회가 선거를 통해 선출해야 한다. 선거는 무기명투표 방식을 채택한다. 입후보자의 인원수가 당선자의 정수보다 많은 차액선거 방법을 채택하여 정식 선거를 실시한다. 차액선거 방식을 채택하여 예비선거를 실시하며, 후보자명단이 결정되면 정식 선거를 실시할 수 있다. 피선거인은 참석한 선거권자의 과반수를 넘는 찬성표를 얻게 되면 당선이 확정된다.

단원대표대회의 폐회기간 중 필요 시에는 당 위원회와 정치기관의 비준을 얻은 후 단원대표회의를 개최할 수 있다. 공산주의청년단 위원회를 설립하지 않은 사단 급 이상 단위는 당 위원회와 정치기관의 비준을 거쳐 단원대표회의를 개최할 수 있으며, 상 1급 단원대표대회, 대표회의에 출석하는 대표, 그리고 공산주의청년단 전국대표대회, 대표회의에 출석하는 대표를 선출할 수 있다.

〔제90조〕 공산주의청년단 위원회는 본 단위 당 위원회, 정치기관의 영도, 그리고 동급 수장의 지도 하에 소속단위의 공산주의청년단 사업을 영도하고 청년사업을 전개한다.

【이하 생략】

제9장 군인대표대회와 군인위원회

제1절 여단 · 연대 급 단위의 군인대표대회

〔제95조〕 중국인민해방군 여단·연대 급 단위 군인대표대회는 군대의 민주생활을 건전하게 하고, 발전시키며, 군인이 민주적 권리를 정확히 행사하고 부대 관리에 참여하는 것을 보장하는 민주제도이다. 회의는 매년 1회 개최하며, 동급 부대 당 위원회의 영도와 정치기관의 지도 하에 회의 의장단이 주관한다.

【이하 생략】

제10장 부칙

〔제103조〕 총정치부는 본 조례의 규정에 근거하여, 전군에 적용되는 각항 사업조례 및 관련 규정을 기초하여 제정하며, 중앙군사위원회의 비준을 득한 후 시행하거나 또는

직접 시행을 하달한다.

〔**제104조**〕 중국인민무장경찰부대는 본 조례를 집행한다.

〔**제105조**〕 본 조례는 총정치부가 해석을 책임진다.

〔**제106조**〕 본 조례는 공포한 날짜부터 시행된다. 1995년 5월 10일 중국공산당 중앙, 중앙군사위원회가 비준하여 공포한 〈중국인민해방군 정치사업조례〉는 동시에 폐기된다. 본 조례와 일치하지 않은 군대 정치사업과 관련된 모든 기타 규정은 본 조례에 의거한다.

Ⅶ. 시진핑 영도시기의 군대 정치사업조례(2021년 2월)

제1장 총칙

〔**제1조**〕 중국인민해방군의 정치사업을 강화하기 위해 〈중국공산당 장정〉, 〈중국인민공화국 헌법〉에 근거하여 본 조례를 제정한다.

〔**제2조**〕 중국인민해방군은 중국공산당이 창건하고 영도하는 것이며, 마르크스레닌주의와 마오쩌둥사상으로 무장된 인민군대이고, 중화인민공화국의 무장역량이며, 인민민주독재의 견고한 주춧돌이다. 인민과 긴밀하게 함께 서서 성심성의껏 인민을 위해 복무하는 것은 바로 이 군대의 유일한 근본 취지이다. 중국인민해방군은 반드시 시종변함없이 인민군대의 성격을 유지하며, 당에 충성하고, 인민에 충성하고, 국가에 충성하고, 사회주의에 충성해야 한다.

〔**제3조**〕 중국인민해방군은 사회주의 현대화 건설시기에 있어서 국방을 공고히 하고, 침략에 저항하며, 조국을 보위하고, 인민의 평화로운 노동을 보위하며, 국가의 건설사업에 참가하는 임무를 담당하고 있다. 중국인민해방군은 반드시 중국 특색의 사회주의를 건설하는 이론의 지도 하에 당의 기본노선을 견지하고, 덩샤오핑의 새로운 시기에 있어서의 군대를 건설하는 사상과 중앙군사위원회의 새로운 시기의 군사전략방침을 관철하며, 정치는 합격하고, 군사는 탄탄하며, 기풍은 양호하고, 기율은 엄명하며, 보장은 강력하도록 하며, 강대한 현대화되고 정규화된 혁명군대를 건설하고, 중국 특색의 사회주의를 건설하며, 조국 통일을 실현하고, 세계 평화를 유지하기 위해 분투한다.

〔**제4조**〕 중국인민해방군은 반드시 중국공산당의 절대적 영도 하에 위치해야 하며, 그 최고 영도권과 지휘권은 중국공산당 중앙위원회와 중앙군사위원회에 속한다.

〔**제5조**〕 중국인민해방군의 정치사업은 중국공산당의 군대 내에서의 사상사업과 조직사업이며, 당의 군대에 대한 절대적 영도를 실현하고, 부대의 전투력을 공고히 하고 향상하는 것을 근본적으로 보증하며, 중국인민해방군의 생명선이다.

〔**제6조**〕 중국인민해방군의 정치사업은 마르크스레닌주의와 마오쩌둥사상을 지침으로 삼는다. 중국 특색의 사회주의를 건설하는 이론은 당대 중국의 마르크스주의이며, 아국의 사회주의 사업이 부단히 전진하도록 인도하는 지침이며, 새로운 시기의 군대 정치사업의 근본 지침이다.

〔**제7조**〕 중국인민해방군의 새로운 시기에 있어서의 정치사업의 기본 임무는, 국가의 개혁개방과 사회주의현대화 건설을 위해 복무하고, 군대의 혁명화, 현대화, 정규화 건설을 위해 복무하며, 정치적, 사상적, 조직적으로 당의 군대에 대한 절대적 영도와 인민군대의 성격을 보증하고, 이상이 있고, 도덕이 있고, 문화가 있고, 기율이 있는 군인을 양성하는 것을 목표로 하는 군대의 사회주의 정신문명 건설을 보증하며, 군대 내부의 단결과 군·정, 군·민의 단결을 보증하고, 군대 전투력의 제고와 각항 임무의 완수를 보증하는 것이다.

〔**제8조**〕 중국공산당은 중국인민해방군의 연대 이상 부대와 연대 이상 부대에 상당하는 단위(이하는 연대급 이상 단위로 칭한다)에 당의 위원회를 설립하고, 대대와 대대에 상당하는 단위는 당의 기층위원회를 설립하며, 중대와 중대에 상당하는 단위는 당의 지부를 설립한다. 당의 각급 위원회(지부)는 각 해당 단위를 통일적으로 영도하고 단결시키는 핵심이다. 당 위원회(지부)의 통일적인 집단영도 하의 수장분담책임제는 당이 군대를 영도하는 근본 제도이다. 성군구(위수구·경비구), 군분구(경비구)와 현(시·구)의 인민무장부는 군대 계통과 지방당 위원회의 2중영도제도를 실행하며, 군대 계통의 수직영도와 예속관계를 유지하기도 하고, 동급 지방당 위원회의 영도를 받기도 하며, 동급 지방당 위원회의 군사사업부이다.

〔**제9조**〕 중국인민해방군은 총정치부를 설립한다:

연대급 이상 단위는 정치위원을 두고 정치기관을 설립하며, 대대는 정치교도원을 두며, 중대는 정치지도원을 둔다.

〔**제10조**〕 중국인민해방군 정치사업은 새로운 시기에 있어서 반드시 양호한 전통을 계승하고 발양해야 한다. 정치사업의 양호한 전통의 주요한 것은 아래와 같다:

(1) 당의 군대에 대한 절대적 영도 원칙을 견지한다.
(2) 인민군대의 근본 취지를 견지한다.
(3) 마르크스레닌주의와 마오쩌둥사상, 그리고 당의 노선과 방침 및 정책으로 부대를 교육하는 것을 견지한다.
(4) 이론과 실제를 연계하고, 대중과 밀접하게 연계하며, 비판과 자아비판을 전개하는 것을 견지한다.
(5) 장병일치, 군민일치, 적군와해 원칙을 실행한다.
(6) 정치민주, 경제민주, 군사민주 제도를 실행한다.
(7) 3대기율·8항주의를 집행한다.
(8) 애국주의, 집단주의, 혁명영웅주의 정신을 널리 발양한다.
(9) 능력을 위주로 삼고 재능과 덕을 함께 구비해야 하는 원칙에 따라 간부를 선발하여 임용한다.
(10) 당 조직의 건설을 강화하고, 당 위원회의 핵심적 영도 역할, 당 지부의 전투보루 역할, 그리고 공산당원의 선봉적 모범 역할을 발휘한다.
(11) 정치간부는 자신에게 아주 엄격하고 솔선수범하는 인솔 역할을 발휘한다.

정치사업은 반드시 양호한 전통을 계승하는 기초 위에서 국가와 군대의 현대화 건설의 발전과 개혁개방의 새로운 형세에 근거하여 새로운 내용으로 보강하고, 새로운 방법을 창출함으로써 부단히 개선하고 강화해야 한다.

〔제11조〕 중국인민해방군 정치사업의 근본 기풍과 방법은 실사구시(實事求是)와 대중노선이다. 반드시 사상의 해방, 실사구시, 그리고 실제로 깊숙이 파고들어가 조사하고 연구하는 것을 견지하고, 상급의 지시와 부대의 실제를 결합하며, 일반적인 호소와 개별적인 지시를 결합하고, 실제에 적용하며, 주관주의와 관료주의 및 형식주의를 반대한다. 대중 속으로부터 나와서 대중 속으로 들어가고, 핵심과 광범한 대중을 서로 결합시키며, 전체 간부, 공산당원, 공산주의청년단원, 그리고 대중 속의 적극분자가 정치사업을 진행하는 것을 계획하고 동원한다.

〔제12조〕 중국인민해방군 내의 정치기관은 정치사업의 영도기관이며, 군대 내 당의 사업관리를 담당하고, 정치사업을 계획하고 진행한다.

제2장 정치사업의 주요 내용

〔**제13조**〕 중국인민해방군 정치사업의 주요 내용은 중국인민해방군의 성격, 근본취지, 임우, 그리고 새로운 시기 군대 정치사업의 기본 임무에 근거하여 확정한다.

〔**제14조**〕 중국인민해방군 정치사업의 주요 내용은 아래와 같다:

(1) **당의 기본이론과 기본노선 교육**

마르크스레닌주의와 마오쩌둥사상을 학습하고, 중국 특색의 사회주의를 건설하는 이론을 학습하고, 당의 노선과 방침 및 정책을 학습하는 것을 계획하며, 장병이 당의 영도를 굳게 믿고, 사회주의와 공산주의 신념을 확고히 하며, 당의 기본노선을 철저히 집행하는 자각성과 부동성을 제고한다.

(2) **사상과 도덕의 건설**

개혁개방과 사회주의 시장경제 발전이 새로운 정세에 근거하여 인민군대의 성격, 근본취지, 그리고 우리 당과 우리 군의 양호한 전통 교육을 진행하고, 애국주의, 집단주의 사회주의, 그리고 혁명영웅주의 교육을 진행하며, 군인의 직업도덕 교육을 진행하는 것을 견지하며, 일상적인 사상사업을 실시하며, 장병이 정확한 인생관과 가치관을 수립하는 것을 인도하고, 멸사봉공하고 희생하는 정신을 발양한다.

(3) **당 조직의 건설**

당의 기본노선을 따르고, 엄격하게 당의 관리하는 것을 견지하며, 건전한 당의 조직과 제도를 확립하고, 당의 교육을 진행하며, 당의 양호한 전통을 발양하고, 당의 기율을 엄숙하게 하며, 부패를 반대하고 청렴성을 제창하며, 당풍을 단정히 하고, 사상, 정치, 조직, 그리고 기풍에 있어서 당의 건설을 강화하며, 각급 당 조직을 부대의 혁명화, 현대화. 정규화 건설을 영도하고 각항 임무를 완수하는 견고한 핵심으로 건설한다.

(4) **간부대오의 건설**

당의 간부노선을 관철하고, 건전한 간부 사업의 법규와 제도를 확립하며, 간부를 선발하고 양성하며 관리하고, 영도그룹을 조정하고 배치하며, 간부 대오의 혁명화, 연소화, 지식화, 전문화를 실현하고, 현대기술, 특히 첨단기술전쟁의 수요에 적응하는 인재를 양성한다.

(5) 공산주의청년단 건설

건전한 공산주의 청년단의 각급 조직을 건립하고, 부대의 중심임무를 둘러싸고 청년의 특징에 적응하는 교육과 활동을 전개하며, 공산주의청년단의 돌격대 역할과 광범한 청년들을 연계하는 교량 역할을 발휘함으로써 공산주의청년단 조직이 당의 유력한 조수와 견고한 예비군이 되도록 한다.

(6) 기풍과 기율 양성

장병이 실사구시(實事求是)하고, 각고분투하며, 용감하며 완강하고, 엄격하고 신속하며, 명령은 지키고 금지사항은 행하지 않으며, 단결하고 서로 협조하며, 정의롭고 정직하며, 멸사봉공하는 양호한 기풍을 발양하도록 교육하며, 오랜 홍군의 본색을 유지하고, 국가의 헌법, 법률, 그리고 군대의 법규와 규정을 엄격하게 준수하고, 3대기율·8항주의를 준수하고, 부대의 고도로 집중된 통일을 보증한다.

(7) 민주제도 건설

건전한 민주제도가 군인대표회의와 중대 군인위원회에서 역할을 발휘하도록 하며, 집중적 영도 하에 정치민주, 경제민주, 군사민주를 전개하며, 장병의 민주권리를 보호하고, 장병의 적극성과 창조성을 발동하며, 단결을 강화하고, 생활을 개선하며, 첨단기술과 관리수준을 제고하는 목적을 달성한다.

(8) 존간애병(尊幹愛兵) 사업

장병일치 원칙을 관철하고, 존간애병 활동을 전개한다. 군관이 근본적으로 사병을 단정하게 대하는 태도를 교육하며, 사병을 사랑하고, 사병의 모범이 된다. 사병이 군관을 존중하고, 관리에 복종하고 지휘에 따르도록 교육한다. 장병이 사상, 기술, 그리고 생활상의 상호 협조를 진행하고, 단결하고 서로 사랑하며, 한 마음으로 협력하여 각항 임무를 완수하는 것을 행동에 옮기도록 한다.

(9) 정법사업

당의 정법사업 방침과 정책을 관철하고, 국가의 법률과 군대의 법규에 근거하여 군대의 보위사업, 군사심판사업, 군사검찰사업, 그리고 사법행정사업을 진행하며, 군대 내의 위법한 범죄와 국경 내외의 적대세력, 적대분자의 침투와 파괴활동을 타격하며, 정치적으로나 조직적으로 부대를 순수하게 하고 공고하게 하며, 법률 수단을 운용하여 국가이익과 군사이익을 보호하고, 군대와 군인의 합법적 권익을 유지하고 보호한다.

(10) 과학·문화 교육

군대와 국가 건설의 수요에 근거하여 과학·문화 지식, 특히 첨단기술 지식을 학습하는 것을 계획하며, 장병의 과학·문화 자질을 향상시키고, 조국을 보호할 수도 있고 조국을 건설할 수도 있는 군대와 지방에서 두루 쓰이는 인재를 양성한다.

(11) 문화사업

당과 국가의 문예체육사업의 방침과 정책을 관철하고, 군대의 문예체육사업을 발전시키며, 기층을 중점으로 하는 문화체육시설을 건설하고, 대중성 문화체육활동을 전개하는 것을 계획하며, 군대의 전문적인 문예체육대오의 업무수준을 제고하고, 부대의문화생활을 풍부하게 하며, 장병의 문화 요구를 충족시키고, 인격을 도야하며, 사기와 투지를 격려한다.

(12) 대중사업

군민일치 원칙을 관철하고, 옹정애민(擁政愛民) 활동을 전개하며, 장병이 정부를 옹호하고, 인민을 열애하도록 교육하며, 민족정책, 종교정책, 그리고 대중기율을 준수하고, 군·정과 군·민 관계 분야의 문제를 정확히 처리하며, 군과 민이 공동으로 사회주의 정신문명을 건설하는 활동에 참가하고, 개혁개방과 사회주의 현대화 건설을 지지하고 참가하며, 군·정, 군·민의 단결을 공고히 하고 발전시킨다.

(13) 연락사업

당과 국가의 군사투쟁 임무와 대외정책에 의거하여 적군와해 원칙을 관철하고, 외국군과 적군의 정치상황을 조사하고 연구하며, 적군을 와해하고 우군을 단결시키는 조직사업과 선전사업을 진행하고, 대만에 대한 사업을 전개한다.

(14) 군사훈련 중의 정치사업

마오쩌둥 군사사상과 덩샤오핑의 새로운 시기에 있어서 군대를 건설한 사상으로 장병을 교육하며, 중앙군사위원회의 새로운 시기에 있어서의 군사전략방침과 군사훈련의 지도사상, 방침과 원칙을 관철하며, 전투력의 향상을 근본 기준으로 삼고, 어려움을 극복하고 엄격하게 하면서 실전의 요구로부터 출발하여 부대를 훈련한다. 군대의 직능과 정세교육을 실시하며, 사상동원과 선전활동을 전개하고, 장병이 전투대

사상을 확고하게 수립하고 훈련에 대한 열정을 가지도록 분발시킨다. 장병이 현대화 기술, 특히 첨단기술 조건 하의 국지전쟁의 특징과 전법을 적극적으로 연구하도록 하며, 훈련을 개혁하고 훈련의 질을 향상시킨다.

⒂ 임무수행 중의 정치사업

중앙군사위원회의 관련 방침, 정책, 명령, 그리고 지시를 관철하고, 후근보장, 국방연구(시험), 원·교 교학 및 근무, 시공, 생산, 재난구조 등 임무 중의 사상사업과 조직건설 사업을 진행하는 것을 계획하고, 임무의 원만한 완수를 보증한다.

⒃ 전시 정치사업

중국공산당 중앙, 중앙군사위원회의 군사전략방침, 작전원칙과 명령, 지시를 관철하며, 작전동원과 전장의 선전격려를 진행하고, 군사민주를 발양하고, 적을 사살하고 공을 세우는 운동을 전개하며, 적시에 모든 조직을 조정하고 건전하게 하며, 적의 심리전, 책동과 모반활동과의 투쟁을 전개하며, 적군와해사업을 전개하고, 참전하는 민병과 노무자(民工)의 정치사업과 전구의 대중사업을 실시하며, 전장의 기율과 대중기율을 유지하며, 열사의 사후처리 사업을 실시하고, 작전임무의 완수를 보증한다.

⒄ 민병·예비역부대의 정치사업

중국공산당 중앙, 국무원, 중앙군사위원회의 국방 예비역량의 건설에 관한 방침과 정책을 관철하며, 당이 무장을 관장하는 원칙을 견지하며, 민병, 예비역부대의 사상건설과 조직건설을 강화하고, 조직을 정돈하고 집단훈련과 임무수행 중의 정치사업을 실시하며, 민병과 예비역부대가 사회주의 물질문명, 정신문명 건설과 국방건설 중의 중요한 역할을 발휘한다.

⒅ 정치사업의 연구사업

국가, 군대의 정세와 임무의 발전과 변화에 근거하여 이론과 실제의 연계 원칙을 견지하고, 정치사업의 현 상태, 역사, 그리고 발전추세를 연구하며, 정치사업의 특징, 법칙, 그리고 과학체계를 연구하고, 사회주의 시장경제 조건 하의 정치사업의 새로운 상황, 새로운 문제, 그리고 새로운 방법을 연구하며, 현대기술, 특히 첨단기술 조건 하의 국지전쟁의 정치사업을 연구하며, 정치사업을 개선하고 강화하기 위해 이론적 지도와 정책결정의 근거를 제공한다.

제3장 총정치부

〔**제15조**〕 중국인민해방군 총정치부는 중앙군사위원회의 정치사업 기관이며, 전군 정치사업의 영도기관이다. 총정치부는 중국공산당 중앙, 중앙군사위원회의 영도 하에 전군 당의 사업을 관리하는 것을 책임지며, 정치사업을 진행하는 것을 계획한다.

〔**제16조**〕 총정치부 주임은 총정치부의 사업을 주관하며, 전군의 정정치사업에 대한 영도를 계획하고 실시한다. 총정치부 부주임, 주임조리는 주임의 사업을 협조한다.

〔**제17조**〕 총정치부의 주요 임무는 아래와 같다:

(1) 중국공산당 중앙과 중앙군사위원회의 결의, 명령, 규정을 따르며, 새로운 시기의 군대 정치사업의 기본임무와 주요내용에 근거하여 전군 정치사업의 방침과 정책 및 규정을 제정한다.

(2) 전군이 마르크스레닌주의와 마오쩌둥사상을 학습하고, 중국 특색의 사회주의를 건설하는 이론을 학습하며, 당의 기본노선 교육을 진행하고, 사회주의 정신문명의 건설, 당의 건설, 간부 대오의 건설을 진행하는 것을 영도한다.

(3) 전체적 국면의 정책적인 문제를 조사하고 연구하며, 선진적 경험을 널리 보급하는 것을 총결산하고, 당의 노선, 방침, 정책, 그리고 국가의 헌법, 법률을 군대에서 철저히 집행하는 것을 보증한다.

〔**제18조**〕 총정치부의 주요 직책은 아래와 같다:

(1) 전군의 조직사업을 영도한다.

군대 당 조직의 건설과 관련된 법규를 입안하고, 전군 당 조직의 건설을 지도한다. 전군의 당원 교육과 당원확충 사업을 계획하고 영도한다. 전군의 당무사업과 정치통계를 관리한다. 전군이 당의 전국대표대회에 출석하는 대표를 선출하는 것을 지도한다. 전군의 정치기관 건설을 지도한다. 관련 부문과 회동하여 전군의 기층 건설을 지도한다. 전군의 민주제도 건설을 영도한다. 전군이 대중성 노력사업을 전개하고 영웅의 모범적 활동을 학습하는 것을 학습하는 것을 영도한다. 장려, 무휼, 혼인사업을 관리한다. 정치사업조례를 입안하고, 철저히 집행하는 상황을 검사하고 감독한다. 전군의 정치기관, 정치간부의 체제와 편제를 제정하는데 참여하고 관리한다. 전군이 전국과 지방 각급의 인민대표대회에 출석하는 대표를 선출하는 사업을 지도한다. 전군의 공산주의청년단 건설, 청년사업과 부녀사업을 영도한다.

(2) 전군의 간부사업을 영도한다. 간부사업의 정책, 법규, 제도, 그리고 간부 대오의 건설계획을 입안한다. 군급 이상의 영도그룹과 사단직 이상 간부의 심사를 책임진다. 간부의 임면, 배치계획, 전문, 제대 사업을 관리한다. 간부의 훈련과 양성, 원·교의 신입생 모집과 졸업생의 배치사업을 관리한다. 군관의 계급 사업을 관리한다. 전문기술군관과 군무원간부 사업을 관리한다. 예비역부대와 인민무장 간부대오의 건설을 지도한다. 전군의 퇴역간부와 관련된 사업을 영도하고 관리한다. 전군 간부의 복지, 능력통계, 문서관리사업과 간부의 보수와 관련된 사업을 관리한다. 군대 인원이 전국인민정치협상회의에 참가하는 것과 관련된 사업을 맡아 처리한다.

(3) 전군의 선전교육사업을 영도한다. 전군의 정치교육과 선전사업의 계획 및 대강을 제정하며, 이론학습과 정치교육의 기본교재를 편집하고 심사한다. 전군의 정치교육과 이론학습 및 원·교의 정치이론 연구와 이론대오의 건설을 지도한다. 전군의 일상적인 사상사업을 영도한다. 관련 부문과 회동하여 전군이 과학·문화를 학습하고 군대와 지방 모두에 두루 쓰이는 인재를 양성하는 사업을 계획하고 지도한다. 군대의 국내선전과 국제선전 사업을 관리하며, 전군의 뉴스. 출판, 그리고 관련 시청각 교육사업을 지도하고 관리하고, 중대한 사건과 중대한 전형의 선전에 대해 정확한 여론의 유도방향을 견지한다.

(4) 전군의 보위사업을 영도한다. 군대 보위사업의 정책과 규정을 제정한다. 전군의 범죄예방을 위한 종합적인 관리사업을 지도하고 협조한다. 수뇌기관, 핵심부서, 그리고 중대한 활동의 안전경위 사업을 영도한다. 전군의 은폐투쟁 공정을 영도한다. 전군의 형사수사 사업을 영도한다. 전군의 수감자에 대한 감시와 노동개조 및 노동교양 사업을 영도한다.

(5) 중앙군사위원회 기율검사위원회와 함께 전군 당의 기율검사 사업을 영도한다. 군대 당 내의 감독 제도, 안건심사와 심리 규정을 제정하고, 당의 노선, 방침, 정책, 그리고 중앙군사위원회의 결의와 명령 및 지시의 관철과 집행상황을 검사하고 감독하며, 전군의 각급 당 조직이 당풍과 당기 및 청렴 건설을 강화하는 것을 지도하며, 직권범위 내의 당기(黨紀) 위반 안건을 검사하고 처리한다. 전군의 행정감찰사업을 영도하고, 행정감찰의 정책과 규정을 제정하고, 직권범위 내의 정치(政紀) 위반 안건을 검사하고 처리한다.

(6) 전군의 문화사업을 영도한다. 전군이 당과 국가의 문예체육사업 방침과 정책을 철저히 집행하는 상황을 장악하고, 군대 문예사업의 정책과 규정을 지정한다. 전군의 문화체육 시설 건설을 계획하며, 전군의 대중성 문화체육 활동을 지도하고, 전군의 문예창작, 문예연출, 체육대회와 문예이론 연구를 계획하고 지도한다. 전군의 문화도서, 영화와 TV, 그리고 녹음과 녹화 제품을 편집하고 출판하며, 발행하고 방송 및

방영을 하는 사업을 지도한다. 문화체육 기자재의 공급과 관리사업을 책임진다.

(7) 전군의 대중사업을 영도한다. 정부의 관련 부문과 회동하여 군·정, 군·민 관계를 협조하는 정책과 규정을 제정하며, 전군이 옹정애민(擁政愛民) 활동을 전개하고, 군과 민이 공동으로 사회주의 정신문명을 건설하고 옹군우속(擁軍優屬)과 옹정애민(擁政愛民)의 모범단위를 창설하는 활동에 참가하는 것을 영도하며, 군대가 민족정책과 종교정책을 집행하고 대중기율을 준수하는 상황을 검사한다. 관련 부문과 회동하여 전군이 국가의 경제건설에 참가하여 지원하고, 재난구조를 실시하며, 빈민구제사업을 전개하는 것을 지도한다.

(8) 전군의 연락사업을 영도한다. 연락사업의 정책과 규정을 제정하며, 전군이 적군와해 교육훈련을 진행하는 것을 영도한다. 외국군대의 정치상황을 조사하고 연구하며, 전군이 변경회담을 진행하는 중의 정치사업, 외국군대에 대한 선전사업과 연락사업을 전개하는 것을 지도한다. 유관 부문과 회동하여 대만에 대한 사업을 전개한다. 적십자회와 관련된 사업을 전개한다.

(9) 전군의 군사재판사업을 지도한다. 군사재판사업의 법규를 입안하며, 중국인민해방군 군사 법원이 법에 따라 직권범위 내의 각종 안건과 최고인민법원이 권한을 부여하거나 또는 재판을 지정한 안건을 재판하는 것을 지도하며, 하급 군사법원의 사업을 지도한다.

(10) 전군의 군사검찰사업을 지도한다. 군사검찰사업의 법규를 입안하며, 중국인민해방군 군사검찰원이 법에 따라 검찰권을 행사하는 것을 지도하고, 하급 군사검찰원의 군사검찰사업을 영도한다.

(11) 군사훈련과 임무수행 중의 정치사업을 영도한다. 중앙군사위원회의 새로운 시기의 군사전략방침과 관련 군사훈련의 지시에 근거하여 군사훈련 중의 정치사업의 주요 임무를 명확히 하며, 군사훈련 중의 정치사업 관련 규정을 제정한다. 전군이 군사훈련과 임무수행 중의 정치사업을 전개하는 상황을 장악하며, 적시에 강화하고 개선하는 의견을 제기한다. 군대를 사랑하고 군사기술을 익하며, 임무를 완수하는 것이 돋보이는 전형을 만들어 선전한다.

(12) 전시 정치사업을 영도한다. 중국공산당 중앙, 중앙군사위원회의 군사전략방침, 작전원칙과 명령에 근거하여 즉시 작전부대를 향해 전시 정치사업 지시를 하달한다. 부대가 정치사업을 전개하는 상황을 장악하며, 적시에 지도를 진행한다. 즉시 간부를 조정하고 배치하며, 당 조직을 완전하게 한다. 적군와해사업을 지도한다. 전시의 장려와 무휼 사업 정책과 규정을 제정한다.

(13) 전국의 민병·예비역부대의 정치사업을 영도한다. 정부의 관련 부문과 회동하여 민병·예비역부대 정치사업과 관련된 정책과 규정을 제정한다. 민병·예비역부대 정치

교육과 군사훈련, 전비태세 및 민병조직의 정돈 등 임무 중의 정치사업을 지도한다. 예비역 간부를 영도하고 관리한다. 전군이 민병을 동원하고 조직하여 사회주의 현대화 건설에 참가하도록 앞장서는 것을 지도한다. 민병의 전시 정치사업을 영도한다. 지방의 관련 부문과 회동하여 병역 정치사업, 학생군사훈련 중의 정치사업, 그리고 전민국방교육을 지도한다.

⒁ 전군의 정치사업연구를 영도하며, 경험을 총결산하여 교환한다. 전군의 사법행정사업을 영도하며, 변호사, 공증, 그리고 법률 봉사를 관리한다. 군대 정치사업과 관련된 외사(外事)사업을 맡아 처리한다. 전군의 민원을 관리한다. 관련 부문과 회동하여 전군의 정치사업 경비를 관리한다.

제4장 중국공산당의 군대 내 조직

제1절 당의 각급대표대회와 당의 위원회

〔제19조〕 중국공산당의 중국인민해방군의 연대급 이상 단위의 각급대표대회와 그 대회에서 선출하여 구상된 위원회는 당의 각급 영도기관이다. 당의 각급 위원회는 동급 당의 대표대회를 향해 책임지며 사업을 보고한다.

〔제20조〕 당의 각급대표대회는 동급 당 위원회가 소집하며, 매 5년에 1회 거행한다. 특수한 상황 하에서, 앞당기거나 연기하고자 한다면 상1급 당 위원회의 비준을 득해야 하며 연장기한은 1년을 초과해서는 안 된다. 당의 각급대표대회 대표의 정수와 선거방법은 동급 당 위원회가 당 내의 민주를 충분히 발휘하는 데 도움이 되고, 문제를 토론하여 결정하고 광범위성을 대표하는데 도움이 되는 원칙에 따라 확정할 뿐만 아니라 상1급 당 위원회에 보고하여 비준을 득한다. 대군구·부(副)대군구급 단위 당의 대표대회는 소속 연대급 이상 단위에서 일반적으로 대표가 출석해야 하며, 군급 단위 당의 대표대회는 소속 대대급 이상 단위에서 일반적으로 대표로 출석해야 하고, 사단·여단·연대급 단위 당의 대표대회는 소속 중대급 이상 단위에서 일반적으로 대표로 출석해야 한다. 정식당원이 200명이 되지 않는 단위는 당원대회를 개최할 수 있다. 당의 각급대표대회의 대표와 위원회의 구성은 선거인의 의지가 반드시 반영되어야 한다. 선거는 무기명 투표방식을 채택한다. 후보자가 당선자의 수보다 많은 차액선거(差額選擧)방식을 채택하여 직접 정식선거를 실시할 수 있다.차액선거로 예비선거를 실시하여

후보자 명단을 결정한 후에 정식선거를 실시할 수도 있다. 어떠한 차액선거 방식을 채택하든 상관없이 후보자 명단은 반드시 당 조직과 선거인의 충분한 토론을 거쳐야 한다. 대표 후보자의 인원수는 당선자의 인원수에 비해 적어도 100분의 20이 되어야 하며, 위원 후보자의 인원수는 당선자의 인원수에 비해 적어도 100분의 10이 되어야 한다. 피선거권자가 획득한 찬성표는 투표에 참석한 선거권자의 괴반수를 넘어야 비로소 당선이 확정된다.

〔**제21조**〕당의 각급대표대회의 직권은 아래와 같다:
(1) 동급 당 위원회의 보고를 청취하고 심사한다.
(2) 동급 당 기율검사위원회의 보고를 청취하고 심사한다.
(3) 본 단위의 중대 문제를 토론할 뿐만 아니라 결의한다.
(4) 동급 당 위원회를 선출하며, 동급 당 기율검사위원회를 선출한다.

〔**제22조**〕당의 각급대표대회의 폐회기간 중 당의 각급 위원회는 필요 시 대표회의를 소집하여 즉시 해결을 필요로 하는 중대한 문제를 토론하여 결정할 수 있다. 대표회의의 정수와 선출방법은 대표회의를 소집하는 위원회가 결정한다.

〔**제23조**〕당의 각급 위원회의 매기 임기는 5년이다. 당의 각급 위원회 위원의 정수는 상1급 당 위원회가 결정한다. 사단급 이상 단위 당의 위원회 위원은 반드시 5년 이상의 당력을 가진 중국공산당 당원이어야 하며, 여단·연대급 단위 당의 위원회 위원은 반드시 3년 이상의 당력을 가진 중국공산당 당원이어야 한다. 당의 각급대표대회가 선출하여 구성하는 위원회는 상1급 당이 위원회에 보고하여 등록한다. 상무위원회와 서기·부서기는 동급 당 위원회 전체회의가 〔후보자의 인원수와 당선자의 인원수가 동일한〕 등액(等額)선거 방식으로 선출하며, 상1급 당 위원회의 비준을 득한다. 상무위원회의 정수는 일반적으로 5-11인으로 한다. 상무위원회는 당 위원회 전체회의의 폐회기간 중 위원회의 직권을 행사하며, 당 위원회 전체회의를 향해 책임지며, 정기적으로 보고를 한다. 상무위원회는 차기 당 대표대회 개회기간에 새로운 상무위원회가 구성될 때까지 계속해서 일상업무를 주관한다. 성군구(위수구·경비구), 군분구(경비구), 현(시·구) 인민무장부와 예비역 사단과 연대의 당 위원회 제1서기는 지방의 동급 당 위원회 서기가 겸암한다. 당의 각급 위원회 구성원은 본 단위를 떠나거나 또는 면직, 전업, 원대복귀, 퇴직 시 당 위원회의 직무가 즉각 자동적으로 해제된다. 당의 각급 위원회 구성원 중에 결원이 발생 시에는 상무위원회가 보궐선거 의견을 제기하고, 상1급 당 위원회에 보고하여 비준을 득하며, 필요시 상1급 당 위원회가 지정할 수 있다.

〔**제24조**〕 당의 각급 위원회는 대표대회의 폐회기간 중 본 단위의 사업을 통일적으로 영도한다. 당 위원회의 토론과 결정을 필요로 하는 문제는 아래와 같다:

(1) 당의 노선과 방침 및 정책, 국가의 헌법과 법률, 군대의 법규와 규정, 상급 당 위원회의 결의와 상급수장 및 영도기관의 명령과 지시의 관철과 집행.

(2) 부대의 마르크스레닌주의와 마오쩌둥사상이 학습, 중국 특색의 사회주의를 건설하는 이론의 학습.

(3) 당 조직의 건설, 당의 기율검사 사업, 공산주의청년단 건설의 중대한 문제.

(4) 부대의 작전, 훈련과 건설의 방침과 원칙, 연도와 단계별 사업계획, 중대한 임무를 완수하기 위한 요구와 조치.

(5) 영도그룹의 조정과 배치, 간부의 심사, 선발, 양성, 임면, 이동과 배치, 상과 벌, 계급과 직급의 조정.

(6) 본급 당의 대표대회와 당 위원회 결의의 관철과 집행상황

(7) 생산경영활동의 방침과 정책 및 중대한 경비 지출.

(8) 기타 당 위원회가 토론하고 결정해야 하는 문제.

〔**제25조**〕 독립적으로 임무를 수행하는 시간이 비교적 긴 임시 단위는 당의 임시위원회를 설립한다. 당 임시위원회의 구성, 직권, 예속관계는 그 설립을 비준한 당 위원회가 결정한다.

〔**제26조**〕 당의 각급 위원회는 반드시 민주집중제 원칙을 견지하며, 당 위원회의 통일적인 집단영도 하의 수장분담책임제를 철저히 집행해야 한다.

이를 위해 아래와 같이 한다:

(1) 본 단위에 대해 통일적 영도를 실시한다. 모든 중대한 문제는 반드시 당 위원회가 토론하여 결정한다. 단 긴급한 상황 하에서는 수장이 상황에 맞게 처리하며, 사후에 즉시 당 위원회에 보고하고, 검사를 받아야 한다.

(2) 집단영도를 견지한다. 중대한 문제에 속하는 것은 모두 반드시 당 위원회가 민주적으로 토론하고 집단적으로 결정을 내리며, 개인이 독단적으로 결정해서는 안 된다. 문제를 토론할 때는 반드시 민주를 충분히 발양해야 하고, 결정된 문제는 반드시 소수가 다수에 복종하는 원칙을 엄격하게 집행해야 한다. 중요한 문제의 결정은 표결로 해야 한다. 당 위원회의 구성원은 반드시 전체적 국면을 보는 관점을 가져야 하며, 집단영도에 적극적으로 참가하고 이를 유지해야 한다. 당 위원회의 결정에 대해 의견을 달리한다면 유보 성명을 낼 수 있으며, 그뿐만 아니라 상급 당 위원회에서 중앙에 이르기까지 제기할 권리를 가진다. 그러나 본급이나 또는 상급 당 위원회가 결

정을 바꾸기 전 까지는 반드시 결연하게 집행해야 한다.

(3) 당 위원회가 결정한 후에는 군·정 수장이 분담하여 그 관철과 집행을 책임진다. 군사사업 분야에 속하는 것은 군사주관(主官)이 계획하고 실시하는 것을 책임지며, 정치사업 분야에 속하는 것은 정치위원이 계획하고 실시하는 것을 책임진다. 군·정 수장은 반드시 당 위원회의 영도에 복종해야 하며, 당 위원회의 결의를 집행하고, 적극적이고 주도적으로 직책을 이행하며, 긴밀히 협력하고, 서로 지지해야 한다. 당 위원회는 행정사무를 독점해서는 안 되며, 행정 수장이 독립적으로 책임지는 사업을 지지해야 한다.

(4) 당 위원회에서 서기와 위원은 평등한 권리를 가지며, 개인은 중대한 문제를 결정하거나 또는 위원회의 결정을 바꿀 수 없다. 서기는 반드시 확고한 당성과 양호한 민주기풍을 가져야 하고, 위원의 의견을 겸허하게 청취하며, 모든 사람의 지혜를 한 군데로 모을 줄 알고, 위원의 역할을 충분히 발휘하도록 해야 한다. 서기는 자기와 당 위원회 사업 중의 결점과 과오에 대해 주도적으로 검사를 해야 하며, 책임을 지는데 용감하고, 위원회의 감독을 자발적으로 받아야 한다. 당의 각급 위원회는 상급의 관련 규정과 본 단위의 실제 상황에 근거하여 의사규칙을 제정하며, 민주적이고 과학적인 의사결정을 보증해야 한다.

〔제27조〕 당의 각급 위원회의 전체회의는, 대군구·부(副)대군구급 단위에서는 매년 적어도 1회 개최하며, 군과 사단급 단위에서는 매 반년에 적어도 1회 개최하며, 여단과 연대급 단위는 매 분기 적어도 1회 개최한다.

〔제28조〕 당의 각급 위원회는 반드시 엄격하게 당을 관리하는 방침을 관철해야 하며, 온 힘을 다해 자체 건설을 강화해야 한다. 마르크스레닌주의와 마오쩌둥사상을 성실하게 학습하고, 중국 특색의 사회주의를 건설하는 이론, 그리고 당의 노선과 방침 및 정책을 학습하며, 현대 군사지식과 첨단기술 지식을 학습하고, 이론과 정책 수준 및 영도능력을 부단히 제고한다. 사상을 해방하고, 실사구시(實事求是)하며, 실제에 깊숙이 들어가고, 조사와 연구를 하며, 창조적으로 사업을 한다. 당의 민주집중제 원칙을 견지하고, 당 위원회의 집단연구를 강화한다. 당의 민주생활회를 정기적으로 개최하며, 비판과 자아비판을 전개하고, 당 내의 모순을 정확히 처리하며, 상호 신뢰하고 존중하며 지지하고, 영도그룹의 단결을 강화한다. 당의 기율을 엄격하게 준수하며, 당과 대중의 감독을 자발적으로 받아들이고, 대중과 긴밀하게 연계하며, 당풍과 청렴 건설을 강화한다.

제2절 당의 각급 기율검사위원회

〔제29조〕 중국공산당이 중국인민해방군 연대급 이상 단위에 설립한 각급 기율검사위원회는 각급이 당의 기율을 유지하고 집행하는 검사기관이며, 동급 당 위원회와 상급 기율검사위원회의 2중영도 하에 사업을 진행한다.

〔제30조〕 중국공산당 중앙군사위원회 기율검사위원회는 전군 당의 기율검사기관이며, 그 구성 인원은 중앙군사위원회가 결정한다. 중앙군사위원회 기율검사위원회는 중앙군사위원회와 중앙기율검사위원회의 2중영도 하에 총정치부와 공동으로 전군 당의 기율검사 사업을 책임진다. 연대급 이상 단위의 기율검사위원회는 동급 당 대표대회가 선출하여 구성하고, 정수는 7-11인이며, 서기와 부서기를 두고 상무위원회는 두지 않는다. 당의 각급대표대회가 선출하여 구성한 기율검사위원회는 상1급 당 위원회, 당 기율검사위원회에 보고하여 등록한다. 당의 기율검사위원회가 선출한 서기·부서기는 동급 당 위원회에서 통과하면 상1급 당 위원회에 보고하여 비준을 득한다. 당의 각급 기율검사위원회의 매기 임기는 동급 당 위원회와 같다. 당 지부위원회와 총지부위원회는 기율검사위원을 둔다. 각급 기율검사위원회의 구성원은 본 단위를 떠나거나 또는 면직, 전업, 원대복귀, 퇴역 시에 그 기율검사위원회의 직무가 자동적으로 해제된다. 결원 시에는 당해급 기율검사위원회가 인원 보충 의견을 제기하며, 위원은 동급 당 위원회가 심사하여 비준하고, 서기와 부서기는 상1급 당 위원회에 보고하여 비준을 득한다.

〔제31조〕 각급 기율검사위원회의 주요 임무는 아래와 같다:

(1) 당의 장정과 기타 당 내 법규를 유지하며, 당의 노선과 방침 및 정책, 중앙군사위원회의 결의와 명령 및 지시, 그리고 상급 당 위원회와 상급기율검사위원회 결의의 관철과 집행을 검사하고 감독하며, 당 조직과 당원이 사상·정치·행동에 있어서 당 중앙과 고도의 일치를 유지한다.

(2) 본 단위의 당풍과 당기 상황을 조사하고 분석하며, 당 위원회가 당풍과 청렴 건설을 강화하는 것을 협조한다. 정치기관이 당원에 대해 당성·당풍·당기 교육을 실시하는 것을 협조하며, 당기를 유지하는 것에 관한 결정을 내린다.

(3) 당의 조직과 당원이 당의 장정과 기타 당 내의 법규를 위반하는 안건을 조사하고 처리한다.

(4) 동급과 하급 당의 위원회 및 그 구성원이 민주집중제를 집행하고, 당기를 준수하는

상황 및 사상기풍 상황을 검사하고 감독한다.

(5) 당 조직과 당원이 당기를 위반하여 검거되고 고발된 것을 수리하며, 당원의 제소를 수리하고, 당원의 타격과 보복 및 무고와 모해 등 문제를 검사하고 수리하며, 당원의 민주적 권리를 보호한다.

(6) 동급 당 대표대회, 동급 당의 위원회와 상급 기율검사위원회에 사업을 보고한다.

〔**제32조**〕당의 각급 기율검사위원회의 직권은 아래와 같다:

(1) 소속 당 조직과 당원이 당기를 위반하는 행위를 검사할 권한을 가진다. 당의 정책과 직권범위에 따라 당원에 대한 처분을 결정하며, 바꾸거나 또는 취소할 권한을 가진다.

(2) 동급 당 위원회와 그 구성원이 당기를 위반한 상황이 발견되면 동급 당 위원회에 제기해야 한다. 동급 당 위원회가 해결하지 못하거나 정확히 해결하지 못할 때는 상급 기율검사위원회에 제소하고, 처리 협조를 요청할 권한을 가진다. 동급 당 위원회 위원이 당기를 위반한 행위에 대해서는 먼저 사실을 확인할 수 있으며, 만약에 검사할 필요가 있다면 동급 당 위원회에 보고하여 비준을 득해야 한다. 상무위원이 관련된 것이라면 동급 당 위원회에 보고한 후에 상1급 당 위원회나 또는 기율검사위원회에 보고하여 비준을 득해야 한다. 동급 당 위원회가 안건을 처리한 결정에 의견을 달리한다면 상1급 기율검사위원회에 재조사를 요청할 수 있다.

(3) 상급 기율검사위원회는 하급 기율검사위원회의 사업을 검사할 권한을 가지며, 그 뿐만 아니라 하급 기율검사위원회가 안건에 대해 내린 결정을 비준하고 변경할 권한을 가진다. 만약에 바꾸고자 하는 해당 하급 기율검사위원회의 결정이 이미 그 동급 당 위원회의 비준을 득한 것이라면, 변경하기 위해서는 반드시 그 상1급 당 위원회의 비준을 거쳐야 한다. 특별히 중요하거나 또는 복잡한 안건에 대한 검사와 처리는 반드시 동급 당 위원회와 상급 기율검사위원회에 보고해야 한다.

〔**제33조**〕각급 기율검사위원회의 사업은 중대한 문제에 속하는 것이라면 반드시 위원회의 집단토론을 거쳐 결정해야 한다. 당 조직과 당원이 당기를 위반한 안건의 검사와 처리는 반드시 사실을 근거로 하고, 당 내 법규를 기준으로 삼아야 한다. 각급 기율검사위원회는 즉시 동급 당 위원회에 지시를 요청하고 사업을 보고해야 하며, 당원과 대중의 기율검사 사업에 대한 비판과 건의를 청취하는 것을 중시하며, 당 조직과 대중의 감독을 받아들인다.

〔**제34조**〕각급 기율검사위원회 구성원은 마르크스레닌주의와 마오쩌둥사상을 성실히

학습하고, 중국 특색의 사회주의를 건설하는 이론과 당의 노선과 방침 및 정책을 학습하며, 국가의 법률과 당의 법규를 숙지하고, 이론과 정책 수준을 제고한다. 원칙을 견지하고, 직무에 충실하며, 법을 어기고 기율을 문란하게 한 현상 및 각종 부정한 기풍과 단호히 투쟁한다. 실사구시(實事求是)하고, 정의롭고 올바르며, 대중과 밀접하게 연계하고, 조사와 연구를 깊숙이 하고, 기율을 위반한 안건을 정확히 처리한다. 멸사봉공하고 솔선수범하며 법과 기율을 준수하며 당기를 단정하게 하는 모범이 된다.

제3절 당의 기관(부문) 위원회와 직속위원회

〔**제35조**〕 총참모부, 총정치부, 총후근부에 당 위원회를 설립한다. 그 구성, 직권 및 구성방식은 중앙군사위원회가 〈중국공산당 장정〉의 관련 규정과 실제 상황에 근거하여 결정한다. 각 총부기관과 2급부당의 조직의 설치, 구성, 직권 및 구성방식은 해당 총부 당 위원회가 결정한다.

〔**제36조**〕 대군구, 부(副)대군구, 군, 사단, 여단급 단위의 사령부, 정치부, 후근부, 기술장비부는 각각 당 위원회를 설립한다. 사령부와 정치부 당 위원회는 서기와 부서기를 두며, 상무위원회를 두지 않으며, 그 구성원은 동급 부대 당의 위원회가 지정한다. 후근부와 기술장비부 당의 위원회는 당 대표대회나 또는 당원대회가 선출하여 구상하며, 서기와 부서기를 두며, 그중의 대군구와 부대군구급 단위에는 5-9인의 상무위원회를 두며, 군, 사단, 여단급 단위에는 일반적으로 상무위원회를 두지 않는다. 각급 기관 당의 위원회는 동급 부대 당 위원회의 영도 하에 본 기관 사업 중의 중대한 문제와 자체 건설 문제를 토론하여 결정하며, 직속단위에 대해서는 통일적 영도를 실행한다. 각급 기관 당의 위원회는 동급 부대 당 위원회보다 1개 등급이 낮은 권한을 행사한다.

〔**제37조**〕 대군구, 부대군구, 군, 사단, 여단급 단위의 사령부, 정치부, 후근부, 장비기술부의 직속단위가 비교적 많은 것은 기관 당의 위원회를 설립할 수 있음과 동시에 당의 직속위원회를 설립한다. 각급 기관 당의 직속위원회는 당 대표대회나 또는 당원대회가 선거를 통해 선출하며, 서기와 부서기를 두고, 위원의 인원수가 많는 곳은 5-7인의 상무위원회를 설립한다. 직속위원회는 당 기관위원회의 영도 하에 직속단위에 대해서는 통일적 영도를 실행하며, 기관 당의 사업을 책임진다. 직속위원회가 행사하는 권한은 동급 기관 당의 위원회가 확정한다.

〔**제38조**〕여단급 단위의 사령부, 정치처, 후근처, 장비기술처는 당의 직속위원회나 또는 당의 총지부위원회를 설립하며, 동급 부대 당 위원회의 영도 하에 직속단위에 대해 통일적 영도를 실행하며, 기관 당의 사업을 책임진다. 직속위원회는 당원대회가 선거를 통해 선출하여 구성하며, 서기와 부서기를 두며, 상무위원회를 두지 않는다.

〔**제39조**〕초급·중급 군대원교의 기관 부(처)는 일반적으로 각각 당의 위원회를 설립하며, 기관 인원과 직속단위가 적은 곳은 당의 총지부위원회나 또는 당의 지부위원회를 설립할 수 있다 부(처) 당 위원회의 구성, 직권, 선출과 구성방식은 본 조례의 〔제36조〕 규정을 참조하여 집행한다.

〔**제40조**〕각급 사령부, 정치부 당의 기관(부문) 위원회의 영도제도와 자체 건설은 본 조례 〔제26조〕, 〔제28조〕의 규정을 참조하여 집행한다. 본 장의 제1절은 원칙적으로 각급 후근부, 장비기술부 당의 기관(부문) 위원회와 직속위원회에 적용된다.

제4절 당의 기층위원회

〔**제41조**〕중국공산당이 중국인민해방군 내의 대대와 대대에 상당하는 단위에 설립한 기층위원회는 각 해당 단위를 통일적으로 영도하고 단결시키는 핵심이다.

〔**제42조**〕당의 기층위원회의 정수는 상1급 당의 위원회가 결정한다. 당의 기층위원회는 서기·부서기를 둔다. 당의 기층위원회는 대대와 대대에 상당하는 단위 당원대회가 차액선거를 통해 선출한다. 위원 후보자의 인원수는 당선자에 비해 적어도 100분의 20이 되어야 한다. 피선거인은 회의에 참석한 선거권자 수의 과반수 찬성표를 획득해야 당선이 확정된다. 서기와 부서기는 기층위원회가 등액선거를 통해 선출한다. 기층위원회 위원과 서기·부서기는 상1급 당 위원회에 보고하여 비준을 득하며, 필요시에는 상1급 당 위원회가 지정한다. 당 기층위원회의 매기 임기는 2년이며, 임기가 만료되면 반드시 기간에 따라 교체선거를 실시해야 한다. 만약에 연기하거나 또는 앞당겨 교체선거를 실시하고자 한다면 반드시 상급 당 위원회에 보고하여 비준을 득해야 하며, 연장기한은 1년을 넘겨서는 안 된다.

〔**제43조**〕기층 당원대회의 직권은 아래와 같다:
(1) 상급의 결의와 지시를 철저히 집행하는 것을 토론한다.

(2) 본 단위의 중대한 문제를 토론하여 결정한다.
(3) 기층위원회의 보고를 토론하여 비준한다.
(4) 기층위원회 위원과 상급 당 대표대회에 출석하는 대표를 선출한다.

〔**제44조**〕 당의 기층위원회는 기층당원대회의 폐회기간 중 본 단위의 사업을 통일적으로 영도한다. 그 주요 임무는 아래와 같다:

(1) 당의 노선과 방침 및 정책, 상급의 결의와 명령 및 지시, 그리고 본 급 당 조직의 결의를 선전하고 집행하며, 장병이 작전, 훈련, 그리고 기타 각항 임무를 완수하도록 계획하고 인솔한다.
(2) 당원이 마르크스레닌주의와 마오쩌둥사상을 학습하고, 중국 특색의 사회주의를 건설하는 이론을 학습하며, 당의 기본노선, 당의 기본지식, 그리고 당의 양호한 전통을 학습하는 것을 계획한다.
(3) 당 지부가 당의 조직생활을 엄격하게 하고, 당원을 교육하고 관리하며 감독하는 것을 영도한다.
(4) 당원을 확충하는 사업을 계획적으로 실행한다.
(5) 소속단위가 기층건설을 전면적으로 강화하도록 영도하며, 선진적 모범이 되려고 노력하는 대중성 활동을 전개하고 영웅의 모범적 활동을 학습하는 것을 계획한다.
(6) 간부를 교육하고 관리하며, 간부의 양성과 활용을 건의한다.
(7) 본 단위의 기율검사 사업을 영도한다.
(8) 본 단위의 공산주의청년단 총지부위원회의 사업을 영도한다.

〔**제45조**〕 당 기층위원회가 토론하여 결정하는 문제는 아래와 같다:

(1) 당의 노선과 방침 및 정책, 국가의 헌법과 법률, 군대의 법규와 규정, 그리고 상급의 결의와 명령 및 지시의 관철과 집행.
(2) 임무 완수, 훈련, 그리고 기타 중대한 임무의 조치.
(3) 당원대회와 기층위원회 결의의 관철과 집행상황, 상급 당 위원회를 향한 지시 요청과 보고, 본급 당원대회의 보고.
(4) 중대 당 지부와 기층건설 상황의 분석, 중대 당 지부와 기층건설을 강화하는 중요한 조치.
(5) 중대 핵심의 배치와 인원의 조정 및 분배.
(6) 신입당원의 심사와 비준 및 예비당원의 정식당원 승인.
(7) 직권범위 내의 상벌 사업.
(8) 기타 기층위원회가 반드시 토론하여 결정해야 하는 문제.

〔**제46조**〕본 조례〔제26조〕,〔제28조〕의 규정은 원칙적으로 당의 기층위원회에 적용된다.

제5절 당의 중대 지부

〔**제47조**〕중국공산당이 중국인민해방군 내 중대와 중대에 상당하는 기층단위에 설립한 지부는 당의 군대 내에 있는 기층조직이며, 각 해당 단위를 통일적으로 영도하고 단결시키는 핵심이다.

〔**제48조**〕정식당원이 3인인 중대는 모두 당 지부를 설립해야 한다. 임무를 독립적으로 수행하는 시간이 비교적 긴 임시단위는 당의 임시지부를 설립할 수 있다. 당 지부의 설립은 반드시 연대급 단위 당 위원회의 비준을 득해야 한다. 중대 당 지부의 영도기관은 지부당원대회와 그곳에서 선출된 위원회이다. 지부위원회는 반드시 지부당원대회의 결의를 철저히 집행해야 하며, 지부당원대회의 검사와 감독을 받는다. 지부위원회는 지부당원대회가 차액선거로 선출하여 구성하며, 위원 후보자의 수가 당선자의 수보다 적어도 100분의 20이 되어야 하며, 피선거권자는 참석 선거권자의 과반수 찬성표를 얻게 되면 당선자로 확정된다. 지부위원회의 인원수는 일반적으로 5-7인이며, 많아야 9인을 넘지 않는다. 지부위원회는 통상적으로 서기·부서기, 그리고 조직위원, 선전위원, 청년위원, 기율검사위원, 보위위원, 대중사업위원을 두며, 필요시 적군사업위원을 둘 수 있다. 서기와 부서기는 지부위원회가 등액선거로 선출한다. 위원의 인원수가 비교적 적은 상황 하에서는 1명의 위원이 수명 위원의 사업을 겸하여 관리할 수 있다. 정식당원이 적은 지부는 3인지부위원회를 설립하거나 또는 서기와 부서기만을 둘 수 있다. 지부위원회 위원은 상1급 당 위원회가 비준한다. 서기와 부서기는 연대급 단위 당의 위원회가 비준한다. 위원이 결원 시에는 즉시 보충해야 한다. 지부위원회의 매기 임기는 1년이며, 임기가 만료되면 기한대로 교체선거를 실시한다. 만약에 교체선거를 연기하거나 또는 앞당겨 실시하고자 한다면 상급 당 조직에 보고하여 비준을 득해야 한다. 연장기한은 1년을 초과해서는 안 된다. 당 지부는 당원의 수와 분포상황에 따라 당 소조로 나누며, 원칙적으로 소대에 당 소조를 설립한다. 당 소조의 장은 당 소조가 추천하여 정한다. 간부당원은 사병 당원과 같이 조에 편성되며 당의 소조생활을 한다. 당 지부는 반드시 항상 일정한 수의 정식당원을 유지하고, 상대적으로 안정된 당원 대오를 건립해야 한다.

〔**제49조**〕 지부당원대회와 지부당원대회가가 선출한 지부위원회는 본 단위의 사업을 통일적으로 영도한다. 그 주요 임무는 아래와 같다:

(1) 당의 노선과 방침 및 정책, 국가의 헌법과 법률, 군대의 법규와 규정, 상급의 결의와 명령 및 지시, 그리고 본 지부의 결의를 선전하고 집행하며, 당원의 선봉적이고 모범적인 역할을 충분히 발휘하고, 대중이 작전, 훈련, 그리고 기타 각항 임무를 완수하는 것을 계획하고 인솔한다.

(2) 당원이 마르크스레닌주의와 마오쩌둥사상을 성실히 학습하고, 중국 특색의 사회주의를 건설하는 이론을 학습하며, 당의 기본노선, 당의 기본지식, 그리고 당의 양호한 전통을 학습하는 것을 계획한다.

(3) 당의 조직생활을 엄격히 하고, 비판과 자아비판을 전개하며, 당원을 민주적으로 평의하고,우수당원을 표창하며, 당원이 의무를 이행하는 것을 감독하고, 당원의 권리가 침해를 받지 않는 것을 보장한다.

(4) 대중과 밀접하게 연계하고, 항상 대중의 당원과 당의 사업에 대한 비판과 의견을 이해하며, 대중의 합법적 권익을 유지한다. 일상적인 사상사업을 실시하며, 중대 내의 잘못된 사상과 불량한 기풍을 즉시 발견하고 시정한다. 존간애병(尊幹愛兵) 활동을 전개하고, 장병관계를 밀접하게 한다. 문화체육활동을 전개하고, 중대의 문화생활을 활성화하고 풍부하게 하는 것을 지도한다. 중대의 물질생활에 관심을 가지고 이를 개선한다. 장병의 가족에 대한 사업을 실시한다.

(5) 장교가 직권을 정확하게 행사하는 것을 보증하며, 군관이 법과 기율을 준수하고 멸사봉공하는 것을 교육하고 감독한다.

(6) 옹정애민(擁政愛民) 활동을 전개하고, 군·정, 군·민 관계를 명확히 한다.

(7) 당원과 대중이 경계심을 가지고 적대세력, 적대분자의 침투 및 파괴활동과의 투쟁을 전개하고, 법을 위반하는 범죄행위와의 투쟁을 전개하는 것을 교육한다.

(8) 계획적으로 당원을 확충하는 사업을 실시하며, 당비를 징수한다.

(9) 중대 공산주의청년단 지부와 군인위원회의 사업을 지도한다.

(10) 장병이 선진적 중대가 되고, 우수사병이 되기 위해 노력하는 활동을 전개하고, 영웅의 모범적 활동을 학습하는 활동을 전개하는 것을 계획한다.

〔**제50조**〕 지부당원대회의 직권은 아래와 같다:

(1) 상급의 결의와 지시 조치를 철저히 집행하는 것을 토론한다.

(2) 중대의 중대한 문제를 토론하여 결정한다.

(3) 지부위원회의 보고를 토론하여 비준하며, 중대장, 정치지도원의 보고를 청취하고 토론한다.

(4) 지부위원회 위원과 상급 당 대표대회에 출석하는 대표를 선출한다.
(5) 당원을 흡수하고 처분하는 결정을 한다.

〔**제51조**〕당 지부위원회가 토론하여 결정하는 문제는 아래와 같다:
(1) 당의 노선과 방침 및 정책, 국가의 헌법과 법률, 군대의 법규와 규정, 그리고 상급의 결의와 명령 및 지시의 관철과 집행.
(2) 중요한 사업의 임무배치.
(3) 중대 건설계획.
(4) 장병 사상상황의 분석과 사상사업을 강화하는 중요한 조치.
(5) 핵심의 배치, 조직의 조정, 인원의 이동과 분배.
(6) 계급의 승진.
(7) 전문직 하사관의 선발, 우수사병의 입학 추천, 간부로 발탁 승진, 그리고 전문기술 학습.
(8) 당원 확충.
(9) 중대 인원의 상과 벌.
(10) 중요한 경비의 지출과 중요한 물자의 사용.
(11) 중대의 기타 중요한 문제.

〔**제52조**〕중대 당 지부위원회는 지부위원회의 통일적인 집단영도 하의 중대장, 정치지도원 분담책임제를 실행하며, 이를 위해 아래와 같이 한다:
(1) 본 단위에 대해 통일적 영도를 실행한다.
(2) 중대가 결정해야 하는 중대한 문제는 모두 반드시 지부위원회나 또는 지부당원대회를 거쳐 토론하여 결정해야 한다. 긴급한 상황하에서는 중대장과 정치지도원이 상황에 맞게 처리하며, 사후에 즉시 지부위원회나 또는 지부당원대회에 보고하며 검사를 받는다.
(3) 집단영도를 견지한다. 중대한 문제에 속하는 것은 모두 반드시 지부위원회가 민주적으로 토론하고 집단적으로 결정해야 한다. 문제를 토론하는 것은 반드시 민주를 충분히 발양해야 하며, 문제를 결정하는 것은 반드시 소수가 다수에 복종하는 원칙을 엄격하게 집행해야 한다.
(4) 중요한 문제의 결정은 표결로 해야 한다. 지부위원회에서 서기와 위원은 평등한 권리를 향유하며, 개인은 중대한 문제를 결정하거나 또는 지부위원회의 결정을 바꿀 수 없다. 서기는 반드시 민주적인 기풍을 가지고 위원의 의견을 겸허히 청취하고, 집단의 지혜를 모으고 발휘하도록 할 줄 알아야 한다.

(5) 위원은 전체적 국면을 보는 관념을 강화하고, 집단영도에 적극 참여하고 이를 유지해야 한다. 지부위원회의 결정에 다른 의견을 가지고 있으면 보류 성명을 낼 수 있으며, 그뿐만 아니라 상급 당 조직부터 중앙에 이르기까지 제기할 권한을 가지며, 그러나 지부위원회나 또는 상급 당 조직이 결정을 변경하기 전에는 반드시 확고하게 집행해야 한다.

(6) 당 지부위원회가 결정을 내린 후, 중대장, 정치지도원은 분담하여 관철과 집행을 책임진다. 군사사업 분야에 속하는 것은 중대장이 계획하고 실시하는 것을 책임지고, 정치사업 분야에 속하는 것은 정치지도원이 계획하고 실시하는 것을 책임진다.

(7) 중대장, 정치지도원은 반드시 지부위원회의 영도에 복종하며, 지부위원회의 결의를 집행하고, 직책을 적극적이고 주도적으로 이행하며, 긴밀하게 협력하고, 서로 지지해야 한다.

(8) 지부위원회는 행정사무를 독점해서는 안 되며, 행정 수장이 독립적으로 책임지는 사업을 지지해야 한다.

〔제53조〕 당 지부 서기와 각 위원의 업무 분장은 아래와 같다:

(1) 지부 서기는 당 지부의 일상업무를 책임지며, 지부위원회의 개최를 주관한다. 당 지부 결의의 관철과 집행을 검사하고 독촉하며, 지부위원회를 대표하여 제때에 지부 당원대회와 상급 당 조직에 사업을 보고한다.

(2) 당의 민주생활회 개최를 계획하며, 비판과 자아비판을 전개한다. 지부위원 및 중대 간부와 긴밀한 연계를 유지하며, 상황을 교환하고 사업을 연구한다.

(3) 부서기는 서기의 사업을 협조하며, 서기가 결원 시에 서기의 사업을 대리한다.

(4) 조직위원은 지부의 조직상황을 장악하고, 당원을 확충하는 사업을 관리하며, 당비를 징수하고, 당원의 조직관계를 접수하여 해당 부문으로 전하는 것을 책임진다.

(5) 선전위원은 당원의 사상과 학습 상황을 이해하고, 당원의 학습과 교육을 계획하며, 선전격려 사업을 계획하여 전개하는 것을 책임진다.

(6) 청년위원은 단 지부의 사업을 책임지며, 당 지부의 청년사업 관련 결의를 철저히 집행한다.

(7) 기율검사위원은 검사위원이 당의 기율을 집행하는 상황을 책임지며, 당원의 제소와 고발을 수리하고 전달한다.

(8) 보위위원은 범죄예방과 비밀유지 사업을 책임진다.

(9) 대중사업위원은 옹정애민(擁政愛民)과 군·민이 공동으로 사회주의 정신문명을 건설하는 사업에 참가하는 것을 책임지며, 대중의 기율을 검사하고 유지하며, 장병의 가족에 대한 사업에 참가한다.

(10) 적군사업위원은 적군와해사업을 책임진다.

〔**제54조**〕 당 소조의 주요 임무는 아래와 같다:

당원의 학습을 계획한다. 당원의 사상사업을 한다. 당원의 보고를 접수한다. 당원이 당의 결의를 집행하도록 독촉한다. 당의 발전대상을 교육하고 양성한다. 대중의 사상사업을 한다. 당비를 징수한다.

〔**제55조**〕 당 지부는 아래의 조직생활 제도를 견지해야 한다:

(1) **회의제도:** 지부당원대회는 일반적으로 매월 1회, 지부위원회는 필요에 근거하여 개최한다. 당 소조회는 매월 1회 개최하며, 회의내용은 기록한다.

(2) **당일**(黨日)**제도:** 매주 반일의 시간을 이용하여 당의 조직생활을 진행한다.

(3) **당과**(黨課)**제도:** 매월 1-2차 당과교육을 실시한다.

(4) **보고사업제도:** 지부위원회는 분기별 또는 사업단계별로 지부당원대회에 사업보고와 자체 건설상황 보고를 실시한다.

(5) **민주생활회제도:** 매 반년마다 1회의 지부위원회 또는 지부당원대회를 소집하여 허심탄회하게 의견을 교환하며, 비판과 자아비판을 전개하며, 단결을 강화하고, 사업을 개선한다.

(6) **당원보고제도:** 당원은 매월 당 조직에 1회 사상, 사업, 그리고 지부가 할당한 임무의 완수 상황을 보고하며, 중요한 문제가 있을 때는 즉시 보고해야 한다. 외출 시간이 비교적 길 때는 서면보고를 해야 한다.

(7) **당원에 대한 민주적 평의제도:** 당원, 특히 간부당원의 사상, 사업, 그리고 모범적 활동에 대해 당 내와 당 외를 결합하는 방식으로 매년 적어도 1회 평의(評議)를 한다.

제6절 당의 교연실, 과연실, 기술실과 의료과(실) 지부

〔**제56조**〕 중국공산당이 인민해방군 내 교연실, 과연실, 기술실과 의료과(실)에 설립한 지부는 당의 군대 교학, 과학연구, 기술과 의료기구 내의 기층조직이며, 각 해당 단위의 정치 영도와 단결의 핵심이다.

〔**제57조**〕 교연실, 과연실, 기술실과 의료과(실)에 당 지부를 설립하며, 반드시 상1급 당 위원회의 비준을 거쳐야 한다. 당 지부위원회의 매기 임기는 2년이다.

〔제58조〕 교연실, 과연실, 기술실과 의료과(실) 당 지부의 주요 임무는 아래와 같다.
(1) 당 지부의 사상, 정치, 조직과 기풍을 철저히 건설한다.
(2) 본 단위 인원의 사상실태를 분석하며, 사상사업을 강화하는 조치를 제기하며, 전체 인원이 각항 임무를 원만히 완수하도록 교육한다.
(3) 본 단위 간부의 임면, 이동과 배치, 상과 벌, 계급과 직급의 조정을 건의한다.
(4) 본 단위의 건설계획을 연구하고 토론한다.
(5) 중대한 경비 지출을 연구한다.
(6) 직공과 가족의 사상사업을 실시한다.
(7) 행정책임자와 협조하여 본 단위의 물질문화생활을 개선한다. 행정책임자가 직권을 정확히 행사하는 것을 지지하고 감독한다.

〔제59조〕 본 조례의 〔제48조〕, 〔제53조〕, 〔제54조〕, 〔제55조〕 규정은 원칙적으로 교연실, 과연실, 기술실과 의료과(실)의 당 지부에 적용된다.

제7절 당의 기관 지부와 총지부

〔제60조〕 중국공산당이 중국인민해방군의 각급 기관 내에 설립한 지부는 군대의 기관 내에 있는 당의 기층조직이며, 상급 당 조직의 영도 하에 당의 사업을 책임지며, 행정책임자를 포함한 각 당원을 감독하고, 행정 책임자가 임무를 완수하는 것을 협조한다. 기관 당 지부의 설립은 소재 부대 당 위원회나 또는 당의 기관(부문) 위원회나 또는 당의 기관 직속위원회가 실제상황과 사업의 필요에 근거하여 결정한다. 당 지부위원회의 매기 임기는 2년이다.

기관 당 지부의 주요 임무는 아래와 같다:
(1) 당 지부의 사상, 정치, 조직과 기풍을 건설한다.
(2) 당원이 당원의 의무를 이행하고, 당의 노선과 방침 및 정책을 집행하며, 법을 지키고 기율을 준수하는 것을 감독한다.
(3) 멸사봉공 상황과 사상기풍 분야를 감독할 뿐만 아니라 당원의 권리가 침범을 당하지 않는 것을 보장한다.
(4) 당원 교육과 당원의 확충 사업을 실시한다.
(5) 행정 책임자가 직권을 행사하는 것을 지지하며, 당원과 대중이 본직 사업을 하는 것을 교육하며, 기관이 각항 임무 완수를 보증한다.

(6) 대중의 의견과 요구를 항상 이해하고 반영하며, 대중의 합법적 이익을 보호한다.
(7) 기관 인원이 항상 대중의 의견과 요구를 이해하고 반영하며, 대중의 합법적 권익을 보호하도록 한다.
(8) 기관 인원의 상과 벌을 건의한다.
(9) 관련 부문과 협조하여 기관 인원의 물질문화생활을 개선한다.
(10) 직공과 가족의 사상사업을 한다.
(11) 기관 인원이 국가와 군대의 비밀을 지키도록 교육하며 기관의 안전을 보증한다.
(12) 당원 영도간부는 보통 당원의 신분으로 소재 당 지부의 조직생활에 참가하며, 당 지부의 감독을 자발적으로 받는다.

〔제61조〕 중국공산당의 중국인민해방군 각급 기관의 업무부문은 사업의 수요와 당원의 인원수에 근거하여 상1급 당 위원회의 비준을 거쳐 총지부위원회를 설립할 수 있다. 총지부위원회의 매기 임기는 2년이다. 총지부위원회는 동급 당의 기관(부문) 위원회나 또는 당의 기관직속위원회 영도 하에 소속 단위의 당 지부를 영도한다.

〔제62조〕 본 조례 〔제48조〕, 〔제53조〕, 〔제54조〕, 〔제55조〕의 규정은 원칙적으로 기관 당 지부에 적용된다. 〔제48조〕, 〔제60조〕의 규정은 원칙적으로 당의 기관 총지부에 적용된다.

제5장 정치위원, 정치교도원과 정치지도원

제1절 정치위원

〔제63조〕 정치위원과 동급 군사주관(主官)은 함께 소재 부대의 수장이며, 동급 당 위원회의 영도 하에 소속부대의 각항 사업을 공동으로 책임진다. 정치위원은 당 위원회의 일상업무를 주관한다. 정치위원은 직접 상급수장에 예속되며, 정치사업에 있어서는 상급 정치위원과 정치기관에 복종하며, 군사사업에 있어서는 상급 군사지휘관, 정치위원, 그리고 군사기관에 복종한다.

〔제64조〕 정치위원은 반드시 직책을 이행하는 데 필요한 마르크스레닌주의와 마오쩌둥사상의 이론과 정책 수준을 구비해야 하며, 중국 특색의 사회주의를 건설하는 이론

을 장악하며, 견고한 공산주의 신념과 견고한 무산계급 당성을 가져야 하고, 당의 노선과 방침 및 정책을 모범적으로 관철하고 집행한다. 강렬한 혁명사업심과 정치적 책임감, 풍부한 정치사업경험, 그리고 비교적 강한 조직영도능력을 가져야 한다. 현대전쟁이 필요로 하는 군사소양, 필요한 과학·문화와 전문지식을 가져야 한다. 작전에 용감하고 과감하며, 사업에 개척적이고 실용적이며, 대중과 긴밀하게 연계하고, 비판과 자아비판에 용감하고, 민주를 발양하고 동지를 단결시킬 줄 알며, 공정하고 정의로우며, 멸사봉공하고, 남에게 모범이 되는 양호한 기풍을 가져야 한다. 정치위원은 반드시 5년 이상의 당력을 가진 중국공산당 당원이어야 한다.

〔제65조〕 정치위원은 반드시 상급 당 위원회, 상급수장, 그리고 영도기관의 결의, 명령, 지시, 그리고 동급 당 위원회의 결의에 근거하여, 본 단위의 실제 진행사업을 결합해야 한다. 정치위원은 반드시 주요한 정력을 가지고 정치사업을 계획하고 영도한다.

그 주요 직책은 아래와 같다:

(1) 부대가 당의 노선과 방침 및 정책, 국가의 헌법과 법률, 상급의 결의와 명령 및 지시를 관철하고 집행하는 것을 영도하며, 위반자를 발견할 때는 반드시 제지하고 시정하며, 필요 시 당 위원회나 또는 기율검사위원회로 넘겨 토론하고 처리한다.

(2) 부대가 마르크스레닌주의와 마오쩌둥사상을 학습하고, 중국 특색의 사회주의를 건설하는 이론과 당의 기본노선을 학습하며, 사회주의 정신문명을 건설하며, 사상동태를 장악하고, 정치사업을 강화하고, 각종의 그릇된 사조의 영향과 부패한 사상의 침식을 억제하고, 불량한 경향과의 투쟁에 용감하며, 부대가 확고하고 정확한 정치방향과 왕성한 투지를 유지하도록 영도한다.

(3) 부대가 군대의 법규와 규정을 관철하고 집행하며, 군대의 기율을 자발적으로 유지하고, 부대의 고도의 집중적 통일을 보증하는 것을 영도한다.

(4) 동급 군사주관(主官)과 협력하여 지휘작전을 계획한다. 작전, 훈련 등 각항 임무 중의 정치사업을 집행하는 것을 영도하며, 부대가 상급이 부여한 각항 임무를 완수하는 것을 보증한다. 동급 군사주관과 공동으로 각항 명령에 서명한다.

(5) 부대 당 조직의 건설과 공산주의청년단의 건설을 영도하며, 당의 기율검사 사업을 지도한다.

(6) 당의 간부노선, 방침, 정책, 그리고 관련 법규와 규정에 의거하여 간부사업을 한다. 소속부대의 산아제한사업을 영도한다.

(7) 부대가 당의 정법사업방침과 정책을 관철하고, 정법건설을 하며, 안전보위와 기밀유지 사업을 하는 것을 영도한다.

(8) 부대가 정치민주, 경제민주, 군사민주, 그리고 존간애병(尊幹愛兵) 활동을 전개하는 것을 영도한다. 부대의 문화사업, 대중사업, 그리고 적군와해사업을 영도한다.
(9) 상급의 기층건설을 강화하는 것과 관련된 규정을 관철하고 집행하며, 기층건설을 한다.
(10) 정치기관의 사업을 영도한다.

〔제66조〕 정치위원은 사업 중에 군사주관과 주도적으로 상의하고, 서로 지지하며, 긴밀히 협력해야 한다.

제2절 정치교도원

〔제67조〕 정치교도원과 대대장은 함께 전 대대 인원의 수장이며, 상급수장과 정치기관 및 대대 당 위원회의 영도 하에 전 대대의 각항 사업을 공동으로 책임진다. 정치교도원은 대대 당 위원회의 일상업무를 주관한다.

〔제68조〕 정치교도원은 반드시 직책을 수행하는데 필요한 마르크스레닌주의와 마오쩌둥사상의 이론과 정책 수준을 구비해야 하며, 중국 특색의 사회주의를 건설하는 이론을 장악하는데 노력하며, 당의 노선과 방침 및 정책을 모범적으로 철저히 집행한다. 강렬한 혁명 사업심과 정치적 책임감, 비교적 풍부한 기층 정치사업 경험, 비교적 강한 조직 영도능력을 지녀야 한다. 현대전쟁이 필요로 하는 군사소양, 필요한 과학·문화와 전문지식을 가져야 한다. 작전에 용감하고, 사업에 적극적이고, 원칙을 견지하고, 공정하고 올바르며 대중과 연계하고, 멸사봉공하며, 남에게 모범이 되는 양호한 기풍을 지녀야 한다. 정치교도원은 반드시 3년 이상의 당력을 가진 중국공산당 당원이어야 한다.

〔제69조〕 정치교도원은 반드시 상급의 결의와 명령 및 지시, 대대 당 위원회의 결의에 근거하고, 본 단위의 실제 진행사업을 결합해야 한다. 정치교도원은 반드시 모든 정력을 집중하여 정치사업을 계획하고 영도해야 한다.

그 주요한 직책은 아래와 같다:
(1) 장병이 당의 노선과 방침 및 정책, 국가의 헌법과 법률을 관철하고 집행하며, 군대의 법규와 규정, 그리고 상급의 결의와 명령 및 지시를 관철하고 집행하는 것을 교육하고 인도한다.

(2) 장병이 마르크스레닌주의와 마오쩌둥사상을 학습하고, 중국 특색의 사회주의를 건설하는 이론을 학습하는 것을 계획하고 영도한다. 중대가 정치교육 방법을 개진하고, 정치교육의 각항 제도를 집행하며, 정치교육을 실제에 적용하는 것을 돕는다. 전 대대의 사상실태와 분대장 이상 핵심의 기본상황을 장악하며, 일상적인 사상사업을 한다.

(3) 대대장과 협력하여 전투를 계획하고 지휘한다. 전투동원을 하고, 선전격려를 하며, 조직을 완전하게 하고, 부대를 공고히 하며, 적군을 와해하고, 포로를 관대하는 사업을 실시한다. 작전단위와 참전 민병 및 노무자와 협력하는 정치사업과 전지대중사업을 실시한다. 장병이 군사민주를 발양하고, 적을 죽여 공을 세우는 운동을 전개한다. 장병이 확고하게 명령을 집행하며, 전장의 기율을 유지하고, 양호한 전투기풍을 발양하고, 작전임무를 완수한다. 전투평가 사업을 계획하며, 전후의 관련 사업을 실시한다.

(4) 군사훈련과 임무수행중의 정치사업을 실시한다. 뚜렷한 목표를 가지고 사상동원을 실시하고 선전격려를 전개하며, 각종 경연활동을 계획하고, 장병의 적극성과 창조성을 충분히 고취시키고, 훈련과 임무의 완수를 보증한다.

(5) 중대 당 지부의 상황을 숙지하고, 중대 당 지부가 조직을 완전하게 하고, 당의 민주집중제 원칙을 관철하며, 당의 조직생활제도를 엄격하게 하고, 당원을 교육하고 관리하며 확충하는 사업을 철저히 하며, 당 지부의 핵심을 양성하고, 중대 건설이 취약한 당 지부를 중점적으로 지원하는 것을 지도하고 도와준다.

(6) 간부를 심사하여 이해하며, 간부의 양성, 사용, 그리고 상벌에 대한 의견을 제기한다. 항상 간부와 마음을 터놓고 이야기하며, 사상사업을 철저히 한다. 신참간부에게 경험을 전수하고[傳], 일의 습득을 도와주며[幇], 앞장서서 이끌고 나아가며[帶], 신참간부가 군·정 자질과 사업능력을 향상시키도록 도와준다. 간부의 고통에 관심을 가지며, 실제적인 어려움을 적극적으로 도와준다. 전 대대가 산아제한 사업을 철저히 집행하는 것을 영도한다.

(7) 중대가 문화사업을 철저히 실시하고, 장병의 문화생활을 활성화하고 풍부하게 하는 것을 지도한다.

(8) 부대와 주둔지의 정치상황을 장악하고, 중대가 안전보위사업을 철저히 집행하는 것을 영도한다. 장병이 경계심을 제고하고, 법률과 기율 관념과 비밀유지 관념을 강화하며, 적대세력, 적대분자의 침투파괴활동과 투쟁하고, 위법적인 범죄행위와 투쟁하며, 각종 불량한 경향과 투쟁하고, 부패한 사상의 침식을 억제하며, 범죄사건의 발생을 예방하는 것을 교육한다.

(9) 공산주의청년단 대대 총지부위원회가 중심임무를 둘러싸고 청년의 특성에 적합한

활동을 전개하는 것을 지도한다.

(10) 중대가 군인위원회의 사업을 실시하는 것을 지도한다.

(11) 장병이 과학·문화 지식을 학습하고, 군대와 지방 모두 쓰일 수 있는 인재를 양성하는 사업을 계획한다.

(12) 선진적 모범이 되기 위해 노력하는 대중성 운동과 영웅의 모범적 행위를 학습하는 활동을 전개하는 것을 계획하고, 선진적 전형을 양성하고 선양하며, 상벌 사업을 실시한다.

(13) 장병이 옹정애민(擁政愛民) 활동을 전개하는 것을 계획한다.

〔제70조〕 정치교도원은 사업 중에 응당 대대장과 주도적으로 상의하며, 서로 지지하고, 긴밀하게 협력한다. 원칙적인 문제에 있어서 이견이 발생하여 의견의 일치를 보지 못할 때는 응당 대대 당 위원회로 넘겨 토의하여 결정하거나 또는 상급에 요청하여 해결을 기다려야 한다. 긴급한 상황 하에서는 군사사업 분야에 속하는 문제는 대대장이 결정하고, 정치사업 분야에 속하는 문제는 정치교도원이 결정하며, 그러나 모두 반드시 대대 당 위원회와 상급에 책임을 지며, 사후에 검사를 받아야 한다.

〔제71조〕 본 조의 규정은 대대에 상당하는 단위의 정치교도원에 적용된다. 부정치교도원은 정치교도원의 사업을 협조한다.

제3절 정치지도원

〔제72조〕 정치지도원은 중대장과 함께 전 중대 인원의 수장이며, 상급수장, 정치기관, 그리고 중대 당 지부의 영도 하에 중대의 각항 임무를 공동으로 책임진다. 정치지도원은 중대 당 지부의 일상업무를 주관한다.

〔제73조〕 정치지도원은 반드시 직책을 이행하는데 필요한 마르크스레닌주의와 마오쩌둥사상의 이론과 정책 수준을 구비해야 하며, 중국 특색의 사회주의를 건설하는 이론을 장악하는데 노력하고, 당의 노선과 방침 및 정책을 모범적으로 관철하고 집행해야 한다. 강렬한 혁명사업심과 정치적 책임감을 지녀야 하고, 당무사업을 하고, 사상사업을 하며, 정치과목을 이야기 하고, 내부관계를 협조하고, 조직에 의지하여 사업을 전개하는 능력을 구비해야 한다. 현대전쟁이 요구하는 군사소양, 필요한 과학·문화 지식과 전문지식을 가져야 한다. 작전에 용감하고, 사업에 적극적이고, 원칙을 견지하고,

공정하고 올바르며, 대중과 연계하고, 동지를 단결시키며, 멸사봉공하고, 남에게 모범이 되는 양호한 기풍을 지녀야 한다. 정치지도원은 반드시 중국공산당의 정식당원이어야 한다.

〔**제74조**〕 정치지도원은 반드시 상급의 결의와 명령 및 지시, 그리고 중대 당 지부의 결의를 근거로 하고, 본 단위의 실제 진행사업을 긴밀하게 결합해야 한다. 정치지도원은 응당 온 정력을 집중하여 정치사업을 계획하고 진행해야 한다.

그 주요 직책은 아래와 같다:

(1) 장병이 당의 노선과 방침 및 정책, 그리고 국가의 헌법과 법률을 관철하고 집행하며, 군대의 법규와 규정, 그리고 상급의 결의와 명령 및 지시를 철저히 집행하는 것을 교육하고 이끌고 나아간다.

(2) 장병이 마르크스레닌주의와 마오쩌둥사상을 학습하고, 중국 특색의 사회주의를 건설하는 이론을 학습하는 것을 계획하고 영도하며, 정치교육의 각항 내용과 제도를 실제에 적용하며, 정치과목을 잘 이야기 하며, 학습과 토론을 잘 계획하고, 장병이 매일 뉴스와 신문을 듣고 보는 것을 계획한다.

(3) 중대장과 협력하여 작전을 계획하고 지휘하며, 전투동원을 하고, 선전격려를 하며, 조직을 완전하게 하고, 부대를 공고히 하며, 적군을 와해하고, 포로를 관대하게 대하는 사업을 실시한다. 참전 단위와 참전 민·공 및 노무자와 협력하는 정치사업과 전쟁터의 대중사업을 철저히 실시한다. 장병이 군사민주를 발양하고 적을 죽여 공을 세우는 운동을 전개한다. 전 중대 장병이 확고하게 명령을 집행하며, 전장의 기율을 유지하고, 양호한 전투기풍을 발양하며, 작전임무를 완수하는 것을 계획한다. 전투평가사업을 계획하며, 전후의 관련 사업을 실시한다.

(4) 군사훈련과 임무수행중의 정치사업을 실시한다. 뚜렷한 목표를 가지고 사상동원을 하고, 다양한 방법을 운용하여 선전격려를 전개하고, 각종 경연활동을 계획하며, 당원이 선봉적 모범 역할을 발휘하도록 하고, 장병의 적극성과 창조성을 동원하며, 훈련과 임무의 완수를 보증한다.

(5) 일상적인 사상사업을 실시하고, 장병의 개인 경력, 가족상황, 개성과 특징 및 취미와 장기를 숙지하며, 전 중대의 사상실태를 장악하고, 항상 장병들과 마음을 터놓고 이야기 하며, 뚜렷한 목표를 가지고 사상사업을 한다. 장병이 입당, 진급, 입학, 이동, 상벌, 연애, 결혼, 가정, 퇴역, 전업 등 문제를 정확히 대처하도록 인도한다.

(6) 당 지부의 일상업무를 한다. 당의 조직생활 제도를 실제에 적용하며, 당 지부위원회의 단결을 유지하고, 당원이 당 지부의 결의를 집행하는 것을 검사하고 감독하며,

당원을 교육하고 관리하며 확충하는 사업을 실시한다.

(7) 간부를 사랑하고, 간부가 사상 수준과 사병을 통솔하는 능력을 향상시키는 것을 돕고, 그들이 사업, 학습, 그리고 생활상의 어려움을 해결하는 것을 도우며, 간부의 양성, 사용을 건의한다. 우수한 병사를 선발하여 입학하고 간부로 발탁하며 전문직 하사관으로 전환하는 의견을 제기한다. 산아제한 사업을 실시한다.

(8) 중대 주둔지의 정치상황을 장악하고, 안전보위사업을 실시한다. 국가안전을 유지하고, 비밀 유지를 위한 법률상식 교육을 실시한다. 종합적인 관리를 실시하여 장병이 고도의 경계심을 유지하도록 하며, 자발적으로 적대세력과 적대분자의 침투파괴 활동과 투쟁하고, 위법한 범죄행위와 투쟁하며, 각종 불량한 경향과 투쟁하고, 부패한 사상의 침식을 억제하며, 범죄사건의 발생을 예방한다.

(9) 단 지부가 중대의 중심임무를 둘러싸고 청년의 특성에 적합한 활동을 전개하며, 단원과 청년을 동원하여 그들이 각항 임무를 완수하는 가운데 돋보이는 역할을 발휘하도록 한다.

(10) 군인위원회가 조직을 완전하게 하고, 제도를 실제에 적용하며, 활동을 전개하고, 정치민주, 경제민주, 군사민주를 발양하고, 장병의 합법적 권익을 보호하며, 장병의 물질생활을 개선하고, 장병이 중대 건설에 관심을 갖는 적극성을 동원하는 것을 지도하고 도와준다.

(11) 건전하고 유익한 문화체육 활동을 전개하고, 중대의 문화생활을 활성화하고 풍부하게 하는 것을 영도한다. 장병이 과학·문화 지식을 학습하는 것을 계획한다. 군대와 지방에서 두루 쓰이는 인재를 양성하는 사업을 실시한다.

(12) 선진적 모범이 되기 위해 노력하는 대중성 운동과 영웅의 모범적 행위를 학습하는 활동을 계획하고 전개하며, 상벌 사업을 실시한다.

(13) 존간애병(尊幹愛兵) 활동을 전개하는 것을 계획하고, 장병의 단결을 강화한다. 장교가 사병을 대하는 태도를 바르게 하고, 사병을 사랑하고 관심을 가지며, 관리교육 사업을 개선하는 것을 교육한다. 사병이 장교를 존중하고, 명령에 복종하며, 기율을 준수하는 것을 교육한다. 부대를 방문하는 가족에 대한 사업을 실시한다.

(14) 장병이 옹정애민(擁政愛民) 활동을 전개하는 것을 계획하고, 장병이 정부를 옹호하고, 인민을 사랑하며, 대중의 기율과 사회공덕을 준수하며, 군과 민이 공동으로 사회주의 정신문명을 건설하는 활동에 적극적으로 참가하며, 인민대중을 위해 좋은 일을 한다.

〔제75조〕 정치지도원은 사업을 수행하는 중에 응당 중대장과 주도적으로 상의하고, 서로 지지하며, 긴밀하게 협력해야 한다. 원칙적인 문제에 있어서 이견이 생겨 합의에 이

르지 못할 때는 응당 당 지부위원회로 넘겨 토론하여 결정하거나 또는 상급에 요청하여 결정을 기다린다. 긴급한 상황 하에서는, 군사사업 분야에 속하는 문제는 중대장이 결정하고, 정치사업 분야에 속하는 문제는 정치지도원이 결정한다. 그러나 모두 반드시 당 지부원회와 상급에 책임을 지며, 사후에 보고하고 검사를 받는다.

〔제76조〕 본 조의 규정은 중대에 상당하는 단위의 정치지도원에게 적용된다. 부정치지도원은 정치지도원 사업을 협조한다.

제6장 대군구급 이하의 정치기관

제1절 대군구, 군병종, 국방과학공업위원회 정치부

〔제77조〕 중국인빈해방군 각 대군구, 군병종, 국방과학공업위원회 정치부는 소속부대 정치사업의 영도기관이며, 총정치부, 동급 부대 당 위원회와 정치위원의 영도 하에 소속부대 당의 사업을 관리하고, 정치사업을 계획하고 진행하는 것을 책임진다.

〔제78조〕 대군구, 군병종, 국방과학공업위원회 정치부의 주요 임무는 아래와 같다:

중국공산당 중앙, 중앙군사위원회, 총정치부의 결의와 명령 및 지시, 그리고 동급 부대 당 위원회의 결정을 따르며, 새로운 시기의 군대 정치사업의 기본임무와 주요 내용에 근거하고, 본 단위의 실제로부터 출발하여 정치사업 계획을 수립하고, 각항 사업을 종합적으로 안배한다. 부대가 마르크스레닌주의와 마오쩌둥사상을 학습하고, 중국특색의 사회주의를 건설하는 이론을 학습하며, 당의 기본노선 교육을 실시하고, 사회주의 정신문명 건설, 당의 건설, 간부 대오 건설을 실시한다. 보편성과 경향성 문제에 대한 조사와 연구를 강화하며, 선진적 경험을 총결산하여 널리 보급하고, 당의 노선과 방침 및 정책, 그리고 국가의 헌법과 법률이 부대에서 관철되고 집행되는 것을 보증한다. 즉시 총정치부, 동급 부대 당 위원회에 상황을 반영하며, 지시를 요청하고 사업을 보고한다.

〔제79조〕 대군구, 군병종, 국방과학공업위원회 정치부의 주요 직책은 아래와 같다:

(1) 부대의 조직사업을 영도한다. 부대 당 조직이 상황을 장악하고, 각급 당 조직 건설의 계획과 조치를 강화하는 것을 영도하고, 당원 교육과 당원 확충 사업을 영도한다.

당무사업과 정치통계를 관리한다. 정치기관의 건설을 계획하고 지도한다. 관련 부문과 회동하여 기층 건설을 지도한다. 부대의 민주제도 건설을 영도한다. 부대가 선진적 모범이 되기 위해 노력하는 대중성 운동을 전개하고 영웅의 모범적 활동을 학습하며, 장려와 무휼 및 결혼 사업을 관리하는 것을 영도한다. 정치기관과 정치간부의 체제와 편제를 제정하고 관리하는 것에 참여한다. 군대가 당의 전국대표대회 대표로 출석하는 것과 관련된 사업을 맡아 처리하며, 부대가 전국과 지방 각급 인민대표대회에 출석하는 대표를 선출하는 것을 지도한다. 부대의 공산주의청년단 건설, 청년사업과 부녀사업을 영도한다.

(2) 부대의 간부사업을 영도한다. 군·사단급 영도그룹과 정(正)연대부터 정(正)군직 간부의 상황을 심사하고 파악하며, 조정과 배치 의견을 제기한다. 간부의 임면, 안배, 전문직, 제대 사업을 관리한다. 장교의 진급 사업을 관리한다. 전문직 기술장교와 군무원간부 사업을 관리한다. 간부의 양성, 원·교의 신입생 모집 및 졸업생의 배치사업을 관리한다. 예비역부대와 인민무장 간부 대오의 건설을 지도한다. 퇴역간부와 관련된 사업을 영도하고 관리한다. 간부의 복지, 실력통계, 문서기록사업과 간부의 보수와 관련된 사업을 관리한다.

(3) 부대의 선전교육사업을 영도한다. 선전교육사업의 계획을 수립하고, 정치교육 교재를 편집하여 발송하며, 정치이론의 핵심을 양성하고, 이론연구를 전개하며, 연대 이상 간부의이론학습을 계획하고 영도한다. 부대의 사상실태를 파악하고, 부대의 정치교육과 일상적인 사상사업을 영도한다. 원·교의 정치이론 교학사업을 지도한다. 부대의 뉴스, 출판, 그리고 관련 시청각교육사업을 영도한다. 관련 부문과 회동하여 부대가 과학·문화지식을 학습하고 군대와 지방에 두루 쓰이는 인재를 양성하는 사업을 계획하고 지도한다.

(4) 부대의 보위사업을 영도한다. 보위사업과 관련된 제도와 조치를 수립하며, 부대가 예방범죄와 종합통제 사업을 진행하는 것을 지도하고 협조한다. 부대의 은폐투쟁 사업을 영도한다. 부대의 형사수사 사업을 영도한다. 해공 방어선과 국방과학 연구시험의 보위사업을 영도한다. 영도기관, 핵심부서, 중대한 활동의 안전경비 사업을 영도하는 것을 책임진다. 관련 인원에 대한 정치심사를 계획한다. 부대의 범인 감시사업과 노동개조 및 노동교양 사업을 계획하고 영도한다.

(5) 동급 당 기율검사위원회와 함께 부대 당의 기율검사 사업을 영도한다. 부대가 당원에게 당성, 당풍, 그리고 당기 교육을 실시하는 것을 지도하며, 부대 당 조직의 당풍 청렴 건설을 독촉하고 검사하며, 직권범위 내의 당기를 위반하는 사건을 검사하고 처리한다. 부대의 행정감찰시업을 영도하며, 직권범위 내의 행정처분사업을 맡아 처리한다.

(6) 부대의 문화사업을 영도한다. 부대가 대중성 문화체육활동과 구락부 건설을 전개하는 것을 지도한다. 부대가 문예창작, 문예평론, 문예연출과 체육경연활동을 전개하는 것을 계획하고 영도한다. 문화도서의 편집출판과 영화와 TV, 그리고 녹음과 녹화 제품의 발행과 방송방영사업을 책임진다. 문예, 영화와 TV, 체육 대오의 건설을 영도한다. 문화와 체육 기자재의 공급관리사업을 책임진다.

(7) 부대의 대중사업을 영도한다. 부대가 옹정애민(擁政愛民) 활동을 전개하고, 군과 민이 공동으로 사회주의 정신문명을 건설하는 것에 참가하고 옹군우속(擁軍優屬)과 옹정애민의 모범단위를 세우는 활동을 전개하는 것을 영도한다. 부대가 민족정책, 종교정책을 집행하고 대중기율을 준수하는 상황을 검사한다. 지방정부와 회동하여 군·정, 군·민 관계 분야에 관련되는 문제를 처리한다. 관련 부문과 회동하여 부대가 국가의 경제건설에 참가하고 지원하며, 재난구조를 하고, 빈곤퇴치 사업을 전개하는 것을 계획하고 지도한다.

(8) 부대의 연락사업을 영도한다. 부대가 적군 와해의 교육훈련을 실시하는 것을 영도하고, 외국군대의 정치상황을 조사하고 연구한다. 부대가 변경회담 중의 정치사업을 진행하는 것을 계획하고 지도한다. 외국군대에 대한 선전사업과 연락사업을 책임진다. 대만에 대한 사업을 전개한다.

(9) 부대의 군사재판사업을 지도한다. 본 급 군사법원은 법에 따라 직권범위 내의 각종 사건을 재판하는 것을 지도하며, 하급 군사법원의 재판사업을 지도한다.

(10) 부대의 군사검찰사업을 지도한다. 본 급 군사검찰원이 법에 따라 검찰권을 행사하고 상급 군사검찰원의 위임을 받은 사건을 맡아 처리하는 것을 지도하며, 하급 군사검찰원의 사업을 영도한다.

(11) 부대가 군사훈련과 임무 중의 정치사업을 집행하는 것을 영도한다. 상급의 지시와 부대가 책임지는 임무에 근거하여 군사훈련과 임무 중의 정치사업을 집행하는 의견을 제기한다. 군사훈련과 임무 중의 정치사업을 집행하는 상황을 이해하고 파악하며, 선진적 경험을 총결산하여 널리 보급한다. 현대기술, 특히 첨단기술 조건 하의 국지전쟁의 정치사업 훈련을 계획하고 지도한다.

(12) 부대의 전시 정치사업을 영도한다. 중앙군사위원회, 총부와 본 급 부대 수장의 명령과 지시에 근거하여 전시 정치사업 의견을 연구하여 제기한다. 참전부대가 정치사업을 전개하는 상황을 이해하고 파악하며, 전시 정치사업 경험을 총결산하여 널리 보급한다. 적군와해사업을 전개하는 것을 지도한다. 영웅의 모범적인 사적(事跡)을 선양하고, 부대가 논공행상을 하고, 열사를 표창하며, 무휼(撫恤)하는 사업을 실행하는 것을 지도한다.

(13) 민병, 예비역부대와 정치사업을 영도한다. 민병, 예비역부대의 정치교육을 지도한

다. 각급 인민무장 부문이 민병과 예비역 인원을 동원하고 조직하여 이들이 앞장서서 사회주의 현대화 건설에 참가도록 지도한다. 민병, 예비역부대가 군사훈련을 하고, 전비대세를 준비하며, 민병 조직을 정돈하는 정치사업을 지도한다. 예비역 간부를 영도하고 관리한다. 민병의 전시 정치사업을 지도한다. 관련 부문과 회동하여 병역 정치사업, 학생군사훈련 중의 정치사업과 전민국방교육을 지도한다.

(14) 부대의 정치사업연구와 사법행정사업을 영도한다. 민원사업을 관리한다. 관련 부문과 회동하여 정치사업 경비를 관리한다.

〔제80조〕 본 조의 규정은 원칙적으로 총참모부, 총후근부, 군사과학원, 국방대학 정치부에 적용된다. 부(副)대군구급 단위 정치부는 본 절의 규정을 참조하여 집행한다.

제2절 집단군, 사단 정치부

〔제81조〕 중국인민해방군 집단군, 사단, 그리고 집단군·사단급에 상당하는 단위의 정치부(이하 군·사단급 단위의 정치부로 칭함)는 소속부대 정치사업의 영도기관이며, 상급 정치기관, 동급 부대 당 위원회와 정치위원의 영도 하에 소속부대 당의 사업을 관리하는 것을 책임지며, 정치사업을 계획하여 실시한다.

〔제82조〕 군·사단급 단위 정치부의 주요 임무는 아래와 같다:

상급의 결의와 명령 및 지시, 그리고 동급 부대 당 위원회의 결정을 따르며, 새로운 시기 군대 정치사업이 기본임무와 기본내용에 근거하고, 본 단위의 실제로부터 출발하여 정치사업 계획을 수립하고, 각항 사업을 종합적으로 안배한다. 부대가 마르크스레닌주의와 마오쩌둥사상을 학습하고, 중국 특색의 사회주의를 건설하는 이론을 학습하며, 당의 기본노선 교육을 실시하고, 사회주의 정신문명 건설, 당의 건설, 간부 대오의 건설을 진행한다. 조사와 연구를 깊숙이 하고, 선진적 경험을 총결산하여 널리 보급하며, 당의 노선과 방침 및 정책, 그리고 국가의 헌법과 법률을 부대에서 관철하고 집행하는 것을 보증한다. 즉시 상급 정치기관과 동급 당 위원회에 상황을 반영하고, 지시를 요청한 후 사업을 보고한다.

〔제83조〕 군·사단급 단위 정치부의 주요 직책

(1) 부대의 조직사업을 영도한다. 각급 당 조직의 상황을 파악하고 당 조직 건설의 계획과 조치를 강화하며, 당원 교육과 당원 확충 교육을 영도하고, 계획적으로 당 위원

회, 당 지부 서기를 양성한다. 부대가 당 대표대회를 개최하고 당 대표대회의 사업을 지도하는 것을 계획하여 실시하며, 하1급 당 위원회를 구성하는 관련 사업을 책임지고 처리한다. 정치기관의 건설을 지도하는 것을 계획한다. 관련 부문과 회동하여 기층 건설을 지도한다. 부대가 정치민주, 경제민주, 군사민주를 전개하는 것을 영도한다. 선진적 모범이 되기 위해 노력하는 대중성 운동을 전개하고 영웅의 모범 활동을 학습하는 것을 지도하며, 장려와 무휼 및 결혼 사업을 관리한다. 부대가 지방 각급 인민대표대회에 출석하는 대표를 선출하는 사업을 계획하고 지도한다. 부대의 공산주의청년단 건설, 청년사업, 그리고 부녀사업을 영도한다. 부대의 정치통계와 당비, 단비를 관리한다.

(2) 부대의 간부사업을 영도한다. 관련 간부 정책과 규정의 실제 적용을 독촉하고 검사한다. 부대 영도그룹과 간부 대오의 상황을 심사하고 파악하며, 이동과 배치 의견을 제기한다. 간부의 임면, 이동과 배치, 전문, 제대 사업을 관리한다. 장교의 계급사업을 관리한다. 전문기술직 장교와 군무원 간부 사업을 관리한다. 기층간부 대오의 건설에 대한 지도를 강화하며, 간부의 양성계획과 진출계획을 수립하고, 원·교의 신입생 모집과 졸업생의 안배사업을 책임지고 처리한다. 퇴역간부와 관련된 사업을 영도하고 관리한다. 간부의 복지, 실력통계, 문서기록사업과 간부의 보수와 관련된 사업을 관리한다.

(3) 부대의 선전교육사업을 영도한다. 부대의 정치교육과 선전사업을 실시하며, 이론의 핵심을 양성하고, 부대의 정치이론 학습을 실시하는 것을 계획하고 수립한다. 부대의 사상실태를 파악하며, 정치교육과 일상적인 사상사업을 실시한다. 뉴스보도 사업을 계획하고 영도한다. 관련 부문과 화동하여 부대가 과학·문화를 학습하고 군대와 지방에서 두루 쓰이는 인재를 양성하는 사업을 계획하고 지도한다.

(4) 부대의 정법사업을 영도한다. 예방을 위주로 하고 종합적으로 통제하는 방침을 관철하며, 예방범죄와 종합통제 사업을 계획하고 전개한다. 대(對)침투, 대심리전, 대모함음모, 대기밀절도 투쟁을 전개한다. 영도기관, 핵심부서, 해공 방어선, 국방과학 연구시험, 그리고 해양과 변방에 관련된 보위사업을 계획한다. 관련 인원에 대한 정치심사를 계획하거나 또는 참여한다. 상급에 파견된 군사법원, 군사검찰원의 사업을 지도하며, 부대의 사법행정사업을 책임진다.

(5) 동급 당 기율검사위원회와 함께 부대 당의 기율검사 사업을 영도한다. 부대가 당원에 대해 당성, 당풍, 당기 교육을 실시하는 것을 지도하며, 직권범위 내의 당기 위반 사건을 검사하고 처리한다. 행정감찰사업을 영도하며, 하며, 직권범위 내의 행정처분 사업을 책임지고 처리한다.

(6) 부대의 문화사업을 영도한다. 부대가 대중성 문화체육 활동을 전개하고, 구락부를

건설하며, 기층의 문화생활을 활성화하는 것을 지도한다. 부대가 문예와 체육의 경연활동을 전개하는 것을 계획하고 영도한다. 영화, TV, 녹화, 그리고 도서와 방송 시업을 관리한다.

(7) 부대의 대중사업을 영도한다. 부대가 군민일치 원칙의 교육을 진행하고, 옹정애민(擁政愛民) 활동을 전개하며, 군과 민이 공동으로 사회주의 정신문명을 건설하고 옹군우속(擁軍優屬)과 옹정애민의 모범단위를 세우는 활동에 참가하는 것을 영도한다. 부대가 민족정책, 종교정책을 집행하고 대중기율을 준수하는 상황을 검사하며, 지방정부와 협력하여 군과 민 간의 모순과 마찰을 처리한다. 관련 부문과 회동하여 부대가 국가의 경제건설에 참가하고 지원하며, 재난구조를 실시하는 것을 계획하고 지도한다. 민원 사업을 실시한다.

(8) 부대의 연락사업을 영도한다. 부대가 적을 와해하는 교육훈련을 실시하는 것을 계획하고 영도한다. 당면한 외국군대의 동향을 파악하며, 부대가 변경회담 진행 중의 정치사업, 외국군대에 대한 선전사업과 연락사업을 진행하는 것을 계획하고 영도한다.

(9) 부대의 군사훈련과 임무수행 중의 정치사업을 영도한다. 상급의 지시와 부대가 책임지는 임무에 근거하여, 군사훈련과 임무수행 중의 정치사업 계획을 수립한다. 군사훈련과 임무수행 중의 사상실태를 이해하고 파악하며, 나타난 문제를 즉시 발견하고 해결하며, 정치사업 경험을 총결산하여 널리 보급한다. 부대가 현대 군사과학기술을 학습하는데 노력하도록 교육하며, 군대의 법규와 규정을 엄격히 집행하고, 현대기술, 특히 첨단기술 조건 하의 국지전쟁의 정치사업 훈련을 계획하고 진행한다.

(10) 부대의 전시 정치사업을 영도한다. 상급의 명령과 지시에 근거하여 전시 정치사업 의견을 제기한다. 부대에 깊숙이 들어가 상황을 이해하며, 정치사업을 계획하고 실시하며, 정치사업 경험을 총결산하여 널리 보급한다. 수시로 간부를 조정하고 배치하며, 당의 조직을 완전하게 한다. 적군 와해사업을 진행한다. 영웅의 모범적 사적을 선양하며, 부대가 논공행상을 하고, 열사를 표창하며, 무휼 사업을 하는 것을 지도한다.

제3절 여단 정치부와 연대 정치처

〔**제84조**〕 중국인민해방군 여단 정치부, 연대 정치처와 여단·연대 급에 상당하는 단위의 정치부·처(이하 여단·연대 급 단위 정치부·처로 호칭함)는 소속부대 정치사업의 영도기관이며, 상급 정치기관, 동급 부대 당 위원회와 정치위원의 영도 하에 기층대 당의 사업을 관리하는 것을 책임지며, 정치사업을 계획하고 실시한다.

〔제85조〕여단·연대 급 단위의 정치부·처의 주요 임무는 아래와 같다:

상급의 결의와 명령 및 지시, 그리고 동급 부대 당 위원회의 결정을 따르며, 새로운 시기 군대 정치사업의 기본임무와 주요 내용에 근거하여 본 단위의 실제로부터 출발하며, 정치사업 계획을 수립하고, 각항 정치사업을 종합적으로 안배할 뿐만 아니라 계획하고 실시한다. 중대로 깊숙이 파고 들어가 대면(對面) 영도를 실행하고, 구체적으로 검사하고 도와주며, 즉시 문제를 발견하고 해결한다. 전형(典型)을 양성하며, 선진적 경험을 총결산하고 널리 보급하며, 당의 노선과 방침 및 정책, 그리고 국가의 헌법과 법률 기층에서 관철하고 집행하는 것을 보증한다. 즉시 상급 정치기관과 동급 당 위원회에 상황을 반영하며, 지시를 요청하고 사업을 보고한다.

〔제86조〕여단·연대 급 단위 정치부·처의 주요 직책은 아래와 같다:

(1) 당의 기층조직 건설을 계획하고 영도한다. 당 기층의 정치상황을 파악하며, 당 기층위원회와 지부위원회가 민주집중제 원칙을 관철하는 것을 돕고, 집단영도를 강화하며, 자신의 문제를 해결하고 본 단위의 전면적 건설을 영도하는 능력을 제고한다. 당 지부의 핵심을 양성하며, 적시에 당 지부 서기 연석회의를 개최하고, 문제를 분석하고 연구하며, 교류 경험을 총결산한다. 당원 확충 계획을 수립하고, 당의 기층조직이 당원을 확충하는 사업을 하는 것을 영도한다. 당원 교육계획을 수립하고 실시하며, 당의 기층조직이 당과(黨課)를 실시하는 것을 지도한다. 기층 당 조직이 조직생활 제도를 견지하며, 당원에 대한 관리와 감독을 강화하는 것을 영도한다. 본급 당의 대표대회와 당의 대표회의를 계획하여 실시하며, 당 기층위원회와 지부위원회를 구성하는 관련 사업을 맡아 처리한다. 당 기율검사위원회와 함께 기율검사 사업을 진행한다. 정치통계와 당비, 단비를 관리한다.

(2) 기층의 간부 사업을 계획하고 영도한다. 간부의 덕과 재능 상황 및 사업 실적을 심사하고, 양성, 선발, 안배, 임면과 전업, 제대 의견을 제기한다. 장교의 계급 사업을 관리한다. 전문직 기술장교와 군무원 간부 사업을 관리한다. 우수병사의 입학과 간부 발탁 사업을 관리한다. 간부의 휴가, 가족의 종군 등 복지사업을 관리한다.

(3) 기층의 선전교육 사업을 계획하고 영도한다. 장병이 마르크스레닌주의와 마오쩌둥사상을 학습하고, 중국 특색의 사회주의를 건설하는 이론을 학습하며, 당의 기본노선 교육, 시사정책 교육, 양호한 전통과 애국주의 교육, 인생관과 가치관 교육, 법률상식 교육, 정세임무 교육을 실시하는 것을 계획한다. 교육준비회, 심사와 평가, 보충수업 등 제도를 확립하고 견지하며, 간부의 수업 준비와 강의 계획을 지도한다. 중대가 토론과 학습지도를 하는 것을 계획하고, 교육 성과를 독촉하고 검사한다. 교육방법을 개선하고, 시청각 교학 등 선진적 수단을 운용하며, 교육효과를 제고한다. 통

신보도 사업을 실시한다.

(4) 기층의 보위사업을 계획하고 영도한다. 예방을 위주로 하고 종합적으로 통제하는 방침을 관철하고 집행하며, 범죄를 예방하고 종합적으로 통제하는 사업 제도와 조치를 실제에 적용하고, 나타나는 범죄의 징후와 불량한 경향을 즉시 발견하고 시정한다. 주둔지의 적의 정세와 사회정세를 파악하며, 대(對)침투, 대심리전, 대책동, 대기밀절도 투쟁을 전개한다. 보위과(股)를 영도하거나 또는 상급 보위부문과 검찰기관과 협조하여 본 단위에서 발생하는 형사사건을 수사한다. 관련 인원과 신병에 대한 정치심사를 책임진다. 기층의 법률봉사 사업을 책임진다.

(5) 공산주의청년단의 건설을 계획한다. 공산주의청년단이 부대의 중심임무를 둘러싸고 청년의 특성을 근거로 하여 사업을 전개하는 것을 지도한다. 단 지부의 핵심을 양성하며, 적시에 단 지부 서기 연석회의를 개최하고, 문제를 분석하고 연구하며, 교류경험을 총결산하고, 공산주의청년단 핵심의 사업 수준을 제고한다. 기층이 단원을 확충하고 발전시키는 사업을 하는 것을 지도한다. 당의 대표대회나 또는 단원대회를 계획하여 실시하며, 공산주의청년단 위원회, 총지부위원회와 지부위원회의 구성 사업을 맡아 처리한다.

(6) 기층의 민주제도 건설을 계획하고 지도한다. 기층이 정치민주, 군사민주를 전개하는 것을 계획하고, 장병의 민주권리를 보장하며, 장병이 기층 관리에 참여하는 적극성을 발동한다. 군인대표대회와 군인대표회의를 개최하는 사업을 맡아 처리한다. 군인위원회가 조직 건설을 강화하고, 사업을 해결하고 전개하는 것을 지도한다. 장병일치 원칙을 관철하고, 존간애병(尊幹愛兵) 활동을 전개하며, 장병의 단결을 증진한다. 장병이 제기한 의견과 제소 및 고발을 즉시 연구하고 적절히 처리한다.

(7) 기층의 과학·문화 교육을 계획하고 영도한다. 장병이 여가 문화학습에 참가하는 것을 계획하고, 기층이 사병의 문화보충학습 활동을 하는 것을 지도한다. 군대 원·교인원의 문화복습 보도사업 시험에 응시하는 것을 계획한다. 관련 부문과 화동하여 사병에게 민용기술훈련을 실시하며, 군대와 지방 모두에 두루 쓰이는 인재를 양성한다.

(8) 기층의 문화사업을 계획하고 영도한다. 중대가 구락부와 영예실을 운영하는 것을 지도하고 돕는다. 문화오락과 체육의 핵심을 양성한다. 독서와 강연, 문예, 공연(演唱), 체육대회, 서평과 영화평가 등 문화체육 활동을 계획하고 전개한다. 영화, TV, 녹화 방영을 계획하고 지도한다. 중대가 뉴스를 보고 들으며, 책을 읽고 보고하는 제도를 실제에 적용하는 것을 독촉한다.

(9) 기층의 대중사업을 계획하고 영도한다. 기층 장병이 군민일치 원칙을 실행하는 것에 대한 교육을 계획하고, 옹정애민(擁政愛民) 활동을 전개하며, 군과 민이 함께 사회주의 정신문명을 건설하고, 옹군우속(擁軍優屬), 옹정애민의 모범단위를 세우는

활동에 참가한다. 기층이 민족정책과 종교정책을 집행하고 대중 기율을 준수하는 것을 영도한다. 관련 부문과 회동하여 부대가 국가의 경제건설에 참가하고 지원하며, 재난구조를 진행하는 것을 계획한다. 주둔지의 정부와 인민대중과의 관계를 밀접하게 하고, 군과 민 간의 모순과 마찰을 적절히 처리한다. 인민대중의 내신(來信)과 내방(來訪)을 처리한다.

(10) 기층이 일상적인 사상사업을 하는 것을 계획하고 영도한다. 장병의 사상실태를 항시 분석하고 정확히 파악하며, 일상적인 사상사업을 실시하는 계획을 수립하고 계획하며, 뚜렷한 목표를 가지고 사상교육을 실시한다. 기층이 사상사업의 핵심대오를 건설하고 양성하며, 일상적인 사상사업 제도를 세우고 완전하게 하며, 장병이 실제 문제를 해결하는 것을 이해하고 돕는 것을 지도한다. 기층이 마음을 터놓고 이야기하는 대중성 활동을 전개하고, 뒤처진 사병들을 변화시키는 사업을 실시하는 것을 지도한다. 신병의 입대와 노병의 제대 및 부상병의 사상사업을 실시하는 것을 영도한다.

(11) 기층의 군사훈련과 임무수행 중의 정치사업을 계획하고 영도한다. 상급의 지시와 부대가 책임지고 있는 임무에 근거하여 훈련 중의 정치사업 계획을 수립하며, 중대에 깊숙이 들어가 사상동원을 실시한다. 중대가 대중성 선전격려 사업을 전개하고 훈련 중에 나타나는 사상 모순과 문제를 즉시 해결하며, 장병의 훈련 열정을 발동한다. 중대가 장병들로 하여금 서로 배우고 가르치며, 서로 가르치며 평가하는 활동을 전개하고, 장병이 훈련개혁에 참가하도록 동원하는 것을 지도한다. 기층이 적군을 와해하는 교육훈련을 실시하는 것을 계획한다. 임무수행 중의 정치사업을 실시하고, 장병의 적극성과 창조성을 불러 일으킨다.

(12) 기층의 전시 정치사업을 계획하고 영도한다. 전투동원을 실시하고, 대중성 선전격려 사업과 적을 죽여 공을 세우는 운동을 전개하는 것을 계획한다. 즉시 동급 부대 당 위원회에 조직을 조정하여 완전하게 하고, 간부를 안배하고 충원하는 것을 건의한다. 보충 인원의 사상사업을 실시하고, 부대를 공고히 한다. 협동작전의 정치사업을 계획하고 실시하며, 배속 단위 및 참전 민병과 노무자의 정치사업을 실시한다. 전장의 기율을 유지한다. 전쟁지역(戰地) 대중사업을 실시한다. 적군을 와해하는 사업을 전개하고, 포로를 관대하게 대하는 사업을 집행한다. 전투평가 사업을 계획한다. 부상자, 후방에 남아 있는 인원 및 가족의 사상사업을 실시한다. 열사의 사후처리 사업을 실시한다.

(13) 기층이 모범중대가 되기 위해 노력하며, 우수병사가 되기 위해 노력하는 활동을 전개하고, 영웅의 모범을 학습하는 활동을 전개하는 것을 계획하고 영도한다. 장려, 무휼, 그리고 결혼 사업을 실시한다.

제4절 함정 지대(대대), 항공병사단(연대), 미사일여단(연대) 정치부(처)

〔제87조〕 중국인민해방군 지대(대대)와 이에 상당하는 정치부(처)는 본 장의 제2절, 제3절에 상응하는 정치기관의 규정 이외에 본 부대의 특징과 결합하여 아래의 사업을 집중적으로 진행한다:

(1) 부대가 함정을 사랑하고, 섬을 사랑하며, 해양을 사랑하는 교육을 실시하며, 중국의 해양국경 투쟁사 교육과 인민해군 발전사 교육을 실시하며, 장병이 해군 사업에 헌신하는 사명감과 책임감을 강화하는 것을 계획하고 영도한다.

(2) 장병이 해양법과 해전과 공중전 법규를 학습하고, 법규와 규범을 숙지하는 것을 계획한다. 부대가 국가의 해양법률을 준수하고, 해군의 함정 조령을 관철하고, 국제 해양법규를 존중하고 운용하며, 국가의 해양권익을 유지하고 보호한다.

(3) 출해(出海) 훈련 중의 정치사업을 계획하고 영도한다.

- **출해준비단계:** 각종 상황 하의 정치사업 사전계획을 수립하고, 참전부대의 사상과 조직 등 분야의 준비 상황을 독촉하고 검사하며, 목표를 뚜렷하게 하고 사상동원 사업을 실시한다.
- **해상실시단계:** 출해한 함(艦, 艇, 船) 승선원의 훈련현장 상황을 즉시 파악하고 기층 정치간부가 사상사업을 실시하고, 훈련 임무의 완수를 확실히 보증하는 것을 지도한다.
- **강평단계:** 참전부대가 성실하게 경험과 교훈을 총결산하고, 개선 조치를 수립하며, 선진적 모범을 표창하고 격려한다.

(4) 해상작전 중의 정치사업을 계획하고 영도한다.

- **작전준비단계:** 해상작전의 정치사업 사전계획을 수립하며, 부대가 평시로부터 전시로 전환하는 각항 준비사업을 실시하는 것을 지도한다.
- **작전실시단계:** 부대가 항해 중 임전 사상교육을 실시하는 것을 지도한다. 대기 시, 장병이 왕성한 투지를 유지하며, 이완되거나 조급한 정서를 방지하는 것을 교육한다. 출동 시, 적시에 선전격려를 전개하고, 전 장병이 희생을 두려워하지 않고, 완강하게 작전에 임하며, 해상의 대적투쟁 정책을 엄격히 집행하며, 적군을 와해하는 사업을 전개한다. 철수작전 단계의 정치사업을 실시한다. 전체 작전과정 중, 참전부대의 다른 군병종 및 어민, 민병과의 협동작전 정치사업을 계획하고 지도한다.

(5) 함정의 안전을 보장하는 정치사업을 계획하고 영도한다. 부대가 함정과 기타 무기와 장비를 애호하고, 각종 규정제도와 조작규정을 엄격히 집행하며, 성실하게 보수하고 관리하는 것을 지도한다. 대중을 동원하여 사고 예방을 위한 안전 조치를 수립하며, 사고가 발생한 후의 정치사업을 실시한다.

(6) 해상방어선의 안전사업을 계획하고 영도한다. 해상 방어선을 완전하게 보장하는 안전사업의 조직과 대처방안을 수립하며, 부대가 대적 심리전 교육을 실시하고, 사상과 조직에 있어서 각항 조치를 실제에 적용함으로써 적대세력과 적대분자 및 기타 법을 위반한 범죄분자의 파괴활동을 방지하며, 해상 방어선의 안전을 확실하게 보장한다.

(7) 함(艦, 艇, 船)의 접안과 수리 중의 정치사업을 계획하고 영도한다. 부대가 함(艦, 艇, 船)의 접안과 수리 중의 정치사업 계획과 조치를 수립하며, 실제에 적용하는 상황을 검사하고 관철하며, 정치사업을 함(艦, 艇, 船)의 접안과 수리의 전체 과정에 관철하는 것을 지도한다.

(8) 섭외활동 중의 정치사업을 계획한다. 관련 섭외활동 중에 반드시 준비해야 하는 정책과 규정을 편집하여 인쇄하며, 부대가 섭외교육을 실시하는 것을 지도한다. 함정의 출항방문과 외국군함의 내방을 위한 안전보위사업을 실시한다. 즉시 섭외활동 경험을 총결산하고, 간부가 사건을 섭외하고 처리하는 능력을 제고한다.

〔제88조〕 항공병 사단(연대)과 이에 상당하는 정치부(처)는 본 장 제2절, 제3절의 정치기관 관련 규정을 집행하는 것 이외에 본 부대의 특성을 결합하여 아래의 사업을 중점적으로 실행해야 한다:

(1) 부대가 항공기를 사랑하고, 비행장을 사랑하며, 조국의 푸른 하늘을 사랑하는 교육을 실시하며, 인민공군의 발전사 교육을 실시하고, 비행 인원의 조국의 영공을 보위하는데 헌신하는 사업심과 책임감을 불러일으키는 것을 계획하고 영도한다.

(2) 비행 인원의 사상사업을 실시한다. 비행 인원의 사상 자질, 개성과 특징, 기술수준, 건강상태, 가정 및 사회관계를 숙지하며, 즉시 사상동태를 파악하고, 비행 인원 및 그 가족의 사상사업을 실시하고, 임무비행을 수행하는 인원의 사상사업을 실시한다.

(3) 장병이 공군 비행 조령, 조례, 대강(大綱), 그리고 관련 규정을 철저히 집행하며, 국가 및 국제 통행 비행법규를 준수하는 것을 교육한다.

(4) 비행훈련 중의 정치사업을 계획하고 영도한다.

- **사전준비단계:** 비행 인원의 사상, 기술, 신체상황과 기타 관련 인원의 사상실태를 확인하며, 비행일의 정치사업 계획을 수립하고, 사상동원 사업을 협조한다.
- **직접준비단계:** 현장에 깊숙이 들어가 각종 인원, 특히 비행 인원의 사상, 신체변

화와 항공기, 일기 상황에 근거한다.

- **비행실시단계:** 적시에 현장에서의 선전격려를 실시하며, 비행일 계획을 완수하는 것을 보증한다.
- **강평단계:** 대중이 교육과 학습 및 지휘를 평가하는 것을 발동하며, 좋은 일과 좋은 사람을 표창하며, 개선 조치를 제기한다.

(5) 긴급기동 중의 정치사업을 계획하고 영도한다. 긴급기동 명령이 하달된 이후 신속하게 현장으로 파고들어가 간단하고 강력한 동원을 실시하는 것을 협조하고 계획한다. 안전교육을 실시하는 것을 협조하며, 각항 안전조치와 규정의 관철과 집행을 보증하고, 사고가 발생하는 것을 방지한다.

적시에 선전격려 사업, 대중성 사상호동(互動)과 군사민주 활동을 전개하는 것을 계획함으로써 부대가 왕성한 투지를 유지하도록 한다. 의외의 상황 하에서의 사상사업과 조치사업을 하며, 긴급기동 임무의 완수를 보증한다.

(6) 공중전 중의 정치사업을 계획하고 영도한다. 예비경보를 접수한 후 각종 방식을 통해 임전 정치동원을 계획하여 실시함으로써 부대가 즉시 전쟁 준비를 하도록 한다. 공중전 중에 선전격려를 위한 각종 행사를 전개함으로써 부대가 왕성한 투지를 유지하고, 필승의 신념을 수립하며, 연속작전의 기풍을 발양하도록 한다. 지방정부와 협력하여 대중을 조직하고 발동함으로써 비행장을 지키고, 낙하산으로 탈출한 비행요원을 구조하도록 한다. 전후의 정치사업을 실시한다.

(7) 비행안전 정치사업을 보증하는 것을 계획하고 영도한다. 부대가 각항 규정과 제도를 엄격히 집행하며, 비행 기율을 유지하고, 비행안전 조치를 실제에 적용하는 것을 교육한다. 부대가 안전정세를 분석하고, 안전을 위한 예방활동과 공을 세우는 활동을 전개하며, 적시에 안전을 위한 정돈을 실시하고, 공중 비행과 지상의 중점목표 안전을 확실히 보증한다. 비행사고가 발생한 후의 정치사업을 실시한다.

(8) 공중방어선의 안전사업을 계획한다. 전체 인원이 경각심을 제고하고, 방어선의 인전 조치와 제도를 엄격하게 실제에 적용하며, 적대세력과 적대분자 및 기타 위법 범죄분자의 파괴활동을 방지하며, 공중방어선의 안전을 확실히 보증한다.

〔제89조〕 미사일여단(연대) 정치부(처)는 본 장의 제3절의 상응하는 정치기관의 규정을 집행하는 것 이외에 부대의 특성을 결합하여 아래 사항을 집중적으로 실시해야 한다:

(1) 기층 단위가 미사일부대의 성격, 임무, 지위와 역할 교육을 실시하고, 미사일 부대의 발전사 교육을 실시하며, 미사일을 사랑하고, 진지를 사랑하고, 본직을 사랑하는

교육을 실시하고, 장병의 영예감과 사명감 및 책임감을 강화하는 것을 계획하고 영도한다.

(2) 첨단기술 부대의 특징에 근거하여 기층간부를 선발, 양성, 배치하며, 미사일부대의 발전 요구에 적응하는 자질이 견고하고 구조가 합리적인 간부 대오를 건설하고 유지한다. 과학기술 간부와 관련된 정책과 규정을 실제에 적용하는 것을 성실하게 관철하며, 과학기술 간부를 위해 업무를 깊이 연구하고, 지식을 경신하며, 유리한 조건을 창출한다.

(3) 기층 장병이 어떠한 고난도 참고 견디며, 기꺼이 헌신하는 분투정신, 그리고 어떠한 어려움도 극복하고 연구에만 매진하는 강인한 의지를 가지며, 세심하고 조금도 빈틈이 없는 과학적 태도를 확립하며, 전체적 국면을 돌보고, 긴밀히 협동하는 양호한 기풍을 양성하며, 각항 임무를 원만히 완수하는 것을 계획하고 교육한다.

(4) 미사일 훈련 중의 정치사업을 계획하고 영도한다. 기초훈련, 무장장착, 합성훈련 등 단계별 정치사업 계획을 수립하며, 장병이 전문 분업을 정확히 대처하며, 기초이론 지식을 학습하고 파악하는데 노력하는 것을 교육한다. 규정을 엄수하며, 실전 요구에 적응하기 위해 고되고 엄격한 훈련을 실시한다. 주도면밀하게 계획하고, 세심하게 조직하며, 전체적 국면을 고려하여 협력한다.

(5) 미사일 발사 중의 정치사업을 계획하고 영도한다. 기층이 사상동원을 실시하고, 당원과 단원 및 간부 핵심을 동원하여 발사 전 과정의 사상사업을 실시한다. 핵심 나팔수의 사상상의 장애, 기술상의 장애, 그리고 안전상의 장애 문제를 완전히 해결한다. 부대가 민주를 발양하는 것을 지도한다. 예상되는 예방활동을 전개한다. 지휘와 조작에 만전을 기하여 실수가 없도록 하는 것을 보장한다. 당지의 정부와 협조하여 발사 장소의 대중사업을 실시한다. 잔류 인원과 간부 가족의 사업을 실시하며, 실제의 어려움을 해결하는 것을 돕는다.

(6) 핵반격작전 중의 정치사업을 계획한다. 부대가 상급의 작전명령을 단호히 집행하며, 지휘를 침착하게 하고, 조작을 정확히 하고, 중국공산당 중앙과 중앙군사위원회가 부여한 핵반격작전임무를 원만히 완수하도록 교육한다.

(7) 기층 단위가 안전과 기밀유지 사업을 하는 것을 계획하고 영도한다. 관건이 되는 핵심부서의 인원에 대해 정기적으로 정치심사를 하며, 부대의 순결을 보증한다. 군과 민의 합동방어를 계획하여 전개하며, 진지의 핵미사일 장비의 절대적 안전을 보증한다.

제5절 원 · 교, 과학연구(시험) 단위와 병원 정치부(처)

〔제90조〕 중국인민해방군 원·교 정치부는 반드시 당, 국가, 그리고 군대의 교육사업에 관한 방침과 원칙, 상급의 결의와 명령 및 지시, 그리고 본 단위 당 위원회의 결정에 근거하여 교학을 중심으로 하는 것을 견지하고, 정치사업을 전개한다. 원·교 정치부는 본장 제1절, 제2절, 제3절의 상응하는 정치기관의 규정을 집행하는 것 이외에 본 단위의 특징을 결합하여 다음의 사항을 중점적으로 집행한다:

(1) 전체 인원이 마르크스주의의 기본이론을 지도로 삼고, 현대화를 향하고, 세계를 향하고, 미래를 향하며, 이론과 실제의 상호 결합, 교학과 과학연구의 상호 결합, 원·교 교육과 부대 건설의 상호 결합 원칙을 견지하며, 현대화되고 정규화된 혁명군대를 건설하기 위해 덕과 재능을 겸비하고 전면적으로 발전하는데 합격하는 인재를 양성한다.

(2) 전체 인원이 견고하고 정확한 정치방향, 고생스럽고 검소한 사업기풍, 기동적이고 융통성이 있는 전략전술을 견지하며, 단결, 긴장, 엄숙, 활약의 양호한 교풍을 발양한다.

(3) 교원 대오의 건설을 강화한다. 교학 인원과 관련된 정책과 규정을 성실하게 실제에 적용하며, 스승을 존경하고 가르침을 무겁게 여기는 양호한 기풍을 조성한다. 교원을 선발하고 양성하는 사업을 하며, 선진적 모범을 격려하고, 교원의 성장에 관심을 가진다. 교원이 국방교육사업에 헌신하며, 고생을 무릅쓰고 업무를 깊이 연구하며, 지식수준과 교학 능력을 부단히 제고한다. 교원이 실제에 깊숙이 파고 들어가 교학과 결합하여 학생의 사상사업을 실시하고, 글을 가르치고 인재를 육성하며, 남에게 사표(師表)가 되고, 양호한 교학 기풍을 발양한다. 교원이 사업과 생활 등 분야의 실제적 어려움을 해결하는 것을 돕는다.

(4) 교학 인원이 성실하게 가르치고, 교학의 민주를 발양하며, 가르침과 배움을 평가하고 서로 가르치고 배우는 것을 돕는 활동을 전개하는 것을 교육한다. 스승을 존경하고 제자를 사랑하며, 가르치고 배우는 과정에서 스승과 제자가 같이 성장하며, 교원과 학생 양쪽 모두가 적극성과 창조성을 발휘하는 것을 제창한다. 교학 개혁을 실시하고, 교학의 질을 향상한다.

(5) 학생이 국방사업에 헌신하는 사상을 확고하게 수립하고, 군사, 정치, 업무 기술과 과학·문화 지식을 열심히 학습하며, 정치적 각오와 군사정치 이론 수준을 제고하고, 군사지휘 능력을 제고하며, 전문기술능력을 파악하고, 학습 임무를 완수하는 것을 교육한다.

(6) 입학조건에 따라 학생을 모집하는 것을 엄격하게 한다. 학생의 사상실태, 학습 상황, 그리고 건강 상황을 항시 사찰한다. 졸업생의 활용에 대한 건의를 하며, 상급이 확정한 방안에 따라 배치사업을 실시한다.

(7) 전체 보장 인원이 교학을 위해 복무하는 사상을 수립하며, 정치적 책임감을 강화하며, 본직의 사업을 적극적으로 하며, 교원의 교학과 학생의 학습을 위해 양호한 조건을 제공하는데 노력한다.

(8) 과학연구 중의 정치사업을 계획한다. 4개항 기본원칙을 견지하는 전제 하에서 과학연구가 교학을 위해 복무하고, 국방현대화 건설과 현대전쟁을 위해 복무하는 방향에 따라 당의 백화제방(百花齊放)과 백가쟁명(百家爭鳴) 방침을 관철하며, 사상의 해방, 개척과 혁신을 격려하며, 학술의 민주를 발양하며, 학술사상을 활성화하고, 교학 인원이 적극성과 창조성을 충분히 발휘하도록 하고, 과학연구의 성과를 더 많이 내는 것을 보증한다.

(9) 전체 사업 인원과 학생이 조직의 기율관념을 제고하고, 군대의 법규와 규정을 준수하며, 원·교의 각항 규정을 준수하고, 정규적인 교학질서와 사업질서 및 생활질서를 유지하고 보호한다.

〔제91조〕 중국인민해방군 과학연구(시험) 단위 정치부(처)는 반드시 당, 국가, 그리고 군대의 과학연구에 관한 방침과 정책, 상급의 결의와 명령 및 지시, 그리고 본 단위 당위원회의 결정에 근거하여 과학연구를 중심으로 하고, 실제로부터 출발하여 정치사업을 전개하는 것을 견지한다. 과학연구(시험) 단위의 정치부(처)는 본 장 제1절, 제2절, 제3절의 상응하는 정치기관의 규정을 집행하는 것 이외에 응당 본 단위의 특징을 결합하여 아래의 사업을 중점적으로 실행한다:

(1) 과학기술 인원이 마르크스레닌주의와 마오쩌둥사상을 지도로 삼고, 덩샤오핑의 새로운 시기의 군대를 건설하는 사상 관철하며, 현대화를 향하고, 세계를 향하고, 미래를 향하며, 국방현대화 건설과 현대전쟁의 수요를 위해 복무하는 원칙을 견지하며, 군사과학 연구를 적극적으로 전개하고, 국가의 군사이론과학과 군사기술과학을 발전시키는 것을 교육한다.

(2) 과학기술 간부 대오의 건설을 강화한다. 과학 인원과 관련된 정책과 규정을 성실하게 실제에 적용하며, 과학기술 인원의 양성과 선발 사업을 실시하고, 과학기술의 성장과 진보에 관심을 가진다. 과학기술 인원이 군사, 정치, 업무를 열심히 학습하며, 정치 수준과 전문기술수준을 제고하며, 양호한 과학연구 도덕과 기풍을 양성하고, 과학연구(시험) 사업을 실시한다. 과학기술 인원이 사업과 생활 속의 실제적 어려움을 해결하는 것을 돕는다.

(3) 4개항 기본원칙을 견지하는 전제 하에서 국방현대화 건설을 강화하는 것을 목표로 삼고, 백화제방, 백가쟁명 방침을 관철하며, 사상을 해방하고, 진리를 추구하고 실효성을 강조하며, 개척하고 혁신하는 것을 견지하며, 학술의 민주, 기술의 민주를 발양하고, 과학기술 인원이 적극성과 창조성을 충분히 발휘하도록 하며, 성과를 많이 내고 인재를 많이 배출하는 것을 보증한다.

(4) 전체 과학기술 인원이 통일적 지휘에 복종하고, 어렵고 고생스러운 것을 두려워하지 않고 멸사봉공하는 정신을 발양하며, 단결을 강화하고, 온 힘을 다해 협동하고, 원만히 임무를 완수하는 것을 교육한다.

(5) 과학연구(시험) 중의 안전과 기밀유지 사업을 실시한다. 안전과 비밀유지 교육을 실시하며, 완전한 각항 규정과 제도를 수립하고, 안전과 비밀유지 법규를 실제에 적용한다. 핵심부서, 관건이 되는 부서의 설비와 인원에 대한 예방조치를 강화하고 안전을 확실히 보증한다.

(6) 전체 보장인원이 과학연구(시험)를 위해 복무하는 사상을 수립하며, 정치적 책임감을 강화하고, 본직의 사업을 적극적으로 수행하며, 과학기술 인원을 위해 양호한 사업, 학습, 그리고 생활 조건을 창조하는데 노력한다.

(7) 전체 사업인원이 조직의 기율관념을 제고하며, 군대의 법규와 규정을 준수하고, 과학연구(시험)사업과 관련된 규정을 준수하며, 정규적인 사업질서와 생활질서를 유지하고 보호하는 것을 교육한다. 과학연구(시험) 설비를 애호하며, 분투노력하고, 근검절약하며, 과학연구(시험) 사업에 매진한다.

〔제92조〕 중국인민해방군 병원 정치부(처)는 반드시 당, 국가, 그리고 군대의 위생사업과 관련된 방침과 정책, 상급의 결의와 명령 및 지시, 그리고 본 단위 당 위원회의 결정을 근거로 하고, 의료를 중심으로 하며, 실제로부터 출발하여 정치사업을 전개하는 것을 견지한다. 병원 정치부(처)는 본 장 제2절, 제3절의 상응하는 정치기관의 규정을 집행하는 것 이외에 응당 본 단위의 특징을 결합하여 아래 사업을 중점적으로 실시한다:

(1) 전체 인원에 대한 사회주의 의료도덕과 의료기풍 교육을 실시하며, 군대의 의료위생사업 방향을 견지한다. 전 병원 인원이 본직의 사업을 열애하고, 생명을 구하고 부상을 치료하는 혁명 인도주의 정신을 발양하고, 한 마음 한 뜻으로 부대를 위해 복무하고, 기층을 위해 복무하며, 환자를 위해 복무하는 사상을 수립한다. 사회주의 의료도덕규범을 건립하고 완전하게 하며, 환자를 돌봐주는 활동을 전개하며, 의료 인원의 성실한 책임의식을 양성하고, 규정과 제도를 엄수하고, 의료와 간호 자질을 제고하며, 의료사고를 방지한다. 전 병원 인원이 의료기풍을 개선하고, 직업 기율을 준수하며, 각종의 부정한 기풍을 방지하고 극복한다.

(2) 의료 인원과 관련된 정책과 규정을 성실하게 관철하고, 의료 인원의 정치적 진보에 관심을 가지며, 그 특징을 겨냥하여 정치교육과 사상교육을 실시하며, 그들이 업무상의 장기를 발휘하도록 하며, 부녀간부를 양성하는 것에 유념한다. 관련 부문과 협력하여 그들의 사업, 학습, 그리고 생활 조건을 개선하는 것을 노력하며, 그들이 적극성과 창조성을 충분히 발휘하도록 한다.

(3) 의료 인원이 업무를 깊이 있게 연구하며 발전시키고, 과학·문화 지식, 선진기술, 그리고 전시의 위생근무를 학습하는데 노력하며, 겸손하고 신중하며, 탐구에 용감하며, 기술상의 정밀함을 추구하며, 전문기술수준과 의료구호능력을 제고하는 것을 교육한다. 의료 인원이 과학연구사업을 전개하며, 현대 의료과학의 최고봉에 오르기 기해 노력하는 것을 격려한다.

(4) 의료 인원이 어렵고 고생스러운 것을 두려워하지 않고, 피를 흘리고 희생하는 것을 두려워하지 않는 혁명정신을 발양하고, 전장과 기타 긴급한 상황 하에서 구조하고 이송하며 부상자를 치료하는 임무를 완수한다.

(5) 부상자를 치료하는 정치사업을 실시한다. 부상자의 당과 단원 조직관계를 확인하며, 완전한 임시 당과 단 조직을 건립하고, 조직생활제도를 실제에 적용한다. 부상자의 치료와 생활에 관심을 가지며, 부상자의 의견과 건의를 청취하는 것을 중시한다. 의료 인원이 부상자의 사상 상황을 파악하고, 의료와 결합하여 사상사업을 실시하는 것을 지도한다. 부상자의 퇴원과 다른 병원으로 이송하는 사상사업을 실시하며, 부상자가 시사정책을 학습하며, 단결호조와 건강에 유익한 문화오락 활동을 전개하는 것을 계획한다. 부상자가 혁명낙관주의 정신을 발양하며, 병원의 규정을 준수하고, 관리에 복종하며, 치료와 배합하며, 장애와 질병을 극복하는 것을 교육한다. 관련 부문과 협조하여 부상과 장애 등급의 평정 사업, 열사의 표창사업, 그리고 병사로 희생한 군인의 사후처리 사업을 실시한다.

(6) 전 병원의 행정과 후근 인원이 책임감을 강화하고, 본직의 사업을 수행하며, 부상자와 사업 인원의 사업, 학습, 그리고 생활 조건을 개선하는데 노력하며, 행정관리와 물질보장 사업을 실시하는 것을 교육한다.

(7) 전 병원의 인원이 관련 법규와 규정을 엄격히 집행하여 관철하고, 조직의 기율성을 강화하며, 정규적인 의료질서, 사업질서, 생활질서, 그리고 전투준비질서를 유지하고, 각고분투하며, 엄격하게 절약하고, 병원을 근검하게 운영하도록 교육한다. 요양원 정치부(처)는 본 조의 규정에 따라 집행한다.

제6절 성군구·군분구 정치부

〔**제93조**〕 중국인민해방군 성군구·군분구 정치부는 소속 단위 정치사업의 영도기관이며, 상급 정치기관, 군대의 동급 당 위원회 및 동급 정치위원의 영도 하에 민병과 병역 정치사업을 실시하는 것을 계획하고, 〔예비역부대를 포함한〕 소속 부대, 인민무장부 당의 사업을 관리하는 것을 책임지며, 정치사업을 실시하는 것을 계획한다.

〔**제94조**〕 성군구·군분구 정치부는 반드시 중국공산당 중앙, 국무원, 중앙군사위원회의 국방예비역량 건설에 관한 방침과 정책, 그리고 상급의 결의와 명령 및 지시를 근거로 하며, 국가의 경제건설에 복종하는 전체적 국면, 국방건설의 수요에 적응하는 지도사상을 따르며, 민병사업을 조직적으로 실제에 적용하고, 정치적으로 실제에 적용하며, 군사적으로 실제에 적용하는 요구를 성실하게 관철하며, 역량을 집중하여 민병, 예비역부대의 정치사업을 진행한다. 주도적으로 관련 부문과 협력하며, 중심사업과 생산임무와 결합하며, 기층으로 깊숙이 파고 들어가 조사와 연구를 하고, 문제를 발견하고 해결하며, 정치사업 경험을 총결산하여 널리 보급하고, 즉시 상급 정치기관, 군대의 동급 당 위원회에 상황을 반영하고 건의하며, 지시를 요청한 후 사업을 보고한다.

〔**제95조**〕 성군구·군분구 정치부의 주요 직책은 아래와 같다:

(1) 지방의 관련 부문과 회동하여 민병이 마르크스레닌주의와 마오쩌둥사상을 학습하며, 중국 특색의 사회주의를 건설하는 이론을 학습하고, 당의 기본노선 교육과 시사정책 교육을 실시하고, 인민전쟁 사상과 민병의 성격과 임무 교육을 실시하며, 애국주의, 잡단주의, 사회주의 교육을 실시하며, 혁명영웅주의와 혁명전통 교육을 실시하고, 당의 노선과 방침 및 정책, 국가의 헌법과 법률, 그리고 상급의 결의와 명령 및 지시의 집행과 관철을 보증하는 것을 지도한다. 기층이 일상적인 사상사업을 실시하고, 선진적 모범이 되기 위해 노력하며 영웅의 모범을 학습하는 활동을 전개하는 것을 지도하고 독촉한다.

(2) 민병 조직의 정돈과 군사훈련 중의 정치사업을 영도한다. 기층이 민병 조직을 정돈하는 중의 선전교육, 정치심사, 그리고 간부조정 사업을 실시하며, 민병 조직을 건전하고 순수하게 하는 것을 지도한다. 인민무장부가 민병의 군사훈련 중의 사상동원 사업을 실시하고, 연병의 열정을 불러일으키며, 훈련의 질을 향상시키고, 민병이 무기와 장비를 애호하고, 훈련의 안전을 보증하는 것을 지도하고 독촉한다. 대학과 원·교 및 고등학교 학생의 군사훈련 중의 정치사업을 정치사업을 실시한다.

(3) 인민무장부가 민병이 사회주의 현대화 건설에 적극적으로 참가하도록 발동하고 계획하는 것을 영도한다. 민병이 정치와 생산노동을 학습하고, 과학기술을 파악하며, 사회주의 시장경제를 발전시키고 사회주의 정신문명을 건설하며, 사회 안정을 유지하고, 재난구조를 하며, 기타 응급임무를 수행하는 과정에서 핵심적이고 솔선하는 역할을 발휘하는 것을 교육한다.

(4) 민병이 근무 중의 정치사업을 집행하는 것을 영도한다. 민병이 해상방어와 변방방어 투쟁 및 국내 근무를 수행하는 방침과 정책을 집행하고 관철하며, 육상과 해상 변경관리 규정을 엄수하도록 교육한다. 민병이 근무 수행 중의 사상 상황과 정책 기율을 준수하는 상황을 파악하며, 즉시 문제를 발견하고 해결하고, 근무 임무를 완수하는 것을 보증한다.

(5) 민병의 전시 정치사업을 영도한다. 전시 민병의 정치사업 지시와 정치동원 제강(提綱)을 기초하여 수립한다. 참전하여 전선을 지원하는 민병 간부를 선발 배치하며, 임시 당과 단의 조직을 건립한다. 인민무장부와 참전 민병 연대와 대대는 정치동원과 선전격려 사업을 실시하며, 공을 세우는 운동을 전개하고, 정책기율 교육을 실시하며, 적군와해사업을 실시한다. 전투 평가와 장려 사업을 실시한다. 전시 정치사업 경험을 총결산하여 널리 보급한다.

(6) 현(시·구) 인민무장부 당 위원회의 건설을 영도하며, 지방의 동급 당 위원회가 군사사업을 토론하는 회의, 군분구와 현(시·구) 인민무장부 당 위원회의 건설, 군분구와 현(시·구) 인민무장부 당 위원회 제1서기 회의를 계획하여 실시하며, 군대 인원이 당지 당 위원회에 참가하는 사업을 도맡아 처리한다.

(7) 현(시·구) 인민무장부 간부의 배치와 관리사업을 영도한다. 전문직 인민무장부 간부 대오의 건설을 강화한다. 과(실) 이상 정치간부에 대한 훈련과 양성을 책임진다. 인민무장 학교의 정치사업을 영도한다.

(8) 지방의 관련 부문과 회동하여 전민 국방교육을 실시하고, 교육재료를 편집하여 배포하며, 다양한 형태의 교육활동을 전개하며, 전형의 경험을 총결산하여 널리 보급하며, 간부와 민병 및 대중의 국방관념을 강화한다. 민병이 적군을 와해하는 교육훈련을 실시하는 것을 계획하고 영도하며, 변경회담을 진행하는 중의 정치사업과 대외선전 사업을 지도한다.

(9) 국가의 병역제도를 관철하고, 병력자원의 징집과 전시 병력동원 중의 정치사업을 실시하는 것을 계획하며, 기층이 징집에 응하는 인원의 정치심사 사업을 실시하며, 법에 따라 일을 처리하며, 부정을 방지하며, 병력의 질을 보증한다.

(10) 당지 주둔군과 정부, 인민대중 간의 연계를 협조하며, 주둔군이 군과 민이 공동으로 사회주의 정신문명을 건설하는 활동, 옹군우속(擁軍優屬)과 옹정애민(擁政愛民)

의 모범단위를 세우는 활동에 참가하고, 국가의 경제건설에 참가하고 지원하며, 재난구조를 하는 협력사업을 계획하며, 지방정부와 협력하여 군과 민 간의 모순과 마찰을 처리한다. 주둔군 인원이 당지 인민대표대회, 인민정치협상회의의 관현 사업에 참가하는 것을 맡아 처리한다.

(11) 지방정부와 협조하여 부대가 훈련하고 연습하며, 전쟁준비 임무를 수행하는 사업을 지지한다. 군인 가족, 열사 가족, 희생자 가족 및 참전과 근무 중의 전사자 및 희생자 가족의 무휼사업을 실행하며, 군인가족과 열사가족의 합법적 권익을 보호한다. 부대와 배합하여 본 지역 출신 장병의 사상사업을 실시한다.

(12) 〔정권 수립 이전에 공산당에 가입한〕 리휴(離休)와 〔정권수립 이후에 공산당에 가입한〕 퇴휴(退休) 간부의 안배와 관리사업을 진행한다. 관련 부문과 회동하여 리휴와 퇴휴 간부의 안배계획을 수립한다. 이직간부의 휴양소 건설을 강화한다. 리휴와 퇴휴 간부가 사회주의 정신문명을 건설하는데 있어서 계속 역할을 발휘하도록 계획한다. 퇴휴간부와 일부 리휴간부의 지방으로의 안배사업을 실시한다.

(13) 군대가 전업간부에게 지방의 직장을 알선해 주는 사업을 실시하며, 지방의 관련 부문과 협조하여 군대의 전업간부 및 그 가족들을 적절하게 안배한다. 예비역 장교의 등기통계와 관리사업을 실시한다. 지방의 관련 부문과 협조하여 제대군인의 안배사업과 군대와 지방 모두에 쓰이는 인재의 개발과 활용 사업을 실시한다.

(14) 본장 제2절의 관련 규정을 참조하여 소속 부대 당의 사업을 책임지며, 정치사업을 실시하는 것을 계획한다. 대리 관리하는 단위의 정치사업을 진행한다.

〔제96조〕 중국인민해방군 위수구, 경비구 정치부는 본장 제2절의 관련 규정에 따라 소속 부대 당의 사업을 관리하는 것을 책임지며, 정치사업을 실시하는 것을 계획한다. 본 조례 〔제95조〕의 관련 규정에 따라 민병과 병역 정치사업을 실시하는 것을 계획한다. 중국인민해방군 예비역 사단(연대) 정치부(처)는 본 장 제2절, 제3절과 본 조례 〔제95조〕의 관련 규정을 참조하며, 소속 부대 당의 사업을 관리하는 것을 책임지며, 정치사업을 실시하는 것을 계획한다. 현(시·구) 인민무장부 정치사업과는 본 절의 관련 규정을 참조하여 정치사업을 실시한다.

제7절 정치부(처) 주임

〔제97조〕 정치부(처) 주임은 상급 정치기관, 동급 부대 당 위원회와 정치위원의 영도하에 본 정치기관의 사업을 주관하며, 소속부대의 정치사업에 대한 영도를 실시하는

것을 계획한다.

〔**제98조**〕 정치부(처) 주임은 반드시 직책을 이행하는데 필요한 마르크스레닌주의와 마오쩌둥사상의 이론과 정책 수준을 구비해야 하고, 중국 특색의 사회주의를 건설하는 이론을 파악해야 하며, 확고부동한 공산주의 신념, 확고부동한 무산계급 당성을 가지고, 당의 노선과 방침 및 정책을 모범적으로 집행하고 관철해야 한다. 풍부한 정치사업 경험을 가지고, 비교적 강한 조직의 영도능력을 가져야 한다. 원칙을 견지하고, 정의롭고 공정해야 하며, 솔선수범하고, 멸사봉공하며, 대중과 긴밀하게 연계하고, 조사와 연구를 잘 해야 한다. 정치부(처) 주임은 반드시 5년 이상의 당력을 가진 중국공산당 당원이어야 한다.

〔**제99조**〕 정치부(처) 주임의 주요 직책은 아래와 같다:

중국인민해방군 정치사업의 기본임무와 주요내용, 상급의 결의와 지시 및 계획, 그리고 동급 부대 당 위원회의 결의와 수장의 지시를 근거로 하고, 본 조례의 정치기관에 대한 관련 규정에 의거 부서가 직책을 이행하고, 임무를 완수하는 것을 계획하고 영도한다.

제8절 정치기관 간부

〔**제100조**〕 정치기관 간부는 반드시 군대 정치원교나 또는 지휘원교의 양성훈련을 거쳐 기층간부로서 2년 이상을 복무하고, 일정한 정치사업 경험을 가져야 한다. 정치기관 간부는 반드시 중국공산당 당원이어야 한다.

〔**제101조**〕 정치기관 간부는 응당 아래 사항을 이행해야 한다:

(1) 당의 노성과 방침 및 정책, 국가의 헌법과 법률, 그리고 상급의 결의와 명령 및 지시를 모범적으로 집행하고 관철해야 하며, 당의 기율을 엄숙하게 하며, 비교적 높은 정치적 각오와 매우 강한 당성을 구비해야 한다.

(2) 마르크스레닌주의와 마오쩌둥사상을 성실하게 학습하고, 중국 특색의 사회주의를 건설하는 이론을 학습하며, 정치사업과 현대군사, 과학지식을 학습하고, 직책을 이행하는데 필요한 이론정책 수준과 전문지식을 갖추어야 한다.

(3) 정치사업을 열애하고, 직책을 지키는데 충성하며, 업무에 정통하고, 각고분투하고, 개척하고 혁신하며, 비교적 강한 조사연구 능력, 문자표현능력, 사무협조능력, 그리

고 기층의 문제 해결을 돕는 능력을 구비해야 한다.

(4) 실제에 깊숙이 들어가며, 대중과 연계하고, 실사구시(實事求是)하며, 언행이 일치하고, 허술하고 거짓을 일삼는 것을 반대하며, 형식주의를 추구하지 않고, 진실을 구하고 실용에 힘쓰는 기풍을 갖춘다.

(5) 원칙을 견지하고, 공정하고 올바르며, 명리를 따지지 않고, 겸허하고 상실하며, 멸사봉공하고, 남에게 모범이 되며, 양호한 사상과 덕성을 갖춘다.

〔**제102조**〕정치기관의 각 업무부문 책임자는 주임의 영도 하에 본 부문의 사업을 주관하는 것을 책임지며, 사상, 조직, 업무, 기풍 건설을 움켜잡고, 부서가 직책을 이행하고, 임무를 완수하는 것을 계획하고 영도한다.

〔**제103조**〕본 절의 규정은 총정치부에 적용된다.

제9절 정치협리원

〔**제104조**〕정치협리원은 상급 정치기관이 연대 이상 단위의 기관(부문)에 파견한 정치간부이다. 정치협리원은 상급 정치기관, 본 기관(부문) 당 조직의 영도와 기관(부문) 수장의 지도 하에 정치사업을 수행한다.

〔**제105조**〕정치협리원은 반드시 직책을 이행하는데 필요한 마르크스레닌주의와 마오쩌둥사상의 이론과 정책 수준을 구비하고, 중국 특색의 사회주의를 건설하는 이론을 파악하며, 당의 노선과 방침 및 정책을 모범적으로 관철하고, 비교적 풍부한 정치사업 경험을 가지고, 본 기관의 업무활동을 숙지하며, 원칙을 견지하고, 기율을 준수하며, 겸허하고 신중하며, 공정하고 올바르며, 동지를 단결시키고, 대중과 연계해야 한다. 정치협리원은 반드시 중국공산당의 정식당원이어야 한다.

〔**제106조**〕정치협리원은 반드시 상급 정치기관의 지시와 본 기관(부문) 당 조직의 결의에 근거하며, 기관(부문)의 특징으로부터 출발하여 사업을 진행해야 한다. 항상 상급 정치기관, 본 기관(부문) 당 조직과 수장을 향해 상황을 반영하며, 지시를 요청한 후 사업을 보고한다.

그 주요 직책은 아래와 같다:

(1) 기관 인원이 당의 노선과 방침 및 정책, 국가의 헌법과 법률, 군대의 법규와 규정, 그리고 상급의 결의와 명령 및 지시를 학습하는 것을 관철 및 집행하는 것을 계획한다.

(2) 기관 인원이 마르크스레닌주의와 마오쩌둥사상을 학습하고, 중국 특색의 사회주의를 건설하는 이론을 학습하며, 정치이론 수준을 제고하는 것을 계획한다. 항상 전체 인원의 사상실태를 이해하고 파악하며, 심층적이고 세심한 사상사업을 실시한다. 기관 인원이 부대를 위하고 기층을 위해 적극적으로 복무하며, 직책을 지키는데 충성하고, 업무를 깊이 연구하며, 본직의 사업을 수행하는 것을 교육한다.

(3) 당 조직 책임자가 당 조직의 일상업무를 수행하고, 당 지부의 건설을 실시하며, 당의 조직생활제도를 완전하게 하고, 당의 기율을 유지하며, 단결을 강화하고, 당원 교육과 당원을 확충하는 사업을 실시하는 것을 협조한다.

(4) 당 조직의 영도 하에 간부를 관리하는 구체적인 사업을 수행한다.

(5) 기관의 전체 인원이 법제관념을 강화하고, 비밀을 유지하고, 부패한 사상문화의 침식을 억제하며, 범죄사건이 발생하는 것을 예방하고, 기관의 순결과 안전을 유지한다.

(6) 단 지부가 중심임무를 둘러싸고, 청년의 특성에 적합한 활동을 전개하며, 단원과 청년의 학습을 계획하며, 단원과 청년이 각항 임무를 완수하는데 있어서 돋보이는 역할을 하도록 동원한다.

(7) 선진적 모범이 되기 위해 노력하는 대중성 운동과 영웅의 모범을 학습하는 운동을 전개하며, 장려 사업을 실시하는 것을 계획한다.

(8) 기관 인원이 간부를 존경하고 사병을 사랑하는 양호한 전통을 발양하고, 정치민주, 경제민주, 군사민주를 전개하는 것을 계획하며, 단결을 강화하고, 전체 인원의 합법적 권익을 보호하는 것을 교육한다. 전체 인원의 복지에 관심을 가지며, 건강에 유익한 문화오락체육 활동을 전개하는 것을 계획한다.

(9) 기관 인원이 정부를 옹호하고 인민을 사랑하는 양호한 전통을 발양하며, 대중의 기율을 준수하고, 대중사업을 실시하며, 군과 정, 군과 민의 단결을 강화하는 것을 교육한다.

제7장 중국공산주의청년단의 군대 내 조직

〔제107조〕 중국공산주의청년단의 중국인민해방군 내의 조직은 중국공산당이 영도하는 군대 내의 선진적 청년의 대중조직이고, 광범위한 청년이 실천 속에서 공산주의를

학습하는 학교이며, 당의 조수와 예비군이다.

〔**제108조**〕 중국공산주의청년단은 군대의 여단·연대 급 단위와 초급, 중급 원교에 위원회를 설립하며, 대대와 대대에 상당하는 단위에 총지부를 설립하고, 중대와 중대에 상당하는 단위에 지부를 설립한다.

〔**제109조**〕 공산주의청년단 위원회는 본 단위 당 위원회, 정치기관의 영도와 동급 수장의 지도 하에 소속 단위의 공산주의청년단 사업과 청년 사업을 영도한다. 공산주의청년단 위원회는 단원 대표대회나 또는 단원 대회가 무기명 투표방식으로 차액선거를 통해 선출하여 구성하며, 당해급 당 위원회의 비준을 득한다. 공산주의청년단 위원회는 여단·연대 급 단위는 9-13인으로 구성하며, 원·교는 17-21인으로 구성한다. 만약에 위원이 결원 시에 즉시 보충해야 한다. 위원회는 서기·부서기를 두며, 서기·부서기는 단 위원회(공산주의청년단 위원회) 전체회의가 선출하여 구성하며, 서기는 일반적으로 동급 당 위원회 위원이 맡게 되며, 동급 당 위원회의 관련 회의에 열석(列席)할 수 있다. 공산주의청년단 위원회 밑에는 조직단무조(團務組), 청년교육조, 청년활동조를 두며, 당 위원회가 결정한 사업임무를 맡아 처리하며 실제에 적용한다. 공산주의청년단 위원회의 매기 임기는 2년이다. 임기가 만료되면 공산주의청년단 위원회는 단원 대표대회나 또는 단원 대회를 소집하여 교체선거를 실시한다. 공산주의청년단 위원회 회의는 일반적으로 분기에 1회 개최한다. 공산주의청년단 위원회는 응당 온 정력을 집중하여 단 지부를 건설하고, 단 지부 서기 연석회의를 정기적으로 소집하며, 사업을 총결산하고, 경험을 교환한다. 단 총지부와 단 지부 서기 및 위원을 훈련하고 양성하는 것을 책임진다. 즉시 당 위원회와 정치기관에 상황을 반영하며, 지시를 요청한 후 사업을 보고한다.

〔**제110조**〕 공산주의청년단 총지부위원회는 공산주의청년단 위원회, 본급 당 위원회의 영도와 동급 수장의 지도 하에 사업을 진행한다. 단 총지부위원회는 단원대회나 또는 단원 대표대회가 무기명 투표방식으로 차액선거를 통해 선출하여 구성하며, 본급 당 위원회의 동의를 받은 후 상급 공산주의청년단 위원회의 비준을 득한다. 단 총지부위원회는 일반적으로 5-9인으로 구성되며, 위원이 결원 시에는 즉시 보충해야 한다. 위원 중에는 응당 사병 단원이 1-2명 있어야 한다. 단 총지부위원회는 서기와 부서기를 두며, 서기는 일반적으로 본급 당 위원회의 위원이 맡게 되며, 동급 당 위원회의 관련 회의에 열석(列席)할 수 있다. 단 총지부위원회의 매기 임기는 2년이다. 임기가 만료되면 단 총지부가 단원대회나 또는 단원대표대회를 소집하여 교체선거를 실시한다.

단 총지부위원회의 임기는 2년이다. 단 총지부위원회 회의는 일반적으로 매월 1회 소집한다. 단 총지부위원회는 단 지부의 사업을 검사하고 지원해야 하며, 지부서기회의를 정기적으로 개최하고, 사업을 총결산하며, 경험을 교환한다. 단원의 확충 계획을 수립하며, 신단원의 확충을 비준한다. 즉시 공산주의청년단 위원회와 본급 당 위원회에 상황을 반영하며, 지시를 요청한 후 사업을 보고한다.

〔제111조〕 공산주의청년단 지부의 조직과 영도제도는 아래와 같다:

(1) 공산주의청년단 지부는 당 지부의 조수이다. 단 지부는 상급 단 조직, 당 지부의 영도와 본급 수장의 지도 하에 사업을 진행한다.

(2) 단원이 3인 이상인 독립단위는 모두 공산주의청년단 지부를 설립해야 한다. 단 지부를 설립하는 조건이 갖추어지지 않은 개별적 단위의 단원은 인근 군대 단위의 단 지부에 편입될 수 있다. 단 지부의 설립은 공산주의청년단 위원회의 비준을 득해야 한다.

(3) 단 지부위원회는 단원대회가 선출하여 구성한다. 단 지부위원회는 일반적으로 5-7인으로 구성 하며, 매기 임기는 1년이다. 만약에 위원이 결원 시에는 즉시 선거를 통해 보충해야 한다. 위원회는 서기와 부서기, 그리고 조직위원, 선전위원, 문화오락체육위원을 둔다. 서기는 부정치지도원이 맡으며, 부정치지도원이 없는 중대는 일반적으로 당원 장교가 맡는다. 단 지부 서기는 일반적으로 당 지부위원이어야 하며, 당 지부위원회의 관련 회의에 열석할 수 있다. 단 지부위원과 서기·부서기의 인선은 반드시 당 지부위원회가 동의하고, 상1급 단 조직에 보고하여 비준을 득해야 한다. 단원이 7명이 되지 않는 단 지부는 단 지부위원회를 두지 않고 서기와 부서기를 두거나 또는 서기만을 둔다.

(4) 단 지부의 영도기관은 지부 단원대회이며, 지부 단원대회의 폐회기간 중에는 지부 단원대회가 선출하여 구성한 지부위원회이다. 단 지부위원회는 지부 단원대회의 결의를 집행하여 관철하며, 단의 일상업무를 처리한다.

(5) 지부 단원대회의 직권은 아래와 같다:

상급 단 조직과 당 지부의 결의와 지시를 전달한다. 단 지부위원회의 사업보고를 청취하고 심사한다. 단 지부를 건설하는 중요 문제를 토론하여 결정한다. 단 지부위원회와 상급 단원대표대회에 출석하는 대표를 선출한다. 단원을 확충하며, 단원을 장려하고 처분하는 것을 결의한다.

(6) 단 지부위원회는 민주집중제 원칙을 관철하고 집행하며, 집단영도를 실행한다. 중요한 문제에 속하는 것은 모두 단 지부위원회가 집단으로 토론하여 결정한다. 단 지부위원회는 분업에 따라 적극적이고 주도적으로 분담하여 관리하는 사업을 실행한다.

(7) 단 지부는 일반적으로 분대나 또는 소대에 따라 단의 소조를 구분한다. 단의 소조장은 단 소조의 추천으로 탄생한다. 단 소조는 단원이 조직생활을 학습하고 지내며, 발전대상을 양성하고 교육하며, 단원을 배치하고, 단원이 단 지부의 결의를 집행하는 것을 독촉하고, 적시에 단비를 징수하는 것을 책임진다.

(8) 단 지부는 일반적으로 아래의 제도를 견지한다:

지부단원대회는 매월 1회 개최한다. 지부위원회는 매월 적어도 1회 개최한다. 소조생활회는 매월 1회 개최한다. 단과(團課)는 매월 1-2회 실시한다. 지부위원회는 지부단원대회에 사업을 보고하며, 일반적으로 분기나 또는 사업단계별로 진행한다. 단일(團日)은 매주 반일 실시한다. 단적의 등록은 매년 1회 실시한다.

〔제112조〕 공산주의청년단 지부 서기와 각 위원의 분업은 아래와 같다:

(1) 지부 서기는 단 지부의 일상업무를 주관한다. 상급 단 조직과 당 지부의 지시를 근거로 하고, 단 지부의 실제상황을 결합하며, 단 지부위원회를 소집하여 사업을 토론하는 것을 확정한다.

(2) 지부 단원대회와 단 지부위원회 결의의 집행상황을 검사하며, 단 지부위원회를 대표하여 단원대회와 상급 단 조직에 사업을 보고한다. 주도적으로 단 지부위원회와 밀접한 연계를 유지하며, 상황을 교환하고, 사업을 연구한다.

(3) 군인위원회와 연계를 강화하고, 사업을 협조한다.

(4) 당 지부와 동급 수장을 향해 지시를 요청하며, 사업을 보고한다. 단 소조장을 양성하고 훈련하는 것을 계획한다.

(5) 지부 부서기는 서기가 사업을 진행하는 것을 협조하며, 서기가 결원 시에 서기의 사업을 대리한다.

(6) 조직위원은 지부의 조직상황을 파악하고, 단원을 확충하고 단원에 대한 장려사업을 처리하며, 단비를 징수하고, 단원증 등록과 연령을 초과한 단원이 단을 떠나는 수속을 처리하며, 단 소조가 조직생활을 하는 것을 검사하고 독촉하는 것을 책임진다.

(7) 선전위원은 단원과 청년의 사상, 학습상황을 이해하고, 단과 교육, 단원과 청년의 학습을 계획하며, 선전격려 사업을 전개하는 것을 책임진다.

(8) 문화오락체육위원은 단원과 청년이 건강에 유익한 문화체육 활동 전개를 계획하며, 군인위원회와의 연계를 강화하고, 사업을 협조하는 것을 책임진다.

〔제113조〕 각급 공산주의청년단 조직은 반드시 《중국공산주의청년단 장정》과 군대의 관련 규정에 근거하여, 본 단위 당 조직의 영도와 수장의 지도 하에 부대의 중심임무를 둘러싸고, 청년의 특성에 적합한 교육과 활동을 전개하며, 단원, 청년이 사회주의현대

화 건설과 군대의 혁명화, 현대화, 정규화 건설의 실천 속에서 이상이 있고, 도덕이 있고, 문화가 있고, 기율이 있는 군인으로 단련되고, 각항 임무를 완수하는 중에 돌격적인 역할을 발휘하도록 인도한다.

각급 공산주의청년단 조직의 주요 임무는 아래와 같다:

(1) 단원과 청년이 마르크스레닌주의와 마오쩌둥사상을 학습하고, 중국 특색의 사회주의를 건설하는 이론과 당의 노선과 방침 및 정책을 학습하며, 중국인민해방군의 건군원칙, 영광된 역사, 그리고 양호한 전통을 학습하며, 단원과 청년의 정치적 각오를 제고하는 것을 동원하고 계획한다.

(2) 단원과 청년에게 공산주의 이상, 사상과 도덕, 단의 기본지식과 당의 기본지식 교육을 실시하며, 단원과 청년의 사상 상황을 항상 이해하고 분석하며, 당 조직이 일상적인 사상사업을 실시하는 것을 협조하고, 단원과 청년이 정확한 인생관과 가치관을 수립하는 것을 인도한다.

(3) 단원과 청년이 당의 노선과 방침 및 정책을 관철하고 집행하며, 국가의 헌법과 법률, 그리고 군대의 법규와 규정을 준수하고, 상급의 결의와 명령 및 지시를 집행하며, 법을 어기고 기율을 문란하게 하는 행위와 투쟁하는 것을 교육한다.

(4) 단원과 청년이 군사기술을 학습하고, 본직 업무를 학습하며, 과학·문화 지식을 학습하는 것을 노력하며, 작은 발명, 작은 창조, 작은 개혁 활동을 전개하는 것을 계획하고 동원한다.

(5) 단원과 청년이 청년의 특성에 맞고 건강에 유익한 문화체육 활동에 적극적으로 참가하는 것을 계획한다.

(6) 단원과 청년이 영웅의 모범을 학습하는 활동을 전개하고, 선진중대가 되기 위해 노력하며 우수전사가 되기 위해 노력하는 활동에 적극적으로 참가하도록 계획하고 동원한다.

(7) 단원을 확충하고 단원에게 상과 벌을 주는 사업을 실시한다. 단원과 청년의 합법적 권익을 보호하며, 당 조직과 행정 수장에게 단원과 청년의 의견과 요구를 반영하고, 단원의 제소와 고발을 수리하고 전달한다.

(8) 당 조직에 단원 대오의 상황을 보고하며, 단원이 당과(黨課) 학습에 참가하는 것을 계획하고, 우수단원을 추천하여 당의 발전대상으로 삼는다.

제8장 군인대표회의와 군인위원회

제1절 여단·연대의 군인대표회의

〔**제114조**〕 중국인민해방군 여단·연대 급 단위의 군인대표회의는 군대의 민주생활을 완전하게 하고 발전시키며, 군인이 민주권리를 정확히 행사하고 부대를 관리하는 민주제도이다. 회의는 매년 1회 개최하며, 동급 부대 당 위원회의 영도와 정치기관의 지도 하에 회의 주석단이 주관한다.

〔제115조〕군인대표회의의 주요 임무

(1) 본 단위 수장의 사업보고를 청취하고 심의하며, 사업을 개선하는 의견과 건의를 제기한다.

(2) 본 단위의 상급의 결의와 명령 및 지시, 군대의 법규와 규정의 집행과 관철을 감독한다.

(3) 광범한 군인의 의견과 요구를 반영하며, 영도간부와 영도기관이 사업과 기풍을 개선하고, 군인의 합법적 권익을 보호하는 것을 지원한다.

(4) 부대의 경제생활을 감독하고, 군인생활의 복지를 개선하는 의견과 건의를 제기한다.

〔**제116조**〕 군인대표회의의 대표는 반드시 밑으로부터 위로 향하여 민주선거를 통해 선출한다. 현역군인은 대표 후보자로 지명될 수 있으며, 대표후보자 명단은 충분한 토의와 협의를 거쳐야 한다. 대표는 기층단위가 조직영도 하에 군인대회를 개최하여 무기명 투표방식으로 차액(差額)선거를 통해 선출한다. 군인대표회의의 대표는 반드시 중국공산당을 옹호하고, 사회주의제도를 옹호하며, 대중과 연계하고, 의사(議事)능력을 구비해야 한다. 군인대표회의의 대표 정수는 군인대표회의를 소집하는 단위 당 위원회가 확정한다. 대표는 응당 광범성을 지니고 있어야 하며, 기층단위의 군인대표 중에는 사병 대표가 응당 다수를 차지해야 한다. 기관의 군인대표 중에는 간부대표가 응당 다수를 차지하야 한다. 군인대표회의의 대표는 반드시 아래의 직책을 이행해야 한다:

대중의 의견과 요구를 수집하여 사실과 같게 반영하며, 불량한 경향과 법을 위반하고 기율을 문란하게 하는 행위를 비판하고 폭로하며, 군인대표회의의 정신을 선전하고 실제에 적용한다.

〔**제117조**〕 군인대표회의는 응당 민주와 집중의 관계를 정확히 처리하고, 민주를 기초로 하는 집중, 집중의 지도를 받는 민주를 실행한다. 반드시 대표가 법에 정한 민주권리를 행사하는 것을 보장해야 한다. 그 어떠한 조직과 개인도 억압하고, 방해하며, 보복을 해서는 안 된다. 군인대표회의의 모든 활동은 반드시 단결을 강화하고, 기율을 유지하며, 부대의 고도의 집중적 통일을 보증하고, 부대의 전투력을 공고히 하고 제고하는데 도움이 되어야 한다.

제2절 중대 군인위원회

〔**제118조**〕 중국인민해방군 중대 군인위원회는 중대가 정치민주, 경제민주, 군사민주를 실행하며, 군인이 민주권리를 행사하고, 대중성 활동을 전개하는 것을 보장하는 조직이다. 중대 군인위원회는 당 지부의 영도와 중대장, 지도원의 지도 하에 사업을 진행한다.

〔**제119조**〕 중대 군인위원회는 5-7인으로 구성된다. 위원은 대중이 후보자를 추천하며, 전 중대 인원이 선거를 통해 선출하며, 당 지부의 비준을 득한다. 위원회의 임기는 1년이다. 위원이 결원 시에는 즉시 보충해야 한다. 군인위원회는 주임, 부주인 각 1인을 추천하여 선출하며, 주임은 일반적으로 부중대장이 맡으며, 위원은 군정 자질이 양호하고, 대중에게 위신이 있고, 일정한 조직과 활동 능력을 지니며, 그뿐만 아니라 대중을 위해 기꺼히 봉사하는 사병과 장교가 맡는다. 군인위원회는 정치민주조, 경제민주조, 군사민주조, 문화오락체육조, 그리고 대중사업조를 둔다. 조장은 위원이나 또는 부주임이 겸임하며, 조원은 해당 조의 사업에 적합한 사병이 맡는다. 각 조의 구성원은 일반적으로 3인이다. 인원이 적은 중대는 소조를 통합할 수 있으며, 구성원도 상대적으로 줄일 수 있다.

〔**제120조**〕 중대 군인위원회는 반드시 중대의 중힘임무를 둘러싸고, 정치민주, 경제민주, 군사민주와 기타 대중성 활동을 전개하는 것을 계획하며, 중대가 각항 임무를 건설하고 완수하는 데 있어서 참모 역할을 발휘하고, 정책과 기율, 그리고 군인의 정당한 이익을 유지하고 보호하는데 있어서 감독 역할을 발휘하며, 장병관계와 군민관계를 긴밀히 하는데 있어서 교량 역할을 발휘해야 한다. 군인위원회의 주요 사업은 아래와 같다:

(1) 장병들이 아이디어를 내고 방법을 강구하며, 중대의 사업을 개선하고 강화하는 것

을 건의하는 행동에 나서도록 한다. 장병이 군대의 법규와 규정을 준수하고, 좋은 일과 좋은 사람을 표창하고, 법을 위반하고 기율을 문란하게 하는 행위를 비판하고 폭로한다. 사병의 장교에 대한 의견과 요구를 반영하며, 장교와 사병 간의 모순을 해결하는 것을 협조한다. 사병을 입학시키고, 기술병으로 선발하여 양성하며, 정부(正副) 분대장으로 승진시키며, 전문직 하사관으로 선발 전환하는 것을 추천한다. 장병의 공적심사를 한다.

(2) 장병의 급식에 대한 의견을 항상 이해하고 반영하며, 개선 방법을 연구한다. 경비의 지출을 감독하고, 회계장부를 전기적으로 공포하고 검사하며, 탐오와 절도를 방지하며, 지나치게 겉치레에 신경을 써 낭비하고, 자기에게 주어진 몫 이상을 먹거나 차지하는 것을 방지한다.

(3) 장병이 군사훈련을 중심으로 하는 각항 사업에 적극적으로 참가하고, 서로 가르치고 서로 배우며, 가르침을 평가하고 배움을 평가하며, 경연을 평가하는 활동을 전개하며, 임무 완수를 위해 훌륭한 방안을 제시하는데 적극 나서도록 한다. 전시에는 장병이 작전명령을 결연히 집행하며, 적을 물리치고 승리를 거두는 전법을 연구하며, 전투평가 활동을 전개하는 것에 적극 나서서 행동하도록 한다.

(4) 장병이 대중성 문화오락체육 활동을 전개하는 것을 계획한다.

(5) 중대 수장이 장병의 옹정애민 활동, 그리고 군과 민이 함께 사회주의 정친문명을 건설하는 활동 참가를 계획하는 것을 협조한다. 대중의 기율을 검사하고 유지한다. 장병이 인민대중을 위해 좋은 일을 하는데 나서도록 한다. 인민대중이 반영하는 문제를 처리하고, 부대에 오는 가족들을 대하는 사업을 실시한다.

〔**제121조**〕중대 군인위원회의 사업제도는 아래와 같다:

(1) 군인위원회는 집단영도를 실행하며, 중요한 활동은 집단토론을 거쳐 결정하며, 필요시 군인대회로 넘겨 토론하여 통과하도록 해야 한다.

(2) 매월 1회 위원회 회의를 개최하며, 사업을 안배한다.

(3) 매 분기 군인대회에 1회 사업을 보고하며, 비판과 건의를 청취한다.

(4) 매월 적어도 1회 급식과 경비 지출 현황을 검사할 뿐만 아니라 전 중대에 회계장부를 공포한다.

(5) 전 중대 성격의 활동을 전개하기 위해서는 반드시 중대 수장의 비준을 득해야 한다.

제9장 부칙

〔**제122조**〕본 조례를 관철하고 집행하기 위해 총정치부는 수요에 근거하여 단일 사업 조례 및 관련 규정과 방법을 제정하며, 중앙군사위원회의 비준을 득한 후 시행하거나 또는 직접 하달하여 시행한다.

〔**제123조**〕본 조례는 총정치부가 해석을 책임진다.

〔**제124조**〕본 조례는 공포한 날로부터 시행되며, 중앙군사위원회는 1991년 1월 1일 공포한 《중국인민해방군 정치사업조례》는 동시에 폐지된다. 기타 군대 정치사업과 관련된 규정 중에서 본 조례와 일치하지 않는 것은 모두 본 조례를 준거로 한다.

중국인민해방군 정치사업사

2022년 10월 1일 초판 1쇄 찍음
2022년 10월 8일 초판 1쇄 펴냄

지은이 이건일
펴낸이 권희선

펴낸곳 에스에치북스(SHBOOKS)
등 록 제2015-20호
주 소 서울 관악구 남현1길 10, 2층
전 화 02)874-8830
팩 스 02)888-8899

ISBN 979-11-86637-21-0(93390)

*책값은 표지 뒤쪽에 있습니다.
*잘못 만들어진 책은 구입하신 서점에서 바꿔 드립니다.